VR의 이해 2/e

Korean edition copyright ⓒ 2021 by aCORN Publishing Co. All rights reserved.
original English edition: Copyright ⓒ 2019 Elsevier Inc. All rights reserved.
This Korean edition of Understanding Virtual Reality(9780128183991)
by William Sherman & Alan Craig is published by arrangement with Elsevier Inc.

이 책은 Elsevier, Inc.와 에이콘출판(주)가 정식 계약하여 번역한 책이므로
이 책의 일부나 전체 내용을 무단으로 복사, 복제, 전재하는 것은 저작권법에 저촉됩니다.

이 책은 에이콘출판(주)가 단독으로 계약하여 번역한 책입니다. 실무자와 연구원은 이 책에서 설명하고 있는
정보나 방법론, 결론, 실험을 분석하고 사용하는 경우, 언제나 자체적인 경험과 지식을 따라야 합니다.
특히 의학이 급속도로 발전함에 따라 진단 및 약물 투약에 대한 독립적인 검증이 이루어져야 합니다.
이 책의 번역과 관련된 Elsevier, 저자, 편집자, 기타 관계자는 제조물책임, 부주의, 기타 이유로 인한,
또는 이 책의 내용에 포함된 방법론, 제품, 지침, 아이디어의 사용 및 수행으로 인한 인명 및 재산상의 상해에 책임을 지지 않습니다.

VR의 이해 2/e
인터페이스, 애플리케이션, 디자인

William R. Sherman · Alan B. Craig 지음   송지연 옮김

i!i
에이콘

 에이콘출판의 기틀을 마련하신 故 정완재 선생님 (1935-2004)

셰릴Sheryl을 비롯한 사랑하는 모든 분들께

내 모든 노력을 언제나 큰 사랑으로 응원해 주시는 어머니,
메리 크레이그Mary Craig께 이 책을 바칩니다.

| 추천의 글 |

우리는 하루의 많은 부분을 현실과 가상이 통합된 혼합 현실에서 합성된 경험을 하며 소비하고 있다. 어쩌면 실제 현실을 가상 현실보다 덜 경험할 정도로 말이다. 우리를 둘러싼 물리적 환경보다 핸드폰을 하느라 더 바쁘다.

혼합 현실이 경제를 재창조하고, 환경을 가볍게 따라잡고, 생성, 협업 및 소통을 더 만족스럽게 할 잠재력이 있다고 생각한다. 식탁을 가운데 두고 서로 문자를 보내는 사람들, 핀치투줌pinch-to-zoom이 안 되는 종이로 된 잡지에 혼란스러워 하는 아이들, 이 모두가 어리석어 보일 수도 있다. 하지만 그건 단지 물리적 세계의 제약으로부터 우리를 자유롭게 하는 동시에 지각적으로 신체에 묶어 두는 매체의 잠재력에 스스로를 개방하지 않았기 때문이다.

우리는 산업에서 정보화로 변하는 전환기에 있다. 이메일이나 웹 폼form으로 점철된 지루한 삶은 지나간 사고의 흔적이다. 이제는 새로운 세계에서 가능해진 지각적, 인지적, 정서적 경험의 힘을 탐구하고 마음과 정신과 육체가 어떻게 가상의 왕국에서 즐겁게 살 수 있는지를 연구해야 한다.

앨런과 빌을 만났던 1992년, "디자이너는 가상 환경의 본질과 특성을 완전히 포용하기 위해 일상적 지각에서 오는 물리적 환경과 다른 매체의 특성을 포기해야 한다"고 썼다. 이 분야가 성장함에 따라 이 말은 더욱 더 중요해질 것이다. 초현실주의는 현실을 초월하는 동시에 존재감을 높이는 직관적이지 않은 능력 때문에 가상 환경 디자인에 필수적이다.

심리학자 J.J. 깁슨은 "인간은 존재하는 것을 먼저 모델링한 다음, 그것이 제공하는 것과 우리가 할 수 있는 것을 그림으로써 환경을 이해한다."고 주장했다. 이 말이 이 책에 대한 내 생각을 대변한다. 이 책은 그저 수박 겉핥기 식으로 매체를 묘사하는 피상적인 설명을 넘어 VR의 구조와 맥락을 고려한다. 이 책은 역사, 지각, 기술, 예술 등 다양한 각도에서 주제를 깊이 있게 다룬다. 이를 통해 VR이라는 매체가 무엇인지 뿐만 아니라 이 매체로 무엇을 할 수 있는지 느낄 수 있다.

이는 아주 현명한 접근법이다. 아직 그 누구도 VR이 무엇인지 진정으로 설명할 수 없기 때문이다. VR이 어떤 길을 갈지 아는 것은 너무나 강력하다. 바로 이 점이 VR 매체의 크리에이터가 되는 것을 기대되게 하는 이유다. 어쨌거나 우리는 VR 매체가 가는 길의 윤곽을 발견하기 시작했으며, 빌과 애런이 VR 경험은 본질적으로 개발자와 체험자의 협업으로 만들어진다는 것을 강조한 점에 감사하다. 그 덕분에 이야기를 전달하는 데 그치지 않고 만들어갈 수 있다.

이 책 역시 뒷부분을 펼치면 쉽게 답을 찾을 수 있는 교과서가 되려 하지 않는다. 오히려 여러분이 자신의 탐구와 실험의 기반으로 삼을 수 있는 프레임워크를 선사한다. 새로운 현실의 본질을 찾으러 함께 떠나는 이 길을 인도할 이 책을 소개할 기회를 갖게 돼 정말 기쁘다.

워싱턴주 벨뷰에서

마크 볼라스 Mark Bolas

| 지은이 소개 |

월리엄 셔먼 William R. Sherman

인디애나 대학교(Indiana University) 연구 기술부 AVL(Advanced Visualization Lab)의 수석 기술 고문

인디애나 대학교 AVL의 일원으로 과학 비주얼리제이션과 가상 현실[VR] 분야에서 리더로 활동하고 있다. 또한 네바다 대학교 리노[UVR, University of Nevada, Reno]와 일리노이 대학교 어바나 샴페인 캠퍼스[UIUC, University of Illinois at Urbana-Champaign] 등에서 20년 넘게 VR 및 비주얼리제이션 관련 학부 과정과 대학원 과정을 가르치고 있다.

이전에는 DRI[Desert Research Institute]에서 CAVCaM[Center for Advanced Visualization, Computation and Modeling] 센터를 설립해 FLEX CAVEstyle VR 시스템뿐만 아니라 6면 CAVE 시스템의 설치를 감독하는 등 VR 및 비주얼리제이션을 이끌어 왔다. DRI 설립 이전에는 UIUC에서 NCSA[National Center for Supercomputing Applications]의 VR 분야의 리더로 많은 노력을 기울였으며, EVL[Electronic Visualization Lab]과 협력해 두 번째 CAVE VR 시스템을 설치하고 운영했다.

과학 비주얼리제이션과 VR에 관한 여러 저서와 논문을 저술했으며, INL[Idaho National Lab]과 키트웨어사[Kitware Inc]와 협력해 몰입형 비주얼리제이션에 대한 '부트캠프[bootcamps]'를 조직하고 이끌어 왔다. VR 통합 라이브러리인 FreeVR을 디자인했고 1995년부터 IEEE VR 콘퍼런스를 단 한번도 빠짐없이 참석했으며, 2008년 콘퍼런스 의장을 맡기도 했다.

앨런 크레이그 Alan b. Craig

독립 컨설턴트, 발명가, 음악가, 작가, 과학자, 교수

가상 현실VR, 증강 현실AR, 비주얼리제이션 및 고성능 컴퓨팅 분야에 대한 독립 컨설턴트다. 컨설턴트 이전에는 UIUC에서 NCSA National Center for Supercomputing Applications의 연구 과학자로서 근무하며 I-CHASS Institute for Computing in Humanities, Arts, and Social Science에서 인간-컴퓨터 상호작용 선임 부국장을 역임하면서 30년간 이 분야에 많은 기여를 했다. 현재 XSEDE Extreme Science and Engineering Discovery Environment와 계약 중이다.

수많은 세계적인 행사에서 VR과 AR 분야의 전문가로서 강연을 요청받았으며 지금도 다양한 장소에서 연설하고 있다. VR과 AR을 주제로 대학, 기업 고등학교 캠퍼스뿐만 아니라 온라인에서 강의하기도 했다. VR과 AR 애플리케이션에 관련해 정부 및 산업 단체와도 협력해 왔다.

또한 수많은 출판물, TV, 뉴스 매체와 인터뷰했다.

『Understanding Virtual Reality』(Morgan Kaufmann, 2002)(윌리엄 셔먼 공저) 외에도 『Developing Virtual Reality Applications』(Morgan Kaufmann, 2009)(윌리엄 셔먼, 제프리 윌 Jeffrey D. Will 공저), 『Understanding Augmented Reality』(Morgan Kaufmann, 2013)를 저술했다.

그 외에도 여러 권의 책과 논문을 썼다. 고고학에서 동물학에 이르기까지 다양한 콘텐츠 분야에서 VR 및 AR 애플리케이션을 개발해 왔고 관련된 주제를 가르치고 조언한다. 주된 관심사는 교육용 애플리케이션에서 VR과 AR을 사용하는 것이며 물리 세계와 디지털 사이의 연속체에 작업 중심을 두고 있다. 또한 그는 3개의 특허를 보유하고 있다.

지은이의 말

VR은 라이브로만 경험할 수 있는 매체로 해당 매체에 익숙하지 않으면 특정 개념을 이해하는 데 어려움이 생길 수 있다. 따라서 VR의 시각적 특성에 맞는 다수의 사진, 스크린샷, 다이어그램으로 좀 더 쉽게 이해할 수 있게 설명한다. CAVE VR 시스템을 이용한 이미지가 많다는 것을 눈치챌 수도 있다. 그 이유는 정지 상태의 VR 디스플레이에서 VR 경험과 상호작용하는 체험자를 더 쉽게 볼 수 있고 CAVE 시스템은 바로 사용할 수 있기 때문이다.

하지만 많은 헤드 기반 시스템도 사용했으며 다양한 상황에서 가장 적절한 디스플레이 선택임을 알 수 있었다. 그래서 디스플레이 기술에 대한 논의는 정지해 있는 디스플레이와 헤드 기반 디스플레이[HBD] 사이에서 균형을 맞추고자 한다. 이에 따라 헤드 기반 디스플레이 시스템 사진도 여럿 포함했다.

이 책의 목적은 빠르게 변화하는 기술을 자세히 살펴보는 것이 아니다. 오늘날의 하드웨어가 디스플레이 수단이 아닌 전시 대상으로써 박물관에 전시될 만한 날이 올 때 여기에 제시된 정보가 계속 사용되기를 바란다. VR 기술의 복잡성과 구현을 다루는 유용한 정보 출처는 이미 많다.

영어의 일반적인 용법에서 성별 구분이 없는 단수 대명사를 쓰는 방법에 대해 정해진 기준이 없기 때문에 그들/그들의 등을 해결책으로 쓰기로 했다. 이 방법이 가장 효과적이라고 생각하며 당신/당신의 등은 복수형 상황(vs. 그대의/그대의 것)에서만 사용한 것 같다. 그들/그들의 등도 같은 식으로 써도 될 것이다. 감히 윌리엄 셰익스피어[William Shakespeare], 윌리엄 캑스턴[William Caxton], 제인 오스틴[Jane Austen]의 작품에서도 선례가 있음을 표한다.

한마디 더

재미있는 것을 좋아하지 않는 사람이 있을까? 한 가지 덧붙이자면 이 책에는 되풀이되는 주제(인용, 어쩌면 러닝 개그)가 약간 들어 있다. 예를 들어, 『모비딕Moby Dick』, 〈머펫The Muppets〉, 포털(가상 세계로의 포털), 크래요랜드Crayoland VR 월드, 더 후The Who처럼 유행하거나 고전적인, 아니면 VR에 특정된 문화 요소를 언급하는 주제들과 마지막으로 여기에 실린 많은 사진에 나오는 동료와 가족의 모습이다(그렇다. 러닝 개그는 〈머펫 무비The Muppet Movie〉를 말하는 것이었으니 바로 맞췄다!). 놀랍게도 〈사인필드Seinfeld〉와 〈몬티 파이튼Monty Python〉에 대한 언급이 거의 없다. 『모비딕』이 등장하는 가상 현실 도서의 패러디 광고가 들어간 〈새터데이 나이트 라이브Saturday Night Live〉의 1994년 에피소드에 특별히 감사의 인사를 드리는 의미로 인용에 포함시켜 시작한다.

감사의 말

초판부터 이어진 감사의 말

많은 분이 초판 시작 때부터 이 책을 만드는 데 기여해 주셨다. 제일 먼저 오드리 월코Audrey Walko가 마이크 모건Mike Morgan(모건 카프만 출판사의 창립자)과 우리를 이어준 덕에 이 여정이 시작됐다. 시작할 때 도와주셨던 또 다른 분은 메리 크레이그Mary Craig로 초안의 일부를 옮겨 써 주셨다.

세계 각처에 있는 VR 시설을 방문했을 때 따뜻하게 맞아주시고 VR 작업을 보여주고 함께 토론했던 한 분 한 분께 감사의 인사를 전할 수 있으면 정말 좋겠다. 처음에는 VR이 다양한 분야와 주제 영역에 어떻게 적용됐는지에 초점을 맞췄었다. 그래서 가능한 한 많이 VR 애플리케이션을 찾아 경험하고 제작자와 논의하며 탐구하는 것으로 이 여정이 시작됐다. 50개가 넘는 VR 애플리케이션을 담당하는 사람들과의 논의는 좋은 VR 경험을 만들어 내는 데 필요한 요소에 대한 견해를 다듬는 데 확실히 도움이 됐다.

차곡차곡 VR 매체에 대한 자료가 포함되면서 책이 진전되고 확대되자 어떻게 손쓰기가 어려워져 특정 출판물에 언급된 기존의 VR 응용에 관해 쓴 많은 자료를 삭제하기로 결정했다. 사실 삭제했던 VR 응용에 대한 자료는 『Developing Virtual Reality Applications』 내용이 됐다. 이러한 노력의 일부가 많은 개념을 예시하는 데 사용된 이미지에 남아 있다(초판의 네 개의 부록). 따라서 그 많은 그림에 붙인 설명에서 직접 도움을 주신 분들께 감사를 전한다. 하지만 초기 설문 조사 때 관대하게도 더 많은 자료를 이용할 수 있게 애써주고 함께 했던 많은 분께 개별적으로 감사를 전하는 것이 지속적인 목표다.

자신의 애플리케이션을 우리 시설에서 실행할 수 있도록 허락해 자신의 VR 작업을 문자 그대로 공유해 준 많은 분이 있다. 다시 한 번 말하지만 그 분들의 관대함 덕분에 다양한 VR 기술이 구현되는 방법에 대해 많은 애플리케이션을 사용하는 사진을 실을 수 있었다. 본문의 각 사진 설명에서 개별적으로 감사의 인사를 드린다. 직접 또는 간접적으로 CAVE 애플리케이션의 사용과 예제 시나리오를 많이 옮겨온 크래요랜드 하우스를 사용할 수 있게 해 주신 데이브 페이프$^{Dave\ Pape}$에게 감사드린다.

NCSA에서 함께 일할 기회를 얻을 수 있었던 많은 분들께도 감사의 마음을 전하고 싶다. NCSA에서 비주얼리제이션 작업을 했던 모든 분, 특히 비주얼리제이션 그룹 표현 프로젝트에 참여했던 분들을 빼놓을 수 없다. 표현 프로젝트를 통해 지각, 프레젠테이션, 매핑, 기호학 및 인지를 포함한 비주얼리제이션의 근본적인 개념을 많이 접할 수 있었다. 그날그날의 작업 때문에 기술에 집중해야 할 때조차 1차 목표는 기술을 의사소통의 목적으로 사용하고 통찰력을 얻는 것이다. 통찰력 넘치는 이 기간 동안 탐구했던 개념 중 일부를 여러분이 이해하기 쉬운 방식으로 보여줄 수 있었기를 바란다.

NCSA에서 비주얼리제이션과 때로는 VR을 과학 연구의 도구로써 꾸준히 해 나가는 데 관심이 있는 연구 과학자들과 함께 일할 수 있는 충분한 기회를 가질 수 있었다. VR을 제조 디자인이나 안전 촉진, 소매 데이터의 비주얼리제이션 등의 도구로써 사용하는 데 관심을 가진 사업체와도 만날 수 있었다. VR 매체를 통해 전에 없던 교육 환경을 제공했던 교수들과 함께 일했다. NCSA 경영진은 NCSA VR 시설 지원을 통해 페이크스페이스^{FakeSpace}의 BOOM을 시작으로 VPL, 버추얼 리서치$^{Virtual\ Research}$의 HMD 그리고 1991년 당시 정기적으로 사용했던 CAVE에 단일 화면 프로젝션 디스플레이 등 많은 공헌을 했지만 결국 은퇴했다. 톰 드판티$^{Tom\ DeFanti}$와 댄 산딘$^{Dan\ Sandin}$이 이끄는 일리노이 대학교 시카고 캠퍼스에 있는 EVL$^{Electronic\ Visualization\ Lab}$과 NCSA의 협업은 수년 동안 정보, 기술 및 영감의 위대한 원천으로 남아 있다.

이 책을 만드는 동안 반복했던 작업을 생각하면 검토하고 의견을 주셨던 많은 분들이 계셨다. 알파벳 순으로 콜린 부셸$^{Colleen\ Bushell}$, 토니 에머슨$^{Toni\ Emerson}$,

스콧 피셔Scott Fisher, 조지 프란시스George Francis, 커트 헤벨Kurt Hebel, 앤디 존슨Andy Johnson, 마이클 맥닐Mike McNeill, 로버트 무어헤드Robert Moorhead, 칼라 스칼레티Carla Scaletti, 스티브 섀퍼Steve Shaffer, 오드리 월코Audrey Walko, 크리스 위켄스Chris Wickens가 그 주인공이다. 특히 빌 채핀Bill Chapin, 리치 할러웨이Rich Holloway, 홀리 코랍Holly Korab께서는 몇몇 장에 대한 상세한 의견을 주셨다. 그리고 이 책이 예전보다 더 좋아질 수 있도록 채찍질해 주셨던 몇몇 익명의 검토자들께도 감사의 마음을 전한다.

마이크 모건와 모건 카프만 출판사 관계자 여러분께도 감사드린다. 특히 편집자 다이앤 세라Diane Cerra, 시리즈 편집자 브라이언 바스키Brian Barsky와 벨린다 브레이어Belinda Breyer의 덕이 크다. 마이크와 다이앤은 우리가 제품을 만들 때 다듬었던 것처럼 디자인을 비롯해 이 책의 다양한 측면을 반복 작업을 통해 완성할 수 있도록 인내심을 발휘해 주셨다. 벨린다는 이 분야에 익숙치 않은 초심자를 위해 필요한 모든 정보가 들어있는지, 잘 정리돼 있는지를 확인에 확인을 거듭하며 검토와 편집을 맡아준 일등공신이다.

많은 일러스트를 맡아주셨던 비버리 카버Beverly M. Carver에게도 감사를 전하고 싶다. 산문체의 문장을 더 구체화하고 디자인 및 제작 과정을 감독할 수 있도록 도와주신 연이 오버턴Yonie Overton께도 감사드린다. 그녀 덕분에 더 나은 책으로 거듭났다.

마지막으로 우리 가족에게 감사의 말을 전하고 싶다. 더 많은 집안일을 도맡아 하며 마라톤 같았던 이 책이 완성될 때까지 아낌없는 지지를 보내준 빌의 아내 셰릴Sheryl, 아빠가 같이 마음껏 놀아주지 못했는데도 엄마를 위해 착한 어린이로 있어준 신디Cindy와 다니엘Danielle, 최종 편집을 마칠 때까지 오랜 시간을 기다려준 테레사Theresa에게 감사할 따름이다. 그리고 어떤 기술 분야에서도 전문성을 발휘하고 격려를 아끼지 않았던 앨런의 가족과 친구들에게도 진심으로 감사드린다.

2판에 대한 감사의 말

다시 한 번 많은 분들이 이 책을 만드는 데 기여하셨다. 이 책을 업데이트하겠다는 제안을 듣고 리뷰해주셨던 크리스토프 보스트Christoph Borst, 토르스텐 쿠흘렌Torsten Kuhlen, 라이언 맥마흔Ryan McMahon에게 제일 먼저 감사를 표한다. 이 분들은 개정판을 응원해 주셨을 뿐만 아니라 어디를 개선하면 좋을지 사려 깊은 조언도 해 주셨다. 또한 제시 셸Jesse Schell에게는 감사와 사과의 말을 전하고 싶다. 덕분에 가트너Gartner의 과장광고곡선Hype Curve을 처음 알게 됐고 함께 논의할 수 있었다. 초판에서 그에 대한 출처 언급을 각주에 넣었었는데, 각주를 없애는 방향으로 레이아웃 수정이 이뤄지면서 서문에서 출처 언급이 누락되고 말았다.

메리 위튼Mary Whitton, 제이슨 제럴드Jason Jerald, 리차드 스카르베즈Richards Skarbez를 비롯한 많은 VR 실무자에게 도움이 되는 이야기를 많이 들었다(특히 프레젠스 섹션을 작업할 때). 그리고 최신 GPU 렌더링의 세계에 대한 상당한 통찰력을 줬던 존 스톤John Stone도 빠뜨릴 수 없다. 또한 심벌릭 사운드 사Symbolic Sound Corp.의 칼라 스칼레티Carla Scaletti는 오디오 전반, 특히 VR에서의 오디오에 관한 정보와 리뷰를 주셨다.

초판과 마찬가지로 함께 일했던 동료와 협력자와의 협업 덕분에 이 책이 크게 향상됐다. 지금은 NCSA뿐만 아니라, DRIDesert Research Institute, I-CHASS 그리고 인디아나 대학Indiana University이 함께 한다. 이제는 방문했던 VR 연구실이 전 세계에 대략 100 곳은 되며, 게다가 개인용 VR 시스템에 VR 경험을 직접 쉽게 다운로드할 수 있다!

2D 다이어그램을 만드는 데 도움을 준 비버리 카버Beverly M. Carver에게 다시 한 번 감사를 전한다. 여러 번에 걸친 업데이트와 오리지널 파일을 분실하는 바람에 처음부터 다시 만들어야 했는데, 그녀의 투지가 없었다면 곤경에 처했을 것이다. 이 책에 삽입된 여러 이미지에 기여해 주신 많은 분들께는 해당 이미지 설명에서 개별적으로 언급한다. 출처 없이 삽입된 이미지의 대부분은 비버리가 만들어 준 2D 다이어그램을 제외하고 거의 우리가 만들어 낸 것이다. 따라서 구입 및 오픈 애플리케이션의 스크린샷 및 3D 월드는 유니티Unity와 아이리

스 인벤터$^{Iris\ Inventor}$에서 생성된 것이며, 파이썬의 파이카이로^{PyCairo}로 생성된 2D 이미지를 반 익명으로 게시한다(여기 이 귀속을 제외하고). 어쩌다 보니 우리가 만든 사진에 대한 출처 언급을 스스로 하게 됐다.

엘제비르^{Elsevier}/모건 카프만 출판사 팀에게도 감사의 말을 전한다. 토드 그린$^{Todd\ Green}$ 두 번째 계약을 맺어준 메그 던커리$^{Meg\ Dunkerley}$와 에이미 인버니지$^{Amy\ Invernizzi}$를 비롯해 애나 가르시아$^{Ana\ Garcia}$ 그리고 프니타바시 고빈다르야네$^{Punithavathy\ Govindaradjane}$, 샌드야 나라야난$^{Sandhya\ Narayanan}$이 속한 제작팀도 있다. 초판과 마찬가지로 이 책을 만드는 과정은 정말 길었는데 마지막까지 우리를 참아주고 독려해준 것에 감사드린다.

마지막으로 우리 가족에게도 감사의 마음을 표한다. 빌의 부인인 셰릴은 빌이 저녁과 밤 사이 글쓰고 편집하고 이메일을 쓰는 동안 운전과 숙제 도와 주기 등을 도맡았다. 그 사이 아이들이 더 늘어났다. 신디^{Cindy}와 조쉬^{Josh}, 다니엘^{Danielle}, 테레사^{Theresa}, 토마스^{Thomas}, 앤써니^{Anthony}를 이어, 때로는 기분 전환을 시켜주려 할아버지의 연구를 기웃거리던 그레이시^{Gracie}, 노라^{Nora} 그리고 앤드류^{Andrew}에게도 고맙다. 빌의 부모님이신 로버트^{Robert}와 캐슬린^{Kathleen}, 내 태양계에 관한 5학년 교과 프로젝트가 통제 불능 상태에 빠졌던 때를 기억하실 것이다. 그리고 앨런의 가족과 친구들, 일일이 언급하기에는 너무 많지만 모두에게 감사의 인사를 전한다.

| 옮긴이 소개 |

송지연

수학과를 졸업한 후, 일본에서 컴퓨터 그래픽 프로그래밍을 전공했다. 15년 넘게 일본과 한국의 3D, 게임, 콘텐츠, 앱 제작 업체에서 프로그래머이자 엔지니어로 활동했다. 이 경험을 바탕으로 현재 IT 전문 도서 번역 및 편집을 하고 있다.

번역/편집한 도서로는 『재미나는 생각, AI와 게임』(에이콘, 2019), 『홀로그램 미래를 그리다』(에이콘, 2018), 『유니티 2D 디펜스 게임은 이렇게 만든다』(에이콘, 2018), 『모바일 우선주의』(웹액츄얼리코리아, 2017), 『모바일을 위한 웹디자인』(웹액츄얼리코리아, 2016), 『다카무라 제슈 스타일 슈퍼 패션 데생』(에이케이커뮤니케이션즈, 2015) 등이 있다.

| **옮긴이의 말** |

가상 현실은 제대로 알고자 하면 정말 방대한 분야의 엄청난 양의 지식을 섭렵해야 하는 어려운 분야다. 인간의 오감은 물론, 이와 연결된 수많은 디바이스와 여기서 나오는 각종 데이터를 각각에 맞게 출력해야 할 뿐만 아니라 매력적인 경험으로 완성되도록 하는 내러티브와 연출 등 간단하게 나열하려고 해도 쉽게 정리되지 않는다. 그런 의미에서 이 책은 흔한 표현으로 가상 현실의 A to Z 또는 바이블Bible이라 불러도 과언은 아닐 것이다.

무엇보다도 이 책은 가상 현실이란 무엇인가라는 질문에 아주 자세하게, 정성을 다해, 확신을 담아 대답한다. 저자 두 분이 이 분야에서 오랜 시간 실패와 성공을 반복하며 치열하게 고민하며 작업에 임해 얻은 통찰력, 경험 그리고 믿음이 녹아 있기 때문일 것이다.

그런데도 그 뜻과 결과를 충분히 옮겨 담지 못한 것 같아 송구스럽고 미련이 가득 남는다.

역자로서 나는 번역할 때 먼저 읽고 공부한 결과를 공유한다는 생각으로 임해왔다. 그러다 보니 내 번역서에는 항상 주석이 많았고 앞으로도 그럴 것이다. 하지만 이 책은 주석 대신 마이크로소프트나 닌텐도처럼 많이 알려진 고유명사(기업, 인명, 애플리케이션, 기술, 이론 등) 이외는 인터넷에서 찾기 쉽도록 영문으로 표기했다. 위첨자로 표기하면 잘 보이지 않아 검색에 어려움이 있을 것 같아 내린 판단이었지만, 완성된 글을 검토하다 보니 양날의 검이 된 것 같다.

가상 현실을 이루는 대부분의 분야, 기술 및 결과물은 하루가 다르게 변하고 새로운 것이 나오고 있어 용어가 한국어는 말할 것도 없이 영어로도 확립돼 있지 않은 경우가 많아, 저자 두 분도 용어 하나하나를 이 책에서 정의하고 있다! 그런 이유로 역자 역시 어쭙잖게 번역하기 보다는 소리를 한글로 표기하는 수준에서 정리했다. 사운드와 의학 부문은 흔쾌히 도와줬던 두 분이 안 계셨더라면 책이 완성되기 어려웠을 것이다. 사운드 부문을 도와주신 오디오 앰프를 자작하시는 송관섭님(https://blog.naver.com/sohon23m)께 무한한 존경과 감사의 말씀을 드린다. 바쁜 와중에도 의학 용어의 감수를 맡아준 친구1에게 감사한다. 전반적인 부분에서 어려움이 있을 때마다 조언을 아끼지 않으셨던 선배1께도 존경과 감사를 전한다(둘 다 왜 이름을 밝히지 말라는 것인지…). 그리고 참고 문헌이 되어준 많은 도서와 사전, 특히 『인체 완전판』(사이언스북스, 2015), 『심리학사전』(박학사, 2013), 네이버 지식백과에도 감사하다.

그리고 이 책을 세상에 내보내 주신 고마운 분들이 있다. 오랜 시간 믿고 맡겨주신 에이콘출판사의 임직원 여러분, 특히 엄청난 인내심을 야기하는 역자를 잘 견뎌주신 편집자님과 디자이너님께 송구하고 감사하다.

책의 완성은 독자에게 있다고 생각한다. 정말 재미있고 멋진 경험을 만드는 데 이 책이 미미하게나마 일조할 수 있다면 무한한 영광이다. 부디 각자의 길에서 즐겁고 찬란하게 빛나시길.

2021년 6월
역자 송지연

| 차례 |

추천의 글 6
지은이 소개 8
지은이의 말 10
감사의 말 12
옮긴이 소개 17
옮긴이의 말 18
들어가며 31

1부 — VR이란 무엇인가?

1장   VR 소개   41

VR의 정의 42
VR 경험의 5가지 핵심 요소 42
    핵심 요소 1과 2: 체험자와 크리에이터 43
    핵심 요소 3: 가상 세계 44
    핵심 요소 4: 몰입감 44
    핵심 요소 5: 상호작용성 48
    요소의 결합 53
    가상 현실 패러다임 54
가상 현실, 텔레프레젠스, 증강현실, 사이버 스페이스 56
    인공 현실 58

가상	58
가상 세계와 가상 환경	60
사이버 스페이스	60
증강현실	61
텔레프레젠스	64
가상 현실의 역사: 가상 현실 기술의 기원은?	67
요약	103
용어: 빙산의 일각	104

2장 VR: 매체   107

매체를 통한 커뮤니케이션	108
매체의 콘텐츠: 가상 세계	109
특정 매체에 대한 가상 세계의 적합성	112
커뮤니케이션: 아이디어의 전달	112
인간 커뮤니케이션 매체의 흔한 문제	118
가상 세계로의 인터페이스	119
언어	121
저작권(대 창작권)	128
가상 현실의 특별한 점은?	129
가상 현실 매체에 대한 연구	129
고정된 내러티브 대 상호작용하는 내러티브	130
폼 및 장르	136
경험 대 정보	138
가상 현실: 매력적인 매체	142
가상 현실 경험 포획	143
요약	150

2부 — 가상 현실 시스템

3장　인간 참여형　157

시뮬레이션으로의 인간 연결 157
- 인간-컴퓨터 인터페이스 160
- 어포던스 161
- 가상 현실에서의 어포던스 163

인간 지각 체계 166
- 감각: 지각의 생리적 측면 168
- 시각적 지각 179
- 청각 지각 193
- 촉각 지각 199
- 전정기관 지각 206
- 후각적 지각 210
- 미각 지각 211
- 크로스 센서리 효과와 가상 현실 212

프레젠스와 임바디먼트: 가상 세계에서의 자기 지각 215
- 프레젠스 개념 215
- 프레젠스의 결정요인과 반응 222
- 프레젠스 측정 228
- 임바디먼트 231
- 가상 세계의 리얼리티 증가 237
- 프레젠스 파괴: 세계를 덜 실감나게 하는 것들 242

요약 243

4장　입력: 가상 세계와 체험자 상호작용　245

입력 기술 247
- 활성 대 수동 입력 250
- 연속 대 이산 입력 250
- 절대 대 상대 입력(레퍼런스 프레임) 252

		물리적 입력 vs 가상 입력	254
		입력 분류	255
		위치 트래킹 기술	262
	가상 현실 시스템 내에서 입력 사용		283
		신체의 위치 트래킹	283
		물리적 입력 디바이스	293
		자세와 제스처 지각	308
		음성 인식(오디오 입력)	312
	요약		316

5장   출력: 체험자와 가상 세계의 상호작용   319

	비주얼 디스플레이		320
		비주얼 디스플레이의 속성	322
		비주얼 디스플레이 패러다임	361
		비폐쇄형(씨스루) 헤드 기반 디스플레이	387
		스마트폰-가상 현실 헤드 기반 디스플레이	395
		헤드 기반(마운트된) 투영 디스플레이	399
		핸드헬드 가상 현실	403
		비주얼 디스플레이 패러다임 요약	407
	청각 디스플레이		409
		청각 디스플레이의 속성	410
		청각 디스플레이 패러다임	420
	햅틱 디스플레이		424
		햅틱 디스플레이의 속성	428
		햅틱 디스플레이 패러다임	437
		택틀 햅틱 디스플레이	437
		엔드이펙터 디스플레이	443
		ROSD	449
		패시브 햅틱 디스플레이	454
		혼합 디스플레이	455
		3D 하드카피	456

    핵틱 디스플레이의 요약 457
  정전기관 및 기타 감각 디스플레이 458
    균형감각 디스플레이 459
    후각, 미각, 기타 감각 464
  요약 466

6장 가상 세계 프레젠테이션   469

  가상 세계에 대한 표현 471
    신빙성 474
    인간의 이해력 481
    매핑 선택 489
    양적 표현과 질적 표현 492
    VR과 관련된 표현 문제 496
  VR에서의 시각 표현 499
    VR 경험에서의 비주얼 사용 방법 500
    현실 세계에 대한 통합 503
  VR에서의 청각 표현 504
    사운드의 특징 504
    VR 체험에서 사운드 사용 방법 506
  VR에서의 햅틱 표현 511
    햅틱의 특징 512
    VR에서 햅틱 정보가 사용되는 방법 514
  기타 감각 표현 519
    전정기관 역할의 표현 519
    후각 및 미각의 표현 521
  표현 파트 요약 522
  렌더링 시스템 523
    렌더링 시스템 하드웨어(연산) 525
  비주얼 렌더링 시스템 529
    비주얼 렌더링 기법 529
    복잡한 비주얼 씬 렌더링 537

	비주얼 렌더링 레이턴시	553
	비주얼 렌더링 프로세스	559
소닉 렌더링 시스템		569
	소닉 렌더링 방법	570
	복합 사운드 렌더링	579
	소닉 렌더링 프로세스	587
햅틱 렌더링 시스템		599
	햅틱 렌더링 방법	600
	포스 디스플레이로 복잡한 햅틱 씬 렌더링	610
	햅틱 렌더링 프로세스	614
기타 감각의 렌더링		620
	전정계 렌더링	620
	후각 및 미각 렌더링	621
요약		621

7장 가상 세계와의 상호작용 — 625

상호작용 디자인 기초		626
사용자 인터페이스 메타포		630
	주요 상호작용: 조작, 내비게이션 및 커뮤니케이션	632
가상 세계 조작		633
	조작 방법	634
	조작 특성	640
	선택	663
	조작 작업	682
	조작 요약	689
가상 세계에서 탐색		690
	길찾기	691
	여행	703
	탐색 요약	725
다른 사용자와 상호작용		726
	공유 경험	727

협업 상호작용	735
VR 시스템과 상호작용(메타커맨드)	746
요약	747

3부 — 적용된 가상 현실

8장 가상 세계에 활기를 불어넣기 — 753

몰입	754
물리적/감각적 몰입	754
정신적 몰입	755
몰입에서 현실주의의 역할	756
컨텍스트 제공	768
포인트 오브 뷰(POV, Point of view)	768
장소	772
가상 세계	778
가상 세계의 실체	778
오브젝트 모델링 및 월드 레이아웃	782
가상 세계의 일부로서 현실 세계	788
가상 세계의 법칙: 물리	800
가상 세계 물리학의 유형	800
세계 물리학의 범위	805
시뮬레이션/수학 모델	806
오브젝트 결합	807
세계 지속성	807
현실 세계와 가상 세계 사이의 불일치	809
VR 경험을 관리하기 위한 소프트웨어	811
VR 소프트웨어 통합	813
게임 엔진	817
웹 제공 가상 현실	818
경험 생성 프로세스	818

첫 번째 VR 애플리케이션 구축 820
　　　요약 822

9장　경험 개념 및 디자인: 문제에 VR 적용　825

　VR이 목표를 달성할 수 있을까? 825
　　　VR이 적절한 매체인가? 827
　새 VR 애플리케이션 가져오기 831
　　　다른 미디어에서 적응 832
　　　기존 VR 경험에서 영감 그리기 또는 적응 837
　　　처음부터 새로운 VR 체험 만들기 838
　애플리케이션 분야의 보고 839
　탁월한 VR 경험 855
　VR 체험 디자인 863
　　　신중하게 디자인하라 863
　　　프로토타이프 864
　　　시스템을 염두에 둔 디자인 865
　　　장소를 염두에 둔 디자인 866
　　　청중을 염두에 둔 디자인 867
　　　청중 참여를 위한 디자인 870
　　　사회적 상호작용 고려 872
　　　디자인 트레이드오프 고려 872
　　　사용자 목표 디자인 874
　　　경험의 끝 디자인 875
　　　사용자 테스트 878
　　　경험 문서화, 구축 및 평가 879
　VR 디자인의 과거와 미래 881
　요약 883

10장　가상 현실: 과거, 현재, 미래　887

　VR의 상태 887

기술의 태동 시기	889
기술에 대한 관심의 거품 시기	889
관심의 제거 시기	890
기술의 재조명 시기	891
기술 상용화의 안정 시기	891
VR의 성숙도	**892**
연구소내 VR	893
강의실의 VR	896
전환: 상용을 위한 미디어 오브 어트랙션	897
트렌드	**899**
증강현실 활용도 확대	900
짐 줄이기	903
더 높은 만족도 충실도	905
소프트웨어 가용성	907
새로운 운전자/장애 기술	908
기술 미래 및 과거 예측	**910**
디스플레이 기술	911
입력 기술	918
소프트웨어	922
애플리케이션 미래	928
요약: 미래는 지금 나타나고 있다	**930**

참고 문헌	932
찾아보기	973

| 들어가며 |

2판에 대한 소개

2판을 저술하는 데는 오랜 시간이 걸렸다. 그런데 저술을 끝내고 보니 이반 서덜랜드^{Ivan Sutherland}가 안경처럼 머리에 쓰는 최초의 HMD^{Head Mounted Display}를 개발한 지 50주년이 됐다. 초판을 발행했을 때의 목표는 몰입형 경험을 창출하는 데 사용된 기술이 계속해서 발전할 것임을 고려해 가능한 한 시대 및 기술에 구속받지 않는 방식으로 주제를 논의하는 것이었다. 그런 관점에서 보면 상당 부분 성공했다고 느낀다.

초판 마지막 줄에 "초기 VR 개발자인 우리가 지금 개발하고 있는 것은 미래다. 오늘 하고 있는 일을 바탕으로 미래가 설 수 있도록 준비해야 한다."고 썼다. 이 말은 사실이었지만 이제 우리는 더 큰 파도를 타고 있다. 통제할 수 없는 파도지만 여전히 진로를 이끌어 갈 수 있으며 이에 기여할 수 있다.

초판의 9장, '미래'에서 기대했던 일들 중 많은 일이 일어났다. 어쩌면 5년 전 개정을 시작했던 때 상상했던 것보다 더 많을 수도 있다. 그 사이에 스마트폰과 태블릿이 빠르게 확산됐고 특히 VR에 대한 이들의 기여는 예상치 못했다. 완전히 새로운 위치 트래킹 방식이 등장할 줄은 예측하지 못했는데 정말로 새로운 두 가지 기술이 나타났다. 바이브^{Vive}의 라이트하우스^{Lighthouse} 트래킹 시스템과 SLAM 인사이드-아웃 트래킹^{inside/out tracking} 방식으로 트래킹을 할 공간인 월드를 미리 스캔한 다음, 현재 월드에 대해 관련된 움직임을 감지한다. 실제로 초판에 비해 업데이트된 부분을 작업하는 동안, 스마트폰-VR/오큘러스^{Oculus} 킥스타터에 이어 2016년 출시된 세 가지 소비자용 HMD인 오큘러스 CV-1, HTC 바이브, 소니 플레이스테이션^{Sony PlayStation}-VR의 물결에 놀라지 않을 수 없었다. 이와 같은 새로운 광경이 펼쳐지기 시작하면서 결국 계획했던 것보다 훨씬 더 의미심장한 작업을 하게 됐다. (현재로서는 또 다른 거대하고 연쇄적인 파장은 보이지 않지만, 결코 알 수 없는 일이다!)

2000년 일리노이주 의회 의사당에서 열렸던 VR 시연에 참여했던 분이 유명해졌다는 사실을 알고 꽤 놀랐다(그림 8.11D 참조, 올스테이트 보험사$^{Allstate\ Insurance}$를 위해 만든 음주 운전 시뮬레이터용 트래킹 안경을 쓴 그가 있다).

VR 커뮤니티는 늘 그렇듯 게임 및 게임 산업에 편승한다. VR 개발은 GPU 카드가 컴퓨터 게임을 위한 새로운 렌더링 역량을 갖게 됐을 때 큰 동력을 얻었으며, 작고 평평한 고해상도 디스플레이뿐만 아니라 IMU 입력(GPS, 틸트, 나침반 등) 및 컴퓨팅 능력을 갖춘 스마트폰 기술을 통해 또 다른 힘을 얻었다. 그 후 부품 가격이 충분히 낮았던 때 Oculus HMD의 자금을 지원했던 게임 매니아 역시 일조했다.

VR을 배울 때는 컴퓨터 과학, 엔지니어링, 지각심리학, 아트, 물리학, 스토리텔링에 이르는 광범위한 분야에 걸쳐 있는 많은 주제를 다룬다. VR 교육 환경은 확실히 더 나아졌다. 예전에는 학생들이 연구자들과 시간을 공유할 수 있는 CAVE-스타일 시스템이든 HMD든 하나의 VR 디스플레이를 갖춘 연구실을 제공했는데, 이 연구실도 캠퍼스 가장자리에 있거나 심지어 캠퍼스 밖에 있었다. 구글^{Google}의 카드보드^{Cardboard}(우리의 경우, 구글이 두 학기 동안 학생들이 무료로 쓸 수 있도록 제공해줬다)가 도입된 이후부터는 학생들이 VR 경험을 편리하게 개발하고 테스트할 수 있게 됐다. 이후 대학에서 도서관을 포함한 공공장소에 여러 개의 HMD가 있는 실험실을 배치했고 학생들은 각자의 연구에 완전한 6-DOF VR 경험을 활용할 수 있게 됐다. 게다가 지금은 게임 엔진과 VR을 통합할 수 있는 소프트웨어, 가장 많이 알려진 유니티^{Unity}의 툴킷을 더 쉽게 사용할 수 있게 돼 VR을 가르치는 데도 변화가 생겼다.

그렇지만 매체로서의 VR의 개념은 같다. 비록 특정한 상황에서 어떤 것이 더 효과적인지 이전보다는 조금 더 알게 됐더라도 여전히 과거에 있었던 똑같은 디자인 기준이 존재한다.

이 책 나와있는 예는 새로운 것도 있고 오래된 것도 있다. 좋은 최신 예가 있을 때는 새로운 예를 사용했지만 몇몇 개념을 잡기에 오래된 예가 가장 좋은 경우에는 초판의 예를 그대로 유지했다. 새로운 인터페이스와 표현이 합쳐져 더 큰 덩어리가 되기 시작했지만 어쩌면 최상의 선택은 아닐 수도 있으며, 좋은 아이디어가 길에 널려 있지만 더 깊이 있게 탐구해야 한다. 초판 발행 이후 차세대 경험을 개발할 때 고려해야 하는 좋은 아이디어가 있는 많은 예(일부는 이제 역사적인 사례지만)를 살펴보는 다른 책 『Developing Virtual Reality Applications』을 출간했다. 앨런 크레이그는 AR에 중점을 둔 『Understanding Augmented Reality』라는 책을 쓰기도 했다.

이 책에서 다루는 내용

VR을 사람들 사이의 정보와 경험, 즉 인간의 의사소통의 매체로써 공유하는 수단으로 사용하는 방법을 탐구하는 것을 목적으로 한다. 이 책을 통해 물리적으로 생동감 있는 효과를 생산하는 데 필요한 기술, 유용하고 의미 있는 콘텐츠를 제공하는 데 필요한 인터페이스 디자인을 포함해 VR이라는 매체의 포괄적인 개요를 제공하려 노력했다.

VR 연구의 중점이 기술적인 것에서 VR로 할 수 있는 것으로, 이제는 콘텐츠가 애플리케이션을 주도하는 방향으로 집중도를 높이고 있다. 이전에 기술에 중점을 뒀던 이유는 부상하는 매체로 무엇을 할 수 있는지에 대한 연구자의 관심이 부족했기 때문이 아니라 기술 자체가 여러 면에서 부족했기 때문이었다. 채플 힐에 있는 노스캐롤라이나 대학University of North Carolina의 프레더릭 브룩스Fred Brooks 같은 연구자는 사용 가능한 애플리케이션을 연구 목표로 삼았다. 하지만 컴퓨터 그래픽, 디스플레이, 특히 트래킹 디바이스 분야에서 상당한 발전이 필요하다는 것을 지각했기에 연구 방향을 이 모든 분야로 확장할 수밖에 없었다.

필요한 기술이 널리 보급되고 적절한 품질을 유지할 수 있게 되면서 VR 매체는 연구 자체를 위한 주제만이 아니라 연구를 완수하기 위한 실행 가능한 도구가 됐다. 1980년대 후반에서 시작해 1990년대 초에 충분한 기술 진보가 이뤄지면서 더 많은 연구센터(산업 및 학계에서)가 VR을 실험할 여력이 생겼다.

이제 대규모 연구 시설뿐만 아니라 대중을 위한 시장에서도 기술이 충분히 저렴하게 보급될 수 있는 지점에 이르렀다. 그러다 보니 VR 콘텐츠를 사용하고 만들어 내는 것이 소비자 수준에서 비용 효율이 크게 높아졌다. 이 책은 과학, 산업, 예술, 교육 및 의학과 같은 분야에서 사용할 VR 애플리케이션을 개발하기 위해 필요한 것을 꼼꼼히 살펴본다.

엔터테인먼트 산업이 컴퓨터 그래픽의 발전을 주도해왔듯이 영화, 게임, 홈 엔터테인먼트 시장이 VR의 상업적 가능성을 최대한 활용하는 첫 번째 무대가 됐다. 이러한 세력 덕에 가격이 합리적인 선에서 책정돼 더 광범위한 이용성을 높이고 있다. 일부 틈새 시장에서 성장할 수 있는 과학, 산업, 의학, 교육, 예술 관련 애플리케이션이 이미 많이 생겨나고 있다. 실제로 과학, 제조, 비즈니스, 의학, 교육, 스포츠, 게임 및 오락 엔터테인먼트, 예술, 군대 등에 이르는 실제 VR 애플리케이션에서 많은 사례를 얻었다.

이 책을 쓴 목표는 VR의 매체와 사용 방법, 매력적인 VR 애플리케이션을 만드는 방법에 관한 포괄적인 정보를 제공하는 것이다. VR이라는 새로운 매체의 기원, VR 시스템 구성, 인간 체험자를 가상 세계와 연결하는 방법을 간략하게 검토한다. VR 시스템의 타입과 차이점은 간략히 논의하지만 하드웨어 기술을 깊이 있게 파고들어 설명하지 않는다. 이 책에서 다루기에는 기술이 너무나 빠르게 발전하기 때문이며, 이에 대한 정보는 다른 리소스를 통해 얻을 수 있다. 가장 최신의 상세한 정보는 일반적으로 콘퍼런스, 전시회 및 온라인에서 찾을 수 있다.

이 책에서 다루지 않는 내용

VR 시스템을 오늘날의 기술로 구현하는 방법을 가르치는 자습서가 아니다. 이 책의 독자는 콘텐츠 수준에서 VR에 접근할 것이라고 생각한다. 목표는 오늘날의 기술을 넘어 유용한 책이 되게 하는 것이다. 기초적인 레벨의 VR 디바이스 인터페이스를 샅샅이 배워야 하는 분들이 참고할 수 있는 리소스가 많이 있다.

VR이나 컴퓨터 그래픽의 프로그래밍 측면도 다루지 않는다. 오히려 콘텐츠, 상호작용, 시스템 통합 및 사용성 이슈에 초점을 맞춘다. 반면 이 책은 다른 VR

프로그래밍 리소스와 통합해 쓰는 경우 VR 프로그래밍 과정의 교재로도 성공적으로 활용돼 왔다.

가능한 한 사실적이고 실질적인 정보를 얻고 관심을 끌기 위한 술책과 실용성을 구분할 수 있게 돕고자 한다. VR은 그저 기술적으로 신기한 싸구려 장난감에 지나지 않고 언론에 의해 지나치게 중요성이 부각됐다는 비난을 받아왔다. VR이 언론에 의해 부풀려진 것은 사실이지만 나는 VR이 유용한, 떠오르는, 무시할 수 없는 매체라고 믿고 있으며 이어지는 내용에서 입증할 수 있기를 바란다. 통찰력 있는 독자라면 새로운 매체의 힘을 지각하고 이를 각자의 애플리케이션에 건설적인 동력으로 활용할 것이다.

이 책의 대상 독자

미래 지향적인 관점을 지닌 모든 사람을 대상으로 한다. 즉 과대 광고를 넘어 VR이 오늘날 문제를 해결하는 데 어떻게 적용되고 있는지 배우고자 하는 과학자, 엔지니어, 교육자, 예술가뿐만 아니라 사업적 관점에서도 관심을 가질 만한 내용을 담고 있다. 기술적인 지식이 있지만 VR을 관심 있는 특정 영역에 적용할 방법을 알지 못하는 사람에게도 도움이 될 것이다.

VR 교육 과정의 교재로도 유용하게 활용할 수 있다. VR 시스템과 콘텐츠에 대한 광범위한 배경 지식이 필요한 VR 관련 학부 및 대학원 과정용으로 적합하다. 대학 수준의 독자라면 컴퓨터 과학, 공학, 심리학, 의학, 교육, 과학 및 예술에 이르기까지 다양한 분야를 공부하는 학생에게도 좋다. 실제로 VR 개발자는 상호 보완적인 기술을 가진 사람들과 팀을 이룰 수 있는 팔방미인이거나 다재다능해야 한다.

또한 VR이 자신의 일에 도움이 되는지, 정보를 탐구하고 아이디어를 전달하거나 완전한 VR 애플리케이션을 개발하기 위한 도구가 될 수 있는지 알고 싶어 하는 모든 사람에게 유용한 정보의 원천이 되도록 만들었다. 종종 VR은 게임과 복잡한 과학에 대한 제한된 생각을 상기시킨다. VR을 다양한 분야에 적용하는 방법을 알아내기 위해 2부에서는 일반적인 VR 인터페이스 기술을, 3부에서는 전체적인 디자인을 살펴본다.

이 책의 활용 방법

1부에서는 VR 애플리케이션을 이해하는 데 필요한 용어와 배경 지식을 제공한다. 2부에서는 VR 애플리케이션을 디자인할 때 주의해야 할 기술 이슈, 상호작용 기법, 콘텐츠 선택, 표현 문제에 중점을 둔다. 2판에 추가된 3장에서는 VR 애플리케이션을 개인적으로 경험하는 방법에 중요한 역할을 하는 인간 사용자 측면을 살펴본다. 마무리하는 3부에서는 VR 경험을 디자인할 때 발생하는 이슈를 살펴보고, 과거의 경험에서 배울 수 있는 것을 들여다봄으로써 경험의 분류를 탐구한다. 마지막 장에서는 VR 시스템 및 애플리케이션의 미래가 어디에 있는지 살펴보고, 초판에서의 예측이 어떻게 이뤄졌는지 돌아보는 것으로 마무리한다.

이 책의 세 부는 다음과 같다.

- 1부, 'VR이란 무엇인가?': VR의 '무엇'
- 2부, '가상 현실 시스템': VR의 '어떻게'
- 3부, '적용된 가상 현실': '왜', '하는 방법'(또는 '가장 잘하려면') 그리고 VR의 경우 '무엇이 올까?'

VR 분야의 기초와 다양한 응용 분야에서 VR로 무엇을 이뤄졌는지 이해하려면 아주 꼼꼼히 읽어야 할 것이다. 하지만 이 책은 다양한 대학 수준의 과정에 맞게 조정해 활용할 수 있다. 기술을 지향하는 과정이라면 VR을 소통 매체로 강조하는 처음 몇 장을 간단히 넘어가고 기술 및 시스템을 다루는 2부에 더 집중해도 좋다. 미디어 연구 과정이나 주된 관심사가 콘텐츠 레벨에 있는 모든 분야라면 VR 시스템의 기술적 문제를 덜 강조하고 VR의 사용을 다룬 1부와 3부에 초점을 맞출 수 있다. VR 프로그래밍 과정이라면 이 책의 기술 및 사용성 측면을 살피고, 특히 www.understandingvirtualreality.com에서 제공하는 추가 온라인 자료를 활용하는 것이 좋다.

이 책의 초판에는 특정 VR 경험을 심층적으로 다루는 부록이 포함돼 있었는데, 지금은 웹사이트에서 이용 가능하다.

개선 사항

물론 VR과 AR 및 MR(그리고 'XR')이 미디어로서 그리고 기본 기술을 통해 계속 발전하고 있기 때문에 이 책에서는 다루지 않는 새로운 개념이 반드시 있다. 초판에 없었던 SLAM 트래킹 같은 개념 말이다. 그 밖에도 인간과 기술의 상호작용 방법, 체험자가 있는 곳에서 경험을 향상시킬 수 있는 방법 등에 대한 연구가 계속되고 있다. 따라서 이 책은 어느 시점에선가 세 번째 개정을 맞게 될 것이다. 그러니 독자 여러분, 특히 VR/AR/MR/XR을 가르치는 모든 분의 의견을 두 팔 벌려 환영한다(이미 너무 커진 한 개의 장을 나누려고 생각하고 있지만, 시간 제약 때문에 2판에서는 그대로 두기로 했다).

정오표

정오표는 에이콘출판사의 도서정보 페이지 http://www.acornpub.co.kr/book/understanding-vr-2e에서 확인할 수 있다.

질문

이 책에 관한 질문은 에이콘출판사 편집 팀(editor@acornpub.co.kr)으로 문의해주길 바란다.

PART I

VR이란 무엇인가?

1장에서는 VR의 의미를 설명한다. 가상과 현실의 사전적 정의로 시작해서 어떻게 이 각각의 단어가 결합해 인간의 독특한 의사소통 수단을 설명하는지를 생각해 본다. 다른 핵심 용어를 정의하고 VR의 기원에 대한 역사도 간략하게 짚어본다.

2장에서는 기존 매체에 대한 지식을 VR의 매체에 적용하는 방법을 검토하고 VR로 진화한 매체를 살펴본다. 인간이 의사소통을 위해 사용하는 다른 매체와 VR의 특성을 비교하고 가상 세계의 모델을 전달하기 위해 VR이 어떻게 사용되는지 꼼꼼히 살펴본다.

CHAPTER 1

VR 소개

인류 역사는 아이디어를 전달하고 경험하는 데 사용되는 매체의 발달로 특징 지어진다. 이러한 발달의 가장 최근 단계 중 하나가 VR을 사용하는 것이다. 기록된 역사는 사람들이 사냥할 때 있었던 일을 묘사하려고 동굴 벽에 그림을 그리고 공동체나 부족의 역사를 연대순으로 기록해 이야기를 공유하는 데서 시작된다. 전달(커뮤니케이션)이 중요했기 때문에 공동체 내에서 스토리텔러는 존경받는 위치에 있었다.

첫 번째 동굴 벽화는 묘사한 물리적 경험을 초월한다(그림 1-1). 이러한 그림은 아티스트의 개념을 전달하기 위한 원시적인 매체였다. 아티스트는 아이디어, 유용한 사실 및 사건을 사람들 사이에 전달하기 위한 방법이었다. 그 다음에 보는 사람이 그린 사람이 나타내는 표현에 자신의 해석을 겹쳐 놓았다.

그림 1-1 동굴 벽화는 스토리텔링을 위한 초기 매체였다. 가상 세계는 한 사람에게서 다른 사람으로 돌 위에 안료 기술을 통해 전달될 수 있었다. (Image courtesy of Benjamin Britton.)

동굴 벽에 발린 첫 번째 안료를 시작으로 새로운 기술이 개발되고 진화하면서 새로운 매체가 생겨났다(그림 1-2). 그러는 동안 인간은 자신의 생각을 가

상상
춤
음악
스토리텔링(구전)
- 역사 기록 시작 -
동굴 벽화
문자
조각(예: 토템 폴)
기보법
책(필사)
책(인쇄)
신문(정기 간행되는 정보)
전신
사진
입체경(Whetstone)
입체 사진술
애니메이션된 이미지
영화(대량의 시각적 표현)
전화
라디오
녹음된 오디오
텔레비전(대량의 시각적 표현)
디지털 컴퓨터(ENIAC)
비행 시뮬레이션
컴퓨터 그래픽(그림판)
최초의 HMD(Sutherland)
비디오 게임
화상 전화
비디오 텔레콘퍼런스
인터넷(telnet, ftp, sockets 등)
컬러 프레임 버퍼(컴퓨터용)
컴퓨터 그래픽 애니메이션
통신망을 통한 컴퓨터 논의
포럼(USENET) 등
스테레오 컴퓨터 그래픽스
인터랙티브 컴퓨터 그래픽스
MUD 등
몰입형(immersive) 컴퓨터
그래픽스 디스플레이(즉, VR)
증강현실
CAVE(극장형 VR 공연장)
월드 와이드 웹(World Wide Web)
물리적 비디오 게임(DDR, 위(Wii), 키넥트(Kinect))

그림 1-2 동굴 벽화로부터 가상 CAVE의 화면 등에 컴퓨터로 생성된 이미지를 공유하기까지 인류 역사는 새로운 매체의 발전으로 특징지어져 왔다.

장 잘 표현할 수 있는 각각의 새로운 매체를 활용하는 방법을 탐구해왔다. VR은 실용적인 응용과 더 효과적인 소통 방법을 찾기 위해 많은 실험이 진행되고 있는 기술 발전에 의해 생겨난 새로운 매체다.

VR의 정의

VR의 매체가 성숙함에 따라 다양한 사람들과 그룹이 VR에 무엇이 포함되는지에 대한 서로 다른 생각과 관점을 갖게 됐다. 이 분야에 익숙하지 않은 사람들은 약간 다른 해석을 갖고 있을 수도 있다. 이 책에서 사용하는 정의는 VR 분야의 실무자와 학자가 일반적으로 의미하는 것을 반영한 것으로 마케팅 부서와 대중 매체가 사용하는 의미와는 다를 수 있다.

『Webster's New Universal Unabridged Dictionary』(1989, Barnes & Noble Books)은 가상^{Virtual}을 "본질적 또는 효과적으로 있지만, 사실은 아니다."라고 정의한다. 이 사용법은 컴퓨터의 초기 개념에 적용됐다. 예를 들어, 컴퓨터 시스템이 가능한 것보다 더 많은 RAM(1주기억장치)을 필요로 할 때, 디스크 기억장치(보조, 저가 기억장치)를 사용해 메모리를 가상으로 확장한다. 그 결과 RAM 용량이 커진 듯 보이는 것을 가상 메모리$^{Virtual Memory}$라고 한다.

현실^{Reality}이 의미하는 것은 더 풀기 어려우며, 이를 완전하게 정의하려고 하면 복잡한 철학적 논의를 낳을 수 있다. 웹스터의 현실에 대한 정의는 "실제의 상태나 질. 그것에 관한 아이디어와 독립적으로 존재하는 것. 단지 겉보기에 있는 것과 구별되는 실재하거나 실제 물건을 이루는 것"이다. 편이와 목적상, 현실은 존재하고 경험할 수 있는 장소라고 하자.

VR 경험의 5가지 핵심 요소

VR 또는 이와 비슷한 모든 현실 경험의 핵심 요소는 가상 세계$^{Virtual World}$, 몰입감^{Immersion}, 상호작용성^{Interactivity}에 더해, 매체의 생성 및 수신 측면에 있는 사람들이다.

핵심 요소 1과 2: 체험자와 크리에이터

2장은 VR이 매체, 즉 사람 사이의 의사소통 수단이라는 의미에 초점을 맞추고 있다. 모든 VR 경험의 두 가지 핵심 요소는 체험자와 크리에이터다.

실제로 모든 VR 경험에서 가장 중요한 요소는 체험자(들)일 것이다. VR의 모든 마법은 체험자의 마음 속에서 일어난다. 따라서 모든 VR 경험은 각자 자신만의 능력, 해석력/배경/경험을 바탕으로 자신만의 독특한 방식으로 가상 세계를 경험하기 때문에 서로 다르다.

이 책은 인간인 체험자에 초점을 맞추고 있지만 VR 경험은 인간이 아닌 체험자를 위해 만들어지고 그들이 경험할 수 있다. 예를 들어, 물고기[Hughes 2013], 바퀴벌레 그리고 사마귀[Nityananda et al. 2016](그림 1-3)처럼 다양한 '체험자'를 대상으로 디자인된 실험들이 있다.

그림 1-3 사마귀는 스테레오시스(Stereopsis)를 사용해 거리를 측정하는데, 그 능력을 알아보기 위한 실험에서 밀랍으로 곤충의 눈 위에 여색 스테레오시스(Anaglyph) 필터를 부착한다. 사마귀는 붉은색을 잘 구분하지 못하기 때문에 필터를 파란색과 초록색으로 칠했다. (Image courtesy of Newcastle University, UK.)

두 번째 핵심 요소는 체험자가 경험할 수 있도록 만들어진 작품으로써 애플리케이션과 시스템을 디자인하고 구현하는 개인 또는 팀이다. 이러한 개인이나 팀을 저작자라고 부르지 않으려 하는데 그 이유는 2장에서 논의하겠다. 이들은 해당 작품의 크리에이터, 작성자 또는 개발자라 불려야 마땅하다고 생각한다. 이 책은 VR 경험에 참여할 수 있는 애플리케이션과 시스템을 만드는 데 관심이 있는 사람들을 주 대상으로 한다. 이 책에서는 애플리케이션(또는 작품)이나 경험을 구분 지어 말하는데, 경험은 대개 체험자와 크리에이터가 만난 적이 없더라도 하나의 팀으로써 활동했을 때 비로소 만들어진다. 반면 애플리케이션이라 부르는 것은 특정 코드, 개념 및 모델을 VR 시스템과 조합해 체험자가 경험을 할 수 있도록 돕는다. 이러한 견해는 2장에서 더 깊이 생각해 볼 만큼 중요하다.

핵심 요소 3: 가상 세계

가상 세계는 주어진 매체의 콘텐츠(내용)로 크리에이터의 마인드에만 존재하거나 다른 사람과 공유할 수 있는 방식으로 나타날 수도 있다. 가상 세계는 VR 시스템(즉, VR 경험을 생성하기 위해 조립된 하드웨어, 소프트웨어와 콘텐츠의 통합 모음)에 디스플레이되지 않고 존재할 수 있다. 연극이나 영화 대본처럼 공연의 특정 사례들과는 독립적으로 존재할 수 있는데 이 대본은 사실 가상 세계를 설명한다. 조금 더 유추해 보자. 연극 대본은 그저 연극에 대한 설명이지만 해당 설명이 배우, 무대 시트, 음악을 통해 생명이 불어넣어질 때 공연의 가상 세계를 경험하게 된다. 마찬가지로 컴퓨터를 기반으로 한 가상 세계는 시뮬레이션 안에 있는 오브젝트에 대한 설명이다. 시스템을 통해 물리적으로 몰입감을 주고 상호작용하는 방식으로 보여지는 세계에서 오브젝트를 보고 상호작용할 때 VR을 통해 그 세계를 경험하는 것이다.

> **가상 세계:** (1) 종종 어떤 매체를 통해 나타나는 상상 속에 존재하는 공간
> (2) 공간에 있는 오브젝트 모음과 해당 오브젝트를 지배하는 규칙 및 관계에 대한 설명

핵심 요소 4: 몰입감

사용자가 어떤 다른 대체 현실에 몰입돼 있어야 한다는 점을 생각할 때, VR을 단순히 정의하면 다음과 같을 수 있다.

> **VR:** 대체 현실$^{\text{alternate reality}}$이나 시점^{POV}으로의 몰입

그런데 이 말이 무슨 뜻일까? 대체 현실이나 시점에 몰입하려면 어디로 가야 하는 것일까? 대체 현실이나 시점은 무엇일까? 앞서 내린 간단한 정의에 따르면 체험자가 외부 영향 없이 가질 수 있는 것 이외의 것을 지각할 수 있는지 여부로 매체가 자격을 얻는다. 이 정의는 현재 살고 있는 세계 이외의 것을 두 가지 방식으로 지각할 수 있는 가능성을 사실로 인정한다. 즉, 대체 세계$^{\text{alternate world}}$를 지각하거나 일반 세계를 다른 시점으로 지각할 수 있다.

대체 세계는 다른 곳에 존재하는 실제 공간의 대리일 수도 있고, 아니면 순전

히 상상 속에 존재하는 환경일 수도 있다. 대체 세계는 종종 소설가, 작가나 다른 예술가와 개인 창작가의 마인드에서 만들어진다.

현재 살고 있는 곳이 아닌 다른 세계에서 살 수 있는 마력을 지녔다고 잠시 상상해 보자. 당신은 새로운 힘을 얻었고 오브젝트는 중력이 없든가 하는 다른 속성을 갖는다. 다른 인간이나 인간이 아닌 존재가 이 공간에 살고 있다. 우주는 우리 우주와 같은 방식으로 존재할 수도 아닐 수도 있다. 어쩌면 두 점 사이의 최단거리가 직선이 아닐 수도 있다. 이런 시나리오가 가능할까?

그런 장소를 상상할 수 있다면 실제로 가능하다. 상상력은 가상 세계가 시작하는 곳이자 수많은 가상 세계를 경험할 수 있는 방법이다. 상상력의 힘은 우리가 선택한 장소, 시간 그리고 사람을 함께할 수 있게 한다. 우리가 상상할 수 있는 것과 이를 소통할 수 있는 능력만이 우리를 제한한다.

상상해낸 아이디어를 어떤 매체로 표현하고 싶을 때가 종종 있다. 이렇게 하면 다른 사람과 우리의 세계를 공유할 수 있고 다른 사람들의 창작에 참여할 수 있다. 예를 들어, 소설은 이국적인 장소로 데려갈 수 있으며, 영화, 라디오, 텔레비전, 애니메이션처럼 보통의 일상과는 다른 삶으로 데려갈 수도 있다(그림 1-4). 하지만 이러한 매체는 크리에이터로부터 뷰어에게로 일방적인 소통만을 만들어 낸다. 시점은 미리 선택되고 대화 내용은 미리 결정되며 이야기의 결과는 미리 예정돼 있다. 하지만 뷰어의 각 구성원은 어쩌면 크리에이터가 예상치 못한 방식으로 서로 다른 반응을 보일 것이다.

(A)
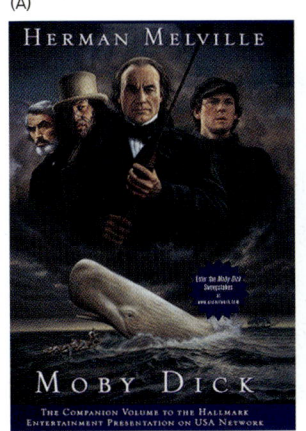

(B)

그림 1-4 아이디어는 소설이나 영화와 같은 미디어를 통해 인상 깊게 표현되고 전달될 수 있다. ((A) © Hallmark Entertainment Distribution, LLC. All rights reserved. (B) Reprinted by permission of Citadel Press/Kensington Publishing Corp., www.kensingtonbooks.com. © 1985 by Douglas Brode. All rights reserved.)

소설은 이야기의 세계로 독자를 에워싸는 작가의 능력에 따라 독자를 몰입하게 만드는 대체 세계로써의 자격을 얻게 된다. 미메시스^{mimesis}라고 하는 이야기의 세계를 사실적이거나 적어도 일관되게 표현함으로써 말이다. 어쩌면 라디오, 영화 또는 텔레비전 쇼에 나오는 인물에 깊이 공감하는 경우가 있었을 것이다. 불신의 유예$^{suspension\ of\ disbelief}$가 일어나 이러한 매체의 콘텐츠를 진짜처럼 보게 된다. 하지만 뷰어 또는 리스너(수신자)와 가상 세계 사이의 직접적인 상호작용을 제공하는 것은 없다. 게다가 이러한 매체는 3인칭 시점으로부터 그들의 세계를 보여주는 경우가 많다.

그러나 이러한 경험과 VR의 가장 큰 차이점은 체험자가 정신적 수준에서만 관계를 맺는다는 점이다. 반면 VR에서는 가상 세계로의 진입에 따른 영향이 정신적이라기보다는 물리적 몰입으로 시작된다. 물리적 몰입은 VR의 필수 요소이기 때문에 앞서 내렸던 간단한 정의로 수많은 다른 매체를 망라하기에는 무리가 있다.

물리적 몰입과 정신적 몰입

그러므로 몰입이라는 용어는 두 가지 방식, 즉 정신적 몰입과 물리적(또는 감각적) 몰입으로 사용할 수 있다. 대부분의 미디어에서 "몰입돼 있다"라고 하는 말은 일반적으로 감정적 또는 정신적 상태, 즉 경험에 관련된 느낌을 의미한다. 하지만 VR 매체에서는 물리적 몰입 역시 체험자의 감각에 대한 자극을 대체하거나 증강시키는 VR 시스템의 속성을 말한다.

정신적으로 몰입된 상태란 어떤 환경 안에서 존재감, 즉 '프레젠스^{presence}'를 느끼는 상태를 말한다. 불행하게도 아직 이러한 용어의 정확한 의미나 서로 간의 관계, 구별하는 방법에는 합의된 바가 없다(챕터 별로 서로 다른 작가가 쓴 한 권의 책에 각기 몰입과 프레젠스에 대해 정반대되는 정의를 제시한 경우도 있었다). 이 책에서 이 세 가지 용어가 의미하는 것과 사용 방법을 정의해 보자.

> **몰입**^{Immersion}: 환경에 있는 느낌. 순수하게 정신적 상태일 수도 있고 물리적 수단을 통해 도달할 수도 있다. 물리적 몰입은 VR의 결정적인 특성이며, 정신적 몰입은 대부분의 매체 크리에이터의 주요한 목표다.

정신적 몰입 Mental immersion: 깊이 몰두해 있는 상태. 불신의 유예. 열중

물리적 몰입 Physical immersion: 신체적으로 매체의 일부로 들어가는 것. 기술을 사용해 신체의 감각을 인위적으로 자극한 것. 모든 감각이나 몸 전체가 몰입되고 완전히 에워싸인 것을 의미하지는 않는다.

이러한 현상을 논의하는 데 정신적 몰입과 물리적 몰입이라는 용어를 사용하려 한다. 하지만 VR 커뮤니티 역시 프레젠스라는 용어(텔레프레젠스telepresence라는 용어가 먼저 사용됐기 때문일 수 있다)를 이 개념을 나타내기 위해 받아들였다. 이 맥락에서는 '존재감'이라고 말하는 것이 더 정확하며 이것이 일반적으로 이 개념을 표현하는 방식이다.

프레젠스: 존재감의 줄임말. 정신적으로 몰입돼 있음

더 전통적인 매체와는 달리 VR에서는 체험자가 가상 세계에서 자기 몸을 배치해 유리한 지점을 선택할 수 있고 사건에 영향을 미칠 수 있다. 이러한 특징이 정적인 3인칭 매체 경험보다 해당 현실을 더 매력적으로 만드는 데 도움이 된다.

가상 세계에서 통제력을 행사할 수 있을 것 같은 체험자의 느낌은 가상 세계 안의 '에이전시agency' 의식으로 불린다(그림 1-5). 프레젠스, 에이전시 및 이와 관련된 주제는 3장에서 더 자세하게 다루겠다.

그림 1-5 가상 세계에 영향을 미치는 능력(세계에 대한 당신의 의지를 드러냄)은 개인 에이전시를 제공하고 가상 세계를 현실로 받아들이도록 돕는다. (Photograph by William Sherman.)

여기서는 현실이란 무엇인지에 대한 철학적 토론은 접어두고, 육안으로 직접 경험하는 현실 이상의 것이 있다 가정해 후자를 물리적 현실이라 부른다. 상상 속의 현실imagined reality은 생각과 꿈에서 경험하거나 소설, 영화, 라디오 등에서 간접적으로 경험하는 것을 말한다. 상상 속의 현실에서 매체를 통해 표현되는 세계 안에서 자신을 상상하는 것을 디에게시스diegesis라고도 한다. 매체를 통해 표현되는 어떤 세계

의 디에게시스에는 직접 제시되지 않지만 존재하거나 발생했음을 암시하는 장소 및 사건이 포함된다. VR은 상상 속의 현실을 경험하기 위해 신체적 감각을 사용할 수 있는 매체다. 즉, 경험을 하는 동안 자신의 상상력보다 콘텐츠 크리에이터의 상상력에 더 의존한다. 다른 말로 표현하면, VR은 물리적 세계에 접근하는 시뮬레이션된 경험을 할 수 있게 하는 매체다. 또한 의도적으로 물리적 현실의 위험을 줄이고 현실 세계에서는 불가능한 시나리오를 만들 수 있게 한다. 6장 '신빙성' 절에서 디에게시스와 미메시스를 더 논의하겠다.

감각 피드백Sensory feedback은 물리적 몰입과 VR에 매우 중요하다. VR 시스템은 체험자의 물리적 위치에 따라 직접적인 감각 피드백을 제공한다. 대부분의 경우 피드백을 받는 것은 시각적 감각이지만, (아마도 배타적으로) 햅틱(촉각) 경험, 사운드 경험 등을 발휘하는 VR 환경이 존재한다. 상호작용 피드백을 즉각 받으려면 고속 컴퓨터를 조정 장치로 사용해야 한다.

VR 시스템이 체험자의 위치에 해당 감각을 출력하려면 반드시 움직임을 트래킹해야 한다. 전형적인 VR 시스템은 체험자의 머리와 적어도 한쪽 손 또는 손에 쥔 오브젝트를 트래킹할 것이다. 고급 시스템이라면 신체의 주요 관절을 여럿 트래킹할 수 있다. VR 시스템이 트래킹하는 데 사용할 수 있는 기술은 매우 다양한데 이러한 기술은 4장에서 설명한다. 한 가지만 정의하고 가자.

> **포지션 트래킹**Position tracking: 물리적 세계에 있는 오브젝트의 포지션(위치 및 (또는) 방향)을 컴퓨터로 감지하는 것. 보통 체험자의 신체 부위 중 하나 이상을 포함한다.

핵심 요소 5: 상호작용성

VR이 진짜처럼 보이려면 사용자 액션에 반응해야 한다. 따라서 VR의 완전한 정의에 필요한 또 다른 요소는 상호작용성이다. 상호작용성은 컴퓨터를 방정식에 추가하면 더 순조롭게 이뤄진다. 컴퓨터가 지원하는 대체 현실에는 게임, 자연적 및 비자연적 현상에 대한 컴퓨터 시뮬레이션, 비행 시뮬레이션이 포함된다.

이러한 대체 현실에 컴퓨터 그래픽이 꼭 필요하지는 않다는 것을 유념하기 바란다. 클래식한 컴퓨터 게임인 〈오리건 가도Oregon Trail〉(완전 오리지널 버전), 〈어드벤처Adventure〉, 〈조크Zork〉(원래 〈던전Dungeon〉이라 불렸다. 그림 1-6 참조)는 게임세계를 텍스트 설명을 통해 표현했다. 각 세계는 플레이어가 타이핑한 명령에 반응해 플레이어가

그림 1-6 디지털 컴퓨터는 새로운 미디어를 위한 플랫폼을 제공했다. 체험자가 컴퓨터 프로그램으로 텍스트를 전달해 이야기와 상호작용할 수 있게 함으로써 IF는 강력한 소통 메커니즘을 제공한다. 〈조크〉는 제일 처음으로 상업적 성공을 거둔 IF 프로그램 중 하나였다. 매체의 힘과 소비자의 창의성을 인정한 인포컴 주식회사(Infocom, Inc.)는 광고에서 "우리는 태양이 비치지 않는 곳에서 우리만의 그래픽을 고집합니다!"라는 문구로 자랑하며 인간 두뇌를 보여줬다. (Image courtesy of Infocom, Inc.)

참여하고 있다는 느낌을 준다. 이러한 상상 속의 세계 안에서 플레이어는 오브젝트, 캐릭터 그리고 그들이 있는 장소와 상호작용한다. 저작된 텍스트를 기반으로 상호작용하는 세계의 매체는 이제 인터랙티브 픽션IF, Interactive Fiction이라 불린다.

컴퓨터를 기반으로 한 세계에 영향을 미치는 능력은 상호작용성의 한 형태를 설명한다. 또 다른 형태는 세계 안에서의 시점viewpoint를 변경하는 능력이다. IF는 위치를 바꾸고, 오브젝트를 집어 올리고 내려 놓고, 스위치를 누르거나 돌리는 등 세계와 상호작용하는 사용자 및 플레이어의 능력으로 정의될 수 있다. VR은 체험자가 세계 안에서 물리적으로 움직이는 능력과 더 밀접하게 관련돼 있으며, 머리의 움직임으로 유리한 위치를 얻는다. IF와 VR은 한 가지 특별한 형태의 상호작용으로 정의될 수 있지만, 각 매체는 다른 형태를 사용할 수 있다는 점에 주목해야 한다. 체험자가 변경할 수 없는 정적인 세계로 구성돼 있는 VR 경험이 많지만, 더 많은 것이 역동적으로 될 수 있으며 세계의 수정을 더 많이 허용할 수 있다.

서라운드(또는 360) 영화는 무엇이 VR이고 아닌지 딱 잘라 말하기 어려운 경계선에 있다. 구형으로 표현되는 영화는 뷰어가 볼 수 있는 영화의 영역을 상

자연 현상

수학

$$\frac{u^{t+(N+1)\Delta t} - u^{t+N\Delta t}}{\Delta t} = F_u - C_p \overline{\rho} \delta_x \alpha^{t+N\Delta t} + \kappa \delta_{xx}(v-V)^{t+N\Delta t}$$

$$\frac{v^{t+(N+1)\Delta t} - v^{t+N\Delta t}}{\Delta t} = F_v - C_p \overline{\rho} \delta_y \alpha^{t+N\Delta t} + \kappa \delta_{xx}(v-V)^{t+N\Delta t}$$

$$\frac{w^{t+(N+1)\Delta t} - w^{t+N\Delta t}}{\Delta t} = F_w - C_p \overline{\rho} [\alpha M \delta_z \alpha^{t+(N+1)\Delta t} + (1-\alpha) M \delta_z \alpha^{t+N\Delta t}]$$
$$+ Kd\, M \delta_z (v-V)^{t+N\Delta t}$$

$$\frac{\alpha^{t+(N+1)\Delta t} - \alpha^{t+N\Delta t}}{\Delta t} = -\frac{c_s^2}{C_p \overline{\rho} \theta}(v-V)^{t+N\Delta t}$$
$$- \frac{c_s^2}{C_p \overline{\rho} \theta}[\alpha M \delta_z(\overline{\rho} w)^{t+(N+1)} + (1-\alpha) M \delta_z(\overline{\rho} w)]$$

where:

$$F_u = -\overline{u}\delta_x u - \overline{v}\delta_y u - \overline{w} M \delta_z u + D_u + S_u$$

절차화

```
      do 1001 k = 1,nz-1
      do 1001 j = 2,ny-1
      do 1001 i = 1,nx-1
      fu(i,j,k) = fu(i,j,k)
   -.25*rdx * ((u(i+1,j,k) + u(i,j,k))
              * (u(i+1,j,k) - u(i,j,k))
              + (u(i,j,k) + u(i-1,j,k))
              * (u(i,j,k) - u(i-1,j,k)))
   -.25*rdy * ((v(i,j+1,k) + v(i-1,j+1,k))
              * (u(i,j+1,k) - u(i,j,k))
              + (v(i,j,k) + v(i-1,j,k))
              * (u(i,j,k) - u(i,j-1,k)))
   -.25*rdz*rstr(k)
   *  ((ω(i,j,k+1) + ω(i-1,j,k+1)) * rhm
   * mfe(k+1) * (u(i,j,k+1) - u(i,j,k))
   + mfe(k) * ω(i,j,k) * (u(i,j,k) - u(i,j,k-1))))
1001 continue

Y-Momentum Advection
      do 1001 k = 1,nz-1
      do 1001 j = 1,ny-1
      do 1001 i = 1,nx-1
      fv(i,j,k) = fv(i,j,k)
   -.25*rdx * ((u(i+1,j,k) + u(i+1,j-1,k))
              * (v(i+1,j,k) - v(i,j,k))
              + (u(i,j,k) + u(i,j-1,k))
              * (v(i,j,k) - v(i-1,j,k)))
```

수치화

	0.0	0.1	0.2	0.3
0.0	5.620e+00	5.290e+00	4.930e+00	4.570e+00
0.1	5.630e+00	5.370e+00	5.000e+00	4.500e+00
0.2	5.710e+00	5.410e+00	5.040e+00	4.690e+00
0.3	5.760e+00	5.440e+00	5.080e+00	4.730e+00
0.4	5.790e+00	5.500e+00	5.110e+00	4.780e+00
0.5	5.820e+00	5.580e+00	5.240e+00	4.780e+00
0.6	5.830e+00	5.650e+00	5.490e+00	5.010e+00
0.7	5.850e+00	5.710e+00	5.490e+00	5.070e+00
0.8	5.830e+00	5.770e+00	5.630e+00	5.260e+00
0.9	5.830e+00	5.840e+00	5.760e+00	5.470e+00
1.0	5.820e+00	5.750e+00	5.790e+00	5.570e+00
1.1	5.800e+00	5.980e+00	5.990e+00	5.710e+00
1.2	5.770e+00	6.080e+00	6.110e+00	5.820e+00
1.3	5.790e+00	6.100e+00	6.240e+00	5.920e+00
1.4	5.790e+00	6.260e+00	6.320e+00	6.100e+00
1.5	5.790e+00	6.370e+00	6.460e+00	6.190e+00
1.6	5.810e+00	6.420e+00	6.560e+00	6.260e+00
1.7	5.840e+00	6.420e+00	6.580e+00	6.300e+00
1.8	5.840e+00	6.450e+00	6.590e+00	6.340e+00
1.9	5.890e+00	6.550e+00	6.710e+00	6.540e+00
2.0	5.900e+00	6.560e+00	6.830e+00	6.870e+00
2.1	6.210e+00	6.900e+00	7.150e+00	7.070e+00
2.2	6.380e+00	7.060e+00	7.260e+00	7.370e+00
2.3	6.570e+00	7.270e+00	7.360e+00	7.420e+00
2.4	6.780e+00	7.280e+00	7.360e+00	7.420e+00
2.5	6.980e+00	7.280e+00	7.380e+00	7.420e+00
2.6	7.190e+00	7.290e+00	7.620e+00	3.680e+00

그래픽화

그림 1-7 이 이미지 시퀀스는 뇌우에 대한 정보를 나타낼 수 있는 다양한 방법을 보여준다. (Image courtesy of Matthew Arrott and Bob Wilhemson.)

호작용으로 선택할 수 있게 한다. 뷰어가 정면을 보면 일련의 특정 행동을 보게 되고, 주변을 보면 자신의 뒤에서 벌어지고 있는 일을 볼 수 있다. 이를 360도(또는 360×180도) 영화 또는 시네마틱 VR^{Cinematic-VR}이라고 한다. 어떤 사람들은 이런 식으로 360 영화를 보는 것을 VR 경험이라 말하기도 하는 반면, 단순히 서라운드 영화라고 부르는 사람도 있다. 그렇다면 헤드 마운트 디스플레이^{HMD}를 쓴 사람이 자신의 뷰^{view}를 바꾸기 위해 머리를 돌리는 것과 옴니맥스 극장^{OmniMax theatre}에서 둘러보는 (아니면 뒤로 두 번) 것이 어떻게 다른지 하는 애매함이 남게 된다.

컴퓨터로 시뮬레이션 된 현실

컴퓨터 시뮬레이션으로 만들어진 인공 현실은 어떤 세계의 일부를 모델링한다. 이러한 모델은 일정 기간에 걸친 가상 세계의 상태를 나타내는 많은 수의 집합을 낳는 경우가 대부분이다. 뇌우의 과학적 시뮬레이션을 한 예로 들 수 있는데, 이때 폭풍을 설명하는 수학적 방정식이 현재 기후 조건을 기초로 해 풀리며, 그 결과로 나오는 숫자가 이미지로 옮겨진다.

그림 1-7의 첫 번째 이미지는 뇌우로 성장 중인 구름의 자연 현상 사진이다. 연구자는 추상적인 기후 개념을 수학으로 다뤄 더 많은 이해를 얻는다. 대부분의 컴퓨터는 분석적인 수학적 표현을 직접적으로 풀지 않기 때문에 정보는 컴퓨터가 해석할 수 있는 형태로 표현돼야 한다. 컴퓨터 프로그램 실행 결과는 해당 폭풍의 물리적 측면을 설명하는 일련의 숫자다. 하지만 수백만 개의 숫자를 디스플레이하는 것은 과학자 또는 다른 사람이 해석할 수 있는 가장 좋은 표현 방식이 아니다. 그 대신 숫자를 인간이 더 쉽게 이해할 수 있는 시각적 이미지로 바꿀 수 있다.

또 다른 예로는 비행 시뮬레이션이 있다. 여기에서는 여러 가지 비행 컨트롤장치가 날개, 프로프 깃, 터빈, 방향타 등 다양한 에어포일(익형) 표면에 적용될 때 주변 공기와의 상호작용을 컴퓨터로 시뮬레이션한다. 시뮬레이션의 결과는 조종석에서 보는 창에 시각적으로 표시할 필요는 없지만, 간단하게 조종실 계기판에 표시할 수도 있다.

비록 오늘날 비행 시뮬레이션을 VR의 부분 집합이자 선도자로 여기고 있지만, 비행 시뮬레이션용 컴퓨터 기반 이미지 생성의 초기에는 주로 화면에 점을 표시하는 것으로 이뤄져 있었다. 조종사가 야간 비행 시 현실 세계에서 활주로, 택시와 도시의 조명 등이 점으로 보이는 것과 비슷해서 이 방식이 야간 착륙에 좋은 효과를 보일지라도, 현재 기준으로 볼 때는 몰입감이 뛰어나지 않다고 여겨질 것이다. 비행 시뮬레이션용 이미지 생성 기능을 향상해야 하는 부분이 많기 때문에 그래픽 워크스테이션은 더욱 강력해지고 VR 애플리케이션에 적합해졌다. 이후 게임에서 더 나은 시각적 품질을 얻고자 하는 욕구가 가정용 컴퓨터의 발전에 비슷한 역할을 했다.

협업 환경(다른 사람과의 상호작용)

협업 환경은 상호작용 요소의 확장이자 다수의 사용자가 같은 가상 공간이나 시뮬레이션 안에서 상호작용하는 시스템을 가리킨다. 사용자는 상호간에 영향을 미칠 수 있는 시뮬레이션 안의 다른 사람들을 지각할 수 있다. 사용자를 대신하는 분신을 아바타라고 한다.

> **협업 환경**collaborative environment: 체험자끼리 상호작용을 가능하게 하는, 어떤 가상 공간 안에서 상호작용하는 다수의 사용자. 반드시 가상 현실에서 나타나는 것은 아니다. 협업 VR 환경은 멀티프레젠스multipresence 또는 다중체험자multiparticipant라고 부를 수 있다.

물론 이 특성은 전투 시뮬레이션 및 연습, 팀플레이와 인간 상대가 수반될 수 있는 게임 산업을 포함한 많은 VR 애플리케이션에서 매우 중요하다. 예측할 수 없게 되면서 다른 체험자가 환경을 더욱 어렵게 만든다.

이는 VR의 다른 사용에서도 중요하다. 가상 프로토타이핑에서는 다른 장소에 있는 디자이너가 먼 거리에서 서로 상호작용할 수 있다. 텔레프레젠스telepresence 수술에서는 여러 명의 외과의사가 모두 지켜보기 좋은 위치에서 수술을 참관할 수 있으며, 특정 상황에서 다른 참여 의사에게 통제권을 넘길 수도 있을 것이다.

그림 1-8 키넥트 뎁스 카메라(Kinect depth-camera)로 캡처한 그때그때의 모습은 가상 세계 안에서 볼 때 사용자 아바타가 된다. (Image courtesy of Oliver Kreylos.)

다른 인간 체험자와 함께 공간을 경험할 때, 자신들이 어디에 위치해 있는지, 어느 쪽을 보고 가리키는지, 어떤 말을 하는지처럼, 가상 세계에서 자신의 존재감을 느낄 수 있는 것이 중요할 때가 있다. 힌디어로 신의 세속적인 임바디먼트를 뜻하는 아바타는 가상 세계에서 사용자를 대표하는 개념을 나타내기 위해 사용한다. 때로는 누군가의 라이브 비디오 이미지나 포인트 클라우드^{point-cloud} 캡처가 아바타 표현의 일부 또는 전체로 사용되는 경우도 있다(그림 1-8).

아바타 ^{avatar}: (1) 가상 세계에서 체험자 또는 물리적 오브젝트를 나타내는 데 사용되는 가상 오브젝트. (일반적으로 시각적인) 표현은 임의의 형태를 취할 수 있다. (2) 체험자가 구체화한 오브젝트 (3) 힌디어에서 따온 것으로 신의 세속적인 구현을 뜻한다.

멀티프레젠스를 VR 매체의 특수 기능으로 여기고는 있지만, 멀티프레젠스가 일어나는 VR이 아닌 상황도 있다. 오디오 전용 가상 환경으로의 전화를 생각해 보면, 2명 이상의 체험자가 있기 때문에 이 역시 멀티프레젠스 환경으로 간주할 수 있다. 이 현상은 사이버 스페이스^{cyberspace}이라 불리는 기술을 매개로 한 공간을 만들어 냈다(1장 후반에 다시 다룬다).

사용자가 한 명뿐인 경험에서도 아바타는 목적이 있다. 특히 사용자가 자신의 신체를 볼 수 없는 헤드 기반 시스템에서는 가상 세계에서 자신을 대표해 볼 수 있는 아바타의 존재는 가상 세계에서의 에이전시로서 자신이 거기에 존재하고 있으며 영향을 줄 수 있다는 지각을 높인다(3장에서 자세히 설명한다). 이것은 사용자가 손에 쉬고 있는 핸드 컨트롤러를 모방하는 표현에 지나지 않을 수도 있고, 컨트롤러 대신 휴머노이드나 만화로 그려진 손으로 대체될 수도 있다. 가상 세계에 거울이 있다면 사용자도 자신의 머리를 볼 수 있을 것이다. 어떤 경우에는 전신 아바타를 만들기도 하는데, 제한된 신체 트래킹의 차이를 메우기 위한 보외법extrapolation을 쓰기도 한다.

요소의 결합

이러한 모든 요소를 고려하면 VR에 대한 더 적합한 정의가 나온다.

> **가상 현실**: 체험자의 위치와 액션을 감지하고 하나 이상의 감각으로 피드백을 대체 또는 증강해 상호작용하는 컴퓨터 시뮬레이션으로 구성된 매체로, 해당 시뮬레이션(가상 세계)에 정신적으로 몰입하거나 존재하는 느낌을 준다.

이 정의는 가상 현실이라는 용어를 오해의 소지가 없도록 사용할 수 있을 만큼 면밀한 동시에 이 매체의 실무자가 사용하는 다양한 디바이스를 포함할 수 있을 만큼 광범위하다.

이 정의에 서술된 시나리오는 현대 컴퓨터 시스템에 의한 사용자 위치 감지, 센서리 디스플레이sensory display 및 적절한 상호작용 프로그램을 제공하는 추가적인 하드웨어 디바이스로 충족될 수 있다.

따라서 VR 경험은 이 책에서 설명한 대로 이를 지원하는 기술적 플랫폼이 필요하다. 경험을 구현할 수 있는 방법은 다양하다. 오늘날 많은 사람은 'VR'이라고 하면 얼굴에 쓰는 고글이나 가면을 생각한다. 이 방법을 사용할 수도 있지만 VR 경험을 만들어 내는 유일한 방법은 절대 아니다.

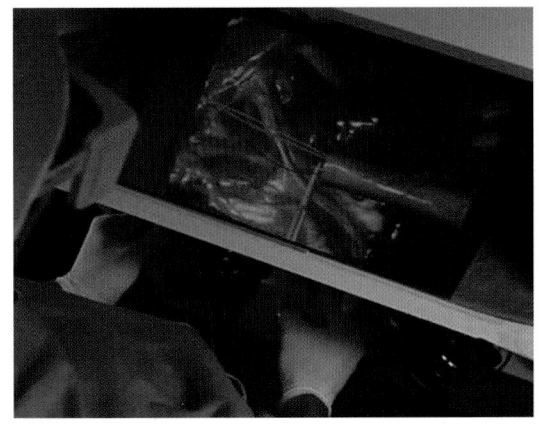

그림 1-9 일부 가상 현실 시스템은 시각적 감각 이외의 감각에 대한 피드백을 제공한다. 이 수술 시뮬레이터는 시각 및 햅틱 정보 모두를 제공하기 때문에 사용자는 외과의사가 살아있는 환자를 보고 느끼는 것을 경험할 수 있다. (Photo courtesy of Boston Dynamics, Inc.)

VR 시스템이라고 해서 반드시 시각적인 것이 주가 되는 건 아니다. 외과의사는 컴퓨터에 연결된 의료 기기를 조작해 가상의 환자와 상호작용할 수도 있다. 외과의사의 손을 트래킹하고 컴퓨터는 의사의 손에 햅틱 피드백(저항 및 압력)을 제공하는 디바이스로 정보를 전달해 장기에 대한 기구의 느낌을 시뮬레이션한다(그림 1-9).

가상 현실 패러다임

이 책에서는 VR 경험을 지원하는 기술을 콘텐츠와 구분 짓는다. 콘텐츠는 독립적이지만 관련된 이슈들이다. 경우에 따라 특정 기술이 여러 이유로 한 애플리케이션이나 다른 것에 더 적합하다(이 책에서 상세하게 설명한다). VR 기술 플랫폼은 세 가지 패러다임으로 분류할 수 있다(VR 패러다임은 5장에서 제대로 논의한다).

- 헤드 베이스^{Head Based}
- 고정형
- 핸드 베이스^{Hand Based}

헤드 베이스

머리에 쓰거나 장착하는 헤드베이스 디바이스에는 헬멧 또는 헤드 마운트 디스플레이^{head-mounted display}가 있는데, 외부 세계를 볼 수 있거나 보지 못하게 차단하는 타입이 있다(그림 1-10). 그래픽 이미지는 헬멧의 경우 하나의 스크린에, 안경 형태는 한 눈에 하나씩 한 쌍의 스크린에 표시된다. 위치 트래킹 센서는 체험자가 보고 있는 곳을 적어도 그들의 눈이 어디에 있는지를 컴퓨터 시스템에 알려준다. 컴퓨터는 체험자의 위치에 적절한 위치에서 본 시각적 이미지를 신속하게 표시한다. 따라서 체험자는 컴퓨터가 생성한 세계를 현실 세계와 비슷한 방식으로 현재 기술의 한계 내에서 살펴볼 수 있어 자연스럽고 직관적인 인터페이스가 된다. 추가로 디바이스를 더해 체험자가 주변을 둘러보는 데 그치지 않고 세계와 상호작용하게 할 수도 있다. 잠재력이 있는 입력 디바이스로는 가상 세계에 있는 오브젝트를 잡거나 움직일 수 있게 하는 컴퓨터에 연결된 글러브나 핸드헬드handheld 컨트롤러 게임 컨트롤러 및(또는) 음성을 이용한 음성 인식 시스템이 있다.

헤드 디스플레이라고 해서 모두 머리에 장착하는 것은 아니며, 특히 렌즈와 함께 프레임에 고정된 스마트폰을 사용하는 디스플레이는 손으로 잡고 사용하는 경우 많다. 이 경우 '헤드 베이스 디바이스HBD, head-based display'라고 쓰는 게 더 나으며 이 용어가 두 가지 방법을 모두 아우른다.

아니면 체험자의 눈 가까이에 디스플레이를 두는 대신 일종의 영사 시스템projection system을 머리에 쓰는 방법도 있다. 이 시스템은 머리가 움직이는 대로 벽이나 다른 표면에 체험자가 보고 있는 것을 투영한다. 이 기법을 헤드베이스 프로젝터 디스플레이HBPD, head-based projector display라고 한다.

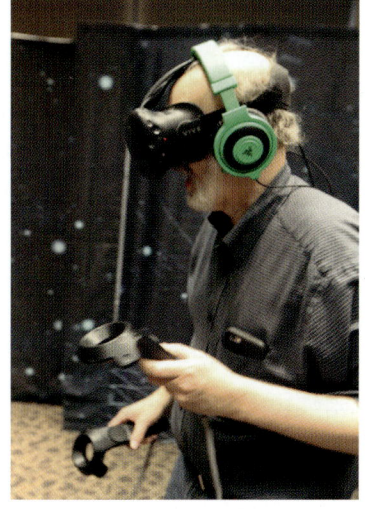

그림 1-10 체험자는 헤드 마운트 디스플레이를 통해 컴퓨터가 생성한 인위적인 환경에 물리적으로 몰입할 수 있다. (Photograph by William Sherman.)

고정형

고정형 VR 패러다임은 체험자가 VR 하드웨어를 몸에 걸치거나 휴대하지 않는다. 고정형은 어떤 공간에 고정돼 놓여 있으며 체험자는 이 시스템이 있는 곳으로 가서 경험을 하게 된다. 이런 타입의 시스템은 종종 프로젝터 및(또는) 대형 디스플레이 스크린을 사용해 경험의 시각적 정보를 전달한다. 가장 대표적인 고정형 VR 패러다임으로는 CAVE 시스템이 있다.

VR 경험을 표현하기 위한 이 메커니즘은 컴퓨터가 생성한 상(이미지)으로 둘러싸인 방 같은 공간에 체험자를 두는 것을 포함한다. 과거에는 대부분 컴퓨터 그래픽을 고정된 대형 디스플레이 스크린에 투사하는 방식으로 이뤄졌지만, 최근에는 기술 발전 덕에 오프 액시스off-axis(비축) 프론트 프로젝션front-projection(전방 영사) 및 대형 패널 모니터가 가능해졌다. 일리노이 대학 시카고 캠퍼스University of Illinois at Chicago에 있는 EVLElectronic Visualization Lab에서 만든

그림 1-11 CAVE는 가상 현실 경험을 지원하기 위한 또 다른 패러다임을 제공한다. 여기 한 사용자가 1920년대 할렘을 배경으로 한 영화 〈커튼 클럽(The Cotton Club)〉의 주무대인 커튼 클럽에 들어간다. (Photograph courtesy of Kalev Leetaru. Virtual Harlem application courtesy Bryan Carter.)

CAVE 시스템은 리어 프로젝션$^{rear\ projection}$(후면 영사)을 쓰는 대표적인 장치다(그림 1-11)[Cruz-Neria et al. 1992]. 더 새로워진 NexCAVE 및 CAVE2 시스템은 평면 모니터에 직접 디스플레이한다. 고정형 디스플레이는 상(이미지)이 체험자를 부분적으로 둘러싸거나 그 앞에 있더라도 강렬할 수 있다(후자는 대개 '피쉬 탱크 VR$^{fishtank\ VR}$'로 불리며, 규모가 크면 '아쿠아리움 VR$^{aquarium\ VR}$'이라 부른다).

핸드 베이스

핸드 베이스 VR 패러다임은 스마트폰이나 스마트 태블릿 등을 손에 들고 있는 체험자에게 정보를 표시하는 것이다. 스마트 쌍안경이나 스마트 오페라 관람용 안경처럼 손에 쥐고 있다가 눈으로 가져가거나 많은 증강현실^{AR} 애플리케이션처럼 거리를 두고 들고 있을 수도 있다.

가상 현실, 텔레프레젠스, 증강현실, 사이버 스페이스

현실 세계와 가상 세계(가상 현실, 증강현실, 텔레프레젠스, 사이버 스페이스)에 대한 컴퓨터 매개 인터페이스의 형태와 관련된 용어는 자주 혼동된다. 따라서 밀접하게 관련된 이런 표현들이 어떻게 비슷하고 다른지 요약해 보자.

VR, AR, 텔레프레젠스는 물리적으로 몰입하는 미디어의 세 가지 카테고리로 볼 수 있다. VR은 사용자가 상호작용하는 순수하게 인공적으로 만들어 낸 환경이다. AR은 현실 세계와 컴퓨터가 생성한 정보를 혼합한다. 텔레프레젠스로 사용자는 멀리 떨어진 실제 환경을 보고, 상호작용하고, 자신의 행동으로 영향을 미칠 수 있다. AR에서 물리적 현실은 여기에 있다(신체에 가깝다). 텔레프젠스에서 물리적 현실은 거기에 있다(신체에서 멀다). 따라서 텔레프레젠스는 진짜지만 원거리이고, AR은 근접 현실과 있으며, VR은 여기나 거기에 있는 현실 세계와 관계가 있거나 전혀 없을 수도 있는 컴퓨터가 생성한 세계만이 있을 뿐이다(안전을 위한 조치는 제외).

사실 이반 서덜랜드Ivan Sutherland가 최초로 '궁극의 디스플레이Ultimate Display' 프로토타입을 완성하는 데 이런 타입의 디스플레이를 적용하도록 영감을 줬던 것이 프로토타입 텔레프레젠스 시스템을 사용한 경험이었다. 벨 헬리콥터Bell Helicopter를 방문하던 중, 서덜랜드는 빌딩 옥상에 있던 스테레오스코픽stereoscopic 카메라 한 쌍으로 구성된 프로토타입을 체험했다. 카메라 한 쌍은 HMD를 착용하고 있는 동안 빌딩 안에 앉아 있는 사용자의 머리 움직임으로 원격 컨트롤되는 기민한 장치에 장착돼 있었다(벨 헬리콥터는 조종사가 야간에 착륙할 때 헬리콥터 아래를 볼 수 있게 하려고 이 장치를 연구하고 있었다). 서덜랜드는 자신의 시스템에 쓸 동일한 HMD를 구입했다.

VR과 AR은 전체적이든 부분적이든 인공적으로 만든 세계에 의존하기 때문에 요즘에는 'xR'(또는 XR)이라고 쓰는 경우가 많다. 때때로 'xR'은 '확장현실cross-reality'로 표현된다. 또한 일부 실무자들은 AR과 VR을 섞은 몰입형 경험을 표현하려고 '혼합 현실MR, Mixed Realrity'이라는 용어를 사용하지만, 엄밀히 따지면 AR은 이미 이 용어를 포함한다. WebXR 및 OpenXR과 같은 표준 작업은 둘 다 새로운 표기법을 채택했다.

사이버 스페이스와 VR(또는 XR) 사이의 관계는 더 복잡하다. 이 둘은 서로 공통적인 특징이 있는 것처럼 보인다. 가장 큰 차이점이라면 사이버 스페이스는 사용자의 감각을 직접적으로 대체하지 않는다는 것이다. VR은 상호작용이 반드시 여러 사람 사이에 일어나는 것이 아니라 한 사람과 가상 세계(다른 사람들을 포함하지 않을 수도 있음)라는 점에서 사이버 스페이스에 대한 우리의 정의에 항상 부합하지는 않는다.

사이버 스페이스와 VR은 둘 다 기술이 매개돼 가상 세계 또는 커뮤니티와 상호작용하는 예다. 사이버 스페이스는 다른 인간과의 정신적 몰입을 수반한다. VR은 컴퓨터가 매개하는 가상 세계 안에서의 감각적 몰입을 수반한다.

사이버 스페이스는 그 자체가 매체가 아니라 다양한 매체의 한 특징이다. 한 매체가 사이버 스페이스으로 만들어지려면 가상 세계에서의 존재, 여러 명의 체험자('우리'), 상호작용성 그리고 정신적 몰입의 가능성을 반드시 갖고 있어야 한다.

인공 현실

인공 현실은 사용자가 상호작용하며 참여할 수 있는, 인공적으로 만들어진 환경을 설명하는 데 사용되는 또 다른 용어다. 마이런 크루거Myron Krueger는 VR이라 불리는 인공 현실과 일치하는 자신의 연구를 설명하고자 인공 현실을 정의하면서 이 용어를 만들었다. 그의 저서 『Artificial Reality II』(Addison-Wesley Professional, 1991)[Krueger 1991]에서 인공 현실이 아트 및 기술과 어떻게 관련돼 있는지에 대한 많은 이슈를 논의하고 실제로 이 두 가지를 서로 더 가깝게 만든다. 그의 용어집에서 인공 현실을 다음과 같이 정의한다(여기에 그대로 인용한다).

> **인공 현실**artificial reality: 인공 현실은 그래픽 세계와 체험자의 신체와의 관계 측면에서 체험자의 액션을 감지하고, 해당 액션이 그 세계 안에서 일어나고 있다는 착각을 유지하는 반응을 만들어 내는 것이다.

가상

VR과 연관된 과대 광고 때문에 가상virtual이라는 단어는 VR 기술이 관여한다는 의미로 함께 사용되는 경우가 많다. 하지만 가상이라 불리는 무언가가 반드시 VR의 학문적 정의에 들어맞아야만 한다는 뜻은 아니다.

그림 1-12 샌드박스(sandbox) 게임인 마인그래프트에서는 플레이어가 가상 세계를 탐색하고 수정할 수 있을 뿐만 아니라 서로 상호작용할 수 있다. (Image courtesy of Thomas Sherman.)

앞서 컴퓨터 시스템에 가상을 추가해 해당 시스템의 일부 구성요소가 하드웨어적으로 확장돼 다른 소스로 실제의 것을 에뮬레이션할 수 있음을 언급했다. 오브젝트가 해당 세계에 가상으로 존재하는, 시뮬레이션된 가상 세계도 있다. 이러한 오브젝트는 그것이 나타내는 물리적 오브젝트의 이미지에 지나지 않기 때문에 가상이라는 단어는 각 오브젝트가 이를 나타내는 이름에 덧붙여 쓸 수 있다. 예를 들어, 가상 부엌에 있는 가상 테이블은 둘 다 가상 세계에 존재하지만 무엇을 가리키는지 설명할 수 있다. 이와 연관된 다른 사용법으로 광학 분야에서는 렌즈나 거울을 통해 존재하는 오브젝트를 가리키는 데 가상 이미지virtual image라는 단어를 사용하며, VR에서의 의미와 매우 비슷하다. 〈세컨드 라이프Second Life〉나 〈마인크래프트Minecraft〉와 같은 인터랙티브 공간을 설명하는 데 VR이라는 용어를 사용하는 사람들이 많다(그림 1-12).

하지만 〈세컨드라이프〉는 VR을 통해 경험할 수 있는 인터랙티브 가상 세계이지만, 실제로는 VR이 아닌 인터페이스를 통해 전형적으로 경험되는 가상 세계다.

가상virtual: (형용사) 하나의 독립체가 다른 것의 특성을 모방한 것을 나타냄. 가상 세계라는 맥락에서 쓰일 때 가상 세계에 있는 모든 오브젝트는 가상이라 말할 수 있다.

가상 세계와 가상 환경

앞서 가상 세계virtual world에 대한 정의를 말했지만, VR과의 관계 및 가상 환경virtual environment이라는 표현을 명확하게 짚어보는 일은 중요하다. 이 세 가지 표현은 어찌보면 당연하게도 종종 결합된다. 가상 현실virtual reality이라는 용어는 가상 세계 및 가상 환경과 어떻게 관련돼 있을까?

가상 환경이라는 용어는 VR 및 가상 세계의 동의어로 사용되는 경우가 많다. 하지만 이 용어는 가상 현실이라는 표현보다 우선한다. 가상 환경이란 용어 사용에는 모호한 점이 있는데, 심플하게 가상 세계로 정의될 수도 있고, 특정 VR 하드웨어 구성에 표시되는 세계를 나타낼 수도 있기 때문이다. 1980년대 중반, 나사NASA의 에임스 연구센터Ames Research Lab 연구원들은 요즘 VR 시스템이라 부르는 1인칭 시점POV에서 컴퓨터가 생성한 씬을 경험할 수 있는 인터페이스를 만들어내는 작업을 설명할 때 가상 환경이라는 용어를 자주 사용했다.

> **가상 환경**virtual environment: (1) 가상 세계 (2) 가상 현실과 같은 인터랙티브 매체로 제공되는 가상 세계의 인스턴스
>
> **가상 세계**virtual world: (1) 어떤 매체의 콘텐츠 (2) 하나의 공간으로 이를 만든 크리에이터의 마인드에 존재하며 종종 어떤 매체에 나타난다. (3) 어떤 공간에 있는 가상 오브젝트의 모음에 대한 기술 그리고 이 오브젝트들에 적용되는 규칙 및 관계

사이버 스페이스

사이버 스페이스Cyberspace는 이러한 용어들과 관련 있는 이해하고 넘어가야 하는 중요한 개념 중 하나다. 역사적으로 (전화 등) 기술은 사람들이 같은 장소에 있는 것처럼 의사소통할 수 있는 수단을 제공해왔다. 이 과정에서 새로운 가상 위치virtual location인 사이버 스페이스가 만들어졌다. 1984년 윌리엄 깁슨William Gibson이 그의 소설 『뉴로맨서』(황금가지, 2005)에서 사이버 스페이스라는 용어를 사용했는데, 이것이 대중화됐다. 소설에서의 사이버 스페이스는 이 공간의 거주자가 정보를 찾고, 검색하고, 소통할 수 있게 해주는 미래의 컴퓨터 네트워크에 존재하는 방대한 공간으로 묘사된다.

사이버 스페이스는 VR과 다르다. VR 기술로도 사이버 스페이스에서 상호작용할 수는 있지만 이러한 인터페이스는 필요하지 않다. 간단한 텍스트, 음성 또는 비디오가 사이버 스페이스를 만들어 내는 예는 많이 있다. 인터넷은 소셜 미디어, 인스턴트 메신저, 라이브 채팅 포럼, MUD(멀티 유저 디멘션/던전), 뉴스 그룹/웹 포럼/댓글 달기 등과 같은 사이버 스페이스에만 존재하는 장소의 예를 많이도 제공한다. 인터넷 연결이 아닌 예로는 전화, CB 라디오 및 화상 회의가 있다.

> **사이버 스페이스**cyberspace: 체험자의 마인드에 존재하는 장소로 지리적으로 멀리 떨어진 사람들이 상호작용할 수 있게 하는 기술의 결과다.

이 새로운 공간은 종종 물리적 장소처럼 취급된다는 점이 흥미롭다. 이러한 측면은 사람들이 여기와 저기라는 단어를 사용하는 것을 볼 때 특히 두드러진다. 예를 들어, 라이브 채팅 포럼에서 어떤 사람이 참여하는지를 묻는 질문은 "비이커 씨가 여기 계신가요?"이다. 이때 '여기'는 포럼이 만든 공간이다. 이와 같은 현상은 텔레비전 인터뷰에서도 볼 수 있다. 진행자가 "지금 여기 함께 계신 분은 가상 현실 분야의 전문가이신 허니듀 박사님이십니다."라고 얘기하기도 한다. 하지만 그 사람은 종종 물리적으로 스튜디오에 있는 것이 아니라 다른 장소에 있고 대형 모니터에 보여진다.

증강현실

일부 VR 애플리케이션은 가상 표현을 물리적 세계에 대한 지각과 결합하도록 디자인됐다. 가상 표현은 육안으로는 볼 수 없는 인간의 감각(예: 벽 뒤에 숨겨진 파이프)으로 지각되지 않는 물리적 세계에 대한 추가 정보를 사용자에게 주거나 상상에만 존재하는 오브젝트 및 캐릭터를 표현하기 위해 가상 오브젝트를 추가할 수 있다. 이런 타입의 애플리케이션은 증강현실AR, augmented reality이라고 하며, 때로는 '혼합 현실mixed reality'이라고도 한다. AR에서 특수 디스플레이 기술을 사용하면 사용자가 추가 정보의 오버레이로 현실 세계를 지각할 수 있다(그림 1-13). 이 용어는 웹스터Webster의 증강augment에 대한 정의, "더 크게 만든다. 크기 또는 정도를 확장하다. 증가시키다/늘리다"에서 유래한다

(A)  (B)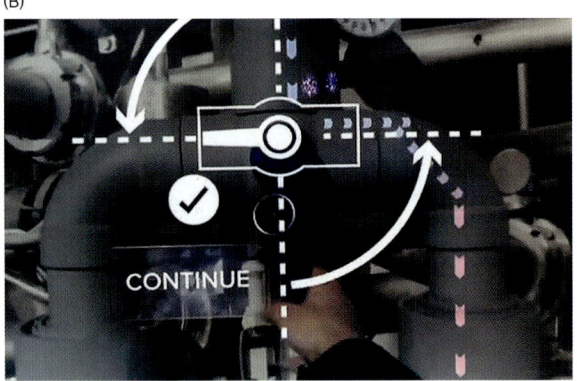

그림 1-13 (A) 다크리(Daqri) 스마트 안경을 착용한 사용자가 점검을 준비하는 동안 제트 엔진에 대한 정보와 문서를 제공받는다.
(B) 스마트 헬멧을 통해 사용자는 파이프 내의 흐름 방향, 밸브 조절 레버의 회전 방향 및 결과를 볼 수 있다.
(Image courtesy of Daqri.)

[1989]. 증강현실에서는 사용자의 일반적인 지각에 비해 사용할 수 있는 정보의 양을 늘리고 있다. 그러나 '증강augmentation'은 씬scene의 복잡성을 줄이기 위해 현실 세계의 정보를 디지털로 제거하는 경우도 있다.

AR은 VR의 한 종류로 볼 수 있다. 물리적 현실을 경험한다고 하기보다는 가상과 함께 물리적인 것을 포함한 다른 현실에 놓인다. 반대로 VR은 현실 세계가 가려진 AR의 특별한 경우라 볼 수 있다.

일반적으로 증강되는 것은 시각적 감각이다. 예를 들어, 건물의 기계적 시스템에 대한 정보가 필요한 건설업자는 건물을 쭉 둘러보는 동안 착용하고 있는 컴퓨터와 연결된 HBD에 파이프 및 덕트 장치의 위치를 표시할 수 있다. 내과 의사는 AR을 사용해 환자의 내장을 확인하는 동시에 환자 신체의 외면도 살펴볼 수 있다.

> **증강현실**augmented reality: 실시간 인터랙티브 디지털 정보가 물리적 세계와 공간적이자 시간적 레지스트레이션registration 모두에 있는 물리적 세계에 오버레이overlay되는 매체

생활이나 기계 시스템의 내부 구성요소를 수리하는 개념에 초점을 맞춘 실행 가능한 AR 애플리케이션이 여럿 있다(그림 1-14). 의학에 적용된 AR 애플리케이션의 한 예로는 학생들이 현실 세계의 공간에서 디지털 시신을 촉진하고 실험하는 것이 있다. 예를 들어, 학생들은 해당 애플리케이션으로 집에서 실습을 미리 보고 실제 실습실에서 진짜 시신으로 하는 실험에 도움을 받을 수 있다.

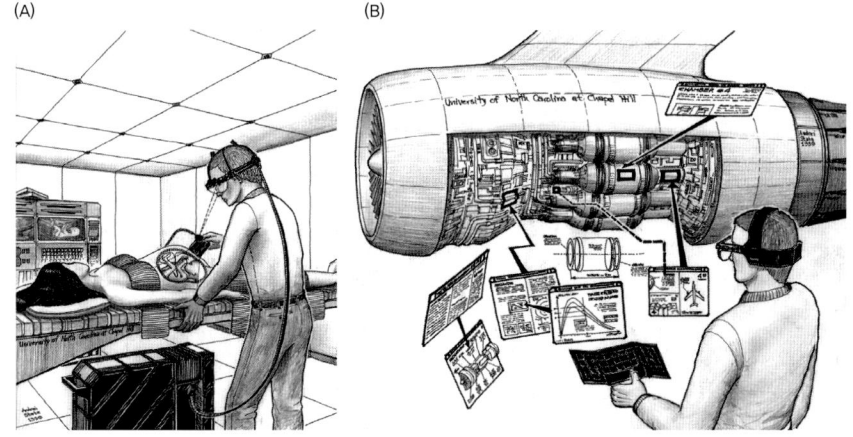

그림 1-14 증강현실은 조사 또는 수리가 필요한 시스템을 보는 데 사용될 수 있다.
(A) 의사는 산모 몸 속의 아기의 실제 위치에 맞춰진 아기의 초음파 데이터에 대한 3D 표현을 볼 수 있다.
(B) 제트 엔진의 유지보수 기술자는 조사할 부품을 볼 수 있으며 작업 영역을 벗어나지 않고 문서를 참조할 수 있다. (Drwings courtesy of Andrei State.)

제트기와 같은 기계 시스템의 수리를 위한 비슷한 예도 창안할 수 있음을 염두에 두자.

AR은 일반적으로 이동 가능한 시각적 디스플레이가 필요하다. 특히 사용자가 증강된 세계를 돌아다닐 경우는 말할 것도 없다. 현재는 디스플레이로 대부분 스마트폰이나 태블릿 디바이스를 사용하고 있지만, 다크리 스마트 헬멧 및 마이크로소프트 HoloLens와 같은 착용할 수 있는 디스플레이가 점점 더 가볍고, 덜 난해하고, 더 널리 보급됨에 따라 HMD가 더 많이 사용되고 있다. 프로젝션 기반 AR 시스템의 예도 있다. AR에 없어서는 안 될 요건은 가상 오버레이가 매핑되는 현실 세계에 맞춰 조정돼야 한다는 것이다. 이를 레지스트레이션registration이라 한다. AR 시스템에 대한 자세한 내용은 5장에서 다루며, AR은 앨런 크레이그Alan B. Craig의 『Understanding Augmented Reality』(Morgan Kaufmann Publishing, 2013)[Craig 2013]에서도 자세하게 다루고 있다.

현실 세계와 가상 세계를 섞는 모든 경우가 AR로 분류돼야 하는 것이 아님을 유념하자. 보여지는 현실 세계가 진짜 현실 세계와 겹쳐지는 경우에만 해당된다. 따라서 현실 세계의 구성요소가 가상 세계 어디에든 놓여질 수 있는 가상 오브젝트로 취급될 때는 AR이 아니다. 현실 세계가 그저 안전을 위해서만 보여지거나 사용자가 물리적 키보드와 같은 현실 세계 입력에 더 잘 접근하게 하는 경우 역시 AR로 간주되지 않는다.

텔레프레젠스

텔레프레젠스^{telepresence}는 VR 기술과 밀접한 관련이 있는 기술을 사용한다. 텔레프레젠스는 비디오 카메라 및 마이크로폰과 같은 변환기가 체험자의 상응하는 감각을 대신하는 매체다. 체험자는 멀리 떨어져 있는 장소에서 감지 장치를 사용해 1인칭 시점 POV에서 원격으로 보고 들을 수 있다. 사용자는 원격 엔드에 복제되는 액션을 통해 멀리 떨어진 환경에 영향을 미치고 상호작용할 수 있다. 텔레프레젠스는 컴퓨터가 전부 생성한 세계가 아닌 물리적 세계를 대변하는 것으로, 일반적인 VR 사례와는 다르다.

텔레프레젠스는 하나의 애플리케이션으로 사용자를 인접한 방이든 근처의 행성이든 상관없이 어떤 공간에 가상으로 배치하는 데 VR과 관련된 기술을 사용한다. 많은 VR 실무자가 프레젠스라는 용어를 자주 사용하는 이유는 어쩌면 텔레프레젠스가 VR 출현 이전에 원격 컨트롤 운용과 관련된 영역에서 확립된 용어였기 때문일 수도 있다. 텔레^{tele}는 거리를 의미하며 프레젠트^{present}는 존재하고 있거나 여기 있는 상태를 뜻한다. 텔레프레젠스의 예로는 심해에서 무인 탐사선의 원격 조종, 위험한 화학물질을 다루는 작업, 우주 탐사선의 컨트롤 조작, 몇 피트 떨어진 곳에서 수술 기구들을 조작하는 것 등이 있다.

규모의 문제는 텔레프레젠스를 사용함으로써 해결할 수 있다. 예를 들어 외과 수술의 경우, 몸에 칼을 대는 외과적인 기술을 최소한으로 사용한 수술을 집도하는 의사는 신체 안에 놓인 작은 비디오 카메라를 통해 보면서 정밀도를 높일 수 있다.

> **텔레프레젠스**^{telepresence}: 1인칭 POV에서 경험한 물리적인 실제 원격 환경과 직접적으로 상호작용(대개 컴퓨터 매개를 통해)할 수 있는 역량. 원격 위치에서 사용자의 명령을 수행하는 데 사용되는 디바이스의 크기 또는 위치에 제한을 받지 않는다.

텔레브레전스의 정의는 사용자가 원격 장치의 유리한 지점에서 원격 세계를 보는 것이라 할 수 있다. 이와는 대조적으로 텔레오퍼레이션^{teleoperation}이란 용어는 오퍼레이터가 다른 시점에서 해당 디바이스를 보면서, 즉 외부 카메라에서 해당 디바이스를 보며 원격 장치를 사용해 환경과 상호작용하는 경우를 말

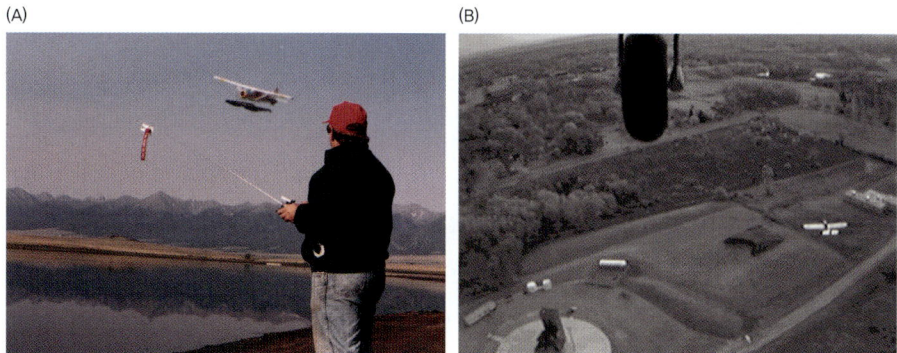

그림 1-15 텔레프레젠스는 POV 및 컨트롤 메커니즘에서 텔레오퍼레이션과 구별될 수 있다.
(A) 보통의 원격 조종 오퍼레이션에서는 POV는 비행기 바깥 쪽이다. (B) 무선 조종 모형 비행기는 POV 및 컨트롤이 파일럿의 관점에서 조종석 내부에서 보는 것과 같을 경우 텔레프레젠스로 간주될 수 있다. ((A) Image courtesy of Bruce Stenulson of the South Park Area RC Society. (B) Image courtesy of Chris Oesterling (N8UDK) of the Detroit Amateur Television Club.)

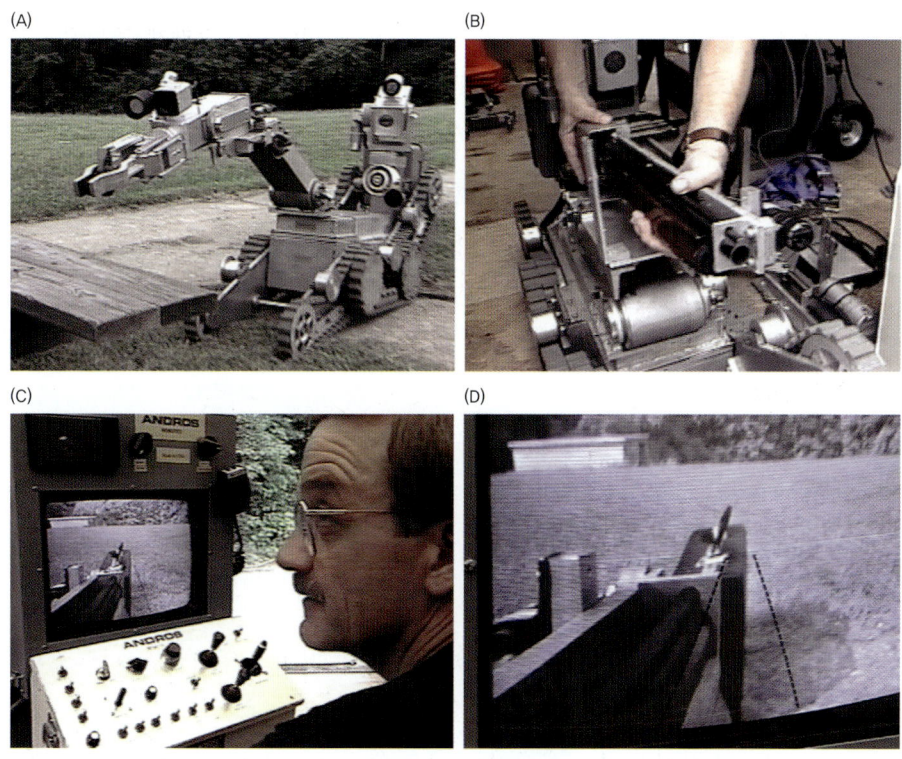

그림 1-16 비디오 카메라, 스피커, 엽총 등을 갖춘 원격 조종 로봇은 경찰이 잠재적으로 위험한 상황의 갈등 해결을 위해 직접 들어가지 않고 가상으로 잠입해 상대방과의 의사 소통을 할 수 있게 한다. (Image courtesy of ZMC Productions.)

한다. 텔레오퍼레이션은 텔레비전television과는 다르다. 텔레비전은 체험자가 원격 환경을 거의 보는 일이 없고 상호작용하지 않는다. 따라서 텔레오퍼레이션을 결정짓는 '라이브'(즉, 동기적으로)로 가상 세계를 보는 요건이 충족되지 않는다.

일반적으로 텔레프레젠스는 어떤 세계의 내부에서 외부로의 시점으로 간주되는 반면, 텔레오퍼레이션은 일반적으로 바깥에서 안으로의 시각을 제공한다(내부에서 외부로, 외부에서 내부로의 관점에 대한 논의는 8장에서 자세히 설명한다).

텔레프레젠스와 텔레오퍼레이션의 차이는 모형 비행기 컨트롤을 보면 더 극명하다(그림 1-15). 텔레프레젠스로는 오퍼레이터가 마치 해당 비행기 안에 물리적으로 존재하는 것처럼 보고 상호작용할 수 있다. 반면 단순한 원격 (텔레)오퍼레이션에서는 외부에서의 POV(2인칭 시점)에서 보고 상호작용하게 된다. 무선으로 비행기를 조종하는 이 예에서는 비행기 자체가 기체 외부의 위치에서 보낸 명령에 따라 움직이는 것을 대개 땅에 서서 지켜본다. 이 오퍼레이션을 텔레프레젠스로 만들려면 카메라가 기체 안에 설치돼야 하며 사용자가 파일럿이 보는 POV에서 비행을 볼 수 있어야 한다(그림 1-15B와 1-16 비교).

텔레프레젠스의 최근 예로는 무인 항공기(UAV, 일명 '드론') 컨트롤이 있다. 드론 조종사는 멀리 떨어진 곳에서 비행 중인 드론 안에 있는 것처럼 지각하고 액션을 취할 수 있다(그림 1-17).

(A)

(B)

그림 1-17 요즘에는 저비용 쿼드콥터(quadcopter)를 외부 관점을 사용해 원격으로 날릴 수 있다. 많은 드론은 조종사가 마치 조종석에 앉아 있는 것처럼 내부에서 외부로의 POV에서 비행을 볼 수 있는 비디오 전송도 제공한다. 앞서 텔레프레젠스라 소개했던 시나리오대로 말이다. (Photographs courtesy of Matthew Brennan.)

쌍안경같은 시력 향상 디바이스는 텔레프레젠스일까 아니면 텔레오퍼레이션 시스템일까? 쌍안경은 사용자가 씬을 훨씬 더 가까운 곳에 있는 것처럼 볼 수 있게 해주지만, 이는 단방향 소통 연결 수단에 지나지 않으며 사용자는 멀리 떨어진 환경과 상호작용할 수 없다. 일반적인 스카이프^{Skype}나 다른 비디오 채팅 호출은 텔레프레젠스의 예일까? 아니다. 이 예들 역시 사이버 스페이스에서의 또 다른 소통 예일 뿐이다. 비디오 채팅에서는 체험자(들)가 멀리 떨어진 공간에 있는 것처럼 상호작용하고 영향을 줄 수 없다. 각 체험자는 다른 체험자가 있는 장소에 있다기 보다는 자신이 있는 곳에 있다고 인지한다.

가상 현실의 역사: 가상 현실 기술의 기원은?

VR시스템에 관련된 구성요소에 하나씩 파고들어 살펴보기 전에 이 새로운 매체가 진화하는 데 어떤 기술, 아이디어, 영향이 있었는지, 그 역사를 대략이라도 짚어보는 일은 꼭 필요하다. VR 기술의 등장을 이끌었던 몇 가지 중요한 단계들을 주의 깊게 살펴보면 현재 나와있는 그 많은 인터페이스 아이디어의 원천이 분명해진다. 콘텐츠가 어떻게 기술에 의해 주도되는지, 기술이 콘텐츠에 의해 이끌려 왔는지를 살펴본다. 기술의 급속한 발전으로 멀지 않은 미래에 VR로 가능해질 일에 대한 기대도 커졌다.

이어지는 1435년에서 2016년까지에 대한 내용은 VR 개발의 간략한 연대표다. VR 분야에서 견뎌온 힘을 이해하고 앞으로 나아가기 위해 특별히 중요한 각 단계에는 다음과 같은 아이콘으로 강조해 표시했다.

 개념적인 진보

 기술적인 진보

 매체에 노출

 경제적 요인 등

 공동체/사회적 요인에 기인

1435-36년

레온 바티스타 알베르티^{Leon Battista Alberti}가 처음으로 선 원근법^{linear perspective}(1점 투시) 렌더링에 대한 수학적 처리를 발표했다. 화가와 예술가는 수천 년 동안 자신의 작품을 통해 원근법 개념을 탐구해 왔다(선 원근법뿐만 아니라 사투시^{oblique perspective} 및 평행투시^{isometric perspective}도 포함). 여기에 더해, 브루넬레스키^{Brunelleschi}(이탈리아의 건축가)는 담당했던 성당 건축에 적용한 원근법 실험을 위한 선 원근법을 수학적으로 풀어냈을 가능성이 크지만 남겨진 문헌은 없다.

1787년

영국에서는 로버트 바커^{Robert Barker}가 'Apparatus for Exhibiting Pictures(그림을 보여주는 장치)'라는 특허를 냈는데, 여기서 '그림'은 360도로 그려진 것이었으며 '장치'는 이러한 '파노라마' 그림을 수용하고 전시할 수 있도록 특별히 디자인된 건물이었다(그림 1-18). 그는 1788년 에든버러에서 자신의 작품을 처음으로 공개했으며 1792년 런던으로 옮겼다.

1838년

찰스 휘트스톤 경^{Sir Charles Wheatstone}은 스테레오시스^{stereopsis}를 연구하고 스테레오스코프^{stereoscope}를 발명했다. 이 디바이스는 보는 이에게 두 장의 사진을 보여주는데, 오프셋을 둬 각각 씬의 왼쪽과 오른쪽 뷰가 만들어진다.

1862년

존 페퍼^{John Pepper}는 조명과 두 공간(세계)을 동시 볼 수 있는 투명한 반사면을 사용해 향상된 버전의 착각을 시연했다. 일종의 대체 현실을 만들어 낸 것이다(이 기법을 직접 고안했다기보다는 개선하고 보급하는 데에만 공헌했지만, 그의 이름을 따와 흔히 페퍼의 유령^{Pepper's Ghost}이라 부른다).

(A)

(B)

그림 1-18 (A) 로버트 바커가 그의 파노라마 그림을 전시한 런던 건물의 단면 (B) 로버트 바커(1739-1806)와 헨리 애스턴 바커(Henry Aston Barker) (1774-1856)의 공동 작품인 파노라마화 'Edinburgh from The Crown of St. Giles(세인트 자일스 대성당의 꼭대기에서 본 에든버러)'는 바커가 구사했던 독창적인 360도 디스플레이가 돋보이는 작품이다. (Image A public domain; image B courtesy of City Art Centre, City of Edinburgh Museums & Galleries.).

1901년

프레드릭 아이브$^{Frederic\ E.\ Ives}$는 안경 없이도 3D 효과를 내는 3D 디스플레이인 오토스테레오스코픽^{autostereoscopic} 이미지 디스플레이를 최초로 전시했다.

1915년

에드윈 포터$^{Edwin\ S.\ Porter}$와 W.E. 와델^{Wadell}은 최초의 입체 3D 영화 anaglyphic 3D movie 실험을 시행했다.

1916년

알버트 플랫$^{Albert\ B.\ Pratt}$은 헤드 기반 잠망경 디스플레이에 대한 미국 특허 1,183,492를 취득했다(그림 1-19).

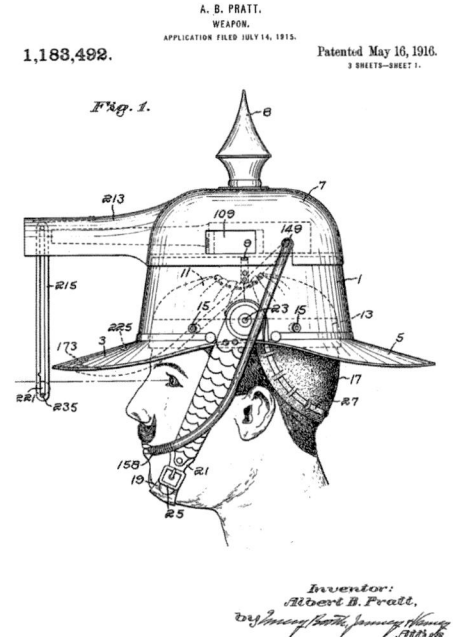

그림 1-19 최초의 헤드 마운트 디스플레이(잠망경)가 1916년에 특허를 받았받았다. (Image courtesy of United States Patent & Trademark Office.)

그림 1-20 비행 시뮬레이션은 '가상 현실' 기술의 초기 형태다. 조종사는 실제로 비행하는 것 같은 반응을 보이는 인공적인 환경에서 훈련할 수 있다. 초기 시뮬레이터는 기계적 연결로 컨트롤 및 피드백을 제공했다. 비행 시뮬레이터는 현대의 디지털 컴퓨터를 앞섰지만, 오늘날에는 매우 정교한 컴퓨터, 시뮬레이션 프로그램, 트래킹 및 디스플레이 기술을 사용한다. (Photo courtesy of the Roberson Museum and Science Center.)

1929년

에드윈 링크Edwin Link는 '펭귄' 트레이너(날개가 짧아 지면에서 내리기에 충분한 리프트를 발생시킬 수 없는 항공기)로 수년간 비행 훈련을 받은 후, (실내에) 고정된 위치에서 조종사를 훈련시키기 위한 기계 비행 시뮬레이터를 개발했다(그림 1-20). 훈련생은 조종석에 있는 계측기를 전부 똑같이 만든 링크 트레이너Link Trainer에서 비행하고 탐색하는 데 필요한 계측기의 사용 방법을 배울 수 있다.

1935년

스탠리 웨인바움Stanley G. Weinbaum이 쓴 단편 소설 『피그말리온의 안경 착각 속 사랑』(위즈덤커넥트, 2016)은 휴고 건즈백Hugo Gernsback의 원더 스토리스Wonder Stories라는 정기 간행물[Weinbaum 1935]에 실렸다(그림 1-21). 이 소설은 '꿈'을 현실로 만드는 착용 장치에 관한 이야기다. "바보들! 카메라를 다루는 웨스트맨에게 팔려고 가져왔는데, 그래, 뭐라고들 하던가요? '확실치는 않은데요. 한 번에 한 명만 사용할 수 있고 너무 비싸다고 합니다.' 바보! 바보들!"

1946년

펜실베니아 대학University of Pennsylvania에서 개발된 최초의 디지털 컴퓨터인 에니악ENIAC이 미군에 납품됐다.

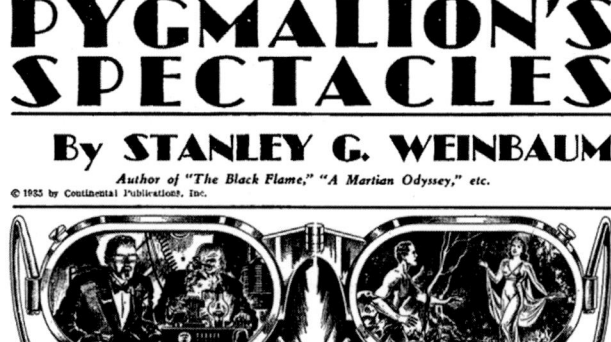

그림 1-21 단편 『피그말리온의 안경 착각 속 사랑』의 이 삽화는 착용자가 특별한 안경을 착용함으로써 어떻게 가상 세계에 몰입하는지를 보여준다.

1951년

레이 브래드버리$^{Ray\ Bradbury}$는 단편집인 『일러스트레이티드 맨』(황금가지, 2010)을 출간했는데, 그중 〈대초원에 놀러 오세요$^{The\ Veldt}$〉에는 TV 시리즈인 〈스타트렉: 넥스트 제너레이션〉에 나오는 홀로데크^{Holodeck}와 비슷한 시스템이 묘사돼 있다.

1956년

모튼 하일리그$^{Morton\ Heilig}$는 시네라마^{Cinerama}(일반 영화보다 훨씬 넓은 와이드 스크린용 영화 포맷)에서 영감을 받아 센서라마^{Sensorama}를 개발했다. 센서라마는 한 사람이 시각, 사운드, 후각, 진동 및 바람 등을 사전에 기록한 경험(예: 맨하탄을 달리는 오토바이)을 감지할 수 있는 멀티모드 경험 디스플레이 시스템이다.

1960년

모튼 하일리그[Morton Heilig 1960]는 개인용 스테레오스코픽 텔레비전 장치$^{Stereoscopic\text{-}Television\ Apparatus}$의 미국 특허를 받았으며, 이는 1990년대의 HMD와 아주 비슷하고 여기에 청각 및 후각뿐만 아니라 시각을 디스플레이하기 위한 메커니즘까지도 포함돼 있다. (US patent 2,955,156—see CG v. 28, n.2—May 1994)

1961년

미국 필코^{Philco}사의 엔지니어였던 코모^{Comeau}와 브라이언^{Bryan}[Comeau and Bryan 1961]은 머리 움직임을 따라가는 원격 비디오 카메라 뷰 시스템으로 사용할 HMD를 제작한다. 헤드 트래킹 및 원격 카메라 움직임은 요축$^{yaw\ axis}$에 대해서만 있었고, 머리 회전을 감지하는 전자기 코일 메커니즘이 있었다. 이후 텔레프레젠스에 대한 자신들의 연구를 바탕으로 한 텔레팩터사$^{Telefactor\ Corp.}$를 설립했다(그림 1-22).

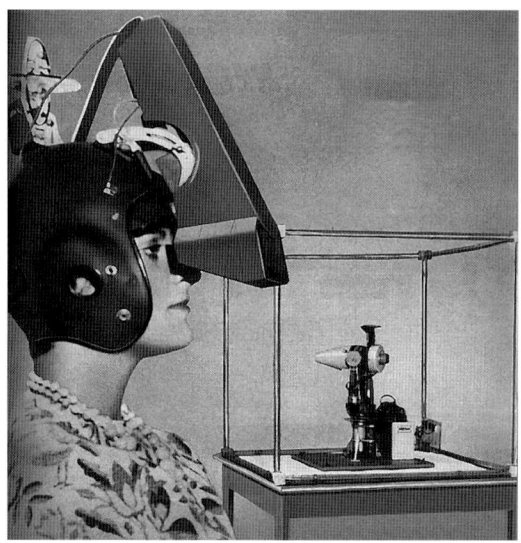

그림 1-22 HMD 기반 텔레프레젠스 시스템의 초기 예 (Image courtesy of Electronics, VNU Business Publications, New York.)

1963년

MIT 박사 과정 중이었던 이반 서덜랜드^{Ivan Sutherland}[Ivan Sutherland, 1963]는 그가 만든 스케치패드^{Sketchpad}(그림판) 애플리케이션으로 그림을 그리는 컴퓨터 그래픽을 세계에 소개한다. 이후 여러 분야에 큰 영향을 미쳤던 서덜랜드의 이 작업은 선택 및 그리기 상호작용을 하는 데 라이트 펜과 더불어 키보드 입력도 사용했다.

MIT에서는 티모시 존슨^{Timothy Johnson}[Timothy Johnson, 1963]이 서덜랜드의 스케치패드를 확장해서 컴퓨터로 3차원 드로잉이 가능한 '스케치패드-III'를 보여줬다.

〈라이프^{Life}〉는 휴고 건즈백^{Hugo Gernsback}[O'Neil 1963]에 대한 인물 단평을 썼는데, '공상 과학^{Science Fiction}'(및 어쩌면 '텔레비전'도)이란 용어를 만들고, 세계 최초의 SF 전문 정기간행물인 〈어메이징 스토리스〉를 창간한 발행인 겸 편집장으로서 이 장르를 부흥시킨 공로를 인정했다. 앞서 1935년에 언급했던 『피그말리온의 안경 착각 속 사랑』이 여기에 실려 처음 출간됐다. 수년 전에 머리에 쓰는 개인용 스테레오스코픽 텔레비전 세트와 비슷한 개념인 '텔레 아이글래스^{teleyeglasses}'(그림 1-23)를 생각해냈던 건즈백은 〈라이프〉 기사에 실렸던 모형을 만들었다. 그의 다른 발명품으로는 텔레 메디슨^{tele-medicine}(원격 의료)(그림 1-24), 손목에 차는 생체측정기, 컴퓨터화된 날짜 매칭 등이 있다.

1964년

미국의 자동차제조업체인 제너럴모터스사^{General Motors Corporation}는 자동차 디자인용 대화식 패키지인 DAC^{Design Attached by Computer} 시스템에 대한 연구를 시작한다[Jacks 1964].

1965년

이반 서덜랜드[Ivan Sutherland 1965]는 국제정보처리연맹^{IFIP}에 '궁극의 디스플레이'^{The Ultimate Display} 개념을 설명한다. 서덜랜드는 사용자가 물리적 현실에서의 법칙을 따를 필요가 없는 어떤 세계의 오브젝트와 상호 작용할 수 있는 디스플레이의 개념을 "이 디스플레이는 수학적인 이상한 나라로 들어가는 거울이다."라고 설명한다. 서덜랜드의 디스플레이 개념은 시각적

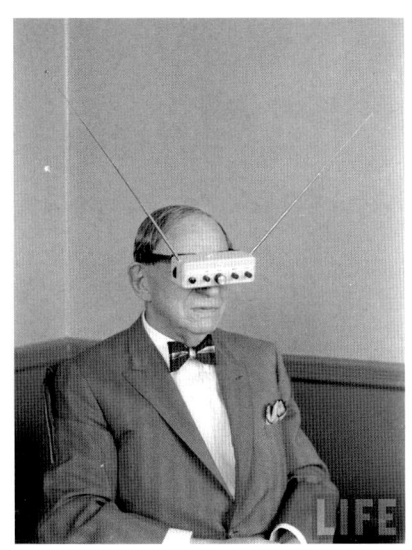

그림 1-23 놀라운 예지력을 지녔던 휴고 건즈백은 1936년 처음으로 '텔레 아이글래스'를 구상했으며 모형을 만들어 쓰고 있는 모습이 1963년 라이프지에 실렸다. (Reproduced with permission from Wikipedia, https://en.wikipedia.org/wiki/File:Hugo_Gernsback_1963.png.)

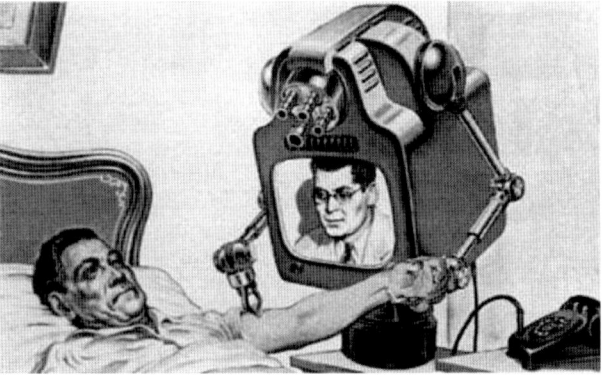

그림 1-24 1963년 〈라이프〉에서 묘사한 휴고 건즈백의 '텔레 메디슨'의 개념화 (Reproduced with permission from LIFE magazine, 26 Jul 1963.)

자극뿐만 아니라 운동감각(햅틱)도 포함하고 있다.

1966년

래리 로버츠$^{Larry\ Roberts}$[Larry Roberts 1966]는 MIT의 링컨 연구소에서 개발했던 3차원에서 초음파 트래킹법으로 트래킹하는 펜 형태의 컴퓨터 입력 디바이스인 '링컨 완드$^{The\ Lincoln\ Wand}$'를 발표했다.

1967년

서덜랜드의 궁극의 디스플레이 개념에 영감을 받은 프레드 브룩스$^{Fred\ Brooks}$는 노스캐롤라이나 대학^{UNC} 채플힐캠퍼스에서 생화학자가 단백질 분자들 사이에 일어나는 '느낌' 상호작용을 연구하는 데 도움이 되는 도구로써 운동학적인 상호작용에 대한 사용을 탐구하는 GROPE 프로젝트를 시작한다[Brooks et al. 1990]. UNC는 VR 기술 및 아이디어 개발에 계속 큰 역할을 맡아왔다.

1968년

유타 대학교 컴퓨터 공학교수인 데이비드 에반스$^{David\ Evans}$와 이반 서덜랜드는 1968년 'E&S사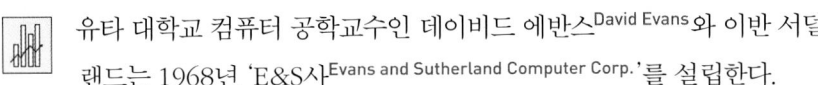Evans and Sutherland Computer Corp.'를 설립한다.

이반 서덜랜드는 그의 논문 〈A Head-mounted Three-Dimensional Display〉[Ivan Sutherland 1968]에서 하버드 대학교의 전기공학과 부교수로 재직 시절 그가 개발했던(유타 대학교로 옮길 때 가져옴) 3차원 트래킹이 가능한 센서가 장착된 스테레오스코픽 HMD를 설명한다(그림 1-25). 서더랜드가 헬리콥터 조종사를 위한 텔레프레젠스 실험의 일환으로 벨 헬리콥터에서 처음 접한 이 디스플레이는 텔레비전 브라운관과 비슷한 소형 음극선관^{CRT}을 사용해 양쪽 눈에 각각 다른 영상을 보여주고 기계식 인터페이스(별칭은 '다모클레스의 검'와 초음파 트래커를 사용한다. 샘플로 만들어진 가상 세계에서는 막대기 형태로 표현된 시클로헥산 분자와 정육면체의 각 벽에 방향 표시를 한 간단한 큐빅 룸을 볼 수 있다.

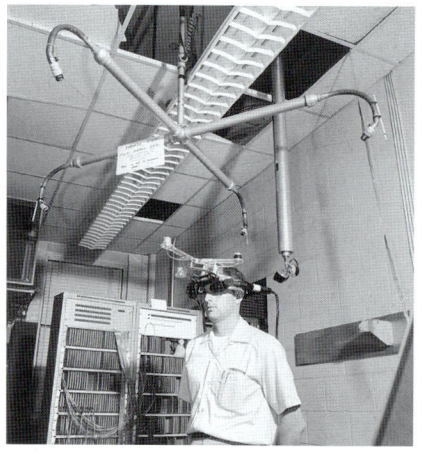 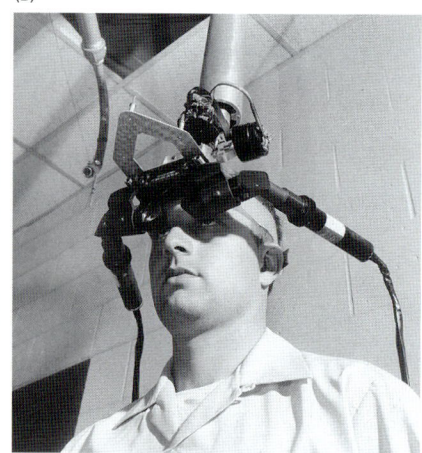

그림 1-25 1968년 이반 서덜랜드는 볼 수 있는 헤드 마운트 디스플레이를 만들었다. 이 디스플레이는 스테레오스코픽 비주얼 이미지, 머리의 움직임을 트래킹하는 기계식 장치, 초음파 트래킹을 제공했으며, 가상 현실의 가능성을 보여줬다.
(A) 초음파 트래킹의 메커니즘은 4개의 파이프 끝에 이미터(emitter)를 장착한다.
(B) 착용자의 위치를 트래킹하는 데 사용되는 기계적 연결장치(다모클레스의 검으로 알려짐)로 천장에 연결된 HMD를 착용한 퀸틴 포스터(Quintin Foster) (Photographs courtesy of Ivan Sutherland.)

1972년

 아타리Atari에서 개발한 퐁Pong은 실시간으로 여러 사용자가 상호작용할 수 있는 그래픽을 대중화했다(그림 1-26)(마그나복스Magnavox는 오디세이Odyssey 시스템으로 아타리를 제치고 가정용 게임 시장을 거머쥐었지만, 아타리의 동전으로 작동하는 퐁 버전은 혁명을 일으킨 게임이었다). 1981년 아타리는 앨런 케이Alan Kay를 수장으로 한 연구 부서를 설립했으며, 이곳에 미래의 VR 개척자인 피셔Fisher, 브릭켄Bricken, 포스터Foster, 라우렐Laurel, 발저Walser, 로비넷Robinett, 짐머만Zimmerman 등이 합류하게 됐다.

그림 1-26 아타리는 퐁 게임을 선보임으로써 상호작용하는 컴퓨터 그래픽을 대중 시장에 도입했다. (Photograph courtesy of Atari Historical Society.)

1973년

이반과 서덜랜드의 E&S사는 비행 시뮬레이션용 최초의 디지털 컴퓨터 이미지 생성 시스템인 노보뷰Novoview를 발표했다. 노보뷰는 야간 씬만 시뮬레이션할 수 있었으며 디스플레이하는 데 하나의 수평선과 광점이 최대 2,000개로 제한됐다.

로버트 버튼Robert Burton은 자신의 논문 〈Real-time measurement of multiple three-dimensional positions〉[1973]에서 일명 '트윙클 박스The Twinkle Box'라 불리는 라이트 기반 위치 트래킹 시스템을 발표한다. 이듬해, 버튼과 이반 서덜랜드는 이에 대한 후속 논문[1974]을 발표했는데, "본 논문에서는 제한된 유용성에 대한 또 다른 실험적 개발을 기술하고 있다."라고 겸손하게 썼다.

1974년

유타 대학에서는 서덜랜드의 제자 짐 클라크Jim Clark(실리콘 그래픽스사 Silicon Graphics, Inc.의 설립자)가 3-DOFDegree Of Freedom(자유도) 위치 트래킹 인터페이스로 이뤄지는 자유 형태 컨트롤을 위한 B-스프라인 서피B-Spline Surfaces의 3차원적인 디자인에 관한 박사 논문을 제출한다. 연구 그 자체의 일부는 아니지만, 시스템에 하드웨어 행렬 곱셈과 클리핑 디바이더clipping divider를 새로이 생성할 필요가 있는지에 대한 설명도 들어 있다. 또한 손으로 쥐는 '완드'는 '버튼 박스Burton Box(일명 트윙클 박스)' 또는 인코더가 있는 수축 가능한 와이어로 트래킹 됐다.

그림 1-27 도널드 비커스의 '마법사의 제자(Sorcerer's Apprentice)' 시스템은 그의 박사 고문인 이반 서덜랜드의 HMD를 이용해 오퍼레이션 선택 메뉴의 '렌더링'의 일부로 벽에 글을 쓰는 방법을 사용했다. (Photograph provided by the University of Utah.).

도널드 비커스^{Donald Vickers}는 〈The Sorcerer's Apprentice: Head-mounted Display and Wand〉라는 제목의 박사 논문을 제출했는데, 여기에는 서덜랜드 HMD 및 링컨 완드와 함께 현실 세계의 오브젝트를 사용자 인터페이스 '디스플레이'의 일부로 사용하는 메뉴 기반 사용자 인터페이스로 구성된 VR 시스템을 설명한다(그림 1-27).

1975년

유타 대학의 박사 학위 취득자인 헨리 휴크^{Henry Fuchs}는 〈The Automatic Sensing and Analysis of 3-D Surface Points from Visual Scenes〉라는 논문을 발표하는데, 여기서는 레이저를 사용해 씬에 있는 오브젝트의 3D 깊이를 캡처하는 방법을 설명한다.

1976년

마이런 크루거^{Myron Krueger}의 비디오플레이스^{Videoplace} 프로토타입이 완성됐다[1982]. 비디오플레이스는 카메라 및 다른 입력 디바이스를 사용해 체험자의 통제되지 않은 동작으로 컨트롤되는 가상 세계를 만들어낸다.

1977년

세이어 장갑^{The Sayre Glove}은 일리노이 대학 시카고캠퍼스^{the University of Illinois at Chicago}에 있는 EVL^{the Electronic Visualization Lab}에서 개발됐다. 이 장갑은 손가락을 구부리는 정도에 비례해 다양한 양의 빛을 전달하는 광전도 튜브를 사용한다. 이 정보는 사용자 손의 구성을 추정하기 위해 컴퓨터로 해석된다[DeFanti and Sandin 1977].

코모도어^{Commodore}, 라디오 쉐크^{Radio Shack} 그리고 애플^{Apple}이 가정에서 사용하는 개인용 컴퓨터를 시판한다.

1978년

노스캐롤라이나주립대학North Carolina State University의 대학원생이었던 닉 잉글랜드Nick England는 프로그램 가능한 그래픽 시스템을 개발했다[England 1978]. 어떤 면에서는 나중에 UNC의 픽셀 플레인Pixel Planes에서 발견되는 프로그램 가능성에 대한 전조(철학적 면에서의 조상)였으며, 이후 현대 GPU에서 볼 수 있는 범용 프로그램 가능성을 보인 그래픽 시스템이었다. 그는 이 작업을 이코나스 시스템the Ikonas system으로 상용화해 1979년 첫 번째 제품을 납품했다.

1979년

에릭 하울렛Eric Howlett은 작은 디스플레이에서 넓은 뷰 필드를 제공할 수 있는 광학 장치를 구현하기 위한 리프LEEP, Large Expanse Enhanced Perspective 시스템을 개발했다. 이 기술은 나중에 초기 나사NASA에서 개발됐던 초기 HMD(예: VIVID 디스플레이)에, 그 이후 VPL에서 페이크스페이스Fakespace, 버추얼 리서치Virtual Research, LEEP 시스템사의 자체 사이버페이스Cyberface HMD 제품군에 이르는 상용 제품에 통합된다.

AT&T 벨 연구소Bell Labs의 게리 그라임스Gary Grimes[1983]는 '디지털 데이터 입력 장갑 인터페이스 디바이스digital data entry glove interface device'를 개발했다. 이 장갑 역시 전체적인 손의 방향뿐만 아니라 손가락 및 다른 손의 자세의 구부러짐 정도를 감지하는 데 빛을 사용했다.

폴헤무스 내비게이션 사이언스사Polhemus Navigation Sciences, Inc.의 라브Raab 등은 자기장을 이용해 직각으로 배향된 와이어 코일에서 전류를 유도해 6-DOF 위치 트래킹을 하는 방법에 대한 연구를 발표했다[Raab et al. 1979].

이후 1984년 비콘 모션 시스템Vicon Motion Systems이 된 옥스포드 메디컬 시스템Oxford Medical Systems이 설립됐으며, 최초의 상용 모션 캡처 시스템인 모캡MoCap을 개발했다. 모캡은 주로 인간의 신체 분석뿐만 아니라 움직이는 신체 애니메이션에 사용됐지만, 인간을 정확하게 트래킹할 수 있어 VR에도 유용한 도구이기도 하다.

1981년

스탠포드 대학교수이자 서덜랜드의 제자였던 짐 클라크$^{Jim\ Clark}$는 실리콘 그래픽스사$^{Silicon\ Graphics,\ Inc.}$를 설립했으며, 그는 6명의 제자와 함께 VLSI 그래픽스 엔진을 사용해 이후 20년 이상 수많은 VR 시설에서 사용됐던 고속의 가성비 높은 그래픽 워크스테이션을 생산했다.

라이트 패터슨 공군 기지의 톰 퍼네스$^{Tom\ Furness}$[Tom Furness 1986]의 지시에 따라, 슈퍼 콕핏$^{Super\ Cockpit}$이 작동하게 된다(《애비에이션 위크$^{Aviation\ Week}$》[1985]에 특집으로 실림). 슈퍼 콕핏에는 조종사의 헬멧에 장착된 시스루$^{see-through}$ HBD가 포함돼 있다. 조종사가 여러 방향을 바라볼 때 조종사의 시야에 다양한 정보가 증강된다. 예를 들어, 날개를 바라보면 발사 가능한 미사일이 표시된다.

MIT의 스테레오스코픽 작업 공간 프로젝트 팀은 사용자가 컴퓨터 칩의 3D 레이아웃, 건축 비주얼리제이션 및 3D 드로잉과 같은 주제를 탐색할 수 있는 초기 AR 디스플레이 작업을 시작한다. 이 디바이스는 반투명하게 도금된 거울을 사용해 사용자의 실제 손이나 다른 신체 부위에 컴퓨터 이미지를 겹쳐 놓는다. 팀 구성원에는 크리스 슈만트$^{Chris\ Schmandt}$, 에릭 헐틴$^{Eric\ Hulteen}$, 짐 자미스카$^{Jim\ Zamiska}$, 스콧 피셔$^{Scott\ Fisher}$가 있다[Schmandt et al. 1983].

1982년

새라 블리[Sara Bly 1982]는 박사 논문에서 소니피케이션^{sonification}(대규모 데이터 세트를 사운드로 나타냄)의 사용을 연구한다. 그녀는 별개의 청각 이벤트를 생성하는 규칙적이지 않은 다변량 데이터 세트의 분류를 제시한다. 그런 다음 데이터 세트 내의 여러 매개변수를 특정 사운드 매개변수에 매핑한다. 사운드를 표현하는 분야에서의 이 초기 작업은 VR에서 컴퓨터로 생성되고 컴퓨터로 컨트롤되는 사운드를 사용하기 위한 토대가 됐다.

- 최초의 폴더형 노트북인 그리드 컴퍼스^{GriD Compass}가 출시되고, 그 다음 해에는 최초의 '휴대용 컴퓨터^{laptop}'였던 가빌란 SC^{Gavilan SC}가 출시된다.

- 모션 캡처 회사인 모션 애널리시스사^{Motion Analysis Corp.}가 설립된다. 1986년 모션 애널리시스는 명백하게 모캡^{MoCap} 운용을 위해 디자인된 팔콘^{Falcon} 카메라를 내놓는다. 기존의 모캡 작업뿐만 아니라 이 기술은 나중에 비전을 기반으로 한 6-DOF 위치 트래킹을 하는 하나의 수단이 된다.

1983년

- MIT의 마크 캘러한^{Mark Callahan}은 초기 HMD를 개발하는데, 이는 서덜랜드가 하버드나 유타에서 했던 HMD 스타일 VR과 관련된 최초의 대학 연구 프로젝트였다.

1984년

- 나사 항공우주 인적 요인 연구^{NASA Aerospace Human Factors Research} 부서의 책임자인 데이브 네이걸^{Dave Nagel}는 스콧 피셔를 고용해 VIEW^{Virtual Interface Environment Workstation} 연구소를 만들었다. VPL, 리프 시스템^{LEEP System}사, 페이크스페이스^{Fakespace}사, 크리스털 리버 엔지니어링^{Crystal River Engineering}사 등 많은 VR 회사가 VIEW 연구소와의 협업을 통해 초기 자금을 조달한다.

- 사이버 스페이스라는 용어가 윌리엄 깁슨^{William Gibson}의 소설 『뉴로맨서』(황금가지, 2005)를 통해 대중화된다.

- 제론 레니어^{Jaron Lanier}가 비주얼 프로그래밍 언어를 만들어 내기 위해 VPL 리서치를 창립한다. 이 회사는 이 작업을 곧 중단하는데, 나사의 VIEW 연구소의 지원을 받아 데이터글러브^{DataGlove}(1985년)와 아이폰^{EyePhones}(1989년)을 만들기 위해 중단한다. 데이터글러브는 착용자의 손의 자세를 컴퓨터로 전달하는 계측용 장갑이다. 아이폰은 LEEP 광학장치와 함께 한 쌍의 LCD 디스플레이를 사용하는 HMD다.

1985년

 VPL은 나사 VIEW 연구소의 스콧 피셔와 계약을 맺고 그의 사양에 맞는 '데이터글러브'를 구축한다. 디자인은 피셔가 아타리에 있을 때 컨셉을 함께 논의했던 아타리의 공동 연구자였던 톰 짐머만Tom Zimmerman이 VPL에서 작업했다.

1986년

토마스 퍼니스Thomas Furness는 VR과 관련된 인간 요인을 연구한 논문 〈The Super Cockpit and its Human Factors Challenges〉 [Thomas Furness, 1986]를 발표한다.

1987년

나사 VIEW 프로젝트의 수석 엔지니어인 짐 험프리Jim Humphries는 1990년에 페이크스페이스사가 상용화할 오리지널 BOOM을 디자인하고 프로토타입을 만든다. BOOM은 험프리가 VIEW 프로젝트를 위해 디자인하고 프로토타입을 만든 수많은 HBD중 하나였다.

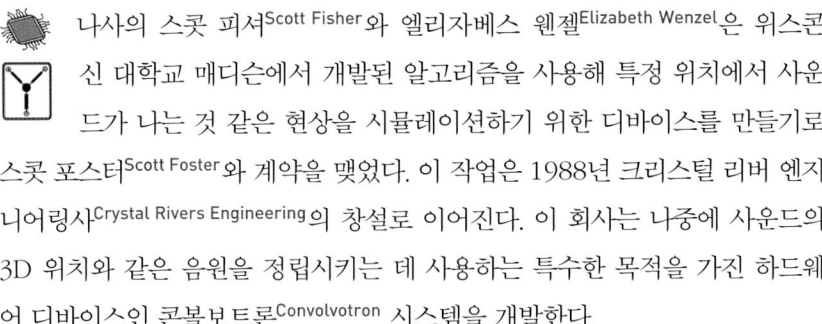 나사의 스콧 피셔Scott Fisher와 엘리자베스 웬젤Elizabeth Wenzel은 위스콘신 대학교 매디슨에서 개발된 알고리즘을 사용해 특정 위치에서 사운드가 나는 것 같은 현상을 시뮬레이션하기 위한 디바이스를 만들기로 스콧 포스터Scott Foster와 계약을 맺었다. 이 작업은 1988년 크리스털 리버 엔지니어링사Crystal Rivers Engineering의 창설로 이어진다. 이 회사는 나중에 사운드의 3D 위치와 같은 음원을 정립시키는 데 사용하는 특수한 목적을 가진 하드웨어 디바이스인 콘볼보트론Convolvotron 시스템을 개발한다.

 1970년 내비게이션 시스템 디바이스를 생산하기 위해 설립된 폴헤머스Polhemus사는 유저가 착용한 작은 센서의 위치 및 배향을 탐지하는 데 사용하는 아이소트랙Isotrak 자기 트래킹 시스템을 선보인다.

1989년

 6월 6일, VPL은 완전한 VR 시스템인 RB-2[Reality Built for 2]를 발표하고 가상 현실이라는 표현을 소개한다(그림 1-28).

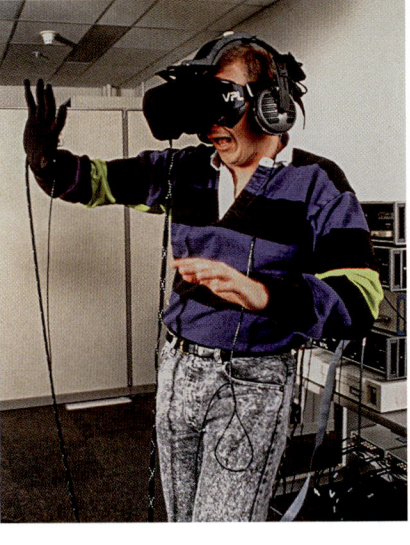

그림 1-28 이 사용자는 VPL의 아이폰과 데이터글러브를 사용해 가상 세계를 경험하고 상호작용한다. (Image courtesy of NCSA)

 같은 날 오토데스크[Autodesk]사는 PC용 3D 월드 생성 프로그램인 사이버스페이스[CyberSpace] 프로젝트를 발표한다.

 디비전[Division]사는 VR 하드웨어 및 소프트웨어 마케팅을 시작한다. 이 회사는 나중에 '트랜스퓨터[transputer]' 하드웨어 디자인 작업에 들이는 노력을 중단하고 노스캐롤라이나 대학교 채플힐의 픽셀 플레인[Pixel Planes] 기술을 라이센싱한다. 디비전은 나중에 프로비전 VR[ProVision VR]이라는 자체 소프트웨어 툴킷 개발에 집중하기 위해 하드웨어 구성요소를 휴렛패커드[Hewlett Packard]사에 판매한다.

 마텔[Mattel]은 닌텐도[Nintendo] 홈 비디오 게임 시스템용 파워글러브 장갑 및 트래킹 시스템을 소개한다. 이것은 홈 비디오 게임 시스템으로는 실패하지만, 저비용 VR 시설 및 '차고'(즉 DIY) VR 애호가용으로 인기를 끄는 디바이스가 된다.

 소렌슨[Sorenson][Sorenson et al. 1989]은 〈The Minnesota Scanner〉라는 논문을 발표한다. 이들은 미네소타 스캐너를 '움직이는 신체 부위의 3차원 트래킹을 위한 프로토타입 센서'라고 불렀으며, 여기서 신체 부위는 인간이나 로봇의 것일 수 있다. 이 개념은 HTC 바이브 라이트하우스[Vive Lighthouse] 트래킹 시스템에 작동하는 바로 그것이다(2015 참조).

1990년

 W-인더스트리^{W-Industries}는 최초의 공공장소 VR 시스템을 런칭해 가상현실^{Virtuality}이라는 말을 만들어낸다. 이 시스템은 듀얼 플레이어 VR 아케이드 시스템으로 HMD, 핸드헬드 막대와 각 체험자를 위한 링 플랫폼으로 구성된다. 인터랙티브 컴퓨터 게임은 새로운 레벨의 정교함으로 진전한다. 초기 게임인 〈댁틸 나이트메어^{Dactyl Nightmare}〉는 단순한 멀티 레벨 월드에서 두 명의 플레이어가 서로에게 총을 쏘는 게임이다(그림 1-29). 1993년에 W-인더스트리는 이름을 버추얼리티 그룹^{Virtuality Group} 유한회사로 바꾸고 1997년에는 미국의 파산보호신청(챕터11)의 일환으로 애셋을 매각한다.

스탠포드 박사과정을 수료한 짐 크레이머^{Jim Kramer}는 사이버글러브^{CyberGlove}를 상용화하기 위해 버추얼 테크놀로지^{Virtual Technologies}사를 설립한다. 사이버글러브는 변형률 게이지를 이용해 손목에 대한 손가락의 상대적 위치를 측정하는 장갑형태의 디바이스다. 버추얼 테크놀로지는 이머전^{Immersion}사가 매입한 후, 2009년 사이버글러브 시스템^{CyberGlove Systems}로 알려진 별도의 독립체로 분리된다.

 어센션 테크놀로지^{Ascension Technology}사는 버드^{Bird}라는 전자기 트래킹 시스템을 선보인다.

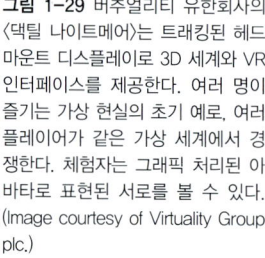

그림 1-29 버추얼리티 유한회사의 〈댁틸 나이트메어〉는 트래킹된 헤드 마운트 디스플레이로 3D 세계와 VR 인터페이스를 제공한다. 여러 명이 즐기는 가상 현실의 초기 예로, 여러 플레이어가 같은 가상 세계에서 경쟁한다. 체험자는 그래픽 처리된 아바타로 표현된 서로를 볼 수 있다. (Image courtesy of Virtuality Group plc.)

나사 VIEW 연구소 직원인 마크 볼라스^{Mark Bolas}와 이안 맥도웰^{Ian McDowall}은 페이크스페이스사를 만든다. 처음에 페이크스페이스는 피셔가 나사의 전산 유체 역학^{Computational Fluid Dynamics} 그룹을 위한 더 견고한 버전의 BOOM을 구축하기 위해 VIEW 연구소에 고용했던 것으로, 나중에는 RAVE 및 CAVE 시스템을 포함한 입력 디바이스 및 프로젝션 기반의 비유동형 VR 디스플레이로 확장된다(후에 피라미드 시스템^{Pyramid Systems}와 합병).

 텔레프레젠스 리서치^{Telepresence Research}는 초기 VR 애플리케이션 개발 회사가 된다. 스콧 피셔^{Scott Fisher}와 브랜다 로렐^{Brenda Laurel}이 설립했다.

1991년

버추얼 리서치 시스템^{Virtual Research Systems}사는 자체 개발한 VR-2 플라이트 헬멧^{Flight Helmet}을 출시한다. 플라이트 헬멧은 아마도 10,000달러 이하의 가격으로 구입할 수 있는 최초의 신뢰할 수 있는 HMD로, 대학 연구소 사이에서 꽤 인기가 있었다.

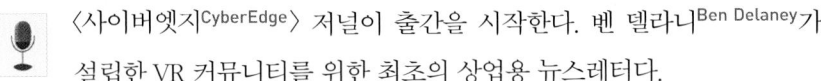 〈사이버엣지^{CyberEdge}〉 저널이 출간을 시작한다. 벤 델라니^{Ben Delaney}가 설립한 VR 커뮤니티를 위한 최초의 상업용 뉴스레터다.

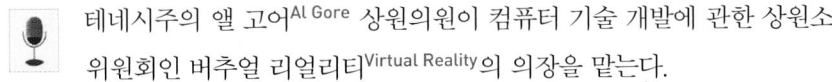 테네시주의 앨 고어^{Al Gore} 상원의원이 컴퓨터 기술 개발에 관한 상원소위원회인 버추얼 리얼리티^{Virtual Reality}의 의장을 맡는다.

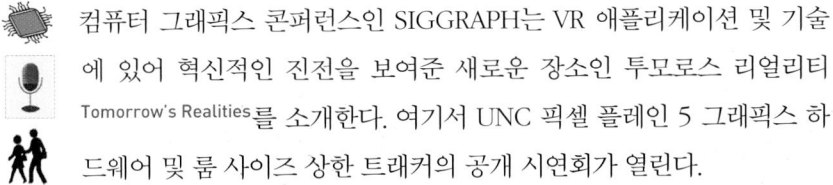 컴퓨터 그래픽스 콘퍼런스인 SIGGRAPH는 VR 애플리케이션 및 기술에 있어 혁신적인 진전을 보여준 새로운 장소인 투모로스 리얼리티^{Tomorrow's Realities}를 소개한다. 여기서 UNC 픽셀 플레인 5 그래픽스 하드웨어 및 룸 사이즈 상한 트래커의 공개 시연회가 열린다.

테크놀로지 저널리스트이자 저술가인 하워드 라인골드^{Howard Rheingold}는 'The Revolutionary Technology of Computer Generated Artificial Worlds - and How It Promises and Threatens to Transform Business and Society'라는 부제가 걸린 『Virtual Reality』(TOUCHSTONE, 1991)를 출간한다. 이 책에서는 VR의 역사와 미래를 논한다. 이 책 제목은 VR을 매체의 이름으로써 사용하는 것을 촉진시켰다.

1992년

고정형(프로젝션) VR은 1992년 시카고에서 개최된 컴퓨터 그래픽스 콘퍼런스인 SIGGRAPH '92에서 헤드 기반 패러다임의 대안으로 소개된다. 이때 가장 주목을 끈 쇼케이스는 톰 드판티$^{Tom\ DeFanti}$, 댄 샌딘$^{Dan\ Sandin}$과 더불어 일리노이 대학교 시카고에 있는 일렉트로닉 비주얼리제이션$^{Electronic\ Visualization}$ 연구소 팀이 구상하고 개발한 CAVE(그림 1-30)였다. 그들은 과학적이고 예술적인 다양한 애플리케이션으로 이 기술을 시연했다[Cruz-Neira et al. 1992].

SIGGRAPH '92에서 썬 마이크로시스템$^{Sun\ Microsystems}$사도 비슷한 디스플레이인 버추얼 포털$^{Virtual\ Portal}$을 소개한다. 이 두 가지 디스플레이의 가장 큰 차이점은 버추얼 포털은 몰입형 경험을 내에서 한 개인만 수용할 수 있도록 디자인된 반면, CAVE는 한 번에 한 명만 최적의 뷰를 가질 수 있지만 해당 비주얼을 최대 10명까지 공유할 수 있다는 점이다.

닐 스티븐슨의 『스노 크래시』(북스캔, 2008)가 출간된다. 이 소설에서는 메타버스^{Metaverse}라는 VR 인터페이스와 함께 여러 명의 체험자가 존재하는 가상 세계가 묘사돼 있다.

로지텍^{Logitech}은 초음파를 사용한 방법을 통해 트래킹되는 통합 액티브 스테레오스코픽 안경과 3D 마우스 '3D Mouse & Head Tracker'를

그림 1-30 시카고에서 개최된 컴퓨터 그래픽스 콘퍼런스인 SIGGRAPH '92에서 새로운 기술을 열망하는 사람들이 처음 공개적으로 전시된 CAVE를 보고자 인산인해를 이뤘다. (Image courtesy of the Electronic Visualization Lab at the University of Illinois at Chicago.)

출시했다(그림 1-31). 초음파 수신기는 안경과 완드에 직접 통합돼 있어 데스 크톱 크기의 피쉬 탱크 VR 시스템에 이상적이다[Logitech 1991].

어센션 테크놀로지는 DC 펄스 전자기장을 사용해 여러 수신기(버즈) 를 멀리서도(~6피트/2m) 트래킹할 수 있는 플라크 오브 버즈Flock of Birds 시스템을 출시한다. 이 시스템은 CAVE와 이와 비슷한 고정식 VR 디스플 레이 시스템에 공통 시스템이 됐다(그림 1-32).

1993년

특별히 VR 커뮤니티를 위한 학술 중심의 두 가지 콘퍼런스가 최초로 개최된다. VRAIS '93 콘퍼런스가 시애틀에서, 가상 현실 IEEE 워크샵 Virtual Reality IEEE Workshop의 리서치 프론티어Research Frontiers가 산호세에 서 열렸다. 두 그룹은 1995년에 합쳐져 IEEE VRAIS 콘퍼런스를 거쳐, 지금은 IEEE VR로 알려진 콘퍼런스가 됐다.

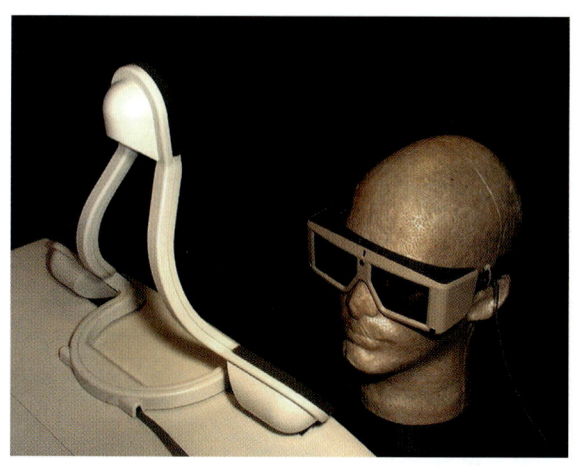

그림 1-31 로지텍 데스크톱 6-DOF 트래킹 시스템은 이미터의 세 모서 리에서 발산되며 사용자가 착용하는 액티브 스테레오스코픽 안경에 내장 된 마이크가 변환한 초음파 신호를 기반으로 한다. (Photograph by William Sherman)

그림 1-32 어센션의 플라크 오브 버즈 전자기 수신기가 부착된 스테레오스코픽 안경을 착용한 사용자는 VR 시 스템 내부 또는 근처에 장착된 이미터 장치(블랙박스)에 서의 상대적인 위치로 파악돼 결정된다. (Photograph by William Sherman)

센스에이블 디바이스^{SensAble Devices}(나중에 센스에이블 테크놀로지^{SensAble Technologies}사가 되는데, 이후 지오매직^{GeoMagic}에 매각된 다음, 3D 시스템스^{3D Systems}가 매입)가 조직되고 첫 번째 팬텀^{Phantom}(그림 1-33)을 판매한다. 팬텀은 MIT 학생인 토마스 매시^{Thomas Massie}와 케네스 솔즈베리^{Kenneth Salisbury} 교수가 개발한 저비용 포스 디스플레이^{force-display} 디바이스다.

DIDI^{Digital Image Design}사의 크리켓^{Cricket}은 아마도 진동으로 촉각적 피드백을 주는 최초의 핸드헬드 컨트롤러였다(그림 1-34). 나중에 닌텐도 64 럼블 팩^{Nintendo 64 Rumble Pack}이 진동이 들어간 첫 번째 게임 컨트롤러가 된다.

1994년

올랜도에서 열린 SIGGRAPH 컨벤션에서 VROOM 행사장에서는 CAVE VR 시스템에서 작동하는 40개 이상의 애플리케이션이 시현된다.

GMD^{German National Research Center for Information Technology}는 올랜도에서 열린 SIGGRAPH '94에서 리스펀시브 워크벤치^{Responsive Workbench}를 소개한다.

그림 1-33 센스에이블 테크놀로지의 팬텀 햅틱 디스플레이 디바이스는 데스크톱에서 사용할 수 있는 초기 상업용 포스 피드백(force feedback) 장치다. (Photograph by William Sherman)

그림 1-34 크리켓 핸드헬드 입력 디바이스는 진동을 촉감할 수 있도록 출력하는 기능이 있었다. (Image courtesy of Digital Image Design Inc.)

제임스 퍼거슨^{James Fergason}은 역반사 물질을 이용해 프로젝터를 착용한 사용자 각자에게 가상 세계의 독립적인 뷰를 투영하는 'Head-Mounted Projector display' 시스템에 대한 특허를 출원하고 1997년 4월 15일에 특허 등록(Patent 5,621,572)된다. 이 특허는 나중에 홍 화^{Hong Hua} 등의 SCAPE 프로젝트(1999)와 그 이후 테크니컬 일루전^{Technical Illusions}이 2013년 상용화한 CastAR에 사용했던 개념을 보여준다.

미국 텔레비전 코미디 버라이어티 쇼인 〈새터데이 나이트 라이브^{SNL, Saturday Night Live}〉는 VR을 둘러싼 과대 광고를 "Virtual Reality Books"라는 에피소드에서 "유일한 제한은 당신과 우리의 상상력뿐이다."라고 패러디한다.

1995년

VIO^{Virtual I/O}는 VIO 디스플레이로 HMD의 1,000달러 가격 장벽을 허물어 버린다. 이러한 디스플레이는 착용자의 머리의 회전 정보를 제공하는 관성 트래킹 시스템이 포함돼 있다.

3Dfx 부두 그래픽 카드^{Voodoo graphics card}가 출시된다. 이것은 실시간 3D 렌더링이 가능하고 최신 소비자 GPU 도입을 가져오는 PC에 추가할 수 있는 최초의 그래픽 카드다.

EVL은 CAVE 라이브러리와 함께 작동하며 단일 스크린 프로젝션 VR 시스템인 이머사데스크^{ImmersaDesk}를 소개한다. CAVE 라이브러리는 애플리케이션이 이머사데스크와 CAVE 시스템 사이를 쉽게 마이그레이션할 수 있게 한다.

CAVE와 이머사데스크는 피라미드 시스템^{Pyramid Systems}사가 시장에 내놓는다.

페이크스페이스사는 리스펀시브 워크벤치^{Responsive Workbench}를 이머시브 워크벤치^{Immersive Workbench}라는 이름으로 내놓는다.

연구자 이와타^{Iwata}와 후지이^{Fujii}는 SIGGRAPH '95에서 '가상 거리측정계$^{Virtual\ Perambulator}$' (그림 1-35)를 시연한다. 이 디바이스는 발과 바닥 사이의 저마찰 계면을 사용해 사용자가 가상 세계에서 걸어 다닐 수 있게 한다[Iwata and Fujii 1996].

1996년

어센션 테크놀로지$^{Ascension\ Technologies}$사는 뉴올리언즈에서 개최된 SIGGRAPH '96에서 무선 자기 트래킹 시스템인 모션스타^{MotionStar}를 발표한다. 초기 제품은 모캡^{MoCap} 산업에 초점을 맞추고 있으며, 14개의 개별 바디 파트용 수신기를 갖추고 있다.

페이크스페이스사는 두 사람이 똑같은 프로젝션 시스템에서 별도의 뷰를 가질 수 있는 시스템을 선보인다. 듀얼 유저 옵션$^{DUO,\ Dual\ User\ Option}$ 시스템은 피츠버그에서 열렸던 슈퍼컴퓨팅^{Supercomputing} 1996에서 이멀시브 워크벤치 상에서 시연된다.

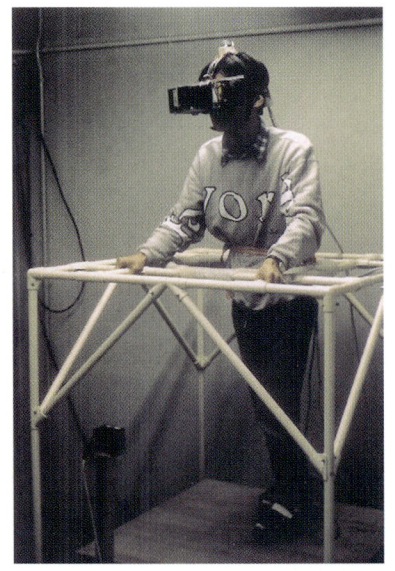

그림 1-35 이와타 히로오(Hiroo Iwata)와 그의 제자들은 SIGGRAPH '95 콘퍼런스에서 연구용 프로토타입인 '가상 거리측정계'를 시연한다. 이 디바이스는 사용자의 발과 바닥 사이의 저마찰 계면을 산출해 물리적으로는 제자리 걸음이지만, 사용자가 환경을 가상으로 돌아다닐 수 있게 한다. (Image courtesy Hiroo Iwata)

그림 1-36 오스트리아 아르스 일렉트로니카 일렉트로닉 아트 뮤지움에 있는 CAVE 시스템은 가상 현실을 매체로 작업하는 아티스트가 그들이 만든 가상 세계를 사람들이 경험할 수 있게 하는 공공장소를 지공한다. 여기서 사용자는 예술적으로 표현된 전쟁으로 상처입은 풍경인 월드 스킨(World Skin)을 살펴볼 수 있다. (Image courtesy of Maurice Benayoun)

버추얼 스페이스 디바이스Virtual Space Devices는 해군 대학원에 전방향 러닝머신Omni-Directional Treadmill의 프로토타입을 납품한다.

최초의 공공장소 CAVE VR 시스템이 오스트리아 린츠에 있는 일렉트로닉 아트를 위한 아르스 일렉트로니카 센터Ars Electronica Center에 문을 연다(그림 1-36). 이 센터에는 헤드 기반 VR 디스플레이뿐만 아니라 다른 흥미로운 기기들의 보고가 소장돼 있다.

1997년

버추얼 테크놀로지사는 핸드 기반 포스피드백 디바이스인 사이버그래스프CyberGrasp를 소개한다(그림 1-37). 이 디스플레이는 착용자의 개별 손가락을 닫는 능력을 제한해 가상 세계에서 만지고 움켜쥐는 감각을 높인다.

1998년

디즈니는 HMD와 프로젝션 기반의 비주얼 디스플레이를 이용한 수많은 VR 명소를 갖춘 가족 테마파크인 디즈니퀘스트DisneyQuest를 최초로 연다(그림 1-38).

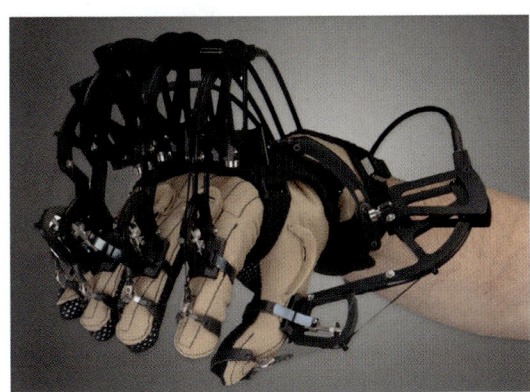

그림 1-37 사이버그래스프(CyberGrasp) 포스피드백 디스플레이(사이버터치(CyberTouch) 입력 글러브와 한 쌍)는 동작 제한 테크닉을 사용해 손가락 움직임을 제한하고 착용자 손에 피드백을 준다. (Imagee courtesy of CyberGlove Systems Inc.)

그림 1-38 플로리다 주 올랜도에 개장한 가족 테마파크 센터 디즈니퀘스트는 "5개 층에 달하는 가상의 즐거움을 즐겨 보세요."라는 캐치프레이즈를 걸고 다양한 타입의 가상 현실 경험을 마련한다. (Photograph by William Sherman)

페이크스페이스사는 제품 중심의 페이크스페이스 시스템^{Fakespace Systems}사와 연구 및 개발을 중심으로 하는 페이크스페이스 연구소^{Fakespace Labs}라는 두 조직으로 나뉜다. CAVE 라이선스를 지닌 피라미드 시스템은 페이크스페이스 시스템과 합병하지만 이름은 그대로 페이크스페이스 시스템으로 유지한다.

최초의 6면 CAVE 스타일 디스플레이가 스웨덴 왕립공과대학^{Swedish Royal Institute of Technology}의 병렬식 컴퓨터 센터^{Center for Parallel Computers}에 개관한다. VR-CUBE는 독일 회사 TAN Projektionstechnologie GmbH & Co. KG가 건설한다.

1999년

워싱턴 대학교 시애틀의 HITLab^{Human Interfaces Technology Laboratory}과 일본 교토에 있는 ATR 미디어 통합 & 커뮤니케이션^{ATR Media Integration & Communication}의 협업으로 만들어진 AR용으로 디자인된 무료 오픈소스 트래킹 라이브러리인 AR툴킷^{ARToolKit}이 공개된다[Kato and Billinghurst 1999] [Kato et al. 2000]. AR툴킷은 AR용으로 디자인됐다고는 하지만, 카메라 입력이 장착된 개인용 컴퓨터만으로 위치 트래킹이 가능하게(그리고 비교적 저렴하고 쉽게) 하는 비디오 트래킹 방편을 제공한다. AR툴킷은 나중에 AR툴웍스^{ARToolworks}에 의해 상용화 됐으며, 그 후에는 다크리^{Daqri}가 매입한다. 다크리는 나중에 툴킷 전체를 오픈 소스로 공개했으며 오늘날까지 사용되고 있다.

서던 캘리포니아 대학교의 ICT^{Institute for Creative Technologies}는 VR을 비롯한 조인트 모델링 및 시뮬레이션 연구를 위해 학계, 할리우드 및 군대 사이의 파트너쉽으로 설립된다. 특히 마크 볼라스^{Mark Bolas}가 이끄는 MxR 연구소(이전의 페이크스페이스)는 후일 구글 카드보드^{Cardboard}와 오큘러스 리프트^{Oculus Rift}의 시작에 불을 지핀다(논란의 여지는 있음).

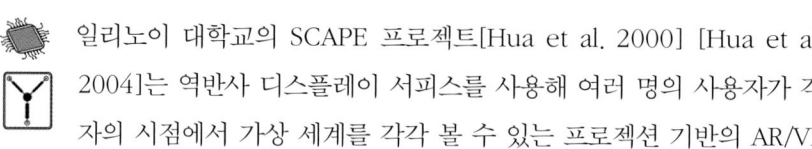

일리노이 대학교의 SCAPE 프로젝트[Hua et al. 2000] [Hua et al. 2004]는 역반사 디스플레이 서피스를 사용해 여러 명의 사용자가 각자의 시점에서 가상 세계를 각각 볼 수 있는 프로젝션 기반의 AR/VR

환경을 시연한다(그림 1-39).

'어메이징 어드벤처 오브 스파이더맨The Amazing Adventures of Spider-Man' 놀이기구가 플로리다주 올랜도에 있는 유니버설 스튜디오Universal Studios의 아일랜드 오브 어드벤처Islands of Adventure에 개설된다. 이는 경로를 따라 진행되는 내러티브narrative에서 여러 캐릭터와 마주칠 때마다 탑승자의 시각에 맞게 조정된 3D 렌더링을 통합한 최초의 다크 라이드 스타일의 테마파크다. 이러한 경험은 애니메이션된 시퀀스 사이의 실제 상호작용뿐만 아니라 화면의 동작을 똑같이 따라하는 모션 이펙트로 더욱 향상된다.

그림 1-39 SCAPE 프로젝트에서 사용자는 머리에 한 쌍의 프로젝터를 착용한다. 프로젝터는 렌더링된 가상 세계를 방출한 후 사용자의 눈에만 반사된다. 이미지 속의 남자가 들고 있는 박스, 남자 앞에 놓인 테이블과 남자를 둘러싼 벽은 모두 이 기술을 가능하게 하는 역반사 물질로 덮여 있는 점에 주목하길 바란다. (Image courtesy of Hong Hua)

2000년

북아메리카에 있는 (전체에서 2번째이자) 첫 번째 6면 CAVE는 맥다인Mechdyne사가 아이오와주립대학교Iowa State University의 VRACVirtual Reality Applications Center에 설치한다.

뉴올리언즈에서 개최된 SIGGRAPH 2000에서 독일 회사 TAN는 그들이 개발한 인피텍Infitec 기술을 시연한다. 이 기술은 대역폭의 컬러에 걸친 애너글리프anaglyphic 방식의 스테레오 영상을 만들 수 있다. 2006년에 인피텍 기술은 돌비 래버러토리스Dolby Laboratories사가 '돌비 3D' 스테레오스코픽 영화 플랫폼을 위해 라이선스를 취득한다.

엔비디아nVidia의 지포스GeForce 3(NV20 칩)는 최초로 프로그램 할 수 있는 픽셀 쉐이더pixel-shader를 통해 프로그래밍 가능한 GPU의 출현을 이끌어 낸다.

2001년

 시카고에 있는 디즈니퀘스트 센터가 문을 닫는다. 필라델피아에 예정된 세 번째 센터는 오픈이 보류되고 나중에 전부 취소됐다.

 샌딘Sandin 등은 '배리어Varrier' 디스플레이 작업을 시작한다. 배리어는 듀얼 레이어 LCD 시스템을 이용해 스테레오스코픽 배리어 스트립barrier strip 역할을 하는 가변 LCD 레이어를 조정하고 뷰어viewer를 트래킹해 입체감을 가장 잘 느낄 수 있는 '스테레오 스윗스팟stereosweet-spot'을 변경할 수 있는 오토스테레오autostereo 디스플레이를 만들어 낸다[Sandin et al. 2005] [Peterka et al. 2007].

외과의사 자크 마레스코Jacque Marescaux는 뉴욕 시에서 프랑스의 스트라스부르에 있는 환자를 수술하는 최초의 대서양 횡단 원격 수술 '린드버그 수술Operation Lindbergh'을 시행한다.

그림 1-40 가상 현실은 『Understanding Virtual Reality』의 초판이 발간된 이후 상당히 발전해 왔다.

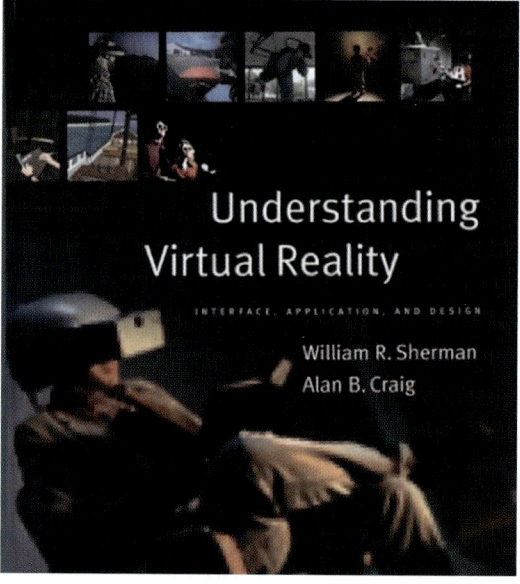

2002년

 GSM 기반의 이동 통신 서비스를 이용할 수 있는 PDAPersonal Digital Assistant폰 트레오Treo 180이 출시된다. 트레오 180은 아마도 디지털 디바이스와 전화를 최초로 융합한 것으로, 스마트폰 시대를 여는 계기가 된다.

 『Understanding Virtual Reality』(Morgan Kaufmann, 2002) 초판이 출간된다. VR은 그 이후로 크게 발전한다(그림 1-40).

2003년

린든 랩Linden Labs은 가상 현실 시스템 세컨드 라이프The Second Life 서비스를 출범한다. 인터페이스는 데스크톱의 키보드와 마우스를 사용하기 때문에 VR은 아니지만, 사람들과 기관이 세계에 있는 자신만의 지역과 섬을 구매할 수 있는 대규모 가상 세계를 제공했다. 세컨드 라이프는 게임이라기 보다는 기본적으로는 사교 공간으로 사용자가 상호작용할 수 있는 '샌드박스sandbox'다. 가상 세계에는 그 안에서 모델 및 스크립트를 만들어 매매할 수 있는 '거주자'에게 허용된 자체 통화가 있다(세컨드 라이프의 창립자인 필립 로즈데일Philip Rosedale은 2013년 VR 중심의 사회 경험 플랫폼 회사인 하이 피델리티High Fidelity사를 창립한다).

비디오 채팅 툴로 인스턴트 메시징instant messaging을 하는 스카이프Skype가 최초로 출시된다. 인터넷을 통한 P2Ppeer-to-peer 비디오 커뮤니케이션이 가능하며, 전화 시스템에 음성 연결도 할 수 있다.

2004년

맥다인사는 페이크스페이스 시스템사와 합병해 맥다인이라는 회사 이름을 계속 이어간다.

2005년

유니티Unity 게임 엔진이 애플Apple OS/X 운영 체제용으로 처음 출시된다. 유니티는 이후 다른 플랫폼으로 포팅됐으며 상호작용할 수 있는 경험 개발용으로 인기를 끈다. 기존 게임 개발자도 이에 합세해 결국 유니티는 VR 및 AR 개발자용뿐만 아니라 VR 및 AR 애플리케이션용 콘텐츠를 제작할 때 많이 선택되는 엔진으로 빠르게 성장하게 된다.

2006년

닌텐도Nintendo는 컴퓨터가 생성한 세계 내에서의 물리적 트래킹(일부 한계는 있지만)을 사용하는 최초의 대규모 소비자 제품인 위Wii를 출시한다. 가속도계와 위치 트래킹에 유용한 적외선 카메라가 들어가 있는 무선 원격 입력 디바이스(통칭 '위모트wiimote')는 보급형 VR 입력 디바이스로 인기를 끌게 됐다. 게다가 조니 리Johnny Lee의 유명한 유튜브 비디오[Johnny Lee 2007]에서 볼 수 있듯이, 위모트는 가정용 VR 시스템을 위한 저가 위치 트래킹을 할 수 있는 수단으로써 종종 사용됐다(이 책의 초판에서 예측했던 것 중 하나가 실현됨).

2007년

- 아이오와주립대학교Iowa State University에 있는 VRAC 센터는 맥다인 사와의 프로젝트로 6면 CAVE를 개편하고 24개의 소니Sony 4K 프로젝터를 사용해 1억 개 이상의 스테레오스코픽 픽셀을 갖춘 시스템을 만들었다.

- 알로스피어AlloSphere가 캘리포니아 대학교 산타바바라 캠퍼스에 오픈한다. 알로스피어는 사용자가 구의 한 가운데 위치한 보행자용 통로를 쭉 따라 걷는 3층 규모의 거대한 구형 투영 디스플레이다(그림 1-41).

- 내추럴포인트NaturalPoint 사의 옵티트랙OptiTrack 패키지는 저가의 VR 시스템을 만드는 데 유용한 저비용(미화 5,000달러 이하) 모션 트래킹 솔루션을 제공한다. 모캡 산업을 타깃으로 삼고 있지만, VR 위치 트래킹 시스템으로도 한 몫 해낸다.

그림 1-41 알로스피어는 두 개의 반구로 이뤄진 흥미로운 프로젝션 VR 환경으로, 뷰어는 구 한가운데 놓인 통로를 사이에 두고 양쪽에 놓인 반구에 투영된 작품을 '붙들려' 본다. (Photograph courtesy of Tobias Hollere)

삼성Samsung과 미쓰비시Mitsubishi는 텍사스 인스트루먼트Texas Instruments 의 DLPDigital Light Processor 칩을 사용해 액티브 셔터 안경active shutter glasses으로 스테레오스코픽(통칭 '3D') 이미지를 디스플레이할 수 있는 HD 해상도의 소비자용 텔레비전을 출시한다. 이것은 VR기술을 더 넓은 범위의 사용자에게 합리적인 가격으로 제공하는 또 다른 요소다.

카네기 멜론 대학교Carnegie Mellon University의 박사 조니 리Johnny Lee는 유튜브에 위모트를 사용해 아주 저가의 DIY 헤드트래킹을 하는 방법을 시연한 비디오를 올린다. 리는 마이크로소프트 응용 과학Microsoft Applied Sciences 그룹에서 엑스박스 키넥트Xbox Kinect 디바이스, 구글에서 탱고 프로젝트Tango Project를 하며 이 연구를 계속한다.

에이수스Asus M530W와 노키아Nokia N82와 같은 통합형 카메라를 장착한 스마트폰이 시장에 진출한다. 이러한 스마트폰이 기준 마커를 이용한 트래킹용 SDK[Wagner et al. 2008]와 결합해 널리 보급된 폰 기반의 AR 시대를 열었다.

2008년

옵티트랙OptiTrack 위치 트래커를 기반으로 한 저가 VR 시스템은 소비자용 3D TV를 사용해 합리적인 가격(미화 20,000달러 미만)의 소형 VR 디스플레이가 장비된다. 나중에 개방형 하드웨어 디자인을 사용해 재탄생한 것이 IQ스테이션IQ-stations이다[Sherman et al. 2010].

애플은 IMU로 강화된 스마트폰과 더불어 3D 씬을 볼 수 있는 광학 장치를 결합해 만든 VR 시스템을 앞당기는 특허 "Head-mounted display apparatus for retaining a portable electronic device with display"를 신청한다(이 특허는 2015년 2월 17일에 특허 8,957,835으로 등록된다).

카네기 멜론 엔터테인먼트 테크놀로지 센터Carnegie Mellon Entertainment Technology Center의 공동창립자이자 앨리스Alice 프로그래밍 언어 기술을 선도하고, 디즈니퀘스트의 Aladdin VR 놀이 기구를 작업하고, DIY VR (《VR on $5 a day》), SUIT 사용자 인터페이스 SDK에 대해 강연하고 『The Last Lecture

마지막 강연』(살림, 2011)을 쓴 것으로 유명한 랜디 포시[Randy Pausch]가 췌장암으로 사망한다. 이 책을 읽고 그의 식견을 통해 VR에 대해 배운 대중이 많다.

2009년

캘리포니아 대학교 샌디에고 캠퍼스에 있는 CALIT2[The California Institute for Telecommunications and Information Technology](지금은 퀄컴 연구소[Qualcomm Institute])는 패시브[passive] 스테레오스코픽 출력을 지원하는 JVC 평면 패널 HDTV 시스템을 기반으로 한 스크린 기반 VR 디스플레이인 NexCAVE를 시연한다.

맥다인사는 KAUST[King Abdullah University of Science and Technology]에 코니아[CORNEA]로 불리는 두 번째 1억 픽셀의 6면 CAVE를 설치한다.

 킥스타터[Kickstarter] 크라우드펀딩 사이트가 출범해 틈새 프로젝트가 자금 출구(또는 입구)를 찾을 수 있게 됐다. 몇몇 VR 관련 프로젝트가 킥스타터를 활용해 VR 디바이스 시장에 다시 활기를 북돋는다.

2010년

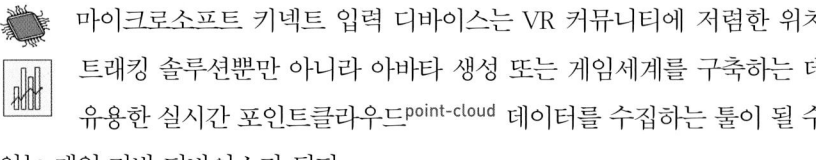 마이크로소프트 키넥트 입력 디바이스는 VR 커뮤니티에 저렴한 위치 트래킹 솔루션뿐만 아니라 아바타 생성 또는 게임세계를 구축하는 데 유용한 실시간 포인트클라우드[point-cloud] 데이터를 수집하는 툴이 될 수 있는 게임 기반 디바이스가 된다.

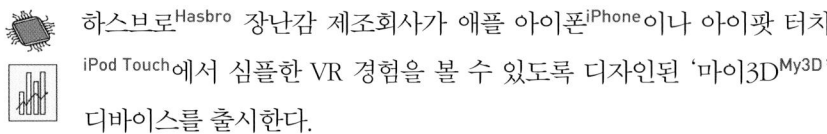 하스브로[Hasbro] 장난감 제조회사가 애플 아이폰[iPhone]이나 아이팟 터치[iPod Touch]에서 심플한 VR 경험을 볼 수 있도록 디자인된 '마이3D[My3D]' 디바이스를 출시한다.

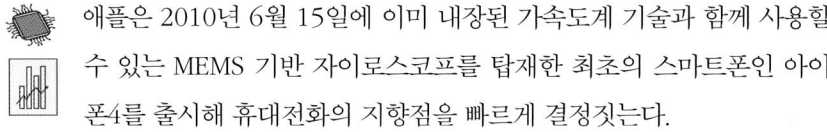 애플은 2010년 6월 15일에 이미 내장된 가속도계 기술과 함께 사용할 수 있는 MEMS 기반 자이로스코프를 탑재한 최초의 스마트폰인 아이폰4를 출시해 휴대전화의 지향점을 빠르게 결정짓는다.

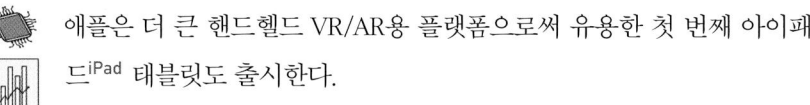 애플은 더 큰 핸드헬드 VR/AR용 플랫폼으로써 유용한 첫 번째 아이패드[iPad] 태블릿도 출시한다.

유니버시티 칼리지 런던University College London은 VR 시스템을 사용하는 동안 더 자연스럽게 보행할 수 있도록 마찰을 줄인 발판 디바이스인 위즈디쉬Wizdish를 연구한다[Swapp et al. 2010].

2011년

레이저Razer는 완전한 6-DOF EM기반 위치 트래킹을 갖춘 게이밍 입력 디바이스인 레이저 히드라Razer Hydra 판매를 시작한다. 차세대 게임 컨트롤러를 겨냥한 이 제품 덕에 미화 100달러만으로 위치 트래커를 얻을 수 있다. 이 컨트롤러는 양 손에 하나씩 들 수 있게 한 쌍으로 돼 있어 양 손을 쓰는 입력 디바이스의 개념을 사용자에게 대중화한 것일 수도 있다(불행히도 후속 STEM 제품의 출시 준비가 되기 훨씬 전에 단종돼 저가 트래킹 시스템의 맥이 잠시 끊긴다).

ARTAdvanced Realtime Tracking는 카메라 기반 위치 트래커인 스마트트랙SMARTTRACK을 출시한다. 스마트트랙에는 하나의 바에 2개의 카메라를 장착해 카메라 보정이 필요 없다. 정상가는 미화 10,000달러로, 가격 대비 전문적인 품질이 보장되는 트래킹 솔루션을 제공한다.

내추럴포인트NaturalPoint사는 위치 트래킹용 트리오Trio 및 듀오Duo 제품을 출시한다. ART의 스마트트랙SMARTTRACK과 마찬가지로, 트리오 및 듀오도 고정된 프레임에 장착된 카메라(각각 3개와 2개)의 카메라가 있어 보정이 필요 없다. 이 제품은 각각 미화 2,500달러와 1,500달러로, 더 낮은 가격의 트래킹 솔루션을 제공한다. 하지만 하이엔드 시스템의 품질 수준에는 미치지 못할 수도 있다.

2012년

USC의 ICTInstitute for Creative Technologies MxR 연구소는 IMU가 있는 개인의 스마트폰을 트래커이자 컴퓨터, VR용 디스플레이로 사용할 수 있는 DIY BHD 뷰어인 FOV2GO를 출시한다. 이 뷰어는 폼보드와 플라스틱 광학기기로 만들어졌으며, ICT에서 개발한 소프트웨어를 사용해 휴대전화 내부의 관성 트래킹을 사용하고 휴대전화의 움직임을 기반으로 스테레오스코픽 이미지를 출력할 수 있다.

MxR 연구소의 인턴 학생인 팔머 럭키$^{Palmer\ Luckey}$는 저가 HMD인 오큘러스 리프트$^{Oculus\ Rift}$ 개발을 위해 킥스타터를 통한 모금 캠페인을 벌인다(그림 1-42). 서던캘리포니아 대학교$^{University\ of\ Southern\ California}$의 인터랙티브 게이밍 동아리에서 발굴된 프로젝트인 오큘러스 리프트는 프로토타입에서 생산으로 옮겨지고, 2013년에 1세대 개발 유닛(DK-1)이, 2014년에 2세대(DK-2)가 출하되고, 2016년에 소비자 유닛이 출시된다.

CAVE2가 시작된다. CAVE2는 패시브 스테레오스코픽 기능을 갖춘 소비자용 평면패널 HDTV를 기반으로 한다. Omegalib와 SAGE와 함께 2D 데이터와 기존 VR을 통합하는 하이브리드 현실 환경을 구현한다.

그림 1-42 킥스타터 모금 캠페인을 통해 자금을 조달한 첫 번째 오큘러스 리프트 개발 키트(DK-1)는 가상 현실에 대한 폭넓은 관심을 다시 불러 불러일으킨다. (Photograph by William Sherman)

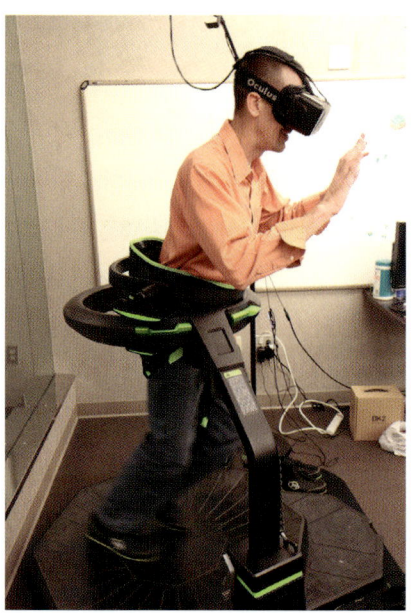
그림 1-43 버툭스 옴니는 가상공간에서 무한히 걸을 수 있는 하나의 메커니즘을 제공한다. 마찰이 낮은 표면 및 신발을 이용해 사용자는 제자리에서 끝도 없이 '보행'(또는 '달리기')를 할 수 있다. (Photograph by William Sherman)

2013년

- 버툭스 옴니Virtuix Omni는 저비용 마찰 감소 발판의 프로토타입을 제품화하기 위한 자금을 구하는 킥스타터 캠페인을 성공적으로 벌인다. 버툭스 옴니는 경사면이 있는 원형 발판으로, 그 안에 있는 동안 신고 있는 특수 신발이 중앙으로 미끄러져 걷는다는 느낌을 받을 수 있게 한다(그림 1-43). 불행히도 버툭스 옴니 생산 및 배송 문제로 어려움을 겪었다. 2016년에 일부 킥스타터 후원자가 제품을 받기 시작했으며 다른 후원자는 계속 기다려야 했다.

- 아주 값싼 저주파 손가락 트래킹 시스템인 리프 모션Leap Motion을 사용해 개발자는 해당 디바이스를 기반으로 디자인된 사용자 인터페이스를 탐색할 수 있다. 미화 80달러면 구매할 수 있는 리프 모션Leap Motion 컨트롤러는 글러브나 마커를 착용하지 않고도 사용자의 손가락을 트래킹할 수 있는 수단이 된다. HMD를 착용한 사용자는 가상 세계 안에서 조작하는 자신의 손을 볼 수 있다.

- 테크니컬 일루전스Technical Illusions사는 캐스트ARCastAR 시스템의 마지막 개발 및 상품화 자금을 모으기 위한 킥스타터 캠페인을 성공리에 마친다. 캐스트AR 시스템은 각 사용자가 자신만의 이미지를 제공하는 프로젝터를 착용하는 멀티 사용자 역반사 디스플레이 시스템이다. 이미지는 다시 그들에게 반사된다. 이 시스템은 순서대로 가상의 말을 놓는 보드 게임 플레이에 초점이 맞춰져 있다.

- LG 전자와 소니Sony가 패시브 스테레오스코픽 디스플레이를 갖춘 울트라Ultra HD(약 4K) 3DTV를 출시하고, 삼성은 액티브 스테레오스코픽 디스플레이를 갖춘 울트라 HD 3DTV를 내놓는다. 크기는 대각선으로 49인치에서 85인치까지 있으며, 비율이 작은 고정된 스크린 VR 시스템을 위한 비주얼을 향상시킨다.

- 구글은 개발 커뮤니티를 위해 머리에 쓰는 미니 디스플레이인 '구글 글라스Google Glass'를 출시한다. 이 작업의 결과는 소비자 제품 출시 전에 취소된다.

2014년

  VR은 여러 영역에서 상업화를 이뤄가는 그 정점에서 제도화의 징후가 보이면서 '매력적인 매체'라는 모드에서 벗어나기 시작한다.

페이스북Facebook은 저비용 HMD를 구축하기 위해 킥스타터 캠페인을 중심으로 설립된 오큘러스 VR을 20억 달러에 인수한다. 오큘러스는 비디오 기반 6-ODF 위치 트래킹용 소형 카메라가 들어있는 두 번째 프로토타입 유닛(개발자 키트 2—DK-2)을 출시한다.

구글은 골판지와 플라스틱 광학장치로 만든 DIY 스마트폰 HBD 어댑터인 일명 '구글 카드보드Google Cardboard'를 출시한다. '카드보드'에는 자기 기반 토글 입력 그리고 안드로이드 OS를 사용하는 스마트폰용 API 및 샘플 애플리케이션도 포함돼 있다(2015년 구글은 핸드폰의 터치스크린을 탭 인터페이스 수신기로 사용할 수 있도록 디자인된 업데이트 버전을 출시한다).

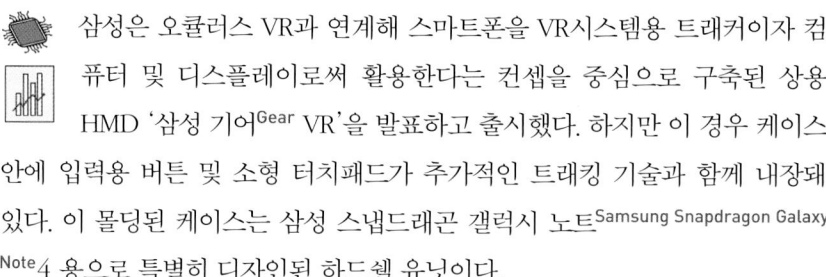 삼성은 오큘러스 VR과 연계해 스마트폰을 VR시스템용 트래커이자 컴퓨터 및 디스플레이로써 활용한다는 컨셉을 중심으로 구축된 상용 HMD '삼성 기어Gear VR'을 발표하고 출시했다. 하지만 이 경우 케이스 안에 입력용 버튼 및 소형 터치패드가 추가적인 트래킹 기술과 함께 내장돼 있다. 이 몰딩된 케이스는 삼성 스냅드래곤 갤럭시 노트Samsung Snapdragon Galaxy Note 4 용으로 특별히 디자인된 하드쉘 유닛이다.

2015년

컴퓨터 게임 제작사인 밸브Valve는 GDCGame Developer's Conference 2015에서 HTC 전자 회사와 협업해 소비자 중심 VR 시스템으로써 HTC Vive HMD와 결합될 새로운 '라이트하우스Lighthouse' 위치 트래킹 시스템을 발표하고 시연한다.

〈뉴욕 타임스〉는 구글과 제휴해 뉴욕 타임스의 기자들이 특별히 만들어낸 360짜리 콘텐츠를 볼 수 있는 구글 카드보드 디스플레이를 파티클에게 제공한다는 협약을 발표한다.

2016년

50년간 진보를 거듭해온 VR은 2016년 하룻밤 새에 성공을 거두게 된다. 오큘러스 VR은 디스플레이 제품(CV-1)을 선주문 시스템을 통해 출시한다. 초기 시스템에는 HMD, 비디오 기반 위치 트래킹용 카메라, 사용자 입력용 트래킹되지 않은 Xbox 게임 컨트롤러가 포함돼 있다. 같은 해 말에는 오큘러스 터치 6-DOF 트래킹되는 핸드 컨트롤러를 출시한다.

HTC와 밸브는 첫 번째 소비자 지향 VR 디스플레이 제품(바이브Vive)을 선주문 시스템을 통해 출시한다. 바이브 시스템에는 HMD 외에도 '라이트하우스' 트래킹 유닛뿐만 아니라 완전히 트래킹되는 핸드헬드 입력 컨트롤러 두 개가 포함돼 있다.

다크리Daqri는 산업용으로 사용할 수 있는 '스마트 헬멧Smart Helmet'을 상용화한다. 스마트 헬멧은 컴퓨팅 유닛, 열 감지 및 EEG를 비롯한 다양한 센서가 포함된 통합 AR 시스템이다. 이 모든 것이 이전까지의 안전모를 대체하기 위해 개인 보호 장비 헬멧 안에 들어 있다.

마이크로소프트는 연구 및 소비자 소프트웨어 단체가 사전에 탐색 및 개발을 할 수 있는 홀로렌즈HoloLens 개발 키트 유닛을 출시한다. 홀로렌즈는 투시 광학 장치 외에도 인사이드 아웃(SLAM) 트래킹과 렌더링 기능이 있는 컴퓨팅 유닛이 포함된 올인원 AR디스플레이다.

소니는 머리에 쓰는 디스플레이인 '플레이스테이션PlayStation VR'을 출시한다. 이 제품은 플레이스테이션 카메라와 무브 컨트롤러와 결합해 플레이스테이션 4 게임 콘솔과 함께 사용할 수 있다.

요약

가상 현실을 정의하는 특징은 다음과 같다.

- 의사소통 매체다.

- 물리적 몰입이 필요하다.
- 종합적인 감각 자극을 준다.
- 상호작용적이다.
- 사용자를 정신적으로 몰입시킬 수 있다.

이러한 특징을 알게 됐으니 이제는 각 요소, 즉 매체(2장), 인간 체험자(3장), 물리적 몰입 기술(4, 5장), 가상 세계 표현(6장), 상호작용(7장)을 더 자세하게 알아볼 수 있게 됐다. 8장에서는 전반적인 경험을, 9장에서는 VR에서의 경험 디자인을 살펴본다. 마지막 10장에서는 VR의 향후 잠재력을 탐색한다.

용어: 빙산의 일각

1장에서 정의한 용어는 VR에 대한 논의에서 가장 자주 사용되고 혼동돼 쓰이는 것이다. VR 용어는 아직 덜 성숙해 빠르게 진화하고 있으며, 많은 단어와 문구가 VR 커뮤니티조차에서도 일관되게 사용되지 않고 있다(비슷한 기술을 판매하고자 하는 이들이 더 자주 오용하고 있지만 말이다). 이 책에서는 VR 분야에서 통용되고 있는 것보다 학술적인 정의를 고수한다. 개별 학문에 특정된 관련 용어는 해당 분야에서 만든 정의에 따른다. 또한 VR 관련 용어를 www.understandingvirtualreality.com의 온라인 용어집에서 찾을 수 있다.

CHAPTER 2

VR: 매체

가상 현실VR은 매체다. 따라서 VR이 인간의 다른 커뮤니케이션 매체와 어떻게 연관돼 있는지 살펴봄으로써 아이디어의 소통과 탐구에서 VR이 지닌 잠재력을 이해할 수 있다.

2장은 커뮤니케이션 매체의 특성과 더 큰 전체에서 VR의 역할에 초점을 맞추고 있다. 이는 효과적인 VR 체험 개발에서 중요한 주제다. 만약 경험의 일부라도 디자인할 때에는 매체의 기술만을 이해하는 것으로는 충분치 않다(2부에서는 VR 기술과 인터페이스 디자인을 실현할 수 있는 시스템으로 만드는 방법을 알아본다).

매체에 대한 지식을 갖는 것은 좋은 커뮤니케이션에서 필수다. 이것은 창작자와 이 매체 전파의 끝에 있는 받는 이에게 중요하다. 비록 창작자에게 더 큰 책이 자연스럽게 부과되기는 하지만 말이다. 매체에 대한 지식을 높이기 위해서는 그 역사, 언어, 서술형태, 장르, 인터페이스 등을 연구하는 것이 중요하다 [Sherman and Craig 1995].

인간의 커뮤니케이션을 지원하기 위한 일반적인 매체의 사용법을 살펴본 후, VR 매체를 통한 커뮤니케이션을 강화하기 위해 만들어진 규약과 디바이스에는 무엇이 있는지 집중적으로 살펴본다.

매체를 통한 커뮤니케이션

커뮤니케이션 매체로써 VR은 더 전통적인 매체, 특히 공동의 유산을 가지고 있는 매체와 그 특징을 공유한다. 우리는 VR 개발자(및 사용자)가 자신이 다루고 있는 매체의 더 깊은 측면을 이해하는 것이 중요한 것임을 이해하는 것이 중요하다고 생각한다.

가장 넓은 의미에서 매체라는 단어는 두 가지 이상의 것 사이에 있는 무언가를 뜻한다. 이 정의에 따르면 하나에서 다른 것들로 전달될 수 있는 모든 것은 일반적으로 매체라고 말할 수 있다. 여기서 말하는 무언가는 아이디어일 수도 있고, 물리적인 물질과(또는) 에너지일 수도 있다. 따라서 금속 파이프는 한 곳에서 다른 곳으로 액체를 전달할 수 있는 매체이며, 사운드와 열을 전달하는 특징도 가지고 있다. 소설은 아이디어와 컨셉을 전달할 수 있는 매체다. 이처럼 물리적인 물질/에너지를 운반하는 캐리어 매체 carrier media 와 아이디어/컨셉을 전달하는 인간 커뮤니케이션 매체 human communication media 로써의 매체를 알아볼 것이다.

> 매체 Medium: (1) 매개물. 두 가지 엔티티를 잇는 것(중개자). (이 책에서는 주로 인간 커뮤니케이션용 매체를 논의할 때 사용한다.)
>
> (2) 무언가를 전달하거나 그에 변화를 초래하는 수단. 2b1: 커뮤니케이션, 정보 또는 엔터테인먼트의 시스템 또는 채널[Webster 1989].
>
> 캐리어 매체 Carrier medium: 정보 또는 물리적 엔티티를 저장 및/또는 전달하기 위해 사용되는 물질 또는 기본 물질. 전자적으로 코드화된 정보의 비트를 저장하고 운반하는 데 사용되는 컴퓨터 SD 카드가 그 예다. 컴퓨터 네트워크는 일반적으로는 전자적으로 인코딩된 정보를 운반하는 데 사용되지만 저장되지는 않는다. 구리 파이프는 한 지점에서 다른 지점으로 액체를 운반할 수 있다.
>
> 인간의 의사소통 매체 human communication medium: (1) 생각이 물리적 세계를 횡단하고 하나 이상의 감각에 의해 다시 사상으로 재구성될 수 있는 형태로 변환되는 표현 형태(McCloud [1993]에서 인용). (2) 표현의 수단.

매체는 전달될 때까지 콘텐츠를 저장할 수 있어야만 한다. 어떤 미디어는 콘텐츠를 영원히 저장할 수 있는 반면, 다른 것은 전달 메커니즘으로만 쓸 수 있다. 간단하게 양동이를 예로 들어보자. 양동이는 물을 저장하기 위해 만들어진 것이지만(이 경우 양동이는 저장 매체$^{storage\ medium}$다), 물은 양동이에 담겨 옮겨질 수 있다(여기서 양동이는 캐리어 매체다). 하지만 파이프는 콘텐츠를 저장하기보다는 운반하는 용도이며 엄격하게 캐리어 매체로 여겨진다. 그뿐만 아니라, 콘텐츠의 경계에는 이에 접근하기 위한 지점이 있다. 이 접근 지점을 인터페이스라고 한다.

가상 세계에는 슈퍼컴퓨터, 책, 플로피 디스크, 비디오테이프, USB 스틱, 심지어 인간의 뇌와 같은 다양한 저장 매체를 넣을 수 있다. 가상 세계의 정보는 커뮤니케이션 매체를 통해 하나의 '컨테이너(저장고)'에서 다른 것으로 전달된다. 예를 들어 슈퍼컴퓨터가 워크스테이션을 통해 뇌로, 책은 문어$^{written\ language}$를 통해 뇌로, 아니면 구어$^{spoken\ language}$를 통해 뇌에서 뇌로 전달될 수 있다.

매체의 콘텐츠: 가상 세계

모든 아이디어 전송 매체의 가장 중요한 측면 중 하나는 콘텐츠 그 자체다. 1장에서 자세하게 설명했듯이, 우리가 다루는 인간 커뮤니케이션 매체의 콘텐츠를 가상 세계라고 부른다. 이 용어는 주로 수신자가 어떤 세계에 있는 장소, 오브젝트, 그리고 가상 세계의 주민을 경험한 것을 묘사함으로써 전달된 아이디어가 살아나기 때문에 사용된다. 따라서 VR 애플리케이션의 콘텐츠가 가상 세계라 정말 불리지만, 모든 가상 세계가 VR 인터페이스로 특별히 보여지게 만들어진 것은 아니다.

이 절은 매체에 구애받지 않는 가상 세계에 초점을 맞춘다. 여기서는 가상 세계가 어떻게 만들어지고, 제시되고, 탐색되는지를 꼼꼼히 들여다볼 것이다. 가상 세계가 어디에서 오고 어디에 존재하는지 살펴보겠다.

가상 세계는 새로운 개념이 아니다. 인류는 그 시작부터 환경을 형성해오려 애썼다. 사람들은 자신이 살고 있는 세계를 조작하는 데 더해, 대체 세계^{alternate}

world에 그들만의 컨셉을 만들어 왔다. 이러한 대체 세계는 그 세계를 만든 인간 창작자의 규칙을 따르며 창작자는 완전한 지배력을 행사한다. 그런 가상 세계는 창작자의 마인드에만 존재할 수도 있고 다른 사람들과 공유될 수 있는 매체를 통해 분명해질 수도 있다.

물론 실제세계는 가상 세계에 영향을 미친다. 가상 세계가 상상 속의 공간이지만 때로는 실제세계가 어디에서 끝나고 가상 세계가 어디에서 시작되는지 모호할 때도 있다. 가상 세계가 특정한 실제세계를 모방하기 위한 어떤 장소 또는 경험의 모델일 경우에는 특히 더하다.

어떤 가상 세계는 물리적 세계에 존재할 수도 있고, 그렇지 않을 수도 있는 어떤 세계의 생생한 표상representation이다. 물리적 세계에서도 맞닥뜨린 어떤 것이 실제인지 아니면 표상인지 언제나 명확하지는 않다. 르네 마그리트René Magritte는 이를 유명한 그의 작품인 〈이미지의 배반The Treachery of Images〉(그림 2-1)에서 실제로 보여준다. 작품 속의 파이프는 매우 사실적으로 그려져 있지만, 이것은 실제 파이프가 아니라 그림이다. 그림 자체는 꽤 사실적이지만 파이프와 그려진 파이프 사이에 혼동은 없다. 하지만 "이건 뭔가요?"라고 물으면 아마 대부분의 사람은 "파이프에요."라고 답하지 "그림이에요."라고는 하지 않을 것이다.

그림 2-1 초현실주의 화가인 르네 마그리트는 〈이미지의 배반〉에 "이것은 파이프가 아닙니다."라는 부제를 달아 이미지 대 현실이라는 복잡한 문제를 다룬다. (© 2002 C. Hersovici, Brussels/Artists Rights Society (ARS), New York. The Treachery of Images (This is Not a Pipe), c.1928–29, by René Magritte (museum number 78.7), Los Angeles County Museum of Art. Purchased with funds provided by the Mr. and Mrs. William Preston Harrison Collection. Photograph © 2002 Museum Associates/LACMA.)

가상 세계는 시뮬레이션이 프로그램되거나 이미지화된, 심플하거나 복잡한 비헤이비어behavior 규칙에 의해 이끌어지는 일부 매체에서 나타나는 도메인의 시뮬레이션으로서 생각할 수 있다. 이러한 규칙은 컴퓨터 프로그램, 보드게임의 규칙, 스틸 이미지에서의 색 또는 아이의 상상력으로 구현될 수 있다. 여기서 도메인은 가상 세계의 공간, 체험자, 오브젝트 그리고 규칙의 범위를 말한다.

다시 한 번 요약하면 다음과 같다.

매체에 의해 전달되는 콘텐츠는 가상 세계다.

다양한 매체에서 구현된 가상 세계의 몇 가지 예는 다음과 같다.

인간 커뮤니케이션 매체	가상 세계
상상력	공상/멘탈 모델
상상력/장난감	인형을 가지고 놀고 있는 아이
스토리텔링	신화/변형담 Metamorphoses
벽화	라스코(Lascaux)
소설(상호작용 없음)	『모비딕 Moby Dick』(백경)
지도	런던 지하철 노선도
(마술의) 착각	모자에서 토끼 꺼내기
노래	"Early Morning Dreams"
영화	〈시민 케인 Citizen Kane〉
애니메이션	〈판타지아〉
인형극	〈머펫대소동 The Muppet Show〉
아마추어 무선, CB	원탁 토론
인터랙티브 픽션(책을 통해)	『Zork: The Cavern of Doom』(Zorkian, 1983)
인터랙티브 픽션(컴퓨터 게임을 통해)	〈어드벤처 Adventure〉, 〈조크 Zork〉
이메일	메모, 메시지, 일반적인 서신
인터넷 뉴스 그룹, 웹 포럼	Q&A, 채팅(문화)
멀티미디어 인터랙티브 픽션	미스트 Myst, 버추얼 네쉬빌 Virtual Nashville
MUD multiuser dungeons, MOO multiuser object oriented	게임, 채팅 공간, 사무실 에뮬레이션
보드 게임	체스, 클루 Clue, 카탄 Catan, 카베르나 Caverna, 포털 Portal
비디오 게임	퐁 Pong, 동키콩 Donkey Kong
월드 와이드 웹 WWW	www.yahoo.com
비행 시뮬레이션	보잉 747 훈련 시스템
가상 현실(게임)	댁틸 나이트메어 Dactyl Nightmare
가상 현실(디자인)	메이크VR MakeVR
가상 현실(창작)	구글 틸트브러쉬 Google Tiltbrush
증강현실	증강된 알머 Augmented Alma [1]

---

1 알머는 미국 일리노이대학의 모교상을 말한다. https://www.youtube.com/watch?v=qLvKfAF_KjQ

MMORPG massively multiplayer online role-playing games (온라인 게임 월드)

에버퀘스트 Everquest, 세컨드라이프 Second Life, 마인크래프트 Minecraft

소셜 미디어 네트워크

페이스북 페이지

이 모든 예가 정말 가상 세계라는 것이 분명하지 않을 수도 있다. 예를 들어, 모자에서 토끼 꺼내기는 마법이 존재하고 토끼를 '허공'에서 소환할 수 있는 세계를 시뮬레이션한 것이다. 그렇지 않음을 믿는 요소는 VR의 중요한 측면이다. 이 리스트에 적힌 각 매체는 한 사람에서 다른 사람들에게 생각을 전달하거나 자신의 생각을 다듬는 데 실제로 도움이 되는 메커니즘이다.

특정 매체에 대한 가상 세계의 적합성

일부 가상 세계는 특정 매체를 염두에 두고 디자인돼 있으며, 어떤 것은 하나 이상의 매체를 통해 경험하도록 디자인돼 있다. 어떤 가상 세계는 VR인터페이스를 사용해 구현하는 데 특히 더 적합하며 또 그렇게 디자인돼 있다. VR 프레젠테이션을 위한 확실한 후보로는 물리적 공간을 통한 움직임이 경험의 중요한 요소인 세계가 포함된다. 예를 들어, 남극대륙에서 계획된 과학 탐험을 위한 건축물 둘러보기 또는 정찰 비행은 3차원적 공간 및 거리에 대한 사용자의 감각을 이용할 수 있다. 9장에서 VR 표현에 적합하거나 그렇지 않은 다른 타입의 가상 세계를 살펴볼 것이다.

표현의 매체로써 VR의 주요 특징 중 하나는 컴퓨터를 통한 조정이다. 해상도, 속도 및 인터페이스와 같은 문제는 결과물에 상당한 영향을 줄 수 있기 때문에 캐리어 매체로써 컴퓨터로 작업할 때 모두 고려해야만 한다. 컴퓨팅 기술은 빠르게 발전하고 있기 때문에, 앞으로 더 나은 능력을 계속 기대해 본다.

커뮤니케이션: 아이디어의 전달

인류의 발전과 문화는 사람들이 서로의 아이디어를 숙고하고 전달할 수 있는 능력에 기초한다. 이러한 아이디어를 퍼뜨리는 많은 방법은 사람이 만든 기술에 기반을 두고 있다.

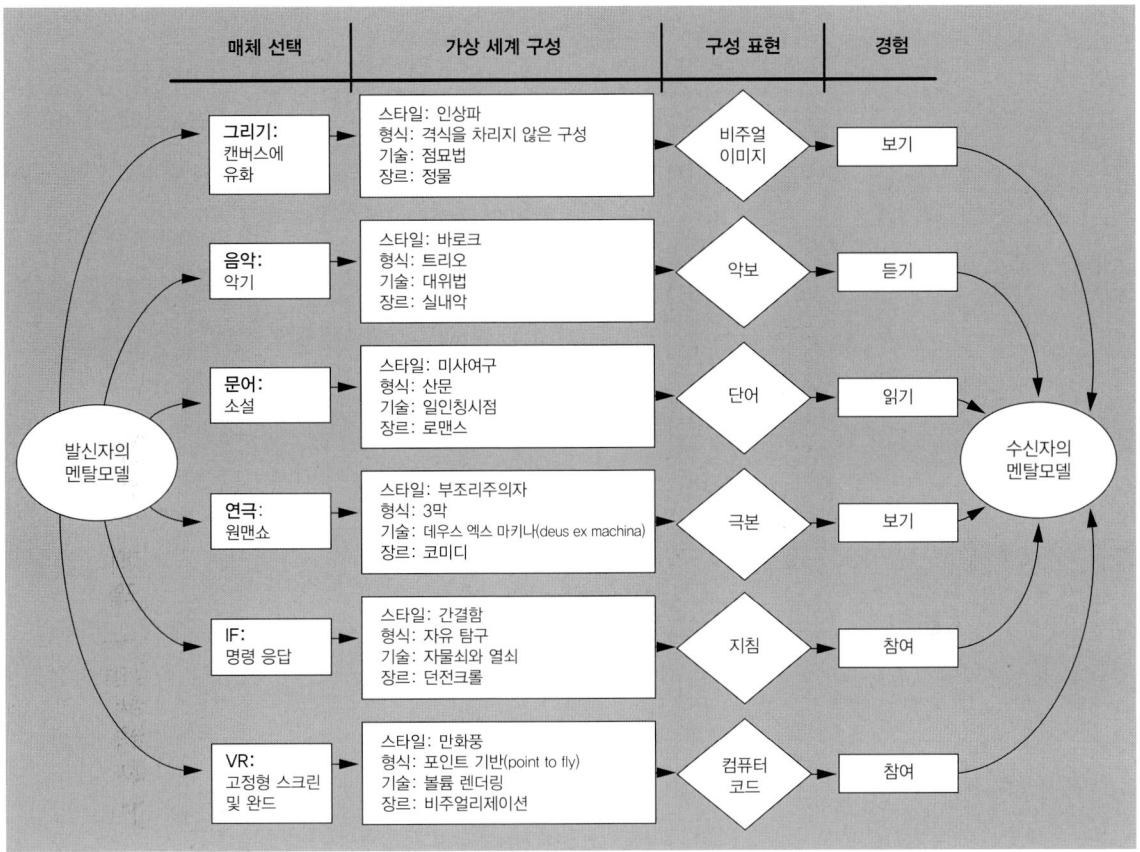

그림 2-2 이 도표는 아이디어가 인간 커뮤니케이션을 위한 특정 매체를 통해 전달되는 다양한 방법을 보여준다. 발신자와 수신자가 같은 사람이 안 될 이유는 전혀 없음을 기억하자.

커뮤니케이션 과정은 어쨌거나 한 사람이 아이디어를 떠올릴 때 시작된다. 하나의 아이디어는 사적인 것일 수도 있고, 아니면 다른 사람들에게 전달하고 싶어 할 수도 있다. 명확히 하기 위해 멘탈 모델의 발신자communicant (또는 창작자)와 수신자recipient (또는 체험자)가 서로 다른 사람인 것처럼 말할 것이다. 항상 그렇지 않을 수도 있지만 말이다.

마인드에 있는 아이디어로, 예를 들어 발신자는 막대기로 모래에 표시를 한다든가 표면에 색을 입힌다든가 하는 어떤 기술을 사용해 물리적 표현을 만들어 내는 것을 시작한다(아이디어가 물리적 형태로 나타날 수 있는 방법에 대한 다른 예는 그림 2-2에서 볼 수 있다). 하지만 중요한 것은 선택은 단일 매체 안에서조차 존재한다는 것을 기억하는 것이다. 예를 들어, 화가는 캔버스에 오일로, 벽

2장 | VR: 매체 113

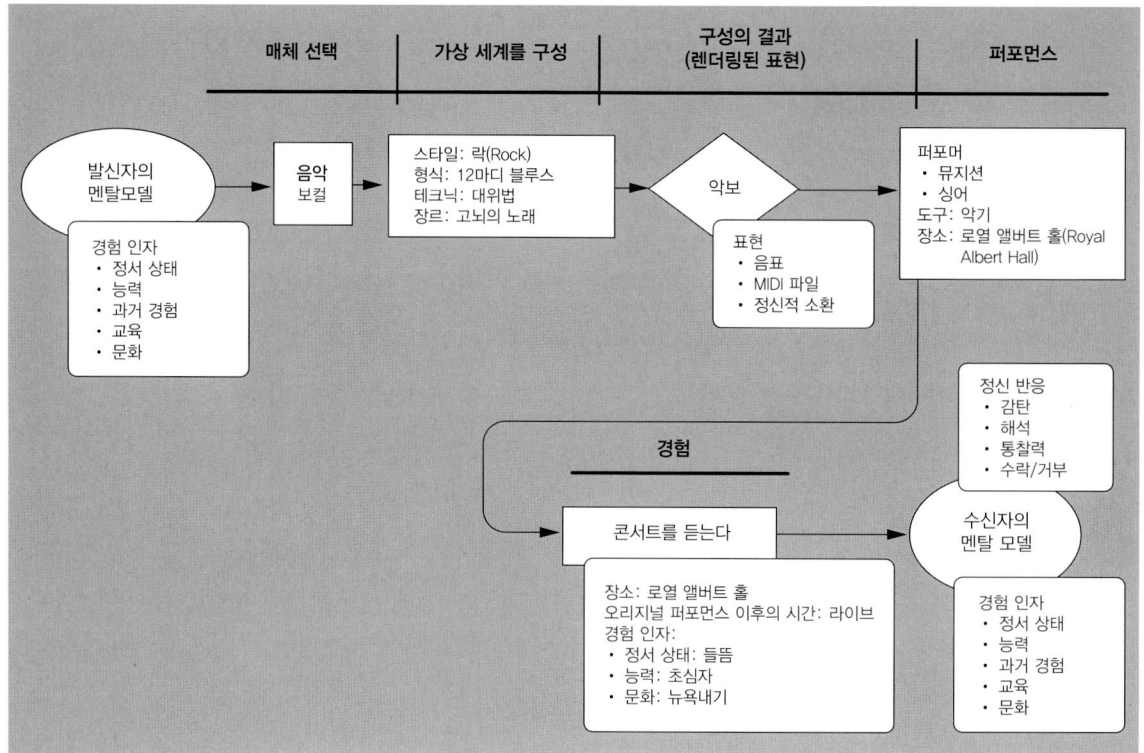

그림 2-3 이 도표는 퍼포먼스가 경험에 어떻게 반영되는지를 보여주기 위해 특정 매체인 음악에 초점을 맞추고 있다.

에 안료로, 컴퓨터 메모리에 비트처럼 다양한 전송 매체transfer media를 통해 써서 색을 칠할 수 있다. 시인은 낭송, 원고 또는 가사를 통해 생각을 전달할 수 있다.

그림 2-2에 묘사된 매체 선정을 통한 발신자에서 수신자로의 아이디어의 흐름에는 상세 사항이 일부 숨겨져 있다. 대부분의 미디어는 수신자가 경험할 수 있도록 구성에 생기를 불어넣는 방법의 일부로서 퍼포먼스를 포함한다(그림 2-3). 또한 그리는 행위와 지시에 따르는 컴퓨터를 퍼포먼스로 간주한다면 모든 매체는 기본적으로 해당 작업이 수행되기 위한 스테이지, 플랫폼을 갖는다. 따라서 VR 경험에서도 비슷한 흐름이 나타난다. 컴퓨터는 '퍼포머performer'로서의 역할을 하고, 수신자는 해당 작업에 참여해 경험을 생성한다.

정보가 한 단계에서 다른 단계로 전달될 때(즉, 발신자의 멘탈 모델, 물리적 표현, 프레젠테이션, 수신자의 멘탈 모델), 전송 매체에 만들어지거나 이에 의해 전달된다(그림 2-4). 예를 들어, 그림 그리기는 캔버스에 오일 물감을 바르는 것과 같은 행위에 의해 만들어진다. 이는 아티스트의 비전이 물리적 오브젝트로 전송된 것이다. 교향곡의 공연을 CD로 녹음하거나 비디오 녹화는 연극 무대 연출로 만들어질 수도 있다. 이러한 경우 캐리어 매체 역시 저장 매체의 역할을 하고 저장 매체는 수신자가 나중에 퍼포먼스를 알 수 있게 한다.

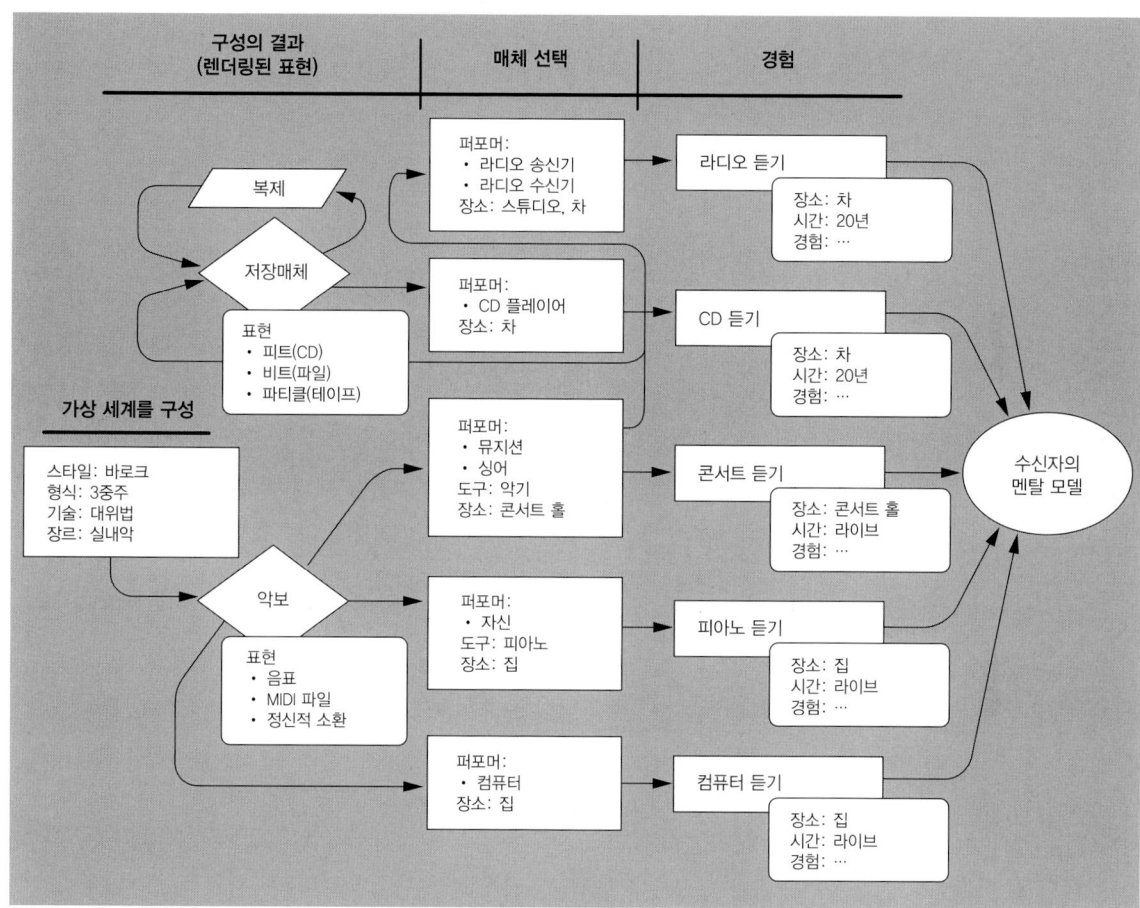

그림 2-4 이 도표는 음악 매체의 퍼포먼스와 경험 단계 사이에서 일어날 수 있는 것을 더 자세하게 보여준다. 구성 행위를 하는 동안, 작곡가의 아이디어는 일반적으로 일종의 악보로 나타난다. 이는 전통적인 음표, MIDI(musical instrument digital interface) 파일(컴퓨터에게 어떻게 연주할지를 알려주는 지침), 또는 작곡가가 작품을 연주하는 법에 대해 혼자 생각한 노트일 수도 있다. 악보는 작곡가, 컴퓨터 또는 다른 뮤지션에 의해 행해질 수 있다. 이런 퍼포먼스의 결과는 관객이 현장에서 직접 듣거나 라디오와 같은 전송 매체로 방송되거나(전파 전송이나 디지털 스트리밍으로), CD와 같은 저장 매체에 레코딩될 수 있다. 이 저장 매체 자체가 복제돼 직접 듣거나, 방송되거나, 다른 플레이어에서 들을 수 있는 새로운 포맷으로 변환될 수 있다.

저장 매체는 일반적으로 더 많은 사람들이 특정 콘텐츠에 접근할 수 있는 편리한 수단을 제공하기도 하지만, 저장 매체 자체는 해당 작업이 인지되는 방법에 추가적인 영향을 미칠 수 있다.

가상 세계가 매체를 통해 물리적으로 표현될 때, 제시된 아이디어의 인지에 영향을 미칠 수 있는 몇 가지 혼란 인자가 있다. 첫 번째 인자는 발신자가 선택한 매체에 아이디어를 얼마나 성공적으로 전환했는가 하는 물리적 표현의 품질이다. 다음은 캐리어 및 저장 매체의 한계다. '라이브' 레코딩의 품질은 해상도, 동적 범위와 정보 획득 및 전송을 방해하는 다른 지각 손실(예: 깊이, 시야)과 같은 제약조건으로 제한된다.

창작물을 경험하는 장소는 창작물을 지각하는 방법에 영향을 미친다. 연극을 많은 사람들 속에서 라이브로 볼 때와 작은 방에서 혼자 볼 때는 아주 다르게 인지한다. 그림을 볼 때도 원본 그림을 갤러리에서 볼 때는 데스크톱 컴퓨터나 스마트폰의 작은 화면에서 디지털 복사본을 볼 때와는 매우 다른 경험을 하게 된다.

게다가 수신자의 경험은 수많은 외부 및 내부 작용에 영향을 받을 수 있다. 외부 영향으로는 해당 작업이 원래 수행된 이후 지난 시간 또는 장소가 포함될 수도 있다(해당 작업의 '생생함'이라는 측면에서). 내적 영향으로는 수신자의 정신 상태를 포함해 이전의 경험 및 문화를 들 수 있다. 이러한 작용은 해당 작업 자체와 함께 수신자의 정신적 반응에 기여하며, 감정의 급증, 행동방식의 변화, 번뜩이는 통찰력이나 심지어는 메시지에 대한 혼란 또는 거부 반응을 보이는 것과 같은 일을 야기할 수 있다.

마지막으로 일부 미디어는 수신자가 가상 세계와 상호작용할 수 있게 해서 퍼포머에게 피드백 루프를 생성한다(그림 2-5). 전통적인 공연 예술에서는 라이브 퍼포먼스에 대한 청중의 반응이 나머지 공연에 크나큰 영향을 미칠 수 있다. 다시 말하지만 상호작용하는 컴퓨터를 매개로 한 매체에서 컴퓨터는 컴포저로 간주할 수 있으며, 청중은 결과에 더 깊은 영향을 미친다. 상호작용의 수준에 따라 청중은 자신의 경험의 공동 작가가 된다.

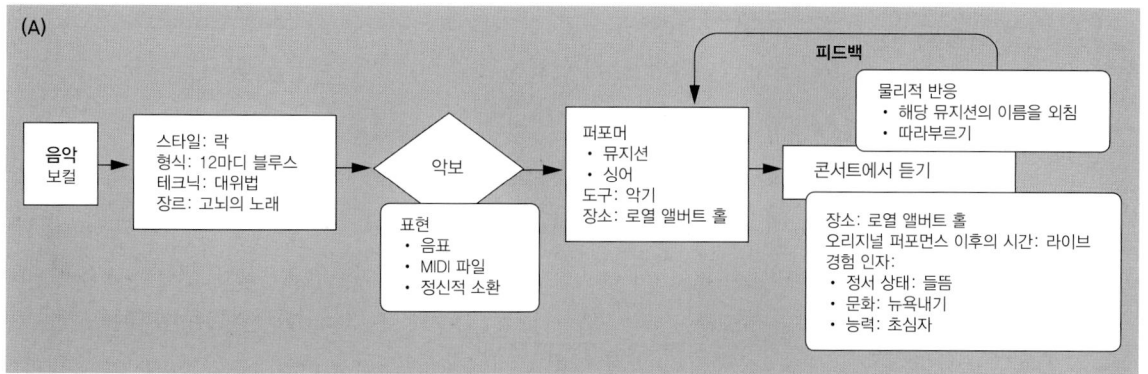

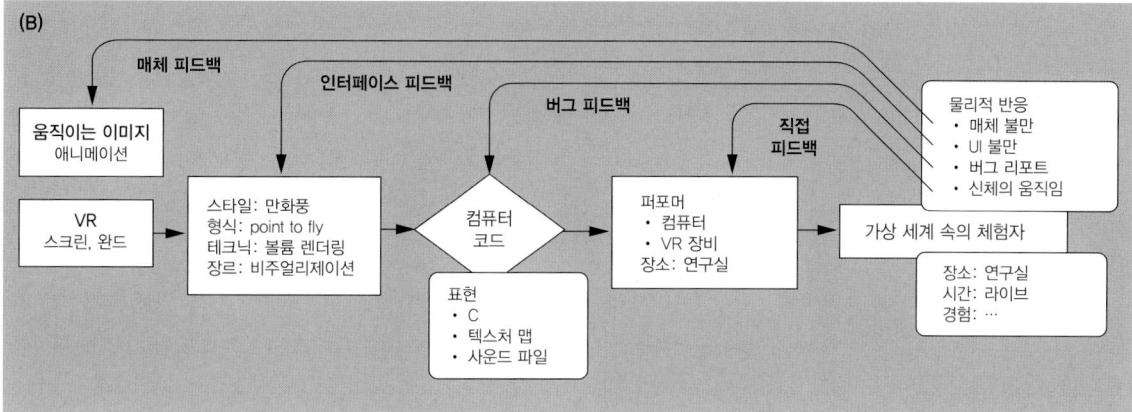

그림 2-5 (A) 이 도표는 경험에 대한 수신자의 물리적 반응이 피드백을 통해 프레젠테이션에 어떤 영향을 미칠 수 있는지를 보여준다. 라이브 퍼포먼스에서 관중의 피드백은 종종 퍼포먼스 그 자체에 영향을 미친다. 예를 들어, 음악 콘서트에서 청중의 열정이 뮤지션의 연주하는 방식 및 내용에 영향을 미칠 수 있다.
(B) 피드백은 VR의 핵심 요소 중 하나다. VR의 경우, VR 시스템이 체험자의 물리적 반응에 영향을 받는 것이 필수다. 피드백은 VR 경험 안에서 여러 수준에서 일어날 수 있다. 상호작용 피드백은 체험자가 머리를 움직일 때 발생하며, 그 결과 업데이트된 감각 이미지가 컴퓨터로 표시된다. 체험자가 컴퓨터가 수행하고 있는 코드에 버그가 있다거나 애플리케이션의 어떤 요소가 이해하기 힘들다고 보고를 해서 가상 세계의 디자인 변경을 이끌어 낼 때, 또 다른 수준의 피드백이 일어난다.

상호작용성이 중요한 매체의 경우, 저장 매체에 경험을 전송할 때 아주 중요한 요소가 손실된다. 원본 경험의 모든 측면을 포착하는 것은 현재 기술로는 도저히 불가능하다. 상호작용 요소가 손실되면 경험의 본질이 바뀐다(그림 2-6).

하지만 일부 캐리어 매체로 아이디어를 전송하면 거의 손실되지 않는 경우가 있다. 예를 들어 소설의 단어는 메모리 스틱을 통해 전송한 다음, 프린트하거나 e-리더에서 보더라도 이야기의 정신은 손실되지 않는다. 사실 많은 사람이

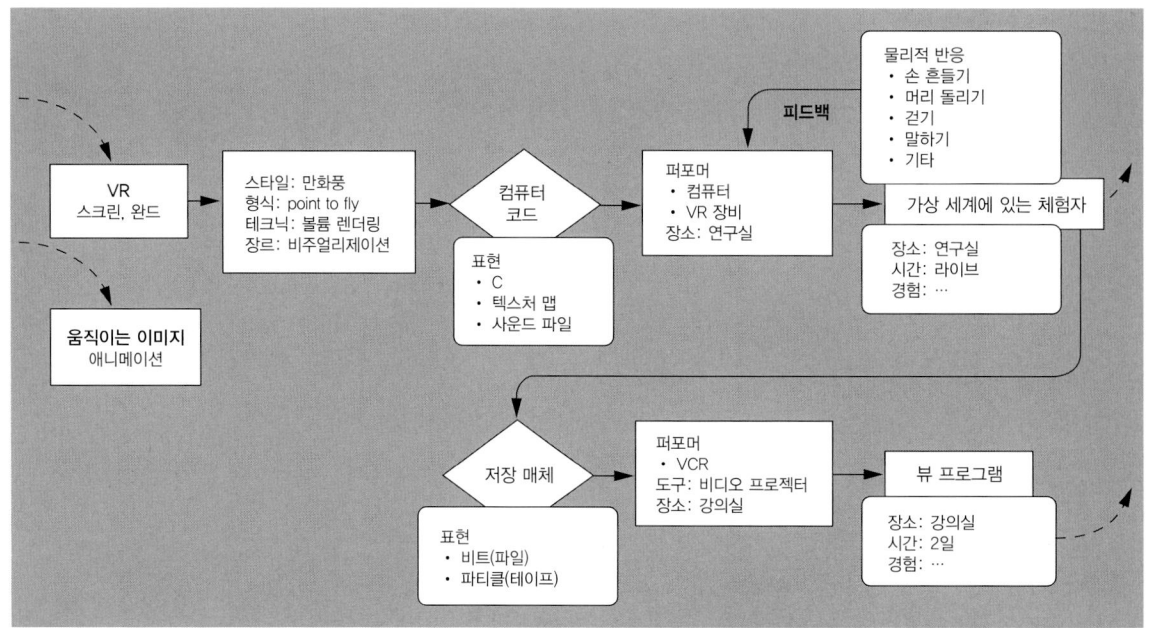

그림 2-6 음악 경험과 마찬가지로 VR 경험은 저장 매체에 기록될 수는 있지만, 새로운 발현표현인 VR은 다른 타입의 인간 커뮤니케이션 매체로, 어쩌면 이것은 순수하게 움직이는 이미지로 기록되거나 가상 세계 안에서의 모든 액션이 기록돼 미래의 경험을 엿볼 수 있지만, 상호작용은 현재 시간의 흐름 제어로 제한된다. 확실히 VR 경험의 비디오 녹화를 보는 것은 오리지널 경험에서 아주 많이 떨어져 있으며, 경험의 3D 공간적 녹화 내에서의 움직임일 지라도 초기 경험의 본질은 상당 부분 잃게 된다.

아직도 책을 읽는 동안 손으로 만지며 읽고 싶어하지만 손실은 거의 없다. 이 소설이라는 매체는 정보의 그 어떤 중대한 손실 없이 단어가 쉽게 전송될 수 있다는 이점을 가지고 있다. 하지만 레이아웃, 서체, 일러스트 및 종이의 품질 등은 근본적으로 변경될 수 있으며, 이로 인해 경험이 변할 수 있다.

인간 커뮤니케이션 매체의 흔한 문제

커뮤니케이션에 사용되는 매체는 매우 다양하지만 이 모두에서 보이는 많은 공통의 문제가 있다. 첫 번째 문제는 원작자를 중심으로 한다. VR 경험의 저자는 경험의 창출자일까, 아이디어 수신자일까? 매체의 개발자와 비평가가 반드시 배워야 하는 다른 이슈로는 언어, 가상 세계와의 인터페이스, 프레젠테이션 형식, 경험의 종류(장르), 내러티브 가능성, 경험 대 정보의 본성, 매체 범위의 탐색 등이 있다. 이러한 주제를 논의하기 위한 인간 커뮤니케이션 매체의 횡단면을 그릴 것이다. 가상 현실 고유의 특징 및 이슈를 새로운 매체로써 살펴보고 이들이 일반적인 매체에 적용될 때 이러한 이슈를 탐구할 것이다.

가상 세계로의 인터페이스

아이디어가 표출되는 매체에 상관없이 콘텐츠에 접근할 수 있어야만 한다. 가상 세계는 수신자가 콘텐츠에 접근할 수 있는 가상 세계와 연결된 인터페이스가 있다. 예를 들어, 소설은 순차적인 순서로 된 페이지에 적힌 단어로 독자에게 제시되고 체험자는 자신과 매체 사이의 경계에 있는 가상 세계와 상호작용한다. 이 액세스 포인트를 사용자 인터페이스라 부른다.

> **사용자 인터페이스**user interface: 수신자와 가상 세계 사이의 경계를 통하는 액세스 포인트. 정보는 매체의 인터페이스를 통해 발신자 및 수신사 사이를 반드시 지나야 한다. 앞선 예에서의 소설가와 독자 사이처럼 말이다.

사용자 인터페이스UI라는 용어가 반드시 컴퓨터 사용을 의미하는 것은 아니다(종종 암시돼 있지만 말이다). 가상 세계가 나타나는 매체는 가상 세계에 접근할 수 있는 최선의 인터페이스 세트에 영향을 준다. 소설은 책이라는 인터페이스를 사용할 수도 있고 컴퓨터 디스플레이 및 마우스를 사용할 수도 있다. 때로 인터페이스는 기술적이지만(텔레비전이나 라디오에서처럼) 때로는 아니다(댄스 공연이나 조각에서처럼). 또한 인터페이스는 상황에 영향을 받을 수 있다. 수신자가 매체에 직접 참여하는가? 아니면 경험이 캐리어 매체를 통해 전송되고 있는가? VR에 대한 사용자 인터페이스는 7장에서 자세하게 다루겠다. 여기서는 사용자 인터페이스, 매체 그리고 가상 세계 사이의 관계를 설명한다.

사용자가 가상 세계와 연결되면서 사용자 인터페이스는 가상 세계의 디자인에 영향을 미친다. 이상적으로는 이 액세스 포인트는 가능한 한 원활한 전송을 감안할 것이며 아이디어를 자유롭게 수신자를 향해 움직일 수 있게 한다. 다양한 매체를 위한 좋은 사용자 인터페이스에 대한 연구에 상당한 노력을 기울여 왔으며, VR 역시 이에 못지 않을 것이다.

많은 이론가는 VR의 궁극의 목표는 눈에 띄지 않는 인터페이스를 갖춘 매체가 되는 '인터페이스 없는' 매체라고 생각한다. 즉, VR 경험이 정말 잘 디자인돼 겉보기에 사용자와 가상 세계 사이의 경계가 존재하지 않는 듯 보이는 것이다. 사용자 인터페이스는 사용자가 현실 세계를 경험하는 방법을 정확하게 모방할 것이다. 이것이 궁극의 인터페이스라고 생각하는 사람들이 많다. 하지만 인터페이스가 보이지 않아도 여전히 존재한다는 것을 항상 명심해야 한다.

따라서 인터페이스를 적절하게 선택할 때 특정 매체의 제약 및 역량이 가장 잘 활용될 수 있다는 것은 명확하다. 창작자는 염두에 둔 특정 인터페이스로 가상 세계를 디자인하도록 선택할 수 있으며, 다양한 사용자 인터페이스를 통해 의미있게 가상 세계에 접근할 수 있도록 노력할 수도 있다. 특정 매체 또는 인터페이스를 위한 작성은 장점도 단점도 있다.

특정 매체를 위해 작성할 때 발신자는 그것이 제공하는 장점 및 유연성을 활용할 수 있다. 예를 들어, 소설을 쓸 때 소설가는 독자가 이전 접했던 모든 페이지와 현재 읽고 있는 부분을 이해하는 데 필요한 배경 및 맥락을 갖고 있다고 가정할 수 있다. 상호작용이 더 많은 매체에서 창작자는 특정 조우를 통해 체험자를 가이드('레일로드railroad')하려 할 수는 있겠지만 이러한 가정을 할 수 없을지도 모른다. 마찬가지로 특정 사용자 인터페이스의 제약은 창작자가 서로 다른 인터페이스를 사용할 때 바람직하지 않은 가상 세계의 어떤 측면을 무시하게 만들 수도 있다. 완전한 VR 환경에서 제시되는 세계에서 중력이 지원되지 않는 오브젝트에 영향을 미치는 것과 같은 많은 시각적 측면은 반드시 구체화된다. 소설과 인터랙티브 픽션과 같은 텍스트 기반 매체에 제시되는 세계에서는 바닥에 떨어지는 오브젝트를 통합하는 것은 그다지 중요하지 않다. 이러한 이벤트가 이야기에 중요할 때 이는 특별하게 다뤄진다.

소설 및 인터랙티브 픽션 작업과 같은 여러 매체를 만들 때 창작(진정한 '창작')이 각 매체에 대한 인터페이스에 의해 제공되는 서로 다른 가능성을 서포트하도록 확실하게 디자인하려면 더 많은 노력이 필요하다. 여러 매체를 위해 디자인된 가상 세계는 가능성 있는 장소 및 청중의 범위가 훨씬 더 넓어질 수 있다.

여러 개의 인터페이스를 서포트하려면 가상 세계의 특정 측면은 더 철저하게 정의돼야만 한다. 즉, 가상 세계는 각 잠재된 인터페이스가 허용하는 모든 가능성을 제공해야 한다. 동시에 가상 세계를 디자인할 때 각 인터페이스의 제약을 고려해야만 한다. 예를 들어, 소설과 인터랙티브 픽션 둘 다를 위한 세계를 만든다면 작가는 소설에는 필요 없을 인터랙티브 픽션의 체험자를 위한 모든 가능한 상호작용을 만들어야만 한다. 소설이라면 작가는 체험자가 나아갈 길을 선택해야만 한다.

하나의 특정 매체와 인터페이스를 위해 디자인된 가상 세계는 종종 서로 다른 사용자 인터페이스를 수용하도록 맞춰진다. 이 조정의 성공은 새로운 인터페이스 및(또는) 변환의 스킬에 대한 가상 세계의 적합성에 크게 좌우된다. 개작된 결과물은 오리지널과 같은 수준의 품질을 달성하지 못할 수도 있으며, (가능성은 낮지만) 정말 개선될 수도 있다. 모든 콘텐츠가 VR 시스템에서 사용하기에 적합한 것은 아니다. 주어진 콘텐츠와 목표가 무엇이든 이에 가장 적합한 매체를 선택하는 것이 중요하다.

언어

언어는 말하거나 쓰여진 단어의 산물이 아니다. 웹스터[Webster]에 따르면 언어는 "정형화된 심벌, 기호, 제스처 또는 이와 비슷한 모든 시스템으로 생각과 감정 등을 소통하는 수단으로써 사용되거나 이해되는 것"[Webster 1989]이다. 인간이 소통하는 각 매체에는 이와 연관된 서로 다른 특성이 있기 때문에 각 매체는 사람들이 더 효과적으로 소통할 수 있는 그것만의 언어를 개발한다.

각 매체는 다소 표준화된 도구와 방법을 개발하는데, 창작자는 이를 사용해 콘셉트를 소통할 수 있다(예: 음악은 음표와 리듬을 사용하고, 그림은 색과 질감을 사용한다). 각각의 새로운 매체는 그 언어가 이전에 거쳐왔던 모든 혼돈으로부터 진화하는 과정을 겪는다. 이 혼돈은 기술이나 인터페이스와 관련된 다른 매체의 언어를 포함한다. VR은 컴퓨터 그래픽, 비디오 게임, 인터랙티브 픽션 등에서 온 언어 요소를 물려받는다(그림 2-7).

그림 2-7 메뉴, 아바타, 포인터, 게이즈(Gaze)/퓨즈(fuse) 버튼, 텔레홉(tele-hop) 점프 지점 및 기타 그래픽적 표상은 가상 현실 경험에서 발견되는 많은 비주얼 언어 요소 중 일부다.

새로운 매체가 그만의 언어를 개발할 기회가 없었다면, '클래식한' 표현 형식으로 작업하는 아티스트가 무시하는 경우가 종종 있을 것이다. 스콧 맥클라우드Scott McCloud는 그의 저서 『만화의 이해』(비즈앤비즈, 2008)에서 모든 새로운 매체의 불행의 원인은 "나이든 이들의 기준에 의해 판단되는 저주"라고 말한다.

새로운 매체의 의미가 합리적으로 평가되기 전에 새로운 매체의 언어는 소통의 효과적인 도구로 진화하기 위한 시간이 주어져야 한다. VR 개발자와 연구자는 VR과 다른 매체와의 관계를 검토하고 새로운 가능성을 탐구해야만 한다.

마샬 맥루한Marshall McLuhan은 그의 저서 『미디어의 이해』(커뮤니케이션북스, 1999)에서 "하나의 매체에 대한 모든 연구는 다른 모든 매체를 이해하는 데 도움이 된다."고 말했다. 따라서 다른 매체의 진화 방법 및 그들이 사용하는 언어를 주의 깊게 살피는 것이 현명할 것이다. 문어는 구어의 사운드를 나타내는 기호의 언어로 구어의 기호를 확장했다. 이 과정에서 커뮤니케이션은 끈기를 차츰 쌓았다. 후세 사람들은 같은 단어를 읽고, 배우고, 즐길 수 있다. 하지만 문어는 구어에서 가능한 타이밍과 억양을 통해 직접적으로 정보를 제공하는 기능을 지원하지 않는다. 각각의 새로운 매체는 오래된 것에 대항하는 트레이드로 새로운 인간 커뮤니케이션의 수단을 제시한다.

언어를 논하는 이유

비록 매체의 언어에 정통하지 않더라도 매체의 일부 컨텐츠를 이해하는 것은 가능하지만, 매체 자체가 전달하는 메시지의 많은 부분을 놓치고 만다. 일반 청중은 의도된 메시지를 얻는다고 느낄지도 모르겠지만 매체의 언어를 다룰 줄 아는 수신자는 발신자가 전달하는 더 깊은 수준의 의미를 받을 수도 있다. 매체를 완전하게 활용하려면 매체 언어의 창의적인 요소(쓰기)와 해석적인 요소(읽기) 모두를 공부해야만 한다.

각 매체의 언어 역시 그 근본적인 기술과 함께 진화한다. 영화를 예로 들어보자. 영화가 처음으로 움직이는 이미지를 저장하고 재생하는 방법으로 개발됐을 때 콘텐츠는 대개 일상생활에서 경험되는 이벤트를 기록하는 것이었다. 이 이벤트는 청중의 관점에서 이벤트가 발생하는 무대(인정받는 기존 매체)를 고정식 영화 카메라로 단순히 녹화하는 연극 무대였을 수도 있다. 나중에 영화제작자는 카메라를 움직여 이야기를 전달하는 새로운 방법을 제공할 수 있음을 발견했다. 이야기를 향상시키는 도구로 카메라를 사용한 것은 영화 제작에서 카메라 기술을 언어 요소로써 도입했다.

카메라 배치, 컷 시퀀스, 전체적인 미장센을 포함한 방법론은 영화 제작자가 (배우들을 통해) 청중의 이해와 감정적 반응에 영향을 미치는 능력을 증가시킬 수 있도록 씬에서의 액션에 대한 더 큰 컨트롤과 결합됐다. 영화 제작의 언어는 실험을 통해 계속해서 진화해 왔다. 예를 들어, 컷을 사용해 두 캐릭터 사이의 대화 중에 뷰를 변경하거나, 씬의 지속 시간을 확장함으로써 사건을 더 중요하게 만들 수 있게 됐다. 컷의 개수 역시 조작할 수 있으며, 1948년 히치콕^{Hitchcock}의 영화 〈로프^{Rope}〉에서 보여줬던 단시간에 수십 개의 컷을 사용하는 패스트 컷$^{fast\ cut}$(흔히 MTV 스타일이라고 함)에서 무^{none}에 이르기까지 다양해졌다.

가상 현실의 표현방식

VR은 아직 언어 요소들이 만들어지고 있는 개발 지점에 있다. 청중이 이러한 요소들을 알지 못하더라도 여전히 영향을 받을 수 있다. 완전히 참여하는 VR 수신자가 되려면 매체의 언어를 배울 필요가 있다.

언어 요소는 회화 매체의 예에서 충분히 볼 수 있었듯이 같은 매체 안에서도 다를 수 있다. 예를 들어, 회화는 수채 물감을 사용해 추상적인 스타일로도, 컴퓨터를 기반으로 한 페인팅 소프트웨어를 사용해 사실적인 스타일로도 그려질 수 있다. 마찬가지로 주어진 모든 매체 안에서의 언어의 규칙은 서로 다른 사회 문화에서 다양한 라인을 따라 진화할 수 있다. 유럽에서 발전된 음악과 중국 음악에서 사용되는 음계의 차이를 보면 알 수 있듯이 말이다.

따라서 VR 매체는 경험에 참여하는 청중에게 제시되는 메시지와 결합하는 언어의 기호 및 문법을 갖는다. 50년 후의 VR일지라도, 이 언어는 아직 어리고 미숙하며 각각의 새로운 애플리케이션에 따라 진화하고 있다. 현재 VR의 언어에 있는 대부분의 요소는 다른 관련된 매체에 그 뿌리를 두고 있으며 VR 표현 방식에 맞게 조정돼야 한다.

다양한 VR 경험에서 볼 수 있는 현재 기호의 예로는 먼거리 깡총뛰기를 나타내는 호^{arc}와 착지점을 나타내는 원(그림 2-8), 가상 푸시 버튼(오브젝트), 3D 커서(선택 아이콘) 그리고 사용자가 걸을 때마다 나는 발걸음 사운드 등이 있다.

다른 매체에서 VR로 가져온 일부 요소로는 '메뉴'와 '위젯 창'이 있다. VR 언어의 일부 기호는 시각 및 청각 디스플레이를 넘어 물리적 현실로 확장한다. 랜디 포시$^{Randy\ Pausch}$와 켄 힌클리$^{Ken\ Hinckley}$는 이러한 물리적 오브젝트(또는 기호)를 가상 기호 프로프$^{virtual\ symbol\ props}$와 직접적으로 연관시키는 것이라 부른다[Hinckley et al. 1994]. 예를 들어, 단순한 공과 위치 센서가 장착된 플라

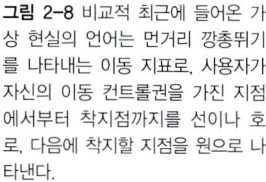

그림 2-8 비교적 최근에 들어온 가상 현실의 언어는 먼거리 깡총뛰기를 나타내는 이동 지표로, 사용자가 자신의 이동 컨트롤권을 가진 지점에서부터 착지점까지를 선이나 호로, 다음에 착지할 지점을 원으로 나타낸다.

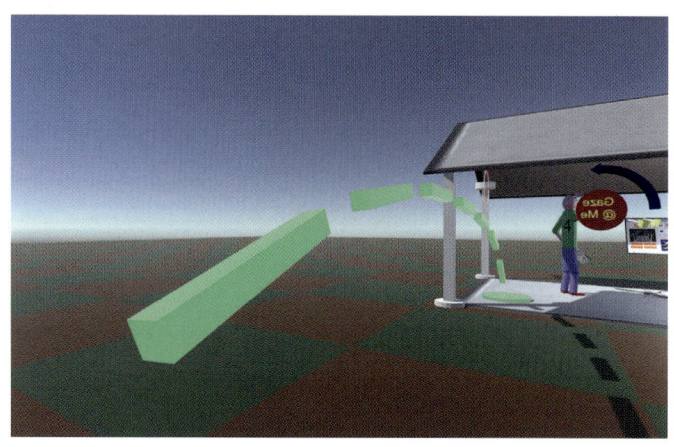

스틱 조각(소도구)을 사용해 자기 공명 영상MRI 스캔에서 컴퓨터로 사용자가 원하는 특정 의료 정보를 표시할 수 있다(그림 2-9). 공에 대한 플라스틱 평면의 움직임은 볼의 플라스틱 부분의 위치에 해당하는 뇌 부분에 대한 정보가 표시된다.

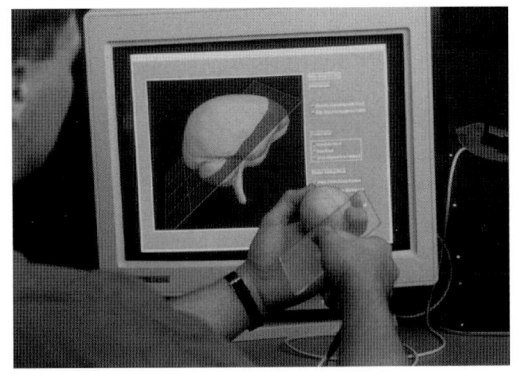

그림 2-9 연구자는 컴퓨터 모니터에 표시된 뇌 표상의 단면의 위치를 나타내기 위해 일반 오브젝트(공과 플라스틱 평면)를 소도구로 사용한다. (Photograph courtesy of Ken Hinckley)

시간 및 공간의 언어 요소

시간이 지남에 따라 전달되는 다른 매체(예: 영화, 만화, 컴퓨터 게임)와 마찬가지로 VR은 시간 및 공간이 처리될 수 있는 방법의 유연성이 크다. 영화에서 시간의 흐름은 회전하는 시계나 달력 페이지의 넘김으로 표현될 수도 있고, 씬에 덮어 씌워진 날짜만으로 표현될 수 있다. VR 경험에서는 시간이 어떻게 흘러가는지에 대한 선택권이 훨씬 더 많다. 시간의 컨트롤은 이에 대한 개념이 없는 것(정적인 씬이나 오브젝트를 보는 것)에서 시간 상수를 고정하거나 일상적인 경험과 같은 속도로 흘러가게 하는 데까지 범위가 넓다. VR에서는 사용자가 시간과 속도를 양방향으로 조작하거나 특정 시점으로 점프할 수 있게도 한다.

마찬가지로 VR 애플리케이션은 공간을 다양한 방법으로 다룰 수 있다. 공간은 사용자가 조작하거나 관찰하기 바랄 수 있는 모든 것이 트래킹 기술의 범위 안에 있도록 작은 영역으로 제한될 수 있다. 아니면 공간은 문자 그대로 무한하게 넓을 수 있다. 마지막으로 공간은 문자 그대로 우리 우주와 서로 다른 형태로 주어질 수 있다. 더 넓은 공간에서 사용자는 다른 방식으로 공간을 횡단할 수도 있으며, 어쩌면 가고 싶어하는 방향을 가리키는 것으로 원하는 모션을 보여줄지도 모른다(포인트투플라이point to fly).

공간 횡단 역시 각 이동 방법이 서로 다른 속도로 해당 영역을 통과할 수 있다는 점에서 시간 요소를 가지고 있다. 공간을 통과하는 움직임에 대한 추상적 방법은 사용자가 지도 상의 위치를 가리키면 실제 또는 가상 세계에서의 시간 경과 없이 그 즉시 그곳으로 가거나, 특정 시간 간격을 두거나 특정 속도로 새로운 장소로 이동할 수도 있다.

자기 표상

VR 언어에서의 새로운 컨셉 및 심벌의 예는 자기 표상이다. 일부 매체는 수신자의 눈과 귀의 역할을 하며 수신자에게 해당 환경을 디스플레이 하거나 묘사한다. VR에서는 가상 세계를 인지하는 데 자신의 감각을 사용하는 체험자에게 환경을 직접 보여준다. 상호작용성과 결합된 이런 스타일의 프레젠테이션에서는 사용자가 가상 세계에서 보여야 한다. '공간에 있는 손' 심벌은 이에 대한 구체적인 예다. 또한 손은 사용자가 손으로 컨트롤하는 모든 도구로 나타내질 수 있다. 일반적으로 단일 사용자 경험에서는 몸 전체보다는 사지만 표시되며, 손 하나만 표시되는 경우가 많다. 물리적 신체가 얼마나 많이 표시되는지에 상관없이 이러한 자기 표상은 사용자의 아바타로 불린다(그림 2-10).

컴퓨터 연산에 드는 비용을 절약하기 위해 아바타를 간단하게 할 수도 있다. 뷰의 정위^{orientation} 및 방향을 보여주기 위한 T 모양이나, 사용자가 한 쪽 면에 매핑된 스틸 이미지가 단순한 폴리곤일 수도 있다(그림 2-11). 아바타는 복잡한 것일 수도 있다. 사용자의 스피치 패턴에 맞춰 모양을 바꾸는 입과 함께 사용자의 완전한 3D 바디스캔을 쓸 수도 있다. 물론, 사용자를 정확하게 표현하기 위한 제약은 없으며 어떤 표상이라도 디자인될 수 있다. 사용자가 보여지

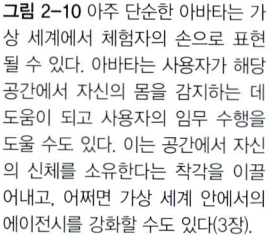

그림 2-10 아주 단순한 아바타는 가상 세계에서 체험자의 손으로 표현될 수 있다. 아바타는 사용자가 해당 공간에서 자신의 몸을 감지하는 데 도움이 되고 사용자의 임무 수행을 도울 수도 있다. 이는 공간에서 자신의 신체를 소유한다는 착각을 이끌어내고, 어쩌면 가상 세계 안에서의 에이전시를 강화할 수도 있다(3장).

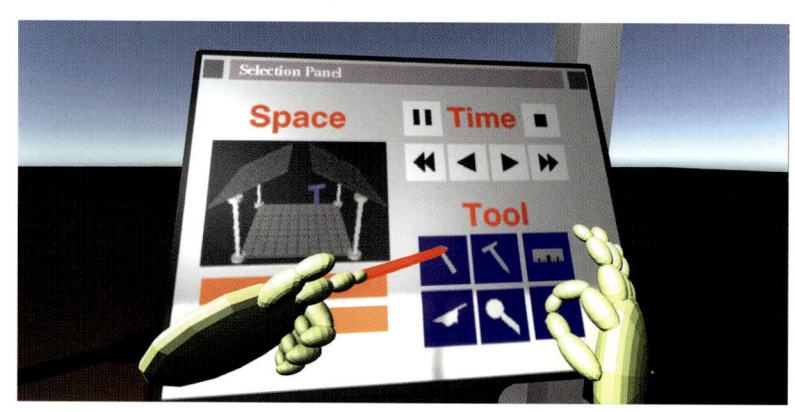

그림 2-11 전신을 가진 아바타는 T 모양만큼이나 단순해질 수도 있고, 얼굴 표정, 무드, 액션과 같은 체험자의 여러 측면을 전달하는 정말 비슷하게 렌더링된 것만큼이나 복잡해질 수도 있다. 손 아바타는 그것이 나타내는 손의 주인뿐만 아니라 같은 가상 세계를 공유하는 다른 사용자에게 유용할 수 있으며, 근처에 있는 이웃의 위치, 움직임, 몸짓을 감지하는 데 도움을 준다. (Dolphin and Octopus models from Thingiverse.com, made by users nap (thing:217214) and glad3Dprintable (thing:522008) respectively.)

고 싶은 대로 표현될 수도 있고, 분신을 제공할 수도 있다. VR 스노우 크래시$^{VR\ Snow\ Crash}$는 VR 우주에서 아바타의 가능한 미래 시나리오 중 하나인 '다중우주^{multiverse}'를 묘사하고 있다[Stephenson 1992].

로렐^{Laurel}, 스트릭랜드^{Strickland} 및 토우^{Tow}의 논문에 나오는 〈Placeholder〉 경험(이 책의 부록 웹사이트인 UnderstandingVirtualReality.com에 올린 이 애플리케이션 참조)에서는 새로운 표상(아바타)을 찾고자 하는 노력과 체험자가 해당 환경과 상호작용하는 새로운 방법을 모색하고 있다[Laurel et al. 1994].

기술적 제약으로 인해 종종 초기 VR 애플리케이션 창작자는 이동 방향을 결정하는 요인으로 머리 방향(즉, 게이즈)을 사용하게 됐다. 로렐과 동료들은 이 제한 때문에 사람들이 자신의 머리를 앞으로 향하게 만드는 경향이 있다는 것을 알아챘다. '사람들에게 목을 다시 돌려주기' 위해 몸통에 트래킹 디바이스를 추가해 사용자 몸의 배향을 사용해 진행 방향을 확인하기로 했다. VR에서 전통이 되고 있던 또 다른 기술을 대체하는 포인트 투 플라이$^{point\ to\ fly}$ 이동 방식을 선택했다. 새로운 인터페이스를 찾기 위해 사람들이 꿈에서 어떻게 나는지를 조사했다. 일관된 답을 얻지 못했지만 초기 테스트에서 사람들이 까마귀를 페르소나^{persona}로 취했을 때 두 팔을 펄럭거리는 경향이 있다는 것을 알아챘다. 그래서 이 제스처는 〈Placeholder〉 애플리케이션에서 까마귀 비행의 지표가 됐다.

저작권(대 창작권)

어떤 매체로 받았는지에 따라 해당 경험의 저자가 누구인지 답하기 어려운 매체가 있다. 물론 제일 먼저 해결해야 하는 문제는 경험이라는 단어가 뜻하는 바다. 이 경우, 1장에서 설명했던 경험의 참여 형식을 논의하고 있다. 따라서 체험자가 어떤 특정한 감정을 느낀다면 누가 이 느낌을 만들어낸 것일까? 아니면 매체에서 제시됐던 것의 도움을 받은 자연의 어떤 현상에 대해 깨달음을 갖게 된다면 이 계시를 만들어 낸 사람은 누구일까? 답은 명확하지 않다.

작업의 저자는 어떤 매체를 통해 제시된 콘텐츠를 구성한 사람(또는 사람들)으로 간주될 수 있다. 하지만 관찰자/수신자에게서 해석이 일어나기 때문에 저작권에 대한 일부 권리를 충분히 주장할 수 있다. 콘텐츠(즉, 체험자에게 제시된 가상 세계)에 대한 권리는 아니지만 경험은 말할 수 있다.

물론 책의 저자는 단어들을 쓴 사람이다. 논란의 여지는 있지만 해당 책을 읽는 경험은 단어를 쓴 작가와 독자 모두에게 속한 것으로 양쪽 모두를 경험의 공동 저자로 만든다. 더 많은 것을 고려하면 제3자, 즉 오리지널 아이디어를 단어를 쓴 작가의 머리에 넣은 사람/사람들/실체/사건 등이 포함되는 경우가 많다.

매체가 어떤 형태로든 상호작용을 허용할 때, 예를 들어 수신자가 가상 세계에서 돌아다닐 특정 경로와 사용할 도구를 선택할 수 있을 때, 수신자는 자신의 경험을 만들어 내는 데 더 참여적 역할을 하게 되고, 저작권에 대한 문제는 더 혼란스러워진다. 하지만 상호작용 인터페이스가 없는 매체일지라도 수신자가 제시된 표상에 대해 숙고할 때, 제시된 재료와 어느 정도는 상호작용을 하고 있다.

일부 매체는 체험자를 위해 상호작용할 수 있는 도구 모음과 일반 장소를 거의 제공하지 않는다. 체험자 자신이 콘텐츠와 경험을 만들어낸다. 예를 들어, 페이스북과 같은 소셜 미디어는 체험자가 사진을 포스팅하는 등 자신만의 대화를 만들어 내기 전에는 상대적으로 콘텐츠가 자유롭다. 하지만 제공되는 도구의 어포던스와 체험자가 시스템과 상호작용하는 메커니즘이 가상 세계의 콘텐츠 창작과 경험에 대한 감각에 영향을 미칠 수 있음을 유의해야 한다("매체는 메시지다"[McLuhan 1964]).

가상 현실의 특별한 점은?

주어진 매체에서 작업하는 아티스트는 자신의 작품에서 해당 매체의 특정 자질을 최대한 활용하고자 한다. VR에는 정말 유니크한 매체로 만들 수 있도록 결합하는 여러 특징이 있다. 이러한 특징에는 시공간에 대한 감각, 상호작용성 및 다수의 동시 참여에 대한 옵션을 조정할 수 있는 능력과 체험자가 경험의 서술적 흐름을 주도할 수 있는 가능성이 포함된다. VR은 이 모든 요소를 단일 매체로 통합해 수신자(체험자) 및 매체 사이의 역동적인 관계를 위한 기회를 만들어낸다.

가상 현실에 대한 매우 특별한 어포던스 중 하나는 체험자의 몸을 경험의 일부로 끌어들이는 것이다. 이런 이유로 체험자의 자기수용감각은 그들이 가상 세계를 경험하는 방법에 작용하기 시작한다. VR은 디지털 가상 세계와 물리적으로 상호작용하는 하나의 방법을 제공한다. 체험자가 자신에 상응하는 가상의 신체를 볼 때, 이것이 가상 세계에 영향을 미칠 수 있다는 사실은 '에이전시 agency'(3장 참조)의 의미가 체험자에게 전달될 수 있다. 즉, 가상 세계에 속해진 신체는 마인드의 참여로 이어진다. 마인드의 참여는 결국 체험자의 자동적인 신체 반응에 영향을 미쳐 심박수, 호흡수, 전기 피부 반응 galvanic skin response 과 같은 생체 지각이 변화할 수 있다.

가상 현실 매체에 대한 연구

매체 창작은 다른 사람들이 경험할 수 있도록 만들어진다. 하지만 이러한 개인적인 경험 외에도 다음과 같은 질문이 있다. 이러한 창작이 사람들에게 어떻게 영향을 미치는가? 그리고 이러한 경험에 노출된 사람들의 반응을 어떻게 연구하고 분류할 수 있는가? 현실적인 수준에서는 분류되고 평가받은 경험이 있으면 소비자가 탐구하고 싶을 수도 있는 경험(도구를 포함)이 어떤 것인지 결정을 내리는 데 도움이 된다. 학문적인 수준에서는 디자이너와 제작자가 더 효과적인 경험을 구성하는 데 매체에 대한 더 깊은 이해가 도움을 줄 수 있다.

탐구할 수 있는 VR 경험의 몇 가지 측면에는 예를 들어 내러티브 타입, 특정 경험의 형식 및 장르, 아니면 경험이 주로 정보를 알리거나 창작을 가능하게 하거나 경험할 수 있도록 디자인됐는지의 여부로 나뉠 수 있는 본질적 카테고리가 포함된다. VR이 제도화되는 단계에 이르면서 매체의 변화하는 특성이 체험자의 경험에 어떻게 영향을 미치는지를 연구할 수 있다. 마지막으로 경험에 실제 참여가 발생하고 지나가는 동안(일시적임), 이후의 리뷰 및(또는) 평가를 위해 그러한 본질 중 일부를 어떻게 하면 포착할 수 있을까?

고정된 내러티브 대 상호작용하는 내러티브

이벤트 기반 매체(소설, 영화 등)에서는 해당 작품의 창작자는 캐릭터들이 다양한 설정에서 발생하는 일련의 연속적인 사건을 보여준다. 이러한 연속적인 사건을 스토리^{story}라고 부르며, 스토리의 전개를 내러티브^{narrative}라고 한다.

물론 모든 내러티브가 허구인 것은 아니다. 위드^{Wead}와 렐리스^{Lellis}는 저서 『Film: Form and Function』(Houghton Mifflin Company, 1981)에서 영화의 다음과 같은 네 가지 역할에 대해 말한다. (1) 리얼리즘: 세계를 가능한 한 가깝게 기록 (2) 설득력: 뷰어가 특정 관점^{POV}으로 보도록 영향을 준다. (3) 개인적: 세계에 대한 제작자의 비전을 전달한다. (4) 미학: 혁신적인 예술적인 표현의 수단. 이러한 역할은 창작자가 보여주고자 하는 어떤 진리의 표현을 수반한다. 이러한 역할은 서로 섞일 수 있으며 그렇게 되는 경향도 있다. 그리고 이와 같은 네 가지 역할은 VR 콘텐츠에도 적용될 수 있다.

VR 애플리케이션이 풍부해지면서 대부분의 대형 VR 시스템은 정보 전달에 주력하는 VR 경험을 실행하도록 구축되는 반면, 저가형 VR은 경험 창출에 더 치중하고 있다. 그 이유는 하드웨어 및 장소의 비용 때문이다. 연구소는 예산이 더 많이 들기도 하고, 일반 사용자보다는 아마 더 많은 공간을 갖고 있어서 더 크고 비용이 많이 드는 시스템은 연구 전용이 된다.

VR에서 창작자는 정보를 전달하는 방법도 고를 수 있다. 논픽션 내러티브는 분명 VR 경험 창작자가 갈 수 있는 길이다. VR의 비주얼리제이션 및 장소 시찰을 쓰면 사용자는 체험자에게 가능한 한 제약을 가하지 않는 일종의 자유로운 형식의 내러티브 안에서의 공간(그리고 해당 공간 및 관련된 정보)을 탐색할 수 있다. 이 같은 자유를 통해 근본적인 정보에 대한 덜 편향된 표상을 만들 수

있다. 경험되는 스토리는 복잡한 연산 시뮬레이션으로 해석된 한 과학자의 방정식으로 바라본 우주의 생성일 수도 있고, 한 아이가 크레용으로 그린 그 아이만의 자연 법칙이 지배하는 그림 속 세계에 사는 생명체일 수도 있다(그림 2-12).

창작자는 줄거리 또는 관련된 일련의 사건들, 그리고 해당 가상 세계의 서로 다른 측면을 드러내는 가능한 부차 줄거리를 구성한다. 일반적인 소설에서 창작자는 내러티브 표상의 선택권을 갖는다. 스토리를 시간 경과에 따라 순차적으로 또는 거슬러 말할 수 있다. 또한 플래시백을 사용해 시간을 되돌려 점프할 수도 있으며, 일부 매체에서는 내러티브의 방향을 결정하는 데 도움이 되도록 관객의 선택(상호작용)을 짜 넣는 방법도 생각할 수 있다.

내러티브에서 수신자에게 주어진 선택 수준은 완전히 수동적(또는 고정적)인 것에서부터 전적으로 상호적인 것까지 그 범위가 넓다. 상호작용성이 커질수록 전달자가 갖는 권한 통제력은 약해지면서 수신자에게 넘어가기 때문에 덜 정적이고 더 탐색적인 경험이 된다. 어떤 면에서는 디자인하고 만들어내기 더 힘들어질지 모르겠지만, 어쩌면 상호작용성이 더 큰 경험이 체험자(들)에게는 더 깊은 영향을 미칠 것이다.

상호작용성, 참여, 멀티프레젠스

VR만큼 유연한 매체는 그리 많지 않다. 예를 들어, 음악은 주로 시간에 존재하

그림 2-12 (A) 가브릴 체페나키스(Gavrill Tsechpenakis)는 VR을 사용해 쥐의 두뇌를 스캔한 의학 영상에서 신경 경로의 복잡성을 탐색한다. (Photograph courtesy by Chauncey Frend)
(B) 데이브 패이프(Dave Pape)가 일리노이 대학교 시카고 캠퍼스의 EVL(Electronic Visualization Lab)에서 개발한 클래식한 VR 경험인 크래요랜드(Crayoland)의 판타지 세계를 탐험하고 있는 신디(Cindy)와 다니엘(Danielle). ((A) Photo courtesy of Chauncey Frend. (B) Application courtesy of Dave Pape; photograph by William Sherman).

며, 그림은 주로 공간에 존재한다. 댄스 및 영화는 시간 및 공간 모두에 존재하며, 안무가와 감독은 양쪽 차원을 통해 페이스에 영향을 준다. VR에서는 사용자가 일반적으로 공간과 시간을 통과하는 방법을 컨트롤한다. 사용자가 자신에게 좋은 지점을 물리적으로 변경할 수 있는 능력은 VR 매체의 새로운 요소다. 가상 세계는 액션의 중심일 수 있지만 체험자는 자유롭게 머리를 돌려 가상 세계의 다른 면에 주의를 기울일 수 있다. 종종 사용자는 가상 세계에서 오브젝트와 캐릭터를 조작하고 상호작용할 수 있다. 이러한 자유는 지시된 내러티브 개발자에게 어려움이 되기도 한다.

이것은 (MMORPG의 매체뿐만 아니라) VR에서 기본적으로 새로운 또 다른 중요한 요소를 다루고 있다. 즉, 같은 경험에서 여러 체험자가 존재하며, 각각 가상 세계 내에서 상호작용할 수 있는 아바타가 공간을 점유하고 있다. 각 체험자의 아바타는 다른 체험자들에게 액션을 취할 수 있다. 이것은 때로는 협력성을 높이는 데 도움이 되기도 하고, 때로는 체험자들이 서로 경쟁하게 만들기도 한다(물론 동시 체험자가 1명 이상이면 시간 조절 능력이 크게 저하된다).

VR은 이처럼 높은 수준의 체험자 상호작용을 허용하는 최초의 미디어 중 하나이다. MMORPG는 이제 (물리적 피드백의 부족을 억제하는) 낮은 수준으로도 많은 상호작용을 제공한다(그리고 물론 두 매체의 결합을 제한하는 것은 없다).

시간과 공간을 통제하는, 즉 가상 세계 안에서 보고 움직이는 사용자의 능력 그리고 가상 세계에서 다른 사람들의 존재와 액션은 모두 참여 수준에 중요한 영향을 미친다. VR 경험이 사용자에게 더 많은 컨트롤 능력을 제공할수록 가상 세계(에이전시)에 대한 참여감이 커진다. 몰입형 저널리즘에 관한 논문에서 논니 드 라 페냐[Nonny de la Peña] 등은 "몰입형 저널리즘은 뉴스를 경험할 수 있는 완전히 다른 방식을 제공한다. 그렇기 때문에 궁극적으로 이를 이해하기 위한 방법은 실제로 그곳에 있는 것 이외는 없다."라고 단정한다[de la Peña et al. 2010]. 다시 말하지만 체험자, 청중이 가상 세계와 그 안에 있는 (실제 및 가상) 사람들과 상호작용을 할 수 있게 하면 그들에게 더 큰 존재감을 주고, 더 큰 영향을 주는 경험으로 이어진다.

내러티브 유연성: 유도된 그리고 유도되지 않은 내러티브

시간이 지남에 따라 재생되는 대부분의 매체와 마찬가지로 VR은 스토리텔링 수단으로 쓰일 수 있다. VR에는 스토리텔링의 몇 가지 독특한 특징이 있는데 인터랙티브 픽션에 대한 우려와 많이 비슷하다. 먼저 체험자에게 특정 선형 스토리라인(유도된 내러티브)을 따르도록 강요해야 하는가? 그렇다면 여러분은 VR을 3D 영화 이상으로 제한하고 있지 않은가? 그렇지 않고 체험자가 그 결과를 완전히 통제할 수 있다면(유도되지 않은 내러티브), 어떻게 관객이 내러티브의 모든 부분을 볼 것이라고 장담할 수 있겠는가? 아니면 모든 것이 보여져야 하는 걸까?

연출된 내러티브는 미리 결정된 한 가지(또는 소수의) 목표(들) 또는 대단원의 결말(들)을 지향하는 플롯 기반 작품에 전형적으로 보이는 유형이다. 이렇듯 정해진 내러티브로 체험자가 대단원에 이르기 위해 필요한 것은 그것이 끝날 때까지 경험을 계속하는 것이다. 그러나 모든 연출된 내러티브가 정해진 것은 아니다. 인터랙티브 픽션의 경험 또한 일반적으로 연출된 것이지만 앞서 논의했듯이 그 경험은 다른 시점의 다른 지점으로 건너뛰어가 다른 방향으로 진행됨으로써 계속 이어질 수 있다.

조세핀 안스티Josephine Anstey의 팅 그로잉Thing Growing(그림 2-13)은 연출된 내러티브가 있는 VR 경험이다[Anstey et al. 2000]. 경험하는 동안 체험자는 팅의 사촌들을 죽일 것인지, 그리고 결국 팅 자체를 죽일 것인지의 선택에 직면하게 된다(그림 2-14). 경험의 정확한 축적은 체험자의 행동에 따라 다르지만, 모든 체험자는 물론 체험자가 경험을 완전히 남겨두기로 선택하지 않는 한(항상 다른 매체에서도 선택사항) 살해 또는 살해하지 않을 결정이 이루어지는 기후 현장으로 향한다.

그림 2-13 팅 그로잉 VR 애플리케이션은 체험자가 인터랙티브 서술의 맥락에서 가상의 존재와 접촉할 수 있게 해준다. (The Thing Growing application courtesy of Josephine Anstey; photograph by William Sherman.)

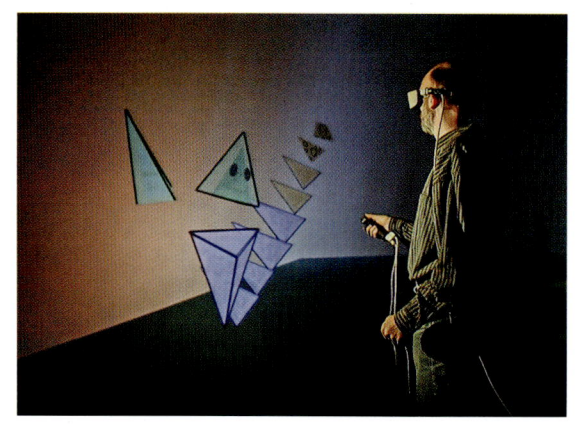

그림 2-14 팅 그로잉에서 체험자들은 가상 세계에서 어느 정도의 자유를 가지고 있지만, 결국 기후적 결정을 내리도록 지시받는다. (Application courtesy of Josephine Anstey; photograph by William Sherman)

연출된 내러티브 VR 경험의 체험자가 필요한 요소를 경험하지 못할 경우, 콘텐츠 작성자들은 체험자가 이야기의 중요한 사건이나 등장인물과 목격하거나 상호작용할 때까지 서술 내용을 조정하거나 진행하지 못하도록 하는 방법을 고안해야 한다(다시 말하지만, 이것은 또한 인터랙티브 소설의 크리에이터에게 제시된 도전이다). VR에서 경험 개발자는 체험자가 목격한 것, 즉 실제로 중요한 이벤트를 보았는가, 아니면 다른 방향으로 눈을 돌리고 있었는가 하는 문제를 발견하는 데 어려움을 겪는다.

내러티브의 결과에 대한 상호작용성의 영향은 어느 정도의 상호작용성이 가장 적절한지를 결정하는 데 있어 주요한 고려사항이다. 이벤트 기반 경험에서 체험자가 도중에 차선책 선택을 하고, 궁극적인 결과(결과)로 가는 길을 찾지 못한다면 최종 결과는 만족스럽지 못할 수 있다. 이런 일이 자주 일어나는 미디어에서 일반적인 행동 방침은 체험자/체험자가 그들의 과거 경험이 가상 세계에 대해 가르쳐 준 것에 기초해 새로운 선택을 하는 것이다. 그들은 그 경험을 다시 시작할 수도 있고, 그 경험의 어느 중간지점으로 되돌아갈 수도 있다.

반면 VR이라는 매체로 연출된 이야기를 제시하는 것은 현명하지 못한 행동일지도 모른다. 가상 그룹 PLC의 마이크 아담스는 VR 콘텐츠가 스토리 라인으로 존재하는 것이 아니라 탐구해야 할 장소로 존재한다고 했다. 로렐, 스트릭랜드, 토우의 ⟨Placeholder⟩(동행 웹사이트의 기록 참조)는 이 정의를 충족한다. VR을 순수하게 내러티브 패러다임으로 이용하는 새로운 방법을 조사하기 위해 만든 그들의 연구 결과에서 그들은 체험자가 탐험할 수 있는 공간을 개발했지만 또한 그들과 상호작용하는 능동적인 요소들을 함께 만들었다. 일부 기업은 자신에 대해 이야기한 후 이용자가 자신의 성격을 띠도록 허용할 수 있다.

이러한 세계가 사전에 계획되거나 서술된 이야기 없이 체험자가 탐구할 수 있도록 제공되는 것을 연출되지 않은^{undirected} 내러티브라고 한다. 따라서 그들의 성격으로 모든 지시되지 않은 서술들은 어떤 형태의 상호작용성을 허용한다. 이야기는 전적으로 사용자의 행동, 즉 청중의 행동으로부터 진화한다. 지시되지 않은 서술은 이야기의 요소(설정, 캐릭터, 플롯 장치)를 가지고 있을 수 있고, 단지 검토할 장소나 오브젝트일 수도 있고, 가상 세계를 만드는 데 사용될 수 있는 도구가 될 수도 있다. NICE VR 경험(동료 웹 사이트의 기록 참조)은 스토리의 구성요소가 있는 지시되지 않은 서술의 한 예다. 이와는 대조적으로 〈Placeholder〉 경험은 사용자가 구성하고 있는 세계의 한 예로서 이야기의 요소가 없는 비지휘적인 서술이다.

지시되지 않은 서술에서 목표는 체험자가 독립적인 경험을 구축할 수 있도록 하는 것이다. 이 경우 서술은 훨씬 덜 중요할 수 있다.

　사용자는 (0, 0, 5 ~ 0, 10, 5)에 벽을 설치했다.
　사용자가 (5, 5, 7)에 테이블을 놓았다.
　사용자가 테이블이 갈색이라고 말했다.
　기타

그러나 사용자는 경험의 최종 결과가 매우 만족스러울 수 있다. 이 경우의 사용자 만족도는 서술로서의 경험의 품질보다는 사용자 인터페이스가 얼마나 잘 디자인됐는지와 더 관련이 있다. 사용자가 쉽게 그들의 정신 모델을 재현할 수 있다면 인터페이스가 적절하게 디자인된 것이다.

상호작용성이 증가한 경우의 한 가지 분명한 이점은 체험자의 참여가 증가한다는 것이다. 궁극적으로 체험자들은 분열을 초래하는 결정을 내리는 데 있어 자부심과 만족감을 얻을 수 있다. 반면 더 나은 이야기는 크리에이터에게서 감정적인 내러티브 경험을 사용해 전달될 수 있다. 이 개선된 이야기는 청중들이 등장인물들에 관심을 갖게 하고, 무엇이 그들을 동기부여하게 하는지 알고 싶어하며, 다음 이야기에서 무슨 일이 일어날지 궁금해하게 할 수 있다.

서술적 상호작용 스펙트럼에 대한 우리의 논의는 주로 극단에 초점을 맞추고 있다. 그러나 다양한 수준의 상호작용성을 도입하는 것도 가능하다. 어떤 의미 있는 방법으로도 바꾸지 않고, 이야기를 더 진전시키기 위해 상호작용이 포함될 수 있다. 제한된 상호작용은 최종 합성에 도달하기 전에 다른 순서로 하위 그림을 제시하거나 다른 관점에서 규정된 사건을 경험하는 데 사용될 수 있다.

마지막으로 (연산이나 인간의 상상력으로) 즉흥적인 생성의 메커니즘을 제공한다면, 쌍방향 스토리는 전제로부터 시작되지만 청중으로부터의 입력을 바탕으로 서술적 우회로 만들어질 수 있다.

폼 및 장르

폼과 장르는 미디어의 내용을 평가하고 토론할 때 자주 사용하는 두 가지 용어다. 폼은 이야기를 구성하고 청중에게 표현하는 방법과 관련이 있다. 영화 〈시민 케인Citizen Kane〉의 전형적인 폼은 플래시백을 사용해 이야기를 들려주는 것이다. 장르Genere는 스타일을 분류하는 방법이다. 공상과학 소설이나 추리, 오페라나 교향곡, 추상적 또는 표현적 등은 모두 특정 매체의 장르다.

다른 미디어가 폼을 갖듯이 VR에는 VR 폼을 구성하는 다른 표현 방식과 상호작용 방식이 있다. 창작된 작품의 요소들은 어떤 폼(예: 문학이나 인터페이스 스타일)이라도 취할 수 있는 기본 구조를 중심으로 구축된다. 경험의 폼은 경험에 대해 선택된 인터페이스 스타일로 나타나며, 따라서 VR에서는 대부분 인터페이스에 해당된다. 본질적으로 인터페이스는 사물이 표현되는 방식, 즉 내러티브의 형상이다.

VR에서 우리는 일반적으로 장르를 다루는 문제의 종류와 연관하고 상호작용과 프리젠테이션의 방법으로 형성한다. 하나의 (상호작용) 폼은 워크스루walkthrough다. 이 폼은 다소 단순한 애플리케이션 인터페이스로 체험자가 지시되지 않은 인터랙티브 설명으로 위치의 일부 모델을 경험할 수 있다. 체험자는 모델링된 가상 세계 전체로 이동할 수 있다. 이 폼을 사용하는 일반적인 장르는 사용자가 문, 싱크대 및 캐비닛의 접근성을 테스트할 수 있는 실제 위치 또는 계획에 기반한 건축 또는 사이트 워크스루다. 그러나 일반적으로 이런 공간에서는 많은 일이 일어나지 않는다. 사람은 냉수기 옆을 지나 대화하는 것을 보지 않고, 화재경보기를 듣고, 사람들이 침착하게 가장 가까운 출구로 걸어가는 것을 지켜보며 그들이 건물을 비우는 것을 보지 않는다(가능한 한).

워크스루 외에도 일반적인 VR 인터페이스 폼이 많이 있는데, 7장에서 기술한 바와 같이 VR 경험의 폼은 사용자가 가상 세계를 여행하는 방법에 국한되지 않는다. 또한 폼은 그들이 세계의 오브젝트와 상호작용하는 방법을 포함한다. 예를 들어 오브젝트를 선택하고 이동하려면 사용자는 오브젝트 근처에서 주먹을 만들어 원하는 새 위치로 손을 이동하고 주먹을 놓아야 할 수 있다. 이 작업의 다른 폼은 막대기로 오브젝트를 가리키고, 버튼을 누르고, 새 위치를 가리키고, 버튼을 놓는 것일 수 있다.

이러한 다양한 종류의 프리젠테이션/상호작용 스타일(폼)과 함께 서술형 스타일과 프로토타입 설정(장르)의 집합도 있다. 일부 VR 장르가 등장하기 시작했고, VR의 다른 측면과 마찬가지로 많은 것들이 다른 미디어에서 파생됐다. 오늘날의 VR 장르의 예로는 게임, 과학 비주얼리제이션, 제조 절차 분석 및 교육, 제품 프로토타이핑, 인터랙티브 스토리 체험, 유적지 레크리에이션 등이 있다.

장르와 폼의 선택은 직교적이다. 즉, 특정 장르의 선택은 어떤 폼이 사용될 수 있는지에 제한을 두지 않는다(필수적으로). 그러나 실제로 종종 함께 사용되는 특정한 조합이 있을 수 있다. 어떤 장르는 특정한 폼과 함께 사용된다. 그러나 극적인 장르 영화인 〈시민 케인$^{Citizen\ Kane}$〉과 코미디 장르 영화인 〈젤리그^{Zelig}〉에서 뉴스레일과 플래시백을 사용하는 것에서 볼 수 있듯이 비슷한 폼이 다른 장르에서 사용될 수 있다.

매체 중 언어가 한 작품에서 다른 작품으로 언어 요소를 이해하는 것을 지원하는 방식과 유사하게 폼과 장르 역시 한 작품에서 다른 작품으로 옮겨갈 수 있다. 영화 언어에서 어떤 영화가 돌아가는 시계로 시간의 흐름을 나타낸다면 다른 영화도 같은 기호학을 사용할 수 있으며, 다른 영화를 본 뷰어들은 이를 바로 이해할 수 있다. 따라서 새로운 경험의 저자는 정보 전달을 위한 지름길을 제공하기 위해 폼과 장르에 대해 비슷한 제품 간 일관성을 사용할 수 있다. 잠재적인 뷰어들은 작품의 장르나 폼에 대해 알고 있는 것을 먼저 자신이 그 경험에 관심이 있는지, 둘째로 어떻게 하면 그 경험 안에서 일어나고 있는 일에 대해 가장 잘 상호작용하고 생각할 수 있는지를 판단하기 위해 사용한다.

경험 대 정보

다른 통신 매체와 마찬가지로 VR 체험도 다양한 용도로 디자인할 수 있다. 통신 수단으로서의 미디어는 많은 다른 유형의 정보를 전달하기 위해 사용된다 (그림 2-15). 스타 밸리에 있는 네바다주 데스로 향하는 방향을 나타내는 표지판을 만드는 간판 디자이너는 아주 단순한 가상 세계를 통해 사실적인 정보를 전달하는 목표를 가지고 있다. 예술가는 법정 재판에 스케치를 그려 참석하지 않은 사람들의 이익을 위해 이벤트를 기록할 수 있다. 인상주의 화가는 평온한 느낌을 불러일으키는 이미지를 만들기 위해 노력할 수 있다. 입체파 화가는 움직임을 나타내려고 할 수도 있고, 여러 관점을 암시하거나 감정을 불러일으킬 수도 있다.

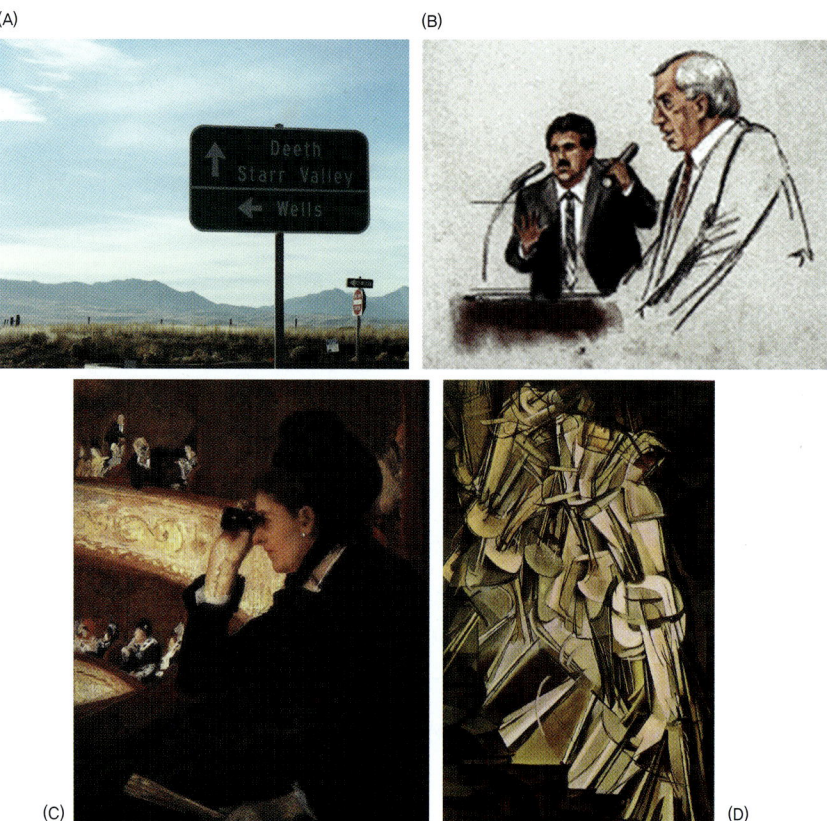

그림 2-15 VR 애플리케이션은 마치 다른 목표를 위해 그림을 그릴 수 있는 것처럼 다양한 용도로 제작될 수 있다. 이러한 예에서 (A) 기호 화가는 수화를 통해 사실적인 "세계"를 만든다. (B) 법정 예술가는 실제 극적인 순간들의 강렬함을 포착한다. (C) 인상주의 화가는 조용한 순간을 환기시킨다. (D) 큐비스트가 움직임을 포착한다. (Photograph by William Sherman. (B) Sketch by Charlotta McKelvey. (C) In the Loge, by Mary Cassatt. Courtesy of Museum of Fine Arts, Boston. Reproduced with permission © 2002 Museum of Fine Arts, Boston. All Rights Reserved. (D) Nude Descending a Staircase. © 2002 Artists Rights Society (ARS), New York/ADAGP, Paris/Estate of Marcel Duchamp)

VR의 매체를 이용해서 통신자에게 동일한 범위의 동기 부여와 목표를 제공한다. 예를 들어, 사용자에게 사실 정보를 전달하기 위해 특별히 개발된 애플리케이션들이 있는데, 학생들에게 분자의 3D 구조를 가르치거나 고객에게 건축용 보행기로 건물의 디자인을 보여주기 위해 만들어진 애플리케이션이다. VR 애플리케이션은 사용자가 신체적 또는 정신적 장애를 가진 사람의 POV에서 시뮬레이션된 롤러코스터 승차 또는 환경처럼 감정을 환기하거나 환경을 경험할 수 있도록 할 수 있다.

VR 애플리케이션의 오브젝트 및 이벤트는 정보로 인코딩돼야 한다. 그렇다면 어떻게 감정이 일련의 정보 비트로 표현될 수 있을까? 춤을 매개로 한 개인의 마음에서 다른 사람의 마음, 심지어 다른 무용수에게까지 그 경험을 직접 전달하는 것은 불가능하다. 결과적으로 표기법은 무용수의 움직임을 나타내기 위해 사용되며, 따라서 연주자는 가상 세계를 복제해서 관객에게 보여줄 수 있다(그림 2-16). 정보를 표현하는 표기법은 단순한 비디오 녹음을 넘어 전체 움직임을 나타내는데, 그래서 춤의 경우 비디오는 카메라에서 멀리 떨어진 댄서의 반대편에서 일어나고 있는 것을 보여주지 않는다. VR의 매체도 마찬가지다.

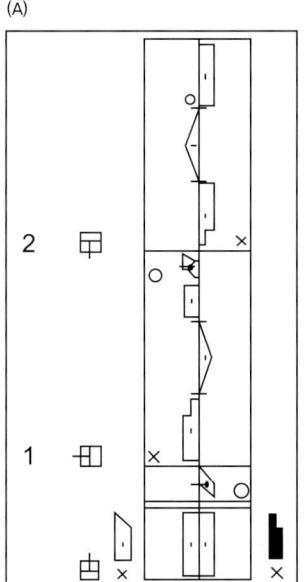
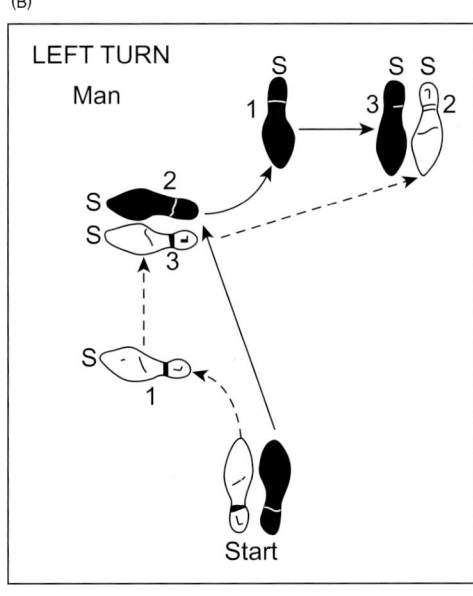

그림 2-16 미디어 애플리케이션의 정보는 어떤 방식으로 인코딩돼야 한다. (A) 여기서 라반 표준 춤 표기법은 특정한 왈츠 스텝을 만들기 위해 무용수가 수행해야 하는 스텝, 팔 움직임 및 기타 동작을 묘사한다. (B) 이 단순 표기법에서 단순한 발 배치도는 발의 기본 움직임을 보여준다. 몸의 완전한 움직임을 밝히지 않음으로써 초보자가 메시지를 더 쉽게 수신할 수 있다. (Image courtesy of Rebecca NettleFiol, Professor of Dance, University of Illinois at Urbana-Champaign)

일반적으로 표기법으로 언급되지는 않지만 경험의 행동과 다른 요소들은 컴퓨터 프로그램에 내장됨으로써 VR의 매체에 '통과'된다.

정보의 전송과 마찬가지로 필터링은 VR 경험의 전송에서 발생한다. 같은 컴퓨터 프로그램을 여러 명의 수신자에게 보낼 수 있지만 수신자가 통신사와 같은 경험을 할 것이라는 보장은 없다. 사실 그럴 가능성은 매우 낮다. 물론, 단순히 오디오/시각적 프레젠테이션을 통해서나 모든 힐릭의 센서라마의 경우 더 많은 경험적 정보를 전송함으로써 수신자가 더 높은 수준의 반파의 충실도를 경험할 것으로 예상하는, 크리에이터가 의도하는 감각을 정확하게 제공하기 위해 기술을 사용할 수 있다. 실제 경험, 그러나 미리 녹음된 경험을 재생하는 것은 물리적으로 몰입적이지 않고 상호작용을 제공하지 않으며 VR도 아니다. 이 장 뒷부분에서 논의되는 바와 같이 VR 경험을 기록해야 할 이유가 있을 수 있지만 위에서 논의한 바와 같이 VR 경험을 변화시킨다.

진짜 질문은 어떻게 통신자의 모델이 체험자에 의해 경험되게 가상 세계를 전송할 것인가이다. 이것이 모든 미디어의 예술가들이 몇 세기 동안(성공 정도가 다양해서), 어떤 가상 세계도 완전히 전송될 수 없다는 한계 내에서 고심해 온 것이다.

아티스트 및 기술자의 역할

흔히 매체의 진보는 두 힘이 서로 다른 관점, 예를 들어 예술적 관점 및 공학적인 관점에서 서로 접근할 때 발생한다. 기술자(엔지니어)는 흔히 (캐리어) 매체의 기초를 제공하고 매체 자체의 개선을 추진한다. 예술가들은 그들의 생각을 표현하는 방법이나 단순히 아이디어의 표현을 탐구하는 장소로 매체에 접근한다. 예술가들은 관객들에게 더 흥미롭게 함으로써 그 내용을 앞으로 나아가게 한다. 예술가들이 원하는 대로 자신을 표현할 수 있는 기술이 불충분해지면, 기술의 개선 요구는 요건을 만든다[Furness 1995]—필요는 발명의 어머니가 된다.

매체의 기술이 복잡해짐에 따라 한 사람(또는 작은 그룹)이 모든 것을 작동하고 메시지를 책임지게 하는 것은 더욱 어렵다. 또한 많은 예술 형태는 예술가가 기술에 익숙해지도록 요구한다. 화가는 물감을 만들기 위해 색소를 혼합하는 방법을 이해해야 하고, 석조 조각가는 여전히 망치와 끌을 숙달해야 한다. 한때 사진작가들이 그들만의 필름을 개발하는 것은 전형적인 일이었다(현재 그들은 디지털 강화 기술을 배운다). 생성 과정의 각 단계에서 통제력을 가지면 예술가는 각 단계에서 실험할 수 있고, 그들에게 메시지를 제시할 수 있는 가장 좋은 방법을 찾을 수 있는 더 많은 유연성을 줄 수 있다.

영화 매체는 일반적으로 대규모 팀이 가상 세계를 실현하도록 요구하는 또 다른 매체다. 이 팀은 카메라 운영자, 감독, 시나리오 작가, 조명 전문가, 배우, 영화 제작자 등 다양한 전문 분야의 예술가와 기술자 둘 다로 구성돼 있다. 이 모든 사람은 영화의 모양과 메시지가 관객에게 얼마나 잘 전달되는지에 따라 차이가 있다. 따라서 영화가 얼마나 '좋은' 영화가 될지에 대한 중요한 요인은 서로간의 요구 사항을 이해하고 서로 의사소통을 해서 팀이 얼마나 잘 협력할 수 있는가 하는 것이다.

VR은 복잡한 디바이스, 소프트웨어, 때로는 여러 대의 컴퓨터를 함께 사용하는 데 의존하기 때문에 제작에는 팀워크가 필요하다는 점에서 영화 촬영과 비슷하다. 〈Placeholder〉 VR 경험(동료 웹사이트 참조)은 확실히 이 매체에서 좋은 규모의 팀 노력의 초기 예다[Laurel et al. 1994]. 아티스트 리타 애디슨과 프로그래머 마커스 티에보(미술과 컴퓨터 과학의 모두 학생)가 만든 VR 체험인 'Detour: Brain Deconstruction Ahead'는 소규모 팀이 강력한 작품을 만들기 위해 노력하면서도 다양한 분야의 직원들이 유지하는 대규모 VR시설을 활용한 사례다[Addison 1995][Craig, Sherman and Will 2009]. 후자의 경우 그 프로젝트에 관한 기술자 또한 미술의 학생이기 때문에 팀원들 간의 의사소통은 더 쉬워졌다. 상호 이해는 어떤 협력적인 노력에서도 중요하므로 우리는 기술자들과 예술가들 모두가 여기에 제시된 문제에 대해 생각하는 것이 중요하다고 생각한다.

진정한 협력적 노력에서 기술자가 단순히 예술가의 사상의 구현자로 간주되지 않는다는 것을 지각하는 것이 중요하다. 오히려 통신 매체에 전문가인 기술자는 매체의 뉘앙스를 이용해 메시지 자체에 통찰력 있는 아이디어를 가져다

줄지도 모른다. 반대로 기술자가 그들이 통신 전문가가 아닐 수도 있다는 것을 지각하는 것은 필수다. 모든 팀 구성원이 자신의 기여와 다른 그룹 구성원의 기여를 인정하고 존중할 때 시너지 관계가 형성된다.

가상 현실: 매력적인 매체

확실히 VR에는 기술적인 측면과 미디어 연구 측면 모두에서 상당한 장학금이 적용돼 왔다. 기술 측면에서 전적으로 VR에 초점을 맞춘 학술 회의는 IEEE가 후원하는 1993년 VRAIS$^{\text{Virtual Reality Annual International Symposium}}$로 거슬러 올라가며, 나중에 IEEE VR 회의가 됐다. 그러나 VR 자체에 초점을 맞춘 모임과 함께 MMVR$^{\text{Medicine Meets VR}}$, 게임 개발자 콘퍼런스^{GDC} 등의 콘퍼런스가 열려 이들의 애플리케이션 영역이 VR의 매체를 어떻게 활용할 수 있는지 알아봤다.

궁극적으로 VR 매체의 고유한 여건을 이해하는 것이 가장 중요하다. 이러한 이해의 일부는 VR이 다른 미디어들 사이에서 어떻게 적합한지를 측정한다. 또한 중요한 것은 VR의 매체가 일반 소비자의 대량 시장 유통 수단을 달성할 정도로 더 표준화되고 실제로 제도화된 시대에 도달했는가 하는 점이다. 레베카 루즈$^{\text{Rebecca Rouse}}$는 Cinema of Attraction이라는 용어를 확장하면서 VR을 미디어 오브 어트랙션$^{\text{Media of Attraction}}$의 하나로 표시한다[Rouse 2016]. 실제로 VR은 아직 제도화 전 단계지만 점점 더 제도화된 모델로 옮겨가고 있다.

끌림의 미디어 개념을 기반으로, 루즈는 매체의 4가지 특성을 식별한다.

1. **평가되지 않음**—아직 제도화되지 않음/전반적으로 확산되지 않음
2. **학제 간**—다양한 예술 형식과 기법에 대한 그림
3. **심드**^{Seamed}—솔기를 볼 수 있고, 거친 모서리를 볼 수 있다는 뜻이며, 매끄러운 작업과 대조된다.
4. **참여**—활동적이고 직접적인 방법으로 참여하기 위해 어떤 형태로든 초청을 받아 관람자에게 연락하라.

분명히 VR은 수십 년 동안 사전 제도화된 상태로 존재해 왔다. 물론 VR의 학제간, 참여적 성격은 그것이 제도화돼도 그대로 남아 있다. 일단 매체가 제도

화되면 유통 경로를 통해 이뤄지는 품질에 대한 조사가 있을 것이다. 시스템을 통해 배포되는 작업에는 추가적인 디자인 제약 조건이 적용될 것이다. VR의 경우, 더 높은 렌더링 요구 조건과 더 나은 광학, 더 낮은 무게 등을 필요로 하는 '편안한' 요구사항이 훨씬 많다. 또 다른 고려사항은 제도화된 제품은 전문가가 아니면 소비자가 사용할 수 있어야 한다는 것이다. 매력적인 미디어로서 VR 경험은 항상 그러한 전문가들과 함께 수행됐다.

한편 인터넷 시대의 많은 미디어는 그들의 제도화를 앞뒀던 개방성을 향해 다시 움직였다. 예를 들어 유튜브는 누구나 자신이 만든 '필름'을 게시할 수 있게 하고, 인터넷상에서는 누구나 볼 수 있게 한다. 그 결과, 가능한 검토 사이트 외에는 실제 조사가 이뤄지지 않는다. 본질적으로 이러한 제도화에서 벗어나는 움직임은 아방가르드 예술가들이 매체의 가능성을 다시 열고 아마도 솔기를 보여주기 위해 노력하는 것이다. 베테랑 소재를 찾는 이용자들은 여전히 영화관, 애플 앱스토어, 오큘러스 스토어, 밸브스팀 스토어 등으로 갈 수 있다.

따라서 VR을 매개로 한 연구는 이러한 각 단계(제도화 이전과 사후)를 반드시 연속체로 보는 것이 아니라 두 개의 뚜렷한 형태의 매체로 봐야 한다. 매체의 유혹 매체의 도전 중 하나는 초기의 작품들이 종종 속담에 나오는 구두끈에 의해 함께 묶였고, 너무 자주 이러한 경험들을 미래에 공부하기 위해 살아남기 위한 충분한 노력이 이루어지지 않았다는 것이다.

가상 현실 경험 포획

장학금 목적만 가지고도 VR 체험 포착의 중요성을 과대평가할 수는 없다. 이 장(그림 2-7)의 앞부분에서 알 수 있듯이 단순히 VR 경험을 기록한다고 해서 가상 세계를 대화식으로 경험하는 것이 어떤 것인지 실제로 포착할 수는 없을 것이다. 사실 대부분의 경우 같은 사람이 같은 VR 작업을 다시 경험할지라도 두 가지 다른 경험을 하게 될 것이다! 그러나 이 사실이 이러한 작품들을 포착하기 위한 최선의 노력을 기울이지 말아야 한다는 의미는 아니다.

이상적인 것은 그 경험의 실행 복사본을 보관하는 것이다. 어떤 경우에는 이것이 가능했고, 실제로 실행됐다. 1990년대 초에 EVL CAVE를 위해 개발된 많은 원래의 경험들이 여전히 실행되고 있다. 그러나 이는 이러한 애플리케이션을 만드는 데 사용되는 소프트웨어와 하드웨어에 의존한다. 하드웨어 의존성은 현명한 소프트웨어 선택으로 종종 완화될 수 있다. 소프트웨어가 얼마나 낮은 수준으로 생성되는지와 그 소프트웨어로 개발된 경험의 내구성 사이에는 상관관계가 있다. 따라서 C 프로그래밍 언어와 OpenGL로 개발된 소프트웨어 그리고 CAVElib VR 통합 라이브러리나 VRPN[Virtual Reality Peripheral Network] 입력 라이브러리는 오늘날에도 여전히 실행될 것 같다. Iris Performer, Yggdrasil 또는 끊임없이 변화하는 C++ 프로그래밍 언어와 함께 개발된 초기 CAVE 경험은 이러한 플랫폼에 대한 지속적인 지원과 업그레이드가 부족하기 때문에 오늘날(고대 하드웨어를 유지하지 않는 경우는 제외) 실행될 가능성이 낮다. 또한 특정 하드웨어 기반에 대해 개발된 프로그램은 중요한 기반 구조가 변경됨에 따라 미래에 실행될 가능성이 낮다.

(실제로 모든 것을 의미하는) VR 경험의 경우, 우리는 그러한 경험을 포착하기 위한 다른 수단으로 눈을 돌려야 한다. 경험을 포착하는 분명한 방법은 그것들을 어떤 매체에 기록하는 것이다. 그러나 그 간단한 진술에는 많은 옵션이 숨겨져 있다. 비디오가 녹음된다고 가정하면 오디오도 녹음되는가? 핸드 컨트롤러의 진동은? 사용자의 생체 지각은? 동영상을 녹화할 때 체험자의 관점에서 녹화하는가, 아니면 제3자의 입장에서 녹화하는가? 오디오를 녹음할 때 체험자의 보이스[voice]가 경험에서 나오는 사운드에 섞여 있는가? 체험자의 신체를

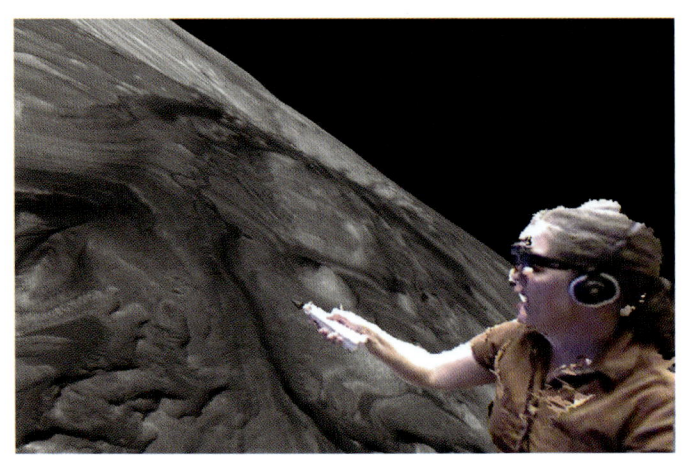

그림 2-17 지질학자인 던 섬너가 화성 게일 분화구의 샤프산에 있는 협곡에서 고대 강 수로가 어디에서 생겨나는지를 지적하면서 과학적 설명의 경험이 기록되고 있는데, 이 수로가 잘라내는 암석의 층이 어떻게 이 행성의 고대 환경 조건을 드러내는지를 보여준다. 여기서 나중의 사용자는 섬너의 설명 경험으로 움직일 수 있으며, 그녀가 설명하고 있는 것을 잘 보기 위해 이리저리 움직일 수 있다. (Image courtesy of Oliver Kreylos)

기록해야 하는가? 그렇다면 비디오 또는 3D 포인트 클라우드로 할 것인가(그림 2-17). 다른 사람들과 근처에 있는 물건들이 내는 소음은 어떤가? 그 비디오를 편집해야 하는가, 아니면 재생이 끝나기 시작해야 하는가? 어떤 맥락을 제공하기 위해 작성자의 코멘트를 포함해야 하는가?

화면 중 하나의 결과만 기록할 수 있지만 이것은 경험을 제대로 표현하지 못할 것이다. 아마도 과거의 경험을 경험하기 위한 두 번째 최선의 선택은 그것을 VR 자체에서 다시 경험하는 것이다. 올리버 크라이로스는 3D 포인트 클라우드와 체험자의 보이스와 함께 VR 경험의 모든 상호작용을 캡처하는 자신의 브루이 시스템으로 나중에 VR에서 그 과거 경험 자체를 볼 수 있다는 것을 보여줬다(이는 과거의 경험의 그림자에 불과하다). 녹음하는 방법을 결정하는 것은 간단한 일이 아니다.

녹화를 넘어 VR 경험을 포착하기 위한 또 다른 옵션은 그것을 페이지나 자연적으로, 어쩌면 스틸 사진을 포함한 말로 묘사하는 것이다. 이것은 본질적으로 어떤 형태의 라이브 캡처 멀티미디어 녹화보다 포착이 손실될 것이다. 비록 이 작업을 직접 경험한 체험자뿐만 아니라 작품의 제작자의 논평도 포함될 수 있다. 당신의 보잘것없는 작가들은 이런 방식으로 50여 점의 VR 작품을 포착하기 위해 최선을 다했다[Craig, Sherman, Will 2009].

이 절의 초반에 우리는 적어도 장학금을 위해서는 VR 경험을 포착하는 것이 중요하다고 말했다. 그러나 이것은 결코 사람이 그렇게 하려고 노력하는 유일한 이유가 아니다. 돌린스키 외 연구진은 VR 경험을 포착하기 위한 8가지 동기를 제시한다[Dolinskinski 외 2012].

- 역사적 보존
- 작업의 비교분석
- 더 많은 청중에게 도달
- 저널리즘 프레젠테이션을 통한 공개 노출
- 전시 기회 확대
- 파생작물 작성
- 보급/교육

 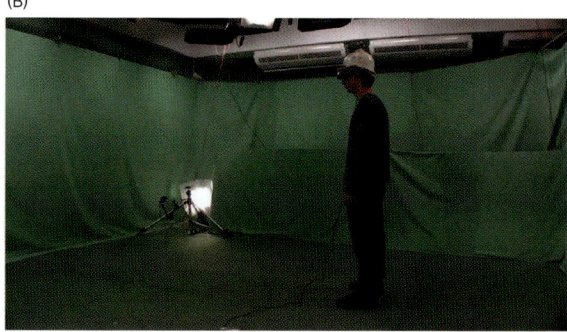

그림 2-18 녹색 화면과 고급 처리 방법을 사용해 실생활의 3D 재구성이 이루어지며, 오브젝트에 힘을 가하는 것과 동시에 사용자가 세계 안에서 자신을 볼 수 있게 한다. (Imagescourtesy of Bruno Raffin, INRIA)

- 창의적 프로세스의 문서화

또한 다음을 추가할 수 있다.

- 지적 재산권 문제에 대한 문서

VR 체험의 어떤 실시간 캡처가 선호된다는 것을 인정하면서 위에서 추론한 것처럼 이것을 할 수 있는 방법은 여전히 다양하다. CAVE 스타일 시스템의 고정형 스크린일 수도 있는 단순한 화면 캡쳐, 머리에 장착된 디스플레이^{HMD}의 하나 또는 양쪽 눈의 움직이는 모습, VR 패러다임 중 하나에서 세계 속의 3인칭 뷰가 있을 수도 있다. 고정형 스크린 시스템을 위한 또 다른 옵션은 비디오 카메라의 움직임을 트래킹해 그 원점으로 렌더링하는 것이다. 현실 세계의 일부는 마이크로소프트 키넥트와 같은 깊이 있는 카메라로 포착할 수 있으며, 이 3D 데이터는 가상 세계에 혼합돼 있다. 프랑스 INRIA 연구소는 4D View Solutions 회사와 함께 Virtualization Gate 경험을 만들었는데, 녹색 화면 비디오를 사용해 실제 오브젝트를 가상 세계로 가져와서 움직이는 체험자 자신을 포함한 실제 오브젝트의 시각적 표현을 재현한다(그림 2-18).

혼합 현실 비디오와 뜨롱쁘레유

위의 파생 작품을 만든다는 개념은 아마도 신기한 것일 것이다. 왜 그것을 경험한 체험자가 의도된 목적이 아닌 VR 작품을 만드는 걸까. 하지만 사실 이런 경우가 있었던 몇 번의 연출이 있었다. 소니 플레이스테이션 그룹은 가상 세계가 배우에 의해 경험되는 일련의 비디오(위대한 필름 채우기 방)를 제작했고, 실

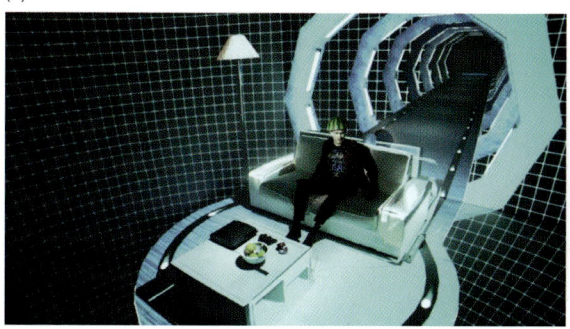 

제 문어 인형이나 액체 한 잔과 같은 혼합된 현실 요소들이 화면 렌더링된 세계와 혼합됐다(그림 2-19). 카메라는 트래킹돼 비디오의 뷰어가 실제 체험자로 만들어진다. 즉, 화면상의 체험자, 행위자는 실제로 가상의 어떤 오브젝트도 제대로 보지 못하고 있다.

VR을 통해서만 가상 세계를 보는 실제 몰입형 체험자가 있을 수 있도록 이런 동영상도 만들 수 있다. 게다가 그들의 몰입에 더해 그들의 움직임은 녹색 화면(크로메이크) 비디오 시스템을 통해서도 포착될 수 있고, 그들의 머리와 손이 정확하게 트래킹되기 때문에 그들의 유사성은 가상 세계와 혼합될 수 있다. 이제 3인칭 관점에서 가상 세계에서 일어나고 있는 일을 볼 수 있는 다른 사람들이 이러한 견해를 보인다. 마치 몰입한 체험자가 실제로 그 공간에 있는 것처럼 보인다. 실라 스베타 등 일부 무용회사들은 무용수들을 가상 세계로 끌어

그림 2-19 영화제작자들은 카메라를 트래킹해 VR 트래킹과 현실 개념을 혼용해 누구나 영상을 보는 시각에서 가상 세계의 렌더링을 만들어냈다. 현장에 있는 배우의 경우 그의 관점에서 볼 수 없기 때문에 극적으로 뒤틀릴 것이라는 점에 유의하자. (Images courtesy of Output Group)

그림 2-20 러시아 KTV 채널을 위해 만들어진 볼쇼이발레단의 레비테이션(Levitation) 특별 프로젝트의 스틸 컷으로 뷰어인 우리가 체험자이며, 가상 세계와 '상호작용'하는 무용가는 우리를 위해 만들어진 혼합 현실 경험의 일부분이다. (Image courtesy of Sila Sveta. Art Director: Arthur Kondrashenkov; Choreographer: Anna Abalikhina; Music: Mitya Vikhornov.)

들이기 위해 이 기법을 사용해 스토리텔링을 강화시키고 보는 이들을 끌어들인다. 다시 말하지만, 이 경우 '체험자'가 되는 것은 전적으로 비디오의 뷰어들이다. 가상 세계, VR 카메라 트래킹은 댄서가 아니라 관객들을 위해 존재한다. 그 무용수는 단지 '혼재'의 일부일 뿐이다. 실라 스베타는 그들의 작품 '레비테이션Levitation'에서 눈에 띄지 않는 카메라 각도를 사용해 무용수가 바닥과 어떻게 연관돼 있는지 보는 사람을 속여서 겉보기에 기적으로 보이는 스턴트를 할 수 있게 한다(그림 2-20).

이 기법은 프로젝션 매핑의 개념과 관련이 있으며, 여기서 가상 요소는 현실 세계의 오브젝트에 투영된다(그림 2-21). 프로젝션 매핑은 방 규모와 건물 규모 프레젠테이션에서 수행됐다. 프로젝션 매핑을 이용해 온 많은 예술 시설들 중, 디즈니 이매지니어링 내부 공연과 외부 공연에서 프로젝션 매핑을 사용해 테마 파크에서 잠자는 숲 속의 미녀나 신데렐라 성을 강화했다. 프로젝션 매핑은 오브젝트와 거의 동일한 위치에 있는 물리적 오브젝트에 색상을 매핑함으로써 청중의 여러 사람과 잘 작동할 수 있다.

그림 2-21 〈잭 스패로우의 전설〉에서는 중간색의 물리적 세트에 투영 지도를 적용해서 폭풍우가 몰아치는 씬을 한 순간 만들고 더 조용한 날씨로 이행하는데, 때때로 전기가 배 위를 구불구불하게 번쩍이고 이야기가 진행됨에 따라 보물 상자 같은 요소들을 부각한다. (Photo © Disney)

2013년 마이크로소프트는 TV 시청과 컴퓨터 게임에 가정용 프로젝션 매핑 개념을 사용한 IllumiRoom을 시연했다. IllumiRoom 시스템은 기존 디스플레이(텔레비전/모니터)의 경계를 넘어 디스플레이 장치를 둘러싼 벽과 표면에 콘텐츠를 추가했다. 이 개념은 RoomAlive로 진화했고, 이 개념은 이제 시스템이 있는 방 전체에 콘텐츠를 추가한다. 마이크로소프트는(깃허브를 통해) 연구원과 DIYers가 이 기술로 비전을 구현할 수 있도록 하는 개발자 툴킷을 출시했다[Microsoft 2015]. 그러나 이 책의 집필 시점에서 아직 소비자 제품이 나오지 않고 있다. IllumiRoom과 RoomAlive의 몇몇 주요 개발자는 그들의 회사 Lightform을 통해 이러한 아이디어를 시장에 선보이고 있다.

그들의 본질에서, 이러한 기법들과 따라서 서라운드 스크린 가상 현실 이 티는 '뜨롱쁘레유Trompe-l'oeil'의 예들이다. 사실 이 테크닉은 기술방식에 많은 것을 필요로 하지 않는다. 화가 줄리안 비버(그림 2-22)의 작품처럼 '3D 분필 그리기'에 큰 효과를 발휘하는 데까지 쓰였다. 비버의 예술에서 그 효과는 보는 사람이 특정한 위치에 서 있을 때에만 작용하고 다른 모든 곳에서 그림은 왜곡

그림 2-22 가로수 분필 화가 줄리안 비버는 도시의 거리와 보도에서 3D로 보이는 오브젝트들이 거리의 위아래로 존재하는 이상한 이미지를 만들어낸다. 물론 착각은 특정 위치에서 보았을 때만 작동하며, 그렇지 않으면 그림이 왜곡된 것처럼 보일 것이다. (Photographs courtesy Julian Beever)

(A)  (B)

그림 2-23 'The Writing's Wall'의 뮤직 비디오에서 많은 뜨롱쁘레유 기법이 착각을 일으키기 위해 사용됐다. (Images courtesy of OK Go)

된다. VR도 물론 마찬가지지만 VR에서는 보는 사람의 위치를 기준으로 도면을 바꾼다. 이와 같은 기법의 일부는 OK GO 뮤직 비디오의 'The Writing's On The Wall'(그림 2-23)에 전시돼 있다.

요약

가상 현실은 매체다. VR의 특징을 다른 인간 통신 매체에서 흔히 볼 수 있는 것과 비교해 보면, 우리는 이제 VR을 활용하는 방법 연구를 시작할 수 있고 VR이 제공하는 특정 기능을 가장 잘 활용할 수 있다.

사상의 세계는 가상의 세계다. 가상 세계에 포함된 아이디어와 수신자 사이의 경계를 통과하는 접근 지점은 인터페이스에서 나타난다. 세심한 구현 없이 인터페이스는 아이디어의 흐름을 방해할 수 있다. 이 인터페이스의 많은 가능성을 연구하는 것은 창작자로부터 경험을 함께 작성하는 청중으로 아이디어를 가장 잘 옮기는 방법을 배우는 것이다.

매체로서 VR은 다른 매체와 어느 정도 공통점이 있어 진공상태에서는 개발되지 않는다. VR 개발자는 다른 미디어의 개념을 기반으로 구축하거나 분리할 수 있으며, 매체를 탐색할 때 각각 일부를 수행할 수 있다. 특히 VR은 다소 거친 모서리 부분이 있는 비트래킹 작품으로 시작되는 다른 매체의 특정 특징을 공유하며, 어느 정도 새롭고 아직 매끄럽지 않다는 점에서 흥미롭다. 마지막으로 역사를 가진 매체로서 오늘날 학자들과 미래의 학자들은 이러한 VR의 고대 작품들이 항상 완전한 영광에 있는 것은 아니지만, 미래의 뷰어들에게 경험될 수 있도록 어떻게든 포착된다면 이익을 볼 것이다.

우리는 이제 VR이 모든 인간 통신 매체의 맥락 안에서 어떻게 적합한지에 대한 일반적인 논의에서 VR 경험을 만들 때 이용할 수 있는 기술 인터페이스 선택의 설명으로 이동한다.

PART II

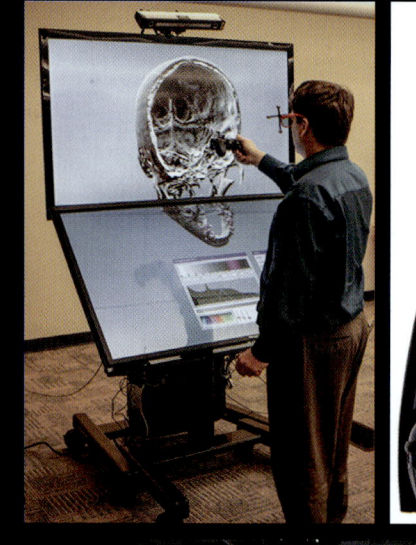

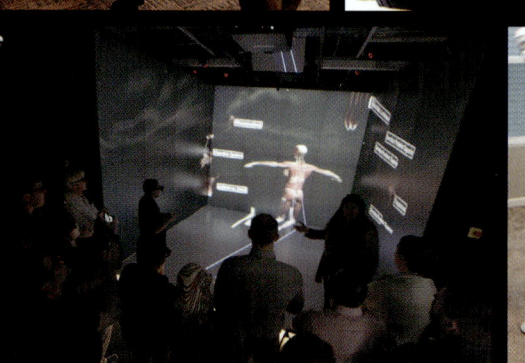

가상 현실 시스템

VR의 사용법을 합리적으로 논하기 전에 우선 이 매체가 무엇에 관한 것인지 기본적 이해와 이를 가능하게 하는 관련 기술의 기본 원리를 배워야 한다. 1부에서는 VR이 매체로서의 어떤 것인지, 어떻게 만들어졌는지, 다른 미디어와 어떻게 연관돼 있는지, 수신자에게 가상 세계를 제시하는 한 가지 방법으로 논의했다. 실제로 사용자는 사용자 인터페이스를 통해 구성된 세계와 통신하며, 반대로 세계는 그들의 감각에 제공된 자극을 통해 그들에게 다시 나타난다. 이러한 이해를 바탕으로 이 책의 2부에서는 다른 분야에서 채택된 기술뿐만 아니라 이러한 새로운 매체를 가능하게 하기 위해 특별히 추진된 기술도 모두 VR을 가능하게 하기 위해 하드웨어와 과학 기술 개발이 어떻게 결합되는지를 살펴본다. 3부에서는 가상 현실의 특정 매체를 사용해서 사용자가 가상 세계와 어떻게 상호작용해서 생산적이고 몰입적이고 생산적인 경험을 할 수 있다.

먼저 인터페이스의 인적 측면(3장)을 고려한 후 인터페이스의 물리적 수준, 즉 하드웨어(4장의 입력 및 5장의 출력)로 진행한다. 6장에서는 렌더링 미학과 렌더링 기술의 선택에 관한 결정을 통해 세계가 사용자에게 어떻게 표현되는지를 살펴본다. 7장에서는 가상 현실의 매체 내에서 상호작용을 위해 구성된 사용자 인터페이스(UI)를 심도 있게 살펴본다. 이 모든 것은 우리가 돌아다니는 3부로 연결될 것이며, 가상 세계의 콘텐츠를 사용자에게 만족스러운 경험으로 통합하는 최선의 방법에 매체와 기초 기술에 대한 지식을 적용하게 될 것이다.

가상 현실 시스템은 2부에 제시된 모든 요소들의 종합이다. 그림 II-1은 두 단계의 사용자 인터페이스(하드웨어와 소프트웨어) 사이의 관계와 그것들이 어떻게 가상 세계를 승인하는지에 대한 연결 방법, 사용자의 심리 상태에 대한 영향, 사용자 인터페이스의 모든 요소들이 시스템과 어떻게 연결되는지를 보여준다. 가상 현실(3부)의 경험에 유의해야 한다. 이 그림의 각 구성요소는 더 많은 하드웨어/기술 지향적인 장에서 시작해 소프트웨어, 사용자 인터페이스 가능성 및 전체적인 경험 디자인으로 이동하면서 표시된 장에 자세히 설명돼 있다.

기술 구성요소의 조정은 전체 사용자 경험을 만드는 데 필요한 하드웨어와 소프트웨어 시스템을 통합하는 중앙 컴퓨팅 시스템에 의해 처리된다. 오케스트레이션만이 필요한 연산은 물론, 입력 내용을 읽고 자극을 생성하며 가상 세계 내의 동작을 연산할 필요도 있다. 따라서 복합적인 컴퓨터 요구는 엄청날 수 있으며, 단일 디바이스에서 가능한 한 컴퓨터 간에 배포될 수 있지만, 다른 때는 로컬 분산 컴퓨터 또는 클라우드 기반 컴퓨팅 솔루션에서도 배포될 수 있다. 기술 측면에서는 VR 시스템의 가장 중요한 구성 요소는 다음과 같다.

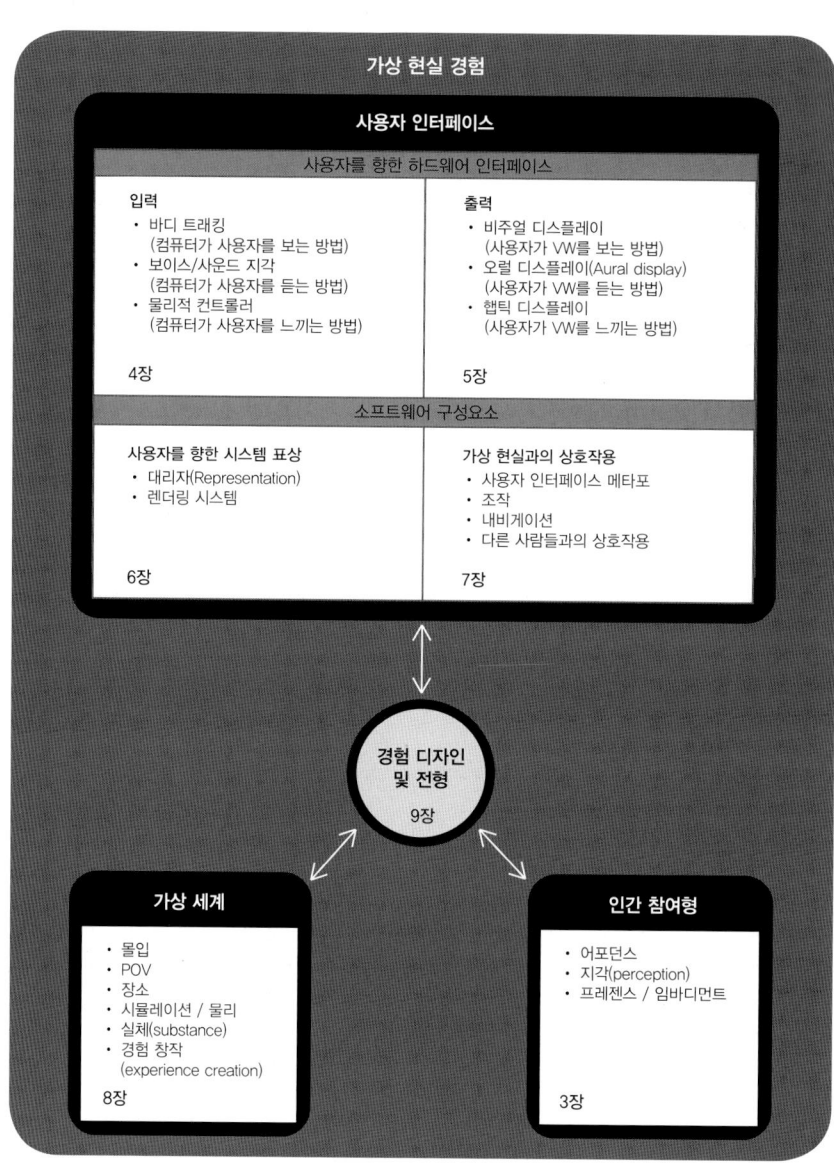

그림 II-1 하드웨어와 소프트웨어 기술은 VR 경험을 이끌어내기 위해 사용되는 중요한 요소지만, 모델화된 가상 세계와 개인적으로 교류하는 인간 체험자들과 관계를 맺는다. 그 최종 결과는 그 경험이 어떻게 디자인되는가에 따라 결정된다. 7장에서는 특정 개별 세부사항에 대해 논의하지만, 이 디자인 내에서 어떻게 이들이 함께 작동해 설득력 있는 가상 현실 경험을 달성하는지에 대해서도 논의한다.

- 연산
- 출력
- 사용자 상호작용
- 입력
- 세계 프레젠테이션

그림 II-2는 일반적인 VR 시스템 내의 정보의 흐름을 보여준다. 가상 세계는 디스플레이 디바이스를 통해 사용자에게 렌더링되고 전달되는 표현으로 매핑된다. 렌더링 프로세스는 물리적으로 몰입할 수 없는 관점을 만들기 위해 사용자의 움직임을 고려한다. 또한 사용자는 세계의 특정 측면과 인터페이스하도록 프로그래밍된 입력 동작을 통해 가상 세계에 영향을 줄 수 있다. 증강현실 시스템의 경우, 가상 세계의 렌더링이 실제세계의 발표와 섞여 있다.

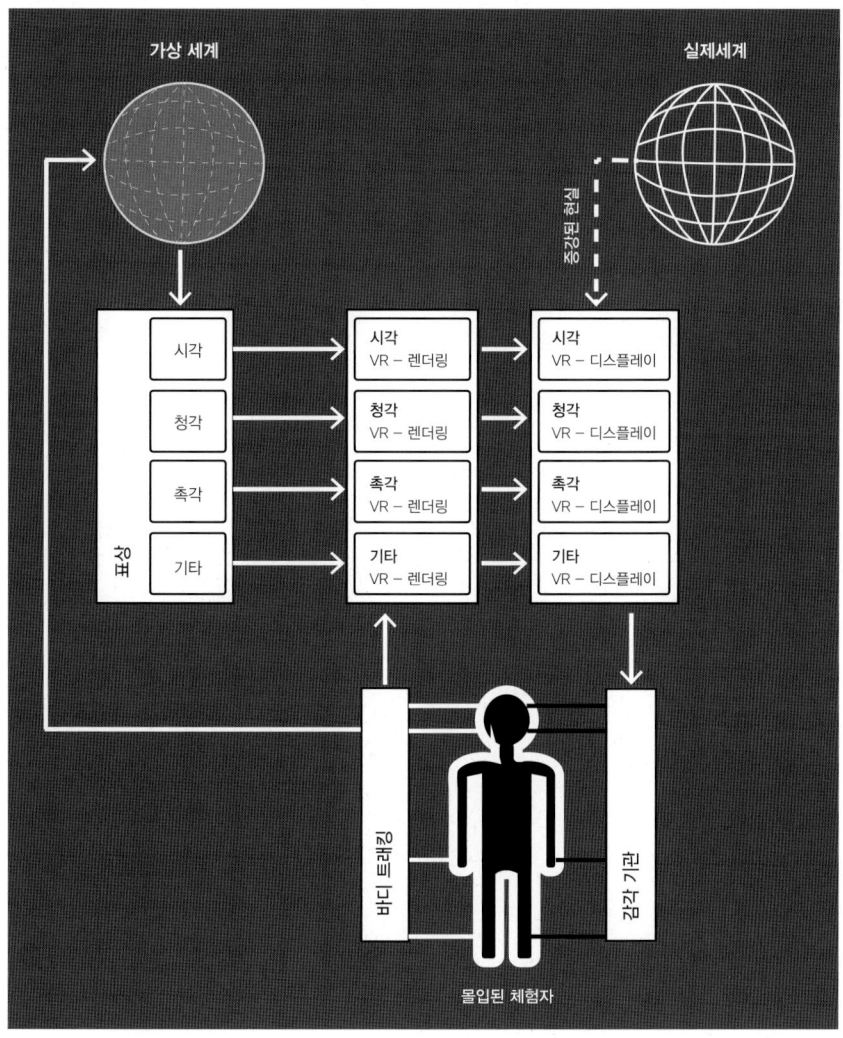

그림 II-2 이 도표는 VR(또는 AR) 경험이 어떻게 처리되는지 보여주는 간단한 모델을 나타낸다. 꼭대기에는 완전히 가상적이거나 가상적인 요소가 추가된 현실 세계가 있다. 이러한 가상 요소들은 어떤 식으로 표현된다. 인간의 지각 시스템을 위해 고안된 것이다. 이러한 표현은 몰입한 체험자와 관련된 위치 트래킹 정보를 사용해 이루어진다. 렌더링은 디스플레이로 전달되고, 그 후 체험자의 감각 기관에 표시된다. 체험자는 가상의 오브젝트와 세계에 반응해서 움직이고 주위를 둘러보고 그 다음에 세계 내의 가상 실체에 영향을 미치는 다른 입력을 제공한다.

가상 현실 경험

사용자 인터페이스

사용자를 향한 하드웨어 인터페이스

입력
- 바디 트래킹
  (컴퓨터가 사용자를 '보는' 방법)
- 보이스/사운드 지각
  (컴퓨터가 사용자를 '듣는' 방법)
- 물리적 컨트롤러
  (컴퓨터가 사용자를 '느끼는' 방법)

4장

출력
- 비주얼 디스플레이
  (사용자가 VW를 보는 방법)
- 오럴 디스플레이(Aural display)
  (사용자가 VW를 듣는 방법)
- 햅틱 디스플레이
  (사용자가 VW를 느끼는 방법)

5장

소프트웨어 구성요소

사용자를 향한 시스템 표상
- 대리자(Representation)
- 렌더링 시스템

6장

가상 현실과의 상호작용
- 사용자 인터페이스 메타포
- 조작
- 내비게이션
- 다른 사람들과의 상호작용

7장

경험 디자인 및 전형

9장

가상 세계
- 몰입
- POV
- 장소
- 시뮬레이션 / 물리
- 실체(substance)
- 경험 창작
  (experience creation)

8장

인간 참여형
- 어포던스
- 지각(perception)
- 프레젠스 / 임바디먼트

3장

CHAPTER 3

인간 참여형

사용자에게 환경을 제공하고 이에 대한 사용자의 지각이 가상 현실^{VR} 경험의 핵심 구성 요소다. 그러므로 경험을 디자인할 때 지각이 어떻게 작용하는지를 포함한 인간의 지각 시스템의 능력과 구현의 결과(예: 우리가 어떤 착각에 취약할 수 있는지)를 이해하는 것이 중요하다.

우리는 기술이 어떻게 사용될 수 있는지 그리고 어떻게 사용자가 그것을 알아내는지에 대한 일반적인 사용자 인터페이스 개념, 즉 비용의 개념으로 토론을 시작한다. 다음으로 인간의 지각 시스템으로 들어가서 시각, 청각, 촉각 및 전정 지각 하위시스템을 더 깊이 들여다보고 후각과 돌풍에 빠져든다(그림 3-1). 마지막으로, 사용자의 인지적 면의 몇 가지 측면, 특히 사용자가 VR 경험에 참여하는 방법에 매우 중요한 두 가지 아이디어인 프레젠스와 임바디먼트^{embodiment}를 탐구한다.

4장과 5장에서는 사용자의 센서모터 시스템, 즉 시스템에 대한 입력과 시스템에서 다시 사용자에게로 출력되는 실제 기술을 탐구한다.

시뮬레이션으로의 인간 연결

디스플레이 배열(Fixed-to-world, Head-based 등)과 관계없이 VR 체험으로 무언가를 만드는 열쇠는 표시되는 것을 사용자의 위치와 연결하는 것이다. 다

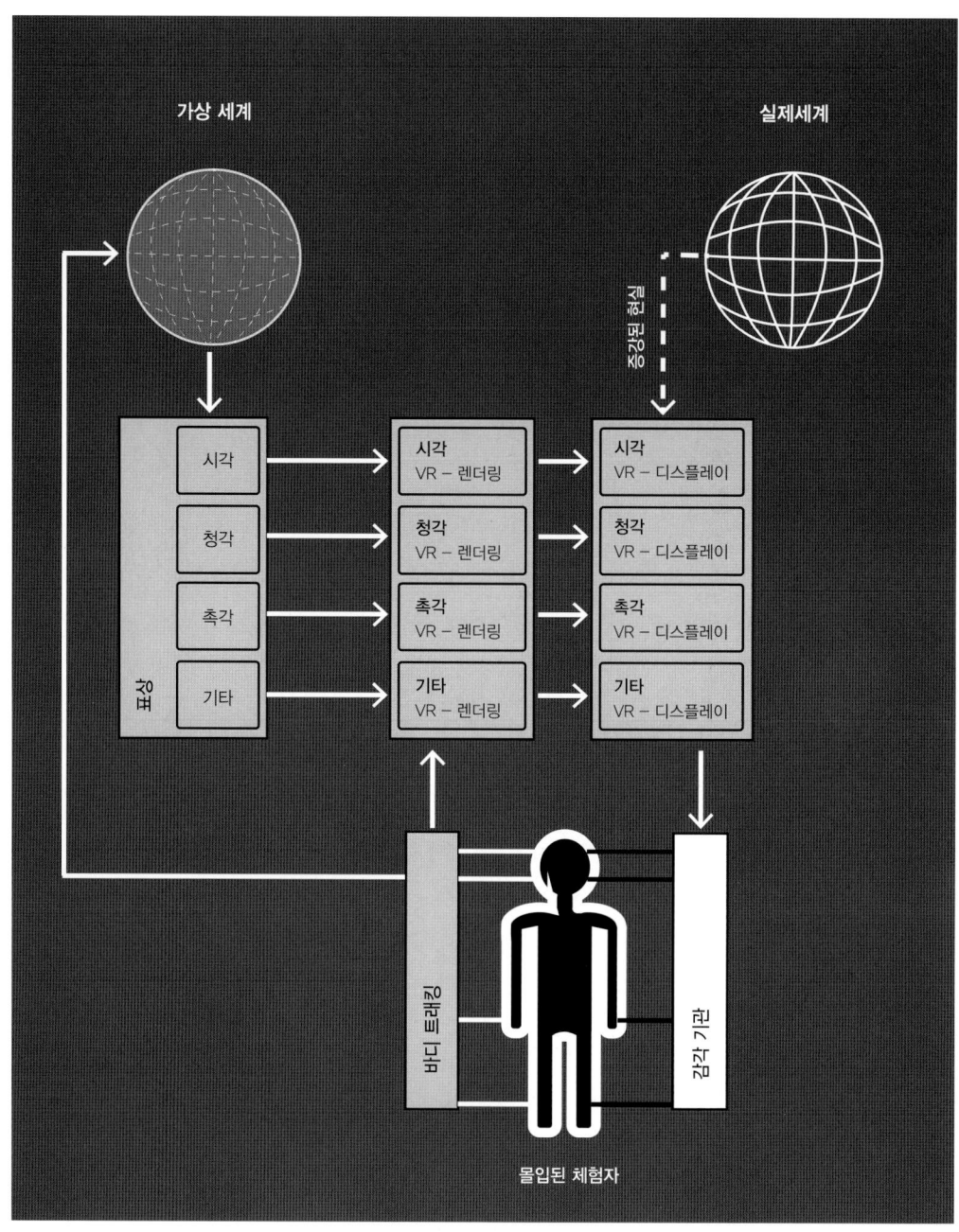

그림 3-1 3장에서 몰입한 체험자와 그들이 그들의 감각과 정신 능력을 통해 경험을 어떻게 인지하는지 탐구한다.

른 감각은 각각의 기본적인 디스플레이 배치와 함께 잘 작동한다.

인간 체험자는 가상 현실 경험의 가장 중요한 요소이기 때문에 효과적인 가상 현실 경험의 구성은 사용자의 능력과 기대에 부합하도록 이루어져야 한다. 체험자 각자는 자신만의 신체 특성이 있을 뿐만 아니라 살아오면서 발전시켜온 자신만의 사고방식을 갖고 참여할 것이다.

그러면 가상 현실 시스템 개발자와 애플리케이션 디자이너가 인간 체험자를 마치 시스템의 일부인 것처럼 대하고, 그들이 환경에 잘 적응할 수 있도록 한다는 것은 이치에 맞는다. 그런 다음 가상 현실 경험 디자인 분야는 심리학과 인간의 감각과 지각의 생리를 포함해 인간-컴퓨터 인터페이스 디자인의 분야를 살펴보고 확장한다.

디스플레이를 인간의 요구에 맞게 조정

2장에서는 가상 현실이 어떻게 크리에이터로부터 체험자에게 정보(경험 포함)를 전달하는지 탐구했다. 다른 매체와 마찬가지로 일부 재료는 변속기에서 손실될 수 있다. 전기 엔지니어는 각 끝단의 흐름 용량이 달라 에너지 흐름이 방해될 때 '임피던스 불일치'라는 용어를 사용한다. VR 체험 디자이너는 기술 시스템 인터페이스를 인간 체험자의 신체적, 정신적 한계에 맞추기 위해 노력해야 한다. 실제로 어떤 경우에는 자극을 체험자의 한계에 맞추는 것이 가상 세계를 통한 급속한 움직임을 나타낼 때 렌더링된 시야를 줄이는 것과 같은 정보 출력의 감소를 수반할 수 있다.

모든 매체의 입증된 인스턴스의 구현은 수신자가 경험을 어떻게 접하는지를 고려해야 한다. 예를 들어, 책은 예상 청중들을 바탕으로 모양과 크기로 나온다. 유아용 동화책은 페이지가 짧고 매우 두껍다. 이동 중에 읽을 수 있는 책은 대개 지갑이나 배낭에 넣기에 편리하다. 평상시에 읽을 수 있게 전시된 책들은 흥미 있는 주제의 큰 그림을 포함하고 있어 상당히 클 수 있다. 또 다른 매체인 벽화는 보는 사람이 얼마나 가까이 갈 수 있는지에 따라 더 많거나 더 적은 세부사항을 갖게 될 것이다. 높은 빌딩에 올라가면 더 적은 세부사항이 필요하다.

기술 측면에서는 할 수 있는 것에 한계가 있지만, 이 제한은 체험자의 측면에서 더 높은 정도에 해당된다. 인간이 인터페이스에 순응하도록 바꾸는 것보다 인간과 더 잘 어울리는 컴퓨터 인터페이스를 바꾸는 것이 훨씬 더 쉽다. 그렇다면 효과적인 시스템을 디자인하기 위해서는 인간의 속성을 이해할 필요가 있다. 우리는 인간 인터페이스의 능력을 탐구할 필요가 있다.

인간 – 컴퓨터 인터페이스

인간-컴퓨터 상호작용HCI(때때로 CHI) 연구는 인간이 컴퓨터와 가장 잘 상호작용하도록 하는 인터페이스 방법과 정보 표시 방법에 대한 연구다. HCI 분야는 1970년대 후반 개인용 컴퓨터가 부상한 것을 시작으로 워드 프로세서 및 스프레드시트 도구를 디자인하는 최선의 방법에서 게임, 교육 환경, 웹 사이트 디자인 및 소셜 인터랙티브 툴로 확장되는 등 엄청나게 성장했다. 1989년 '가상 현실'이라는 용어가 생기기도 전에, 몰입형 기술의 연구자들은 개발 중인 매체가 인간 사용자와 연결될 수 있는 최선의 방법을 탐구했다[Ellis 1995]. 따라서 '표준' 컴퓨터 인터페이스가 일반 HCI 커뮤니티의 주요 초점이었지만, 가상 현실 인터페이스 연구의 하위 도메인 또한 큰 진전을 이뤘다.

1971년 초에 HSCI 연구자들은 대화형 시스템 디자인을 위한 핵심 원칙을 열거했다. 예를 들어 Hansen [1971]

- 사용자 파악
- 암기 최소화
- 운영 최적화
- 오류 엔지니어

사용자들에 대해 가장 먼저 알아야 할 것은 그들이 너무 많이 외울 수 있다는 것이다. 그들은 목표를 달성하기 위한 가장 쉬운 방법을 찾을 것이고 실수를 할 것이다. 그러나 물론 사용자를 안다는 것은 그들이 무엇을 성취하고 싶은지, 그들이 시스템이나 유사한 시스템에 얼마나 숙련돼 있는지, 그들이 새로운 인터페이스를 채택하고 배울 수 있는 속도를 아는 것을 의미하기도 한다. 컴퓨터 그래픽 아티스트가 이미 Maya 또는 Blender와 같은 3D 모델링 패키지를 알고 있다고 예상할 수 있다면, 새로운 사용자 인터페이스에서 그들이 알고 있는 것을 활용하는 동시에 몰입형 인터페이스가 제공하는 기능을 이용할 수 있다.

어포던스

HCI문의 핵심 개념은 사용자가 세계의 오브젝트를 사용할 수 있는 방법, 즉 '어포던스'를 알 수 있는 능력이다. 두 경우 모두 어포던스는 환경의 오브젝트를 사용할 수 있는 방법을 말한다. 깁슨[Gibson 1979]은 (디자이너의 의도와 무관하게) 오브젝트를 사용할 수 있는 실제 방법과 관련시키기 위해 이 용어를 사용한다. 그러나 노먼 [Norman 1988]은 오브젝트의 외관이 어떻게 사용되는지에 대해 인지 가능한 단서를 제공하는지 구체적으로 언급하기 위해 이 용어를 사용한다.

Technology Affordances에서 윌리엄 게이버^{William Gaver}는 두 관점을 지각 가능한 어포던스^{Perceptible Affordance}, 숨겨진 어포던스^{Hidden Affordance}, 잘못된 어포던스^{False Affordance}, 선택 거부 어포던스^{Correct Rejection Affordance}라는 네 가지 특정 범주로 통합한다(그림 3-2). '지각 가능한 어포던스'는 노먼식과 깁슨식 모두에 통용되는 용어다. 깁슨이 정의한 '어포던스'는 '숨겨진 어포던스'를 포함하도록 확장되는 반면, 노먼이 정의한 '어포던스'는 '잘못된 어포던스'(존재하지 않는 것으로 인식된 '어포던스')를 포함한다[Gaver 1991].

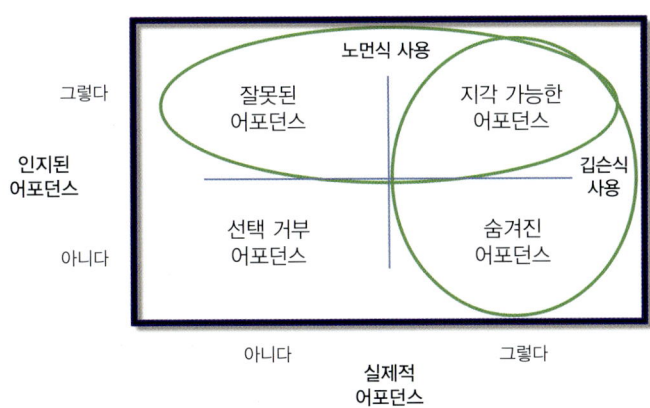

그림 3-2 이 다이어그램은 실제 어포던스를 지각된 어포던스와 비교했을 때 나타날 수 있는 네 가지 상황을 보여준다. 이 중 노먼이 정의한 '오퍼던스'는 지각된 어포던스에 기초하기 때문에 '잘못된 어포던스'와 '지각 가능한 어포던스'를 포함한다. 마찬가지로 깁슨이 정의한 '어포던스'는 '숨겨진 어포던스'와 '지각 가능한 어포던스'를 포함한다. (Diagram based on Gaver's "Technological Affordances" [1991])

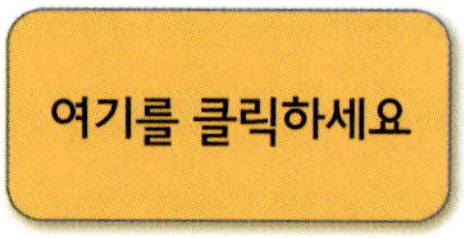

그림 3-3 이것은 기대를 강화시키는 단어와 함께 드롭 섀도우가 그 모양이 눌릴 수 있다는 것을 나타낸다는 점에서 인지된 제공의 한 예다. 물론 책에서는 실제적인 여유가 없기 때문에 이 경우에는 거짓된 여유가 된다.

그림 3-4 특정 가상 세계의 이 이미지는 깁슨식(Gibsonian)의 두 가지 측면을 드러낸다. 숨겨진 문을 활성화하는 촛대 홀더는 숨겨진 제공이고, 뚫을 수 없는 벽은 지각된 제공이다(이것은 단단한 벽으로 통과할 수 없는 것처럼 보인다). (Character by Alban Denoyel (skfb.ly/BRwt), CC BY 4.0.)

여기를 클릭하세요

이 네 가지 카테고리는 간단한 2D 컴퓨터 인터페이스를 통해 설명된다. 화면의 특정 위치에서 커서가 있는 마우스를 클릭하면 동작이 활성화된다(그림 3-3). 화면에 물리적 버튼처럼 보이는 영역을 만들면 '클릭'할 곳이라는 인상을 준다. 아마도 드롭 섀도우^{drop shadow}를 사용해 화면 위에 나타나도록 만들어

졌을 것이다. 이렇게 누를 수 있게 보이는 모습은 지각된 어포던스가 된다. 실제로 (가상) 버튼이면 '지각할 수 있는 어포던스'가 되고, 그렇지 않으면 '잘못된 어포던스'다. 마찬가지로 어떤 시각적 표현없이 이벤트가 활성화되는 화면 영역이 있으면 이는 '숨겨진 어포던스'(그림 3-4)고, '정상'으로 보이고 어떤 액션도 없는 모든 화면 영역은 '선택 거부 어포던스'다.

간단히 말해서 깁슨의 어포던스는 어떤 아이템이 할 수 있는 것이고, 노먼의 어포던스는 사용자가 어떤 아이템이 할 수 있다고 지각하는 것이다. 하나는 실제적인 물리적 속성에 기초하고 다른 하나는 인지된 속성에 기초하기 때문에, 전자는 문화적 영향을 받지 않는 반면, 후자는 문화적 영향을 받는다.

어포던스, 깁슨식: 오브젝트를 사용할 수 있는 방법

어포던스, 노먼식: 사용자가 사물을 지각하는 방법을 사용할 수 있다.

인지할 수 있는 여력의 중요성은 명백하다. 게이버[Garver 1991]는 다음과 같이 직접 기술한다.

> 어포던스를 지각할 수 있게 하는 것은 쉽게 사용할 수 있는 시스템을 디자인하기 위한 한 가지 접근방식이다. 지각할 수 있는 어포던스가 상호 참조된다. 작용과 관련된 오브젝트의 속성은 지각에 이용 가능하다. 지각되는 것은 행동의 대상이다.

이러한 상황은 지각된 속성이 표현 조정으로 작용과 관련돼야 하는 속성과 대조된다. 도어 손잡이를 당길 수 있다고 인지하면 당김과 관련된 속성이 지각에 사용 가능하기 때문에 조정 개념이 필요하지 않다. 열쇠를 자물쇠 안에 돌려야 한다는 것을 아는 것은 관련 속성을 사용할 수 없기 때문에 조정이 필요하다.

이러한 관점에서 인터페이스는 행동할 수 있는 오브젝트에 대한 정보를 제공할 수 있기 때문에 인지 가능한 여유가 될 수 있다.

가상 현실에서의 어포던스

가상 현실을 처음 접하는 사용자는 어떻게 해야 하는가? 그리드 월드에서 한 쌍의 떠다니는 컨트롤러 아바타를 보고 있다고 가정한다면(그림 3-5), 어떻게 해야 할까? 무엇이든 할 수 있다! 그리고 그게 문제다. 제약이 있어야 하고, 전통이 있어야 하고, 언어가 있어야 하며, 사용자가 실제의 가능성을 파악할 수 있는 정보가 있어야 한다. 물론 사람들은 해야 할 흥미로운 것들을 우연히 발견하기를 바라고 무작위로 버튼을 누르고 다른 방향으로 응시할 수도 있지만, 매우 비효율적이다.

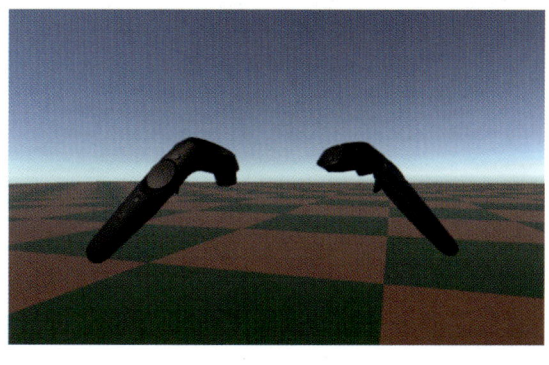

그림 3-5 텅 빈 세상엔 끝없는 여유가 있다. 체험자들이 실제로 무엇을 할 수 있는지 알 수 있는 실마리를 제공하는 것이 경험 디자이너의 일이다.

가상 현실에서 다른 컴퓨터 매개 인터페이스와 비교했을 때, 가상 세계와 물리적 세계 사이에 여유가 확장된다. 최소한 체험자는 가상공간 내에서 자신의 신체적인 힘이 무엇을 할 수 있는지 판단한다. 예를 들어 다음과 같은 경우다.

- 수면 위를 걸을 수 있을까?
- 비스듬한 표면에 서도 될까?
- 구조물(예: 계단)에 오를 수 있는가?
- 구멍으로 들어갈 수 있는가?

- 의자에 앉을 수 있을까?
- 벽을 통과해도 될까?
- 벽 위로 걸어갈 수 있을까?

만약 보이지 않는 서피스가 있다면? 그것은 가상 현실에서는 고안하기 쉽지만 이용자는 어떻게 알까? 의자는 어때? 아마도 사용자는 그 위에 앉아 있을 수 없지만 가상 세계 내에서 그 위에 있는 오브젝트를 설정할 수 있는 능력이 있는가? 사용자가 벽을 통과하려고 하면 어떻게 되는가? 어떤 행동 기회가 명백하게 나타나는가? 사용자, 즉 행위자를 위해 가상 세계에서 실행 가능한 작업은 무엇인가?

플래치Flach와 홀든Holden [Flach and Holden 1998]은 가상 현실에 적용할 수 있는 다른 기준점에 대한 조사에서, 깁슨의 의미 측정에 대한 기초(경험의 현실)를 지지한다. "허용성의 구성은 행위자와 환경 사이의 관계에서 이 새로운 기본적 현실의 기초를 반영한다." 이러한 '경험의 현실'은 데카르트 거리 측정과 같은 개념에 근거하는 것이 아니라 지각된 거리이다. 사물의 절대 크기나 사건의 실체를 규정하는 절대 거리가 아니다. 오히려 그것은 손의 크기나 이동 모드에 상대적인 거리에 비례하는 크기다.

그러나 플래치와 홀든도 지적했듯이 깁슨에게 있어 그것은 "경험의 실재에 대한 근본적인 기초로서 작용에 대한 제약"이다. 따라서 경험 디자이너가 사용자가 수행할 수 있는 행동이 적을수록 경험이 더 '실제'되는 것으로 지각할 수 있다. 아이러니한 점은 VR의 매체에서 디자이너는 대부분의 다른 미디어보다 실제의 제공에서 인지된 여건을 분리할 수 있다는 것이다. 아마도 거짓된 여유가 허용될 수 있는 경우 어쩌면 이로운 경우(예: 퍼즐 룸)가 있을 것이다.

가상 현실의 잘못된 어포던스

기존의 사용자 인터페이스 디자인에서, 잘못된 어포던스를 갖는다는 개념은 혐오스러운 것이다. 그러나 종종 체험자의 지각을 속이는 가상 현실의 경우, 가상 세계를 좀 더(또는 덜) 현실처럼 보이게 하기 위해 의도적으로 거짓된 어포던스를 만들어내는 경우가 있다.

가상 세계에서 벽을 본다면, 벽을 통과할 수 없다는 의미다. 아래를 내려다보고 낙하하는 것을 본다면, 발을 디디면 떨어질 것이라는 것이다. 일반적인 가상 현실 시스템에서는 우리가 가상의 벽을 통과하는 것을 막을 수 있는 것은 아무것도 없을 가능성이 높으며, 우리가 절벽 위에 올라서서 죽을 것 같지는 않다. 따라서 전형적으로 이러한 상황은 거짓된 어포던스이며, 특히 후자의 경우에는 좋은 것이다.

단점은 일단 우리가 벽을 통과해서 공중으로 나가기 시작하면, 그 세계는 믿을 수 없게 되고, 따라서 덜 끌리게 된다는 것이다. 물론 환상적인 일이 가능한 세상을 만드는 것이 목표가 아니라면 말이다. 어떤 세계에서는 내가 물 위를 걸을 수 있거나 도움을 받지 않고 날 수 있다면 그 경험을 더 실제처럼 보이게 할 수도 있다. 따라서 VR의 경우 때때로 잘못된 어포던스가 이 경험에 도움이 될 수 있다. 디자이너가 신뢰성에 덜 신경을 쓰고 효용에 더 신경을 쓰는 경우가 항상 있다. 특히 한 사람이 과학적 시뮬레이션이나 세계의 신뢰성에 의존하지 않는 다른 애플리케이션과 상호작용하는 경우, 이러한 상호작용은 그다지 당황스럽지 않다. 그러나 예외와는 별도로 일반적으로 사용자가 벽과 구멍 등의 잘못된 어포던스를 믿도록 하는 것이 바람직하다. 즉, 사람들은 벽이 자신의 통로를 차단한다고 생각하기를 원한다. 이 장의 후반부에서 우리는 세계의 특정 측면을 극도로 사실적으로 만들어 전 세계를 더욱 그럴듯하게 만들기 위해 적용할 수 있는 하나의 기법인 '패시브 햅틱passive haptics'에 대해 논할 것이다(이 장 뒷부분의 '오브젝트 영구성 변환' 절 참조).

지각된 어포던스 강화 – 피드백

물리적 현실에서 우리가 어떤 오브젝트와 상호작용하고 인지된 여유가 있을 때, 결과적인 행동은 우리에게 그 어포던스가 진짜인지 거짓인지를 말해준다. 우리는 우리의 행동으로부터 즉각 피드백을 받는다. 마찬가지로 가상 현실에서 그리고 실제로 다른 컴퓨터 매개 시스템에서 피드백은 컴퓨터 인터페이스가 사용자에게 그들의 행동이 지각됐음을 알리는 중요한 방법이다.

피드백: 사용자 작업의 시스템 응답

예를 들어, 버튼을 누르면 나타나는 피드백은 버튼의 크기와 스타일에 맞는 소닉 품질로 이상적인 버튼 누르는 사운드일 수 있다. 눌린 버튼의 적절한 모양과 결합할 경우 더욱 좋다. 현실 세계에서는 버튼의 움직임도 느낄 것이다. 촉각과 신체 움직임(햅틱)의 느낌은 작용의 피드백에 더 큰 사실성을 제공하지만, 가상 현실 시스템의 비용 및 복잡성이 증가한다. 경험 디자이너는 소닉과 시각적 피드백만을 선택할 수도 있고, 현실성이 떨어지지만 최소한 짧은 진동과 같은 촉각적 감각을 유발하는 대체 촉각(터치) 피드백을 선택할 수도 있다.

하나의 감각을 이용해서 생산하기 어려운 다른 감각을 사용 가능한 기술로 대체하는 것은 감각 대체다. 감각 대체는 가상 세계 내에서 좋은 여건을 조성하기 위해 디자이너가 마음대로 사용할 수 있는 하나의 도구다. 가상 세계를 대표하는 감각 대체는 6장에서 더 자세히 알아본다.

현실에서 아기는 시행착오를 통해 세상의 여건을 배운다. 그들은 버튼을 보고 누를 때 어떤 일이 일어난다는 것을 배운다. VR 시스템에서 디자이너들은 데스크탑 컴퓨터, 스마트폰, 컴퓨터 게임 콘솔과 같은 전자 기기, 자동차 대시보드 같은 다른 컴퓨터 시스템뿐만 아니라 현실 세계에서 가장 많이 배운 비용을 사용할 수 있다. 시간이 지남에 따라 더 많은 사람이 현실 세계나 다른 컴퓨터 시스템에 상대가 없는 VR 시스템에서 제공되는 전형적인 비용을 배우게 될 것이다. 하지만 어느 정도 수준에서는 사람들이 새로운 VR 경험을 접할 때마다, 시도하기 전까지는 어떤 시나리오에서 어떤 일이 일어날지 모르는 유아와 매우 흡사하다.

인간 지각 체계

체험자를 가상 현실 시스템의 일부로 취급하는 한 가지 측면은 체험자의 '기술 인터페이스'를 검토하는 것이다. 우리의 경우, 인간의 지각 체계. 여기서는 가상 현실 경험의 생성과 관련된 인간의 지각의 몇 가지 기본을 다룬다.

VR 디자이너나 엔지니어가 인간 지각의 기본을 이해하게 된 동기[Whitton 2017]는 최소한 3배 이상이다.

- 정말 사실인 듯한 것으로 지각되는 세계를 생성하기 위해
- 인간의 지각체계의 부정확성을 이용하기 위해
- 위험하거나 건강하지 않은 방법으로 감각을 자극하지 않기

이 세 가지 모두 질문으로 이어진다. 가상 현실 경험은 얼마나 현실적이어야 하는가? 분명히 경험은 인간이 안전하게 경험할 수 있는 밝기, 음의 진폭 또는 힘을 초과해서 사용자에게 직접적인 해를 끼칠 정도로 현실적이 돼서는 안 된다. 그러나 첫 번째 동기 부여를 위해 디자이너는 체험자에게 충분히 실제적인 것처럼 보이는 가상 세계를 묘사하기 위해 얼마나 많은 감각이 필요한지 알아야 한다. 여기서 충분성은 경험의 목적(예: 훈련 대 사회적 숙취)에서 결정된다.

VR 시스템이 사용자에게 제공할 수 있는 것의 제한은 종종 경험 디자이너가 전달하려는 세계보다 더 제한적이다. 따라서 지각을 이해하는 두 번째 동기는 시스템의 기술적, 논리적인 단점을 숨기기 위해 인간의 지각의 한계를 이용하는 것이다. 예를 들어 제한된 바닥 공간을 극복하기 위해 '방향 전환 보행redirected walking'라는 기술을 활용할 수 있다. 이 기술은 우리가 얼마나 빨리 회전하고 걸을 수 있는지에 대한 우리의 모호한 지각을 활용하는데, 이것은 머리에 탑재된 디스플레이HMD 기반의 VR 경험으로 사용자의 실제 회전과 비교해서 인지된 회전량을 변화시켜, 그 앞에 더 열린 바닥이 있는 방향으로 향하도록 '리디렉팅redirecting'한다. 이 기법(및 기타)은 이 장의 뒷부분과 8장에서 논의될 것이다.

일반적으로 인간은 세상에 효율적으로 반응하고 나아가기 위해 지각에 충분히 좋은 것이다. 우리의 지각 시스템이 부정확한 경우, 세부 사항이 덜 중요하거나 다른 감각이나 인지 처리를 사용해 보상하는 방법이 있다. 예를 들어, 우리는 일반적으로 우리의 팔다리가 보이지 않는 곳을 알고 있지만, 단지 몇 개의 오차 범위 내에서만 알 수 있다. 보통 시력은 소유자가 어렴풋이 알려주는 것을 확인하고 개선한다. 그렇지 않으면 우리는 주위를 느끼고 지각은 그것을 알아낸다. 우리의 감각 중 일부는 다른 감각들을 지배하거나 강화시키며, 우리가 자극으로부터 정확하게 지각할 수 없는 것은 인지적으로 강화될 수 있다.

가상 현실 디자인 및 지각의 요점은 다음과 같다.

- 어떻게 하면 그 경험을 실감나게 할 수 있는가?
- 그 경험을 얼마나 실감나게 만드는가?

궁극적으로 체험자에게 경험이 얼마나 진정한지는 그들에게 달려있다. 하지만 좋은 소식은 일반적으로 그들은 단지 그것만을 기꺼이 할 뿐 아니라, 그들이 보는 것을 액면 그대로 받아들이고 그것을 믿는다는 것이다.

감각: 지각의 생리적 측면

게이버[Gaver 1991]는 디자인에 대한 생태학적 접근방식의 경우 "조건은 지각의 근본적인 대상"이라고 가정하지만, 생리학적 지각의 개요를 갖는 것은 여전히 중요하다.

생리학적으로 인간의 지각 체계는 세 가지 요소로 분할될 수 있다.

- 수용기
- 뉴런
- 뇌

수용기는 세계로부터의 신호를 전기적 자극으로 변환한다. 그런 다음 이러한 충동은 뉴런의 경로를 따라 전달되며, 뉴런이 뇌, 보통 피질까지 도달한다. 광수용기나 기계수용기처럼 다른 감각에 대한 특정한 물리적 자극을 변환하는 특정한 수용기 유형이 있다. 특정한 연결 패턴을 가진 중간 뉴런의 묶음은 뇌에 더 높은 순서의 신호를 생성한다. 각각의 감각은 신호를 해석하는 뇌내(보통 피질에) 다른 영역을 가지고 있으며, 궁극적으로는 감지가 일어나는 곳을 가지고 있다.

뇌의 피질에 있는 다른 영역들은 다른 센서 지각을 위해 헌신한다. 뇌의 어떤 부분이 특정한 감각운동의 지각과 상호작용과 관련이 있는지 결정하는 방법의 발견에서 나온 와일더 펜필드[Wilder Penfield]는 이 지도를 '대뇌피질 호문쿨루스[cortical homunculus]'로 표현했다[Penfield and Boldrey 1937]. 비록 '호문쿨루스'라는 용어가 처음에는 작은 인간/호미노이드를 의미했지만, 뇌 영역의 크기를 신체의 감각 운동 특징의 크기에 맞추는 그의 변칙적인 '축소인간'을 만들 때, 펜필드는 이러한 '감각 호문쿨루스'와 '모터 호문쿨루스'의 표현을 인용했다. 그림 3-6은 감각 지도의 3D 표현과 감각 및 운동 호문쿨루스의 2D 표현을 보여준다(그림 3-6). (뇌 부위의 크기는 감각기관의 수용기 수와 다른 측정이라는 점에 유의한다.)

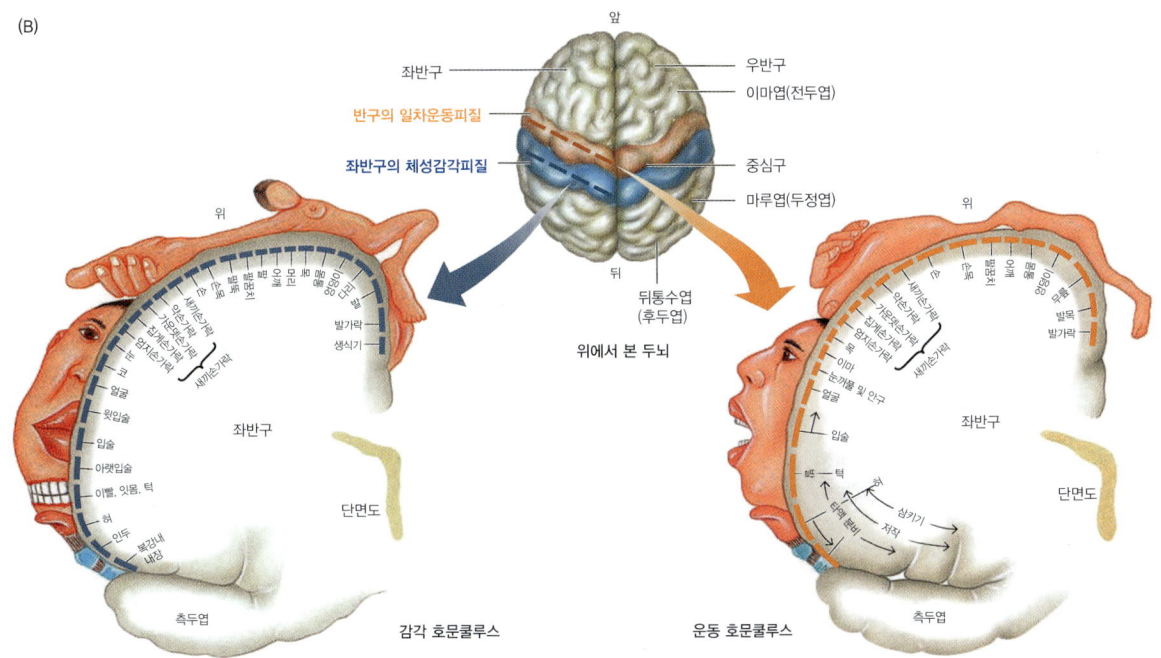

그림 3-6 (A) 펜필드의 감각 호문쿨루스(작은 남자)는 신체의 특정 부분의 지각에 책임이 있는 뇌 부위의 상대적 크기를 나타낸다. (B) 여기서 감각 및 운동 호문쿨리는 2D 표현에 매핑된 피질을 통과하는 슬라이스의 특정 위치로 표현된다. ((A) Shared on Wikimedia.com by User:Mpj29 under the CC Share Alike 4.0 International license. (B) From Sherwood. Human Physiology, 8E. © 2013 Brooks/Cole, a part of Cengage, Inc. Reproduced by permission. www.cengage.com/permissions)

고전적으로 시각(보기), 청각(소리), 체성감각/촉각(터치), 후각(냄새), 미각(맛)의 다섯 가지 감각이 있다고 생각하지만, 사실 우리가 터치라고 생각하는 것은 감각의 조합이다. 게다가 우리는 머리의 방향(전정)을 감지할 수 있는 능력을 가지고 있다. 이는 그 자체의 수용기에 의해 감지된다. 터치(또는 다른 용어와 일치하도록 '햅틱')는 촉각(피하/피부 감각), 자기수용(내부 골격 위치) 및 운동학(신체 움직임 및 근육 긴장)의 세 가지 다른 형태라고 간주할 수 있다. 신체적 이상을 배제하고 시력은 일반적으로 뛰어난 감각으로 간주된다. 사실 그것은 10의 인수로 결합된 다른 모든 감각보다 더 많은 수용기를 가지고 있다. 하지만 그것은 전형적인 가상 현실 경험을 생성하는 데 사용되는 일차적인 감각이다. 그 후의 VR 시스템은 다음 어드레싱 오디션을 위해 디자인되는 경향이 있고, 그 다음에 하나 이상의 촉각적인 감각들이 뒤따른다. 특정 훈련의 경우 모션 플랫폼은 전정 감각에 영향을 미치기 위해 사용되며, 어떤 경우에는 후각을 지각하기 위해 냄새를 제시하기도 한다. 매우 드물게, 그리고 일반적으로 단지 실험으로 맛(욕구)을 다룬다. 마지막으로 VR 시스템은 물론 고통스러운 감성을 유발하지 않도록 고안됐다.

몇 가지 수용기 유형이 있으며, 그중 일부는 다중 감각 모달리티를 제공한다.

- **광수용기**: 시력
- **기계수용기** : 오디션, 침소봉대, 자기수용, 운동감각 및 전정
- **온도수용기**: 침윤의 온도 성분
- **섬모수용기**: 후각과 돌기
- **통각수용기**: 극도의 온도에서 오는 고통을 포함

수용기는 특정 유형의 자극(색상, 톤, 압력 또는 스트레칭, 향수 등)을 감지하는 것 외에 강도, 위치(수용영역 내) 및 지속시간의 특성을 보고한다. 체성/피하(촉각 터치)의 경우 직접적인 압력보다는 다른 유형의 기계식 수용기가 압력 변화에 맞게 조정되므로, 지속적인 자극의 경우 자극을 지속해서 보고하지 않고 자극의 시작과 중단만을 보고한다. 우리는 또한 시각적으로 유사한 효과를 경험할 수 있다. 예를 들어, 일정한 이미지를 오랫동안 응시하고 자극이 변화할 때 그 이미지의 음성을 볼 수 있다(그러나 이 경우 효과는 수용기 수준에서 생성

되지 않는다).

계층적 처리 및 선택성

지각은 주로 뇌피질에서 일어난다. 그러나 자극 수용기와 피질 사이에는 신호를 전처리하는 여러 층의 중간 뉴런이 있다. 감각들이 수용기에서 뇌로 신경 경로를 따라 전달돼 신경 연결의 특정한 조합은 사실상 더 높은 수준의 데이터 처리를 수행할 수 있다. 예를 들어 시각적 자극은 전문화된 뉴런을 통과하고 시신경의 신경절세포로 전달된다. 신경 조합의 배열은 간상체나 세포의 집합에서 나온 입력을 특정한 패턴을 위해 발화하는 뉴런으로 결합하는 논리 게이트의 배치와 같다.

이러한 처리된 신호를 피질에 가져오는 뉴런은 그들이 반응하는 특정한 특징을 가지고 있다. 그것들은 특징 검출기 역할을 하는 선택성을 나타낸다. 수용 영역(망막 영역)의 특정 영역에 대해, 특정 신경절은 특정 방향의 선 또는 특정 방향으로 움직이는 선, 또는 중심에서 특정 색이나 강도를 가진 동심원, 그리고 중심을 둘러싼 반대되는 색이나 강도와 같은 형상을 감지할 수 있다.

이러한 감각 조합은 더 많은 정보가 더 적은 신경 경로로 더 효율적으로 전달될 수 있다는 점에서 유익하다. 그리고 나서 피질에서의 지각적 처리는 처리된 것에 기반을 두고, 어떤 의미에서 압축된 정보로 그것이 수신하는 정보를 구축한다. 물론 이것이 효율성, 구멍 또는 지각 한계에는 좋을 수 있지만, 이것이 우리가 경험하는 많은 지각 착각의 가능한 원인이다(대부분의 착각에서 놀라운 점 중 하나는 무슨 일이 일어나고 있는지 아는 것이 착각을 지각하는 것을 멈추게 하지 않는다는 것이다).

가소성 및 적응성

뇌는 신체 발육과 함께 발달한다. 따라서 신체의 크기와 능력이 변화함에 따라 뇌는 이러한 변화에 적응하고 새로운 현실을 수용하기 위한 행동으로 지각을 다시 짜낸다. 이것은 장기적인 적응의 한 예다. 그러나 뇌도 단기간에 적응한다. 압력이 일정하게 유지되거나, 낮거나 높은 조명 수준에 적응할 때도 피부에 가해지는 압박감이 완화된다. 이러한 끊임없는 입력의 지각은 감소한다. 마찬가지로 자극이 제거되면 그 변화의 감동이 다시 감지된다. 착각의 또 다른 원천은 특정 자극에 장기간 노출됐다가 그 자극을 제거해 도출돼 반대되는 느낌을 지각하게 된다. 매더^{Mather}는 적응을 다음과 같이 정의한다.

> **적응**^{Adaptation}: 지속적인 자극의 시스템 응답 변화[Mather 2016]

또한 적응은 수용기와 상호작용하는 자극의 더 급격한 변화를 볼 수 있다. 극단적 적응의 한 예는 피험자가 프리즘이 장착된 헤드기어 또는 시각 디바이스의 다른 수정을 착용한 실험에서 비롯되며, 여기서 시각 디바이스는 반전될 수 있다. 어떤 경우(극단 변경의 경우는 빈도가 낮지만) 피험자는 사전에 수정된 시야와 유사한 던지기 및 걷기 작업을 수행할 수 있도록 충분히 적응할 수 있었다. 물론 한번 적응하면 후유증이 있고, 고글을 떼면 피험자는 '현실 세계'에 다시 적응해야 했다. 적응은 훨씬 더 빨리 일어난다.

또 다른 예로는 구역질을 유발하는 상황을 처리하는 능력을 들 수 있다. 예를 들어 흔들리는 배 위에 있거나 무중력 공간에 떠 있는 경우처럼 전정감각(또는 이의 부족)이 시계와 상응하지 않을 때 말이다. 두 경우 모두 대부분의 사람은 적응할 것이다. 뱃멀미도 안 하고 흔들리는 배 안을 잘 걸어 다닐 수 있게 되거나 무중력인 전정감각 입력 부족에 적응할 것이다.

과학: 지각/감각 측정

인간 체험자에게 데이터를 더 잘 표현하기 위해, 경험 개발자는 사용자가 어떤 지각을 구별할 수 있는지 이해해야 한다. 인간의 전체 인구가 전형적으로 다양한 자극을 인지하는 방법을 측정하는 것은 정신물리학의 연구다. 1860년에 구스타프 페히너$^{Gustav\ Fechner}$는 스승인 에른스트 베버$^{Ernst\ Weber}$와 함께 자극과 지각 사이의 관계를 실험적으로 밝혀낸 자료를 정리해 『Elemente der Psychophysik』를 출판했다. 베버의 법칙을 대략 정리하면, 지각 변화(즉 강도)의 차이는 자극에 비례한다는 것이다. 피험자에게 두 개의 무게를 각각 들어 올렸을 때 같은지 여부를 물으면 가벼운 무게는 더 가볍게, 무거운 무게는 더 무겁게 느끼는 지각 차이를 보인다.

베버의 법칙에서 나온 중요한 개념은 '식별 최소차$^{\text{JND, Just Noticeable Differences}}$'라는 개념으로, 피험자가 지각 과제 내에서 차이를 식별할 수 있는 최소 강도 차이를 말한다. JND는 빛의 밝기, 소리의 진폭 또는 동시에 제시된 두 자극이 단일 자극으로 지각되는 피부의 거리 등, 기본적으로 모든 감각에서 측정된다.

페히너는 계속해서 주관적인 감각이 자극의 강도에 논리적으로 비례한다는 것을 발견했다. 이것을 그는 '페히너의 법칙$^{\text{Fechner's Law}}$'이라고 명명했다. 베버와 페히너의 실험은 무게와 빛의 세기로 수행됐으며, 모든 감각 모달리티를 담아내는 데는 성공하지 못했다.

사실, 보고된 다른 감각의 크기에 대한 그래프는 다양한 곡선을 그린다. 로그 곡선을 나타낸 경우도 있으며, 자극이 어떤 임곗값에 도달한 후 점점 줄어드는 점근선을 그리기도 한다. 로그 곡선을 그리는 지각의 예로는 사운드 크기(강도)를 들 수 있다. 사람이 인지하는 사운드 크기는 대개 상용로그 값에 비례하는데, 이를 기반으로 사운드 크기를 측정하는 것이 바로 데시벨이다.

마지막으로 심리물리학자인 스탠리 스티븐스는 광범위한 감각 유형에 걸쳐 실제 자극과 인지된 감각을 비교했다. 이러한 실험으로 그는 실제 자극 강도의 비율이 감각의 주관적 지각 크기 비율과 동일하다고 판단했다. 그는 맛의 달콤함(자당의 함유량), 무게 들어 올리기, 특정 톤의 사운드 크기, 접촉하는 금속에서 느껴지는 따뜻함에 이르기까지 다양한 실험적 지각에 대한 각각의 특정 지수를 밝혀냈다.

인간의 지각에는 시간적 한계도 있다. 예를 들어, 시각 시스템에서 움직임 감지 기능은 오브젝트가 망막을 가로질러 얼마나 빠르게 움직이는지 감지하지만, 비교 사이의 시간보다 빠르게 움직이는 오브젝트가 뒤로 움직이는 것처럼 보인다고 속일 수 있다. 말뚝 울타리와 같은 오브젝트는 누군가 전진 이동을 할 때 뒤로 이동하는 것처럼 보이고, 바퀴는 전진하는 차량에서 역회전하는 것처럼 보인다(영화 산업에서는 이것을 마차 바퀴 효과라고 한다). 이는 영화에서 움직이는 이미지가 캡처되는 빈도의 결과, 즉 '샘플링 레이트$^{\text{sampling rate}}$'이지만, 인간의 지각 자체에서도 마찬가지다(일반적으로 '샘플링'은 이산 측정을 통해 연속 아날로그 신호를 디지털 신호로 변환하는 것이다).

변화에 대한 지각

인간의 신경계 구성에서 나타나는 지각의 한 측면은 변화를 지각하는 능력이다. 구체적으로 말하자면, 인간은 변화가 일어나는 것을 보지만, 중단점에는 약하다. 사운드가 순간순간 피치를 바꾸는 것을 들을 수 있다. 오브젝트가 한 곳에서 다른 곳으로 움직이는 것을 볼 수 있다. 하지만 두 경우 모두 개입 이벤트가 있거나 변화가 너무 미묘할 경우에는 이를 지각하는 능력이 떨어질 수 있다. 하늘을 가로질러 움직이는 별이나 해저에서 움직이는 불가사리처럼 변화가 극히 미묘한 경우, 변화하는 위치를 실시간으로 지각하기 어려울 수 있다. 이러한 움직임을 타임랩스 촬영하면 볼 수 있는 속도로 변경해 변화를 지각할 수 있는 범위로 전환할 수 있다. 기술 덕분에 별이나 불가사리가 움직이는 추이를 관찰할 수 있는 것이다.

훈련으로 사람들은 톤tone (또는 주파수)의 음 이름을 대는 것을 배울 수 있지만, 실제적으로 어떤 것이 피사체를 향해 빠르게 움직이는지, 도플러 효과에 의한 진동수 변화량인 도플러 이동으로 인해 멀어지고 있는지를 알 수 있는 톤의 상승 및 하강을 알기 위한 훈련은 필요하지 않다.

인간이 잘 못하는 한 가지 내면적 지각은 얼마나 일직선으로 걷는지 알 수 있는 능력이다. 단거리에서 직진하는 것은 움직임의 방향을 확증할 수 있는 추가적인 감각(시력)을 이용할 수 있을 때 쉽다. 그러나 보이지 않으면 직진하는 짧은 거리를 걷는 것조차 더 어려워진다. 이러한 지각의 약점은 VR 디자이너가 의도적으로 잘못된 움직임의 단서를 제공하기 위해 사용할 수 있다. 슈타이니케Steinicke와 연구진은 체험자의 움직임을 이동할 수 있는 세 가지 기본 기회를 설명하고, 감지하지 않고 얼마나 과장될 수 있는지를 실험적으로 결정했다 [Steinicke et al. 2010]. 눈에 띄지 않는 움직임의 과장(또는 압축)의 범위를 빠르게 구분하면 다음과 같다.

- 환산 이득—물리적 이동 중: 최대 26%의 과대 또는 14%의 압축
- 회전 이득—물리적 회전 중: 최대 49% 과장 또는 20% 감소
- 곡률 이득—직선으로 걷는 동안 회전: 반경 22m 이상의 원형 호

이러한 발견은 조작이 일어났을 수 있다는 것을 알고 있는 피험자를 위한 것이었으며, 불일치를 찾도록 조정됐다. 실제로 더 큰 과장/압축이 가능하며, 특히 슈타이니케와 연구진은 사용자가 다른 작업에 집중할 때 반경 3.3m 호의 곡률 이득이 허용 가능한 것으로 확인됐다고 보고한다.

특정 방향으로의 움직임을 연산하는 신경절^{ganglia}은 아주 짧은 시간 동안 연산을 수행한다. 두 개의 시각적 씬이 중단되면 신경절은 더는 그 차이를 '연산'하는 일에 관여하지 않는다. 따라서 개입 이벤트가 있거나, 해당 세계에 대한 시각적 지각이 분리되거나, 어떤 사운드가 다음 사운드와 분리되는 경우, 이는 인지과정$^{cognitive\ progress}$에 더해지고 그 결과 사람들은 변화를 지각하는 데 놀랄 만큼 서툴 수 있다. 방해를 받거나 다른 것에 집중할 때 환경의 중요한 변화를 놓치는 우리의 능력을 변화맹시$^{change\ blindness}$라고 한다. 변화맹시는 비정상적인 상태가 아니다. 비록 눈에 띄는 정도에 개인차는 있지만, 누구나 걸리기 쉽다.

댄 시몬스의 변화맹시에 대한 연구는 사람들이 변화맹시에 얼마나 취약한지를 밝혀냈다. 피험자가 다른 사람과 상호작용하는(양식을 작성하거나 지시를 내리는) 한 일련의 실험에서, 시몬스는 전환을 사용해 피험자가 상호작용하던 사람을 대략 전체 시간의 절반쯤에 대체했는데, 피험자는 자신과 상호작용하던 사람이 방금 바뀌었다는 것을 깨닫지 못한다(변경된 사람이 다른 연령, 사회적 계층 등 대상과 전혀 다른 계층인 경우에 더 할 가능성이 높다)(그림 3-7)[Chabris and Simons 2010].

대상자가 다른 곳에 있을 때 세상을 바꾸는 것이 훨씬 더 쉬운 가상 현실에서는 세계의 거의 모든 것을 바꿀 수 있다. 변화맹시를 활용할 수 있도록 디자인된 가상 현실 경험의 한 가지 실제는 체험자가 해당 세계를 자유롭게 돌아다닐 수 있도록 지각된 신체 운동 범위를 확장하는 것이다.

에반 수마 로젠버그는 사람들이 세계의 배치의 변화를 얼마나 잘 인지하는지를 탐구하는 일련의 실험을 수행했다. 구체적으로 말하면, 피험자가 건물을 돌아다닐 때, 방이 말 그대로 등 뒤에서 바뀐다. 피험자가 방의 한쪽을 보고 있을 때 그들이 들어간 문은 다른 벽으로 옮겨진다(그림 3-8). 디자이너가 이렇게

그림 3-7 사람들은 놀랍게도 그들 주변의 세부사항을 알지 못한다. 대화를 방해하는 전환이 있은 후에도 피험자는 이상한 낌새를 알아차리지 못하고 다른 사람과 대화를 계속하는 경우가 많으며, 다른 사람과 대화를 하고 있다는 것을 알아차리지 못하는 경우가 많다[Simons and Levin 1998].
(A) 실험의 연합체가 길거리에서 사람에게 길을 묻는다. (B) 두 명의 실험팀원이 질문자와 피험자 사이를 통과한다. 그리고 그 과정에서 질문자와 지나가던 실험팀원 중 한 명이 위치를 바꾼다. (C) 새로운 질문자는 같은 사람인 척하고 대화를 계속한다. (D) 두 명의 질문자(방해 전과 후)를 비교할 수 있다. (Figure provided by Dan Simons—www.dansimons.com.)

그림 3-8 컴퓨터 생성 세계에서는 현실 세계에서는 불가능한 방식으로 세상을 바꾸는 것이 훨씬 쉽다. 여기서 애플리케이션 디자이너는 문을 다른 벽으로 옮겨 체험자 등 뒤의 방 배치를 변경한다. 변화맹시 때문에 체험자는 이러한 변화를 알아차리지 못한다. 경험의 목표가 내비게이션 의식에 의존하지 않는 경우, 이 트릭을 사용해 체험자를 제한된 트래킹 범위 내에 둘 수 있다. (Images courtesy Evan Suma Rosenberg [Suma et al. 2011])

하는 이유는 유저가 방에서 나갈 때 특정 방향으로 돌아가게 만들기 위함이다. 그의 연구에서 수마는 거의 모든 피험자들이 방의 배치가 바뀐 것을 깨닫지 못했다는 것을 발견했다[Suma et al. 2011].

크로스 모달 지각

가상 현실 애플리케이션의 디자인에 유익한 지각의 또 다른 측면은 인간의 지각 시스템이 다중 감각 양식에서 오는 자극을 단일한 지각 이벤트로 통합하는 방법이다. 뇌 안에는 다감각 입력이 보조 처리^{coprocessed}되는 영역이 있다. 통합된 지각은 자극 사이에 강한 공간적, 시간적 상관관계가 있을 때 발생한다. 후에 많은 인간 지각 시스템의 구체적인 사항을 개별적으로 검토한 후, 크로스 모달 효과의 구체적인 이점과 함정에 대해 탐구할 것이다. 여기서는 크로스 모달 지각이 명백해지는 가장 중요한 방법을 개략적으로 설명한다. 『Foundations of Sensation and Perception』에서 매더^{Mather}는 멀티모달 지각이 특히 분명한 5개 영역을 열거한다[Mather 2016].

- 방향 지정
- 오브젝트 식별
- 로컬라이제이션
- 신체 움직임
- 맛

방향 지정: 시각적, 청각적 및(또는) 촉각적 자극에 주의를 기울일 때, 세 가지 감각 중 두 가지 감각의 자극이 확증 데이터를 제공할 때 입력 방향을 지각하는 반응 시간이 줄어든다. 세 가지 감각이 모두 일치하면 반응 시간은 더욱 줄어든다.

오브젝트 식별: 식별은 구체적인 것(의자 등) 또는 추상적인 것(언어화된 단어 등)이 될 수 있다. 단어의 경우, 입술과 얼굴 움직임에 따른 시각적 자극을 결합하면 화자의 목소리가 15~20dB 증폭된 것처럼 들려 어떤 단어가 표현되는지 알아내는 능력이 향상된다[Spence 2002].

로컬라이제이션: 시각적 자극이 사운드 또는 촉각 감각이 인지되는 방향을 확증할 때, 자극 사이에 실제적인 차이가 있을 때에도 강한 지각 효과가 나타난다. 이것의 전형적인 예는 '복화술 효과$^{ventriloquism\ effect}$'라고 알려진 것이다. 사람(또는 캐릭터)의 입술에서 흘러나오는 목소리에 대한 기대는 정말로 움직이는 입술이 사운드의 근원임을 뇌에 확신시킨다. 보통 이것을 실제 복화술사들뿐만 아니라, 스크린에서 말하는 캐릭터를 볼 때마다 근처에 있는 스피커(확성기)에서 사운드가 나는 것을 경험한다.

크로스 모달 로컬라이제이션 효과의 또 다른 예는 '고무손 착각현상$^{rubber\ hand\ illusion}$'이다. 피험자의 손을 보이지 않게 하고 그 옆에 가짜 팔을 두고 피험자에게 이 가짜 팔을 보게 한다. 누군가 가짜 팔에 빗질을 하면 피험자는 가짜 팔을 자신의 팔이 있는 정확히 위치에 있지 않더라도 자신의 것으로 받아들이기 시작한다(고무 팔을 자기 것으로 체화^{embody}하기 시작한다. 섹션 임바디먼트 및 에이전시 참조). 피험자는 가짜 팔이 자기 것이라고 느낀다고 보고할 뿐만 아니라, 보이지 않는 팔을 가리키도록 요청했을 때, 그 위치에 대한 추정은 가짜 팔 쪽으로 치우쳐진다(자기 수용 감각 이동$^{proprioceptive\ drift}$) [Botvinick and Cohen 1998]. 또한 실제 팔은 온도 저하와 촉각 감각 처리 감소가 있을 수 있다[Moseley et al. 2008]. 고무손 착각현상은 종종 가짜 팔을 망치로 타격했을 때 극에 달한다. 실제로 새로 체화된 팔(가짜 팔)에 가해진 위협은 뇌의 불안 반응을 활성화시킨다[Ehrsson et al. 2007].

신체 움직임: 강한 선형 또는 회전 시각 단서의 결과로 존재하지 않는 움직임을 감지하는 '전이성 착각$^{vection\ illusion}$'은 뇌의 전정핵과 연결된 전정 자극과 시각 자극의 연결에서 비롯된다(예를 들면 정지된 열차에 탔는데 이동 중인 열차가 창문 옆을 지나갈 때 느끼는 움직임의 감각).

맛: 많은 감각 자극이 함께 모여 맛의 지각을 만들어 낸다. 맛을 넘어 냄새도 음식의 맛을 어떻게 지각하느냐에 있어 두드러진 요소라고 보고되고 있다. 그러나 온도, (혀와 입안에서의) 촉각, 시각, 사운드(바사삭?), 고통 등, 다른 자극도 영향을 미친다. 실험적으로 색은 맛의 강도에 영향을 미치며, 높은 점성(터치)은 맛의 강도에 부정적인 영향을 미치는 것으로 밝혀졌다.

시각적 지각

비주얼 디스플레이의 개발이나 사용은 시각이 어떻게 작용하는지의 생리학적 지식을 어느 정도 강요한다. 지각의 가장 중요한 개념에 대한 일반적인 원칙은 얘기했고, 여기서는 특히 비전vision에 관련된 측면을 탐구할 것이다. 비주얼 디스플레이에 대해 토론하기 전에 눈이 어떻게 작동하는지 기본적으로 이해하고, '시각 디스플레이' 절 전체에서 사용할 용어에 약간 친숙해지는 것이 탐구에 도움이 될 것이다.

비전의 인간 생리학

인간은 가시광선 스펙트럼이라고 알려진 전자파 스펙트럼의 일부를 지각한다. 가시광선 스펙트럼의 파장은 ~400nm(보라색)에서 ~700nm(빨간색)까지 다양하다. 눈의 생물학, 특히 광수용기의 영역이 존재하는 망막은 네 가지 유형의 광수용기로 구성돼 있다. 그 중 세 가지는 독특한 색상 시그니처 반응(추상체cones)을 가지고 있으며, 한 가지 유형은 전체 강도에 반응한다(간상체rods).

광수용기

세 가지 유형의 고유한 추상체의 스펙트럼 반응은 한 가지 특정 색에만 반응하는 것이 아니라 가시광선 스펙트럼의 일부에 걸쳐 있다. 하지만 각각은 특정한 파장 근처에서 최고치에 달한다. 컴퓨터 그래픽에서는 흔히 적색/녹색/청색 3색에 대해 이야기하는데, 이는 세 개의 추상체 수용기의 색감과 비슷하다. 그러나 특정 색 이름을 할당하지 않기 위해 피크 파장에 따라 정리할 수 있으며, 이 순서로 참조할 수 있다. 중요한 것은 각 추상체의 분포가 고르지 않고, 다른 종류보다 짧은 추상체의 분포가 훨씬 적으며, 모든 추상체를 합친 수는 간상체 수보다 훨씬 적다.

- 짧은(S) 추상체 — ~430 nm(보라색)(~128,000셀)
- 중간(M) 추상체 — ~530nm(파란-녹색)(~2,048,000셀)
- 긴(L) 추상체 — ~560 nm(녹색-황색)(~4,096,000셀)
- 간상체 — ~498(녹색)(~11만 셀).

물론 간상체는 가시광선 스펙트럼의 중간에서 피크를 이루지만 추상체와는 다른 중요한 양상을 보인다. 구체적으로는 간상체는 빛에 훨씬 민감하며, 이는 간상체의 다른 두 가지 특징으로 결합된다. (1) 간상체는 추상체보다 느려서 광자를 장기간에 걸쳐 축적해 빛에 더 민감하게 만든다. (2) 간상체의 출력은 추상체보다 더 큰 집단(즉, 망막의 더 넓은 영역을 포괄함)으로 뭉쳐져 있다. 저조도 감도 대신 시각적 정확도(해상도)를 택한다. 반대로 추상체는 더 빠르고 덜 무리지어 있어 시간적, 공간적 해상도는 더 좋아지지만, 적절한 신호를 생성하기 위해서는 더 많은 광자가 필요하다.

삼색(3 추상체) 배치는 인간의 지각을 위한 전형적인 환경 설정이다. 물론 사람들 사이에는 차이가 있다. 가장 일반적인 차이점은 중간 또는 긴 추상체의 기능상실이다. 약간의 차이는 있지만 녹색과 빨간색의 음영을 구별하는 능력이 크게 저하된다. 훨씬 더 드문 경우는 대부분의 푸른 색조를 지각하는 짧은 추상체에 생기는 문제다. 극히 드문 경우로, 네 번째 추상체(4염색성 tetrachromatic)을 가진 인간이 있다(다른 추상체 타입도 다른 종에도 존재하지만, 대부분의 다른 종은 3개 미만의 추상체 수용기를 가지고 있다).

망막

성인 인체에서 망막 retina의 광감각 부분은 지름이 대략 32mm이다(그림 3-9). 그 영역 내에서 약 5mm의 중심부는 매큘라 macula다. 매큘라는 간상체의 밀도가 최고조에 달하며 거의 모든 추상체가 서식하는 고농도 지역이다. 매큘라의 중심에는 포비아 fovea가 있다. 포비아는 직경 1.5mm이며, 추상체가 지배하고 있으며, 사실 정중앙(포비올라 foveola -0.3mm 직경)은 추상체 전용이며, 게다가 중파장 및 장파장 추상체만이 있다. 짧은 파장(파란색) 수용기는 밀도가 훨씬 낮지만, 매큘라 나머지 부분에 더 균일하게 퍼져 있다.

망막 부위:

    포비올라: 0.3mm—중간 및 긴 추상체만 해당

    포비아: 1.5mm—추상체가 지배함

    매큘라: 5mm—거의 모든 추상체, 간상체 밀도 최대값

    주변 망막: 32 mm—간상체가 지배하고, 정확도가 낮다.

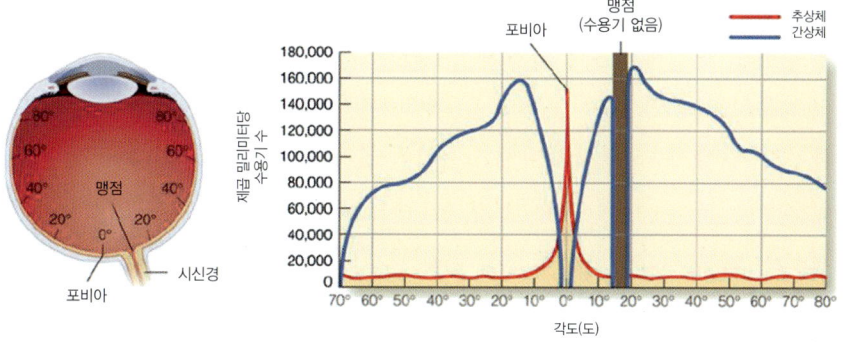

그림 3-9 망막의 추상체 및 간상체 광센서의 밀도는 그 표면의 영역에 따라 다르다. 포비아는 반응 속도가 빠른 컬러 추상체 센서가 지배하고 있으며, 추상체 밀도는 감소하는 반면, 저조도에 민감한 강도 간상체 센서의 밀도는 증가한다. (Source: www.skybrary.aero)

수용기 농도가 높을 뿐만 아니라 입력을 처리하는 신경세포와 양극세포의 비율도 더 높다. 즉 수용기를 고차원세포에 거의 1:1로 매핑해서 높은 정확도를 얻는다.

망막의 또 다른 중요한 측면은 눈에 대한 전체적인 수용 영역이 얼마나 큰가하는 것이다. 망막은 안구 내부 표면의 약 75%를 덮고 있다. 따라서 각 눈의 FOV Field Of View는 상당히 크다. 즉, 수평으로는 관자놀이의 중심에서 약 95도, 비강 쪽에서는 약 60도 떨어져 있다(그리고 이는 눈을 회전시키는 능력을 고려하지 않는다). 수직으로 각 눈의 FOV는 약 80도 아래쪽에 있고 50도 위쪽에 있으며, 역시 눈 회전 능력을 고려하지 않는다(그림 3-10).

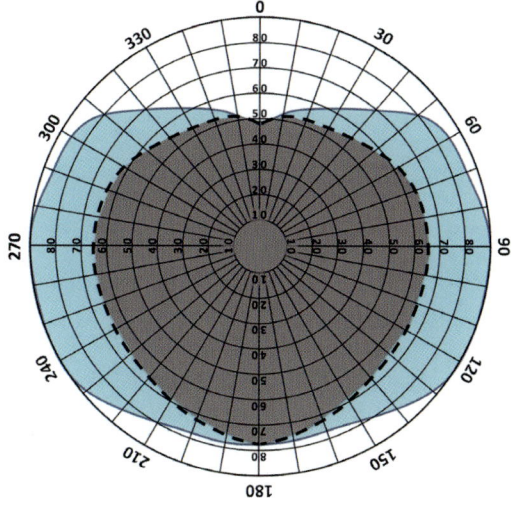

그림 3-10 직접 앞을 바라보는 각 눈의 뷰는 한쪽 코로 가려진 넓은 시야(FOV)를 덮고, 관자 놀이 쪽과 이마 위와 뺨 아래 에는 열려 있어 개인마다 실제 시야가 다르다. 중심 원은 눈이 포비아를 회전할 때 포비아의 크기를 나타낸다. 더 어두운 영역은 양쪽 눈으로 보는(스테레오) 중첩 영역을 나타낸다. (Diagram courtesy J. Adam Jones [Jones et al. 2013])

각도 측정 측면에서 높은 정확도 포비아는 가로세로 약 54 분각arc-minutes(1도 이하)이다. 비교를 하자면, 지구로부터 바라보면 달은 약 30분각(0.5도)에 달하기 때문에 그 포비아는 달 두 개의 폭이 모자란다. 포비아 내의 일반적인 선명도는 약 1분각이다. 이 숫자는 천문학자인 로버트 후크가 1674년에 발견해서 왕립 협회의 동료들에게 제시했던 것이다[Wade 2003]. 현대 과학은 이 숫자를 확인했고, 이제 각 개인에 대해 더 정확하게 측정할 수 있게 됐다. 고전적인 스넬렌 시표는 20/20 시력(미국 척도)에 대한 문자 크기(E)를 5분각으로 설정하고, 각 간상체 1분각과 간상체 사이의 두 간격도 1분각으로 설정한다.

개인의 정확도보다 작은 세부사항(아마도 광학으로 조정될 수도 있음)은 혼합된 색으로 나타날 것이다. 예를 들어 흑백 선을 번갈아 나타내는 것이 회색 패치로 나타날 것이다. 망막의 추상체와 간상체의 패턴이 불규칙하기 때문에 모리에 패턴과 같은 아티팩트는 피한다.

휘도(동적 범위)

색깔 외에도 인간은 오브젝트의 밝기도 감지할 수 있다. 사실, 시력은 16개 정도의 강도로 빛을 감지할 수 있다. 하지만 동시에 모두를 감지할 수 있는 것은 아니다. 실제로 카메라가 작동하는 것과 마찬가지로, 센서는 다양한 강도를 통해 빛을 수신할 수 있지만 카메라의 조리개, 센서에 부딪히는 빛의 양은 제한될 수 있으며, 또는 센서가 일정 시간 동안 빛을 수집해 어두운 환경에서 씬을 포착할 수 있도록 할 수 있다. 주어진 시간에 감지할 수 있는 빛의 강도 범위는 '동적 범위'이며 인간의 시력은 약 3개의 크기를 포함한다.

인간의 동공은 카메라의 조리개처럼 작동하며, 더 많은 혹은 더 적은 빛이 망막에 닿을 수 있도록 열리거나 닫힐 수 있다. 동공이 제한할 수 있는 빛의 양은 두 자리 수보다 적으며, 인간의 감도 범위보다 훨씬 적다. 사진작가라면 잘 알고 있겠지만, 동공/조리개가 좁아지면 초점이 맞는 오브젝트가 더 넓은 범위로 잡힌다. 사진작가 용어로는 'DOF^{Depth Of Field} [1]'가 더 넓다고 한다.

나머지 동적 범위는 눈과 시신경에 있는 센서와 신경 수집기의 기능이다. 다른 간상체와 추상체는 그 자체가 다른 수준의 빛에 민감하다. 또한, 간상체는 특히 일정 기간 동안 광자를 수집할 수 있어서, 더 느리지만 더 빛에 민감한 수신을 만들 수 있다. 또한 시력계는 수용기의 민감도를 조정하는 화학적 수준을

---

1 피사계심도라고도 함 – 옮긴이

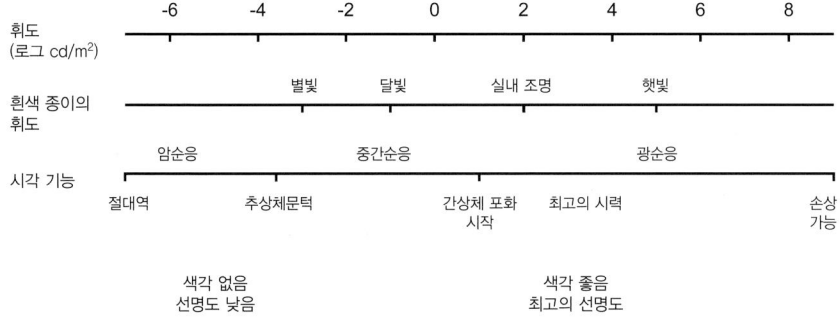

그림 3-11 선명도와 감색성은 이용 가능한 빛의 양과 포비아의 방향에 따라 달라진다. 포비아의 추상체는 주변을 지배하는 간상체보다 더 많은 빛이 있어야 하며 더 높은 선명도의 색상 반응을 준다. (Source: www.skybrary.areo)

조절할 수 있는데, 이 과정은 별빛 전용 조건에서 기본 형태를 보는 것과 같이 매우 민감한 능력을 얻는 데 40분이나 걸릴 수 있다.

빛에 대한 민감도 정도는 크게 두 가지 범주와 세 가지 전환 범위인 광순응photopic, 암순응scotopic, 중간순응mesopic으로 분류된다(그림 3-11). 광순응된 비전인 명소시는 동적 범위의 끝(그림의 오른쪽 끝)에 있는 고선명도 컬러 비전이다. 암순응된 상태인 암소시는 왼쪽 끝인 무색, 저선명도, 저조도이다. 그리고 중간순응인 박명시는 전환의 중간 범위로, 추상체에서 일부 색상을 지각할 수 있고, 간상체 덕분에 어두운 조명 상황에서 모양을 볼 수 있는 상태다.

일시적 민감도

인간은 시간의 흐름에 따라 빛을 지각한다. 움직임을 본다. 반면 이미지가 순차적으로 보이고, 깜박이지만 충분히 빠른 속도로 어둠이 플래시flash와 교차한다면 일련의 이미지는 움직이는 영상으로 보일 수 있다. 이러한 이미지와 어둠의 교차인 플래시가 안정적으로 지각될 수 있게 융합되는 이 속도를 전문 용어로는 임계플리커융합critical flicker fusion, CFF 빈도라고 한다[Rash et al. 2009].

이러한 현상에 한 세기 이상 의존해 온 영화 산업은 영화 상품 소비와 관객이 견딜 수 있는 경험 제공 사이에서 가장 효율적인 지점을 찾으려 애쓰며 처음에는 18Hz로 표준화를 시작했지만 이후 일반 표준을 24Hz로 전환했다(심지어 48Hz 플리커 레이트를 얻어내려 플래시를 두 번 넣어야 했다). 그 사이, 쇼스캔Showcan이 보여준 60Hz와 같이 더 높은 실제 프레임 레이트frame rate를 높이려는 노력이 있었다. 디지털 시대에는 더 실제와 같은 모션을 제공하기 위해 눈속임 없는 진정한 48Hz를 사용했다.

안타깝게도 어느 정도의 프레임 레이트가 적합한지 구체적이고 신뢰할 수 있는 숫자를 찾는 것은 어렵다. 한 가지 당혹스러운 문제는 이미지의 밝기와 CFF 사이에 연관성이 있다는 것이다. 페리 포터(Ferry Porter)가 밝혀낸 법칙으로, 이미지가 밝을수록 필요한 프레임 레이트가 높아진다. 이 책이 VR에 관한 것이라 당연히 이러한 개념이 VR에 적용될까 우려하고 있다. 관련 연구에서 플리커 레이트가 60Hz 이상이면 상당히 안전하다고 한다.

한 가지 다른 고려 사항은 망막의 추상체 영역(명소시)과 간상체 영역(암소시)에서의 CFF에도 차이가 있다는 점이다. VR에서는 60Hz가 적용되는 명소시에 주로 관심을 두고 있다. 암소시는 CFF가 낮을 수 있기 때문에 낮은 프레임 레이트를 교묘하게 모면할 수 있다. 이는 아이 트래킹이 되는 HMD에 적용될 수 있는데, 이때 포비아용 렌더링은 한 방향으로, 주변 망막용 렌더링은 다른 방향으로 처리할 수 있다.

고수준 처리

일반 지각 개념에 관한 절에서 논했듯이 광수용기와 뇌(시신경을 통해)를 연결하는 시력의 뉴런은 단순히 원시 데이터를 전송하는 것 이상을 수행한다('계층적 처리 및 선택성' 절 참조). 대신 뉴런(신경절)은 디지털 논리 게이트처럼 특정한 연산을 수행하는 방식으로 배열된다. 궁극적으로 뇌로 전달되는 신호는 선 방향성, 즉 고대비점, 또는 특정 방향으로 움직임이 있는 영역의 정보를 제공한다. 아마도 이것이 2차원 격자로 배열된 디스플레이의 경우, 우리의 눈이 축들 중 하나에 평행하지 않은 비항상선 위에서 일어나는 계단 스텝과 같은 특징에 끌리는 이유일 것이다.

착시

인간의 지각 시스템(실제로는 뇌 전체)은 효율을 위해 고안된 것으로, 이를 달성하기 위해 속임수를 쓴다. 가능한 한 절차를 무시한다. 착시는 뇌의 단축키 같은 것이다. 예를 들어, 핀나-그레고리 착시(Pinna-Gregory Illusion)는 작은 정사각형으로 만들어진 동심원이 그 정사각형을 기울일 때 안쪽으로 나선형으로 나타나는 착시 현상이다(그림 3-12)[Pinna and Gregory 2002]. 우리는 추측건대 정사각형의 기울어진 변이 접선으로 보이고, 각 지점에서 이 접선이 안쪽으로 움직이는 것처럼 보여, 사실 존재하지 않는 이 선이 항상 안쪽으로 움직이는 나선으로 지각하는 게 아닐까 한다. 죌너 착시 Zöllner illusion(그림 3-13)와 카페 벽 착시 Café Wall Illusion(그림 3-14)도 마찬가지로, 실제로는 평행한 선들이 구부러져 있는 것처럼 보인다.

착시는 잘못된 지각이다. 이는 오해의 소지가 있는 감각 또는 적어도 뇌가 특정 방식으로 해석하기 쉬운 감각 때문에 생긴다. 알고 있듯이 비주얼 정보는 뇌에 도달하기 전에 사전 처리되는데, 어떤 사전처리에는 작은 비주얼 구성 유닛이 여러 개의 다른 작은 비주얼 유닛과 함께 하나가 될 때 융합된 지각을 일으켜 특정 방향을 가진 선을 찾게 된다.

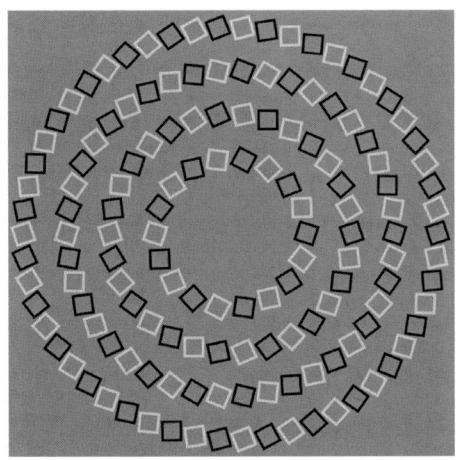

그림 3-12 핀나-그레고리 착시는 시각적 지각의 특정 측면이 이 경우 존재하지 않는 전체 구조를 어떻게 암시하는지 보여준다. 사실은 원만 있는데도 존재하지 않는 나선이 보인다.

그림 3-13 죌너 착시는 평행한 선들에 십자를 그려 넣으면 더는 평행하지 않은 듯 보이는 지각을 보여준다.

그림 3-14 카페 벽 착시는 평행한 선 사이에 일정 간격으로 타일 패턴을 적용하면 평행선처럼 보이지 않는 또 다른 예다.

가상 현실은 실존하는 것으로 (잘못) 지각하기를 바라는 가상 세계를 만드는 것이기 때문에 저자는 착각을 생성하는 데 관심이 있다. 물론 이 바람은 컴퓨터가 만들어낸 자극의 세계에 국한되지 않고 전문 마술사(일루셔니스트)뿐만 아니라 다른 아티스트에게도 해당한다. 이탈리아 토리노에 있는 산티시마 신도네Santissima Sindone 돔을 건축한 과리니Guarini는 돌의 색과 질감으로 증폭된 기하학적 착시를 만들어, 사람들은 실물보다 훨씬 더 높게 지각한다[Meek 1988].

맥락context은 인간이 시각적 이미지를 지각하는 데 한몫을 한다. 여기서 말하는 맥락이란 간단하게는 방향성일 수도 있고, 주위의 형태와 색상 변화를 포함할 수도 있다. 매우 단순한 착시로는 원 안에 그레이스케일 수직 그라데이션이 있으면 볼 수 있다. 그라데이션의 어두운 끝이 맨 위에 있으면 오목하게 지각되지만, 어두운 끝이 맨 아래에 있으면 볼록해 보인다(그림 3-15). 왜 이렇게 보이냐면 사람들은 위에서 비추는 빛에 익숙하고 이 지식을 활용하면 오목한 구멍은 상단에 그림자가 지는 반면, 볼록하게 튀어나온 부분은 바로 그 아래에 그림자가 지기 때문이다. 그림 3-15를 보면서 이 책을 돌려보면 볼록해 보였던 원이 눌린 듯 보이고 오목했던 건 솟아 보일 것이다.

그림 3-15 쉐이딩 단서는 3D 형태의 착각을 제공한다. 어둠은 빛으로부터의 그늘을 의미하며 우리의 경험은 빛이 위에서 왔다는 것을 암시한다(태양과 정상적인 실내 조명에 대한 우리의 경험으로 인해). 따라서 어둠에서 빛으로 기울어진 것으로 보이고, 위에서 아래로 기울어진 것은 우울증으로 보이며, 기울기가 반대로 됐을 때 서피스가 상승된 것을 알 수 있다(책을 뒤집어 인상이 어떻게 바뀌는지 주목하라. 사실 책을 옆으로 돌려보면 지금 이 양면이 서로 거울의 이미지로 돼 있는 것을 보고 놀랄지도 모른다).

문맥은 또한 우리의 색 지각에도 영향을 미칠 수 있다. 인간의 지각은 우리에게 직접적 가치보다는 자극 사이의 관계를 알려준다. 절대적 가치는 결정하기 어렵기 때문이다. 언제나 문맥은 있다. 시각적으로, 우리가 색을 보는 방법에 영향을 미치는 조명 조건이 있다(그림 3-16). 고유수용성감각에서 오브젝트를 들어 올리는 데 들어가는 힘의 정도는 오브젝트를 쥐는 힘이나 들어 올리는

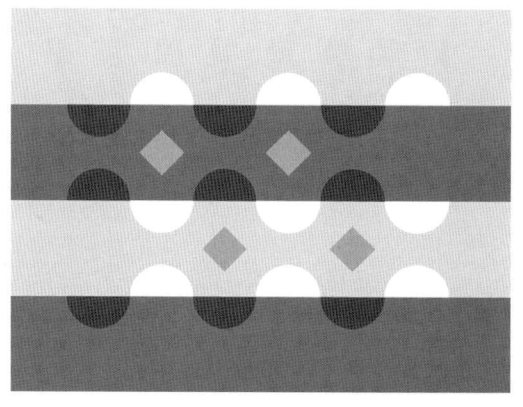

그림 3-16 뱀 착시(Snake illusion)에서 주변의 맥락은 우리가 모두 같은 회색 쉐이딩인 네 개의 다이아몬드를 지각하는 방법에 영향을 미친다.

사람의 피로 수준에 따라 달라질 수 있다. 음적으로 배경 잡음이 많으면 정밀한 음조를 분간할 수 없을지도 모른다. 책이라 이를 시각적으로 풀어 보여주는 편이 더 낫겠다. 그림 3-16은 서로 다른 회색으로 보이는 두 쌍의 다이아몬드를 보여준다. 실은 그림 3-16에 있는 4개의 다이아몬드는 모두 같은 회색이지만, 배경이 다르고, 시각적 산만함(소음) 때문에 특정 오브젝트나 형태가 그림자 안에 있는 듯이 지각한다. 그래서 실제 자극이 주는 것보다 더 밝아야 한다.

포겐도르프 착시^{Poggendorff illusion}에서는 서로 다른 색의 선 두 개를 어떤 형태가 가린다. 이 선들 중 하나는 가린 형태 중간에서 끝이 나고, 다른 하나는 중간에 끊긴 선에 가까운 곳에서 색조가 바뀐다. 그러면 그림 3-17에서 검은색 선이 파란색 선과 연결된 듯 보인다. 다른 맥락에서 오브젝트의 음영은 물체까지의 거리를 지각하는 데 영향을 미칠 수 있다. 앞에서 언급한 카펠라 델라 산티시마 신도네(토리노 수의 예배당)의 돔에서 과리노 과리니^{Guarino Guarini}는 돔이 훨씬 더 높아 보이는 기하학적 착시를 강화하기 위해 사용할 돌을 층별로 색상과 질감을 달리 선택했다. 더 자세히 말하면, 과리니는 덜 어둡고 더 반질거리는 돌이 더 커보이기 때문에 보는 이에게서 더 가까운 돔의 아래 부분에 배치했다. 그리고 덜 반질거리고 더 어두운 돌은 더 높은 곳에 둬 훨

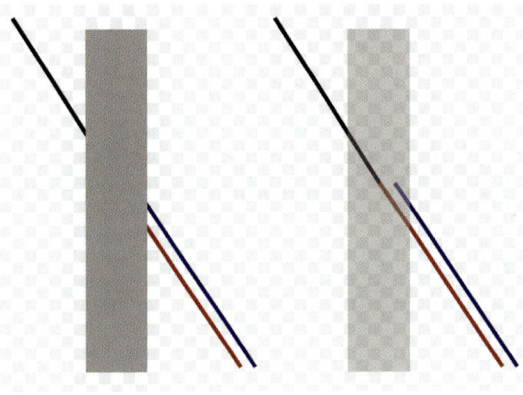

그림 3-17 포겐도르프 착시(Poggendorff illusion) 속에서 한 선이 끝나고 다른 한 선이 종료된 선에 더 가까운 색상으로 변하는 폴리곤에 의해 닫힌 근처의 평행선 쌍은 연속 선이 종료된 선의 방향으로 이동하는 것처럼 보이게 한다.

씬 더 멀리 있는 인상을 줬다[Meek 1988][Evans 2000].

알아둬야 할 마지막 것은 전이성 착시^{vection illusion}다. 전이성 착시는 시각적 자극이 일으키는 잘못된 운동 감각이다. 따라서 이 경우는 크로스 센서리적 착각이며, 더 정확하게 말하자면 자세를 감지하는 귓속에 있는 감각 기관인 전정에서 발생하는 착각이다. 따라서 이에 관해서는 '전정기관 착각' 절에서 더 자세히 논할 것이다.

시각적 뎁스 단서—거리

인간은 오브젝트의 상대적 거리에 관한 정보를 여러 가지 방법으로 인지한다. 시력을 위해 이러한 거리 지표를 흔히 뎁스 단서라고 한다. 이러한 단서들의 누적 효과는 우리가 보는 형상이 얼마나 멀리, 즉 우리 앞에 펼쳐지는 세계에 얼마나 깊이 있는가를 우리에게 알려준다.

이어지는 절에서는 상대적 거리를 시각적으로 지각할 수 있는 12개 이상의 특정 방법과 함께 다음과 같은 네 가지 종류의 시각적 뎁스 단서를 설명한다.

1. 모노스코픽 이미지 뎁스 단서
   - 간섭 interposition
   - 쉐이딩 shading
   - 크기
   - 선형 원근법
   - 표면 텍스처 그라데이션
   - 시야 높이
   - 대기 영향
   - 밝기
2. 스테레오스코픽 이미지 뎁스 단서 streopsis
3. 모션 뎁스 단서
4. 생리적 뎁스 단서
   - 원근 조절(시력의 순응)
   - 눈모음

모노스코픽 이미지 뎁스 단서

모노스코픽 이미지 뎁스 단서는 사진과 그림에서와같이 한 씬의 스태틱 뷰 static view에서 볼 수 있는 것이다(그림 3-18). 간섭은 어떤 오브젝트가 다른 오브젝트를 바라보는 뷰를 방해할 때 받는 단서다. 경험을 통해 다른 오브젝트를 가리는 한 오브젝트가 더 가깝다는 것을 알고 있다. 쉐이딩은 오브젝트의 형태에 대한 정보를 준다. 그림자는 일종의 쉐이딩으로, 두 오브젝트 사이의 위치

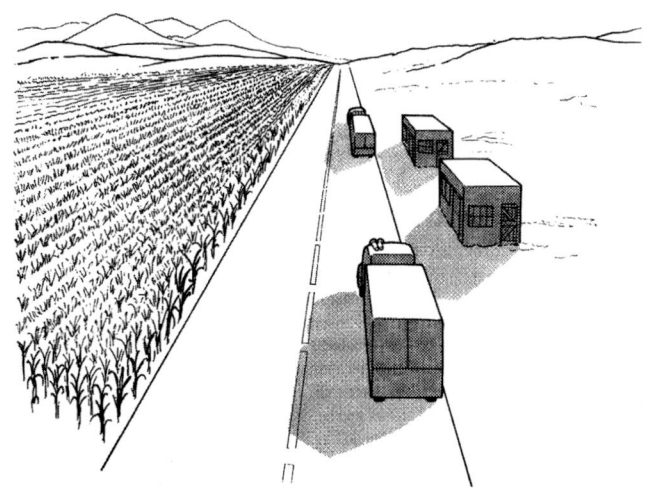

그림 3-18 이 간단한 그림은 여러 가지 단조로운 이미지 단서를 제공한다. 중간 위치와 그림자는 건물의 크기와 위치를 정의하는 데 도움이 된다. 크기, 시야 높이 및 그림자는 트럭에 대한 기하학적 정보를 제공한다. 도로를 보면 관측 지점에서 멀어질수록 수렴하는 선형 원근법을 볼 수 있다. 도로의 중심선의 밝기는 물론 텍스처 그라데이션도 앞길이 뻗친 것에 대한 단서를 제공한다. 옥수수 밭에서도 텍스처 그라데이션이 보인다. 대기 중의 아지랑이 때문에 산의 세부사항을 파악하기 어렵다. (Image from Engineering Psychology and Human Performance 3/E by Wickens/Hollands, © 2000. Reprinted by permission of Pearson Education, Inc., Upper Saddle River, NJ)

관계를 알려준다. 오브젝트의 크기를 같은 유형의 다른 오브젝트와 비교해 오브젝트 간 상대적 거리를 가늠한다(즉, 더 큰 오브젝트는 더 가깝게 추정됨). 또한 오브젝트의 크기와 비슷한 오브젝트의 기억을 비교해서 오브젝트가 얼마나 멀리 떨어져 있는지를 대략적으로 본다.

선형 원근법은 평행선이 사라지는 지점에서 수렴하는 관측치이다. 이 단서는 보이는 오브젝트가 예를 들어 대부분의 건물과 같이 평행선으로 구성돼 있다는 가정하에 사용된다. 인간의 망막은 가까이에서와 비교할 때 먼 거리에서 세세한 텍스처를 식별할 수 있기 때문에 표면 텍스처 그라데이션은 명백하다. 풀이 우거진 들판에 서 있을 때, 당신의 발에 있는 풀의 질감의 높은 디테일(고주파수)이 멀리서 푸르스름한 녹색으로 변한다.

시야의 높이는 지평선이 발 근처의 땅보다 시야에서 더 높다는 사실에서 비롯된다. 따라서 오브젝트가 우리로부터 멀리 떨어져 있을수록 우리의 시야에 더 높게 나타날 것이다. 아지랑이나 안개와 같은 대기 영향은 더 먼 오브젝트들을 시각적으로 덜 구분되게 한다(그리고 아마도 다른 색들의 차등 감쇠로 인해 조금 더 파란색일 수도 있다). 밝기는 적당한 뎁스 단서를 제공한다. 다른 정보를 배제하고, 밝은 오브젝트들은 더 가까이 있는 것으로 지각된다.

스테레오스코픽 이미지 뎁스 단서

스테레오시스^{Streopsis}는 각 눈의 망막에 의해 수신된 서로 다른 영상들 사이의 시차(이항적 불균형)에서 도출된다. 스테레오스코픽 이미지 뎁스 단서는 다른 위치에서 본 오브젝트의 겉보기 변위인 시차^{paralax}에 따라 달라진다. 스테레오시스는 약 5m 이내의 오브젝트에 효과적이며 특히 팔의 손이 닿는 곳에 있는 오브젝트를 조작할 때 유용하다.

모션 뎁스 단서

모션 뎁스 단서는 머리와 관찰되는 오브젝트 사이의 상대적 위치가 변화해 생성된 시차로부터 온다(하나 또는 둘 다 움직이고 있을 수 있음). 눈에 가까운 오브젝트가 멀리 있는 것보다 망막 전체에 걸쳐 더 빨리 움직이듯 지각된다는 사실로 그 차이를 알아낸다. 기본적으로 뷰의 변화는 두 가지 방법으로 일어날 수 있다. 뷰어가 움직이거나 오브젝트가 움직인다. 뷰어의 몸이 움직일 때, 얼마나 움직였는지를 알려주는 자기수용적이고 운동적인 피드백을 감지한다. 이 정보는 거리에 대한 보다 정확한 결정을 내리는 데 도움이 된다. 오브젝트 이동 또는 비자력 이동으로 인한 시차(예: 자동차 탑승)는 뷰어가 만든 움직임만큼 오브젝트의 상대적 이동 속도에 대한 많은 정보를 제공하지 못한다(그림

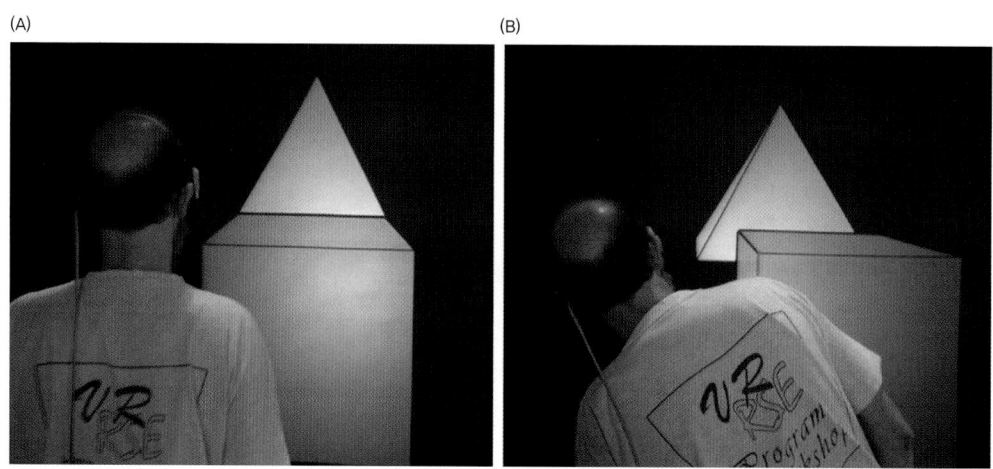

그림 3-19 오브젝트의 깊이(그리고 세계의 3D 특성)에 대한 지각은 사용자와 세계 사이의 상대적 움직임에 의해 강화될 수 있다. 이 상대적 움직임은 사용자가 시작하거나 차량에 탑승하는 동안 수동적으로 지각될 수 있다. 이 이미지에서 사용자는 머리를 약간 움직여 오브젝트 사이의 모양과 관계를 더 잘 이해한다. (Photographs by William Sherman.)

3-19). 뷰어가 자신과 대상 사이의 상대적 이동 속도를 결정할 수 없을 때, 그들의 판단은 덜 정확하다.

생리적 뎁스 단서

생리학적 뎁스 단서는 눈의 근육 움직임에 의해 생성돼 오브젝트를 선명한 시야로 가져온다. 원근 조절은 눈의 초점을 조절해서 자신의 수정체 모양을 바꾸는 것이다. 근육의 변화량은 2~3m 이내의 오브젝트에 대한 거리 정보를 제공한다. 눈모음은 오브젝트를 각 눈의 망막의 같은 위치(예: 포비아)로 가져오는 눈의 움직임이다. 눈모음에 사용되는 근육 운동은 시야에 있는 오브젝트의 거리에 대한 정보를 뇌에 제공한다.

거리 오지각(단축)

현대 VR 디스플레이에서 소비자를 위해 사용되는 광학 디바이스는 초점 거리(원근 조절)를 컨트롤할 수 있는 기능을 제공하지 않는다. 따라서 가상 오브젝트가 시각 디스플레이의 초점 거리에 완벽하게 상주하는 경우를 제외하고 거리(뎁스) 지각 단서 사이에 충돌이 있을 것이다. 많은 가상 현실 사용자들이 측정할 수 있는 특성은 거리 추정에 있어서의 오지각이다. 실제로 대부분의 사용자들은 자신과 일부 대상 오브젝트 사이의 거리를 과소평가(단축)할 것이다. 이는 CAVE$^{\text{Cave Automatic Virtual Environment}}$ 스타일과 HMD 스타일의 VR 비주얼 디스플레이에서 모두 볼 수 있다[Steinicke 2019]. 부실한 거리 추정과 양안 전도^{vergence}(초점 거리) 사이에는 표면적인 관계가 있다[Hoffman et al. 2008]. 실제로, 효과적인 초점 거리가 거리 추정 오류를 증가시킬 수 있을 것으로 보인다. 브루더^{Bruder}와 그의 연구진은 가상으로 렌더링된 오브젝트가 화면 표면과 일치하도록(시차^{parallax} 0으로 렌더링된 오브젝트), 디스플레이 내부로 렌더링한 오브젝트(음의 시차)는 상당히 정확했지만, 스크린을 너머로 렌더링한 오브젝트(양의 시차)는 압축됐다(렌더링보다 가까운 것으로 보고됨)[Bruder et al. 2015]. 라이트필드와 기타 가변형 디스플레이는 이러한 한계를 극복할 수 있는 가능성을 제공한다.

시각적 뎁스 단서 요약

모든 뎁스 단서가 같은 우선순위를 가지는 것은 아니다. 스테레오시스는 매우 강한 뎁스 단서이다. 다른 뎁스 단서와 충돌했을 때 스테레오시스가 일반적으로 우세하다. 상대적인 움직임은 아마도 스테레오시스보다 강하거나 강할 수 있는 뎁스 단서 중 하나일 것이다. 정적인 모노스코픽 이미지 뎁스 단서 중, 간섭이 가장 강하다. 생리적 뎁스 단서가 아마도 가장 약할 것이다. 따라서 한쪽 눈을 가려 스테레오시스를 없애면 원근 조절에만 의존하려 해도 다소 어려울 것이다[Wickens et al. 1989]. 일정 범위를 넘어서는 효과가 없는 뎁스 단서도 있다. 스테레오시스의 범위는 약 5m이며, 원근 조절은 최대 3m까지 확장된다. 따라서 더 멀리 있는 오브젝트의 경우, 이러한 단서의 우선순위는 매우 낮다.

스테레오시스나 중간 위치와 같은 강한 뎁스 단서들 사이의 충돌은 지각적 난이도나 피로는 아니더라도 종종 성가신 일을 일으킨다. 일반적으로, 설치, 점검된 VR 소프트웨어에서 스테레오와 위치간 렌더링은 정확해야 하며 사용자에게 문제를 일으키지 않아야 한다(스테레오 안경을 거꾸로 착용하지 않는 한). 그러나 물리적 디스플레이는 특히 CAVE 스타일 및 타일링된 스테레오 지원 디스플레이에서 여전히 문제가 될 수 있다. CAVE의 코너 또는 타일링된 스크린의 베젤(중간 세로 틀)은 스크린의 가까운 쪽에 있는 오브젝트가 서피스를 표시할 때 위치간 충돌을 일으킬 수 있다.

기본적인 컴퓨터 그래픽 렌더링 알고리즘(위치, 크기, 선형 원근법 및 시야 높이)에 의해 몇 가지 단점이 생성된다. 다른 것(그림자, 질감, 분위기, 밝기)은 더 크거나 덜 사용할 수 있다. VR 디자이너는 이러한 '선택적' 뎁스 단서를 경험에서 필요에 따라 도입할 수 있다. 비슷한 효과가 애니메이션 만화에서도 사용된다. 예를 들어, 그림자는 일반적으로 등장인물이 땅을 걷고 있을 때 사용되지 않는다. 그림자가 없는 경우, 뷰어는 캐릭터가 지상에 있다고 가정하고, 따라서 시야의 높이를 사용해 캐릭터의 위치를 결정한다. 캐릭터가 땅을 떠날 때 그림자를 소개함으로써, 애니메이터는 캐릭터의 높이를 지면 위로 표시한다. 이렇게 간헐적으로 그림자를 사용하는 것은 애니메이션 제작자와 청중 사이에서 작용하는 매체의 언어를 보여주는 예다.

청각 지각

사운드는 공간을 더 실제처럼 보이게 한다. 공간을 생동감 있게 만드는 데 도움이 된다. 또한 시각과 다른 감각을 통해 지각되는 것들을 결합하거나, 아니면 추가해서 세계의 세부사항을 알려준다. 우리 주변에서 무슨 일이 일어나고 있는지 말해준다. 사운드는 또한 인간들 사이의 주요한 의사소통 수단이다.

청각 디스플레이의 다양성과 방법에 대해 토론하기 전에, 청각 시스템이 작동하는 방식과 이러한 지식을 활용해 청각 VR 디스플레이의 성능을 향상시킬 수 있는 방법을 제시하는 것이 도움이 될 것이다.

사운드 자체는 어떤 물리적 매체(보통 공기지만 물, 금속 등도)를 통해 이동하는 압력파이다. 이러한 음압파는 일반적으로 공기의 진동이나 다른 섭동에 의해 발생한다. 사운드는 매체가 달라지면 이동 속도도 달라진다. 공기 중에서는 약 340m/s로 이동한다.

청각을 위한 인체 생리학

사운드 지각 덕분에 인간은 주파수(톤/피치)를 들을 수 있다. 시각에서의 색상과 마찬가지로 주파수는 우리의 뇌가 이해할 수 있는 단위로 구성하는 뚜렷한 지각적 입력값을 제공한다. 인간의 귀는 약 20,000~22,000Hz의 음압을 들을 수 있다. 나이키스트의 샘플링 정리에 따르면, 22kHz를 44kHz로 두 배로 하는 것은 가능한 인간 청력의 전체 범위를 적절히 커버하는 최소한의 샘플 레이트를 제공한다. 물론 개별적인 차이가 있고 특히 범위의 상단에서 인간은 더 높은 주파수를 지각하는 능력을 상실하는 경향이 있다. '음성 주파수'로 간주되는 것의 상한선은 3400Hz이지만, 대부분의 성인 연설은 그 한계보다 훨씬 낮다(따라서 전화를 통한 음성 전송의 경우, 8 kHz의 샘플 레이트만 적절한 것으로 간주됐다).

인간의 오디션 시스템은 사운드를 외이도로 전달해 증폭한 다음, 일종의 신호 분석을 통해 압력파의 주파수를 지속적으로 추출하는 복잡하고 기묘한 장치다. 귀는 크게 외이, 중이, 내이로 나뉜다.

외이(핀나)

외이$^{outer\ ear}$는 귀의 외측부^{pinna}와 콘차^{concha}를 포함한다('ear drum'이라고 한다). 인간의 외이는 원래 움직이지 않지만, 사운드가 오는 방향에 따라 사운드 감쇠가 달라지는 필터 역할을 한다. 따라서 사운드가 발산하는 방향을 결정하는 데 사운드 보정을 쓸 수 있다. 또한 미드레인지 사운드 주파수(약 1.5~7kHz)는 외이를 통과할 때 증폭된다.

중이

중이는 음파를 중음막에서 내음의 타원형 창으로 전달한다. 압력파 진동은 망치뼈에서 모루뼈, 등자뼈 순서로 전달된다. 이 뼈 체계의 목적은 외이로부터 사운드를 증폭시키는 동시에 임피던스가 압력에너지와 일치시키는 것이다. 임피던스 매칭은 외이에 있는 공기 매체에서 내이에 있는 유체 매체로 전환하기 위해 필요하다.

내이

내이는 듣기(및 균형/전정)을 위한 수용기가 있는 곳이다. 구체적으로는 달팽이관은 서로 다른 진동 주파수가 막의 변위를 일으키는 구조를 따라 다른 (특정) 위치에서 에너지를 증가시킬 수 있도록 중간에서 내부적으로 넓어지는 액체로 채워진 달팽이같은 나선 구조물이다. 달팽이관 내부에는 액체로 채워진 관^{scala}이 막에 의해 분리돼 있는데, 그 중 하나(기초막)에는 섬모가 줄지어 들어있어, 그 막이 근처에서 변위됐을 때 신경 활동을 일으킨다. 매우 유사한 두 개의 주파수가 제시될 때 막은 이산 지각을 가능하게 하지 않으며, 따라서 유사한 사인파(주파수)가 하나의 지각으로 혼합된다.

달팽이관

달팽이관 내의 신경절 신경세포는 부동섬모^{stereocilia}에 연결돼 뇌로 신호를 전달하는 달팽이관으로 결합된다. 신경절은 시각과 마찬가지로 자극의 처리를 가능하게 하는 두 개 이상의 고정구에 연결된다. 왼쪽 귀와 오른쪽 귀의 달팽이관이 뇌에 도달하면, 사운드가 각 귀에 도달하는 시간과의 시간 차이(음파

간의 시간 차이—ITD)와 머리의 구조에 의한 진폭 차이(음압의 세기 차이—ILD)를 결정하는 추가 처리를 하는 신호들이 약간 뒤얽힌다. 이 두 값은 사운드가 머리의 수평면(방위각)에서 나오는 방향을 탐지할 수 있도록 한다. 이것은 사운드를 핀나에 의해 필터링한 방법과 결합해서 사운드가 어디에서 발생했는지의 고도(상/하) 값을 얻을 수 있다.

인간 청력의 한계

청각의 동적 범위는 약 100dB까지이다. 각 부동섬모 수용기가 전체 범위에 걸쳐 있는 것은 아니지만, 서로 다른 수용기들은 하나의 일정한 진폭의 범위로 지각되는 특정 범위에 반응한다.

인간은 여러 다른 소닉 이벤트로 사운드가 섞이더라도 특정 사운드에 집중할 수 있다. 예를 들어, 누군가와 이야기하고 있을 때, 옆에서 다른 대화가 시작되고 도로 근처나 자연에서 나는 여러 소리가 뒤섞여 들리더라도 나누던 이야기를 들을 수 있다. 별개의 소스에서 나오는 사운드를 다양한 기법으로 분리할 수 있다. 그중 하나는 각 사운드가 시작되는 시점에 기초한다. 사운드의 기본 주파수를 기반으로 한 기법도 있다. 광역 스펙트럼 사운드 내 기본 주파수는 사운드의 최저 주파수 성분이다. 아이러니하게도, ITD와 ILD를 결정하기 위해서는 개별 사운드를 알아야 하기 때문에 사운드 공간화는 개별 사운드를 제대로 식별하는 역할을 해내지 못한다.

청각 착각

시각과 마찬가지로, 사운드의 자극에 대한 우리의 뇌의 지각은 신호의 측정된 현실과 다를 수 있다. 우리는 우리가 들은 것을 잘못 지각할 수 있다. 어떤 경우에는 청각적 착각이 다른 감각과 연결돼 있는 반면, 또 어떤 착각은 순전히 음압 파동에 기반을 두고 있다.

착각과 시각과 연결된 두 가지 착각은 복화술 효과와 맥거크 효과다. 복화술 효과는 음원의 위치에 대한 지각을 바꾸기 위해 시각적 단서를 사용하는 것이다. 이 효과는 공연자가 입을 움직이지 않고 말을 해, 마치 인형이나 다른 실체가 말하는 것처럼 보이게 청각적 착각을 일으키는 무대 공연에서 이름을 따왔다. 물론 다른 공연 매체도 이 효과에 의존하고 있다. 실제로 스크린에 캐릭터가 등장하고 스크린 옆에 있는 스피커에서 사운드가 나는 모든 매체는 이 효과를 이용한다.

맥거크 효과는 입술과 입을 보면서 리스너가 그 사운드를 내는 것이 분명하지만 다른 사운드에 따라 움직이도록 조작됐을 때 발생한다[McGurk and MacDonald 1976]. 사운드를 발생시키는 것으로 추정되는 입의 움직임은 어떤 사운드가 지각되는지를 바꿀 수 있다. 고전적인 예에는 b에 대한 영어 음소음이 포함돼 있는데, g 음소를 내뱉고 있는 입술을 보면서 들을 때, d 음소의 지각을 만들어냈다. b 사운드가 f 립 동작과 결합됐을 때 비슷한 효과를 들을 수 있는데, 이 경우 f 사운드 자체가 들린다. 그 사운드가 정확한 입술 움직임과 결합되거나, 리스너가 단순히 눈을 감을 때, 적절한 b 사운드가 다시 들린다.

음색 및 기타 음악적 특성이 방법과 관련된 청각적 착각도 있다. 이는 많은 경우에 불가능한 음 또는 화성의 진행을 나타내는 인위적으로 생성된 사운드일 수 있다. 전형적인 예는 셰퍼드 음$^{Shepard\ tone}$이다[Shepard 1964]. 로저 셰퍼드$^{Roger\ Shepard}$가 개발한 것으로, 끝없이 올라가거나 내려가는 것처럼 착각하게 되는 멜로디의 음이다. 옥타브 차이를 두고 있는 세 개의 음을 결합해 음정을 높여가는데, 가장 낮은 음의 세기를 작았다가 점점 커지게, 가운데 음의 세계는 계속 크게 유지하고, 가장 높은 음의 세기를 컸다가 점점 작아지게 하면서 음계를 반복한다. 셰퍼드도 인정했듯, 다이애나 도이치$^{Diana\ Deutsch}$는 한 쌍의 셰퍼드 음을 반 옥타브(하나의 3온음) 간격으로 번갈아 가면 계속 올라가거나 낮아지는 쌍안정 착청, 즉 3온음 패러독스가 될 것이라고 보고했다[Deutsch 1986].

세 가지 크로스 센서리 착각은 사운드가 다른 지각의 착각을 생성하는 데 사용되는 청각과 관련이 있다. 긴 팔 착각$^{long\ arm\ illusion}$과 허위 신장 착각$^{false\ body\ height\ illusion}$에서 고유감각(촉각) 착각이 발생한다. 피험자는 팔이 실제보다 길거나 자신의 키가 실제보다 더 크거나 작다고 느낀다. 마블 핸드 일루전$^{marble\ hand\ illusion}$은 피험자의 손이 만들어진 소재를 거짓으로 전달하는 소리에 사용자 (자신의 신체의) 임바디먼트가 영향을 받는 것이다.

청각 로컬라이제이션 단서

가상 현실 체험을 위한 가상 세계는 컴퓨터가 생성한 3차원 공간에 존재하므로, 그 공간에서의 사운드에도 3D 특성이 있는 것이 중요할 수 있다. 현실 세계는 사운드에 둘러싸여 있고, 그 사운드는 환경의 본질을 이해하는 데 도움을 준다. 인간은 시각과 더불어 감각 이벤트가 언제 발생하는지를 판단할 수 있는 능력을 가지고 있다. 인간이 사운드의 위치를 측정할 수 있는 능력은 거리와 방향 둘 다에 달려 있다. 시력은 망막 위치와 눈과 목의 자기수용에서 결정돼 시각 시스템으로 거리를 지각하게 된다. 세계의 사운드 특성(물리적 특성에서 파생된)을 판단할 수 있는 능력을 향상시키는 몇 가지 청각적 단서는 다음과 같다.

- 로컬라이제이션(방향성)
- 거리 단서
- 복화술 효과
- 공간적 특성 단서

로컬라이제이션이란 현실 세계든, 가상 세계든 리스너가 사운드가 발산하는 방향과 거리를 결정할 수 있는 음향 심리학 현상이다. 뇌는 사운드가 어디서 나는지 알려주는 단서들을 분석하고, 체험자는 사운드의 위치를 지각한다. 사운드의 로컬라이제이션은 앞의 절에서 설명한 시각적 뎁스 단서와 비슷하다. 공간화 spatialization라는 용어는 특정 3D 장소에서 사운드가 나는 착각을 일으키는 작용을 설명한다.

> **로컬라이제이션** localization: 사운드가 나올 때로부터 방향과 거리에 대한 지각.
>
> **공간화** spatialization: 리스너가 특정 장소에서 사운드가 난다고 믿도록 사운드 파동을 필터링하거나, 증폭, 위상 조정하는 프로세싱.

사운드의 방향을 결정하는 데 있어서 정밀도는 사운드의 발생 방향에 따라 다르다. 사운드가 일반적으로 리스너 앞에 있을 때, 정밀도는 1도 정도 될 수 있다. 그러나 옆에서 사운드가 나면 해상도는 15도 정도로 떨어진다. 물론 사운드가 중요해 보인다면, 우리는 우리 주변의 상황을 더 잘 이해하기 위해 고개를 돌릴 가능성이 있다.

공간화된 사운드에 영향을 미치는 처리 방법은 6장의 '복합 사운드 렌더링'의 '로컬라이제이션과 공간화' 하위절에서 다룰 것이다. 이러한 방법은 ILD 및 ITD 지각 단서에 해당하는 진폭 및 타이밍(상) 영향과 함께 다양한 소닉 필터를 사용한다. 논의될 사운드를 공간화하는 한 가지 흥미로운 방법은 들어오는 사운드에 대한 머리와 외이의 영향을 모방하는 "전달 기능—헤드와 관련된 전달 기능^{HRTF}"이다. (트랜스퍼 기능은 신호에 적용할 수 있는 수학적 변환으로 신호를 특정한 방식으로 변경할 수 있다.) 공간화를 위해 전송 기능을 사용해 신호에 적용되는 수학적 연산을 만들어 그것을 수정해서 방향 사운드의 착각을 일으킨다.

사운드가 어느 방향으로 발산하는지의 단서 외에도, 우리는 사건이 얼마나 멀리 일어나고 있는지를 아는 것으로부터 이익을 얻는다. 따라서 우리는 그러한 결정을 하는 데 도움이 되는 거리 신호를 사용한다. 다음 목록은 소닉 거리 신호에 대한 간략한 개요를 제공한다.

- **소리의 크기/세기**: 친숙한 음원의 경우, 근처에 있을 때 사운드가 나는 방법과 비교해 상대적 음량을 판단할 수 있다.
- **고주파 감쇠**: 고주파수가 거리에 걸쳐 더 많이 소멸하므로, 주로 낮은 주파수를 갖는 것으로 지각하는 것은 더 먼 거리를 암시한다.
- **초기 시간 지연**: 시각적 지각과 음파 지각으로부터의 시간이 빛과 사운드의 상대적 속도에 의한 거리를 알려준다. 또한, 초기 사운드를 들은 후 초기 반사를 시작하면 신호를 제공할 수 있다.
- **직접 및 간접 사운드의 혼합**: 더 먼 소스에서 나오는 사운드는 관련 실내 사운드와 덜 분리될 것이다.
- **운동 시차**: 더 빠르게 변화하는 움직이는 오브젝트의 사운드는 아마도 더 가까울 것이다.
- **청각 수준 차이**^{ILD}: 진폭의 저하로 인해 더 먼 거리에서 온 오브젝트는 귀 사이의 볼륨에서 비교적 낮은 상대적 지각 차이를 갖게 될 것이다.

'청각 착각' 절에서 언급된 바와 같이 복화술 효과는 사운드가 나와야 할 곳에서 나올 것 같은 정신사운드적 착각(경험에서 배운 것)을 이용한다. 간단하지만,

이것은 매우 강력한 로컬라이제이션 단서다. 그러므로 누군가가 보이스를 듣고 보이스와 동시에 움직이는 입을 본다면, 그들은 그 입으로부터 오는 것으로 사운드의 방향을 지각하기 쉽다. 마찬가지로 가상 세계에서도 드럼의 시각적 존재는 체험자가 드럼 음소닉 이미지가 드럼 시각적 이미지의 방향에서 나온다고 믿는 데 도움이 될 가능성이 있다.

마지막으로, 공간의 특성은 사운드가 어디에서 오는지를 구별하는 데 도움이 되는 공간적 특성 단서를 제공한다. 예를 들어, 만약 그 사운드가 큰 잔향 효과를 가지고 있다면, 그것은 터널에서 북쪽으로 오는 것일 수도 있다. 공간 자체의 특성은 전형적으로 원래 사운드의 초기 및 늦은 반사를 나타낸다. 따라서 우리는 실제로 그것이 방 주위를 회전할 때 여러 방향에서 들려오는 사운드를 듣게 될 것이다. 그러나 '선행효과' 때문에 귀에 도달하기 위해 사운드의 인지 방향이 처음 발생해 결정되며, 로컬라이제이션을 위해 반사를 무시하게 된다.

청각적 로컬라이제이션 요약

일반적으로 확증적인 단서 없이 인간은 현실 세계나 가상 세계에서 기대되는 것만큼 사운드를 국산화하는데 능숙하지 않다. 따라서 체험자에게 설득력 있는 단서를 제공하는 것이 중요하다. 헤드 기반 필터(예: HRTF) 및 다양한 거리 신호의 사용과 함께, 매력적인 시각 자료를 제공하는 것은 사운드의 근원이 특정 위치에 있는 것처럼 보이는 지각을 제공하는 데 도움이 된다.

6장의 '소닉 렌더링 시스템' 절에서 논의할 공간화된 소닉 효과를 생성하는 방법에 대한 기법으로, 여기서는 공간화가 가상 세계의 지각에 어떻게 도움이 되는지를 주목하는 것이 중요하다. 또한 다른 감각적 단서들이 어떻게 음부의 로컬라이제이션 단서들과 함께 작용할 수 있는지 이해하는 것이 유익하다. 특히 시각에 기초한 복화효과는 사운드의 공간화를 향상하는 좋은 도구다.

촉각 지각

그리스어에서 온 햅틱은 신체 접촉이나 접촉과 관련이 있다. 우리는 촉각적 지각$^{haptic\ acception}$을 촉각^{touch}이라고 느슨하게 부르지만 더 구체적으로 말하면 촉각^{taction}, 자기수용^{exceoception}, 운동^{kinestheasia}의 복합적인 감각을 포함한다. 공식적인 지각 문헌에서 체성 감각^{somatosensation}이라는 용어는 일반적으로 촉각적 지각에 사용된다.

특이하게도, 우리의 촉각 수용기는 또한 세계를 조종할 수 있는 인간 계통의 부분에 통합돼 있다. 따라서 촉각적인 컴퓨터 인터페이스는 입력과 출력 모두의 형태가 될 수 있다. 출력은 컴퓨터가 표시하는 물리적 자극이고, 체험자와 물리적으로 연결되기 때문에 컴퓨터에 대한 입력 디바이스가 될 수도 있다(물론 입력 또는 출력으로 엄격하게 사용되는 경우가 많다. 예를 들어 점자 디스플레이 또는 온도 디스플레이용 열 램프는 출력만 된다).

운동^{Kinesthesia}은 신체의 근육, 힘줄, 관절 안에서 오는 움직임이나 스트레인의 지각이다. 신체 내부에서 자극을 뜻하는 '자기수용'이라는 용어는 힘 피드백이나 포스 디스플레이와 마찬가지로 운동성의 동의어로 사용돼 왔다. 그러나 더 적절하게 말하면, 자기 지각은 특별히 어떤 힘도 작용하지 않을 때조차도 자신의 신체 자세를 감지하는 개인의 능력을 가리킨다. 이 능력은 전적으로 내적인 것이고 외부의 감각에 영향을 받지 않는다.

접촉^{Taction}(또는 피부의 기계적 자극수용)은 피부 표면의 민감한 신경 센서로부터 오는 촉각이다. 택틀^{Tactile} 디스플레이는 피부 온도 자극(열감)과 압력(기계 감지)을 포함한다. 기계수용기 정보는 신경계에 의해 여과돼 뇌는 압력의 즉각적인 변화와 장기적인 변화에 대한 정보를 받는다. 기계감각은 뇌가 어떤 사건이 언제 일어나는지 또는 피부가 그 위에 문지르면서 오브젝트의 표면 질감이 어떻게 느껴지는지 감지할 수 있게 해준다.

인간에서 운동감각과 촉각적 수신의 분리는 거의 불가능하다(표면에 가하는 힘의 양은 그것이 어떻게 느끼는지에 영향을 줄 것이다). 그러나 컴퓨터 디스플레이의 경우 이 두 가지가 합쳐진 경우는 거의 없다. 미래 디바이스에서는 촉각과 운동/힘의 결합 출력이 더 일반적일 가능성이 있다.

일부 VR 애플리케이션은 오브젝트 불변성의 전이에 의한 촉각 피드백의 장점을 활용해서 존재감, 현실감을 높인다. 햅틱 사용을 통해 하나의 가상 오브젝트를 매우 실제처럼 보이게 함으로써 가상 세계 전체가 점점 더 실제처럼 보이게 할 수 있다.

체성감각을 위한 인체 생리학

가능한 촉각, 즉 몽상적인 감각의 광범위한 범위가 있다. 촉각 내에 속하는 감각의 종류로는 정적 압력, 동적 압력, 진동, 피부 스트레칭, 근육 길이, 힘줄 스트레스, 관절각, 통증 등이 있다. 그 목록은 이것이 다중 감각 양식에 대한 논의라는 것을 암시하는 것처럼 보이지만, 이 정보를 뇌에 전달하는 하나의 신경 경로가 있다는 것이 밝혀졌다. 따라서 그것들 전체를 논하는 데는 어느 정도 타당한 이유가 있다. 실제로 촉각만을 가진 오브젝트의 모양("증상")을 탐구하는 작업은 질감을 위한 피부 스트레칭, 경도에 대한 압력 및 힘줄 스트레스의 경우 피부 스트레칭, 크기/볼륨에 대한 자기수용, 온도에 대한 접촉, 체중/질량에 대한 힘줄 스트레스, 등고선에 대한 자기수용과 압력 등 대부분의 감각을 사용한다.

햅틱 센서 유형

우리의 다른 감각과는 달리 복합적인 촉감을 위한 자극 수용기는 문자 그대로 몸 전체, 바깥과 안 전체에 걸쳐 있다. 마찬가지로 여러 가지 수용기 유형이 있다. 먼저 이러한 수용기를 논하려면 신경 유형에 대한 몇 가지 기본적인 지식이 필요하다.

- Aδ(A 델타 신경섬유) — 찌르는 듯한 통증 및 한기를 감지함
- C 신경섬유 — 타는 듯한 통증과 온기를 감지함
- RA(빠른 순응 또는 단계적) — 초기 및 오프셋에서만 트리거하는 기계수용기
- SA(느린 순응 또는 강장) — 계속적으로 트리거하는 기계 수용기
- 고유수용기 — 관절, 근육, 힘줄의 수용기

또한 피하 기계수용기는 피부 표면(표피 바로 아래)에 더 가깝게 위치할 수 있으며, 표피 타입 I 또는 진피 타입 II 내 깊숙한 곳에 위치할 수 있다. 예상할 수 있듯이, 얕은 수용기는 더 국부적인 지각을 제공하는 반면, 더 깊은 수용기는

더 넓은 피부 영역을 덮고 있다. 그러나 신체의 다른 영역들은 다른 특정한 수용기 농도를 가지며, 다른 영역에서 다른 지각 능력을 이끌어 낼 수 있다.

햅틱 지각을 이해하는 데 관심을 두고 있는 9가지 특정 유형의 체성 감각 수용체가 있다(일부 이중 목적을 제공한다). 각 수용기 유형은 특정 신경섬유와 연관돼 있으며, 피하 수용기의 경우 피부 내 깊이가 된다.

피질 수용기:

- **통각수용기**^{nociceptor}(자유신경종말): 두 가지 유형이 있다. 찌르는 듯한 통증, 냉기 및 간지럼/가려움을 유발하는 (얕은)표피 근처에 위치한 A 델타 신경섬유와 타는 듯한 통증과 온열 감각을 유발하는 C 신경섬유(역시 얕음).
- **마이스너 소체**^{Meissner's corpuscles}: (얕은) 표피 근처의 (털이 없는) 평활피부에 위치한 RA-I 신경섬유
- **촉각원반**^{Merkel's disk}: 몸 전체의 진피와 표피의 경계에 위치한 SA-I 기계수용기로, 가벼운 압력을 감지하고, 형태, 질감, 매우 낮은 주파수 진동(0.3~3.0Hz)을 지각한다.
- **파시니소체**^{Pacinian corpuscles}: 진피 깊숙이 위치한 PC/RA-II 기계수용기로, 피부를 움직을 때 발생하는 진동으로부터 질감을 지각하고, 고주파수의 진동(250~350Hz)에 민감하게 반응한다. 또한 압력 변화도 감지할 수 있다.
- **루피니 소체**^{Ruffini's corpuscle}: 몸 전체 피부 깊숙한 곳에 위치한 SA-II(깊고 느린 순응) 수용기로, 피부가 당겨지는 것에 자극을 받아 정적 및 동적 피부 변형과 당겨지는 감각을 감지한다.
- **모낭**: 전신의 모낭 기저부에 위치한 RA-I(얕고 빠른 순응)로 촉각과 진동에 의해 자극을 받는다(10~100Hz 범위에서).

운동감각/고유감각 수용기:

- **근육방추**(SA-II): 특정 근섬유에 휘감겨 있는 기계수용기로, 근육의 길이 변화에 자극을 받아 사지의 움직임과 위치 지각을 돕는다.

- **골지힘줄기관**Golgi tendon organs: 근유과 힘줄이 만나는 부분에 위치하며, 힘줄에 가해지는 스트레스에 자극을 받아 근육수축의 세기를 감지한다.
- **루피니소체**Ruffini corpuscles: 관절에 위치한(표피와 마찬가지로) 압력에 의해 자극돼 관절 압력과 각도를 감지한다.
- **파시니소체**pacinian corpuscles: 관절에 위치하며, 관절 움직임에 자극을 받아 관절 방향 및 속도를 감지한다.
- **골기 관절 기관**Golgi joint organs: 관절에 위치하며 관절 토르크에 자극받아 관절 장력 및 비트는 힘을 감지한다.

일부 수용기 유형의 이름이 나타내듯이, 어떤 수용기 유형은 위치에 따라 피하 및 운동감각/고유 감각에 도움이 된다. 또한 일부 피하 수용기(즉, 피부에 위치)는 확증적인 단서를 제공함으로써 자기수용기와 운동학적 지각에 도움을 준다.

햅틱 공간 및 임시 해상도

피부 수용기의 밀도는 털이 많은 피부보다 평활 피부에서 더 높다. 손가락 끝과 손바닥 1cm2 내 존재하는 수용기 밀도는 마이스너소체 140/25, 촉각원반 70/8, 파시니소체 21/9, 루피니소체 49/16이다. 전체 피부 중 털이 없는 평활 피부에는 신체 나머지 부분보다 소용기의 밀도가 높다. 피부의 다양한 민감도를 강조하는 시연 중 하나가 '2점 식별 검사two point discrimination test'다. 이 테스트는 대상자의 눈을 가리고 피부의 다른 두 지점에 압력을 동시에 가한다. 2지점 간의 간격을 점차 감소시키면서 진행하는데, 그 차이를 식별할 수 없는 위치가 지각 한계다. 성인의 일반적인 식별 최소차(JND)는 손가락 끝이 약 2mm, 손바닥은 8mm, 손등은 약 70mm다.

자기수용 측면에서는 짧은 근육에서 근육방추 밀집도가 더 높아져 미세한 운동 조절이 더 많이 이루어진다. 관절의 경우, 관절이 지각되기 전에 움직여야 하는 회전 임계치HND는 몸통에 가까운 관절에서 더 작다(즉, 더 높은 지각 한계). 어깨관절은 JND 약 0.8도, 팔꿈치와 손목관절은 2.0도, 손바닥-손가락 너클은 2.5~4.4도, 인트라펑거 너클은 2.5~6.8도이다.

인간을 위한 운동감각의 전체적인 지각 한계는 약 0.06N이다(뉴턴—1N은 사과에 대한 지구 중력의 힘이다). 운동학적(포스) 디스플레이의 경우 인간이 현실을 지각하는 방법을 모방하기 위해 사용자가 적용한 힘에 대한 힘이나 저항을 공급해 오브젝트가 고체(또는 액체 점성 등)임을 사용자에게 확신시키기에 충분하다. 팬텀 햅틱 디스플레이 디바이스를 개발하는 동안, 매시^{Massey}와 솔즈베리^{Salisbury}는 인간의 손가락이 발휘할 수 있는 최대 힘이 약 40N이지만 대부분의 작업에서 사용자는 10N 이상을 거의 적용하지 않는다는 것을 발견했다 [Massie and Salisbury 1994].

촉각 착각

이전의 감각과 마찬가지로 체성 감각과 엮어있는 착각이 있다. 대개 햅틱 착각에 대해 잘 알지 못한다. 앞으로 보겠지만, 어떤 것은 부자연스러운 자극에 의해 유발되고, 어떤 것은 사지 절단에, 또 어떤 것은 자주 하지 않는 활동과 얽혀 있기 때문이다.

'피노키오 착각'은 100Hz의 진동으로 이두근과 다른 근육의 부자연스러운 자극을 수반하는 것으로, 보통 근육을 굴절시키는 반사작용을 일으킨다. 진동이 가해지지만 근육이 수축될 때, 근육방추는 움직이지 않고 고정돼 있음에도 불구하고 근육이 확장됐다고 보고한다. 눈을 가린 채 자극을 받은 이두박근 쪽 손으로 코를 만지면 피험자는 팔이 자신에게서 멀어지는 것을 느끼면서도 손이 코에 닿는 것을 감지하게 된다. 이리하여 그들의 코가 빠르게 자라고 있다는 지각이 생겨나고 있다. 또한, 코가 커지는 착각에 대해, 뤼크너^{Luckner}는 실험 대상이 이 기술을 사용해 느낄 수 있도록 만들어질 수 있다고 거짓으로 감지된 많은 신체 왜곡을 보고한다[Lackner 1988].

피노키오 착각과 비슷한 크로스 센서리적 착각이지만, 그 착각이 자연적으로 생성되는 곳은 '긴 팔 착각'이다[Tajadura-Jiménez et al. 2012]. 이 착각 속에서 표면에 닿는 촉각에 해당하는 사운드는 마치 과장된 거리에서 발산되는 것처럼 나타나 주체의 팔이 실제 길이보다 더 멀리 도달하고 있다는 (오감)을 느끼게 된다. 마찬가지로, 허위 신장 착각은 피험자가 오브젝트를 떨어뜨리고 그 오브젝트가 바닥에 부딪히는 사운드를 듣기 전에 그 오브젝트가 떨어지는 높이에 대한 잘못된 신호를 제공함으로써 피험자가 실제보다 키가 크거나 더 짧은 것으로 지각하게 할 때 발생할 수 있다[Tajadura-Jiménez et al. 2018].

또 다른 체성 감각 착각은 환각지phantom limbs의 지각이다. 이 착각은 더 많은 팔다리가 있다고 지각하는 것이 아니라, 절단한 팔다리에서 감각(통증, 가려움 등)을 계속 지각하는 경우다. 그 원인은 아직 잘 모른다. 절단 지점에 존재하는 신경종말이 트리거된다는 가정과 같은 대부분의 일반적인 이론에 반하는 확실한 증거가 있기는 하다. 척수 손상을 입은 환자도 이러한 환각 지각을 느낀다는 점을 제외하고 말이다.

친구와 함께 체험하고 시도할 수 있는 한 가지 착각은 '피부토끼 착각cutaneous rabbit illusion'(혹은 더 과학적으로 피부 격변)이다[Geldard and Sherrick 1972]. 이 착각은 연속적이지 않은 자극을 실제 자극을 신체의 두 지점에 줄 경우, 실제 자극이 가해지는 두 지점 사이를 떨림 자극이 이동하는 것처럼 느끼는 현상이다(마치 토끼가 팔 위를 뛰고 있듯). 손목과 팔꿈치 등 신체의 두 지점에서 빠르게 두드려 유도할 수 있다. 촉각 예민성이 낮은 신체 부위에서 가장 효과를 보인다(그림 3-20). 디즈니 리서치

그림 3-20 손바닥 스트랩에 내장된 촉수는 다양한 촉감을 제공하기 위해 사용되며, 그 중 일부는 손바닥(또는 촉수가 몸에 위치할 수 있는 다른 위치) 사이의 물리적(공기 중) 위치에서 방출되는 것처럼(기분) 보일 수 있다. (Image courtesy of Disney Research, USA)

Disney Research의 이스라르Israr와 그의 팀은 StreoHaptics 프로젝트에서 이러한 착각을 이용해 사용자에게 다양한 지각을 심어준다[Israr et al. 2016].

가상 현실 기술의 사용을 통해 발생하는 또 다른 착각은 '리디렉션 터치'이다 [Azmandian et al. 2016]. 여기서 HMD를 착용한, 그래서 자신의 팔을 볼 수

없는 사용자들은 팔이 자기수용기가 나타내는 것과 약간 다른 위치에 있다고 확신할 수 있다. 이것은 사용자 앞에 하나의 물리적 블록을 놓고, 순서대로 만지는 여러 개의 블록이 있다고 설득함으로써 증명된다. 이것은 교차모드 착각의 한 예다.

우리가 경험할 수 있는 한 가지 사소한 촉각적 착각은 겉으로 보이는 오브젝트의 물질적 특성이 기대되는 무게에 미치는 영향이다. 고체 금속으로 보이는 오브젝트는 나무나 플라스틱보다 무거울 것으로 예상되며, 따라서 기대만큼 무겁지 않을 경우, 특히 같은 무게의 다른 오브젝트와 비교했을 때 실제보다 훨씬 가볍다고 지각될 수 있다. 색은 비슷하지만 쉐이딩 효과를 가질 수 있기 때문에 어두운 색상이 더 무거울 것으로 예상된다.

촉각적 로컬라이제이션 지각

시각적, 청각적 지각과는 달리 신체 지각은 신체 바로 위에서 일어난다. 따라서 로컬라이제이션는 전적으로 신체의 그 부위를 다루는 뇌의 전용 부위로 신경 자극을 매핑해 이루어진다. 위에서 논의한 바와 같이, 일부 감각 한계(JND), 특히 피부의 촉감/피부감각은 감각의 발생 위치에 따라 다소 정확도에 기복이 있지만, 그래도 일반적으로 정확하다.

자기수용감각 또한 정확도는 다양하지만, 언급된 바와 같이 착각상태는 사지의 정확한 위치를 잘못 지각하게 만들 수 있다. 그러므로 우리는 팔다리의 위치를 나름 잘 지각하지만 대부분 이러한 지각은 시각적 지각에 의해 확증된다. 이렇게 감각이 어디에서 발생하는지 알기에 강한 자신감을 가져도 된다.

전정기관 지각

전정기관 지각('평형감각'이라고도 함)은 머리의 회전 및 선형 이동을 감지하는 능력이며, 보다 정확하게는 머리에 적용되는 가속도를 감지할 수 있는 능력이다. 이러한 가속도 중 하나가 지구 중력이기 때문에 전정기관은 균형감을 준다. 따라서 전정기관은 머리를 기준으로 신체 각 부분의 놓인 상태를 감지하는 대신 머리가 외부 세계와 어떻게 관계 맺고 있는지를 알려준다는 점에서 고유감각과는 다르다. 사실상 전정기관은 우리가 현실 세계에 묶여있다는 실상을 알려준다.

균형을 유지하는 데 사용될 수 있는 정보를 뇌에 제공하는 것, 균형을 잃기 시작할 때 조절하는 방법을 알려주는 것 외에, 전정기관에서 나오는 신호는 우리의 눈의 움직임을 조절하는 데 사용된다. 구체적으로, 머리가 회전할 때, 전정안구반사^{VOR}는 시력의 대상이 시야 중앙에 유지되도록 눈을 반회전하도록 신호를 보낸다. 이 반사작용은 초당 약 50도까지 작용하며, 그 위에서 눈은 새로운 표적에 고정될 것이다.

전정기관의 인체 생리학

전정감각(회전/평행감각)을 위한 기관인 전정기관은 청각과는 아무런 관계가 없음에도 '내이'의 일부분이다. 실제로, 별도의 신경 다발이 뇌에 신호를 전달한다. 달팽이관 근처에는 머리 회전운동과 선형 운동을 감지하는 수용기를 포함한 반고리관과 이석기관이 있다.

반고리관은 세 개의 고리모양(앞반고리관, 뒤반고리관, 옆반고리관)으로 이뤄져 있으며 머리 회전운동을 감지한다. 하지만 앞반고리관과 뒤반고리관은 한쪽이 머리의 위로 기울임을, 다른 하나가 옆으로 기울임을 담당하는 식이 아니라 머리 양쪽에 있는 각 내이로부터 반응을 동시에 작업한다. 한편 이 둘은 머리의 수직 회전을, 옆반고리관은 수평 회전을 감지한다. 각 관은 림프액으로 차 있어서 몸이 회전하면 관 속 림프액이 흐르게 되고 이때 특화된 털세포(유모세포)가 이 흐름의 영향을 받아 뇌에 신호를 보낸다.

머리 양쪽에 있는 두 개의 이석기관(난형낭과 구형낭)은 머리의 선형 가속을 감지한다. 구형낭^{saccule}은 수평 가속도를, 난형낭^{utricle}은 수직 가속도를 움직인다. 반고리관과 마찬가지로 특화된 털세포(유모세포)가 휘면 신경 신호를 뇌로 보낸다. 각 이석기관은 서로 다른 방향에 반응하는 유모세포를 갖고 있기 때문에 특정 면의 어떤 축을 기준으로 움직이는지 감지할 수 있다. 난형낭은 좌우방향과 앞뒤 방향 모두를, 구형낭은 위-아래 및 앞-뒤의 움직임을 감지한다. 회전 운동 자극에 사용되는 반고리관의 림프액과 달리, 선형 운동은 유모세포 위에 젤라틴 같은 이석막 전체를 덮고 있는 '탄산칼슘 결정체'인 이석의 움직임으로 감지한다. 선형 운동이 느껴지면 이석막과 이석이 유모세포를 구부러뜨리고 이때 신경 신호가 생성된다.

두 경우 모두, 즉 회전 정보를 제공하는 반고리관의 림프액과 선형 정보를 제공하는 이석막 젤은 가속을 더 이상 진행하지 않을 때 정상으로 돌아온다는 점에 유의해야 한다. 그러나 가속이 부족하다고 해서 움직이지 않는 것이 아니라 일정한 속도로 움직이는 것을 의미한다. 따라서 사람은 빠르게 이동하거나 회전할 수 있고 어떤 신호도 보내지지 않을 것이다. 실제로 지구 표면을 타고 달리는 것과 같다. 그 효과는 일정한 운동 속도에서 정지까지 감속하면 반대 방향의 가속으로 지각된다. 따라서, 한 사람이 잠시 빙빙 돌다가 멈추면, 이제 반대 방향으로 회전하는 감각을 느낄 것이다. 그것은 시각적 자극과 일치하지 않을 것이고, 메스꺼움을 일으킬 수 있다.

전정기관 착각

전정 자극은 일반적으로 VOR의 일부인 안구 근육을 포함해 신체의 변화하는 위치에 반응해 근육 운동을 제어한다. 따라서 인간은 시각에 의해 제공되는 인지 지각과 일치하지 않을 때 전정 지각을 알아차리는 경향이 있다. 이럴 경우 종종 메스꺼움이나 적어도 방향 감각 상실을 초래한다. 잘못된 전정 지각을 일으키는 몇 가지 착각이 있는데, 그중 일부는 시각적 지각과 연결돼 있다.

비행착각^{Vection}(전이성 착각)은 흔하게 경험하는 전정 착각중 하나로, 시각적 자극에 의해 움직이고 있다고 착각하는 것이다. 시각적 자극에 의해 이 착각이 만들어졌다해도 지각은 뇌의 전정핵 영역에서 생성되기 때문에 전정 착각으로 볼 수 있다. 종종 이러한 착각은 차량에 탑승한 승객과 이웃한 차량이 움직이기 시작할 때 경험된다. 말초 시력은 둘 사이의 상대적 움직임을 감지해서 정지된 사람에 대해 반대 방향으로 움직이는 느낌을 생성한다. 이 경우 그들은 선형 비행착각을 경험하고 있다. 회전 비행착각은 정지해 있고 주변의 오브젝트가 회전하기 시작할 때도 경험할 수 있다. 가상 현실을 벗어나면, 이것은 어떤 놀이기구에서 일어날 수도 있고, 누군가가 내 주위를 회전할 때 만들어진 면에 둘러쌓였을 때 일어날 수도 있다. 1893년 특허받은 [Lake 1893] 이 효과에 기초한 놀이기구는 로버트 우드$^{R.\ W.\ Wood}$가 보고한 바와 같이[Wood 1895] 1895년 샌프란시스코 한겨울 박람회에서 귀신들린 그네$^{Haunted\ swing}$로 유명했다. 대형 그네라고 광고했지만 사실 그네 자체는 정지해 있는 상태(또는 대부분 정지해 있는 상태)였고, 그네를 중심으로 주변 방이 회전하고 있었다. 그 결과는 회전운동의 착각이며, 종종 전정 지각과 시력 사이의 불일치를 수반하는 메스꺼움이다. 비슷한 라이드는 여전히 다양한 놀이공원에서 발견될 수 있다.

가상의 움직임이 메스꺼움으로 이어질 수 있는 VR 경험에서, 메스꺼울 가능성을 줄이기 위해 사용자의 주변 시력에 일반적으로 제시되는 시각적 단서를 줄이거나 제거할 수 있으므로 불쾌감을 주는 자극을 피할 수 있다.

움직임의 또 다른 그릇된 느낌(즉 전정 착각)은 현기증^{vertigo}이다. 비행착각과 달리, 현기증이 반드시 시각적 자극 때문에 생기는 것은 아니다. 현기증의 한 원인은 반고리관의 액체로 알코올이 퍼지는 것이다. 알코올은 표준 액체보다 부력이 높기 때문에 사람이 누울 때 운하에 대한 중력에 의한 잘못된 회전감이 생긴다. 현기증의 또 다른 유형은 멀미다. 멀미는 시각적 자극이 움직임의 부족을 암시하는 곳에서 발생하지만, 전정계는 보트의 흔들림이나 차 안의 언덕을 가로지르는 것 같은 움직임이 있다는 것을 지각한다. 현기증의 세 번째 원인은 상당한 높이에서 로컬 마커가 없이 씬을 보는 것이다(즉, 절벽에서 근처 지형을 보지 않고 내려다봄). 높이로 인한 현기증은 보통 작은 신체 위치 변화(흔들림)에 수반되는 시각적 지각의 결여에서 비롯된다.

안구운동 착각$^{oculogyral\ illusion}$은 이미 언급됐다. 이는 일정한 시간(수십 초) 동안 일정한 속도로 한 방향으로 회전한 후 역회전을 지각하는 것이다. 일정한 속도로 회전하는 동안 반고리관의 림프액은 정상/휴면 위치로 돌아가기 때문에 회전이 멈춰 감속이 일어나면 림프액이 역전해 시각적 자극없이 회전 전정 지각을 일으킨다.

안구중력차각$^{oculogravic\ illusion}$은 이석기관이 머리의 기울어짐과 전방 수평 이동을 구분하지 못해 발생한다. 따라서 전방 가속을 겪을 때, 특히 적절하고 확실한 시각적 자극을 받지 못할 때 기울어지고 있는 것처럼 느낀다. 그리고 실제로 앞에 있는 오브젝트가 자신보다 높이 있는 느낌을 받게된다. 비행기가 이륙할 때 비행기 내부가 상당히 기울어진듯 느껴지지만, 바깥에서 보면 기울어진 각도(피치)가 훨씬 더 작다.

온도안진 착각 caloric nystagmus illusion은 때때로 전정계를 테스트하는 데 사용된다. 이 착각은 실내 온도보다 더 따뜻하거나 차가운 물을 외이도에 넣었을 때 발생한다. 온도 차이로 가장 가까운 반고리관(수평 관)의 림프액이 조정되기 때문에 해당 유모세포는 머리가 회전하고 있다는 신경 자극을 생성한다. 그 결과 VOR이 트리거 되고 눈이 감지된 회전에 대응하기 위해 움직인다.

전정기관 로컬라이제이션 지각

전정계의 임무는 운동 정보를 경우에 따라 근육에 직접 전달하기도 하지만, 뇌에 제공하는 일이 전부다. 물론 대부분의 경우, 정확한 위치에 대한 정보를 제공하지 않고 중력을 기준으로 한 방향과 정지 상태를 기준으로 한 움직임만을 제공한다.

후각적 지각

인간 지각의 모든 측면을 살펴보는 것도 좋지만, 냄새를 실시간으로 빠르게 만들어내고 제거하는 실용적인 하드웨어 솔루션이 현재 없으니, 여기에서는 몇 가지 강조되는 것에 초점을 맞춰 논의하고 상세한 부분은 최첨단 연구를 하는 사람들에게 맡기겠다. 전반적으로 인간의 후각은 고도로 정제되지 않으며, 실제로 냄새는 지속적으로 신선한 음식, 즉 방부제를 포함한 음식을 제공하는 수단을 가진 사회에서 효용성이 제한돼 있다. 그러나 냄새는 종종 매우 설득력 있는 방법으로 감정적인 기억을 전달하는 것으로 여겨진다("나는 추수감사절을 맞아 집으로 돌아왔을 때 오븐에서 호박파이의 냄새를 기억한다." 또는 "대학 시절 사귀던 여자 친구가 쓰던 향수와 같은 것을 쓰는 사람이 지나칠 때마다 나는 그 때로 돌아간다."). VR 애플리케이션, 특히 감성 및/또는 향수어린 콘텐츠를 포함하는 애플리케이션에 대한 연구는 더 많이 이뤄져야 한다.

매더^{Mather}는 후각 작용의 효용에 대한 설명에서 유쾌감 대 불쾌감, 먹을 수 있는 것 대 먹을 수 없는 것이라는 두 가지 냄새의 주요 차원을 밝혔다[Mather 2016]. 유쾌감 스펙트럼으로 인간은 특정 냄새를 맡았을 때 접근할지 피할지의 단서를 얻는다. 예를 들어, 과일 이나 꽃 냄새에는 접근하되, 사향내가 나는 동물 냄새는 피한다. 식용 결정을 위해서는 세정, 화장품 또는 썩은 고기와 관련된 냄새에 비해 구워지거나 매운 냄새는 소비할 가치가 있다고 예상할 수도 있다.

우리의 다른 감각들과 비교했을 때, 후각은 엄청나게 느린 프레임 레이트를 가지고 있다. 일반적으로 공기를 적극적으로 냄새 맡지 않을 때, 우리는 약 1-2Hz의 호흡 속도로 냄새를 들이마신다. 따라서 2Hz에서 후각 디스플레이 렌더링이면 충분할 것이다. 물론 디스플레이, 특히 CAVE 스타일 디스플레이는 튜브를 통해 향이 나는 공기를 불러들이거나 향수를 배출하기가 어려울 수 있다. 시간이 걸리거나 바람이 엄청나게 불 수도 있다.

냄새에 적응하는 것은 대피를 완화하는 데 도움이 될 수 있다. 특정한 냄새가 계속 날 때, 그 냄새에 대한 지각은 30% 이상 떨어질 수 있다. 이것을 일상 생활에서 경험하는데, 우리 집의 냄새를 인지하지 못하고, 흡연자의 경우 옷 등에 쌓여 있는 냄새를 인지하지 못한다는 것이다.

후각 지각 수용기는 비강 상단의 점막조직에 위치한다. 화학 수용기는 점막 조직으로 용해되는 특정 분자의 양에 반응한다. 다른 분자 유형은 냄새가 지각되기 전에 크기 수만큼 다양한 임계값을 가진다. 서로 다른 화학물질에 반응하는 수용기 종류는 대략 1000가지가 있다. 하나의 감각 신경세포는 여러 종류의 분자에 반응할 수 있다. 다른 신경 세포들이 다른 냄새 분자의 집합에 반응함에 따라, 특정한 냄새를 지각할 수 있는 프로파일이 만들어진다.

미각 지각

사람은 맛이 없어도 음식을 먹을 수 있지만, 미각 지각은 맛보는 것의 식용성과 영양적 가치, 심지어 유독한 것인지 여부에 대한 단서를 주는 데 도움이 된다. 매더는 다음과 같이 말했다. "미각계는 식용 및 영양가를 기준으로 소비와 거부를 조절하는 영양 문지기 역할을 하는 것 같다."[Mather 2016].

매더가 가리키는 다섯 가지 특성은 단맛, 짠맛, 신맛, 쓴맛, 자미(좋은 맛 또는 맛있음)이다. 우리는 흔히 향미^{flavor}라는 단어를 맛과 연관시키는 경우가 많으며, 실제로 강한 연관성이 있지만, 크로스 모달에 관한 절에서 언급했듯이 맛에 대한 지각은 맛뿐만 아니라 음식의 시각적 특성, 냄새, 질감, 아삭아삭함, 심지어 고통에서 비롯된다. 우리가 다른 감각으로 보아온 것처럼, 맛에 따라 적응하는 효과가 있을 수 있다. 예를 들어, 신 물질과 접촉한 후, 후속 식품의 신맛의 강도가 감소할 수 있다. 또는 다음 음식이 (물과 같은) 중립적이고, 단맛에 대한 지각으로 취급되는 경우 교차 적응을 지각할 수 있다.

좀 더 세계적인 적응 형태는 '맛 혐오'다. 만약 음식을 먹은 후에 구역질이 나는 것을 경험한다면, 그 음식은 덜 먹게 될 것이다. 이런 이유로 암 치료 후, 환자들에게 먹는 것을 미루거나, 별로 좋아하지 않는 음식을 먹으라 권하기도 한다. 이와 마찬가지로 메스꺼움을 유발할 수 있는 VR 경험을 위해서는 체험자들도 이 조언을 따라야 할 것이다.

미각을 위한 수용기는 혀, 입, 목에 위치한 약 10,000개의 미뢰들이다. 각각의 미뢰는 50에서 150개의 수용세포를 가지고 있다. 미뢰는 그 자체가 10일 정도밖에 지속되지 않고 그 후에 교체된다.

크로스 센서리 효과와 가상 현실

이 장의 앞부분에 있는 '크로스 모달 지각' 절에서 복수의 감각이 어떻게 함께 작용할 수 있는지에 대한 문제를 제기했고, 개별적인 감각에 대해 토론하면서 이것이 좋은 일, 또는 문제가 되는 몇 가지 구체적인 사례에 대해 상세히 설명했다. 이제 우리는 이러한 다감각적 지각 효과가 가상 현실 경험의 개발자들과 어떤 관련이 있는지 신속하게 검토하고 탐구할 것이다.

감각우선순위

각 감각은 우리가 이 세상에서 어떻게 지각하고 작동하는지 그 나름의 역할을 가지고 있다. 우리는 시력에 크게 의존하고 있으며, 시력은 오브젝트를 찾을 수 있는 능력을 지배한다. 반면에 청각과 촉각은 사건의 타이밍을 지각하는 우리의 능력을 지배한다.

시력이 우리가 언급한 다른 지각에 영향을 미치는 방법으로는 복화술 효과, 맥거크 효과, 그리고 리디렉티드 터칭 및 워킹이 있다. 리디렉션의 경우 시각적 감각은 본질적으로 자기수용적 지각을 우선시키고 있다. 다른 경우에는 또 다른 감각이 지배적이다. 현실 세계에서 물리적 벽에 부딪힌다면, 그것은 여러분의 시각보다 우위에 있을 것이고, 여러분은 가상 세계에서 보이지 않는 힘 영역과 마주쳤다고 생각할지도 모른다.

크로스 모달 효과의 이점

우리가 추가적인 감각 디스플레이(즉, 시각적 효과 외에)를 제공할 수 있을 때, 우리는 크로스 모달 영향으로부터 약간의 이득을 얻을 수 있다. 이것의 쉬운 예는 복화술 효과를 사용하는 것이다. 등장인물이나 다른 사용자가 말하는 경우, 아바타의 입술을 움직이면 사운드가 시각적 표현에서 나오는 것처럼 보여야 한다. 이것은 공간화된 사운드를 만드는 데 필요한 처리보다 훨씬 쉽다. 또 다른 시각과 음의 조합은 시각적 표현과 청각적 표현 사이의 타이밍 차이를 바탕으로 사건의 거리를 구별하는 능력이다. 물론 이것을 실행하기 위해서는 이벤트와 사용자의 거리를 기준으로 이벤트 사운드를 지연시켜야 한다.

또한 가짜 효과를 교차적으로 생산할 수 있다. 예를 들어, 촉각 피드백을 이용해서 사용자의 등에 압력감각(아마 공기 블래더를 부풀림으로써)을 더해 높은 가속도를 암시함으로써 충만감을 에뮬레이션할 수 있다. 사운드를 감각 대체물로 사용하는 것은 VR 경험을 향상시키는 일반적인 도구다.

자기수용에 대한 시력의 지배 때문에 물리적인 아레나를 확장하거나 수동적인 촉각 오브젝트를 재사용하는 리디렉션 기법을 사용하는 능력은 보다 현실적인 가상 세계를 가질 수 있는 능력을 허용한다.

일반적으로, 지각을 추가하는 것은 세계의 현실성이나 진실성을 향상시킬 수 있다. 이것에 접근하는 한 가지 방법은 사용자의 시야에서 벗어난 오브젝트들이 여전히 그들의 존재를 확인하는 표시를 보이는 사운드를 추가하는 것이다.

몽상적인 피드백을 추가하면 그러한 착각이 더욱 강화된다. 특히 세계의 물리성을 우리에게 알려주고, 우리는 그 개념을 전체 (가상)세계로 옮긴다. 우리는 이것을 오브젝트 영구성의 전이에 관한 절에서 더 다룰 것이다. 다음 단계는 사용자에게 세계의 에이전시, 즉 가상 표현에 대한 자기 소유권을 제공하는 것이다(또한 곧 올 것이다).

크로스 모달 효과의 단점

지각의 불일치로 인해 발생할 수도 있고, 아마도 부정적인 효과도 있을 것이다. 기본적으로 이러한 부정적인 영향은 기술적 결함, 즉 특정한 자극을 잘 생산할 수 없다는 사실(또는 그렇게 하기에는 너무 비용이 많이 든다)의 결과일 것이다. 예를 들어 머리를 움직일 때 현실 세계에서의 비주얼은 완벽하고 즉각적이지만, 가상 세계에서의 비주얼은 가능한 한 빨리 합리적인 씬을 만들려 해도 현실만큼 빠를 수 없다. 따라서 고유감각과 전정감각은 특정한 움직임을 감지하지만 VR 시스템의 자극에 의존하는 우리의 시각 시스템은 조금 늦을 것이다. 갈등의 크기에 따라 우리의 뇌는 무언가 잘못됐다는 것을 감지할 수도 있다.

우리가 이미 언급한 부정적인 영향은 시각계와 전정계 사이의 불일치에서 오는 비행착각이다. 가상 세계의 비주얼 렌더링은 전정계가 완전한 운동 부족을 인지하는 동안 급속한 움직임의 시각적 자극의 근원이 될 수 있다. 대형 운동 플랫폼의 사용을 채택해 상관적인 전정 자극의 원인이 되는 것은 대개 실용적이지 않다. 비용이 덜 드는 해결책은 주변 시각 시스템에서 광학 흐름의 자극을 줄이는 것이다. 광학적 흐름을 줄이는 간단한 방법은 체험자의 주변 시야가 희미해지거나 제거되는 편안함 모드를 만드는 것이다[Bolas et al. 2014] [Fernandes and Feiner 2016].

크로스 모달 효과에 기반한 가상 현실 디자인 선택

지각과 감각 양식의 상호 관련성에 대해 배우는 목적은 우리가 그것에 대해 무엇인가를 할 수 있도록 하는 것, 때로는 감각 충돌을 피할 수 있게 해주는 기법을 시행하는 것이다. 다음은, 많은 VR 경험을 개선하는 데 사용될 수 있는 효과적인 기술의 짧은 목록이다. 이러한 기법 중 몇 가지는 이미 논의됐으며, 다른 기법들은 적절한 후속 절에서 다루어질 것이다.

- 할 수 있을 때 복화술을 사용하라.
- 가능한 경우 수용기(패시브 또는 액티브) 사용
- 비행착각이나 현기증을 유발할 수 있는 시력 제한(예: 빠르게 이동할 때 렌더링된 FOV를 감소시키는 편안함 모드 포함 [Fernandes and Feiner 2016])
- 사용자가 아닌 세상이 움직이는 것임을 사용자에게 알리기
- 벽과 같은 단단한 표면을 시각적으로 투과하지 마라[Burns et al. 2005].

프레젠스와 임바디먼트: 가상 세계에서의 자기 지각

체험자가 입력한 가상 세계와 그 세계와의 관계에 대해 어떻게 생각하는가는 그들이 단기적으로나 장기적으로 그 세계에 어떤 영향을 미치고 영향을 받을지에 대한 중요한 반응이다. 우리가 자세히 설명하겠지만, 프레젠스는 체험자가 가상 세계를 신뢰할 수 있는 것으로 대하는 정도에 대한 일반적인 개념이며, 임바디먼트는 실제적이든 가상적이든 사물이 여러분의 실제 신체의 일부가 된 것처럼 느끼는 것을 의미한다. 임바디먼트의 한 부분인 에이전시^{Agency} 체험자가 자신을 그 세계의 일부분으로 지각하고 영향력을 행사하는 정도를 가리킨다.

프레젠스 개념

어떤 개념들은 쉽고 확실하게 정의될 수 있다. 프레젠스라는 개념은 그런 것 중 하나가 아니다. 1장에서 몰입(물리적 대 정신적)에 대한 양측의 논의에서 우리는 정신적 몰입에 대해 생각하는 한 가지 방법은 환경 내에서 존재감을 갖는 것이라고 표현했다. 그리고, 실제로 그러한 감각, 그 지각은 (어떤 매체를 통

해 탐구된) 가상 세계에서의 프레젠스 개념의 전체적인 본질에 중요한 요소다. 미디어의 본질은 한 사람에게서 다른 사람에게로 아이디어를 전달하는 것이기 때문에, 우리는 일반적으로 받는 사람의 정신적 참여가 그들에게 세상이 현실화되는 지경에 이른다고 가정할 수도 있다. 그리고 그것이 좋은 일이라면 더 많은 것을 원하게 될 것이고, 우리가 더 많은 것을 얻고 있는지 알기 위해서는 그것을 측정해야 하고, 측정하기 위해서는 그것이 무엇인지 더 잘 알아야 한다.

그래서 가상 세계에 물리적으로 몰입하는 것은 가상 현실에서는 쉽다. 단지 체험자에게 HMD를 놓거나 트래킹된 스테레오안경이 있는 CAVE 디스플레이에 붙여서 그들에게 컨트롤러를 주고, 물리적으로 몰입한다. 정신적 몰입은 그렇게 간단하지 않다. 물론 정신적 몰입은 가상 현실 없이 이루어질 수 있으므로, 어떤 가상 세계에서는 좀 더 쉽게 얻을 수 있다. 그러나 가상 현실이 아닌 미디어를 통해 제시된 가상 세계에 프레젠스한다는 생각을 고려하겠지만, 그러한 미디어는 분명히 이 책의 초점은 아니므로 VR에서의 프레젠스가 다른 미디어에서의 프레젠스와 어떻게 관련되는지에 대한 논의가 집중될 것이다.

1장에서는 어떻게 하면 소설, 어쩌면 『모비딕』에 정신적으로 몰입할 수 있는지 토론했다. 그 세계와 함께 하는 동안, 우리는 등장인물을 만나고, 고래 해부학에 대해 교육을 받고, 모험담을 듣는다. 그리고 확실히 그것이 (소설의 세계)에 정신적으로 몰입할 수 있는 정당한 주장이 될 수 있다는 것을 인정할 수 있다.

프레젠스를 공부함으로써 얻는 것은 무엇인가?

프레젠스의 본질을 탐구하는 합리적인 첫 번째 단계는 탐험에 자원을 투입하는 것의 가치를 고려하는 것이다. 학술적으로, 다른 VR 경험과 다른 미디어의 경험을 모두 비교하는 방법에 대한 지식은 충분히 가치 있는 추구일 수 있다. 그러나 이상적으로는 어떤 요소가 가장 큰 영향을 미치는지, 특히 디자이너가 영향을 미칠 수 있는 요인에 대한 지식을 제공함으로써 프레젠스를 이해하는 능력이 VR 경험을 향상시키는 데 도움이 될 수 있다.

훈련은 프레젠스의 척도로부터 이익을 얻을 수 있는 VR 경험의 중요한 장르 중 하나이다. 이 VR 장르는 초보자와 전문가 모두 자신의 기술을 향상시키거나 특정 활동을 위해 연습할 수 있는 과제를 시뮬레이션한다. 훈련 경험의 두 가지 중요한 측면은 (1) 연습자가 부정확한 정보를 배우지 않고 과제를 학습하는지 여부, (2) 연습생으로부터 정확하고 적절한(진정한) 대응을 해서 "생태적 타당성"을 이전하는 것이다. 특히 두 번째의 경우 프레젠스감을 촉진하는 능력이 중요하지만, 세션이 최대한 효과를 발휘하도록 연습자가 적절하게 관여했는지를 측정하는 능력도 중요하다(물론 공장 노선에서 작전을 훈련하는 것은 극도의 스트레스를 받는 판단력이 중요한 군사작전을 위한 훈련만큼 많은 프레젠스가 필요하지 않을 수도 있다).

철저하게 몰입한(임상적으로) 체험자가 경험의 목적에 중요한 또 다른 장르는 공포증 치료다. 환자의 두려움을 치료하거나 외상 후 스트레스 장애PTSD를 치료한 것은 초기에 입증된 유용하고 비용 효율적인 VR 사용 사례 중 하나였다 [Rothbaum et al. 1995]. 노출 요법은 환자를 약간 괴로운 상황에 놓이게 한 다음 점차적으로 위협적인 자극을 증가시키는 것으로, 가상 현실을 이용해 잘 작동하는 것으로 밝혀졌으며, 두려움을 유발하는 요소(그렇지 않으면 비행기를 빌리거나 가장 높은 빌드를 방문하는 것을 포함할 수 있음)에 실제 아날로그를 사용하는 데 훌륭한 대체물이다.

한 가지 더 중요한 장르는 가상 현실을 사용해서 환자들의 일부 의료절차로부터 주의를 분산시킴으로써 통증(또는 불편함)에 대한 인지적 지각을 완화하는 것이다. 이것의 고전적인 예는 Pain이라는 저널에서 그가 그들의 상처 붕대가 고쳐지면서 희생자들을 태우기 위해 제공하는 가상 현실 세계를 묘사하는 헌터 호프만Hunter Hoffman의 작업으로 예시된다[Hoffman et al. 2004]. 호프만과 동료들은 흥미로운 가상 세계에 의해 주의가 산만해지면 환자들이 훨씬 적은 고통을 경험한다고 보고한다는 것을 발견했다. HMD VR 경험이 현실에서 일어나고 있는 일을 망친다는 점도 장점이다. 호프만은 또한 치료되는 상처의 유형에 근거해 세계를 발전시키므로 화상 환자에게는 눈이 오고, 표면적으로는 추운 세계가 제시된다.

곧 (가상 세계에서 자신을 경험하는) 에이전시의 성격을 논할 것이지만, 우리는 이미 체험자의 에이전시 의식을 향상시키는 것이 어떻게 프레젠스의 증가와 긍정적인 상관관계를 가지는지를 언급할 수 있다. 다른 면에서는, 가상 세계에 대한 더 나은 수용은 그 세계의 일부라는 느낌을 고조시킬 수 있다.

프레젠스에 관한 아이디어의 진화

프레젠스에 대한 심층적인 연구는 약 30년 동안 진행돼 왔고, 그 기간 동안 인지과학 연구자들은 프레젠스의 본질과 개념을 계속해서 탐구해 왔고, 그 과정에서 그것을 어떻게 정의하고 기술해 왔는지를 진화시켜 왔다.

마빈 민스키는 인기 잡지 옴니[Minsky 1980]의 기사에서 사용한 '텔레프레젠스'라는 용어를 코칭한 공로를 인정받고 있다. 민스키는 원격 디바이스를 조작자가 직접 하는 것처럼 컨트롤할 수 있게 함으로써 텔레파시가 강화되고 이익을 제공할 수 있는 방법을 설명했다. 그는 스티브 몰턴$^{Steve\ Moulton}$이 Philco HMD와 카메라를 사용해서 누군가가 건물 옥상에 서 있는 것처럼 둘러볼 수 있게 한 방법을 설명한다(1장 'VR의 역사' 참조). 이러한 원격 보존의 사용은 원격 장소가 직접적인 시각(가상 세계)이 아닌 컴퓨터의 작업 내부에 있다는 점을 제외하면 가상 현실과 관련해 용어가 사용된 방법과 매우 일치한다.

1992년, 슈투어는 현재 통용되고 있는 용어는 아니지만, 프레젠스와 텔레프레젠스를 구분했다. 슈투어의 경우, 프레젠스는 '환경에 대한 자연스런 지각'이었고, 텔레프레젠스는 '환경에 대한 조정된 지각'이었다[Steuer 1992]. 즉, 프레젠스는 실재를 감각과 뇌에 의해서만 조정해 직접 지각하는 방식이며, 텔레프레젠스는 프레젠스를 매개하는 모든 형태이다.

이 기간 동안 멜 슬레이터$^{Mel\ Slater}$와 동료들도 프레젠스를 연구하고 있었으며, 1933년(1995년 개정)에는 SUS 프레젠스 설문지를 발표했다[Slater et al. 1995]. 이 설문지는 WS 프레젠스 설문지[Witmer and Singer 1998]와 더불어 급성장하는 가상 현실 분야의 많은 연구자가 사용한 것이었다. 위트머와 싱어는 설문지와 함께 프레젠스에 대해 "물리적으로 다른 곳에 있더라도 한 장소나 환경에 존재하는 주관적인 경험"이라 정의했다. 이는 지금까지 이 책에서 설명한 것과 일치한다. 후에 위트머와 싱어는 이 정의를 다음과 같이 더 자세하게 설명했다. "프레젠스는 감각이 연결되고, 주의를 사로잡고, 적극적인 참여를 촉진하는 어떤 환경을 매개로 '그곳에 있는' 심리적 상태다."[Witmer et al. 2005].

프레젠스의 해체: 프레젠스의 요소

프레젠스에 대한 변화된 개념은 그 주제에 대한 연구에서 어떻게 보고되는지 쟁점이 돼 왔다. 긍정적 측면은 저자들이 각자의 보고서에 프레젠스를 어떻게 정의하는지가 적혀 있다는 점이다. 프레젠스의 서로 다른 측면에 관해 서로 다른 연구 결과가 발표되는 경우가 많으므로, 연구에 적용한 프레젠스 타입을 성명하는 것이 중요했다.

프레젠스 개념에 대해 연구한 다른 이들 중 롬버드Lombard와 디튼Ditton은 6가지로 나눠 개념화했다[Lombard and Ditton 1997]. 하나나 여러 개의 개념이 섞여 있을 수도 있다. 개념 목록은 다음과 같다.

- 사회적 풍요—"매체를 통해 가능한 따뜻함 또는 친밀감"
- 현실주의—"지식적 및/또는 사회적" 성격
- 교통—체험자가 "당신이 거기에 있다.", "그것은 여기 있다" 그리고/또는 "우리는 함께 있다" 등으로 표현되는 가상 세계로 이동하는 것.
- [물리적] 몰입—"매개된 환경 안에"
- 매체 내 사회 행위자—"사회적 상호작용"(배우와 직접 대화하는 것처럼 카메라와 대화)
- 사회 행위자로서의 매체—"컴퓨터를 사회적 실체로 취급"

워스와 동료들은 '공간적 프레젠스'를 광범위한 프레젠스 개념의 특정 부분으로 정의했다[Wirth et al. 2007]. 워스는 "공간적 프레젠스는 2차원 구조로 간주된다. 핵심 차원은 매체가 묘사한 공간 환경 안에 물리적으로 위치하는 감각이다('셀프 로케이션self-location'). 두 번째 차원은 행동할 수 있는 지각된 가능성을 말한다. 즉, 공간적 프레젠스를 경험하고 있는 개인은 매개된 공간과 연관된 행동 가능성만을 지각하지만, 체험자의 실제 환경과 연결된 행동은 인지하지 못할 것이다."라고 했다.

2009년, 슬레이터는 자신이 논의하고 측정치를 공식화하기 위해 어떤 개념을 보다 정확하게 표시하기 위해 사용하고자 했던 두 가지 새로운 용어를 설명했다. 플레이스 일루전$^{PI, Place Illusion}$과 신뢰성 일루전$^{Psi, Plausibility illusion}$이다 [Slater 2009]. 슬레이터에게 있어 PI는 그가 이전에 프레젠스라고 언급했던 방식과 얼추 비슷하다. Psi는 체험자가 마치 그 세계에 있는 것처럼 다루기 때문에 가상 세계가 얼마나 더 리얼하게 보이는지에 대한 별개의 개념이다. 슬레이터의 PI는 워스의 공간적 프레젠스에 가까우며, 둘 다 이 측면을 이분법적으로, 즉 중간 없이 경험했거나 경험하지 않은 것으로 구분했다. 슬레이터의 정의는 그의 설명을 다소나마 전달한다.

슬레이터에 의하면,

- **PI**: 그곳에 없다는 확실한 지식에도 불구하고 어떤 장소에 있다는 강한 착각
- **Psi**: 일어나고 있는 일이 실제로 일어나고 있다는 착각(그렇지 않다는 것을 확실히 알면서도). 슬레이터가 든 Psi 예가 체험자와 세계의 관계라 여길지 모르겠지만, 그의 정의는 다르다. 따라서 세 번째 카테고리가 필요할지도 모른다. 리차드 스카베즈$^{Richard Skarbez}$는 슬레이터의 리스트에 소셜 프레젠스 일루전$^{social presence illusion}$이라는 세 번째 카테고리를 추가했다[Skarbez 2016] [Skarbez et al. 2017].

스카베즈에 의하면,

- **소셜 프레젠스 일루전**: 가상의 또는 매개된 환경에서 등장인물에 의해 야기된 사회적 프레젠스의 느낌

또한 스카베즈는 프레젠스의 세 가지 주관적 측면(또는 심리용어로 자격^{qualia})을 활성화하는 경험의 객관적 특성을 제공한다.

- [물리적] 몰입 → (활성화) 착시 위치
- 일관성 → (활성화) Psi
- 회사 → (활성화) 소셜 프레젠스 일루전

슬레이터는 이어서 PI와 Psi를 동시에 경험하는 것을 체험자가 특히 가상 현실과 관련된 경험에서 실제처럼 반응$^{RAIR, Responding-As-If-Real}$하게 만드는 조건으로 간주했다. 또한 체험자가 정신적으로 몰입하고 있다는 강력한 지표로 본다.

소셜 프레젠스 일루전을 코프레젠스 일루전과 관련시키고 있는데, 전자는 지각이 있는 다른 실체와 함께 있다는 느낌이며, 후자는 더 구체적으로 어떤 이가 매개된 공간을 통해 다른 사람들과 함께 있다는 느낌을 내포한다. 이는 1장에서 사이버 스페이스 즉, 사람들이 함께 있다고 느끼지만 실제로는 같은 실제 세계 물리적 환경에 함께 있는 장소인 것이다.

프레젠스의 특정 측면의 특정 구성요소가 무엇이고 무엇이 아닌지에 대해 말할 수 있는 것이 훨씬 더 많다. 때때로 해당 개념을 어떻게 고려했는지 파헤쳐 놓은 철저한 개요를 제공하는 연구자도 있다[Lee 2004][Youngblut 2007][Skarbez et al. 2017]. 전체 책이 프레젠스 개념을 다루기 때문에 여기서는 가상 현실과 관련된 프레젠스의 본질에 대한 힌트를 줄 수 있을 뿐이다. 따라서 VR에서의 프레젠스가 다른 미디어와 비교되는 방식과 특정 사례에서 프레젠스를 활성화하거나 저해하는 요인 그리고 측정할 수 있는 것을 논의한다.

다른 미디어에서의 프레젠스

지금까지 프레젠스의 중요한 개념을 살펴보면서 프레젠스가 책을 읽는 정신 상태와 그 사이에 있는 모든 미디어를 설명하도록 명시적으로 허용했다. 초기부터 프레젠스는 원격 시청 매체 즉, 모니터가 머리에 부착되고 카메라는 머리 움직임과 함께 움직이는 폐쇄 회로 TV 카메라와 모니터를 포함했다(아마 당시에는 다른 수가 없었을 듯하다).

바이오카^{Biocca}는 프레젠스에 대한 많은 정의가 소설 속 세계로 정신적으로 몰입하는 것을 포함하지 않은 모순을 지적했다. 그는 이를 '책 문제$^{the\ book\ problem}$'라 했다. 당시 널리 퍼진 프레젠스의 모델은 감각 운동 측면에 초점을 맞췄으며 '몰입'은 책에 몰두하는 것을 의미했다. '몰입'에는 정신적 몰입과 육체적 몰입이라는 전혀 다른 의미가 있음을 지각하지 못한 결과다.

영국 ITC 텔레비전 네트워크도 영화와 텔레비전 프로그램에서 프레젠스를 측정할 수 있음을 지각했고 프레젠스 측정을 위한 자체 설문지인 ITC SOPI[Sense of Presence Inventory]를 개발했다[Lessiter et al. 2001]. ITC-SOPI와 기타 기존 설문지를 기반으로 롬버드[Lombard]와 동료들은 다양한 유형의 미디어(일부 피험자는 저해상도 흑백 텔레비전을 시청)에 걸친 측정 도구를 갖기 위해 TPI[Temple Presence Inventory] 뿐만 아니라 앞의 '프레젠스의 해체' 절에서 나열했던 6가지 개념[Rombard and Ditton 1997]의 많은 부분을 개발했다(어려운 실험이 필요한 소셜 프레젠스 요소는 제외).

다시 '사이버 스페이스'로 돌아가 콘퍼런스 전화처럼 심플한 미디어조차도 여러 사람이 각자 "여기 밥[Bob] 있나?"라고 할 때의 '여기'로 인정하는 단일 장소로 모이게 할 수 있다. 스카베즈의 소셜 프레젠스 일루전과 들어맞는 경험이다.

마침내 완전히 물리적으로 몰입할 수 없는 VR과 시네마틱 VR을 제외하고는 거의 한 바퀴 돌아 가상 현실로 왔다. 시네마틱 VR은 체험자(뷰어)가 어느 방향에서든 볼 수 있게 방향을 바꿀 수 있지만 미디어 제작자가 결정한 대로 거의 컨트롤할 수 없는 미리 짜여진 내러티브만 가능하다(뷰 방향에 기초한 컨트롤은 있을 수 있지만 그렇지 않을 경우 주로 수동적으로 시간 제한 이벤트를 통과함). 보스미르[Vosmeer]와 스하우텐[Schouten]은 프로젝트 사례 연구에서 크로스 미디어 경험(시네마틱 VR과 TV)의 뷰어에게 프레젠스를 유도하려는 연구를 설명한다[[Vosmeer and Schouten 2017].

프레젠스의 결정요인과 반응

프레젠스에 대한 절대적인 정의를 제공하는 것이 어렵더라도, 프레젠스(어떻게 정의되든)가 달성될 수 있는 방법 또는 적어도 프레젠스의 일부 요소(무엇이든)에 어떤 요소들이 역할을 하는지에 대해서는 여전히 상당한 양의 합의가 이뤄지고 있다. 마찬가지로 어떤 형태의 프레젠스가 달성될 때 체험자들에게 특별한 반응 즉, 프레젠스의 징후가 있을 것이다. 그림 3-21은 이러한 프레젠스의 결정 요인과 프레젠스에 대한 반응의 융합을 보여준다. 우리는 이 도표를 중심으로 이 요소들에 대한 논의를 정리할 것이다.

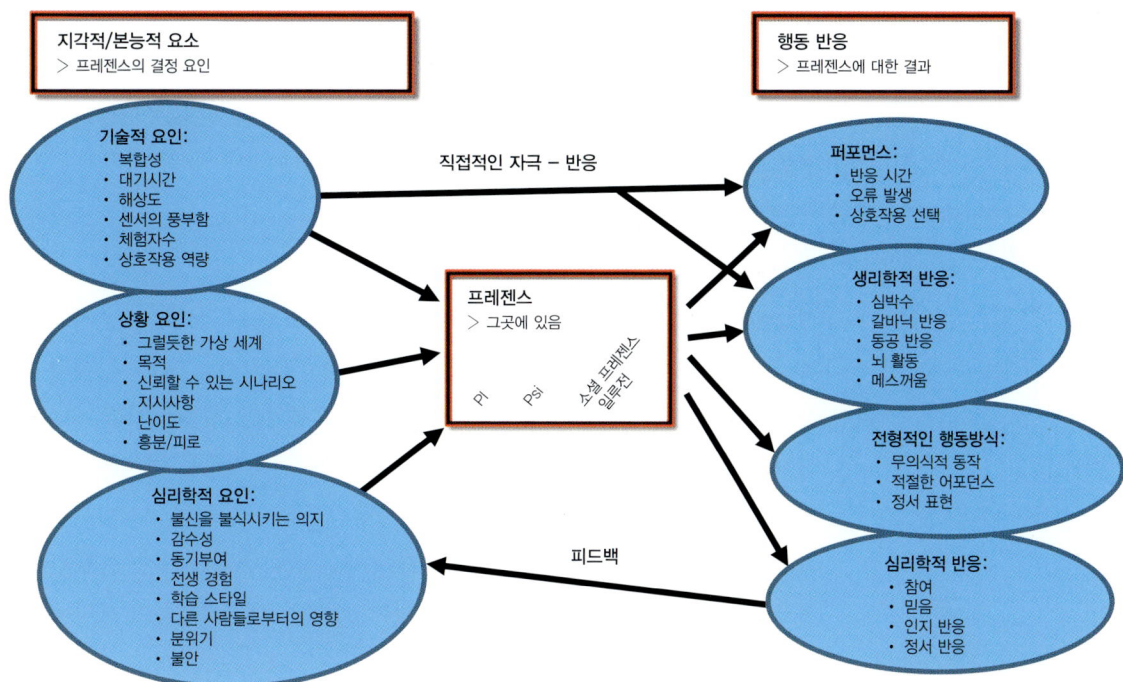

그림 3-21 이 다이어그램은 종종 프레젠스 불리는 현상에 대한 결정요인과 결과를 보여주며, 가상 현실 프레젠테이션에 대한 사용자의 경험에 대한 직접적인 자극-응답 및 심리적 피드백을 보여준다. (Diagram adapted and expanded upon from Mestre [2015])

우리가 제시하는 도표는 여러 출처의 데이터를 종합한 것이지만, 가상 현실 경험을 연구하고 개발할 때 프레젠스 개념을 갖는 것의 이점에 대한 그의 설명에서 나온 Mestre [Mestre 2015]이다. 특히, 도표는 전체적인 프레젠스에 기여하는 세 가지 차별적 요인의 집합을 가지는 개념과 그 다음 프레젠스 달성에 따른 행동을 일부 자극으로부터 직접 반응하는 경로를 추가해 나타낸 것이다(체험자가 실제로 Worl과 교감하지 않더라도 VR에서 많은 작업을 수행할 수 있다). 우리 도표에 묘사된 요인/반응의 약 절반이 메스트레에 의해 열거됐다. 우리의 다이어그램은 두 개의 행동 반응 세트(생리학적 및 심리학적)를 추가하지만, 메스트레는 논문에서 생리학적 요인을 언급하고 있다. 우리의 다이어그램은 또한 생리적 반응 버블에 추가적인 자극-반응 경로를 추가하고, 또한 심리적인 반응과 요인 사이의 피드백 루프를 추가한다. 별도의 자극-반응 경로의 함축은 프레젠스가 달성됐을 때 단순한 자극-반응 이상의 것이지만 반드시 지각 수준에 이르지는 않지만 정신적인 과정을 통합한다는 것이다.

중앙 상자에 프레젠스하는 일부 하위 구성요소의 함축은 VR 커뮤니티의 현재 사고를 나타낸다. VR 커뮤니티에서 프레젠스는 하나의 특별한 개념으로 간주되지 않고, 오히려 착각의 세계를 보다 현실처럼 보이게 만드는 체험자에 의해 경험되는 조건의 합치를 의미한다.

지각 및 시각적 요소

경험에서 존재감을 창출하는 데 도움이 되는 요소, 즉 구성 요소는 여기서 세 가지 뚜렷한 범주로 구분된다. 기술적 요인, 맥락적 요인, 그리고 심리적 요인이다. 이러한 범주는 매체 형태, 매체 내용 및 체험자의 특성에 대한 개념에 합리적으로 잘 매핑된다. 아마도 그것들은 프레젠스에 영향을 미치는 스카르베즈의 범주에 매핑될 수 있을 것이다. '시스템의 [물리적] 몰입', '시나리오의 일관성' 그리고 '사용자의 개별적 특성'[Skarbez et al. 2017]. 우리는 또한 기술적 요소와 정황적 요소들이 보다 객관적이고, 심리적인 요소들이 보다 주관적이라고 생각할 수도 있다.

기술적 요소: 이러한 요소들은 신체적으로 몰입할 수 없는 경험의 특성을 제공한다. 그것들은 일반적으로 우리가 특정 매체에 속하는 경험에 라벨을 붙이도록 하는 매개 변수들이다. 그리고 그 매질 내에서, 감지기적 세부사항의 정도. 물론 일부 매체의 경우, 일부 요소의 값은 스펙트럼의 영단(즉, 모든 매체가 양방향 또는 물리적으로 생동적이지 않음)에 있을 것이다.

- **멀티 모달리티**: 체험자에게 제시된 센서 모달리티 수
- **레이턴시**: 사용자 입력에 대한 컨텐츠의 응답 시간
- **레졸루션** resolution: 주어진 감각형태에서의 자극의 정밀도
- **감각적 풍부함**: 감각적 양식 내의 세부사항
- **체험자 수**: 다른 체험자와 경험을 공유하는 정도
- **상호작용 능력**: 사용자가 세상을 변화시킬 수 있는 정도(최소한 세계에서의 자신의 위치)
- **현실 세계로부터의 격리**: 체험자로부터 현실 세계가 얼마나 가면을 쓰고 있는지, 그들이 주로 가상 세계에 집중할 수 있도록 한다.

상황적 요인: 이것들은 가상 세계의 요소와 관련된 요소들, 그리고 체험자가 세계에 접근하는 방법에 관한 요소들이다. 다시 말하지만, 이것들은 일반적으로 매체를 통한 경험의 내용과 관련이 있다.

- **그럴듯한 가상 세계**: 잘 행동하는 세상—그 나름의 규칙에 따라(다이지와 스카베즈의 일관성에 관한 개념)
- **목적**: 사용자가 예상한 내용을 알고 있는 경우
- **신뢰할 수 있는 시나리오**: 사용자에게 가상 세계에 맞는 작업을 수행하도록 요청
- **지침**: 사용자에게 기본 작동과 가능한 작업에 대한 정보를 제공
- **난이도**: 작업은 초기 기술 수준과 관련해 불가능할 정도로 어렵지도 않고, 흥미롭지 않을 정도로 쉽지도 않다.
- **흥분/피로**: 사용자의 에너지 및 주의 수준과 경험에 얼마나 많은 자신을 적용할 수 있는지.

심리적인 요인: 사용자가 경험에 가져오는 요소들, 즉 어떤 특성들, 그리고 그들이 경험에 참여할 때마다 고유한 요소

- **불신을 중지하려는 의지**: 체험자가 가상 세계를 실제인 것처럼 받아들이고 참여할 수 있도록 하는 개방성 또는 부정적인 측면에서는 가상 세계/가상 현실의 개념을 거부하는 성향
- **의심성**: 실험자가 취하는 자연적 성향(아마도 인지적 의지에 반대할 것이다)
- **동기**: 경험에 참여하고 싶은 특정 욕구(또는 그것을 통해 제시되는 매체)를 가지는 것
- **전생 경험**: 매체 또는 콘텐츠와 관련된 기술, 연관성, 편견, 지식 등
- **학습 스타일**: 새로운 기술을 배울 때 체험자가 취하는 접근 방식—어떤 사람들은 시각적 지향성과 청각, 그리고 어떤 촉각(터치)이다.
- **다른 사람들로부터의 영향**: 이러한 특정 경험에 대한 그들의 기대가 어떻게 영향을 미쳤는지 또는 구경꾼(금지적 또는 전시적)의 영향에 대해 사람들이 그들에게 말한다.

- **무드**: 흥미를 고조시키거나 억제할 수 있는 체험자의 현재 성향
- **불안**: 경험의 내용에 대한 우려 또는 경험에 대한 초점을 줄일 수 있는 외부 요인에 대한 우려

행동 반응

매체에 대한 체험자의 경험의 결과는 현재 상태에서 주어진 매체를 통해 사용자가 주어진 콘텐츠에 어떻게 반응하는지에 대한 네 가지 뚜렷한 범주로 구분된다. 다시 말하지만, 그 반응들 중 일부가 직접적인 자극-반응 작용 또는 인지적 작용의 결과일 것이라는 것을 인지한다. 반응하는 나머지 행동들은 프레젠스가 효력을 발휘하는 어떤 정도를 통해서 매개되는 것이다. 또한 직접적으로 영향을 받을 수 있는 두 가지 범주는 성과 생리적 반응이다. 반면에 대표적인 행동과 심리적인 행동은 주로 프레젠스에 의해 영향을 받는다.

성능: 사용자가 주어진 작업을 얼마나 잘 수행하는지를 초래하는 결과. 사용자는 자극에 대한 응답으로 직접 작업을 수행할 수 있지만 가상 세계에서 자신의 프레젠스에 영향을 받을 수도 있다. 이것들은 객관적으로 측정할 수 있는 과제들이다.

- **반응 시간**: 특정 작업을 수행하기 위한 활동시간 단축을 촉진하는 교육, 게임, 기타 장르의 업무
- **발생 오류**: 마찬가지로 오류를 열거할 수 있고 피해야 할 특정 장르(조작된 실험 과제를 수행하는 피험자 포함)
- **상호작용 선택**: 가상 세계에서 실행돼야 할 것에 대한 이해를 나타내는 방식으로 작용해, 세계에 대한 수용을 증명

생리적 반응: 이것들은 자연적으로 신체적으로 반응하는 반응이며, 일반적으로 신경계 내의 자동적 과정의 결과물이다. 물론 시각적 시스템과 전정적 시스템 간의 불일치와 같은 자극-반응 반사 작용의 직접적인 결과일 수 있다. 물론 가상 세계에서 사용자의 프레젠스에 의해서도 영향을 받을 수 있다. 대부분 이것들은 객관적인 방법을 통해 꽤 쉽게 측정될 수 있다.

- **심장박동수**: 상황이 위급해지면 증가하거나, 세상이 좋아지면 감소할 수 있다.
- **갈바닉 반응**: 스트레스나 정신적 긴장으로 인한 땀으로 인한 피부 전도도 증가
- **동공 반응**: 동공 확장은 (표준 광선 반사 외에) 정서적 또는 흥분적 수준일 수 있다.
- **뇌 활동**: 두피에 전기적 신호를 측정해 경계, 인지 처리, 불안 등 다양한 조건을 나타낼 수 있다.
- **메스꺼움**: 세상이 어떻게 만들어졌는지에 대한 문제에 대한 분명한 부정적인 반응—시력과 충만 사이의 불일치와 관련이 있으며, 일반적으로 설문지에 의해 측정된다. 더 극단적인 경우에는 객관적으로 주목할 수 있다.

대표적인 행동: 이것들은 가상 세계의 현실의 수용을 드러내는 신체적인 행동이다. 그들은 일반적으로 반드시 인지적 사고를 통해서는 아니지만 프레젠스에 의해서 매개된다. 대부분의 경우, 이것들은 객관적으로 관찰될 수 있는데, 특히 일부 신체 움직임이 이미 트래킹되고 있기 때문에 VR 경험의 경우 더욱 그러하다.

- **자발적 움직임**: 빠르게 접근하는 오브젝트에 대한 회피 반응은 사용자가 물리적으로 실제 오브젝트로 취급하고 있음을 시사한다.
- **적절한 조치**: 의도적으로 긍정적인 결과를 가져오거나 부정적인 결과를 피할 수 있는 방법으로 몸을 움직인다.
- **어포던스 찾기**: 해당 세계 안에 있는 오브젝트를 작동하는 방법을 지각
- **감정 표현**: 가상 세계의 결과로 미소짓거나 찢어지거나 경악하는 감정표현 등 겉으로 나타나는 감정표현

심리적인 반응: 가상 세계의 현실을 수용하는 것을 암시하는 정신적 반응. 대표적인 행동과 마찬가지로, 이들 역시 일반적으로 체험자의 프레젠스를 통해 매개된다. 특히 심리적 반응은 순환하면서 심리적 요인으로서의 프레젠스감 속

으로 되돌아간다. 따라서 사용자의 기분은 바뀔 수 있고, 그들의 불안감은 줄어들 수 있으며, 그들은 기꺼이 믿는 사람이 될 수 있고, 또는 그 반대로 될 수 있다. 경험의 심리적 반응을 측정하는 것은 주로 주관적이다. 질문지나 발성에 의해 측정된다.

- **참여**: 체험자가 가상 세계로 얼마나 유입됐는가
- **믿음**: 프레젠스한다는 것이 증명될 수 없음에도 불구하고, 현존하는 것으로 세상을 받아들이는 것
- **인지반응**: 가상 세계를 프레젠스하는 곳으로 적극적으로 생각하는 것
- **감정적 반응**: 공포, 슬픔, 흥분 등의 본능적인 반응

프레젠스 측정

이 절의 앞부분에서는 사용자가 가상 현실 또는 다른 미디어의 경험에 어떻게 반응하는지 측정할 수 있는 것의 중요성을 설명에 대해 논의했다. 특히 가상 세계를 현실로 얼마나 잘 받아들이는지, 정신적으로 세상과 교감하는지, '프레젠스'를 경험하는지 등을 살펴본다. 우리는 프레젠스의 가능한 결과를 열거하면서 프레젠스가 측정될 수 있는 몇 가지 방법들을 암시했지만, 이제 그것들에 직접적으로 초점을 맞추자.

우리는 측정의 몇 가지 특성을 고려하는 것으로 시작한다. 측정 기법의 1차적 이분법은 객관적 자료인지 주관적 자료인지의 여부다. 개인의 내면적이어서 본질적으로 측정하기 어려운 주관적 자질을 한정성(단수에서 제곱)이라고 한다. 그러나 프레젠스는 이러한 예선 중 하나이기 때문에 외부 반응만큼 체험자들의 정신 상태로부터 정보를 수집하는 것이 중요하다.

추구할 측정 방법을 결정할 때 직면하는 문제가 있다. 어떤 방법들은 경험, 즉 물리적인 방법 또는 두 가지 방법 모두를 방해할 수 있으며, 따라서 세계와 완전히 관계를 맺을 수 있는 능력을 감소시킬 위험이 있다. 일부 측정은 사후 측정되며, 따라서 체험자는 경험 중 가졌던 지각을 잘못 기억할 수 있으며, 특정 지각은 경험의 특정 순간에 대해 신뢰성 있게 정확히 지적하지 못할 수 있다.

모든 측정에서 측정 대상자가 얼마나 잘 측정하고 있는지, 측정 방법이 서로 다른 체험자와 다른 경험에 얼마나 일관적인지 이해할 필요가 있다. 각 방법에 대한 모든 가능성을 열거하는 것은 이 책의 범위를 벗어난다. 스카베스와 휘튼Whitton은 서로 다른 기법(유효성, 신뢰성, 객관성 및 민감도)의 품질을 포함해서 측정 기법에 대한 좋은 개요를 제공한다[Skarbez and Whitton].

많은 연구자들이 서로 다른 측정 기법을 열거했지만, 스카르베즈와 휘튼의 리스트를 시작으로 로컬라이제이션을 추가할 것이다.

- **질문지**: 이미 프레젠스하는 클래식 프레젠스 질문지 중 하나를 사용할 때 일관성을 가질 수 있는 매우 인기 있는 방법(아마도 증강됐을 것이다). 설문지는 주관적이지만 체험자의 내면을 감지하기 위해 노력한다.
- **행동**: 행동이 외부적이기 때문에 이러한 측정은 특히 알고리즘적으로 점수가 매겨졌을 때 보다 객관적이어서 가상 현실 시스템에서는 더 쉽다(다른 매체의 경우 더 어렵다). 물론 이것은 사용자의 움직임을 트래킹할 때조차 어려울 수 있는 좋은 채점 알고리즘을 만드는 것에 의존한다.
- **생리학**: 따라서 객관적으로 측정할 수 있는 사용자의 또 다른 외부 반응. 그러나 행동 측정과는 달리 생리적 반응을 기록하는 것은 일반적으로 사용자가 착용하는 것에 더 많은 디바이스를 추가해야 하며, 그 중 일부는 뇌 활동을 측정하기 위해 전극이 달린 두개골 캡과 같이 상당히 거슬릴 수 있으며, 이는 사용자가 세상에 관여하려는 시도를 쉽게 방해할 수 있다.
- **정신물리적**: 객관적 감각을 측정하지만 광자 지연에 대한 동작이 구역질을 일으키기 시작하는 경우와 같이 이러한 지각이 명백해지는 임계값을 사용자가 보고하도록 요구하는 보다 도전적인 기법이다.
- **인터뷰**: 일반적으로 사후 경험을 부여한다(경험을 과감하게 교란시키는 비용으로 특정 간격으로 주어질 수 있지만, 세계의 에이전트가 어떤 자연스러운 담론을 통해 인터뷰를 하지 않는 한). 인터뷰는 연구자가 미처 생각하지 못한 경험에 대해 배울 수 있게 해준다.

- **로컬라이제이션**: 사용자가 경험을 하면서 자신의 생각을 사운드내어 말하게 하는 관행. 흔히 디자인 과정의 일부로 사용되는데, 여기서 경험에 대한 명백한 침입은 덜 우려되지만, 인터뷰와 마찬가지로, 그렇지 않으면 수집되지 않을 수 있는 정보로 이어질 수 있으며, 경험 중에 발생함에 따라 특정 지각을 발생시키는 사건을 주목할 수 있다.

물론 한 사람이 프레젠스감을 측정하기 위해 한 가지 수단만을 사용하는 것에 국한되지 않는다는 것은 명백해야 하며, 실제로 한 가지 방법이 특히 더 주관적이고 다른 한 가지는 더 객관적일 경우 두 가지 이상의 방법을 포함하는 것이 현명하다. 그런 다음 이러한 다중 평가를 교차 비교(삼각형)할 수 있으며, 측정 프로세스의 유효성을 검증하는 데 도움이 된다.

복수의 측정 기법을 적용해서 배울 수 있는 것에 대한 일화로서, 슬레이터와 우소[1994]는 프레젠스 측정에 관한 초기 연구에서 개방적(인터뷰 스타일) 질문을 포함한 가상 경험에 대한 물리적 반응(예: 위험 회피 행동)과 경험 후 질문지를 모두 사용했다. 이러한 조치들은 다양한 가상 세계의 특징과 정신적 몰입 사이의 관계를 분석하는 데 사용됐다. 각 체험자에 대해 어떤 감각이 지배적인지를 판단하기 위해 피험자에 의한 비평을 검토했다. 연구원들은 사물을 묘사하기 위해 어떤 종류의 단어가 사용되는지 살펴보았다.

그들은 어떤 사람은 시각적으로("나는 …를 본다")로 쓰는 반면, 어떤 사람은 소리에 더 많은 영향을 받고("나는 …를 듣는다"), 또다른 사람들은 촉각에 더 편향("나는 …를 느낀다")돼 있음을 발견했다. 예를 들어, 어떤 사람들은 시각적 학습자여서 시연을 봐야 한다. 다른 이들은 청각적 학습자들이다. 그들은 무엇을 해야 하는지 또는 강의를 들어야 한다. 어떤 사람들은 촉각이 우세해서 배우기 위해 실제로 무언가를 해야 한다. 따라서 연구원들은 몰입의 깊이가 피험자들의 선천적인 감각적 지배와 VR 세계에서 주어진 피드백 유형과 관련이 있다는 것을 발견했다. 시각적으로 우세한 사람과 청각적으로 우세한 사람이 동일한 VR 애플리케이션을 경험할 경우 서로 다른 수준의 몰입도를 경험하게 될 것으로 보인다. 시각적 피드백에 초점을 맞춘 애플리케이션의 경우 시각 지향적인 사람이 청각 지향적인 사람보다 더 몰입할 것이다. 사운드가 없는 가상 세계에서, 청각이 우세한 피험자는 운동감각 지향적인 피험자의 경우 가상 세계에서 아바타를 사용하는 것은 더 높은 몰입도를 가져왔다.

임바디먼트

'프레젠스'에 대한 연구는 동시에 소수의 학문에서 상승했지만, 처음에는 명확한 용어 집합을 처음부터 이끌어낼 필요가 있는 교차적 융합이 없었다. 임바디먼트Embodiment의 경우, 가상 현실 연구 공동체가 나중에 화제에 올라, 개념의 보다 넓은 범위 내에서 현명하게 작용했을 수도 있다. 예를 들어, 보디 이미지와 보디 스키마BIBS를 사용해 임바디먼트의 구성요소를 설명했다[Tong et al. 2015]. 많은 경우에, 가상 현실 경험은 체험자들이 세계와 직접적인 연관성을 갖지 않은 채 개발됐다. 소유권이나 에이전시를 적용할 수 있는 다른 신체 부위는 경험 내에서 이용할 수 없기 때문에 많은 헤드트래킹 전용 VR 체험은 여전히 이런 식이다.

가상 현실 시스템의 아바타는 대개 적어도 어느 정도는 휴머노이드였다. 즉 눈이 있는 머리로 식별될 수 있는 무언가가 있고 신체가 어느 방향을 향하고 있는지 분명하다. 종종, 전신은 두 개의 팔과 두 개의 다리를 가지고 있는 전형적인 인간을 다소 대표하는 방식으로 묘사된다. 휴머노이드 아바타를 사용할 때, 물리체에 의한 아바타의 컨트롤 문제는 신체 일부를 해당 아바타 신체 부위에 직접 연결하는 간단한 매핑이다. 그러나 가상 현실에서는 이 아바타가 휴머노이드일 필요는 없다. 소일 수도 있고 개일 수도 있다. 이러한 네 가지 한계 사례에서는 비교적 간단한 매핑을 달성할 수 있다(꼬리는 무시). 그러나 아바타(예를 들어 세팔로 된 인간이나 문어)에 더 많은 부가물(뱀이나 가스 덩어리같은)이 있거나 경우, 물리적 몸을 아바타에 어떻게 매핑할 것인가 하는 문제와 사용자가 아바타를 어떻게 조종할 것인가에 대한 문제는 더욱 복잡해진다.

이 장의 앞부분에서 우리는 피질에서 감각운동수용기 및 근육 활성제까지의 신경 매핑을 대뇌피질 호문쿨루스라고 언급했다. 그 용어의 사용 범위를 확장하면, 우리의 뇌를 휴머노이드 아바타뿐만 아니라 가상 현실 경험에서 비 휴머노이드 아바타를 조종할 수 있는 능력도 동문학적 유연성이라고 한다. 어떤 형상을 컨트롤할 수 있는지, 그리고 조절을 수행하는 방법(예: 근육이나 신경 출력을 통해)은 연구의 개방 영역이다[Won et al. 2015].

현실 세계는 동음이의어적 유연성과도 관련이 있다. 이 책에서 이것들을 다루지는 않겠지만, 심리학자들은 또한 자신을 느낄 수 있는 추가적인 신체 부위를 가지고 있다고 지각하는 사람들(흔히 뇌졸중 피해자)의 관점에서 (비주얼과 다른 증거에도 불구하고) [Halligan et al. 1993]과 같은 관점에서 '초수적 사지'의 개념을 탐구했다. 두 번째 오른쪽 팔과 같은 추가 부속품을 물리적으로 시뮬레이션한다[Guterstam et al. 2011]. 클라크[Clark 2007]가 고려하는 것처럼, 우리가 사용하는 물리적 도구까지 확장할 수 있는 신경 유동성에 대한 높은 능력을 가지고 있는 것처럼 보일 것이다.

신체 소유권 착각 유도

가상 현실 연구 커뮤니티 외부의 연구에서, 롱고와 동료들은 임바디먼트의 구성요소를 해부하기 위해 고무손 착각을(이 절의 앞 장에서 논의)를 이용했다[Longo et al. 2008]. 고무손 착각을 사용함으로써, 그들은 반응을 실제 신체와 비교하고, 실제로 비신체 부분을 지각하는 방법에서 두 가지 조건 하에서 비교할 수 있다(고무와 실제 팔의 동기 스트로킹뿐만 아니라 비신체 부분을 통해서). 연구원들에 따르면, "고무손 착각은 임바디먼트를 조작하는 몇 안 되는 수단 중 하나를 제공한다." (물론, 가상 현실은 그렇게 하는 또 다른 수단이다)

최고 수준에서 피험자들은 고무 손의 임바디먼트, 자기 손의 손실, 자기 손의 움직임 컨트롤 상실, 손의 감정적 접촉(즉, 적절한 반응), 자기 손의 감정의 손실/감소(결함) 등 5가지 다른 조건을 경험했다. 아마도 VR 경험에서 더 중요한 개념은 가장 두드러진 것이 바로 임바디먼트다. 롱고와 연구원들은 임바디먼트를 다음과 같이 정의한다.

> **임바디먼트**: 자신의 육체에 대한 감각. 무언가가 자신의 몸이라는 감각

이 연구의 중요한 결과는 소유권, 위치, 에이전시라는 임바디먼트의 세 가지 주요 차원을 발견하는 것이었다. 롱고 실험의 경우, 일부 피험자들은 그들이 원했다면 고무 손을 움직일 수 있었을 것이라고 느꼈다고 보고했다. 이 느낌은

에이전시 개념의 핵심이다. 그러나 3차원은 모두 한 역할을 한다.

산체스, 바이브와 동료들은 가짜 손의 임바디먼트(특히 소유권과 위치의 하위 구성요소(고유감각 대체)가 동시적 피부 자극 없이 시각운동성 상관관계로 유도될 수 있는지 여부를 알아내고자 노력했다[Sanchez-Vives et al. 2010]. 머리 트래킹과 개별 손가락 움직임을 포함하는 위치 트래킹 글러브를 사용해서, 그들의 실험은 자기 이동의 자기 수용적 지각과 연결된 시각적 지각에서만 임바디먼트를 긍정적인 발견하는 결과를 낳았다. 다시 말해서, 물리적인 손의 움직임을 흉내내는 가상의 손 아바타가 가상의 손을 자신의 것으로 받아들이도록 하는 것이다. 그것이 체화되면 '갖고 있는' 것처럼 느끼게 된다. 이러한 느낌은 허황된 것이기 때문에 이 상태를 흔히 신체 소유 착각[BOI]이라고 한다.

원앙과 스테이드의 유사한 실험에서도 시각적 반응과 운동적 반응(몸의 움직임)의 상관관계가 BOI를 유도할 수 있다는 것이 밝혀졌다[Yuna and Steed 2010]. 게다가, 위안과 스테드는 팔과 손이 어떻게 표현되는지를 베리시밀러(실제적인) 손이나 3D 화살처럼 탐구했다. 두 경우 모두 피험자는 표현(아바타)을 사용해서 세계와 상호작용할 수 있다. 그들은 보다 현실적인 아바타가 임바디먼트에 대한 신체 소유의식이 더 크다는 것을 발견했다.

BOI는 소유권 역할만 고려하기 때문에 임바디먼트의 부분집합이지만, 임바디먼트가 허황될 필요가 없다는 점에서 부분집합이다. 우리는 실제 신체에서 임바디먼트를 느낀다. BOI만이 신체의 지각과 관련된 착각은 아니며, 그 중 하나는 이미 언급된 바 있다. 즉, 팔을 만지기 위해 팔을 뻗었을 때 코가 자라나는 것으로 지각되는 피노키오 착각 현상이다. 신체 착각의 또 다른 범주는 신체 위치 착각(즉, 신체 밖 경험)이다. 이것들은 3인칭 관점에서 체험자의 몸을 볼 수 있는 원격 비디오 피드를 이용해 기술적으로 유도될 수 있다. 피부와 자기수용감각이 자극돼 체험자가 그것을 느끼고 그 원인을 시각적으로 볼 수 있을 때, 그들은 여전히 외부에서 보는 그 몸에 대한 소유감을 가질 수 있다.

킬테니와 동료들은 특히 가상 현실과 관련된 신체 착각 문헌에서 발견된 중요한 내용과 함께 이러한 착각 중 일부를 다음과 같이 분류했다. "다른 신체 착각으로부터 발견된 것을 확장하면 신체 소유 착각은 인간의 뇌가 사용 가능한 다감각 및 감각운동 정보를 기반으로 자신의 신체 일부임을 동적으로 계산한다는 것을 드러낸다."[Kilteni et al. 2015].

칼테니와 동료들은 그들의 문헌 검토에서 '시각과 촉각'과 '시각과 운동'(이동)의 조합에서 주로 BOI에 대해 보고하고, 이 두 가지 모두에 대한 자기수용 방법을 보고한다. 전자에서 그들은 BOI가 "보이고 느끼는 자극 사이의 공간적 결합에 의존한다"고 보고하고, 후자는 "보이고 느끼는 움직임"을 제외하고 똑같이 보고한다. 일반적으로 착각은 시각과 동시적 접촉, 즉 동시적 움직임이 결합될 때 가장 쉽게 발생한다.

그러나 BOI가 항상 달성되는 것은 아니며, 실제로 킬테니와 동료들마다 "의미 제약 조건 semantic constraints"이라는 착각을 방해하는 많은 조건이 있다. 그들이 논의하는 제약조건은 다음과 같다.

- 시범적 일치가 있어야 하며, 복수의 감각이 일치해야 한다.
- 가짜와 실제 신체 부위 사이의 일치성
- 가짜 신체 위치는 "동물학적으로 그럴듯함"이어야 한다. 손이 차체 중간선에 가까울 경우, 착각은 멀어지고 몸통 및/또는 부품의 방향이 혼란스러워지는 경우보다 더 강하며, 또한 착각을 감소시킨다.
- 부적절한 스케일링, 즉 한 차원이 다른 차원에 대해 해부학적으로 신뢰할 수 없을 정도로 크게 잘못 조정돼 "정상적인 신체 비율을 위반"하는 경우 착각을 감소시킨다.
- 부품의 공간 배치는 일치해야 한다. 즉, 오른쪽 대신 왼쪽이나 발 대신 손으로 전환할 수 없다.
- 부품의 모양은 중요하다. BOI는 형상 민감이다. 신체 부위처럼 보이지 않을수록 완전히 폐지되지 않으면 BOI가 감소한다.
- 피부 본질을 베리시밀러로 하느냐, 만화로 하느냐, 변색되느냐 하는 것은 무시할 만한 효과가 있는 것으로 판명된다.

명시적으로 논의되지 않은 영역 중 하나는 오디션이 어떻게 역할을 할 수 있는가 하는 것이다. 아니면, 더 정확히 말하자면 오디션과 발성 사이의 갈등일 것이다. 예를 들어 망치가 가짜 손을 때리고, 고통의 외침(터치)이 체험자의 몸이 아닌 가상의 몸으로 내뱉는다면, 그것이 착각을 깨뜨릴까? 아니면 힘든 일을 할 때 투덜대는 것조차?

이와 같은 맥락의 흥미로운 실험은 세나와 동료들의 '마블 핸드 일루전marble-hand illusion'이라 부르는 연구다[Senna et al. 2014]. 이 실험은 체험자의 손을 작은 망치로 두드렸을 때 들리는 사운드에 따라 자신의 손에 대한 지각이 어떻게 변하는지를 연구한다. 맞지 않는 사운드 때문에 가상 세계를 덜 믿게 되는가, 아니면 자신의 신체에 대한 지각이 바뀌는가? 망치로 손을 칠 때 '나는' 소리는 대리석을 두드리는 소리였고, 잘못된 청각 자극을 받는 5분 만에 피험자는 자신의 손이 점점 더 경직되고, 단단해지고, 무거워지고, 덜 민감해지면서 전체적으로 부자연스러워진 듯 느끼기 시작했다.

에이전시와 신체 소유가 체험자에 미치는 영향

임바디먼트의 또 다른 요소로는 에이전시가 있다. 에이전시란 한 사람이 신체 소유와 같은 상황에서 얼마나 많은 것을 통제하거나 최소한 자신이 통제한다고 생각하는가 하는 것이다. 실제로, 단지 한 사람이 에이전시를 가지고 있다고 믿는 것은 세계에 대한 그들의 지각에 영향을 미친다. 알고 있는 사람은 세계에 영향을 줄 수 있는 능력을 가지고 있기 때문에 그들에게 더 긍정적인 전망을 주는 것 같다. 낙관적인 시각을 갖게 된다.

일리노이 대학의 한 실험에서는 긍정적인(유쾌한) 것과 부정적인(불쾌한) 것이 50/50인 영상을 보여줬다. 실험에서는 키가 눌린 다음 이미지를 보여줬다. 그리고 피험자에게 키를 누르는 적절한 순서를 알아내면 긍정적인 이미지를 볼 수 있다고 말한 반면, 다른 실험에서는 컴퓨터가 키를 선택했다. 자신이 통제하고 있다고 (잘못) 믿은 피험자는 더 많은 수의 긍정적인 이미지를 보는 반면, 통제권이 없다고 생각한 피험자는 더 많은 수의 부정적인 이미지를 봤다고 보고됐다[Buetti and Lleras 2012]. 따라서 VR 경험에서 체험자를 위한 에이전시를 성공적으로 이뤄내면 해당 경험이 향상될 것이다.

심리적 요인에 영향을 주는 것만이 에이전시와 임바디먼트가 가질 수 있는 유일한 영향은 아니다. 리스와 동료들은[Ries et al. 2009] 가상 세계에 물리적으로 몰입하는 동안 내장형 아바타를 갖는 것이 일반적으로 세계 내에서 거리를 추정하는 체험자의 능력을 향상시킨다는 것을 발견했다. 이는 종종 부정확하게 수행되는 것으로 밝혀졌다[Ries et al. 2009].

몰러Mohler와 동료들은 리스와 유사한 결과를 발견했다. 내장형 아바타를 갖는 것이 사용자가 가상 세계에 적응하는 데 도움이 된다는 것을 발견했다[Mohler et al. 2010]. 그러나 해당 연구팀은 아바타-거리 추정 지각 링크를 추가로 탐색했다[Linkenauger et al. 2013]. 구체적으로, 그들은 손의 크기와 모양을 조정해 그것이 가상 세계의 크기 지각에 어떤 영향을 미치는지 알아냈다. 한 가지 발견은 가상 손 아바타의 너비에 대한 조정이 어떤 크기의 오브젝트를 파악할 수 있는지의 추정에 영향을 미친다는 것이다. 전반적으로 그들은 "신체에 기초한 지각적 척도에서 주장하듯이, 이러한 결과는 자신의 몸이 크기에 대한 지각에서 특권적인 역할을 한다는 것을 암시한다"는 것을 발견한다. 좀 더 구체적으로 말하면, 그들은 "손은 개인이 그들의 환경에서 외관적인 크기의 오브젝트를 확장하기 위해 사용하는 측정지표로서 작용한다"고 표현한다.

예를 들어, 어린이와 같은 체험자의 음성의 변화로 자기 표현(아바타)의 크기와 외형이 확증될 때, 체험자의 그들 자신에 대한 이미지는 그에 상응해서 변화한다[Tajadura-Jiménez et al. 2017].

따라서 에이전시는 영향을 미칠 수 있고, 가상 세계 기관의 구현을 통해 체험자들이 세계의 규모를 지각하도록 도울 수 있다. 신체 소유권(양생화의 또 다른 측면)도 행동적 차원에서 영향을 미치는 것으로 밝혀졌다. 킬테니 외 연구진은 물리적인 드럼 연주와 관련된 실험에서 피험자를 단순한 아바타에서 캐주얼하게 차려입은 어두운 피부 아바타 또는 정장을 갖춰 입은 밝은 피부 아바타로 전환함으로써 피험자의 드럼 연주에 영향을 미친다는 것을 발견했다[Kilteni et al. 2013]. 피험자들은 드럼을 연주하도록 지시받은 간단한 아바타로 신체 소유권과 에이전시를 획득한 것으로 밝혀졌다. 아바타 전환 이후 더 캐주얼하게 옷을 입고, 더 어두운 피부를 가진 사람들은 드럼을 더 힘차게 연주했다. 실제로, 보고된 신체 소유가 높을수록 드럼 소리는 더 커진다.

신체 소유권은 또한 체험자들의 생각을 바꾸는 인지적 수준에서 역할을 할 수 있다. 이에 대한 한 가지 탐사는 체험자의 피부색이 일치하지 않도록 설정된 실험에서 테스트됐다[Peck et al. 2013]. 특히 피부가 밝은 체험자(모두 여성)에게는 피부가 검은 손과 팔이 주어졌다. 네 가지 실험 조건 중 세 가지에서, 가상 몸은 전신 운동 캡처 시스템을 통해 피험자의 움직임에 반응했다. 네 번째 조건에서는 우연의 일치된 본체가 제공되지 않았다. 네 가지 조건 모두 대상자가 처음 세 가지 조건에서 움직이는 신체, 그리고 네 번째 조건에서는 비동기화된 신체를 볼 수 있는 거울이 포함됐다. 아바타에는 밝은 피부, 어두운 피부, 보라색(외계) 피부 등 세 가지 다른 피부색이 적용됐으며, 거울 전용 아바타에도 어두운 피부가 사용됐다. 앞 절의 의미 구속조건 리스트에 따르면, BOI는 피부색에 관계없이 트래킹된 세 가지 조건 모두에서 달성됐다. 또한 VR 체험 전후의 피험자에 대한 암묵적 편견을 실험함으로써 보라색 피부는 효과가 없는 것 같았지만, 더 어두운 피부로 가상 세계를 경험했을 때 인종적 편향이 줄어든다는 것을 알게 됐다. 그러나 연구진은 일부 자료에서 큰 차이가 있었고, 연구 대상에서도 예상치 못한 '신경성'이 있어 연구 결과를 어느 정도 내팽개쳤을 수 있으므로 더 많은 연구가 필요하다고 경고했다. 그들은 감소된 편향 효과의 지속시간을 테스트하지 않았다.

확실히 VR의 신기함과 재미요소를 이용하고 그들이 체험자들의 생각에 영향을 줄 수 있기를 바라는 몇몇 그룹들이 있다. 동물 제품의 사용을 반대하는 단체가 대학 캠퍼스에서 'I, Chicken'이라는 경험을 개발했는데, 이 체험은 컬링장으로 향하는 닭으로 체험자를 형상화한 것이다[PETA 2014].

가상 세계의 리얼리티 증가

우리는 이 점까지 '현실'이라는 개념을 충분히 다루지 못했고, 상당 부분 철학적 논의를 계속 피할 것이다. 그러나 가상 현실의 매체를 통해 가상 세계와 교류하면서 프레젠스를 경험하는 사람들은 자신이 있는 곳이 자신들에게 현실이라는 생각을 갖게 될 것이다. 그러므로 VR 개발자들이 대부분의 경우에 그러한 지각을 장려하는 것은 타당하다. 우리는 가상 세계에서 경험하는 항목에 대한 우리의 이전 경험이 그들의 실제를 증가시킬 수 있다고 추측할 수 있다. 아마도 우리가 진짜라고 받아들일 수 있는 것으로부터 시작하는 계층이 있을 것이다.

- 우리가 직접 경험한 것(예: 악어 또는 개)
- 우리가 다른 매체를 통해 그려낸 실제 모습들, 예를 들어 공룡의 과학적 재구축
- 우리가 미디어를 통해 경험한 상상력(예: The Blob)
- 아직 상상조차 하지 못한 상상력, 프레젠스하지 않는 것들—그 예시들이 없는 것은 일단 우리가 예시할 수 있게 되면, 그 예가 이전 범주로 올라가기 때문이다!

그러나 가상 세계를 보다 현실화하는 데 도움이 될 수 있는 실용적인 기술들이 있으며, 그것은 위에 열거된 요소들을 프레젠스로 이어지게 하고 임바디먼트를 가상 세계 안에서 아바타로 만드는 것으로부터 시작된다. 사실, 가상 세계를 더 진짜로 만드는 것, 더 '믿을 수 있는' 것이 이 장 전체에 대한 것이었다. 우리는 적절한 위치에서 지각적으로 사운드가 나오도록 하기 위해 복화술 효과를 사용한다. 우리는 공간을 더 크게 보이게 하고 (사실상) 체험자가 만질 수 있는 물리적인 오브젝트의 수를 곱하기 위해 리디렉션된 걸음걸이와 터치를 사용한다. 세계를 일관되고 상호작용하게 만든다. 우리는 세계에 대화형 캐릭터를 추가한다. 우리는 세상의 지각된 "현실"을 크게 향상시킬 수 있는 또 다른 기술인 수동적 햅틱을 한두 번 언급했다. 한 오브젝트의 물리적 특성이 다른 오브젝트로 전달되는 효과.

오브젝트 불변성의 전이

약 18주가 될 때까지 현실 세계에서 오브젝트 불변성의 개념을 완전히 배우지 못하는 어린 아이들처럼[Baillargeon 1993], 처음으로 가상 세계로 들어가는 사람들은 그 곳의 오브젝트의 불변성에 믿는 어려움을 겪을 수도 있다. 다중 감각의 첨가는 오브젝트의 프레젠스를 세계에 확증하는 것으로 그 오브젝트의 신뢰성과, 나아가서는 세계 그 자체의 신뢰성을 증가시킨다.

가상 현실 경험의 개발자들은 감각 전달을 이용해 세계의 실재에 대한 인상을 높일 수 있다. 이것은 세계와 세계 전체의 특정 오브젝트의 사실성을 증가시키기 위해 모두 작용한다. 개개의 오브젝트가 사실적으로 보일수록 사용자는 개개의 오브젝트가 자연스럽게 행동하기를 기대할 것이다. 사운드나 촉각과 같은 감각적 디스플레이를 더 많이 추가하는 것도 마찬가지로 오브젝트의 사실성을 증가시킬 것이다. 현실성을 강화하는 한 가지 방법은 체험자가 더 이상 볼 수 없는 경우에도 가상공간을 통해 오브젝트의 소닉 측면이 그 오브젝트를 따르도록 하는 것이다. 그 결과 체험자는 오브젝트에 영속성이 있는 속성이 있다는 것을 실현한다[Snoddy 1996].

마찬가지로, 일부 오브젝트가 감지적으로 강화됐을 때 세계 전체의 현실성도 극적으로 향상될 수 있다. 그래서, 사용자가 그들에게 매우 실제적인 것으로 보이는 하나의 오브젝트를 마주치게 되면, 아마도 세계의 다른 오브젝트의 실제도 증가할 것이다. 이것은 체험자들이 그들의 불신을 중단시키기 위한 초기 장벽을 극복하도록 돕는 데 매우 유용할 수 있다. 따라서 체험자들의 현실성에 대한 기대는 높아지게 되고, 그들은 세계를 시험하지 않고 대표하는 대로 신뢰하기 시작한다.

촉각은 속이기 매우 어렵기 때문에 다른 감각적 입력을 확증하는 촉각적 피드백은 더욱 효과적일 수 있다. 헌터 호프만$^{Hunter\ hoffman}$[1998]은 체험자에 대한 불신의 강화된 중단을 달성하기 위해 단순한 햅틱 디스플레이를 사용해서 이러한 현상을 이용한다. 그는 워싱턴대학 휴먼인터페이스 테크놀로지(HIT) 연구소에서 일하면서, (수동적인) 햅틱 디스플레이를 생산하기 위해 물실물 접시에 트래커 디바이스를 장착했다. 실물 접시에 부착된 트래커는 가상 세계의 플레이트 표현과 연결돼 있다. 사용자에게 가상 플레이트가 주어지고 그것이 실제 상대방의 모든 속성을 가지고 있다는 것을 발견하면, 그들은 실재에 대한 개념을 다른 가상 세계로 확장하기 쉽다. 이러한 오브젝트 불변성의 전이는 사용자가 벽을 통과하려고 시도하지 않을 정도로 사용자의 불신감을 증가시킬 수 있으며, 따라서 벽이 플레이트만큼 충분히 표현되지 않았다는 것을 결코 발견하지 못한다.

호프만은 공포증 노출 치료에 VR을 이용한 작업에서 이러한 전이를 활용한다. 체험자의 몰입도를 높임으로써, 그들의 공포 대상에 대한 노출은 실제와 마찬가지로 실제처럼 보일 수 있고 따라서 치료의 효과를 높일 수 있다. 호프만이 저녁 식판을 사용한 것은 수동적인 해프닝의 한 예다.

4장에서 우리는 수동적 프로프의 확률성 속성에 대해 살펴보기로 한다. 즉 사용자가 만질 때 그것이 어디에 있는지 알 수 있도록 자기수용성을 사용할 수 있다. 이것 역시 실제 오브젝트가 가상 세계에 대한 정보를 전달하기 위해 물리적 속성에만 사용되는 수동적 침례의 기법이다. 이러한 수동적 햅틱 디스플레이는 체험자의 입력에 반응하는 어떤 능동적인 힘을 생성하지 않는다. 수동적 햅틱을 이용한 오브젝트의 영구성 전이에 관한 보다 정교한 실험이 채플힐의 노스캐롤라이나 대학에서 수행됐다. 더 효과적인 가상 환경을 만들기 위한 연구에서, 연구원들은 가상 세계의 벽과 서피스의 시각적 표현과 동시에 위치한 스티로폼, 폼코어, 합판을 가상 세계의 일부를 물리적으로 모방하기 위해 사용했다(그림 3-22). 따라서 피험자가 가상의 서피스를 보고 손을 뻗어 만질 때 적절한 위치에서 폼코어나 합판을 느낄 수 있다. 연구원들은 생리적 테스트를 시행하고, 심박수, 호흡수 및 기타 요인과 같은 생리적 반응을 측정하고, 피험자들이 얼마나 몰입감을 느꼈는지에 대한 주관적 평가에 대해 조사함으로

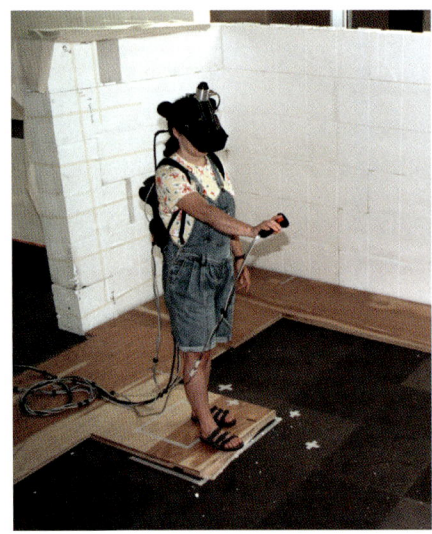 

그림 3-32 이 이미지에서, 체험자는 3인치 선반과 스티로폼과 폼코어를 벽돌과 돌 벽을 표현하기 위해 합판과 같은 수동적인 오브젝트를 사용하는 가상 세계에 대한 촉각적인 단서를 얻는다. 이 체험자는 헤드 마운트 디스플레이에서 한 층 정도의 높이에서 떨어지는 것을 본다. 그녀는 가장자리가 있는 표면에 서 있기 때문에 발가락으로 이 지점에 정말로 낙차가 있다는 것을 느낄 수 있다. 그녀는 20피트 떨어진 곳을 보고 있고 가장자리에 바닥을 느끼지 못하기 때문에, 그녀는 자신이 정말로 1층 떨어진 곳의 가장자리에 서 있다고 믿을 것 같다. (Images courtesy of the University of North Carolina at Chapel Hill)

그림 3-23 이 이미지에서는 '가상 의자'에 앉을 수 있는 능력을 포함해 체험자들에게 단순한 수동적 촉감을 제공하기 위해 척박한 물리적 공간이 만들어진다. 세계의 시각적 외관은 완전히 시뮬레이션된 후 HMD에 표시된다. (Photograph courtesy of The VOID, LLC)

써 체험자들의 프레젠스감을 측정했다[Insko 2001].

사운드 또한 가상 세계의 전반적인 현실을 향상할 수 있다. 수동적인 햅틱처럼, 오브젝트와 연결된 공간화된 사운드들은 그 오브젝트에 영속성을 더한다. 유아가 관찰할 수 없을 때에도 오브젝트가 프레젠스한다는 것을 배워야 하는 것과 마찬가지로, 가상 현실 경험의 체험자들도 똑같이 회의적인 것처럼 오브젝트가 화면에서 벗어난 후에 그들의 머리를 돌려 오브젝트를 바라보는 것으로 보인다. 디즈니의 Aladdin VR 경험[Snoddy 1996]의 디자이너들은 오브젝트가 시야에서 벗어나도 적절한 방향으로 계속 들리는 사운드를 주는 것이 잠재적으로 그 오브젝트가 실제로 여전히 프레젠스한다는 것을 사용자에게 확신시키는 데 도움이 된다는 것을 발견했다.

공공장소 체험 VOID는 공간화된 사운드와 함께 수동적인 햅틱을 상당히 활용한다. 모험가들이 VOID의 시설에서 경험하는 전 세계는 수동적인 오브젝트로 만들어진다. 씬 뒤에는 모두 무광 검게 칠해져 있지만, 가상 현실 디스플레이를 통해 살아나며, 벤치에 앉으러 갈 때도 착각은 상하지 않는다. 왜냐하면 거기에 행동하고 있는 물리적인 오브젝트가 있기 때문에 실제로는 앉을 수 있다(그림 3-23).

프레젠스 파괴: 세계를 덜 실감나게 하는 것들

물론 가상 세계의 지각된 현실을 감소시키는 요인들도 있다. 이들 중 일부는 단순히 기술의 단점일 뿐이며, 이는 기술이 발전함에 따라 감소될 수 있다. 다른 문제는 경험의 디자인 또는 체험자의 상태 또는 지식으로 인해 발생한다.

어떤 매체의 해상도 부족 또는 사용자가 알아차릴 수 있는 갱신율보다 낮은 것이 기술 문제의 일부다. 이론적으로 기술은 대부분의 사용자가 더 이상 해상도 또는 지연의 임계값을 알아채지 못할 지점에 도달할 수 있다. 다른 기술 문제들은 시야의 깊이 부족과 같은 특징들이 누락돼 있다. 또한, 일부 기술의 높은 비용 및/또는 비실용성은 많은 경험, 특히 다양한 형태의 햅틱 디스플레이에서 사용을 배제하는 결과를 낳는다.

세계 속의 공리(해결해야 할 어떤 미스터리의 일부가 아닌 한)는 정신적으로 체험자를 경험에서 밀어낼 수 있다(프레젠스를 달성하는 능력을 감소시킨다). 따라서 오프 스크린$^{off\ screen}$이 일어났음을 암시하는 사건을 포함해서 세상을 논리적으로 만든다. 또한 상호작용성의 부족, 또는 어쩌면 더 나쁜, 사용할 수 없는 상호작용성의 결여(물론, 이들 중 어떤 것도 예술적 또는 연극적 목표로서 비합리적인 세계를 구체적으로 만드는 모순된 세계를 만들기 위해 특별히 사용된다.)

현실 세계의 사물들은 또한 가상 세계에 침입할 수 있고 존재감을 깨뜨릴 수 있다. 아마도 가상 세계와 연관되지 않은 주변의 큰 보이스들 또는 메스꺼움과 같은 내부 실세계적 감각(아마도 경험 부족 프레젠테이션으로 인해 유발될 수 있음) 또 다른 현실적 문제인 기술 단점으로 간주될 수 있는 문제는 디스플레이 또는 입력디바이스를 다시 컴퓨터에 연결하기 위해 케이블을 사용하는 것이다. 이는 모바일 기반 VR 플랫폼에서 해결됐으며, 렌더링 파워가 더 필요한 경험을 위해 백팩 컴퓨터와 같은 반솔루션도 있지만, 일반적으로 케이블을 사용하는 시스템들은 존재의 단절을 초래할 수 있다.

가상 세계에서 경험하는 것과 모순되는 어떠한 사전 경험도 문제가 될 수 있다. 특히, 운영자가 이미 익숙할 수 있는 실제 시스템과 일치하지 않는 훈련 애플리케이션은 원하는 작업을 배우는 데 방해가 될 수 있다. 또는 가상 기타 복제본과 같은 오브젝트는 경험 많은 기타리스트가 즉시 알아차릴 수 있는 특징을 놓칠 수 있다.

그리고 마지막으로, 단지 잘못 수행되는 모든 것은 일반적으로 정신적 몰입 상태, 즉 존재에 도달하는 데 있어서 상실 또는 적어도 어려움으로 이어질 것이다. 물론 여기에는 물리적 현실과 다른 양식의 렌더링이 포함돼 있지는 않다.

요약

처음에 말했듯이, "가상 현실 경험의 가장 중요한 요소는 체험자들이다." 그래서 적어도 그 구성요소가 어떻게 작용하는지에 대한 기본적인 이해가 필요하다. 가상 현실은 우리의 마음 속에 일어난다. 기술과 콘텐츠는 단지 우리가 거기에 도달할 수 있도록 도와준다.

인간의 지각과 체험자의 마인드에 대한 기본적인 이해를 통해, VR 체험 디자이너들은 그들의 최우선 관심사가 돼야 하는 사용자의 요구를 더 잘 해결할 수 있다. 기술적 능력 면에서 디스플레이는 인간의 니즈를 목표로 진보해야 한다. 인간은 그리 많이 변할 것 같지 않다.

디스플레이 기술에 대한 논의를 진행하면서 가상 현실의 다른 측면과 관련해 관련성이 드러나면서 이러한 주제 중 일부를 다시 다룰 것이다.

가상 현실 경험

사용자 인터페이스

사용자를 향한 하드웨어 인터페이스

입력
- 바디 트래킹
  (컴퓨터가 사용자를 '보는' 방법)
- 보이스/사운드 지각
  (컴퓨터가 사용자를 '듣는' 방법)
- 물리적 컨트롤러
  (컴퓨터가 사용자를 '느끼는' 방법)

4장

출력
- 비주얼 디스플레이
  (사용자가 VW를 보는 방법)
- 오럴 디스플레이(Aural display)
  (사용자가 VW를 듣는 방법)
- 햅틱 디스플레이
  (사용자가 VW를 느끼는 방법)

5장

소프트웨어 구성요소

사용자를 향한 시스템 표상
- 대리자(Representation)
- 렌더링 시스템

6장

가상 현실과의 상호작용
- 사용자 인터페이스 메타포
- 조작
- 내비게이션
- 다른 사람들과의 상호작용

7장

경험 디자인 및 전형

9장

가상 세계

- 몰입
- POV
- 장소
- 시뮬레이션 / 물리
- 실체(substance)
- 경험 창작
  (experience creation)

8장

인간 참여형

- 어포던스
- 지각(perception)
- 프레젠스 / 임바디먼트

3장

CHAPTER 4

입력: 가상 세계와 체험자 상호작용

우리가 정의한 가상 현실(VR)은 사용자가 가상 환경과 상호작용할 수 있는 많은 가능성을 제공한다. 이러한 가능한 상호작용의 다양성은, 아마도 널리 다른 방식으로 구현되고, 심지어는 다른 감각으로 지각될 수도 있는데, 모두 VR의 주요 특징, 즉 아이디어와 몰입, 상호작용, 협업, 유연한 서술 등을 구체화할 수 있다.

첫 번째, 가장 기본적인 상호작용 수준은 사용자와 VR 시스템 간의 물리적 연결이다. 4장은 5장과 쌍으로 VR의 기술 진화 과정을 통해 활용되는 많은 종류의 물리적 VR 인터페이스를 열거하고 있다. 5장에서는 각 형식(듣기, 보기, 느낌 등)에 대해 사용자의 감각에서 받은 자극의 대체물로 정보를 제시하는 방법에 대해 논의한다. 우리는 각 인터페이스 유형과 관련된 구성요소 및 인터페이스 문제와 하드웨어 구현 및 속성을 설명할 것이다. 여기서는 4장에서 사용자로부터 컴퓨터에 입력하는 물리적 연결의 나머지 절반에 대해 논한다(그림 4-1).

오늘날의 기술을 자세히 살펴보는 것은 우리의 목적이 아니지만, 우리는 기존 기술의 예를 이용해서 구체적인 요점을 설명하고 구현에 대한 논의의 맥락을 제공할 것이다. 사례에 사용된 특정 제품들이 빠르게 변화하는 오늘날의 기술 시장에서 오고 갈 수도 있지만, 그 뒤의 개념은 그대로 유지되며 VR에 대한 여러분의 이해에 확실한 토대를 제공할 것이다. 가상 현실 이해의 두 번째 판인

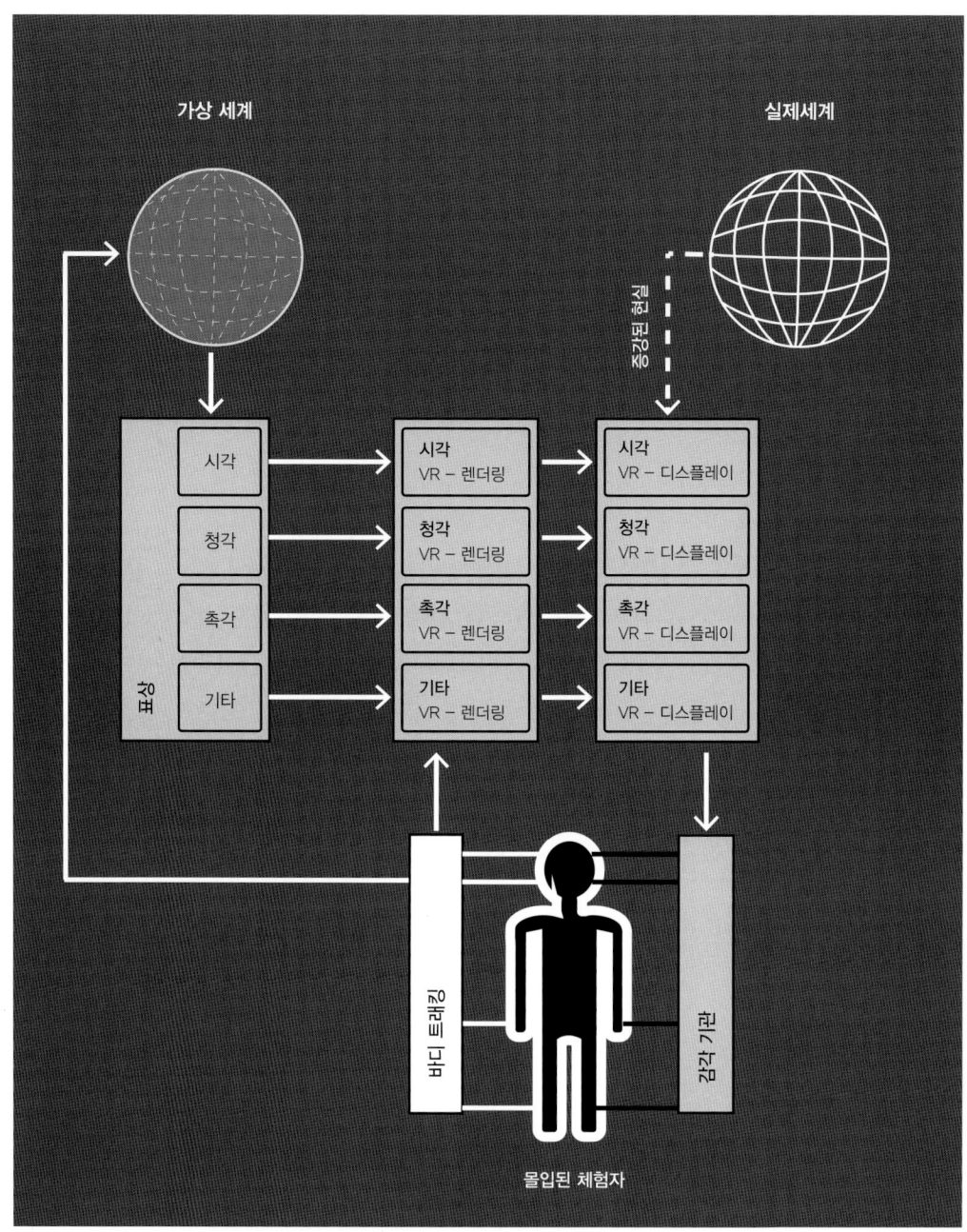

그림 4-1 이 장에서는 사용자 작업이 VR 시스템에 의해 캡처돼 가상 세계가 모두 사용자 상호작용에 의해 영향을 받고 렌더링이 적절한 센서적 관점을 생성하도록 영향을 받는 방법을 살펴본다.

이 책에서는 일부 예시 디바이스 제품을 업데이트했다. 결과적으로, 오래된 사례에 관심이 있다면 초판을 참조하기 바란다.

VR에 대한 우리의 정의는 물리적인 몰입과 고도로 상호작용하는 시뮬레이션이 매체의 핵심 요소라고 말한다. 따라서 VR 시스템은 사용자 포즈와 위치를 모니터링하는 하드웨어 디바이스를 필요로 하며, 이를 통해 사용자에게 물리적으로 몰입할 수 있도록 필요한 정보를 전달해야 한다. 사용자가 가상 세계와 더 상호작용할 수 있도록 허용한다.

시스템은 체험자의 신체적 행동을 실시간으로 감지해야 한다. 사용자 행동을 컴퓨터 입력으로 생각하는 한 가지 방법은 VR 시스템이 사용자를 감시하거나 모니터링하는 것과 같다. 실제로 VR 시스템은 사용자가 원하는 것을 시스템에 알려주는 수단뿐만 아니라 최소한 몸의 일부를 트래킹하는 수단도 요구한다. 따라서 사용자가 시스템에 정보를 제공하는 능동적(지각적)과 수동적 방법이 있다.

정교한 입력에는 구어 명령 사용, 완드, 조이스틱, 장갑, 스티어링 휠, 키보드 및 프로프 등의 유형 조정기 또는 손 제스처를 해석하는 데 사용되는 카메라 기반 센서와 같이 사용자와 물리적으로 접촉하지 않는 조정기가 포함된다. 수동 입력은 체험자가 움직이는 방법과 장소와 위치를 컴퓨터에 알려 주지만 사용자가 의도적으로 행동을 개시할 필요는 없다. 이러한 방법에는 신체의 하나 이상의 부분(예: 손, 눈, 발)이나 사용자가 잡거나 움직일 수 있는 오브젝트를 트래킹하는 것이 포함된다. 사용자 이동의 지속적인 트래킹은 시스템이 사용자 중심적인 관점에서 가상 세계를 렌더링하고 표시할 수 있도록 하는 것으로, 물리적 몰입의 효과를 제공한다.

입력 기술

체험자의 가상 세계와의 상호작용을 감시하기 위한 다양한 기술이 있다. 이 기술은 컴퓨터가 체험자를 트래킹하는 방법과 사용자가 가상 세계와의 컨트롤 상호작용을 지정하는 방법에 따라 다르다. 다시 말하지만, 본체 트래킹 구성요소는 VR의 정의에 의해 명령된 유일한 구성요소인 반면에, 의도적이고 사용자가 시작한 입력의 사용은 가상 환경의 몰입감을 크게 향상시킬 수 있다. 우리는 이러한 두 가지 유형의 사용자 입력을 수동 입력(체험자의 시스템 모니터링에 의해 감시되는 이벤트)과 능동 입력(사용자에 의해 특별히 촉발된 이벤트)이라고 언급함으로써 구별할 수 있다.

능동적인 것과 수동적인 성질은 많은 자질들 중 하나에 불과하다. 고려해야 할 입력의 기타 특성은 다음과 같다.

- 능동형 대 수동형
- 지속적 대 이산적
- 대역폭: 정보의 양과 종류
- 절대 대 상대
- 물리적 대 가상적

그러나 먼저, 어떤 예시 입력 디바이스들이 있는가?

- 키보드
- 마우스
- 조이스틱/플라이트스틱
- 풋 페달
- 게임 컨트롤러
- 스티어링 휠/요크
- SpaceBall/SpaceNavigator
- 카메라
- 스테레오스코스 카메라
- 뎁스 카메라
- 라이트 센서
- 마이크
- 터치 표면
- 위성위치확인시스템GPS
- 관성 센서
- 마그네틱 센싱
- 거리 센서
- 압력 센서
- 벤드 센서
- 공기량 센서
- 생리/생물센서

이러한 입력 기술은 사용자가 컴퓨터에 정보를 전달하는 광범위한 방법을 나타낸다(그림 4-2). 어떤 것은 이진 입력(버튼)을 가지고 있고, 어떤 것은 단차원 가변 값(밸레이터)을 가지고 있으며, 어떤 것은 해당 방향(자유도 6-DOF 위치 트래커)과 함께 공간 내 3차원 위치를 보고할 수도 있다. 적절한 유형을 살펴본 후 VR에서 사용되는 특정 입력 종류에 대해 자세히 설명하겠다. 입력을 사용할 수 있는 방법에 영향을 미친다. 이러한 다양한 입력 기술로 6-DOF 위치 트래킹 또는 22-DOF 핑거 트래킹과 같은 보다 정교한 입력 시스템을 구축할 수 있다는 점에 유의하자.

그림 4-2 사용자가 특정 작업을 수행할 수 있도록 고안된 다양한 입력 디바이스가 있다. (Last three images courtesy of Advanced Realtime Tracking, all others by William Sherman).

활성 대 수동 입력

사용자가 물리적으로 몰입식 인터페이스를 통해 가상 세계에 참여하는 경우, 기본적으로 몰입식 시스템은 최소한 일부 움직임, 최소한 머리가 어떻게 움직이는지 물리적 움직임을 트래킹해야 한다. 사용자에 대한 이러한 트래킹은 시스템에 대한 입력이며, 사용자가 명시적으로 전달할 필요가 없는 입력이다. 그것은 시스템에 대한 수동 입력이다. 시스템은 사용자의 신체 부위의 움직임을 모니터링(일부)해 이 입력을 수집한다. 반면에 능동 입력은 의도된 목적을 나타내기 위해 오브젝트와 접촉하는 사용자의 의도적인 행동으로 발생한다.

능동 입력에는 버튼을 누르거나 휠을 돌리는 동작이 포함된다. 아이러니하게도 수동 입력은 체험자에 의한 더 많은 활동을 수반할 수 있다. 수동 입력의 예로는 단순히 공간을 돌아다니거나 팔을 움직이거나 가상의 오브젝트를 만지기 위해 손을 뻗는 것을 들 수 있다.

연속 대 이산 입력

이산 입력은 한 순간에 일어나는 뚜렷한 사건, 즉 어떤 것을 나타내는 입력이다. 연속 입력은 일반적으로 시간에 따라 변하는 값의 흐름이다. 이산 입력의 일반적인 유형은 버튼 누름이다. 다른

예를 들면, 시작이라는 단어를 말하는 것이다. 연속 입력은 조이스틱 이동부터 풋 페달(자동차 스로틀과 같은) 누르기, 사용자가 돌아다닐 때 머리 또는 팔의 위치를 모니터링하는 것까지 다양하다.

연속 스트림에서 이산 입력 이벤트를 도출할 수 있으며, 그 반대의 경우도 가능하다. 연속적인 흐름의 값이 일정한 각도를 지나 방아쇠를 당기거나 공중에서 점프하면 지상으로 나가거나 되돌아올 때 입력을 작동시킬 수 있는 등 연속적인 흐름의 값이 어떤 임계값을 넘을 때 이산 입력 이벤트가 작동될 수 있다. 더 복잡한 예는 특정한 제스처(팔이 펄럭이는 것과 같은)를 위해 연속적인 흐름을 분석하는 것일 수 있으며, 팔이 펄럭이기 시작할 때 뚜렷한 신호를 제공하고 마찬가지로 정지할 때 이를 분석하는 것일 수 있다. 반대로, 일련의 이산 사건들은 연속적인 스트림으로 형성될 수 있다. 아마도 버튼이 시간의 창에

그림 4-3 플레이어의 급속한 이산 버튼 누르는 '조스트' 비디오 아케이드 게임(사진)에서 날고 있는 마운트에 가변적인 리프트를 제공하는 펄럭이는 속도로 해석된다.

통합돼 눌리는 속도일 것이다. 이것의 고전적인 예는 버튼 누름 속도가 플레이어의 타조의 고도를 조절하는 데 사용되는 쥬스트 비디오 게임에서 나온다(그림 4-3).

각 매개변수 이동의 조합은 신체의 최종 상태를 명시한다. 간단히 말해서, 축을 따라 또는 축을 중심으로 허용되는 이동은 자유도다. 따라서 일부 예시 입력 디바이스에서 이용할 수 있는 정보는 다음과 같다.

- 단독 버튼: 1-DOF, 두 개의 개별 값
- 컴퓨터 키보드: ~101-DOF(각각 두 개의 개별 값)
- 가변 풋 페달: 1-DOF, 값 범위(예: 0~255)
- 음 진폭 마이크 측정: 1-DOF, 값 범위(예: 0~100dB)
- 조이스틱: 2-DOF, 각각 값 범위(예: 0~255)
- 스페이스내비게이션^{Space Navigator}: 6-DOF, 각 값의 범위(예: 0~1023), 두 개의 개별 값(예: 두 개의 버튼)이 있는 DOF 추가

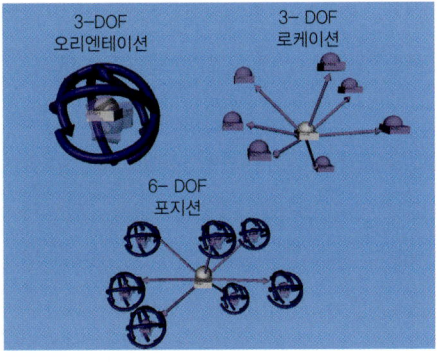

그림 4-4 위치 센서는 3-DOF 방향, 3-DOF 위치 또는 전체 6-DOF 위치를 트래킹할 수 있다.

- 위치 트래커: 6-DOF, 각각 값 범위(예: -5.0 ~ 5.0)가 있음

당연히 DOF가 높을수록 사용자가 시스템에 더 많은 정보를 전달할 수 있으므로 단일 입력 디바이스로 더 많은 정보를 컨트롤할 수 있다. 많은 범위 값, 특히 디지털 신호로 변환되는 전기 신호를 생성하는 변환기(센서)에 기반한 값의 대부분은 일반적으로 아날로그에서 디지털(A/D) 변환 프로세스의 비트 수에 기반한 이산 값의 힘을 갖는다. 따라서 궁극적으로 가능한 값은 사실 별개이지만, 대부분의 직관 및 목적상 우리는 그것들을 실제 숫자의 범위로 나타낼 수 있다(아마도 [-1.0~1.0]).

절대 대 상대 입력(레퍼런스 프레임)

입력은 레퍼런스 프레임에 대해 측정될 수 있으며, 알려진 시작점 또는 임의의 시작점에 상대적일 수 있다. 엄밀히 말하면 절대 대 상대 측정과 레퍼런스 프레임의 개념 사이에는 차이가 있지만, 여기서는 이러한 개념들이 강하게 상호 연관돼 있기 때문에 우리는 토론을 혼동한다.

절대 입력은 특정 원점을 기준 삼아 측정한 값이며, 상대 입력은 임의의 시작점을 기준으로 센서가 지속해서 보이는 변화의 양과 방향이다. 상대적 움직임(관성 측정 단위[IMU] 등)을 알아내는 기법은 시간이 지남에 따라 통합돼 원점을 기준으로 환산해 절댓값을 얻을 수 있다. 이 기법의 일차적인 문제는 상대적(예: 관성) 센서로부터의 미세한 오류가 누적돼 정확도 드리프트가 발생한다는 것이다. 드리프트 오류는 연속 출력의 이산형 샘플을 채취해서 잠재적으로 일부 이동을 누락시킨 결과물이다. 따라서 샘플 레이트를 높이면 결과가 개선되지만 샘플을 얼마나 자주 채취할 수 있는지에 대해서는 연산상의 한계가 있다. 자이로스코프 센서는 선형 가속도계보다 오류가 적기 때문에 회전 드리프트가 허용 가능한 한계 내에서 작동할 수 있다. 또한 자이로스코프는 각도 속도 값을 생성하므로 각도 값을 생성하기 위해 단일 통합만 필요로 한다. 가속도계는 물론 가속도를 측정하는데, 그 다음에는 많은 양의 번역을 생산하기 위해 이중 통합이 필요하다. 이러한 이중 통합은 오류 누적에 매우 취약해

3-DOF 위치 트래킹에 사용할 수 없다. 그러나 가속도계를 사용해서 중력으로 인한 가속에서 아래쪽으로 향하는 방향을 결정하는 것은 자이로스코프 샘플링의 회전 오류를 억제하는 데 도움이 된다.

CAVE와 같은 고정식 VR 시스템은 절대 위치 트래킹 입력 시스템을 거의 독점적으로 사용할 것이다. 종종 공간의 원점은 CAVE 디스플레이 바닥의 중심에 있도록 설정된다. 헤드 기반 디스플레이HBD는 특히 사용자가 공간을 자유롭게 이동할 수 있을 때 절대 트래킹 시스템이 잘 제공된다. 반면 머리 회전만 필요한 애플리케이션의 경우, 자이로스코프 기반의 상대 입력 기술의 입력을 사용하면 충분할 수 있다. 스마트폰 기반 VR은 주로 내부 IMU 센서에서 작동하므로 기본적으로 상대 회전 트래킹을 제공한다.

버튼과 밸류에이터(페달, 슬라이더 및 조이스틱)와 같은 위치 이외의 입력에는 절대 대 상대라는 개념이 여전히 적용되지만 대개는 다른 방식으로 적용된다. 단순한 바이너리 버튼의 경우 오프(개방) 위치는 0점(원점)으로 생각할 수 있으며, ON(닫힘)은 매우 작은 숫자 선(원점)을 따라 원점이 위치한다.

또한 버튼과 밸류에이터는 상대 입력 값을 가지고 있다고 생각할 수 있다. 즉, 입력의 절대값 쿼리 사이의 델타 측정이다. 예를 들어 2진수 버튼의 델타(상대) 측정은 버튼이 해제될 때 -1을, 변경되지 않은 경우 0을, 버튼을 눌렀을 때 +1을 세 가지 가능한 값으로 한다. 마찬가지로, 밸류에이터의 경우, 이전 측정과 변경되지 않은 경우 0(영점)이 될 수 있고, 조정했을 때 절대값의 두 배 이내의 양수 또는 음수 실수가 될 수 있다. 물론 델타 적용에 대해 버튼이나 밸류에이터(또는 기타) 입력의 초기 값을 알 필요가 있다.

특히 버튼 누름의 경우, 버튼의 샘플링이 과도 상태를 놓치지 않거나 사용자가 시작한(시도의) 조치를 놓칠 수 있는 것이 중요하다.

레퍼런스 프레임(Frame of reference)

6-DOF 위치 입력의 경우 기준 프레임의 개념은 단순히 절대값 대 상대값의 개념에 관한 것일 뿐만 아니라 보고된 좌표가 어떤 대상과 관련되는지에 대한 것이다(넓게, 선택은 외부중심과 자기중심 사이에서 이루어진다). 외부중심은 세

그림 4-5 문맥에 따라 이동 및 회전 움직임과 위치를 참조할 수 있는 다양한 방법이 있다.

		이동		회전	
자기중심	바디 프레임: • 종방향 • 측면 • 수직	내비게이션: • 급등 • 흔들림 • 끌어당기기	항공: • 피치 • 돌리기 • 한쪽으로 기울기	가이던스: • 오르기/떨어지기(하강) • 좌측 기울이기/우측 기울이기 • 좌측 향하기/우측 향하기	
외부중심	구면/글로벌: • 경도 • 위도 • 해발	데카르트식: • X축 • Y축 • Z축	데카르트식: • X축 회전 • Y축 회전 • Z축 회전	타게팅: • 고도 • 기울기 • 향하기	이동: • 고도 • 기울기 • 자세

주의:
- 해발은 평균해수위(MSL)와 같은 평균 표면 높이에서 측정
- 전반적인 위치를 나타내는 용어: 자세/향하기
- 다양한 회전을 나타낼 수 있는 용어: 틸트/트위스트
- 컨트롤을 가리키는 가이던스 용어: 뒤로 당기기/앞으로 밀기

계의 고정된 위치와 상대적인 값이며, 따라서 세계 좌표에서 위치 수량을 지정하는 데 사용된다. 자기중심 값은 세계 내에서 즉, 내 신체에 상대적인 값이며, 따라서 기준의 이동 프레임을 기준으로 지역 좌표로 지정된다.

좌표가 세계 기반인지 국부적인지를 나타내는 이동량과 회전량을 표현하는 몇 가지 방법이 있다. 그림 4-5는 이동(및 몸을 따라 움직이는 축)과 회전 운동을 말할 때 사용하는 용어의 표를 보여준다. 이러한 관계는 사용자의 입력이 가상 세계에 어떻게 영향을 미칠 수 있는지 논의할 때 더 자세히 설명한다(7장).

물리적 입력 vs 가상 입력

이 장은 VR 시스템의 입력 하드웨어에 관한 것이므로 마찬가지로 입력에 대한 논의도 주로 입력 하드웨어에 관한 것이다. 그러나 물리적 입력의 많은 개념은 가상 입력의 개념에 공통적으로 적용된다. 그렇다면, 물리적인 투입은 현실 세계에서 즉시 가시적인 것이다. 공학 용어로 이것은 하나의 에너지를 전기 신호로 전달하는 디바이스다. 가상 입력은 가상 세계 내에서 표현으로 존재하는 입력이다. 게임 컨트롤러의 버튼과 조이스틱, 핸들, 장갑, 태블릿을 기울이는 키보드, 마이크 등이 모두 물리적 입력의 예다. 풀다운 메뉴, 셀렉터 박스, 텍스트 입력 상자, 버튼처럼 보이는 이미지 모두 원형 가상 입력이다. 그들의 무형

적 성격에 따라 가상의 입력은 물리적인 입력이 이미 가지고 있는 것, 즉 그것들을 조작하기 위한 수단을 요구한다. 일반적으로 가상 입력은 물리적 입력에 의해 조작된다. 이는 7장(그림 7-6)에서 사용자 조작을 다룰 때 더 논의될 것이다.

두 경우 모두 입력에는 위치가 있다. 가상 입력은 가상 세계 어딘가에 위치를 가지고 있으며 필요에 따라 숨겨지고 이동할 수 있다. 물리적 입력은 사용자가 움직임을 방해하거나 다른 방법으로 자연 운동을 방해하지 않고 아직 도달하기 편리해야 한다. 카메라나 다른 센서에 기초한 센서와 같이 먼 거리에서 작동할 수 있는 입력 유형은 분명히 이 기준을 충족한다. 그러나 많은 광학 기반 입력도 체험자나 다른 오브젝트에 배치된 마커를 사용한다. 따라서 우리는 머리, 허리, 손가락, 발, 무릎 등 신체의 일부에 입력의 배치에 대해 이야기하거나 또는 핸드헬드 컨트롤러에 부착(아래 "프로프" 참조)하거나 사용자를 둘러싼 컨트롤판에 위치할 수 있다(아래 "플랫폼" 참조).

입력 분류

우리는 이미 일반적인 컴퓨터 사용자가 이미 알고 있는 일련의 구별되는 종류의 입력에 대해 언급했다.

- 버튼
- 밸류에이터
- 위치
- N-ary 스위치
- 텍스트
- 제스처

이 중 처음 세 가지는 VR 시스템에서 가장 흔하게 볼 수 있는 버튼, 밸류에이터 및 위치, 특히 3-DOF 위치, 3-DOF 방향 또는 6-DOF 전체 위치와 방향이다. 제스처는 텍스트와 N-ary 스위치를 가끔 사용하는 VR에서 다음으로 가장 유력한 입력 유형일 수 있다.

그림 4-6 입력 분류에는 유형별로 따르는 특성이 있다. 특성은 컴퓨터 내에서 입력이 내부적으로 표현되는 방법, 가능한 값의 범위, 그리고 값이 활성화되지 않았을 때(모멘터리) 중앙/중립 위치로 복귀하는지 또는 상호작용(래칭(잠금)) 후에도 안정된 상태로 유지되는지 여부를 포함한다.

타입	수치 표현	범위	모멘터리/래칭
버튼	Boolean	Ture/False	어느 한쪽(누름/토글)
밸류에이터(valuator)	Float	[-1.0 ~ 1.0] or [0.0 ~ 1.0]	어느 한쪽(슬라이드/스프링백)
위치	3-Tuple/6-Tuple Floats	3-DOF / 6-DOF	모멘터리
N-항	Integer / 열거형 값	[1,2,..., N]	래칭
텍스트	Character형 N-튜플	[0-9A-Za-z]*	래칭
제스처	위치 시퀀스	인간의 모션 범위	모멘터리

각 등급에 대해 상대적 특성과 가능한 내부 표현을 고려할 수 있다(그림 4-6에서 요약).

버튼 입력: 버튼 입력은 불린^{Boolean} 값으로 쉽게 표현되는 두 위치의 디바이스다. 일반적인 버튼은 해제될 때(모멘터리 접점) 0으로 스냅백하거나 다시 누를 때까지(래칭 접점) 결합 상태를 유지한다. 버튼은 일반적인 핸드 컨트롤러(프로프라고 함), 플랫폼, 키보드, 마우스, 스페이스 네비게이터 등에서 찾을 수 있다. 버튼 입력은 HTC Vive 컨트롤러 또는 오큘러스 터치$^{Oculus\ Touch}$ 핑거 그립의 접촉 감지 또는 핀치 글러브에서 손가락 사이의 접촉과 같은 서피스의 스킨 접촉에 의해서도 촉발될 수 있다(그림 4-7). 또한 많은 입력 유형과 마찬

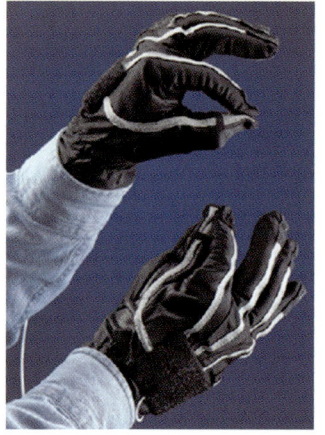

그림 4-7 (A) 오큘러스 터치에는 손가락이 닿았을 때 감지되는 여러 개의 패드가 통합돼 있어 패드가 만져지는 것을 기준으로 손의 포즈로 추론할 수 있다.
(B) 핀치 장갑은 전도성 천을 사용해서 두 개 이상의 손가락 및/또는 손바닥 사이의 접촉을 감지해 많은 다양한 손가락 조합을 허용했다. "On," 그래서 여러 개의 버튼 대신에 연기한다. (사진 출처: William Sherman and Fakespace Labs.) (Photographs courtesy of William Sherman and Fakespace Labs.)

가지로 버튼형 이벤트는 다른 입력에 적용되는 제스처나 임계값을 통해 생성될 수 있다.

밸류에이터: 밸류에이터는 정수 또는 부동 소수점 값의 범위로 나타낼 수 있는 단일 축(1-DOF) 조작이다. 이동식 컨트롤 디바이스에 중심이 있는 경우, 조이스틱의 한 축과 같이 반대 방향으로 멀리 이동한 상태에서 [-1.0~1.0]로 평준화된 범위 또는 압력이 가해지는 등의 일방적(양극적)인 경우 [0.0~1.0]로 값이 표현되는 경우가 많다. 밸류에이터 값은 일반적으로 전자적으로 측정되므로, 일반적으로 아날로그-디지털(A/D) 변환에 의해 생성되며, 이는 2의 제곱에 기반하므로, 밸류에이터에 대한 정수 범위도 마찬가지로 2^8([0~255] 또는 [-128~127]) 또는 2^{16}([065535] 또는 3267])과 같은 2의 제곱에 기반한다. 2의 제곱의 특이성 때문에 가운데 있던 밸류에이터가 0보다 작은 값의 절반과 0보다 큰 값의 반이 된다. 단, 값이 절대 0이 될 수 없다는 점만 빼면 괜찮다. 따라서 밸류에이터 입력의 경우, 이런 결과를 고려하고 있어야 하며, 0±알파가 0으로 해석될 수 있는 알파값을 반드시 가져야 한다.

밸류에이터는 조이스틱(중앙에 위치한 이중 축 결합 밸류에이터)과 당김 트리거(한 쪽 끝에 위치한 단일 방향 축—풀어지지 않음)로 다양한 유형의 핸드 컨트롤러에서 찾을 수 있다. 일반적인 컴퓨터 마우스에도 마찬가지로 하나의 디바이스에 연결된 두 개의 밸류에이터가 있는데, 이 경우 마우스 움직임이나 터치 서피스의 스위프가 절대적이 아닌 상대적 움직임으로 트래킹되기 때문에 중심은 없다. SpaceBall 또는 Space Navigator와 같은 디바이스에는 볼 또는 퍽에 적용되는 선형 및 토크 압력에 기초한 입력의 축이 6개 있으며, 이러한 값은 종종 가상 세계 내에서 이동으로 변환된다. 다른 가능성으로는 조향 휠 또는 요크 컨트롤 디바이스와 풋 페달 및 버튼과 같은 기타 차량 내비게이션 입력이 있다. 또는 더 나아가 예를 들어 아바타의 입 모양을 만드는 작은 수단으로서 마이크 입력 파형의 크기만(자잘한 건 무시) 사용해도 된다.

버튼과 마찬가지로 밸류에이터 입력은 모멘터리 또는 래칭이 될 수 있으며, 이 경우 모멘터리는 사용자가 모터사이클이나 자동차 스로틀과 같이 적극적으로 관여하지 않을 때 밸류에이터가 0(또는 중앙으로)으로 복귀함을 나타낸다. 잠금 밸류에이터 입력은 사용자가 재조정할 때까지 제 위치에 유지되는 애일러론 트림 또는 항공기 스로틀일 수 있다.

Wii Balance Board는 4개의 압력 센서로부터 데이터를 수집한다는 점에서 다소 복잡한 밸류에이터 유형의 입력이지만, 출력은 4개의 밸류에이터가 아니라, 기판에 서 있는 사람에게 X,Y 무게 중심을 제공하는 2개의 밸류에이터가 된다.(Wii Balance Board는 피터 브로드웰Peter Broadwell의 DIY 서프보드 인터페이스보다 먼저 만들어졌다. 뒤에 나오는 그림 6-47 참조).

위치 입력 Position inputs: 위치 입력은 공간의 점 및 방향을 나타낸다. 즉, 위치는 단지 위치나 방향과 같이 자유체가 우주에 배치되는 방법의 일부만을 나타낼 수도 있고, 둘 모두를 포함할 수도 있다. 위에서 설명한 바와 같이 3축의 움직임과 3축의 몸체가 회전할 수 있는 주위의 3축은 각각 독립적으로 3-DOF 입력이며, 결합은 6-DOF 입력 시스템이다. 6-DOF 위치를 나타내는 간단한 방법은 6개의 부동 소수점 값을 갖는 것이다. 이는 입력의 변환(위치) 부분에 대해서는 효과가 있지만, 회전은 가환이 아니라는 점에서 더 까다로울 수 있다. 회전은 회전 조합 시, 지정된 순서가 중요하다! 혼동을 피하기 위해(그리고 다른 유익한 특성도 얻음) 3-DOF 회전을 3×3 행렬 또는 4-튜플 쿼터니온으로 지정할 수 있다. 행렬 또는 쿼터니온의 추가 숫자는 DOF에 다른 수학적 제한이 있기 때문에 추가되지 않지만(예를 들어 쿼터니온 요소의 제곱합은 1.0이다) 특정 회전 배열을 명확하게 지정할 수 있다.

퍼스펙티브 렌더링과 자연적 조작의 열쇠로서 위치 트래킹은 VR과 연동돼 있으며, 이와 같이 1968년 이반 서덜랜드가 최초로 작동하는 VR 시스템을 시연한 이후 반세기 동안 개발되고 개선된 여러 가지 위치 트래킹 기술이 있다. VR에 대한 중요성과 이국성 때문에, 우리는 다음 절에서 몇 가지 다른 위치 트래킹 기술을 설명한다.

다른 입력 분류와 마찬가지로 위치 트래커는 특정 원점을 기준으로 절대값 또는 마지막 보고된 값에 대해 값을 보고할 수 있다. 특히 이들이 서비스하는 VR 디스플레이의 스타일 면에서 의미가 크다. CAVE와 같은 고정 VR 디스플레이는 화면에 대한 적절한 관점을 제공하기 위해 절대 위치가 필요하므로 CAVE

는 특정 원인과 관련해 값을 제공하는 위치 트래킹 기술에서만 작동한다. 그러나 오큘러스 리프트, HTC Vive 또는 구글 카드보드와 같은 헤드 기반 VR 디스플레이는 3-DOF 방향만 알고 작동할 수 있으며, 그 방향은 자이로스코프와 같은 상대 이동 트래킹기에서 얻을 수 있다. 또한 일부 밸류에이터 입력에는 SpaceNavigator와 같은 단일 디바이스 내에 6개의 밸류에이터가 포함돼 있으며, 이러한 기기는 가상 세계 내에서 이동을 컨트롤하는 데 사용할 수 있으며 VR에 필요한 뷰 렌더링을 제공하는 데 특히 적합하지 않다고 언급했다(단, 데스크톱에서 VR 시스템을 시뮬레이션할 때 유용할 수 있다).

위치 입력은 특정 엔티티의 현재 위치를 알려준다는 점에서 거의 항상 '일시적'이며 특정 위치 또는 방향으로 고정되지 않는다(엔티티 자체가 움직이지 않는 경우 제외).

N-ary 입력: N-ary 입력은 두 개 이상의 위치(버튼이라고 함)를 가진 스위치다. 이러한 스위치의 값은 열거된 정수 또는 단순한 정수로 나타낼 수 있으며, 아마도 가능한 선택 항목의 배열로 인덱스로 사용될 수 있다. N-ary 입력의 물리적 구현은 고정된 인텐트가 있는 다이얼이나 라디오 버튼(한 번에 하나만 선택할 수 있는 버튼의 열) 또는 풀다운 메뉴 선택일 수 있다. 흔히 사용 가능한 옵션이 불규칙적인 경우(필수 주문이 없음) N-ary 입력에 대한 '0으로 반환' 속성은 없다. 바이너리 스위치(버튼 또는 토글 스위치)는 N-ary 스위치인 2-ary 스위치의 특수한 경우로 볼 수 있지만 너무 일반적이어서 자체 범주를 얻을 수 있다는 점에 유의하자.

텍스트 입력: 텍스트 입력은 다른 입력 분류보다 본질적으로 더 임의적이다. 그것들은 일련의 문자로 표현하기에 충분히 쉬울 수 있지만(경우에 따라 숫자로 제한될 수 있다), 숫자 입력과는 별도로 DOF의 숫자로 분류하기가 더 어려울 수 있다. 텍스트 입력을 제공하는 명백한 기술은 키보드와 음성 인식 시스템이다. 그러나 다른 대안은 사용자가 선택할 수 있는 텍스트 선택 메뉴의 (가상) 풀다운 메뉴를 제공하는 것이다. 비록 이 경우라면 (무선 버튼 인터페이스와 같은) 숫자가 아니라 문자열을 출력으로 하는 N-ary 스위치 입력일 뿐이라고 주장할 수 있다. 텍스트 입력과 관련해서 스냅백이나 중심이라는 실제 개념은 없다.

제스처 입력: 제스처 입력은 하나 이상의 다른 유형을 사용한다는 점에서 위에 열거한 분류와 다르며, 시간에 따른 특정 입력값을 평가함으로써 새로운 유형의 입력을 생성한다. 그러므로 시간은 제스처의 중요한 물리적 특징이다. 그리고 이는 '포즈'라는 용어에서도 마찬가지다. 움직임이 없는 스틸 포즈도 해당 포즈를 취하지 않는 다른 시점과 구별할 수 있어야 하기 때문이다. 더 넓게 보면 제스처는 시간이 흐르는 동안 취하는 일련의 포즈라 생각할 수 있다. 제스처 출력은 위의 모든 분류에 매핑될 수 있다.

- 버튼—가리키기 또는 가리키지 않음(또는 펄럭이거나 퍼덕거리지 않음)
- 밸류에이터—팔이 펄럭이는 속도
- N-ary—몇 개의 손가락을 들고 있는가?
- 텍스트—수화 또는 모스 코드 탭
- 위치—화면을 가로지르는 방향

제스처는 가상 세계의 특정 영역 내에서만 유효할 수 있다(아마도 사용자의 신체에 상대적일 수 있음). 제스처에 관한 자세한 내용은 이 장의 뒷부분에서 논의될 것이다.

일반적인 조합: VR 시스템의 특정 스타일(CAVE, 헤드 장착 디스플레이 등)에는 여러 입력을 조합해서 사용하는 경우가 일반적이다.

고정(CAVE 스타일) VR 시스템의 경우 헤드의 전체 6-DOF 위치 트래킹이 필요하다(사실 우리는 각 눈의 위치만 진정으로 필요로 하지만, 이는 전체 헤드 위치를 결정하고 눈 위치를 유추함으로써 이루어진다). 머리를 넘어 대부분의 애플리케이션은 6-DOF 위치 트래킹(흔히 휴대용 프로프/컨트롤러를 통해 수행)을 위해 최소 한 개의 손이 필요하다. 일부 애플리케이션의 경우 두 손 트래킹이 필요할 수 있다(불행히도 현대 VR 시스템은 두 손 입력에 집중돼 왔다). 다른 용도에서는 발 및/또는 다른 신체 부위를 트래킹하는 것이 중요할 수 있다. 일반적으로 핸드헬드 프로프/컨트롤러에 탑재되는 것은 조이스틱으로 결합된 최소 한 쌍의 밸류에이터와 3개 이상의 버튼 입력이다.

HBD형 VR 시스템은 용도에 따라 요구사항이 다르다. 책상에 앉도록 디자인된 폐쇄형 HBD의 경우, 머리에는 방향(3-DOF 위치)만 필요하며, 손 입력에는 조이스틱(밸류에이터 쌍)과 버튼 입력만 제공되는 트래킹 되지 않는 컨트롤러만 포함될 수 있다. 3-DOF 트래킹 HBD와 자연스럽게 결합하는 것은 마찬가지로 구글 데이드림Daydream 컨트롤러와 같은 3-DOF 이동을 제공하는 핸드 컨트롤러이다(그림 4-8). 어떤 경우에는 착석한 HBD 배치가 입력 디바이스로 마우스와 키보드를 제공할 수도 있다(그림 4-9).

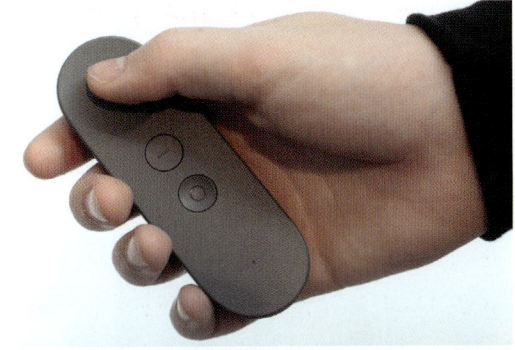

그림 4-8 구글의 데이드림 컨트롤러는 버튼 2개와 원형 터치패드 1개와 함께 3-DOF 방향 트래킹이 포함된 블루투스 입력 컨트롤러를 제공한다. (Photograph by William Sherman.)

그림 4-9 HMD를 착용하고 자리에 앉은 사용자는 가상 세계를 경험하는 동안 키보드에 접근할 수 있다. (Photograph by William Sherman.)

보행과 관련된 HBD 사용 또는 증강현실 디스플레이로 사용하기 위해 비독점적인 HBD 사용의 경우, 헤드 트래킹 입력은 세계를 탐험하기 위해 헤드 번역을 사용할 수 있도록 전체 6-DOF 위치 트래킹을 필요로 한다. 정지 상태의 VR 시스템과 마찬가지로, 이러한 시스템에는 6-DOF 위치를 트래킹하는 핸드 컨트롤러와 함께 제공되는 경우가 많으며, 최소 하나의 조이스틱(밸류에이터 쌍)과 한 줌의 버튼(또는 HTC Vive의 경우 조이스틱 대신 2D 터치패드)이 포함된다.

스마트폰 VR 디스플레이의 경우 IMU에서 제공하는 기본 제공 상대 방향(3-DOF) 트래킹을 사용해 사용자가 어떤 방향으로든 볼 수 있다. 스마트폰 VR 디스플레이는 일반적으로 앉아 있거나 걸어다닐 능력이 없는 HMD 사용자에게 동일한 방식으로 사용된다. 스마트폰 VR 시스템의 다른 입력은 일반적으로 더 제한적이다. 기본 스마트폰-VR 인터페이스는 버튼 입력(자석 장애 또는 터치 이벤트 전송에 의해)을 한 개 포함하며, 설정된 시간 동안 오브젝트를 응시하는 시선을 유지하는 등의 제스처를 사용할 수 있다. 고급 스마트폰 시스템에는

그림 4-10 삼성 기어VR 스마트폰 홀더 디바이스는 터치패드 X/Y 입력이 조이스틱 스타일 입력을 위해 디스플레이 오른쪽에 통합돼 있다. (Photograph by William Sherman.)

삼성 기어VR과 같은 디스플레이 측면에 터치 패드를 장착해서 2D 밸브 입력이 포함될 수 있다(그림 4-10). 또 다른 방법은 미니 게임 컨트롤러와 같은 블루투스 입력 디바이스를 사용해 VR 경험을 위한 추가 밸류에이터와 버튼 입력을 제공하는 것인데, 일부는 3-DOF 방향 트래킹으로 향상되기도 한다.

위치 트래킹 기술

위치 센서는 위치 및/또는 방향을 컴퓨터에 보고하는 디바이스다. 일반적으로 알려진 위치에 고정된 베이스와 트래킹 중인 각 오브젝트에 대한 추가 단위 또는 마커가 있다. 나중에 우리는 특정 신체부위 및 움직임 트래킹과 관련된 문제와 어떤 트래킹 기술이 그 필요를 가장 잘 해결하는지 구체적으로 다룰 것이다. 공통 컨벤션은 체험자의 머리와 한 손 또는 두 손을 트래킹하기 위해 위치 센서를 사용한다.

위치 센서는 VR 시스템에서 가장 중요한 트래킹 디바이스다. 위치 트래킹은 VR 시스템에 사용자가 VR 공간 내에 어디에 위치하고 있으며 어떻게 포즈가 돼 있는지 알려준다. 위치 센서에는 여러 가지 유형이 있으며, 각 센서에는 이점과 한계가 있다. VR에 대한 위치트래킹이기의 특수성 때문에 VR 분야에 진출하는 대부분의 개발자들에게 이러한 기술의 상대적 생소성과 함께 위치트래킹 기술의 내막을 설명하고자 한다.

이 장 앞부분에서 모든 위치 트래킹 시스템이 대상의 완전한 6-DOF 위치를 보고하는 것은 아니라는 점에 주목했다. 3개의 회전 DOF(방향 정의) 또는 3개의 변환 DOF(위치 정의)만 필요한 경우가 있다. 기어 VR, 구글카드보드 등 많은 저가 VR 디스플레이 디바이스는 추가 하드웨어를 제공하지 않는 한 3개의 회전 DOF만 지원한다. 오큘러스 리프트 CV1과 같은 다른 시스템에는 오리엔테이션을 위한 내부 IMU Tracker와 위치 값을 제공하는 (옵션) 비디오 트래킹을 위한 선외기 카메라가 있다.

모든 위치 센서 기술은 시스템에 제한을 가한다. 물론 채용된 센서의 종류에 따라 한계가 달라지지만, 일반적으로 원인과 센서의 관계를 연산하는 데 사용되는 기술에서 한계가 발생한다. 예를 들어, 일부 트래킹이기 기술은 송신기와 센서 사이의 중단 없는 시야를 필요로 한다. 가시선이 중단되면(즉, 송신기와 센서 사이에 무언가가 들어옴) 트래킹 시스템이 제대로 기능할 수 없다.

위치 감지 시스템에서는 다음 세 가지가 서로 상대적으로 작용한다. 비용 측면: (1) 위치 데이터의 정확도, 정밀도 및 속도, (2) 간섭 매체(예: 금속, 불투명한 오브젝트), (3) 인큐브런스(와이어, 기계적 연결). 어떤 사용 가능한 기술도 세 영역 모두에 최적의 조건을 제공할 수 없지만, 예를 들어 내부 IMU와 다중 송신기/수신기 링크(예: 두 개의 등대 빔 방출기를 사용하는 HTC Vive)를 통해 일부 문제를 완화할 수 있다. 시스템 디자이너는 VR 시스템이 어떻게 사용될지 고려하고 최적의 절충을 해야 한다. 한 가지 고려사항은 단순히 수용 가능한 경험을 만들어 내는 시스템의 능력이다. 위치 센서 보고서의 소음과 낮은 정확도는 레이턴시와 함께 경험의 사실성 또는 몰입도를 감소시키고 일부 체험자의 구역질을 유발할 수 있다.

기술 향상이 품질의 비약으로 이어지면서 다양한 기술의 인기가 오르락내리락한다. 예를 들어, 햅틱 시스템을 제외하고, 기계 또는 신경 트래킹을 이용하는 현대 VR 시스템은 거의 없다. 기계적 트래킹은 일반적으로 직접적인 물리적 연결이 필요하지 않은 기술에 의해 대체됐다. 현재 일부 특정 작업에 대해 분자 및 신경 센서 기술이 사용되고 있으며, VR 시스템에 이러한 기술을 실험적으로 사용하기 위한 연구가 진행 중이다. 다음의 기술은 VR 시스템에 통합되기 시작했을 때를 기준으로 해 얼추 시대순으로 나열한 것이다.

1. 기계
2. 초음파
3. 전자기

4. 광학
5. 영상측정학
6. 빔 스캔
7. 관성
8. 범위 파악
9. 근육/신경

기계적 트래킹

위치 트래킹을 위한 기본적인 기술 중 하나는 기계적 수단을 통한 것이다. 예를 들어 관절형 팔 모양의 붐은 머리 위치를 측정하기 위한 센서를 포함할 수 있다. 사용자는 디바이스의 일부를 머리에 묶을 수도 있고, 얼굴을 위로 올리고 손잡이를 잡을 수도 있다. 그 붐은 제한된 범위 내에서 그들의 움직임을 따른다. 붐의 각 팔꿈치 관절과 연결 링크에는 붐의 팔꿈치 관절의 각도와 방향에 관한 값을 보고하는 센서가 있다. 오브젝트의 위치는 누적된 입력으로부터 연산된다. 1968년 서덜랜드가 그의 HMD 시스템에 사용한 기계적 트래킹 시스템을 The Sword of Damocles이라고 불렀다(그림 4-11).

기계적 연결의 회전 및 선형 측정은 사실상 즉각적이고 정확하며 정밀하게 수행할 수 있다. 직설 매트릭스 수학을 사용하면 정확하고 정확한 위치 값을 신속하게 연산할 수 있다. 가상 연구 시스템의 WindowVR과 Art+Com

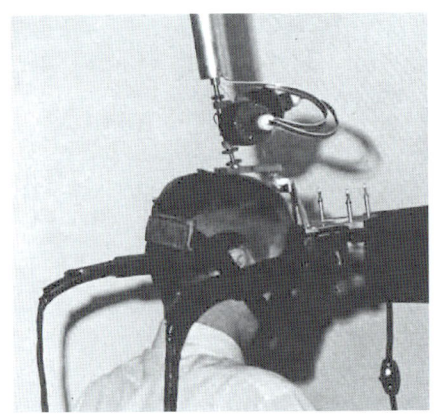
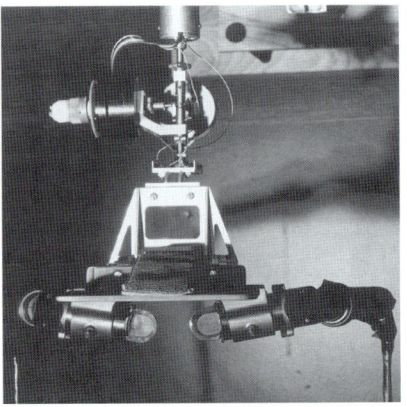

그림 4-11 사용자 위 천장에 매달린 기계적 트래킹 디바이스(Sword of Damocles로 불림)가 있는 원래의 VR HMD는 사용자가 주변을 걸을 때 축의 길이를 측정하는 암호기를 포함해 6개의 암호기를 사용했다. [Vickers 1974].

Systems, Inc.의 'Window to Virtuality' 프로젝트에 사용된 망원경 암마운트 터치스크린과 같은 일부 디바이스(그림 4-12)도 시각 디스플레이 시스템의 물리적 중량을 지원하기 위해 붐 링크를 이용한다.

위치 트래커 외에 모터와 브레이크도 붐 링크에 연결해서 포스 디스플레이(예: 그림 5-41 참조)를 만들 수 있다. 이러한 기기는 사용자의 머리를 트래킹하는 대신 3D 시스템, Inc.(원래 SensAble Technologies, Inc.)의 터치 햅틱 기기 라인에서와 같이 사용자의 손이나 발을 트래킹(그리고 피드백을 제공)하도록 조정된다.

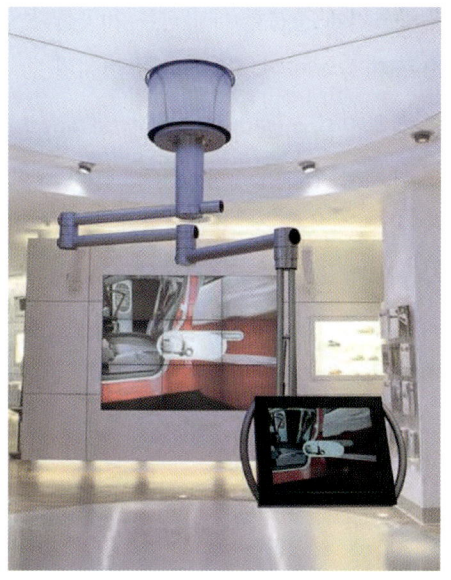

그림 4-12 기계적 트래킹은 매우 빠르고 정확하다는 장점이 있다. Art+Com사의 Window in Virtuality device는 기계적으로 트래킹된 평면 패널로 구성되며, 이 평면 패널은 가상 세계가 현실 세계와 중복되는 것처럼 지속적으로 렌더링된다. 팔의 각 관절은 광학 인코더를 통해 각 관절의 회전을 감지해 값 위치를 보고한다. 광학 인코더 대신 전위차계(가변 저항기)를 사용해서 접합부가 얼마나 회전했는지 보고하는 경우도 있지만, 이러한 것들은 닳아 더러워지고 전기적으로 시끄러워진다. 다양한 접합부의 결과가 통합돼 입력 위치를 제공한다. (Photograph courtesy of Art+Com)

기계 시스템의 일차적인 단점은 물리적 연결이 사용자를 세계의 고정된 위치로 제한한다는 것이다. 무거운 디스플레이의 관성은 유동적으로 움직이는데 어느 정도의 노력을 필요로 할 수 있기 때문에, 특히 큰 질량(예: 무거운 화면 디스플레이)이 링크에 부착된 경우. 현대 시스템에서 기계적 트래킹이기는 일반적으로 손을 위한 촉각 I/O 디바이스와 결합된다. 이론적으로 사용자에게 힘 피드백을 제공하기 위한 차체 마모 외골격은 보고된 모든 위치가 사용자 자신의 신체에 상대적인 이동 기계 트래킹 시스템을 제공할 수 있다.

물론 기계식 트래킹이기는 눈과 결합된 시각적 디스플레이를 트래킹하는 데 거의 사용되지 않는다.

초음파 트래킹

초음파 트래킹은 송신기(스피커)와 수신기(마이크) 사이의 거리를 결정하기 위해 시간 간격에 따라 방출되는 고피치 사운드를 사용한다. 3개의 고정 송신기와 3개의 리시버를 결합하면 시스템이 오브젝트의 전체 6-DOF 위치를 삼각

측량하기에 충분한 데이터를 제공한다. 견고성을 높이기 위해 설비는 일반적으로 대량의 송신기를 사용할 것이다.

음의 특성은 이 트래킹 방법을 제한한다. 트래킹 시스템이 사용하는 주파수 범위 내에서 소음이 발생하는 경우 소음이 발생하는 환경에서 트래킹 성능을 저하시킬 수 있다. 사운드는 스피커와 마이크 사이에 방해받지 않는 선이 있어야 사운드가 둘 사이를 이동하는 시간(따라서 거리)을 정확하게 결정할 수 있다. 이 기술을 중심으로 구축된 트래킹이기는 일반적으로 몇 피트밖에 되지 않으며, 수신기에 부착된 전선이나 배터리 사용량이 많은 무선 통신으로 인코버링된다. 이미터 기술(스피커)은 비용이 저렴하기 때문에 스피커 노드를 더 추가해 범위를 넓히는 등 경제적으로 넓은 영역을 커버할 수 있다.

초음파 트래킹의 또 다른 한계는 어떤 위치를 삼각측량하려면 복수의 별도 송신기와 수신기가 필요하다는 것이다. 이 송신기와 수신기는 일정한 최소 거리로 분리돼야 한다. 이것은 일반적으로 송신기의 문제는 아니며, 물리적 환경 전체에 장착할 수 있지만, 수신기의 문제가 될 수 있는데, 여기서 역 목표는 가능한 한 계수가 없는 작고 가벼운 디바이스를 만드는 것이다(그림 4-13).

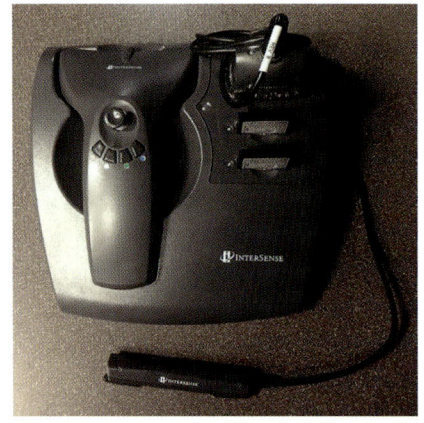

그림 4-13 방(일반적으로 천장)에 초음파 방출기가 설치돼 있는 경우, 핸드헬드 컨트롤러와 안경 장착 트래커는 컨트롤러의 버튼 및 조이스틱 입력과 함께 위치 트래킹을 위해 프레임에 통합된 마이크를 사용한다. 데이터 값은 무선으로 기본 디바이스로 전송된다. 이 이미지는 InterSense IS-900의 무선 컨트롤러 및 안경 트래킹이기 버전에 대한 기본 설정을 보여준다. (Photograph Shane Grover)

초음파 트래킹은 서덜랜드가 첫 운용 VR HMD 시스템에서 사용한 또 다른 방법이었다. 서덜랜드 HMD는 기계적 트래킹으로 전환됐이지만 초음파 기법은 여전히 완드 입력 컨트롤러에 사용됐다 [Baumgart 1968].

전자기 트래킹

전자기트래킹은 다른 기술이 유행하거나 개량되면서 사용량이 감소하고 있는 VR 기술이다. 일부 저비용 단거리 수요에 대해서는 여전히 실행 가능한 해결책이다(그림 4-14). 이 트래킹 기술은 일반적으로 송신기를 사용해 디바이스

그림 4-14 전자기 트래킹이기는 작고 내부적으로 통합하거나 다양한 디바이스에 편리하게 장착할 수 있다. 이 이미지에서 폴헤머스 패트리엇 와이어리스(Polhemus Patriet Wireless)는 전송 코일이 들어 있는 큐빅 박스를 제공하고, 소형 수신기에는 직교 코일이 장착돼 6-DOF 트래킹 솔루션을 제공한다. (Photograph courtesy of Polhemus.)

내 직교 코일 3개에서 낮은 수준의 자기장을 생성한다. 결과적으로, 이러한 장은 트래킹 중인 기업이 입는 작은 수신기 디바이스에 있는 다른 코일 세트의 전류를 유도한다. 수신기 내부의 각 코일의 전류를 측정해 송신기에 상대적인 위치를 결정한다. 송신기 베이스 유닛은 수신기의 절대 위치를 연산할 수 있도록 알려진 위치와 방향에 고정돼 있다. 일반적으로 여러 개의 수신 디바이스가 사용자(일반적으로 머리와 한 손), 사용되는 모든 프로프, 때로는 휴대용 디스플레이 위에 놓여진다.

완전한 6-DOF 위치는 송신기의 직교 코일 3개 각각을 통해 직교 자기 쌍극이 별도로 유도되도록 해서 전자파 트래킹으로 측정한다(그림 4-15). 그러면 수신기는 송신기의 각 순차 출력 동안 세 개의 별도의 직교 코일에서 생성되는 전류의 양이 달라서, 송신기 베이스 유닛에서 상

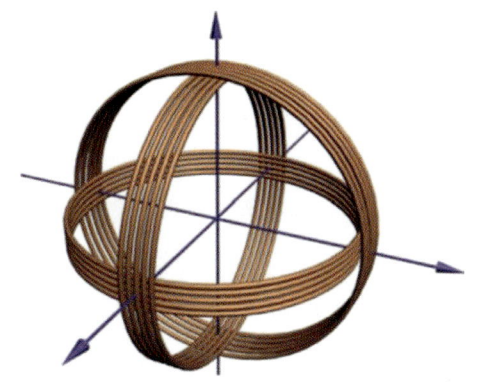

그림 4-15 전자파 트래킹은 3개의 직교 방향으로 펄스 자기장을 방출하는 방식으로 작동하며, 이 자장은 차체나 디바이스에 부착된 이동형 수신기 디바이스에 3개의 유사한 방향의 코일에 의해 수신된다. (courtesy of Slawomir Tumański.)

대적인 측정을 제공하는 6개 값을 연산할 수 있는 9개의 측정값을 산출한다. 각 수신 단위에 대해 x, y, z 위치 및 방향(롤, 피치, 요)의 여섯 값이 생성된다.

전자파 트래킹 시스템의 한계 중 하나는 철이나 니켈과 같이 강자성인 환경의 금속이 피드백 간섭을 일으키는 부전류를 유도할 수 있다는 것이다. 한 가지 알고 있어야 할 사항은 애센션^{Ascension}의 플록 오브 버드$^{Flock\ of\ Birds}$와 같은 DC 펄스 시스템은 측정을 하기 전에 에디^{eddy}가 가라앉을 때까지 가능한 한 오래 기다린다. 이렇게 하면 에디 문제를 일부 줄여준다. 문제는 정밀도를 향상시키기 위한 대기 시간이 길어질수록 측정 레이턴시가 길어진다(레이턴시 증가가 바람직하지 않다).

4장 | 입력: 가상 세계와 체험자 상호작용   **267**

또 다른 한계는 생성된 자기장의 짧은 범위다. 수신기는 특정 모델에 따라 송신기의 3-8ft 이내에서만 합리적인 정확도로 작동한다. 사용자가 작동 범위의 가장자리 쪽으로 이동함에 따라 정확도가 크게 떨어진다. 범위를 확장하기 위해 여러 송신기를 사용하는 것은 가능하지만 구현하기는 어렵다. 또 다른 한 가지 제한은 위치 데이터를 연산하는 순차적 특성 때문에 데이터를 생성하는 데 필요한 시간이 불필요해져 트래킹 레이턴시가 더 늘어난다는 것이다.

주요한 장점은 전자기계에는 시력 제한이 없다는 것이다. 이러한 제한이 없기 때문에 사용자는 자신과 송신기 사이에 복수의 비금속 시각 장애물 또는 음파 장애물, 즉 다른 유형의 트래킹 디바이스를 방해할 수 있는 장애물이 있을 수 있는 공간에서 이동할 수 있다. 무선 시스템도 이용할 수 있어 체험자가 덜 거추장스럽게 느낄 수 있다.

광학 트래킹

광학 트래킹 시스템은 시각 정보를 이용해 사용자의 위치를 감시한다. 이것을 할 수 있는 많은 방법들이 있다. VR 시스템에서 가장 일반적인 것은 전자 눈 역할을 하는 하나 이상의 고정 비디오 카메라를 사용해서 트래킹된 오브젝트나 사람을 감시하는 것이다. 참고로 우리는 반대되는 경우를 "비디오매트릭 트래킹 videometric tracking"이라고 부른다. 카메라가 체험자에게 위치하고 해당 세

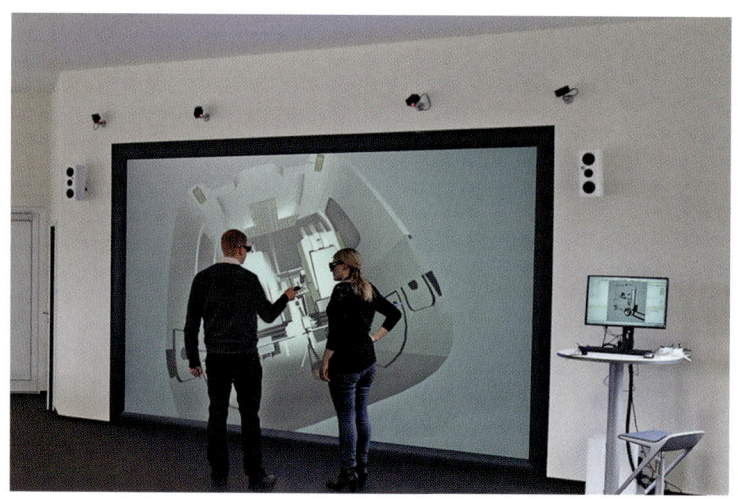

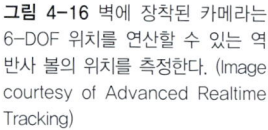

그림 4-16 벽에 장착된 카메라는 6-DOF 위치를 연산할 수 있는 역반사 볼의 위치를 측정한다. (Image courtesy of Advanced Realtime Tracking)

계를 바라보는 것이다. 그 경우는 충분히 구별되기 때문에 다음 절에서 별도로 다룬다. 구조화된 조명의 사용과 같은 다른 광학 트래킹 기법은 '범위 찾기 기술을 통한 트래킹' 절에서 설명한다.

종종 여러 대의 비디오 카메라가 사용되며, 각각은 고정된 위치에 있다(그림 4-16). 그런 다음 컴퓨터 비전 기법을 사용해서 카메라가 보는 것에 기초해 오브젝트의 위치를 결정한다. 비디오 카메라는 반드시 가시광선 스펙트럼에만 국한되는 것은 아니며, 사실 이 카메라는 일반적으로 적외선광에 맞춰져 있는데, 이는 시스템이 생성하는 빛이 인간 사용자의 주의를 산만하게 하지 않기 때문이다.

그림 4-17 일부 VR 시스템은 유리를 통해 사용자들이 상호작용할 수 있는 대체 세계로 들어가는 것과 같을 수 있다. "피쉬 탱크 VR"이라는 용어는 수족관의 메타포에서 유래한다(흔히 이 특별한 예보다 작지만). (Photograph by Cynthia Hughes.)

또 다른 단일 소스 비디오 트래킹 방법은 데스크톱 모니터(데스크톱 비디오 원격 회의에 사용되는 카메라 등) 근처에 장착된 소형 카메라를 사용한다. 이 카메라는 모니터 앞에서 보는 사람의 머리와 얼굴을 감지해 대략 사용자의 위치를 연산할 수 있다(화면에서의 사용자 머리의 거리가 일반적으로 어느 정도 제한된 범위 내에 있다는 점을 감안할 때). 그런 다음 이 시스템은 데스크톱 모니터(디스플레이가 피쉬 탱크로 피어링하는 것과 유사하기 때문에 피쉬 탱크$^{Fish\ Tank}$ VR이라고도 함)를 기반으로 하는 VR 시스템에 대해 페이스 트래킹을 미개척 광학 트래커로 사용할 수 있다(그림 4-17).

특정 광학 트래킹 시스템의 매개변수는 트래킹 데이터의 범위와 품질에 제한을 가할 수 있다. 단일 카메라 시스템에서 트래킹된 사람이나 물건과 카메라 사이의 시선은 항상 명확해야 한다. 트래킹된 오브젝트는 카메라 시야 안에 있어야 하므로 체험자의 이동 범위는 제한된다. 따라서 보다 강력한 시각 트래킹 시스템은 통합 카메라 모음을 사용한다.

VR 시스템은 여러 개의 시각 입력 소스(카메라)를 결합해서 체험자에 대한 추가 위치 정보를 수집할 수 있다. 카메라를 신중하게 조준하면 체험자의 여러 오브젝트 또는 여러 신체 부위(손과 발)를 트래킹할 수 있다. 복수의 카메라 시스템의 경우, 일반적으로 일부 보정 프로세스를 통해 이들 사이의 상대적 위치를 결정해야 한다. 일부 소형 시스템에는 두 대 또는 세 대의 카메라가 단단히 연결돼 있으므로 상대 위치를 미리 결정해서 손 교정을 방지한다.

'모션 캡처Motion Capture'(MoCap) 산업을 위해 개발된 시스템도 사람과 오브젝트의 움직임을 트래킹하기 위해 카메라를 사용한다. 다른 목적으로 사용되기는 했지만, 그럼에도 불구하고 VR 커뮤니티는 MoCap 기술의 결합을 진행하면서 탈 수 있었다. MoCap과 VR 트래킹 시스템의 한 가지 차이점은, MoCap

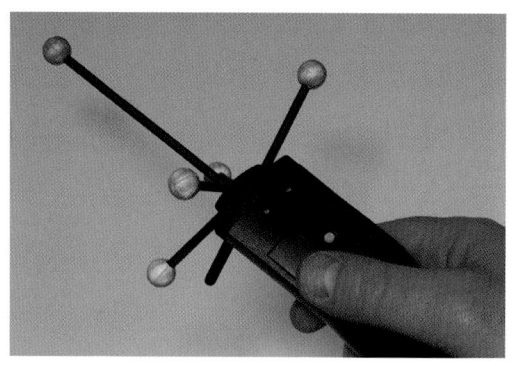

그림 4-18 이 핸드헬드 디바이스는 버튼과 조이스틱 입력을 6-DOF에서 디바이스를 광학적으로 트래킹하는 데 도움이 되는 역반사 볼의 별자리와 통합한다. (Photograph by William Sherman.)

의 경우, 한 명 이상의 사람들의 각각의 연결에 따라, 그리고 그들이 조작하고 있는 오브젝트까지 많은 단일 기준점을 트래킹한다는 것이다. VR 시스템의 경우 트래킹되는 포인트가 적지만 전체 6-DOF를 획득하기 위한 방향도 추가해야 한다. 6-DOF 트래킹을 수행하기 위해 3~6개의 마커의 작은 강체 비대칭 형성을 물리적으로 함께 연결한다. 이러한 컬렉션을 흔히 '리지드 바디' 또는 '콘스틀레이션constellation'이라고 부른다(그림 4-18).

영상(광학) 트래킹

광학 트래킹의 대체 방법을 영상 트래킹이라고 한다. 영상 트래킹은 트래킹되는 오브젝트를 감시하는 고정된 위치에 장착되는 것이 아니라, 카메라가 트래킹되는 오브젝트에 부착돼 주변을 감시한다는 점에서 방금 설명한 사례의 다소 역이다. VR 시스템은 주변 공간의 들어오는 영상을 분석해서 랜드마크의 위치를 파악하고 그에 비례한 카메라의 위치를 파악한다. 예를 들어 카메라를 HBD에 장착해 VR 시스템에 입력을 제공할 수 있으며, 이를 통해 주변 방의 모서리의 위치를 결정하고 이 정보로부터 사용자의 위치를 연산할 수 있다.

영상 트래킹은 스마트폰과 태블릿용으로 디자인된 증강현실 어플리케이션을 트래킹하거나 비디오 카메라가 부착된 HBD를 통해 볼 수 있는 선호되는 방법이다(그림 4-19).

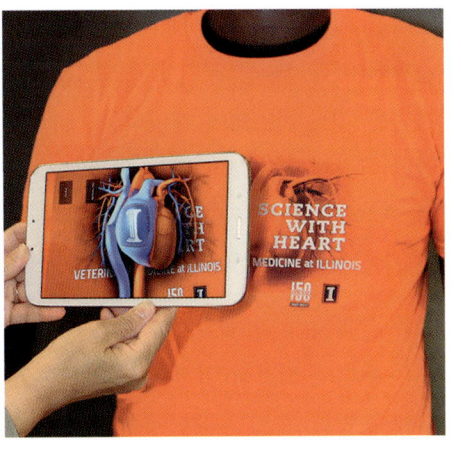

그림 4-19 이 증강현실 애플리케이션은 카메라가 이미지를 보는 비디오계 트래킹을 사용해 태블릿/폰의 위치를 이미지에 대해 연산한다. 그런 다음 가상 오브젝트를 적절한 관점에서 렌더링해서 씬(scene)에 매끄럽게 혼합한다. 여기서, 셔츠의 이미지는 하트 3D 애니메이션을 오버레이하기 위한 참고자료로 사용된다. (Image commy of DesignGroup @ Vet Med, University of Illinois).

영상 트래킹 시스템이 작동하려면 감지 디바이스의 절대 위치를 결정하기 위해 공간 내 랜드마크 위치를 알고 있거나 다른 데이터에서 식별할 수 있어야 한다(그림 4-20). 이미지 분석은 랜드마크를 찾는 데 사용된다. 영상 트래킹 기능이 처음 도입됐을 때, 알려진 장소의 뚜렷한 랜드마크가 연산을 줄이기 위해 사용됐지만, 이 제한은 이제 크게 극복됐다. 컴퓨터 비전 알고리즘은 지형 지물을 형상이나 색상으로 구분해 여러 점을 쉽게 트래킹해서 주변 오브젝트와 구별할 수 있다. 이 중요한 명소들은 세계에서 알려진 기준점으로 작용한다. 전화와 태블릿의 컴퓨팅 파워가 높아지면서 노골적인 기준 마커의 필요성이 줄어들어 자연환경이 참고자료로 기능할 수 있게 됐다. 흔히 NFT Natural Feature Tracking라고 불리는 이 접근방식은 합성세계를 현실 세계에 오버레이하는 비디오 시청 방법을 사용하는 증강현실 시스템에서 종종 사용된다.

그림 4-20 밸브 소프트웨어에 의한 프로토타입 트래킹 시스템은 위치 및 방향을 결정하기 위해 트래킹 디바이스에 카메라가 장착된, 특별히 디자인되고 배치된 기준 마커가 있는 방을 사용했다. (Screenshot from "The Lab".)

4장 | 입력: 가상 세계와 체험자 상호작용 271

알려진 이미지의 대형 데이터베이스뿐만 아니라 모바일 기기의 연산력이 증가함에 따라, 더 큰 공간에서 NFT를 사용하는 것이 더욱 가능해졌다. 이러한 기법을 GPS 시스템이 제공하는 데이터와 결합함으로써 검색 공간을 좁힐 수 있어 시스템이 환경의 랜드마크를 보다 쉽게 식별할 수 있다. 예를 들어, 어떤 시스템이 고층 건물을 보고, GPS가 카메라의 위치를 보고한다면, 이 시스템은 그 지역에 있는 알려진 고층 건물들의 훨씬 더 좁은 컬렉션을 검색할 수 있다.

컴퓨팅 파워가 더 제한됐을 때 탐구된 역사적 방법들과 SIFT[Lowe 1999]와 같은 현대의 컴퓨터 비전 알고리즘은 아직 개발되지 않았으며, 환경에 추가된 쉽게 구별할 수 있는 패턴에 의존했다. 고정된 카메라 트래킹이 작동하는 방식과 유사한 한 가지 방법은 환경의 조명 포인트LED를 사용한다. LED는 두 가지 방법으로 도움이 된다. 첫째, LED의 조명을 컨트롤해서 구별하거나 특정 패턴을 만들 수 있다. 또한 다른 환경보다 밝으면 간단한 임계값 필터로 위치를 쉽게 정확히 파악할 수 있다[Welch and Bishop 1997]. 또 다른 요령은 간단한 모양 패턴과 때로는 색을 사용해 간단한 알고리즘이 빠르게 찾을 수 있는 마커를 만드는 것이었다. 이 트릭은 AR 초음파 진단 도구에 대한 연구에 사용됐다. 즉, 4개의 밝은 색상이 두 개의 동심원에 배치되도록 선택됐으며, 각 원마다 다른 색상이 표시됐다[State et al. 1996].

다소 최근의 비디오계 트래킹 사용은 닌텐도 Wii의 리모컨(흔히 위모트라고 한다)에서 찾을 수 있다. Wii 리모콘은 한쪽 끝에 적외선 카메라가 있고, 카메라에서 나온 비디오는 한 쌍의 밝은 IR 조명을 찾기 위해 필터링된다. IR 조명의 출처는 Wii Sensor Bar(센싱이 없고 IR 조명을 방출할 뿐)라는 적응되지 않은 곳에 위치한 LED이다.

더욱 최근에는 SLAM simultaneous localization and mapping의 출현으로, 즉석에서 영상 트래킹에 사용될 수 있는 중요한 랜드마크로 사용될 수 있는 특징들을 지각하고 있다. SLAM은 이 장의 뒷부분에서 위치 트래킹을 개선하기 위한 수단으로서 더 자세히 논의된다.

빔 스캔 트래킹(등대 트래킹)

빔 스캔 트래킹은 사전에 배열된 빛을 맞은 광수용기의 타임 스위프를 사용해 트래킹된 수신 유닛의 광 수신 상태의 시간 패턴을 기반으로 6-DOF 위치 정보를 계산한다. 미네소타 스캐너^{The Minnesota Scanner}는 이 기술을 이용한 초기 완성작으로 로봇의 움직임을 트래킹하기 위해 만들어졌다[Sornsen et al. 1989]. HTC Vive Lighthouse 시스템은 밸브 소프트웨어가 새로 개발한 것으로 Vive HMD 및 핸드 컨트롤러에서도 볼 수 있다(그림 4-21).

기본 개념은 하나 이상의 방출체(등대)가 각 사이클의 시작 시 발생하는 동기 펄스로 레이저 광선의 빔(시트)을 수평으로 한 번, 수직으로 한 번 스치는 것이다. 디바이스에는 여러 개의 광센서가 견고하게 배열돼 있다. 각 센서는 동기 펄스에서 수평 스위프까지의 시간 지연을 연산하는 데 사용된다. 각 스위프의 알려진 속도를 사용해 시스템은 각 개별 센서에 부딪힐 때 빔의 각도를 결정할 수 있으며, 각 센서의 각도를 집계해 디바이스의 전체 6-DOF 위치를 연산할 수 있다.

적절한 센서 캡처 속도로 이 트래킹 기술은 정확하고 빠를 수 있다. (추가적인 개선을 위해 HTC Vive 시스템도 IMU 데이터를 사용한다.) 두 가지 유의해야 할 점은 (1) 등대 방출기는 회전 미러에 움직이는 부품이 있어 보의 회전을 위해 시간이 지남에 따라 마모될 수 있으며, (2) 세상과 서로에 대한 컨트롤러의 위치를 보정해야 한다는 것이다(HTC Vive의 경우, 보정이 빠르고 용이함).

빔 스캔 트래킹 방법은 광학 트래킹 시스템과 비디오 측정 트래킹 시스템 모두에 유사하다. 비디오계 시스템과 마찬가지로 센서는 트래킹 중인 디바이스에 위치한다. 이것의 주요 이점은 트래킹 단위 수를 증가시키는 것이 모든 단위를 트래킹하는 데 필요한 시간에 영향을 미치지 않는다는 것

그림 4-21 밸브 등대 이미터(왼쪽) 내부를 보면 동기식 플래시를 위한 LED 뱅크와 함께 회전하는 두 개의 드럼통이 보인다. 오른쪽 상단에는 핸드컨트롤러가 있고 오른쪽 하단에는 부착 가능한 퍽이 있는데, 두 개 모두 섬광과 회전 비콘에 의해 촉발된 조명 센서의 위치인 보조개가 있다. (Photograph by William Sherman.)

이다. 반면, 빔 스캔 트래킹은 단단한 몸체에 있는 별자리를 사용해서 삼각 측량 및 데이터의 융합을 통해 6-DOF 결과를 내는 대부분의 광학 트래킹 시스템과 유사하다. 초음파 트래킹과 유사한 빔 스캔 트래킹은 연산의 일부로 시간을 사용한다. 따라서 이 방법에는 내재된 레이턴시가 있다.

관성 트래킹 및 기타 마이크로 전자 기계 시스템 기술

관성 트래킹은 전자기계 기구를 사용해 자이로스코프 힘, 가속도 및 기울기의 변화를 측정해서 센서의 상대적 움직임을 감지한다[Foxlin 1996] [King 1998]. 가속도를 측정하는 디바이스(가속계)는 상대적인 움직임을 감지한다. 따라서 오브젝트의 새로운 위치를 결정하려면 오브젝트의 시작 위치를 알아야 한다. 또 다른 기구인 경사계는 기울기를 측정하거나, 어떤 것이 수준의 위치(예를 들어 사람의 머리 기울기)와 관련해 얼마나 기울어졌는지를 측정한다. 컴퓨터로 해석할 수 있는 전기 신호라는 점을 제외하면 목수 수준과 같다. 자이로스코프와 자기계는 이제 마이크로 전자기계시스템[MEMS]으로 사용할 수 있는 두 가지 다른 센서 유형이다.

역사적으로 전자기계 관성 내비게이션 시스템[INS]은 오랫동안 해상 내비게이션 및 비행 내비게이션 수단으로 사용돼 왔으며, 매우 정확한 위치정보를 제공한다. MEMS 센서는 이제 일반적으로 IMU로 함께 패키징되며, 여기에는 종종 자석계(포함)와 같은 비삽입 센서와 보다 강력한 내비게이션 디바이스를 위한 경사계가 포함된다. 이러한 저렴한 마이크로 전자 트랜스듀서는 각도와 선형 가속도계와 경사계가 있는 자이로스코프를 사용해 ("퓨즈") 각도 비율을 자기 중심적인 방향으로 결합해서 작은 자기 포함 트래킹 시스템을 제공한다. 현대의 스마트폰과 태블릿은 이제 이러한 센서뿐만 아니라 대부분의 소비자 중심의 헤드웨어 디스플레이를 포함하고 있다.

(방향 정보에 대한) 자이로스코프 및 선형가속(시작점으로부터의 거리 연산에 대한)에 의존하는 센서를 사용해 완전한 6-DOF 위치 변경을 측정할 수 있지만, 고려해야 할 몇 가지 기술적 문제가 있다. 가속도계와 자이로스코프는 (절대적이 아닌) 상대적인 측정을 제공하기 때문에 시간이 지나면서 시스템에 오류가

누적돼 위치 보고가 점점 더 부정확해진다.

따라서 VR의 실용화에서는 일반적으로 이러한 트래킹 시스템이 방향 전용 측정으로 제한된다. 시간 경과에 따른 정확도 저하(드리프트)는 3-DOF 방향 트래킹 시스템의 문제지만 필터를 사용하고, 경사계와 자력계의 절대 측정과 외부 트래킹 시스템의 데이터를 스스로 포함하는 센서[Foxlin 1996]의 정보를 통합해 줄일 수 있다. 관성 기반 트래킹 값을 비교할 수 있는 별도의 트래킹 시스템이 없으면 시스템을 수동으로 재조정해야 하는 경우가 있다. 수동 재조정은 트래킹된 오브젝트를 고정된 방향으로 이동하고 이 고정된 참조로 보정함으로써 이루어진다. 상당한 드리프트 전 시간은 시스템의 품질과 수신 데이터 스트림에 필터링 알고리즘이 사용되는지 여부에 따라 트래킹의 만족도가 떨어진다.

정지해 있는 비주얼 디스플레이의 경우 사용자의 머리 위치에 대한 정확한 지식이 필요하기 때문에 관성 트래킹을 단독으로 사용하는 경우는 드물다. 관성 트래킹 자체만으로는 위치를 결정하기 위한 충분한 정보를 제공하지 못한다.

이러한 제한에도 불구하고 관성 트래킹이기는 상당한 이점을 제공한다. 일차적 이점은 알려진 위치에 보완적 구성요소를 고정할 필요가 없는 자급식 단위여서 범위 제한이 없다는 것이다. 그들은 넓은 공간을 통해 사용자와 자유롭게 움직인다. 그것들은 다른 많은 트래킹 방법들과 비교해서 빠른 반응을 제공하며, 따라서 시스템에 거의 지연을 초래하지 않는다. 고품질의 유닛은 저렴하며, 흔히 저렴한 소비자 HBD, 스마트폰 및 Wii 리모컨, Playstation Move 컨트롤러, 구글 데이드림 컨트롤러와 같은 일부 게임 컨트롤러에 직접 통합된다.

관성 트래킹 시스템을 다른 트래킹 시스템과 결합해 보완적 방법을 최대한 활용할 수 있다. 예를 들어, HBD를 사용하는 VR 시스템에서 낮은 레이턴시 트래킹은 특히 몰입도를 높이고 시뮬레이터 질환의 가능성을 줄이기 위해 중요하다. 관성 트래킹이기는 HBD의 방향에 대해 이 낮은 레이턴시 트래킹 정보를 제공해 시스템이 뷰 방향을 빠르게 업데이트할 수 있도록 한다. 자기 트래킹과 같은 다른 트래킹 방법은 다소 느린 속도로 위치 이동을 제공할 수 있으며 관성계의 드리프트를 교정하는 데 사용할 수도 있다.

범위 찾기 기술을 통한 트래킹

우리는 범위 찾기를 신호가 송신 및 반환되는 기술(일반적으로 응답 신호로 인정될 수 있지만 일반적으로 반영됨)과 신호 발생기와 신호 방향의 오브젝트 사이의 거리를 결정하기 위해 신호에 대한 시간 및 수정을 사용하는 기술이라고 간주할 것이다. 이러한 시스템의 특성은 한 구성 요소가 신호의 방출과 수신을 모두 수행하는 것이기 때문에(각 구성 요소에 대해 서로 다른 변환기가 있을 가능성이 있음), 시스템은 환경 및 사용자에게 모두 연결될 필요는 없으며, 하나 또는 다른 하나와만 연결(연결)될 필요가 있다. 환경으로부터 트래킹할 때, 그것은 사용자나 오브젝트에 있을 때, 안쪽으로의 외부 트래킹이다. 증강현실 시스템의 경우 내측방식이 더 일반적이다.

이 장에서, 기술에 대한 초점은 사용자가 상호작용할 수 있는 사용자와 오브젝트를 트래킹하기 위해 그것들이 어떻게 사용되는가에 관한 것이다. 이러한 기술 중 일부를 8장에서 다시 한 번 살펴본 후 실제 오브젝트를 포착하는 방법에 대해 논의한다.

범위 검색의 정의에 맞는 기술은 다음과 같다.

- 레이더
- 라이다 Lidar
- 구조화된 라이트 뎁스 매핑
- 이미지 기반 뎁스 매핑
- 기타 범위 기술

레이더: 사람과 컴퓨터의 상호작용을 위해 오브젝트를 트래킹하는 데 도움이 되는 기술로 레이더를 사용하는 것은 비교적 최근의 발전이다. 구글 프로젝트 솔리는 레이더를 이용해 인근 지역의 미세한 움직임의 고해상도 트래킹 정보를 제공한다. 예를 들어, 가상 손잡이를 돌리거나 가상 슬라이더를 미끄러뜨리기 위해 미세한 수준의 제스처를 할 수 있도록 하기 위해 사용할 수 있다(그림 4-22) [Lien et al. 2016].

라이다 lidar: 리더 기술은 세계를 포착하는 데는 매우 유용하지만, 현실 세계에

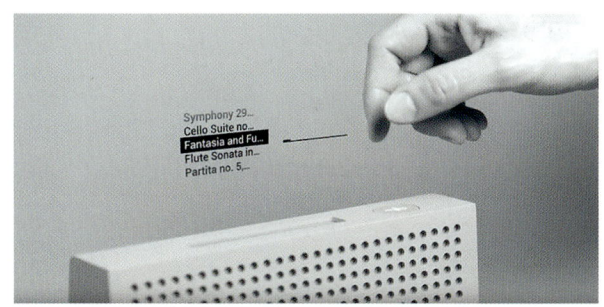

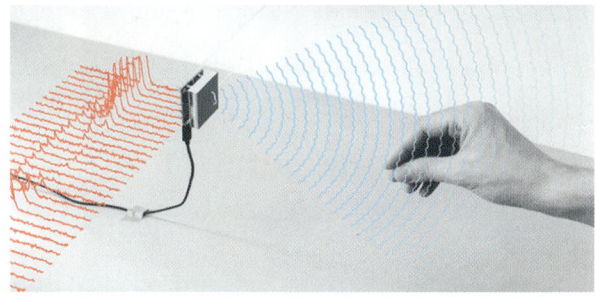

그림 4-22 구글 프로젝트 솔리(Soli)는 단거리 레이더를 사용해서 사용자가 회전할 필요 없이 회전 노브와 기타 상호작용을 모방할 수 있도록 미세한 손 움직임을 감지한다. (Images courtesy of Jamie Lien [Lien et al. 2016].)

서 사용자나 오브젝트를 실시간으로 트래킹하는 데는 적합하지 않다. 씬을 스캔하는 것은 몇 분 정도 걸릴 수 있으며, 회전하는 드럼으로 스캔하는 비전통적인 리다르 시스템도 여전히 실시간 사용자 트래킹보다는 세계 캡처에 더 적합하다.

구조화된 라이트 뎁스 매핑structured light depth mapping: 구조화된 빛은 공간에 투사된 빛의 알려진(구조화된) 패턴이 있는 씬에서 깊이 정보를 연산하는 메커니즘이다. 결과 패턴은 카메라에 포착되며, 이러한 패턴의 왜곡을 이용해서 씬의 깊이 정보를 해석하는 컴퓨터 비전 알고리즘에 의해 해석된다(일반적으로 이것은 모두 IR에서 체험자에게 베일을 씌우기 위해 수행된다). 이 기술은 사람의 움직임과 관련된 정보와 통합해서 손가락, 팔 등의 골격 표현을 재구성함으로써 위치트래킹 시스템으로 자주 이용된다.

이것의 저비용 버전은 주로 마이크로소프트 키넥트, 프라임센스 카르

그림 4-23 마이크로소프트사의 XBOX Kinect 깊이 카메라는 전면의 라이트 패턴 이미터와 두 개의 라이트 센서(색상용, 깊이 패턴용 1개)를 포함하고 있다. (Photograph by William Sherman.)

그림 4-24 일루미룸 프로젝트는 키넥트와 같은 구조화된 조명 캡처 디바이스를 사용해서 방의 모양을 스캔하고, 그 다음에는 방을 뒤틀거나 가상 세계에서 현실 세계로 오브젝트가 이동하게 하는 등의 다양한 시각적 효과에 사용할 수 있다. (Images courtesy of Brett Jones.)

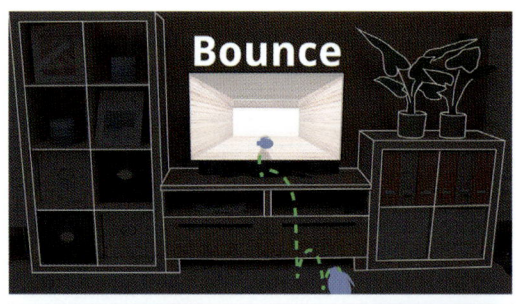

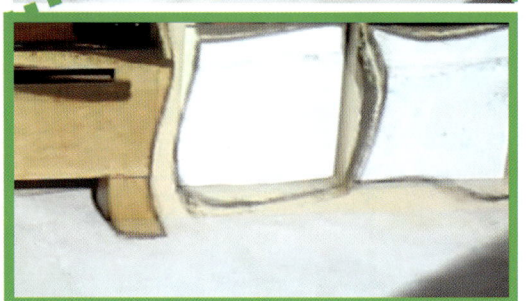

민, 님블 센스 핸드 트래커와 같은 디바이스를 통해 컴퓨터 게임 산업을 위해 제작됐다(그림 4-23). VR 본체 트래킹에도 용도 변경됐다. 다른 예로, 구조화된 광센서를 투영 시스템과 결합해 일루미룸 프로젝트와 같이 실제 공간의 현실을 증강하거나 변경한다(그림 4-24).

구조화된 광 트래킹 방법은 또한 복합 출력으로 오픈 스페이스를 통한 6-DOF 트래킹을 가능하게 하는 다수의 다른 센서들과 통합됐다. 구글 프로젝트 탱고 디바이스는 이 센서 퓨전 기법의 한 예로서, 구조화된 빛은 물론 화상 트래킹 등 다른 센서와 기법을 사용할 수 있다.

이미지 기반 깊이 매핑 Image-based depth mapping: 표준 카메라 센서로 캡처한 이미지도 씬을 분석하기 위해 환경을 수정하지 않고도 사용할 수 있다. 이것을 할 수 있는 몇 가지 방법이 있다. 일반적으로 이것은 약간 다른 관점에서 촬영한 씬의 여러 이미지를 사용해 이루어진다. 예를 들어 카메라 센서 쌍은 스테레오스코픽 이미지 쌍을 캡처할 수 있으며, 이미지 간의 불일치를 이용해서 씬의 다양한 하위 영역 사이의 거리를 결정해 깊이 맵을 만들 수 있다.

또 다른 방법은 아마도 체계적이지 않은 방법으로 다른 관점에서 찍은 여러 이미지를 사용하는 것이다. 종종 SfM[Longuet-Higgins 1981][Snavely et al. 2006][Özyeshil et al. 2017]에서 이러한 알고리즘은 다시 이미지 차이를 이용해 해당 이미지의 픽셀(또는 복셀) 위치와 사진을 찍은 위치를 결정할 수 있다.

마지막으로, 하나의 이미지에서도 일부 깊이 정보를 추출할 수 있다. 이것은 씬 내에서 텍스처 그라데이션를 분석하는 것, 예를 들어 콩밭의 사진을 촬영하는 것, 그리고 거리가 증가함에 따른 영상 품질의 변화에 근거해서 현장의 일부분이 얼마나 멀리 있는가를 파악함으로써 이루어진다[Jarvis 1983].

기타 범위 기술: VR 체험에 적합한 사용자 트래킹에 적응하기 힘들겠지만 다양한 용도로 거리를 결정하는 데 사용되는 기술도 몇 가지 있다. 이 기술에는 초음파(위에서 설명한 형식이 아니라 사운드를 반사해서), 자기 범위 조정, 펄스 범위 조정 기술^{PRT} 및 LED 검출 및 범위 조정^{LEDDAR}이 포함된다. 이러한 기술들 중 다수는 비행 시간 원칙을 기반으로 작동한다.

근육/신경 트래킹

근육 또는 신경 트래킹은 개별 신체 부위의 움직임을 감지하는 방법이다. 공간 내 사용자의 위치를 트래킹하는 데는 도움이 되지 않지만 손가락이나 기타 사지의 자기 중심 이동 트래킹에는 사용할 수 있다. 작은 센서는 손가락이나 팔다리에 접착제 또는 벨크로 스트랩으로 부착된다(그림 4-25). 센서는 신경 신호 변화나 근육 수축 등을 측정해 트래킹한 사지나 손가락의 자세를 연산하고 값을 VR 시스템에 보고한다.

이러한 유형의 트래킹은 전기 피부 반응을 측정해 특정 부위의 신경 및 근육 활동을 결정한다. EEG 변환기를 통해 수집된 뇌파 정보로 어떤 실험을 하고 있지만, 그것은

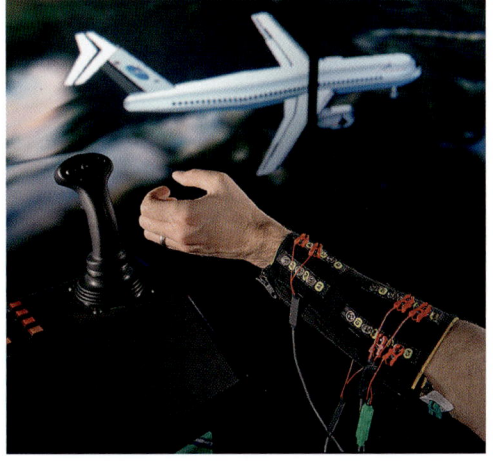

그림 4-25 이 초기 NASA 프로토타입은 팔의 근육 수축 정도를 측정하고 손가락의 대략적인 움직임을 결정할 수 있는 디바이스를 보여준다. (Image courtesy of NASA.)

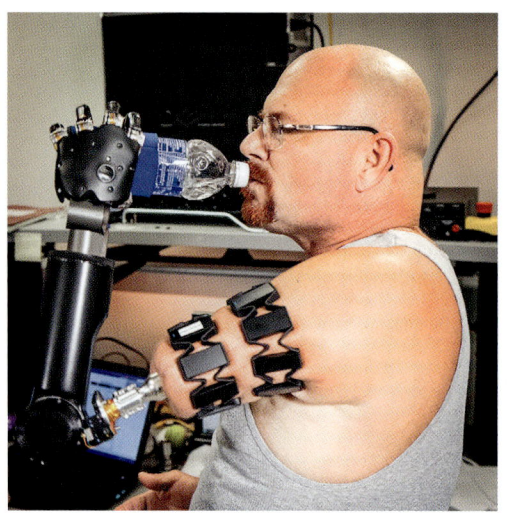

그림 4-26 환자는 미오 완장으로 고급 의족을 조절하는 법을 배운다. (Photograph courtesy of Thalmic Labs.)

사용자 몸의 위치를 트래킹하는 데 사용되지 않지만, 공상과학 소설에 묘사된 '뇌와 연결하는' 종류의 정보 수집을 암시하는 것은 아니다.

피부의 특정 부위의 전기 자극을 감시함으로써 손가락 굴곡과 이와 유사한 움직임을 조절하는 근육의 트리거를 결정할 수 있다. 이 기술은 최근 사지에서 더 멀리 떨어진 곳에 신경 자극을 관찰함으로써 보형물의 움직임을 컨트롤하는 보형물과 함께 사용하기 위해 상당한 발전을 거듭하고 있다(그림 4-26).

따라서 이러한 형태의 VR 시스템 트래킹은 깊이 연구되지 않았다. 이 분야의 개발자들은 현재 커뮤니티에서 진행 중인 연구의 급증과 사용자의 원하는 행동과 신경과 근육 신호 간의 매핑을 통해 이익을 얻을 수 있다.

신체 트래킹 이외의 생리적 입력도 가능하다는 점에 유의하고, 뒷부분의 '생물학적 및 의료 센서 기술' 절에서 논의한다.

위치 트래킹 향상

각각의 트래킹 방법은 한계가 있지만, 이러한 모든 제한은 감소하거나 제거하거나 피할 수 있다. 이러한 한계를 극복하는 몇 가지 방법은 예측 분석 및 기타 필터링 기법, 시스템 보정, 자가 교정 및 트래킹 방법의 조합을 포함한다.

예측 분석은 레이턴시를 줄이면서 정밀도를 효과적으로 높이는 데 사용할 수 있는 연산 과정이다. 트래킹디바이스의 움직임을 분석함으로써, 향후에 발생할 가능성이 있는 경로를 결정하고, 따라서 다음 프레임이 표시될 때 디바이스의 예상 위치에 대한 값을 공급할 수 있다. 트래킹이기의 위치를 예측하면 렌더링 시스템이 합리적인 추정 값을 가질 수 있다. 그것의 효과는 예측 가능한 방식으로 움직이는 트래킹된 오브젝트에 의존한다. 오브젝트가 예측할 수 없이 움직이는 시간 동안, 시스템은 정확하고 시기 적절한 예측을 할 수 없을 것이다.

특정 환경 내에서 수행되는 시스템 보정은 오류를 줄이는 데 도움이 될 수 있다. 예를 들어, 자기 트래킹 시스템 근처의 금속으로 인한 오류는 최소화할 수 있다[Ghazisisaedy et al. 1995]. 환경에 상관없이, 어떤 방법으로든 모든 트래킹 시스템을 보정해야 한다. 어떤 경우에는 보정이 단순히 디바이스가 어떤 정의된 초기 위치에 있음을 시스템에 알리는 문제일 뿐이며, 흔히 관성 트래킹 시스템으로 수행된다. 다른 시스템에서는 원하는 대로 보정이 필요하다 (또는 허용). 여전히 다른 사람들은 즉석에서 교정을 한다. 트래킹 시스템이 본질적으로 허용하는 것과 상관없이, VR 애플리케이션과 관련해서 트래킹이자 위치를 연산하는 컴퓨터 코드에서 그것이 내는 신호는 항상 변경될 수 있다 (즉, 수정될 수 있다).

전자파 시스템에 특히 유용한 보정의 한 가지 형태는 보정(조회) 표를 만드는 것이다. 트래킹 센서는 매우 특별한 장소에 설치된다. 트래킹자가 보고하는 것을 알려진 위치와 비교해 오프셋을 연산한다. 트래킹 센서를 체계적으로 이동시켜 측정함으로써 시스템이 트래킹자가 보고한 값을 수정하는 데 사용할 수 있는 조회 표를 구축한다. 다시 말해, 일단 당신이 조회 표를 작성하면, 시스템은 항상 보고된 값에 그러한 보정을 적용할 수 있다. 또한, 그것은 룩업 테이블에서 기준 위치 사이의 위치를 보간할 수 있다. 예를 들어, [x,y,z] = [30, 40, 50cm] 위치에 있는 것으로 알려진 센서는 [31, 40, 49cm]에 있다는 시스템 보고서를 생성하며, 소프트웨어는 최종 값으로 전달하기 전에 센서 보고 [31, 40, 49]를 다시 보정된 위치[30, 40, 50]에 매핑한다.

트래킹 방법을 결합하면 때로는 다른 방법의 한계를 극복하기 위해 각 방법의 좋은 품질을 이용함으로써 유리한 결과를 제공할 수 있다. 예를 들어 비디오 판독 비주얼 디스플레이(5장에서 설명)를 사용하는 애플리케이션에서 시스템은 HBD 카메라가 보는 것을 기반으로 한 비디오 측정 트래킹을 사용할 수 있다. 전자파 트래킹이기와 같은 다른 형태의 트래킹 디바이스를 HBD에 부착할 경우, 각 트래킹이기의 정보가 다른 트래킹이기를 보정하는 데 도움이 될 수 있다. 더 일반적으로, IMU 트래킹이기는 종종 절대 위치를 결정할 수 있는 트래킹이기 기술과 협력해서 본질적으로 자가 교정한다. 빠른 응답 시간과 거의 0에 가까운 가격은 그들을 거의 모든 곳에서, 그리고 모든 현대 소비자 HBD에 포함시킨다. IMU를 어떤 형태의 절대 트래킹과 결합하면 정확한 위치의 빠른 응답을 제공한다.

SLAM 트래킹: SLAM으로 알려진 기법은 현실 세계에 대한 데이터를 실시간으로 수집해 주변 환경의 기하학적 모델을 만든다. 새로운 데이터가 수집됨에 따라, 시스템은 이전에 수집된 데이터를 기준으로 센서의 현재 위치를 연산하며, 본질적으로 캡처되는 대로 세계 내 시스템을 트래킹한다. 구글의 프로젝트 Tango는 현실 세계의 거리와 영역을 측정하는 도구와 같은 SLAM을 이용한 애플리케이션 개발을 위한 안드로이드 플랫폼을 제공하거나 가상의 오브젝트를 세계의 모델로 소개한다. 마이크로소프트의 HoloLens의 헤드웨어 증강현실 디스플레이는 모델 세계를 트래킹하고 구축하는 데 도움을 주기 위해 SLAM을 사용한다(그림 4-27).

SLAM 시스템은 종종 IMU 센서와 결합된 심층 지도 세계 생성 기법의 조합으로 생성돼 세계에 대한 데이터의 방향을 결정한다.

SLAM 트래킹은 내부 위치 트래킹 시스템으로서 유용하지만, 8장에서 논의될 것처럼 현실 세계를 VR 체험에 통합하는 데에도 사용할 수 있다(예를 들어, 현실 세계의 SLAM 구성 모델은 사용자가 현실 세계의 장애물에 접근하고 있을 때 은밀하게 HBD에서 경고하는 수단이 될 수 있다).

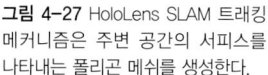

그림 4-27 HoloLens SLAM 트래킹 메커니즘은 주변 공간의 서피스를 나타내는 폴리곤 메쉬를 생성한다.

광역트래킹: 트래킹기술이 여전히 개선의 여지가 큰 또 다른 분야는 광역트래킹이다. 광역트래킹을 위한 가장 일반적인 도구는 지구위치확인위성시스템(G GPS는 지구상에서 수신기를 찾는 데 상당히 유용한 광역(사실상 글로벌) 시스템이다. 하지만 정밀도가 너무 낮아 원근 렌더링을 할 수 없다는 점에서 VR에 심각한 한계가 있다. 또한 GPS는 충분한 수의 위성이 '관측'에 있을 때만 작동하는데, 이는 실내에서 작동하지 못하게 하고, 높은 건물이나 나무로 둘러싸여 있을 때 더욱 어렵게 만든다. 다시, 기술을 결합함으로써 트래킹을 개선할 수 있다. GPS는 SLAM 기법과 결합해 시스템이 대략 어디에 있는지 알 수 있게 하고, SLAM 시스템은 사용자가 트래킹할 수 있는 지역 지역의 모델을 생성할 수 있다.

가상 현실 시스템 내에서 입력 사용

사용자의 움직임과 동작에서 입력 데이터를 수집할 수 있는 수단을 가지고, 이제 우리는 이러한 기술이 가상 세계와 물리적으로 상호작용할 수 있는 도구를 제공하는 체험자와 어떻게 결합될 수 있는지 탐구한다. 우리는 체험자들 자신이 어떻게 트래킹될 수 있는지부터 시작한다. 일반적으로 머리, 아마도 손은 직접, 어쩌면 간접적으로, 어쩌면 다른 신체 부위일 수도 있다. 이어서 사용자가 상호작용할 수 있는 다른 물리적 오브젝트(제안 및 플랫폼)의 입력에 대해 설명하겠다. 마지막으로, 우리는 음성 인식의 수단으로 마이크 입력 데이터의 매우 구체적인 사용에 대해 논의할 것이다.

신체의 위치 트래킹

위치 트래킹의 주된 용도는 신체의 자세 및/또는 위치를 트래킹하는 것이다. 신체 트래킹은 체험자의 위치와 행동을 감지하기 위한 원시 위치 트래킹 기술을 적용한 것이다. 트래킹되는 움직임의 특정 구성 요소는 신체 부분과 시스템 구현에 따라 달라진다. 예를 들어, 머리 움직임 트래킹은 3-DOF 위치, 3-DOF 방향 또는 6-DOF 위치 정보만으로 구성될 수 있다. 예를 들어, 손가락 움직임은 장갑 디바이스로 트래킹할 수 있는데, 이 디바이스는 손가락 굴림의 여러 마디를 측정하거나 손가락 사이의 접점을 단순히 측정할 수 있다. 또는, 리프 모션 컨트롤러와 같은 작은 깊이 입력 디바이스는 손 포즈의 하나의 데이터 요소를 제공하는 각 관절 각도를 가진 손의 기본 골격 위치를 추정할 수 있다. 따라서 특정 신체 구성요소의 DOF(데이터 양)는 1~22(한 손의 움직임 수)에 이를 수 있다.

어느 정도의 신체 트래킹을 해야 하는지를 결정하는 것은 VR 경험의 요건과 트레이드오프다. 장비 한계는 애플리케이션 디자이너가 한 신체 부위의 트래킹을 다른 형태의 상호작용으로 대체해서 절충을 하는 결과를 초래할 수 있다. 예를 들어, 발을 트래킹하는 대신에 디자이너는 대안적인 이동 기법을 시행하기로 선택할 수도 있고, 무릎이나 발목을 트래킹하고 발의 움직임을 예측할 수도 있다. 사용자의 몸을 계측할 수 있는 등급이 많다. 때때로 VR 시스템은 VR 시스템에 의해서만 사용자의 머리를 감시할 수도 있고, 다른 시스템들은 머리와 손 또는 양손을 몸통으로 트래킹하거나, 전력을 다해 몸 전체를 트래킹할 수도 있다.

체험자의 신체 일부를 명시적으로 트래킹하기보다는 간접적으로 트래킹하는 경우도 있다. 간접 트래킹은 체험자의 위치를 추정하기 위해 신체 부위 이외의 물리적 오브젝트를 사용하는 것을 의미한다. 이러한 물리적 오브젝트는 대개 프롭과 플랫폼이다. 예를 들어, 완드나 플랫폼에 장착된 조향 휠과 같은 휴대용 디바이스의 움직임을 트래킹하는 것은 체험자의 한 손의 위치를 나타내는 좋은 지표다.

VR 애플리케이션에서 볼 수 있는 신체 부위 그룹화 및 바디 트래킹 기법

- 머리 트래킹
- 손 및 손가락 트래킹
- 아이 트래킹
- 몸통 트래킹
- 발 트래킹

머리

머리는 거의 모든 VR 시스템에서 트래킹되지만 항상 전체 6-DOF는 아니다. 일반적인 VR 시스템은 사용자의 머리 방향 및/또는 위치를 알아야 사용자의 관점에서 세상을 적절하게 렌더링할 수 있다. 최소로 요구되는 정보가 위치 또는 방향인지 여부는 디스플레이 유형에 따라 달라진다. 물론 투시 렌더링은 감각기관이 있는 곳(눈, 귀, 코 등)에 기초하는데, 방향이 알려지면 머리에 할당된 좌표계로부터 간격 띄우기로 연산할 수 있다.

HBD는 사용자가 머리를 회전할 때 풍경이 시야 방향에 따라 적절히 조정되고 렌더링돼야 하며 그렇지 않으면 사용자가 물리적으로 몰입하지 않기 때문에 최소한 머리 방향을 트래킹해야 한다. 위치 트래킹은 항상 필수적인 것은 아니지만 이러한 VR 경험의 몰입적인 품질을 향상시킨다. 위치 트래킹은 사용자가 머리를 움직일 때 운동 시차$^{motion\ parallax}$(수직 변위 위치에서 감지하는 것에 기초한 3차원 공간에서의 오브젝트 위치 지각)를 제공하는 데 도움이 된다. 모션 큐는 특히 뷰어 근처에 있는 오브젝트에 중요하다. 일부 VR 경험은 사용자가 (사실상) 환경을 통해 지속적으로 이동하도록 유도하거나 요구함으로써 위치 트래킹의 필요성을 피한다. 공간을 통한 이러한 움직임은 또한 움직임 시차로부터 공간 정보를 제공한다. 일부 인터페이스 상호작용은 머리 위치 트래킹으로부터 이익을 얻으며, 결과적으로 머리 위치 트래킹 기능이 없는 애플리케이션은 사용하기가 더 어려울 수 있다.

컴퓨터 모니터, 투영 화면 또는 타일 디스플레이와 같은 고정 VR 시각 디스플레이는 원근 렌더링을 연산하기 위해 사용자의 눈과 화면 사이의 상대적 위치가 필요하다. 단조영상을 표시하기 위해서는 코의 브리지를 사용해 대략적인 시야 위치를 파악할 수 있지만, 스테레오스코픽 이미지의 적절한 표시를 위해서는 시스템이 각 눈의 위치를 가지고 있어야 각 눈에 적절한 시야를 제공할 수 있다. 이것은 별도의 트래킹이기가 각 눈 근처에 위치하지 않는 한 고정 디스플레이에 트래킹 헤드 방향이 중요한 곳이다. 일부 시스템은 모든 뷰어가 수평 시선을 유지한다고 가정해서 그룹에 가장 적합한 관점에 기초해서 디스플레이 내의 넓은 영역에서 볼 수 있는 스테레오스코픽 이미지을 제공한다. 이러한 타협은 트래킹된 사용자에게 제공되는 뷰를 디퍼펙트한 다음, 가시 표면 사이의 경계에서 작은 불연속성을 초래하는 데서 비롯된다[Febretti et al. 2014].

스마트폰이나 태블릿(얼굴에서 멀리 떨어져 있음)처럼 손에 들고 있을 수 있는 수동형 VR 디스플레이는 방향보다 사용자 머리의 위치가 더 중요하다는 점에서 정지형 디스플레이와 같다. 이상적으로, 적절한 투시 렌더링을 위해서는 화면과 눈 사이의 상대적 위치가 필요하다. 그러나, 특히 눈이 화면 바로 앞에 특정 거리라고 가정하는 Magic Lensstyle AR 디스플레이에서는 이러한 현상이 자주 발생한다.

손과 손가락

손가락을 트래킹하거나 트래킹하지 않고 손을 트래킹하는 것은 일반적으로 사용자에게 세계와 상호작용하는 방법을 제공하기 위해 이루어진다(그림 4-28). 또한 다중 참가 공간에서는, 손 제스처로 체험자들 사이에서 의사소통할 수 있다. 손에는 트래킹 디바이스를 손목 근처에 부착하거나, 트래킹된 휴대용 디바이스를 사용하거나, 비접촉 감지 기술을 사용해 트래킹할 수 있다.

손의 모양과 움직임에 대한 자세한 정보가 필요할 때, 장갑 입력 디바이스는 사용자의 손가락 위치와 다른 손의 굴곡을 트래킹할 수 있는 하나의 옵션을 제공한다. 이 경우 일반적으로 손 위치 트래커는 장갑에 직접 장착된다. 또는, leap motion controller와 같은 기기를 사용해 사용자의 손과 손가락의 위치

그림 4-28 사용자의 손을 트래킹해서 얻은 정보는 가상 세계에서 손 아바타를 컨트롤하는 데 사용될 수도 있다. 이 표현은 사용자에게 가상 세계 내에서 존재감을 부여한다. 사용자는 (A)를 가리켜 선택할 수 있고, (B) 주먹을 쥐고 물건을 운반할 수 있다. (Photographs by William Sherman.)

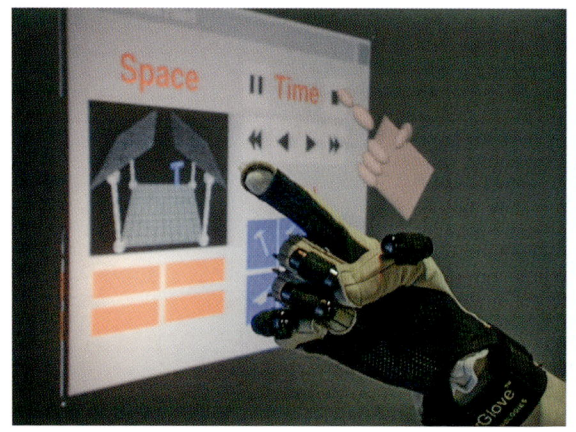

와 자세를 결정할 수 있다. 소프트웨어를 통해, 연산된 골격 시스템의 위치와 포즈는 애플리케이션에 통합될 수 있다. 이것은 사용자가 장갑을 끼지 않아도 된다는 장점이 있다. VR 맥락에서 이 센서는 일반적으로 HMD의 전면에 부착된다(그림 4-29). 세 번째 대안인 구글의 프로젝트 솔리는 미묘한 사용자 입력 가능성을 제공하기 위해 레이더로 미세한 운동 움직임을 트래킹하는 방법을 탐구한다.

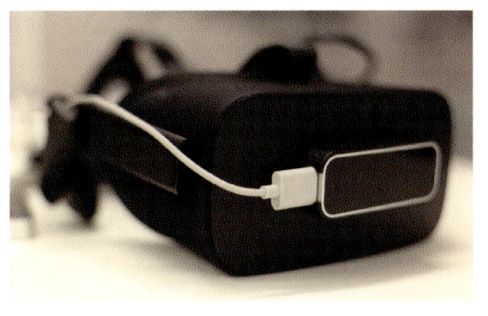

그림 4-29 HMD의 전면에 손가락 모양 지각 디바이스를 부착하면 물리적 컨트롤러 없이도 손의 상호작용을 VR 경험으로 통합할 수 있다. (Photograph by William Sherman.)

장갑 입력 디바이스는 사용자의 신체에서 중요한 상호작용 부분에 대한 많은 정보를 제공하지만, 그것들 또한 상당한 단점을 가지고 있다. 첫째로, 그들은 입고 벗는 데 시간이 걸리는데, 이것은 특히 세계의 상호작용적 통제 공유를 장려하는 어플리케이션에서 문제가 된다. 더 큰 그룹에서 각 체험자가 사용할 수 있는 개별 장갑이 있을 가능성은 매우 낮다. 따라서 교대로 하는 것은 매번 벗기/착용/다시 측정하는 번거로운 과정을 의미한다. 장갑은 일반적으로 보정이 어렵고, 더 나쁜 것은 시스템이 사용자의 현재 손 자세에 대한 정확한 측정을 하도록 교정 상태를 유지하는 것이다. 보정 루틴은 여러 개의 손 포즈를 맞추고 컴퓨터가 각각의 새로운 포즈로 데이터를 가져가도록 하는 것으로 구성된다.

비접촉식 핑거 트래킹 기술(예: 리프 모션, 솔리)에도 어려움이 있다. 구체적으로는 이러한 기술들이 시야에 근거해서 감지되기 때문에, 어떤 자기관찰(다른 손가락 뒤에 있는 손가락)도 시스템이 "보이지 않는 손가락의 구성을 정확하게 알지 못하게 한다. 또 다른 단점은 손모양을 추정하는 데 필요한 컴퓨팅 파워의 양이 적다는 것이다. 최종 결과는 때때로 손의 자세가 정확하지 못하며, 만약 이것이 너무 자주 일어난다면, 조절을 위해 모양을 사용하려는 시도는 고단해진다.

장갑 입력과 리프 모션과 같은 비접촉 입력 모두에 대해, 많은 애플리케이션의 데이터 입력 장갑 사용은 실제로 손 모양의 전체 정보를 이용하지 않는다. 손의 각 관절에 대한 데이터를 보고하면 애플리케이션이 손을 사실적으로 표현할 수 있지만, 결국 제한된 명령 선택을 나타내기 위해 한 줌의 포즈만 사용할 경우, 그 노력은 가치가 없을 수 있다. 손가락의 전체 상대적 움직임을 측정하는 대신에 제한된 입력 장갑이나 핸드헬드 디바이스를 사용하는 것이 더 효율적이다(이 절 뒷부분의 '제안' 참조). 예를 들어, 한 손이나 두 손의 손끝 사이의 접촉만을 감지하는 장갑은 더 쉽게 감지되고 교정이 필요 없으며 VR 시스템에 의해 더 쉽게 처리되는 일련의 이산 사건에 대한 정보를 제공한다[Mapes and Moshell 1995]. 또는 휴대용 받침대에 버튼이나 조이스틱을 사용하면 동작을 트리거하는 데 훨씬 편리하고 효율적이며, 손가락 트래킹이 제한된 형태로 간주될 수도 있다(손가락이 버튼을 누르고 있거나 그렇지 않다). 전반적으로, 장갑의 내성과 트래킹된 손가락의 부정확성은 여러분의 협력자에게 휴대용 입력 디바이스를 건네는 단순함에 비하면 전혀 가치가 없다. 오큘러스 터치 기기는 사용자의 손가락이 단지 기기에 놓여 있을 때 이를 보고하는 기능을 가지고 있어, 트리거를 당기지 않을 때에도 시스템은 여전히 손가락이 트리거에 닿는지 또는 엄지손가락이 조이스틱에 놓여 있는지 알 수 있다. VR 시스템은 사용자가 트리거를 만지지 않을 때 가리키거나 엄지손가락이 아래로 내려가지 않을 때 "엄지손가락 위로" 제스처를 제공하는 등의 이 정보에서 기본적인 추론을 할 수 있다.

손트래킹을 위해 해야 할 또 다른 중요한 선택은 두 손을 모두 트래킹할 것인지 아니면 한 손만 트래킹할 것인지를 결정하는 것이다. 물론 장갑이 있으면

그림 4-30 핸드 컨트롤러는 2개의 인터페이스로 디자인될 수 있으므로 사용자는 자연적 상호작용에 대해 더 많은 자유를 누릴 수 있다. 여기에 있는 Razer Hydra 시스템은 컨트롤러의 6-DOF 위치를 트래킹하는 데 사용되는 베이스 스테이션과 함께 각 손의 핸드헬드 컨트롤러를 포함한다. (Photograph by William Sherman.)

손가락 트래킹 없이 한 손으로만 하드웨어를 제공하는 것이 더 쉽고 저렴하다. 다른 기술의 경우 두 손을 센서 범위에 넣기가 어려울 수 있다(또는 사용자를 구속). 그렇다면 문제는 한 손을 트래킹하는 것이 원하는 결과를 얻기에 충분한가 하는 것이다. 또한 핸드헬드 컨트롤러의 형태는 두 손으로 잡도록 디자인된 컨트롤러는 손을 서로 연결해 2개의 만으로 상호작용

을 어렵게 하는 반면, 개별 손을 위해 디자인된 컨트롤러는 더 많은 유연성을 제공한다(그림 4-30). 7장에서는 2개의 입력으로 이익을 얻을 수 있는 구체적인 상호작용에 대해 논할 것이다.

눈

눈의 위치는 일반적으로 머리 위치와 방향을 트래킹해서 결정한다. 그러나 사용자가 어떤 방향을 찾고 있는지 아는 것은 추가 정보가 필요하다. 사용자의 눈이 머리에 상대적으로 보이는 방향을 트래킹하는 기술은 최근에야 VR과 함께 사용할 수 있게 됐고, 결과적으로 많은 애플리케이션에서 시도되지 않았다. 많은 소비자 HMD에 아이 트래킹 보조제를 사용할 수 있으며, 차세대 HMD는 표준 기능으로 아이 트래킹 기능을 가질 가능성이 있다. 기본 아이 트래킹은 각 안구의 영상 피드를 분석함으로써 이루어진다(그림 4-31).

아이 트래킹이 유용할 수 있는 두 가지 기본적인 영역이 있다. 하나는 사용자가 직접 보는 가상 세계의 부분을 기준으로 렌더링 리소스를 할당하는 것이다. 이 씬은 트래킹된 눈의 시선 방향으로 더 높은 수준의 세부 정보를 표시하거나, 또는 시야의 깊이 효과를 추가할 수 있다. 또 다른 유용한 영역은 아이 트

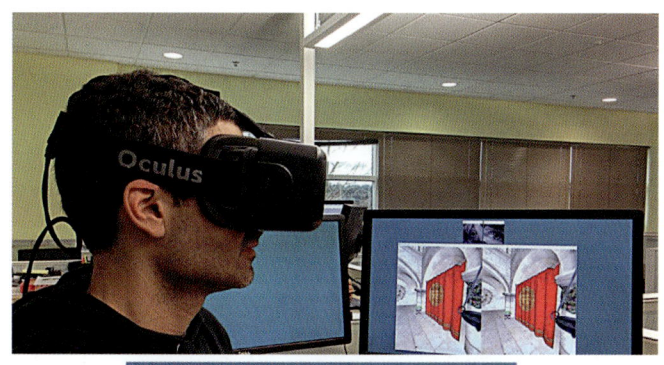

그림 4-31 아이 트래킹을 HMD에 직접 통합함으로써 사용자가 직접 컨트롤하거나 VR 시스템을 통해 사용자가 보고 있는 내용을 관찰할 수 있는 추가 입력 채널을 사용할 수 있다. 이 시스템에서는 외형 시력 트래킹 기기가 오큘러스 DK-2 HMD에 통합됐다. 인넷 클로즈업은 눈동자의 위치를 연산해 각 눈이 보고 있는 방향을 결정하는 데 사용할 때 각 눈의 카메라 뷰를 보여준다. (Photograph courtesy of nVidia.)

래킹을 세계와의 인터페이스의 일부로 사용하는 것이다. 예를 들어, 오브젝트는 눈의 움직임에 따라 선택되거나 움직일 수 있다. 이 후자의 기법은 스마트폰-VR 시스템이나 입력이 제한된 다른 시스템에서는 자주 사용되지만, 이러한 경우에는 동공 방향을 트래킹하지 않기 때문에, 시선 인터페이스의 목적상, 시스템은 사용자가 정면을 바라보고 있다고 가정한다.

몸통

사용자의 아바타가 표시될 때 머리 위치와 손 위치를 기반으로 한 특정한 가정을 가진 몸통을 포함하는 경우가 많지만, 체험자의 몸통을 트래킹하는 VR 애플리케이션은 거의 없다. 그러나 몸통은 사실 머리나 손보다 몸이 향하고 있는 방향을 더 잘 나타내는 지표다. 몸통 베어링은 머리 또는 손 위치보다 내비게이션 방향을 기준으로 하는 더 좋은 요소일 수 있다(예를 들어, 〈Placeholder〉 애플리케이션[Laurel et al. 1994] 참조), 셔먼과 크레이그[2002, 부록 D] 참조).

이동 방향에 몸통 베어링을 사용하는 이점은 몰입형 가상 세계를 통과하는 사용자의 경험 수준과 관련이 있다. 초보 사용자는 머리 방향(즉, 코 방향)으로 이동하는 것에 더 잘 적응할 수 있다. 그러나 머리 방향으로의 움직임을 제한하는 것은 주위를 둘러보는 능력을 제한한다. 사용자는 이동 시 머리 방향의 방향을 항상 이동 방향을 보아야 한다.

몸통 트래킹이 사용자의 세계와의 상호작용 능력에 중요한 역할을 하는 애플리케이션들이 있다. 점프나 기우는 것이 세계와 상호작용하는 중요한 부분이라면, 이러한 몸의 움직임을 판단하기 위해서는 특히 몸통에 대한 보다 완전한 트래킹이 필요하다. 예를 들어 스키나 다른 스포츠 관련 애플리케이션은 몸통을 직접 트래킹하거나 카메라 기반 시스템(예: Kinect-v1) 또는 체중 분배 시스템(예: Wii Balance Board)에서 간접적으로 몸통 움직임 정보를 요구할 수 있다.

발

만연하지는 않지만, 사용자의 발을 트래킹할 수 있는 수단을 제공하는 일부 작업이 수행됐다. 발을 트래킹하는 것은 사용자가 이동하고자 하는 속도와 방향을 결정할 수 있는 명백한 수단을 제공하며, 사용자가 이동하기 위해 신체적인 노력을 기울여야 한다는 점에서 사용자 인터페이스에 사실성을 더한다(그림 5-76 참조).

발을 트래킹하는 것은 기본적으로 전자파에서 광학(키넥트-v1과 같은 깊이 기반 골격 트래킹 포함)에 이르는 이전 절에

그림 4-32 Virtuix의 이 "Omni" 링 플랫폼은, 특별한 신발과 짝을 지었을 때, 걷는 것에 대한 합리적인 인상을 주는 저마찰 기반을 제공한다. (Photograph courtesy of Virtuix.)

서 설명한 위치 트래킹 기술을 사용해 수행할 수 있다. 사실상 모든 VR 시스템에서 바닥과 접촉하거나 다른 지지 구조 덕분에 일부 옵션을 보다 쉽게 구현할 수 있다. 발트래킹 기술은 우리가 소위 말하는 시스템의 플랫폼에 직접 통합될 수 있다(이후 몇 페이지로 자세히 설명될 것이다). 예를 들어, 압력 센서를 플랫폼에서 사용해서 발을 들어 올리거나 플랫폼에서 압력을 가하는 위치를 결정할 수 있고, 반투명 바닥 아래의 카메라가 발이 위치한 위치를 결정할 수 있다 [Zielinski et al. 2011].

어떤 플랫폼은 발이 어디에 있는지(또는 어디에 있어야 하는지) 알고 플랫폼에 접촉함으로써 발을 암묵적으로 트래킹할 수 있다. 예를 들면 정지해 있는 자전거와 승객을 포함한다. 발 트래킹은 또한 러닝머신 플랫폼, 즉 전통적인 트레드밀과 함께 사용되지만, Virtuix Omni와 같은 전방향 및 마찰 감소 시스템(그림 4-32)과 같은 스타일도 함께 사용된다. 발을 트래킹하는 또 다른 암묵적인 방법은 Ryan McMahon

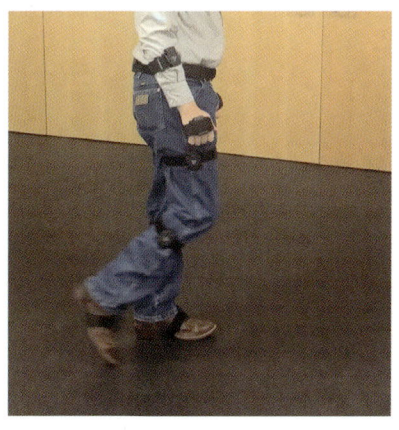

그림 4-33 여러 IMU 트래킹 유닛과 바닥의 위치 및 사람의 이동 능력에 대한 지식을 결합해 사용자의 발과 다리가 한 방을 이동할 때 움직임을 판단할 수 있다. (Photograph courtesy of J. Coleman Eubanks.)

과 그의 학생들이 연구한 대로 IMU 센서를 발에 위치시켜 사용자의 의도와 상대적인 다리 움직임을 측정하는 것이다[Eubanks et al. 2015] (그림 4-33), Virtuix Omni에서도 사용된다.

생물학적 및 의료 센서 기술

위치트래킹을 넘어 가상 세계의 다양한 측면을 컨트롤하기 위한 입력으로 다른 생리적 신체 속성도 감시하고 사용할 수 있다. 이러한 측면은 체온, 땀(갈바닉 피부 반응), 심박수, 호흡수, 감정 상태, 뇌파 등의 신체 기능을 포함한다(그림 4-34). 이러한 기능은 단순히 세계를 경험할 때 체험자의 상태를 모니터링하기 위해 측정하거나, 또는 예를 들어 어떤 경험이 가장 편안한지 결정하고, 그 피드백을 사용해서 사용자를 좀 더 차분한 경로로 안내하거나, 수직 이동을 컨트롤하기 위해 호흡수를 사용할 수 있다[Adddison et al. 1995]. 스쿠버 다이빙 경험[Davies and Harrison 1996]에 대해 언급한다(Craig 등 참조). 8장 사례 연구 8.1 [Craig et al. 2009].

사용자 생체 지각을 위한 기술은 개인 건강(예: Fitbit) 및 엔터테인먼트 목적(예: Myo Gesture Control Armband)뿐만 아니라 의료 도구로서 점점 더 유용해지고 있다. 장난감(헬기를 띄우거나 공을 이동)의 물리적 특성을 조작하는 데 사용되는 간단한 EEG 측정이 있는 완구는 일부 직

그림 4-34 여기서 사용자는 신체복을 입는데, 이것은 컴퓨터 시스템이 호흡수, 심박수, 혈압, 혈액 산소 포화와 같은 착용자의 생리적 속성을 감시할 수 있는 수단을 제공한다. 슈트의 데이터를 사용해 사용자의 VR 경험을 수정할 수 있다. (Image courtesy of Vivometrics, Inc.)

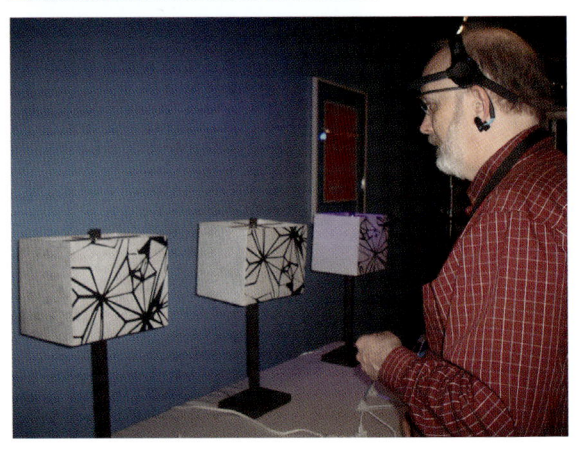

그림 4-35 저렴한 EEG 센서를 이용해 원하는 램프를 보며 램프를 켜고 끄는 명령을 '생각'하는 방식으로 3개의 램프를 켜고 끌 수 있다. 구글 글래스 디스플레이는 사용자에게 그들의 뇌 상태에 대한 피드백을 제공한다. (Photograph courtesy of Alan B. Craig, Application by Daqri.)

접 사용 인터페이스(그림 4-35)에 사용돼 왔다.

물리적 입력 디바이스

물리적 디바이스는 표준 위치 트래킹을 넘어 사용자와 가상 세계 사이의 인터페이스에 또 다른 측면을 추가한다. 물리적 기기의 순간은 간단한 핸드헬드 오브젝트에서부터 사용자가 앉거나 서 있는 대형 조종석 스타일의 플랫폼에 이르기까지 다양하다. 이러한 기기는 특정 애플리케이션을 위해 특별히 디자인되는 경우가 많지만, 어떤 기기는 많은 다른 애플리케이션을 위한 일반적인 표준 인터페이스로 명시돼 있다. 또는 게임과 같은 특정 애플리케이션 클래스를 위해 디자인될 수 있다. 개별 기기는 종종 단일 단위로 여러 개의 특정 입력을 통합한다. 현재 우리의 초점은 기기의 입력 측면에 있지만, 기기의 물리적 측면은 출력 측면도 있음을 긍정한다. 물리적 디바이스와 상호작용하는 사람은 무게, 표면 질감 등 물리적 특성을 감지한다. 따라서 사용자에게 촉각적 피드백 유형을 제공한다. 기기가 잡히거나 움직일 때 사용자는 고형도, 질량, 무게 중심, 그리고 아마도 그것이 어떻게 움직일 수 있는지에 대한 약간의 제한이 있는 어떤 것과의 상호작용을 감지한다(예를 들어, 플랫폼 조향 휠은 중심을 중심으로 원형 운동으로만 움직인다). 이 절에서는 '물리적 컨트롤', '제안', '플랫폼'의 특징을 시스템에 입력을 제공하는 수단이나, 시스템 관점에서, 사용자로부터의 입력을 트래킹하는 수단으로서 기술한다.

신체 컨트롤

물리적 컨트롤은 개별 버튼, 스위치, 밸류에이터(슬라이더, 다이얼, 조이스틱)로 VR 시스템에 직접 입력하는 기능을 활발하게 할 수 있다. 일반적으로 디자인된 디바이스(게임 컨트롤러와 같은)는 여러 애플리케이션에서 사용할 수 있다. 물리적인 입력은 또한 음악적 또는 꼭두각시 공연과 같이 일차적인 용도와 관련된 특정 인터페이스로 디자인될 수 있다. 물리적 조정기는 VR 시스템에서 사용하는 플랫폼(예: 자동차 기어 변속)에 장착하거나, 시스템이 트래킹하는 휴대용 받침대에 장착하거나, 장소 내의 다른 곳에 배치할 수 있다. 물리적 컨트롤의 가상 표현은 7장의 '조작 방법' 절에서 논했듯이 일부 VR 경험에서도 사용된다.

기본 컨트롤 유형의 열거된 목록을 다시 언급하면서, 가장 간단한 디바이스, 즉 소수의 개별 위치나 상태를 가진 디바이스로부터 시작한다. 기본 버튼은 두 가지 위치 즉, 눌린 상태와 해제된 상태를 가진 디바이스다. 스위치(N-ary 입력)는 설정할 수 있는 둘 이상의 위치를 가질 수 있다. 핸드헬드 프로프에는 여러 개의 버튼이 장착되는 경우가 많다. 소프 위치를 고려해 트리거된 이벤트는 소프 방향 또는 위치와 상관관계가 있을 수 있다.

밸브는 설정할 수 있는 연속 값의 범위가 있는 단순한 컨트롤이다. 조명 기구에 대한 조광기 컨트롤은 일반적인 가정 사례다. 밸브는 슬라이더나 다이얼과 같이 개별적으로 사용하거나 조이스틱(2-DOF)과 같이 여러 가지 관련 컨트롤 수준을 동시에 조작할 수 있도록 결합할 수 있다.

그림 4-36 효과적인 꼭두각시 인형이 되기 위해서는 일반적인 꼭두각시 기술을 배울 필요가 있지만, 또한 전문화된 도구들도 숙달할 필요가 있다. 여기서 꼭두각시 인형은 월도 핸드 입력 디바이스를 사용해서 곤조 대왕의 컴퓨터 그래픽 표현을 컨트롤한다.

다중 입력은 단일 입력 디바이스로 통합될 수 있다. 이 디바이스는 세 개 이상의 버튼과 조이스틱이 있을 수 있는 고전적인 CAVE 완드와 같은 일반적인 입력 컨트롤러 또는 HTC Vive 또는 오큘러스 터치의 유사한 핸드 컨트롤러일 수 있다(그림 4-14, 4-18, 4-30, 4-37 참조). 입력 컨트롤러(다양한 버튼, 스위치, 평가기로 구성됨)는 영숫자 입력(타이핑 키보드), 게임패드를 통한 게임 아바타 컨트롤, 피아노 키보드, 풍기, 인형처럼 캐릭터 퍼포먼스 디바이스 등과 같은 악기 인터페이스, 즉 인형극 전문가 왈도^{Waldo}처럼 입, 눈썹, 눈꺼풀 등과 같은 꼭두각시의 여러 파트를 통제하는 인형을 부리는 사람이 사용하는 핸드 디바이스에 맞게 디자인됐다. (그림 4-36)

아마도 오늘날 널리 사용되는 다중 입력 컨트롤의 가장 일반적인 유형은 Xbox나 PlayStation용 컨트롤러와 같은 게임패드형 컨트롤러일 것이다. 게임 컨트롤러 디바이스에는 여러 개의 버튼, 조이스틱 및 기타 밸류에이터가 있는 경우가 많으며, 위모트와 같은 경우에는 위치를 트래킹하는 기술이 있다(사이드바 참조).

> **사이드바**: Xbox 컨트롤러의 폼 팩터는 많은 두 손 컨트롤러와 유사하며, 각 엄지손가락에 대해 서로 다른 이동 파라미터를 조작할 수 있는 이중 조이스틱 레이아웃이 있다. 표준 Wii 컨트롤러("위모트"라고 함)는 아날로그식 조이스틱의 부족에 시달리지만 한 손으로 폼팩터를 사용한다는 점에서 편리하다. 플레이스테이션 3 시스템은 두 개의 싱글 핸드 컨트롤러를 도입했는데, 그 중 한 개는 단순한 위치 트래킹을 위한 기준 볼이 있는 '모션 컨트롤러'고, 다른 하나는 아날로그 방식의 조이스틱을 사용한 '내비게이션 컨트롤러'가 있다. 위치 트래킹을 내비게이션 컨트롤러에 결합해 편리한 단일 핸드 시스템을 실현할 수 있다. 스마트폰-VR용 구글 데이 드림 컨트롤러는 간단한 핸드헬드 디바이스에 3-DOF 방향 트래킹을 포함해 Wii 컨트롤러로부터 신호를 받았다.

프로프

사용자 인터페이스 프로브는 영화의 프로프처럼 가상 세계에서 어떤 오브젝트를 나타내기 위해 사용하는 물리적 오브젝트다. VR 경험에서 작은 무게의 실린더는 빛 파괴자를 나타낼 수도 있고, 인형의 머리가 환자의 머리를 나타낼 수도 있다. 동시에 프로프는 일반적으로 가상 세계의 사용자 인터페이스에서 수작업으로 작용한다.

우리가 정의한 프로프에는 CAVE 스타일 완드와 같은 일반적인 입력 디바이스와 트래킹된 게임 컨트롤러가 포함된다. 어떤 프로프들은 단순한 형태(구체, 원뿔, 평면 등)에 불과하며, 대략 모든 오브젝트의 개수와 비슷할 수 있다 [Hinckley et al. 1994].

프로프Props: 가상 세계의 인터페이스로 사용되는 물리적 오브젝트를 지지한다. 프로프는 가상 오브젝트에서 구현될 수 있으며, 가상 오브젝트에 물리적 입력 컨트롤 디바이스가 장착돼 있으며, 트래킹될 수 있으며, 능동적인 촉각 피드백을 제공할 수 있다.

프로프의 물리적 특성은 VR 환경에서 사용을 제안할 수 있다. 이러한 특성은 형상, 중량, 질감, 무게 중심 및 고형도를 포함한다. 이 모든 특성은 사용자에게 약간의 촉각 정보를 제공한다. 예를 들어 실제 골프 퍼터를 프로프로 사용하면 그립의 질감과 적절한 질량 및 무게중심이 제공돼 가상 퍼터를 조작하는 데 필요한 현실적인 모멘텀을 얻을 수 있다. 이러한 동일한 특성은 장갑이나 완드 디바이스에 내재돼 있지 않다. 프로프는 애플리케이션에서 특정 목적에 맞게 맞춤 제작될 수 있다[Hinckley et al. 1994] [Fitzmaurice et al. 1995]. 그림 4-37은 일반 프로프와 맞춤 프로프 모두의 예를 보여준다.

가상 오브젝트를 물리적 매니페스트로 표현하면 간단한 물리적 작업을 수행할 수 있는 사용자의 능력도 향상된다. 기기를 한 손으로부터 다른 손(사용자 사이에서도)으로 전환하는 것은 상당히 간단한 작업이 된다. 각 사용자는 자

그림 4-37 일부 가상 현실 시스템은 버튼, 조이스틱 및 트래킹 정보를 제공하는 일반 컨트롤 디바이스를 사용한다.
(A) 그러한 디바이스의 초기 예는 원래 CAVE Wand다. 이 디바이스는 6-DOF 전자파 트래킹에 3개의 버튼과 압력 조이스틱을 더한다.
(B) 다른 시스템에서는 트랙터, 버튼 등을 일상 품목에 추가해서 만든 맞춤형 프로프 디바이스를 사용한다. 여기, 인형 머리와 플라스틱 비행기가 트래킹된이다. 비행기의 인형 머리에 대한 상대적 위치는 시스템에 화면에 표시할 뇌의 어떤 부분을 가리키는지 보여준다.
(C) 아티스트 마가렛 돌린스키는 부드러운 조각을 사용해 방문객과 VR 세계 사이의 휴대용 연결 디바이스 역할을 하는 조이스틱 컨트롤러를 숨기고 있다. '그림적으로 말하기' VR 예술작품에 등장하는 얼굴, 조각의 눈은 사실 조이스틱이다. 방문객들은 조이스틱("눈구멍")을 움직여서 탐색과 다른 캐릭터들과 마주보고 상호작용하는 능력을 조절한다.
(D) 많은 게임 인터페이스는 이 활쏘기와 같이 그들이 실제로 나타내는 실제 디바이스를 모방하도록 고안된 프로프를 가지고 있다.

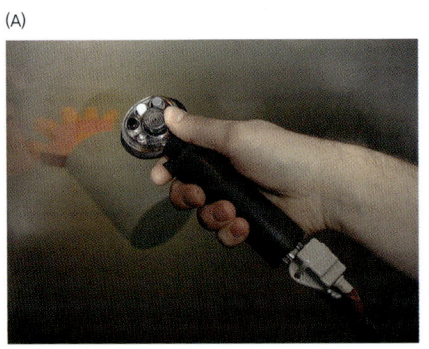
(A)

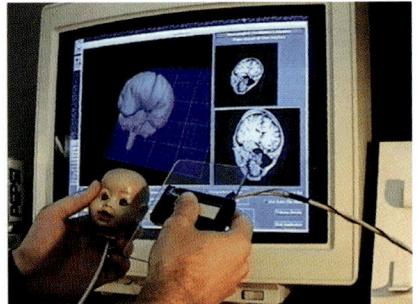
(B)

(C)

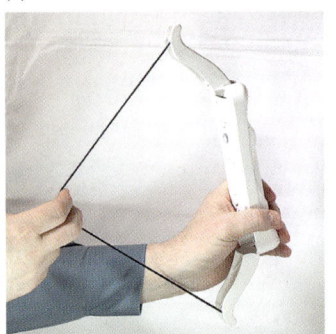
(D)

연스럽게 오는 일을 한다. 반대로, 트래킹된 핸드헬드 프롭의 이점 없이 가상 오브젝트에 대해 간단한 핸드 전송 상호작용을 만드는 것이 이 상호작용을 위해 특별히 디자인된 인터페이스 프로그래밍을 사용하는 복잡한 다단계 작업이 된다. 처음에 부자연스러운 상호작용이 사용자에게 자연스러운 것처럼 보이게 하려면 상당한 디자인 분석이 필요하다.

그림 4-38 겐잔 테크놀로지의 '파라오의 무덤' 체험에서 체험자들은 물리적 햇불을 붙잡고 보물상자나 석관과 마주쳤을 때 진짜 '박스'를 만진다. (Images © ArtAnim/Kenzan.)

프롭은 가상 세계와의 보다 유연하고 직관적인 상호작용을 가능하게 한다. 두 프롭, 즉 프롭과 사용자 사이의 상대적 공간적 관계를 간단히 결정하는 능력은 사용자가 가상 세계를 더 잘 이해하기 위해 이용할 수 있는 강력한 지각적 단서를 제공한다. 신경외과 비주얼리제이션을 위한 맞춤형 프롭 적용에 대한 초기 연구가 버지니아 대학에서 개발됐다[Hinckley et al. 1994]. 최근의 예능 사례로는, 햇불과 작은 보물상자를 포함한 프롭를 가진 켄잔 테크놀로지나 아트애니 재단의 'Real Virtuality' 체험이 있다(그림 4-38). 실제로 휴대할 수 있는 오브젝트는 위치트래킹 수단을 추가하기만 하면 프롭가 될 수 있다. 3D 프린팅은 이제 VR 애플리케이션을 위한 맞춤형 프롭를 만들 수 있는 비교적 쉽고 저렴한 방법을 제공한다.

전체적으로 프롭의 물리적 특성(모양, 텍스처 등)은 기기가 어떻게 세상과 상호작용하는 데 사용될 수 있는지에 대한 힌트를 사용자에게 제공한다. 프롭가 원통형이라면 포인터가 될 수도 있고, 칼자루나 테니스 라켓의 손잡이가 될 수도 있다. 만약 그 받침대가 총 모양이라면, 그것은 또한 그것이 어떻게 사용될 수 있는지를 사용자에게 알려준다. 힌클리의 인형과 평면도 마찬가지로 3D 환자 머리 스캔을 검사하는 데 사용할 수 있는 방법에 대한 즉각적인 단서를 제공한다. Wii 컨트롤러의 간단한 모양은 컨트롤러를 라켓, 핸들 또는 활과 같은 현실 세계의 컨트롤러의 형태를 취하도록 하는 많은 부착물을 가져왔다. 비록 새로운 입력 기능을 제공하지는 않지만, 현실 세계의 상대편들을 모방하는 것은 그것이 어떻게 그것을 사용하는지를 사용자에게 알리는 컨트롤러에 여전히 유용한 추가물이다.

프로프의 작동 특성을 검토하면서, 우선 수동 입력 디바이스로서 프로프를 논의해 보자. 즉, 사용자가 능동적으로 (버튼이나 슬라이더와 같이) 참여해야 하는 물리적 입력을 포함하지 않거나 능동적인 촉각 피드백을 제공하지 않는 컴퓨터에 접속한다.

Hinckley와 그의 동료[1994]는 "신경외과 비주얼리제이션을 위한 제안서"라는 제목의 논문에서 패시브 인터페이스 프로프의 다음과 같은 장점을 열거하고 있다.

- 친숙함
- 직접 조치
- 명백한 사용
- 감지할 수 있음
- 툴 모드 없음(즉, 단일 인터페이스는 서로 다른 작동을 위한 "모드"를 가지고 있지 않으므로, 각 프로프에는 정확히 하나의 기능이 있다.)
- 피드백
- 양손 상호작용
- 실용적인 디자인(즉, 사용자에게 직관적인 사용 및 물리적 제약이 있는 익숙한 도구로 주조된 프로프 제공)
- 새로운 도구 사용(예: 체험자가 입증한 도구를 사용하는 혁신적이고 예측하지 못한 방법)

프로프 사용의 목표는 사용자가 자연스러운 방법으로 조작하는 인터페이스를 만드는 것이다. 이 매끄러운 인터페이스(2장에서 소개한 '궁극의 인터페이스'로 특징지어짐)는 사실 VR 전체에 있어서 가장 중요한 목표로서, VR 경험의 궁극적인 목표는 사용자가 일부 가상 세계와 직접 상호작용하는 것처럼 느낄 정도로 자연스러운 인터페이스를 갖는 것이며, 겨우 존재 자체를 알아채고 있는 것이다. 중간 인터페이스의 제한된 예는 숙련된 사용자가 텍스트 데이터 입력에 사용할 수 있는 컴퓨터 키보드를 트래킹하는 것일 수도 있다.

프로프의 또 다른 장점은 가상 세계의 특정 오브젝트를 현실 세계의 물리적 오브젝트와 연관시킴으로써 보다 실제적인 오브젝트로 보이게 할 수 있으며, 따라서 현실적 촉각적 특성(매끈하거나 흐릿한 표면 등)을 제공할 수 있다는 점이다. 한두 개의 오브젝트라도 그렇게 물리성을 부여받았을 때, 나머지 가상 세계도 더 실제처럼 보인다. 이를 오브젝트 불변성의 전이라고 하며, 3장의 '몰입'에 관한 절에서 앞서 논의했다. 거미에 대한 두려움을 치료하기 위한 VR 애플리케이션은 가상 거미를 만지기 위해 손을 뻗고, 실제로 그들은 그들의 경험을 향상하는 퍼지 스파이더 프로프를 느낀다[Carlin et al. 1997].

플랫폼

플랫폼은 VR 체험의 발판을 마련한다. 이름에서 알 수 있듯이 플랫폼은 가상 세계의 인터페이스로 사용되는 더 크고 이동성이 적은 물리적 구조다. 프로프처럼 플랫폼은 체험자들이 물리적으로 상호작용하는 실제 오브젝트를 통해 가상 세계의 일부를 표현하는데 사용될 수 있다. 일반적으로 VR 체험의 플랫폼은 체험 중에 체험자가 앉거나 서 있는 곳이다. 플랫폼은 일반 공간부터 특정 컨트롤 인터페이스 스테이션까지 다양할 수 있다(그림 4-39).

> **플랫폼** 체험자가 있는 VR 시스템의 플랫폼 부분. 플랫폼은 가상 세계에서 발견되는 실제 디바이스를 모방하도록 디자인되거나 단순히 앉거나 서 있는 일반적인 장소를 제공할 수 있다.

점점 더 현실 세계는 스마트 기기(헤드홀드 또는 스마트폰-VR) 또는 헤드웨어 디스플레이 경험(아마도 압력 센서 또는 기준 마커와 같은 바닥이나 의자에 계측기

그림 4-39 일부 VR 시스템은 가상 세계에 현실감 있는 느낌을 주기 위해 정교한 플랫폼을 사용한다. 예를 들어, 커티 Sark 플랫폼은 사용자가 클리퍼 배를 조종하는 가상 세계에 입력 디바이스로 실제 배의 바퀴를 제공한다. 디즈니퀘스트 가상정글 크루즈 체험자들은 부풀린 뗏목에 앉아 트래킹된 노를 이용해 경험을 진행한다. (Photograph of Cutty Sark display courtesy of Randy Sprout; Photograph of Virtual Jungle Cruise © Disney.)

가 설치된 경우)의 플랫폼 역할을 한다. 그러나 사용자가 참여할 수 있는 특정 장소를 제공하는 대규모 VR 시스템이 여전히 많다. 어떤 경우에는, 추가적인 현실주의를 원할 때, 플랫폼은 동작 베이스에 그것들을 통합함으로써 균형(가득) 피드백(출력)을 제공한다. 모션 베이스 시스템은 유압 디바이스, 공압 디바이스 또는 다른 고력 기술에 의해 구동되는 바닥이나 조종석을 이동시킨다.

다음 절에서는 가장 일반적인 유형인 여러 VR 플랫폼을 설명한다.

- 제한된 공간
- 키오스크
- 주변 플랫폼(예: 러닝머신, 자전거, 휠체어)
- 차량 플랫폼(콕핏, 자동차, 기계, 동물)
- 특수 제작된 방
- 고정형 스크린 VR 디스플레이(대스크린 룸, 제도 보드)

이 목록에 포함되지 않은 것은 책상에만 앉아 있거나, 방 안의 빈 공간이나 맞춤 제작된 방을 돌아다니고 있을 뿐이다. 사용자 경험을 향상시키기 위해 만들어진 물리적 오브젝트가 없기 때문에(아마도 안전성을 향상시키는 것에 의해서만), 이러한 경우들은 플랫폼의 정의에 크게 속하지 않는다. 이것을 완전성을 위해서 'null platform'의 경우라고 생각할 수 있다.

또한 기본적으로 목록의 플랫폼 중 어느 플랫폼에든 모션 베이스를 부착할 수 있으며, 이는 물론 구성될 수 있는 가능한 경험을 상당히 변화시킬 수 있다는 점을 지적해야 한다. 동작 베이스는 전정감각을 출력하는 데 사용되므로 5장에서 논의한다.

제한된 공간 제약된 공간은 사용자를 물리적으로 구속하는 모든 공간이다. 이것은 링 플랫폼의 어떤 형태로 나타나기도 하지만, 단순히 사용자가 경험하는 동안 앉는 의자가 될 수도 있다. 링 플랫폼은 일반적으로 체험자가 볼 수 없는 환경에서 케이블에 얽히거나 오브젝트에 걸려 넘어지는 것을 방지하기 위해 비밀 HBD 경험에서 사용되는 일반적인 플랫폼이다. 전형적인 링 플랫폼은 체험자를 감싸고 있는 와이스티 레일을 가지고 있으며, 체험자는 이를 잡고 기대어 방향을 유지할 수 있다(그림 4-40). 물론 이 난간은 체험자의 이동의 자유를 제한한다. 핸드헬드 프로프 및 컨트롤러는 링 플랫폼과 관련된 사용자 입력 디바이스의 가장 일반적인 형태다. 경우에 따라 링 플랫폼은 Virtuix Omni의 무마찰 바닥과 같이 '보행 플랫폼'에서 추가로 논의되는 다른 기능을 통합할 수 있다.

또 다른 특정한 유형의 제한된 공간은 사용자가 물리적으로 묶여 있을 때 승차감이 잠재적으로 격렬하게 이동할 수 있는 승차감이다. 놀이공원 업계의 최근 경향은 일부 실제 롤러코스터에 HMD를 추가해 탑승자에게 현실 세계의 야외 전망을 대체하는 시각적 감각을 제공하는 것이다. 코스터 움직임과 동시에

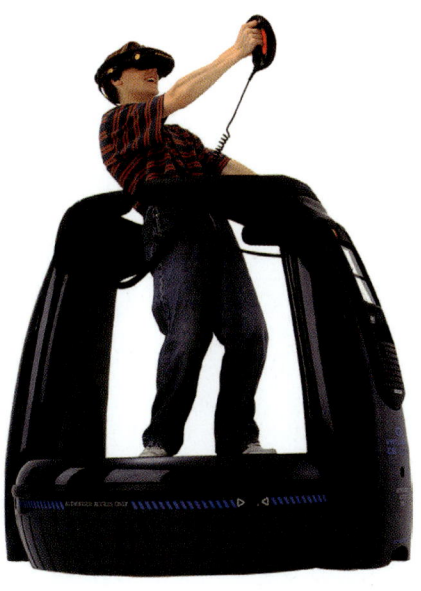

그림 4-40 간단한 링 플랫폼은 체험자에게 헤드 장착 디스플레이를 착용하는 동안 안정감을 준다. 링은 균형을 유지하기 위해 붙잡거나 기대고, 체험자가 가지고 있는 신체적 자유의 양을 제한하며, 실제 오브젝트와 충돌하거나 넘어지지 않도록 보호한다. (Photograph courtesy of Virtuality, Inc.)

그림 4-41 키오스크 플랫폼. 키오스크 플랫폼은 체험자가 VR 체험에 접속하기 위해 서 있는 옆에 있는 부스 같은 구조물이다. 키오스크 플랫폼은 일반적으로 고정 비주얼 디스플레이와 연관돼 있어 체험자가 화면을 볼 수 있고 때로는 키오스크에 통합된 조정기를 조작할 수 있다. 키오스크는 종종 운반이 가능하도록 디자인된다(그림 4-41) (Photograph courtesy of Intuitive Surgical, Inc.)

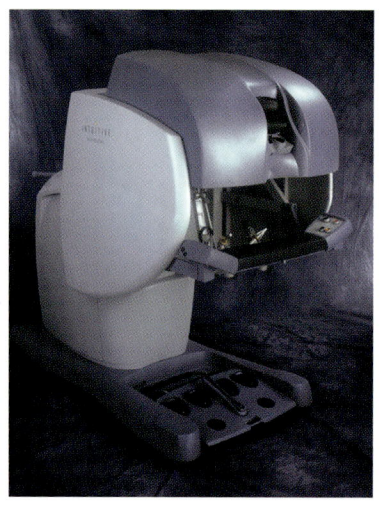

비주얼이 나타나면서, 타는 사람들은 마치 구름 사이로 혹은 슈퍼맨 옆에 있는 도시 고층건물 사이를 날아다니는 것처럼 느낄지도 모른다. 이는 유니버설 스튜디오 테마파크에서 'The Amazing Adventures of Spider-Man'과 같이 시각, 사운드, 기타 효과를 가진 플랫폼을 타고 경험을 완성하는 테마파크 '다크 라이드' 스타일의 경험의 연장선이다. 롤러코스터를 플랫폼으로 사용하면 모션 플랫폼이 더 멀리, 더 빠르게 이동할 수 있으며 기존의 어두운 놀이기구가 하지 않는 비틀림과 회전을 할 수 있다.

키오스크 플랫폼 키오스크 플랫폼은 체험자가 VR 체험에 접속하기 위해 서 있는 옆에 있는 부스 같은 구조물이다. 키오스크 플랫폼은 일반적으로 고정 비주얼 디스플레이와 연관돼 있어 체험자가 화면을 볼 수 있고 때로는 키오스크에 통합된 조정기를 조작할 수 있다. 키오스크는 종종 운반이 가능하도록 디자인된다(그림 4-41)

보행 플랫폼 주변 플랫폼은 그들의 자연스러운 추진 방법을 변환하는 신체 움직임(침략)을 통해 가상 세계를 통해 겉보기에 현실적인 여행을 제공하도록 디

그림 4-42 독특한 특화된 "플랫폼"은 체험자가 내부를 돌아다니는 동안 무선 HMD와 컨트롤러를 사용하는 구이다. 그들의 걸음걸이로 인해 구는 햄스터 바퀴와 비슷하게 그들 주위를 회전하게 된다. (Photographs from William Sherman.)

자인돼 있다. 예를 들면 체험자가 자연스럽게 걷거나 자전거를 타거나 휠체어를 밀고 갈 수 있는 디바이스가 있다.

트레드밀이나 계단식 기계들은 사용자들로 하여금 자신의 움직임이 가상 세계를 통해 그들을 밀어내고 있다는 착각을 하게 한다. 이 효과는 운동학적 피드백, 즉 몸에 작용하는 위치와 힘에 대해 알려주는 근육과 힘줄의 신경종말에서 나온 피드백을 통해 얻어진다. 한 가지 방법은 사용자를 똑바로 세우기 위해 걸을 때 회전하는 큰 구에 넣는 것이다(그림 4-42).

유사한 방법은 체험자의 발과 지면 사이에 마찰 없는 인터페이스를 만든다. 이러한 유형의 시스템에서는, 발 이동을 트래킹하는 동시에, 구속디바이스로 사용자의 위치를 고정한다[Iwata and Fujii 1996]. Virtuix Omni 플랫폼은 이와타와 후지이가 기술한 연구 시스템과 매우 유사한 상용 제품이다. 물리적 보행으로 인해 발이 중심 위치로 미끄러지고 발 이동 속도가 가상 세계 이동에 매핑되는 무찰 서피스가다(그림 4-32).

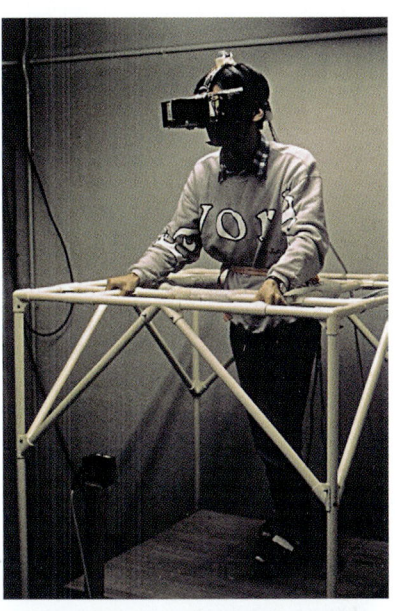

그림 4-43 이와타와 후지이[1996]에 의한 이 프로토타입 저마찰 보행 인터페이스는 링 플랫폼과 마찬가지로 제한된 공간을 제공하지만, 통합된 발 트래킹 및 보행 인터페이스가 있다. (Photograph courtesy of Hiroo Iwata.)

그림 4-44 ODT(OmniDirectional Treadmill)는 체험자가 어떤 방향으로든 물리적으로 이동할 수 있도록 하며, 기기가 작동해 플랫폼의 중심을 향해 다시 돌아오게 한다. (Photograph courtesy of Berthold Steinhilber, Max Planck Institute for Biological Cybernetics.)

옴니 디렉셔널 트레드밀^{Omni directional treadmills}은 사용자가 트레드밀을 사용해서 어떤 방향으로든 물리적으로 걸을 수 있도록 하는 정교한 디바이스로서, 이를 공간 중앙 영역으로 다시 이동시킨다(그림 4-4). 트레드밀의 움직임과 함께 사용자의 모멘텀이 사용자에게 불균형을 일으킬 수 있다. 이러한 상황은 잠재적 안전 위험뿐만 아니라 존재 파괴적인 성격 때문에도 문제가 있다. 안전 문제는 현재 사용자가 넘어지지 않도록 하니스를 착용하도록 함으로써 해결된다.

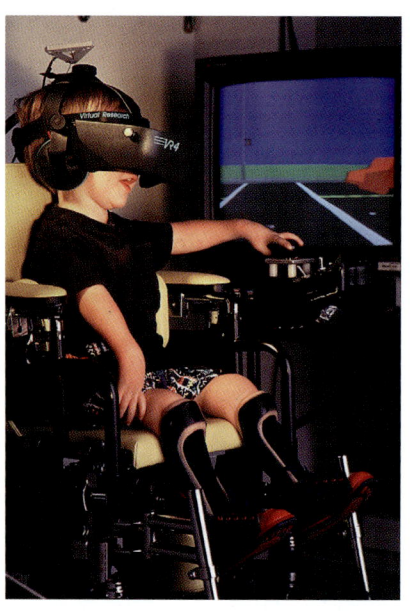

그림 4-45 아이는 가상 현실 시스템의 도움으로 휠체어를 조종하는 법을 배운다. (Image courtesy of the Applied Computer Simulation Labs.)

휠체어 입력 디바이스는 휠체어 의자에 앉은 사람이 가상 세계를 통해 어떻게 움직일 수 있는지를 묘사한다(그림 4-45). 그러나 휠체어는 경사도와 운동량과 같은 환경적 요인에 의해 영향을 받는다. 따라서 현실적 휠체어 시뮬레이션은 가상 세계의 물리학에 따라 자동으로 바퀴를 회전시키거나 지연시킬 수 있어야 한다.

차량 플랫폼(콕핏^{cockpit}) 차량 플랫폼에서는 가상 차량을 컨트롤하기 위해 앉거나 서 있거나 파일럿할 수 있다. 대부분의 경우 사용자는 조종석 주위에 가상 세계가 표시되는 동안 실제처럼 보이는 조정기와 어필을 받는다. 대부분의 사람들은 비행 시뮬레이션에서 차량 플랫폼을 사용하는 것에 익숙하다. 사실 우리는 종종 조종석 VR 패러다임이라고 부른다. 비행 시뮬레이터에서 플랫폼은 사용자가 가상 항공기를 조종하는 데 필요한 모든 컨트롤 디바이스와 디스플레이를 포함한다.

다른 경우 사용자는 선박의 컨트롤실처럼 디자인된 객실로 들어갈 수 있다. 플랫폼은 체험자가 가상 세계를 보고 상호작용하는 방식에 영향을 미치기 때문에, 애플리케이션 비용과 필요한 공간에 대해서는 물론, 경험의 지각 방식에도 큰 영향을 미친다.

운전 시뮬레이터는 사용자를 실제 차에 태울 수 있는 반면 조종기는 실제로 자동차를 움직이는 대신 VR 시스템에 입력을 제공한다. 인간공학 분석을 위해 Caterfillar, Inc.는 좌석, 조향 휠, 페달 및 컨트롤 레버와 같은 실제 트랙터의 부품으로부터 플랫폼을 만든다(그림 4-46).

테마파크나 위치기반 엔터테인먼트 VR 시스템은 종종 조종석이나 미션 브리지를 입력 플랫폼으로 사용한다.

그림 4-46 Caterfillar, Inc.는 실제 기계 구성 요소로 이루어진 가상 세계에 대한 인터페이스를 제공함으로써 현실 세계와 가상 세계를 결합한다. (Photograph courtesy of Kem Ahlers.)

때로는 배의 다리처럼 보이도록 치장한 정교한 조종석처럼 크다. 각 사용자에게 경험에 대한 특정 역할과 직무를 수행할 좌석이 지정된다. 선장의 역할을 하는 사용자에게 어떤 형태의 지도 표시 디바이스가 있는 중앙에 좌석이 주어질 수도 있다. 조종사는 조종석에 앉게 될 것이다. 체험자의 역할을 강화하기 위해 플랫폼을 사용하는 것은 경험을 원활하게 하는 데 도움이 된다. 경우에 따라 VR 애플리케이션에는 유압 동작 디바이스가 장착될 수 있다(그림 4-47).

차량 플랫폼은 완전한 가상 경험을 위해 사용되는 경우가 많지만, 가상 세계에서 수행되는 조치가 실제 비행 드론 컨트롤과 같은 현실 세계의 조치에 의해 미러링되도록 실제 디바이스에도 연결할 수 있다는 점에 유의하라.

그림 4-47 일부 VR 애플리케이션은 체험자가 스티어링 휠, 조이스틱, 페달 등과 같은 디바이스를 사용해서 가상 차량을 "파일럿"하기 위해 앉는 조종석을 제공한다. 여기 모션 플랫폼에 장착된 X-21 호넷 칵핏의 방은 체험자들에게 전투기의 조종석에 앉아 있는 느낌을 준다. (Photograph courtesy of Fightertown USA.)

우리는 개썰매장이나 스테이지 코치와 같이 동물로 움직이는 운송수단인 차량 범주에 포함된다. 또한, 우리는 코끼리나 거대한 새와 같은 기마 동물(실제 또는 상상)을 타기 위해 분류를 한다. 멜빵형 및 기마형 동물에 대한 인터페이스는 체험자가 자동차, 보트 또는 마법 카펫을 컨트롤하는 것과 거의 같은 고삐와 같은 조정 디바이스를 통해 간접적으로 여행을 컨트롤하는 것을 포함한다(그림 7-779 참조).

전용 공간 플랫폼 가상공간과 일치하는 물리적 공간으로 구성된 특수 플랫폼은 전용 공간이다. 이러한 유형의 플랫폼에서 경험 체험자들은 수동형 햅틱 표면과 상호작용하며, 여기에는 가상 세계가 이러한 '수동적 햅틱' 오브젝트를 정확하게 반영할 수 있도록 계측된 실제 힌지형 문이 포함될 수 있다.

이러한 특수 공간의 체험자는 물리적 이동을 통해 이동하지만, 리디렉션된 보행 기법을 적용하고 동일한 물리적 공간을 사용해서 원형 복도가 있는 긴 복도를 모방할 수 있다. 노스캐롤라이나 대학의 진보된 'pit' 경험은 스티로폼 블록을 이용해서 그러한 수동적인 햅틱 룸을 만들었다. 보이드 엔터테인먼트 센터들도 이와 같은 스타일의 '플랫폼'을 자신들의 경험의 현실성을 향상시키기 위해 이용한다.

공간에 물리적 실체가 있는 경우 이를 가상 세계에 반영하는 것이 매우 중요하다. 그렇지 않으면 몰입한 체험자는 그것의 존재를 알지 못할 것이고 그들은 가상 세계에서 그것을 보지 못하는 현실 세계의 대상과 충돌할 가능성이 있다.

고정 VR 디스플레이 플랫폼 정지된 VR 디스플레이는 일반 플랫폼의 한 종류로도 간주될 수 있다. CAVE(대형 투영 또는 평면 스크린으로 둘러싸인 10피트×10피트 룸 디스플레이 공간)와 같이 체험자를 감싸고 있는 디스플레이의 경우 사용자는 디스플레이에 둘러싸여 휴대용 프로프나 음성 명령을 통해 가상 세계와 상호작용한다. 경우에 따라 차량 플랫폼과 차량 콘트라스트가 혼합된다. 디스플레이 내부에 위치한 롤.

GMD[Krüger and Fröhlich 1994]의 Responsive Workbench, Fakespace Systems, Inc.의 ImmersaDesk 또는 더 최근의 IQ-station[Sherman et al. 2010](그림 4-48)과 같이 테이블이나 스탠드로 탑재된 소형 고정 디스플레이

의 경우, 체험자는 디스플레이 앞에 서거나 앉는다. 대형 고정 디스플레이와 마찬가지로 핸드헬드 프로프도 상호작용에 사용된다. 그러나 여기서 애플리케이션은 때때로 화면에서 메뉴와 기타 가상 컨트롤 디바이스를 찾고 터치 기술을 통해 상호작용을 허용함으로써 인터페이스의 필수적인 부분으로 테이블 상판 또는 각도 서피스를 사용해 디자인된다.

플랫폼 요약 VR 시스템에 입력하기 위한 플랫폼 사용은 특정 시각 디스플레이 패러다임에 국한되지 않는다. HBD

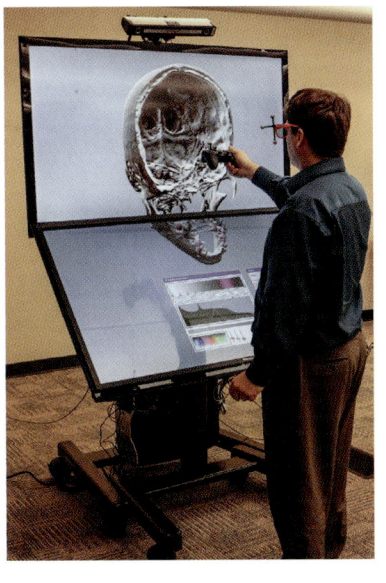

그림 4-48 고정형 디스플레이가 항상 큰 방은 아니지만, 두 대의 소비자 3D TV로 구성된 IQ-Station 디스플레이와 같이 제한된 현장 영역을 차지하는 작은 화면 앞에 한두 명의 사용자가 서 있는 키오스크식 스테이션이 될 수도 있다. (Photograph courtesy of Mike Boyles.)

와 고정형 스크린(투영) 디스플레이에 모두 플랫폼 예가 있다. 그러나 일부 플랫폼은 특정 유형의 시각적 표시를 염두에 두고 디자인될 수 있다. 아르케이드 스타일의 VR 경험은 일반적으로 복합 플랫폼/HMD 시스템을 사용했다. Caterfillar, Inc.의 가상 프로토타이핑 시스템은 조종석 스타일의 플랫폼이 있는 HMD와 CAVE VR 디스플레이에 모두 사용돼 왔다. 하늘을 치솟는 것과 관련된 애플리케이션은 행글라이딩 인터페이스(그림 4-49)와 거대한 하늘을 나는 버들리 인터페이스(그림 4-50)를 사용했다).

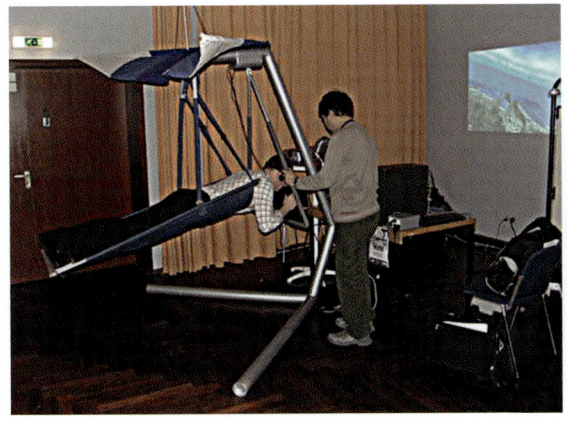

그림 4-49 행글라이딩 인터페이스는 체험자들이 리우데자네이루 상공에서 상파울루 대학교의 인터페이스와 애플리케이션을 사용해 급상승할 수 있게 해준다. (Photographs courtesy of Marcelo Zuffo.)

그림 4-50 컴퓨터 그래픽의 선구자인 짐 블린(Jim Blinn)은 Birdly 인터페이스를 사용하는 거대한 새로서 도시 경관을 통해 연기를 내뿜는다. (Photograph by William Sherman.)

자세와 제스처 지각

사용자를 감시할 때, 시스템은 사용자의 현재 위치 또는 신체 일부분을 측정한다. 확장된 검지손가락이나 주먹을 쥐는 등 신체 부위나 부품 집단의 정적 위치를 자세 또는 포즈라고 한다. 그러나 제스처가 시간에 따라 발생하는 특정 사용자 이동임을 기억하자. 예를 들어 손을 잡는 자세에서 회전시켜 가상 문 손잡이를 돌리고 싶은 욕구를 나타낸다. 어쩌면 직관적이지 않은 것이 어떻게 인간의 몸을 사용해서 세계를 통과하는 비행을 활성화할 것인가 하는 것인지도 모른다. 왜냐하면 우리는 현실 세계에서 그러한 행동을 기초로 한 경험이 없기 때문이다. 비행 조종의 한 예는 손가락을 포인팅 포즈로 사용한다. 오른쪽 집게 손가락을 펼치면 손가락의 방향이 이동 방향을 나타내는 비행 모드가 시작될 수 있다. 팔을 날리는 것은 적극적인 제스처를 사용해 날고 싶은 욕구를 나타내는 여행 컨트롤의 한 예다(그림 4-51).

제스처는 오랫동안 인간의 의사소통의 중요한 수단이었고, 인간과 컴퓨터 인터페이스에도 적용되는 역사를 가지고 있다. 우리는 이미 VR 경험에서 제스처의 사용과 제스처가 사용될 수 있는 기본적인 방법에 대해 언급했다.

자세/포즈: 신체의 일부 또는 신체의 일부분(예: 주먹 구성의 손가락)의 정지된 구성

제스처: 몸의 움직임 순서, 또는 신체의 부분 집합(팔이 펄럭이는 등)

그림 4-51 'Placeholder' VR 체험에서, 까마귀의 인격을 취한 사용자는 팔 펄럭이는 제스처를 사용해 세계를 여행한다. (Photograph courtesy of Dorota Blaszczak; Placeholder project by Brenda Laurel and Rachel Strickland.)

우리는 시간을 고려해서 자세나 포즈를 제스처와 구별해 왔지만 사용자가 정해진 시간 동안 가만히 있어야 할 때는 3초 동안 '포즈'를 들고 있기 때문에 구분이 모호해진다. 따라서 우리는 주로 제스처라는 관점에서 이러한 개념들에 대해 토론할 것이다.

자세와 몸짓은 입력 명령을 도출할 수 있는 확장된 레퍼토리를 제공한다. 그러나 이들의 직관성은 사용자마다 크게 다르며 사용자는 제스처 지각 시스템에서 훈련을 필요로 할 수 있다. 피로 잠재력과 같은 요인들은 직관력을 능가할 수 있다. 즉, 가장 직관적인 제스처가 작업을 완료하기 전에 체험자가 지칠 경우, 물리적으로 부담을 주는 제스처보다 직관적이지 않더라도 제스처를 더 쉽게 발명하는 것이 더 적합할 수 있다.

제스처의 독특한 특징은 '보이지 않는 인터페이스'라는 것이다. 지시(혹은 맹목적인 운)가 없으면 사용자는 자신의 존재를 알지 못하며, 강화된 사용법이 없으면 사용자는 자신의 존재를 잊어버릴 수 있다. 그러나 눈에 보이지 않는다는 것은 사용자의 작업 공간을 어지럽히지 않는다는 것을 의미하며, 가능한 많은 동작들을 제공하며, 아마도 모두 간단한 6-DOF 트래킹된 손을 통해 접속돼 있을 것이다. 그러나 종종 제스처는 더 신중하게 사용될 것이고, 아마도 활줄을 뒤로 당기거나 팔을 펄럭이는 것 같은 세계의 행동과 일치하는 특정한 목적을 위해 사용될 것이다.

앞에서 설명한 것처럼 '입력 분류' 절에서 제스처는 버튼, 밸류에이터 등과 같은 다른 모든 기본 입력 유형을 모방하는 데 사용할 수 있다. 제스처를 수행하는 행위(또는 수행하지 않는 행위)는 부울 버튼 조작으로 취급할 수 있고, 팔이 휘날리는 속도는 밸류에이터 입력의 일부가 될 수 있다.

제스처들은 또한 그들이 제공하는 의사소통의 유형으로 분류될 수 있다. 제스처 입력에 대한 다중 HCI 탐색은 제스처를 다른 사용 범주로 구분한다. 명령 제스처, 수화 언어, 표지 제스처 [Marcel 2002] 이 중 VR 인터페이스에 가장 관심 있는 것은 커버별 제스처로서, 명령 제스처는 '끌어서 놓기' 데스크탑 스타일이며, 수화 언어는 물론 사용자 입력과 다른 특별한 구문을 가지고 있다. 커버별 제스처의 단순화된 목록은 다음과 같다.

- 기호/표현―승인을 나타내기 위해 위쪽으로 엄지손가락을 대는 등
- 메타포―분노를 나타내는 주먹(실제로 펀치에 익숙하지 않음) 등
- 리듬―긴급함을 나타내기 위해 힘차게 흔드는 등
- 특징― 관심 대상을 가리키는 등
- 아이콘―비틀거리는 팔 등 비행 표시

(6장에서 표현을 논의할 때 유사한 범주 사용) 어떤 신체 부위를 트래킹하느냐에 따라 VR 경험은 이러한 유형의 제스처를 사용할 수 있다.

제스처는 사용자의 신체 주변에서 발생하기 때문에 제스처 자체를 사용해 제스처를 구별할 수 있다. 예를 들어 팔 길이로 붓는 동작은 오브젝트 위로 넘어질 수 있지만, 얼굴 앞쪽에서 했을 때는 술을 마신 것으로 해석될 수 있다. 차체 주변의 공간은 몸통참조구역(또는 수용상자)이라고 생각할 수 있다[Turk 2014]. 그래서 활쏘기 체험에서 사용자는 등 뒤로 손을 뻗어 새로운 화살을 회수하기 위해 붙잡기 동작을 할 수 있다. 영역은 또한 가상 세계 또는 심지어 현실 세계와 비교해서 배치될 수 있으며, 여기에는 화살을 회수할 수도 있고, 어쩌면 오브젝트를 콘센트에 버릴 수도 있다. 그러나 대부분의 제스처에서는 신체적인 기준을 갖는 것이 더 이치에 맞을 것이다.

많은 제스처가 활성화 메커니즘으로 사용될 것이다. 제스처는 물리적 입력이 제한돼 있을 때 유용한 도구로서, 스마트폰-VR 시스템은 종종 버튼을 활성화

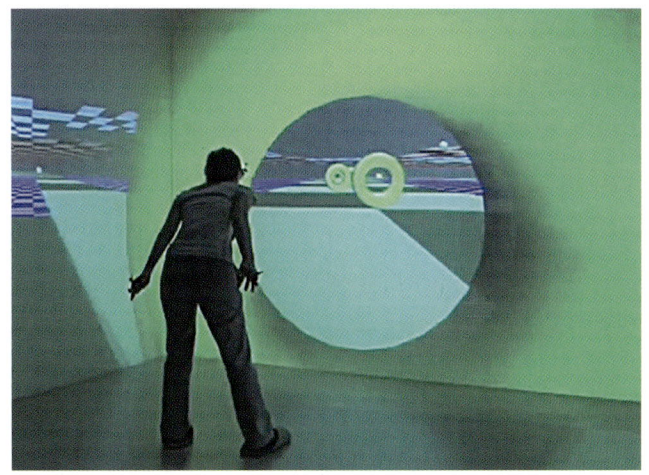

그림 4-52 펭구플라이 내비게이션 인터페이스는 머리와 양손의 위치에 의해 생성된 삼각형을 사용해 방향 벡터뿐만 아니라 속도도 만들어낸다. (Photograph courtesy of von Kapri, Rick, and Feiner.)

하는 수단으로 드웰 제스처(또는 퓨즈 버튼)를 사용할 것이다. 여기서 사용자는 가상 세계의 버튼을 응시할 수 있으며, 지정된 시간이 지나면 버튼이 '누름' 상태가 된다. 즉, 드웰 시간이 얼마나 필요한지 나타내는 카운트다운 표시기(퓨즈)가 있는 경우가 많다. 스마트폰-VR에서 작동하는 또 다른 간단한 동작은 전화기의 측면을 탭하는 것으로, 순간 버튼 누름으로 해석할 수 있는 지각 가능한 가속도계 이벤트를 발생시킨다.

다른 제스처는 동작을 조정하기 위해 파라미터와 함께 활성화될 수 있다. 예를 들어, 폰 카프리 외 연구원의 펭구플라이^{PenguFly} 이동법[2011]은 사용자의 팔이 허리 아래, 머리 뒤에 오도록 컨베이어할 때 여행을 활성화한다. 이동 방향과 속도는 손 사이의 거리, 그리고 얼마나 높이 올리는가에 의해 조절될 수 있다(그림 4-52).

전체적으로 제스처 입력은 추가 기술 없이도 새로운 입력을 추가할 수 있는 기능을 제공하기 때문에 또는 경험과 잘 맞물려서 사용자를 가상 세계로 끌어들이기 때문에 많은 VR 경험에서 잘 작동하는 입력 방법을 제공한다. 제스처를 사용할 때는 물론 사용자가 제스처를 수행하는 방법을 어떻게 교육할 것인지, 시간이 지남에 따라 필요한 즉각적인 응답을 제공할 수 없는 등의 고려사항이 있다.

음성 인식(오디오 입력)

스피치는 가상 세계에 대한 인터페이스로서 이용 가능한 또 다른 형태의 입력이다. 음성 인식 시스템이 점점 실용화됨에 따라 컴퓨터 시스템과의 자연스러운 의사소통을 위한 훌륭한 기회를 제공한다. 특히 가장 자연스러운 형태의 인터페이스를 제공하는 것이 목표인 VR 애플리케이션에서 그러하다. 궁극적인 음성 인식 시스템은 맥락을 이해하고 그것을 사용해서 말을 해석하며, 어떤 화자로부터도 꾸준한 연설 흐름을 처리할 수 있을 것이다. 많은 지각 시스템이 이러한 특징 중 일부를 가지고 있지만, 이 궁극적인 시스템은 아직 개발되지 않았다. 따라서 애플리케이션 디자이너는 어떤 기능이 가장 중요한지 선택하고 현재 기술의 제약 내에서 작동하는 선택을 해야 한다.

일반적으로 음성 인식 시스템은 애플리케이션을 컨트롤하게 될 특정 스피커에 의해 훈련되고 각 단어를 연속적인 음성보다는 이산적인 발음으로 해석할 때 가장 잘 작동한다. 분명히, 올바른 유형의 음성 입력 시스템은 애플리케이션의 목표와 결합돼야 한다. 만약 애플리케이션이 그들의 보이스를 이해하기 위해 시스템을 훈련시킬 시간이 없을 많은 사용자들을 위한 것이라면, 그것은 사용자들에 의한 훈련에 의존하지 않는 시스템을 사용할 필요가 있을 것이다. 클라우드 컴퓨팅 시스템을 활용하는 심층 학습 알고리즘을 통해 Siri와 같은 도구가 기본적인 음성 인식 작업을 수행할 수 있으며, 특히 경보기 설정이나 질문 등 맥락이 알려진 경우 더욱 그러하다. Siri와 같은 클라우드 기반 애플리케이션은 작동하기 위해 중요한 컴퓨팅 및 데이터베이스 검색 작업에 대한 액세스에 의존하며, 이 모든 것은 사용자로부터 가려진다. 애플리케이션이 크고 복잡한 어휘를 가지고 있지만 소수의 전문가들에 의해서만 사용될 경우, 스피커로 훈련된 시스템은 더 잘 작동될 수 있지만 지역적으로도 연산될 수 있다.

특정 옵션 세트가 있는 애플리케이션은 음성 인식 시스템을 사용해서 오디오 사운드를 특정 명령 문자열에 매핑할 수 있다. 그런 다음 이러한 문자열은 미리 프로그래밍된 응답 집합과 일치한다.

음성 인식 시스템의 활성화 음성 컨트롤 애플리케이션에서 반드시 다루어야 하는 디자인 고려사항 중 하나는 지각 시스템이 사용자의 말에 주의를 기울여야 하는 시기를 결정하는 것이다. 가장 간단한 해결책은 시스템이 항상 사용자의 말을 듣도록 하는 것일 수 있다. 그러나 사용자가 주변 사람들과 대화할 때 지속적으로 듣는 시스템이 문제를 일으킬 수 있다. 시스템은 대화를 명령으로 구문 분석해서 원치 않는 조작을 야기할 수 있다. 사용자의 보이스에 대한 선택적 주의를 실행하는 것이 더 현명한 경우가 많다.

음성 인식 시스템에 의한 선택적 청취 활성화의 3가지 방법은 (1) 말하기 푸시, (2) 말하기 이름, (3) 말하기 보기이다.

푸시 투 토크^{push to talk} 핸드헬드 디바이스의 버튼이나 마이크 켜기/끄기 스위치를 사용해 음성 소프트웨어를 활성화함으로써 구현된다(예: LG 매직 리모콘^{Magic Remote} 디바이스, 그림 4-53). 통화하기 위해 밀어야 하는 비VR 상황이 많다. 이 방법은 예를 들어 조종사에게 구두 명령으로 배를 컨트롤하는 장교의 시나리오와 같이 전통적인 밀어내기 상황을 말하는 시나리오에서 잘 작동한다[Zeltzer and Pioch 1996]. 시리 스마트폰 도구는 전화를 걸거나 약속을 잘 지키는 푸시토크 시스템이다.

그림 4-53 이 텔레비전 리모콘은 푸시토크 버튼(오른쪽 위)을 눌러야만 음성 명령을 지각할 수 있게 한다. (Photograph by William Sherman.)

네임 투 토크^{name to talk} 말하기 방법 이름에서 사용자들은 사용 단어 다음에 지시사항을 말한다. 그것은 마치 사용자가 컴퓨터(또는 가상 세계에서 보이지 않는, 모든 존재의 에이전트)를 이름으로 어드레스 하는 것과 같다. 예를 들어, "컴퓨터, 애플리케이션 종료" 또는 "컴퓨터, 포드 갤럭시까지의 과정을 연산하라." VR 시스템은 항상 활성화 단어를 듣고 있기 때문에 사실상 전 세계에 존재한다. 예를 들어 구글 글래스 시스템을 사용하는 경우, 착용자는 "Glass"라고 말함으로써 시스템을 컨트롤하고자 하는 욕구를 나타낼 것이다.

룩 투 토크^{look to talk} 말하는 방법은 가상 세계에서 눈에 보이는 에이전트에 주소를 지정해야 효과가 있다. 이를 위해서는 가상 세계에 에이전트(또는 여러 시스템 에이전트)를 나타내는 오브젝트가 있어야 한다. 사용자는 인간이 시선 방향

그림 4-54 이 시나리오에서는 사용자가 컴퓨터로 만든 아바타를 다룰 때 음성 인식이 활성화된다. 체험자의 입 근처에 있는 작은 붐 마이크를 확인하라. 다른 시스템에서는 영구적으로 탑재된 오버헤드 마이크나 핸드헬드 마이크를 사용한다. (NICE application courtesy of Maria Roussos; photograph by William Sherman.)

("나는 당신을 보고 있었지만, 그녀와 이야기하고 있었다")에 따라 누가 어드레스되고 있는지 알 수 있는 것과 마찬가지로, 요원이 요원의 시각적 표현을 보고 수술을 수행하기를 원할 때를 의미한다. 이 오브젝트는 사실상 지각 시스템의 아바타로서, 명령을 내리려면 사용자 근처에 있어야 한다(그림 4-54).

스피커 의존성 vs 스피커 독립 지각 일반적인 음성 인식 시스템은 여전히 대부분 연설자 입장에 의존한다. 종종 겉으로 보기에 미묘한 변화는 명령을 지각하는 시스템의 능력에 영향을 미칠 수 있다. 마이크 선택이나 방의 인원수 같은 차이는 일부 음성 시스템을 방해할 수 있다. VR 경험이 실행될 환경을 만들거나 예측하는 것조차 어려울 수 있어 음성 시스템을 수행해야 하는 동일한 상황에서 훈련하는 것이 어려울 수 있다.

그러나 음성 명령에 일부 제한이 있는 경우 훌륭한 스피커 독립적인 지각은 달성 가능하다. 제한은 작은 어휘나 한정적이고 잘 정의된 문법이 될 수 있다. 후자는 책에 의해 종종 있는 군사 통신을 모방하도록 디자인된 애플리케이션에서 선택사항이다. 원격 컴퓨터 서버에 위치한 대형 음성 데이터베이스를 사용하는 대규모 음성 인식 프로젝트(Siri)는 음성 해석을 더 잘 할 수 있고 스피커가 더 자연스러운 방식으로 통신할 수 있도록 한다. 그러나 예를 들어 연락처 목록에서 다른 사람에게 전화를 걸거나 알림 경보를 만드는 등 일반적으로 어떻게 사용할 것인지에 대한 맥락에서 또한 이익을 얻는다.

음성 인식의 장단점 음성 인식의 장점은 자연스럽고 헤아릴 수 없는 형태의 의사소통이라는 것이다. 음성 인식 기술은 더 많은 상황에서 점점 더 실현 가능해지도록 계속해서 개선되고 있다. 그러나 말의 특성상 음성 인식 시스템이 최선의 해결책이 아닌 과제와 상황이 많다.

청각 통신 채널로서, 음성 입력은 시간이 지남에 따라 존재한다. 컨트롤을 위한 음성 입력은 버튼이나 밸류에이터와 같은 기기를 사용하는 것만큼 즉각적이지 않다. 다른 물리적 움직임과 상관관계가 있는 입력을 포함해서 정밀하게 타이밍을 맞춰야 하는 태스크는 물리적 컨트롤 디바이스와 가장 잘 작동한다.

음성 통제의 또 다른 단점은 명령을 말하는 것이 수행되는 작업을 방해할 수 있다는 것이다. 이것은 특히 그 일이 듣거나 머리를 완전히 고정시켜야 할 때 사실이다. 반면 손은 가만히 있어야 하고 초 미만의 타이밍이 필수적이지 않은 상황에서는 사용자가 손을 가만히 잡고 명령을 발동할 수 있기 때문에 음성 인식이 유리하다.

또한 사람들은 지적인 존재와 대화하는 데 익숙하기 때문에, 비록 기초적인 자연어 이해 과정이 들어오는 의사소통 흐름을 평가하고 의미론을 분석하는 것은 아닐지라도 가상 세계에서 인공적인 실체들과 의사소통할 때 그렇게 하고 있다고 생각할 수도 있다. 또는 그들은 컴퓨터가 우리의 언어를 쉽게 이해할 수 있다고 믿거나, 유명한 공상과학 소설에서 묘사되거나, 이 한 가지 일을 전담하는 더 크고 원격으로 위치한 컴퓨터에서 실제로 처리될 때 믿을 수 있다.

많은 VR 시스템에서는 일반적으로 명령을 입력할 수 있는 키보드가 없기 때문에 음성 통신은 매우 유익한 상호작용 형태가 될 수 있다. 키보드를 볼 수 없을 때 헤드 마운트 디스플레이를 착용할 때 키보드를 사용하는 것은 일반적으로 비현실적이며(불가능하지는 않지만), 현실 세계의 그 부분을 브라이닝할 수 있는 리프 모션이나 마이크로소프트 키넥트와 같은 세계 포착 기술을 사용해서 HMD 내에서 키보드를 볼 수 있는 능력은 실현될 수 있다. 가상으로 손과 실제 키보드를 표현한다.

음성 인식 요약 전체적으로 음성 인식 시스템은 VR 경험을 보다 몰입적이고 자연스럽게 만드는 데 중요한 역할을 할 수 있다. 그러나 시스템이 연속적인 음성을 완벽하게 지각할 수 있게 될 때까지 시스템의 선택은 특정 작업에 맞춰져야 할 것이다. 또한, 지각 시스템이 얼마나 잘 되든지 간에, 음성 입력이 적절하지 않은 인터페이스 과제가 있다. 사실, 우리는 종종 근처에 있는 다른 사람들이 우리의 가상 세계와의 대화를 엿듣지 않기를 바란다.

요약

체험자들이 VR 시스템과 상호작용하는 방식은 가상 세계에서의 경험에 큰 영향을 미친다. 상호작용 모드는 시스템이 얼마나 쉽게 사용할 수 있는지, 체험자가 얼마나 정신적으로 몰입돼 있는지, 그리고 가능한 사용자 조치의 범위에 영향을 미친다.

VR 체험 체험자들은 시스템의 입력 인터페이스를 통해 가상 세계에 영향을 미친다. 사용자가 의도적으로 시작한 신체 움직임의 사용자(트래킹/모니터링)와 능동 입력의 수동 입력(트래킹/모니터링)을 별도로 고려할 수 있다. 수동적 트래킹의 필요성은 체험자가 접근할 수 있는 다른 물리적 오브젝트(제안)뿐만 아니라 체험자의 신체 위치와 움직임을 감시하는 데 사용되는 시스템의 핵심 구성 요소라는 것을 의미한다. 위치트래킹을 할 수 있는 다양한 기술이 있다. 기술마다 장점과 단점이 있다. 기술을 결합하면 협력 기술의 장점으로 한 기술에 대한 단점을 완화해 트래킹 성과를 개선할 수 있다.

수동적으로 모니터링되는 사용자의 수는 시스템마다 다를 수 있다. 기본 VR 시스템은 체험자의 머리와 한 손을 트래킹한다. 사용자 입력의 다른 방법으로는 버튼, 조이스틱, 위치트래킹 프로프, 사용자가 경험 중 점유할 공간을 정의하고 입력 수단을 제공하는 플랫폼 등이 있다. 때때로 VR 시스템은 가상 세계와 자연스러운 통신 수단을 제공하기 위해 음성 입력 방법을 포함할 수 있다.

주어진 애플리케이션에 대해 선택된 입력 디바이스는 체험자가 시스템과 상호작용하는 방법을 위한 단계를 설정하므로 신중하게 선택해야 한다. 많은 입력기기는 일반적으로 여러 용도로 사용할 수 있으며 일부는 특수화된 맞춤형 디바이스다. 일부 입력 디바이스는 동시에 출력 메커니즘을 제공한다. 예를 들어, 주로 입력 디바이스가기는 하지만 트래킹된 골프 퍼터는 체험자에게 촉각적 피드백을 제공하는 역할을 하며 실제 퍼팅 동작의 감각을 보조한다.

입력은 VR 시스템이 어떻게 인간 체험자와 접속하는지에 대한 이야기의 절반에 불과하다. 체험자들이 그들의 입력이 가상 세계에 어떤 영향을 미쳤는지 알기 위해서는, 그들은 세상이 어떻게 보이고, 사운드나고, 어쩌면 어떻게 느껴지는지 감지할 수 있어야 한다. 5장에서는 다양한 디스플레이 옵션, 다양한 기술의 상대적 장단점, 디스플레이와 상호작용하는 방식, 주어진 VR 애플리케이션에 가장 적합한 출력디바이스 선택에 중요한 기타 요인을 자세히 설명한다.

가상 현실 경험

사용자 인터페이스

사용자를 향한 하드웨어 인터페이스

입력
- 바디 트래킹
  (컴퓨터가 사용자를 '보는' 방법)
- 보이스/사운드 지각
  (컴퓨터가 사용자를 '듣는' 방법)
- 물리적 컨트롤러
  (컴퓨터가 사용자를 '느끼는' 방법)

4장

출력
- 비주얼 디스플레이
  (사용자가 VW를 보는 방법)
- 오럴 디스플레이(Aural display)
  (사용자가 VW를 듣는 방법)
- 햅틱 디스플레이
  (사용자가 VW를 느끼는 방법)

5장

소프트웨어 구성요소

사용자를 향한 시스템 표상
- 대리자(Representation)
- 렌더링 시스템

6장

가상 현실과의 상호작용
- 사용자 인터페이스 메타포
- 조작
- 내비게이션
- 다른 사람들과의 상호작용

7장

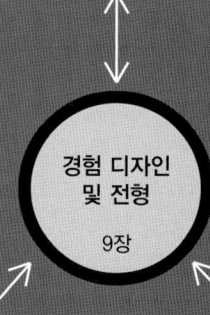

경험 디자인 및 전형

9장

가상 세계
- 몰입
- POV
- 장소
- 시뮬레이션 / 물리
- 실체(substance)
- 경험 창작
  (experience creation)

8장

인간 참여형
- 어포던스
- 지각(perception)
- 프레젠스 / 임바디먼트

3장

CHAPTER 5

출력: 체험자와 가상 세계의 상호작용

가상 세계에 대한 지각은 체험자들의 지각능력에 의해 크게 영향을 받지만, 이 동전의 다른 면은 체험자들의 가상 세계에 대한 물리적 지각 자체가 컴퓨터가 표시하는 것(디스플레이는 어떤 감각에도 적용될 수 있다는 것을 상기)에서 비롯된다는 것이다(발작, 운동, 전립선) 몸의 위치와 움직임을 감지하는 내적 감각인 프로프리오와 운동감각은 포스 디스플레이를 통해 상호작용할 수 있지만, 더 중요한 것은 다른 감각에 대한 이들의 연결이 공간적 관계를 밝히는 데 도움이 된다는 점이다. 고전적인 다섯 가지 감각(시각, 사운드, 맛, 촉각, 후각) 중에서 가상 현실VR 경험으로 가장 전형적으로 합성되는 감각은 시각, 청각, 촉각이다. 컴퓨터 생성 자극을 사용자에게 전달하는 것은 많은 기술적 측면을 수반한다. 물론, 디스플레이 시스템이 어떻게 구현되는가는 설득력 있게 묘사될 수 있는 것의 품질과 심지어 가능성에도 영향을 미친다.

우리는 개인의 감각의 중요성을 VR 경험의 질에 맞추지는 않겠지만, 우리는 추가 감각의 포함이 거의 항상 몰입도를 향상시킨다고 말할 것이다. 한편, 일반적으로는 감각적 디스플레이가 적은 시스템을 실행하는 것이 더 쉽다. 이 장에서는 주로 시각적, 청각적, 촉각적 감각을 지향하는 VR 시스템의 출력 디스플레이에 초점을 맞추고 있다. 우리는 시각, 청각 및 햅틱 디스플레이의 정성적 및 논리적 특성에 대해 논의하고 구성요소, 특징 및 인터페이스 문제를 포함한 각 디스플레이의 다양한 모달리티를 탐구한다.

디스플레이 선택의 차이와 유사성에 대해 논할 때, 우리는 그러한 선택이 애플리케이션 개발 결정에 어떻게 영향을 미치는지 주목할 것이다. 예를 들어 체험자가 애플리케이션에 있는 손과 같은 부록을 볼 필요가 있는 경우 디자이너는 사용자의 실제 손을 방해하지 않는 디스플레이(숨기지 않는 디스플레이)를 선택하거나 손을 트래킹해서 아바타로 표현해야 한다. 비주얼 디스플레이의 선택은 애플리케이션에 가장 필요한 기능과 VR 시스템이 수용될 환경에 따라 달라진다.

1장에서는 모든 감각 디스플레이에 대해 정지, 헤드 기반 및 수동 기반의 세 가지 기본 배치를 도입했다. 고정 디스플레이는 후면 투영 화면이나 평면 모니터, 벽 또는 바닥 장착 오디오 스피커와 같이 제자리에 고정돼 있다. VR 시스템에서 출력은 사용자의 입력 감각 기관의 변화하는 위치를 반영하도록 렌더링된다. 헤드 기반 디스플레이^{HBD}는 사용자의 머리 위에 또는 어떤 방식으로 부착돼 함께 이동한다. 따라서 사용자가 어느 쪽을 향하든 디스플레이는 신체의 감각 입력(이 경우 눈과 귀)에 상대적인 고정된 위치에 남아 움직인다. 따라서 시각 화면이나 기타 광원은 사용자의 눈 앞과 헤드폰이 켜져 있거나 귀에 남아 있다. 분명히 머리에 위치한 감각 기관에 대해서는 HBD가 자연적인 연계를 제공하지만, 그것만이 유일한 선택은 아니다. 핸드 기반 디스플레이(태블릿 및 글로브 디바이스 등)는 사용자의 손과 함께 이동한다. 일부 햅틱 디스플레이는 가슴에 달린 거대한 디스플레이와 같은 신체 기반 디스플레이로 더 적절하게 설명될 것이다.

3장에서는 시뮬레이션된 자극을 인지하고, 인간의 지각의 특징과 한계를 살펴보는 인간의 측면을 고려했다. 이제, 이 장에서는 인간 지각의 특징과 한계를 고려해 컴퓨터 생성 자극을 체험자에게 전달하는 특정 기술을 어떻게 사용할 수 있는지 논의한다.

비주얼 디스플레이

VR 시스템에는 신체적 몰입형 비주얼 디스플레이(그림 5-1), 즉 사용자 위치와 연결된 디스플레이 출력이 포함돼 있어, 사용자들의 자기수용 감각으로 인

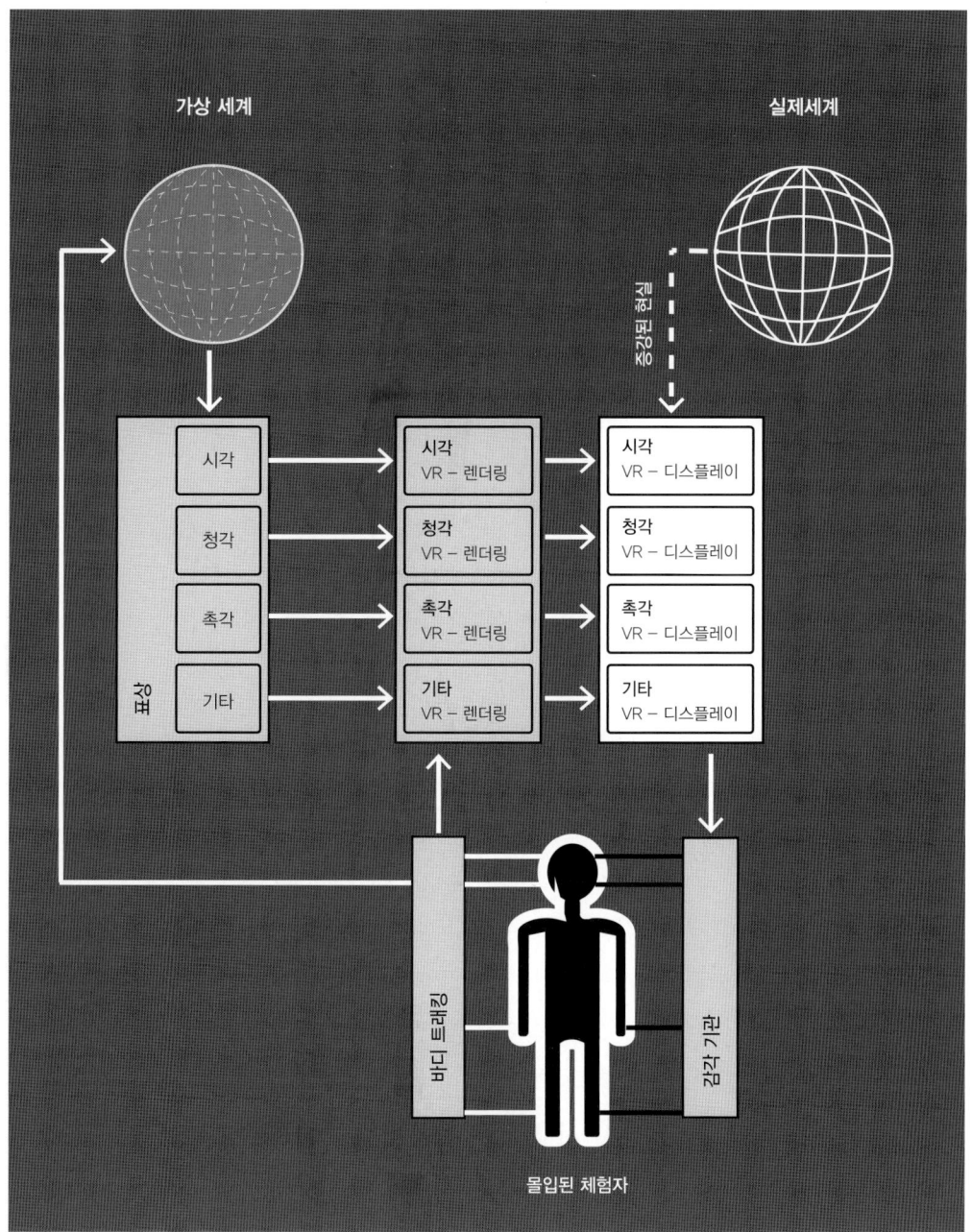

그림 5-1 이 도표는 VR 시스템에서 정보의 흐름을 보여준다. 가상 세계의 요소는 시각, 청각 및 햅틱 디스플레이에 적합한 표현으로 매핑된다. 신체 트래킹 정보는 체험자의 관점에서 표시를 렌더링하기 위해 가상 세계 정보와 통합된다. 전형적으로 신체트래킹 정보(버튼 누름, 그립 제스처 등)는 다양한 감각표시를 렌더링하는 시스템에 직접 피드백을 제공한다. 또한 체험자의 자세에 따라 충돌, 선택 및 기타 세계의 측면을 결정하는 데 도움이 되도록 가상 세계에 정보를 제공한다.

해 자극을 존재하는 공간으로 지각하게 된다. 헤드 장착 디스플레이^{HMD} 시스템은 가장 잘 알려져 있지만 반드시 모든 애플리케이션에 가장 적합한 시각 디스플레이는 아니다. 시각적 디스플레이의 각각의 특별한 구현은 독특한 특성을 가지고 있다.

우리는 세 가지 디스플레이 배열 패러다임에서 비롯된 일곱 가지 범주의 시각적 디스플레이를 설명한다.

1. 정지 표시
    - 피쉬 탱크 VR 디스플레이
    - 주변 VR 디스플레이
2. 헤드 기반 디스플레이
    - HBD 포함
    - 비독점적 HBD(광학적 가시 및 비디오 가시)
    - 헤드 기반(장착된) 투사 디스플레이^{HMPD}
    - 스마트폰-VR 디스플레이
3. 수동 기반 디스플레이
    - 핸드헬드 VR/개시현실^{AR}

각 디스플레이 스타일에 대해 시스템 간에 공통적이고 고유한 특성을 논의한다. 구체적으로 각 디스플레이 유형으로 들어가는 구성 요소, 디스플레이 유형에서 제공되는 기능(대부분 양호), 디스플레이 구성의 결과로 발생하는 인터페이스 문제(선악과 악)를 다룰 것이다.

비주얼 디스플레이의 속성

모든 비주얼 디스플레이 디바이스와 관련된 시각적 표시 및 논리 특성이 있다. 물론 이러한 특성은 시스템마다 다르다. 아마도 모든 비주얼 디스플레이의 유일한 공통점은 각각 체험자에게 시각적 이미지를 전송하는 방법을 가지고 있다는 것이다. 디스플레이 방법의 장단점은 다음 두 가지 목록에 요약한 바와 같이 시각자체의 품질과 하드웨어의 인체공학적 물류에도 영향을 미칠 것이다.

시각적 표현 특성

- 접지 Grounding
- 방출 기술
- 색상
- 공간적 해상도
- 대조
- 밝기
- 디스플레이 채널 수
- 국소거리
- 광학
- 불투명도
- 마스킹
- FOV Field of view
- FOR Field of regard
- 머리 위치 정보
- 레이턴시 허용
- 일시적 해상도(프레임률)

논리적(논리) 특성

- 장비 착용
- 사용자 이동성
- 트래킹 방식의 인터페이스로의 접속(연결)
- 빛 공해
- 환경 요구사항
- 다른 감지 디스플레이와의 연관성
- 이동성
- 처리량
- 방해물
- 안전성
- 원가(비용)

비주얼 디스플레이의 시각적 표시 속성

디스플레이 디바이스의 시각적 특성은 VR 경험의 전반적인 품질에 중요한 요소다. 이러한 광학적 특성의 세심한 고려는 반드시 의도된 애플리케이션의 요건에 근거해서 이루어져야 한다. 일반적으로 이러한 속성 각각은 연속체지만, 체험자의 경험의 질에 대한 요구에 따라 측정해야 하는 금전적 비용의 트레이드오프가 있다. 예를 들어, 묘사된 인간의 팔의 정맥과 같은 세부사항을 보는 능력은 의료 애플리케이션에서는 매우 중요할 수 있지만 게임 세계에서는 덜 중요하다.

접지 디스플레이는 디스플레이 화면과 세계 및/또는 체험자가 접촉하는 지점에서 접지된다. 예를 들어, HBD는 헤드-접지(즉, 머리와 함께 이동)인 반면, CAVE 스타일 디스플레이는 세계-접지(예: 벽이나 바닥에 탑재된다)이다. 즉, 체험자의 행동과 관계없이 세계의 위치에 고정돼 있다. 그 밖의 선택으로는 손으로 접지, 차체 접지 및 로봇 접지(즉, 컴퓨터 컨트롤 하에서 움직이는 로봇에 부착)가 있다. 이것은 VR 디스플레이의 구별되는 특징이며, 실제로 패러다임이 명명된 것이다.

방출 기술emitting technology 광원은 음극선관CRT, LED, 유기발광다이오드OLED, 장벽(예: 액정디스플레이[LCD]), 반사(디지털광 프로세서[DLP]) 등 이미지로 구성된 픽셀을 비추는데 사용되는 기술이다. 픽셀이 켜지는 방법은 기술마다 다르다. CRT는 데스크톱 모니터, HMD, 프로젝터에 사용되는 수십 년 동안 지배적인 기술이었다. 그러나 화면의 크기에 비례해 두께가 다소 낮았기 때문에 데스크톱과 HMD의 경우 평면 패널 기술로, 프로젝터에서는 LCD, DLP, 지금은 레이저로 대체됐다. 디지털 라이트 프로젝터는 이름에서 알 수 있듯이 한때 대형 스크린 TV를 포함해 대형 스크린에 사용되는 프로젝션 기술이다. DLP는 프로젝터의 색광을 반사(또는 반사하지 않음)하는 수천/백만 개의 마이크로매러로 만들어진다. LCD는 조명을 위해 LED를 사용하지만, 그 빛은 빛을 차단하는 능력으로 (액정층)을 통해 빛나며, 따라서 픽셀의 음수 값이 빛을 차단하는 결정체를 작동시킨다. LCD 재료의 깜박임 속도는 활성 셔터 스테레오 안경을 수용하기에는 너무 느리기 때문에 LCD 프로젝터는 종종 편광 필터와 쌍으로 사용해서 각 프로젝터를 다른 눈으로 유도한다(아래 다중화 특성 참조). 실리콘 액정LCOS은 프로젝터를 위한 또 다른 기술로, 빛을 통과시키기 위해 차단되거나 개방되는 반사광을 사용한다. OLED는 개별 픽셀마다 픽셀 조명을 직접 방출해 블랙 레벨(조명 제로 이하 또는 순검정)을 크게 향상시킨다.

색상 색상을 표시하는 옵션은 디스플레이 시스템마다 다르다. 대부분의 디스플레이는 일반적으로 빨간색, 녹색 및 파란색을 조합해서 삼색 색상(원색 3색 혼합해 다양한 색상을 생성한다)을 제공한다. 단색 디스플레이도 흔하지는 않지만 이용할 수 있다. 단색 디스플레이는 삼색계보다 더 밝을 수 있고 대비를 더 많이 제공할 수 있으며, 따라서 일부 AR 애플리케이션에서는 더 선호될 수 있다. 밝기가 커지면 사용자는 특히 증강된 데이터가 텍스트이거나 화살표와 같은 주석일 때 현실 세계를 더 잘 볼 수 있다.

삼색 디스플레이의 경우, 세 가지 기본 색상의 특정 조합을 매우 가까운 그룹으로 조명해서 빨간색, 녹색 및 파란색을 초과하는 특정 색상을 생성할 수 있다. 또 다른 방법은 동일한 위치에 있는 세 가지 기본 색상을 겹쳐 별도의 시간에 각 색상을 표시하며, 흔히 컬러 휠(색 필터의 회전 휠)을 사용한다. 이 접근 방식은 시분할 컬러$^{\text{field sequential color}}$ 디스플레이로 알려져 있다. 시분할 디스플레이는 매우 가까운 범위에서 볼 때 훨씬 선명한 이미지를 제공한다. 최근에는 네 번째 색상(노란색 LCD 또는 흰색 OLED)을 사용해 재현 가능한 색상(삼각형 디스플레이)의 범위를 넓히는 것이 발전했다. (단, 대부분의 소프트웨어는 여전히 RGB 값의 3-투플 색상을 지정한다.)

공간 해상도$^{\text{spatial resolution}}$ 시각 디스플레이의 공간 해상도는 종종 하나의 점이 별도의 색상 요소에 대한 하위 점을 가질 수 있는 수평 및 수직 방향에서 제시되는 픽셀 또는 점의 수에 의해 주어진다. 해상도를 측정하는 한 가지 방법은 인치당 도트 수^{dpi}이다. 또한 화면의 크기는 픽셀이 얼마나 잘 혼합되는지, 즉 개별 점이 얼마나 식별 가능한지에 영향을 미친다. 주어진 픽셀 수를 가진 작은 스크린은 같은 픽셀 수를 가진 큰 스크린보다 훨씬 더 선명해 보일 것이다 (그림 5-2).

  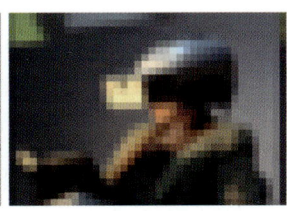 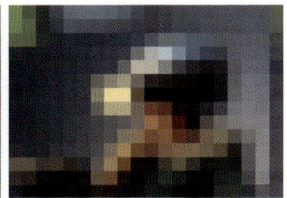

그림 5-2 이 이미지는 다양한 수준의 공간 분해 능력이 영상에 미치는 영향을 보여준다. 일반적으로 고해상도에서는 더 많은 정보를 전달하지만 더 많은 컴퓨팅 파워, 더 높은 공간 해상도의 디스플레이, 그리고 컴퓨터에서 디스플레이까지의 더 높은 대역폭 연결이 필요하다. (Photograph by Tony Baylis)

눈에서 화면까지의 거리 또한 지각 해상도에 영향을 미친다. HBD에서 화면은 보통 눈에 매우 가까이 있다. 따라서 픽셀은 구별이 잘 되지 않도록 매우 밀도가 높아야 한다. 고정 디스플레이에서는 뷰어가 위치와 거리를 변경함에 따라 외관 해상도가 달라질 것이다. 보다 정확한 해상도의 측정은 눈에 대한 픽셀의 각도 분리에 있다. 그러나 생리학 연구 이외의 경우에는 이 측정이 대개 제공되지 않는다.

특정 디스플레이에 사용되는 기술의 종류도 해상도에 영향을 미친다. 예를 들어 컬러 필드 순차 디스플레이는 공간적으로 분리된 기본 색상을 가진 표시장

보다 더 조밀하게 채워진 픽셀을 가질 수 있다(일반적으로 시분할 CRT는 기본 색상을 겹쳐서 더 선명한 이미지를 제공한다). 과거에는 LCD와 플라즈마 디스플레이와 같은 얇은 패널 디스플레이가 동일한 픽셀 밀도에서 CRT 디스플레이보다 더 비쌌다. 얇은 패널 디스플레이가 소비자 시장에 확산되면서 LCD 등이 매우 저렴해졌고, 플라즈마 디스플레이와 CRT는 찾기 힘들다.

대비^{Contrast} 대비는 빛과 어둠의 상대적 차이를 측정하는 것이다. 대조 범위가 높으면 표시되는 정보의 다양한 구성 요소(즉, 더 두드러진다)를 쉽게 구별할 수 있다. 디스플레이 기술과 디바이스마다 대비의 양이 다르다. 기존 LCD(LED 백라이트로 켜짐)는 대비가 낮은 경향이 있는 반면, CRT 디스플레이는 훨씬 높은 대비를 제공할 수 있다. FOV, 비용, 중량 및 안전을 포함해 대비가 균형을 이루어야 하는 다른 특성이 있다. 더 높은 픽셀 밀도를 가진 필드 순차 CRT와 같은 디스플레이는 인접 픽셀 간에 색상이 빠르게 변화할 수 있도록 해서 외관 대조를 증가시키는 데 도움이 됐다. 디스플레이의 동적 범위는 디스플레이가 생성할 수 있는 최대 및 최소 조명 수준과 광도가 얼마나 빨리 변할 수 있는지를 의미한다. 예를 들어, 디스플레이는 완전한 어둠을 제공할 수 있는가? (일부 디스플레이의 경우 디바이스의 위치에 있는 주변 조명에 따라 달라질 수 있다.) 그것은 완전히 맑은 날과 동등한 것을 제공할 수 있을까? 디스플레이가 전체 빛과 전체 어둠 사이에서 얼마나 빨리 변화할 수 있는가? 잔상이 있는가? LCD

그림 5-3 화재와 같은 밝은 실체를 렌더링할 때는 주변 이미지보다 화력 자체가 질적으로 밝아야 한다. 높은 동적 범위 디스플레이는 화재의 복사 밝기를 둘러싼 풍경에서 좋은 대비를 유지하기가 더 쉽다. (Photograph by William Sherman.)

는 최근 개별적으로 변조된 LED 배열이 개선됐다. OLED는 오프스테이트를 가지고 있기 때문에 진정한 블랙 픽셀을 생산할 수 있고 따라서 무한대 대비 비율을 가질 수 있다(그림 5-3).

밝기 밝기는 디스플레이 소스에서 나오는 전체 광 출력의 측정값이다. 어떤 비주얼 디스플레이에서도 높은 수준의 밝기가 바람직하지만, 밝기가 특히 중요한 요소가 되는 기술도 있다. 예를 들어, 스크린에 투사된 이미지는 화면의 크기가 커지고 빛이 더 큰 표면에 퍼질 때 더 희미해진다. AR을 통해 AR 디스플레이는 정보가 실제 뷰에서 두드러지도록 더 밝은 디스플레이를 필요로 한다.

디스플레이 채널 수 VR 비주얼 디스플레이의 동시 채널(또는 정보의 경로) 수는 대개 2개다. 비주얼 디스플레이 채널은 한쪽 눈에 대해 표시되는 시각 정보를 표시하는 것이다. 스테레오시스(3차원 또는 3D라고 함)를 달성하려면 별도의 뷰를 가진 두 개의 비주얼 디스플레이 채널이 필요하다(그림 5-4). 뇌는 한 쌍의 영상을 하나의 입체적 지각으로 융합시킨다. 3D 입체 시각 디스플레이를 달성하기 위한 여러 가지 방법이 있다. 멀티플싱은 두 개 이상의 신호를 동일한 채널을 통해 동시에 전송하는 것을 의미한다. 다른 시각 멀티플렉싱 방법은 두 개의 영상 신호를 동시에 전송해 입체 디스플레이를 만들 수 있다. 두 개의 (때로는 더 많은) 시각 채널을 멀티플렉싱하는 네 가지 일반적인 방법이 있다.

- 공간적으로
- 일시적으로는
- 양극화
- 스펙트럼상(즉, 색상이 있음)

그림 5-4 여기서는 두 개의 별도의 시각 채널이 전달돼 뷰어에게 스테레오스코픽 이미지을 제공한다. 왼쪽 이미지는 보는 사람의 왼쪽 눈에, 오른쪽 이미지는 보는 사람의 오른쪽 눈에 제시된다. (Photograph by William Sherman.)

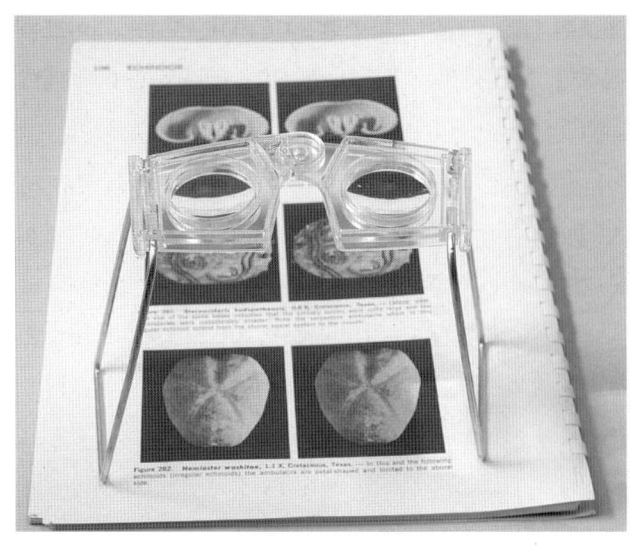

그림 5-5 책에서 스테레오스코픽 이미지/사진 등을 보여주는 비교적 저렴한 방법은 왼쪽 눈 영상과 오른쪽 눈 영상을 나란히 인쇄하는 것이다. 이 이미지에서, 영상 위에 약 4인치 위에 서 있는 뷰어는 각 눈이 그것을 위해 의도된 정확한 이미지에 초점을 맞출 수 있도록 하기 위해 한 쌍의 렌즈를 가지고 있다. 이렇게 하면 뷰어는 영상 쌍의 3D 렌더링을 볼 수 있지만, 단 하나의 관점에서만 볼 수 있다. (Photograph by William Sherman.)

공간 멀티플렉싱은 두 개의 작은 별도 스크린을 사용하거나 분할기를 사용해서 뷰를 분리함으로써 각 눈 앞에 별도의 영상을 배치하는 것으로 구성된다(그림 5-5). 또는 이미지를 특정 방향에서만 볼 수 있도록 하는 여러 분할기가 있는 경우(렌터 디스플레이 또는 배리어 디스플레이로 표시됨). 이 기법은 일부 3D 영화의 포장이나 기타 술책에 쓰이지만, 컴퓨터 디스플레이에도 적용돼 자동 스테레오 뷰어를 제공한다. 이 경우 작은 장벽이나 렌즈는 왼쪽의 시야에서, 오른쪽의 시야에서 픽셀의 일부를 볼 수 있게 한다. 오토스테레오$^{\text{Auto-stereo}}$는 안경을 포함한 다른 기술 없이도 스테레오스코픽 이미지을 볼 수 있다는 것을 의미한다. 닌텐도 3DS 게임 시스템과 후지필름 W1과 W3 3D 카메라는 이 방법으로 입체적인 뷰를 제공했다. 필립스 "WOWvx"라인의 모니터 라인은 9개의 별도의 시야각을 제공해 뷰어가 더 많은 시야를 볼 수 있도록 했다. 자동 스테레오 디스플레이를 위한 또 다른 고급 솔루션은 변경할 수 있는 뷰 장벽을 갖는 것이다. 산딘^{Sandin}과 동료들은 장벽 자체가 LCD 패널이므로 뷰어의 위치에 따라 렌더링할 수 있으며 따라서 안경 없이 실제 도보상의 자유를 제공할 수 있는 Varrier 디스플레이를 만들었다[Sandin et al. 2005].

시간 멀티플렉싱 또는 시간 인터레이싱은 활성 셔터 안경을 사용해서 각 눈에 대해 서로 다른 영상을 제공한다(그림 5-6). 활성 안경은 다른 눈의 시야를 볼 수 없도록 한쪽 눈(조정된 시간 순서대로)에 대한 시야를 차단한다. 일반적으로 불투명한 렌즈 셔터는 적절한 시야가 제시되는 동안 한쪽 눈에 대해 투명해진다. 전형적으로, 이것은 두 개의 별도 뷰에 대해 행해지고, 화면을 보는 모든 사람들은 (보기가

그림 5-6 능동형 셔터링 안경은 비록 더 비싸지만 더 높은 품질의 3D 입체 기술을 제공한다. (Photograph by William Sherman.)

한 개인에 대해 연산된 것일지라도) 동일한 스테레오 쌍의 이미지를 받는다. 4개 또는 6개 부서가 시야에 들어오도록 허용하는 일부 연구 시스템이 있어 일반적으로 CAVE와 같은 시스템에서 2명 또는 3명이 독립적으로 적절하게 렌더링된 관점을 가질 수 있도록 허용한 후 현재 상업적으로 이용 가능하게 됐다 [Kulik et al. 2011]. (이 기술은 다중 사용자를 위한 멀티플렉싱에 대한 하위 절에서 자세히 설명될 것이다.)

극화 멀티플렉싱은 반대편 편광 필터를 통해 필터링된 두 개의 개별 영상 소스를 제공함으로써 이루어진다. 예를 들어 수평 편광 필터를 통해 한 채널을 표시하고 수직 편광 필터로 다른 채널을 표시한다. 체험자는 한쪽 눈에는 수평 편광 필터를, 다른 쪽 눈에는 수직 편광 필터를 갖춘 안경을 착용한다. 각 눈은 그것을 위해 의도된 정보만 본다. 극화는 극장에서 3D 영화에 흔히 사용되는 기법 중 하나이다. 투사된 VR 디스플레이(또는 공공 극장)의 경우, 두 개의 편광된 이미지가 특수 양극화 방지 재료로 단일 화면에 겹쳐진다. 평면 디스플레이에서 (텔레비전 또는 컴퓨터 모니터) 교류 라인은 서로 반대되는 양극화 필터를 가지고 있다.

대부분의 CAVE 스타일 시스템과 같이 사용자가 주 보기 축(수평)에서 고개를 기울일 수 있는 디스플레이의 경우 사용자가 보기 축에서 멀어질수록 한쪽 눈에 대한 시야가 희미해지고 다른 쪽 눈에 대한 씬이 점차 엉뚱한 눈에 섞이면서 호스팅 효과를 생성하기 때문에 선형 양극화가 부족하다. 그 해결책은 시계 방향과 시계 반대 방향의 편광성을 가진 원형 편광 빛을 사용하는 것이다. 원

형의 편광은 시야각에 따라 달라지지 않으므로 사용자가 고개를 갸우뚱해도 효과가 있다. 스펙트럴 멀티플렉싱, 즉 아나글리픽 스테레오는 각 눈에 대한 시야를 다른 색으로 표시한다.

특수 안경은 각각의 렌즈가 색상 보기 중 하나와 상호 연관돼 실제로 그것을 씻어내기 때문에 잘못된 눈의 시야를 무력화한다(그림 5-7). 보다 진보된 형태의 스펙트럼 멀티플렉싱은 세 가지 원색 각각을 두 개의 분리된 색조로 나누고, 빗 필터를 사용해 한 개의 쉐이딩을 각 눈에 향하게 한다[Jorke와 Fritz 2006]. 그래서 붉은색에게는 왼쪽 눈이 자홍색 쉐이딩을 보게 될 것이고, 오른쪽 눈은 초록색과 파란색이 비슷한 오랑색 쉐이딩을 보게 될 것이다. 이 기술은 Infitec 브랜드명으로 판매되고 있으며, 돌비랩스$^{Dolby\ 3D}$에서도 라이선스를 취득했다. 돌비 3D는 공공 장소 극장에서 사용되는 인기 있는 기법 중 하나이다(그림 5-8).

그림 5-7 초기 3D 영상 보기 형태는 적색/녹색(아나글리픽) 스테레오 안경을 사용해서 3D 시청 환경을 제공했다. (Photograph by William Sherman.)

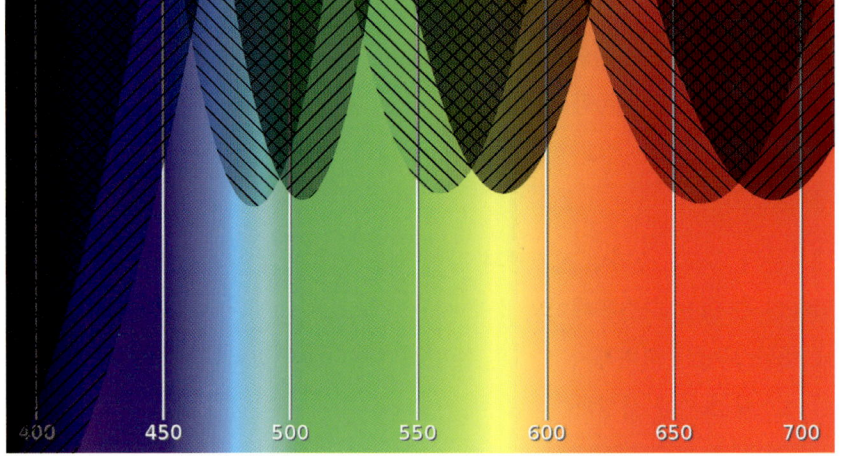

그림 5-8 Infitec 시스템은 색상 스펙트럼을 여러 개의 밴드로 구분하고 어느 눈이 어떤 범위의 색을 받는지 구분해서 보다 정교한 형태의 컬러 멀티플렉싱(애너글리픽 스테레오)을 제공한다. 이 도표는 빛의 파장이 두 가지 렌즈 유형 각각에 의해 필터링되는 근사치를 나타낸다(하나는 왼쪽 눈의 경우, 하나는 오른쪽). 그림의 곡률은 광원의 강도가 증가함에 따라 각 필터의 광 투과율 감소 능력의 오류를 나타낸다.

한 명 이상의 뷰어가 독립적인 입체 디스플레이를 필요로 한다면 실제로 두 개 이상의 채널을 가질 수 있지만, 우리가 말했듯이 대부분의 시스템은 두 개의 채널만 가지고 있다. 더욱이 두 개의 채널이 존재한다고 해서 항상 입체적인 이미지가 제시되고 있는 것은 아니다. 입체(3D) 이미지는 각각 특정 눈에 특정되는 가상 세계의 두 개의 뚜렷한 보기로 구성된다. 일부 시스템은 양쪽 눈에 단일(단색 또는 2D) 뷰를 표시하며 쌍안경 단색 디스플레이라고 한다. 초점과 수렴 뎁스 단서는 여전히 광학 및 영상 오프셋을 사용해 비나큘라 모노스코픽binocular monoscopic 디스플레이에서 컨트롤할 수 있다는 점에 유의해야 한다.

좋은 스테레오스코픽 이미지를 만드는 것은 어렵고, 부적절하게 하는 것은 뷰어들에게 고통을 줄 수 있다(흔히 두통이나 구역질이 난다). 표준 기법을 사용해서 스테레오스코픽 이미지을 렌더링하려면 컴퓨터 자원이 약 두 배 필요하며, 그래픽 하드웨어의 두 배, 프레임률의 감소 또는 이미지 복잡성의 감소가 필요하다. 현대 VR 파이프라인은 이제 관점이 바뀌는 지점까지 왼쪽과 오른쪽 눈 렌더링을 함께 처리하는 처리를 위한 특수 하드웨어를 갖추고 있다. 따라서 컬링과 같은 수술은 단 한 번만 하면 된다.

스테레오스코픽 이미지가 당면한 작업에 얼마나 유용한지는 스테레오스코픽 이미지를 입체적으로 표시할지 결정하는 또 다른 요인이다. 클로즈업, 핸즈온 조작이 필요한 작업의 경우 스테레오피스가 유익하며 때로는 필요하다. 스테레오시스Stereopsis는 세계의 주요 시야가 5m 이상 되는 작업에서 훨씬 덜 중요하다[Cutting and Vishton 1995].

여러 사용자를 위한 다중화는 동일한 물리적 공간에서 작업할 때 공동작업자가 더 잘 상호작용할 수 있도록 서라운드 VR 시스템에 바람직하다. 다중 사용자들에게 그들만의 세계를 제공하는 수단이 사소한 것이기 때문에 HBD를 위한 다중우주의 멀티플렉싱에 대해서는 거의 말할 것이 없다. 각 개인에게 그들만의 전시물을 주고 그리고 나서 모든 사람들을 아바타로서 서로 대표한다. 그러나 서라운드 디스플레이의 경우 화면 공간을 분할하는 것부터 시간에 따른 멀티플렉스 슬라이스 수를 늘리는 것, 멀티플렉스 기능을 높이기 위한 기법을 결합하는 것까지 제한된 옵션이 있다.

두 사용자가 동일한 화면을 볼 수 있는 일부 투영 VR 디스플레이는 4채널(또는 그 이상) 시각 디스플레이를 제공한다(예: EVL/Facespace DuoView 프로토타입 [DeFanti et al. 1998] 및 Bauhaus-Universitat Weimar 및 공동작업자[Kulik et al. 2011]). 이는 일반적으로 (각 체험자에 대해) 4개 이상의 개별 뷰를 멀티플렉싱해서 이루어진다. C1-6의 경우 픽셀을 세 가지 다른 색상으로 투사하는 대신 세 가지 다른 관점이 순차적으로 투사된다. 그런 다음 전체 색상은 세 개의 프로젝터 중 하나에 다른 기본 색상을 지정해 색상을 혼합함으로써 얻어진다. 또한 사용자 분할로 각 이미지에 대해 이중 새로 고침을 사용함으로써 세 개의 프로젝터에 의해 6개의 개별(전체 색상) 뷰를 제공할 수 있다. 이러한 프로젝터는 최근(2018년)에야 디지털 프로젝션 인터내셔널에서, 그리고 곧 크리스티 디지털에서 상용화됐다.

네 개의 채널을 만드는 또 다른 기법은 스펙트럼과 시간적 멀티플렉싱을 결합한다. 예를 들어, 체험자 A는 두 눈 위에 녹색 필터가 있는 한 쌍의 셔터 안경을 쓰고, 체험자 B는 빨간 필터가 있는 활성 안경을 쓴다. 이 시간 및 스펙트럼 멀티플렉싱은 두 체험자에 대한 왼쪽 및 오른쪽 눈 보기 4개의 채널을 생성한다. 이것은 고정 VR 시스템에서 두 사람을 트래킹할 수 있게 해서 각자가 그들만의 3D 세계관을 받을 수 있게 한다[Sherman 1999]. 물론 색상 팔레트는 사용자별로 단색이라는 단점이 있다. 프로젝터 수를 두 배로 늘리고 왼쪽 눈의 절반과 오른쪽 눈의 절반으로 필터링해 다시 셔터 안경(또는 왼쪽과 오른쪽 눈의 셔터 사용, 두 명의 개별 사용자의 편광기 사용)과 결합함으로써 더 나은 결과를 얻을 수 있다. 이 방법은 두 명의 사용자를 위해 Frohlich에 의해 탐색됐이고 [Fröhlich et al. 2005], 그리고 나중에 위에서 설명한 C1-6 시스템을 사용해서 그의 연구실에서 총 6개의 개별 입체적 뷰를 가능하게 했다[Kulik et al. 2011].

공유된 고정형 디스플레이 상에서 여러 사용자에게 독립적인 원근법을 제공하는 흥미로운 방법 중 하나는 화면을 사용자 간에 공간적으로 나누는 것이다. PIT(프로틴 인터랙티브 극장)라고 불리는 이 기술의 초기 예는 노스캐롤라이나 대학에서 구현됐고, 아서 외 연구원에 의해 문서화됐다. [1998. PIT 시스템에서는 두 사용자가 서로 직교(90도)해 앉았고, 각 사용자는 화면 사이에 매끄러운 이미지를 렌더링하기 보다는 각 화면 맞은 편에 앉아 있는 한 뷰어에 대해 특별히 별도의 뷰를 제공하는 화면을 앞에 보았다(그림 5-9). 이렇게 하면 각 사용자에게 제시된 동일한 정

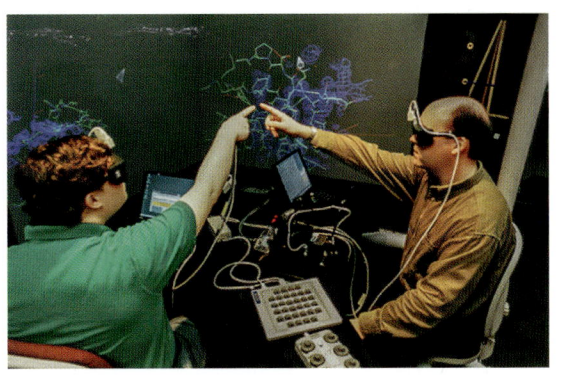

그림 5-9 UNC의 PIT프로젝트는 여러 사람이 각자의 시각에서 서로 마주보는 화면을 렌더링해 세상을 보는 방법을 탐구했다. 사용자는 크로스뷰를 통해 3개의 공간을 자유롭게 가리킴으로써 가상 세계의 오브젝트를 참조할 수 있었다. (Photograph courtesy of Computer Science, UNCChapel Hill.)

보로 3D 위치를 가리킬 수 있으며, 이 제스처는 다른 사용자의 시각과 일치할 수 있다. 공간 분할의 또 다른 예는 화면 경계를 무시하고 대신 특정 사용자를 위해 특정 오브젝트를 렌더링한다. 이 기법은 그 기이한 점을 가지고 있으며, 실제로 그것을 성공적으로 적용할 수 있는 특별한 상황을 가지고 있다. 그러한 예 중 하나는 두 명의 주 방위군 군인으로 구성된 팀이 측량 연습을 수행할 수 있도록 디자인된 사막 연구소의 방사선 몰입도 조사 강사 시스템이었다 [Koepnick el al. 2010]. 이 경우, 병사들은 2인 1조로 작전을 수행하게 되는데, 선두 병사는 지형을 통과하는 내비게이션을 다루게 되고, 지원 병사는 계측을 감시하고 특정 방사능 수치가 측정되는 곳을 호출하게 된다. 두 명의 군인은 모두 머리자국이 돼 트래킹된 입력 컨트롤러를 한 대 가지고 있었다. 보조 병사의 악기는 그들의 관점에서 제시된 반면, 나머지 세계는 주동/탐색 병사의 관점에서 제공됐다.

마지막으로 극단적으로 보면, 서로 다른 관점을 위해 멀티플렉싱을 넘어서는 것이 아니라, 주변 VR 시스템에서 서로 다른 애플리케이션을 멀티플렉싱해 한 명 이상의 사용자가 완전히 다른 가상 세계에서 동시에 디바이스를 사용할 수 있도록 할 수 있다(서로 부딪칠 위험성 있음!). 사실 일부 수동형 3D 텔레비전 시스템은 두 눈에 동일한 필터를 가진 편광 안경 버전을 제공해서, 2인용 분할 화면 이미지를 늘려서 각 플레이어가 개인적인 관점에서 개별적으로(일반적으로) 시청할 수 있게 한다.

초점 거리 디스플레이의 초점 거리는 뷰어의 눈에서 이미지의 외관상 광학 거리다. 대부분의 최신 디스플레이 기술로, 한 씬에 있는 모든 영상은 뷰어와의

가상 거리와 상관없이 동일한 초점 평면에 있다. 눈의 근육은 보는 사람의 눈의 렌즈를 다시 만들어 오브젝트의 초점 거리에 맞게 조절한다. 눈의 근육을 사용해 초점 거리를 결정하는 것을 숙소라고 한다.

일반적으로, 우리의 깊이를 판단하는 능력은 가까이 있는 것보다 멀리서 볼 때 훨씬 약하다. 3m를 넘어서면 초점적 숙소를 이용해 상대적 깊이 정보를 거의 얻을 수 있으며, 깊이 지각은 여러 가지 단서의 산물이 된다. 당신이 어떤 것이 아주 먼 거리에서 한 위치에서 다른 위치로 이동하는 것을 볼 때, 당신의 눈의 근육은 변화를 수용하기 위해 거의 움직이지 않는다. 반면, 만약 여러분이 무언가를 가까이서 보고 그것을 움직이면, 여러분의 눈의 근육은 그 오브젝트에 다시 붙기 위해 상당한 양을 움직인다. 우리가 앞서 시각 뎁스 단서에 열거한 다른 모든 단서(간격, 쉐이딩, 크기, 선형 원근법 등)는 멀리 있는 깊이 지각에 더 중요하다. 멀리 높이 솟아 있는 열기구를 보는 것에 대해 생각해 보라. 어느 쪽이 당신과 가장 가까운지 구별하기가 어렵다. 하나의 풍선이 다른 풍선을 지나야만 상대적 위치의 감각을 얻을 수 있다.

깊이 지각 단서 사이의 불일치는 시각적 지각의 충돌을 유발한다. 이 갈등은 보는 사람에게 두통과 메스꺼움을 줄 수 있다. 깊이 지각 단서의 혼동은 오브

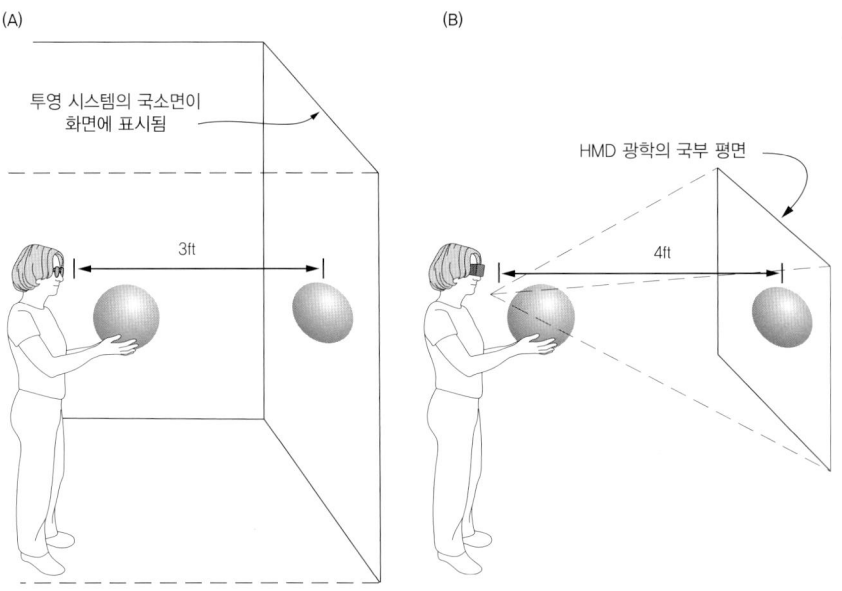

그림 5-10 국소 거리는 체험자의 눈과 가상 이미지 사이의 측정이다. 투영 디스플레이(A)에서 초점 거리는 보통 디스플레이 화면까지의 거리(예: 이 도표의 3ft)이다. HBD 광학(B)은 물리적 디스플레이(예: 이 다이어그램의 4ft)를 벗어나 어느 정도 거리에 가상 이미지를 생성한다.

젝트의 외관을 갖게 할 수 있으며, 이로 인해 어떤 사람들은 오브젝트에 손을 대려고 시도하면서 손을 내밀게 된다(아마도 어떤 오브젝트가 실제로 더 가까운지 또는 오브젝트가 그곳에 있는지 여부를 분명히 하기 위해서).

때로는 숙박시설(눈의 초점을 맞추는 능력)이 가상 오브젝트의 거리와 일치하므로, 정지된 VR 디스플레이 화면의 표면 또는 그 근처에 위치한 가상 오브젝트의 경우 오브젝트에 대한 초점 거리가 화면 거리와 일치하기 때문에 깊이 지각 신호가 일치한다. 화면이 4피트 떨어져 있으면 초점 거리는 4피트(그림 5-10)이다. 당신의 뇌는 화면에 직접 나타나도록 그려지는 오브젝트의 초점 거리는 실제로 4피트라고 말한다. 스테레오시스, 원근법, 그리고 다른 시각적 단서들은 모두 이 지각을 확인하고 따라서 일치한다. 이것은 그 오브젝트들이 실제로 존재한다는 더 강한 감각을 만들어낸다.

한편, 오브젝트가 당신과 화면 사이에 있는 것처럼 보이도록 그려졌다면(즉, 당신으로부터 2피트 떨어진 곳) 초점 거리 큐(암호화)는 여전히 그 오브젝트가 4피트임을 알려준다. 그러나 입체, 원근법 및 기타 시각적 감각은 오브젝트가 2피트(ft)에 있고, 이로 인해 시각적 충돌이 발생한다는 것을 알려준다. HBD/HMD에서 초점 거리는 광학계에 의해 설정된다. 가변 초점(변광이라고 함) 디스플레이는 HBD에 대해 가능하고 실제로 개발 중에 있다. 서로 다른 기술들이 탐구되고 있으며 이제 겨우 제한된 능력으로 시장에 나오기 시작하고 있다. 예를 들어, 광학 시스템은 사용자가 가상 세계의 다른 깊이에 있는 오브젝트를 볼 때 렌즈가 초점을 옮기도록 만들 수 있다. 물론 강력한 아이 트래킹도 필요로 하는 기능이다. 다른 예로는, 간단히 말해서, 서로 다른 광선이 다른 방향/깊이로부터 오도록 이미지 광선이 주조돼, 따라서 아이 트래킹은 필요하지 않은 플렌노픽 디스플레이(라이트필드 디스플레이)가 있다.

광학(전달 기술) 광학이란 눈에 가깝게 착용한 디스플레이가 더 멀리(그리고 더 합리적으로) 보일 수 있는 수단이다. 초점 길이에 대한 이전 절에서 논의한 바와 같이 광학은 HMD 디스플레이의 사용을 가능하게 하는데 매우 중요하다. 심지어 가장 단순한 구글 카드보드 디스플레이도 각 눈에 대한 기본적인 볼록 렌즈를 가지고 있다. 하지만 렌즈는 VR 디스플레이에 중요한 다른 기능을 가지고 있다.

이렇게 중요한 렌즈 특징 중 하나는 구형과 색상의 이상이다. 이러한 특징의 이름이 드러나듯이, 그것들은 일반적으로 바람직하지 않다. 구면 이상은 결과 이미지의 모양을 왜곡하는 것으로, 가장 명백한 결과는 렌즈를 통해 볼 때 직선으로 렌더링되는 선이 곡선처럼 보이는 것이다. 색상의 이상은 다른 각도에 의해 다른 색채를 휘게 하는 것이고, 그래서 오브젝트의 가장자리는 하나의 색이 오브젝트의 가장자리를 지나 계속 되는 유령 같은 효과를 가지는 것으로 보인다. 두 경우 모두 가장자리에서 이상이 가장 크며, 아마도 뷰의 중심에서 감지할 수 없을 것이다.

렌즈가 잘 팔릴수록 뒤틀리는 것이 줄어들 것이다. 그러나 일반적으로 이 점에서 렌즈를 더 좋게 만드는 것은 렌즈 표면에 걸쳐 적절한 (구면) 곡률을 유지하는 것인데, 이것은 보통 더 두껍고 따라서 더 무거운 렌즈를 의미한다. 광학이 머리와 목에 의해 운반되고 이동될 때, 더 많은 무게는 해롭다. 그 때 대안적인 해결책은 렌더링된 이미지를 렌즈 효과의 역방향으로 미리 워프하는 것이다. 따라서 약간 더 복잡한 렌더링과 더 무거운 렌즈 사이에 트레이드오프가 있으며, 대부분의 현대 소비자 HMD는 더 가벼운 무게를 선택한다. 대부분의 VR 소프트웨어가 현재 이미지를 경고 해제할 수 있는 기능을 제공하고 있기 때문에 개발자에게 실질적인 비용은 없다. 남은 한 가지 비용은 이미지의 가장자리가 효과적인 해상도를 상실할 수 있기 때문에 텍스트나 기타 세부 사항은 옆으로 떨어질 때 명확하게 보기 어려울 수 있다.

렌즈의 크기를 줄이는 또 다른 방법은 곡률을 개별 세그먼트로 나누고, 이러한 세그먼트를 보다 평면적인(그러나 들쭉날쭉한) 배열로 전환하는 것이다. 프레넬 렌즈로 알려진 이 기술은 오귀스틴 장 프레넬에 의해 개발돼 등대로부터 빛을 투사해 먼 거리를 볼 수 있도록 했다. 그런 다음 프릴 렌즈는 HMD 내부의 광학적 구조를 훨씬 좁히고 무게도 덜 나간다. VR에서 프레넬 렌즈의 단점은 분리된 층계의 고리가 내부적으로 빛을 반사하게 하고, 따라서 밝은 오브젝트가 층계를 흐릿하게 해서 고리를 눈에 띄게 하고 주의를 산만하게 할 수 있다는 것이다. 소비자 HTC Vive HMD는 프레넬 렌즈를 사용한다.

렌즈는 빛의 통과에 영향을 주는 유일한 수단이 아니다. 현재 VR 광학 디자인에 진출하고 있는 다른 광학 기술로는 플랜노포틱스^{lightfields}가 있는데, 이 광장은 다초점성을 가능하게 하는 다양한 방향의 광자의 흐름이다(다른 것들 중). 조명 가이드는 기하학적 레이아웃에 의해 빛이 재처치될 때까지 채널로 내부로 튕겨 내려갈 수 있는 물질적 채널이다.s 빛을 발산하게 하는 거울(아마도 눈으로)과 홀로그래픽 이미지의 광학적 효과를 통합할 수 있는 홀로그래픽 광학 요소. VR 디스플레이에 유용한 미래 광학 기술은 변경 가능한 굴절 지수를 가진 재료일 수 있으며, 아마도 초점 길이에 대한 비기계적 변화를 허용할 수 있다[Krueger et al. 2016].

광학에 대한 최종적인 생각은 사용자가 종종 가상 세계에 대한 자신의 관점을 방해할 수 있는 광학(즉, 안경)을 가지고 간다는 것이다(그림 5-11). 비록 이 문제가 시각적 특성보다는 HMD의 논리 디자인에 더 관심이 있을 수 있다.

그림 5-11 안경 크기와 모양에 따라 일부 사용자들은 HMD를 기증하는데 어려움을 겪을 수 있다. (Photograph by William Sherman.)

불투명도 비주얼 디스플레이의 불투명성을 위한 두 가지 기본 옵션이 있다. 디스플레이는 물리적 세계를 시야에서 숨기거나 가려낼 수도 있고 물리적 세계를 포함할 수도 있다. 고정형 스크린과 데스크탑 디스플레이는 현실 세계를 가릴 수 없기 때문에 눈에 띄지 않는다. 즉, 나머지 세계를 여전히 볼 수 있다. 모든 것이 아닌 대부분의 HBD는 불투명해서 사용자로부터 외부 세계를 차단한다. 디스플레이의 불투명성은 VR 시스템의 안전성과 협업 가능성에 모두 영향을 미친다. 디스플레이는 현실 세계를 사용자로부터 숨기기 때문에 사용자가 신체적으로 걸어 다니는 동안 트립과 기타 안전 문제로 이어진다. 따라서 장소의 배치 방식에 있어 예방 조치를 취해야 한다. 디스플레이는 체험자를 현실 세계로부터 격리시키는 작용을 하기 때문에 체험자와 인근 구경꾼 사이의 의사소통도 감소한다. 이러한 격리는 몰입한 체험자와 그룹의 나머지 사람들 사이의 대화를 덜 하게 하며, 이는 공개 토론이 중요한 애플리케이션에 해가 될 수 있다.

일부 HMD는 가상 세계와 결합된 현실 세계의 관점을 제공한다. 흔히 시스루 HMD라고 불리는 이 유형의 디스플레이는 일반적으로 Epson Moverio와 같은 AR[Rolland et al. 1994]에 사용된다. (HTC Vive와 같은 다른 HMD는 시스루 디스플레이의 투명성을 모방하는 데 사용할 수 있는 카메라를 제공한다.)

마스킹 고정형 스크린에서는 사용자의 손이 막히거나 가상의 오브젝트를 마스킹하는 등의 물리적 오브젝트가 나타난다. 이것은 손이 가상 오브젝트보다 가까울 때 잘 작동하며, 이 경우 손은 자연적으로 오브젝트를 볼 수 없게 된다. 반면 가상의 오브젝트가 보는 사람의 눈과 물리적 오브젝트 사이에 들어오면 마스킹이 문제가 된다. 이 경우 가상 오브젝트는 손을 막아야 하지만 그렇지 않다. 이것은 자연적으로 현실 세계를 가릴 수 있는 능력을 가진 디스플레이로 해결할 수 있다.

현실 세계의 일부분을 HBD를 통해 마스킹할 수 있다. 뷰어가 가상 오브젝트가 물리적 오브젝트를 차단하는 것을 보아야 하는 경우, 시스템은 완전한 가상 오브젝트를 렌더링하기만 하면 물리적 오브젝트는 보이지 않게 된다. 반면에 일부 가상 오브젝트를 마스킹해야 하는 위치의 물리적 오브젝트도 다룰 수 있다. 즉, 물리적 오브젝트가 보여야 하는 영역에서 가상 오브젝트를 렌더링하지 않는다. 그러나, 이것은 물리적 오브젝트의 위치가 컴퓨터 렌더링 시스템에 의해 알려져 있다고 가정한다. 이 솔루션을 위해 컴퓨터는 가상 오브젝트를 가릴 수 있는 위치에 있을 수 있는 물리적 오브젝트를 트래킹해야 한다. 이 경우, 일반 오브젝트 트래킹에 깊이 카메라(특히 HMD에 탑재된 카메라)를 사용할 수 있다. SLAM(동시 로컬라이제이션 및 매핑) 트래킹이 개선됨에 따라 SLAM 트래킹을 포함하는 시스템은 실제 오브젝트의 위치를 결정해 정보를 정확히 연산하는 데 사용할 수 있을 것이다.

폐쇄형 HBD에서는 모든 가시적 오브젝트가 컴퓨터 시스템에 의해 렌더링되기 때문에 걱정할 필요가 없다. 모든 가시적 오브젝트는 주변 VR 장소에 위치한 실제의 물리적 오브젝트를 나타내더라도(또한 개별적으로 트래킹 및 모델링하거나 3D 필드로 캡처할 수 있다(아마도 키넥트나 유사한 깊이 카메라로).

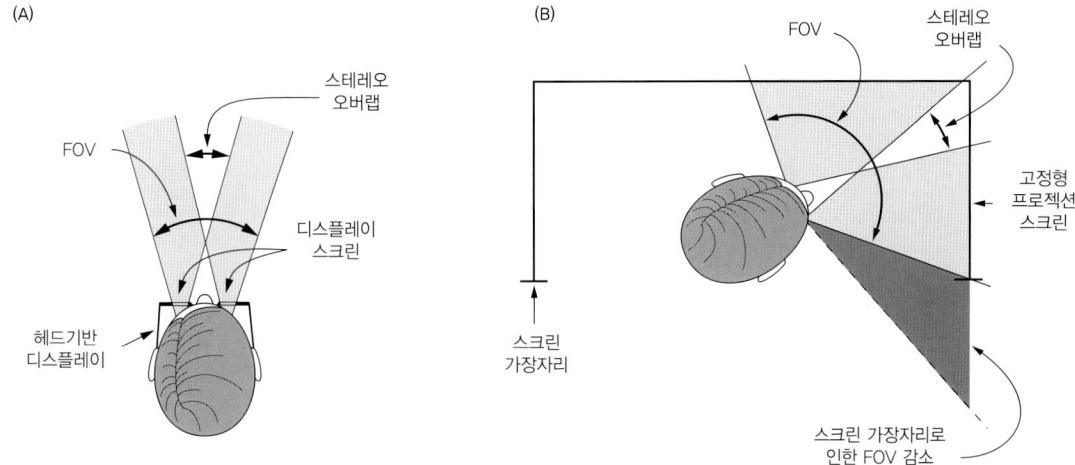

그림 5-12 Display FOV는 디스플레이가 커버하는 뷰어 시각디바이스의 양이다. 헤드 기반 디스플레이(A)는 투영 기반 디스플레이(B)에서 가능한 것과 비교해 작고 고정된 FOV 각도를 갖는 경향이 있다. 그러나, 뷰어가 투영 디스플레이에서 고개를 돌리면 화면의 부분적 시야를 잃게 돼 효과적으로 FOV를 줄일 수 있다. 스테레오 오버랩 영역은 입체적인 시각적 이미지를 렌더링할 때 유의하고 활용하는 것이 중요하다.

FOV 인간의 정상적인 수평 FOV는 대략 200도인데, 한쪽 눈이 보는 120도가 겹친다[Klymento and Rash 1995]. 디스플레이의 FOV는 임의의 특정 순간에 디스플레이가 덮는 사용자의 시야의 각도 폭을 측정한 것이다(그림 5-12). 헤드 기반 디스플레이의 FOV는 일정하지만 CAVE와 같은 고정 디스플레이의 경우 사용자가 이동함에 따라 FOV가 변경된다. 3면 CAVE에서 FOV는 사용자가 전방을 향할 때 100%(~200도)이며, 사용자가 회전하고 CAVE의 열린 면이 이미지를 표시하지 않으면 디스플레이의 유효 FOV가 감소한다. 측정 단위는 사용자의 시야 또는 수평 및 수직 범위 표시 각도의 백분율이 될 수 있다. 수평 FOV가 60도인 디스플레이는 터널 시야와 동등한 것을 제공한다. HMD 디자이너는 고해상도(고픽셀 밀도)와 더 넓은 FOV 사이에서 절충에 직면한다. 대부분의 현대적인 은닉 HMD는 더 넓은 FOV를 위해 디자인됐으며, AR용 가시적 HMD는 일반적으로 더 작은 FOV를 가지며, 더 조밀하고(따라서 더 밝게 보인다) 더 밝다. 곧 소비자 시장에 도달하기 위해 스타VR HMD는 눈 해상도당 2560×1440을 사용해 최대 스테레오 오버랩과 거의 완전한 FOV를 제공한다.

100~120도 FOV를 제공하는 디스플레이는 인간 시각 범위의 합리적인 부분을 다루기 시작한다. 그러나 품질의 지표로서 이 숫자만으로도 다소 오해의 소지가 있다. 스테레오 오버랩 FOV 또한 꽤 중요하다. 양쪽 눈에 대해 겹치는

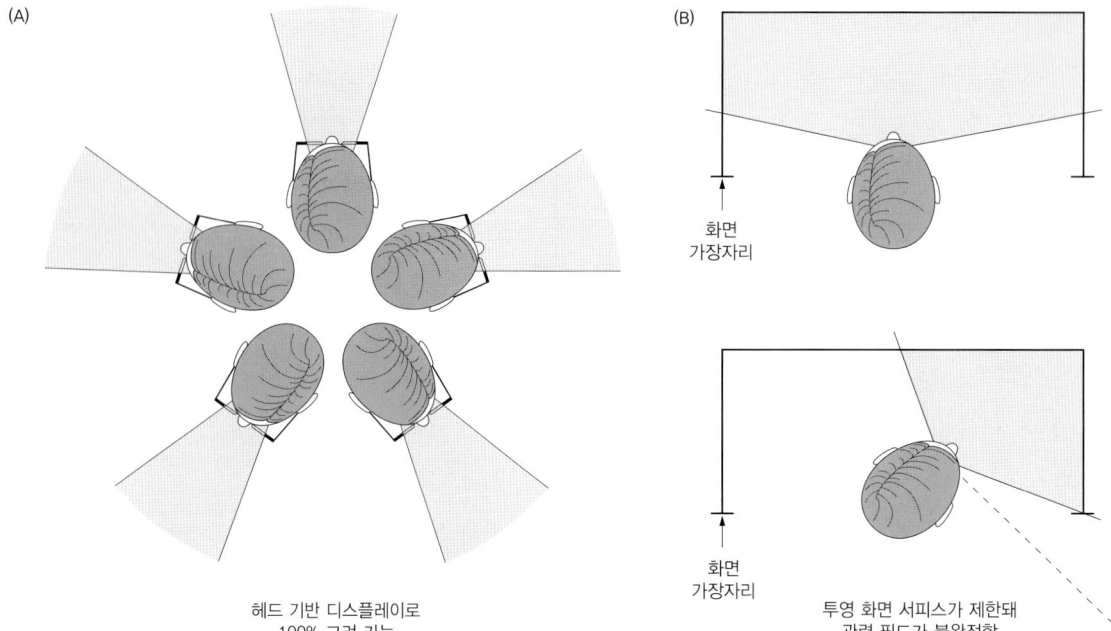

그림 5-13 FOR(Field Of Regard)는 머리 움직임과 다른 요인을 고려할 때 주어진 디스플레이의 적용 범위를 측정하는 것이다. (A) 헤드 기반 디스플레이는 100% FOR를 쉽게 제공할 수 있는 반면, (B) 고정 디스플레이는 화면 영역으로 제한된다.

FOV가 30도 정도로 작으면 입체감각이 어려워진다. 대형 투영 디스플레이의 한 가지 주요 장점은 대형 FOV이며, 대형 스테레오 FOV도 제공한다.

FOR 디스플레이의 관련 분야(FOR)는 가상 세계로 가득 찬 사용자를 둘러싼 공간의 양이다. 즉, 뷰어가 시각자료에 얼마나 감싸여 있는가를 의미한다(그림 5-13). 그들이 주위를 둘러볼 때, 뷰어는 가상 세계와 현실 세계를 얼마나 보는가? 예를 들어 동작 범위가 무제한인 HBD에서는 화면이 항상 사용자의 눈 앞에 있기 때문에 FOR가 100%이다. 뷰어가 어떤 방향을 보든 그들은 가상 세계를 본다. 그러나 고정 디스플레이의 경우 가상 세계를 화면 없이 공간에 표시할 수 없기 때문에 일반적으로 FOR는 100% 미만이다.

FOR는 FOV와는 독립적이다. HBD에서 매우 좁은 뷰포트를 가질 수 있으며, 모든 방향을 보고 (좁은 FOV를 통해) 가상 세계를 볼 수 있기 때문에 여전히 100% FOR를 가질 수 있다. 반면에 1000 ft×1000 ft 디스플레이 화면(매우 넓은 FOV를 제공하는 화면)을 가질 수 있지만 FOR(화면이 당신을 감싸지 않는 한)는 매우 제한적이다. 왜냐하면 화면을 외면하면 더 이상 가상 세계를 볼 수 없기 때문이다. FOV와 FOR를 구별하는 좋은 방법은 순간적인 것과 합치는 것이다. FOV는 한 순간에 볼 수 있는 세계의 양인 반면, FOR는 여러분의 관점을 바꾸는데 시간을 소비함으로써 정신적으로 패션할 수 있는 세계의 양이다.

투영 기반 시스템에서 100% FOR를 얻는 유일한 방법은 스크린으로 사용자를 완전히 둘러싸는 것이다. 이것은 체험자들이 설 수 있는 화면을 만들어야 하거나 사용자가 디스플레이 안에서 호버할 수 있는 수단을 어떻게든 제공해야 하는 논리적인 문제를 야기한다. 그러한 시설들이 몇 군데 지어졌는데, 첫 번째는 스웨덴 스톡홀름에 있는 왕립 공과대학의 6면 CAVE 스타일 시스템이었다. 우주에서 '신뢰할 수 있는' 선을 따라 두 개의 반구에 투영하는 올스피어가 있는데, 사용자들이 중앙에서 정지돼 있다.

FOR가 완전하지 않은 디스플레이에서 스테레오시티는 근처의 오브젝트가 디스플레이에 부분적으로만 있을 때 상실될 수 있다. 화면 뒤에 (사실상) 부분적으로 보이는 오브젝트들은 화면 가장자리에 자연스럽게 가려지기 때문에 문제가 되지 않는다. 화면과 뷰어 사이에 위치한 가상 오브젝트가 화면 가장자리(비교 그림 5-14와 5-15)에 의해 차단될 때 문제가 발생한다. 이 경우, 오브젝트가 화면 뒤에 있어야 함을 나타내는 폐색 뎁스 단서가 스테레오시스 및 모션 시차의 뎁스 단서와 충돌한다. 이 문제는 '브레이킹 더 프레임^{breaking the frame}'이라고 일컬어진다. 이는 3D 영화, GAF 뷰마스터, 심지어 임의 도트 스테레오그램과 같은 다른 3D 매체에서도 우려되는 일이지만, 이러한 매체의 정

그림 5-14 VR 디스플레이 디바이스의 구조에 의해 만들어진 경계를 넘나드는 소년이 화면보다 사용자에게 더 가까이 있는 것처럼 보이는 효과는 상한다.

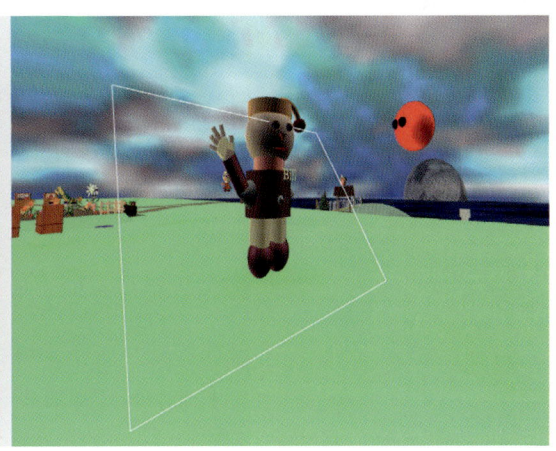

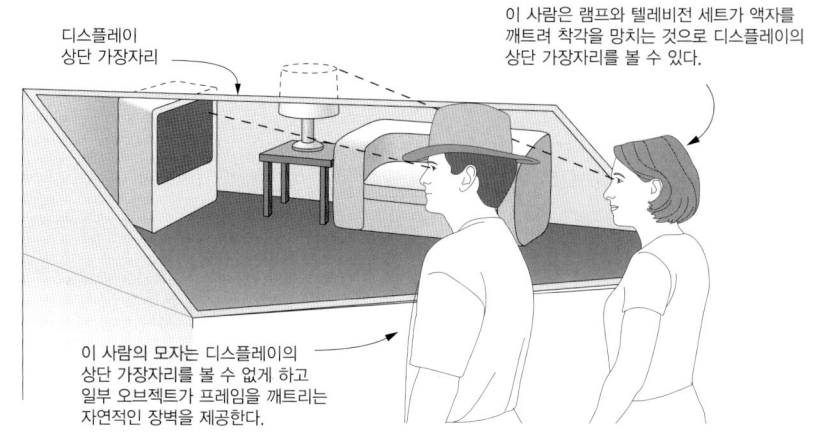

그림 5-14 사용자가 디스플레이 가장자리를 볼 수 있게 되면 프레임이 깨지고 가상 세계에 둘러싸여 있는 착각이 줄어든다. 한 가지 해결책은 사용자에게 모자를 쓰게 하는 것인데, 이것은 자연스럽게 그들의 위쪽 시야를 제한하는 것이다. 그들은 화면 상단을 볼 수 없고, (텔레비전이나 램프와 같은) 가상의 오브젝트가 우아하게 상단에 떨어져 있는 것을 알아차리지 못하는 반면, 모자를 쓰지 않은 사용자는 덜 몰입적인 경험을 한다.

적 특성은 콘텐츠 제작자들이 의도적으로 큐 충돌을 피할 수 있도록 하는 반면, VR에서는 사용자가 시점을 통제하기 때문에, 특히 어떤 경우 충돌하는 상황이 발생할 수 있다. 가상 세계에는 가까운 곳에 있는 많은 오브젝트들이 포함된다.

일반적인 폐색 문제는 우선 가상 세계 시뮬레이션을 통해 그 상태를 피할 수 있도록 함으로써 해결할 수 있다. 시스템은 뷰어의 위치를 찾을 수 있고, 화면 프레임뿐만 아니라 컨트롤 디바이스의 위치도 찾을 수 있으므로, 시뮬레이션은 애초에 물리적 오브젝트와 뷰어 사이에 가상 오브젝트가 들어오지 않도록 하는 방법으로 작성될 수 있다. 프레임 깨짐 문제는 프레임(또는 프레임의 일부)을 자연스럽게 숨기도록 문제의 오브젝트를 배치함으로써 줄일 수도 있다.

헤드 위치 정보 4장의 '위치 트래킹' 절에서 논의한 바와 같이, 일부 트래킹 방법은 오브젝트의 완전한 6-DOF 위치의 하위 집합만 결정할 수 있다. 이러한 경우, 서브셋은 일반적으로 오브젝트의 3-DOF 위치 또는 오브젝트의 3-DOF 방향이 된다. 완전한 위치 정보는 가상 세계의 정확한 보기를 생성하는 데 도움이 되지만, 다른 시각 디스플레이는 위치 정보의 다른 하위 집합에 더 많이 의존한다.

정지해 있는 비주얼 디스플레이(투영, 타일벽, 피쉬 탱크)의 경우, 정확한 시야를 생성하기 위한 연산은 스크린에 관한 눈의 위치에 기초한다. 사실, 눈이 보고 있는 방향은 이 연산에 중요하지 않다. 눈의 위치가 중요한 전부다. 눈의 위치는 머리의 위치로부터 근사치를 얻을 수 있기 때문에 고정 디스플레이의 방향보다 사용자 머리의 3-DOF 위치가 더 중요하다.

그러나 고정형 스크린 디스플레이의 적절한 입체감각을 위해서는 각 눈의 위치를 개별적으로 트래킹하거나, 또는 머리 위치와 방향을 기준으로 각 개별 눈의 위치를 연산하기 위한 전체 6-DOF 트래킹 정보가 필요하다. 소형 모니터(피쉬 탱크) 디스플레이는 뷰어의 머리 방향에 대해 몇 가지 가정을 함으로써 허용 가능한 렌더링을 제공할 수 있다. 즉, 시스템은 뷰어가 화면을 보지 않을 때 렌더링되는 것이 중요하지 않기 때문에 화면을 향하고 있다고 가정할 수 있다. 우리는 또한 그들의 머리가 직립한 것으로 추정할 수도 있는데, 이것은 일반적으로 그러하다. 하지만 고개를 갸우뚱하는 사용자들은 스테레오시스 결함을 경험할 것이다. 스테레오피스에 관한 또 다른 문제는 스테레오피스가 오직 한 사람의 트래킹에 근거해서 연산되기 때문에 다중 화면 디스플레이에서 발생한다.; 그 사람의 머리가 회전할 때, (그리고 머리가 동시에 따라오지 않는) 훈련되지 않은 입체 안경을 쓴 다른 체험자들은 부적절한 입체적 단서를 경험하게 될 것이다. ich는 눈의 피로와 왜곡된 시각을 초래할 수 있다.

현재 헤드 기반 비주얼 디스플레이의 경우를 고려할 때, 헤드 방향은 적절한 씬 렌더링을 위한 가장 중요한 위치 신호다. 예를 들어, 우리가 고개를 왼쪽으로 돌리면, 우리는 우리의 왼쪽에 무엇이 있는지 볼 수 있을 것으로 기대한다. 방향트래킹이 없으면 우리가 고개를 돌리면 시스템이 알 수 없어 우리의 머리가 단지 몇 인치만 번역할 때, 특히 시야에 보이는 오브젝트들이 대부분 멀리 떨어져 있을 때, 우리의 세계관은 그다지 변하지 않는다. 특히 착석한 VR 경험을 위해, 또는 사용자가 링 플랫폼에 의해 구속됐을 때, 그들은 어쨌든 그들의 머리를 몇 인치밖에 움직일 수 없을 수도 있다. 그리고 다양한 입력 기기로 가상 세계에서 여행할 수 있는 사용자의 능력을 높이는 것이 일반적이기 때문에, 많은 사용자는 한 곳에 머물러 있는 것에 만족한다(나이다 사용자는 물리적인 이동이 옵션이라는 것을 깨닫지 못할 수 있다). 앞으로 점점 더 많은 VR 시스템(및 애플리케이션)이 체험자가 와이어와 트래킹 제약으로부터 자유롭게 돌아다닐 수 있도록 디자인될 것이다. Microsoft HoloLens와 같은 AR 디스플레이는 이미 이 기회를 제공한다. 이 경우 눈 위치가 있는 전체 6-DOF 위치 트래킹이 필요하다.

마지막으로, 수동형 디스플레이는 고정형 VR 디스플레이와 거의 같은 방식으로 머리 위치 데이터를 사용한다. 다시 말하지만, 사용자의 머리는 화면과 고정된 관계가 없다. 피쉬 탱크 디스플레이와 마찬가지로 핸드 기반 디스플레이는 사용자의 머리 방향에 대한 가정을 사용해서 허용 가능한 렌더링을 제공할 수 있다. 더 큰 고정 디스플레이와 마찬가지로, 머리에서 핸드헬드 화면까지의 벡터를 연산하려면 화면 위치에 대한 지식이 필요하다. 휴대성 때문에 수동형 스크린을 트래킹해 머리와 관련된 위치를 감시해야 한다. 사용자 위치가 가장 중요한 요소지만, 머리 위치에 기초한 입력은 영상 디스플레이가 보는 각도에 대해 방향을 정하는 데 도움이 된다. 단순한 전화 기반 AR 어플리케이션의 경우, 일반적으로 뷰어는 화면과의 특정 거리라고 가정하며, 모바일 디스플레이가 스테레오 가능하지 않기 때문에 눈의 방향은 중요하지 않다(단, 폰은 전면 카메라를 가지고 있기 때문에, 더 정확하게 렌더링된 관점을 제공하기 위해 이미지 기반 얼굴 트래킹을 할 수 있다).

HBD를 회전하면 렌더링된 씬^{scene}이 적절히 회전하는지 쉽게 알 수 있다. 그러나 정지해 있는 디스플레이의 트래킹된 안경을 시험할 때, 스크린의 가까운 쪽인지 먼 쪽인지에 따라 상황은 다르게 움직인다. 더구나 화면에 사실상 위치하면 전혀 움직이지 않는다. 정지된 디스플레이 영상에 대한 머리 움직임의 영향은 직관에 반하는 것처럼 보일 수 있다. 이것은 대형 형식의 고정 디스플레이에 특별한 도전을 제공한다.

가상 세계의 오브젝트는 사용자와 화면에 대한 상대적 위치에 따라 세 가지 방법 중 하나로 화면에서 변경된다(그림 5-16).

1. 가상 오브젝트가 물리적 화면 중 하나에 있는 것으로 보이면, 트래킹된 머리가 아무리 움직여도 화면에 상대적으로 움직이지 않는다.
2. 가상의 오브젝트가 화면(음의 시차공간)의 근방에 있는 것으로 보이면, 트래킹된 머리와는 반대 방향으로 화면을 따라 움직인다.
3. 가상의 오브젝트가 화면 반대편(긍정적인 시차공간)에 있는 것으로 보이

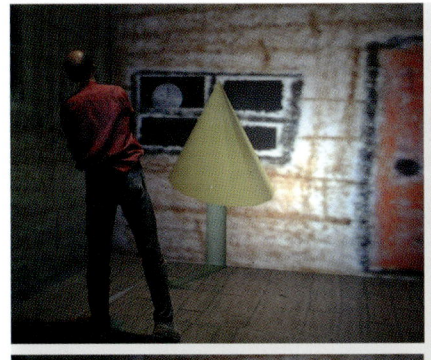

그림 5-16 고정형 스크린에 렌더링된 오브젝트는 오브젝트가 위치하는 것으로 보이는 화면 측면에 따라 사용자의 움직임에 다르게 반응한다. 여기서 체험자가 왼쪽 창 앞쪽에서 오른쪽으로 이동하면 카메라로 플로어 램프(클로즈업 오브젝트)가 나타나 반대 방향으로 움직이는 반면, 달(먼 오브젝트를 나타냄)은 사용자를 따라가는 것 같고, CAVE 화면과 공동인 창은 전혀 움직이지 않는다. 물론 트래킹된 사용자에게는 모든 오브젝트가 가상 세계에서 정지해 있는 것처럼 보인다. (Photographs by William Sherman.)

면 같은 방향으로 움직인다. 만약 가상 오브젝트가 화면 반대편에서 상당히 멀리 떨어져 있다면, 그것은 트래킹된 머리와 정확히 일치해서 움직이는 것처럼 보일 것이다.

우리는 이것을 문 효과^{Moon effect}라고 부르는데, 어떤 오브젝트가 보는 사람으로부터 멀어질수록 달과 마찬가지로 그 오브젝트를 따라가는 것처럼 보이기 때문이다. 이는 뷰어와 오브젝트의 관계가 뷰어가 이동할 때 크게 변경되지 않기 때문에 발생하는데, 이 두 가지는 먼 거리에 의해 분리되기 때문이다.

레이턴시 허용 대부분의 VR 시스템은 사용자 이동과 디스플레이 업데이트(광자로 이동이라고 함) 사이에 어느 정도의 지연(레이턴시)을 겪는다. 디스플레이마다 명백한 지연 또는 레이턴시가 다르다. 지연은 종종 구역질이나 두통처럼 나타나는 뷰어의 지각체계에 스트레스를 주는 또 다른 원인이다. 나우사는 사용자가 고개를 돌렸을 때 자주 발생하며, 눈 앞의 경치는 머리의 움직임보다 뒤떨어져 있다.

우리가 항상 더 낮은 레이턴시를 위해 노력하지만, 어떤 표시 패러다임에서는 다른 것보다 더 명백하다. 고정 디스플레이에서 렌더링은 헤드 회전과 크게 달라지지 않으므로, 헤드를 회전한 후 현재 렌더링은 이미 다음 렌더링(프레임)의 근접한 근사치가 된다. 이는 시스템이 결코 볼 수 없는 씬의 상당 부분을 연산하고 표시하는 CAVE와 같은 멀티월 고정 디스플레이와 같이 뷰어 측면에 있는 벽에 있는 이미지의 경우에도 해당된다. 여기서의 보상은 사용자가 고개를 돌렸을 때 이미 이미지가 사이드 스크린에 보인다는 것이다.

한편, HBD 시스템에서는 기존의 사이드 이미지가 없기 때문에, 사용자는 기존의 (대략) 이미지의 혜택을 받을 수 없으며, 컴퓨터가 고개를 돌렸을 때 새로운 뷰를 그릴 때까지 기다려야 한다. 실제로 보고 있는 것만 연산하고 그리면 컴퓨터와 디스플레이 자원이 절약되지만 지연에 대한 지각은 커진다. 따라서 비용과 정확성 사이에는 트레이드오프가 존재한다(6장에서는 특정 레이턴시 요구사항에 대해 더 자세히 설명하겠지만, HBD에 대한 현대의 기본 규칙은 20ms 이하가 된다).

레이턴시 허용은 AR 시스템의 경우 훨씬 더 중요하고 명백하다(허용도가 낮음). 레이턴시가 길면 현실 세계의 뷰가 가상 세계 렌더링과 동기화되지 않기 때문이다. (참고: 이 책의 초판에서는 이 속성을 '그래픽 지연 허용치'라고 언급했는데, 이는 정확하지만 에이크로에 도달하지 않는다. 감각 양식)

일시적 해상도(프레임률) 영상이 표시되는 속도를 프레임 속도라고 하며 초당 프레임 수(FPS)로 보고한다. '프레임'이라는 용어는 영화 필름의 이미지가 어떻게 참조되는지를 말한다. 동일한 측정은 헤르츠^{Hz}로 나타낼 수 있는데, 이는 일반적으로 초당 발생을 나타내는 주파수 단위다. 프레임률은 일반적으로 사용되는 비주얼 디스플레이 유형의 함수가 아니라 그래픽 렌더링 하드웨어 및 소프트웨어와 가상 세계의 시각적 복잡성의 함수를 의미한다. 프레임률은 정신적 몰입에 큰 영향을 미칠 수 있다. 어떤 프레임률은 표준으로 사용될 수 있지만, 물론 더 빠른 것이 좋다. 현대 영화 필름은 24FPS 또는 24Hz를 캡처한다. 아날로그 TV 표준은 거의 동일했다. 단, 하프 프레임에 대해 PAL 표준 비디오는 50Hz로 실행됐고, NTSC는 60Hz까지 실행됐다(시간 경과에 따라 홀수 및 짝수 라인이 교차하는 하프 프레임의 사용은 일정한 대역폭을 유지하면서 깜박임을 줄이는 수단이었다). 디지털 비디오 표준과 압축 방법이 등장하면서 브로드캐스트 신호는 여전히 약 60i(60Hz 인터레이스)이지만 저장된 파일(블루 레이 디스크 또는 하드 드라이브 또는 스트리밍)의 비디오는 60p(60Hz 프로그레시브, 비인터레이스) 프레임일 수 있다. 영화 표준도 진화하고 있으며, 일반적으로 48Hz 속도로 이동하고 있다. 대부분의 경우 24Hz가 적당하지만, 사실 매우 빠른 것(벌새 날아다니는 것 같은 것)을 현실적으로 포착하기 위해서는 더 높은 시간 해상도가 필요하다. 소비자 VR 시대 이전에는 30Hz가 매우 우수한 것으로 여겨졌으나, 그 때에도 광범위한 (소비자) 청중을 대상으로 한 대규모 처리량 경험의 경우, 월트 디즈니 Imagineering [Pausch et al. 1996]의 연구팀에 의해 60Hz가 목표 속도로 간주됐다. 15Hz의 속도는 한때 약간 허용되는 것으로 간주됐고, 15Hz 이하의 속도는 일부 뷰어들에게 구역질을 유발하는 경우가 많았다. 10Hz 이하에서는 뇌가 영상의 흐름을 연속적인 동작이 아니라 개별적인 이미지의 배열로 지각하기 시작한다.

일단 일반 대중에게 HMD가 판매되기 시작하면, 60Hz 조차도 받아들일 수 없고, 잠재적인 구역질이 날 수 있다고 생각돼 90Hz가 사실상의 새로운 표준이 됐다(이전 절에 따르면, 렌더링 속도는 아마도 HMD 대 고정형 스크린 디스플레이의 경우 더 중요하다).

본질적으로 모든 현대적 디스플레이의 한 가지 특징은 디스플레이에서 방출되는 빛이 광자의 끊임없는 폭격이 아니라, 우리의 뇌가 세계의 움직이는 이미지로 지각하는 광자의 진동이라는 것이다. 그러나 이것은 실제로 광자가 우리의 망막에 지속적으로 포격을 가하고 있는 현실 세계와는 다르다[Abrash 2012] (느린 응답 로드는 뇌에 신호를 보내기 전에 광자의 문턱이 부딪힐 때까지 기다린다.) 비디오 디스플레이를 보는 결과는 빠르게 움직이는 오브젝트의 흐릿함을 보는 대신에 우리의 시각 영역, 즉 저더^{judder}라고 불리는 현상을 가로질러 더듬거리는 것을 볼 수 있다는 것이다.

비주얼 디스플레이의 논리 속성

시각적 품질의 디스플레이 사양 외에도 VR 경험을 위한 디스플레이와 관련된 여러 가지 물류 요인이 있다. 예를 들어 프로젝터 기반 고정 디스플레이는 프로젝터, 미러 및 기타 디바이스를 수용하기 위해 상당한 물리적 공간이 필요할 수 있다. 이 바닥 공간 요건은 더 작은 장소에서의 제약 조건이다. 대조적으로 (사용법에 따라) 일반적인 HBD는 매우 작은 바닥 공간 내에서 작동할 수 있다. 그러나 무게, 불투명도, 부착된 케이블의 수 및 기타 세부 사항은 서로 다른 상황에서 다소 호소력 있는 것으로 판명될 수 있다. 이것들은 디스플레이의 실제 시각적 출력과는 무관하지만 그럼에도 불구하고 사용자의 경험에 영향을 미치는 물류상의 우려들이다. 이 절은 다양한 유형의 비주얼 디스플레이에 대한 공통적이고 실질적인 많은 문제를 다룬다. 놀랄 것도 없이, 다양한 기술이 발전함에 따라 많은 논리한 문제들이 더 쉽게 줄어들거나 없어질 수 있다.

디바이스 착용 체험자가 장비를 착용하거나 착용하지 않는 방법은 처음부터 경험에 영향을 미친다. 그것은 그들이 VR 하드웨어와 처음 접촉하는 방법이다. 그리고 그것은 그들의 머리가 얼마나 많은 무게를 가지고 있어야 하는지, 얼마나 많은 관성을 경험할 것인지, 그리고 팔이 얼마나 피로해질 것인지와 같은 규칙들을 정한다.

항상 예외를 찾을 수 있지만, VR 시각 디스플레이와 체험자를 결합하는 방법에 대한 다양한 선택사항의 상당히 포괄적인 목록(아마도 가장 연결되고 가장 어려운 것부터 가장 적은 것까지)(마지막 것을 제외하고)

- 타기
- 헬멧 장착
- HMD 스타일
- 안경형
- 머리에 잡는
- 손에 잡는
- 키네토스코프 스타일

- 자유 보기
- 수술

상당 부분 특정 유형의 기기는 특정 시각 디스플레이 패러다임과 연관될 것이지만, 일부 겹침과 교차점이 있을 수 있다. 사실 안경 스타일은 이미 피쉬 탱크와 주변 정지 패러다임에 의해 달성된 것이지만, 머리 기반의 패러다임의 (적어도 중간) 목표다.

타기: 체험자가 좌석에 벨트를 매고, 캡슐이 닫히는 조종석 형식의 시스템(플랫폼)으로, 창문 대신 화면에 시각적 이미지가 제공된다(또는 대형 비행 시뮬레이터의 경우 실제 조종석 창 밖에 투사된 영상). 따라서 이 스타일은 고전적인 비행 시뮬레이터, 아케이드 체험, 쿠카 로봇 팔의 끝에 있는 포드 탑승 등을 포함한다. 그리고 그것은 롤러 코스터의 절반으로, 이미지 디스플레이 자체가 여전히 착용돼야 할 것이다. 서라운드 VR 시스템이나 피쉬 탱크 시스템에 들어가는 것은 어느 정도 수준의 보안이 필요하지 않기 때문에, 그 자체로 고정된 패러다임은 이러한 범주의 스타일에 속하지 않는다.

헬멧 장착: 머리를 보호하기 위해 디자인됐으며 VR용 비주얼 디스플레이로 강화된 헬멧을 착용 전투기 조종사의 헬멧이나 소방관의 모자, 또는 건설용 딱딱한 해트와 비슷한 것. 이들 각각은 머리에 단단히 고정되도록 디자인됐으며, 종종 개별 착용자에 맞게 조정될 수 있다. 또한 헬맷 자체는 컴퓨팅, 통신 또는 다른 VR 요구를 위한 전자 디바이스를 추가할 수 있는 여지를 제공할 수 있다.

HMD 스타일: 비주얼 디스플레이를 위한 성형 플라스틱 하우징(및 트래킹 기술 등)을 착용한다. 이 범주를 헬멧 라이트라고 생각해라. 당신은 여전히 HMD에 끈을 매야 할 것이지만, 이 경우에는 그것이 당신의 머리를 보호할 수 있도록 하기 보다는 그것이 떨어지지 않도록 그것을 제자리에 보관해야 한다. 기본적으로 화면을 정확하게 적절한 위치에 고정하기에 충분하거나 그렇지 않을 수 있는 조절 가능한 끈과 그립으로 사용자의 머리에 걸려 있는 화면이다. HTC Vive, 오큘러스 리프트 CV1, HoloLens까지 하락하는 범주로, 일부 고급 스마트폰-VR 홀더도 있으며, 이 범주에 삼성 기어VR이 포함된다.

그림 5-17 ODG의 이러한 디스플레이 안경은 편리한 폼 팩터를 가지고 있으며, (A)는 VR 디스플레이로, (B)은 AR 디스플레이를 제거해서 사용할 수 있다. 이들은 현재 시야에 한계가 있지만, 헤드워드 VR 디스플레이에서 그 추세를 보여주고 있다. (Photographs by John Stone.)

안경형: HMD형보다 착용하기 훨씬 쉬운 안경으로 착용자가 VR 시스템을 충분히 체험할 수 있도록 하는 기술을 탑재한 안경이다. 적어도 현재로서는 이것이 고객들과 헤드 기반 VR 디스플레이 제조업체들이 원하는 곳에 대한 주요 목표일 것이다. 그리고 그들이 그곳에 도착했을 때, 그들은 고정적인 VR 패러다임이 1992년에 CAVE 시스템이 도입된 이래로 위치 트래킹 디바이스가 장착된 능동형 또는 수동형 입체 안경을 사용하고 있다는 것을 알게 될 것이다. 물론 CAVE 디스플레이와 다른 서라운드 시스템의 경우, 모든 사람이 일반적으로 동일한 뷰를 공유하며, 시스템 비용은 다소 더 들 것이다. 실제로 기본 안경 모양에 접근하고 있는 일부 VR/AR 안경은 ODG$^{Osterhout\ Design\ Group}$ 디스플레이(그림 5-17)의 R-8과 R-9 안경 등 이미 시장에 나와 있거나 근처에 있다. 물론, 미래에 우리는 콘택트렌즈 디스플레이도 볼 수 있을 것으로 기대할 수 있다.

머리에 잡는$^{Held\text{-}to\text{-}head}$: 손으로 잡고 눈까지 잡는 VR 디스플레이. 실제로 1838년 Wheatstone이 이 개념을 고안한 이후 입체적인 가상 세계는 휴대용 기구로 보여져 왔다. 아마도 GAF ViewMaster가 인기를 끌기 전까지는 1961년 홈즈 스테레오스코텍이 디바이스를 잡는 데 사용된 스틱과 함께 더 친숙한 버전일 것이다. 가상 현실에 관한 한, 우리는 이제 스마트폰이 VR 디스플레이로 "전환"되는 수단으로서 가장 보편적으로 입증된 것을 발견하게 됐다. 이러한 표시 방식은 체험자와의 실질적인 연계가 필요하지 않으므로 실행하기 쉽고, 기기가 사용자에게 거의 닿지 않기 때문에 건강에 대한 우려가 적으며, 이 두 요소 모두 공공 장소 경험에 도움이 되며, 특히 후원자가 VR로 제시된 개념을 간단히 살펴보기를 원할 수 있다. 이 스타일은 고품질 디스플레이가 너무 무거워 장시간 착용할 수 없을 때도 좋으며, 따라서 Facespace BOOM 디스플레이는 고해상도 이미지를 비용 효율적이고 사용 가능한 폼 팩터로 전달할 수 있는 좋은 방법이었다(그림 5-40 참조). 그것은 또한 가상의 쌍안경을 좀 더 교묘하게 사용하기 위해 사용돼 왔는데, 누군가가 새로운 야외 작업을 배우거나, 사실상 극장 발코니에 앉아 있는 VR 경험에서 쌍안경을 눈에 더 잘 보이게 할 수 있다. 물론, 이것은 그들이 아직 HMD를 착용하지 않았을 때에만 효과가 있지만, 그것은 정지된 패러다임 화면을 보는 것과 결합될 수 있다.

손에 잡는Hold-in-your hand: 손에 모바일 기기(스마트폰 또는 태블릿)를 들고 현실 세계와 동기화된 가상 오브젝트를 보는 것은 손으로 화면을 움직여 가상 오브젝트에 대한 사용자의 시야를 조절하는 AR의 일반적인 형태다.

키네토스코프 스타일: 키네토스코프(흔히 '니켈로데온'이라고 잘못 표기된)는 각 뷰어가 접근해 핍홀까지 눈을 올려놓는 싱글 뷰어 영화 플레이어였다. 가장 좋은 것은, 아마도 VR의 영역에서 이것의 유일한 예일 것이기 때문일 것이다. (그리고 VR의 정의의 가장자리를 스쳐가는) Fakespace PUSH(그림 5-44를 보는 것)는 체험자들이 디스플레이로 걸어가서 안을 들여다보게 하는 것으로도 효과가 있었다. PUSH는 또한 입력을 제공했다. 자세한 내용은 '역사적 노트: 푸시 디스플레이push display'를 참조하라.

자유 보기: 스테레오스코픽 이미지을 자유롭게 보는 것은 어떤 디바이스도 필요하지 않거나 적어도 사용자와 연결된 것이 없다. 오토스테레오 디스플레이는 광선 차단 기법을 사용해 한 방향에서 한 이미지를, 다른 방향에서 두 번째 이미지를 볼 수 있으며, 모든 것이 적절하게 정렬되면 사용자는 왼쪽과 오른쪽 눈에 적절한 왼쪽/오른쪽 이미지 쌍을 볼 수 있다. Varrier 디스플레이는 사용자의 눈이 있는 위치와 일치하도록 장애물을 지속적으로 변경하는 변경 가능한 장벽을 가진 VR 시스템으로 디자인됐다.

수술: 눈이나 다른 감각 기관에 위치한 수용기를 통해서가 아니라 뇌로 직접 들어가는 신경에 가상의 자극을 발생시키는 능력으로 인간의 신경계를 증강시킨다. 많은 사람들에게 다소 불편한 개념으로, 그것은 완전성을 위해 이 목

록에 포함돼 있는데, 이는 미래에 일어날 수 있는 일을 배제하기 어렵기 때문이다.

사용자 이동성 이동성은 사용자의 VR 경험의 몰입도와 유용성에 영향을 미칠 수 있다. 대부분의 비주얼 디스플레이는 사용자에게 특정 제약 조건을 부여한다. 이러한 제약조건은 케이블이 사용자를 시스템에 구속하고 범위가 제한된 시스템 및 사용자가 디스플레이 위치 이상으로 이동할 수 없는 고정 디스플레이의 형태로 나타난다. 모바일 컴퓨팅 기술(전화와 태블릿)은 덜 복잡한 렌더링이 허용될 때 이미 이동성을 향상시킨다. 또한 스마트 헬멧과 홀로렌은 광역 트래킹 및 기기 내 시뮬레이션 및 렌더링의 가능성을 입증한다.

트래킹 방법과의 인터페이스 시각 디스플레이의 유형은 트래킹 방법의 선택에 영향을 미칠 수도 있다. 디스플레이의 고유 이동 한계는 특정 위치 트래킹 기술의 한계와 잘 연관될 수 있다. 트래킹의 한계가 시각적 디스플레이보다 작다면, 그것은 좋은 일치다. 예를 들어, 작동 범위가 몇 피트밖에 되지 않고 케이블 사용이 필요한 트래킹 시스템은 사용자의 움직임에 제한을 가한다. 반면에 모바일 VR 디스플레이는 작동 범위가 매우 큰 모바일 트래킹 시스템에서 이익을 얻는다.

그림 5-18 HTC Vive의 보조 디바이스는 통합 트래킹 시스템의 일부분이다. 각 보조개에는 적외선 스캔이 서피스를 통과할 때 시간 차이를 측정하기 위해 사용되는 조명 센서가 있다. (Photograph by William Sherman.)

소비자 HBD는 이제 트래킹 기술을 직접 통합해서 타사 솔루션과 결합할 필요가 없다(그림 5-18). 실제로 일부 소비자 중심의 HBD는 디스플레이 자체에 하나 이상의 트래킹 기술을 내장하고 있다. 예를 들어, 일부 시스템은 방향만 트래킹할 수 있는 가속도계를 내장하고 있다. 오큘러스 리프트 CV-1과 같은 일부 디스플레이는 카메라에 의해 트래킹되는 적외선(IR) 기준 마커를 포함한다.

스테레오스코스 안경은 일반적으로 내부 트래킹 시스템이 없지만, 많은 카메라 기반 트래킹 시스템은 특정 스테레오 안경에 맞게 디자인된 금형 또는 3D 프린팅된 기준 별자리를 가지고 있다. 오래 전 초음파 트래킹용 마이크가 내장된 셔터 글라스가 있었는데, 당시 데스크톱 VR 디스플레이에서 잘 작동했다(그림 1-31 참조). Vive puck(또는 DIY 버전)과 같은 추가

그림 5-19 이 능동형 입체 안경은 프레임에 클립을 끼우는 반사 볼의 별자리로 증강돼 있다. 반사 볼은 반사 배열을 삼각형으로 해서 안경 위치를 연산하는 비디오 트래킹과 함께 작동한다. (Photograph by William Sherman.)

형 트래커를 사용하면 스마트폰-VR 디스플레이에도 6-DOF 트래킹을 추가할 수 있으며, 잠재적으로 정지된 VR 시스템을 위한 스테레오 유리에도 추가할 수 있다. 많은 산업 시장 VR 트래킹이기(소비자 시장 이전에 존재했으며, 계속 존재함)는 고정 VR을 위한 HMD와 스테레오 안경과 함께 사용하도록 디자인됐다. 초음파 트래킹 시스템은 안경에 부착하기 쉬운 수신기 바를 제공했고, 대부분의 카메라 기반 시스템은 클립온 별자리 부착디바이스를 제공한다(그림 5-19). 전자기 트래킹 시스템의 경우 디스플레이의 전자디바이스에 의한 간섭을 방지하기 위해 HBD 또는 셔터 안경 쌍에 부착된 수신기를 배치해야 한다.

스마트폰 기반의 VR 디스플레이에서 디스플레이에는 가속도계, 자이로스코프, 나침반 등이 포함돼 있으며, 비디오 판독에 사용할 수 있는 카메라가 포함돼 있다. (구글 탱고 프로젝트와 같은 SLAM 트래킹도 포함될 수 있다.)

빛 공해 VR 환경의 빛 공해는 일반적으로 가상 세계의 시각적 표시를 방해하는 외부 또는 내부 소스에서 나오는 과도한 빛을 가리킨다. 투사된 비주얼 디스플레이에서 외부 빛이 프로젝터의 스크린 이미지를 씻어내도록 하는 경우(대조도가 너무 가볍고) 이러한 현상이 발생할 수 있다. 서라운드형 VR(예: CAVE)의 경우, 전면으로 돌출된 시스템에 서 있을 때 체험자가 그림자를 드리울 때처럼 프로젝터를 건너 다른 화면으로 건너가는 빛도 문제가 된다.

대부분의 소비자 HMD는 얼굴에 단단히 부착돼 있어 외부 빛으로부터의 간섭은 미미하다. 단, 발광 다이오드(LED) 신호에 의한 디바이스 자체에서 유휴광이나 프레넬 렌즈 세그먼트가 운반하는 화면의 밝은 영역에서 나오는 외부 굴절 등이 있을 수 있다.

고정형 VR 시스템과 관련된 또 다른 빛 오염 문제는 IR 신호에 대한 경쟁 용도 사이의 교차점이다. 종종 입체 왼쪽 대 오른쪽 눈 신호는 IR 통신 채널을

통해 마모된 안경으로 전송된다. IR-밴드 시각 트래킹 시스템과 결합하면 IR의 두 가지 사용이 방해될 수 있다. 일반적으로 스테레오 유리가 작동하지 않게 된다. VR이 두드러지고 시장점유율이 높아지면서 IR 라이트를 사용하는 트래킹업체들이 이들 신호를 동기화하고 분리해 유지하는 메커니즘을 제공하기 시작했다.

환경 요구 사항 VR 시스템이 사용되는 환경은 비주얼 디스플레이 선택에 영향을 미칠 수 있다. 예를 들어 투사 기반 디스플레이는 일반적으로 투사된 이미지의 좋은 대비를 유지하기 위해 외부 조명을 제한하는 수단이 필요하다(즉, 주변 조명이 투사된 화면의 색을 씻어낼 수 있다). 불투명한 헤드 기반 시스템이 사용자의 머리를 감싸고 있기 때문에 배경 조명은 덜 중요하다. 물론, 사람들이 방 안에서 안전하고 자유롭게 움직일 수 있도록 환경을 충분히 밝힐 필요가 있다. 장소의 크기 또한 적절한 디스플레이를 제한할 수 있다. 극단적인 예를 들자면, 잠수함을 탑재한 훈련 시스템은 분명히 작고 밀폐된 공간에 맞아야 한다. 반대로 투사된 많은 디스플레이는 프로젝터 렌즈의 투사 거리를 수용할 수 있는 더 큰 공간을 필요로 한다. 그러나, 현재 많은 초단거리 던지기 렌즈 기술이 있는데, 심지어 우주에 있는 체험자가 막히지 않는 전면 투영을 가능하게 할 정도까지 이것을 크게 완화시킬 수 있다.

기타 감지 디스플레이와의 연관성 비록 우리가 디스플레이 로지스틱스를 각각의 감각으로 나눠 살펴봤지만, 응용 세계에서는 다중 감각과 디스플레이 사이의 연관성에 대한 문제가 있다. 예를 들어, 헤드 기반 비주얼 디스플레이는 헤드 기반 청각 디스플레이를 사용해서 쉽게 확장할 수 있다. 고정형 시각 디스플레이에서는 헤드폰 사용이 가능하지만 정지 상태의 스피커 시스템을 사용하는 것이 더 일반적이다. 스피커 시스템을 사용하면, 특히 사운드학상의 정지된 시각 디스플레이 시스템의 물류를 고려할 때, 진정한 3D 공간화의 음질(6장의 '로컬라이제이션과 공간화' 절 참조)을 구현하기 더 어렵다. (거리 감쇠와 같은 추정된 공간화 효과는 여전히 사용될 수 있다.) 햅틱 디스플레이 시스템의 복잡성은 시각 디스플레이에 제약을 가할 가능성이 있다. 특히 작동 영역이 제한된 정지 햅틱 디스플레이의 경우 그러하다(그림 5-20).

그림 5-20 일반적으로 포스 디스플레이 유형의 햅틱 디스플레이를 CAVE와 같은 대형 형식 시스템으로 가져오면 작업 용적의 크기가 일치하지 않을 수 있다. 여기에서 햅션은 CAVE 내부의 사용자에게 더 적합한 동작 범위를 제공하는 큰 부피 포스 디스플레이를 만들었다. (Photograph © Haption, 2016.)

휴대성 이동성 제도의 중요하고 얼마나 멀리는 시스템 여행을 해야 할 VR이 용하게 될 것에 달려 있다. 소형 헤드 마운트와 핸드헬드 디스플레이는 수송이 용이하며 몇 개의 케이블을 부착하면 설정이 간단하다. 스마트폰-VR 디스플레이는 어쨌든 우리가 휴대하고 있는 전화기를 담을 수 있는 작은 집만 가져오면 된다. 일부 전화 소지자들은 주머니에 들어갈 만큼 충분히 작다(그림 5-21). 대형 프로젝션 디스플레이는 도로를 주행하기 위해 극장과 같은 연출 노력이 필요하다. CAVE를 조립하고, 프로젝터를 정렬하고, 전체 시스템이 제대로 작동하는지 확인하는 데 며칠이 걸린다(그림 5-22). 모든 것을 다시 꾸리려면 또 하루가 필요하다. 국소 분해 및 재조립 시간 및 이동 시간을 고려할 때, 도로에서 CAVE를 취하는 것은 가정에서의 몇 주 동안의 중단을 의미할 수 있다.

그림 5-21 전화기에서 분리되면 이 버즈(Vuze) 폰 홀더가 접혀 주머니에 쏙 들어간다. (Photograph by William Sherman.)

잠재적 중단은 ImmersaDesk와 ImmersaDesk II(전자를 접은 투영 기반 VR 디스플레이)를 포함한 CAVE 스타일의 여러 가지 소형화 버전의 개발에 동기부여 요인이었으며, 전자는 출입구를 관통하는 바퀴 달린 구조로, 후자는 비행 케이스로도 제작됐다. 상업용 항공기의 화물 보유량). Barco Transportable

CAVE와 같은 것을 포함한 최근의 노력은 쉬운 운송과 배치를 위해 붕괴된다(그림 5-23). 더 작은 규모의 시스템에는 IQ-station과 같은 스테레오가 가능한 TV 패널이 내장돼 있다(그림 5-24) [Sherman et al. 2010]. 심지어 HMD를 사용하는 전문적인 경험도 그 경험을 위해 '무대를 설정하는' 특별한 여행용 디스플레이 키오스크를 필요로 할 수 있다. 현대의 예로는 메리엇 "Vroom Service" 경험을 들 수 있다. 그러나 VR을 광고 명소로 사용하는 것은 1990년대 초 커티티컷 위스키에 대한 제품 지각을 높이기 위해 전국을 여행한 히람 워커 디스티일러를 위해 만들어진 커티 Sark 경험으로 거슬러 올라간다(그림 4-39 참조).

처리량 VR 시스템을 사용할 장소의 유형과 관련해 디스플레이의 처리량(특정 시간 내에 경험에 참여할 수 있는 인원 수)에 대한 효과를 고려해야 한다. 예를 들

그림 5-22 CAVE 조립은 복잡한 작업으로, 며칠에 걸쳐 여러 사람이 구성, 교정 및 구성해야 한다. (Photographs by William Sherman.)

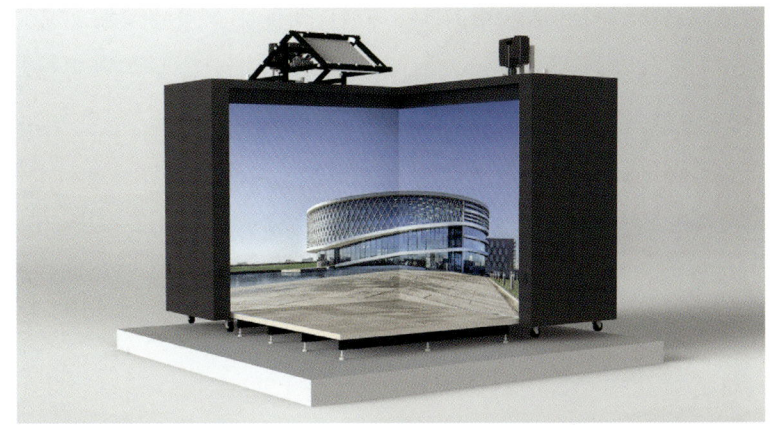

그림 5-23 바코사의 휴대용 CAVE 스타일의 이 모형은 며칠이 아니라 몇 시간 안에 배포할 수 있는 전송 가능한 버전을 제공한다. (Image courtesy of Barco Inc.)

그림 5-24 이 듀얼 스크린 피쉬 탱크 스타일 VR 디스플레이(IQ-station)는 시스템을 룸에서 룸으로 쉽게 이동할 수 있는 롤링 스크린 스탠드 한 쌍에 탑재된다. (Photograph courtesy of Mike Boyles.)

어, 대부분의 HMD를 장착하고 벗는 것은 다른 대부분의 비주얼 디스플레이보다 더 오래 걸린다. 처리량이 특별한 문제인 공공 장소에서는 디스플레이 선택 시 적합과 부적합에 필요한 시간이 중요한 요소가 될 수 있다. 고소 및 불가를 위한 많은 옵션에 대한 자세한 내용은 위의 장비 기부 섹션에서 확인할 수 있다.

방해물 HBD는 다른 비주얼 디스플레이보다 더 많은 반전을 갖는 경향이 있다. 고정 디스플레이 시스템은 일반적으로 인큐브리지가 부족하다. HMD는 한 쌍의 안경보다 무게가 더 나간다. 무거운 디바이스를 오래 착용할수록 사용자는 더 피곤해질 것이다. 전선은 일반적으로 HMD와 관련된 난제였다. 통신 기술 발전과 연산 디바이스 축소와 같은 요소들은 곧 대부분의 유선 시스템을 없앨 것이다. 많은 트래킹 기술들이 이미 전선을 없애기 위해 진화했다. 비디오 기반 트래킹은 특히 패시브 마커의 사용을 통해 케이블을 차단했으며, 초음파 시스템은 무선^{RF} 통신(그 자체로 충전된 배터리 팩이 필요하다)을 채택했다. 분명히 케이블은 사용자의 움직임을 제한해 단거리만 걷거나 얽힐 때까지 회전할 수 있다.

추가 고려사항은 가능한 사용자의 머리 크기 범위다. 대부분의 성인 머리에 맞게 디자인된 반면, 대부분의 고정 디스플레이와 관련된 HMD나 셔터링 안경은 풀 레인지에 맞지 않으며, 젊은 체험자를 고려할 때 덜 적합하다. 이러한 디바이스는 주된 청중이 어린이일 때 특정한 문제를 나타낸다. 가벼운 수동형 안경은 문제가 덜 되는 경향이 있지만, 어린이의 머리에 잘 맞는 HMD나 셔터 안경을 찾기는 어려울 수 있다.

특히 스마트폰-VR 디스플레이와 마이크로소프트 HoloLens는 기기에 직접 컴퓨팅을 포함하기 때문에 주로 무첨가 VR을 경험할 수 있다. 그러나, 그것이 완전한 반목으로부터 완전히 자유를 얻지 못할 수도 있는 정도가 있다. 특히 스마트폰-VR 디스플레이용 홀더(헤드셋이라고 함)가 사용자의 머리에 묶여 있는지, 아니면 한 손으로 제자리에 고정돼 있는지 여부가 영향을 미칠 것이다. 분명히 휴대용 스마트폰 기기는 사용자의 잠재적인 조작 능력의 절반을 활용할 것이다. 반면에 디스플레이를 빠르게 실행/실행할 수 있는 기능은 일부 VR 경험에 도움이 될 수 있다. 이전 세대의 VR 디스플레이에서 이러한 유형의 기능으로는 Fakespace BOOM과 다른 무거운 디스플레이를 착용해야 하는 기계적 연계를 사용하고 해상도와 밝기를 양호하게 제공하며 사용자가 쉽게 보기 디바이스와 연결하거나 분리할 수 있는 기타 디스플레이가 있다.

상당한 연산이 필요한 애플리케이션의 경우에도 디스플레이에 무선으로 영상을 전송할 수 있으면 향후 대부분의 HBD에서 케이블이 제거될 것이다. 마모된 디바이스에 통합된 컴퓨팅 시스템을 포함하는 헤드 기반 디바이스는 디바이스의 가중치와 전력 소비를 고려해야 한다. 일부 헤드 기반 시스템은 사용자가 기기 운반 부담을 감수하고 자유롭게 이동할 수 있도록 벨트 팩이나 백팩 컴퓨팅 시스템을 제공한다(그림 5-25).

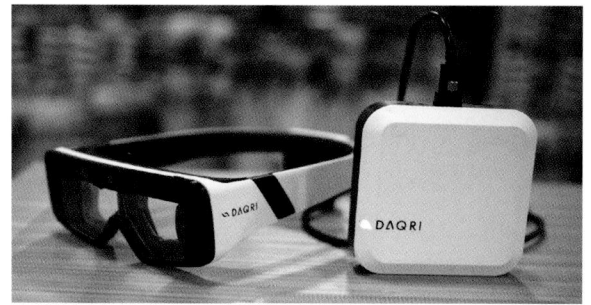

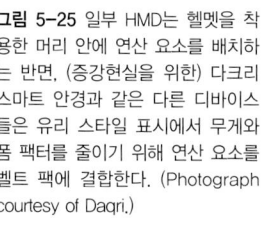

그림 5-25 일부 HMD는 헬멧을 착용한 머리 안에 연산 요소를 배치하는 반면, (증강현실을 위한) 다크리 스마트 안경과 같은 다른 디바이스들은 유리 스타일 표시에서 무게와 폼 팩터를 줄이기 위해 연산 요소를 벨트 팩에 결합한다. (Photograph courtesy of Daqri.)

안전성 비주얼 디스플레이와 관련된 많은 안전 문제가 있다. HBD를 착용할 때 가장 분명한 문제는 실제 물건에 걸려 넘어지는 것이다. 눈의 피로는 또한 문제가 될 수 있다. 눈을 쉬지 않고 어떤 화면을 더 오래 쳐다볼수록, 악영향은 더 커진다. 눈 스트레인은 착용자가 눈을 쉴 수 있는 기회가 많지 않기 때문에 HBD에게 더 중요할 수 있다. 더 무거운 디스플레이는 또한 목의 피로와 스트레인으로 이어질 수 있다.

위험 가능성이 있는 기기의 장기적 사용 분석을 수행하는 것은 어렵다.

메스꺼움은 VR 디스플레이(특히 HBD 사용)를 볼 때 잠재적인 단기 효과다. 깊이 지각 신호의 차이 외에도, 메스꺼움은 머리 움직임과 씬 업데이트 사이의 지연에서 발생할 수 있다. 그러나 뇌가 빨리 가라앉지 않을 수도 있는 기묘한 시야 상황에 적응할 수 있다는 사실은 운동이나 통제력 저하로 이어질 수 있다. 따라서 또 다른 안전 우려사항은 현기증, 흐릿한 시야, 현기증을 포함한 체험자의 운전 능력을 일시적으로 손상시킬 수 있는 시력과 균형에 대한 단기적 영향이다. 흥미로운 현상은 당신의 몸이 시스템의 지연이나 비디오 판독 시스템을 사용할 때 시각적 입력의 오프셋에 적응하면 발생할 수 있다. VR 환경을 벗어나면, 여러분의 몸은 여전히 일정 기간 동안 그 지연/오프셋을 회계처리하고 있다. 이것은 당신의 시간적/공간적 판단에 손상을 줄 수 있다. 미 해군은 사용자가 그러한 효과에 노출된 후 차량 작동 능력을 가지고 있는지 확인하기 위해 관리할 수 있는 시험이 있다[Kennedy et al. 1993].

우리가 더 이상 신경 쓰지 않는 한 가지 요인은 CRT 디스플레이의 효과가 거의 없어졌다는 것이다.

안전과 관련된 별개의 문제는 머리에 착용한 장비와 손을 공유할 때의 위생 고려사항이다. 입체 안경을 쓰더라도 걱정거리가 될 수 있다. 편광 안경의 경우, 전형적인 해결책은 단지 매력이 끝난 후에 후원자가 안경을 유지하도록 하는 것이다. 더 비싼 Infitec/Dolby-3D 또는 액티브 셔터 안경을 사용할 경우, 용액은 방수 안경을 사용해 매번 사용 후 산업용 식기 세척기를 통해 세척하는 것이다. HBD의 경우 식기세척기는 구현이 더 어렵지만, 비록 Aladdin VR 경험을 위해 디즈니 이머징은 사용자가 착용한 탈착식 헤드피스로 HMD를 만

그림 5-26 인디아나 대학의 이 교실에는 10개의 HMD 워크스테이션이 있는데, 이 워크스테이션은 학생들이 각기 다른 VR 경험을 탐색하거나 심지어 그들 자신의 것을 개발할 수 있다. (Photograph courtesy of Andrew Koke.)

들어 그 경험을 위해 HMD에 연결했고, 헤드피스만 게스트와 접촉해 사용 사이에 세탁할 수 있었다.

비용 소비자 기술은 비용 방정식을 크게 변화시켰다. 프로젝터 비용을 직접 절감하는 것은 아니지만, 소형 디스플레이의 경우 3D TV와 같은 소비자 기술로 소형 연구소의 위치 트래킹 기능을 갖춘 완벽한 VR 시스템을 만들 수 있다. 조금만 더 거슬러 올라가면, 3D TV의 소유자는 그들이 이미 가지고 있는 것보다 실질적으로 비용이 전혀 들지 않는 기본 VR 시스템을 위한 DIY 트래킹 시스템을 추가할 수 있다. 실제로 스마트폰 기반 VR 시스템에서는 이미 다운된 요소가 큰 플러스 요인이 되고 있다. 많은 사람들이 이미 스마트폰(또는 작은 태블릿)을 가지고 있는데, 이는 구글 카드보드나 이와 유사한 스마트폰 보유자와 같이 하찮은 부가 요금으로 VR 디스플레이로 전환될 수 있다.(ASIDE: 소비자 가격 HMD의 상승, 그리고 그 이전에 구글 카드보드가 등장하기 전에 이제는 각 학생이 가지고 있는 VR에서 강의를 할 수 있게 됐다. 최소한 스마트폰과 구글 카드보드를 HMD 연구소로 증설한 자체 VR 디스플레이(그림 5-26).

역사적으로, HBD의 비용과 품질은 매우 다양했다. 디스플레이 간의 트레이드오프의 대부분은 사용 가능한 해상도, FOV, 대비 및 내구성의 양에서 발생한다. 아직 어느 정도는 그렇지만, 게이머 HBD의 등장으로 인해 가격이 급감한 반면 사양은 크게 향상됐다. 스마트폰이 아닌 HBD의 경우에도 스마트폰 기술, 특히 디스플레이의 발전은 물론, 각 전화기에 내장된 트래킹, 컴퓨팅, 통신 기술도 신세대 고품질 HBD를 가능케 한 요인이다.

소비자 HMD는 아마도 군사급 HMD를 제외한 모든 종류의 HMD를 시장에서 제거할 것이지만, 여전히 더 큰 형태의 고정 디스플레이 시장이 있다. 고정 디스플레이는 서라운드 스크린 디스플레이를 만들거나 스테레오 안경을 사용해 입체 디스플레이를 위한 좌우 눈 뷰를 제작하기 위해 여러 개의 프로젝터 또는 여러 개의 평면 TV가 필요하기 때문에 가장 비용이 많이 든다. 프로젝터의 경우, 스크린에 이미지를 주조하는 데 필요한 큰 공간도 비용을 증가시킨다. 어떤 조직에게는, 적절한 공간을 얻는 것이 돈보다 더 어려울 수 있다. 화면 수(실 크기 타일형 평면 TV 화면의 경우 더 큼)에 따라, 클러스터 내 추가 컴퓨터 또는 화면 분할 하드웨어에서 훨씬 더 많은 그래픽 출력을 생성해야 할 필요성 때문에 비용이 증가할 수 있다.

비주얼 디스플레이 패러다임

1장에서는 세 가지 중요한 VR 패러다임을 간략히 소개했다. 정지, 헤드 기반, 수작업 기반. 이러한 중요한 패러다임 중 두 가지는 소수의 하위 범주를 가지고 있으며, 하위 범주 사이에는 상당히 중요한 차이가 있기 때문에 개별적으로 다루게 될 것이다.

이제 시각 디스플레이 디바이스를 서로 구별하는 품질에 대해 살펴보았으므로, 세 가지 주요 시각 디스플레이 유형과 그 하위 유형을 살펴볼 수 있다.

1. 고정형 디스플레이
    - 피쉬 탱크(아쿠아리움) VR 디스플레이
    - 주변 VR 디스플레이
2. 헤드 기반 디스플레이
    - HBD 포함
    - 비독점적 HBD(광학적 가시 및 비디오 가시)
    - 스마트폰-VR 디스플레이
    - 헤드 기반(장착된) 투사 디스플레이[HBPD]

3. 핸드 기반 디스플레이
    - 핸드헬드-VR/AR 디스플레이

고정형 디스플레이

1장에서 '고정형 VR' 디스플레이는 "하드웨어가 체험자가 착용하거나 휴대하지 않는 것"이라고 명시했다. 그 의미는 스크린이 체험자 주위의 공간에 있고, 또한 스크린이 체험자에 의해 움직이지 않고 정지하거나 제자리에 고정된다는 것이다. 즉, 스크린이 재구성될 수 없다는 뜻은 아니며, 많은 CAVE 스타일 시스템은 다른 목적과 다른 크기의 관객을 수용하기 위해 다른 정지 지점에 측면 벽을 열고 닫을 수 있다. 일반적으로 재구성은 애플리케이션 간에만 관여하지만, 애플리케이션에 종사하는 동안 디스플레이의 날개를 이동할 수 있고, 실제로 계측을 사용하면 애플리케이션이 발생하는 이동에 맞춰 조정할 수 있다.

피쉬 탱크(아쿠아리움)

가상 현실 디스플레이 VR 비주얼 디스플레이의 가장 간단한 형태는 표준 컴퓨터 디스플레이(단일 3D TV 패널, 심지어 4K 해상도일 수 있음)를 사용하며 모니터 기반 VR 또는 더 자주 피쉬 탱크 VR이라고 한다. 대형 평지(평면) VR 디스플레이의 경우 대형 모니터의 가시계수와 더 근접하게 일치하는 50갤런짜리 피쉬 탱크보다는 대형(오세아륨 스케일) 수족관에 가깝다고 볼 수 있지만 FOV에 영향을 미치는 것과 별 차이가 없기 때문이다. 이에 따라 대형 평면 스크린을 피쉬 탱크이라고 지칭하는 경향도 나타나고 있다.

그림 5-27 Z-space 제품은 입체적인 뷰와 헤드 트래킹, 트래킹된 핸드컨트롤러를 갖춘 상용 피쉬 탱크 VR 스타일 디스플레이다. 체험자는 모니터의 범위 내에 존재하는 것으로 보이는 3D 세계를 보고 볼 수 있다. (Photograph courtesy of Simon Su.)

피쉬 탱크란 이름은 작은 수족관 유리를 통해 내부

의 3D 세계를 관찰하는 유사성에서 유래됐다(그림 5-27). 뷰어들은 고개를 좌우로 움직여 사물의 주위를 보고, 위를 보고, 아래로 내려갈 수 있지만 실제로 그 공간에 들어갈 수는 없다.

화면을 장애물로 취급하는 것이 피쉬 탱크 VR에서는 일반적인 것이지만, 이것이 VR이기 때문에 경험 생성자는 이 제약 조건을 고수할 필요가 없다. 스크린의 가까운 (외부) 면에도 오브젝트가 표시될 수 있다! 이렇게 탱크 외부로 삐져나오는 현상이 나타나면 화면 가장자리가 오브젝트를 잘라내고 프레임을 깨지 않도록 주의해야 한다('FOV' 절에서 언급했던 내용, 즉 폐색 뎁스 단서가 스테레오시스 뎁스 단서와 충돌해 원하는 결과를 얻지 못하는 점을 잊지 말아야 한다).

피쉬 탱크 VR은 모니터에 표시되는 일반적인 대화형 3D 그래픽과 다르다. VR 시스템은 사용자의 머리를 트래킹하고 렌더링된 씬은 트래킹된 머리 움직임에 따라 변경되기 때문이다. 피쉬 탱크 패러다임은 컴퓨터 디스플레이가 다소 휴대가 가능할지라도 사용 중 디스플레이 자체가 움직일 가능성은 낮기 때문에 고정 디스플레이 VR로 분류된다.

피쉬 탱크 가상 현실의 구성 요소

피쉬 탱크 VR 디스플레이는 컴퓨터 외에도 몇 개의 부품만 있으면 된다. 표준 컴퓨터 디스플레이는 보통 적절하지만, 스테레오스코픽 이미지의 고해상도 디

그림 5-28 이 32-타일 벽면 디스플레이는 단일 시스템에 의해 구동되며, 4320개의 단색 픽셀 이미지(패시브 입체 디스플레이의 경우 2160년까지)에 의해 전체 해상도 애플리케이션이 15,360으로 쉽게 확장될 수 있다. (Photograph courtesy of Chris Eller of the Indiana University Advanced Visualization Lab.)

스플레이를 선택하거나, 하나 이상의 화면을 함께 타일링(최대 32개)하는 옵션이 있다. 타일링으로 인한 화면 크기가 증가하면 컴퓨터 전력의 필요성이 커질 수 있지만, 확실히 더 많은 픽셀을 구동할 수 있는 능력이 필요하다. 대형 해상도 다중 타일 디스플레이로 렌더링은 컴퓨터 클러스터를 실행하거나, 각각 1, 2개의 타일을 구동하거나, 단일 그래픽 처리 디바이스^{GPU} 카드에서 여러 그래픽 출력을 가질 수 있으며, 단일 컴퓨터에서 여러 개의 GPU 카드를 하나의 비디오 분할기와 결합할 수 있다. 비디오 이미지를 여러 신호로 변환해서 4개의 타일을 구동한다. 이렇게 해서 단일 컴퓨터에서 32타일 시스템이라도 구동하는 것이 가능한 것으로 밝혀졌다(그림 5-28).

트래킹은 VR 디스플레이의 중요한 부분이다. 단일 화면 고정형 디스플레이의 장점은 적절한 씬 렌더링을 위해 뷰어의 머리 방향이 위치보다 덜 중요하다는 것이다. 사용자가 피쉬 탱크 VR 시스템에서 화면을 보고 있다고 가정할 수 있기 때문에 디스플레이 위나 근처에 장착된 비디오 카메라를 사용해 사용자 헤드 트래킹을 수행할 수 있다. 컴퓨터 비전 이미지 처리는 사용자 머리의 위치와 기울기를 결정하는 데 사용된다. 다른 트래킹 기술도 피쉬 탱크 시스템에 사용할 수 있지만, 광학 트래킹은 비디오 카메라와 같은 덜 비싸고 번거로운 트래킹 디바이스를 사용할 수 있는데, 이는 이미 컴퓨터 시스템의 일부인 경우가 많다.

피쉬 탱크 VR의 또 다른 중요한 요소는 쌍안경 입체 디스플레이의 사용이다. 디스플레이에서 입체적 뷰를 생성하는 두 가지 일반적인 방법은 (1) LCD 렌즈를 사용하는 셔터 안경과 디스플레이에 통합된 오버레이와 일치하는 편광 필터를 사용해서 좌/우 시야를 나누는 것이다. 대안은 스크린 위에 특수 필터를 사용해 안경을 쓸 필요 없이 오토스테레오 효과를 내는 것이다. 그러나 대부분의 오토스테레오 디스플레이는 현재 사용자가 화면 바로 앞에 있어야 하므로 사용자의 이동 범위가 제한돼 VR의 핵심 요소를 빼앗아간다. 소비자 TV 디스플레이는 능동적 또는 수동적 입체 시청 기능을 포함하지만, 어떤 유행에도 불구하고 그러한 기술의 이용가능성은 감소한다.

피쉬 탱크 가상 현실의 특징

3D 대화형 컴퓨터 그래픽을 구현할 수 있는 기본 컴퓨터 이외의 부품은 거의 필요 없기 때문에 피쉬 탱크 VR은 비주얼 VR 디스플레이 패러다임 중 가장 비용이 적게 든다. 기술 대부분이 대량 생산돼 값싸고 쉽게 구할 수 있다. 하지만 아쉽게도 필요한 입체 디스플레이 하드웨어(3D TV)는 점점 부족해지고 있다. 피쉬 탱크 VR에도 손색이 없다. 전형적인 스테레오 안경은 표준안경보다 착용하기가 그리 어렵지 않다. 특히 비디오카메라를 이용해 트래킹을 하거나 안경 속에 박혀 있을 경우 더욱 그렇다.

이 비주얼 디스플레이 방식의 단점은 두 가지로, 사용자가 가상 세계를 보기 위해서는 특정한 방향으로 향해야 하며, 일반적으로 시스템은 다른 대부분의 VR시스템에 비해 몰입도가 떨어진다. 특히, 스크린 하나 또는 두 개로 구성된 시스템의 경우, 뷰어의 FOR의 대부분을 현실 세계가 차지하고 작은 지역만이 가상 세계로 채워지기 때문에 몰입도가 감소한다. 물론, 그것은 확실히 진짜 피쉬 탱크와 같은 세상을 정확하게 묘사할 수 있다. 또한 사람들은 진짜 피쉬 탱크를 보는 것에 관여할 수도 있지만 그들은 아마도 거의 몰입감을 느끼지 않을 것이다.

ImersaDesk 및 Responseive Workbench 시스템과 같이 화면이 비수직적으로 배열될 때(즉, 뷰어에서 비스듬히 떨어져 있을 때) 한 가지 흥미로운 효과를 얻는다. 이러한 스크린의 기울기는 시선이 화면 상단으로 이동함에 따라 초점을 눈에서 멀어지게 한다. 따라서 화면 상단을 향한 거리로 나가는 씬과 마찬가지로 오브젝트 거리의 변화와 초점 길이 변화 사이가 자연스럽게 일치한다 (그림 5-29).

그림 5-29 일부 투영 VR 디스플레이에서는 화면 전체에서 초점 거리가 일정하지 않다. 오브젝트가 지평선으로 후퇴하면서, 그것들은 스크린의 더 먼 부분에 나타나는데, 보는 이의 변화하는 초점거리와 일치한다. 여기서 사용자가 집에서 산으로 시선을 돌리면 시선이 아래에서 위로 이동함에 따라 초점이 화면의 더 먼 거리로 맞춰진다.

피쉬 탱크 가상 현실의 인터페이스 문제

피쉬 탱크 VR은 일반적으로 단순한 데스크톱 컴퓨터 설정의 연장선이기 때문에, 많은 동일한 인터페이스 디바이스를 마음대로 가지고 있다. 현실 세계는 여전히 이용자들에게 눈에 띄기 때문에 키보드는 여전히 실용적이다. 표준 마우스, 트랙볼 또는 사용 가능한 경우 6-DOF 압력 스틱(예: 3Dconnexion SpaceMouse 및 SpaceNavigator)에도 동일하게 적용된다. 다른 물리적 컨트롤 디바이스들도 쉽게 볼 수 있고 상호작용할 수 있지만, 사용자가 항상 가상 세계의 프레임을 알고 있기 때문에 몰입도의 트레이드오프가 있기 때문에, 이러한 디바이스들은 세계의 도구와는 반대로 세계에 작용하는 외부 컨트롤 디바이스처럼 보이게 한다.

입체적인 뎁스 단서 확보의 중요성에 대해 논의해 보았는데, 이 단서들은 피쉬 탱크 VR로 만족한다. 다른 중요한 3D 단서들은 우리가 머리를 움직일 때 씬의 변화를 관찰하는 것에서 온다. 피쉬 탱크 VR에는 모션 시차 단서가 존재하지만 사용자가 가상 오브젝트 주변을 걸을 수 있는 디스플레이 모델보다 확실히 더 제한적이다. 이 공간에 대한 느낌을 얻는 것이 목표인 어플리케이션의 경우, 공간이 피쉬 탱크 VR을 수용하기 어려운 옵션으로 만드는 물리적으로 "걸어 다닐" 능력이 없다. 긍정적인 측면에서는, 데이터 분석 어플리케이션의 경우, 목표는 데이터 내부에 있는 것이 아니라, 데이터 내에서 관계를 찾는 것으로, VR 디스플레이의 피쉬 탱크 스타일과 대부분 외부적으로 일치하는 뷰를 가지고 있다.

피쉬 탱크 가상 현실 요약

피쉬 탱크 VR은 작업대 화면, 벽 또는 그 사이의 어딘가에서 상당히 매력적인 가상 세계를 만들 수 있는 일반적으로 저렴하고 눈에 띄지 않는 수단을 제공한다. 창을 통한 피어링의 메타포가 적절한 어플리케이션의 경우, 이 패러다임은 효과적인 경험을 제공할 수 있다. 개발 중인 VR 애플리케이션(앱) 테스트에도 좋은 수단이다. 그것은 비교적 저렴하고 사용하기 쉽다. 시각적 해상도는 현대 소비자 시장인 HMD와 동등하다. 단점으로는 FOR를 한정적으로 제공하는 대부분의 다른 VR 시각적 디스플레이보다 덜(부분적으로) 몰입할 수 있다.

서라운드 가상 현실 디스플레이

주변 비주얼 디스플레이는 정지된 디바이스의 또 다른 등급이다. 스크린은 일반적인 피쉬 탱크 VR 디스플레이보다 훨씬 더 클 수 있기 때문에 체험자들의 시야와 배려를 더 많이 채우고 더 자유롭게 돌아다닐 수 있다. 디스플레이의 크기는 확실히 가상 세계와의 인터페이스에 영향을 미친다. 그러나 피쉬 탱크(또는 대형 수족관) 디스플레이와 중요한 차이점은 체험자들이 주로 바닥과 3개의 벽, 때로는 뒷벽, 때로는 천장 등 여러 면에 스크린을 가지고 있다는 점이다.

평면 디스플레이가 등장하기 전에는 서라운드형 디스플레이가 영상 디스플레이를 제공하기 위해 투영 시스템에만 의존해서 "투영 기반 VR"이라고 불렸다. 현재 대형 디스플레이 벽은 일반적으로 여러 개의 평면 디스플레이를 나란히 설정해서 생성되지만, 투영 시스템은 프레임 없는 인접 디스플레이를 생성해 씬을 더욱 매끄럽게 만들 수 있다. 타일 평판 패널과 투영 중 하나를 선택하면 세 가지 트레이드오프가 발생한다. (1) 평판 패널은 시야에서 멀리온 효과를 내는 베젤이 있다(나쁘다). (2) 평판 패널은 일반적으로 작은 공간에 더 적합하고 설치(좋다) (3) 동일한 서피스를 덮으려면 더 많은 평판 패널이 필요하다. 따라서 높은 해상도(나쁜/좋은)를 제공한다.

투영 방법을 고려할 때 화면 뒤에서 투영(후진 투영)할 것인지 아니면 전면 투영(체험자와 화면 같은 쪽에 프로젝터)을 사용할 것인지의 여부가 서라운드 VR 시스템을 디자인할 때 고려해야 할 또 다른 절충점이다. 대부분의 서라운드 VR 시스템은 스크린에 그림자를 드리우는 체험자를 피하기 위해 뒤쪽으로 돌출돼 있다. 그러나 초단축 투사 프로젝터는 전면 투사할 수 있으며 사용자가 화면 표면에 예외적으로 가까워질 때 그림자만 드리울 수 있다. 때로는 전면 투영이 바닥 위로 충분히 높게 프로젝터를 설치하기만 하면 합리적으로 잘 작동할 수 있다. 실제로 대부분의 서라운드 시스템에서 바닥은 위에서부터 투영된다(천장도 관련되면 바닥은 아래에서 투영돼 여러 물류 문제가 발생한다). 실제로

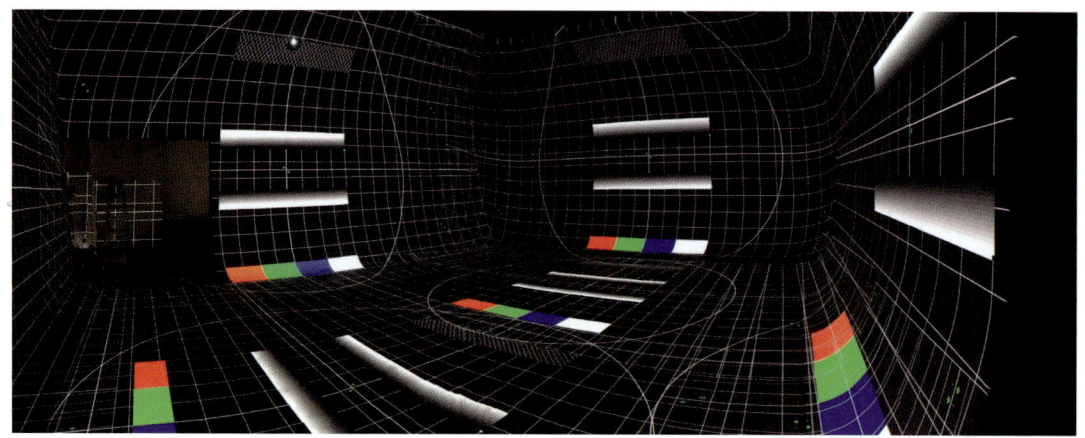

그림 5-30 월트 디즈니 이매징의 DISH는 가상 세계의 360도 시야를 제공하는 매우 큰 방의 바닥과 네 개의 벽에 모두 이미지를 투사하는 대형 고정 VR 디스플레이다. 여기서 구성 패턴은 외관상 불연속성을 피하기 위해 벽의 모서리가 어떻게 구부러지는지를 보여준다. (Photo © Disney.)

월트 디즈니 이매이머링이 디자인한 DISH 시스템은 투영 오버랩과 블렌딩을 통해 심을 완전히 제거하기 위해 매끄럽고 구부러진 표면에 높은 전면 투영을 사용한다(그림 5-30).

후면 투영 스크린과 프로젝터에서 대형 평면 디스플레이로 이동하는 경향이 있다. 평면 디스플레이는 해상도가 높고 유지보수가 덜 필요하며(정렬 보정 및 전구 교체) 일반적인 후면 투사 시스템보다 공간을 덜 차지한다. 후면 투사 시스템에 필요한 프로젝터와 화면 사이의 추가 거리가 필요하지 않다. 그러나 평면 패널이 벽 크기의 공간에 걸쳐 있을 만큼 크거나, 또는 공간 0의 교대가 있을 때까지 타일 패널로 생산되는 시스템은 베젤이 프레임을 부수고, 음의 시차 영상을 보기 어렵게 만드는 문제를 겪게 될 것이다.

고정형 VR 디스플레이는 대부분의 사람들이 VR에 대해 논의할 때 떠오르는 디스플레이 패러다임이 아니며, 이제는 HMD 가격이 타일형 디스플레이의 단일 패널보다 낮기 때문에 더욱 악화됐다. 1장에서 설명한 바와 같이 VR의 간략한 역사에서 HBD는 뷰어를 다른 세계에 투입하기 위해 사용된 최초의 기술 방법[서덜랜드 1968]이며 HMD는 대중매체에서 더 자주 묘사된다. 최근 저가형 HBD가 다시 한 번 일반인들에게 VR을 알리고 있다. 그러나 적용된 VR에 대한 투영 기반 디스플레이의 사용은 상당하다. 마이론 크루거$^{Myron\ Krueger}$는 수십 년 동안 그의 가상 환경에서 투영 디스플레이를 사용해 왔지만[Krueger 1982] 1992년경에 EVL CAVE와 Sun Microsystems의 가상 포털이 시카고에서 열린 1992년 SIGGRAPH 컴퓨터 그래픽 콘퍼런스에서 입증되면서 광범위한 사용이 시작됐다(물론 비행 시뮬레이터는 수십 년 동안 프로젝터 기술을 사용해 왔으나, 당시에는 VR 디스플레이로 간주되지 않았다). 그 후, 여러 개의 단일 화면 고정형 디스플레이가 도입됐다. (1) 테이블 상판 구성, 반응 워크벤치, (2) 제도 테이블 스타일, 임사데스크, (3) 고해상도, 단일 화면, 다중 투사 시스템, Infinity Wall. 모두 피쉬 탱크식 VR로 분류된다.

다시 말해, 다양한 고정형 디스플레이의 크기 요건은 일반적으로 발생하는 장소에 영향을 미친다. 우리는 8장에서 더 많은 장소를 논의한다. 여기서 피쉬 탱크 디스플레이는 일반적으로 사무실 환경에 배치될 수 있고, 낮 동안 시간 제약 없이 접근할 수 있다고 말하기에 충분하다. 대형 단일 화면 디스플레이는 예약된 리소스 영역으로 이동하므로 사용 빈도가 낮아진다. 그럼에도 불구하고, 이러한 디스플레이는 지나치게 난해하지 않으며 환경, 박물관 전시물, 장소와 같은 장소들을 연구하는데 큰 어려움 없이 추가될 수 있다.

EVL의 CAVE와 같이 대형의 서라운드 투사형 디스플레이는 건축적 설명에 더 가까운 경향이 있으며, 이 디스플레이에 적응하기 위해 말 그대로 건축적 변경을 요구하는 경우가 많다. 따라서, 서라운드 투영 디스플레이는 최소한 대형 평면 디스플레이를 사용할 수 있을 때까지 제한된 접근 디바이스에 가깝다. 그러나 첨단 연구소를 제공하는 데 익숙한 대학과 기업 연구소의 많은 시설들은 그들의 연구자들을 위해 프로젝터를 사용하는 고급 디스플레이를 제공하는 데 충분한 이익이 있다는 것을 입증했다. 마찬가지로, 다른 대규모 생산 센터의 디자인 센터들은 비용을 절감하고 제품 디자인을 개선하는 데 도움이 되는 대규모 보행 몰입식 시스템을 발견했다.

벽의 크기가 그다지 크지 않은 평면 스크린을 사용하는 것 또한 궁극적으로 완벽한 해결책이 아닐지라도 허용 가능한 대안으로 작용한다는 것이 입증됐다. 아직 평판 위를 걸을 수 없을 뿐만 아니라, 직사각형 단위를 사용해서 사용자를 가로와 세로 둘 다 둘러싸는 기하학적 도전이 있다. 원래의 CAVE

를 만든 팀은 당시의 대형 베젤을 줄이기 위해 패널들을 심층적으로 중첩한 NEXcave를 포함한 타일링 플랫 패널의 다양한 구성을 탐구했다[DeFanti et al. 2011](그림 5-31); 뷰를 가로로 구부린 CAVE-2에어(그림 5-32) 및 패널의 수직 곡선을 이루는 WAVE^{Wide-Angle Virtual Environment}(그림 5-33) 및 두 치수 모두에 걸쳐 타일을 곡선 처리하도록 디자인을 발전시키는 SunCAVE(Wide-Angle Virtual Environment)이다(그림 5-34).

그림 5-31 퀄컴 연구소의 넥스캐브(NexCAVE)는 타일형 수동 스테레오 화면을 여러 개 사용해 곡선 서피스를 만들었다. (Photograph by William Sherman.)

그림 5-32 EVL CAVE2 Hybrid Reality Environment는 체험자들이 72개의 패시브 스테레오 타일 패널에서 가상 세계를 보는 원형 공간을 만든다. 여기 체험자들은 500만 개의 원자 분자 역학 나노스케일 시뮬레이션으로 연산된 3D 모델 유리 조각을 통해 비행한다. (Photograph by Lance Long, courtesy of Electronic Visualization Lab (EVL) at the University of Illinois at Chicago, Argonne National Laboratory's Leadership Computing Facility (ALCF), and the University of Southern California.)

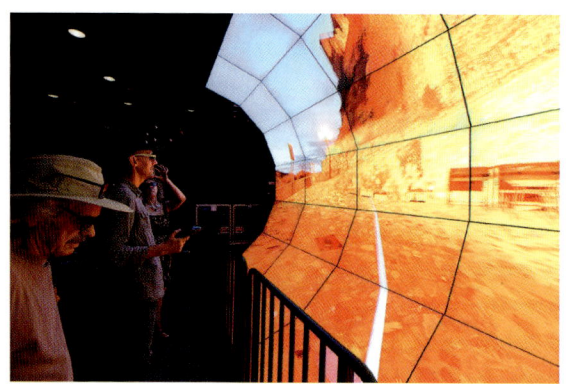

그림 5-33 퀄컴 인스티튜트의 WAVE는 수평축을 중심으로 타일을 구부려 가상 세계를 위아래로 훑어볼 수 있는 기능을 제공한다. (Photograph by William Sherman.)

그림 5-34 Qualcomm Institute의 SunCAVE. (Photograph courtesy of Tom DeFanti, Qualcomm Institute, University of California San Diego.)

서라운드 가상 현실의 구성요소

피쉬 탱크와 보행자용 고정 디스플레이 사이의 필수 구성품의 주요 차이는 트래킹 시스템을 선택하는 것이다. 데스크톱 피쉬 탱크 시스템은 방향성에 대한 정보를 덜 필요로 하는 장점이 있다. 도보 시스템은 더 광범위한 트래킹과 머리 방향 데이터를 필요로 한다(특히 비수직 표면에서 입체파를 적절하게 표시하기 위해 특히 중요하다).

프로젝터를 사용하는 시스템에는 정렬이 필요한 경우가 많다. 이것은 여러 프로젝터가 있는 시스템에서 특히 중요하며, 서로 정렬돼야 한다. 다른 옵션(대형 및/또는 타일형 평면 디스플레이 사용)은 복잡한 공간 정렬을 필요로 하지 않지만 디스플레이 전체에서 일관된 색상을 유지하는 것은 어려울 수 있다.

다중 프로젝터 또는 평면 패널도 다중 이미지 렌더링을 필요로 한다. 따라서 다중 화면 디스플레이를 위한 추가 구성요소는 각각 적절한 관점에서 다중 그래픽 출력물을 제공할 수 있는 컴퓨터 또는 이들을 동기화할 수 있는 하드웨어가 있는 다중 컴퓨터다. 대형 타일형(어전차) 벽과 마찬가지로, 각각 최대 4개의 개별 디스플레이(4개)를 위한 신호로 분할할 수 있는 여러 개의 GPU 카드(4개)를 사용해서 단일 연산 상자에서 최대 64개의 화면을 구동하는 것이 기술적으로 가능하다(단, 실제로 4개의 GPU 카드를 넘는 것은 어려울 수 있으므로 32개의 타일이 합리적인 한도가 될 수 있다).

스크린을 90도 가까이 각도로 배열하면, 스크린의 반사율이 문제를 나타내기 시작한다. 한 화면 가장자리에 있는 밝은 이미지는 종종 근처의 사이드 스크린을 반사한다. 어두운 화면 소재는 이러한 효과를 감소시킬 수 있지만 종종 균일하지 않은 색상이 있는 화면을 초래할 수 있다. 평면 패널 디스플레이(예: LCD 또는 플라즈마 디스플레이)는 유리 표면 때문에 이를 악화시킨다.

서라운드 VR 디스플레이에서 스테레오스코픽 이미지를 보는 두 가지 일반적인 방법은 셔터 안경이나 편광 안경을 사용한다. 대부분의 고급 그래픽 디스플레이에는 신호 송신기와 안경 자체를 제외하고 필요한 하드웨어가 이미 포함돼 있기 때문에 셔터 글라스의 사용은 구현하기 더 쉽다. 투사된 시스템에서 편광 유리에는 각 디스플레이 서피스의 적절한 눈에 맞게 왼쪽과 오른쪽 이미지를 편광시킬 수 있는 필터가 장착된 단일 특수 프로젝터 또는 두 개의 일반 프로젝터가 필요하다. 체험자는 편광필터가 장착된 안경을 착용한다. 평면 시스템에서는 액티브 입체 스크린을 판매하는 제조업체도 있고, 교류선 수동형 입체 스크린을 판매하는 제조업체도 있다.

두 개의 겹치는 프로젝터를 사용하면 단일 화면에 대한 결합된 효과로 인해 보다 밝고 고해상도 이미지의 이점을 얻을 수 있다. 편광 안경은 비용이 적게 들고 셔터 안경보다 유지보수가 덜 필요하지만, 각 스크린에 대한 보조 프로젝터나 편광된 스테레오와의 시간교환을 위한 디바이스가 필요하다. 대표적인 편광안경은 한 쌍의 선형 편광필터가 서로 90도(직교)로 설정돼 있고, 한 쌍은 왼쪽 눈을 위한 필터, 다른 한 쌍은 오른쪽 필터를 가지고 있다. 이것은 3D영화를 화면으로 보는 데 만족스러운데, 이것은 뷰어의 머리가 항상 화면과 관련해 수직으로 향할 것이라고 가정하는 것이 안전하기 때문이다. 그러나 VR 시스템에서는 특히 스크린을 바닥이나 천장에 사용하는 경우 뷰어의 머리가 화면과 관련해 어떤 방향으로도 방향을 잡을 수 있기 때문에 이는 타당한 가정이 아니다. 따라서 VR 시스템에서는 한 이미지가 원형(시계방향)으로 편광되고 다른 이미지는 시계 반대 방향으로 편광되는 원형 양극화를 사용하는 것이 더 적절하다. 그리고 나서 뷰어는 비슷하게 편광된 안경을 쓴다. 평면 수동 편광 시스템의 경우, 양극화 스타일을 선택할 수 있는 옵션이 없을 수 있으므로 사용자가 왼쪽이나 오른쪽으로 아래를 볼 때 작동하지 않을 디스플레이(바닥처럼 수평으로 탑재된 타일)로 사용자가 머리를 수평으로 고정할 것을 요구한다.

서라운드 가상 현실의 특징

아마도 현재의 대형 화면 VR 디스플레이의 주요 특징은 VR 시스템을 수용하는 데 필요한 설치 공간일 것이다. 다층화된 후면 투영 공간은 공간의 최대 소비 공간이며, 10피트×10피트 잠김 공간에 약 30피트 정도의 공간이 필요하다. 미러와 결합된 초단거리 던지기 렌즈를 사용하는 프로젝터는 Visbox VisCube M4 시스템(10피트×7.5피트 잠김 공간의 경우 12.2ft×8.2ft)과 같은 객실 크기 요구사항을 크게 줄일 수 있다. (초단거리 던지기 렌즈의 더 큰 비용은 미러와 저렴한 스크린 소재를 제거함으로써 상쇄할 수 있다.) 피쉬 탱크 시스템과 비

교: 평면 기반 IQ-station은 훨씬 작은 바닥 공간을 차지하며, 이미지 크기와 보행 공간을 희생해서 완전히 배치됐을 때 5 ft×4 ft만 점유하며, FOR는 제한적이다.

서라운드 VR의 좋은 특징은 일반적으로 피쉬 탱크 VR이나 대부분의 HBD보다 뷰어 FOV의 많은 부분을 차지하고 있다는 것이다. 그러나, 육면체 또는 그렇지 않으면 완전한 서라운드 투영을 제외하고, FOR는 단순한 스마트폰 기반 VR 경험으로도 달성 가능한 100% FOR와 일치하지 않을 것이다.

그래픽 렌더링 하드웨어의 로우엔드 범위는 0에 가까운 가격을 가지고 있지만, 프로젝터(또는 멀티파일 기반) 고정 시스템은 여러 개의 비디오 피드를 필요로 하며, 따라서 여러 개의 그래픽 서브시스템 또는 여러 개의 비디오 출력을 생성할 수 있는 더 유능한 서브시스템을 필요로 한다. 여러 화면에 표시하려면 분명히 더 많은 그래픽 렌더링 기능이 필요하다. 여러 화면에서 이미지를 렌더링하는 한 가지 방법은 체험자가 시각적 관점을 변경할 때 겉보기 그래픽 렌더링 레이턴시를 줄이는 것이다. 이러한 편익과 증가된 FOR 및 FOV의 편익은 다중 점멸된 디스플레이에 필요한 추가 비용 및 공간과 비교해야 한다.

더 큰 시야를 갖는 것의 중요한 이점은 트래킹된 뷰어와 함께 세계를 관찰할 수 있는 다른 체험자들의 허용이다. 단점은 키비츠가 트래킹된 뷰어(드라이버) 근처에 서 있지 않을 경우, 특히 서라운드 디스플레이 모서리에서 이상한 왜곡을 발견할 수 있다는 것이다(이미지가 주 체험자의 특정 POV에 대해 올바르게 연산됐이기 때문이다). 트래킹 관찰자의 움직임을 따라갈수록 왜곡이 줄어든다. 일부 시스템(예: Fakespace DuoView 프로토타입 [DeFanti et al. 1998])과 바우하우스 대학교 바이마르Bauhaus-Universitat Weimar 및 공동작업자[Kulik et al. 2011]의 C1-6은 한 화면에서 두 개 이상의 시각 채널을 표시할 수 있도록 추가 하드웨어를 사용한다. 이를 통해 다수의 트래킹 관찰자가 세계의 독립적인 3D 뷰를 가질 수 있으며, 밝기가 감소하고 추가 하드웨어의 비용이 절감된다. 두 번째 뷰어를 추가하면 셔터가 두 배 더 많이 진행되기 때문에 밝기가 감소한다. 보다 저렴한 솔루션은 활성 셔터와 편광 시스템을 결합해 4개의 독립된 뷰를 제공하는 것이며, 이는 두 사람이 입체적으로 볼 수 있는 충분한 것이다.

물론 이것은 두 배의 프로젝터를 필요로 하는 비용에서 온다.

대부분의 HBD와 달리, 서라운드 기반 시스템에서는 뷰어가 현실 세계에서 격리되지 않는다. 이것에는 장단점이 있는데, 그 중 다수는 적용 유형과 관련이 있다. 동료와의 협업이 유익한 애플리케이션의 경우, 동료들을 옆에서 볼 수 있다는 것이 큰 장점이다. 현실 세계에서 고립되지 않는 것은 뷰어들이 자신과 그들이 조작하고 있는 어떤 컨트롤 디바이스도 볼 수 있다는 것을 의미하기 때문에 현실 세계에서의 위치와 등록 불일치가 있을 수 있는 아바타를 렌더링 할 필요가 완화된다.

현실 세계를 보는 것의 잠재적인 부정적인 영향은 폐색 오류의 발생이다. 가상 세계의 오브젝트가 어떤 실제 오브젝트(예: 손 또는 컨트롤 디바이스)보다 뷰어에 더 가깝게 표시되면 실제 오브젝트의 폐색은 표시되는 다른 뎁스 단서보다 우선한다. 이것은 사용자의 시각 시스템과 매우 혼동될 수 있으므로 가능하면 피해야 한다.

피쉬 탱크 고정 디스플레이와 마찬가지로, 서라운드 시스템을 통해 가상 세계로 들어가기 위해 많은 물리적 기어를 착용할 필요가 없다. 대표적인 요건은 입체경관을 볼 수 있는 안경 한 쌍과 안경 프레임 바로 위에 쉽게 장착할 수 있는 트래킹 디바이스다. 일반적으로 핸드헬드 컨트롤 디바이스 및/또는 장갑은 상호작용을 위해 제공되지만, 엄밀히 말하면 이러한 컨트롤 디바이스는 비주얼 디스플레이 패러다임의 일부가 아니다.

서라운드 가상 현실의 인터페이스 문제

대부분의 VR 시스템의 기본적인 기능은 우리의 머리를 움직이고 가상 세계에 대한 우리의 관점을 바꾸는 능력이다. 더 큰 서라운드 시스템에서는 뷰어들이 공간에 있는 지역을 물리적으로 돌아다닐 수 있어 환경에 대한 시각적 지각이 향상된다. 이 능력은 사용자가 화면 서피스를 안전하게 통과할 수 없다는 사실에 의해 제한된다. 비정전 디스플레이(예: HMD)가 있는 반면에 화면은 트래킹 및 비디오 케이블이 허용하는 한도 내에서 뷰어가 이동한다. 정지된 시스템에서는 실행하기 어려운 또 다른 문제가 보행으로 전환된다. 사실, 어려운 점은

그림 5-35 스마트폰이나 태블릿과 같은 휴대용 디바이스는 프로젝션 VR 시스템에서 인터페이스 디바이스로 사용할 수 있다. 여기 한 쌍의 전화기가 가상 세계를 여행하는 데 사용된다. CAVE나 대형 피쉬 탱크 디스플레이에서 키보드보다 사용이 편리하다. (Image courtesy of Amy Banic, Director of 3D Interaction and Agents Research Lab, University of Wyoming.)

현실 세계의 일부가 여전히 눈에 띄었을 때 사용자를 속이는 것이 더 어렵다는 것이며, 그들은 그들이 실제로 얼마나 많이 변했는지 가늠할 수 있다.

환경에 있는 동안 물리적 세계를 보는 능력은 가상 세계를 컨트롤하기 위해 물리적 디바이스를 사용할 수 있도록 하기 위해 완전히 필요한 것은 아니지만, 쉽게 할 수 있다. 기존의 (QWERTY) 키보드처럼 복잡한 기기는 보고 느낄 수 있을 때 더 유용하다. 사람들이 자신의 키보드를 CAVE나 다른 디스플레이로 가지고 올 것 같지는 않지만, 많은 버튼과 다른 컨트롤 디바이스가 디바이스의 물리적 표현 없이 작동하기 어려운 VR 환경에서 일반적으로 사용되는 디바이스들이 있는데, 이 디바이스는 스마트폰이나 태블릿으로 제공될 수 있다(그림 5-35; 그림 7-12 참조). 예를 들어, 또 다른 고려사항은 주어진 애플리케이션의 체험자들이 가상 훈련 경험을 사용할 때 목수들이 다른 도구를 필요로 할 수 있기 때문에 많은 디바이스들 사이를 전환할 필요가 있는지 여부다. 만일 그렇다면, 도구 모조 컨트롤 디바이스의 선반이 필요할 수 있다.

서라운드 VR에 사용할 스크린 수에 대한 결정이 내려져야 한다. 사용자를 평면 스크린으로 완전히 감싸기 위해서는 정육면체 안에 적어도 6개의 스크린이 배치돼야 한다. 6개의 스크린을 사용하는 것은 비용이 많이 들고 물류적인 문제가 있는데, 왜냐하면 디스플레이 플로어를 프로젝터를 위한 공간을 만들기 위해 반드시 방의 바닥 위로 올려야 하기 때문이다(이것은 현재까지 소수의 연구 시설에서 수행됐다). 또는 일반적으로 취약한 평면 디스플레이를 걸 수 있는 방법이 있어야 하기 때문이다.

어떤 용도의 경우 단일 스크린 피쉬 탱크가 적절하며, 다른 용도는 더 많은 것을 요구한다. 많은 애플리케이션은 바닥이나 천장을 사용한다. 천장이 아닌 바닥 투영이 필요할 경우 프로젝터를 환경 위에 놓고 바닥에 직접 투사할 수 있다. 바닥(천장이 아님)에 대한 투영을 사용하는 대부분의 CAVE는 위에서부터 투사된다는 점에 주목하면 흥미롭다. 투영이 곧게 내려가고 사용자가 전형적으로 서 있기 때문에, 그들의 발 주위에는 작은 그림자가 있을 뿐 대부분의 사람들은 그것을 알아차리지도 못한다. 위에서 직접 보았을 때 신체의 발자국은 너무 작고, 그림자는 바로 발에 드리워지기 때문에, 사용자 폐색은 그다지 큰 문제가 되지 않는다. 로케이션 워크스루에서, 바닥에 전시하는 것은 몰입감을 크게 향상시킬 수 있다. 천문학 적용은 체험자의 위에 배치된 화면에서 더 많은 이익을 얻을 수 있다. 각 어플리케이션은 각 스크린의 양과 최선의 사용에 대해 고려된 보증이다.

7장(조작의 컨트롤 위치 속성)에서는 가상 세계에 존재하는 위젯과 메뉴를 어떻게 사용자와의 관계에서 배치할 수 있는지 논의한다. 한 가지 방법은 (가상) 조정기를 현실 세계에 상대적인 고정된 위치에 배치해서 화면에 바로 배치되는 조정기의 외관을 제공한다. 이 위치 매칭은 화면에 나타나는 것들을 융합 및 입체적인 단서와 상충되지 않는 수용 뎁스 단서를 제공한다. 한 가지 측면의 이점은 이러한 것들이 트래킹된 안경을 쓰지 않는 어떤 구경꾼에게도 분명해 보인다는 것이다. 위치가 일치하면 가상 컨트롤은 항상 화면에 같은 위치에 표시된다. 조정기가 평평하면 좌우 안경이 같아 입체 안경 없이도 조정기를 볼 수 있게 된다. 따라서 헤드 트래킹으로 인한 오류, 지연 또는 지터가 제거되므로 위젯을 보다 쉽게 컨트롤할 수 있다(단, 가상 컨트롤을 조작하는 데 사용될 수 있는 모든 핸드 디바이스를 렌더링해야 한다).

제2인칭 투영된 현실

VR 시스템은 일반적으로 가상 세계를 1인칭 관점에서 자신의 눈을 통해 체험자에게 제시한다. 그러나 일부 사이비-VR 시스템은 겉보기 거리에서 관찰하는 두 번째 사람의 관점에서 세계를 보여준다. 2인칭 POV의 가상 세계를 표시하는 투영 기반 디스플레이에는 특정 인터페이스 문제가 있다.

그러한 디스플레이의 두 가지 역사적 예로는 마이런 크루거의 비디오 플레이스(및 그 후손)와 다양한 오락장소에 판매된 만달라 디바이스가 있다(그림 5-36). 이러한 디스플레이는 광학 카메라(비디오 카메라 등)를 사용해 일정한 배경(또는 최소한 일관된) 배경과 대조해서 체험자를 트래킹해 체험자가 어떤 암투도 없이 공간을 이동할 수 있도록 했다.

이러한 디스플레이에 대해 작성된 경험에서 상호작용하는 일반적인 방법은 체험자의 이미지의 가장자리가 화면에서 이벤트를 전달해서 환경에서 이벤트를 유발하는 것이다. 그래서 예를 들어, 만달라 어플리케이션 중 하나는 화면에 그려진 많은 드럼 헤드 중 하나를 손으로 넘겨서 연주할 수 있는 드럼 세트를 표시해 컴퓨터가 관련 사운드를 내도록 한다. 또는 체험자의 팔의 펄럭거림 때문에 화면 위쪽으로 이동하는 경우도 있다. 인터페이스는 사용자의 2D 이미지를 기반으로 하기 때문에 환경은 대개 2D에만 있다.

이것의 현대적인 예는 Appshaker(현재 INDE의 일부)에서 나온 것으로, 많은 공공 장소 2인 경험을 생산했다[INDE 2011](그림 5-37)). 이러한 경험에서, 대형 스크린은 사람들이 동물이나 사물의 증강된 내용과 상호작용을 하는 것처럼 보이는 공공 공간의 관점을 보여준다.

이러한 비디오 기반 시스템은 여전히 다양한 박물관에서 찾아볼 수 있지만, 이것의 최신 버전은 키넥트 뎁스 카메라를 사용하는 마이크로소프트 엑스박스 게임에서 찾을 수 있다. 이 경우 플레이어는 자신의 비디오 복사본을 보는 대신 XboxKinect 시스템에서 연산한 골격 몸체 배열을 기반으로 재구성된 아바타를 보게 된다. 비슷한 현대의 또 다른 예로는, 그다지 제2인자는 아니지만, 발로 모션의 AR 게임 클림볼이 있는데, 이 게임에서는 인공 암벽의 서피스가 벽에 기어오르는 한두 명의 플레이어가 상호작용하도록 비디오 증가를 투영한다[카자스티야 외 2016] (그림 5-38 (Pong) 상대와 '핑퐁' 게임을 하기 위해 화면의 '패들(paddle)'[직사각형]의 높이를 조절하는 초기 컴퓨터 게임이었다.

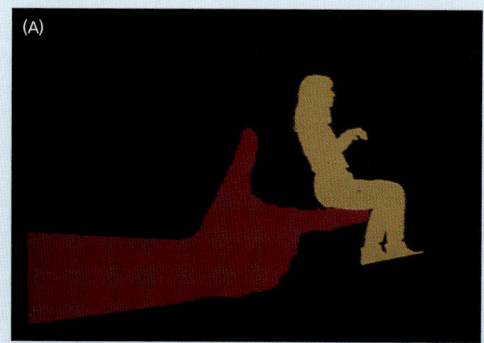

그림 5-36 (A) 마이런 크루거(Myron Krueger)의 파이오니어 작업에서는 영상트래킹을 이용해 2인용 POV로 VR 체험을 만든다. 이 이미지는 한 사람이 다른 체험자의 비디오 이미지를 들어올리는 것을 보여준다. 각 체험자는 복합 디스플레이를 본다. (B) 만달라 디스플레이 디바이스는 컴퓨터 생성 가상 세계에서 체험자의 비디오 이미지를 중첩한다. 체험자는 디스플레이 화면에서 가상 세계와 상호작용하면서 2인칭 POV로부터 그들의 행동을 관찰한다. (C) 파란색 화면과 녹색 화면 배경은 종종 2인칭 POV VR 시스템에서 사용자의 제스처를 캡처하는 수단으로 비디오 카메라와 함께 사용된다.

그림 5-37 INDE에 의해 구현된 브로드캐스트AR 경험은 뷰어들이 가상 세계를 근처에 표시되는 가상의 2인칭 비디오 이미지로 중첩해 가상 실체와 상호작용하는 것처럼 보이게 한다. (Image courtesy of INDE.)

그림 5-38 클림볼 게임은 등반가의 손과 발을 부각시켜 가상공과 상호작용하는 데 이용함으로써 암벽등반 경험을 강화한다. (Photograph courtesy of Valo Motion.)

서라운드 가상 현실 요약

간단히 말해서, 서라운드-VR 패러다임은 피쉬 탱크 디스플레이를 더 크게 만들어서 FOV를 증가시키는 것이 아니라, 여러 면에 스크린이 있는 체험자를 둘러싸서 FOR를 증가시킴으로써 피쉬 탱크 디스플레이에서 확장된다! 서라운드 기반 VR 디스플레이는 협업에 더 적합하기 때문에 사용자들이 서로 무엇을 보고 있는지(기본적으로) 알 수 있고, 눈의 피로와 관련된 문제가 적어 체험자들이 가상 환경에 장기간 머무를 수 있다. 단점으로는, 그들은 종종 다른 패러다임보다 더 많은 장비와 유지보수를 요구한다.

이 패러다임의 많은 특징(해결, FOV 등)의 효과적인 조합은 매우 몰입적인 경험을 만들어 낼 수 있다. 그럼에도 불구하고 VR 분야의 상당수는 서라운드 디스플레이를 비 몰입형 VR로 분류한다. 우리는 이것이 단순히 사실이 아니라는 것을 목격했다. 사실 우리에게 자격은 모순을 일으킨다. 우리에게 있어서 경험은 애초에 VR의 자격을 갖추기 위해서는 어느 정도 육체적으로 몰입해야 한다. 사실, 몰입은 부적절한 폐색 단서나 불완전한 FOR에 의해 방해될 수 있지만, 이러한 상황은 피할 수 있다. 따라서 사용자는 가상의 오브젝트나 투사된 씬의 관점에서 더 이상 생각하지 않고 단순히 경험하는 대로 세상과 상호작용을 하게 된다.

헤드 기반 디스플레이

피쉬 탱크 및 서라운드 비주얼 디스플레이 패러다임과는 달리 HBD의 화면은 정지돼 있지 않으며, 이름에서 알 수 있듯이 사용자의 머리와 함께 움직인다(그림 5-39). HBD 스타일에는 HMD, 기계 연결부(예: BOOM), 몇 피트 떨어진 곳에 가상 영상을 표시하도록 디자인된 소형 화면(예: 프라이빗 아이^{Private Eye}와 구글 글래스), 실험용 망막 디스플레이(레이저를 사용해서 이미지를 직접 눈의 망막에 표

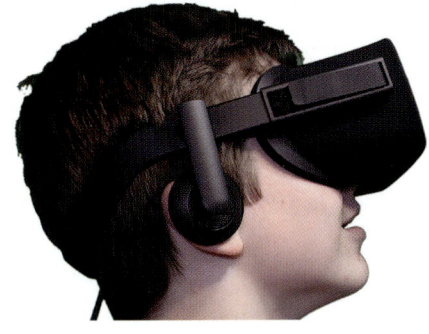

그림 5-39 스크린은 머리에 디스플레이를 부착함으로써 사용자의 눈에 상대적으로 고정돼 있다. (Photograph by William Sherman.)

시) 및 약간 움직이는 운동경 등이 있다. pe는 사용자가 머리를 위로 올린다는 것을 표시한다(예: 다음 사이드바에서 설명한 Facespace PUSH). 궁극적으로, 그리고 실제로 이미 이러한 유형의 디스플레이는 헤더 장착이라기보다는 헤더 웨어라고 더 적절하게 언급되는 하드웨어로 이동하고 있으며, 무게와 크기의 안경 한 쌍과 유사한 디바이스의 순서에 따라 접근하면서도 고해상도 및 넓은 FOV를 전달하고 있다.

다시 우리가 논의할 네 가지 하위 범주는 (1) 체험자들로부터 현실 세계를 가로막는 HBD, (2) 체험자들에게 현실 세계를 밝히고 그에 따라 가상의 사물이나 주석으로 현실 세계를 증강시키는 HBD, (3) 스마트폰이나 태블릿과 같은 모바일 컴퓨팅 기술을 활용하는 HBD, (4) 헤드워른 시스템이다. 이미지가 머리에서 투사돼 HMPD$^{Head\ back}$로 반사되는 위치다.

헤드 기반 가상 현실 디스플레이(HMD)

앞서 살펴본 것처럼 헤드 기반 VR 비주얼 디스플레이는 아마 대부분의 사람들이 VR과 연계하는 장비일 것이다. 이 절에서는 가상에 유리한 현실 세계를 차단하는 비밀스러운 헤드 기반 VR에 대해 설명하겠다.

포괄적인 헤드 기반 가상 현실 디스플레이의 구성 요소

헤드 기반 VR 디스플레이^{HBD} 화면은 사용자가 착용하거나 들고 있기 때문에 일반적으로 작고 가볍다. 물론 역가중 시스템은 약간 더 무거운 디스플레이를 허용하지만, 무게는 여전히 지지 팔의 움직임을 컨트롤하기 위한 한 요인이다. 대부분의 HBD는 스테레오스코픽 이미지 뎁스 단서를 허용한다. 헤드 기반 시스템은 고정형 스크린이 사용하는 필터링 안경과는 달리 듀얼 시각 출력(각 눈마다 하나씩)을 사용하거나 스마트폰 화면과 같은 단일 디스플레이에 영상을 두 개 반으로 표시(좌우 눈 보기용)한다.

HBD에 대해 다양한 트래킹 시스템을 사용할 수 있다. 대부분의 소비자 모델은 디스플레이 바로 안에 트래킹 시스템을 내장하고 있다. 어떤 유형의 트래킹도 가능하지 않지만, 대부분은 가속계 기반 트래킹을 포함하며, 시스템 개발자는 가능한 위치 트래킹 방법 중에서 선택해야 한다. 더 이상 실용적 상업적 제품은 아니지만, 페이크스페이스 BOOM과 이와 유사한 (수동 기반) ART+COM Window into Virtuality 시스템은 각 디스플레이를 지원하기 위해 기계적 연결을 통합하는 방법(그림 4-12 참조)에 관심이 있었으며, 따라서 자연스럽게 연결 디바이스의 조인트 각도를 측정해 위치를 결정한다. 화면 (그림 5-40). 그러한 방법은 빠르고 정확한 측정을 제공하지만 필요한 물리적 연결 때문에 일반적으로 다른 유형의 HBD에는 사용되지 않는다. 한 가지 예외는 HBD와 기계적 트래킹의 조합을 허용하는 것으로, 사용자가 조종석에 앉기 때문에 이동 범위가 제한된 시스템이다.

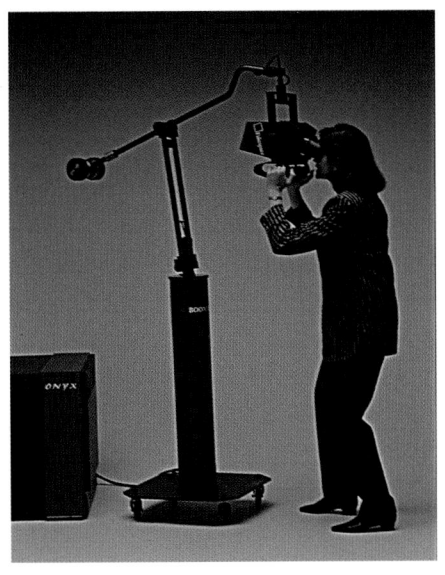

그림 5-40 페이크스페이스의 BOOM3C는 화면 무게의 균형을 맞추고 사용자의 부담을 줄이기 위해 역가량을 사용한다. 기계적인 트래킹을 사용해서 헤드 위치를 보고한다. (Photograph courtesy of Fakespace Labs, Inc.)

HBD는 주로 사용자 모션에 반응하는 방향 신호에 의존한다. 만약 애플리케이션 개발자들이 위치 트래킹의 부족으로 인해 그 경험이 고통을 받지 않을 것이라고 결정한다면, 관성 디바이스와 같은 자기 참조 트래킹이기의 유일한 사용은 합리적인 가능성이 된다. 스마트폰 VR 기반 디스플레이는 자체 내부 트래킹 메커니즘을 사용할 수 있어 전체 6-DOF 정보가 필요 없는 한 추가 트래킹 하드웨어를 필요로 하지 않는다.

포괄적인 헤드 기반 가상 현실 디스플레이의 기능

HBD의 두드러진 단점은 트래킹 및 영상 생성 시스템의 지연이 뷰어에게 눈에 띄는 문제를 일으킨다는 것이다. 씬의 시야가 사용자의 머리 움직임보다 뒤처지면 시각적 혼란을 일으켜 사용자가 머리를 진동하게 하는 경우가 많다. 이 지연은 VR에서 시뮬레이터 질환의 주요 원인 중 하나이다.

전형적인 HBD의 FOV는 다소 제한적이지만, 현대의 소비자 HMD는 그 기준을 상당히 높였다. 해상도와 FOV 사이에는 약간의 트레이드오프가 있으며, 일부 시스템은 더 높은 해상도를 선택할 수 있다. 해상도 자체는 초기 시스템에서 제공되는 비교적 적은 픽셀(1080×960 컬러 픽셀)에서 상당히 높은 해상도(스타VR HMD는 개선 여지가 있지만 상당한 픽셀 밀도를 가진 눈당 2560×1440 픽셀을 자랑한다)까지 다양할 수 있다. 많은 소비자 HMD는 FOV의 중심부에서는 선명도가 아주 높지만, 광학 결과로 주변부에서는 많이 떨어지게 된다. 즉, 눈이 똑바로 앞을 응시할 때는 주변부 수용체의 해상도가 그다지 좋지 않기 때문에 괜찮지만, 눈을 움직이게 되면 흐릿해 보일 수 있으므로 고개를 돌려 보정해야 한다. 때때로 FOV를 증가시키기 위해 픽셀을 비주얼 필드에 분산시켜 픽셀 밀도를 줄이는 경우가 있다.

HMD는 어느 정도 억제할 수 있다. 그것들은 하기 어렵고 입기가 불편할 수 있다. HMD는 모든 안경을 잘 수용하지 못하며, HMD의 무게는 잠시 착용해도 피로와 목에 무리가 올 수 있다. HMD에 자주 부착되는 케이블은 사용자의 이동 자유를 효과적으로 제한한다. 물론, 이러한 물리적 제약의 대부분은 HBD가 단순하지만 기술적으로 적절한 무선 안경 한 쌍으로 진화함에 따라 가라앉을 것이다.

소비자 중심의 HMD는 큰 발전을 이루었지만, 일부 HMD는 스테레오시스, 숙박, 융합 등의 뎁스 단서들 사이의 충돌로 인해 여전히 장기간에 걸쳐 사용이 어려울 수 있다. 이러한 갈등은 눈의 피로와 다른 부정적인 효과로 이어질 수 있다. 대부분의 HMD는 고정된 초점점을 가지고 있기 때문에, 그 수용 신호는 모든 오브젝트들이 그 거리에 있다는 것을 당신의 뇌에 알려준다. 그러나 스테레오시스, 시차, 원근법, 기타 단서들은 숙소와 충돌할 수 있으며, 뇌에 오브젝트가 초점거리 이외의 거리에 있다는 것을 알려준다. (라이트필드 광학과 같은) 앞으로 다가올 몇 가지 분산 기술들은 숙소 불일치를 완화하도록 디자인돼 있다.

또한 HBD의 많은 긍정적인 특징들이 있는데, 특히 FOR는 보는 사람을 둘러싼 전체 구를 덮고 있다. 대부분의 고정 디스플레이와 달리 사용자가 어떤 방향을 보든지 간에 이미지의 간격이 없다. HBD는 쉽게 휴대할 수 있으며, 바닥 공간이 거의 필요하지 않다. 실제로 스마트폰-VR 홀더는 주머니에 들어갈 수 있으며 언제든지 전화기와 결합

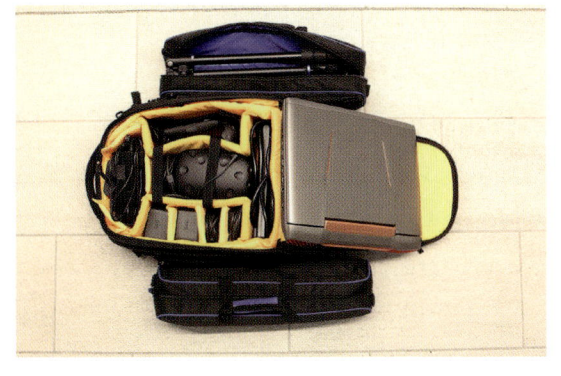

그림 5-41 소비자용 HMD와 강력한 노트북은 VR 시스템 전체를 휴대형 케이스로 쉽게 포장해 쉽게 휴대할 수 있도록 했다. 소비자용 HMD와 강력한 노트북은 VR 시스템 전체를 휴대형 케이스로 쉽게 포장해 쉽게 휴대할 수 있도록 했다. (Photograph by William Sherman.)

돼 전화기 기반 애플리케이션을 경험할 수 있다. 그러나 휴대용 게임용 노트북을 사용하면 HTC Vive 또는 오큘러스 리프트와 같은 HMD도 휴대용 케이스로 포장해서 몇 분 안에 설정할 수 있다(그림 5-41).

어떤 애플리케이션에서는 사용자로부터 현실 세계를 가릴 수 있는 능력이 중요하다. 폐쇄형 HBD는 물리적 세계를 뷰에서 숨기고, 올바르게 작동하려면 특정 조명 조건이 필요한 투영 기반 고정형 시스템보다 더 넓은 범위의 장소에서 작동할 수 있다. 물론, 이러한 디스플레이를 착용한 사람들은 현실 세계에서 잠재적 위험을 볼 수 없기 때문에, HMD 소프트웨어가 사용자를 보호하기 위해 작동할 수 있기 때문에, 폐쇄형 HMD 사용은 보호 구역으로 제한돼야 한다. 사용자를 안전하게 유지하는 좋은 예는 HTC Vive의 Chaperone 시스템에 의해 제공되며, 이 시스템은 사용자가 안전하게 재생할 수 있는 영역의 가장자리(그들에 의해 정의됨) 근처에 도달했을 때 사용자 주위에 색상이 표시된 상자를 보여준다. 이 안전 뷰는 바이브에서 전면 장착 카메

그림 5-42 HTC Vive용 밸브가 사용하는 "Chaperone" 시스템은 그리드 개요와 선택적으로(그림과 같이) 체험자를 안전하게 유지하기 위한 현실 세계의 스타일화된 뷰를 모두 제공한다.

라를 통해 얻은 현실 세계의 대비가 강화된 뷰로 증강할 수 있다(그림 5-42).

폐쇄형 헤드 기반 가상 현실 디스플레이의 인터페이스 문제

헤드 기반 VR 비주얼 디스플레이는 주로 1인칭 시점으로 적합하다. 사용자 눈의 관점으로 직접 세상을 표시한다. 이 기능은 '왼쪽 보기, 왼쪽 보기'의 직관적인 인터페이스를 제공한다. 그리고, 머리 위치를 방향 외에 트래킹할 때, 단순히 다른 쪽으로 걸어가서 보는 것만으로 오브젝트의 다른 면을 보는 능력은 매우 자연스러운 인터페이스를 제공한다. 단순성과 경제성을 위해 일부 VR 시스템(대부분 스마트폰-VR 버라이어티)은 헤드의 위치를 트래킹하지 않기 때문에 사용자가 공간을 거의 이동할 수 있도록 다른 유형의 인터페이스가 필요하다.

HBD는 사용자를 현실 세계에서 시각적으로 격리시키기 때문에 사용자가 보는 모든 것은 컴퓨터에 의해 생성돼야 한다. 즉, 자신의 몸을 포함한 모든 것이 생성돼야 한다. 1인용 어플리케이션에서도 사용자의 아바타를 렌더링하거나 최소한 사용자가 볼 수 있는 중요한 부분을 렌더링해야 한다. 실제로, 많은 프로프와 조정기는 은밀 HBD 시스템 내에서 적절히 사용하기 위해 렌더링된 아바타를 요구한다. 이 요건이 모두 나쁜 것은 아니다. 실제 디바이스를 볼 수 없기 때문에 어떤 물건으로도 나타낼 수 있다. 일반적으로 디바이스와 가상 오브젝트는 모양, 질량 및 무게 중심이 유사

그림 5-43 가상 현실 경험을 개발할 때, 또는 영숫자 입력이 필요한 경험을 사용할 때, 키보드에 접근할 수 있는 것이 편리하다. 로지텍은 물리적 키보드를 트래킹하는 하나의 솔루션을 고안했고, 그 다음 전면 카메라를 통해 사용자의 손이 키보드에 겹쳐지는 것을 볼 수 있게 한다. 또는 키보드의 물리적 형태가 알려져 있기 때문에 가상 세계 내에 컴퓨터가 제공하는 버전을 정확하게 배치할 수 있다. (Images courtesy of Logitech Inc.)

할 것이다. 진짜 손전등은 가상의 스타워즈 광선검사가 될 수도 있고, 작은 플라스틱 판은 가상의 클립보드나 물건의 내부를 밝힐 수 있는 절단 도구가 될 수도 있다.

컴퓨터 키보드와 같이 더 복잡한 물건들은 그들이 보는 것과 그들이 만지는 곳 사이에 미세한 등록을 할 수 있는 사용자의 능력에 의존한다. 이 등록은 폐쇄형 HBD에서는 달성하기 어렵기 때문에 사용자가 아바타만 볼 수 있는 경우 버튼 또는 기타 복잡성을 가진 기기는 사용하기가 더 어렵다. 이 문제는 현실 세계를 포착해 가상 세계에 다시 반영함으로써 극복하거나 최소한 완화될 수 있다(그림 5-43).

역사적 노트: 푸시 디스플레이(push display)

Fakespace, Inc.의 PUSH 디스플레이는 많은 점에서 그 시대의 전형적인 HBD였지만, 한가지 두드러진 차이점이 있다. 그것은 머리로서는 별로 움직이지 않는다. 트래킹은 디바이스에 내장돼 있지만, 매우 제한적이었다. 뷰어 메커니즘은 약간 앞이나 뒤로 밀릴 수 있지만 회전할 수는 없다. 이런 점에서 고정 디스플레이의 일부 특징을 공유했지만, 좌우로 움직이는 것은 허용하지 않았다.

PUSH 디스플레이로 사용자들은 키네토스코프를 닮은 시청 기기에 발을 내디뎠다(그림 5-44). 기기 내부에는 두 개의 매우 고해상도 이미지가 있어 매력적인 쌍안경을 제공했다. 디스플레이는 3개의 4강 기둥 위에 탑재돼 사용자가 디스플레이를 비틀고 당기고 밀어낼 수 있었다. 사용자 인터페이스를 세상에 제공하는 뷰어의 양쪽에 버튼이 달린 손잡이가 있었다. 가상 세계 내에서 체험자 이동 방법은 시스템 디자이너가 만들 수 있도록 개방돼 있었다. 이치에 맞는 방법은 한정돼 있었다. 일반적인 방법은 일반적으로 기기를 밀면 가상 세계에서 사용자가 앞으로 이동하고 기기를 당기면 사용자가 뒤로 이동한다는 개념에 기초했다. 버튼은 요(옆으로)와 피치(위 아래로) 축을 중심으로 회전하는 데 사용됐다. 그러나 디스플레이에 양손을 모두 대고 있기 때문에 세상과의 상호작용을 위한 용돈은 많지 않다. PUSH 개념은 아마도 응용의 보행 형태에 가장 적합할 것이다.

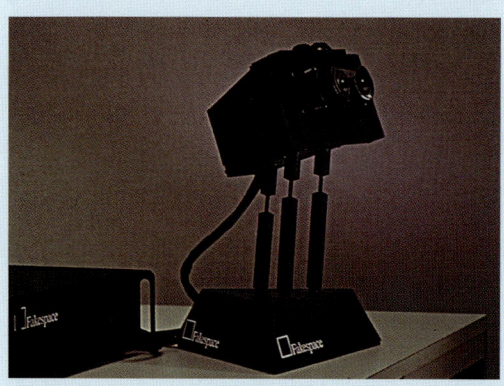

그림 5-44 Fakespace, Inc. PUSH 디바이스는 키네토스코프와 비슷하다. 시청자는 디바이스를 향해 고개를 들고 다른 버튼을 누르며 손으로 스티어링 해 가상 세계와 상호작용한다. 이 디바이스는 착장에 시간이 거의 걸리지 않아 공공장소에서 특히 유용하다. (Photograph courtesy of Fakespace Labs, Inc.)

이것은 당시 고해상도였던 것과 PUSH의 다른 특징들이 매우 정신적으로 몰입할 수 없었던 것은 아니다. 견고성과 항법적 용이성을 겸비해, 많은 사람들이 시스템을 사용하고 공간을 통한 이동이 중심 이야기 요소인 공공 장소에서 사용하기 위해 잘 조정됐다.

폐쇄형 헤드 기반 가상 현실 디스플레이 요약

포함 HBD는 VR에 대해 더 널리 알려진 형태의 시각 디스플레이다. 스마트폰-VR 방식은 많은 사람들이 사실상 비용이 들지 않고 VR로 실험할 수 있게 해준다. 물론 스마트폰은 컴퓨팅 용량이 더 제한적이기 때문에 더 큰 작업의 경우 이러한 실험은 더 심층적인 필요의 품질을 정확하게 설명하지 못할 수 있다.

완전한 FOR를 제공하지만, 제한된 FOV와 현재 적절한 해상도 및 적정한 해상도는 현재 많은 비주얼리제이션 및 제품 디자인 애플리케이션 디자이너들이 서라운드-VR 시스템을 계속 유지하도록 유도하는 동시에, 저렴한 소비자 HMD의 이점을 탐구하도록 유도한다. 반면 HMD의 개선은 실패할 것이다. 나는 게임 시장이 사라진 것과 같은 방향으로 VR의 많은 사업과 연구 이용을 계속 추진하고 있으며, 여전히 일부 고정형 서라운드 VR 시스템이 제공하는 더 큰 공유 스크린의 필요성이 있을 것이다.

비폐쇄형(씨스루) 헤드 기반 디스플레이

씨스루 HBD는 주로 사용자가 물리적 환경의 확장된 복사본을 봐야 하는 애플리케이션을 위해 디자인됐으며, AR 애플리케이션. 광학 또는 비디오(뎁스 카메라 캡처 포함)를 통해 이러한 디스플레이의 '시선 통과' 효과를 구현하기 위해 사용되는 두 가지 방법이 있다. 광학 방법은 렌즈, 거울, 반 실루버 미러를 사용해 컴퓨터의 이미지를 현실 세계의 경치로 오버레이한다(그림 5-45). 비디오 방법은 전자 혼합을 사용해서 HBD에 장착된 카메라에 의해 생성되는 현실 세계의 비디오 이미지에 컴퓨터 이미지를 추가한다[Rolland et al. 1994]. 뎁스 카메라 방법은 체험자가 혼합된 세계를 볼 수 있도록 현실 세계의 실시간 3D 포인트 클라우드를 가상 세계의 적절한 코로케이션 영역에 혼합한다. 이는 사용자 안전을 위해 또는 체험자가 몰입한 상태에서 실제 조작을 할 수 있도록 하기 위해 수행될 수 있다.

그림 5-46은 사용자가 정상적인 시야에서 볼 수 없는 오브젝트(예: 상대 표면 온도, 내부, 뒤에 있는 오브젝트)의 특징을 볼 수 있는 현실 세계에 Magic Lens 효과의 개념을 적용하는 일반적인 AR 애플리케이션의 한 가지 예를 보여준다.

현실 세계에 주석을 다는 것은 AR 어플리케이션의 또 다른 유형이다. 주석은 오브젝트의 특정 부분에 대한 포인터가 있는 간단한 텍스트 상자, 작업의 다음

그림 5-45 다크리 스마트헬멧은 광학디바이스를 이용해 현실 세계를 증강과 결합하는 증강현실 도구를 제공한다. (Photograph courtesy of Daqri.)

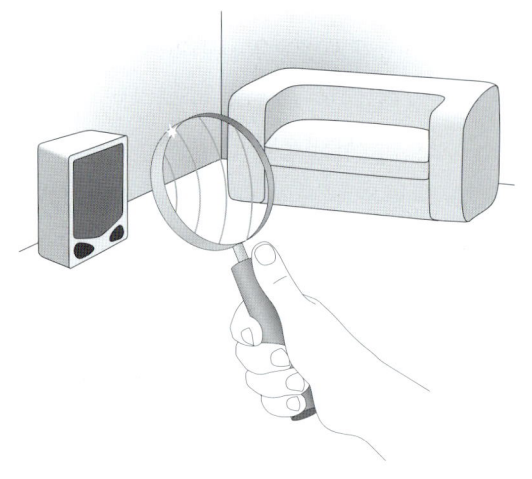

그림 5-46 Magic Lens 패러다임은 뷰어가 "렌즈" 아래에 있는 오브젝트에 대한 추가 정보를 얻을 수 있게 해준다. 이 이미지에서, Magic Lens는 실내의 음파를 비주얼리제이션하는 데 사용된다.

단계를 설명하는 보다 상세한 지시사항, 부품이 배치돼야 하는 위치를 보여주는 화살표 또는 기타 그래픽 등이 될 수 있다. 이러한 효과는 훈련 또는 실제 절차 수행에 유용할 수 있다(그림 5-47). 예를 들어, 공장에서 밸브를 적절한 설정으로 조작하는 것과 같은 절차를 수행하는 것은 밸브의 적절한 위치를 표시하고 정확한 값이 보이는지 확인하는 스마트 헬멧을 사용해 수행할 수 있다.

가시적 기능을 갖춘 HBD를 사용하는 또 다른 이유는 사용자에게 안전을 위해 현실 세계의 측면을 공개하거나 단순히 몰입한 상태에서 현실 세계의 오브젝트와 상호작용할 수 있기 때문이다. 예를 들어 HTC Vive의 카메라 뷰는 몰입한 체험자가 가상 세계에 완전히 관여하는 동안 실제 물리적 위험을 보여주는 데 사용할 수 있다.

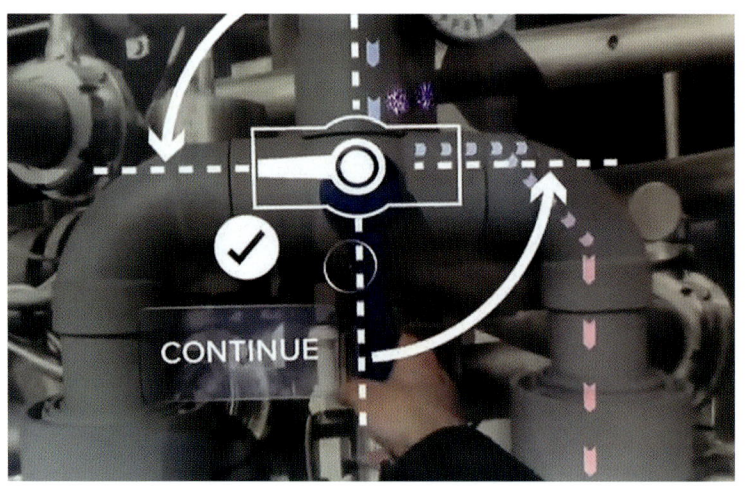

그림 5-47 이 이미지는 AR 디스플레이를 통해 사용자에게 파이프를 통과하는 흐름을 조정하기 위한 적절한 절차를 지시하는 뷰를 보여준다. (Photograph courtesy of Daqri.)

비폐쇄형 헤드 기반 디스플레이의 구성 요소

씨스루 HBD의 구성요소에는 폐쇄형 HBD에 필요한 항목과 비디오나 광학을 통해 현실 세계를 캡처하거나 통과하고 가상 세계를 실제 뷰에 등록하기 위한 추가 장비가 포함된다. 솔리드 트래킹 시스템은 시스템이 작동할 현실 세계의 모델 또는 부분 모델을 얻기 위해 필요하다(그림 5-48). 종종 이 두 가지 요구 사항은 상호 연관돼 있다. 트래킹을 개선하는 한 가지 방법은 현실 세계에 대해 알려진 것을 사용하고 그것을 세계의 비디오 입력에서 보이는 것과 일치시키는 것이다. 직무의 정확성을 개선하기 위해 현실 세계에 특수 기준 마커(랜드마크 또는 기준 마커)를 추가할 수 있다[State et al. 1996]. 컴퓨팅 파워와 컴퓨터 비전 알고리즘이 더 제한됐을 때, 기준 마커는 컴퓨터 비전 알고리즘을 위해 특별히 디자인됐고, 카메라와 관련된 위치를 쉽게 찾고 연산했다. 이제, 적절한 복잡성을 가진 어떤 정적 영상도 기준점으로 사용될 수 있다. 따라서, 이제 환경의 일부 이미지는 기준 마커로 사용될 수 있다.

근거리 AR에 대한 유일한 추가 주요 요건은 헤드의 완전한 6-DOF 위치 트래킹이다. 이것은 가상 세계와 현실 세계 사이의 등록은 눈이 실제세계에서 어떻게 위치하는지를 정확히 알아야 한다는 사실에서 비롯된다. 정밀 트래킹이 상대적으로 덜 중요한 경우(증강 중인 세계의 요소가 상대적으로 멀리 있는 경우)가 있지만, 이러한 경우 또한 때때로 머리털 AR 디스플레이를 필요로 하지 않는

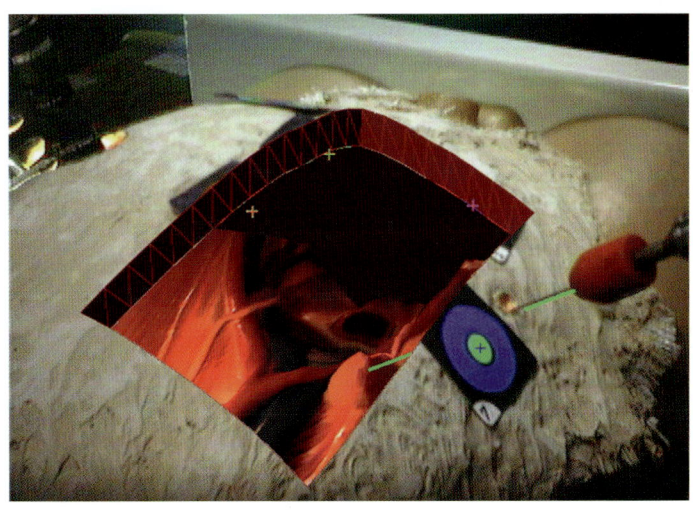

그림 5-48 영상 디스플레이는 컴퓨터로 생성된 이미지를 등록하고 현실의 시각에 겹쳐 볼 수 있게 한다. 이 예에서 초음파 영상은 환자의 실제 시야에 겹쳐져 있어 의사는 센서 데이터와 환자의 신체 사이의 관계를 볼 수 있다. 내부 뷰 우측에 있는 원형 패턴은 트래킹 등록을 더 잘 하기 위해 사용되는 기준 마커다. (Image courtesy of UNC Chapel Hill.)

경향이 있으며, 따라서 핸드헬드 AR 애플리케이션으로 더 흔히 발견되므로, 그러한 패러다임 하에서 논의될 것이다.

물론 컴퓨터가 사용자가 도움을 받지 않은 눈으로 볼 수 없는 현실 세계에 대한 정보를 보기 위해서는 컴퓨터가 그 정보의 내부 모델을 가지고 있어야 한다. 이 모델은 미리 디자인할 수 있다. 예를 들어, 애플리케이션이 건물의 인프라에서 전기, 파이프 및 덕트 작업을 검토하는 데 도움이 되는 경우, 건물의 CAD 데이터베이스에서 정보를 얻을 수 있다. 현실의 모델은 또한 즉시 만들어질 수 있다. 채플 힐에 있는 노스캐롤라이나 대학에서 개발한 AR 애플리케이션에서 Ultrasound Visualization 프로젝트[Bajura et al. 1992] [State et al. 1996]라고 불리는 환자 내부 장기의 모델이 의료 초음파 스캐너에 의해 수집된 데이터로 구성됐다. 다른 예에서 그림 5-49는 실제 공간을 포착하기 위해 3차 테크에 의해 개발된 레이저 영상 범위 탐색기 시스템의 사용을 보여준다. 한 영역의 3D 포인트 클라우드 데이터를 캡처하는 LIDaR 시스템은 모든 종류의 실제 데이터를 캡처하는 데 상당히 인기가 있다. 지상 부대는 고고학적 발굴, 동굴 시스템, '건설 중인 건물'(즉, 계획에서 말한 대로만 건설되는 것이 아니라) 및 공장 바닥 배치 등 역사적 현장을 포착하는 데 종종 사용된다. 공

(A)  (B)

그림 5-49 아직 실시간 프로세스는 아니지만, 레이저 영상 범위 검색기 시스템(A)—세상을 "보고" 이미지를 생성하며 오브젝트의 거리에 대한 데이터를 제공하는 디바이스—이 차고 씬(B, C)과 같은 실제 공간을 캡처하는 데 적합하다. (Images courtesy of 3rd Tech.)

수부대는 대개 국립공원이나 골프장 등 세부적인 면에서는 훨씬 더 큰 지역을 포착할 수 있다.

실시간 실시간 실시간 실시간 캡쳐도 구글의 탱고, 마이크로소프트 HoloLens와 같은 시스템에 의해 수행되는데, 이 시스템은 SLAM 트래킹을 사용해서 즉석에서 환경의 모델을 만들고(그림 4-27 참조), 같은 정보를 사용해 그 순간 현실 세계의 상태를 기록할 수 있다.

비폐쇄형 헤드 기반 디스플레이의 기능

씨스루 HBD에서 현실 세계가 환경의 일부라는 사실은 현실 세계의 제약이 가상 세계에서 할 수 있는 일에 영향을 미칠 것이라는 것을 의미한다. 세상의 어떤 면은 조작될 수 있고, 또 어떤 면은 조작할 수 없다. 중력 같은 물리적 법칙은 무력화시킬 수 없다. 시간은 멈추거나, 늦추거나, 되돌릴 수 없다. 한편, 불투명한 오브젝트는 현실 세계에 대한 충분한 지식과 적절한 렌더링 기법을 가지고 투명하게 보이도록 만들 수 있다. (스케일과 거리는 텔레프레젠스 운영의 매개 변수로 조작될 수 있다. 자세한 내용은 이 장의 뒷부분의 사이드바, 텔레프레젠스를 참조한다.

AR 시스템에서는 오브젝트의 정확한 폐색이 어려울 수 있다. 때때로 결합 세계에 위치한 가상의 오브젝트는 세계의 실제 오브젝트 뒤에 있다. 렌더링된 씬에서 오브젝트의 적절한 위치를 결정하는 것은 사소한 문제가 아니다. 특히 실제의 트래킹되지 않은 오브젝트(즉, 영상 카메라, 깊이 카메라 및 Seethrough 디스플레이 자체에 통합된 다른 어떤 추가적인 수단을 통해 위치를 트래킹하지 않는 오브젝트)를 이동할 때 그렇다.

투시 디스플레이를 사용할 경우 일반적으로 가상 오브젝트와의 잠재적 상호 배치 문제를 나타내는 오브젝트는 몇 개뿐이다. 한 가지 해결책은 이러한 오브젝트들을 트래킹하고 그들의 위치에 대한 지식을 바탕으로 그림자 마스크를 만드는 것이다. 그러면 실제 오브젝트는 복면을 한 오브젝트의 아바타로 대체되고 씬에서 적절히 렌더링될 것이다. 아바타는 가상 세계의 일부분이기 때문에, 그들의 상호작용이 씬에 적절하게 등록될 것이다.

비폐쇄형 헤드 기반 디스플레이의 인터페이스 문제

AR 대 기본 VR을 사용할 때 발생하는 유일한 새로운 인터페이스 문제는 현실과 인터페이스하는 것이다. 그렇지 않으면 특히 근거리 현실 및 가상 세계를 등록할 때 허용오차가 조금 더 엄격해질 수 있지만 대부분의 인터페이스 가능성과 우려는 폐쇄형 HBD와 유사하다. 물론, HBD/AR을 통해, 어떤 실제 오브젝트이든 인터페이스 요소로 사용할 수 있다. 마찬가지로 어떤 가상 오브젝트도 인터페이스 요소로 사용될 수 있다. 현실 세계를 인터페이스의 일부로 사용한 매우 초기의 예는 첫 번째 HMD(서덜랜드의 다모클레스의 검)까지 거슬러 올라간다. 여기서 돈 비커스는 박사 논문에서 벽에 칠판을 사용해서 사용자가 선택할 수 있는 상호작용으로 활성화할 수 있는 메뉴 옵션을 포기했다(그림 5-50) [Vickers 1974].

광학적 방법을 사용해 AR 뷰를 만들 때 사용자는 렌즈와 거울을 통해 물리적 세계를 직접 본다. 따라서 사용자의 움직임과 현실 세계를 보는 시각 사이에는 시차가 없다. 그러나 가상 세계는 여전히 트래킹과 컴퓨터 그래픽 기술에 의존하고 있어 사용자의 움직임과 디스플레이 응답 사이에 최소한 약간의 지연을 야기할 것이다. 따라서 움직이는 동안 현실 세계와 가상 세계 사이의 등록은 완벽하게 일치하지 않을 것이다.

비디오 방법을 사용할 때 비디오 입력의 지연은 가상 세계 디스플레이의 지연과 일치할 수 있다. 비디오 방식은 또한 가상 세계를 더 정확하게 현실 세계에

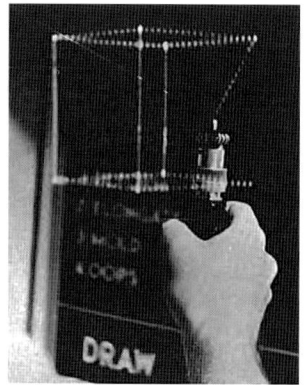

그림 5-50 1974년 논문에서 돈 비커스는 현실 세계를 가상 세계 인터페이스의 일부로 사용하는 기술을 시연했다. 메뉴를 렌더링하는 것은 그 시대의 컴퓨터가 제공할 수 있는 것보다 많을 것이기 때문에, 메뉴를 벽에 붙인 다음 메뉴의 위치를 핸드 컨트롤러에 보정해 "렌더링"됐다. MOTATE(가운데 이미지) 단어의 왼쪽에 있는 점선 십자선이 컴퓨터로 연결된 3D 커서라는 점에 유의하라. (Images provided by the University of Utah.)

등록하기 위해 현실 세계의 입력에서 나오는 실마리를 더 쉽게 사용할 수 있게 해준다. 그러나 디스플레이 시스템의 지연이 증가함에 따라 (정상적으로 동작할 것으로 예상하는) 현실 세계도 지연될 것이기 때문에 레이턴시를 낮게 유지하는 것이 훨씬 더 중요해진다.

시스템 응답 지연 외에도 실제 뷰와 컴퓨터 생성 뷰(래그 차이) 사이의 지연 차이는 사용자 인터페이스 문제를 일으킬 수 있다. 래그 격차 자체는 등록 문제의 근원이다. 증강된 디스플레이가 현실 세계보다 뒤처지면 중복되는 가상 및 실제 뷰는 공간적으로 이동하게 된다. 그러나 일반적으로 지연차는 기본 지연 문제로 축소될 수 있다. 광학식 시스루 디스플레이에서는 사용자가 현실 세계를 직접 보기 때문에 증강된 디스플레이에는 지연만 있다. 그러나 비디오 씨스루 디스플레이에서는 실제 이미지에 지연을 추가해 증강 정보의 지연과 일치시킬 수 있다. 이렇게 해서 지금은 전체 뷰가 사용자의 움직임보다 뒤처져도 지연차이는 0으로 줄어든다. 위치 등록과 마찬가지로, 모두 멀리 떨어져 있는 오브젝트(파 필드)로 작업할 때 지연 차이의 결과가 감소한다.

영상 방법의 또 다른 부정적인 영향은 보정할 추가 광학 디바이스가 없으면 현실 세계를 캡처하기 위해 사용하는 카메라가 사용자의 실제 위치와 상쇄돼 그들의 세계관이 왜곡된다는 것이다. 이 상쇄는 환경에서의 조작을 어렵게 만든다. 사용자는 대개 그러한 상황에 적응할 수 있지만, 디스플레이를 종료한 후 중요하지 않은 시각적 방식에 적응할 필요가 있을 것이다. (사용자의 적응은 일련의 미러를 통과할 때 현실 세계의 시야가 이동될 때 광학적 시스루 디스플레이의 한 요인이기도 하다.)

시스루 시스템에 프로프를 사용하는 것은 몇 가지 추가적인 문제를 제기한다. 긍정적인 측면에는 프로프를 볼 수 있는 인터페이스 이점이 있다. AR에서는 사용자가 조정기가 위치한 위치를 볼 수 있기 때문에 멀티프로프 인터페이스를 구현하는 것이 더 간단하다. 반면 체험디자이너가 현실의 프로프를 위장하고 싶을 때는 더 어렵다.

프로프를 교란하려면 프로프 대신 보는 그래픽을 표시해야 한다. 결국 AR 디스플레이의 포인트는 뷰어가 보는 부분의 최소 부분을 대신해서 그래픽을 렌더링하는 것이다. 예를 들어, 컴퓨터 그래픽 아바타에 의해 가려지지 않는 한, 광선검을 표현한 막대기는 그냥 막대기로 나타난다. 광학 투시 디스플레이에서는 컴퓨터에서 생성된 이미지가 과도한 이미지로 실제 오브젝트를 차단해야 하기 때문에 완전한 마스킹이 더 어렵다.

비폐쇄형 헤드 기반 디스플레이 요약

AR은 물리적으로 몰입할 수 있는 미디어의 중요한 하위 클래스다. AR에서 사용자는 VR의 도움 없이는 실현 불가능한 방법으로 현실 세계를 조작하고 볼 수 있다. VR 헤드 디스플레이와 핸드 기반 디스플레이의 수정 버전은 증강 디스플레이를 만드는 데 사용되지만, 가상 정보를 실제 뷰에 매핑하는 것이 중요하기 때문에 기본 VR보다 트래킹 등록이 훨씬 더 중요해진다.

시스루 패러다임은 또한 몇 가지 다른 흥미로운 가능성을 허용한다. 한 가상 세계를 다른 가상 세계로 매핑하는 AR 디스플레이를 구현할 수 있다. 그러한 시스템은 서라운드-VR 디스플레이를 입력한 다음 해당 환경 내에서 헤드(또는 수동) 기반 AR 디스플레이를 사용해 생성될 수 있다. 이 기술은 일리노이 대학의 미셸 예Michelle Yeh와 크리스 위켄스Chris Wickens에 의한 인적 요인 연구에 사용돼 왔다(그림 5-51). 해면 HMD의 가능한 편익을 평가하기 위한 그들의 실험에서, 외부 지형은 CAVE 디스플레이에 투영된다[Yeh et al. 1999].

그림 5-51 증강현실은 또 다른 가상 현실 디스플레이와 결합해서 실제현실이 아닌 가상 세계를 증강시킬 수 있다. Michelle Yeh의 인적 요인 실험에서, 가능한 AR 판매 보조 기구는 주변 환경을 제공하기 위해 CAVE 디스플레이를 사용해 테스트된다. (Application courtesy of Professor Chris Wickens, former Director of the University of Illinois Aviation Research Lab; photograph by William Sherman.)

스마트폰-가상 현실 헤드 기반 디스플레이

스마트폰 기술은 VR 관심 부활의 주요 기폭제가 됐다. 매우 저렴한 비용으로 수백만 개의 소형 고해상도 스크린의 생산은 킥스타터 자금의 오큘러스 DK-1을 시작으로 모든 모바일 컴퓨팅 플랫폼에 통합돼 있는 관성/MEMS(마이크로 전기 기계 시스템) 트래킹 디바이스의 확산으로 소비자 가격의 HMD를 제조할 수 있는 수단이 된 것은 VR에 중요했다. 몇 년 전의 데스크톱 컴퓨터처럼 3D 컴퓨터 그래픽을 충분히 렌더링할 수 있는 컴퓨터라는 점에서 폰 자체(또는 태블릿)가 VR 디스플레이의 주요 구성요소로 사용될 수 있다는 것은 말이 된다. 많은 사람들에게 스마트폰-VR은 VR 경험에 대한 그들의 첫 번째 개인 노출이 될 것이다. 그리고 다른 사람들에게는 이것이 VR을 가장 자주 경험하는 방식일 것이다.

스마트폰-VR의 측면을 공유하는 많은 선행 VR 디스플레이가 있는데, 이 중 일부는 이 개념을 직접적으로 자극했을 수 있다. VR(및 AR)에서는 비주얼 디스플레이를 얼굴에 고정하는 아이디어는 nVis 가상 쌍안경, 워싱턴 대학교의 뷰어로 돌아간다. VR에 앞서 1938년 Wheatstone의 발명품(그림 5-52)까지 거슬러 올라가는 입체 뷰어들이 있다. 아마도 최초의 상용 스마트폰-VR 보유자는 하스브로 마이3D 디바이스로, 이 디바이스는 그 시대의 애플 아이

그림 5-52 이 '고전적'의 모조품. 휘트스톤 스테레오스코프는 두 개의 작은 아이팟 디스플레이를 동기화된 상태로 장착해서 입체 쌍을 보여준다. (iPod Wheatstone viewer by Albert William, Chauncey Frend, Jeff Rogers, and Michael Boyles.)

그림 5-53 FOV2GO와 같은 관성 트래킹 기능을 갖춘 스마트폰이 등장해 저렴한 3-DOF 헤드 트래킹 VR 경험을 제공한다. (Photograph courtesy of MxR Lab, Institute for Creative Technologies.)

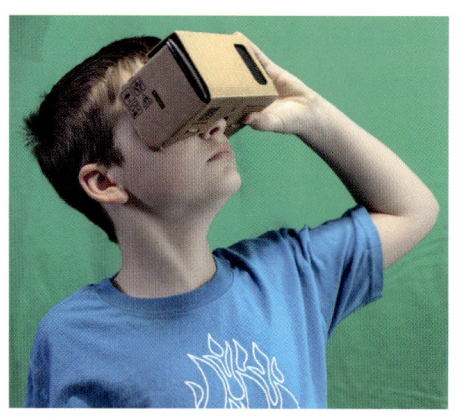

그림 5-54 폰 홀더로 펼쳐지고 재구성되는 마분지 패키지로 등장한 엄청나게 인기 있는 구글 카드보드. (Photograph by William Sherman.)

폰과 아이팟과 함께 작동했고, 몇 가지 간단한 VR 게임 경험을 제공했다. USC 크리에이티브 테크놀로지 연구소의 MxR 연구소는 이 아이디어를 '메이커' 개념으로 가져왔고 저렴한 렌즈로 폼코어 접이식 홀더를 만들어 DIY 스마트폰-VR 홀더를 만들었다(그림 5-53) 그 직후 구글은 그들의 인기 있는 구글 카드보드 스마트폰 홀더를 마그네틱 버튼과 일부 데모 애플리케이션과 함께 출시했고, 그 개념은 널리 퍼져나갔다(그림 5-54) 이후, 삼성은 오큘러스VR과 협력해서 보다 진보된 개념을 만들어냈다. 기어VR은 보다 실질적인 하우징을 가지고 있고 트래킹을 개선하기 위해 추가 전자 디바이스와 2D 터치 인터페이스 및 일부 버튼(그림 4-10 참조)을 통합했다.

스마트폰-가상 현실 헤드 기반 디스플레이 구성 요소

스마트폰-VR 디스플레이의 주요 구성 요소는 스마트폰! 다음으로는 전화기를 위한 홀더가 필요하다. 그것은 꽤 간단하고 작을 수도 있고, 또는 크고 확장된 전자제품이 있을 수도 있다. 그러나 홀더의 가장 중요한 하위 컴포넌트는 보는 사람의 숙소를 그들의 눈에서 단지 인치(또는 센티미터)만 보는 동안 편안한 어떤 것으로 바꾸기 위해 렌즈 한 쌍이 있어야 한다는 것이다. 세 번째 선택적 구성 요소는 가능한 입력의 범위를 확장하는 외부 컨트롤러다.

스마트폰-VR의 전화 컴포넌트는 종종 다른 시스템에서 별도의 컴포넌트로 발견되는 많은 중요한 서브 컴포넌트를 포함하고 있다. 특히, 전화기는 해상도가 중요하고 전화기를 팔 길이로 읽을 때보다 더 높은 해상도를 요구하는 디스플레이 화면을 제공한다. 전화기에 의해 제공되는 또 다른 중요한 요소는 위치 트래킹이다. 대부분의 경우 자체적인 가속도계/MEMS 디바이스에 기초한 3-DOF 방향 트래킹만 가능하다. 전화기는 또한 다운로드 가능한 앱으로 완전히 내부적으로 콘텐츠를 포함하거나 스트리밍 콘텐츠의 통로로 사용될 수 있는 시스템용 컴퓨팅 디바이스다. 전화기가 제공하는 네 번째 요소는 통신, 특히 Wi-Fi와 휴대폰 채널을 통해 인터넷에 접속하는 것이다. 마지막으로, AR과 일부 VR 경험은 모든 현대 스마트폰에서 표준 장비인 세계를 향한 카메라를 사용할 수 있다.

물론 소지자는 스마트폰, 때로는 플라스틱 하우징에서, 때로는 단순한 마분지에서도 안전하게 잡을 수 있어야 한다. 홀더의 다른 중요한 과제는 사용자가 눈에 매우 가까운 화면에 초점을 맞출 수 있도록 하는 광학 디바이스를 포함하는 것이다. 기어VR과 같은 일부 홀더의 선택적 특징은 애플리케이션과 상호작용하기 위한 추가 입력이다. Hasbro My3D의 경우, 사용자의 엄지손가락이 화면을 누를 수 있도록 홀더의 컷아웃이 제공됐고, 구글 카드보드의 첫 번째 버전은 나침반을 급격하게 간섭하는 방법으로, 소프트웨어가 변칙적인 것을 이용해서 '버튼 이벤트'를 생성할 수 있는 슬라이딩 자석을 제공했다. 카드보드의 두 번째 버전은 사용자가 전도성 스트립을 눌러 스크린탭을 에뮬레이션할 수 있는 수단을 제공했다. 많은 홀더가 특정 등급의 스마트폰에만 한정돼 있다는 점에 유의하라. 그러므로 당신이 사용하고자 하는 전화기의 폼 팩터를 고정할 홀더를 선택하는 것이 중요하다.

스마트폰-VR 시스템의 입력 능력을 높이는 또 다른 방법은 블루투스 디바이스다. 타사 블루투스 통신 게임 컨트롤러는 스마트폰 게임에 표준 게임 입력을 제공하며, 마찬가지로 VR 체험에도 사용할 수 있다. 구글은 더 실질적인 홀더를 제공하는 것 외에 3-DOF 위치 트래커(머리 이외의 것을 가리킬 수 있는 기능 제공)와 활성화 버튼도 포함하는 Dayboard를 통해 그들의 성공을 이끌었다.

마지막으로 스마트폰-VR 시스템에 누락된 구성요소가 있는데, 바로 와이어다. 와이어는 다른 헤드 기반 디바이스들도 없애려 애쓰는 구성요소다. 보행 거리를 제한하거나 사용자를 트립하는 와이어의 걱정 없이 VR 체험을 할 수 있다는 점이 큰 장점이다. 물론 보행 거리 편익은 시스템이 선형 이동을 트래킹해 완전한 6-DOF 위치 트래킹을 제공하는 수단이 있을 때에만 실현된다. 휴대전화가 가지고 있는 또 다른 실제 부품은 장시간 디바이스에 전원을 공급할 수 있는 배터리 공급원이다.

스마트폰-가상 현실 헤드 기반 디스플레이 기능

아마도 스마트폰-VR의 가장 중요한 특징은 거의 모든 사람들이 그들이 필요로 하는 대부분의 구성 요소를 갖추고 있다는 것이다. 스마트폰-VR 홀더를 추가하고 애플리케이션을 다운로드하기만 하면 바로 사용할 수 있다. 그리고, 저렴한 소유자들은 비싼 소유자들만큼 본질적으로 잘 작동한다. 따라서 스마트폰-VR 플랫폼에서 즉시 실행되도록 디자인된 앱은 이용 가능한 대규모 소비자 기반을 가지고 있다.

스마트폰은 놀라운 컴퓨팅 능력을 가지고 있지만(아이폰-2는 1985년부터 이미 Cray-2 슈퍼컴퓨터에 필적했지만, 전력 소비는 크게 줄었고 따라서 냉각도 했다) 같은 시대의 전화와 비교했을 때 데스크톱 컴퓨터는 더 많은 컴퓨팅과 더 많은 그래픽 처리 능력을 갖게 될 것이다. 따라서 스마트폰-VR 시스템의 VR 경험은 시뮬레이션과 렌더링에 더욱 제약을 받을 것이다.

스마트폰-VR의 또 다른 중요한 특징은 전화기의 내장 통신이 스트리밍뿐만 아니라, 이용 가능한 경우 Wi-Fi로, 그리고 Wi-Fi가 없는 경우, 그 다음에 셀룰러 타워 채널을 통해 데이터를 수집할 수 있다는 것이다.

스마트폰-가상 현실 헤드 기반 디스플레이 인터페이스 문제

스마트폰-VR에 대한 두 번째 단점(첫 번째 단점은 6-DOF 트래킹 부족)은 입력 옵션 감소 또는 최소한 많은 애플리케이션이 작성되는 공통 분모 감소다. 이를 위해 구글 카드보드 모델은 항상 최소 한 개의 버튼 입력을 제공했지만, 그 정도까지는 가지 않는 간단한 홀더가 있다. 따라서 메뉴나 기타 활성화 가능한 오브젝트가 제시되는 '퓨즈' 스타일의 입력 활성화에 크게 의존하고 있으며, 선택을 활성화하기 위해 사용자는 정해진 시간 동안 원하는 선택을 응시하며, 이 기간 동안 카운트다운 표시기는 일반적으로 퓨즈가 꺼지고 조치가 취해질 때를 보여준다.

스마트폰-VR 시스템이 아마도 사용할 수 있는 콘텐츠의 상당 부분은 360도 비디오로, 표준 재생 컨트롤과 다음 비디오 선택 기능 외에 사용자 인터페이스 상호작용의 방식에서 거의 필요하지 않기 때문에 이에 잘 작동한다.

좀 더 발전된 상호작용을 위해, 표준 게임 입력을 가진 다양한 블루투스 게임 컨트롤러가 있는데, 이것은 조이스틱과 같은 작동기와 입력에 대한 여러 버튼을 모두 제공한다. 구글 데이몽 컨트롤러는 원형 터치패드와 아마도 더 중요한 3-DOF 방향 트래킹을 통해 이를 확장하는데, 이는 사용자에게 더 나은 지시 방법을 제공한다(그림 4-9 참조).

스마트폰-가상 현실 헤드 기반 디스플레이 요약

스마트폰-VR 시스템은 표준 HBD의 대부분의 품질을 공유하지만, 소형 폼 팩터와 휴대성 이점은 많은 유형의 경험을 위한 좋은 옵션으로 만든다. 그리고, 거의 모든 사람이 스마트폰을 가지고 있기 때문에, 그것은 엄청난 시장 침투력을 가지고 있고, 적어도 저렴한 진입점 때문에 잠재적인 소비자 기반을 가지고 있다.

스마트폰-VR 시스템의 단점으로는 컴퓨팅 파워 감소, 표준 입력 컨트롤 감소, 전체 6-DOF 위치 트래킹 부족, 그리고 종종 전화기용 하우징 중 많은 부분을 볼 수 있도록 머리까지 올려야 한다는 점이 있다.

헤드 기반(마운트된) 투영 디스플레이

드문 등급의 VR 디스플레이는 많은 흥미로운 기능을 가진 것으로, 가상 세계가 화면뿐만 아니라 3D 공간에 있는 것처럼 보일 정도로 사용자를 둘러싼 표면에 투영되는 시스템이다. 지금까지 이 스타일의 일차적인 구현은 역반사 재료를 가상 세계가 투사되는 표면으로 사용하고 프로젝터를 사용자의 눈에 맞추어 배치하는 것이었다. 따라서 이 정렬 요건은 프로젝터가 사용자의 머리에 장착돼 있고 헤드 장착 투영 디스플레이^{HMPD}도 그렇다는 것을 의미한다. 이러한 디스플레이는 헤드 기반 역반사 디스플레이로도 언급될 수 있다.

아마도 HMPD의 첫 번째 사례에 대한 특허는 1994년 제임스 퍼거슨에 의해 제기됐다(1997년 발행). HMPD의 또 다른 초기 구현은 응용 분야와 개선된 광학을 탐구하는 일리노이 대학의 벡만 연구소에서 연구 시스템으로 만들어진 SCAPE 시스템이었다(그림 5-55). 2013년, 테크니컬 아이러시스는 캐스타

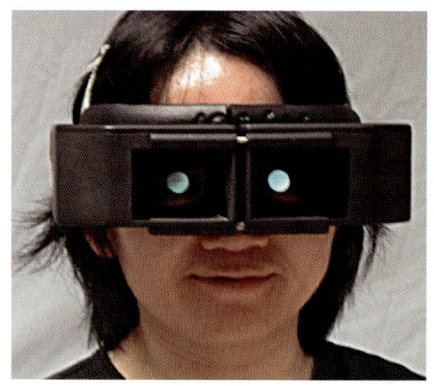 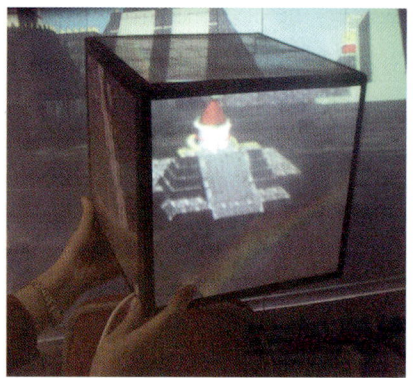

그림 5-55 광학 디바이스를 사용해서 프로젝터 출력을 사용자의 시선에서 방출되도록 지도화하면, 사용자에게 정확히 원하는 이미지를 튕기는 역반사 재료를 사용해 가상 또는 증강현실을 만들 수 있다. 여러 사용자가 자신의 프로젝터에서 이미지를 볼 수 있다. 여기서 정육면체는 물질로 덮여있기 때문에 오브젝트가 정육면체 안에 나타나도록 만들 수 있다. (Photographs of the SCAPE project courtesy of Hong Hua.)

HMPD 시스템을 위해 킥스타터에서 성공적으로 군중 소싱 캠페인을 벌였다. 하지만 킥스타터 자금과 추가 벤처 캐피톨 자금에도 불구하고, 이 프로젝트는 상품을 인도할 수 없었고, 그 회사는 2017년에 청산됐다.

헤드 기반 투영 디스플레이 구성 요소

HMPD VR 시스템에는 역반사 스크린 재료부터 말 그대로 사용자의 머리 위에 운반되는 경량 프로젝터에 이르기까지 여러 가지 핵심(그리고 고유한) 구성 요소가 있으며, 사용자 각 눈에 투영을 정렬하기 위한 몇 가지 특수 광학 디바이스가 있다. 나머지 구성요소는 다른 시각 디스플레이와 동일하다. 이미지 생성 컴퓨터, 사용자가 어디에 있고 원근법 연산 방법을 알 수 있는 6-DOF 위치 트래커, 이미지를 프로젝터에 전달하는 수단(일반적으로 전선)이 필요하다.

역반사 스크린은 다소 희미한 프로젝터가 사용자에게 거의 모든 빛을 전달할 수 있도록 해주는 것이다. 왜냐하면 그것은 기본적으로 그들의 눈에 바로 비치기 때문이다. 특수 스크린의 특징은 빛이 일반 스크린처럼 확산되지 않고, 주로 빛이 온 방향으로 직접 반사되며, 거의 떨어지지 않는다는 것이다.

다음으로 머리에 착용할 수 있는 프로젝터 한 쌍이 필요하다. '포켓프로젝터' 브랜드가 많아 상대적으로 저렴하게 찾을 수 있다. 물론 머리에 잘 맞는 폼팩터를 만들기 위해서는 맞춤형 프로젝터가 필요할 것으로 보인다. 프로젝터의 또 다른 핵심 요소는 사용자의 눈에 직접 반사될 수 있도록 이미지를 투사해야 하며, 따라서 역반사 스크린을 사용하는 결과는 프로젝터가 눈에서 빛을 방출(사실상)해야 한다는 것이다. 이러한 필요를 가장 잘 충족시키기 위해 빔플리터를 사용해 눈의 광 경로와 프로젝터의 광 경로를 결합한다. 따라서 프로젝터를 각 눈 위에 장착한 다음 빔플리터를 스크린 쪽으로 튕겨낸 다음 해당 눈 쪽으로 튕겨나갈 수 있다. 이미지를 투사하기 위한 또 다른 옵션은 반사된 이미지의 밝기를 약간 상실한 대신 보다 편리한 폼 팩터를 제공하고 사용자의 눈 앞에 광학 디바이스를 배치하는 각 눈 근처에 프로젝터를 배치하는 것이다.

마지막으로, 다른 HBD와 마찬가지로 렌즈가 필요하다. 그러나 이 경우 렌즈는 프로젝터 위에 있으며, 사용자에게 반사된 후 볼 수 있도록 이미지를 집중시키는 데 사용된다. 렌즈의 디자인은 FOV의 너비에 영향을 미친다. Scape 프로젝트의 경우, 그들의 시스템은 52도 FOV를 제공했다[Hua et al. 2004].

헤드 기반 투영 디스플레이의 기능

여러 면에서 HMPD는 디스플레이를 착용할 때 현실 세계를 볼 수 있다는 점에서 AR 디스플레이의 역할을 한다. 물론 디스플레이를 착용하는 현실 전체가 역반사 스크린으로 구성된다면 순수하게 VR 시스템으로 활용되고 있는 것이다. 그러나 화면 서피스가 얼마나 많이 가려져 있든 상관없이, 정지된 VR 시스템에서와 마찬가지로 근처의 다른 모든 사람들이 여전히 보일 것이기 때문에 다른 사람들과 자연스럽게 상호작용할 수 있다.

HMPD의 큰 승리는 사용자 헬멧에서 나오는 거의 모든 빛이 자신들만이 볼 수 있도록 그들에게 되돌아간다는 사실이다. 따라서 여러 사람이 같은 방에서 HMPD를 착용하고 있을 때, 그들은 서로를 그저 잘 볼 수 있지만, 그들을 위해 특별히 제공된 가상 세계만을 볼 수 있다. 그래서 가상 오브젝트를 가리킬 때 각 사용자는 자신의 관점에서만 손가락 끝부분에 동일한 오브젝트를 보게 될 것이다. 따라서 주변 시스템(사람 대 사람 상호작용의 용이성)의 특징을 머리-창 시스템(모두 자신의 견해를 갖는다)과 결합시킨다.

헤드 기반 투영 디스플레이의 인터페이스 문제

HMPD에 대한 중요한 (고충스러운) 인터페이스 문제는 가상 세계가 보이는 곳마다 역반사 스크린의 요구 사항이다. CAVE 스타일 시스템에서 에뮬레이션할 때, 대부분 측면에 스크린 소재가 있는 박스인 경우, 이것은 본질적으로 동일하며, 따라서 문제가 되지 않는다. 문제가 되는 측면은 역반사 재료를 배치하기가 더 어려운 일상 공간(예: 사무실 책상)에서 사용하고자 할 때 발생한다(피쉬 탱크 VR의 경우 책상 위의 모니터가 고정형 스크린 역할을 할 수 있고, 표준 HMD의 경우, 사무용 의자에 앉아 있을 때 간단히 HMD를 착용할 수 있다).

긍정적인 측면에서는, 현실 세계를 여전히 볼 수 있기 때문에, 컴퓨터 키보드와 같은 어떤 표준 인터페이스 오브젝트도 사용자의 전면적인 시야에서 접속할 수 있다. 그리고, 언급했듯이, 다른 사람들도 여전히 볼 수 있다. 비록 그들이 HMPD를 착용하고 있다면, 그들의 눈은 빛나는 것처럼 보일 것이다! 또한, 공간에 있는 다른 오브젝트(또는 사람)는 화면과 다른 사용자 사이를 걸어갈 경우 일치하지 않는 폐색 문제를 일으킬 수 있으며, 더 멀리 있는 가상 오브젝트는 자연적으로 가려지지만, 두 사용자 사이에 있어야 하는 오브젝트 역시 그러할 것이다. 따라서 협력자와 대화할 때는 주의를 기울여야 한다.

물론, 긍정적인 인터페이스의 큰 이점은 가상 세계의 개인화된 뷰를 가질 수 있다는 것이다.

헤드 기반 투영 디스플레이 요약

다시 말해 HMPD는 고정식 디스플레이와 표준 헤드워너 디스플레이에서 구성 요소, 특징 및 인터페이스 문제를 함께 혼합한다. 정지형 디스플레이와 마찬가지로 화면도 있고 서로 볼 수 있으며, 폐색 우려가 있다. HMD와 마찬가지로 각자가 가상 세계를 직접 볼 수 있고, 요^{Yo}에 상당한 기구를 착용해야 한다. 당신의 머리. 물론, 각자가 자신의 시야를 얻을 수 있는 것은 '복수의 사람들' 뿐만 아니라, 디스플레이를 착용하고 있는 것은 실로 공간에 맞는 만큼 많은 사람이 있다.

핸드헬드 가상 현실

AR 디스플레이만큼 잘 작동하는 또 다른 시각 디스플레이 패러다임은 휴대용 VR(또는 손바닥-VR) 디스플레이다. 이름에서 알 수 있듯이 휴대용 VR 디스플레이는 사용자가 잡을 수 있을 만큼 작은 화면으로 구성돼 있다. 물론 VR로 간주되기 위해서는 화면의 이미지가 그것과 뷰어 사이의 시야 벡터 변화에 반응해야 한다. 즉, 공간적으로 지각돼야 한다[Fitzmaurice 1993].

휴대용 디스플레이 패러다임은 최근 빠른 속도로 발전했다. 컴퓨팅 기기가 점점 더 소형화되고 사람들이 계속해서 이동하면서 휴대 VR 디스플레이는 특히 AR 애플리케이션에서 더욱 보편화됐다. 모바일 컴퓨팅 기술에 앞선 초기 프로토타입인 토론토 대학의 카멜레온 프로젝트는 휴대용 텔레비전을 사용하는 시스템을 프로토타입으로 만들었다[Buxton and Fitzmaurice 1998]. 이들의 작업은 사용자가 관심 데이터를 찾는 데 도움이 되는 정보 공간에서 물리적 오브젝트를 앵커로 사용하는 데 초점을 맞췄다. 간단한 예는 지도의 특정 영역에 핸드헬드 디바이스를 부착해서 날씨나 인구 통계 데이터를 보기 위해 캐나다의 지도를 사용하는 것이었다.

10년 후, 이 모든 것은 카메라를 포함하고 컴퓨터 비전 처리를 위해 상당히 빠른 CPU를 가진 최초의 스마트폰에서 이루어질 수 있었다. 예를 들어, Graz Technology 대학의 Studierstube Tracker 라이브러리는 카메라가 장착된 스마트폰에 기준 마커 트래킹 기술을 추가하는 수단으로 개발됐다[Wagner et al. 2008]. 2010년 애플 아이패드 출시부터 시작된 대형 태블릿 디스플레이의 주류화와 더불어 휴대전화에서의 카메라와 컴퓨팅 기술이 지속적으로 증가함에 따라 모바일 플랫폼에서 더 많은 것을 달성할 수 있었다.

현재, 최근 몇 년간 인기를 끌고 있는 휴대용 Magic Lens AR 어플리케이션들이 많이 있다. 실제로 [Craig 2013]의 제1판 강화 현실 이해[Craig 2013] 이후에도 이러한 애플리케이션은 비교적 보편화됐다. 내장된 기준 마커(도표나 이미지 그 자체일 수 있음) 도표를 3D 지침으로 증강할 수 있으며, 애니메이션 장난감이 있는 장난감 상자, 크레용 도면이 살아날 수 있다(그림 5-56).

그림 5-56 이 이미지들은 비디오 기반 증강현실의 다른 사용을 보여준다. (A) 증강된 뷰는 압축 공기 단일 피스톤 엔진의 분해된 뷰와 조립 단계를 보여준다. (B) 박스 자체를 기준 마커로 사용해 장난감 모형을 애니메이션 동작과 함께 사실상 상자 위에 놓는다. (C) 컬러 시트는 fiduitical이다. 마커, 그리고 디스플레이를 통해 살아나는 씬의 3D 버전에 색을 칠하는 데 사용되는 텍스처를 제공했다. (Photograph (A) courtesy of Chauncey Frend, photographs (B and C) by William Sherman.)

핸드헬드 디스플레이의 또 다른 용도는 사용자를 둘러싼 지형을 증가시키는 것이다. 현장의 농부는 디스플레이를 사용해서 현장의 특정 지점에 대한 토양 정보의 비주얼리제이션을 오버레이할 수 있다. 병사는 다음 산등성이 너머에 있는 구조물을 볼 수 있는 'X선 시야'를 받을 수 있었다.

핸드헬드 가상 현실의 구성 요소

핸드헬드 VR에는 모바일 컴퓨팅 디바이스(테이블 또는 스마트폰)를 위한 한 가지 구성 요소가 있다. 물론 스마트폰-VR과 마찬가지로 기기 자체에는 화면, 트래킹(IMU, 카메라, 최신 SLAM), 터치 입력, 컴퓨팅 및 통신과 같은 몇 가지 필요한 하위 구성요소가 포함돼 있다. 화면 해상도는 스마트폰-VR보다 덜 중요한 것은 화면이 더 이상 확대돼 눈에 안착되는 것이 아니라 일반 전화 사용과 마찬가지로 자연스러운 팔 길이만큼 사용되기 때문이다. 가속도계/MEMS 시스템의 내부 3-DOF 트래킹은 잘 작동하며, 거친 위치 트래킹을 위한 GPS와 결합해 원거리 증강용 AR을 여러 번 사용할 수 있다.

그러나 기준 트래킹의 경우 내부 트래킹 구성요소는 필요하지 않지만, 그 대신 전 세계를 향하는 카메라를 사용해 환경의 특징을 트래킹할 수 있다. 처음에, 트래킹에는 인공(그리고 분명한) 기준 표지가 사용됐다. 컴퓨터 비전 알고리즘이 개선됨에 따라(더 빠른 CPU와 함께), 비대칭 패턴(이미지 자체에서 형상을 감지함)을 마커로 사용해서 기준점을 "명확한 시야에서 숨길 수 있다"고 할 수 있었다. 점차적으로, 이미지 지각 시스템은 세상에 실제로 존재하는 오브젝트를 사용해서 이러한 숨겨진 인공 디스플레이마저 대체하고 있다.

오늘날 애플의 ARKit 소프트웨어와 구글의 ARCore 소프트웨어가 출시되면서 휴대용 AR 애플리케이션에 대한 SLAM 기반의 트래킹을 제공하는 추세가 나타나고 있다.

일반적인 휴대용-VR/AR 사용은 아니지만 GPS 시스템도 개선할 수 있다. 위성 기반 GPS가 사용자가 트래킹해야 할 모든 영역을 통과하지 못할 경우, 대체 또는 보완 GPS 시스템이 차동 GPS를 사용할 수 있다. 이 시스템에서는 추가 지상 송신기가 채굴 구덩이와 같은 원격 영역으로 침투할 수 있는 비콘을 송신할 수 있다.

핸드헬드 가상 현실의 특징

핸드헬드 디스플레이의 주요 특징은 일반적으로 소유주에 의해 어디에나 옮겨지고, 따라서 현실 세계에 대한 증가는 어디에서나 간단히 이용할 수 있다는 것이다. 스마트폰-VR과 달리 렌즈 등을 갖춘 전화기 보유자는 필요조차 없다.

한 가지 흥미로운 특징은 사용자가 디스플레이가 제공하는 정보를 보거나 물리적 세계를 직접 보고 무시할 수 있다는 점이다. 따라서, 그것은 많은 잠재적인 AR 애플리케이션의 요구에 적합할 것이다.

물리적 세계뿐 아니라 다른 VR 디스플레이, 특히 비독점적 VR 디스플레이를 증강하는 능력은 흥미로운 전망을 제시한다. CAVE 환경 내의 건축 디자인 애플리케이션에서 그러한 디스플레이를 사용하는 것을 상상할 수 있었다. CAVE 화면은 새로운 건물의 계획된 배치를 사실적으로 보여주는 반면, 휴대용-VR 디스플레이는 가상 벽 뒤에 있는 전기 및 HVAC 시스템을 보여줄 수 있다. 이 기술은 단순히 일반적인 태블릿 받침대에 이미지를 투사하는 것보다 더 설득력이 있다.

핸드헬드 가상 현실의 인터페이스 문제

터치 요소도 탑재한 모바일 플랫폼의 화면 전체를 볼 수 있기 때문에 전화나 태블릿의 화면에 직접 사용자 인터페이스를 배치할 수 있다. 또 다른 가능한 상호작용 방법은 손이나 손가락을 사용하는 증강 세계 내에서이다(아마 이 세계에서의 상호작용을 달성하는 한 가지 흥미로운 방법은 컴퓨터 비전 소프트웨어를 사용해 대상 이미지의 인터페이스 요소를 식별하는 것이며, 이러한 핫스팟을 손이나 손가락으로 가리고 밝혀냄으로써 가상 세계에서의 이벤트가 촉발될 수 있다.

일부 핸드헬드 AR 애플리케이션은 충분히 복잡하기 때문에 기기 자체 또는 실제 환경에서 사용자 인터페이스를 생성하는 방법에 대한 신중한 생각을 필요로 한다. 예를 들어, 수백 개의 옵션이 있는 애플리케이션의 경우, AR 애플리케이션 개발자는 수백 개의 옵션이 있지만 3인치 화면만 있는 스마트폰 앱의 생성자와 동일한 과제(더 나아가 그 이상)에 직면한다.

핸드헬드-VR 디스플레이의 한 가지 일반적인 방법은 디스플레이가 조작되는 물리적(또는 가상) 세계와 관련된 공간에 Magic Lens를 구현하는 것이다. 이 메타포는 X선 시야를 획득하는 수단과 데이터베이스에 저장된 정보를 탐색하는 도구로서 물리적 공간을 사용하는 수단으로 모두 작용한다.

물리적 세계나 가상 세계에서 마법의 렌즈 메타포는 가상의 쌍안경(또는 망원경)과 같은 도구로 확장돼 사용자에게 오브젝트의 근접 뷰를 제공할 수 있다. 가상 세계에서 이 도구는 단순히 가상 환경을 복제하는 데 사용될 수 있지만 사용자는 버튼을 누르면 가상 세계의 디지털 스냅샷을 찍을 수 있다.

증강되는 세계의 모든 요소가 상대적으로 멀리 떨어져 있는 AR 작업의 경우, 예를 들어, 증강되는 오브젝트가 큰 도시나 심지어 시골의 건물이나 다른 특징에 라벨을 붙이고 그에 대한 정보(이름, 사업 유형 등)는 훨씬 덜 중요하다. 오브젝트의 특정 구성요소를 정확하게 일치시킬 필요가 없다. 이 경우 GPS와 가속도계 디바이스는 작업에 적합한 6-DOF 위치를 제공한다. 또한 사용자의 눈과 화면 사이의 관계가 잘못 정의될 수 있으며 충분한 증강 렌더링을 제공할 수 있다.

핸드헬드 가상 현실 요약

특히 AR 애플리케이션에 적합한 휴대용 디스플레이는 현실 세계에 마법의 렌즈로 작동하거나 3D 가상 오브젝트를 도표로 오버레이하는 방식으로 작동한다. Magic Lens 인터페이스 방법은 다른 VR 애플리케이션에서도 적용할 수 있다. 지난 10년 동안 AR용 휴대용 VR 디스플레이의 사용이 급증했다. 이러한 성장은 스마트폰과 모바일 태블릿이 AR과 일부 VR에 필요한 모든 구성요소를 통합해 사용자가 다른 하드웨어를 구입하지 않고도 AR 앱을 설치하고 사용할 수 있게 된 데 크게 기인한다.

비주얼 디스플레이 패러다임 요약

대부분의 애플리케이션에서 비전은 체험자를 가상 세계에 몰입시키는 데 사용되는 일차적 감각이다. 이상적으로는 비주얼 디스플레이 패러다임의 선택은 애플리케이션의 목표에 의해 영향을 받는다. 비주얼 디스플레이의 주요 범주는 정지형(피쉬 탱크 VR 및 서라운드-VR), 헤드 기반(폐쇄형, 비폐쇄형, 스마트폰 또는 투영형) 및 핸드헬드이다.

애플리케이션에 사용할 비주얼 디스플레이 유형을 결정하는 데에는 많은 요인이 있다. 종종 그러한 선택은 사용자가 이미 이용할 수 있는 것뿐이다. 예를 들어, 연구소는 이미 모든 과학자가 이용할 수 있는 CAVE를 가지고 있을 수 있다. 또는 학생들에게 HMD로 가득 찬 방에 접근할 수 있는 연구실이 캠퍼스에 있을 수도 있다. 아니면 그들은 이미 진열된 것을 주머니에 가지고 있을 수도 있다!

구형 HBD, 특히 HMD의 상당수는 착용이나 착용이 용이하지 않아 많은 애플리케이션에 비실용적이었습니다. 그러나, 기술이 보다 현대적이고 가볍고 상당히 고해상도 스크린으로 발전함에 따라, 사용량이 급격히 증가하기 시작했다. 안경처럼 가볍고 사용하기 쉬운 디스플레이로 계속 발전함에 따라 사용 속도는 더욱 빨라질 것이다. 경험에 따르면 사람들은 덜 거추장스러운 디스플레이 시스템을 사용할 수 있을 때 반복적으로 사용하기 위해 VR 애플리케이션을 만들 의향이 더 높은 것으로 나타났다.

다음은 비주얼 디스플레이의 세 가지 중요한 카테고리 각각이 제공하는 이점에 대한 점검표다. VR 경험의 디자이너는 비주얼 디스플레이를 선택할 때 현재 가용성, 장소 수요, 경험의 장르 등과 같은 다른 요인에 의해 수정되는 이러한 사항을 고려해야 한다.

고정형 디스플레이(피쉬 탱크 및 서라운드)의 이점
- 양호한 해상도(대부분의 HMD보다 여전히 우수)
- 더 넓은 FOV
- 더 긴 사용자 내구성(즉, 더 오랜 시간 동안 몰입할 수 있음)
- 디스플레이 레이턴시에 대한 내구성 향상
- 사용자 이동성 향상(더 적은 케이블)
- 덜 거추장스러움
- 안전 위험 감소
- 단체 관람에 적합
- 처리량 향상

헤드 기반 디스플레이의 이점(폐쇄형, 비폐쇄형, 스마트폰 및 투영)
- 비용 절감
- 완벽한 FOR
- 이동성 향상

- 실증진에 활용 가능
- 현실 세계를 차단할 수 있음(예를 들어 체험자가 촉각 하드웨어를 볼 수 없는 햅틱 디스플레이를 사용할 때 필요)
- 필요한 물리적 공간 감소(다중첩 고정형 스크린 대비)
- 실내조명 및 기타 환경적 요인에 대한 우려 감소
- Unity 및 Unreal Engine과 같은 컨텐츠 개발

핸드 기반 디스플레이의 이점
- 사용자 이동성 향상
- 이동성 향상
- 스마트폰 및 태블릿으로 이미 널리 사용 중
- Magic Lens AR에 적합
- 비싸다
- 정지된 VR 디스플레이와 결합 가능

청각 디스플레이

시각적 표시에 대한 이전 절에서 같이 이 절에서는 먼저 청각적 디스플레이의 공통 특성(표현 및 물류 품질)에 대해 논의한 후 청각적 디스플레이의 특정 범주로 진행한다. 시각적 디스플레이와 마찬가지로 청각적 디스플레이 시스템은 일반적으로 우리가 논의했던 두 가지 일반적인 디스플레이 범주 중 하나로 분류된다. 즉, 고정 디스플레이와 HBD(수동형 청각적 디스플레이)는 것이다.

헤드폰(종종 이어폰 형태의)은 헤드 마운트 비주얼 디스플레이와 유사하다. 헤드폰은 체험자를 자연계의 사운드로부터 격리시키거나 실제 사운드가 가상의 사운드와 중복되도록 구성될 수 있다. 스피커는 여러 체험자들이 사운드를 들을 수 있게 한다.

고화질 오디오 디바이스는 VR 시스템을 만들 때 활용할 수 있는 비디오 디스플레이 디바이스보다 훨씬 저렴하다. 종종, 고음질의 사운드를 더하는 것은 시

각적 프레젠테이션의 질이 부족할 때 조차도 매력적인 경험을 만드는 데 도움이 될 수 있다.

청각 디스플레이의 속성

청각 디스플레이의 선택은 시각 디스플레이 옵션과 비교할 때 적다. 하지만 여전히 스피커나 헤드폰 사용 결정과 관련된 많은 문제들이 있다. 청각 디스플레이의 몇 가지 속성은 주어진 VR 경험에 영향을 미친다. 다음 요약에서 보여 주는 것처럼 논리 특성은 시각적 표시와 거의 동일한 반면, 몇 개의 표시 특성만 청각적 표시에 한정된다.

청각 표상 속성
- 사운드 스테이지(접지)
- 로컬라이제이션
- 디스플레이 채널 수
- 마스킹
- 증폭
- 레이턴시 허용

논리적 속성
- 소음 공해
- 사용자 이동성
- 트래킹 방식의 인터페이스로의 접속
- 환경 요구 사항
- 기타 감지 디스플레이와의 연관성
- 이동성
- 처리량
- 방해물
- 안전성
- 원가(비용)

청각 표상 속성

일반적으로 3D 컴퓨터 그래픽보다 훨씬 적은 연산으로 기본 사운드를 만들고 처리할 수 있다. 따라서 지연과 지연은 VR 디스플레이의 오디오 구성 요소에 대한 우려보다 적다. 반면, 우리의 귀는 우리의 눈보다 미세한 중퇴(중퇴)와 동기화에서 사소한 불일치에 훨씬 더 민감하다. 그러므로 사운드는 관련 시각 정보와 정확히 일치해 빠르게 연산되고 전달되는 것이 여전히 중요하다. 고음질 생성 비용이 저렴하기 때문에 시간적 해상도와 동적 해상도의 적절한 수준에서 고음질 사운드를 제공하는 것이 보통 간단하다.

사운드에는 적절한 소닉 디스플레이를 선택할 때 고려해야 하는 다른 특징이 있다. VR 시스템 주변의 잡음은 거슬릴 수 있으며, VR 시스템에서 나오는 사운드는 시스템 주변 영역에 침입할 수 있다. VR 시스템에 중요한 몇 가지 프레젠테이션 속성(다음 절에서 설명함)이 있다. 여기에는 디스플레이 채널 수, 사운드 스테이지, 로컬라이제이션, 마스킹, 증폭 등이 포함된다.

사운드 스테이지 사운드 스테이지는 사운드가 리스너에 상대적으로 발산되는 기준점이다(그림 5-57). 정지 스피커의 사용자 이동에 맞춰 조정하지 않을 경우, 사운드 스테이지는 정지 스피커 디스플레이에서 스피커 사이의 평면에 고정(세계 참조)된 상태로 유지되는 것으로 보인다. 이와는 대조적으로, 사운드 스테이지는 헤드폰 디스플레이를 통해 제공되는 처리되지 않은(비특정화된) 사운드 신호에 대해 자연스럽게 이동(헤드 참조)된다. 또한 헤드폰은 사용자의 움직임을 보상하기 위해 사운드가 수정될 때 세계적으로 참조되는 사운드 스테이지를 만들 수 있다. 주변음이나 비침습적인 청취의 경우 세계 참조음이나

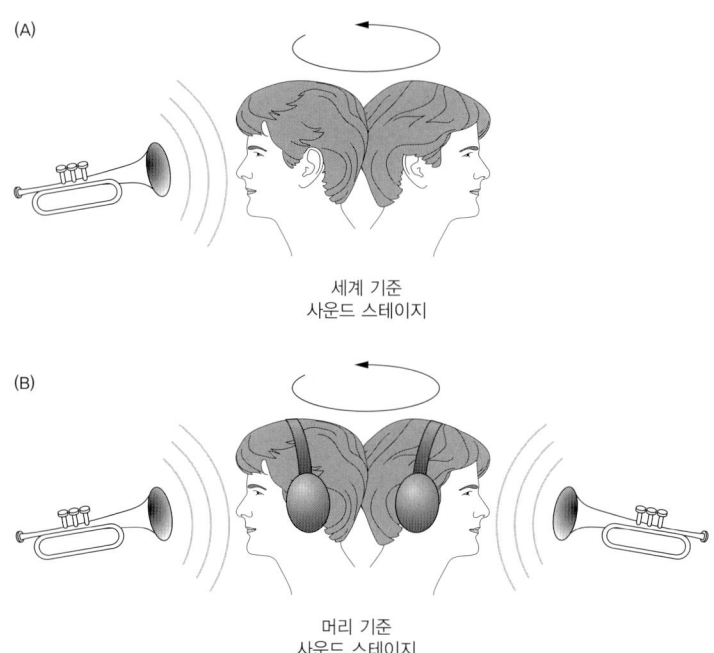

그림 5-57 (A) 세계적으로 참조된 사운드 스테이지에서는 사운드의 원천이 세계에 대해 고정된 상태로 유지된다. (B) 머리 참조된 사운드 스테이지에서는 체험자가 머리를 움직일 때 사운드의 근원이 움직이는 것으로 나타난다.

헤드 참조음 중 어느 하나라도 좋지만, 몰입적인 환경에 내재된 사운드의 경우 사용자는 일반적으로 사운드 스테이지가 가상 세계에서 고정된 위치를 가지며 사용자와 함께 이동하지 않을 것으로 예상할 것이다.

예를 들어, 당신이 거실에서 녹음을 듣고 있다면, 음악 사운드가 스테레오 장에 퍼져 있다(가수는 스피커 사이에 있는 것 같고, 바이올린은 오른쪽에 있을 수도 있다 등). 만약 당신이 그 방을 돌아다닌다면, 그 악기들은 같은 장소에 머무는 것처럼 들린다(만약 바이올린이 당신의 오른쪽, 당신의 리클라이너 옆에 있고, 당신이 돌아선다면, 바이올린은 여전히 리클라이너에 의해 같은 장소에 있는 것처럼 들린다. 하지만, 만약 여러분이 헤드폰을 끼고 있고 방향을 틀면, 바이올린은 항상 오른쪽에 있다. 만약 당신이 앞을 향하고 있다면 그것은 리클라이너 옆에 있지만, 만약 당신이 돌아본다면, 그것은 지금 리클라이너에서 방의 반대편에 있다. 그래서 헤드폰을 끼고 있는 동안 항상 리클라이너 옆에 있는 것처럼 보이도록 하려면, 머리를 트래킹하고 그 정보를 사용해 사운드를 연산해서 머리의 상대적인 부분이 아닌 절대적 위치에 머물게 해야 한다.

로컬라이제이션 현실 세계에서 우리는 다양한 사운드 특성, 세계 자체로부터의 단서, 그리고 우리 자신의 청력 시스템 등을 통해 사운드의 위치를 지각할 수 있다. 일반적으로 우리의 뇌는 양쪽 귀에 도달하는 시간차$^{interaural\ delay}$, 볼륨차, 에코 및 잔향, 소리가 통과하거나 지나가는 물질, 신체의 특정 주파수 폐색, 귓바퀴(외이)의 필터링 등을 수집해 사운드의 위치를 지각할 수 있다. 사운드가 어디에서 나오는지 알아낼 수 있는 이러한 지각 특성을 로컬라이제이션이라고 한다.

어떤 가구와 텔레비전이 있는 방에서, 리스너는 눈을 감을 수 있고 여전히 텔레비전이 그들의 위치에 상대적인지를 결정할 수 있다. 그들은 그 사운드를 들을 때 TV에서 직접 들을 뿐만 아니라 귀로 받기 전에 방의 가구와 벽에서 튕겨져 나오는 사운드의 반사도 많이 듣는다. 사운드가 튕겨 나가는 각각의 다른 표면들은 또한 특정한 방법으로 사운드를 필터링한다. 이 모든 일이 있은 후, 사운드는 리스너 자신의 몸에 의해 영향을 받는다. 그들의 몸통과 머리는 추가적인 필터로 작용하며, 그 다음에 외이 접힌다. 마지막으로 사운드는 조금씩 다른 시간에 각 고막에 도착한다. 리스너의 뇌는 여과된 사운드의 타이밍과 특징을 통합해서 TV의 위치를 결정할 수 있다.

사운드를 내는 과정은 공간의 특정 위치에서 나오는 것처럼 보인다. 수신자의 머리 위치트래킹 데이터를 이용해서 필터링 알고리즘을 개별 사운드에 적용해 적절한 위치에서 나오는 것처럼 보이게 할 수 있다. 공간화된 사운드는 마네킹 머리의 귓속 운하 안에 마이크를 넣어 직접 녹음할 수도 있다. 더 이상의 처리를 하지 않고 헤드폰을 통해 들을 때, 이러한 방식으로 녹음된 사운드를 들을 때, 이 3D 사운드 필드는 다른 가공되지 않은 사운드들과 마찬가지로 머리 참조된 사운드 스테이지를 갖게 될 것이다.

디즈니의 쌍방향 VR 체험 Aladdin(동명의 영화 기준)의 창작자가 발견한 것처럼 머리 참조 3D 사운드 필드는 단음절로 효과적으로 중첩될 수 있다[Pausch et al. 1996]. 예를 들어 Aladdin 경험의 시장 씬(그림 5-58)의 경우, 주변 시장 소음의 일반적인 3D 사운드 필드를 기록해서 씬에서 중요한 캐릭터의 공간화된 보이스와 결합했다[Snoddy 1996].

그림 5-58 장터에서 들을 수 있는 보이스와 같이 배경 분위기를 제공하는 앰비언트 스테레오 사운드는 특정 위치에서 발산되는 듯한 캐릭터 보이스와 같은 공간화된 사운드와 결합될 수 있다. (Image courtesy of Walt Disney Imagineering.)

3D 효과는 또한 잔향과 지연 효과가 있는 사운드 효과 프로세서를 사용해 위조될 수 있다. 잔향 효과는 체험자가 있는 공간의 크기를 나타내는 지각적 단서를 만드는 데 사용될 수 있다. 잔향에서 더 긴 지연은 공간을 더 크게 만든다. 이것은 6장에서 더 자세히 논한다.

헤드폰은 귀에 직접 사운드를 내는 반면, 스피커는 직접 사운드와 반사된 사운드가 조합된 사운드를 낸다. 따라서 헤드폰에서는 각 귀에 어떤 사운드가 전달되는지 정확하게 컨트롤하는 것이 훨씬 쉬우며, 디스플레이와 귀 사이의 상대적 위치를 결정하는 것이 더 쉽다. 헤드폰 디스플레이의 근접성이 클수록 확성기를 통한 것보다 헤드폰을 통해 3D 사운드 필드를 만드는 것이 훨씬 쉽다. 확성기를 통해 제공되는 사운드는 각 귀가 그것을 위해 의도된 정보만 들을 수 있도록 하는 방식으로 컨트롤될 수 없다. 스피커에서 나오는 사운드는 환경, 체험자의 신체, 투영 화면 등에 있는 다른 것들을 반사한다. 헤드폰으로 체험자는 그들에게 제시된 직접적인 사운드만 듣고, 정보는 특정한 효과에 필요한 대로 정확하게 나타낼 수 있다. 사운드를 리스너의 머리 안에서 나오는 것처럼 보이게 하는 것과 같은 특정한 효과는 헤드폰을 사용해야만 가능하다.

Microsoft HoloLens는 작은 스피커를 각 귀의 위치 근처에 HMD에 장착해 사용자가 헤드폰을 착용하지 않지만 사운드가 자연스럽게 머리로 이동하는 독특한 솔루션을 제공한다. 보스는 이어피스에 소형 스피커를 장착한 안경 폼 팩터로 실험을 시작했다(그림 5.61 참조).

디스플레이 채널 수 우리는 두 개의 귀를 가지고 있기 때문에, 각 귀에 동일한 정보(단음)나 다른 정보(강음)를 제시할 수 있다. 귀 사이의 거리 때문에, 각 귀는 일반적으로 약간 다른 정보를 받는다. 신호는 귀에 도달하기 전에 다른 경로를 이동한다. 이러한 신호 차이들은 뇌가 사운드의 근원을 결정하는 데 도움을 준다.

스테레오포닉 헤드폰은 이러한 단서들을 복제하는 사운드 신호를 전달하는 데 사용될 수 있지만, 환경 내에서 사용자의 위치에 근거해서 생성되지 않는 스테레오포닉 음원은 오해의 소지가 있다. 왜냐하면 이러한 스테레오포닉 신호는 가상 세계 시각과 상관없는 공간적 신호를 제공하기 때문이다.

영화용 오디오는 5.1 또는 7.1 채널 형식으로 녹음 또는 제작되는 경우가 많은데, 이는 일반적으로 서브우퍼 시스템에 의해 제공되는 저배스 사운드를 위한(".1") 채널 하나와 함께 6개 또는 8개의 오디오 채널을 말한다. 나머지 5개 또는 7개 채널은 스피커의 위치(앞-왼쪽, 앞-가운데, 앞-오른쪽 및 리스너 옆과/뒤에서 좌우 스피커 한두 쌍)를 사용해 사운드장을 나누어 공간화를 제공하는 고

주파 사운드들이다. 적절한 처리를 통해 그러한 설정을 사용해서 공간화에 영향을 미칠 수 있다.

마스킹. 사운드의 마스킹은 두 가지 방법으로 일어난다. 큰 사운드는 부드러운 사운드를 가릴 수 있다. 이런 종류의 마스킹은 헤드폰과 스피커에서 모두 발생할 수 있다. 다른 형태의 마스킹은 베개나 투영 스크린 같은 물리적 실체가 스피커에서 귀로 가는 사운드의 경로를 차단할 때 발생한다.

사운드는 모퉁이를 돌고 어떤 물질을 통과하기 때문에, 이러한 막히는 오브젝트는 사운드를 완전히 차단하지는 않지만, 그들은 그것을 여과한다. 예를 들어, 스피커 앞에 베개를 놓으면 스피커에서 나오는 사운드를 특정한 특징적인 방법으로 방해한다. 이 예에서 고주파(피치) 사운드는 저주파 사운드보다 더 많이 머그리게 될 것이다. VR 시스템에서 보다 가능성이 높은 시나리오는 프로젝션 화면이 스피커와 체험자 사이에 위치할 수 있다는 것이다.

환경 내의 실제 사운드가 항상 스피커 시스템에 의해 완전히 가려질 수는 없다. 그러나 헤드폰은 현실 세계에서 나는 사운드를 의도적으로 차단하는 데 사용될 수 있다. 특히 닫힌 이어폰(귀 전체를 덮는 종류)은 외부 세계에서 체험자의 귀로 사운드가 전달되는 것을 방지하도록 디자인돼 있다. 마찬가지로, 헤드폰에서 나는 사운드는 바깥으로 전달되는 것으로부터 가려져 있다. 또한 바깥 세상의 사운드가 들어갈 수 있도록 고안된 오픈 이어폰이 있다. 헤드폰 사운드가 너무 크지 않는 한, 앞이 트인 헤드폰을 끼고 있는 사람도 외부로부터 사운드를 들을 수 있다. 마이크로소프트 HoloLens는 착용자의 귀 근처에 오픈 이어 구성으로 스피커를 장착하고 있다. HoloLens(또는 Bose 안경) 스피커가 사용자의 머리로 이동해서 헤드폰과 유사한 사운드 스테이지를 제공한다는 점에 유의하라.

일부 VR 경험에서 체험자는 마이크를 통해 서로 의사소통하며, 때로는 특정 필터에 의해 처리된 각각의 음성으로 보이스의 음성을 변화시킨다(예: 어린이의 음성과 같은 사운드 또는 가상 세계에서 어떤 성질의 음성을 만들기 위해). 마이크 음성 입력을 사용하는 애플리케이션에서 오픈 이어 헤드폰을 사용할 경우 시끄러운 벨사운드 피드백 소음이 발생할 수 있다. 피드백은 스피커나 헤드폰에서 마이크를 통해 되돌아오는 사운드 때문에 발생한다.

체험자가 헤드폰을 사용할 경우, 주변 구경꾼은 시스템에 헤드폰이나 스피커를 사용할 수 있어야 한다. 가상 세계에서 스피커를 사용하면 구경꾼들이 같은 스피커로 청취할 수 있다. 그러나, 더 많은 관객의 경우, 체험자와 구경꾼 모두에게 최상의 사운드를 내기 위해 구경꾼들에게 추가적인 스피커가 제공돼야 할 것이다.

증폭 헤드폰이나 스피커 사용 여부와 상관없이 오디오 신호를 적절한 수준으로 끌어올리기 위해 앰프가 필요하다(그림 5-59) 앰프는 스피커만큼 헤드폰에 강력할 필요는 없다. 더 많은 수의 스피커를 사용하는 시스템에는 다중 증폭기가 필요할 수 있다. 또한 객실 크기와 볼륨 요구사항은 더 많은 증폭기 전력을 요구할 수 있다. 다중 암페어는 주로 복수 스피커에 분배되는 문제다. 스피커를 단일 앰프에 점점 더 많이 연결하면 낮은 전력 수준, 임피던스 불일치, 궁극적으로는 앰프에 해를 끼칠 수 있다. 어떤 증폭기는 그것을 위해 만들어지지만, 어떤 증폭기는 그렇지 않다.

그림 5-59 앰프는 사운드 신호를 적절한 수준으로 증가시켜 청취한다. 이 경우 "절벽을 넘어 외진 곳을 밀어라"가 필요할 때 12까지 가는 것이다. (Photograph by Alan Craig.)

지연 허용 오차 오디오와 관련된 레이턴시의 가장 중요한 문제는 (1) 오디오 스트림이 성가신 중퇴나 결함을 피하기 위해 계속(즉, 중단되지 않음)이다. 오디오 스트림을 일정하게 유지하려면 의 생성과 오디오 전달 모두 중단이나 지연이 없어야 하며, (2) 오디오 신호는 관련된 모든 시각적 요소와 완벽하게 동기화돼야 한다. 즉, 망치가 못을 치면 정확히 때리는 사운드가 나는 것이 중요하다. 마찬가지로 말투도 입술의 움직임과 정확히 일치해야 한다.

실행 계획 특성

시각적 디스플레이는 디스플레이 선택에 영향을 미칠 수 있는 실행 계획 및 인체공학적 특성을 갖는 것과 거의 같은 방식으로 오디오 디스플레이는 실용적이고 실질적인 고려사항을 가지고 있다. 이 절에서는 더 중요한 고려사항 몇 가지를 설명한다.

소음공해 오디오가 표시되는 환경을 고려하는 것은 중요하다. VR 체험에서 실제 소음은 VR 경험을 오염시킬 수 있고, 그 반대의 경우도 있다. 체험자를 다른 체험자에게 제시하기 전에 체험자의 보이스를 바꾸는 경험의 경우, 체험자의 실제 보이스는 원치 않는 사운드로서 소음 오염의 원인이 된다.

스피커에서 나오는 사운드는 그 경험에 관여하지 않은 지역의 다른 사람들에게 불쾌할 수 있다. 이와는 대조적으로, 닫힌 헤드폰은 다른 사람들이 엿듣지 않고 들을 수 있게 해준다. 스피커를 사용하는 시스템은 상당히 조용하고 메아리가 없는 환경을 필요로 한다. 프로젝터를 사용하는 시스템은 종종 일부 공간을 압도할 수 있는 프로젝터의 냉각 팬에 의해 발생하는 사운드를 완화해야 한다.

사용자 이동성 헤드폰은 종종 그것들을 앰프에 연결하는 케이블을 가지고 있다. 이것은 체험자의 움직임을 제한할 수 있다. 오디오 신호의 무선 또는 IR 전송을 사용하는 무선 버전을 사용할 수 있다. 스피커는 체험자의 움직임을 억제하지 않지만 체험자와 멀리 떨어져 있을 때는 사운드가 더 희미해 보이기 때문에 청각 범위 내에 있어야 한다(그러나 이는 사용자의 위치에 따라 스피커 증폭을 자동으로 조정해 어느 정도 극복될 수 있다). 소비자 HMD는 비디오와 함께 오디오 채널을 휴대하고 케이블 모음을 트래킹하는 경향이 있다.

트래킹 방법과의 인터페이스 헤드폰과 스피커는 모두 전자기 트래킹 센서를 방해할 수 있는 자석을 이용한다. 헤드폰은 일반적으로 자석이 작지만 일반적으로 헤드 트래킹 센서에 더 가까이 위치한다(이 문제는 전자기 트래킹 시스템만 해당). 스피커는 트래킹 시스템이 거리를 측정하기 위해 사용하는 사운드 펄스를 압도(마스킹)함으로써 일부 음파 트래킹 시스템에 부정적인 영향을 미칠 수 있다. 이는 고주파 음 신호의 특별한 문제가 될 수 있다. 일반적으로 동일한 트래킹 기술을 사용해서 오디오와 시각 디스플레이를 모두 생성하기 위한 위치 정보를 제공한다. 즉, 시각 디스플레이에 이미 제공된 디바이스가 있다면 오디오를 위한 추가 트래킹 디바이스가 필요하지 않다. 트래킹은 헤드폰 디스플레이에서 세계 참조 사운드 스테이지를 만들어야 할 때, 공간화된 사운드를 생성할 때, 그리고 체험자의 위치에 따라 달라지는 다른 모든 사운드 디스플레이(예: 체험자가 공간을 이동할 때 사운드가 변경돼야 하는 경우)에만 오디오 렌더링에 사용된다.

환경 요구 사항 방 자체는 음파를 튕겨낼 수 있고 VR 경험을 위한 것이 아닐 수도 있는 단서들을 만들어낼 수 있다. 시스템이 있는 방은 헤드폰 디스플레이보다 스피커 디스플레이에 더 많은 영향을 미친다. CAVE와 같은 투영 시스템이나 타일형 등가물 표면(화면)이 정사각형으로 정렬돼 있으면 오디오 디스플레이에 문제가 발생할 수 있다. 한 가지 문제는 CAVE 내의 사운드 반사로 만들어진 메아리다. 큐빅실의 사운드학의 모든 정상적인 문제는 큐빅 디스플레이 환경에서 문제가 된다. 이것들은 예상치 못하거나 통제할 수 없는 결과를 만들어 낼 수 있다. 예를 들어, 컴퓨터 시스템이나 공기조절에 의한 다른 실내 소음은 스피커와 오픈 이어 헤드폰 오디오 프레젠테이션에도 부정적인 영향을 미칠 수 있다.

기타 감지 디스플레이와 연관성 일반적으로 헤드폰은 헤드 기반 비주얼 디스플레이와 프로젝션 디스플레이가 있는 스피커와 관련이 있다. 헤드폰은 헤드 기반 시각 디스플레이(특히 HMD)와 쉽게 결합돼 시각적 감각과 청각적 감각이 모두 하나의 디바이스로 처리된다. 또한 HMD와 헤드폰은 모두 개인 시청과 청취와 관련이 있는 반면, 투영 디스플레이와 스피커는 그룹 프레젠테이션에 적합하다. 투영 기반 시각 디스플레이 내에서 헤드폰을 사용하거나 HMD를 사용하는 스피커에서 이익을 얻는 특별한 애플리케이션이 있을 수 있다. 일반적으로 공간화된 오디오를 원하는 경우 헤드폰이 가장 좋은 선택일 가능성이 높다(네리어 스피커에서 두 번째 선택).

시각 및 청각 마스킹 때문에 스피커를 서라운드 비주얼 디스플레이 시스템에 배치하는 것이 어려울 수 있다. 스피커를 서라운드 스크린 앞에 놓으면 시각 디스플레이를 방해할 수 있다. 스피커를 화면 뒤에 놓으면 체험자에게 사운드가 전달되지 않는다.

휴대성 확실히 헤드폰은 스피커보다 휴대성이 좋다. (로드쇼에서와 같이) 전체 시스템을 자주 이동할 수 있는 것이 중요한 경우 헤드폰은 논리적으로 한 장소에서 다음 장소로 이동하기가 더 쉬울 수 있다. 그들은 스탠드를 필요로 하지 않으며 일반적으로 설치하거나 포장하는 것이 더 쉽다. 비록 여러분이 서라운드 VR 시스템을 이동한다면 스피커 기반 오디오 디스플레이는 부분적인 추가가 될 것이다.

처리량 헤드폰은 작동하고 작동하는데 시간이 걸린다. 이 시간은 처리량이 주요 관심사가 되는 장소에서 중요한 의미를 가질 수 있다. 들을 필요가 있는 사람마다 헤드폰 한 켤레가 필요하다. 만약 헤드폰보다 더 많은 사람이 있다면, 헤드폰을 리스너들 사이에서 공유할 필요가 있을 것이다. 스피커만 있으면 누구나 한 번에 들을 수 있다. 따라서, 많은 인파의 경우, 스피커는 더 빠른 처리량을 유도할 수 있다.

방해물 종종 헤드폰보다 더 오랜 시간 동안 스피커를 듣는 것이 더 편하다. 헤드폰의 무게 때문에 불편하기도 하고 피곤하기도 하다.

안전 스피커나 헤드폰으로 청력 손상은 발생할 수 있지만, 헤드폰이 귀에 단단히 고정돼 있다는 사실은 실수로 볼륨이 너무 높게 돌면 청력 손상의 가능성이 더 커진다. 또한 헤드폰을 앰프에 연결하는 케이블은 트립 위험이 될 수 있다. 그리고 어떤 디바이스가 개인에서 개인으로 전달될 때마다 위생에 대한 우려가 있다. 또 다른 안전 문제는 헤드폰을 착용한 사람(또는 많은 양의 스피커를 리스너)이 화재 경보, 구두 경고 등과 같은 다른 중요한 사운드를 듣지 못할 수 있다는 것이다.

일반적으로 고품질 헤드폰은 동등한 품질의 스피커보다 비용이 저렴하다. 스피커는 더 강력하고 더 비싼 앰프를 필요로 한다. 여러 체험자가 동일한 가상 세계에 귀를 기울이고 있는 경우, 헤드폰과 스피커 기반 시스템 중에서 선택할 수 있는 옵션이 있을 수 있다. 문제는 모든 체험자들이 헤드폰 한 켤레를 필요로 한다는 것이다. 헤드폰 한 켤레의 가격은 스피커 한 켤레보다 저렴할 수 있지만, 12쌍의 헤드폰은 스피커 시스템 가격보다 더 비쌀 수 있다.

청각 디스플레이 패러다임

비주얼 디스플레이 패러다임과 마찬가지로, 정지, 헤드 기반, 수작업 기반의 세 가지 VR 패러다임의 오디오 형태 요인이 있다. 비주얼 디스플레이와 달리 하위 카테고리는 적다. 사실, 헤드 기반 패러다임에서 오픈 헤드폰과 클로즈드 헤드폰이 유일한 하위 카테고리일 수 있다.

1. 고정형 디스플레이
    - 스피커
2. 헤드 기반 디스플레이
    - 헤드폰: 클로즈드 이어 closed ear
    - 헤드폰: 오픈 이어 open ear 또는 귀 근처 스피커
3. 핸드 기반 디스플레이
    - 상호작용 컨트롤러 디바이스
    - 스마트폰/태블릿 모바일 AR

고정형 청각 디스플레이—스피커

스피커는 정지된 청각 디스플레이 시스템이다. 스피커는 일반적으로 투영 비주얼 디스플레이와 더 밀접하게 일치하지만, 두 디바이스 모두 그룹 프리젠테이션 디바이스와 잘 작동하므로 헤드 기반 비주얼 디스플레이가 있는 스피커를 사용할 수 있다.

스피커와 투영 스크린의 조합에서 마주치는 한 가지 문제는 한 디스플레이가 다른 디스플레이를 종종 가릴 것이라는 점이다. 스피커를 투사 스크린 뒤에 배치하면 사운드가 나지만 스피커를 화면 앞에 배치하면 시야가 차단된다. 비주얼 디스플레이가 100% FOR 시스템이 아닌 경우, 스피커를 디스플레이가 없는 영역으로 이동할 수 있지만, 이는 공간화된 사운드의 생성을 어렵게 만들

수 있다(예: 화면 위에 장착된 스피커는 모든 사운드를 사용자 위로부터 나오는 것처럼 보이게 할 것이다).

스피커의 정지된 특성으로 인해 세계 기준 사운드 스테이지가 VR 시스템에서 일반적으로 선호되기 때문에 세계 기준 사운드 스테이지가 유리하다. 그러나 스피커 기술을 사용해 공간화된 사운드를 만드는 것은 헤드폰을 사용하는 것보다 더 어려울 수 있다.

앰비소닉스^{Ambisonics}는 여러 개의 고정 스피커로 3D 공간화된 사운드를 표현한다[Gerzon 1992]. 앰비소닉스에 대한 연구는 계속 진행되고 있으며 향후 사용 가능한 시스템이 될 수도 있지만, 양쪽 귀가 각각의 스피커에서 사운드를 들을 수 있다는 사실 때문에 그리 쉽게 이뤄지지는 않을 듯하다.

헤드 기반 청각 디스플레이—헤드폰

머리 기반 시각 디스플레이와 유사하게, 머리 기반 청각 디스플레이(헤드폰)는 체험자의 머리로 움직이며, 한 사람만을 위한 것이며, 격리된 환경을 제공한다. 헤드 기반 비주얼 디스플레이와 마찬가지로, 클로즈드 이어 헤드폰을 사용해 현실 세계를 봉쇄하거나, 실제 사운드를 오픈 이어 헤드폰으로 합성 사운드와 함께 들을 수 있다(그림 5-60). 헤드폰은 일반적으로 각 귀 근처에 위치한 듀얼 채널 디스플레이이기 때문에, 스테레오폰과 3D 공간화된 사운드의 프레젠테이션은 스피커보다 헤드폰으로 수행하는 것이 훨씬 쉽다. 현대의 VR 시스템에서 헤드폰의 한 가지 옵션은 스마트폰과 기타 개인 청취 디바이스와 같은 스테레오 이어버즈$^{ear-buds}$다. 실제로 이어버즈와 HoloLens를 사용하면 세 단계 스펙트럼, 즉 인이어$^{in-ear}$, 온이어$^{on-ear}$, 니어이어$^{near-ear}$(그림 5-61)를 생각할 수 있다.

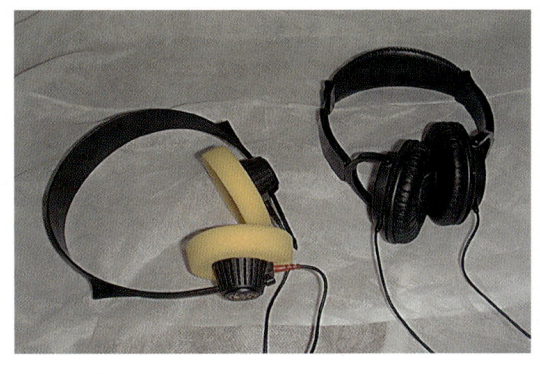

그림 5-60 클로즈드 헤드폰(오른쪽)은 현실 세계의 사운드를 차단하는 반면, 오픈 헤드폰(왼쪽)은 현실 세계의 사운드를 들을 수 있게 한다. (Photograph by William Sherman.)

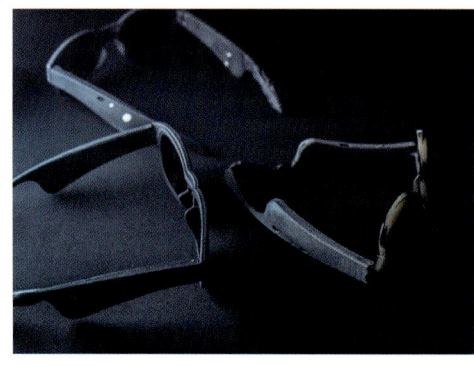

그림 5-61 각 귀 근처에 소형 스피커가 배치된 안경은 외부의 사운드를 들을 수 있는 머리 위 디바이스를 통해 사운드를 표현하기 위한 새로운 형태 요인이다. (Photograph by William Sherman.)

헤드폰은 기본적으로 헤드 레퍼런스 사운드를 표시한다. 3D 가상 세계에서 사운드가 특정 위치에서 들려야 할 때, 공간화 정보가 리스너의 귀의 변화하는 위치를 반영하도록 체험자의 머리 위치를 트래킹하는 것이 중요하다. 스테레오포닉 음악을 듣기 위해 헤드폰을 쓰는 것과 달리 VR 체험에서는 사운드 스테이지가 가상 세계에 등록돼 있어야 한다. 이것은 체험자의 머리를 트래킹하고 사운드를 공간화 필터로 처리하는 것을 요구한다.

핸드 기반 청각 디스플레이

스피커를 손에 쥐는 것은 이상한 개념으로 보일 수 있지만, 특별한 상황에서는 많은 의미가 있다. 그리고 그 상황은 현재 잡혀 있는 프로프(또는 일반 게임 컨트롤러)가 가상 세계의 다른 오브젝트와 접촉하는 가상 오브젝트를 나타내는 경우인데, 그렇다면 사운드는 어디에서 발산돼야 하는가? 물론 핸드헬드 디바이스가 있는 곳에서부터다. 그래서 만약 그 디바이스가 스피커를 가지고 있다면, 그것은 즉각적이고, 필터 없는 공간화를 제공한다. 그래서 배트, 망치, 라켓으로 공을 치는 플레이어는 실제 접촉 지점(가상) 근처에서 접촉음을 낼 수 있다.

닌텐도 Wii 리모컨(위모트라고 함)은 그러한 특징을 가지고 있으며, 가상의 손이나 들고 있는 도구가 어떤 물건과 어렵게 접촉하는 다른 경우와 함께 위의 예를 위해 그것을 이용했다.

플레이어가 헤드폰을 착용하면 컨트롤러에서 흘러나오는 사운드를 가릴 수 있다는 점에서 헤드 기반 VR 시스템에 문제가 있다. 따라서 이 사운드는 아마도 헤드폰에도 표시돼야 할 것이다.

스마트폰이나 태블릿을 현실에서 마술 렌즈로 사용하는 모바일 AR을 이용한 또 다른 손 기반 오디오 시나리오도 있다. 그래픽 요소의 오버레이를 제공하는 것 외에도, 휴대용 디바이스의 스피커는 또한 세계를 증가시킬 수 있다. 오디오는 기기의 스피커에서 실제 손으로 잡을 수 있는 방식으로 제공될 수도 있고, 디바이스에 연결된 두 개의 이어버즈를 통해 전달될 수도 있다는 점에 유의하자.

청각 디스플레이 시스템 결합

다양한 유형의 청각 표시 시스템을 결합하는 것도 가능하다. 예를 들어, 헤드폰과 스피커를 결합할 수 있다. 예를 들어, 무지향성이며 각각의 귀에 별도의 정보가 필요하지 않은 매우 낮은 저음은 서브 우퍼 스피커로 향할 수 있지만 고주파 정보는 헤드폰을 통해 원하는 귀로 향하게 할 수 있다. 저주파수 음파는 충분히 길어서 고주파수 사운드에서 얻는 것과 같은 신호를 얻지 못한다. 연구에 따르면 사람이 기대하는 것보다 특히 낮은 주파수에 대해 사운드를 로컬라이제이션하는 것이 훨씬 어려워졌다. 로컬라이제이션에 가장 적합한 것은 고주파 임펄스다. 낮은 저음은 종종 사운드내어 방출돼 덜컹거리는 느낌을 준다.

핸드 기반 절에 표시된 것처럼 손에 있는 스피커 (컨트롤러)는 닫힌 귀 헤드폰으로는 작동하지 않지만 (개방형 및 근접형 디스플레이는 괜찮을 것이다) 스피커와 잘 작동한다. 이는 닌텐도가 텔레비전의 오디오 시스템과 함께 사용하도록 의도한 방법이다.

청각 디스플레이 패러다임의 요약

청각 디스플레이는 VR 시스템에 매우 쉽고 저렴하게 추가할 수 있다. 헤드폰이나 스피커 기반 시스템은 비주얼 디스플레이 비용과 비교했을 때 매우 비싸지 않다. 부가된 정보와 음의 몰입적 편익을 고려하면 청각적 디스플레이의 추가는 매우 비용 효율적일 수 있다.

고정 디스플레이(스피커)의 이점
- 고정된 비주얼 디스플레이와 잘 작동함

- 세계 참조 사운드 스테이지를 만들기 위해 사운드 프로세싱이 필요하지 않음(즉, 가상 세계에 안정적으로 유지됨)
- 사용자 이동성 향상
- 덜 거추장스러움
- 다중 사용자 액세스를 통해 처리 속도 향상

헤드 기반 디스플레이(헤드폰)의 이점
- 헤드 커플링 비주얼 디스플레이와 잘 작동
- 공간화된 3D 사운드 필드 구현 용이
- 실제 노이즈 마스크
- 이동성 향상
- 비공개private

수동 기반 디스플레이(컨트롤러)의 이점
- 즉석 공간화를 통한 세계 기준 사운드 스테이지
- 정지 또는 개방 헤드 기반 청각 디스플레이와 함께 작동 가능
- 스마트폰 및 태블릿과 같은 휴대용 디바이스에 이미 있음

현실 세계에서는 사운드를 통해 상당한 양의 정보를 얻는다. 사운드는 종종 우리의 눈에 어디를 봐야 하는지 말해준다. 우리의 귀는 열려 있는 통로("얼음"이 없다)이기 때문에, 우리는 우리의 청력을 우리 주변의 세계에 대해 끊임없이 지각하도록 한다. 현실 세계에서 사운드의 중요성과 가상 세계에서 상대적으로 낮은 구현 비용을 고려할 때, VR 애플리케이션 디자이너는 사운드가 자신이 구축한 애플리케이션에서 긍정적인 효과에 어떻게 사용될 수 있는지 고려하는 것이 좋다.

햅틱 디스플레이

어떤 것이 진짜라고 믿는 것에 있어서는 촉각(우리의 촉각과 자기자신감)이 상당히 위력적이다. 오브젝트와 물리적으로 접촉함으로써 오브젝트의 존재를 검

증한다. 우리의 촉각은 속이기 힘들며, 이는 만족스러운 디스플레이 디바이스를 만드는 것이 어렵다는 것을 의미한다. 그러나 종종, 어떤 해픽을 추가할 수 있든지 간에, 일치하는 시각적 표현을 가진 물리적 프로프의 단순한 디스플레이에 의해 발견됐듯이 상당히 강력할 수 있다(3장의 '오브젝트 영구성의 전환' 참조).

앞에서 설명한 바와 같이, haptic이라는 단어는 그리스어에서 유래됐는데, 이것은 신체적인 접촉이나 접촉과 관련이 있다는 것을 의미한다. 따라서 많은 집적 인터페이스의 특성은 표시된 출력과 함께 입력 측면을 필요로 한다. 제3장의 지각 부분에서 해피틱스에 대한 논의는 내적 또는 운동적, 자기수용적 지각(근골격계)에서 나오는 피상적(피부 표면)의 지각을 묘사했다. 사실 그것은 종종 암시하는 것보다 더 많은 것을 포괄하지만, 우리는 함께 그들을 "터치"의 전체적인 감각을 고려할 수 있다.

오카무라는 햅틱 인터페이스의 유형을 도구를 통해[Okamura 2004] 표시하는 것으로, 체험자가 그 세계에 닿는 툴을 잡음으로써 가상 세계와 상호작용한다고 기술하고 있다. 때때로 그 도구는 삽이나 야구 방망이와 같이 우리가 몸으로 조종하는 것이다. 그리고 어떤 때는 그 도구들이 숟가락이나 메스 같은 손과 손가락으로 정교한 조작을 위해 사용된다.

차이가 있기 때문에 촉각적 감각에 대한 디스플레이는 일반적으로 디스플레이에 의해 표적화된 자극의 종류에 따라 분류된다. 따라서 촉각 디스플레이는 피상적인 지각으로 향하는 디스플레이들이며, 포스 디스플레이(또는 포스 피드백)는 근골격계 시스템을 대상으로 하는 디스플레이들이다. 따라서 실제로 합성의 컴퓨터 표시는 일반적으로 별도의 햅틱 디스플레이와 포스 디스플레이로 나뉜다. 모든 기술적 한계와 마찬가지로, 우리는 이 분리가 연결되기를 기대할 수 있다. 특히 포스 디스플레이에 추가된 촉각 요소가 일반화될 수 있다.

보편화된 핸드 컨트롤러의 진동-촉각 피드백을 제외하고 VR 애플리케이션은 시각 및 청각 디스플레이보다 햅틱 디스플레이를 덜 사용한다. 역사적으로 촉각적 피드백은 아마도 어떤 보호실로 직접 연결해 통신기기를 개선해서 운영자에게 보다 자연스럽게 작동할 수 있는 능력을 제공하는 데 사용됐다. 마찬가지로, 특정 작업을 위해 VR 디자이너들은 손재주가 있는 조작을 보다 자연스럽게 만들고 싶어한다. 따라서 VR에서는 의료 운영이나 기계 장비의 사용 가능성 시험과 같은 수동 직무의 훈련이나 평가가 수반되는 애플리케이션에서 햅틱 디스플레이의 사용이 증가하고 있다. 후자의 예로는 가상의 렌치가 현실 세계에서 가능한 움직임에만 제약돼 있다.

때때로 햅틱 디스플레이는 매우 효과적이다. 우영과 동료들은 과학자들이 그들의 시뮬레이션 환경에 햅틱 디스플레이를 포함시킴으로써 분자 도킹에 관련된 힘을 더 잘 분석할 수 있다는 것을 발견했다. 다른 분자와 상호작용하는 분자는 그들 사이에 많은 끌어당기고 밀어내는 힘을 가지고 있다. 매력들과 거부감을 느낄 수 있는 능력을 가지고, 과학자들은 분자 쌍의 다른 구성을 이해할 수 있다. 이 연구는 햅틱 디스플레이의 추가가 통계적으로 유의한 방식으로 이 작업의 성능을 증가시켰음을 보여준다.

햅틱 디스플레이는 시각 또는 청각 디스플레이보다 훨씬 더 만들기 어렵다. 왜냐하면 우리의 햅틱 시스템은 양방향이기 때문이다. 그것은 세상을 감지할 뿐만 아니라, 세상에도 영향을 미친다. 내가 뭔가를 만지면, 그것은 또한 움직인다. 이것은 어떤 것을 듣거나 보는 것과는 뚜렷한 대조를 이루고 있는데, 이것은 오브젝트 자체에 아무런 영향을 미치지 않는다. 촉각은 유일한 양방향 감각 통로(관련된 방식으로 사운드를 감지하고 생성할 수 있지만)이며, 돌풍(맛)과는 별개로 멀리서 자극을 받을 수 없는 유일한 감각이다. 여기에는 난이도의 일부가 있다. 디스플레이는 인체와 직접 접촉해야 한다(공기 또는 물이 인체와 접촉하는 경우 풍력, 열 및 분무와 같은 4D 효과는 제외).

어려움에도 불구하고, 촉각적인 피드백은 어떤 수의 VR 어플리케이션에도 매우 유익할 수 있다. 햅틱 디스플레이를 더 실현 가능하게 하는 한 가지 방법은 작업을 분석해 애플리케이션의 효과를 변경하지 않고 사용자 이동에 제약조건을 배치할 수 있는지 여부를 결정하는 것이다. 예를 들어, 전체 촉각 피드백에 대한 일반적인 감각에 대해 걱정하는 것보다 한 종류의 움직임이나 움직임만을 포함하는 햅틱 디스플레이를 갖는 것이 훨씬 더 쉽다. 예를 들어 최소침습 수술에서 외과의사는 직무의 성격에 따라 기기를 컨트롤하는 데 있어 어떤 움직임을 할 수 있는지 제한한다. 이러한 제약은 촉각 VR 디스플레이를 이용한 수술 시뮬레이션을 훈련 디바이스로 매우 유용하게 만든다.

사용자가 손으로 대부분의 햅틱 디스플레이와 상호작용하기 때문에 세 가지 일반적인 디스플레이 범주(정식, 헤드 기반 및 핸드헬드)에 근거해 햅틱 디스플레이를 구별하는 것은 더욱 어렵다. 일반적으로 인간은 (문틀보다 키가 크거나, 벽을 통해 보려고 하지 않는 한) 머리를 통해 별로 촉감을 받지 않는다. 대부분의 촉각 입력은 다리와 발뿐만 아니라 손과 팔을 통해 온다(특히 기관차 시). 따라서 대부분의 최신 햅틱 디스플레이는 어떤 면에서 수작업에 기반한다. 일부는 발로 연결된 디스플레이 범주에 속한다. 수동적인 촉각 표현인 오브젝트(벽 또는 선반 등)는 고정 VR 디스플레이로 간주될 수 있다. 그러한 오브젝트는 사용자가 경험에 몰입할 때 위치하는 플랫폼 기기의 일부인 경우가 많다. 어떤 면에서 디스플레이의 접지 방법은 설명의 수단으로 사용될 수 있다.

VR 경험에 적용하기 위해 사용하고 연구한 햅틱 인터페이스의 기본 방법은 다섯 가지 기본 범주(그리고 덜 강력한 추가 범주)로 나눌 수 있다.

1. 택틀 디스플레이(옷이 달린 피하 디바이스 포함)는 오브젝트의 감촉, 움켜쥐기, 표면 질감을 느끼기, 또는 피하감각에 대응해 사용자에게 정보를 제공한다.
2. 엔드이펙터 디스플레이(기관차 디스플레이 포함)는 오브젝트를 잡고 탐색하는 시뮬레이션을 할 수 있는 수단을 제공한다. 이러한 디스플레이는 이러한 효과를 달성하기 위한 저항과 압력을 제공한다.
3. ROSD$^{Robotically\ Operated\ Shape\ Display}$는 로봇으로 사용자의 손끝이나 손가락 에이전시에게 물리적 오브젝트를 제시한다. 이 디스플레이는 사용자에게 모양, 질감 및 위치에 대한 정보를 제공한다.
4. 패시브 햅틱 디스플레이는 실제 오브젝트의 물리적 형태를 사용해서 가상 세계 내의 물리적 특징을 묘사한다.
5. 혼합 디스플레이는 여러 햅틱 디스플레이 기술을 시너지적으로 결합

범주-X. 3D 하드카피는 컴퓨터 모델을 기반으로 한 물리적 모델의 자동 생성으로, 오브젝트의 신속하고도 시각적인 표현을 제공한다. 모델은 정적

오브젝트이기 때문에 출력 시스템으로서만 기능한다.

대부분의 택틀 디스플레이는 특히 손끝에 초점을 맞춘다. 대부분의 포스 디스플레이는 조작 팔, 스테어퍼 또는 외발 자전거 디바이스와 같이 팔다리에 전체적으로 초점을 맞춘다.

햅틱 디스플레이의 속성

시각적 및 청각적 표시 패러다임과 마찬가지로 표시의 품질에 영향을 미치는 여러 요인들이 있는데, 이 요인은 다음과 같이 요약된다.

햅틱 표현 속성

- 접지
- 운동학적 및 자기수용적 단서
- 촉각/피하 단서
- 디스플레이 채널 수
- 자유도^{DOF}
- 폼
- 충실도
- 공간 해상도
- 시간 해상도
- 레이턴시 인정
- 사이즈

논리적 속성

- 사용자 이동성
- 트래킹 방식의 인터페이스로의 접속
- 환경 요구 사항
- 기타 감지 디스플레이와의 연관성
- 이동성
- 처리량
- 방해물
- 안전성
- 비용

햅틱 표현 속성

햅틱 기기는 어떤 종류의 단서, 얼마나 반응하는지, 그리고 어떻게 몸에 연결돼 있는지에 따라 다양하다. 이 절에서는 여러 가지 햅틱 디스플레이 품질에 대해 다루고 그러한 품질들이 다른 용도에 어떻게 중요한지를 설명한다.

접지 힘/저항 디스플레이는 압력이 적용될 수 있는 베이스에 공급하기 위해 앵커 또는 접지 지점이 필요하다. 접지는 자체 지상 시스템과 세계 지반 시스템으로 분류할 수 있다. 스스로 접지한 시스템은 팔이 완전히 펴지는 것을 방지하는 것과 같은 자신에 대한 움직임을 생성하거나 제한한다. 당신의 손과 가슴 사이에 컴퓨터가 컨트롤하는 연결고리를 상상해 보라. 이 시스템은 팔을 움직이는 방법에 영향을 줄 수 있다. 당신의 팔은 구속돼 있지만, 당신은 여전히 걸어다닐 수 있다. 모든 포스 디스플레이는 당신 자신의 몸에서 파생되며 절대적 의미에서는 어떤 힘도 이 세상에서 파생되지 않는다. 그것은 당신의 몸 이외의 다른 것에 직접적으로 얽매이지 않기 때문에 자기 바탕이 된다. 자체 접지 시스템은 휴대할 수 있지만 표시할 수 있는 힘의 유형에는 제한이 있다.

이제 그 연결고리를 마치 당신의 손과 벽 사이에 고정돼 있는 것처럼 생각해 보라. 이제 그것은 당신의 팔의 움직임을 절대적 위치 세트로 제한한다. 이것을 세계 접지world-grounded라고 한다. 세계 접지 시스템은 저항을 생성하거나 바닥이나 천장의 지점처럼 사용자와 일부 외부 신체 사이의 움직임을 제한하거나 사용자에게 힘을 가한다.

택틀 디스플레이는 몸에 많이 끼어서 자기접지를 한다. 예를 들어 손가락 끝에 진동기가 달린 장갑이나 손목에 감겨 있는 촉각이나 진동 촉감이 달린 조끼, 손에 쥐어진 게임 컨트롤러 등이 있다. 공공 장소 시스템, 특히 컴퓨터를 뒤에 착용한 시스템에서 시스트를 발견하기 쉬우며, 따라서 촉각 피드백을 추가하기 위한 적은 증분 비용(예: VOID의 'Rapture Vest')만 있을 수 있다(그림 5-62) 닌텐도 64 게임기를 위해 고안된 'Reality Vest 64'와 같은 일반 소비자들을 위한 제품들도 출시됐다.

그림 **5-62** The VOID의 Rapture Vest에는 가슴에 촉각 피드백을 제공해 신체에 타격을 시뮬레이션할 수 있는 액츄에이터가 포함돼 있다. (Photograph courtesy The VOID LLC.)

운동학적, 자기 수용적 단서 이러한 움직임과 신체와 관련된 단서들은 자기수용 단서, 관절의 각도, 근육 길이, 운동 단서. 긴장, 그리고 근육의 힘에 대한 저항

(힘)을 제공하는 신경 입력의 조합이다. 운동학적, 자기수용적 단서들은 체험자에게 세계가 가하는 강한 바람과 중력 같은 오브젝트와 물리적 힘의 단단함과 대략적인 형태와 같은 세계에 대한 정보를 결정하기 위해 뇌가 사용한다. 전신에 75개의 관절(손에만 44개)이 있는데, 모두 힘줄의 모든 운동 스트레스 수용기와 함께 자기수용기를 수신할 수 있어 단일 디스플레이가 사용자에게 각각의 가능한 힘 지점을 결합하는 것은 매우 어렵다.

촉각/피부의 단서 촉각/피하 단서는 피부에 있는 감각 수용기를 사용해 세계에 대한 입력을 모으는 단서들이다. 피부의 기계수용기는 오브젝트의 모양과 표면 질감에 대한 자세한 정보를 얻기 위해 사용된다. 수용자들은 오브젝트와 피부 사이의 열의 전달 속도를 감지한다. 전자수용기는 피부를 통해 흐르는 전류를 감지한다. 조직 손상 통증은 발각기에 의해 감지된다.

디스플레이 채널 수 햅틱 디스플레이는 디바이스에 따라 한 손 또는 관절에 대한 단일 피드백 채널로 구성될 수 있으며, 두 손 또는 10개의 채널이 손가락 10개 모두를 직접 연결하거나, 손의 가압 가능한 블래더를 위해 수십 개의 채널을 필요로 하는 작업을 수행하기 위해 2개의 채널이 필요할 수 있다.

DOF 자유도에는 자유도 6도가 있다. 따라서 궁극적으로 햅틱 디스플레이의 DOF 수는 1개에서 6개까지 다양할 수 있다.(공학적 유사성에서는 각 동작 액추에이터를 1DOF라고 부르므로 디바이스는 7개 이상의 DOF를 갖는다고 볼 수 있으나, 모든 동작 제약을 적용하면 최종 결과는 6개 이하가 된다.) 일반적인 포스 디스플레이 방법은 3개의 공간 치수에서 3도의 움직임을 제공한다. 3-DOF 디바이스는 사용자가 스틱이나 손가락 하나만으로 공간을 탐색할 수 있게 해준다.

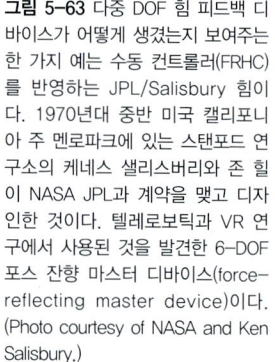

그림 5-63 다중 DOF 힘 피드백 디바이스가 어떻게 생겼는지 보여주는 한 가지 예는 수동 컨트롤러(FRHC)를 반영하는 JPL/Salisbury 힘이다. 1970년대 중반 미국 캘리포니아 주 멘로파크에 있는 스탠포드 연구소의 케네스 샐리스버리와 존 힐이 NASA JPL과 계약을 맺고 디자인한 것이다. 텔레로보틱과 VR 연구에서 사용된 것을 발견한 6-DOF 포스 잔향 마스터 디바이스(force-reflecting master device)이다. (Photo courtesy of NASA and Ken Salisbury.)

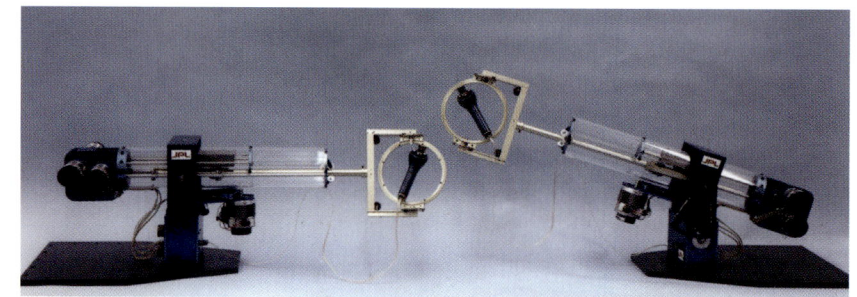

선으로 제한된 2-DOF 이동은 디바이스를 튜브에 삽입하고 비틀어 놓는 시스템에서 유용할 수 있다. 포스 디스플레이가 장착된 마우스나 조이스틱은 2차원 움직임을 제공할 수 있다. 그림 5-63 [Bejczy and Salisbury 1983]의 수동 컨트롤러를 반사하는 JPL/Salisbury 힘에서 보듯이 회전 피드백과 결합된 공간의 움직임은 최대 6도 움직임을 제공한다.

폼 햅틱 디스플레이의 형태는 체험자가 상호작용하는 물리적 디바이스의 형태다. 햅틱 디스플레이의 형태는 (1) 막대, 공 또는 평면과 같은 특정 모양을 나타내기 위해 사용하는 받침대, (2) 핸드건과 같은 실제 오브젝트의 형태로 된 받침대, (3) 장갑이나 핀 디스플레이와 같이 디스플레이의 필요에 따라 변하는 비정형 형태 또는 심지어는 다음과 같은 특성을 변화시키는 프로파일 수 있다. 중력의 중심

전문기기가 필요한 훈련과제의 경우 위치트래킹센서가 장착된 실제 기기를 활용해 VR 체험의 현실성을 높일 수 있다. 따라서 의료 훈련 애플리케이션에서 실제 주사바늘, 관절경 기구, 봉합기를 사용하면 조작자의 느낌을 복제하는 데 도움이 되며, 촉각기기는 힘 감도를 표시한다. 이차적 편익으로서 기계화 및 센서 장착 기기를 사용하는 애플리케이션을 보다 쉽게 구현할 수 있다. 계측기를 컨트롤하는 제약조건과 뉘앙스는 계측기 자체에 내장되며 소프트웨어 시뮬레이션이 덜 필요하다.

입력기기의 프로프 스타일(4장에서 논의)은 사용자가 손에 들고 느낄 수 있으므로 사용자가 상호작용하는 양식을 사용한다는 점에서 제한적인 햅틱 디스플레이로 간주할 수 있다. 우리는 그들의 촉각적 특성을 수동적 햅틱으로 비활성 프로프를 사용하는 것을 언급한다. 당신이 느끼는 유일한 것은 오브젝트의 형태일 뿐이다. 거기에는 활동적인 힘 요소가 없다.

충실도 햅틱 디스플레이의 충실도를 결정하는 데에는 고려해야 할 점이 아주 많다. 가장 중요한 것은 안전이다. 일반적으로 VR 경험이 5층 건물에서 뛰어내리는 데 수반되는 힘을 정확하게 복제하는 것은 바람직하지 않다. 고충실도 시스템은 안전하지 않은 수준의 전력을 필요로 하는 경우가 많으며, 잘못 프로그래밍되면 매우 위험할 수 있다. 디스플레이의 크기 또한 기기 자체의 관성

때문에 힘을 정교하게 컨트롤하기가 어렵기 때문에 충실도에 영향을 미친다. 온도 디바이스로, 충실도의 척도는 그것이 한 온도에서 다른 온도로 얼마나 빠르게 변화할 수 있는가 그리고 그것이 어떤 범위의 온도를 표시할 수 있는가이다. 또한 사용자를 태우지 않도록 온도 디바이스를 사용할 때 안전을 고려해야 한다.

힘을 측정하는 디바이스는 Newtons/m(Nt/m)로 측정한 최대 강성도^{stiffness}로 등급을 매길 수 있다(Newtons^{Nt}는 힘의 측정 단위, Nt/m은 강성의 측정 단위) 탄^{Tan}과 동료[1994]에 따르면, 대부분의 사용자가 20 Nt/cm 정도의 강성을 단단한 움직일 수 없는 벽으로 받아들인다고 한다. 사람의 손가락이 발휘할 수 있는 최대 힘은 약 40Nt이지만, 정확하게 조작하는 데는 10Nt을 넘지 않는다.

공간 해상도 간격이 긴 촉각 자극(JND)을 구별하는 뇌의 능력은 신체의 부위에 따라 다르다. 등에서는 70mm 간격까지의 자극이 한 곳에서 일어나는 것처럼 느껴지고, 팔뚝에서는 이 거리가 30mm로 떨어지고, 손가락 끝에서는 2mm까지만 떨어진다. 이 정보는 손가락 끝에 텍스처를 표시하기 위해서는 고해상도 디바이스가 필요하지만 팔뚝에 표시하기 위해서는 해상도가 더 낮다는 것을 알려준다. 이러한 공간 해상도의 차이는 직감 촉각 감각으로 또는 3D 시스템 터치 햅틱 디바이스 또는 Phantom Premium과 같은 스타일러스 디스플레이의 끝을 통해 텍스처를 얼마나 미세하게 렌더링할 수 있는지를 결정한다.

시간 해상도 포스 디스플레이 시스템에서 낮은 시간 해상도(프레임 속도)은 시뮬레이션된 오브젝트의 느낌에 부정적인 영향을 미칠 수 있다. 예를 들어, 오브젝트는 의도한 것보다 부드러운 느낌이 들 수도 있고, 사용자는 오브젝트에 터치할 때 진동을 경험할 수도 있다. 포스 디스플레이의 프레임률이 너무 낮으면 '무시' 또는 '흔들림'을 느끼거나 불규칙하게 진동한다. 시모가[1992]는 우리 몸이 다양한 자극에 대해 감지하거나 반응할 수 있는 속도를 나타내는 차트를 제공한다. 원래의 팬텀 디바이스를 개발하면서, 토마스 매시는 1000Hz에서 프레임 속도를 실행하면 더 높은 속도에서 최소한의 개선만으로 정확하다고 느끼는 촉각 효과가 발생한다는 것을 발견했다[Massie 1993].

레이턴시 허용 동작과 시스템 응답 사이의 레이턴시 또는 레이턴시가 길면 표시되는 세계의 견고성에 대한 착각을 저하시킬 수 있다. 햅틱 디스플레이는 보통 손과 눈의 조정 작업을 수반하기 때문에 시각 디스플레이의 레이턴시 감소가 점점 더 중요해지고 있다. 복수의 체험자가 가상 세계를 공유하고 햅틱 디스플레이를 통해 상호작용하는 애플리케이션에서 시스템 간 지연은 시뮬레이션에서 재앙이 될 수 있다. 체험자가 서로 또는 단일 오브젝트와 동시에 상호작용할 필요가 없는 경우 이를 방지할 수 있다. 예를 들어, 테니스 경기에서 단 한 명의 사용자만이 주어진 시간에 공과 가상의 라켓 사이에 어떠한 촉각적인 상호작용을 한다. 그러나, 두 체험자가 모두 큰 오브젝트를 집어 들려고 한다면, 최소한의 레이턴시가 중요하다.

햅틱 디스플레이는 체험자와 신체 접촉을 요구하기 때문에 체험자의 움직임을 기계적으로 트래킹할 수 있으며, 이러한 물리적 연결을 사용할 수 있다. 이러한 유형의 트래킹은 다른 많은 차체 트래킹 시스템보다 레이턴시가 낮고 정확도가 높다.

사이즈 포스 디스플레이의 크기는 어떤 유형의 상호작용을 시뮬레이션할 수 있는지에 큰 역할을 한다. 대형 디스플레이는 일반적으로 더 넓은 범위의 움직임을 허용해서 더 많은 작업을 가능하게 한다. 그러나 더 큰 시스템은 더 큰 안전 문제가 될 수 있다. 작은 테이블 상판 디스플레이는 수술이나 모델 조각과 같은 작은 작업 영역에서 수행되는 작업을 모방하는 애플리케이션에서 잘 작동한다.

실행 계획 특성

햅틱 디스플레이 디바이스는 데스크톱에 앉거나 손에 착용하는 소형 디바이스부터 사람을 땅에서 들어 올릴 수 있는 대형 로봇 디바이스까지 다양하다. 촉각 피드백(액션, 자기수용, 열수용, 전기수용 등)과 디스플레이와 결합할 수 있는 신체부위가 매우 다양하기 때문에 햅틱 디스플레이는 매우 광범위한 논리 특성을 가지고 있다. 시각적 및 청각적 기기와 비교해서 촉각적 기기는 특정 용도에 더 구체적으로 연결되는 경향이 있다. 이 절에서는 햅틱 디스플레이의 실행 계획 특성을 설명한다.

사용자 이동성 사용자 이동성을 제한하는 디스플레이 근처에 사용자가 있어야 한다. 체험자가 상대적으로 정지해 있는 애플리케이션(예: 수술 수행)의 경우, 이는 그다지 해롭지 않다. 사용자가 직접 접지한 시스템을 착용할 수 있으므로 더욱 이동성이 좋다. 그러나 필요한 링크와 케이블은 추가적인 침투를 제공한다.

트래킹 방식의 인터페이스와의 접속 햅틱 디스플레이의 레이턴시가 낮고 프레임률이 높기 때문에 관련 트래킹 방법은 실제 디스플레이를 달성하기 위해 동일하게 반응해야 한다. 다행히도, 포스 디스플레이의 경우, 트래킹은 빠르고 정확한 디바이스를 사용해 디스플레이에 내장되는 경우가 많다.

고품질 트래킹이 필요한 시스템의 경우 사용자와 가상 세계를 중재하는 데 일부 오브젝트를 사용한다. 예를 들어 사용자는 스틱과 같은 디바이스를 사용해서 시뮬레이션된 세계를 탐색할 수 있다. 이 디바이스는 기본적으로 대리 손가락이다. 대리모는 정확하고 빠른 방법으로 트래킹돼 가상 세계가 보다 현실적으로 보일 수 있게 한다. 장갑에 장착된 택틀 디스플레이는 손트래킹이 느리고 덜 정확한 트래킹을 통해 수행될 수 있기 때문에 덜 효과적일 수 있다.

환경 요구 사항 대형 포스 디스플레이는 일반적으로 작동하기 위해 특수실을 필요로 한다. 그 방에는 유압 펌프나 공압 펌프가 장착돼 있을 수 있다. 소형 디스플레이는 어떤 방에서든 작동하기에 적합한 키오스크 플랫폼에 바로 내장될 수 있다. 수술 훈련에 사용되는 키오스크 플랫폼 디스플레이의 예는 그림 5-64에 나타나 있다.

그림 5-64 이미지(A와 B)는 키오스크 디스플레이에 내장된 가상 현실 수술 트레이너를 사용하는 외과 의사를 보여준다. 이미지(C)는 강제 피드백 디바이스에 결합된 실제 의료기기의 사용을 보여주는 클로즈업이다. (Images courtesy of Boston Dynamics, Inc.)

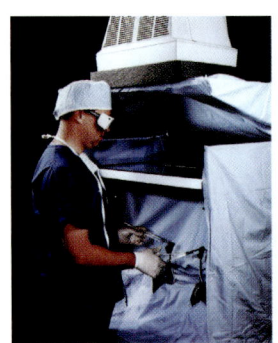
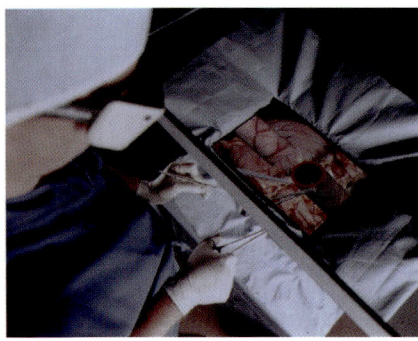
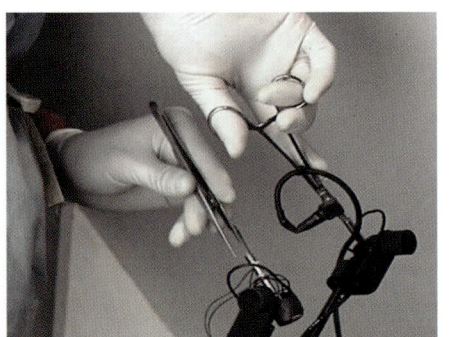

기타 감지 디스플레이와 연관성 대부분의 포스 디스플레이의 단점은 볼 수 있다는 것이다. 디스플레이 자체가 가상 세계의 일부(예: 수술 트레이너)가 아닌 한, 그것을 시야에서 가리려는 약간의 노력이 필요하다. 가장 간단한 해결책은 시각 시스템을 위해 폐쇄형 HBD를 사용하는 것이다. 또 다른 방법은 포스 디스플레이와 눈 사이의 시각적 디스플레이를 찾는 것이다. 이 기술의 초기 예로는 거울을 사용해 포스 디스플레이 시스템을 숨긴 보스턴 다이내믹스, Inc. 봉합 훈련기와 모의 인체 내부에 로봇 표시 전체를 숨긴 콜로라도 대학교 Celias Plexus Block(의학적 절차) 시뮬레이터[Reinig et al. 1996]가 있다. 거울 기법은 EVL PARIS(개인 증강현실 임베디브 시스템)와 같은 대형 투영 기반 촉각 시스템을 가능하게 하기 위해 필요했다[Johnson et al. 2000]), 상용 Reach-In 시스템과 같은 소형 CRT 기반 시스템. 현대 시스템은 거울을 버리고 사용자와 촉각 손 인터페이스 사이에 장착된 얇은 디스플레이를 사용할 수 있다(그림 5-65).

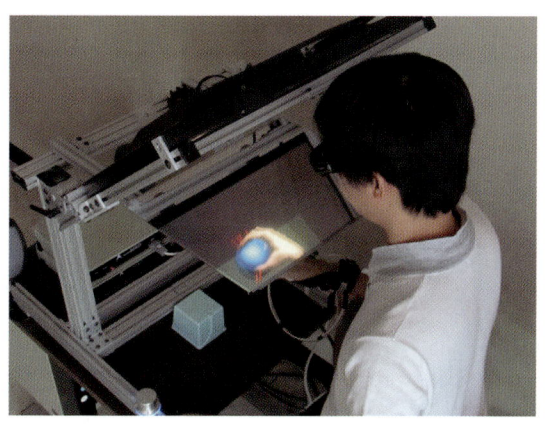

그림 5-65 이 디바이스는 아바타 손의 이미지를 실제 손이 있는 곳에 위치시킨다. 실제와 가상의 결합을 통해 가상은 더욱 실제처럼 보인다. (Photograph courtesy of Christoph Borst.)

휴대성 소형 햅틱 디스플레이는 큰 어려움 없이 사이트 간에 운반할 수 있다. 더 큰 포스 디스플레이는 유압 또는 공압 발생을 위한 중요한 장비가 필요한 경우 도로를 주행하기 더 어려울 수 있다. 바닥이나 천장에 물리적으로 탑재된 시스템은 이동성 한계가 분명하다.

처리량 장갑과 기타 자체 접지 디스플레이와 같은 착용 가능한 디바이스는 체험자들 간의 교환을 늦출 수 있다. 일부 디스플레이는 포스 디스플레이를 지탱하기 위해 백팩과 같은 디바이스를 착용해야 하며, 일반적으로 처리량이 높은 공공 장소에서 하고 싶은 것이 아니라 장비를 제작하고 폐기하는 데 상당한 시간이 필요하다. 그러나 체험자를 스테이징하면(VOID와 같이 다른 체험자가 몰입하는 동안 탬퍼와 바이브로텍틀^{vibrotactile} 디스플레이가 내장된 조끼를 착용할 수 있다.

방해물 더 큰 외골격식 기기는 분명히 사용자의 많은 짐을 포함한다. 작은 포스 디스플레이와 장갑 디바이스들은 일반적으로 덜 짜여져 있지만 케이블과 다른 연결디바이스는 가장 작은 디스플레이에도 지장을 더할 수 있다.

안전 안전은 분명히 대형 로봇 디스플레이와 함께 작업할 때 중요한 걱정거리다. 대형 로봇은 인간에게 치명타를 날릴 수 있고, 외골격 디바이스는 신체를 얽을 수 있다. 이러한 시스템으로 작업할 때 안전 수준을 높이기 위해 일반적으로 '드롭 데드' 스위치를 루프에 배치한다. 일반적으로 이 스위치들은 기계가 작동하려면 발로 눌러야 한다. 발이 스위치를 놓자마자 시스템에서 전원이 차단된다. 그러므로, 만약 사용자가 시스템이 위험한 일을 하고 있다고 감지하거나 또는 사용자가 넘어지면, 시스템은 즉시 정지한다. 소형 디스플레이에 드롭 데드 스위치를 결합하는 것은 비록 힘이 사람을 다치게 할 만큼 충분히 강하지 않더라도 디바이스가 스스로 손상될 수 있기 때문에 오작동 시 현명한 결정인 경우가 많다.

일반적으로 택틀 디스플레이는 극한의 출력을 낼 수 있는 온도 디스플레이를 제외하고 안전 문제를 제기하지 않는다.

비용 포스 디스플레이는 비용이 많이 든다. 그 이유의 일부는 그것들이 널리 사용되지 않기 때문에 대량 시장 가격에서 이익을 얻지 못하기 때문이다. 또한, 포스 디스플레이는 여러 개의 움직이는 부품을 포함하고 있기 때문에 VR 시스템의 다른 요소보다 제조가 더 복잡하다. 저항성 디스플레이는 비용이 적게 들 수 있으며, 실제로 햅틱 디스플레이에 대한 엔지니어의 교육을 위해 생산된 DIY 스타일의 햅킷은 미화 100달러 미만에 판매됐다[Morimoto et al. 2014]. 또한 택터^{tactor}나 기타 진동 발생기와 같은 많은 기본 택틀 디스플레이는 많은 기본 디스플레이에 추가할 수 있는 매우 저렴한 구성품이며, 실제로 대부분의 현대 게임 컨트롤러는 그러한 디바이스를 포함하고 있다.

햅틱 디스플레이 패러다임

이제 시작 부분에 간략히 설명한 5가지 햅틱 디스플레이 범주와 사이비 범주를 자세히 살펴보고 열거된 속성이 각 유형 1에 어떤 영향을 미치는지 살펴보겠다.

1. 택틀 디스플레이^{Tactile display}
2. 엔드이펙터 디스플레이
3. ROSD
4. 패시브 햅틱 디스플레이
5. 혼합 디스플레이
X. 3D 하드카피

택틀 햅틱 디스플레이

택틀 디스플레이 자극 해석 능력에 초점을 맞춘 햅틱 디스플레이다. 피부(피하) 자극의 범주에는 진동, 압력, 전단, 온도, 통증이 있다. 사용자를 디스플레이에 '첨부'하기 위해 가장 일반적으로 사용되는 두 가지 방법은 체험자의 손, 몸통 등에 액추에이터를 부착하거나(착용 가능한 피부 디바이스라고 함) 사용자가 완드, 조이스틱 또는 스티어링 휠 디바이스를 잡도록 하는 것이다. 능동력 피드백이 없어도 오브젝트를 느낄 수 있으며, 이는 특정 종류의 (수동적) 촉각 피드백을 구성한다. 힘 피드백이 없는 스티어링 휠은 여전히 현실적으로 느껴지며 가상의 휠보다 조작하기가 더 쉽다. 촉각이나 기타 촉각 자극기를 갖춘 항아리는 VOID 장소의 'Rapture Vest'와 같은 일부 시스템에서도 사용된다.

택틀 디스플레이의 구성품

이 절에서는 택틀 디스플레이에 사용할 수 있는 작동기에 대해 논의한다. 예를 들어 팽창식 블래더, 진동형 택터^{tactor}, 핀 배열, 온도 조절 디바이스 및 가슴 텀퍼(쿵푸하고 덜컥거리는 효과를 제공하는 가슴에 착용하는 저주파 스피커)와 같은 특수 압력 디바이스. 또한 환경(4D) 효과(예: 풍력, 온도)와 프로프 같은 휴대용

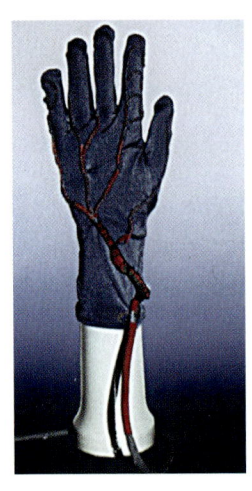 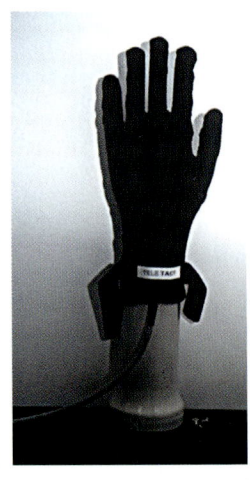

그림 5-66 텔릿액트 글러브(더 이상 사용할 수 없음, 전면 및 후면 뷰 표시됨)는 컴퓨터 컨트롤에 따라 확장되거나 수축되는 30개의 블래더를 사용해 촉각적 피드백을 제공했다. 방광이 팽창했을 때 장갑을 낀 사람은 압력을 감지했다. (Photographs courtesy of Bob Stone.)

입력 디바이스를 단순한 택틀 디스플레이로 간주한다.

블래더 액추에이터는 공기(공압) 또는 액체(유압)의 흐름을 포켓 안팎으로 컨트롤해서 확장 및 수축할 수 있는 포켓이다. 포켓의 전략적 배치는 체험자의 손과 몸의 다른 부분에 대한 압박감을 유발한다. 더 이상 사용할 수 없지만, ARL$^{Advanced\ Robotics\ Research\ Lab}$의 Teletact Glove는 손바닥과 손가락 앞과 뒤쪽에 30개의 블래더를 배포했다(그림 5-66).

팽창 가능한 블래더 기술은 내재된 어려움을 가지고 있다. 첫째, 데이터 입력 장갑을 만드는 것과 마찬가지로 많은 사용자들에게 잘 작동하는 기기를 디자인하는 것은 어렵다. 둘째, 하드웨어는 사용하기 번거롭고 유지관리가 어렵고 상당히 섬세하다. 특히 공압 기반 시스템에서는 블래더를 채우고 비우는 응답 시간이 느릴 수 있다. 아직 소비자 준비가 돼 있지 않지만, 몇몇 연구팀들은 이 아이디어를 계속 탐구하고 있다. 변형 가능한 촉각 서피스를 만들 수 있는 미세유체 디스플레이와 같은 기술이 차세대 택틀 디스플레이로 진입하고 있다.

 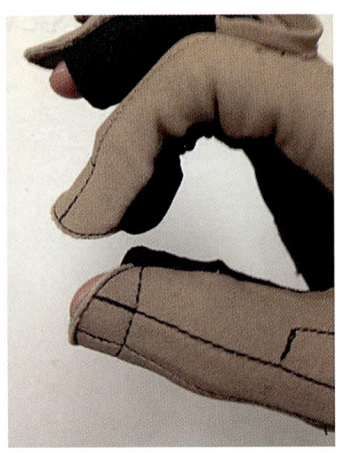

그림 5-67 일부 장갑은 택틀 디스플레이를 위해 진동자 액추에이터를 사용한다. VR 어플리케이션에서는 종종 진동이 고형물과의 접촉에 의한 압력에 대한 감각 대용으로 사용된다. 사이버그러브는 손가락 끝에 진동기가 장착돼 있다. (Photographs courtesy of Cyberglove Systems, Inc.)

바이브로택틀 작동기(택터)는 장갑 입력 디바이스, 핸드헬드 받침대, HMD에 통합되거나 손바닥/손목/팔 등에 간단히 묶일 수 있다(그림 5-67). 일반적으로 손가락마다 하나씩, 받침대 위에 놓거나 하나 또는 두 개의 서로 다른 위치에 위치한 몇 개의 촉각만 디스플레이에 통합된다. 바이브레이터 작동기는 블래더보다 강력하고 컨트롤하기 쉬우므로 종종 압력 감각을 감각 대체물로 표시하는 데 사용된다. 가상 테니스 공의 압력은 손끝의 진동으로 나타낼 수 있다. 볼이 압착되면 진동량이 증가해서 손가락의 압력이 증가함을 알 수 있다.

저주파 스피커(서브우퍼)도 진동 디스플레이로 사용할 수 있다. 이러한 스피커는 바닥 아래에 놓거나, 의자에 부착하거나, 옷 속에 감추거나, 사용자와 함께 방에 간단히 넣을 수 있다. 초기 예로는 휴스턴 대학에서 사이언스스페이스의 NewtonWorld 환경(그림 5-68)을 위해 사용한 체스트 텀퍼chest thumper가 있다[Craig et al. 2009]. 이 애플리케이션은 매우 낮은 주파수의 사운드를 사용해서 가슴에 쿵쿵 효과를 냈다. NewtonWorld의 예에서 체험자들은 파티클과 충돌했을 때 쿵쿵거렸다. 텀프의 크기는 충돌하는 오브젝트의 질량과 속도에 기초했다.

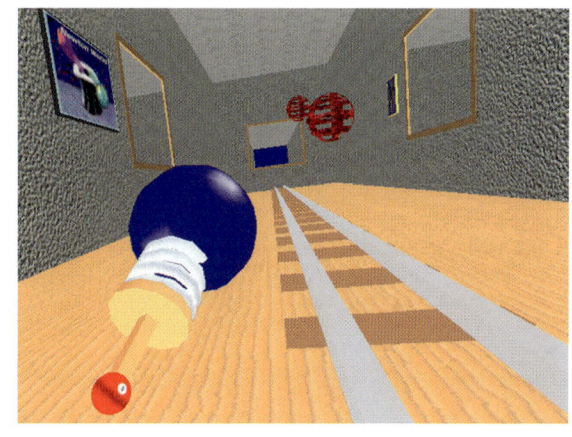

그림 5-68 ScienceSpace (Houston 대학교와 George Mason 대학교에서 개발한)는 아이들에게 물리 개념을 가르쳤다. 여기서 보여지는 NewtonWorld 어플리케이션에서 체험자들은 다른 오브젝트들과 충돌했다. 감각을 고조시키기 위해 체험자들은 가슴 범퍼가 달린 조끼 모양의 옷을 입었는데, 이 옷은 충돌에 연루됐을 때 신체적인 피드백을 제공했다. (Image courtesy of Bowen Loftin.)

핀 액츄에이터 기술은 여전히 연구 중이고 많은 용도에 사용되지 않았다. 핀 기반 시스템은 표면 텍스처의 표시에 사용된다. 많은 핀이 피부와의 접촉에서 이동하거나 벗어날 수 있는 배열로 배열돼 있다(그림 5-69). 회전하는 실린더에 핀이 정렬돼 있는 것처럼 각 손가락에 작은 사각형 배열의 시스템을 조사하고 있다. 표면 질감은 손가락 끝의 압력 변화에 의해 시간이 지남에 따라 감지된다. 이것은 가까운 미래에 미세유체 기술에 의해 사용될 수 있는 또 다른 형태 요인이다.

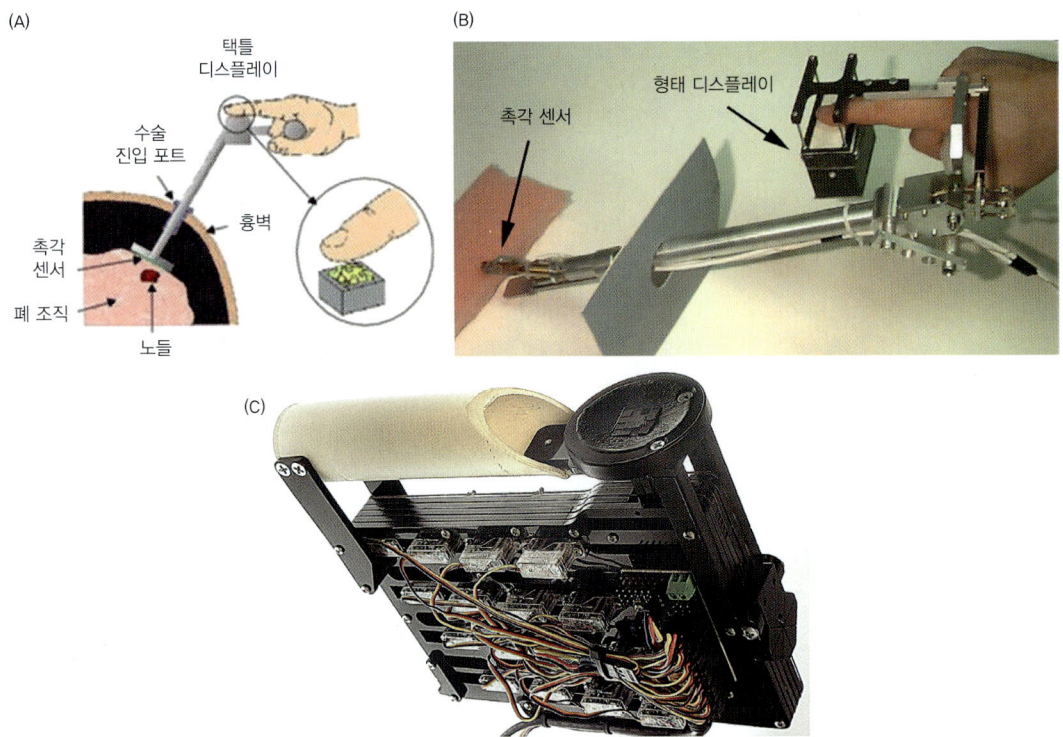

그림 5-69 (A) 핀 액추에이터는 아직 일반적으로 사용하지 않는 상태에서 손가락 끝의 핀 압력을 변화시켜 표면 질감 표시를 제공할 수 있다. (B) 이 프로토타입 디바이스에서 의사는 최소 침습적인 수술 절차 동안 환자의 몸 안을 느낄 수 있다. (C) 프로토타입 Texture 터치 디바이스는 부착할 디바이스에 4x4 배열의 핀을 제공해 집게 손가락 끝이 배열 위에 놓이게 한다. 가상 세계에서 사용자가 접촉하는 위치를 결정하기 위해 디바이스를 트래킹할 수 있다[Benko et al. 2016]. (Images (A and B) courtesy of William Peine, Harvard Biorobotics Laboratory. Photograph (C) courtesy of Microsoft Research, Natural User Interface Group.)

온도 액추에이터thermo-actuators는 일반적으로 손끝에 매우 빠르게 온도 변동을 나타낼 수 있다. 이 디바이스들은 인간의 조직을 손상시킬 만큼 충분히 뜨겁거나 차가워질 수 있다. 그러므로 안전이 큰 걱정이다. 한 가지 해결책은 손가락에 상대적인 온도 변화만 표시해서 항목이 '핫' 또는 '콜드'임을 나타내며, 정확한 실제 온도는 표시하지 않는 것이다. 이 해결책은 많은 경우에 충분하다. 어느 경우든 열 에너지의 이동을 열 전달이라고 한다. 열 에너지가 사용자에게 전달될 때 열을 느끼고 사용자로부터 전달될 때 냉기를 느낀다. (이 경우 체험자에게서 멀리) 열 전달을 위한 특별한 기술은 펠티에 변환기 요소들이다. 열 디스플레이는 가상 오브젝트의 온도가 중요한 애플리케이션에 쉽게 통합될

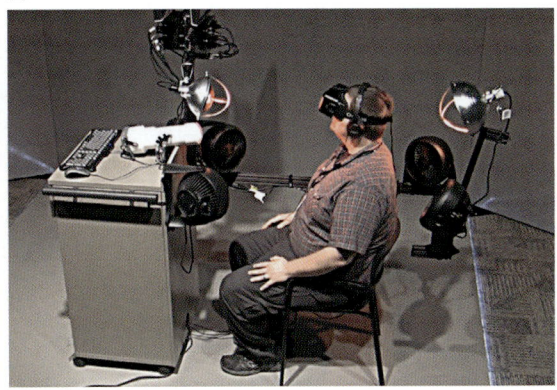

그림 5-70 일부 촉각적 감각은 여기에 표시된 PIPES 시스템과 같은 환경적 작동기에 의해 생성될 수 있다. (A) 왼쪽에서 오른쪽으로 향 (비합체적), 열 및 풍력 효과 발생기. (B) 주변 환경을 제공하기 위해 사용자 주위에 배치된 효과 디바이스. (Photograph (A) by William Sherman; photograph (B) courtesy of Chauncey Frend.)

수 있지만 VR 시스템에서는 여전히 거의 사용되지 않는다.

환경 액추에이터(4D 효과)는 공기 폭발, 안개 및 거품과 같은 추가 요소를 포함하는 'Muppet*Vision 3D'와 같은 향상된 영화 매장에서 흔히 발견된다. 이 개념은 1956년 모튼 힐릭이 센서마 디스플레이를 위해 구현한 것으로, '4D 필름'의 단일 뷰어 인스턴스^{instance}였으며, Muppet*Vision과 같은 테마파크 명소뿐만 아니라 〈T2 3-D: 배틀 어크로스 타임^{Terminator 2 3D: Battle Across Time}〉 등에도 사용됐다. PIPES 디스플레이와 같은 VR로 4D 효과를 가끔 구현하기도 한다.(그림 5-70)[Frend and Boyles 2015]는 바람, 열, 냄새로 로마 제국 시대의 빌라 투어를 강화했다[Frend 2016].

흔히 4D 효과로 전달되는 촉각 정보를 표시하기 위해 사용되는 기기 유형에는 열등, 팬, 공기 블래스터, 물씨스터 등이 포함되며, 위에서 설명한 진동 발생기도 포함된다. 또한 촉각 자극에는 해당하지 않지만 다른 4D 효과 디바이스에는 향과 안개/연기 발생기가 포함된다.

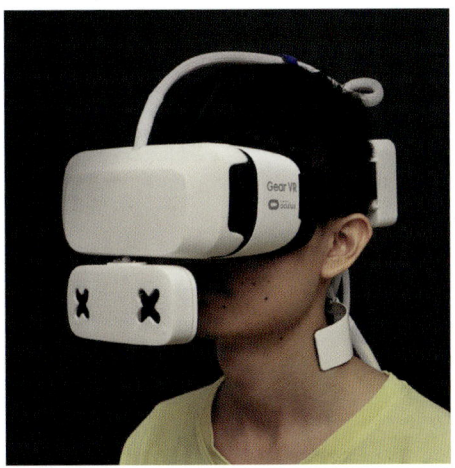

그림 5-71 Ambiotherm 디바이스는 HMD 자체에 바람과 열 디스플레이 (목)를 부착해 헤드 장착 환경 효과를 제공한다. (Photograph courtesy of Nimesha Ranasinghe.)

극장(VR이 아닌 장소)에서는 일반적으로 효과 디바이스가 관객석에 탑재된다. VR의 경우 이 디바이스는 사용자를 둘러싼 프레임워크에 탑재될 수 있으며, 실험용 Ambiotem [Ranasinghe et al. 2017]과 같이 HMD 자체에 부착될 수도 있다(그림 5-71).

택틀 디스플레이의 특징

피부는 인체에서 가장 큰 단일 기관이다. 결과적으로, 완전한 감각적 범위, 즉 100% 촉각은 아직 실현 가능하지 않다. 많은 택틀 디스플레이는 촉각 신경 종단의 대다수가 위치하며 수동적인 손재주가 필요한 작업에 의존하는 손가락 끝에 초점을 맞춘다. 또 다른 옵션은 몸의 특정 부위에 코스의 감각을 나타낼 수 있는 촉각 또는 심지어 솔레노이드까지 포함하는 조끼(또는 다른 "옷")이다. 그리고 마지막으로, 환경(4D) 효과는 신체의 어느 부분이 기기의 범위에 있는지 일반적인 감각을 제공할 수 있다.

택틀 디스플레이의 인터페이스 문제

대부분의 택틀 디스플레이의 목적은 체험자가 무언가를 만지거나 움켜잡거나 표면 질감이나 온도를 느끼는 것에 대응해서 정보를 제공하는 것이다. 이러한 감지를 생성하기 위해 사용되는 일반적인 표시 기법은 전역 압력, 다중 국부 압력, 진동 및 열 전달이다.

우리가 오브젝트를 만지거나 잡을 때, 손에 있는 오브젝트의 압력을 느낀다. 단순한 택틀 디스플레이는 확장 가능한 블래더와 유사한 효과를 낼 수 있다. 가상의 오브젝트를 잡을 때, 방광은 그것이 나타내는 오브젝트의 저항에 비례하는 어떤 양만큼 공기나 다른 액체로 채워진다. 방광 시스템의 물류 때문에 그 효용이 제한돼 널리 이용되지 않는다. 그래서 다른 기술들이 일반적으로 사용된다. 한 가지 기법은 손가락 끝에 진동기를 장착하고, 대개 데이터 입력 글러브 위에 올려놓고, 압력에 따라 진동량을 조절한다. 이것은 감각 대체의 한 예인데, 체험자들에게 그들이 무언가를 만졌지만 실제의 감각을 재현하지는 않는다는 것을 말해주기 때문이다. 신기술이 실용화됨에 따라(마이크로유체학 등) 보다 현실적인 자극이 제공될 수 있다.

오브젝트의 표면 질감을 재현하는 것은 더 복잡하다. 감지 표면 질감은 손가락 끝의 압력 센서(기계수용기)의 고밀도와 표면 위로 손가락의 움직임에 의존한다. 가상 텍스처를 생성하려면 체험자의 손가락 움직임과 많은 압력 감지 요소(예: 핀)의 신속한 피드백을 빠르고 정확하게 감지해야 한다.

표면 텍스처 디스플레이의 원시적인 저해상도 방법은 손가락 대용품을 가상 표면 위로 이동시켜 요철을 감지함으로써 달성할 수 있다. 이 방법은 표면과 프로브 사이에 단 하나의 접촉점만 있기 때문에 손가락에 직접 텍스처를 표시하는 것보다 구현하기 쉽다. 또한 질감 감각은 손가락 끝 디스플레이를 통해서가 아니라 운동학적 피드백(상업적으로 구할 수 있는 디바이스)에서 주로 나온다.

택틸 디스플레이의 요약

많은 택틸 디스플레이는 손, 특히 손가락에 자극을 주는 데 초점을 맞춘다. 우리가 세상을 조종할 때 보통 손과 손가락을 사용하기 때문이다. 또한 우리의 촉각 신경 센서들은 대부분 손끝에 위치한다. 그러나 환경(4D) 디바이스와 함께 조끼와 같은 임베디드 의류는 일반적인 기기를 사용해 촉각 감각을 추가할 수 있는 좋은 기회를 제공한다. 마지막으로 기본적으로 모든 핸드 및 게임 컨트롤러에 진동 디바이스를 포함하면 대부분의 VR 시스템에서 신뢰할 수 있는 출력을 경험 디자이너에게 제공할 수 있다.

대부분의 시각 및 청각 디스플레이와 비교해서 택틸 디스플레이는 그다지 발달돼 있지 않다. 특화된 목적을 가진 촉각기기의 시장은 작기 때문에 그에 대한 연구는 적다. 따라서 일반적인 용도는 그립 압력과 같은 다른 유형의 촉각 감각을 대체하는 데 사용되는 단순한 진동자 액추에이터(터터)이다.

엔드이펙터 디스플레이

웹스터[1989]에 따르면, 이펙터는 "자극에 반응해 활발해지는 기관"이다. 따라서 엔드이펙터는 자극에 반응하는 데 사용할 수 있는 로봇 팔의 끝에 장착된 디바이스다. 엔드이펙터^{end-effector} 디스플레이는 사용자가 조작할 수 있는 기기(손 및/또는 발)를 사용자가 잡거나 접촉하는 포스 디스플레이다. 차례로 이 기기는 활성화돼 사용자의 행동에 저항과 힘으로 대응할 수 있다. 사용자가 인터페이스를 조작하기 위해 취급하는 이 시스템의 부분에 자주 사용되는 용어는 계약서라고 알려져 있다.

엔드이펙터 디스플레이의 예로는 Argonne Remote Manipulator[ARM](그림 5-72)와 같이 멀티 접합된 핸드 그립, Phantom Premium(그림 5-73)과 같은 데스크톱 포인트 컨트롤(그림 5-74), 저항성 푸시 페달, Sarcos Uniport 시스템(그림 5-75)과 같은 저항성 회전 페달, 핸드 모션을 제한하는 리미터[limiter]는 Rutgers Masters I과 II가 보여줬다.

엔드이펙터 디스플레이의 구성 요소

엔드이펙터 디스플레이는 사용자의 움직임을 감지하는 수단과 사용자와 접촉하는 지점에서 저항 또는 힘 하중을 공급하는 수단이 모두 필요하다. 이러한 디스플레이는 기계 디바이스에 장착되기 때문에 일반적으로 기계 사용자 트

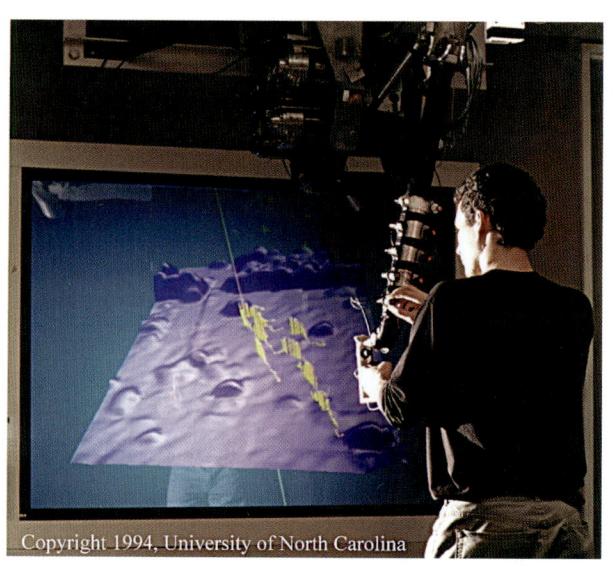

그림 5-72 힘 피드백을 제공하기 위해 로봇 공학을 사용하는 초기 예는 UNC의 GRIP 프로젝트에서 사용되는 Argonne 원격 조작기(ARM) 디바이스다. ARM 디바이스는 분자 도킹 및 기타 용도에 대한 6-DOF 피드백을 제공한다. (Image courtesy of the University of North Carolina at Chapel Hill.)

그림 5-73 3D 시스템의 Phantom Premium은 3D 또는 6DOF 트래킹과 3DOF 힘 피드백을 제공하는 데스크톱 크기의 작업 공간을 제공한다 (Image courtesy of 3D Systems.)

래킹을 디바이스에 직접 통합해서 빠르고 정확한 응답을 제공할 수 있다. 사용자 이동에 영향을 미치는 방법은 일반적으로 전기 모터 또는 유압/공압의 두 가지 기계 시스템 중 하나를 통해 제공된다. 전기 모터는 회전 운동을 발생시키거나 저항할 수 있다. 보통 하나의 모터가 디스플레이의 한 가지 자유도를 가능하게 한다. 모터를 기계와 결합함으로써 이러한 회전 운동은 변환 운동(즉, 앞뒤, 상하, 좌우)으로 변환될 수 있다. 전기 모터는 또한 심블이나 다른 엔드 디바이스에 부착된 문자열의 움직임을 컨트롤하는 데 사용될 수 있다. 디바이스에 여러 개의 문자열을 연결하면 제한된 작업 영역 내의 심블 위치를 모터의 조정으로 컨트롤할 수 있다. 반대로 유압 및 공압 시스템은 일반적으로 기계적으로 회전력으로 변환되는 힘을 제공한다.

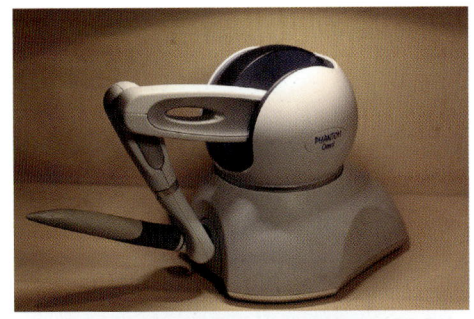

그림 5-74 팬텀 옴니(현재의 3D 시스템 터치) 디스플레이는 작업 공간이 더 작은 보다 경제적인 힘 피드백 디스플레이를 제공한다. (Photograph by William Sherman.)

그림 5-75 Sarcos Uniport 디바이스는 발 활동을 측정하고, 페달이 시뮬레이션된 풍경에서 회전하는 것이 얼마나 어려운지를 바탕으로 피드백을 제공한다. 페달은 아래보다 더 높은 저항을 제공한다. (Photograph courtesy of Naval Postgraduate School and Sarcos Inc.)

엔드이펙터 디스플레이의 특징

기본적으로 엔드이펙터 디스플레이는 사용자의 사지(손가락, 팔, 다리)에 힘을 제공하는 기계적 디바이스다. 일반적으로 입력 디바이스로도 작동해 입력 컨트롤에 대한 저항력을 잠재적으로 제공한다. 실제로 대부분의 엔드이펙터 디바이스는 입력 및 출력 디바이스 역할을 한다. Phantom Premium을 예로 들어보자. 펜은 세계 곳곳을 탐색하는 데 사용되기 때문에 펜은 입력 디바이스로 작용하고 있다. 즉, 펜은 여러분이 만지고 싶은 곳을 시스템에 알려주고 있다.

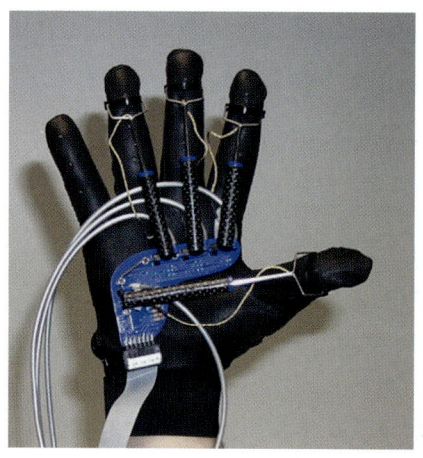 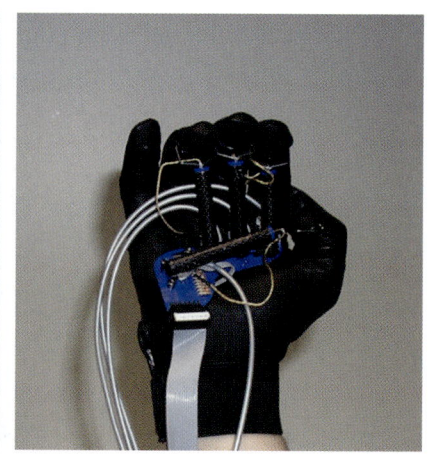

그림 5-76 Rutgers Dextilary Master(모델 RMII-ND)는 가상 오브젝트를 잡을 때 사용자의 손이 닫히는 것을 방지한다. (Photographs courtesy of Grigore Burdea.)

그것은 또한 출력 시스템으로 작용한다. 그것은 여러분이 펜으로 그 지점을 만졌을 때 얻을 수 있는 힘을 시뮬레이션 하는 힘을 제공한다. 펜을 이리저리 끌면(입력) 서피스가 어떤 느낌(출력)을 느낄 수 있다. 그런 다음 시스템에 의한 저항과 움직임은 체험자가 가상 세계의 일부 측면을 해석하는 데 사용할 수 있다. 예를 들어 사용자의 노력에 더 저항적이 되는 페달 디바이스는 언덕을 올라가거나 더 높은 기어비를 사용하고 있음을 의미한다.

일부 엔드이펙터 디스플레이는 전 세계에 배치돼 있다. 이러한 디스플레이에는 천장에 탑재된 ARM과 데스크톱에 놓이거나 키오스크 또는 고정식 비주얼 디스플레이에 내장되는 Phantom Premium 또는 터치 등이 포함된다. 사용자가 신체의 일부 부분에 대해 움직임을 제한하고 생성하기 위해 자체 접지력 디스플레이를 착용한다. 자체 접지 제한 손가락 디바이스의 초기 예로는 가상 오브젝트를 잡을 때 사용자의 손이 닫히는 것을 방지하는 Rutgers Dextilic Master(그림 5-76)가 있다. 그러나 이 디바이스는 사용자가 어떤 위치로든 손을 움직이는 것

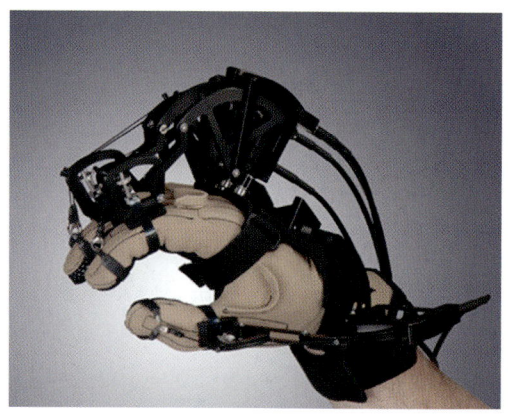

그림 5-77 CyberGlove의 Cyber Grasp를 추가하면 손에 오브젝트를 쥐는 듯한 느낌을 줄 수 있는 동작 억제 햅틱 디스플레이가 제공된다. (Photograph courtesy of Cyberglove Systems Inc.)

을 막을 수 없다. 이것의 보다 최근의 예는 손가락이 닫힐 수 있는 범위를 제한하는 CyberGlove 시스템의 CyberGrasp 디바이스(그림 5-77)이다.

기계적 이동 센서는 일반적으로 시스템에 직접 통합돼 있다. 기계적 트래킹이 일반적으로 매우 빠르고 정확하기 때문에 이 기능은 유용한 햅틱 디스플레이 시스템을 위한 두 가지 요건이다.

여기에 제시된 예들은 이러한 특징들을 다른 방법으로 활용한다. GRIP 프로젝트의 예에서, 사용자는 하나의 분자를 잡고 Argonne 원격 조작기^{ARM} 힘 디바이스로 이동해서 두 분자 사이의 도킹 메커니즘을 탐구했다[Brooks et al. 1990]. 그런 다음 ARM 디스플레이는 사용자가 다양한 방향에서 분자 사이의 매력 및 거부감을 느낄 수 있도록 함으로써 사용자의 움직임에 반응했다. ARM이 어떻게 반응하는지는 두 분자 사이에 작용하는 힘을 연산한 실시간 분자 모델에 기초했다.

해군 NPS가 보병 기동훈련으로 개발한 VR 훈련 애플리케이션에서 병사들은 앞으로 나아갈 방향에 대해 여러 가지 결정을 내리면서 임무를 수행하는 연습을 한다. 의사결정은 필요한 노력, 속도 및 안전에 기초한다. 응용에 사용된 핵심 장비는 Sarcos Uniport 시스템(그림 5-75)으로, 외발 페달을 사용해 시뮬레이션된 지형의 지형에 적합한 발 활동과 저항을 측정한다.

촉각적 피드백이 없는 시뮬레이션에서, 그 병사는 더 짧은 경로, 또는 가장 위험한 경로를 택할 것이다. 그러나, 이 코스는 현실 세계에서 상당한 양의 육체적 노력이 필요한 몇 개의 언덕을 오르내릴 수 있다. 촉각 피드백이 있는 시뮬레이션에서, 납땜자는 더 길고 위험한 경로를 수반하더라도 가파른 언덕을 우회하는 코스를 선택할 수 있다.

엔드이펙터 디스플레이의 인터페이스 문제

엔드이펙터 디스플레이는 일반적으로 가상 세계의 단일 지점과 관련해서 작동한다. 엔드이펙터 디스플레이의 자유도는 1에서 6까지 다양할 수 있다. 1-DOF 시스템의 예로는 삽입 디바이스(예: 최소 침습 수술에 사용되는 카메라 또는 기타 도구) 또는 합킷 햅틱 교육 디바이스가 있을 수 있다. 그러한 시스템

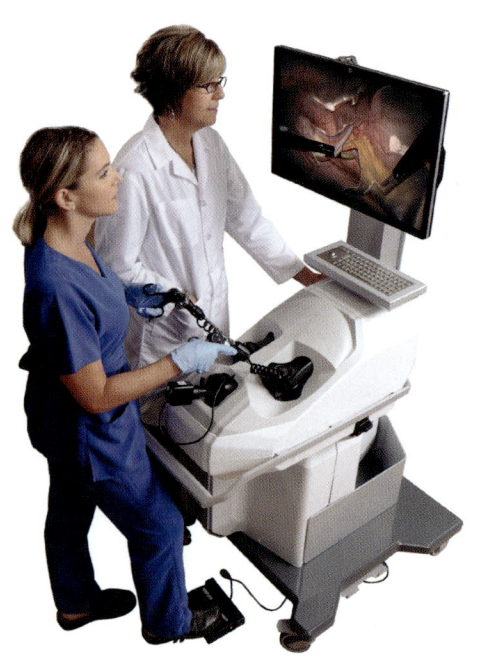

그림 5-78 키오스크 트레이너에 통합된 이 입출력 디바이스는 복강경 수술을 위한 인터페이스를 모방하도록 특별히 제작됐다. 각 컨트롤러는 사용자에게 x와 y 변환, 삽입 깊이(즉, z 이동), 삽입 지점의 회전 및 디바이스 공극의 폭과 같은 5-DOF를 제공한다. 비주얼 디스플레이는 원근형 뷰가 아니라 내부 카메라의 뷰를 사용해서 실제 절차를 수행하는 방식을 반영한다. 촉각 조정기는 실제 절차를 모방하기 위해 만들어진다. (Image courtesy of CAE Healthcare.)

에 두 번째 DOF를 추가해서 작업자가 도구를 삽입할 때 비틀 수 있다. 3D 공간에서 오브젝트를 조작할 때는 체험자가 손아귀 방향이나 힘의 방향에 따라 3-DOF 또는 6-DOF 디스플레이를 사용한다. ARM은 6-DOF 디바이스다. Phantom Premium이 작을수록 6-DOF에서 사용자를 트래킹하지만 접촉 지점(3-DOF)에만 영향을 미친다. Immersion Corp.의 Laparoscopic Engine은 5-DOF 입출력 디바이스였다. CAE Healthcare가 인수한 후, 새로운 LapVR은 이제 보다 현실적인 레이아웃으로 통합된다(그림 5-78).

우리의 예에서 입증된 바와 같이, 엔드이펙터/매니퓰란다를 사용해 가상 세계의 오브젝트와 인터페이스해서 그 세계의 속성이 오브젝트에 어떻게 영향을 미치는지 알아낼 수 있다. 엔드이펙터는 저항을 시뮬레이션할 수 있으며 사용자가 작업을 수행하기 위해 노력을 기울이도록 요구한다.

그림은 사용자 본체의 최소 두 부분이 햅틱 디스플레이에 대한 별도의 인터페이스를 가져야 한다. 두 개 이상의 손가락이 별도의 세계 접지 엔드이펙터를 착용할 수 있으며, 외골격 디바이스로 손가락 사이의 움직임을 제한할 수 있다. 오브젝트가 손에 잡힐 때(예: 테니스 공) 차체 접지와 세계 접지의 방법 사이에는 차이가 없다. 그러나, 본체 참조 시스템은 세계에서 자유롭게 떠다니지 않는 오브젝트(예: 정지된 자동차)를 잡거나 밀기에는 덜 적절하다. 외골격 기기는 이러한 경우에 사용될 수 있다(즉, 세계에 고정된 오브젝트를 잡거나 밀 수 있다). 그러나 사용자가 현실 세계에서 어떤 움직이지 않는 오브젝트에 부착돼 있지 않다면 VR 시스템이 부동한 오브젝트를 밀고 있음을 나타내더라도 여전히 자유롭게 걸을 수 있을 것이다. 사용자는 자신의 신체 위치를 세계에 대해 고정시킴으로써 외골격 시스템을 효과적으로 세계화한다. 사용자가 외골격 디스플레이를 고정 세계 위치에 보관하지 않으면 고정 가상 오브젝트를 붙잡고 손을 오브젝트의 고정 위치에서 멀어지게 하는 것과 같은 불가능한 상황을 만들 수 있다.

엔드이펙터 디스플레이는 햅틱 디스플레이와 연관되거나 단순한 촉각 자극을 제공할 수도 있다. 온도 작동기 및 촉각과 같은 택틀 디스플레이는 사용자와 조정기 사이의 접촉 지점에 장착할 수 있다. 반대로, 엔드이펙터 자체는 약간의 촉각 효과를 발생시킬 수 있다. 예를 들어, 엔드이펙터는 진동 효과를 발생시킬 수 있으며, 사용자가 가상 서피스를 따라 이펙터를 이동시킬 때 서피스의 질감을 모방하는 움직임을 생성할 수 있다.

엔드이펙터 디스플레이 요약

엔드이펙터 디스플레이는 기본적으로 체험자가 가상 세계에서 오브젝트를 물리적으로 파악하거나 탐색할 수 있는 수단을 제공한다. 이러한 디스플레이는 사용되는 메커니즘에 따라 상당한 저항 압력을 제공할 수 있으며, 이는 오브젝트와 물리적으로 접촉하는 느낌을 발생시킨다. 엔드이펙터 디스플레이의 주된 특성은 그것들이 세계 지반 시스템인지 아니면 차체 지반 시스템인지이다. 세계 지반 시스템은 물리적으로 힘을 가할 수 있는 특정한 위치에 현실 세계에 탑재된다. 차체에 장착된 시스템에서는 두 손가락 사이 또는 어깨에서 손으로와 같이 신체 부위 사이에서만 힘과 저항이 발생할 수 있다.

ROSD

ROSD^{Robotically Operated Shape Displays}는 로봇을 사용해서 사용자의 손이 닿는 곳에 물리적 오브젝트를 배치하는 햅틱 디스플레이를 말한다. 이 디스플레이는 일반적으로 사용자의 손가락 또는 손가락 대리만 포함한다. 손가락 대용물은 사용자가 가상 세계를 탐색하는 심블이나 스틱 같은 오브젝트(조작약정서)이다.

그림 5-79 현실적인 촉각 피드백을 위한 한 가지 기법은 로봇이 적절한 시간에 적절한 장소에 체험자에게 실제 오브젝트를 제시하도록 하는 것이다. 이 기법은 오브젝트 수가 제한돼 있고 체험자가 현실 세계를 볼 수 없을 때에만 유효하다. 이 시스템은 사용자가 특정 스위치를 조작하기 위해 손을 뻗을 때 슬롯에 다른 종류의 스위치를 넣는다. (Photograph courtesy of Boeing, Inc.)

ROSD의 주요 예는 적절한 스위치를 사용해서 재구성 가능한 가상 컨트롤판을 사용자의 손가락에 제시한 보잉사의 실험 시스템이다. 이 작품을 기술한 논문에서 윌리엄 맥닐리[1993]는 이러한 유형의 디스플레이를 '로보틱 그래픽'이라고 언급하고 있다(그림 5-79).

도쿄 대학의 사이버네틱 시스템 연구소에서 나온 또 다른 매우 창의적인 아이디어는 손가락 대용물에 적절한 서피스를 나타내기 위해 배치된 여러 종류의 볼록과 오목한 가장자리와 모서리를 포함하는 오브젝트를 사용했다[Tachi et al. 1994]. 사이버네틱 시스템 디바이스(그림 5-80 A&B)는 다양한 서피스를 사용할 수 있도록 해서 많은 모양을 시뮬레이션할 수 있는 반면 보잉 디스플레이는 로봇이 제공할 수 있는 실제 디바이스로 제한됐다. 보다 직접적인 접근은 핀이나 로드가 있는 막을 움직여 사용자에게 제시된 오브젝트의 서피스를 변형시켰다[Hirota and Hirose 1995].

그림 5-80 이미지 A와 B는 가상 세계에서 관련 가장자리를 만질 때 사용자에게 제공할 수 있는 다양한 오목한 접점을 가진 엔드이펙터를 사용하는 시스템을 시연한다. (Photographs courtesy of Dr. Susumu Tachi.)

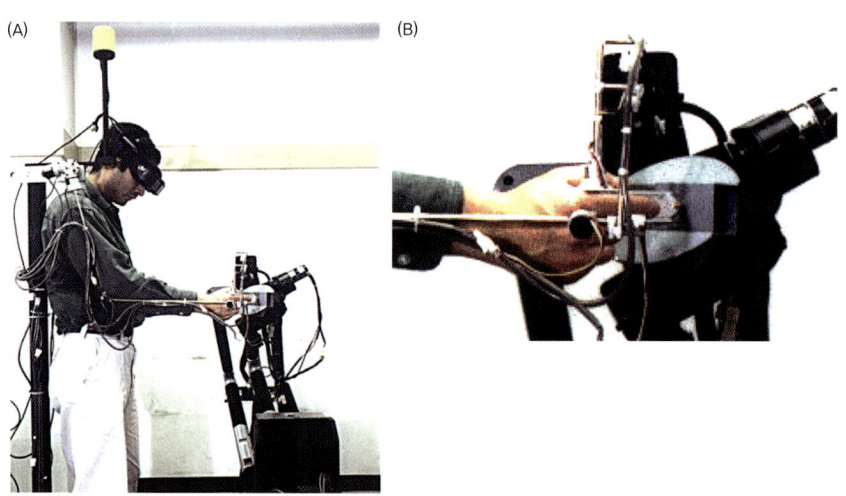

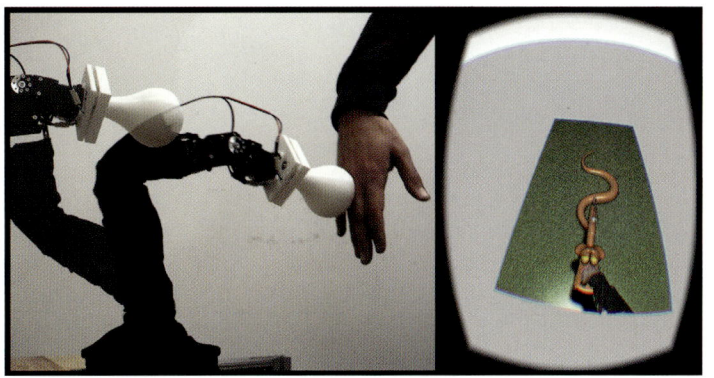

그림 5-81 이 ROSD 프로젝트는 서로 다른 질감과 다른 효과를 가질 수 있는 교환 가능한 엔드 피스를 이동시키기 위해 작은 로봇을 사용한다. 여기 끝에 공 모양을 붙여 뱀의 머리를 흉내낸다. (Image courtesy of Bruno De Araujo.)

최근 두 개의 ROSD 시스템은 이러한 시스템이 어떻게 실험적인 세계와 연결될 수 있는지를 탐구하기 위해 프로토타입화됐다. 아라우조^{Araujo}와 동료의 Snake Charmer 디스플레이는 소형 관절 암 상품 로봇을 사용해 로봇에 대한 시각적 지각을 방해하는 HMD를 착용한 체험자의 앞에 서로 다른 모양을 배치한다[Araujo et al. 2016](그림 5-81) 이 프로젝트는 다른 모양(질감 큐브, 질감 압출 육각형 등)으로 만들어진 로봇 팔과 스위치(DJ 보드용), 펠티에 플레이트(온도용), 팬(바람용), 심지어 스마트폰까지 부착해서 보잉과 도쿄의 노력을 종합했다. 박리 접촉면 또한 사용자가 오브젝트를 잡을 때 로봇이 사용자가 오브젝트를 이동하는 방법을 트래킹하는 수동 모드로 전환될 수 있으며, 해제되면 다시 활성화돼 사용자가 가상 블록을 물리적으로 쌓을 수 있다.

보나흐와 동료가 설명한 다른 예도 엔드 포인트를 변경할 수 있지만, 손이 더 큰 로봇을 사용하면 사용자가 팔을 위한 전체 운동 범위를 사용해 상호작용할 수 있다[Vonach et al. 2017]. 그들이 시험한 두 가지 예로는 벽이나 테이블을 나타낼 수 있는 큰 평면(방향에 따라 다름)이나 길을 걷다가 사람과 부딪히는 현실성을 시험하는 권투 글러브 등이 있다.

ROSD의 구성 요소

ROSD의 구성 요소는 간단하다. 로봇, 우수한 트래킹 디바이스, 그리고 가상 세계를 탐색하는 수단이다. 또한 로봇은 사용자에게 적합한 오브젝트를 제공해야 한다. 사용자에게 안전을 제공하는 방법은 ROSD의 중요한 요소다. 특히,

안전 메커니즘은 사용자의 수동적 움직임(스위치를 밀어내거나)을 통해 또는 '킬 스위치'를 적극적으로 누르거나 킬 스위치를 칠 준비가 된 상호작용을 감시하는 사람에 의해 촉발될 수 있다.

ROSD의 특징

로봇 디스플레이의 주된 장점은 사실성이다. 이러한 현실주의는 사용자가 느끼는 것의 진위성에서 비롯된다. 보잉 컨트롤 레이아웃과 Snake Charmer DJ 예에서 사용자가 스위치를 찾으면 로봇이 컨트롤판의 해당 위치에 실제 스위치를 놓는다. 따라서 컨트롤판이 여러 가지 다른 패턴으로 배열돼 있는 컨트롤판을 만드는 대신에, 다른 패턴이 컴퓨터에 디자인될 수 있으며, 로봇은 적절한 디바이스를 적절한 시간에 적절한 장소에 배치한다. 한 시스템은 체험자가 다른 레이아웃을 평가하는 데 도움이 되도록 많은 다양한 컨트롤판 옵션을 제공할 수 있다.

질감, 온도 및 공기 이동과 같은 4D 효과와 같은 촉각 감지는 ROSD를 통해 나타낼 수 있다. Snake Charmer 예는 부착물의 각 면에 서로 다른 질감을 가진 모듈 또는 펠티에 플레이트의 밀폐된 팬 또는 열 흐름을 제공한다. 히로타 및 히로세의 이동 가능한 막 디스플레이는 사용자가 가상 오브젝트 디스플레이를 직접 만질 수 있게 다[Hirota and Hirose 1995]. 오브젝트의 표면 질감은 변경할 수 없으므로, 오브젝트는 다른 모양을 취했지만 동일한 표면 질감을 유지했다. 막 디스플레이는 입력 디바이스로 작용해서 견고함을 제공할 수도 있다.

ROSD의 인터페이스 문제

로봇 디스플레이가 작동하려면 로봇은 손가락이나 대리모가 도착하기 전에 적절한 위치에 오브젝트를 표시해야 한다. 사용자의 손가락이 느리게 움직이거나 로봇이 매우 빠르게 움직여야 로봇이 먼저 도착한다.

빠른 속도로 사용자의 손이 닿는 범위 내에서 움직이는 로봇 디스플레이는 위험할 수 있으므로 손가락 트래킹은 로봇이 디스플레이를 연산하기 위해 빠르고 정확해야 한다. (Boeing 실험에 사용된) 자기 트래킹이 있는 장갑 입력 디바이스가 이러한 요구 조건을 충족하지 않아 사용자는 비정상적으로 느린 속도로 움직일 수밖에 없었다. 기계적으로 트래킹되는 손가락 대용품을 사용해, 타치와 동료[1994]는 허용 가능한 속도로 반응하는 시스템을 만들었다. 또한 대리모를 사용함으로써 사용자의 실제 손가락이 움직이는 로봇과 거리를 두게 되므로 안전성이 높아진다. Snake Charmer 디바이스는 손과 손가락을 빠르게 트래킹하기 위해 빠른 관성 트래킹이기와 리프 모션 핑거 트래킹이기를 모두 사용했다.

이러한 표시 방식은 정지해 있는 비주얼 디스플레이나 광학적 시스루 HMD에서는 효과적으로 작동하지 않는다. 로봇은 가상 세계를 표시하는 수단일 뿐 그 자체가 세계의 일부가 아니기 때문에, 선택된 시각적 표시 방법은 그것을 시야에서 숨길 수 있는 방법이어야 한다. 로봇을 숨기는 것은 사용자가 가상 세계만 보는 완전히 비밀스러운 HMD로 가장 쉽다. HMD를 보는 비디오 방법은 현장에서 로봇을 제거하고 가상 오브젝트로 대체하기 위해 실제 시각 자료를 변경하도록 디자인될 수 있다[Yokohji et al. 1996].

다시 말하지만, 안전은 로봇 디스플레이와 관련된 문제다. 보잉은 사용자와 로봇 사이에 플렉시글라스 차폐를 설치함으로써 이 문제를 해결했다. 스위치들이 사용자 측으로 돌출될 수 있도록 차폐에 구멍을 뚫었다. 그러나 사용자는 실수로 구멍에 손가락을 넣어 로봇에 의해 부상을 입을 수 있다. Snake Charmer와 VR로봇 시스템은 성인 인간을 제압할 것 같지 않게 낮은 관성(기기의 속도와 질량의 요인)으로 움직이는 로봇을 사용했다. VRRobot 보고서에서 연구원들은 디바이스의 지각된 위협에 대한 피험자들을 질문했고, 그것이 위협적이지 않다고 보고했으며, 충분히 안전해 보였다[Vonach et al. 2017]. 또한 필요한 경우 디바이스를 신속하게 비활성화할 수 있는 실험 모니터(사람)가 준비돼 있었다.

ROSD 요약

ROSD는 가상 세계의 매우 사실적인 빠른 표현을 제공할 수 있다는 점에서 흥미롭다. 가상 세계 위치에서 오브젝트를 모방할 수 있는 적절한 위치에 실제 디바이스나 서피스를 배치해서 현실적인 표현을 한다(적절하게 등록하고 신속하게 표시되는 경우).

로봇 자체는 가상 세계의 일부가 아니기 때문에, 이 햅틱 디스플레이 방법은 현실 세계의 일부 또는 전부를 차단하는 시각 디스플레이 시스템(즉, 로봇)과 로봇 소음을 가리기 위한 오디오 시스템과 결합돼야 한다.

로봇과 함께 작업하는 것은 특히 햅틱 디스플레이와 함께 더 빠른 로봇을 사용하는 경우, 사용자가 로봇을 볼 수 없기 때문에 몇 가지 안전 예방 조치를 취해야 한다. 로봇 디스플레이를 실제 컨트롤판의 매체로 사용하는 주된 이점은 대체 시나리오에 대해 햅틱 디스플레이를 쉽게 재구성할 수 있다.

패시브 햅틱 디스플레이

프로프는 햅틱 디스플레이의 기본적인 방법을 제공한다. 휴대용 디바이스로서, 프로프는 자동으로 사용자에게 촉각적인 감각을 제공한다. 사용자는 모양뿐만 아니라 무게, 표면 질감, 무게 중심까지 느낄 수 있는데, 이 모든 것이 애플리케이션에서 현실감을 강화시켜 준다. 특히, 유사한 특성을 가진 가상 디바이스에 프로프를 연결하는 것이다. 이것은 우리가 3장에서 상세히 기술한 오브젝트 불변성의 전이 개념이다. 그러한 제안이 트래킹되고, 가상 세계에 프로프의 물리적 형태와 일치하는 시각적 표현이 포함돼 있을 때, 이것을 수동적 햅틱스라고 부른다. '오브젝트 영구성의 전환' 절에서 논의됐이듯이, 수동적 쾌락은 가상 세계를 보다 실제처럼 보이게 하는 효과적인 방법이다. 어떤 경우에는 좌석, 창문이 있는 벽 또는 기타 공예품을 포함한 수동적 햅틱으로 세계의 대부분을 나타낼 수 있으며, 사용자가 오브젝트를 만지기 위해 닿는 곳마다 물리적 오브젝트가 있어 진정한 햅틱 감응을 제공함으로써 앉기에 적합한 가상의 의자를 만든다. UNC의 강화된 PIT 세계(그림 3-22)와 VOID의 공공장소 VR 체험(그림 3-23)은 PIT 경험에서 현저하게 떨어지는 패시브 햅틱을 광범위하게 사용한 두 가지 경험이다[Insko 2001]. 다른 경우에는 패시브 햅틱 프로프를 보다 신중하게 사용할 수 있도록 디자인할 수 있으며, 경험상 몇 개 오브젝트만 패시브 햅틱을 사용할 수 있지만, 사용자가 이러한 대상을 탐색할 수

그림 5-82 연구원 헌터 호프만(Hunter Hoffman)은 수동적 햅틱스를 사용해 세계의 현실성을 높이고, 따라서 체험자들이 경험하는 존재감을 높인다. 공포증 치료나 고통의 중단을 위해 고안된 세계는 높은 존재감으로부터 큰 혜택을 받는다. 여기서 장난감 거미는 위치 트래커가 부착돼 있으므로 사용자가 시각적 거미의 표현을 볼 수 있는 곳에 손을 뻗으면 실제적인 촉각적 특성과 물리적으로 접촉한다. (Photograph courtesy of Hunter Hoffman.)

있게 되면, 헌터 호프만의 공포증 극복 경험(그림 5-82)과 마찬가지로 나머지 가상 세계가 더욱 현실화된다[Hoffman 1998].

일반적으로 패시브 햅틱에 사용되는 프로프는 형태와 표면 질감만을 제공하는 택틀 디스플레이다. 작은 이동식 프로프의 경우, 시각과 해프닝을 동기화하기 위해 위치를 트래킹하는 것이 중요하다. 움직이지 않는 오브젝트의 경우, 오브젝트가 움직이지 않고 시각자료와 정렬됐는지 확인하면 충분하다. 물론 프로프들의 수동성을 넘어서서 거기에 적극적인 요소들을 추가하는 것이 유용할 수도 있다. 그것은 다음 절에서 논의될 주제다.

혼합 디스플레이

우리는 햅틱 디스플레이 디바이스의 주요 스타일을 특정 유형의 짧은 목록으로 묘사했으며, 대부분의 경우 아직 방법을 결합하는 예는 많지 않지만, 이것은 이미 변화하기 시작했다. 그런 다음 혼합 디스플레이는 여러 햅틱 디스플레이 기법을 결합해서 매끄러운 시너지 효과를 발휘한다.

아마도 수동적인 촉각 프로프들은 진동 촉각이나 온도 변화 펠티에 디바이스를 추가해서 어느 정도 활동적으로 만들어 질 수도 있고, 또는 미래에는 프로프의 실제 질감을 변화시킬 수 있는 미세유체 서피스가 만들어질 수도 있을 것이다. 또는 Snake Charmer ROSD 디바이스처럼 텍스처링된 서피스를 엔드 포인트 부착물 또는 펠티에 플레이트, 팬 등과 같은 활성 표면에 추가할 수 있다.

체험자에게 더 많은 대표 자극이 제공될 수 있을 때, 그 경험은 더 실제처럼 보일 것이다. 특히 문을 두드리거나 방망이로 공을 치는 등 운동학적 요소뿐만 아니라 피상적인 요소까지 모두 구성하는 현실적 행동은 그런 단서 중 하나만 제공되면 잘못된 것처럼 보일 것이다.

3D 하드카피

햅틱 디스플레이는 특별히 쌍방향은 아니지만 유사하게 생각할 수 있는 디스플레이의 일종으로 3D 프린팅으로 알려져 있다. 스테레오리스토그래피는 컴퓨터 모델에 기초한 물리적 모델의 자동 생성의 초기 형태였다(그림 5-83) 액체 플라스틱 재료를 한 번에 한 부분씩 고형화해 완전한 오브젝트를 쌓는 방식으로 이루어진다. 다른 3D 프린팅 기술에는 접착 종이를 레이어링하고 레이저를 사용해 각 레이어를 점수를 매기는 유사한 방법이 포함돼 있어, 프로세스가 완료되면 과잉이 분리될 수 있다. 최근, 추가적인 3D 프린팅 기술이 주목을 받고 있다. 한 새로운 기술은 잉크젯 프린터 헤드를 사용해서 접착제를 분말 혼합물에 주입하고 그 혼합물을 층층이 쌓는다. 이 방법은 또한 실제 잉크를 포함할 수 있는 능력을 가지고 있어 다색체의 생성을 가능하게 한다. 제조자 커뮤니티에서 선호되는 또 다른 새로운 기법은 ABS 플라스틱 스풀을 플라스틱을 녹일 수 있는 머리로 주입해 바닥판에 층층이 부착해서 오브젝트를 쌓는 적층 공정이다. 어떤 경우에는 두 번째 ABS 스풀에 두 번째 색상이 포함돼 두 가지 색상의 프린트가 허용될 수 있다.

따라서 이러한 3D 인쇄 모델은 오브젝트의 시각적 표현뿐만 아니라 촉각적

그림 5-83 스테레오리스토그래피 프린터, 밀링 머신 및 기타 3D 프린팅 디바이스는 가상 오브젝트의 실제적이고 정적인 물리적 표현(3D 하드카피)을 만들 수 있다. 여기서 우리는 복잡한 분자 구조(A)와 원숭이 뇌의 일부(B)의 모델을 본다. 물리적 모델은 물리적으로 시스템을 조작함으로써 어떻게 시스템의 구성 요소가 서로 맞는지 연구하기 쉽게 해준다. (Models courtesy of professors Klaus Schulten and Joseph Malpeli of the University of Illinois; photographs by William Sherman.)

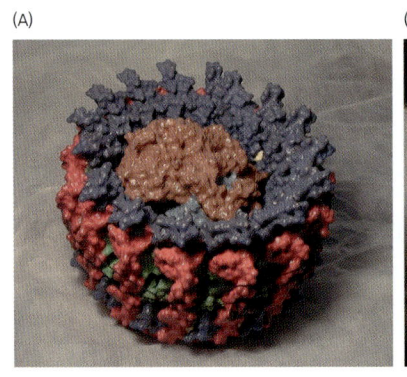

기능을 제공하지만, 엄밀히 말하면 모델은 정적 오브젝트로서 출력 시스템으로서만 기능한다. VR 디자이너에게 더 큰 관심사는 3D 모델을 신속하게 도입해 특정 형태의 새로운 패시브 햅틱 오브젝트 또는 3D 안경과 같은 핸드 컨트롤러 또는 헤드 디바이스의 부착물을 만들 수 있다는 것이다(그림 5-19 참조).

햅틱 디스플레이의 요약

햅틱 디스플레이는 사용자에게 촉각 및 힘 자극을 제공하며, 가상 세계에서 오브젝트로 인한 피부와 운동 자극을 모방하는 햅틱 디스플레이 디바이스와의 물리적 접촉에 의해 생성된다. 상업적으로 이용 가능한 대부분의 햅틱 디스플레이는 촉각 자극 또는 힘 자극을 제공하지만 둘 다 제공하지는 않는다. 연구 시스템은 이 두 가지가 결합될 수 있는 몇 가지 방법을 입증했다. 그러나 가상 디스플레이를 VR 시스템과 통합하는 데 드는 어려움과 비용 때문에 애플리케이션에서 특별히 이익을 얻지 않는 한 일반적으로 통합되지 않는다.

주어진 애플리케이션의 요건은 어떤 유형의 햅틱 디스플레이를 선택하는지를 지시해야 한다. 다음 목록에는 그러한 결정을 돕기 위한 세 가지 주요 범주의 햅틱 디스플레이의 주요 편익이 요약돼 있다.

택틀 디스플레이의 이점

- 가상 오브젝트의 미세하게 조작 가능
- 일부 애플리케이션에서 엔드이펙터 디스플레이와 결합 가능
- 신체접지법은 이동성
- 다른 햅틱 디스플레이보다 가격이 낮은 경우가 많음
- 일반적으로 휴대 가능
- 일부 감지는 4D 효과를 통해 접촉 없이 나타낼 수 있음

엔드이펙터 디스플레이의 이점

- 전 세계 또는 차체 접지가 가능(외골격 타입은 차체 접지가 됨)
- 외골격법은 이동성
- 세계 접지 방식의 경우 적음(무복)

- 빠르고 정확한 트래킹은 보통 디스플레이에 내장된다.

ROSD의 이점
- 매우 사실적인 햅틱 디스플레이 제공
- 일반적으로 디스플레이에 내장돼 있는 빠르고 정확한 트래킹
- 촉각 및 4D 효과 쉽게 통합 가능
- 주로 헤드 기반 비주얼 디스플레이로 작업

패시브 햅틱의 이점
- 일반적으로 저렴함
- 일반적으로 구현하기 쉬운 경우
- 오브젝트 불변성을 나머지 가상 세계로 이전
- 사용자 간 오브젝트 전송 용이

실제 애플리케이션에서 햅틱 디스플레이(진동 촉각 제외)의 사용이 제한돼 있기 때문에, 그것들이 다양한 작업을 수행하는 데 얼마나 도움이 되는지에 대한 데이터는 많지 않다. 한 연구는 우리가 VR 연구의 주요 목표로 이미 확인한 궁극적인 인터페이스의 촉각적 측면을 조사하기 위한 프레드 브룩스의 오랜 노력에서 나온 것이다. 현실 세계에서 자연적으로 상호작용하는 효과를 주는 매끄러운 인터페이스. 앞에서 논의한 GRIP 애플리케이션에 기초한 연구(6-DOF 힘 피드백 디바이스를 사용한 분자 모델링 시뮬레이션)에서 조사자들은 햅틱 디스플레이를 사용하면 사용자가 두 개의 분자를 약 두 개의 인자로 도킹하는 단순화된 작업을 신속하게 수행할 수 있는 능력이 향상된다는 것을 발견했다 [Ouh-Young et al. 1989].

정전기관 및 기타 감각 디스플레이

우리가 아직 논의하지 않은 감각들 중에서, 후각(냄새) 디스플레이 시스템에 대한 약간의 노력이 있었지만, 중요한 실제 사용에서는 전정(균형) 디스플레이만이 유일한 것이다.

균형감각 디스플레이

균형감각 디스플레이Vestibular Display는 사용자가 어떻게 움직이는지, 그리고 중력이 어느 방향으로 당겨지는지를 자극하는 것을 목표로 해서 내이에 영향을 미치는 디스플레이다. 이러한 지각을 제공하는 인간의 장기는 내이에 위치하지만 청각 자극에는 반응하지 않는다. 구체적으로는 중력에 관한 평형, 가속도, 방향성을 인간이 감지할 수 있도록 도와준다. 그러나 전정계와 시각계 사이에는 강한 관계가 있다. 수평선과 균형과 같은 단서들 사이의 불일치는 구역질과 다른 시뮬레이터 질병의 증상을 초래할 수 있다.

균형감각 디스플레이는 사용자를 물리적으로 이동시킴으로써 최상으로 수행된다. 신경 경로에 간섭하는 것 외에, 실제의 움직임은 전정계에 정확한 자극을 주는 유일한 방법이다. 물론 대부분의 경우 사용자에게 제시된 동작은 세상을 통한 그들의 가상 동작과 정확하게 일치하지는 않겠지만(일부 경우에는 일치하지만), 뇌가 '충분히 닫힌' 것으로 받아들일 것이라는 단서를 충분히 제공해야 한다. 여기서는 모션 플랫폼과 (실제) 움직이는 플랫폼을 주로 다루며, 그 다음 다른 옵션을 살펴보기로 한다.

모션 기반(플랫폼)

모션 베이스 시스템 또는 모션 플랫폼은 사용자 또는 사용자 그룹이 점유하는 바닥이나 좌석을 이동할 수 있다(그림 5-84) 이동 기지 시스템은 군과 상업 수송 조종사가 사용하는 대형 비행 시뮬레이터 시스템에서 흔히 사용된다. 이러한 시스템에서는 모든 적절한 계측기로 둘러싸인 조종석의

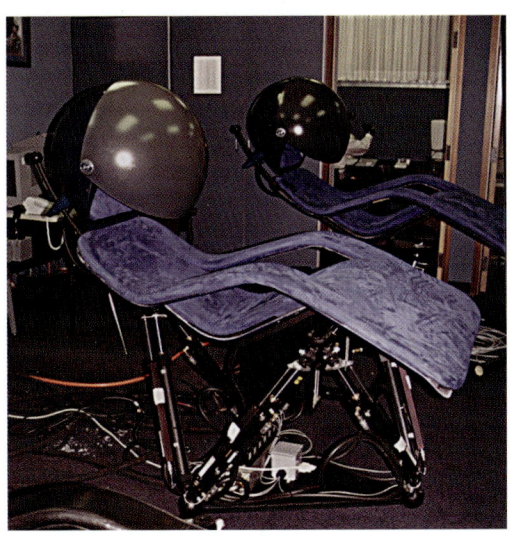

그림 5-84 모션 베이스 플랫폼은 가상 세계에 대한 정보를 사용자에게 제공하는 일반적인 방법이다. 여기에서 체험자는 육각형 모션 플랫폼이 있는 의자에 기대고 있다. (Photograph courtesy of Brian Park.)

좌석이 들어 있는 조종석 플랫폼이 대형 유압 시스템에 의해 이동된다. 보다 작고 저렴한 시스템도 사용할 수 있게 됐다. 모션 베이스 시스템의 다른 예들은 비행 및 운전 오락실 시스템 및 그룹 놀이기구와 같은 오락 장소에서 찾아볼 수 있다.

고전적인 모션 베이스 플랫폼(Stewart 헥사포드 플랫폼)은 베이스와 플랫폼에 쌍으로 탑재된 6개의 선형 슬라이더(Prismatic actuators)를 사용하며, 한 액추에이터는 하단(베이스)에 있는 한 개의 이웃(플랫폼)과 짝을 이룬다. (참고: 6개의 액추에이터가 있지만, 작동 방식에 대한 특정 제약으로 인해 상당한 횡방향 움직임이 발생하기 어려울 수 있으므로 이동의 상당 부분이 회전하고 상승 및 하강할 것이다.) 대부분의 운동을 선형 운동으로 바꾸는 링크가 있는 각 작동기(모터)로 동일한 일반 개념을 생성할 수 있다. 이것은 전통적인 비행 시뮬레이터에 가장 자주 사용되는 시스템 스타일이다.

그림 5-85 이 프로토타입 모션 플랫폼은 움직이는 플랫폼에 액츄에이터가 장착돼 있어 틸팅 효과는 액츄에이터에서, 그리고 공간 주변의 실제 움직임에서 변환 효과가 도출된다. (Photograph courtesy of FaseTech.)

많은 연구 단체들과 군중 자금으로 자금을 지원하는 기업인들 또한 대개 좌석을 갖춘 그들만의 작은 규모의 운동 기반을 만들었다. 이들 중 대부분은 최대 6-DOF 시트 모션을 제공하기 위해 6-액추에이터 디자인(헥사포드)을 사용한다. 하나의 프로토타입에서, 요 회전뿐만 아니라 보다 정확한 번역 운동을 제공하기 위해 실제로 한 방의 베이스를 굴림으로써 움직임의 일부가 생성됐다(그림 5-85).

전정 자극으로서 물리적인 운동을 적용할 때, 그 요령은 일반적으로 사건의 시작과 상쇄를 제공하고, 기기가 계속해서 요^{yaw}를 하거나 굴리지 않도록 점차 가늘어지는 것이다. 또한, 경사가 운전자의 뒤쪽에 더 많은 압력을 가해서 현실에서 경험할 수 있는 1차 신호를 모방할 수 있기 때문에 때때로 약간 위로 기울이면 전방 가속도를 나타낼 수 있다.

또 다른 형태의 동작 플랫폼은 대형 로봇의 끝에 포드(또는 플랫폼)를 배치해서 구현하는데, 이 로봇은 여러 개의 DOF로 포드를 이동하며 때로는 더 많은 횡방향 움직임을 제공하는 트랙에 있다(그림 5-86) 이것은 많은 테마파크 다크 라이드^{dark ride}에서 인기 있는 기술이 됐는데, 타는 사람들은 씬에서 씬으로 찍고, 종종 스크린을 통해 일치하는 오디오/시청을 본다.

다른 스타일이지만 여전히 동작 플랫폼은 공기를 삽입하고 제거할 수 있도록 분리된 포켓이 있는 팽창식 플랫폼을 사용한다. 이것의 가장 좋은 예는 월트 디즈니의 디즈니퀘스트 명소에 있는 'Virtual Jungle Cruise'이다. 불행히도 지금은 모두 문을 닫았다. 이 놀이기구에서 뗏목이 휜 물줄기를 통과해 물살을 따라 밀리면서 한쪽 또는 다른 쪽 뗏목이 팽창해서 승객을 한쪽으로 기울이거나 폭포 위로 갈 때 앞으로 기울일 수 있다(그림 5-87).

그림 5-86 이 Kuka Robot은 VR 디스플레이를 장착해 사용자가 공간을 통해 움직임을 보고 느낄 수 있도록 했다. 사용자는 포드가 가상 세계 내의 동작과 일치하도록 로봇 암에 의해 이동하기 때문에 포드에 앉아 있을 때 HMD를 착용한다. (Photographs courtesy of Berthold Steinhilber, Max Planck Institute for Biological Cybernetics.)

그림 5-87 디즈니퀘스트 가상정글 크루즈는 부풀릴 수 있는 뗏목을 기울이고 흔드는 부풀릴 수 있는 블래더에 의해 만들어진 운동 플랫폼을 사용한다. (Photograph by William Sherman.)

이동 플랫폼

이동 플랫폼Moving Platforms은 이전에는 트레드밀을 포함하지 않았을 새로운 명칭이다. 그러나 스마트폰-VR 스타일 시스템을 포함한 저가형 HMD의 촉매에 의해 촉발된 최근의 혁신은 롤러코스터 VR 체험의 실체를 가져왔다. 그러나 이 개념은 본질적으로 모든 놀이 기구들이 회전목마까지 타고 내려가는 것으로 쉽게 일반화될 수 있다. 우리는 심지어 승객으로서 비행기, 기차 또는 자동차를 타는 동안 차량의 움직임을 고려할 수도 있다.

롤러코스터 전정형 '디스플레이'에서 체험자는 실제 롤러코스터를 타지만, 주변 지역의 풍경을 보는 대신 컴퓨터로 만들어진 가상 세계를 경험한다. 우리는 이것을 4장에서 이미 'VR 플랫폼'의 한 종류로 탐구했고, 6장에서 대표적 고려사항을 탐구할 것이다. 현재, 주목해야 할 중요한 것은 물론 롤러코스터의 트랙은 변하지 않는다는 것이다. 따라서 경험은 종종 선형이 될 것이다. 따라서 그 서술은 선택의 여지가 없을 것이다. 어느 쪽을 봐야 할지말야 전체 VR 시스템을 따라 선수들과 함께 여행할 필요가 있을 것이다 또한, 전체 VR 시스템이 탑승자와 함께 이동해야 하므로 하드웨어 디자이너는 차량 내 위치를 고려해야 한다. 물론 컴퓨터가 디스플레이에 포함되는 경우가 많다. 가상 현실의 특정 사례에 롤러코스터를 사용하는 것은 빠르게 증가하는 추세다.

또 다른 주요 이동 플랫폼은 높이 올라가는 계단식 스테퍼를 포함한 트레드밀이다. 상기해보면, 대형 러닝머신(트레드밀)을 체험이 이루어지는 VR 플랫폼이라는 개념에 대해 논의했지만, 물론 사용자에게 이동을 제공하는 기능도 한다. 경우에 따라 트레드밀(또는 계단)은 연속적으로 또는 설명과 함께 움직일 수도 있고, 사용자의 자기 움직임에 대응해 움직여서 사용자가 어떤 방향으로든 계속 걸을 수 있도록 최신 사용자에게 작업할 수도 있다.

기타 균형감각 옵션

체험자가 (적어도 그들이 생각하는) 시각과 일치하는 전정적인 감각을 지각할 수 있는 능력을 제공하는 몇 가지 다른 기법이 있다. 이러한 전정디스플레이의 다른 방법들 중 하나는 체험자들을 흔들거나 우렁차게 하는 간단한 디바이스다. 이 동작만으로는 울퉁불퉁한 도로에서 주행하는 등 원하는 경험을 전달하기에는 부족할 수 있지만, 험난한 주행의 원인을 제시하는 시각적 정보와 결합하면 매우 효과적일 수 있다. 사실, 이것은 본질적으로 단순한 진동에서 실제 흔들림까지 문턱을 넘는 매우 큰 촉각이다.

일부 VR 애플리케이션에서는 체험자의 중력에 대한 지각이 감소하거나 제거된다는 전정감만 필요하다. 이 효과는 저중력 상황을 시뮬레이션할 때 바람직하다. 비록 중력의식을 완전히 없애는 것은 가능하지 않지만, 도움이 될 수 있는 방법들이 있다. 우주 여행 훈련을 위해 여러 해 동안 사용된 한 가지 기술은 수중 환경의 사용이다. 분명히, 이것은 전자 기기에 많이 의존하는 VR과 같은 매체에게 몇 가지 심각한 문제를 제기한다. VR에 적합한 또 다른 방법으로는 직교 축에서 회전하는 트리콘 중심 링 안에 사용자를 배치하거나 공중에서 체험자를 정지시키는 방법이 있다(그림 5-88). 효과가 알려지지 않은 또 다른 간

그림 5-88 중력감각을 감소시키는 기법으로는 (A) 동심원 독립적으로 움직이는 링에서 사용자를 정지시키고 (B) 공중에서 사용자를 정지시키는 방법이 있다. (Photographs by David Polinchock and Sheryl Sherman, respectively.)

단한 기법은 체험자가 천천히 가라앉는 밀도 높은 폼 패드 위에 서도록 하는 것이다.

후각, 미각, 기타 감각

모튼 힐리그의 Sensorama[Rheingold 1991년] 이후, 우리가 논의한 시각적, 청각적, 촉각적, 심지어 전정적 범주 이외의 감각적 표시에 대해 훨씬 더 적은 양의 탐사가 이루어졌다. 힐릭은 냄새를 실험해보고, 모의 오토바이를 탄 체험자들에게 레스토랑을 지나쳐 나오는 냄새와 대형 차량의 배기 가스를 포함한 여러 방향제에 노출시켰다. 체험자가 인지할 수 있는 개별 식별 가능한 냄새를 오더런트[odorant]라고 한다.

카터[Cater][1992]와 로비넷[Robinett][1992]은 후각 디스플레이로부터 이익을 얻을 수 있는 몇 가지 VR 및 원격 지원 애플리케이션을 가정했다. 예를 들어, 훈련 애플리케이션은 위험 물질을 경고하는 특정한 냄새를 나타낼 수 있다. 후각 사용이 중요한 또 다른 분야는 수술이다. 수술하는 동안 외과의들은 후각을 이용해서 몸 안의 괴사 조직과 같은 특정 물질을 감지한다[Krueger 1994].

일부 초기 작업은 화학 수용기, 심리적 충격, VR 경험에서 디스플레이의 다양한 매개변수를 포함한 후각 표시의 기본을 논의하는 바필드와 다니스[1995]에 의해 수행됐다. 그들은 또한 우리가 가능한 냄새의 연속을 설명할 수 없는 것을 포함해 후각을 이해하는 데 있어 알려진 한계에 대해 논의한다.

일반적으로, VR 경험에서 체험자에게 냄새를 제공하는 방법은 단순히 체험자의 위치에 (강제된 공기와 함께) 냄새를 방출하는 것이다(그림 5-89 참조). 체험자들이 움직임이 제한적일 때 향수를 냄새 수용기 부위로 옮기는 것이 더 빠를 것이지만, 더 넓은 공간에서도 향기가 퍼질 것이다. 리조^{Rizzo}와 동료들은 불타는 고무, 코르다이트 폭약, 쓰레기, 체취, 연기, 디젤 연료, 이라크 향신료 및 총포 분말을 포함한 향료 팔레트와 함께 상업용 유닛$^{Environdine\ Studios}$을 사용해서 향기를 그들의 용감한 군인 PTSD 치료 VR 어플리케이션에 통합했다[Rizzo et al. 2006]. 유사한 시스템은 PIPES 환경 영향 시스템으로, 다른 4D 효과뿐만 아니라 향기를 제공한다(그림 5-70 참조) [Frend and Boyles 2015]. 액화 향은 실내로 한 방울 떨어뜨릴 수 있는 솔레노이드를 열어 체험자를 향하는 기류실로 방출된다.

물론 향기에 대한 한 가지 우려는 향기가 가상 세계의 사건 및 위치와 더 이상 일치하지 않으면 어떻게 그것을 소멸시키느냐 하는 것이다. 실제로 남아 있

그림 5-89 이 특수 음주 기구에서는 시각적, 후각적, 돌풍적 디스플레이를 하나의 디바이스로 결합한다. 베이스에 저장돼 있는 향수에서 냄새가 유리실로 방출된다. 맛은 입술과 혀에 전달되는 아주 작은 전기 자극을 통해 근사하다. 색은 이러한 감각을 증가시키기 위해 사용된다. (Photograph courtesy of Nimesha Ranasinghe.)

는 냄새는 우리가 한 장소에서 다른 장소로 텔레포트를 할 수 없기 때문에 문제가 되지 않지만 VR에서는 그럴 수도 있다. 분명한 해결책은 일정한 공기 흐름을 가지거나, 일단 향 방출기가 닫히면 공기 흐름이 중립이 되거나, 향기가 더 이상 적용되지 않을 때 중립적인 기류를 활성화시키는 것이다. 또 다른 해결책은 이전의 냄새를 적극적으로 취소하는 것이다. 이 영역은 여전히 초기 연구 영역이며 VR 시스템을 위해 반드시 고안된 것은 아니지만, 연구자 바스니와 바스니는 이 개념을 연구해 왔다[Varshney and Varshney 2014]. 미각이나 자기 지각과 같은 감각에 대한 디스플레이는 훨씬 더 적은 연구 대상이 돼 왔다. 맛 디스플레이는 건강에 관한 분명한 장애물을 가지고 있으며, 그것의 발달로 이익을 얻을 수 있는 제한된 수의 유용한 적용 영역이 있다. 라나싱헤는 맛 감각 대체의 수단으로 입술과 혀에 미세한 전기 자극을 제공하는 전극을 사용한다. 자력감각은 지구의 자기장을 지각하는 능력이다. 이 감각은 이주하는 동안 새들이 사용한다는 이론이 있다. 일부 실험들은 또한 인간이 자기 지각의 제한된 능력을 가지고 있다고 제안했다[Baker 1989]. 이 감각의 표시에 대한 사색이 어느 정도 추구되지 않았다는 자성감에 대해서는 거의 알려져 있지 않다.

요약

VR 디스플레이는 체험자들이 감각 입력을 컴퓨터로 만든 자극으로 대체하거나 증강하면서 가상 세계에 물리적으로 몰입하는 수단이다. 정신적 몰입의 성취는 육체적인 몰입만큼 간단하지 않지만, 가상 세계를 여러 감각으로 표시함으로써 크게 도움을 받을 수 있다. VR 디자이너는 인간 지각의 기본을 알면 한 가지 기술을 다른 기술보다 선택할 때 수반되는 트레이드오프를 더 잘 고려할 수 있으며, 이러한 트레이드오프가 수반하는 것을 알 수 있는 정보에 입각한 결정을 내릴 수 있다.

개별 디스플레이 시스템은 다양한 특성과 특징을 보인다. 이러한 차이점들은 감각들 사이의 트레이드오프를 초래한다. 어떤 유형의 디스플레이가 특정 애플리케이션에 사용돼야 하는지를 나타내는 하드하고 빠른 규칙은 없다. VR 경험의 디자이너는 사용 가능한 자원, 청중, 장소 제약 및 요건 및 성공적인 경험을 위해 필요한 상호작용의 범위에 기초해 선택을 해야 한다. 일반적으로, 현재의 기술 능력의 제약 안에서, 감각 디스플레이는 인간 체험자의 요구를 충족하도록 디자인될 필요가 있다.

가상 현실 경험

사용자 인터페이스

사용자를 향한 하드웨어 인터페이스

입력
- 바디 트래킹
  (컴퓨터가 사용자를 '보는' 방법)
- 보이스/사운드 지각
  (컴퓨터가 사용자를 '듣는' 방법)
- 물리적 컨트롤러
  (컴퓨터가 사용자를 '느끼는' 방법)

4장

출력
- 비주얼 디스플레이
  (사용자가 VW를 보는 방법)
- 오럴 디스플레이(Aural display)
  (사용자가 VW를 듣는 방법)
- 햅틱 디스플레이
  (사용자가 VW를 느끼는 방법)

5장

소프트웨어 구성요소

사용자를 향한 시스템 표상
- 대리자(Representation)
- 렌더링 시스템

6장

가상 현실과의 상호작용
- 사용자 인터페이스 메타포
- 조작
- 내비게이션
- 다른 사람들과의 상호작용

7장

경험 디자인 및 전형

9장

가상 세계

- 몰입
- POV
- 장소
- 시뮬레이션 / 물리
- 실체(substance)
- 경험 창작
  (experience creation)

8장

인간 참여형

- 어포던스
- 지각(perception)
- 프레젠스 / 임바디먼트

3장

CHAPTER 6

가상 세계 프레젠테이션

가상 현실^{VR} 체험자에게 보여줄 감각 상$^{sensory\ image}$[1]은 두 단계로 나눠 생성할 수 있다. 첫 번째 단계는 가상 세계가 체험자에게 어떻게 보이고, 들리고, 느껴질지 선택하는 것이다. 이것이 가상 세계를 만들어내는 대표 단계다. 두 번째 단계는 선택한 표현을 어떻게 소프트웨어 및 하드웨어 렌더링 시스템에서 구현하는가이다. 물론 하드웨어와 소프트웨어 시스템의 역량이 실시간으로 나타낼 수 있는 재료의 종류와 양에 영향을 미치기 때문에 두 단계는 서로 연관돼 있다.

앞서 1장에서 내렸던 가상 현실에 대한 정의를 보면 가상 현실은 쌍방향 컴퓨터 시뮬레이션이다. 상호작용하기 위해서는 컴퓨터가 체험자의 행동에 신속하게 대응해야 한다. 3장에서는 레이턴시를 줄이고 좋은 해상도(시간해상도$^{temporal\ resolution}$ 포함)를 유지하면서 물리적으로 몰입감을 줄 수 있는 경험을 만드는 데 필요한 요인에 대해 논의했다. 사실 질적으로 더 떨어지는 시간해상도는 레이턴시를 증가시킨다. 간단히 말해서 현실이라는 '환상'을 유지하는 것이 실시간 렌더링 성패에 크게 작용한다.

VR 시스템의 궁극적인 목표는 설득력 있는, 최소한 매력적인 경험을 만들어내는 것이다. 따라서 정교한 렌더링과 빠른 렌더링 사이의 균형을 맞추기가 쉽지

---

1 자극의 감각 속성에 대한 기억 흔적(출처: 실험심리학용어사전, 2008)

않을 수 있다. 대부분의 경험에 있어, 가상 세계에 대한 모든 디테일이 살아있는 것은 좋고 이를 위한 노력을 기울여야 하겠지만 이는 렌더링 속도에 종속적이다. 하지만, 데이터 분석처럼 정확도가 더 큰 이슈가 되는 어떤 경험에서는 속도보다 스케일이 훨씬 중요할 수도 있다. 씬을 의미 있는 방식으로 인지할만큼 빠르게 렌더링하는 것과 더없이 훌륭하게 렌더링하는 것 사이에 균형을 잘 맞춰야 한다.

대부분의 경우, 충분히 빠른 것이 더 중요하다. 비유를 하자면, 미식가를 위한 식사를 할 수도 있지만, 너무 오래 앉아 있으면 즐거운 만족보다는 구역질을 나게 할 수도 있다. 어떤 경우에는 음식을 일부 놔뒀다가 나중에 전자레인지에 약간 돌려 먹을 수도 있듯이, VR 시스템이 이미지를 더 생생한 트래커 데이터로 후처리해 수행할 수도 있다. 이 비유를 더 확장하면 고정형 VR 디스플레이가 허용할 수 있는 최대 레이턴시를 생각할 수 있다. 이는 음식을 냉장고에 넣어두는 것과 같다. 조금 더 오래 보관할 수는 있지만, 신선하게 준비한 것보다는 맛이 없을 수 있다. 그리고 음식을 준비한 후 너무 오래 먹으면 구역질 나게 만드는 결과를 낳게 될 수 있다.

감각 외에도 경험의 구조가 컴퓨터 내에서 표현되는 방법에 대해서도 고려해야 한다(그림 6-1). 표현의 이러한 측면은 가상 세계 데이터가 내부적으로 저장되는 방법을 설명하기 때문에 인코딩^{encoding}이라고 더 많이 불린다. 예를 들어, 게임 〈포탈^{Portal}〉은 게임의 컴퓨터 코드를 구성하는 데이터의 16진수 인코딩을 가지고 있다. 가상 세계가 인코딩되는 방식은 렌더링, 그리고 가장 효율적으로 씬을 렌더링하는 가장 좋은 방법과 더 밀접하게 연관돼 있다.

그림 6-1 컴퓨터 게임의 이 (부분) 표현은 게임 경험을 대표하지 않으며, 게임의 인코딩으로 더 많이 불린다.

```
0000000 457f 464c 0102 0001 0000 0000 0000 0000
0000020 0002 003e 0001 0000 6b58 0040 0000 0000
0000040 0040 0000 0000 0000 86d0 0003 0000 0000
0000060 0000 0000 0040 0038 0009 0040 001f 001c
0000100 0006 0000 0005 0000 0040 0000 0000 0000
0000120 0040 0040 0000 0000 0040 0040 0000 0000
0000140 01f8 0000 0000 0000 01f8 0000 0000 0000
0000160 0008 0000 0000 0000 0003 0000 0004 0000
0000200 0238 0000 0000 0000 0238 0040 0000 0000
0000220 0238 0040 0000 0000 001c 0000 0000 0000
```

가상 세계에 대한 표현

VR 경험을 만드는 중요한 요소는 체험자에게 제시될 시각, 청각, 촉각 등에 생각, 아이디어 및 데이터를 매핑하는 방법을 선택하는 것이다(그림 6-2). 가상 세계의 어떤 특징을 어떻게 표현할지 선택하는 것은 전체 경험의 효과에 상당한 영향을 미친다. 간단히 말해, 표현이란 무엇을 렌더링할 것인가의 선택이다.

> **표현**representation : (1) 어떤 것이 (어떤 감각에서도) 묘사되는 방법 (2) 렌더링할 대상의 선택

여기서는 표현이라는 개념으로 가상 세계를 보여주는 방식을 논의하려 한다. 먼저 가상 세계를 어떻게 나타내야 하는지를 결정한 다음, 어떤 정보를 전달할지 그리고 이를 해내기 위한 최선의 방법을 결정해야 하기 때문이다. 이러한 결정이 내려져야 비로소 VR 체험 제작자는 시스템 요구 사항을 평가할 수 있다.

VR에 들어가는 모든 성분과 마찬가지로 여기서 표현이라는 개념을 자세히 다룰 수는 없다. 그러나, 이 책의 주제인 가상 현실을 이해하는 것은 정보의 표현에 많이 의존하기 때문에 간략하게 개요를 제공하는 것이 중요하다.

표현이라는 단어를 재현re-presentation 즉, 어떤 것을 종종 그 본래 모습이 아닌 형태나 방식으로 다시 보여주는 방식으로 생각할 수도 있다. 커뮤니케이션 행위는 재현하는 과정이다. 한 사람이 간단한 생각을 구어라는 매체를 통해 다른 사람에게 전달하는 행위를 생각해 보자. 이 생각은 상대방의 마인드로 직접 전달될 수는 없기에 어떤 매체를 통해 전달돼야 한다. 따라서 생각을 선택 매체에 적합한 형태로 나타내야 하고, 이 경우 일련의 사운드로 자신의 생각을 나타낸다. 상대방은 이 사운드를 듣고, 창의력을 발휘해 청각 표현을 정신적 관념으로 번역한다. 이렇게 번역된 정보는 의도했던 것과 달리 해석되는 경우도 있다. 어떤 매체(구어 포함)든 이를 통해 소통하는 데는 당사자들 간에 공통의 표현과 이해가 필요하다. 각 당사자가 같은 표현을 다르게 해석하는 상황을 피할 수 있도록 주의해야만 한다(이 문제에 대해서는 2장에서 자세히 논의한다).

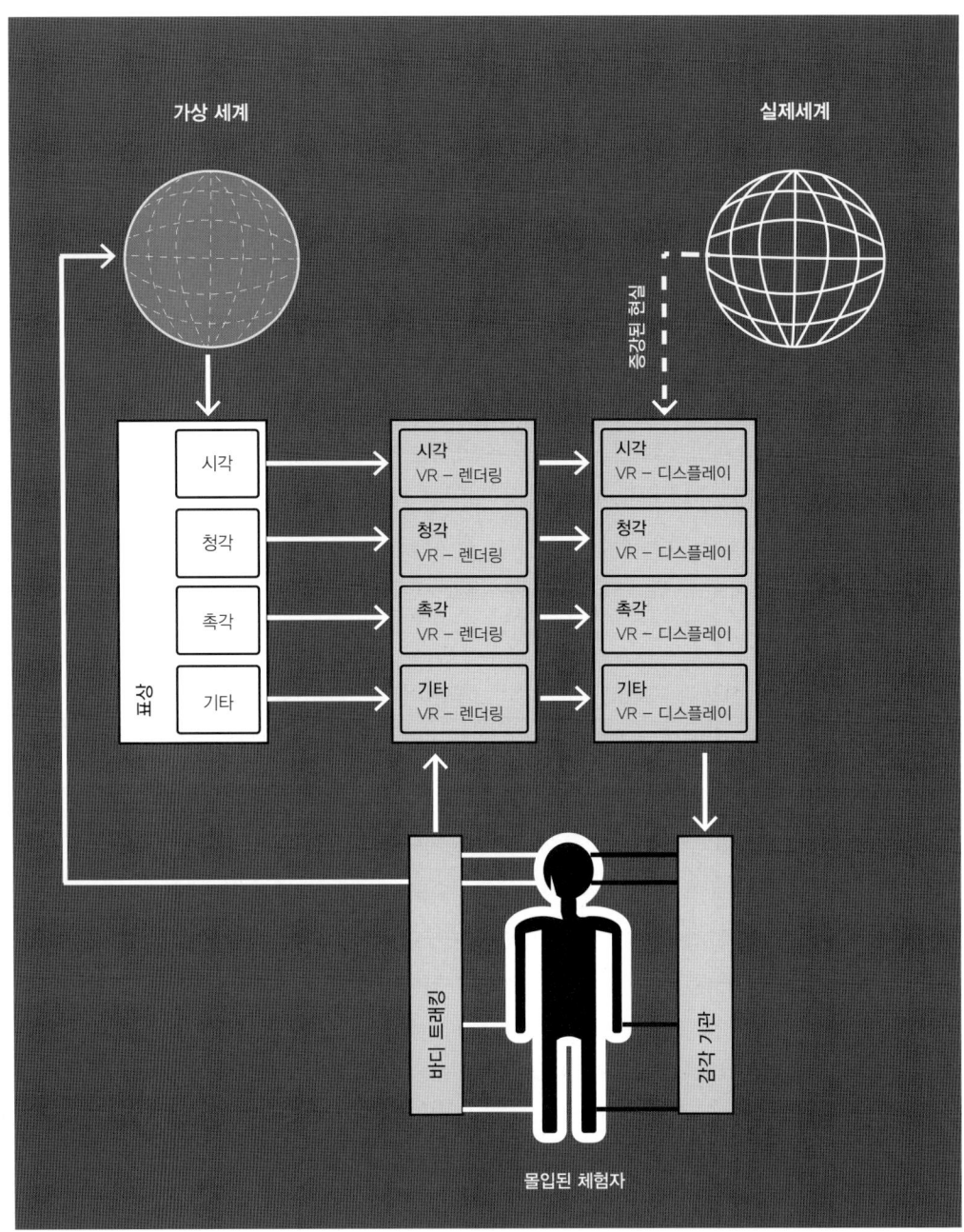

그림 6-2 가상 현실 애플리케이션에 있어 중요한 측면은 체험자의 감각에 종합적인 자극을 제공하는 것이다. 이를 위해서는 체험자에게 가상 세계를 표현하는 방법(디스플레이 할 항목 선택)과 가상 세계를 렌더링하는 방법(디스플레이 디바이스로 표시하는 신호로 개념적 가상 세계를 변환하는 방법 선택)에 대해 결정을 내려야 한다. 이 책에서는 특정한 감각적 지각에 관련된 표현 문제를 탐구한다.

아이디어, 개념 또는 물리적 실체는 다양한 방식으로 표현할 수 있으며, 한 가지 표현이 가장 좋은 것이 아니라는 점을 기억해야 한다. 비록 어떤 선택들이 다른 것보다 더 적합할지라도 말이다. 어떤 표현이 정보를 표현하는 데 적절한지는 애플리케이션의 목표에 따라 다를 수 있다. 예를 들어, 뇌우를 과학적 비주얼리제이션할 경우와 드라마틱한 서술에 쓸 경우를 비교해보자. 드라마틱한 서술에서는 감정적 경험을 전달하는 목표를 이루기 위한 표현이 필요한 반면, 과학적 비주얼리제이션에서는 복잡한 데이터를 밝히기 위한 선택이 적합하다.

드라마틱한 경험을 위한 뇌우는 박진감 넘치는 시각적, 청각적 표현이 많이 들어갈 것이다. 관객이 비극적인 사건의 예감 같은 적합한 분위기를 갖고 돌아가기만 한다면 크리에이터의 목표는 충족된다. 그러나, 자신의 연구를 비주얼리제이션하려는 과학자에게 문제는 박진감이 아니라 현상에 대한 통찰력이다. 따라서, 과학자는 폭풍 속을 떠다니는 수천 개의 풍선 같은 구들로 폭풍을 나타내거나 특정 고도에서 온도를 나타내기 위해 폭풍을 가로지르는 색상의 면으로 폭풍을 나타내기로 할 수도 있다. 이런 식의 표현은 실제 폭풍처럼 보이지는 않지만 과학자에게 유익하다(그림 6-3). 한편, 어떤 과학자는 자신의 데이터를 뇌우의 사실적인 버전으로 보고 싶어할 수도 있다. 이러한 표현은 시뮬레이션이 실제 폭풍처럼 보이는지의 여부와 폭풍의 광학적 특성을 이해하는 데 도움이 될 수 있다.

표현은 주제와 상관없이 언제나 중요하다. 예를 들어, 과학적 데이터의 비주얼리제이션 및 음성화(사운드를 통한 정보의 제공 방식)의 경우, 양쪽 모두 다양한 표현 기법이 연구자가 자신의 작업에 대한 통찰력을 얻는 데 얼마나 도움

그림 6-3 (A) 시뮬레이션된 뇌우 데이터는 비현실적인 표현을 통해 폭풍 속의 프로세스를 더 잘 설명하고 이해하는 데 사용될 수 있다.
(B) 사실적인 렌더링은 드라마틱한 효과를 주거나 시뮬레이션 모델을 기초로 한 사실감을 제공하기 위해 시뮬레이션된 데이터로 만들 수도 있다. (Images courtesy of the National Center for Supercomputing Applications (NCSA) and the Board of Trustees of the University of Illinois.)

(A)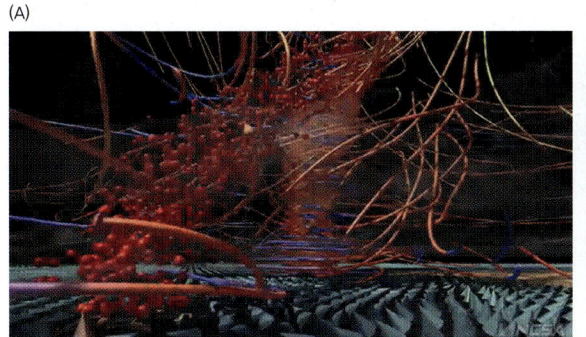

(B)

이 되는지, 그리고 그러한 통찰력을 다른 사람들과 어떻게 교감할 수 있는지에 초점을 맞추고 있다. 지도 제작은 표현 문제에 상당한 관심을 기울이는 또 다른 연구 분야다. 다양한 목적(예: 항공, 지질, 운전)을 위한 지리적 지도는 특정한 목표를 염두에 두고 디자인된다. 사실, 지도를 가장 편하게 읽기 위한 방향과 같은 특징을 알아내는 연구는 오랫동안 인적요인이 동원돼 왔다.

예술가는 시각, 청각, 촉각, 기타 감각 속성을 사용해 감정을 불러일으키고 아이디어를 표현하려고 애쓴다. 훈련과 교육의 경우, 개발자는 체험자가 자신의 과제를 학습하는 데 가장 도움이 될 표현에 초점을 맞춰야 한다. 특히 VR 훈련 경험을 개발하는 사람들은 잘못된 훈련, 즉 현실에서는 통하지 않을 학습습관이 형성될 수 있는 표현이 되지 않도록 주의해야 한다.

잘못된 표현이란 의미는 애플리케이션에 따라 다르다. 엔터테인먼트나 예술적 목적이 있는 애플리케이션의 경우의 잘못된 표현은 영화 〈컨버세이션 The Conversation〉이나 인터랙티브 픽션 〈Spider & Web〉에서와 같이 의도적으로 서술적 장치로 사용되거나 관객이 매체 자체에 대해 생각하도록 유도하는 수단으로 사용될 수 있다. 다른 커뮤니케이션 분야의 경우, 잘못된 표현은 실질적으로 해로울 수 있다. 표현을 받아들이는 사람은 대개 지도에서 경로를 짜든, 시뮬레이터로 비행하는 법을 배우든, 재현된 사건을 기반으로 법정 사건을 판단하든, 제시된 세계가 비교적 정확하리라 생각한다. 각각의 경우에서 관객은 가상 세계를 만들어낸 사람이 가진 지식, 진실성, 기술 앞에서 속수무책이 된다. 잘못된 표현은 가상 세계가 어떻게 돌아가는지에 대한 충분치 못한 지식의 결과일 수도 있고, 아니면 의도적으로 잘못 인도하려는 시도일 수도 있다. 또한 정보를 효과적으로 표현하는 데 필요한 인간의 지각이나 다른 문제에 대한 이해 부족일 수도 있다.

신빙성

신빙성은 참된 모습으로 보이거나 리얼리즘을 묘사하는 퀄리티를 말한다. 모든 애플리케이션이 사실적으로 보이려고 애쓰는 것은 아니며, 어떤 애플리케이션은 매우 특별한 경우에만 신빙성을 내려놓기로 하기도 한다. 어떤 애플리케이션은 신빙성 문제를 피하기 위해 심혈을 기울일 수도 있다. 일반적으로 신빙성은 믿을 수 있는 세계를 만들어내는 데 도움이 되며, 이는 체험자가 정신적 몰입 상태에 빠지기 쉽게 만든다. 하지만 신빙성을 깬다고 해서 불신의 유예suspension of disbelief를 막는 것은 아니다. 즉, 비현실적인 측면이 나머지 경험과 맞는 방식으로 제시된다면 체험자는 여전히 정신적으로 몰입할 수 있다.

신빙성Verisimilitude: (1) 참된 모습을 가짐 (2) 리얼리즘을 묘사함(문학 예술과 마찬가지로) [Webster 1983].

경험은 물리적으로 가능하다고 알고 있는 것을 넘어서는 것(마법 세계)과 모든 면에서 현실과 비슷해지려고 하는 것(현실 세계)으로 나눌 수 있다. 여기서 말하는 마법 세계들 중 일부는 판타지 장르 작가의 상상력을 완전히 뛰어넘는 것일 수도 있다. 어떤 것은 분자 사이의 힘처럼 체험자가 물리적으로 접근하기 어려운 개념과 상호작용할 수 있도록 하는 표현의 변화일 수 있다. 어떤 것은 사용자에게 물리적 한계를 벗어난 오브젝트와의 상호작용과 같은 마법 능력을 제공할 수도 있다(그림 6-4).

현실 세계에 가깝게 복제한 세계를 예술적 관점에서 말할 때 모방 또는 모사, 미메시스mimesis라고 한다(즉, 물리적 현실을 모방한다). 시뮬레이션된 세계에 대한 모방은 현실 세계를 그대로 따라하거나 체험자(관객)가 최소한 나머지 가상 세계 안에서 합당한 것으로 받아들일 수 있는 방식으로 반응하는 것을 말한다.

그림 6-4 〈I Expect You to Die〉 경험에서 플레이어는 염력 인터페이스를 사용해 먼 세계까지 닿을 수 있다. (Image courtesy of Schell Games.)

모방^{Mimetic}: (1) 모방적인, 독창적이 아닌 (2) 관련된, 특징지어 진, 흉내내 보이는[Webster 1983]. 즉, 예술에서 가능한 한 정확하게 현실 세계를 모방하려고 노력하면서 예술을 리얼^{real}하게 보이려 하는 것이다. 모방된 세계는 체험자(관객)가 나머지 가상 세계의 안에서 합당한 것으로 받아들일 수 있는 방식으로 반응하는 것이다.

미메시스^{Mimesis}: (1) 시뮬레이션된 세계가 실제세계를 모방하는 정도. (2) 문학 작품에서의 현실에 대한 표현. (3) 설득력 있는 실제적인 가상 세계의 생성.

일반적으로 사람들은 상호작용하는 세계가 어떤 것이든, 가상 세계 자체로 일관성이 있을 것이라 기대한다. 디에게시스^{Diegesis}는 특정 세계 안에 넌지시 깔려 있는 일관성을 뜻한다. 인터랙티브 픽션 작품에서 마주친 모든 것이 가상 세계와 잘 맞는 것처럼 느껴지는가, 아니면 어떤 요소는 어울리지 않거나 지나치게 꾸며진 것처럼 보이는가? 더 깊이 들어가면 디에게시스는 경험하는 세계에 보이는 보이지 않는, 체험자와 마주치는 마주치지 않는 요소를 포함한 가상 세계 전체를 의미한다. 즉, 디에게시스는 발생한 것으로 추정되는 사건과 스크린에 보이지 않는 액션과 공간을 포함한다[Bordwell and Thompson 2010].

디에게시스^{Diegesis}: (1) 내러티브 영화에 나오는 세계. 디에게시스는 발생한 것으로 추정되는 사건과 액션 및 존재하는 것으로 추정되는 장소를 포함한다(Bordwell and Thompson [2010]에서 채택). 예를 들어, 〈조트^{Zork}〉와 같은 인터랙티브 픽션에서 마주치게 되는 모든 것이 세계와 잘 맞는다고 느끼는가? 아니면 어떤 요소들은 어울리지 않는 것처럼 보이거나, 지나치게 꾸며진 것처럼 보이지는 않는가?

(2) 직접적으로 드러나지는 않지만 발생하고 존재한다고 추정되는, 하나의 세계가 일관성을 유지하려면 반드시 있어야 하는 사건 및 장소를 포함한 세계 안에 있는 모든 사건과 장소.

정신적 몰입이 이뤄지려면 디에게시스를 탄탄하게 만드는 것이 중요하다. 체험자에게 가상 세계가 바로 눈 앞에 보이는 것 이상으로 일관성이 있다는 믿음을 줘야한다. 따라서 일관성 있는 세계에 있는 체험자는 소방차로 둘러싸인 그을린 건물을 봤을 때, 그 전날까지는 아주 온전한 상태로 그 곳에 있었음을 합리적으로 추정할 수 있다. 건물과 불이 어떻게 생겼는지에 대한 구체적인 내용은 체험자의 상상에 맡겨진다. 이것을 클로저^{closure}라고 한다. 맥클라우드(McCloud [1993])는 하나의 매체에서 클로저의 일반적인 개념을 다음과 같이 설명한다. "클로저는 우리가 이러한 순간들을 연결하고, 머리속에서 연속적이고 통합된 현실을 구축할 수 있게 해준다."

맥클라우드는 만화 매체를 예로 들어 어떻게 클로저가 독자를 이야기의 체험자로 만드는 데 사용되는지를 보여준다. 즉, 체험자에게 에이전시를 주는 것이다(그림 6-5). 체험자의 상상력으로 '빈칸을 채우게' 만드는 것으로 이 관계가 성립된다. 따라서 독자는 자신이 경험하는 세계의 생성과 그 안에서의 행동에 참여하게 된다. 맥클라우드는 오프 스크린$^{off\ screen}$에서 일어나는 이러한 행동을 거터^{gutter}(만화 컷과 컷 사이의 공간) 사건이라고 부른다. "컷과 컷 사이에서 사람을 죽이는 것은 그가 [또 다른] 천 명의 죽음에 대한 책임이 있음을 비난하는 것이다."

리얼리즘의 축

연속체의 진행은 매우 사실적인 것에서 매우 추상적인 것까지 넓은 범위에 걸쳐 이어진다. 컨셉은 이 축을 따라 현실과 추상 사이에 있는 곳 어디에나 표현으로 매핑될 수 있다(그림 6-6). 이러한 연속체는 다음과 같은 5가지 범주로 나눌 수 있다.

- **베리시밀러**^{verisimilar} [2] 표현은 가상 세계를 최대한 사실적으로 나타낼 수 있도록 노력한다.
- **인덱스**^{indexed} 표현은 어떤 현상을 일반화된 개념으로 더 쉽게 지각할 수 있는 새로운 연속체에 매핑한다.
- **아이코닉**^{iconic} 표현은 오브젝트 클래스를 단순하게 나타낼 수 있는 양식을 사용한다.

---

[2] '사실과 매우 흡사한'이란 뜻으로 '여실' 또는 '여실성'이라 번역되기도 하지만, 개념이기에 어색한 번역은 피하고자 한다.

그림 6-5 스콧 맥클라우드(Scott McCloud)는 『만화의 이해』(2008, 비즈앤비즈)에서 한 씬에서 빠진 것이 보는 이가 느끼는 정신적 몰입 수준에 큰 영향을 미칠 수 있다고 지적한다. (Image courtesy of Scott McCloud)

- **심벌릭**symbolic 표현은 정보를 의미하지만 원래의 실체와 비슷한 형태로는 매핑하지 않는다(예: 글리프glyph 또는 교통 표지판).
- **랭귀지**language 표현은 간접적으로 표현한 기호(용어)나 장황한 표현을 명시적 개념으로 매핑한다.

추상적인 것에 가까워질수록 어떤 결론을 내기 위해 미루어 추측하는 일이 쉬워진다. 그러나 사람들은 $ 대 £ 대 ¥과 같이 문화에 기반을 둔 표현을 점차 많이 쓰고 있다.

맥클라우드McCloud[1993]는 그림에서 단어로의 전환을 수신된 정보에서 지각된 정보로의 전환으로 식별한다(그림 6-7). 수신된 정보는 바로 받아들일 수 있는 반면, 인지된 정보는 처리돼야 한다. 수신된 표현은 보는 사람이 금방 알

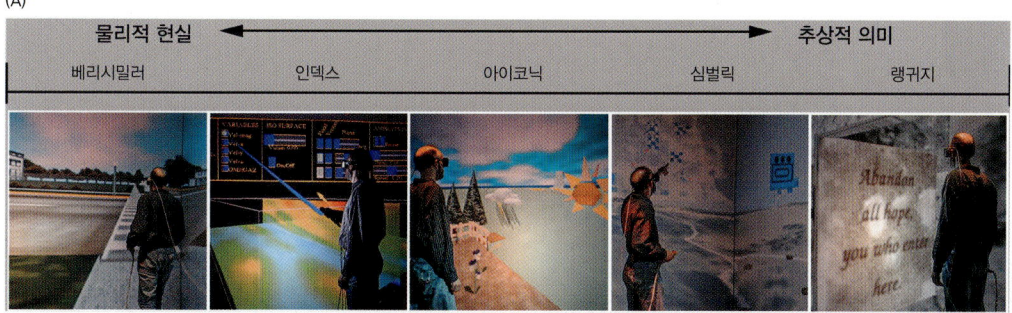

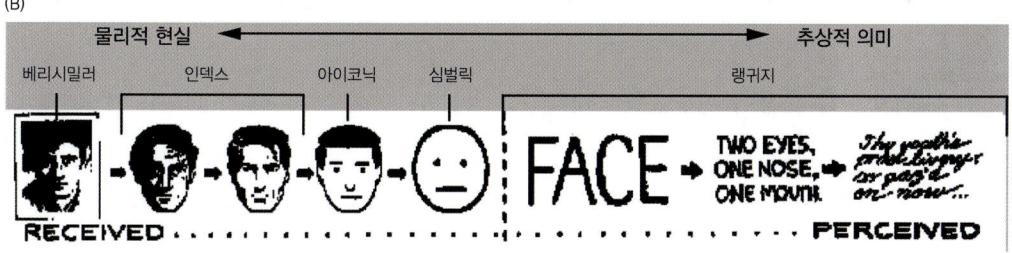

그림 6-6 (A) 가상 현실 애플리케이션은 리얼리즘 연속체를 따라 진행된다. 나열된 사진의 왼쪽에서 오른쪽 방향 순서대로, 〈StreetCrossing〉 애플리케이션은 실제 거리를 묘사하고 있으며, 〈MultiPase Fluid Flow〉 애플리케이션은 색상 값으로 인덱스 데이터를 보여주고, 〈NICE〉는 햇빛과 비를 상징적으로 표현하고, 〈BattleView〉는 군사 기호를 세계 표현에 통합했으며, 〈Mitologies〉는 분위기를 잡기 위해 언어를 사용한다. (B)는 (A)의 연속체를 맥클라우드의 연속체에 매핑한 것이다(그림 6-7 참조). 물리적 현실에 가까울수록 구체화된다. 베리시밀러 표현은 특정 인물이나 캐릭터의 얼굴이다. 인덱스 표현은 사람이라는 클래스에 매핑한 것이다(이 예제에서는 백인 남성). 아이코닉 이미지는 대략적인 얼굴을 나타내며, 심벌릭 표현은 얼굴 개념을 나타낸다 나타낸다. ((A) Applications courtesy of NCSA, UIUC, EVL, NCSA, and EVL, respectively; photographs by William Sherman. (B) Adapted from image courtesy of Scott McCloud.)

그림 6-7 이 그림 역시 맥클라우드의 것으로, 추상화 삼각형은 표현이 해당 대상의 심벌에서 언어의 심벌(즉, 음성 또는 의미에 기초한 심벌)로 바뀌는 지점에서 나눠진다. 오른쪽의 삼각형 안에 표시된 세계는 책이나 인터랙티브 픽션과 같은 매체에서 나오는 세계일 것이다. 여기에 나와 있는 것이 전부는 아니지만 말이다. (Adapted from image courtesy of Scott McCloud)

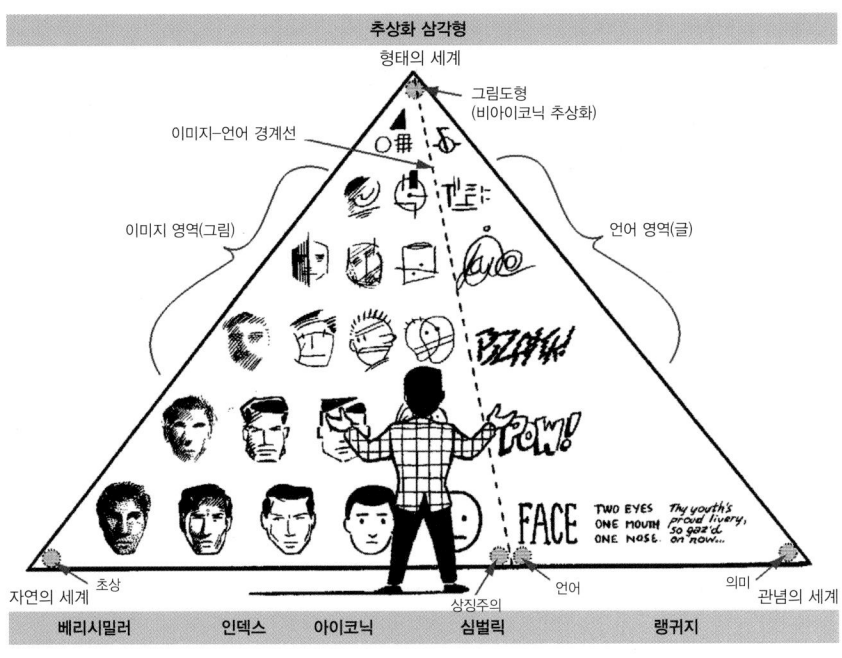

그림 6-8 글자 하나하나와 그 집합의 의미에 대해 배워 가면서 그림을 온전히 심벌로 이해할 수 있다.

 수 있는 반면, 인지된 정보는 이해하려면 훈련이 필요하다. 읽기를 배워가며 우리 모두가 경험하는 그런 훈련 말이다(그림 6-8). 일부 추상적 표현(예: 데이터 비주얼리제이션)에서는 많은 변수가 동시에 제시될 수 있다(예: 서로 다른 정보를 서로 다른 모양, 색상 및 방향의 글리프로 인코딩). 언어와 마찬가지로 인지된 표현은 처음에는 낯설어 초보자에게는 혼란스럽지만 배울 수 있다.

예를 들어, 녹은 플라스틱이 거푸집으로 흘러 들어가는 것을 나타내기 위해 글리프를 사용할 수 있다. 글리프 애니메이션을 처음 보는 사람(뷰어라 하자)은 익숙하지 않은 정보의 양에 압도되는 경우가 많다(그림 6-9). 그러나 이를 여러 번 보면 이제는 경험자가 된 뷰어는 점차 이해하기 시작한다. 결과적으로, 처음에는 처리(인지)해야 하는 대량의 정보 때문에 압도적이었던 표현이 훈련을 통해 더 자동화된(수신) 프로세스가 될 수 있다. 잘 디자인된 글리프는 이 과정이 더 빨리 일어나게 할 수 있다. 뷰어가 나중에 같은 글리프 표현을 보게 된다면 더 빨리 파악할 수 있을 것이다.

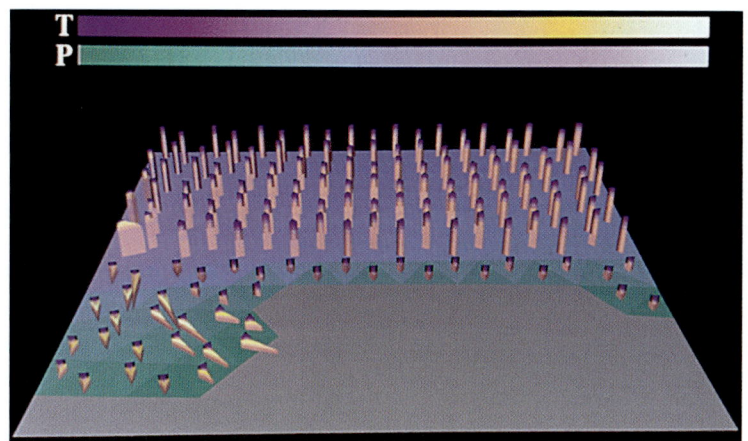

그림 6-9 사출 성형 프로세스의 이러한 비주얼리제이션은 연구자들이 재료에 대한 압력, 온도 및 속도 사이의 전반적인 관계를 빠르게 파악할 수 있도록 도와준다. (Image courtesy of Donna Cox.).

인간의 이해력

모든 표현은 결국 인간의 인지와 해석을 통해 여과되므로, 애플리케이션 디자이너는 생리적, 심리적, 감정적 범위에 이르는 인간의 특성을 고려해야 한다. 앞서 3장에서 이러한 측면에 대해 각각 언급했다. 각 측면에 대한 상세한 내용은 이 책에 포함할 수 있는 것보다 더 많다. 그러나 설득력 있는 표현, 비주얼리제이션, 가상 세계 및 가상 현실 애플리케이션을 만드는 것에 대해 진지하게 생각하는 사람이라면 인간의 지각과 인지에 대한 연구와 견해가 담긴 구할 수 있는 자료를 이용해야 한다. 사실, 인간의 이해력에는 단순한 감각 이상의 것이 있다. 또한 인지 과정이 일어나고 있으며, 그 중 과학은 아직 완전한 이해를 갖고 있지 못하지만, 예술과 디자인 분야에서는 한 사람에서 다른 사람으로 의미를 전달하기 위한 방법론을 계속 탐구하고 개선하고 있다.

일반화

인간의 지각과 인지에서 특히 흥미로운 측면은 일반화하는 능력이다. 이 능력은 연구 및 개척되야 마땅한 특성이다. 이전에 본 적이 없는 전화기 제조사와 모델을 보더라도 사람들은 그것이 전화기임을 안다(그림 6-10). 어떤 특징 때문에 그 모델을 본 적이 없음에도 전화기임을 인지할 수 있을까? 인간의 일반화 능력을 활용할 수 있다면, 체험자에게 모든 심벌을 속속들이 훈련시키지 않

그림 6-10 특이한 형태이지만 이 오브젝트가 전화기임을 쉽게 식별할 수 있다. 하지만 젊은 독자들에게는 아마 4×3 키패드가 식별하는 데 도움이 된 가장 큰 기능일 것이다. (Photograph courtesy of Jerry Juhl.)

고도 아주 많은 사람들이 쉽게 이해할 수 있는 이미지를 렌더링할 수 있다. 또한 일반화 능력은 오브젝트의 단순화된 모델을 사용하기 때문에 더 잘 인지될 수 있어 연산상의 복잡성을 줄일 수 있다.

그러나 일반화는 불리하게 작용할 수 있다. 사람들이 잘못 일반화하거나 그것이 정말 의도된 특정 사례일 경우에 말이다(게다가 어른이 될 때까지 자라온 문화에 따라 일반화가 다를 것이다. 아마도 다음 세대는 20세기 후반의 전화기도 알아보지 못할 것이다).

인간은 일반화를 통해 비슷한 특성을 가진 사물과 개념을 함께 묶을 수 있다. 유추법은 하나의 오브젝트에 해당되는 특징이 그 외의 오브젝트에 해당되는지를 판단하기 위해 그룹화된 오브젝트나 컨셉 사이의 관계를 확장한다. 그래서 유추법은 이해한 개념과 비슷한 여러 특징을 공유하는 다른 개념 사이의 관계라고 생각할 수 있다. 인간은 하나의 오브젝트나 개념에 대한 지식을 다른 것에 전이하는 데 능숙하다. 이러한 전이는 새롭게 드러난 개념과 이미 이해된 개념 사이에 직접적인 유사성 눈에 띄면 가속화될 수 있다. 유사 관계의 패턴이 밝혀짐에 따라 공유된 개념은 종종 작업 클래스(예: 어떤 과학 현상에 대한 수학적 표현)로 일반화될 수 있다.

심벌은 인간이 가진 일반화 능력이 어떻게 유익할 수 있는지를 보여주는 예다. 일반화될 표현을 만드는 한 가지 방법은 친숙한 것을 활용하는 것이다. 대부분의 사람들에게 친숙한 상징을 선택한다면, 많은 사람들이 그 의미를 이해할 것이다. 예를 들어, "여기로 들어가시오"를 상징하는 표지를 만들 때 조금 열린 문을 활용하는 것처럼 얻을 수 있는 가장 일반적인 오브젝트의 예를 사용하는 것이 바람직한 경우가 많다. 문화적 편견과 오해의 가능성이 가장 적기 때문이다. 그러나 문이라 해도 문화마다 다르다.

심벌은 그것이 표현하는 것에 대한 함축된 의미를 잃을 수도 있다. '파일 저장' 아이콘을 생각해보자. 마이크로 오피스^{Microsoft Office} 제품군에는 이동식 회전 매체에 접근할 수 있도록 열리는 슬라이딩 메탈 커버가 여전히 사용된다(그림 6-11). 이제 심벌 그 자체에는 의미가 담기는데, 해당 표현은 리얼리즘 연속체에서 아이코닉에서 심벌릭으로 변화시키기 때문이다. 이 아이콘은 더이상 플로피 디스크에 기록하거나 자기 저장장치를 의미하는 것이 아니라 장기(보조) 저장하는 것을 의미한다.

그림 6-11 파일 저장 작업을 나타내는 이 아이콘은 더 이상 파일이 기록될 매체처럼 보이지 않지만 파일을 저장하는 아이콘 심벌로 남아 있다.

기호학

인간의 뇌는 패턴을 지각하는 데 최적화돼 있다. 사인^{sign}과 심벌은 인간의 일반화 능력뿐만 아니라 이 능력을 활용한다. 어떤 사인은 그것이 대표하는 내용과 매우 밀접하게 연관돼 있는 반면, 다른 사인은 그 구성이 매우 추상적이다. 사인은 다른 것을 의미하는 어떤 것이고, 심벌은 어떤 콘텐츠를 전하는 표식이다. 표현을 만들어낼 때, 우리는 사실 메시지의 콘텐츠를 전달하는 데 사용될 수 있는 사인과 심벌을 선택하고 있다. 사인 및 심벌 사용에 전념하는 연구 분야를 기호학^{semiotics}이라고 한다.

> **사인**^{Sign}: (2) 전통적인 의미를 가진, 단어를 대신해서나 복잡한 개념을 나타내기 위해 사용되는 표시 [Webster 1983].
>
> **심벌**^{Symbol}: (2) 관계, 결속, 관습 또는 우연한 유사성 때문에 다른 것을 나타내거나 암시하는 것. 특히 보이지 않는 어떤 것의 가시적인 표시 (3) 운영, 정량화, 요소, 관계 또는 품질을 나타내기 위해 특정 분야 관련된 글이나 인쇄에 사용되는 임의의 또는 관습적인 사인 (5) 문화적 의미를 갖는 행위, 사운드 또는 오브젝트, 그리고 반응을 자극하거나 객관화할 수 있는 능력 [Webster 1983].
>
> **기호학**^{Semiotics}: 사인 및 심벌의 연구.

사인과 심벌은 편리한 속기 표현이다. 이러한 속기를 만들어내는 과정에서 표현은 종종 연속체를 따라 움직이면서 더욱 추상적이 된다. 예를 들어, 인덱스 또는 아이코닉 이미지는 이미지/언어 선을 가로지르는 속기 표기법으로 변환

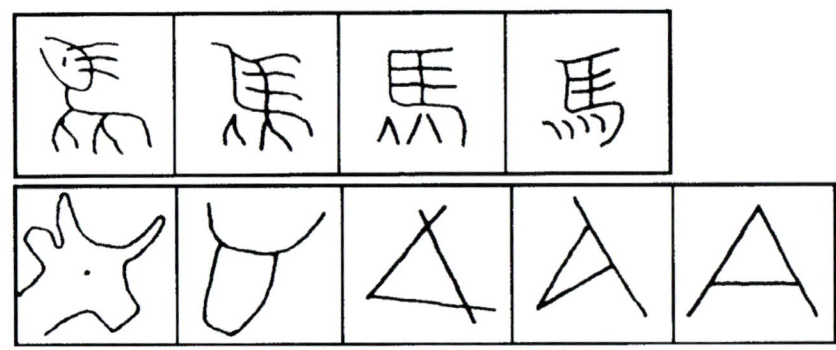

그림 6-12 문자 언어는 그림에서 더 추상적인 심벌로 진화했다. 이 두 가지 예에서 말을 뜻하는 중국어 심벌은 고대어에서 현대로 이동하고, A라는 글자는 황소를 상징하는 것에서 유래한다. (Signs and Symbols: Their Design and Meaning, by A. Frutiger, Ebury Press, UK.)

돼 심벌이 될 수 있다. 그림 6-12는 이런 식의 진화를 보여주는 예다. 첫 번째는 말 마(馬)자가 고대 문자에서 현대 한자로, 두 번째는 황소 그림이 현대 문자 A로 진화한 것을 보여준다.

추상적인 사인이 많을수록 그 의미를 이해하기 위해 받아들이는 사람이 더 많은 노력을 들여야 한다. 물론 일부 추상적인 사인은 디자인이 직관적이라면 쉽게 이해할 수 있다(그림 6-13). 반면 달리 해석될 여지는 여전히 있으며, 받아들이는 사람이 그 의미를 이해한다고 잘못 생각한다면 틀린 해석이 전파될 수 있다.

인터랙티브 경험을 개발하는 데 있어, 사인과 심벌은 가상 세계에서 인터페이스의 일부로 사용될 수 있다. 특정 사인 및 심벌의 선택은 디자인 과정의 중요한 부분이다. 사인 및 심벌을 선택할 때, 잠재고객의 니즈와 경험을 이해해야 한다.

그림 6-13 설득력 있는 사인을 만드는 일은 중요하며 실질적인 가치가 있다. 이런 사인은 언어 및 문화적 편견의 경계를 뛰어넘어 쉽게 이해할 시각적 표현의 필요성을 입증한다. 위의 사인은 Hazard Communication Systems, LLC가 도식 표시를 위해 FMC가 개발한 디자인 원리를 사용해 디자인한 것이다. (Image courtesy of HCS, LLC.)

아이디어의 표현

표현이 사실적인 것에서 상징적인 것으로 바뀜에 따라 해당 표현은 점점 더 일반적이고 더 많은 오브젝트를 나타내게 된다. 맥클라우드[McCloud 1993]는 주인공을 덜 현실적이고 더 상징적으로 표현하기로 선택하는 것이 만화 매체에서 어떻게 효과적으로 사용될 수 있는지에 대해 논한다. 이렇게 하면 더 많은 사람들이 해당 캐릭터와 동질감을 느낄 수 있다.

일부 개념의 경우, 표현을 만들어 내기 위한 물리적 대응책이 없다. 존 간테[John

Ganter[1989]는 어떤 물리적(또는 상상된 물리적) 실체(P-reps)와 감정, 위험, 잠재력, 위험 등과 같이 개념화만 할 수 있는 개념의 표현(C-reps)을 구별한다. P-reps와 C-reps는 가상 현실에서 중요한 역할을 한다. 가상 현실은 흔히 볼 수 없는 경험(다른 사람에게 감정 이입을 하거나 중력을 조작하는 것 등)을 제시하고, 이를 익숙한 물리적 현실과 같은 맥락에 두는 것이 목표이기 때문이다.

P-rep은 측정하거나 만지거나 다른 방법으로 경험할 수 있는 물리적 세계의 일부 측면을 구현한다. 뇌우의 비주얼리제이션은 P-rep의 한 예다. C-reps는 물리적으로 모습을 드러내지는 않지만, 마인드로 개념화할 수 있는 어떤 관념을 객관화한다. 아티스트는 주로 어떤 느낌, 감정이나 독창적인 아이디어를 표현하는 시, 노래, 그림을 만들어내는 C-rep 분야에 몸담고 있다. 물론 일부 예술 작품에는 P-rep도 포함돼 있다. 실제로 많은 예술 작품이 두 가지 요소를 모두 포함하고 있다.

사진 매체에 대한 기호학 연구자이자 해설자인 롤랑 바르트Roland Barthes는 P-reps와 C-reps의 개념을 외연denotation과 내포connotation라는 이분법으로 나타냈다[Barthes 2000]. 바르트가 말하는 외연은 씬에서 사물의 문자 그대로의 의미고, 내포는 명확하게 제시되지 않은 씬이 시사하는 암시이다. 바르트는 이것을 1차적 의미(외연)와 2차적 의미(내포)라고도 말한다.

바르트[2000]의 논문 「The photographic Message」에서 사진 작가(또는 자신이 포즈를 취하는 피사체가 되는 경우를 고려한다면 작가들이나 이미지 처리를 하는 기술자 등)가 사진에 함축적인 의미를 불어넣는 6가지 방법에 대한 연구가 담겨있다.[3]

- **트릭 촬영기술**Trick photography: (또는 사진 조작) 이미지를 조작하는 것. 바르트는 각기 다른 사진 속 공산주의자와 정치가를 원래 한 장인 것처럼 넣는 예를 보여준다.
- **포즈**Pose: 피사체가 사진에 명백한 의미를 부여하거나 피사체의 생각이나 잠재적 행동을 암시하는 의미 있는 나열/자세를 만들어내는 것.

---

3   http://www.earthwidemoth.com/blog/2005/09/06/barthes-the-pho/

- **오브젝트**^{object}: 공간이나 머물러 있는 사람의 특성에 대한 힌트를 주는 씬에 미장센^{Mise-en-scene} 영화 기법과 매우 비슷한 방식으로 자유롭게 배치된 것.
- **포토제니아**^{Photogenia}: 영화가 역사를 통해 발전된 자신만의 언어를 가지고 있는 것처럼, 관찰자의 시선을 이끄는 씬에 조명과 다른 장식물을 사용하는 것(1994년 6월 27일자 「타임」지의 표지가 이 기법의 좋은 예로, O.J. 심슨의 머그샷 이미지가 더 어둡게 수정돼 있다).[4]
- **미학**^{Aestheticism}: 조화, 아름다움, 심미적 정서를 전달하기 위해 전통적인 구성 규칙을 사용하는 것.
- **구문**^{Syntax}: 의도적인 영상 시퀀스와 같은 집합에서 발생하는 개념. 내러티브를 만들어내거나 나란히 놓는 데 그 순서를 이용한다.

물론 외연과 내포는 이미지로 한정되는 것은 아니다. 예를 들어, 수학적인 표현 'e=mc2'는 아인슈타인의 일반 상대성 이론뿐만 아니라 일반적으로 과학을 암시하는 데 종종 사용된다.

형태: 지각에 대한 게슈탈트 접근법

지각에 대한 자극/반응 접근법 외에도, 지각이 어떻게 발생하는지 탐구하는 데 더 높은 수준의 접근 방식을 쓰는 학파도 있다. 심리학계에서는 형태(폼^{form}), 또는 독일어로 게슈탈트^{gestalt}에 대한 지각을 일찍부터 연구했다. 현대에 들어 연구자들 사이에서 게슈탈트 접근법의 과학적 허점이 논의되고 있음에도 불구하고, 게슈탈트 이론의 원리는 여전히 디자인의 원리로서의 역할을 하고 있다[Koffka 1935].

게슈탈트 이론의 가장 중요한 개념은 창시자 중 한 사람인 쿠르트 코프카^{Kurt Koffka}가 말한 "전체는 부분의 총합 이상의 것이다"라는 (흔히 잘못 인용된) 개념이다. 즉, (전체적인 맥락 안에서) 어떤 오브젝트의 부분들 사이의 관계는 어떤 돌발적인 패턴으로 이어진다.

---

4   http://www.alteredimagesbdc.org/oj-simpson

이를 기초로, 다음과 같은 4가지 속성이 나타난다(그림 6-14).

- **출현**Emergence: 전체가 부분보다 먼저 인지된다.
- **구상화**Reification: 마인드는 공백을 메운다.
- **다중안정성**Multistability: 마인드는 불확실성을 피하려고 한다.
- **불변성**Invariance: 사람들은 유사점과 차이점을 잘 지각한다.

이 네 가지 특성에서 게슈탈트의 지각에 대한 13가지 원리가 확인됐다. 이러한 원리를 아는 것도 디자인에 좋은 기반이 된다. 우리는 종종 이러한 것들을

그림 6-14 이 이미지들은 디자인의 게슈탈트 원리의 특정 측면을 보여 준다.
(A) 이 이미지를 보는 사람은 벽과 소방차 2대 외에도, 몇몇 검은 반점이 모여 있는 것을 눈치채면, 달마시안이 있는 것을 자연스레 알게 된다.
(B) 삼각형이나 구와 같은 밑에 깔려 있는 모양은 실제로 그 모양이 존재하는 것처럼 해석하는 힌트가 된다.
(C) 이 이미지는 두 가지로 순간순간 다르게 지각될 수 있다.
(D) 모두들 왼쪽 상단과 오른쪽 하단에 있는 오브젝트가 전부 같은 모양을 나타내며, 반대 방향 양쪽 끝에 있는 오브젝트는 똑같지 않다는 것을 금방 지각한다.
(Images A & C by William Sherman; Images B & D public domain from the WikiMedia Commons collection.)

시각적 지각의 관점에서 생각하지만, 적어도 그 중 일부는 다른 감각적 양식과 관련이 있다.

- **단순함의 법칙**^{Law of Prägnanz}: 사람들은 모호하거나 복잡한 이미지를 가능한 가장 간단한 형태로 지각하고 해석한다.
- **폐쇄**^{Closure}: 복잡하게 배열된 요소들을 볼 때 지각 가능한 단일 패턴을 찾는 경향이 있다.
- **대칭과 순서**^{Symmetry and Order}: 사람들은 사물을 가운데를 중심으로 대칭 형태로 지각하는 경향이 있다.
- **형태와 배경**^{Figure vs Ground}: 요소들은 형태(시선이 가는 요소) 또는 배경(형태 이외의 배경)으로 지각된다.
- **균일한 연결성**^{Uniform Connectedness}: 시각적으로 연결되는 요소들은 연결되지 않은 요소보다 더 연관성이 있는 것으로 지각된다.
- **공통 영역**^{Common Regions}: 닫힌 영역 안에 있는 요소들은 그룹의 일부로 지각된다.
- **근접성**^{Proximity}: 더 가까이 있는 오브젝트들이 멀리 떨어져 있는 오브젝트보다 더 연관성이 있는 것으로 지각된다.
- **연속성**^{Continuation}: 선이나 곡선에 배열된 요소들은 선이나 곡선에 없는 요소보다 더 연관성이 있는 것으로 지각된다.
- **공동 운명**^{Synchrony}: 동일한 방향으로 움직이는 요소들은 정지해 있거나 다른 방향으로 움직이는 원소보다 더 연관성이 있는 것으로 지각된다.
- **평행성**^{Parallelism}: 서로 평행한 요소들은 서로 평행하지 않은 요소보다 더 연관성이 있는 것으로 보인다.
- **유사성**^{Similarity}: 비슷한 특징을 공유하는 요소들은 그렇지 않는 요소(즉, 특징을 적게 공유하는 요소)보다 더 연관성이 있는 것으로 지각된다.
- **초점**^{Focal Points}: 주목을 끌거나, 강조되거나 차이가 있는 요소는 보는 사람의 주의를 사로잡는다.
- **과거 경험**^{Past Experience}: 요소들은 관찰자의 과거 경험에 따라 지각되는 경향이 있다.

매핑 선택

표현을 만들어낼 때, 적절한 형태, 색상, 사운드, 질감 및 가중치를 선택하고 디자인한 다음, 해당 표현에 정보를 매핑하는 작업이 큰 부분을 차지한다. 정보를 매핑하는 가장 단적인 예는 지도 제작 분야에서 볼 수 있다. 바로 지도map의 어원이기도 한 천 위에 그려 놓은 세계인 마파 문디mappa mundi다[Etymonline 2017]. 지도 제작자가 하는 일은 물리적 지형에 대한 정보를 수집해 종이 위의 표현(또는 지금, 디지털 저장 파일에)에 매핑하는 것이다.

일리노이 주를 처음 방문하는 사람들이 효과적으로 길을 찾을 수 있는 표현을 만들어내는 문제를 생각해 보자. 이를 위해 로드맵 디자이너는 일련의 기호를 선택한 다음, 물리적 세계를 P-rep에 매핑해야 한다. 종이 위에 시각적 표현을 만들어 내는 디자이너는 도로, 고속도로 및 주 경계를 나타내기 위해 특정 색상으로 선을 칠할 수 있다. 유료 도로는 색상을 달리 하거나, 돈과 관련된 기호 '$'로 표시할 수 있다. 이 선들은 도로가 물리적 세계에 배치된 공간 레이아웃과 일치하는 구성으로 그려지거나 매핑될 수 있다.

반대로, 일반적인 로드맵과는 완전히 다른 표현을 쓸 수도 있다. 예를 들어, 정보를 차트로 나타낼 수도 있다. 이때 정보는 각 도로가 교차하는 지점의 좌표뿐만 아니라 해당 주에 속한 도로를 따른 여러 지점의 위도와 경도이다. 같은 정보가 주어지더라도 차트라는 이 선택된 표현이 도로 시스템 탐색에 쉽지 않기 때문에 사람들은 다소 어렵다고 생각할 수도 있다.

비교 가능하도록 디자인된 내비게이션 지도(자동차로 이동 vs 비행기로 이동)도 당면한 특정 작업에 맞게 조정된다(그림 6-15). 항공용으로 디자인된 지도는 동일한 물리적 데이터(일리노이의 물리적 레이아웃)를 기반으로 하지만 공항, 라디오 타워, 영공 통제, 내비게이션 표지 및 도로 등 다양한 특징을 강조해 표시한다. 물론, 도로 세부 사항이 구분되지 않는 항공 지도에서는 경계를 짓는 도로가 다른 용도로 사용된다. 이 도로는 길찾기를 돕는 보조 수단 역할을 하기 때문에, 유료 도로인지 여부와 같은 사항은 조종사에게 중요하지 않다. 마지막으로, 여행이 노선 및 분기점(열차 및 지하철)으로 제한되는 경우, 노선이 어떻게 연결되는지, 모든 정차 지점 근처의 랜드마크가 무엇인지가 실제 지형보다 더 중요하다.

그림 6-15 지도 및 이미지는 그 의도된 목적에 가장 적합하도록 만들어지는 것이 이상적이다. 이 예에 나온 지도들은 같은 지리적 영역을 중심으로 만들어졌지만, 지도를 이용하는 사람이 조종사인지, 자전거 이용자인지에 따라 다른 정보를 전달한다. 표현의 규모는 분명 의도된 용도에 따라 달라진다. (Image from IGSMAP [Indiana Geological Survey 2018])

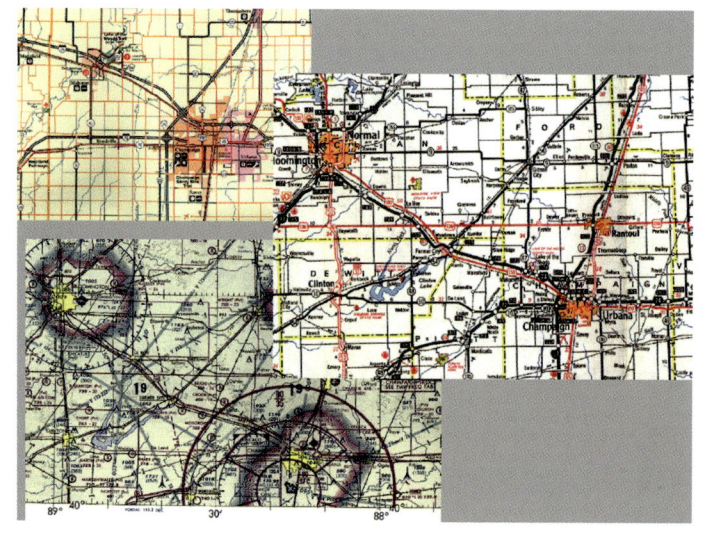

지도는 내비게이션 이상의 목적으로도 사용될 수 있으며, 공간에 대한 다른 정보를 전달하는 데도 사용할 수 있다. 예를 들어, 지역 지도는 해당 지역의 지리학에 대한 정보를 전달할 수 있다(그림 6-16). 아니면 소매업자는 고객의 이동 패턴을 트래킹해 고객이 더 많은 시간을 보내는 특정 위치를 지도에 '더 핫한'(밝은 색 또는 다른 색으로 경계 구분) 영역으로 그리는 히트 맵$^{heat\ map}$을 만들 수 있다.

그림 6-16 지도는 길찾기에만 사용되는 것이 아니라, 다른 지역의 특성을 드러내는 비주얼리제이션 도구가 될 수도 있다. (Image from IGSMAP [Indiana Geological Survey 2018])

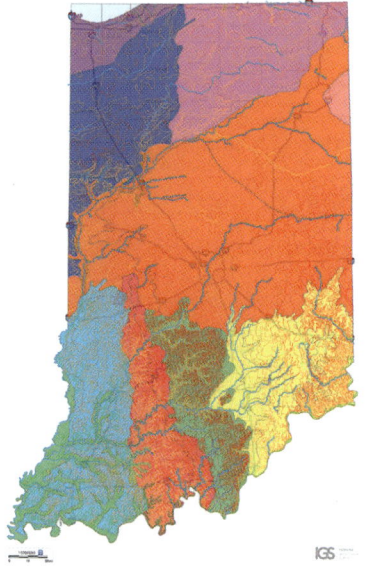

자연에서 지리적이지 않은 정보 역시 지도로 만들 수도 있다. 수학에서 지도는 한 집합의 요소와 다른 집합의 요소를 연결한다. 따라서 데이터 값을 인지할 수 있는 형태로 매핑할 수 있다. 그러므로 온도 데이터를 (시공간에 걸쳐) 비주얼리제이션하기 위해 매우 높은 온도를 빨간 색으로, 매우 낮은 온도는 파란 색으로 매핑할 수 있다. 또는 바람의 속도가 빠르면 붉은색으로, 느리면 푸른색으로 표시할 수 있다. 분명히 색상이 적용된 모양(형태)이 있어

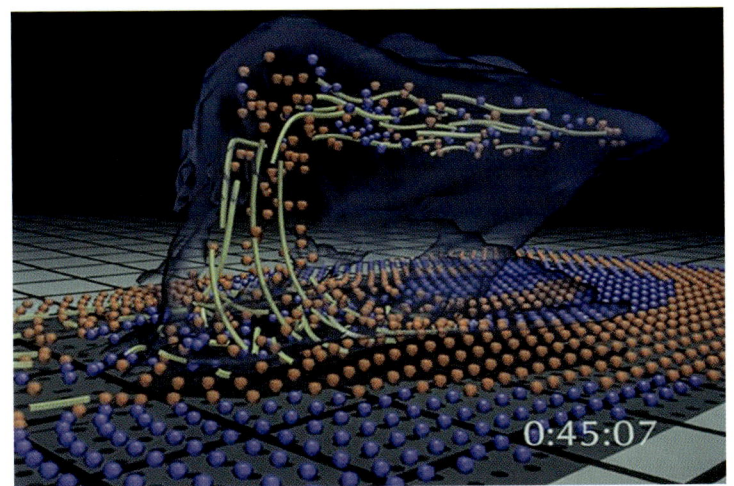

그림 6-17 토지 이외의 데이터 값도 표현으로 매핑할 수 있다. 이 그림에서 바람의 흐름은 떠다니는 공의 움직임뿐만 아니라 유선으로도 매핑된다. 색상은 공에 매핑돼 즉각적인 흐름 방향을 보여준다. (Image courtesy of the National Center for Supercomputing Applications (NCSA) and the Board of Trustees of the University of Illinois)

야 하며, 사실 해당 모양의 형태도 데이터로부터 매핑될 수 있다. 따라서 유체 흐름을 나타내는 화살표나 리본은 흐름의 속도에 따라 길이가 달라질 수 있다. 그림 6-17은 이러한 기법들의 예를 보여준다. 질적인 정보 역시 지도로 만들 수 있다. 예를 들어, "특정 음식의 맛을 얼마나 좋아하는가"라는 개념을 각 항목 옆에 웃거나 찡그린 얼굴로 나타낼 수 있다.

'리얼리즘의 축' 절을 되돌아보면, 매핑은 종종 '인덱스' 표현 범주에 속하지만, 아이코닉 또는 심볼릭 표현으로써 스펙트럼의 추상적 측면 쪽으로도 더 기울어질 수 있다.

또한 모든 매핑이 시각적일 필요는 없다. 사운드는 일련의 데이터에 기초해 트리거되거나 변경될 수 있다. 생활 속에서 익숙한 트리거 이벤트로는 대형 트럭이 후진 기어를 넣을 때 나는 "삐삐"거리는 사운드로, 트럭의 방향에 대한 정보를 사운드로 제공한다.

데이터 매핑에 크기^{size}, 색상 또는 기타 형상을 선택할 때는 주의를 기울여야 한다. 데이터의 의미와, 특히 오브젝트의 크기 사이에는 일관성이 있어야 하지만 모양과 색상도 의미 있는 방법으로 데이터와 연결돼야 한다. 색상처럼 매핑이 다소 임의적인 경우 커뮤니티에 따라 전통적인 '컬러 매핑'이 일어날 것이다. 이는 특정 과학 분야가 그들만의 방식으로 데이터에 색상을 지정하는 차이를 가져왔다. 예를 들어, 천체물리학에서는 온도 값이 증가할수록 더 붉게 매핑 되는 반면, 지질학에서는 밀도 값이 감소하면 붉은 색으로 매핑된다.

양적 표현과 질적 표현

적절한 표현을 선택하는 것은 주로 과제의 목표에 달려 있다. 한 가지 주요한 선택은 양적인 표현 양식에 초점을 맞출 것인가 아니면 질적인 표현 양식에 초점을 둘 것인가이다. 어떤 경우에는 데이터로부터 정량적 정보를 정확하게 지각할 수 있어야 할 수도 있다. 정보를 정량적으로 표시하려면 표시에서 직접 (숫자 표에서처럼) 또는 간접적으로(그래프에서처럼) 숫자 값을 검색할 수 있는 표현과 디스플레이가 필요하다. 다른 목적에서는 정보에 대한 전체적인 느낌을 얻는 것이 더 중요할 수 있으므로 높은 수준의 정성적, 즉 질적 표현이 필요할 수 있다. 모든 세계에서 가장 좋은 방법은 두 애플리케이션에 같은 표현이 잘 맞을 수도 있지만, 현실에서는 일반적으로 디자이너가 한 가지 목표 또는 그 외(이 경우 표현 선택권을 제공하는 것이 중요하다)에 표현을 최적화한다.

정량적 도표의 경우, 사람들은 해당 이미지에서 사용 가능한 전체 정보의 비교적 적은 비율만 지각할 수 있는 경우가 많다. 질적인 표현으로 보여주는 경우에는 큰 그림을 빨리 파악하기 위한 수단을 제공한다. 질적 표현은 대표적인 전체 보기를 주기 위해 전체 정보 풀에서 요약 정보를 끌어내 만드는 경우가 종종 있다. 이러한 집계는 통계적 방법을 사용하거나 정보의 특정 측면에 초점을 맞춘 표현을 선택해 만들 수 있다. 예를 들어, 뉴욕 증권 거래소의 다우 존스 산업평균지수 그래프는 특정 사업 부문

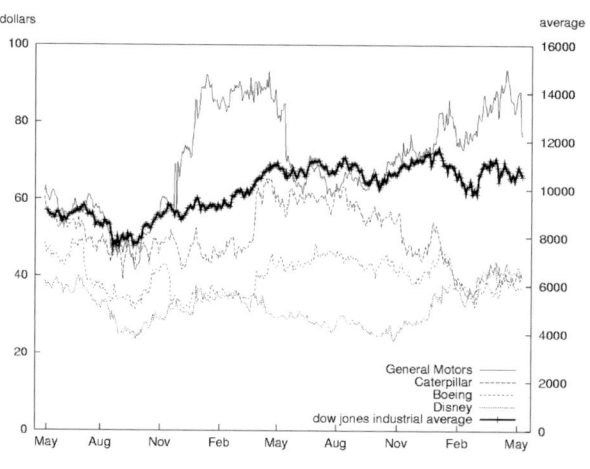

그림 6-18 통계적 방법은 정보를 전체적인 큰 그림으로 요약할 수 있다. 예를 들어, 이 그래프는 시간에 따른 다우 존스 산업평균지수 값을 평균을 구성하는 특정 주식과 비교한다.

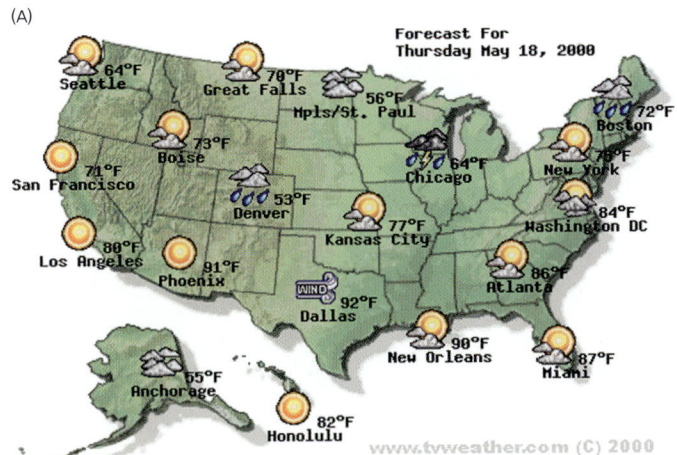

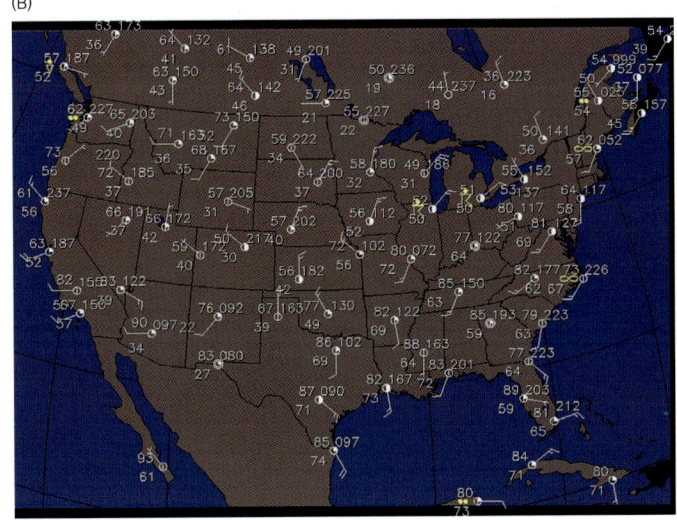

그림 6-19 일반 대중에게는 전문가가 사용하는 더 상세한 정량적 도표에 비해 더 질적인 이미지를 만드는 주는 경우가 많다. (A) 이 질적 표현을 쓴 기상도는 평균 뷰어를 대체로 만족시키는 개요 정보를 제공한다(www.tvweather.com). (B) 그러나 기상학자 및 조종사는 더 복잡한 이 지도에서 글리프가 나타내는 추가 정보가 필요하다. (Image courtesy of the University of Illinois at Urbana-Champaign, Department of Atmospheric Sciences).

이 어떻게 진척돼 왔는지를 간략히 보여준다(그림 6-18). 질적 정보(시장 전체가 상승 또는 하강 중인지 등)는 다우 존스 평균의 일일 변동으로부터 수집할 수 있지만, 평균을 연산하는 데 사용되는 개별 주식의 도표를 보면 더 상세한 정보를 얻을 수 있다.

또 다른 친숙한 예는 신문, TV 뉴스 보도, 기상 앱에 나타나는 유비쿼터스 기상도를 들 수 있다(그림 6-19). 기상 전선과 기압 봉우리 그리고 기압골이 강조 표시된다. 사람들은 이 질적 정보로 몇 가지 기본적인 결정을 내릴 수 있다.

예를 들어, 최고점 근처에서는 구름이 덜 할 것이고, 특정 기상 전선이 지나갈 때는 바람과 소나기를 예상할 수 있다. 물론 이러한 형식으로 표현된 심벌은 자세한 대기 정보로부터 파생된다. 같은 지역에 걸친 등압선을 보여주는 양적 표현도 내일이 골프를 치기에 좋은 날이 될지 아닌지에 대한 대강의 결정을 내리는 데 사용될 수 있다. 질적 표현만큼 빠르지는 않지만 말이다. 목표가 다음날의 날씨에 대한 일반적인 느낌을 얻는 것이라면, 심벌을 사용하는 질적 표현은 그 목적에 딱 들어맞는다.

과학자나 경제학자, 그리고 실제로 어떤 시스템의 수치적 표현에 의존하는 사람들은 데이터를 양적으로 표현하면서도 전체적인 큰 그림을 볼 수 있는 방법을 원하는 경우가 종종 있다. 두 가지 표현 형식 모두 중요하다.

특히 모든 데이터가 명시적으로 양적인 값을 갖지는 않는다. 특정 데이터 모음은 정량적 정보와 비정량적 정보 사이에서 어떤 레벨로 섞는지에 따라 달라질 수 있다. 통계 분석을 위한 일반적인 계층 구조는 없음(명목상^{nomina} 또는 분류상)에서부터 다소(서수^{ordinal}), 많음(간격^{interval}), 가장 많음(비율^{ratio})으로 데이터를 정렬한다[Stevens 1946]. (다른 것들은 레벨의 목록을 세분화해서 확장했지만, 이러한 표현은 핵심 전형을 나타낸다.) 날씨를 예로 들면, 하루를 맑음, 부분적으로 맑음, 부분적으로 흐림 또는 흐림으로 보고하는 것은 서수 데이터의 한 예다. 즉, 순서가 있지만 이들 사이에서 산술 연산은 할 수 없다. 그러나 하루 온도의 높낮이는 간격 척도(섭씨 또는 화씨) 또는 비율 척도(켈빈^{Kelvin})를 사용해서 측정할 수 있다.

측정 척도를 덜 양적인 것에서 양적인 것으로 진행하면 각 데이터 클래스에서 수행할 작업을 증가시킬 수 있다(그림 6-20).

- **명목상**^{nominal}: 요소의 이름 또는 ID. 통계적으로 요소의 수 또는 빈도 분포를 연산하고 데이터의 모드를 찾을 수 있다.
- **서수**^{Ordinal}: 순위를 매길 수 있는 순서가 있는 요소지만 요소들 사이의 차는 일정하지 않다. 연산적으로 요소들을 비교하고 정렬할 수 있다. 통계적으로 데이터의 최빈치^{mode}와 중앙값^{median}을 찾을 수 있다.

Operation	Nominal	Ordinal	Interval	Ratio
Distribution Frequency (Countable)	✓	✓	✓	✓
Mode Calculation	✓	✓	✓	✓
Sortable		✓	✓	✓
Median Calculation		✓	✓	✓
Addition & Subtraction			✓	✓
Difference Calculation			✓	✓
Mean & Std. Dev. Calc.			✓	✓
Multiplication & Div.				✓
Absolute Zero				✓

그림 6-20 이 표는 데이터의 네 가지 타입, 즉 명목상, 서수, 간격 및 비율에 유효한 작업을 보여준다.

- 간격 Interval: 측정 가능한 단위가 있는 요소. 연산적으로 요소를 추가하고 뺄 수 있다. 즉, 값의 차이를 측정할 수 있다. 통계적으로 최빈치와 중앙값 외에 평균과 표준 편차를 측정할 수 있다.
- 비율 ratio: 측정 가능한 단위와 함께 절대 0값을 갖는 요소. 연산적으로 요소를 곱하고 나누는 것도 가능하다. 모든 통계 평가를 수행할 수 있다. 비율 측정은 하나의 값이 다른 값의 두 배라고 말할 수 있는 유일한 타입이다.

간격과 비율 측정 타입의 차이를 명확히 하자면, 측정 단위가 값들 사이에서 일정하다는 점에서 두 가지 다 비슷하다. 예를 들어, 9와 10의 차이는 63과 64의 차이와 같다. 그러나 비율 타입에는 절대 영(0)이 되는 일부 값이 있는데, 이는 값이 영 아래로 내려갈 수 없다는 뜻이다. 예를 들어 사람의 키를 측정할 때는 음수가 될 수 없으므로 한 사람은 다른 사람보다 두 배나 클 수 있다. 측정 단위를 정의하는 방법에 따라 어떤 수량은 간격 또는 비율 데이터로 적합할 수 있다. 예를 들어, 섭씨 눈금에는 음의 값이 있을 수 있기 때문에 섭씨로 측정한 온도는 간격 타입이지만, 켈빈 눈금의 0은 절대 영이므로 켈빈 온도는 비율 타입이다.

어떤 수량은 간격 값을 가질 수 있는 것처럼 보이지만, 사실은 서수 타입이다. 예를 들어 피험자가 (1)"매우 그렇다", (2)"그렇다", (3)"모르겠다", (4)"그렇지 않다", (5)"매우 그렇지 않다"와 같은 문장을 주는 리커트 척도[Likert scale 5]는 값 사이에 임의의 차이가 있기 때문에 합계를 내는 것은 의미가 없다. 따라서 그 평균값을 연산하는 것은 말이 되지 않는다. 이 예의 문항들은 서수 타입이기 때문에 빈도 분포나 중앙값을 연산할 수 있다.

VR과 관련된 표현 문제

표현에 대한 전반적인 이슈 외에도 가상 현실 매체와 관련된 몇 가지 문제가 있다. VR의 경우, 경험 디자이너는 실시간 렌더링, 양호한 상호작용, 사용자 안전 및 경험에 대한 전반적인 사항, 즉 주의를 집중시키거나 상호작용 공간 안에서의 내러티브를 제공하고 멀티 센서 디스플레이를 사용하는 데 따른 이점 및 고려사항 등을 고려해야만 한다.

리소스 예산을 설정해두면 씬 구성요소의 복잡함이 신뢰할 수 있을 정도의 퀄리티로 렌더링되도록 하는 데 도움이 된다. 실시간 시스템에서는 각 시뮬레이션 프레임에서 처리되는 시각, 청각 또는 촉각 요소의 수와 복잡성에 제한이 있다. 시각적 씬의 경우, 디자인 관리자는 룸, 캐릭터, 오브젝트, 인터페이스 등에 쓸 수 있는 폴리곤 수를 정할 수 있다. 다른 사람들이 씬의 다른 측면을 모델링한다면 예산은 특히 중요하다. 실제 덜 복잡한 세계를 더 풍부하게 표현하는 데는 컬링[culling] 및 기타 렌더링 기법을 사용할 수 있다.

이러한 리소스 제약은 각 감각 출력에 적용된다. 얼마나 많은 사운드를 실시간으로 합성, 결합 및(또는) 공간화할 수 있는가? 공기가 프렌치 혼[French horn]을 통과하는 절차적 모델링[procedural modeling 6]은 얼마나 복잡할 수 있는가? 모델링 찰흙 덩어리를 얼마나 정확하게 느끼고 조작할 수 있는가? 애플리케이션 디자이너는 경험에 중요한 것이 무엇인지 고르고 선택해야 하고, 연산적 리소스를 위한 예산을 늘려야 한다.

---

5 반응자들이 주어진 문장에 얼마나 동의하는지를 척도에 표시하도록 해서 특정 주제에 대한 반응자의 태도를 알아보는 평정 척도(출처: 실험심리학용어사전, 2008)

6 사전에 정의된 알고리즘을 기반으로 나뭇가지, 혈관, 산악 지형처럼 복잡한 형태의 물체를 자동으로 생성해주는 모델링 방법. 출처: 훤히 보이는 디지털 시네마, 2006.11.25, 한국전자통신연구원(ETRI)

다중 감각(멀티모달multimodal) 디스플레이와 상호작용의 매체로서 가상 현실은 결합된 감각 디스플레이에서 발생하는 갈등과 시너지를 탐구할 수 있다. 일상 생활에서 사람들은 주변 세계를 해석하기 위해 모든 감각을 사용한다. 영유아가 새로운 장난감을 탐구할 때 이를 볼 수 있다. 처음에는 오브젝트를 보지만, 더 알아보기 위해 어떻게 느껴지는지 잡고, 어떤 사운드가 나는지 흔들고, 냄새와 맛을 보려고 얼굴에 가져온다.

어른이 마주치는 모든 것을 흔들고, 냄새를 맡고, 맛을 보는 경우는 적다. 그러나 멀티모달 감각 입력은 여전히 매우 중요하다. 식당에 들어갔을 때를 생각해 보자. 정보는 식당의 시각적인 외관을 넘어서 다른 감각에 의해 수집된다. 예를 들면 부엌의 사운드나 음악 연주, 음식의 프레젠테이션, 물론 냄새도 빼놓을 수 없다. 그런 상황에서 냄새를 맡지 못하는 것은 훨씬 덜 매력적인 경험을 낳기 마련이다.

사람의 멀티모달 감각 입력 능력은 세계를 풍요롭게 보이게 할 뿐만 아니라, 뭔가 잘못됐다는 것을 뇌에 알리는 수단이 된다. 신빙성 있는 예를 들자면 균형감각vestibular이 눈으로의 입력(즉, 수평선의 방향)과 일치하지 않으면 중독의 가능성을 유추하고 사람은 구역질을 하게 된다고 한다[Vince 1995]. 즉, 구토 반사작용은 가능성 있는 독을 없애기 위해 유도된다.

뒤따르는 VR 매체에 대한 우려는 체험자의 감각 시스템이 VR 경험의 마무리 시점에서 현실 세계에 다시 적응하는지 여부의 문제이다. 특히 체험자가 운전을 할 경우는 더욱 그렇다. 이런 문제는 항공 우주국과 군대에서 연구돼 왔다. 많은 비행 시뮬레이션 시설 및 기타 VR 시설에서는 사용자가 시설을 떠나기 전 집으로 운전해 갈 수 있다는 것을 증명하기 위해 현실 세계에 대한 재적응을 확인하는 테스트를 통과해야 한다[Kennedy et al. 1993]. 또 다른 중요한 쟁점은 안전성 관점에서 얼마나 적정하게 표현할 수 있느냐 하는 것이다. 눈에 손상을 입힐 정도로 비주얼 디스플레이를 밝게 할 수 있는가? 사운드 레벨이 편안함을 주기에는 너무 크거나 더 나빠지게 할 수 있는가? 디스플레이가 신체적인 상해를 입히게 강제할 수 있는가? 어쩌면 감각 치환sensory substitution은 위험한 햅틱 모션("아야!")을 대체하는 데 사용될 수 있을 것이다.

감각 치환

체험자에게 표시할 수 있는 감각 정보의 양과 질에 대한 기술적 한계는 물리적 세계만큼 풍부하고 윤택해질 수 있는 가상 현실 경험의 가능성을 제한한다(이는 가상 현실 경험이 정서적 임팩트에 제한을 주거나, 환상적일 수 없다거나, 심지어 현실보다 더 기이하다는 것이 아니라, 물리적 감각만이 제한된다는 의미다). 이를 부분적으로 보완하기 위해 VR 경험에서는 감각 치환을 이용하는 경우가 종종 있다.

감각 치환은 한 종류의 감각 디스플레이를 다른 것으로 대체한다. 예를 들어, 오브젝트에 접촉했을 때의 촉각 피드백을 사운드로 대신 디스플레이한다. 감각 치환은 다른 매체에서도 사용된다. 예를 들어, 책은 냄새와 촉각 이미지를 텍스트로 묘사한다. "그는 자신의 목을 겨눈 면도칼처럼 날카로운 단검의 차가운 강철을 느꼈다...."처럼 말이다. 하지만 많은 VR 경험이 현실 세계를 모방하는 것으로 알려져 있기 때문에 이 매체에서 효과적인 감각 치환을 사용하는 것은 더욱 중요하다.

사용자의 아바타가 가상 세계에서 어떤 오브젝트와 충돌할 때의 햅틱 정보를 사운드로 나타낸다면 "쿵" 또는 "퍽"을 쓸 수도 있다. 후각(냄새)은 그 발원지에서 뿜어져 나와 공기를 통해 흘러 넘치는 냄새를 나타내는 여러 아이콘으로 나타낼 수 있다. 그릴에서 체험자 쪽으로 흘러가는 햄버거나, 인간의 후각적 지각 범위 밖에 있는 위험한 증기의 존재를 나타내기 위해 카나리아(친숙한 현실 세계의 예)를 쓸 수도 있다(사람의 코로는 감지할 수 없는 것을 카나리아가 죽음으로 알 수 있다).

서로 밀접한 관계에 있는 감각 사이에서 만들어지는 감각 치환도 있다. 예를 들어, 체험자가 어떤 것을 만질 때 그 접촉을 체험자의 손가락에 진동(촉각)으로 알려준다(다른 것에 대한 하나의 촉각). 밸브 소프트웨어$^{Valve\ Software}$의 〈더 랩$^{The\ Lab}$〉에서는 커다란 활 시위를 뒤로 당기는 데 필요한 힘을 간헐적 진동감각(그림 6-21)에 매핑해 이 작업을 수행한다. 서로 밀접하게 연관된 치환의 다른 예로는 전정^{vestibular} 감각 정보를 촉각 피드백(이 경우 피부에 대한 압력)으로 나타내는 것이다. 이렇게 하기 위한 한 가지 방법은 의자에 팽창하고 감압되는 공기 블래더를 장착해 중력의 증가/감소에 따른 압박감을 느끼게 하는 것이다.

일반적으로 감각 치환은 중요한 정보를 본래의 지각 형태로 보여주기 위한 기술이 적절한 비용이나 안전 수준에서 불가능할 때마다 사용된다.

모든 감각에 공통되는 문제를 논의한 후, 시각, 청각, 촉각과 같은 감각 형태로 더 세분화된 특정한 표현 문제로 이동할 수 있다.

그림 6-21 밸브의 〈더 랩(The Lab)〉의 커다란 활쏘기 경험에서는 활줄이 당겨지면서 장력을 느끼는 자연스러운 운동학적 경험은 촉각 진동(다른 촉각 감각)으로 치환된다.

VR에서의 시각 표현

시지각Visual perception은 일반적으로 물리적 공간과 오브젝트의 외관에 대한 정보를 얻는 주요 수단으로 여겨진다. 인간의 시지각과 3장에 요약된 시각적 디스플레이의 특성은 모두 체험자에게 합리적으로 제시할 수 있는 것에 영향을 미친다. 특히, FOVField Of View의 제한 및 해상도 품질, 사용자 움직임과 월드뷰world view 사이의 지연시간(Motion to photon)은 어떤 표현이 잘 작동할지에 영향을 미칠 수 있다.

인간의 시각 시스템은 우리에게 몇 마일이고 떨어진 세계를 지각하거나 옆에 있는 오브젝트의 세세한 부분에 초점을 맞출 수 있는 능력을 준다. 그러나 더 멀리 보면 볼수록 디테일은 떨어지기 때문에 세밀도Level Of Detail, LOD 컬링('폴리곤 수 줄이기' 절에서 더 자세히 설명한다)과 같은 기법을 적용할 수 있다. 오브젝트가 망막에서 차지하는 면적이 클수록 감지할 수 있는 세부사항이 더 많다.

VR 경험에서의 비주얼 사용 방법

가상 세계에서 시각^{vision}의 주요 기능은 다양한 실체에 대한 우리의 위치를 결정하는 것이다. 시각은 우리가 공간을 통해 길을 찾도록 도와주고, 세계에 있는 사물, 생물 및 사람들과 상호작용을 하는 데 유용하다. 입체감에 대한 다양한 단서가 씬에 있는 오브젝트의 거리와 방향을 결정하는 데 도움을 준다. 실체가 어디에 있는지 보는 것 외에도, 실체에 대해 더 많이 배우는 데 도움이 되는 형태, 색상 및 기타 속성을 볼 수 있다. 오브젝트의 본질에 대한 추가 정보, 즉 어포던스^{affordance}를 유추할 수 있다. 오브젝트는 운송용 차량, 피난용 건물, 상호작용할 캐릭터 또는 누르는 버튼일 수 있다.

시력은 바로 손이 닿지 않는 오브젝트를 지각할 수 있다는 점에서 거리에 대한 감각으로 분류될 수 있다. 사람들은 몸에 닿지 않은 사물을 찾을 수 있고, 해당 사물을 볼 때 그 크기, 모양, 방향 등을 평가할 수 있다. 또한 오브젝트로부터 보이는 시각적 단서를 사용해 거리를 결정할 수 있다. 시력은 체험자가 사용할 수 있는 다양한 사용자 인터페이스 도구에 접근하는 데도 중요하다(그림 6-22). 체험자는 시력을 사용해 누르는 버튼, 회전시키는 다이얼, 돌리는 핸들을 찾는다.

단 하나의 가상 세계는 리얼리즘 연속체나 추상화 삼각형의 여러 지점에서 있는 시각적으로 표현된 서로 다른 오브젝트를 포함할 수 있다(그림 6-6 및 6-7 참조). 예를 들어, 오프로드 기계의 프로토타이핑용 가상 현실 경험에서 하나의 오브젝트(이 경우 트랙터)의 가상 복제본은 현실성 있게 렌더링될 것이며, 같은 애플리케이션에서 엔진 속도, 풍속, 적

그림 6-22 가상 세계에 대한 인터페이스가 자연스럽게 세계 자체에 통합되면, 체험자는 가상 세계에서 어떤 영향을 미칠 수 있는 적절한 필요한 조치를 보고 해석할 수 있다. 위의 그림은 조지아 공과대학교(Georgia Tech) 및 에모리대학교(Emory University)의 고소공포증 애플리케이션[Hodges et al. 1995]으로, 위아래를 가리키는 화살은 체험자가 세계 내에서 엘리베이터를 컨트롤하는 데 사용할 수 있다. (Image courtesy of Rob Kooper, Georgia Tech.)

재 중압 및 변형률과 같은 작동 매개변수의 상태를 나타내기 위해 더 추상적으로 렌더링된 정보를 포함할 것이다.

심지어 현실 세계에서도 추상적 개념을 나타내는 오브젝트에 의존한다. (미국에서) 흔히 볼 수 있는 예는 S, T, O 및 P 모양의 흰색 기호가 있는 빨간색 팔각형이다. 또한 심벌(알파벳이나 다른 것)을 사용해 문, 엘리베이터, 가전제품 및 기타 일상 용품을 작동시키는 방법을 나타낸다. 가상 세계에서는 체험자가 사용자 인터페이스의 작동 방식을 해석하거나 원하는 위치로 이동할 수 있도록 같은 기법이 사용된다(그림 6-23).

그림 6-23 현실 세계에서와 마찬가지로 사인은 가상 세계에서 이용할 수 있는 선택이 무엇인지 알 수 있도록 도와주는 단서를 제공한다. (NICE application courtesy of the Electronic Visualization Lab at the University of Illinois at Chicago; photograph by William Sherman.)

또한 사람들은 오브젝트가 움직이거나 변하는 방식으로도 추론한다. 모든 가상 세계가 동적 오브젝트로 구성되는 것은 아니지만, 변화하는 오브젝트를 포함하면 가상 세계를 더 흥미롭게 만들 수 있고, 가상 세계 안에 있는 오브젝트 사이의 관계를 더 적절하게 해석할 수 있게 만들 수 있다. 나무와 꽃이 만발한 환상의 세계에서는 벌들이 아무 목적 없이 날아다니는 대신 꽃에서 벌집으로 옮겨 다닐 수도 있고, 벌집이 공격당했을 때는 체험자를 공격적으로 대할 수도 있다.

모션은 신체 제스처를 통해 사람(그리고 동물과 가상 생물) 사이의 의사소통에도 자주 사용된다. 공유된

그림 6-24 현실 세계에서와 마찬가지로, 우리의 말과 행동은 가상 세계 내의 의사소통에 도움을 줄 수 있다. 일리노이 대학교 시카고 캠퍼스의 EVL(Electronic Visualization Lab) NICE 교육 애플리케이션에서의 아바타는 메시지를 전달하기 위해 간단한 제스처를 사용하고 있다.

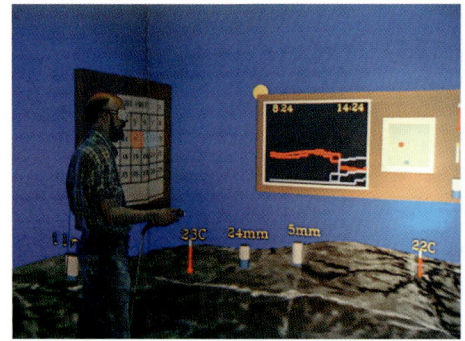 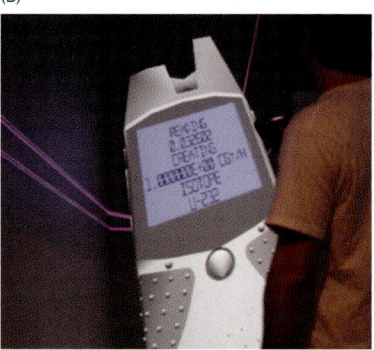

그림 6-25 (A) 샌드박스(Sandbox) 애플리케이션(CAVE 디스플레이 경험이 있음)은 가상 세계 안에서 수치 값을 표시하는 다양한 기법을 연구한다. 주어진 위치에 대한 현재 온도 값을 읽으려면 해당 위치에 놓인 온도계는 오르내리는 수은과 숫자 출력을 보여준다. 강우는 해당 지형에 가상 우량계를 놓아 볼 수 있다. 씬에 있는 차트는 시간에 따른 온도와 강우량도 보여준다. (Sandbox application courtesy of Andrew Johnson; photograph by William Sherman).
(B) 이 화생방 훈련 도구에서 체험자는 국소 방사선 수치를 발견하기 위해 가상 방사선 측정기를 휴대한다. (Image courtesy of William Sherman).

가상 세계에서 체험자는 아바타를 통해 간단한 의사소통 제스처를 표현할 수 있다(그림 6-24). 더 복잡한 의사소통은 일련의 몸짓이나 수화를 통해서도 이뤄질 수 있다. 물론 아바타의 모션 범위는 어떤 제스처가 만들어질 수 있는지의 범위를 제한한다. 즉, 신체의 트래킹 되는 곳이 많을수록 아바타의 표현력이 높아진다.

비주얼 디스플레이는 정량적 정보를 표시하는 데도 이상적이다. 수치 디스플레이는 가상 온도계의 온도 판독값이나 가상 차량의 계측기에 표시되는 방향 및 속도 값과 같은 장치를 통해 비주얼 디스플레이에 통합될 수 있다(그림 6-25). 과학 및 엔지니어링 애플리케이션에서는 가상 세계 안의 특정 숫자 값을 쿼리하기 위해 3D 탐색침(probe)을 사용하는 경우가 많다. 게임 경험에서도 물론 수치적 가치는 리소스, 데미지, 스코어, 그리고 남은 생명의 수를 보여주는 중요한 방법이다.

비주얼 채널을 통한 정보 표시의 제한은 FOV와 FOR$^{Field\ Of\ Regard}$[7]로 제한된다. 가상 세계 안에 있는 실체는 체험자가 정보를 받을 수 있도록 시각 범위 안에 있어야 한다. 엑스트라 월드(즉, 3D 위치가 주어지지 않은 논 디제틱^{nondiegetic})의 경우, 해결책은 그 데이터를 사용자 머리의 움직임을 따르는 헤드업 디스플레

---

[7] 이동 가능한 센서로 캡처할 수 있는 총 면적을 말한다. 특정 지점에서 센서가 감지할 수 있는 원뿔각인 FOV와 혼동하지 말아야 한다. FOR는 센서가 향하는 방향으로 감지 시스템이 감지할 수 있는 총 면적이며, 일반적으로 센서의 FOV보다 훨씬 크다. 고정식 센서의 경우 FOR와 FOV가 일치한다. (출처: 위키피디아, https://en.wikipedia.org/wiki/Field_of_regard)

이^{HUD} 또는 가상 세계 여기저기를 이동하는 사용자의 움직임을 따르는 대시보드^{dashboard}에 올리는 것이다.

현실 세계에 대한 통합

일반적으로 사람들은 현실 세계와 가상 세계를 혼합한 경험을 증강현실^{AR} 경험이라 생각한다. 그러나 그 분류에 맞지 않는 경우가 있다. AR의 경우, 현실 세계와 가상 세계가 함께 있을 것이라 기대한다. 이때 현실 세계는 광학적 방법으로 직접 보거나 뷰어의 머리나 손에 부착된 (표준 또는 깊이 측정) 라이브 카메라로 볼 수 있다. 원격 현실 세계 캡처가 이뤄지는, 특히 가상 세계 안의 다른 체험자에 대한 경험의 경우라면 이는 아바타를 더 리얼하게 만드는 것만으로도 볼 수 있다. 마찬가지로, 사람들은 일반적으로 안전(테이블이나 아래쪽으로 향하는 계단의 위치를 알리기)이나 사용자 인터페이스(근처 컴퓨터 키보드 보기 등)를 위해 주변 현실 세계가 통합돼 있는 경우는 AR로 여기지 않는다.

혼합된 세계는 나머지 순수한 가상 세계가 표현되는 방식과는 다른 품질을 띨 수 있다. 아바타는 지형보다 덜 현실적일 수도 더 현실적일 수도 있으며, 공동 작업자 얼굴의 비디오 기반 뷰일 수도 있고, 뎁스 카메라$^{depth\ camera}$의 포인트 클라우드$^{point-cloud}$일 수도 있다(그림 6-26).

그림 6-26 뎁스 카메라로 만들어진 아바타는 가상 세계의 뷰에 혼합된다. (Photo courtesy of the Virtual Reality and Visualization Research Group, Bauhaus Universität Weimar.)

VR에서의 청각 표현

가상 세계에 대한 시각 표현도 매우 중요하지만, 청각 표현 역시 의미가 크다. 사운드는 체험자가 가상 세계에 정신적으로 몰입하는 능력을 크게 향상시킨다. 사운드의 힘은 압도적이다. 세팅에 대한 크기, 성질 및 분위기에 대한 단서를 주는 엠비언트 사운드$^{ambient\ sound}$에서부터 근처에 있는 특정 오브젝트나 캐릭터와 연관된 사운드, 그리고 사용자 입력에 대한 피드백을 제공하는 사운드에 이르기까지, 청각 표현은 사용자의 이해 및 즐거움의 열쇠가 된다. 사운드는 주의를 끌 수 있다. 체험자가 반응하도록 훈련된 시끄러운 소음이나 사운드(체험자의 이름 등)는 가상 세계 안의 오브젝트나 위치에 주의를 환기시키는 데 사용될 수 있다. 사운드는 또한 리스너와 관련된 오브젝트의 위치를 나타내는 데 도움이 된다. 놀랍게도, 기본 사운드는 VR에서 사용되는 다른 디스플레이 방식에 비해 제작비가 적게 들기 때문에, 큰 비용 증가 없이 VR 경험에 사운드의 이점을 추가할 수 있다.

사운드는 또한 공간의 크기와 성질에 대한 로컬라이제이션 및 단서를 준다. 이러한 특성 중 상당수는 사운드가 환경을 통해 전파되는 방법에서 파생되는데, 이는 이 장의 뒷부분에서 다루는 사운드 렌더링 과정의 한 측면이다. 비주얼과 마찬가지로, 경험을 만드는 사람이 더 사실적인 사운드 표현을 만들어내려 노력할수록, 특히 물리를 기반으로 한 사운드 생성 및 전파를 시도하려 할 때 컴퓨팅 주기가 더 많이 들어간다.

사운드의 특징

사운드의 중요한 특징에는 장거리 지각(몇몇 사운드는 수 마일 떨어진 곳에서도 들을 수 있음), 제한 없는 FOR(어떤 쪽을 향하더라도 사운드를 들을 수 있음), 끊임없이 열려 있는 지각 채널(귀에는 덮개도 없고, 외면할 수도 없다)이라는 장점이 들어있다. 후자의 특징은 체험자가 신호를 감지할 것을 보증하기 때문에 VR 경험 개발자에게 유용하다. 한편, 이는 체험자가 불쾌하거나 해로운 사운드를 피할 수 없음을 의미하기도 한다.

사운드의 시간과 공간적 측면은 시각적 지각과 다르다. 우리가 보는 것은 시간과 공간 모두에 존재하지만, 사람은 주로 세계의 비주얼 특성의 고안적 측면에 영향을 받아 반응한다. 반면에 듣는 것은 주로 시간에 존재하기 때문에(사운드가 어디에서 나는지 어느 정도 그 위치를 알아낼 수 있지만) 시간의 흐름과 관련된 가상 세계의 양상에 주의를 기울이기 위해 사운드를 이용하는 경우가 종종 있다. 사운드는 주로 시간에 존재하기 때문에 사운드의 디스플레이 속도는 비주얼 시스템보다 훨씬 더 중요하다.

사람은 고주파 사운드 정보의 변화를 들을 수 있다. 따라서 일련의 시간 속에서 아주 조금이라도 변화가 생기면 금방 알아차릴 수 있다. 그렇기에 사운드를 사용해 인스턴스를 상응하는 음파 이미지로 변환해 두 개의 고주파 현상 사이의 관계를 식별할 수 있다. 예를 들어, 두 사건이 일정한 음 높이의 사운드를 만들어 내는 경우, 그 중 하나의 음이 원래의 주파수에서 차츰 움직이기 시작할 때 이를 쉽게 구별할 수 있다. 또한 두 개의 음파 이벤트가 동시에 발생하는지 아니면 순차적으로 발생하는지를 매우 정확하게 알 수 있다.

주로 일시적 양상으로서, 별개의 가치 정보를 제시하는 것은 어쩔 수 없는 지연을 가져올 것이다. 즉, 숫자를 말하거나 오브젝트의 이름을 지정하는 데는 시간이 걸린다. 타이밍이 중요할 때는 경주를 시작하기 위한 총성, 아니면 사운드와 비주얼 레코딩을 동기화하는 데 쓰는 클래퍼(딱따기)와 같은 짧은 마커 사운드$^{marker\ sound}$를 사용한다.

또한 사운드는 빛보다 느리게 이동하므로 다른 감각보다 더 늦게 지각되기 때문에 거리 정보를 더 쉽게 지각할 수 있다. 이는 소닉 렌더링 시스템이 사운드를 렌더링할 때 그 지연을 시뮬레이션해야 한다는 것을 의미하기도 한다. 상대적으로 느린 사운드의 속도 때문에, 사운드가 발생하는 파원$^{sound\ source}$과 리스너 중 하나 이상이 움직이면 그 주파수가 다르게 지각되는 흥미로운 현상이 일어난다. 파원과 리스너가 서로를 향해 움직이면 파동의 주파수가 더 높게(음파 압축), 서로 멀어지면 더 낮게 관측된다(소파^{rarefaction}). 이것이 도플러 효과$^{Doppler\ effect}$다.

사운드가 시간에 존재한다는 사실은 시작, 중간, 끝이 있다는 것을 의미한다. 사운드의 시작을 바꾸고 중간은 그대로 두고 끝이 같으면 들리는 내용에 영향을 줄 것이다. 비주얼 이미지는 언제든지 시작할 수 있지만, 사운드는 대개 처음부터 시작되고 시간이 지남에 따라 적절한 순서로 재생돼야 한다.

VR 체험에서 사운드 사용 방법

이번 장 시작 부분에서 개략적으로 살펴봤듯이, 가상 현실 경험을 향상시킬 수 있는 사운드 정보의 표현 방법은 다양하다. 사운드는 경험의 신빙성을 높이고, 정보를 증강시키며, 분위기를 잡거나 상황을 나타내거나, 아니면 이것들의 조합을 돕는 데 사용될 수 있다.

모든 사운드는 리얼리즘 연속체 어딘가에 속한다. 일반적인 엠비언트 사운드, 이벤트를 나타내는 사운드, 무언가의 상태에 대한 정보를 지속적으로 제공하는 사운드, 그리고 다른 감각에 의한 지각을 증강시키거나 대체하는 사운드가 있다.

베리시밀러 사운드

리얼한 사운드는 정신적 몰입에 도움이 되지만, 환경에 대한 실질적인 정보도 제공한다. 이러한 이점은 훈련용 애플리케이션에서 특히 빛을 발하지만, 게임 및 몇몇 예술적 경험에서도 당연히 중요하다. 때때로 사운드의 물리적 에뮬레이션은 환경의 음질, 실내 공간이나 심지어 도시 계획을 평가하는 데에도 중요하다.

예를 들어, 캐터필러 주식회사^{Caterpillar Inc.}의 VR 작업(그림 4-46 참조)은 사운드를 사용해 운전자에게 기계의 작동 상태를 알려준다. 기계가 공회전 중인가? 얼마나 많은 유압이 생성되고 있는가? 후진 기어를 넣는 데 성공했는가? 이것들은 모두 운전자에게 중요한 단서다. 실제로 야외 소음을 차단하고 음악을 틀 수 있는 기능을 갖춘 중장비 운전석을 만드는 트랜드는 운전자의 작업에 해로울 수 있다. 미래에는 이러한 야외 단서를 더 기분 좋은 사운드로 이 환경에 재통합될 수 있을테니 실제 데이터는 손실되지 않을 수 있다.

샘플링된 사운드 실감나는 사운드를 만드는 가장 쉬운 방법은 현실 세계에서 나오는 사운드 샘플을 녹음하는 것이다. 비주얼 표현의 텍스처 맵과 비슷하게 사운드 샘플을 엠비언트 사운드, 마커 또는 다른 방법으로 재생할 수 있다. 일부 사운드의 경우, 끝과 시작을 눈치채지 못하도록 반복적으로 루프할 수 있게 만드는 것이 바람직하다. 사운드 샘플은 가상 세계에서 고정된 위치를 가질 수도 있고, 또는 가상 세계의 오브젝트들과 함께 움직일 수도 있다. 예를 들어 크래요랜드Crayoland 애플리케이션에서는 벌들이 꽃과 벌집 사이를 오갈 때 샘플링된 윙윙거리는 사운드를 루프로 재생한다(그림 6-27). 물론 샘플링된 사운드가 완전하게 실감나도록 만들어져야 하는 것만은 아니다. 예를 들어, 두 개의 오브젝트가 충돌할 때 충돌면이 중간인지 가장자리인지에 따라 독특한 음파가 발생되는데, 이런 세세한 부분까지는 신경 쓰지 않아도 된다.

그림 6-27 꿀 모으는 일에 한창이던 벌들을 화나게 하면 사운드 표현이 가벼운 윙윙 사운드에서 더 큰 사운드로 바뀌며, 소동의 원인을 향해 몰려들 때는 위협적인 윙윙거리는 사운드를 낸다. 둘 다 샘플로 녹음을 사용해 렌더링 렌더링된다. (Crayoland courtesy of Dave Pape; photograph by William Sherman.)

시뮬레이션된 사운드 일반적으로 환경 매개변수가 바뀌더라도 리얼리즘을 유지하는 사운드가 필요하다. 사실적인 사운드를 만들어내는 가장 좋은 방법은 현실 세계에서 녹음한 것을 고치려고 하기보다는 현실 세계에서 사운드를 만드는 데 관여된 물리적 현상을 시뮬레이션 하는 것이다. 가상 세계를 위한 사운드는 현실 세계의 물리적 현상을 실시간 시뮬레이션 하거나 상호작용하는 오브젝트들이 실제로 사운드를 만들어내는 방식과 비슷한 물리학을 통해 만들어낼 수 있다.

어떤 사운드를 시뮬레이션할 수 있는지에 대한 예는 얼마든지 있다. 앞서 언급한 엔진의 RPM도 있지만, 밴조Banjo의 드럼 헤드 위에 놓인 현의 진동, 막에 전해지는 충격량 또는 채널을 통해 움직이는 공기 이동과 같이 악기 또한 시뮬레이션할 수 있다. 게임 환경으로는 공을 때리는 클럽이나 배트, 컵에 떨어지는 공, 네트에 부딪히는 것, 유리창을 뚫는 것 등이 가능하다. 어쩌면 한 무더

기의 빌딩 블록이 넘어지는 사운드를 시뮬레이션할 수도 있을 것이다. 가상 세계 안에서 오브젝트 사이에 상호작용이 있을 때마다, 해당 상호작용이 직접(어쩌면 간접적으로)적이든 체험자에 의한 내러티브의 일부로서 발생하든지 간에 이를 기반으로 사운드를 연산할 수 있다. 가상 세계에서 물리적 움직임 때문에 사운드가 발생하는 중요한 방법으로는 오브젝트 충돌, 오브젝트 간 마찰, 오브젝트 파열, 공기를 교란하는 오브젝트(예: 선풍기) 또는 온디맨드 방식으로 사운드를 생성하도록 디자인된 특수 오브젝트(예: 악기) 등이 있다.

가상 세계의 매개변수가 사운드에 미치는 영향으로는 환경 때문에 발생하는 사운드 효과도 있다. 예를 들어, 큰 동굴이나 대성당에서는 사운드의 잔향 시간이 더 길다. 이러한 효과는 렌더링하는 동안 가상 세계에 있는 사운드에도 적용되는 경우가 많으므로, 이 장의 뒷부분에 있는 '소닉 렌더링 시스템' 절에서 더 자세히 살펴보도록 하자.

데이터 소니피케이션

리얼리즘 연속체의 심벌 영역에는 소니피케이션^{Sonification}이 있다. 특히 과학적 데이터를 나타내기 위해 사운드를 사용한다. 데이터 소니피케이션은 정보를 추상적인 소닉 형태로 표시하는 것을 말한다. 예를 들면 오브젝트가 온도 변화에 따라 변하는 사운드(기계 엔진 블록일 수 있음), 하층 대기의 시뮬레이션 또는 수집된 데이터에서 이산화탄소나 오존 수준을 나타내는 데 사용되는 사운드 등이 있다.

엠비언트 사운드

엠비언트 사운드$^{Ambient\ Sound}$(또는 배경 사운드)는 일반적으로 경험의 분위기를 설정하는 데 사용된다. 극작가와 영화제작자가 잘 알고 있으며 큰 효과를 내기 위해 사용하는 기술이다. 엠비언트 사운드는 해당 경험을 더 매력적으로 만들어 정신적 몰입도를 높일 수 있다. 체험자를 경험으로 이끄는 데 사용될 수 있다. 예를 들어, 불길하고 위협적인 사운드를 사용해 체험자가 적대적인 공간을 피하게 만들 수 있다. 물론, 이 방법은 호기심 많은 체험자를 끌어들일 수 있으므로 그들이 가까이가지 않도록 완전히 짜증나는 사운드를 쓸 수도 있다.

그림 6-28 멜 브룩스는 그의 영화 〈브레이징 새들스(Blazing Saddles)〉에서 음악의 음원을 영화 세계 안에 두어 영화 속의 분위기를 내는(논 디제틱) 음악의 개념을 패러디한다. 여기서 사막을 가로질러 오던 바트 보안관은 바시 백작과 그의 밴드를 마주친다. (Image courtesy of Warner Brothers)

분위기를 정립하는 엠비언트 사운드는 음악적이며 리얼리즘 연속체 끝의 추상적 의미에 위치하는 경우가 많지만, 베리시밀러에 속할 수도 있다. 엠비언트 사운드가 가까운 가상 세계와 연관돼 있더라도, 시뮬레이션된 세계의 이벤트에 반응하지 않는 한, 인터랙티브 사운드가 아닌 엠비언트로 분류된다. 예로, 체험자가 개울 근처를 걷는 동안 들을 수 있는 물 사운드를 생각해 보자. 이 사운드는 매우 사실적일 수 있지만, 물 속을 철벅거리며 갈 때 나는 인터랙티브 사운드와는 다르다. 그저 변하지 않는 샘플 루프를 계속 재생하는 것일 뿐이다. 이러한 사운드는 '엠비언트'로 분류될 것이다. 따라서 해당 물 사운드는 인터랙티브 사운드가 아니다. 그리고 체험자가 가상 환경의 다른 영역이나 장소로 이동한 것을 반영하기 위해 변경되는 것일 뿐이다. 또 다른 영역에서는 귀뚜라미나 새, 개구리 사운드가 깔리는 밤 풍경 사운드일 수도 있다.

가상 세계와 직접 연결되지는 않지만, 음악을 통해 분위기를 전달하거나 감정을 자극하는 데 자주 사용되는 사운드는 '논 디제틱' 사운드다. 즉, 가상 세계 안에 있는 어떤 것에서 나온다는 느낌이 없다(멜 브룩스$^{\text{Mel Brooks}}$ 영화에서 반복적으로 패러디된 개념. 그림 6-28 참고).

마커

마커^{Marker}는 어떤 이벤트의 발생했음을 나타내는 불연속적인 사운드다. 마크할 수 있는 이벤트 타입에는 세계 이벤트, 사용자 인터페이스 이벤트, 소니피케이션 이벤트 또는 감각 치환 이벤트가 있다. 세계 이벤트 소닉 마커는 문 닫히는 사운드, 폭발 사운드, 또는 꽃을 따는 사운드일 수 있다. 인터페이스 이벤트는 컴퓨터 데스크톱 인터페이스 메타포에서 가져온 익숙한 사운드로, 가상 버튼을 누르면 클릭이 돼 사용자 입력이 처리됐음을 알린다. 소니피케이션 마커는 온도가 임계값을 초과할 경우를 표현한다. 가상 세계에서 오브젝트와 충돌하는 사용자를 나타내는 "쾅" 사운드의 감각 치환 예도 마커다.

어떤 이벤트를 마크하기 위해서는 특정 사운드를 사용하는 방법도 있지만, 엠비언트 사운드의 변화도 도움이 될 수 있다. 예를 들어, 벌떼가 내는 사운드를 생각해 보자. 꽃가루를 모으는 동안에는 가벼운 윙윙거리는 사운드를 내다가, 벌집이 뒤엎어져 벌떼가 몰려들기 시작할 때는 더 크고 분노에 찬 윙윙거림으로 바뀔 수 있다(그림 6-27 참조). 아니면 단순히 건물 진입을 알리거나, 앰비언트 사운드가 낮에는 새 사운드, 밤에는 귀뚜라미와 개구리 사운드를 내는 구글 어스 VR처럼 시간을 나타내는 지표일 수도 있다. 엠비언트 사운드의 분위기 설정 특성 자체는 내러티브 플롯이나 위치에서의 전환을 나타내는 마커가 될 수 있다.

인덱스 사운드

인덱스 사운드는 어떤 연속적인 값(예: 온도)을 음파 파라미터(예: 피치)에 직접 매핑한다. 불연속적이며 잠깐 동안의 이벤트를 나타내는 마커 사운드와는 달리, 인덱스 사운드는 연속적이며, 그 사운드는 온도, 이산화탄소 수준 또는 그 밖의 특성과 같이 그것이 나타내는 것이 무엇이든 변화하는 값을 반영하기 위해 달라진다.

현실 세계에서는 엔진 사운드를 들으며 RPM이 증가하거나 감소하고 있다는 것을 확인할 수 있다. 엔진이 빠르게 회전할수록 윙윙거리는 횟수가 더 많다는 것을 경험으로 알고 있다. 또 다른 간단한 예는 구글 어스 VR이 고도를 바람 사운드의 진폭에 매핑한 방식으로, 고도가 높아질수록 바람 사운드가 증가하고, 체험자가 성층권을 통과할 때 낮은 웅웅거림으로 끝이 난다.

음성 메시지

비주얼 채널을 통해, 가상 세계의 텍스트와 다른 신호들을 통해 특정 메시지를 전달할 수 있다. 마찬가지로, 소닉 채널의 경우, 이러한 정보는 말로 전달될 수 있다. 메시지는 특정 정량적 값을 나타내는 데 사용될 수 있다. 특히 압력 또는 온도 값이 상승할 때처럼 구별된 간격으로 호출할 수 있다.

보컬 사운드는 구현되지 않거나(배경의 일부로서), 에이전트(가상 세계의 캐릭터)의 음성으로 표현할 수 있다. 별도의 에이전트에 각기 다른 역할을 할당하고 각각에 서로 다른 음성을 부여하면, 사용자는 음성만으로도 들어오는 메시지에 대한 정량적 평가를 할 수 있다. 예를 들어 MUSE 시스템은 시스템 보고용과 애플리케이션 보고용 에이전트가 따로 있다. 에이전트의 음성 메시지[Vocal Messages]는 긴급성에 따라 억양과 진폭을 변경할 수 있다. 이 방법은 내용에 대한 정보를 시사하기 위해 텍스트에 색상을 사용하는 것과 유사하다. 긴급 메시지임을 나타내는 빨간색 텍스트처럼 말이다.

VR에서의 햅틱 표현

사람들은 촉각으로부터 물리적 현실에 대한 많은 정보를 얻는다. 하지만 현재 대부분의 가상 현실 세계에서는 그렇지 않다. 애플리케이션 분야에서는 햅틱이 자연스럽게 작은 역할을 하는 경우가 많기 때문에, 현대의 햅틱 디스플레이 시스템의 제한된 가용성과 표현력은 보통 큰 문제가 되지 않는다. 그러나 정교한 조작을 수행하는 등의 촉각에 크게 의존하는 경우 고정밀 햅틱 렌더링 디바이스가 필요하다. 민첩한 손가락 조작이 필요한 일은 햅틱 피드백이 아주 결정적인 요인이 되는 명백한 사례 중 하나다. 복강경(최소침습) 수술 시뮬레이션은 물론, 로봇 수술 도구의 원격 조작도 그렇다.

복강경 수술과 같은 간접 인터페이스를 시뮬레이션하는 경우를 제외하면, 어떤 타입의 햅틱 디스플레이로도 사실성을 얻기는 어렵다. 또 다른 예외는 조종석에 장착된 일련의 스위치와 같은 특수 목적의 로봇 작동형 디스플레이[ROSD] 정도지 않을까 싶다. 일반적으로 햅틱 디스플레이로는 가능한 한 현실적으로 세계를 표현하고자 한다. 추상적인 햅틱 표현은 크기를 조정한 스케일된 세계와의 상호작용, 감각 치환, 위험 감소 등을 제외하고는 거의 사용되지 않는다. 스케일된 세계와의 상호작용의 경우 애플리케이션 디자이너는 분자나 천체 크기에서 경험할 수 있는 상호작용을 나타내기 위해 일상적인 힘의 상호작용을 사용한다. 예를 들어, 분자 결합에서는 분자 안에서 일어나는 정전력을 일상적인 자기력 경험에 맞게 대신 디스플레이할 수도 있다. 감각 치환 햅틱 표현의 예로는 힘 지각 대신 진동을 사용하는 것이 있다.

3장에서 다뤘듯이 햅틱 개념은 광범위하며, 내적 감각 수용기와 외적 감각 수용기 모두를 포함한다. 햅틱 시스템으로 표현되는 정보 타입으로는 질감, 온도, 형태, 점도, 마찰, 변형 및 관성 같은 표면 특성에 더해, 관성 및 중량과 같은 근골격계 안에서의 감각이 포함된다. 텍틀 및 포스 디스플레이를 모두 결합한 햅틱 제품은 개발 가능하지만 거의 개발되지 않았다(진동을 발생시키기 위해 진동력을 사용한 경우는 제외). 이는 햅틱 기술이 시장에 얼마나 미미하게 침투했는지를 보여준다.

햅틱의 특징

햅틱 표현의 가장 중요한 특징은 촉각에 대한 신뢰의 양일 것이다. 어떤 오브젝트를 밀 때 저항을 느낀다면, 오브젝트가 단단하고 움직이기 어렵다고 지각한다. 이용 가능한 경우, 가상 세계에 관한 햅틱 단서는 감각에 혼란스럽거나 상충되는 정보가 제시될 때 인지 시스템이 가장 신뢰하는 단서라는 것이 분명해 보일지도 모른다. 실제로 토마스 풀러[Thomas Fuller]가 『Gnomologia』[1732]에서 말한 "보는 것은 믿음이다. 하지만 느끼는 것은 진실이다"라는 말은 이러한 사실을 직설적으로 보여준다. 이 말은 시간이 지남에 따라 앞부분만 자주 인용되고 퍼져 전체 개념이 바뀌었지만 말이다.

그러나 여러 실험을 통해 시각이 일반적으로 인간의 지각 체계를 우세하게 지배하는 것이 밝혀졌다[Wickens and Hollands 2000]. 지각적으로, 사람들은 눈에 보이는 것에 먼저 주목하고 믿는다. 그럼에도 여전히 터치를 통해 확인하려 든다. CAVE 환경에서 사람들은 그들이 본 물건들이 진짜인지 확인하기 위해 터치하려 한다. 예를 들어, 벽에 구멍이 보이더라도 일단 손을 집어넣을 수 없으면 벽에 그려진 구멍 그림임을 알게 된다. 3장에서 봤듯이, 현실 세계가 시각적으로 숨겨져 있을 때, 자기 수용 감각을 속일 수 있다. 예를 들어, 팔다리가 있다고 느끼는 곳이 아니라 눈에 보이는 곳에 있다고 속일 수 있다. 하나의 감각을 다른 감각보다 얼마나 신뢰하느냐에 대한 선은 그 감각들이 상충될 때 드러난다. 그리고 어떤 감각은 속아 넘어갈 가능성이 더 높지만, 사람들은 궁극적으로 각각의 상황에서 어느 것을 받아들일지 결정해야 한다. 사용자는 자기 팔의 정확한 위치가 어디인지 속을 수도 있지만, 팔을 자유롭게 움직일 수 있는지 여부는 확실히 알 수 있으므로 눈으로 보는 내용을 넘어 물리적 장벽의 존재를 합리적으로 판단할 수 있다(물론 해당 경험을 이용해 물리적 장벽이 있는지 체험자가 살피지 못하도록 하는 것이 조금 더 우아한 해결책일 것이다). 이 주제에 대해서는 확실히 더 많은 연구가 이뤄져야 할 것이다.

햅틱 디스플레이의 또 다른 주요 특징은 지각이 사용자에게만 국부적, 즉 피부 위 또는 피부 근처, 아니면 신체 내부에서 일어난다는 것이다. 따라서 사용자가 접근할 수 있는 범위 안에 있는 세계의 일부만 햅틱으로 표현하면 된다. 이는 포스 피드백 디스플레이에 특히 해당되며, 손이 닿지 않는 오브젝트에서 지각되는 시각 및 사운드와 비교했을 때 햅틱 디스플레이 고유의 특징이다. 근접성은 촉각에도 중요하다. 온도와 바람과 같은 환경 조건의 간단한 표현은 태양등 및 선풍기와 같은 비접촉 디스플레이를 통해 컨트롤할 수 있다(그림 5-71 참조). 이때도 피부에 미치는 열과 바람 효과는 사용자가 가상 세계 안에 있는 위치로 국한된다.

리얼리즘 축에서 보면, 햅틱 표현은 큐브는 큐브처럼 느껴져야 하고, 따뜻한 오브젝트는 피부에 열을 전달해야 하는 등 현실감을 얻으려고 노력하는 경향이 있다. 그러나 햅틱 표현은 인덱스 또는 아이코닉 렌더링으로 축 아래로 이동할 수도 있다. 이에 대한 전형적인 예는 어떤 표면에 접촉할 때 짧은 진동 자극 촉각 또는 단단한 지면에 착륙한 느낌(아이코닉)을 제공하는 것이다. 그러나 제시된 진동의 양(인덱스)으로 서피스의 상대적인 부드러움을 나타낼 수도 있다.

햅틱 표현이 리얼리즘에서 벗어나는 다른 경우는 잠재적으로 해로운 상황에 직면할 때이다. 사실 모든 감각 디스플레이는 이러한 안전상 요구되는 사항(빛이 가려져서는 안 되고, 사운드는 귀청이 터지도록 나서는 안 되며, 냄새는 유독해서는 안 된다)이 있지만, 물리적 접촉이 필요하기 때문에 이것은 대개 햅틱 디스플레이와 더 관련이 있다.

디스플레이가 알려진 위험 지점에 도달했을 때 렌더링이 표현을 바꾸는 방식은 달리 처리될 수 있다. 포스 디스플레이를 안전하다고 생각되는 마지막 위치에서 멈추거나, 해당 환경의 위험한 부분을 추상적 표현으로 전환할 수 있다. 사람을 다치게 할 수 있는 힘이 발생하는 햅틱 디스플레이에는 흔히 '자동 차단'(킬kill) 스위치가 장착돼 있다. 킬 스위치는 버튼, 발로 밟는 페달이나 기타 트리거로, 눌린 상태에서만 장비를 작동할 수 있다. 사용자가 스위치에서 떨어지거나 디스플레이에 불안을 느끼는 순간 스위치를 해제해 장치의 전원을 차단한다.

VR에서 햅틱 정보가 사용되는 방법

경험적 햅틱 상호작용은 악수, 펀치, 키스, 찰싹 때리기 같은 종류와 더불어, 일부 스포츠처럼 몇 가지 명백한 예외를 제외하면 사람과 사람 사이의 일상적인 커뮤니케이션에서 그다지 많이 사용되지 않는다. 인간은 세계의 오브젝트를 조사하기 위해 햅틱 정보를 더 자주 사용한다. 햅틱 정보는 사람들이 무게, 밀도, 탄성, 표면 질감과 같은 특징을 결정하는 데 도움을 준다. 또한 사람들은 현실 세계에 힘을 가하려 행동할 때 햅틱 정보를 받는다. 받은 데이터는 노력의 유효성을 결정하고 원하는 효과를 얻기 위해 적용된 힘의 양을 조정하는 데 도움이 된다.

물리력 표현(운동감각적 단서)

힘에 대한 지각은 오브젝트와의 상호작용, 컨트롤 또는 다른 조작에 매우 유용하며, 특히 섬세하고 작은 조작에는 더 그렇다. 가상 현실에서 물리력 표현은 오브젝트의 형태를 묘사하고 오브젝트를 밀거나(즉, 오브젝트를 움직이고 버튼을 누름) 변형(즉, 형태를 바꿀 수 있을 만큼 충분한 힘으로 고정된 오브젝트를 미는 것)하기 위해 사용된다. 가상 세계를 시뮬레이션하는 알고리즘은 가해진 힘이 위치 이동 또는 변형을 일으킬지 여부를 결정한다.

VR 시스템에 동적 햅틱 디바이스를 추가하는 비용 및 복잡성 때문에, 대부분의 VR 애플리케이션 개발자는 애플리케이션 목표에 따라 특별히 필요한 경우에만 이를 추가한다. 햅틱 디스플레이를 가장 자주 필요로 하는 애플리케이션에는 두 가지 타입이 있다. 하나는 수술 절차와 같은 물리적 조작을 훈련하는 것이고, 다른 하나는 복잡한 형태이나 힘을 탐구하는 타입이 있다.

포스 디스플레이를 사용한 두 가지 초기 실험 의료 훈련 애플리케이션은 BDI 수술 시뮬레이터(그림 5-65 참조)와 콜로라도 대학교 덴버 캠퍼스의 복강신경총블록^{Celiac Plexus Block} 시뮬레이터(그림 7-54 참조)이다. 이러한 애플리케이션 및 기타 여러 애플리케이션(그림 6-29)에서는 절차에 사용되는 도구를 포스 디스플레이에 부착해 운용자가 실제 절차를 그대로 따라하는 방식으로 도구를 조작할 수 있도록 한다. 실제로 훈련용 의료 시뮬레이션은 아마도 포스 피드백 디스플레이 디바이스를 가장 깊이 연구한 애플리케이션 영역으로, 훈련할 작업을 더 잘 표현하기 위한 사용자 정의 엔드이펙터가 갖춰져 있는 경우가 많다. 훈련된 근육 기억^{muscle memory}은 조작 작업의 중요한 측면이다. 콜스^{Coles}와 그의 연구진은 구현 난이도가 높아짐에 따라 햅틱 강화 훈련의 혜택을 받을 수 있는 6가지 특정 의료 절차, 즉 촉진(피부 아래의 느낌을 특정), 바늘 삽입, 복강경검사법(최소 침습 수술), 내시경술(신체 안의 경로를 통해 카메라 작동), 혈관 내 절차(가이드와이어 및 카테터를 조작해 혈관 구조 안에서 원하는 위치로 이동), 관절경검사(내부 카메라 및 삽입된 기구를 사용해 무릎 및 어깨 관절 수술을 수행)에 대해 발표한다[Coles et al. 2011].

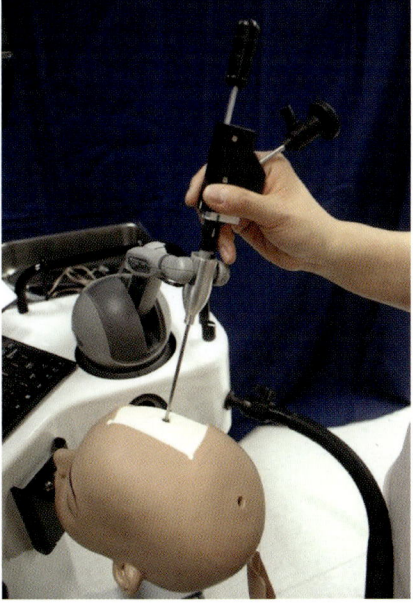

그림 6-29 의료 행위에서 경험하는 것과 같은 생생한 힘을 제공하기 위해 포스 디스플레이 디바이스를 사용한다. (Photograph courtesy CAE Healthcare.)

촉각 표현(피부 단서)

촉각에 대한 지각은 오브젝트의 전체적인 형태가 아닌, 오브젝트의 디테일과 표면 특징이 중요할 때 유용하다. 온도 디스플레이(촉각)는 장비의 문제 진단을 훈련하거나 연기가 문 아래에서 흘러나올 때 문을 만져보는 것이 얼마나 중요한지 아이들에게 가르치는 경험에서 중요한 부분이 될 수 있다. 장비 진단의 경우, 다른 부분은 따뜻해도 특정 부분의 온기는 문제가 될 수 있다. 연기 예에서, 뜨거운 문을 열지 않은 올바른 결정을 한 아이들에게는 축하를, 문을 연 아이들에게는 더 나은 행동방식을 제안할 수 있다.

압력 또는 피부의 변형은 촉각의 또 다른 타입이다. 손바닥과 손가락에 가해지는 일련의 압력 유발 변환기는 사용자가 손에 쥐고 있는 오브젝트의 모양을 표현하는 데 사용될 수 있다.

적절한 햅틱 디스플레이를 사용하면 점자도 VR 경험에 포함될 수 있다. 목공 교습용 애플리케이션에서는 학생들이 자신의 작업물의 질이나 조각의 진행 상황을 평가할 수 있다. 마찬가지로, 다양한 직물을 평가하거나 단순히 구별하는 방법을 배우는 사람은 촉각 표현의 도움을 받아 현대 패션을 평가하는 일과 더불어, 멀리 있거나 역사적인 문화의 패션을 경험할 수 있다.

피부 속 수용기로 수신되는 또 다른 감각은 진동이다. 3장에서 촉각 수용기를 사용해 매끄러운 상태를 알아내는 것과 진동을 감지하는 것의 차이를 알아봤다. 전자는 피부와 서피스의 상대적인 움직임이 필요하지만 후자는 그렇지 않다. 특정 진동 촉각 렌더링의 편리한 요소는 아마도 디스플레이하기 가장 쉽다는 것이다. 단순한 진동 발생기는 저렴하고 상당히 작기 때문에 다른 디스플레이나 입력/출력 컨트롤러에 통합될 수 있다(게임 컨트롤러의 표준이 됐기 때문이다). 진동을 발생시키는 데 사용되는 기술이 다양한 진동 주파수를 허용하면 여러 다른 감각을 나타낼 수 있다.

잡거나 미는 것으로 피부에 가해지는 압력을 나타내는 데 진동과 같은 감각 대체 표현이 자주 사용되지만, 진동 디스플레이는 현실 세계와의 상호작용을 정확하게 묘사하기 위한 경우도 있다. 그러나 진동을 감지하는 전형적인 경험은 서피스를 두드리거나 탭하는 것과 같은 다른 햅틱 감각이 동반될 때로, 이

그림 6-30 VOID의 'Curse of the Serpent's Eye' 경험에는 아주 흥미진진한 4D 효과가 나오는데, 매달려 있는 끈으로 거미줄을 뚫고 지나가는 것을 시뮬레이션 한다(이는 패시브 햅틱(passive haptic)의 촉각 형태다). (Photograph courtesy of The VOID.)

는 운동감각 자극을 준다. 운동학적으로, 사람들은 손이나 손가락에 서피스가 닿을 때 멈추는 것을 느끼지만, 촉각적으로는 해당 서피스의 특징을 피부 안에서 받는 진동으로부터 지각한다. 그래서 사람들은 나무, 금속, 고무를 두드리는 것으로 구별할 수 있다. 망치나 검으로 오브젝트를 때리는 경우에도 마찬가지다. 반면에 야구나 크리켓 배트로 공을 치는 것은 일반적으로 선수가 스윙을 끝까지 쭉 따라 돌릴 수 있기 때문에 진동 감각만 갖는다.

디즈니 리서치^{Disney Research}의 스테레오햅틱스^{StereoHaptics} 팀은 진동 햅틱 디스플레이를 사용해서 얻을 수 있는 지각 타입을 연구했다[Israr et al. 2014]. 피험자는 세 가지 매개변수인 주파수, 진폭 및 비동기식 내습(즉, 공격)을 다양하게 바꿔볼 때마다 어떤 느낌이 드는지 지각상^{percept}[8]을 빗물에서 화살 공격 중에서 골라 알렸다. 이스라르^{Israr} 연구팀은 지각상을 비, 모터, 타격, 브러시, 심장 박동, 운동 속도감, 폭발, 화살, 말타기와 같은 9가지로 크게 분류하고 각각을 하위 유형(예: 호우와 흩뿌림)으로 나눠 확인했다.

피부 전단^{shear}[9]은 오브젝트를 더 앞으로 밀어낼 수 없는 일종의 운동학적 피드백을 수반하는 또 다른 피부수용기^{cutaneous reception}다. 쇼어^{Schorr}와 그의 연구

---

8 지각 과정의 결과로 마음의 세계에 형송된 외부 자극(사람, 오브젝트, 사건 또는 현상 등)에 대한 내적 표상(출처: 심리학사전, 박학사)
9 오브젝트 내부 양쪽에 크기가 같고 방향이 반대인 두 힘이 가해져 오브젝트 내부에서 어긋남이 생기는 일(출처: 표준국어대사전)

진은 집게손가락에 전단 감각을 주는 것이 원격 장치에 과도한 압력을 가하기 시작했던 원격 로봇 작업자에게 운동감각이 정지되는 듯 느끼게 하는 좋은 감각 치환 신호라는 것을 발견했다[Schorr et al. 2013].

촉각 신호를 제공하는 또 다른 기법은 환경 또는 4D 효과를 통하는 것이다. 이러한 효과는 사용자 주변의 현실 세계를 변화시키는 특정 장치를 통해 환경을 변화시킴으로써 생성되는 감각이다. 선풍기, 태양등이나 심지어 분무기와 같은 장치는 체험자의 피부에서 느낄 수 있는 실제 요소를 더한다. VOID의 'Curse of the Serpent's Eye' 경험에서는 복도에 매달려 있는 끈이 거미줄을 나타내는데, 이러한 기술적이지 않은 디스플레이까지도 일부 위치 기반 VR 시스템에 추가됐다(그림 6-30).

패시브 햅틱 표현

액티브 햅틱 디스플레이 외에도 프로프와 플랫폼으로 패시브 햅틱 피드백을 줄 수 있다. 즉, 사용자는 VR 시스템에 연결된 실제 오브젝트를 잡거나 만지는 것으로 간단히 무언가를 느낀다. 이렇게 하면 표면 질감, 무게 및 방향에 대한 정보가 사용자에게 전달되며, VR 시스템에 들어가는 연산 비용은 낮다. 버튼과 같은 컨트롤의 경우, 사용자는 물리적 스위치에 맞물려 있는 직접적인 촉각 감각도 얻을 수도 있다.

그림 6-31 그림의 Wii 리모트용 탁구 패들 애드온처럼 저렴한 프로프으로도 사실감 넘치는 햅틱을 만들 수 있다. (Photograph by William Sherman.)

Sandia National Laboratory의 구조 계획 및 훈련 애플리케이션[Stansfield and Shawver 1996]에서는 프로프용 총을 사용해 체험자가 환경 안의 목표물을 겨눴을 때 현실적인 느낌을 받을 수 있도록 했다. 프로프용 총은 실제 무기의 무게 및 질감을 보여주며, 발사에 필요한 힘의 양을 재현한다. 패시브 프로프가 체험자에게 중요한 햅틱 정보를 제공할 수 있는 또 다른 예는 퍼팅 연습이나 미니 골프다. 실제 퍼터

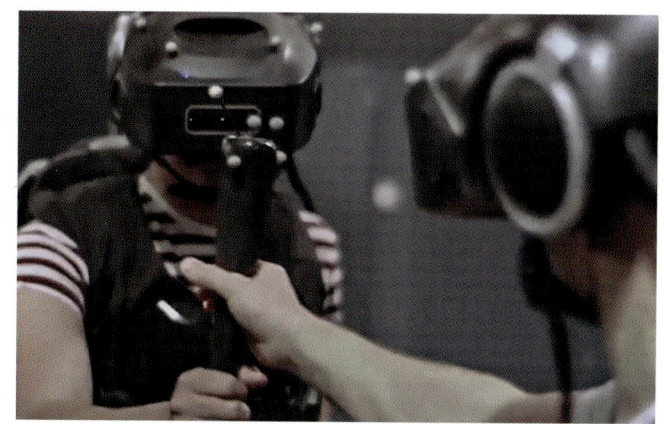

그림 6-32 패시브 햅틱 오브젝트는 경험에 들어가는 햅틱의 현실감 이외에도, 횃불이나 다른 오브젝트가 한 명의 체험자에서 다른 체험자로 자연스럽게 전달될 수 있는 경우같이 인터페이스의 현실감도 높일 수 있다. (Photograph courtesy of The VOID)

를 사용하면 체험자가 클럽을 스윙할 때 느끼는 운동량이 더 낫다. 실제로 테니스, 양궁, 심지어 프리스비처럼 게임에 쓰이는 다양한 스포츠 장비가 만들어졌다(그림 6-31).

VOID의 위치 기반 VR 경험인 'Curse of the Serpent's Eye'에서는 패시브 햅틱을 충분히 활용하고 있다. 만질 수 있는 벽, 앉을 수 있는 의자와 들고 다닐 수 있고 한 플레이어에서 다른 플레이어로 건네주는 횃불로 가상 세계의 현실성을 확장한다(그림 6-32).

기타 감각 표현

나머지 감각으로 가상 세계를 사실적으로 표현하려는 노력은 주로 냄새와 맛에 대해 연구하는 시설이나, 전정기관의 역할을 표현하는 데 가장 중요한 도구인 모션 베이스^{motion base}(모션 플랫폼^{motion platform})를 주로 사용하는 대규모 비행훈련시설 같은 곳에서 이뤄지고 있다.

전정기관 역할의 표현

전정기관이 담당하는 역할을 사실적으로 표현하는 것은 문자 그대로 사용자의 몸을 움직여 내이에 있는 체액이 내부의 기계수용기를 작동하게 만드는 것을 의미한다. 모션 플랫폼(모션 베이스)는 말 그대로 사용자가 조종석에 앉아 플랫폼을 기울이고 올리거나 내리게 해서 감각 신호를 받는 것으로, 오랜 역사가 있었다. 사실적인 전정 감각 신호를 주기 위해 최근에 사용하는 방법은 롤러코스터다. 롤러코스터는 현실 세계에서 사용자를 정말 이동시킴으로써 가상 세계 여기저기를 비슷하게 이동할 수 있도록 한다. 롤러 코스터와 기존 모션 플랫폼의 절충안은 고정된 운동 경로를 갖는 대신, 선형 운동을 추가하고 위아래로 거꾸로 갈 수 있게 하는 것이다.

비현실적으로 표현하고 싶은 전정 감각은 상상하기 어려울 수 있다. 그러나, 전정 감각을 사실적으로 표현하기 어렵거나 모션 플랫폼의 범위가 좁아 제한된 경우에는 감각 치환의 도움을 받을 수 있다. 예를 들어, 자리에 앉은 체험자의 뒤쪽에 압력을 넣으면 선형 가속을, 압력을 빼면 선형 감속을 나타낼 수 있다. 로켓 발진에 상응하는 큰 진동 촉감을 주면 큰 로켓이 방금 연결됐다는 느낌을 줄 것이고, 앞으로 나아가는 움직임이 커진다는 지각이 더 강화될 것이다.

때때로, 특히 자유 비행이나 무중력 상태를 경험하도록 디자인된 경우, 체험자의 실제 전정 감각을 제거하는 기술이 사용된다. 그 한 가지 방법은 각 축을 중심으로 회전하는 3축 동심 링 세트에 체험자를 넣어 지면으로부터 떼어놓는 것이다. 이때 질량 중심이 링 회전 중심과 일치하는 것이 이상적이다. 테스트를 거친 또 다른 아이디어는 사용자가 서 있을 경우에는 발, 앉아 있을 경우에는 신체의 뒷부분과 다리의 압력을 낮추도록 디자인된 발포고무 표면에 사용자를 올려놓는 것이다. 물론 이 두 경우 모두 사용자의 실제 전정감각을 제거할 수는 없다.

인간의 전정 감각은 시각, 특히 3장에서 논의했던 주변시$^{peripheral\ vision}$와도 밀접하게 연결돼 있다. 씬에서 패스트 모션$^{fast\ motion}$이 진행될 때 시각적 감각에 적용되는 표현 기법 하나는 이러한 하이모션$^{high\text{-}motion}$이 일어나는 동안 주변부에 나타나는 시각 정보의 양을 줄이는 것이다[Bolas et al. 2014] [Fernandes and Feiner 2016]. 이 시각적 감소는 주로 감각 충돌 때문에 일어나는 구역질을 줄이기 위해 쓴다.

후각 및 미각의 표현

마지막으로, 상호작용성을 만들기 가장 어려운 감각인 후각(냄새)과 미각(맛)을 알아보도록 하자. 냄새는 많은 공동체에서 크게 줄어들었고, 의학적 상태 진단과 같은 실용적인 용도까지도 대부분 시각적 단서로 대체됐다. 실제로 일반적인 탈취를 하는 많은 장소(특히 상점)는 인위적으로 향을 다시 더해서 해당 환경을 채운다[Watkins 2008].

앞서 5장에서 디스플레이 하드웨어를 만들어내려는 시도를 논의했다. (자연히 맛을 대체하는)냄새를 사실적으로 표현하자면 환경적 효과(4D)로서 특정 냄새를 단순하고 직접적으로 해당 환경에 내뿜는 방법이 일차적인 해결책이다. 냄새 방출은 시각적 또는 촉각적 표현으로 강화되거나 대부분의 경우 대체될 수도 있다. 그림 6-33의 접시에 놓인 닭 다리에서 뿜어져 나오는 연기나, VOID의 '고스트버스터즈: 디멘션^{Ghostbusters: Dimension}' 경험에서 스테이 퍼프 마시멜로맨이 파괴될 때 뿜어져 나오는 마시멜로 향이 나는 물 안개처럼 말이다.

그림 6-33 냄새(그리고 맛)의 표현은 다른 의미에서의 확증적 표현을 통해 증강되는 경우가 많다. 그림의 피아자 다오로(Piazza d'Oro) 경험에서는 체험자에게 훈제 고기 향을 맡게 해 닭고기에서 피어오르는 김이 지각을 향상시킨다. (Image Copyright 2013 by The Virtual World Heritage Laboratory, Indiana University. All rights reserved.)

표현 파트 요약

가상 세계가 어떻게 지각되는가는 어떻게 표현하느냐에 달려 있다. 그러나 지각은 인생 경험의 결과물이다. 아이콘과 기타 상징의 해석은 문화적 편견에 의존한다. 신빙성 있는 VR 경험을 얻고자 노력한다면 문화적 편견 없이 가상 세계를 가능한 한 직접으로 제시하는 것이 좋다. VR 제작자가 기대하는 편견 없는 사람이 추상적 표현에 의존하는 경험을 체험한다면 표현, 즉 경험은 실패한다. 추상화 삼각형의 현실 쪽 코너에 가까이 남아 있을수록 오해를 받을 가능성이 줄어든다. 그러나 이 접근법은 정보를 전달할 수 있는 많은 방법을 무시한다. 이미지나 아이디어 축을 따라 멀리까지 모험을 무릅쓰지 않기 때문에 경험 개발자는 다양한 잠재적인 콘텐츠 아이디어를 놓치게 된다.

선택된 VR 매체 자체는 편견을 낳는 경향이 있다. 특정 매체가 진화함에 따라 특정 표현이 형성돼 아이디어를 전달하는 지름길이 생겨난다. 이러한 지름길은 매체의 언어적 요소이다. 이를 사용하면 추상적 표현을 통해 아이디어를 더 쉽게 설명할 수 있다. 예를 들어, 해적 깃발에서 유래한 두개골과 교차된 대퇴골 두 개가 있는 표시의 의미를 알고 있는 사람들에게는 이 표시가 있는 아이템이 독성이 있거나 위험하다는 것을 빠르게 알릴 수 있다. 이러한 사용을 통해 마침내 사용자는 매체(또는 매체의 장르)의 새로운 표현 관용어에 적응하게 되고, 비현실적인 표현은 의미와 가치가 올라간다.

대중은 텔레비전과 영화를 보면서 비주얼 현상을 관찰하는 방법을 꾸준히 훈련 받고 있다. 덕분에 영화 제작자는 영화 촬영에서 얻는 것만으로도 풍부한 정보를 전달할 수 있게 됐다. 관객이 감독이 제공하는 단서를 이해하는 데 익숙해졌기 때문이다. 사람들은 더 많은 양의 정보가 동시에 주어지는 것에 익숙해지면서 점점 더 많은 정보를 소비할 수 있다. 반대로 텔레비전 초창기의 광고는 일반적으로 세 개의 서로 다른 컷이나 씬이 있었다. 이것은 광고가 나뉘어져 있다고 뷰어가 느끼지 않고 용인할 정도였다. 컷이 1/3초 간격이나 그보다 더 빠르게 만들어지는 오늘날의 광고와 비교해 보라. 이와 비슷한 지름길(언어 요소)이 가상 현실 매체에서도 진화하고 있으며, VR의 소비자 시장이 열리고 있는 지금, 표현 언어가 더 널리 보급될 것이다.

VR에서의 정보 표현은 다른 매체를 넘어서는 자유뿐만 아니라 제약도 더한다. 대부분의 제약은 렌더링에서 겪는 어려움을 더하는 형태로 나타난다. 특히 렌더링은 실시간으로 이뤄져야 하며, 예를 들어 TV나 영화 제작자가 걱정할 필요 없는 종류(특별한 경우를 위해 만들어진 3D 영화는 예외)의 입체적 비주얼, 공간화된 청각 및 햅틱 감각의 복잡한 문제가 더 일어날지도 모른다. 그 대가로 VR에서는 상호작용하며 자유롭게 공간을 돌아다닐 수 있으며 일상생활과 비슷한 방식으로 오브젝트를 조작할 수 있다. 더 다양한 감각 출력이 가능하며, 감각은 모든 감각 모드에서 대체될 수 있다.

다시 말하지만, VR 경험 개발자는 표현이 렌더링 대상의 선택임을 명심해야 한다.

렌더링 시스템

렌더링은 가상 세계를 묘사하는 감각 이미지를 만드는 과정이다(그림 6-34). 가상 현실 및 기타 상호작용할 수 있는 컴퓨터에서 생성된 매체의 경우, 새로운 감각 이미지는 개별 인스턴스가 아닌 연속적인 흐름으로 지각될 수 있을 정도로 빠르게 제작돼야 한다. 사실적인 속도로 이미지를 만들고 디스플레이하는 능력을 실시간 렌더링이라고 한다. 가상 현실의 경우 렌더링이 가상 세계 안에서 사용자의 움직임과 동작에 빠르게(감지할 수 없을 정도로) 반응해야 하는 제약이 추가된다.

인간의 감각 체계 각각은 들어오는 데이터에 서로 다른 방식으로 반응하며, 실제로 어떤 자극을 '진짜'로서 수용(지각)할지를 허용하는 범위가 서로 다르다. 5장에서 논의한 디스플레이는 이러한 허용오차를 다소나마 충족하는 규격이 있다. 렌더링 시스템은 그러한 디스플레이에 맞는 신호를 생성하며 허용 가능한 결과를 생성할 수도, 그렇지 않을 수도 있다. 가상 세계의 컴퓨터 인코딩을 하드웨어 및 소프트웨어 시스템을 사용해 디스플레이 디바이스로 전송되는 신호로 변환하기 때문에 인간의 감각으로 지각될 수 있다. 각 감각(시각, 청각, 촉각)은 디스플레이 및 렌더링 요구사항이 다르기 때문에 서로 다른 하드웨어 및 소프트웨어 시스템에서 생성되는 경우가 많다. 어떤 존재가 지속적으로 있다는 환상을 심어주는 데 필요한 일시적 해상도는 감각에 따라 크게 달라진다. 일반적인 비주얼 디스플레이 속도는 현재, 일반 동영상 24Hz를 훨씬 넘어서는 90Hz이다. 햅틱 디스플레이는 약 1000Hz의 업데이트가 필요하다 [Massie 1993]. 청각 디스플레이 사운드 신호는 전화 품질 음성의 경우 약 8000Hz, CD 품질의 음악은 44,100Hz, 전문가 및 오디오 애호가용 레코딩의

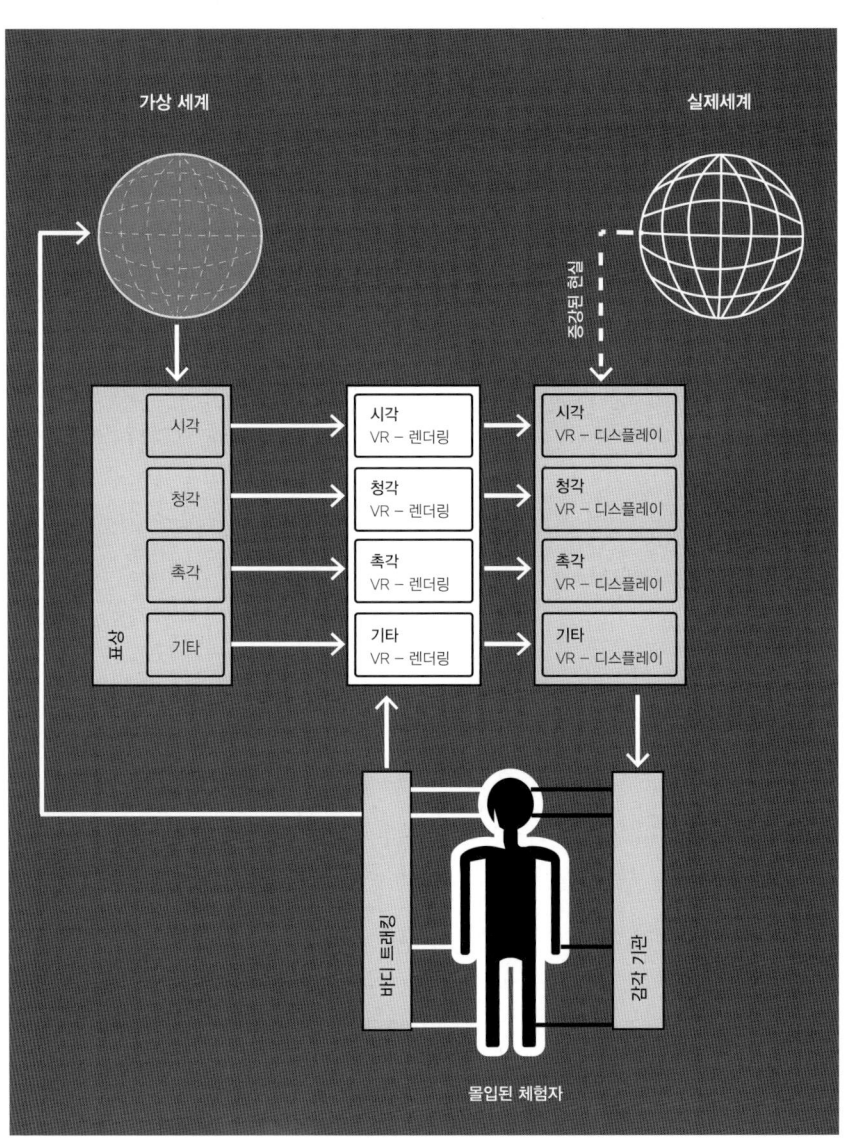

그림 6-34 이 장의 나머지 부분에서는 몰입감 있는 경험을 만들기 위한 렌더링 작업을 살펴본다.

경우는 96,000Hz까지 다양하다.

가능한 모든 감각을 느낄 수 있는 응집력 있는 환경을 만드는 것이 목표이지만, 구현해야 할 세부사항이 크게 다르므로 시각, 청각, 촉각 렌더링을 따로따로 살펴보겠다. 그러나 그전에 렌더링 시스템을 대략 알아보고자 한다. 이어지는 절에서는 용어를 이해하고 하드웨어 및 소프트웨어의 요구사항에 대한 통찰력을 얻길 바라는 마음에서 간단한 그리고 복잡한 렌더링 방법을 본다. 그런 다음, 다양한 렌더링 방법을 실현하기 위한 하드웨어, 파일 포맷 및 소프트웨어 요구사항으로 넘어가겠다.

렌더링 시스템 하드웨어(연산)

가상 세계에 있는 체험자에게 각각의 감각이 디스플레이되려면, 각 감각을 겨냥한, 어쩌면 감각 상이에 공유되는 렌더링 유닛이 완전한 가상 현실 시스템에 통합돼야 한다. 일부 렌더링 유닛은 입력 시스템, 세계 시뮬레이션 및(또는) 사용자 상호작용 연산도 함께 연산할 수도 있다. 경우에 따라서는 동일한 연산 시스템이 모든 해당 작업을 수행하기도 한다.

유용한 가상 현실 렌더링 시스템이라면 각 감각 양상의 실시간 렌더링 요구사항은 물론, 각 감각 양상의 최소 레이턴시^{latency} 임계치를 모두 충족해야 한다. 즉, 모든 자극은 가능한 한 빨리 그리고 가장 낮은 레이턴시로 사용자에게 제시돼야 한다.

현대의 가상 현실 시스템에서는 모든 렌더링이 디지털 컴퓨터로 처리된다고 가정한다. 물론, 지금까지 있었던 가상 현실의 전신들을 보면 항상 컴퓨터로 처리되는 것은 아니었지만, 현대 시스템에서도 언제나 그런 것은 아니다. 적어도 패시브 햅틱 및 환경(4D) 효과에 관해서는 말이다. 줄을 매달아 거미줄 느낌을 나타내는 것은 연산적이지도 않고 매우 아날로그한 방법이다. 실제로 디지털 컴퓨터 이미지가 생성되기 이전에도, 이전 비행의 영화 필름을 사용하거나 카메라 시스템을 조종할 수 있는 보드 위에 모델링된 지형을 사용해 시각적 자극을 렌더링하는 시각적 디스플레이를 갖춘 비행 시뮬레이터(LOLA$^{Apollo\text{-}era\ Lunar\ Orbit\ Landing\ Approach}$ 시뮬레이터 포함)가 있었다(그림 6-35). 마찬가지로,

사운드 렌더링은 오퍼레이터가 모방한 무선 통신과 함께 표시기 및 경고음에 지나지 않았다.

창 밖 비주얼 시뮬레이션 시스템을 전문으로 하는 에반스&서덜랜드[Evans & Sutherland]와 같은 회사의 컴퓨터 이미지 생성기가 등장한 이후, 렌더링, 주로 비주얼 및 소닉 렌더러에 큰 발전이 있었다. 메인프레임 기술이 워크스테이션 시스템에 자리를 내주면서 자본 환경 또한 주로 새로 생겨나는 스타트업 회사가 비주얼 컴퓨팅의 발전을 주도할 수 있게 형성됐다. 실리콘 그래픽스사[Silicon Graphics Inc.]의 그래픽 엔진을 중심으로, 실시간 비주얼 렌더링이 대학 및 기업 연구 센터로 진출했다. 소닉 분야에서는 실시간으로 사운드를 조작할 수 있는 DSP[Digital Signal Processor Chips]가 개발됐다.

개인용 컴퓨터에 실시간 렌더링을 제공하기 위해 드라이브에도 비슷한 변화가 일어났다. 결국, 온전한 보드 그래픽 엔진은 단일 칩 그래픽 처리 장치[GPU]가 돼 데스크톱과 모바일 컴퓨터로 진출하게 됐다. 이후 GPU의 파워는 내부적으로 프로그래밍할 수 있도록 확대됐다. 이로써 비주얼 렌더링뿐만 아니라 햅틱, 심지어 충돌 감지 및 물리학 시뮬레이션(GPU 아키텍처의 고유한 레이턴시는 짧

그림 6-35 디지털 컴퓨터 이미지 생성기가 등장하기 전에는 지형 보드 위를 지나가는 비디오 카메라와 같은 아날로그 방식이 사용됐다.
(A) 사진작가(Stefan Sargent)는 모델 활주로에서 보이는 파일럿 뷰 카메라로 작동 중인 Rediffusion Simulation 지형 보드의 클로즈업 뷰를 캡처한다. (Image courtesy of Paul Spence)
(B) 사진작가의 카메라에서 볼 수 있는 파일럿 카메라의 클로즈업 뷰.
(C) 훈련 중인 파일럿이 보게 될 파일럿 카메라에서 출력된 비디오. (Image courtesy of Stefan Sargent)

아서 일반적으로 사운드 렌더링과 양립할 수 없지만, 경우에 따라 오디오 렌더링도 포함한다)에 적합한 대규모 병렬 프로세서가 됐다. 참고로, 프로그램 가능한 그래픽 유닛은 2005년경 소비자용 GPU에서 사용할 수 있게 됐지만, 이 개념은 Ikonas(1970년대 후반)와 Pixel Planes 시스템(1980년대 후반)으로 거슬러 올라가 볼 수 있다. 하드웨어 개발은 큰 진전을 이뤘으며, 동일한 하드웨어를 다양한 감각 양식으로 렌더링하는 데 사용할 수 있는 등, 어느 정도 진화해 왔다. 소프트웨어 역시 꾸준히 개발되고 있지만, 소프트웨어 렌더링 알고리즘은 여러모로 여전히 일반적으로 특정 감각의 영역이다. 따라서 특정 감각을 타깃으로 하는 각 절에서는 주로 소프트웨어 렌더링 방법에 초점을 두고자 한다.

씬이 렌더링 되는 곳은?

궁극적으로 사용자 경험은 가볍고, 전선 없이, 편하게 쓰고 벗을 수 있는 안경을 끼는 것만큼 원만해야 한다. 이미지가 부자연스러운 관성이나 걸려 넘어지는 등의 위험요소가 될 수 있는 연결 장치 또는 전선 없이 사용자의 감각 수용기에 전해지는 것이 가장 이상적이다. 물론, 현실에서는 시뮬레이션된 씬(시각적 또는 다중적)을 렌더링하려면 특화된 시스템이 필요했다. 렌더링 하드웨어는 비디오 카메라 시스템을 시작으로, 이미지 생성만 하는 여러 개의 랙으로 이뤄진 대형 컴퓨터들을 거쳐, 이미지 생성만 하는 여러 개의 보드가 있는 단일 랙 컴퓨터들로, 그리고 지금은 비주얼, 사운드, 햅틱 이미지 생성 전용 단일 칩이 있는 개별 컴퓨터로 발전했다. 그러나 렌더링 하드웨어를 사용자에게 연결하는 전선 또는 그 이상이 항상 존재해왔다.

그러나 감각 정보를 제공하는 것이 VR 경험을 구속하는 유일한 원인은 아니다. 소닉 정보 전송과 '고화질 TV' 이미지 전송까지도 해결됐지만, 업계에서는 전력의 필요성과 경우에 따라 테더리스^{tetherless} VR 경험도 막을 수 있는 물리적 연결에 의존하는 위치 트래킹뿐만 아니라 더 높은 비주얼 해상도를 얻기 위해 노력하고 있다.

현대의 VR 시스템은 이런 구속에서 벗어나기 시작했지만, 더 높은 품질의 경험을 만들기 위해 여전히 테더링된 시스템을 표준으로 삼고 있다. 실제로 휴대

전화와 태블릿이 VR 및 AR 디스플레이로 등장하면서 렌더링은 입력 메커니즘뿐만 아니라 디스플레이에 직접 통합돼 언테더링 VR 경험을 만들어냈다. 이와 같은 개념은 다큐리 스마트 헬멧Daqri Smart Helmet(더 이상 판매되지 않음)과 마이크로소프트 HoloLens와 같은 특수 목적의 VR/AR 시스템에서도 이어지고 있다.

렌더링이 이뤄지는 곳의 또다른 옵션으로는 언테더링 VR용으로 특별히 디자인된 백팩 컴퓨터나 충분한 네트워킹 대역폭과 짧은 레이턴시가 가능할 때처럼 컴퓨터를 착용하지만 디스플레이와 분리된 경우로, 렌더링을 클라우드 컴퓨팅 플랫폼에서 원격으로 할 수 있다. 경험하는 데 여러 대의 디스플레이나 길게 늘어선 GPU 프로세서가 들어가는 경우 마지막 옵션은 매끄러운 결과물을 낼 수 있도록 함께 작동하는 로컬 컴퓨터들로 구성된 네트워크다.

씬이 렌더링되는 곳을 굳이 단 하나만 선택할 필요는 없다. 씬 렌더링의 일부를 한 위치(아마도 클라우드)에서 하고, 다른 부분은 사용자에게 더 가까운 곳(아마도 디스플레이에서 직접)에서 할 수도 있다. 이 기법을 보여주는 하나의 시스템은 nVidia VCAVisual Computing Appliance으로, 특수 클라우드 서버에서 레이트레이싱ray-tracing해서 원격으로 렌더링한 다음, 원격으로 생성된 이미지에서 특정 뷰를 추출해 로컬 렌더링을 하는 것이다[Stone et al. 2016].

씬이 디스플레이로 전달되는 방법

생성된 이미지를 디스플레이와 사용자에게 전달하는 데는 다음과 같은 세 가지 기본 전달 메커니즘이 있다.

- 테더링
- 내장형
- 전송

대부분 언테더링 시스템이 표준이 될 것이다. 해결책은 종종 올인원 내장형 AR/VR 시스템을 사용하거나, 렌더러를 신체의 다른 부분으로 이동하는 것이다. 아니면 무선 전송 대역폭이 필요한 임계값과 레이턴시에 도달하면 나머지 VR 시스템은 별도의 기본 렌더링 스테이션과 착용한 디스플레이로 전환될 것이다. 물론 큰 판형의 고정 디스플레이의 경우 유선 연결을 끊을 필요가 없으며, 전송 레이턴시를 도입하지 않고도 더 빠른 컴퓨터를 계속 사용할 수 있다. (따라서 많은 타일로 구성된 큰 판형의 고정 디스플레이는 여러 디스플레이를 처리하기 위해 컴퓨터 클러스터를 이용할 수 있다.) 이렇듯 언테더링 시스템으로 바뀌는 추세에서 유의해야 하는 예외는 햅틱이나 극단적인 해상도 비주얼과 같이 전력 소비가 더 심한 시스템의 경우이다.

비주얼 렌더링 시스템

컴퓨터로 시각적 이미지를 생성하는 기술을 컴퓨터 그래픽스라 한다. 컴퓨터 그래픽스는 체계가 잘 확립돼 있는 분야로, 다양한 서적 및 자료가 있어 각자가 할 수 있는 것과 그 방법을 완전히 이해하는 데 어려움이 거의 없을 것이다. 따라서 여기에서는 렌더링 방법, 시스템 및 데이터 표현에 대한 기본 개요와 VR 경험용 실시간 렌더링에 필요한 구체적인 요구 사항을 설명하겠다.

비주얼 렌더링 기법

소프트웨어 렌더링 시스템은 실제 애플리케이션 프로그램이 아니라, 컬러를 구하고 디스플레이 버퍼로 전달되는 정보 데이터 세트를 생성하기 위해 애플리케이션이 액세스하는(호출하는) 그래픽 렌더링 루틴 및 포맷을 말한다. 사전 제작된 그래픽 도형이 들어 있는 파일을 파싱하고 코드의 지시에 따라 시각 이미지를 구성하는 도형을 생성하는 VR 시스템의 구성 요소다.

VR 시스템이 어떤 환경을 표현하는 코드를 변환해 비주얼로 나타내는 데 사용되는 프로그래밍 방식은 아주 다양하다. 다음 절에서는 폴리곤^{polygon}, NURBS$^{NonUniform\ Rational\ B-Sprines}$ 곡선, CSG$^{Constructive\ Solid\ Geometry}$와 같은 기하학적 기반 체계와 함께, 볼륨 렌더링$^{volumetric\ rendering}$ 및 파티클 시스템$^{particle\ system}$과 같은 비기하학적 기반 체계를 설명하겠다.

오브젝트 기반 렌더링과 픽셀 기반 렌더링 비교

셜리Shirley와 그 연구원들의 직설적인 표현을 빌리자면, 컴퓨터 기반의 비주얼 이미지 "렌더링은 일련의 오브젝트를 입력 받아 픽셀 배열로 출력하는 프로세스다."[Shirley et al. 2009]. 간단한 개념이지만, 오브젝트 집합을 나타내는 방법은 여러가지이며, 오브젝트에서 픽셀을 얻는 방법에는 두 가지가 있다. 또한 이런 픽셀은 360도 비디오나 플렌옵틱plenoptic (라이트 필드light field) 포스트 프로세싱용 중간 포맷으로 저장될 수 있다.

모든 렌더링 방법에서 핵심 입력은 당연히 오브젝트다. 차이점은 렌더링 알고리즘이 이미지 버퍼를 생성하기 위해 오브젝트 전체를 하나씩 도는지, 아니면 오브젝트 데이터베이스에 액세스하는 이미지 버퍼들을 도는지 여부다. 오브젝트 전체를 도는 방법은 씬 전체를 활성 메모리에 보관할 필요가 없는 이점이 있다. 반면, 버퍼(픽셀 기반)를 도는 방법은 반사 및 굴절(주변으로 산란)돼 씬에 있는 어떤 오브젝트에도 닿을 수 있는 패스를 트래킹하므로 각 오브젝트에 액세스해야 한다. 한편, 여러 고급 렌더링 기술에서는 적절한 룩을 얻기 위해 여러 개의 오브젝트 정보가 필요하기 때문에 활성 메모리에 오브젝트를 두는 것이 이롭다. 따라서 앰비언트 어클루전 라이팅Ambient occlusion lighting (앰비언트 라이트를 적게 받는 밀폐 또는 덮인 공간), 트랜스페어런시transparency 및 리플렉티비티reflectivity와 같은 기법은 픽셀 기반 렌더링에서 훨씬 더 쉽게 구현할 수 있다. 이러한 기법을 오브젝트 기반 렌더링에서 해내려면 역시 메모리에 모든 오브젝트가 있어야 한다.

역사상 (반드시 그랬던 것은 아니지만) 오브젝트에서 픽셀로 전환하는 방법은 실시간 렌더링과 고품질 렌더링 중 어느 것이 더 중요한가에 따라 선택이 달라졌다. 실시간 렌더링은 인터랙티브 컴퓨터 그래픽에서 더 중요하고 고품질 렌더링은 애니메이션 컴퓨터 렌더링에서 더 중요하다. 두 가지 방법은 오브젝트 기반 렌더링 대 픽셀 기반 렌더링으로 대략 설명할 수 있다.

오브젝트 기반 렌더링에서 그 무엇보다 중요한 알고리즘은 씬에 있는 오브젝트 리스트를 살펴보고, 뷰 안에 있는지 여부를 확인하고 있다면 해당 오브젝트가 차지하는 화면의 픽셀들을 결정하는 것이다. 해당 오브젝트가 뷰어(카메라)

로부터 얼마나 멀리 떨어져 있는지, 그리고 해당 오브젝트가 커버하고 있는 각 픽셀에 어떤 조명과 텍스처 효과가 존재할 수 있는지와 같은 세부 정보가 더 있다. 오브젝트가 뷰 범위 내에 있으면, 해당 오브젝트가 차지하는 픽셀이 출력 버퍼의 래스터(2차원 배열)에 반복 처리된다. 이와 같이 오브젝트 기반 렌더링은 일반적으로 래스터라이제이션rasterization을 사용해 수행된다.

픽셀 기반 렌더링에서는 알고리즘이 뒤집힌다. 여기서는 각 픽셀에 대해, 이미지 평면에 있는 각 픽셀에서 가상의 광선(Ray)이 투사되고, 오브젝트에 닿으면 해당 픽셀의 색상을 연산하기 시작한다. 오브젝트 기반 렌더링에서도 그랬듯이 이것이 끝이 아니다. 해당 픽셀의 색상을 결정하는 데는 광선과 부딪힌 오브젝트의 텍스처 및 라이팅도 영향을 미칠 수 있다. 반짝이는 오브젝트에 부딪힌 경우, 광선은 반사할 것이며, 반사된 광선이 다다른 다음 오브젝트의 정보도 추가된다. 투명하거나 반투명한 오브젝트의 경우, 광선은 굴절되거나 오브젝트를 그대로 통과한다.

가상의 광선을 따라 가상 세계로 들어가 어떤 색상이 생성되는지 확인하는 개념에 기초한 이 탁월한 픽셀 기반 렌더링 방법을 레이 트레이싱ray-tracing이라고 한다. 광선의 움직임은 반사 이외에도 반투명 오브젝트를 통과할 때 광학적으로 적절히 구부려 올바르게 처리할 수 있다. 반사 및 굴절 머티리얼material이 많은 씬에서 광선은 매트한(빛을 흡수하는) 머티리얼에 부딪히기 전까지 씬 안에서 계속 반사할 수 있다. 이 때 광선이 얼마나 많이 반사할 수 있는지를 결정하는 반사 수의 한계는 렌더러가 인위적으로 부과한다.

기본적인 래스터라이제이션(앰비언트 어클루전, 그림자, DOF^{Depth Of Field} 등이 없음)에 소요되는 연산은 일반적으로 해당 씬에 포함된 오브젝트들을 구성하는 삼각형의 개수와 그 순서와 거의 비슷하기 때문에, 씬의 삼각형 개수를 컨트롤해서(이하에 설명하는 트릭 중 적용할 수 있는 방법으로) 실시간 렌더링을 지속할 수 있는 사양 내에 연산 니즈를 유지할 수 있다. 연산 비용은 레이 트레이싱이 더 높다. 그 이유는 첫째, 광선이 발사되는 시작점에서 씬에 존재하는 모든 오브젝트 사이의 거리를 따져 가장 먼저 닿는 오브젝트를 결정해야 하기 때문이다(공간 분할 알고리즘space-partitioning algorithm을 사용하면 전체 오브젝트를 줄세우는 일을 피할 수 있다). 그런 다음, 광선이 한 오브젝트에 닿았을 때, 씬의 어떤 라이트^{light}가 해당 접점에 직접 영향을 미치는지 결정하려면 연산이 필요하다. 따라서 라이트 개수는 연산 비용을 증가시킨다.

픽셀 기반 렌더링에 가까운 기법을 적용하면 래스터라이제이션 비용은 당연히 증가한다. DOF, 앰비언트 어클루전, 그림자, HDR$^{High\ Dynamic\ Range}$이나 비사각형 카메라 렌즈(파노라마나 어안 렌즈와 같은 비전통적인 카메라)와 같은 효과를 더하려면 레이 트레이싱 프로그램을 약간 손보는 정도면 된다. 렌더링 시간을 기준으로 이러한 기법을 추가하는 데 드는 비용을 보면, 레이 트레이싱은 적게 혹은 중간 정도로 증가하는 반면, 래스터라이제이션 렌더링은 상당히 증가한다. 예를 들어, 그림자를 추가하려면 래스터라이저^{rasterizer}는 각 라이트마다 추가 렌더링 패스가 필요한 섀도 맵$^{shadow\ map}$을 사용한다. 또한, 레이 트레이싱은 NURBS, 이차 초곡면^{Quadric} 및 쿼드릭스^{Quadix} 표면(가장 심플한 예로는 구)과 같은 곡선 표면 형상과 잘 맞는다.

예측 가능한 미래에 사용될 가상 현실용 실시간 렌더링 수단은 주로 래스터라제이션이겠지만, 레이 트레이싱 렌더링은 현대 기상현실을 표현하는 데 적합한 프레임률을 달성했다[Stone et al. 2016]. 현재는 특정한 목적 하에 절충은 있지만, 이는 래스터라이션 방법을 통해 렌더링할 수 있는 효과가 다른 것들과 맞바꿀 수 있는지 여부에 달려있다. 레이 트레이싱에는 적합하지만 래스터라이제이션에는 어려운 한 가지 기능은 뷰의 서로 다른 영역에 다양한 수준의 연산을 적용하는 것이다. 이 기능은 렌즈 왜곡$^{lens\ distortions}$, 아이 트래킹$^{eye\ tracking}$ 및 포비티드 렌더링$^{foveated\ rendering}$ 등을 쓸 때 특히 유용하다(다음 절 참조).

궁극적으로, 이러한 방법들은 서로 다른 장단점을 가진 두 가지 상호보완적인 접근법이다. 래스터라이제이션에는 더 작은 메모리 공간이 필요하며, 가장 간단한 알고리즘은 매우 빠르다. 씬 데이터 전체에 빠르게 접근해야 하는 효과를 렌더링하려면 레이 트레이싱이 더 좋다.

기하학적 표현에 따른 렌더링

일반적으로 사용되는 기하학적 (표면) 기반 그래픽 표현은 폴리곤^{polygonal},

NURBS 및 CSG 방식이 있다. 폴리곤 방식이 아마도 가장 간단하며, 정보 손실이 약간 있기는 하지만 다른 두 가지로 표현된 모양을 나타내는 데 사용할 수도 있다. NURBS, CSG나 기타 패치 기반 표현으로 간단히 표현할 수 있는 서피스를 나타내는 데 수백만 개의 폴리곤이 필요할 수 있지만, 대부분의 하드웨어 렌더링은 삼각형(가장 단순한 폴리곤)을 기반으로 한 래스터라이제이션 프로세스를 사용한다. 셰이더 코드(그래픽 하드웨어에서 직접 실행되는 프로그램)를 사용해, 이러한 다른 표현들을 즉석에서 픽셀 크기 조각으로 변환할 수 있다.

씬의 지오메트리를 표현하는 방법은 오브젝트의 소스와 렌더링 니즈에 따라 달리 선택할 수 있다. 렌더링 측면에서 볼 때, 래스터라이저는 폴리곤과 잘 작동하는 반면, 레이 트레이서는 간단한 모양과 패치를 쉽게 처리할 수 있다(씬 전체에 계속 액세스해야 하는 경우, 메모리 소비 문제를 일부 완화할 수 있다). 소스 측면에서 보면, 부드럽고 흐르는 듯한 서피스를 밀고 당길 수 있는 간단한 지오메트리를 사용해 형상을 디자인할 수 있는 인터페이스를 갖춘 모델링 패키지가 많다. 이러한 형상을 폴리곤으로 컨버팅할 때는 렌더러가 넘쳐나는 삼각형 더미에 과부하가 걸리지 않도록 주의해야 한다.

폴리곤 Polygons 폴리곤은 일련의 선으로 정의된 평면 형상이다. 폴리곤의 윤곽을 나타내는 데는 여러 개의 선분을 사용할 수 있지만, 효율성을 높이기 위해 3면 형상(삼각형) 또는 4면 형상(사각형)으로만 나누는 경우가 많다. 삼각형이 압도적으로 많이 쓰인다. 폴리곤 렌더링 방법의 속도를 높이기 위해 디자인된 많은 알고리즘이 하드웨어 지오메트리 엔진에 통합됐고, 그 결과 하드웨어 그래픽 렌더링 시스템은 거의 독점적으로 폴리곤 방법을 사용한다.

NURBS NonUniform Rational B-Splines
NURBS는 자동차와 같은 곡면 오브젝트를 표현하는 데 쓸 수 있는 파라메트릭 parametric 방식으로, 즉 수학 함수로 정의하는 형상이다. NURBS 서피스의 매

그림 6-36 NURBS 지오메트리 표현은 컨트롤점을 이용해 매끄럽게 렌더링된 서피스를 만들어낸다.

개변수는 컨트롤점으로 정의되는데, 이때 컨트롤점은 서피스를 자기 쪽으로 '당겨' 형상을 조정한다(그림 6-36).

구조적 입체기하학^{CSG, Constructive Solid Geometry} CSG 오브젝트는 단순한 3D 형체(구, 원통, 정육면체, 평행 육면체 등)를 더하고 빼서 생성된다(그림 6-37). 예를 들어, 테이블은 5개의 평행 육면체(4개는 다리, 1개는 테이블 상판)를 더해 만들 수 있다. 여기에 목공예 작가가 홈 파는 기계로 하는 것처럼 도넛 모양의 원환체를 빼면 더 매력적인 테이블 디자인으로 만들 수 있다. 골프공, 즉 수백 개의 옴폭 들어간 곳이 있는 구^{sphere}는 CSG로 쉽게 만들어낼 수 있다(볼용으로 구 하나를 쓰고, 거기에 나머지 392개의 구로 잘라내 옴폭 들어간 곳을 만들지도). 하지만 퀄리티를 높이려면 수백만 개의 삼각형이 필요할 수도 있다. 정확한 삼각형 개수는 구 서피스의 테셀레이션^{tessellation}, 즉 삼각형으로 빈틈없이 서피스를 채우는 정도에 따라 달라진다.

폴리곤, NURBS 및 CSG는 오브젝트의 모양을 정의하는 데 더 적합한 특정 형태가 따로 있다. 폴리곤은 자연에서 파생된 데이터에 적합하다. 예를 들어, 달 서피스를 표현하는 데 어떤 지역의 높이 데이터가 있다 하자. NURBS 모델은 렌더링을 부드럽게 하는 반면, 폴리곤을 이용한 모델은 해당 지형의 급격한 변화를 그대로 가져갈 것이다. NURBS는 노트^{knot}와 같은 수학적 기초가 있는 형상에 더 적합하다. CSG 모델은 음함수 표면^{implicit surface}에서 오브젝트를 구분적 모델링^{piece-wise modeling}하는 데 유용하다(음함수 서피스는 평면, 구, 원환체, 회

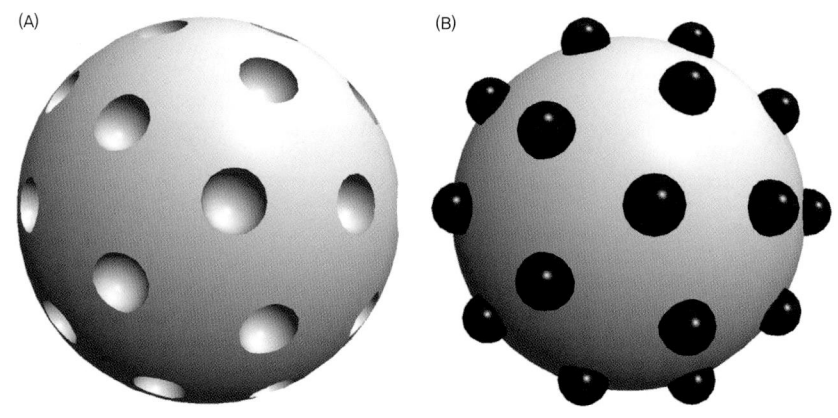

그림 6-37 CSG는 컴퓨터로 형상을 구성하는 방법 중 하나다. (A) 골프공 모양에 가깝게 표현하기 위해 하얀색 큰 구에서 작은 구를 여러 개 뺀다. (B) 여기에서는 반대로 작은 (빨간) 구들을 더 큰 구에 더한다.

전 표면 등과 같이 세 가지 변수의 방정식이 0일 때의 서피스다).

비기하학적 렌더링 시스템

표면 기반 렌더링 기법은 투명하지 않은 입체 오브젝트에 가장 적합하다. 서피스가 투명한 경우, 기하학적 렌더링 기법은 최선의 선택이 아닐 수 있다. 특히 공간이 반투명한 물질의 다양한 밀도로 채워져 있는 경우(예: 군데군데 끼는 안개나 인체를 X선, MRI 스캔, CT 스캔했을 때)에는 특히 그렇다. 이러한 경우, 비기하학적 기법이 가진 장점이 도움이 될 수 있다.

컴퓨터를 기반으로 한 가상 세계에서 오브젝트를 나타내는 비기하학적(표면 기반이 아닌) 기법에는 체적을 이용한 볼류메트릭 시스템volumetric system과 파티클을 이용한 파티클 시스템particle system이 있다. 볼륨 렌더링은 반투명 오브젝트를 렌더링하는 데 매우 적합하며, 머티리얼의 3차원 볼륨을 밀도 및 색상 값에 매핑해서 만들어진 데이터 세트의 비주얼리제이션 툴로 자주 사용되는데, 이는 뷰어가 다른 불투명한 머티리얼 내에서 형태와 패턴을 지각할 수 있도록 한다[Drebin et al. 1988]. 이 기법은 의료, 지진, 대기 및 (컴퓨터 유체 역학 시뮬레이션 등에서) 시뮬레이션되거나 (단층 촬영 기술 등으로) 측정된 소스로부터 얻은 기타 과학적 데이터에 적용되는 경우가 많다.

만들어진 데이터 세트용 비주얼리제이션 툴로 자주 사용된다.

볼륨 렌더링 Volume Rendering 볼륨 렌더링은 일반적으로 레이 트레이싱(또는 레이 캐스팅ray-casting) 기법을 사용해 이뤄진다. 레이 트레이싱과 레이 캐스팅 기법은 카메라 뷰에서 나오는 광선을 정의하는 원리에 따라 작동한다. 해당 광선은 빛과 광학에서 말하는 물리 법칙에 따라 행동한다. 특히 레이 트레이싱의 경우, 광선의 움직임은 시뮬레이션된 머티리얼의 시뮬레이션된 특성을 고려해 정의한 가상 오브젝트의 서피스를 반사하고 굴절에 따라 달라진다.

파티클 및 점 기반 렌더링 Particle and Point-Based Rendering 파티클 및 점 기반 렌더링은 시각적 씬에서 복잡한 흐름을 보여주는 데 종종 사용된다. 이름이 알 수 있듯이, 많은 작은 파티클이 시간의 흐름에 따라 렌더링되면서 더 큰 현상의 과정을 보여주는 시각적 특징을 만들어낸다[Reeves 1983]. 파티클 렌더링 기술은 화재,

그림 6-38 파티클 시스템으로 데이터에 따라 렌더링한 연기 (Image courtesy of Chris Landreth and Dave Bock)

폭발, 연기 등의 연소 과정(그림 6-38)은 물론, 액체 및 가스 흐름을 표현하는 데 매우 적합하다.

파티클 렌더링과 비슷한 것이 포인트 클라우드$^{point\ cloud}$ 렌더링이다. 포인트 클라우드는 막대한 수가 집합을 이루면서 그 구조가 드러나는 개별 데이터 입자의 모음이라는 점에서 파티클과 비슷한 특징을 보인다. 둘 사이의 큰 차이점은 렌더링할 점의 개수다. 포인트 클라우드가 본질적으로 정적이지만, 렌더링할 점이 훨씬 많다. 포인트 클라우드는 레이더 스캐너로 생성되는 경우가 많다. 레이더 스캔은 각각 수십억 개의 점을 발생시킬 수 있다. 이러한 점들을 함께 보면, 씬이 사진처럼 보일 수 있다

둘 다 거대한 숫자의 집합에 의해 구조가 드러나는 개별적인 데이터 스폿의 집합이라는 점에서 그러하다. 둘 사이의 주된 차이점은 점 구름은 본질적으로 정적인 경향이 있지만 렌더링할 점의 수가 훨씬 더 많다는 것이다. 점 구름은 종종 리더 스캐너로 생성된다. 개별적인 리더 스캔은 수십억 개의 포인트를 발생시킬 수 있다. 이러한 점들을 함께 볼 때 한 씬이 사진처럼 나타날 수 있다 (그림 6-39).

그림 6-39 레이더 레이저 스캐너로 캡처한 포인트 클라우드를 렌더링하면 매우 사실적인 씬을 만들 수 있다. (A) 아이다호 엘크 미도우(Elk Meadow)에 있는 로지폴 소나무를 살펴보고 있는 사용자 (B) 수정 동굴을 스캔해 만든 것으로, 암석 형성을 거의 사진처럼 보여준다. (Scan for (A)Boise State University, (B) University of Idaho)(Photograph courtesy by Eric Whiting)

복잡한 비주얼 씬 렌더링

특수 하드웨어 또는 소프트웨어 기술을 사용하면 비주얼 씬의 복잡성(및 명백한 복잡성)을 향상시킬 수 있다. 복잡한 씬은 더 정확한 리얼리즘 또는 더 상세한 프레젠테이션을 넣어, 보는 이에게 더 풍부한 시각적 경험을 제공할 수 있다는 이점이 있다. 실시간 인터랙티브 컴퓨터 그래픽의 역사는 삼각형의 래스터라이제이션을 중심으로 진행됐다. (더 작고 더 많은 삼각형으로) 더 정밀한 디테일을 렌더링해 씬을 향상시키는 기술도 있다. 반면 인코딩이 실제로 캡슐화되는 것보다 더 많은 정보를 묘사하는 트릭을 생각한 기술도 있다. 즉, 보는 사람이 지각하는 품질보다 저렴한 비용으로 더 높은 수준의 성능(및, 또는 리얼리즘)을 제공하는 것이다. 예를 들어, 텍스처 맵과 프로그래밍 가능한 쉐이더shader를 들 수 있는데, 이 둘은 주어진 기하학적 해상도(폴리곤 수) 대비 렌더링의 정밀도 및 미세한 디테일을 향상시킬 수 있는 방법이다.

실시간 렌더링에 있어 래스터라이제이션이 주요 기법으로 여전히 자리하고 있지만, 레이 트레이싱 렌더링을 실시간으로 돌릴 수 있을 정도로 빠르게 만드는 데에도 많은 노력이 들어갔다. 빠른 레이 트레이싱을 위한 열쇠는 공간 가속 데이터 구조spatial acceleration data structures를 사용하는 것이다. 이는 용어에서 알 수 있듯이 허투루 쓸 시간이 없으므로 알고리즘 전략을 짜서 낭비적인 연산을 피하는 방식으로 공간 배열에 근거해 데이터를 구성한다. 기본 알고리즘은 경계 요소 하이어라키에 먼저 광선 교차 테스트를 한 다음, 실제 광선 교차를 할 후보 오브젝트 리스트를 만날 때까지 노드 트리를 더 깊이 내려간다. 그런 다음, 교차 결과를 광선에 적용, 즉 서피스를 어떻게 쉐이딩할지 결정하기 위한 더 상세한 정보를 모으러 일부 색상 정보를 카메라로 다시 보내고 반사 또는 굴절시킬 수 있다.

가속 데이터 구조가 지닌 가장 큰 문제점은 구조를 결정하는 데 너무 느려서 실시간 렌더링을 시도하기 전에 미리 해당 구조를 구성해야 한다는 것이다. 사전 구성은 씬에 커다란 변화를 실시간으로 줄 수 없는 결과로 이어지기 때문에, 씬에는 제한된 오브젝트 조작만이 있을 수 있다. 특정 상황을 수용할 수 있는 특정한 타협은 가능하다. 한 공간에 뜨문뜨문 떨어져 있는 성근 조직의 데이터 구조는 업데이트하기 쉽지만, 렌더링 성능이 떨어진다. 움직이기 쉬운 오브젝트는 특별 케이스로 취급할 수 있다. 예를 들어, 씬을 건너 움직이는 아바타의 경우, 공간 데이터 구조 내부가 아닌 외부에 둘 수 있기 때문에 더 복잡한 알고리즘으로 처리할 수 있다.

일반적인 씬을 레이 트레이싱하는 것과는 달리, 볼륨 데이터에 돌리는 레이 캐스팅은 두 가지 장점이 있다. 하나는 알고 있는 데이터 구조를 훑는 것이고, 다른 하나는 광선 전파가 반사 및 굴절의 영향을 받지 않기 때문에 좋다(그림 6-40). 최종 결과를 얻기 위한 연산을 통해 광선은 이미 알고 있는 시간 동안 데이터를 훑어갈 것이므로 실시간으로 작업을 수행하는 부담이 줄어든다. 또한 레이 캐스팅을 이용한 기본적인 볼륨 렌더링의 경우, 광선이 주변으로 튕기지 않고(반사), 간신히 통과해 가거나, 처음 닿는 완전 불투명한 머티리얼에 흡수된다. 반면 레이 트레이싱은 반사, 굴절, 그림자, 앰비언트 어클루전 라이팅, DOF 등, 개별 광선이 씬에 있는 오브젝트와 부딪힐 때마다 새로운 광선을 만들어 내는 재귀 작업이다(그림 6-41).

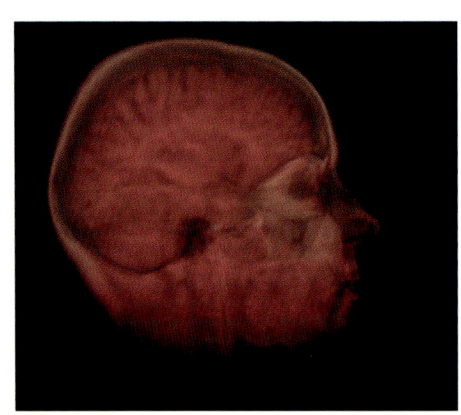

그림 6-40 시뮬레이션된 데이터의 볼륨 렌더링을 만드는 데 레이 캐스팅을 사용한다. 이로써 오브젝트를 들여다볼 수 있게 돼 오브젝트의 내부 구조를 살펴볼 수 있다. (Image courtesy of John Stone)

그림 6-41 레이 트레이싱을 사용하면 앰비언트 어클루전 라이팅, DOF, 그림자, 반사 및 굴절과 같은 비주얼 특성을 가져갈 수 있어 렌더링에 사실성이 더해진다. (Images courtesy of John Stone)

현대의 GPU 시스템 덕에 이제 실시간으로 몇몇 씬에 레이 트레이싱을 사용할 수 있게 됐다. VR 체험에 사용할 수 있을 정도로 빠르게 렌더링할 수 있는 씬 타입에는 몇 가지 제약이 있다(물론, 고정 VR 디스플레이를 사용하면 가능한 높은 대기시간 허용오차의 덕을 볼 수 있다).

렌더링 속도에 영향을 미치는 중요한 두 가지 요소는 화면의 픽셀 해상도와 씬의 폴리곤 수다. 화면 해상도는 지난 10년 동안 상당히 높아졌지만, 일반적인 씬에 포함될 수 있는 폴리곤 수만큼 빠르게 증가한 것은 아니다. 아마도 화면 해상도가 10이라 치면 폴리곤 수는 100 정도일 것이다. 그리고 화면 해상도가 인간의 눈으로 구별할 수 있는 해상도와 일치할 정도가 되면 더 개선되지 않을 수 있지만, 폴리곤 수는 계속 증가할 가능성이 높다. 이 둘의 관계는 레이 트레이싱이 렌더링할 픽셀 수에 비례하지만, 래스터라이제이션은 폴리곤 수에 더 밀접하게 연관돼 있다는 점에서 렌더링 방법론의 선택과 관련이 있다. 따라서 레이 트레이싱은 결국 더 빠른 렌더링 솔루션이 될 것이다.

그러나 현재는 어떤 상황에서는 실시간 레이 트레이싱이 가능하고, 결국 좋은 결과를 낳는 해결책이 될 수도 있지만, 가장 큰 문제는 씬에 포함된 전체 폴리곤의 수가 아니라 변화하는 폴리곤 수일 것이다. 래스터라이제이션의 경우, 모든 폴리곤이 움직일 수 있다.

래스터라이제이션 렌더링 파이프라인(오브젝트 기반)

래스터라이제이션 렌더링은 가상 현실을 실시간으로 렌더링할 수 있는 탁월한 방법으로 자리하고 있기 때문에 고급(간략화된) 방법론을 간단히 살펴보겠다. 실시간 렌더링의 표준으로서, GPU가 처음에 디자인됐고(지금은 훨씬 더 유연함), OpenGL, DirectX와 같은 기본 그래픽 렌더링 API 는 물론 OpenGL에 뿌리를 둔 GLES(임베디드 시스템용), WebGL(브라우저 기반 렌더링용) 및 Vulkan(OpenGL API 패밀리의 최신 후예)에 구현되는 방법론이다.

오브젝트 기반 방법으로 씬을 처리하는 것은 모든 오브젝트를 고려하며("각 오브젝트를 루프로 묶는다"), 차례로 각 오브젝트에 있는 삼각형들 각각이 뷰에 나타나는 위치와 각 픽셀에 할당된 색상을 정한다. 이러한 단계를 단순하게 정리하면 다음과 같다.

- 해당 씬의 각 오브젝트를 루프로 묶는다.
    - 주어진 오브젝트에 포함된 각 삼각형을 루프로 묶는다.
        - 삼각형의 꼭지점들이 화면 공간 어디에 있는지 확인한다(화면 밖에 있는 부분은 잘라낸다).
        - 해당 삼각형을 래스터라이제이션한다. 즉, 어떤 픽셀이 해당 삼각형에 덮혀 있는지 확인한다. 래스터라이제이션 중에는 해당 삼각형 꼭지점들 사이의 값을 (무게 중심 좌표 즉, 삼각형 전체에서 기본적으로 정규화된 좌표를 사용해서) 보간해서 각 픽셀 위치에서 삼각형의 속성을 결정한다.
            - 색
            - 뎁스^{depth}(정규 공간에서)
            - 표면 법선
            - 텍스처 좌표
        - 각 픽셀의 최종 색상을 연산하기 위해 속성들을 라이팅 연산과 묶는다.
        - 기존 픽셀 값으로 깊이 테스트를 수행하고 새 데이터가 더 가깝다면 값을 교체한다.

참고: 모든 현재 픽셀 거리 값을 저장하기 위해 별도의 '깊이' 버퍼를 사용하면 전체 알고리즘이 적은 양의 메모리를 잡아먹는 대신 정렬^{sorting}하는 데 시간을 허비하지 않아도 된다. 그러나 이는 불투명한 삼각형에만 효과가 있다. 반투명 서피스는 정렬해야 하고, 나중에 가장 멀리 떨어진 뷰 평면에서 가장 가까운 뷰 평면으로 렌더링해야 한다.

일단 모든 오브젝트가 처리되면, 디스플레이 하드웨어에 맞게 픽셀 버퍼의 색상을 조정(아래의 와이핑^{warping} 참고)한 다음, 디스플레이 하드웨어로 보낸다. 이어지는 절에 설명하는 다양한 기법은 프로세스의 속도를 높이거나 더 적은 삼각형으로 더 사실감을 높이기 위해 이 중요한 프로세스 안에서 작동한다.

쉐이딩

가상 세계에서 그림자를 수학적으로 에뮬레이팅하는 데는 많은 요소가 들어간다. 가장 간단한 쉐이딩 방법은 각 삼각형의 꼭짓점, 즉 버텍스^{vertex}에 명시된 정확한 값으로 픽셀을 칠하기만 하면 된다. 이 기본 방법을 플랫 쉐이딩$^{flat\ shading}$이라고 한다. 전형적인 씬에서는 텍스트 정보나 다른 HUD 또는 평평한 만화 세계의 예술적 표현용으로만 플랫 쉐이딩을 사용한다. 더 정교한 모델로는 폴리곤에 색상 값을 보간하는 고러드 쉐이딩$^{Gouraud\ shading}$[Gouraud 1971]과 퐁 보간$^{Phong-interpolation}$[Phong 1975] 등이 있다. 이는 뷰어와 씬에 있는 표면 및 라이트 사이의 관계를 점점 더 사용하는 반사 모델로 더욱 강화될 수 있다.

가장 기초적인 것부터 시작해 라이팅 효과가 적용되는 디자인 명세 수준으로 쉐이딩을 살펴보자.

- 폴리곤(삼각형) 쉐이딩─일명 플랫 쉐이딩
- 버텍스 쉐이딩$^{Vertex\ shading}$─일명 고러드 쉐이딩
- 픽셀 셰이딩$^{Pixel\ shading}$─퐁 보간 쉐이딩

이들 각각은 확산(예: 램버시안^{Lambertian}), 정반사(예: 퐁 반사 모델) 및 서브서피스^{subsurface}(예: Hanrahan-Krueger)와 같은 반사율 모델의 의 영향을 추가로 받는다.

그림 6-42 그래픽 셰이더 알고리즘을 사용해 빛이 서브서피스 산란 효과와 같은 머티리얼과 상호작용하는 방식을 시뮬레이션할 수 있다. 왼쪽의 그림에서는 서브서피스 렌더링 효과를 적용하고, 오른쪽의 그림은 표준 디퓨즈(diffuse) 렌더링 모델을 적용하고 있다. 표준 모델이 어떻게 더 반사돼 오브젝트가 플라스틱처럼 보이는지를 눈여겨 보길 바란다.

셰이더 알고리즘은 서피스 전체에 걸쳐 텍스처링된 속성을 사용할 수도 있다. 이는 기본적인 색상 정보일 수 있지만, 서피스의 법선(범프 맵 bump map)에서의 작은 변화 또는 반사, 서브서피스 산란 또는 기타 속성일 수도 있다(그림 6-42). 셰이더 알고리즘을 작성하는 한 가지 용도는 자연을 가장 근사하게 모방하는 렌더링 기법을 가능하게 하는 것이다. 예를 들어, 쉐이더는 3차원 매개변수를 충분히 활용해 나무로 만든 오브젝트 안에 나무의 표면은 물론, 조각하거나 잘랐을 때 드러나는 나이테를 만드는 텍스처 맵을 절차적으로 생성할 수 있다.

현대의 GPU 프로그래밍은 이제 기존의 래스터라이제이션 파이프라인의 많은 부분을 개방형 아키텍처로 대체해 프로그래머가 한 씬의 각 픽셀에 영향을 미치는 자체 쉐이딩 루틴을 작성할 수 있게 한다. 이 획기적인 발전 덕분에 실시간 컴퓨터 그래픽 엔지니어들이 새로운 기법을 사용할 수 있게 되면서 하드웨어 변경 없이 소프트웨어에서 그래픽 파이프라인을 다시 구현할 수 있게 됐고, 또한 훨씬 더 다양한 스타일의 래스터 렌더링을 할 수 있게 돼 자신만의 비표준 쉐이딩 방법을 실험할 수 있게 됐다.

폴리곤 수 줄이기

폴리곤 수를 줄이는 것도 소프트웨어 시스템 렌더링 성능을 향상시키는 또 다른 기법이다. 폴리곤 수를 줄일 수 있는 한 가지 방법은 3D 오브젝트를 한 방향에서만 보는 것이다. 이렇게 하면, 뒷면의 폴리곤은 보이지 않으니 필요하지 않고, 이를 그리는 것은 노력의 낭비이자 귀한 시간을 낭비하는 일이다. 처리가 필요하지 않은 다른 폴리곤으로는 다른 오브젝트에 가려진 것과 불투명한 오브젝트 안에 있는 것들이다. 폴리곤 수를 줄일 수 있는 또 다른 방법으로는 오브젝트가 몇 안되는 폴리곤으로 만들어졌음을 가릴 수 있는 시각적 특징이 있는 더 큰 폴리곤(따라서 적은)을 사용하는 것이다. 이 모든 트릭의 기본 골자는 풍부한 시각적 이미지를 만드는 데 들어가는 렌더링된 폴리곤의 수를 줄이는 것이다. 이러한 기법에는 텍스처 매핑texture mapping, 뷰 컬링view culling, LOD 컬링, 안개와 같은 대기 효과atmospheric effects 등이 있다.

텍스처 매핑 Texture Mapping. 텍스처 매핑은 "서피스에 기하학적으로 실재하지 않는 디테일한 모습을 보여주기 위해 (폴리곤에) 세세하게 서피스 특성을 변경하는 방법"이다[Peachey 1994]. 전통적으로 서피스에 매핑된 특성에는 색상, 투명도, 서피스 법선의 작은 변화에서 오는 빛 반사율(범프맵)이 포함된다. 울퉁불퉁한 서피스에서 반사되는 빛의 방향은 서피스의 질감, 즉 울퉁불퉁함을 시각적으로 드러내는 것이다. 빛이 서피스에서 튕겨 나오는 방식을 인위적으로 수정해서 서피스가 울퉁불퉁한듯 보이게 만들 수 있다(기술적인 부분을 언급하자면, 블린Blinn의 범프맵은 빛이 서피스에서 튕겨 나오는 방식에 영향을 미치는 데 사용되는 1D 값 세트를 매핑하기 때문에, 서피스는 빛과의 각도를 사용해 반사되는 색상을 결정하는 렌더링 기법 덕에 '울퉁불퉁'하게 보이게 된다).

따라서 하나의 폴리곤이 다양한 세부 특징을 갖고 있는 것처럼 보일 수 있다. 그림 6-43A의 거친 질감의 벽돌로 된 하나의 벽처럼 말이다. 이는 정의에 따라 하나의 폴리곤은 평평하기 때문에 거친 외형은 당연히 거짓이며, 해당 서피

그림 6-43 텍스처 매핑은 폴리곤으로 이뤄진 서피스에 디테일을 넣어 (A)벽면에 벽돌 모양을 넣는 것처럼 사실감을 더할 수 있다. 아니면, (B) 주어진 지형에 강우 데이터를 텍스처로 매핑하듯, 추가 정보를 전달할 수도 있다. (Image courtesy of William Sherman, Dave Bock)

스는 실제로 변한 것 없이 실루엣, 그림자 때문에 입체적으로 보이는 것이다. 이는 대부분의 경우 그런대로 괜찮은 절충안이며, 특히 더 작거나 덜 중요한 오브젝트라면 적절한 것이다. 서피스의 작은 변화를 더 발전된 형태로 매핑하는 방법은 서피스 법선을 직접 조정하는 것이다. 오브젝트의 폴리곤 수가 줄어들 때 이러한 맵을 만드는 경우가 많지만, 서피스의 디테일이 중요하다.

폴리곤 하나에 전체 텍스처의 한 부분이 있고, 이러한 폴리곤이 여러 개 모여 복잡한 형태로 매핑되기도 한다. 예를 들어, 나무 줄기를 여러 개의 평평한 폴리곤으로 이뤄진 기본 원통으로 모델링할 수도 있지만, 이것을 나무 껍질처럼 보이는 텍스처로 싸서 더 사실적으로 보이게 만들 수 있다.

현대 프로그램 가능한 GPU에서 텍스처는 정말로 무엇이든 될 수 있다. 1차원, 2차원 또는 3차원일 수도 있으며, 어떤 물리적 속성, 비물리적 속성으로, 심지어는 상상해낸 속성으로도 만들어질 수 있다. 현대의 셰이더는 제공된 어떤 데이터도 자유롭게 사용할 수 있고 어떤 방식으로든 렌더링을 변경할 수 있다. 앉은 자리에서 응력, 변형 또는 정전기 전위와 같은 물리량을 사용해 각 픽셀에서 폴리곤의 모양이나 색상에 영향을 줄 수도 있다. 양방향 반사율 분포 함수 BRDF$^{Bidirectional\ reflectance\ distributions\ functions}$(광원에서 나오는 빛이 뷰어에 특정 반사 각도로 반사되는 방식)를 사용해 이방성, 즉 측정하는 방향에 따라 성질이 다른 서피스(예: 솔질한 알루미늄)의 모양을 모델링할 수 있다. 본질적으로 텍스처 맵은 폴리곤의 서피스를 따라 변하는 인덱스를 가진 거대한 룩업 테이블이다. 따라서 텍스처 매핑을 사용해 실제가 아닌 디테일을 추가하는 것 외에도, 폴리곤에 과학적 표현을 추가하는 데 사용할 수도 있다(그림 6-43B). 실시간 렌더링을 위한 구체적인 텍스처 매핑 기법은 '고급 텍스처 매핑 기법' 절에서 설명하겠다.

컬링^{Culling} 뷰에 기반을 둔 컬링은 가상 세계의 모든 폴리곤이 항상 보이는 것은 아니라는 사실을 이용한다. 측면이나 뷰어 뒤에 있는 오브젝트처럼 보이지 않는 폴리곤에 처리 능력을 낭비할 필요가 없다. 또한 사용자가 밀폐된 가상 위치에 있는 경우, 사용자를 둘러싼 벽을 추가로 컬링할 수 있다. 창문, 거울 및 기타 반사, 투명 및 투과하는 서피스가 있으면 정확한 컬링 작업이 어려울 수도 있다. 투명도를 조절하는 텍스처(벽에 난 창이나 다른 구멍, 또는 스테인드 글라스 효과의 경우)를 쓸 수 있는 고급 쉐이더의 경우, 컬링을 제대로 해낼 수 있는 알고리즘은 더욱 복잡해진다. 한편, 과학적 비주얼리제이션에서 종종 볼 수 있듯이, 뷰를 기반으로 한 컬링은 씬이 전적으로 뷰어의 범위 내에서 제시되기 때문에 효과적이지 않다. 컬링이 적합하지 않은 시나리오의 예를 들자면, 단 하나의 요소로 구성된 씬으로, 요소 전체가 뷰어 바로 앞에 있는 경우다.

컬링의 또 다른 형태는 LOD 컬링이다. 이 기법은 뷰어에 비례한 오브젝트의 상대적인 크기를 기준으로 해당 오브젝트의 여러 모델들 중 하나를 선택해서 렌더링된 폴리곤 수를 줄인다. 건물을 예로 들어보자. 뷰어가 그 근처나 안에 서 있을 때는 수천 개의 폴리곤으로 구성해야 할 수 있지만, 수평선상에서 볼 때는 한 줌밖에 안 된다.

안개, 연기, 연무와 같은 시야를 가리는 희부연 빛을 흡수하는 대기 흡광 효과가 있는 경우, 사용자가 수 마일을 볼 수 있을 때보다 오브젝트를 더 빨리 컬링할 수 있어서 폴리곤을 줄일 수 있다. 또한, 디테일이 떨어지는 오브젝트는 시야를 가리는 희부연 것을 통해 볼 때 더 쉽게 속일 수 있으므로 더 적극적으로 LOD 컬링을 사용할 수 있다. 물론 완전히 흐릿한 오브젝트는 렌더링이 전혀 필요하지 않다.

카메라 DOF 에뮬레이션을 쓰면 초점이 맞는 깊이 범위 내에 있지 않은 모든 오브젝트의 지오메트리와 디테일을 비슷하게 단순화할 수 있다.

폴리곤 제거 Polygon Decimation 폴리곤 제거를 통해 오브젝트의 모양을 단순화하는 것은 한 씬에서 폴리곤의 수를 줄이는 확실한 방법일 것이다. 오브젝트의 전반적인 형태를 상당 부분 유지하면서 메쉬mesh에 있는 폴리곤의 수(보통 삼각형)를 줄이는 알고리즘이 있다. 메쉬(또는 폴리곤 메쉬polygon mesh)는 버텍스vertex(점), 버텍스 사이의 변, 그리고 변으로 둘러싸인 면(일명 폴리곤)의 집합이다(폴리곤 메쉬라고 꼭 집어 얘기할 때 면은 변을 결정짓는 버텍스 리스트로 정의할 수 있다). 메쉬를 줄이는 LOD 버전은 풀 해상도 오브젝트와 동시에 생성될 수 있다.

위에서 언급한 바와 같이, 일부 제거 툴은 더 큰 폴리곤이 더 작은 폴리곤의 집합을 대체할 때 기하학적으로 손실되는 일부 형태적 디테일을 표면상으로 재현하는 노멀맵^{normalmap} 텍스처를 생성한다. 따라서 디테일은 여전히 더 빠르게 렌더링될 수 있는 형태로 유지된다.

폴리곤 수를 줄여서 좋은 또다른 점은 두 개 오브젝트가 충돌하는지 여부를 연산할 때 볼 수 있다. 물리 시뮬레이션을 할 때, 충돌 감지가 단순화되면 씬을 넘나들며 움직이는 오브젝트와 이를 둘러싼 오브젝트들을 더 많이 비교할 수 있다. 실제로 게임 엔진에서는 한 오브젝트의 메쉬를 한층 더 줄여 두 번째 메쉬로 저장하고 이를 충돌 감지 전용으로 쓰는 경우도 많다.

고급 텍스처 매핑 기법

지금까지 멋진 씬을 만드는 데 들어가는 폴리곤의 수를 줄이는 방법 중 하나가 가짜 디테일로 텍스처 매핑된 폴리곤임을 알아봤다. 텍스처는 라이팅 연산에 들어가는 양을 줄이는 데도 쓸 수 있다. 가상 세계에서 라이팅이 서피스에 어떤 영향을 주는지 정의하는 라이팅 효과를 미리 연산해 텍스처에 통합하는 것이다. 이런 작업을 텍스처에 라이팅을 베이킹^{baking}한다고 일컫는다. 텍스처를 사용해 서피스의 디테일을 가짜로 꾸몄을 때 부작용은 가까이서 볼 때, 특히 입체적으로 볼 때 드러난다. 단순한 색상 텍스처로 된 오브젝트의 비밀은 연극 무대의 허울뿐인 배경이나 골판지로 만든 입간판보다 더 생생히 들통나고 만다.

라이팅에 들어가는 시간 소비를 극복하고 입간판 같은 허술한 모습을 숨기는 데 사용할 수 있는 특수 텍스처 맵 기술이 있다. 이러한 트릭에는 베이킹된 라이팅, 텍스처 회전(빌보딩^{billboarding}), 멀티뷰 텍스처, 스테레오스코픽 텍스처$^{stereoscopic\ textures}$, 애니메이션된 텍스처 등이 있다. 마지막 세 가지는 모두 뷰어의 방향, 뷰아이$^{view\text{-}eye}$, 뷰타임$^{view\text{-}time}$에 따라 변경되는 멀티 비트맵을 베이스에 쓰고 있다.

라이트 베이킹은 최소한의 연산 비용(적어도 런타임 비용)으로 씬을 풍요롭게 하기 위해 텍스처 맵을 사용하는 또 다른 기법이다. 사실, 문제는 런타임 연산과 사전에 시간을 들여 제작하는 (일명 베이킹) 이미지 텍스처에 드는 시간 중 어느 쪽이 비중이 큰가에 있다. 가상 세계에서의 라이팅은 폴리곤보다 훨씬 더 엄청난 비용이 든다. 모든 픽셀의 최종 색상을 도출하기 위해서는 씬에 있는 모든 라이트를 각 렌더링된 폴리곤마다 고려해야 한다. 따라서 대부분의 인터랙티브 그래픽 렌더링(실제로는 인터랙티브가 아닌 것들도)은 씬에 들어가는 라이트 수, 혹은 씬에 들어가는 움직이는 오브젝트에 영향을 미치는 라이트 수만이라도 줄이려는 부단한 노력을 기울인다.

성벽을 따라 켜져 있는 횃불처럼 씬에 분위기를 더하기 위해 디자인된 라이트의 경우, 각 횃불에서 투사되는 빛이 벽에 영향을 미치는 영역은 작기 때문에, 각 프레임별 전체 씬에 미치는 영향을 연산하지 않는다. 대신 해당 영역에는 벽 서피스를 채색하는 텍스처 맵에 효과를 입힌다. 최신 모델링 패키지와 게임 엔진에서는 가상 세계를 실행 가능한 환경으로 컴파일하는 과정에 이 베이킹 단계를 둔다. 경우에 따라서는 베이킹을 수작업으로 하기도 한다. 라이팅을 포함해 모든 서피스를 손으로 채색한 디즈니의 Aladdin VR 경험처럼 말이다.

IBR$^{\text{Image-based Rendering}}$은 씬 렌더링 시간과 복잡성을 개선하는 데 이미지를 사용하는 기법을 통틀어 일컫는 용어다. IBR의 가장 큰 특징은 이미지를 렌더링하는 시간을 줄이기 위해 캡처한 또는 사전에 렌더링한 이미지를 사용한다는 점이다. 렌더링된 씬의 기하학적 복잡성을 없애거나 줄여서 말이다. 뷰 파라미터를 준수하는 이미지 머티리얼이 많을수록 기하학적인 표현이 덜 필요하다. 따라서 씬을 여러 라이팅 조건하에 다수의 유리한 지점에서 본 이미지가 많으면 기하학적 렌더링 작업이 덜 필요하다. IBR은 가상 세계를 포착하고 저장하기 위한 광범위한 사전 노력이 필요하다.

또 다른 IBR 기법은 이전에 렌더링된 씬 이미지를 활용하는 것으로, 각 픽셀에서 깊이 값을 사용해서 새로운 뷰 파라미터를 기준으로 이전 이미지를 뒤틀고, 구멍이 생긴 곳은 전부 표준 기하학적 렌더링을 사용해 채운다.

가장 간단한 형태의 IBR은 실제 오브젝트의 사진을 찍어 폴리곤이나 폴리곤 잡합에 놓는 것이다. 따라서, 이어 소개하는 다음과 같은 고급 텍스처 매핑 기술은 VR 개발자가 실제로 지금 사용할 수 있는 가장 단순한 형태의 IBR이다!

멀티패스 렌더링은 렌더링 품질을 향상시키기 위해 텍스처 맵 메모리를 사용한다. 그림자를 연산하고, 거울을 통해 반사하고, 렌즈 효과를 만들고, 안티앨리어싱을 수행하고, 만화나 연필 스케치와 같은 예술적 렌더링을 만드는 등 여러 기능을 더해서 말이다. 예를 들어, 그림자는 광원의 POV에서 씬을 렌더링해 이를 텍스처 메모리에 저장한 다음, 카메라의 렌더링 패스에서 섀도 텍스처를 사용해서 광원에 보이지 않는 영역을 어둡게 해서 연산한다. 또는 렌더 패스$^{render\ pass}$를 사용해서 디스플레이보다 높은 해상도로 렌더링한 다음, 이를 최종 카메라 렌더링을 위해 안티앨리어싱된 뷰로 처리할 수 있다. 마찬가지로, 제일 처음 실시한 카메라 렌더링은 렌즈 효과를 기반으로 비틀 수도 있고, 다음 절에서 설명하는 '지역적으로 타깃팅된 렌더링'을 할 수도 있다.

빌보딩^{billboarding}은 대칭하는 오브젝트에 유용한 기술이다. 나무들처럼 멀리 있는 복잡한 오브젝트는 부분적으로 투명한 텍스처 맵(나무만 오려낸 사진으로 매핑됨)을 매핑한 단일 평면 폴리곤으로 렌더링할 때 정말 진짜처럼 보일 수 있다. 그러나, 뷰어가 이 나무에 다가갈수록, 나무가 3D 세계에 놓인 평평한 2D 오브젝트라는 것이 명백해진다. 이러한 오브젝트의 평평함을 눈에 띄게 줄이는 간단한 트릭은 평평한 폴리곤을 회전시켜 항상 뷰어를 향하게 하는 것이다. 이를 빌보딩이라고 한다. 광고판을 회전시키는 것 같은 이 빌보딩은 오브젝트가 대칭인 것처럼 보이게 한다(즉, 모든 방향에서 똑같아 보임). 이 기법은 두 가지 요건을 충족해야 하는 한계가 있다. 하나는 오브젝트에 (근접) 대칭 축이 존재해야 하며, 다른 하나는 뷰어가 해당 축과 직교하는 오브젝트만 바라봐야 한다는 것이다. 따라서 위에서 2D 나무를 보면 환상이 산산조각 날 것이다(물론, 나무가 모든 방향에서 똑같아 보인다는 것을 뷰어가 알아차린다면 환상도 줄어들 수 있다.)

그림 6-44 텍스처 맵을 오브젝트가 보이는 방향에 따라 변경하는 텍스처 맵을 사용하면 3차원 오브젝트를 모방할 수 있다. 따라서 이 사진에 있는 동상처럼 복잡한 오브젝트는 여러 뷰포인트에서 본 이미지를 캡처해 두고, 사용자의 변화하는 관점에 따라 해당 이미지들을 선택/혼합해 모방할 수 있다. (Photographs by William Sherman)

이 회전 기법은 여러 뷰로 이뤄진 텍스처들로 확장될 수 있다. 그림 6-44에서 볼 수 있듯이, 다른 각도에서 볼 때, 뷰어를 향하도록 폴리곤을 회전할 뿐만 아니라, 폴리곤에 매핑할 이미지도 달리 선택할 수 있다[Pausch 1995]. 그래서 앞서 예를 든 나무와 같은 방식으로 고양이를 렌더링할 수 있지만, 정면에서 보면 고양이 얼굴이 완전히 보이고, 뒤에서 보면 꼬리가 눈에 확 들어오게 렌더링할 수도 있다. 오브젝트의 어느 부분이 보이느냐 하는 제약 조건에 따라, 이미지는 단 하나의 축에 따른 것에서부터 구 모양의 POV 어느 곳에서나 본 이미지에 이르기까지 달라질 수 있다.

고양이는 앞의 예에서 나무와 같은 방식으로 렌더링할 수 있지만, 앞에서 보면 고양이의 얼굴이 완전히 보이고, 뒤에서 보면 꼬리가 두드러진다. 오브젝트를 보는 제약조건에 따라 영상은 단일 축에 대해서만 또는 구형의 관점에서만 다를 수 있다. 사용 가능한 개별 시야각 수의 함수로 다중 뷰를 사용하면 더 많은 텍스처 메모리 리소스가 소비된다.

멀티뷰 텍스처 매핑 기법은 깃털이나 발광체처럼 아직 실시간 렌더링 기법으로 제작하기 어려운 형태의 물리적 오브젝트를 렌더링하는 데 사용하는 것이 이상적이다. 마크 볼라스$^{Mark Bolas}$와 그의 팀은 이 기법을 최고로 끌어 올리는 작업을 진행했다. 깃털을 중심에 놓고 원주를 따라 서로 다른 72개의 뷰포인트에서 깃털들을 사진으로 캡처해 만든 배열을 가지고 아름다운 공작새를 완성했다[Bolas 2015] (그림 6-45). 볼라스 등이 다중 뷰 텍스처에 추가한 또 다른 트릭은 누군가 오브젝트에 다가갈 때 노출되는 레이어^{layer}를 추가해 디테

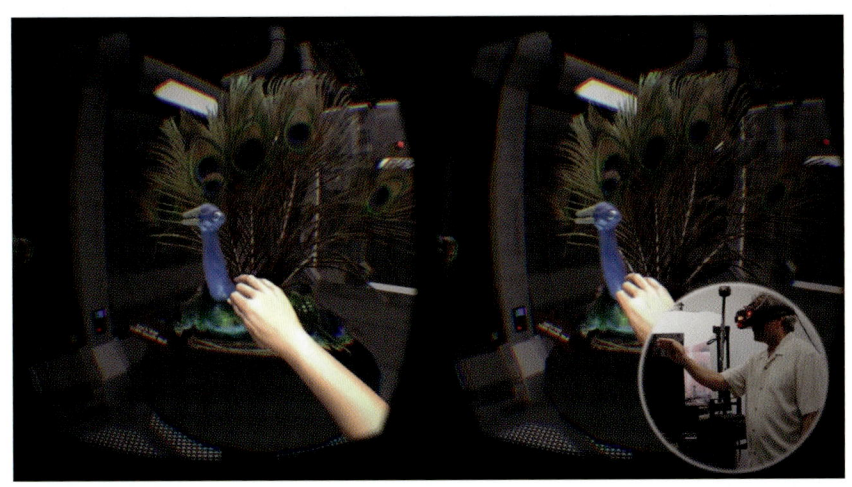

그림 6-45 솜털처럼 보송보송한 오브젝트나 가장자리가 모호한 오브젝트는 모델링하기 어려울 수 있으며 스캐너나 수십 장의 사진으로 모델링하는 포토그래메트리(photogrammetry) 기법으로 스캔하기가 거의 불가능하다. 따라서 이 이미지의 공작새와 같은 오브젝트의 경우, 캡처한 텍스처 맵 모음과 그 사이를 전환해서 사용하는 것이 좋다. (Image courtesy of USC, MxR Lab)

일을 더 많이 볼 수 있도록 하거나, 오브젝트의 외부 레이어(예: 엔진 블록)가 벗겨지는 것이었다.

입체 텍스처는 수많은 개별 폴리곤으로 완전히 렌더링하기에는 너무 디테일한 오브젝트를 클로즈업할 때 유용하다. 사용자가 입체 디스플레이에서 일반적인 싱글 비트맵 텍스처를 입힌 폴리곤을 볼 때(스테레오비전), 해당 폴리곤은 디테일한 형태에 상관없이 평평한 서피스로 보이는 경우가 잦다. 이 단점은 각 눈마다 별도의 텍스처 맵을 입히면 완화될 수 있으며, 폴리곤 서피스에 관한 입체적인 단서를 제공할 수 있다. 하지만 입체 이미지에는 이미지가 가장 잘 보이는 지점(스위트 스폿)이 있으며, 이는 입체 텍스처의 경우에도 마찬가지다. 따라서 입체 텍스처를 가장 효과적으로 쓸 수 있는 경우는 사용자가 스위트 스폿 근처에서만 텍스처를 볼 수 있을 때나 텍스처를 회전시키는 기법과 결합해 보는 방향에 따라 다른 입체 텍스처 한 쌍을 선택할 수 있을 때이다.

시간이 지남에 따라 빠르게 변형되는 오브젝트는 애니메이션 텍스처 맵을 쓰면 도움이 된다. 불이나 떨어지는 물과 같은 자연스러운 변화가 일어나는 것은 흐름이 보일 때 훨씬 더 사실적으로 보인다. 애니메이션 텍스처 맵을 적절히 사용하는 또 다른 경우는 가상 세계의 캐릭터가 미리 정해진 말이나 행동을 할 때이다. 사람들에게 태양 에너지 시설이 어떻게 작동하는지 훈련시키기 위해 만들어진 경험(그림 6-46)에서처럼 말이다. 이 이미지는 강사 역할을 하는 배

그림 6-46 이 강사는 3D 가상 세계에 안에 놓인 애니메이션 텍스처로 표현된다. 여기서 그는 태양열 발전소의 작동 방식을 설명한다.

우를 비디오 녹화해서 만든 애니메이션 텍스처 맵으로 렌더링한 것이다.

영역 대상 렌더링

렌더링 속도를 높이는 또 다른 기법은 사용자에게 더 디테일하게 보여줘야 하는 뷰 영역을 렌더링하는 데 더 많은 노력을 기울이는 것이다. 이 기법이 가장 효과적인 두 가지 방법은 뷰어의 중심와^{fovea}에 더 많은 디테일을 렌더링하는 것과 렌즈의 광학 왜곡이 눈으로 보이는 것을 압축하는 디테일한 부분을 덜 렌더링하는 것이다.

따라서 포비티드 렌더링$^{Foveated\ rendering}$은 사용자의 중심와가 지각하는 중심시 영역을 더 집중적으로 렌더링해 물리적으로 더 많은 디테일을 볼 수 있게 한다. 물론 어느 부분을 고품질로 렌더링해야 하는지를 알기 위해서는 시선의 방향을 알아야 한다. 따라서 이 기법을 채용하는 VR 시스템은 반드시 아이 트래킹$^{eye\ tracking}$을 포함하고 있어야 한다. 1세대 소비자 헤드 마운트 디스플레이^{HMD}는 아이 트래킹을 포함하지 않은 경우가 일반적이지만, 인기 있는 HMD용 애프터마켓$^{after-market}$[10] 애드온 장치도 있고 HMD를 사용자 요청에 맞게 개조해주는 회사도 있다. 또한 아이 트래킹을 표준 모델에 직접 통합하기 시작한 HMD 제조업체들도 있다. 같은 크기의 그리드로 배열된 픽셀 전체에 걸쳐 더 고품질 디테일을 렌더링하는 특성은 이 기법이 레이 트레이싱 스타일 렌더링에 더 유용하도록 한다. 관심이 집중되는 영역에 더 많은 광선을 보낼 수 있으니 말이다. 사실, 빠르게 이동하는 동안에 주변시의 해상도가 낮아지는 것이 불편함을 줄이는 데도 도움이 된다.

다중해상도 쉐이딩 역시 쓸 수 있다. 디테일이 더 많이 들어가야 하는 영역을 렌더링하는 작업에 더 많은 노력을 기울어서 말이다. 하지만 이 경우, 표준 HMD 렌즈의 광학 왜곡이 렌더링된 뷰의 특정 영역을 압축하기 때문에 기회가 발생한다. 따라서 이는 뷰의 주변시 영역에 들어가는 렌더링 작업을 줄일 수 있는 포비티드 렌더링의 역이다. 해당 영역에 있는 디테일은 어차피 손실되

---

10 제품 판매 후 발생하는 관련 부품이나 서비스 등을 제공하는 시장

기 때문이다. nVidia GameWorksVR 팀은 뷰를 9개 부분으로 나누고, 중간 부분은 완전한 해상도를 유지하고, 나머지 부분은 전부 압축하는 방법을 VR 렌더링 시스템에 도입했다[Cebenoyan 2016]. 압축된 뷰포트 기법을 사용하면 래스터라이제이션 렌더링 알고리즘에서도 이 영역 타깃팅 기법을 사용할 수 있다.

360도 구형 뷰로 렌더링

매우 디테일한 씬을 렌더링한 후 HMD로 볼 수 있는 절충안^{compromise} 렌더링 기법은 씬을 360도 구형 뷰로 렌더링한 다음, 움직이지 않는 씬이나 애니메이션된 씬으로 처리하는 것이다. 뷰어는 머리 위치를 이동할 수 없게 돼 있어, 머리를 회전해야만 주위를 둘러볼 수 있다. 다시 말해, 이 기법은 360도 구형 카메라로 캡처한 것처럼 씬을 만들기 위해 컴퓨터 애니메이션 기술을 이용해야 한다. 그러면 캡처한 비디오와 마찬가지로 뷰어는 머리를 회전해 뷰를 변경할 수 있는 기능만 가지고 있다.

이 기법은 렌더링이 고품질 렌더링을 생성하는 데 아직도 몇 분 정도 걸릴 수 있는 실시간 레이 트레이싱과 궁합이 잘 맞기 때문에 위치를 고정하는 방법이 가상 세계를 더욱더 향상된 뷰로 볼 수 있게 한다. 존 스톤$^{John\ Stone}$은 이 기법을 VMD$^{Visual\ Molecular\ Dynamics}$ 비주얼리제이션 툴에 통합했다. 이로써 레이 트레이싱을 원격으로 수행할 수 있어, 360도 구형 뷰를 등장방형도법^{equirectangular} 스냅샷으로 전송해 임의의 방향에서 볼 수 있다[Stone et al. 2016]. VMD의 경우 사용자가 자신의 위치를 의도적으로 변경하도록 선택할 수 있지만, 이렇게 움직일 때마다 레이 트레이서가 씬을 재설정해야 하므로 처음 몇 분 동안은 씬이 거칠게 렌더링된다.

360도 구형 뷰에도 깊이 정보가 포함된 경우, 작은 이동 왜곡을 처리하는 데 사용되는 다른 IBR 기법도 여기에 적용할 수 있으므로 뷰 회전과 더불어 제한된 양의 사용자 이동도 가능해진다. 실제로 뷰 이동 능력을 제한해 라이트필드^{lightfield}를 렌더링할 수 있을 것이다.

비주얼 렌더링 레이턴시

사용자 입력에 느리게 반응하면 가상 세계의 현실감이 줄어든다. VR에서의 속도(느린 정도)는 밀리초 단위로 측정된다. 어떤 HMD에서 멋진 VR을 보는 데 90Hz 렌더링 속도가 필요한 경우(고정 디스플레이는 더 높은 레이턴시를 더 용인할 수 있음을 잊지말길), 렌더링 시간은 프레임당 11.1ms이 된다. 하지만 이 시간동안 렌더링만 하는 것이 아니라 트래킹, 시뮬레이션 및 데이터 통신도 이뤄져야 한다.

흔히 사용자가 어떤 행동(머리를 돌리는 것을 포함해)을 취했을 때부터 이에 대응하는 반응을 볼 때까지의 시간을 MTP[Motion To Photon]라 한다. 게임 회사 밸브[Vave]의 VR 경험을 작업하는 동안, 마이클 아브래시[Michael Abrash](나중에 Oculus VR 수석 연구자가 된다)는 목표 레이턴시[latency]를 20ms 이하로 잡았다[Abrash 2012]. 사실, 그는 실제로 필요한 조건으로 7ms를 가정하기까지 했다. 제이슨 제럴드[Jason Jerald]는 그의 박사 논문에서 딜레이[delay]는 3ms 이하여야 한다고 했다[Jerald 2009]. 레이턴시가 절대 얼마 이하여야 한다는 보편적인 합의는 없어지만, 레이턴시가 줄면 경험의 질이 전반적으로 향상되는 것은 분명하다. 특히 멀미는 어느 정도 완화될 수 있다. 경험에서의 행동[action]타입은 레이턴시의 여파에 영향을 줄 수 있다. 예를 들어, 빠르게 움직이는 스포츠 경험 대비 산책로를 차분하게 걸어 다니는 경험의 차이와 같이 말이다.

사용자 입력과 디스플레이 응답 사이의 레이턴시는 트래킹하고, 가상 세계의 물리(가상 세계의 '자연 법칙')를 연산하고, 세계를 렌더링하고, 디스플레이 디바이스에 결과물을 보내는 등, VR 시스템의 많은 구성요소의 산물이다. 가상 세계의 지각에 약간의 변화를 줘 사용자 입력에 필요한 시간을 합해 전체 레이턴시를 측정할 수 있다. 하지만, 일단 이미지가 표시되면 시간은 흘러가고, 다음 이미지가 표시되기 직전에 사용자가 지각하는 내용과 입력 사이의 레이턴시가 허용 가능한 임계값을 초과할 수 있다. 예를 들어, 체험자가 가상 오브젝트를 보고 있다가 다른 시각에서 오브젝트를 보기 위해 머리를 움직이면, 새 이미지가 표시될 때까지 기존 시각이 유지된다. 이미지가 빨리 업데이트 되지 않으면 사용자가 인지하는 것과 입력(머리 이동) 사이의 레이턴시가 허용 임계값을 초과할 수 있다. 이는 특히 비주얼 렌더링 시스템에서 특히 문제가 된다. 프레임 속도가 수십 헤르츠로 측정되기 때문이다. 또한 비주얼 렌더링과 다른 감각의 싱크를 맞추는 것도 중요하다. 일반적으로 디스플레이 속도는 사운드(44KHz)보다, 햅틱(1KHz)보다 훨씬 빠르다(어색한 립싱크처럼 되면 안 된다).

사용자 인터페이스 입력과 이미지 렌더링(MTP$^{\text{Motion to photon}}$) 사이에 나타나는 시간차, 즉 래그 타임$^{\text{lag time}}$을 줄이면 사용자 경험의 품질에 큰 영향을 미친다. 간단히 말해서, 레이턴시를 줄이는 두 가지 기본적인 방법은 (1) 입력 장치에서 컴퓨터로 가능한 한 빨리 정보를 보내고 (2) 컴퓨터 그래픽 이미지를 생성하는 데 걸리는 시간을 줄이는 것이다. 또한 가능한 레이턴시를 가장 짧게 만들 수 있는 고급 기술도 있다. 최첨단 그래픽 엔진을 더 많이 사용해 얻는 좋은 점은 복잡한 비주얼 씬을 몇 밀리 초 안에 렌더링할 수 있다는 것이다!

다중 렌더링

다중 CPU/GPU(클러스터 돼 있거나 내부에 있든) 컴퓨팅 환경이 갖춰진 컴퓨팅 시스템에서 이미지를 더 빨리 렌더링할 수 있는 한 가지 방법은 씬을 서로 다른 프로세서 간에 렌더링 스타일에 따라 오브젝트 또는 픽셀별로 나눈(분해) 다음, 각 프로세서에서의 작업이 완료되면 하나로 재구성(합성)하는 것이다. 추가되는 통신과 복잡성이 이 병렬 처리를 압도하지 않는 한, 이 기법은 각 프레임의 렌더링 시간을 줄일 수 있다. 따라서 시스템의 최소 레이턴시를 줄일 수 있다.

그러나 최소 레이턴시가 가장 좋은 방법이 아닐 수 있다. 화면에 이미지가 지속되면, 그 사이 시간이 흘러 이미지 수명이 길어지고, 그 때문에 전체적인 레이턴시가 증가한다. 따라서 평균 또는 최대 레이턴시가 더 중요해질 수 있다. 프레임을 번갈아가며 렌더링하기 위해 다중 GPU를 사용하는 이 기법(원래 SGI 디지털 멀티플렉서$^{\text{Digital Multiplexer}}$ 하드웨어에서 DPLEX 분해라고 일컬었음)은 오브젝트나 픽셀이 아닌 시간에 따라 렌더링을 멀티로 진행해서, 해당 시스템의 최소 레이턴시를 줄이기보다는 전체 평균 레이턴시를 크게 줄이는 데 효과적이다.

DPLEX 분해는 트래킹, 연산, 렌더링 또는 디스플레이 래그^{lag}로 나타나는 레이턴시를 줄이지 않지만, 오래도록 노출된 이미지 때문에 생기는 레이턴시를 감소시킨다(그림 6-47). 이미지를 더 빨리 생성하려고 더 강력한 그래픽 엔진을 사용하는 직접적이고 더 비싼 경로를 사용하는 대신, 사용자가 감지하는 평균 래그는 서로 분리된 GPU에서 시간적으로 오프셋된 씬 렌더러들의 병렬 파이프라인을 사용해 더 자주 업데이트된 뷰를 생성할 때 더 줄어든다.

여러 개의 GPU를 사용해 번갈아 가며 프레임을 렌더링하는 것은 하나의 GPU에서 스왑 체인$^{swap\ chain}$(일명 더블 버퍼, 트리플 버퍼 등)을 사용해 앞으로 렌더링할 이미지를 대기열에 올리고, 화면 찢김$^{screen\ tearing}$을 피하는 것보다 더 정교하다는 점에 유의하기 바란다.

타임 워핑

이미지 수명이 길어지는 렌더링에서 레이턴시를 줄일 수 있는 또 다른 방법은 트래킹 데이터 중에서 더 새로운 것을 기반으로 렌더링된 이미지를 재조정하는 것이다[Smit et al. 2008]. 이미 렌더링된 이미지를 나중에 오는 정보에 맞게 조정하기 때문에 이 기법을 시간을 뒤튼다는 뜻에서 타임 워핑$^{time\ warping}$(또는 동시에 일어나지 않는, 비동시성 타임 워핑$^{asynchronous\ time\ warping}$)이라고 한다[Van Waveren 2016]. 타임 워핑에 맨 처음에 렌더링된 이미지를 사용하면, 사용자가 뷰를 좌우로 이동하거나 머리를 돌린 결과와 차이가 있을 수 있다. 따라서 타임 워핑이 구현되면 시스템은 일반적으로 필요 이상으로 큰 뷰를 렌더링 하고, 여기에 사용자 움직임(이동이나 돌림)에 따른 추가 정보를 사용한다.

뷰 이동을 해내려면 머리를 돌리지 않는 회전을 약간 더 렌더링하기만 하면 된다. 머리 이동이 포함된 경우, 다른 오브젝트를 더 이상 가리지 않는 오브젝트 때문에 뷰에 공백이 생길 수 있다. 이러한 공백은 일정 영역에 제한한 표준 IBR 알고리즘을 사용해 채울 수 있다. 뎁스 버퍼 값을 사용해 이러한 알고리즘을 증강할 수 있다. 조정해야 할 움직임 대부분이 사용자 머리를 Y축 기준으로 회전해야 한다면, 사전에 웨핑한 이미지를 평명으로 렌더링하는 대신, 약간의 곡률을 줘 렌더링하는 편이 나을 수 있다. 단, 렌더링의 다른 단계에서 시간이 걸리지 않는다고 가정한다.

물론, 타임 워핑 연산이 렌더링 프레임당 한 번만 적용돼야 할 이유는 없다. 렌더링이 하위 수준임을 나타내는 것은 아닐 것이다. 그러나 대체할 이미지가 제공될 때까지 기존 이미지를 계속 타임 워핑에 쓸 수 있는 것은 분명하다. 이는 사실 앞에서 설명한 360도 구형 기법과 매우 비슷하다.

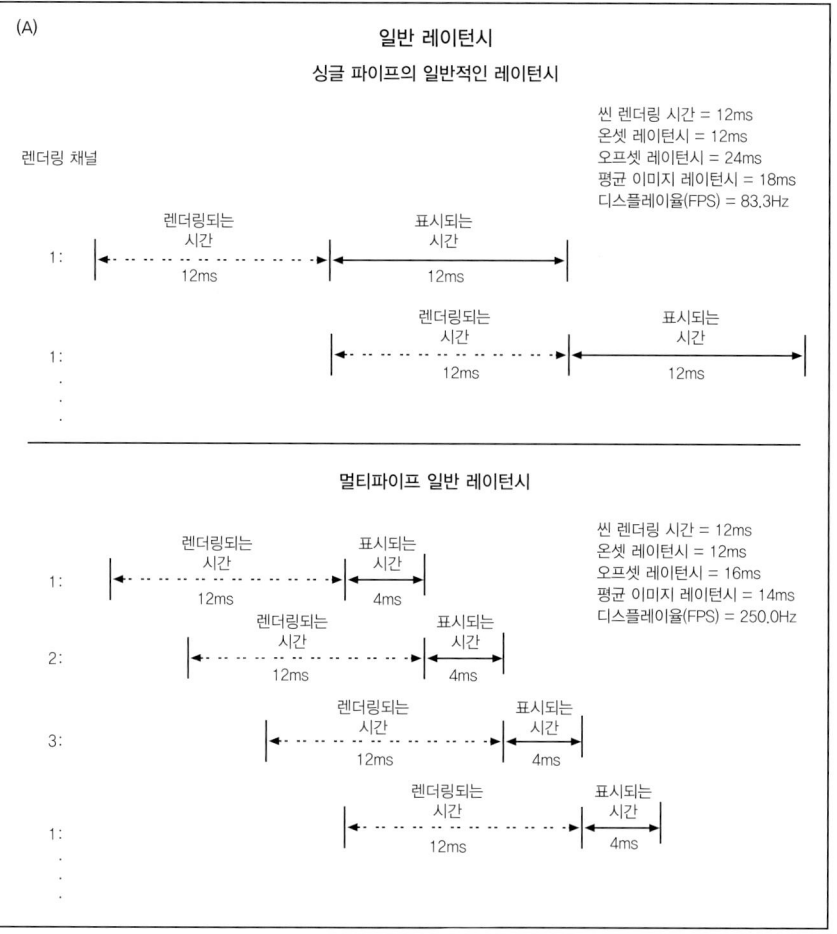

그림 6-47 DPLEX 분해는 각 프레임당 평균 이미지 레이턴시를 줄인다. 이 그림에서는 도표 (A)싱글 파이프 렌더링 시스템과 도표 (B)멀티파이프(이 경우에는 파이프가 세 개) DPLEX 시스템을 비교하고 있다. 모든 타이밍 값은 12ms인 씬 렌더링 시간을 기준으로 한다. 싱글 파이프 시스템은 다음 이미지를 렌더링하는 데 걸리는 시간만큼 이전 이미지를 표시해야 하므로, 다음 이미지가 나타나기 직전에 화면의 정보는 렌더링 시간보다 거의 두 배 오래 된다. 세 개의 파이프 시스템에서는 두 개의 다른 렌더링 프로세스가 항상 진행 중이기 때문에 씬을 렌더링하는 데 필요한 시간의 1/3만 이미지가 계속 표시된다.
(A)여기에서 DOPLEX 렌더링이 사용자 입력과 이미지 렌더링 사이의 래그 타임에 미치는 영향을 볼 수 있다. 액션에서 렌더링까지의 최소 딜레이는 온셋 레이턴시와 동일하다. 최대 딜레이는 오프셋 레이턴시(이미지가 사라지기 직전까지 걸리는 최대 시간)이다.

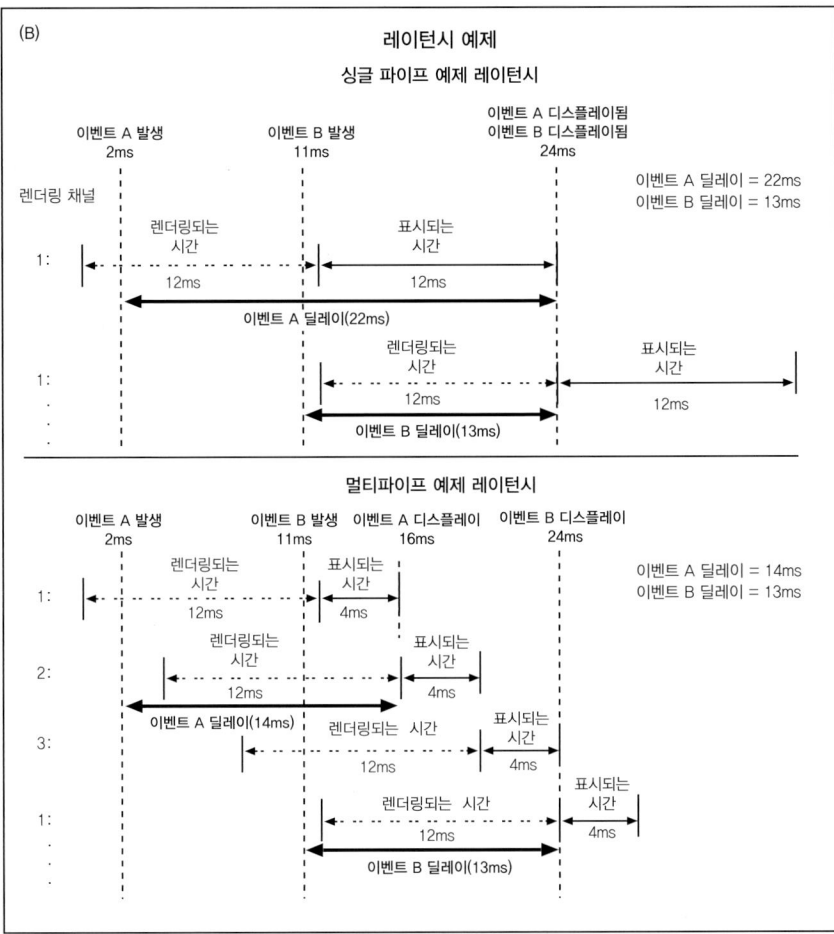

그림 6-47 (B) 첫 번째 렌더링 사이클 동안 A와 B라는 두 가지 이벤트가 하나는 일찍, 다른 하나는 늦게 발생한다. 렌더링 하나가 돌아가는 중에 이벤트 B가 늦게 발생했기 때문에 딜레이는 렌더링 시간보다 약간 더 길었다. 따라서 DPLEX 방법으로는 레이턴시가 개선되지 않는다는 것을 알 수 있다. 그러나 이벤트 A는 세 개의 파이프 시스템에서 두 번째 렌더링 사이클 이전에 발생했기 때문에 단일 파이프 시스템보다 훨씬 더 빨리 결과를 볼 수 있다. (C) 이 차트는 하나의 화면에 다중으로 추가된 파이프가 화면에 표시된 것의 평균 수명과 프레임 속도에 어떤 영향을 미치는지 보여준다. 이 예에서는 다시 렌더링 시간이 12ms이기 때문에, 각 이미지의 온셋 레이턴시는 항상 12ms가 된다. 그러나 최대 오프셋 레이턴시 및 평균 래그 타임을 크게 줄일 수 있다. 표 주석에 있는 일반 공식은 씬의 렌더링 시간으로부터 온셋 및 오프셋 레이턴시를 연산하는 방법을 나타낸다.

스테레오스코픽 카메라

앞에서 자세히 설명했듯이 렌더링 패스는 단순히 픽셀에 색상을 입히는 것 이상의 역할을 하며, 불필요한 처리를 피하기 위해 약간의 노력이 어쩔 수 없이 필요하다. 따라서 렌더링 패스에는 사용자의 뷰 포인트를 기반으로 한 정렬과 다른 프로세스 또는 그림자용 멀티패스 렌더링이 들어가는 경우가 많다. 한 쌍의 스테레오를 렌더링할 때, 그림자를 드리우는 광원의 위치 등과 같이 두 눈(사람의 경우)에 해당하는 뷰포인트는 거의 같다. 따라서 정렬, 컬링과 이런 류의 작업은 한 번만 하면 연산을 줄일 수 있다. 이제 게임 엔진과 기타 VR 렌더링 시스템은 채색하지 않는 모든 작업을 한 번 한 다음, 왼쪽 눈과 오른쪽 눈에 맞게 약간 조정해 렌더링하는 특수 렌더링 패스를 갖고 있다.

비슷한 기법으로는 두 눈의 중심(사이클롭스^{cyclops} 뷰)에 맞게 렌더링한 다음, IBR 알고리즘으로 각 눈에 맞는 이미지로 적절하게 조정하는 것이 있다. 다시 말해서, 한 쪽 눈으로 본 모노스코픽^{monoscopic} 이미지를 그저 좌우로 이동시키는 것이 아니라, 그 이미지를 다시 투영한 다음 IBR 기법으로 공백을 채운다 [Schollmeyer et al. 2017].

전체 또는 분할 렌더링 패스를 각 눈마다 수행하는지 아니면 IBR 기법을 사용해 뷰를 분리하는지에 상관없이, 각 눈에 해당하는 디스플레이는 위치가 어디인지 구체적으로 연산해야 한다. 일반적인 VR 시스템은 머리의 움직임을 트래킹하고 거기서 각 눈의 위치를 유추한다. 사람의 머리 형태는 표준 레이아웃이 있지만, 거리는 다양하다. 스테레오스코픽 렌더링에 있어 가장 중요한 거리는 눈 사이의 거리이며, 이를 IOD$^{interocular\ Distance}$ 또는 IPD$^{interpupillary\ Distance}$라고 한다.

일시적인 씬 삭감

사용자 반응 레이턴시가 특히 불리하게 작용하는 상호작용 중에는 경험 디자이너가 예외 단계를 취해, 중요하거나 섬세한 작업을 하는 동안에는 가상 세계의 일부 품질을 제거하거나 삭감할 수 있다. 원하는 리프레시 비율$^{refresh\ rate}$을 유지하기 위해, 빠른 액션 비디오 게임은 렌더링 품질을 조작할 수 있다. 품질을 낮추는 간단한 방법은 텍스처 맵 해상도를 (밉맵^{Mipmap} 수준)한 단계 낮추는 것이다. 이렇게 하면 시스템 버스를 통해 전송되는 데이터가 8배 감소하는 동시에 똑같은 요소가 잡아먹는 시간 소모적인 메모리 액세스가 줄어든다. 어떤 게임에서는 중요한 인터랙티브 요소를 렌더링하는 동안 씬의 백그라운드 요소를 그냥 놔두는 등, 사용자가 컨트롤하는 성능 저하 옵션을 제공한다. 이러한 옵션은 과학적 데이터를 분석용으로 렌더링할 때는 바람직하지 않지만, 예외적인 경우라면 메뉴 인터페이스를 만지는 것과 같은 사용자 인터페이스와의 원활한 상호작용을 위해서는 필요할 수 있다.

최신 GPU를 사용하더라도, 더 복잡한 씬을 렌더링하려는 경우 그 바람이 GPU 성능을 능가할 수 있다. 그리고 HoloLens나 Oculus Go와 같은 독립형 휴대용 VR/AR 디스플레이를 포함한 모바일 플랫폼의 경우, 렌더링 역량이 고성능 GPU를 탑재한 데스크톱이나 노트북보다 훨씬 적을 것이다.

이 기술을 사용한 초기 몰입형 과학적 비주얼리제이션 도구 중 하나는 볼륨 비주얼리제이션 도구 클럼스^{Crumbs}였다[Brady et al. 1995]. 당시의 볼륨 렌더링 기법은 연산 비용이 많이 들었기 때문에 메뉴와 상호작용할 시간이 되면, 사용자가 수긍할 수 있는 렌더링 속도와 상호작용을 위한 레이턴시를 허용하도록 일시적으로 볼륨 렌더링을 비활성화했다.

비주얼 렌더링 프로세스

이제 VR 시스템용 컴퓨터 그래픽 이미지를 생성하기 위한 기본 프로세스를 설명하겠다. 지금까지 언급해온 컴퓨터 그래픽 렌더링은 크게 두 가지 유형으로, (1) 일련의 그래픽 프레임이 컴퓨터 애니메이션을 위해 실시간의 범위를 넘어 렌더링되는 배치 모드$^{\text{batch-mode}}$ 렌더링과 (2) 상호작용 작업을 위한 실시간 렌더링이다. 컴퓨터 애니메이션을 실시간으로 제작할 수 있음에도, 그렇게 하지 않아도 되는 드문 호사 덕분에 컴퓨터 애니메이터는 더 정교한 이미지를 만들어내는 기술을 사용할 수 있다. 비슷하게 복잡한 비주얼을 완성하는 데 필요한 연산 시간 때문에 실시간으로는 만들어낼 수 없는 이미지 말이다. 실시간 이미지는 특수 목적의 하드웨어이든, 아니면 (지금은 드물게) 일반 CPU에 있는 고급 소프트웨어로든, 일반적으로 초당 여러 번 렌더링될 수 있는 더 단순한 모델과 알고리즘을 사용해 렌더링한다.

하드웨어 가속기$^{\text{hardware accelerators}}$와 묶인 소프트웨어 시스템은 렌더링 시스템이 작동하는 기반을 제공한다. 이 기반 위에서 오브젝트의 모델을 렌더링할 수 있고 가상 세계에서 이 오브젝트들이 어디에 어떻게 나타나는지를 컨트롤할 수 있다. 비주얼 렌더링을 더 멋들어지게 하는 컴퓨터 그래픽 기법으로는 고급 쉐이딩 기법, 라이팅, 텍스처 매핑, 반투명성, 대기 효과(예: 안개와 연무)가 있다.

그래픽 엔진(GPU)

그래픽용 렌더링 엔진(그래픽 엔진)은 3D 컴퓨터 그래픽 작업에 필요한 연산을 수행하도록 최적화된 컴퓨터 하드웨어로 구성된다. 한때는 군대나 대형 항공사만이 살 수 있는 고가의 비행 시뮬레이터에서 독점적으로 이용할 수 있던 그래픽 엔진을 이제는 다양한 가격대로 사용할 수 있다. 저렴한 그래픽 하드웨어 쪽으로 기울기 시작한 시점은 1981년, 여러 학술 단체와 사업 연구 기관에 적합한 가격 대비 성능의 비율이 좋은 그래픽 하드웨어를 만들기 위해 실리콘 그래픽스사$^{\text{Silicon Graphics, Inc.}}$가 설립된 때였다.

일부 인터랙티브 컴퓨터 그래픽은 표준 CPU에서 올린 소프트웨어로 렌더링할 수 있지만, 대부분의 복잡한 인터랙티브 그래픽 기술은 실시간 렌더링용으로 특별히 디자인된 하드웨어에서만 수행할 수 있었다. 시간이 흐르면서 많은 소프트웨어 렌더링 기능이 표준 하드웨어 렌더러에 통합됐다. 동시에, 특수한 목적을 가진 렌더러는 그 사용법이 급격히 변하면서 대규모 병렬 프로세서로 변화됐다. 이는 래스터라이제이션 렌더링에 있어 여전히 효율적이며, 이제는 레이 트레이싱과 더불어, 작은 데이터 병렬 작업이 유리한 모든 작업을 할 수 있다. 그뿐만 아니라 그래픽 형식이 아닌 렌더링도 가능한데, 이러한 작업으로는 충돌 감지 연산 및 물리 시뮬레이션 등이 있다[Stone et al. 2007].

쓰임이 정해진 그래픽 렌더러에서 범용$^{\text{General Purpose}}$ GPU(GPGPU)로의 전환은 2007년에 시작됐다[Owens et al. 2008]. 실제로, 최신 GPU는 이제 전부

스트림 프로세싱 유닛stream processing units이라 불리는 범용이다. 또한 범용 CPU의 속도가 빨라지면서 소프트웨어로 보다 복잡한 실시간 렌더링을 수행할 수 있다. 여러 대의 저렴한 개인용 컴퓨터를 클러스터링할 수 있는 테크닉이 널리 퍼지면서, 추가 비용이 다소 발생해 복잡해지더라도 적절한 예산 한도 내에서 씬 렌더링의 전체적인 연산 능력을 향상시킬 수 있다. 반면, 근래 나온 CPU들은 온칩, GPU가 통합돼 있다. 방법론에 관계없이 VR 비주얼 렌더링 시스템의 기본 목표는 두 가지로 (1) 풍부하고 정보량이 많은 이미지를 (2) 가능한 빨리 생성하는 것이다.

가정용 컴퓨터 게임 시장의 발전으로, 고급 시스템이 가진 여러 이점이 대중 시장 컴퓨터 그래픽 카드로 옮겨왔다. 성능 대비 가격이 급격히 낮아져 많은 정교한 그래픽 기술을 저렴한 시스템에 넣을 수 있었다. 스마트폰에 포함되기 직전까지 말이다. VR에 있었으면 싶은 몇몇 기능(쿼드버퍼quad-buffer 입체 렌더링 등)은 여전히 저렴한 가격대의 그래픽 카드에 들어가 있지 않지만, 중간급 컴퓨터 그래픽 하드웨어에서 여럿 찾을 수 있다(그리고 어떤 카드라도 위/아래 또는 나란히 있는 입체 쌍을 렌더링할 수 있다).

물론 모든 VR 애플리케이션이 복잡한 비주얼 렌더링을 원하는 것은 아니다(따라서 덜 강력하고 비용이 덜 드는 하드웨어를 사용할 수 있다). 라즈베리파이Raspberry-Pi와 같은 작은 컴퓨터를 제외하고는 어떤 타입이든 그래픽 렌더링용 하드웨어가 들어있지 않는 컴퓨팅 플랫폼을 찾기 어려울 것이다. 시각 장애인을 지원하기 위한 AR 애플리케이션[Hicks et al. 2013]이나 전선 묶기 안내 애플리케이션처럼 단순한 이미지 조작이나 선 렌더링만 필요한 애플리케이션은 특수한 그래픽 하드웨어가 필요하지 않다[Caudell and Mizell 1992].

비주얼 애셋 인코딩(내부 컴퓨터 표현)

비주얼 씬을 생성하려면 컴퓨터는 가상 세계에서 오브젝트의 모양과 위치를 내부적으로 나타낼 수 있는 어떤 방법이 있어야만 한다. 가장 기본적인 표현은 이진수로 된 데이터와 기계 명령으로, 헥사 덤프hex dump 형식으로 보일 것이다. 대부분의 하드웨어 렌더링 엔진은 폴리곤 형식에 최적화돼 있기 때문에 오브젝트를 폴리곤의 집합(폴리곤 메쉬polygonal meshes)로 표현하는 것이 가장 일반적인 방법이다. 폴리곤 기반 고정 기능 렌더링에서 범용 병렬 프로레서로 GPU가 출시되면서 NURGBS, CSG와 같은 다른 형태 표현도 가능해졌지만, 폴리곤의 역사는 아직도 그 자리를 굳건히 지키고 있다. 표현을 저장하는 데 사용되는 파일 역시 폴리곤 표현에 편향된 모습을 보인다.

가상 세계 안에 있는 폴리곤 형태의 오브젝트를 저장하는 것은 VR 애플리케이션 프로그램 명령을 써서 알고리즘적으로 정의하면 피할 수 있다. 하지만, 그래픽 세계에 있는 여러 오브젝트(전부는 아니더라도)를 모델링 패키지를 사용해 사전에 생성하거나 물리적 오브젝트로부터 캡처하는 것이 매우 일반적이다. 모델링 프로그램은 물체의 3D 지오메트리 및 머티리얼 구성의 특성을 정의하는 데 사용된다. 오브젝트 모델은 다른 방법으로도 만들어낼 수 있다. 예를 들어, 3D 디지털라이징 디바이스(예: 기계적으로 트래킹되는 프로브나 지형 고도의 위성 측정)를 사용하거나, 아주 간단한 오브젝트의 경우 손으로 데이터를 입력하거나, 수십 장의 사진을 찍고 거기에서 삼각 메쉬를 생성하는 포토그래메트릭 알고리즘(포토그래메트리^{Photogrammetry})[Snavely et al. 2006]을 통해서도 충분히 만들 수 있다. 사전에 만들어지는 여러 오브젝트 모델(애셋^{assets})은 인터넷에서 다양한 포맷으로 제공되거나(종종 무료로), 다양한 오브젝트 컬렉션을 여러 포맷과 해상도로 만들고 관리하는 회사나, 게임 엔진과 제휴한 애셋 스토어에서 구입할 수 있다.

폴리곤 형태의 오브젝트용 파일 저장 포맷을 사용하면 모델러(형상 제작 툴)에서 렌더링 애플리케이션으로 쉽게 이동할 수 있다. 웨이브프론트^{Wavefront}(일명 obj), 파일박스$^{Filmbox, FBX}$ 및 오토캐드^{AutoCAD} 등, 다양한 파일 포맷이 해당 포맷을 만든 소프트웨어의 이름을 따라 만들어졌다. 이 외의 포맷으로는 NFF$^{Neutral\ File\ Format}$, DAE$^{Collada\ Digital\ Asset\ Exchange}$, X3D$^{VRML(the\ Virtual\ Reality\ Modeling\ Language}$의 후예)와 같이, 소프트웨어 중립 개방형 표준으로 개발됐다. 다행히 여러 포맷 사이를 호환할 수 있는 프로그램들이 있고, 타사 소프트웨어에서 제작된 오브젝트를 읽고 쓸 수 있는 소프트웨어 패키지도 많다.

폴리곤의 버텍스 위치 외에도 색상, 텍스처 및 서피스 파라미터도 각 폴리곤과 상관관계가 있어야 한다. 일부 포맷에서는 정육면체^{cube}, 구^{sphere} 및 원뿔^{cone}

처럼 단순한 기하학적 형상을 기반으로 한 폴리곤 그룹에 매개변수를 설정할 수 있다. 이러한 형상은 이후 렌더러가 처리하기 전에 실제 폴리곤 형식으로 변환된다.

폴리곤을 관련된 것들끼리 그룹으로 묶을 수 있는 파일 포맷도 많다. 테이블 하나를 구성하는 모든 폴리곤을 하나의 그룹으로 만들 수도 있고, 다른 그룹은 의자의 폴리곤일 수도 있다. 그룹핑을 사용하면 오브젝트를 하나의 완전한 독립체로 배치하는 일이 쉬워진다. 예를 들어 테이블의 각 다리와 상단을 따로따로 움직이는 경우와 달리, 완전한 독립체는 오브젝트를 통째로 이동시켜 위치를 지정할 수 있다. 그래픽 가상 세계를 더 유연하고 더 완전하게 표현할 수 있는 개념이 씬그래프$^{scene-graph}$이다(그림 6-48). 씬그래프는 오브젝트와 오브젝트 속성이 서로 어떤 관계를 맺고 있는지를 하이어라키 형식으로 보여주는 수학적 (관계형) 그래프이다. 씬그래프는 가상 세계에 있는 오브젝트들 사이의 상대 위치 및 방향^{orientation}을 명시한다(기하학적 오브젝트 및 때로는 위치 트래커 포함). 오브젝트의 색상과 텍스처 같은 다른 속성도 씬그래프에 포함될 수 있다. 따라서 씬그래프 구조를 하나만 바꿔도 가상 세계의 모든 부분이 영향을 받을 수 있다. 유니티 게임 엔진과 같은 일부 소프트웨어는 씬그래프와 비슷한 하이어라키^{hierarchy}를 통해 오브젝트를 서로 연결하지만, 하이어라키의 어떤 부분도 반복할 수 없는 제한이 있다는 점에 유의하기 바란다. 관계 그래프에서 이러한 하이어라키는 트리^{tree}이다(각 노드^{node}는 하나의 부모만 가질 수 있다).

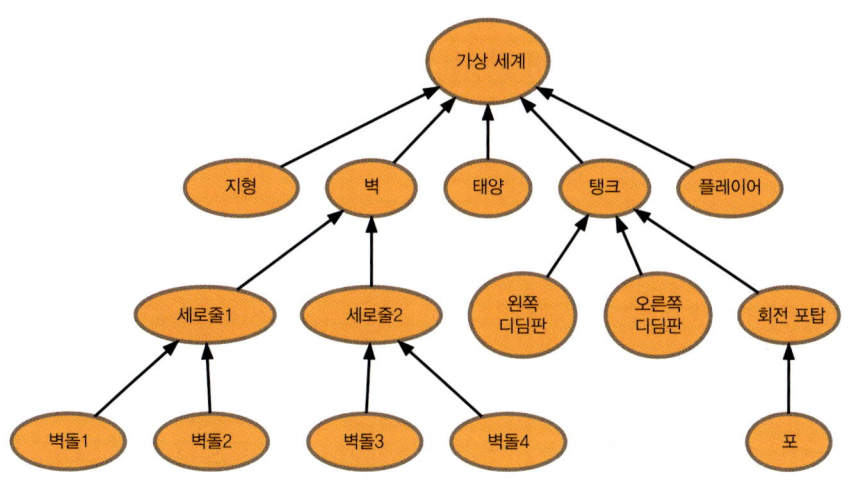

그림 6-48 씬그래프는 연관된 아이템들을 그룹으로 묶는 데 사용되기 때문에, 특정 오브젝트들의 집합을 통째로 이동시키기가 더 쉽다. 이 예에서는 좌표계 하나만 변경하면 탱크와 이에 포함된 것들 전체를 이동할 수 있다. 아니면, 회전 포탑을 탱크의 나머지 부분에 비례해 이동시킬 수도 있고, 탑승자와 같은 아이템을 탱크에서 분리해 지형 오브젝트에 링크할 수도 있다.

오브젝트 포맷에는 이에 포함된 오브젝트의 가시적인 특징(예: 형태 및 머티리얼의 빛 반사율) 이외의 것을 저장하는 경우는 의외로 거의 없다. 사운드, 비헤이비어behavior, 스크립트로 작성된 모션과 같은 오브젝트 특징은 일반적으로 별도의 파일에 있거나 게임 엔진과 같은 애플리케이션 소프트웨어 내에서 구현된다.

X3D 파일 포맷은 예외로, 오브젝트의 비시각적 정보 또는 씬 전체(사운드, 스크립트로 작성된 액션 등)를 넣을 수 있다. 1990년대 중반 가상 현실이 한창일 때, 그리고 월드와이드웹World Wide Web 프로토콜이 등장했을 무렵(인터넷이 젊었을 때), 가상 현실 모델링 언어인 VRMLVirtual Reality Modeling Language은 WWW를 통해 온 인터넷에 3D 그래픽 가상 세계를 공유하려는 열망에서 만들어졌다. 원래 버전은 실리콘 그래픽스 인벤터Inventor 포맷(하이어라키 구조, 폴리곤 베이스)을 기반으로 했다.

비주얼 렌더링 소프트웨어의 역할

소프트웨어 시스템은 가상 세계에 대한 설명을 VR 하드웨어에 전달하는 데 사용되며, 다양한 애플리케이션 라이브러리와 툴킷으로 가상 세계를 만들어내고, 렌더링하고, 인터페이스를 통해 가상 세계에 접속할 수 있게 한다. 이렇듯 다양한 유틸리티 덕분에 가상 세계를 보여주는 렌더링을 손쉽게 컨트롤할 수 있다. 이 책은 구체적이고 세세한 구현 사항을 아우르는 프로세스와 가능성에 중점을 두고 있기 때문에 비주얼 렌더링이 체제상 어디에 속하는지, 경험 디자이너가 알아야할 기본 전략을 살펴보겠다. 그러려면 사용자의 시점에 비주얼 렌더링의 핵심 요소인 기본 렌더링 라이브러리, 모델 인코딩 렌더링, 가상 세계를 결합하고, 이 모두를 VR 시스템에 연결하는 방법을 먼저 알아볼 필요가 있다.

그래픽 렌더링 라이브러리는 프로그래머가 비교적 간단한 서브루틴과 함수를 호출해서 상당히 복잡한 작업을 실행할 수 있도록 하는 소프트웨어 루틴의 모음이다. 예를 들어, 프로그래머는 삼각형을 그리는 코드(결코 적지 않은 양의 코드다!)를 작성하는 대신, 그래픽 라이브러리에서 삼각형 함수를 호출해 색상, 웨이트weight 등 다른 속성을 지닌 3개의 버텍스를 지정할 수 있다.

Vulkan [Singh 2016], OpenGL [Neider et al. 1993], DirectX 3D [Sanchez and Canton 2000]는 하위 레벨 프로그래밍에서 디스플레이에 구성할 그래픽 작업을 지정할 수 있는 수단을 제공하는 그래픽 렌더링 알고리즘 모음이다. DirectX 3D는 마이크로소프트 플랫폼에서 작동하지만 Vulkan과 OpenGL은 더 많은 플랫폼에서 사용할 수 있는 표준이다. 가장 최근에 개발된 Valkan은 표현력이 뛰어난 표준이다. 하지만 실리콘 그래픽스^{SGI}가 크로스 플랫폼용으로 특별히 개발한 OpenGL은 당시 SGI의 제품 라인은 물론이고, 'IBM PC나 그와 유사한 PC(PC 클론)', 모든 유닉스^{Unix} 워크스테이션에서 작동할 뿐만 아니라, 이후 웹 브라우저^{WebGL}, 스마트폰 및 내장형 컴퓨터^{GLES}에서도 사용할 수 있는 여전히 강력한 인터페이스다. 픽스드 펑션$^{fixed-function}$ [11] 시대에 개발된 각 그래픽 API는 그래픽 가속기 하드웨어에서 자주 사용되는 지루하고 복잡한 여러 함수를 쉽고 편리하게 접근할 수 있게 했다. 그러나 현대 GPU는 그 유연성 때문에 이전과는 달리 많은 작업을 구체적으로 프로그래밍해야 한다.

물론 많은 프로그래머는 렌더링 라이브러리보다 상위 레벨에서, 게임 엔진 프레임워크 안에서 직접 또는 레이어에서 실리콘 그래픽스의 (OpenGL) Performer 라이브러리의 구멍을 메운 OpenSceneGraph[Burns and Osfield 2001]와 같은 '씬그래프$^{Scene-graph}$' 인터페이스로 작업할 것이다. 이러한 씬그래프 라이브러리는 관계 그래프 모델 외에도 일반적으로 하위 레벨 API에서 제공하지 않는 모델 로딩, 인터섹션 테스트, 효과적인 렌더링 및 메모리 관리와 같은 다른 기능을 갖고 있다.

좌표계 변환

컴퓨터 그래픽에서는 오브젝트와 원점^{origin} 사이의 공간적 관계를 오브젝트가 존재하는 좌표계$^{coordinate\ system}$이라고 한다. 그리고 수학적으로 오브젝트는 해당 좌표계 안에서 움직일 수도 있고, 또는 변환^{transformation}이라고 알려진 수학적 연산을 통해 다른 좌표계와 관계를 줄 수도 있다. 좌표계의 또 다른 이름은

---

[11] 셰이더 기반 3D 그래픽 API와 GPU 아키텍처가 등장하기 이전에 디자인된 3D 그래픽스 API와 이전 GPU를 대조하기 위해 사용되는 용어

기준틀frame of reference(또는 레퍼런스 프레임reference frame)이며, 이 개념을 4장의 입력 부분에서 다뤘으며, 7장의 이동 부분에서 다시 살펴볼 것이다.

좌표계는 임의로 지정할 수 있지만, 공간의 두드러진 특징(예: 방의 구석, 방의 중심, 바닥의 중심, 손목 또는 왼쪽 눈)에 할당하면 머리속에 그리기가 더 쉽다. 좌표계는 외향적(세계와 관련) 또는 자기 중심적인(나와 관련) 것일 수 있다. 컴퓨터 그래픽에서는 데카르트 좌표계가 사용되며, 여기서 위치는 원점에서의 X, Y, Z 거리와 3개의 기본 축에 대한 회전(독점으로 명시할 수 있는 방향으로 결정된다.

"어느 쪽이 위인가?"라는 질문에 대한 답은 좌표계를 정의하는 방식에 따라 종종 혼동된다. 이 물음에 커뮤니티마다 서로 다른 답을 했다. 2D 면은 X와 Y를 사용하기 때문에, 해당 면이 종이(책상 또는 책)에 있을 때, Z가 책에서 '위'로 나오는 것이 자연스러워 보인다. 하지만 X/Y 면이 수직으로 놓여있는 컴퓨터 화면에 있다면, Y가 위로 올라가고 Z는 보는 이를 향하거나 반대로 멀어진다. 비행 시뮬레이션 커뮤니티는 지역 지도를 X와 Y로 생각하기 시작했고, 그로 인해 고도가 Z(Z가 위)였다. 하지만 OpenGL 개발자들은 Y가 위인 좌표계를 선택했다. 중요한 것은 경험 개발자가 어느 쪽이 위인지, 어떤 좌표계에 들어와 있는지, 어떻게 이곳에서 다른 곳으로 변환(수학적으로 이동)할지 알아야 한다는 것이다.

3D 세계 렌더링에서 오브젝트 및 하이어라키에 적용되는 주요 변환은 이동translation, 회전rotation 및 스케일(크기 조정)scale 작업이다. 이것들은 아핀affine 변환이라고 알려진 것들 중 일부로, 그 결과로 생긴 좌표계에서 평행성을 유지한다. 이러한 변환이 모두 적용된 후에, 3D 세계는 사용자의 시점에 맞게 렌더링된다. 이를 파지티브 프로젝션positive projection 변환, 또는 비아핀nonaffine 연산이라 하며, 퍼스펙티브perspective 렌더링에서 평행선이 수렴되는 것을 볼 수 있다. 퍼스펙티브 변환 후에는 차원수가 상실된다. 즉 3D 세계는 2D 평면(이미지)에 존재한다. 마지막으로, 눈에 표시할 때 해당 2D 이미지를 광학적으로 왜곡시키는 디스플레이의 경우, 왜곡된 이미지를 보정하는 카운터워핑counter-warping을 수행된다.

워핑 연산을 제외한 모든 변환은 선형 연산, 즉 매트릭스(행렬^{matrix}) 곱셈 연산으로 수행할 수 있다. 조금 더 자세히 설명하자면 4×1 벡터에 4×4 매트릭스를 곱해 변환할 수 있다. 여기서 4×1 벡터는 3D 좌표(점 위치)로, [X, Y, Z, 1]로 표현된다. 참고로, 3D 공간에 위치가 없는 수학 벡터는 [X, Y, Z, 0]로 나타낼 수 있다.[12] 그 결과라 할까, GPU는 특히 점와 벡터에 4×4 매트릭스를 곱하는 연산을 효율적으로 처리하도록 디자인됐다.

매트릭스 연산의 또 다른 편리한 특징은 일련의 연산을 하나로 통합해 점 집합에 적용할 수 있다는 점이다. 따라서 주어진 시간에서 눈으로 보는 뷰의 퍼스펙티브와 가상 세계 사이의 관계가 일단 연산되면 결과 매트릭스를 씬의 모든 버텍스(점)에 적용할 수 있다. 따라서 씬을 매우 효율적으로 렌더링할 수 있다.

이처럼 변환을 쉽게 결합할 수 있는 능력을 고려할 때, 가상 현실 씬은 특정 단계의 과정을 통해 렌더링될 수 있다[Robinett and Holloway 1992] [Taylor 2019]. 일부 단계는 VR이 아닌 기존의 컴퓨터 그래픽에서 흔히 사용되며, 이러한 단계는 중요한 때에 가상 현실 시스템에 통합된다.

렌더링 작업의 구체적인 순서는 VR 시스템 구성에 따라 달라질 수 있으며, 조금 더 효율적일 수도 있고 덜 할 수도 있다. 가장 중요한 것은 주어진 시스템에서 주어진 오브젝트 리스트를 처리하는 것이다. 따라서 시스템 내 모든 화면의 모든 퍼스펙티브 뷰포인트(즉, 눈)를 위한 모든 오브젝트의 모든 폴리곤 버텍스에 포함되는 모든 픽셀을 렌더링할 필요가 있다. 또한, 모션에서 픽셀 버퍼로의 렌더링 딜레이(타임 워핑$^{time\ wraping}$)를 경감하거나, 광학적 변형 완화 및 입체 뷰포인트 다중화를 위한 색상 필터링과 같은 VR 시스템의 한계 안에서 극복하거나, 적어도 수용해야 하는 특별한 작업이 몇 가지 있다.

렌더링 반복 루프에서 어떤 단계를 제일 먼저 (가장 바깥쪽) 수행할지에 따라 이점이 확실히 결정된다. 화면을 먼저 돌리면 모든 화면을 쉽게 병렬 처리할 수 있다. 오브젝트를 먼저 돌리면 오브젝트의 정렬 및 컬링을 여러 뷰포인트에

---

12 노멀값과 같은 방향 벡터로, 이동 변환의 영향을 받지 않는다.

서 한번에 할 수 있다. 하지만, 손쉬운 정렬 및 컬링은 주로 스테레오스코픽 이미지처럼 뷰가 아주 비슷한 상황에서 도출되지, 서로 다른 방향을 향하고 있는 CAVE 화면에는 적합하지 않다.

따라서 단일 HMD 또는 단일 화면으로 이뤄진 고정 디스플레이의 경우, 중복 처리를 피하기 위해 일반적으로 오브젝트를 먼저 돌린 다음 스테레오 페어 렌더링의 이점을 사용하는 것이 더 효율적이다. CAVE의 경우, 특히 각 화면에 별도의 GPU를 할당할 수 있는 경우, 오브젝트 처리 중복이 완화되므로 엄청나게 차이나는 뷰포인트에 수행할 수 있다. 오브젝트를 먼저 루핑하는 방법은 다음 알고리즘을 따를 수 있다.

- **가상 세계 오브젝트 데이터베이스**(예: 씬그래프, 계층 또는 목록)를 순회:
  - **현재 변환 매트릭스**(세계 공간) 유지:
  - **가상 세계 안에 있는 각 오브젝트마다**:
    - **오브젝트의 로컬 공간에서 월드 공간으로 변환**—이때 가상 세계는 일부 실제 좌표에 고정돼 있다.
    - **수송 변환 적용**—이제 가상 오브젝트는 사용자 이동에 따라 전 세계에 걸쳐 이동한다(참고: 사용자 인터페이스 오브젝트 중 일부는 실제 환경을 기준으로 고정된 상태를 유지하기 위해 이 변환을 건너뛸 수 있다).
    - **오브젝트의 각 버텍스별로**:
      - **시스템의 각 화면별로**:
        - **현재 화면을 보고 있는 각 눈마다**—위치 트래킹을 통해 현실 세계를 기준으로 한 눈의 위치(아이 스페이스$^{eye\text{-}space}$)
          - **화면 뷰포트용 변환**(스크린스페이스^{screenspace})—고정형 VR 디스플레이에서는 오프엑시스 퍼스펙티브$^{off\text{-}axis\ perspective}$ 변환이 필요하다.[13]

---

13 오프엑시스 퍼스펙티브는 화면은 고정돼 있고 사용자가 움직일 경우, 위치 트래킹을 통해 파악된 눈의 위치가 화면의 정중앙에 있지 않아 절두체(frustum)가 더 이상 대칭을 이루지 않게 됐을 때의 퍼스펙티브를 말한다. 더 자세한 부분을 알고 싶은 분은 https://csc.lsu.edu/~kooima/articles/genperspective/index.html 또는 유니티로 만든 데모가 있는 https://medium.com/@michel.brisis/off-axis-projection-in-unity-1572d826541e을 참조하기 바란다.

- 타임 워핑 조정
- 광학 왜곡 - HMD 렌즈 광학 또는 디즈니의 DISH 디스플레이처럼 투사 표면 변위에 적용할 수 있는 렌더링된 이미지의 비선형 수정

8장에서는 가상 현실 통합 라이브러리 또는 시스템이 VR 경험을 나타내기 위해 수행하는 작업을 두루 살펴보겠지만, 비주얼 렌더링 프로세스의 경우 라이브러리가 어디서 렌더링 프로세스에 정보를 제공하느냐가 핵심 요소다. 가상 현실용 렌더링은 그런 다음에야 VR 시스템이 어떻게 구성돼 있는지에 대한 정보를 완전히 이해한다. VR 구성에는 모든 스크린의 위치가 포함돼야 한다(HMD의 경우, 위치 트래커가 함께). 눈의 위치는 화면을 기준으로, HMD의 경우 고정돼 있겠지만, 고정형 디스플레이의 경우, 눈은 화면을 기준으로 움직이고 트래킹돼야 한다. 그리고 VR 통합의 기타 세부 사항은 가상세계와 실제세계뿐만 아니라 현실 세계에서의 위치 트래커와의 관계이다.

몇 안되는 VR 통합 및 기타 VR 툴에 대한 개요는 8장의 'VR 소프트웨어 통합' 절에서 다룬다. 이러한 툴은 인기 있는 게임 엔진에 직접 통합되는 것이 최근 추세인데, 이 게임 엔진은 이전의 어떤 시스템보다 훨씬 큰 규모의 사용자 기반을 가지고 있다.

소닉 렌더링 시스템

가상 현실에 쓰이는 전산화된 사운드 생성은 성장하고 있는 연구 분야이다. 사운드는 VR을 체험할 때 중요한 요소임에도, 컴퓨터를 이용해 인터랙티브하게 사운드를 생성하는 기법은 컴퓨터 그래픽 렌더링 기술에 비해 널리 알려지지 않고 있다. 이는 사운드 렌더링을 연구하는 그룹이 많지 않았던 점도 있고, 컴퓨터 음악 분야에서 활동하는 이들 중 다수는 전문 기술을 적용할 수 있는 컴퓨터 그래픽, 과학적 비주얼리제이션 및 가상 현실을 포함한 여러 다른 분야에 흩어져 있기 때문이다. 게임 커뮤니티 역시 사운드 렌더링의 중요성과 지각을 높이는 데 도움을 줘 VR 매체에 기여했다.

사운드와 빛은 둘 다 매체를 통해 이동하는 파동이라 생각할 수 있기 때문에, 이 두 가지가 어떻게 렌더링되는지 간에 어느 정도 유사성을 기대할 수 있다. 그리고 어떤 경우에는, 특히 소닉 전파 시뮬레이션에 레이 트레이싱 기술을 사용할 때 공통점을 보인다. 하지만 사운드 파동과 빛 파동의 특성은 상당히 다르다. 실제로, 사운드와 빛은 다른 매체를 통해 이동하며, 빛은 사운드보다 거의 백만 배 빠르게 움직인다. 그리고 빛 파동의 길이가 나노미터 정도인데 반면, 사운드 파동의 길이는 센티미터다. 빛이 전자파인 반면에, 사운드는 사실 전달 매체에 생기는 압력의 변화다.

가상 현실에서 사운드는 순간적이라는 속성이 무엇보다 중요하다. 즉, 비주얼 이미지는 사람들의 지각에 오래 남아있을 수 있지만, 사운드는 끊임없이 새로운 소닉 지각을 일으킨다. 그 외 사운드의 중요한 특성은 다음과 같다. 잘 굴절diffraction돼 사방으로 퍼져나가고(즉, 사운드는 모퉁이를 돌 수 있다), 대부분의 고형물을 쉽게 통과하며, 훨씬 더 높은 렌더링 속도를 요구한다(데이터 밀도는 낮지만).

소닉 렌더링 방법

사운드는 파동을 치며 공기(또는 다른 매체)를 통과해 이동하는 진동이다. 파동의 진동수frequency(단위 시간 동안 같은 모양의 파동이 몇 번이나 반복되는가를 나타내는 수, 출처: 물리학백과)는 사운드가 고음인지 아니면 저음인지를 결정한다. 사운드의 또다른 주요 특성인 파동의 진폭amplitude은 사운드의 음량을 결정한다. 사운드 렌더링은 제일 먼저 파형waveform을 만드는 것으로 시작하는데, 이 파형은 수 바이트byte의 버퍼buffer에 쌓아 놓고 순차적으로 DAC(디지털 신호를 아날로그 신호로 변환시키는 장치)로 보내져 리스너가 들을 수 있는 아날로그 신호로 변환된다. 생성된 기본 파형은 필터로 변형시키고 다른 파형들과 합해져 최종 파형이 만들어진다.

사운드 렌더링에는 리스너에게 사운드가 어떻게 지각되고 얼마나 자연스럽게 느껴질지를 결정하는 중요한 세가지 요소가 있다.

1. 사운드 합성—파형 생성(형식상으로는 공기의 진동을 일으키는 오브젝트

의 상호작용 방식에 따라 결정된다)
2. 사운드 전파—사운드가 공간을 통해 어떻게 퍼져 나가며, 잘 퍼져 나갈 수 있는 좋은 공간을 제공하는지 여부
3. 사운드 공간화—사용자가 어떻게 완벽하게 사운드의 지향성을 인지하는지 여부

소닉 렌더링의 이 세가지 측면은 비주얼 렌더링과 비슷하다. 먼저 파형 생성은 텍스처가 매핑됐거나 절차적 모델링으로 생성된 오브젝트의 삼각형 리스트와 연관지어 생각해 볼 수 있다. 사운드 전파는 잔향을 남기고 공간감을 주는 효과가 있는데, 이는 광원에서 나온 빛이 공간 표면에서 반사되며 해당 공간의 앰비언스를 조성하는 것과 매우 비슷하다. 마지막으로, 사운드의 3D 공간화는 해당 사운드의 거리감, 방향을 느끼게 하는데, 이는 비주얼 렌더링 시스템이 제공하는 생성하는 입체감(스테레오시스 및 기타 깊이에 대한 단서)과 아주 비슷하다.

nVidia 'VRWorks'[Scudiero 2017]의 오디오 렌더링 기능 소개에서, 오디오 렌더링 연구자인 토니 스키디에로[Tony Skidiero]는 사운드 렌더링의 측면을 다음 세 가지 지각적 질문에 대한 답으로 설명한다.

- 합성은 "그것은 무엇인가?"라는 질문에 답한다(예: 수풀 속의 호랑이?)
- 공간화는 "그것은 어디에 있는가?"라는 질문에 답한다(예: 어느 쪽으로 고개를 돌려야 볼 수 있을까?)
- 전파는 "나는 어디에 있는가?"라는 질문에 답한다(특히 사운드 전파의 후반사 부분, 예: 넓은 공간이나 탁 트인 들판)

물론 가상 현실에서는 사용자가 가상 세계를 여기저기 돌아다닐 때 이러한 모든 사운드 특성을 실시간으로 들을 수 있어야 한다. 비주얼 렌더링에서도 가능한 것처럼, 사운드의 특정 측면을 사전에 처리할 수 있다. 예를 들어, 특정 공간에 맞는 사운드 특성을 가진 소닉 모델을 생성한다. 그다음 비주얼 렌더링에서 라이팅을 베이킹하듯이 원하는 임펄스 응답[IR, Impulse responses]을 갖도록 변형한다. 특정 공간을 에뮬레이션하는 것이 목표라면 해당 공간의 IR을 측정해 사운드를 재생하거나 연주하는 동안 사용할 수 있다.

비주얼 렌더링의 경우, 씬에서 오브젝트를 전부 루프에 넣어 돌리거나 해당 이미지의 픽셀을 전부 루프에 돌리는 두 가지 방법으로 나눠져 있었다. 그러나 두 경우 모두 체험자 눈의 수용기에 맞춰 연산이 시작되지만, 사운드 렌더링에서는 체험자의 귀가 아닌 사운드 소스 자체에서 연산을 시작하는 것이 일반적이다.

사운드 생성

가상 환경의 사운드는 가상 세계를 시뮬레이션하는 연산 중에 자동 생성되도록 하는 것이 이상적이다. 가상 세계의 물리적 속성에 따라 오브젝트가 상호작용할 때 공기(및 기타 머티리얼)에 일어나는 진동 등을 포함해서 말이다. 물론 시뮬레이션된 물리적 환경에서 사운드를 시뮬레이션으로 생성하는 기법이 크게 발전했지만, 최고 사양의 VR 레디/게임 머신조차도 아직 물리적 속성을 시뮬레이션하는 데 필요한 모든 작업을 완벽하게 처리하기에는 충분하지 않다.

다른 방법으로는 가상 현실과 비슷한 현실 세계에서의 이벤트를 찾아내어 사전 샘플링 녹음된 사운드를 재생하는 방법이 있다. 샘플링된 사운드를 재생하는 것은 현실 세계의 느낌을 생생하게 전달하는 데는 매우 유용한 기술일 수 있지만, 리스너가 해당 화경에서 다양한 변화 없이 똑같은 사운드가 여러 번 반복되는 것을 쉽게 알아차릴 수 있기 때문에 잘 판단해 적용해야 한다. 따라서 특정한 자연적인 사운드를 포기하는 대신, 다이나믹한 합성 사운드를 만들어 내는 것이 보다 흥미로운 사운드의 세계를 제공할 수도 있다.

샘플링Sampling 음원를 생성하는 일반적인 방법은 디지털로 레코딩recording된 현실 세계의 사운드 샘플을 재생하는 것이다. 레코딩은 아날로그에서 디지털 값으로 변환하는 A/D 컨버터를 통해 마이크의 출력을 변환하고(그림 6-49), 일정한 시간 간격(샘플링 레이트sampling rate)으로 전압을 측정해서 생성된다. 전압을 측정할 때 적용된 샘플링 레이트와 디지털 비트 수에 따라 사운드 샘플의 해상도resolution이 결정된다. 전압 측정 주파수의 범위는 전화 품질 음성 오디오의 경우인 8,000Hz에서 오디오 마니아용 96,000Hz에 이른다. CD의 음질

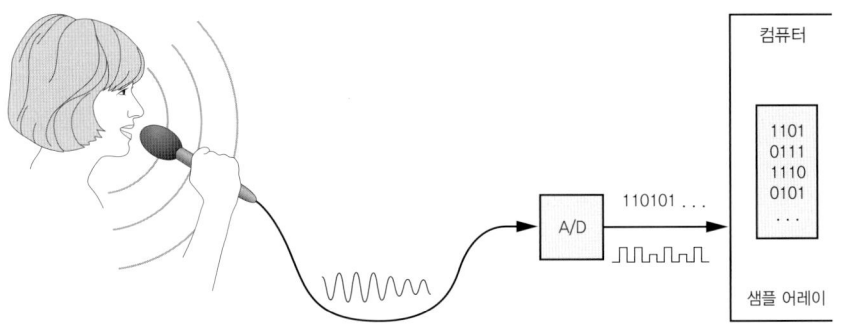

그림 6-49 현실 세계의 사운드(예: 음성 등)는 아날로그 디지털 변환기(A/D)로 레코딩할 수 있다. 그 결과 발생하는 디지털 신호는 컴퓨터 시스템으로 처리, 저장 또는 조작할 수 있다.

은 44,100Hz이다. 각 측정에 사용할 수 있는 비트 수는 레코딩된 신호의 다이나믹 레인지$^{dynamic\ range}$를 결정한다. 이 범위는 일반적으로 8~48비트다. 표준 스테레오 CD는 각 채널에 16비트를 사용한다. 측정 결과에 나타나는 숫자 스트리밍은 컴퓨터로 처리되며, 원하는 경우 언제든지 사운드로 저장, 편집 또는 재생할 수 있다. 이 프로세스를 샘플링이라고 하며, 이들 숫자 집합을 파형 샘플$^{waveform\ sample}$이나 샘플 어레이$^{sample\ array}$라고 한다.

샘플링 기술은 사진을 디지털화해 텍스처 맵(비주얼 비트맵)을 만드는 것과 비슷하며, 음원에 가까운 고 음질을 구현할 때 특히 유용하다. 텍스처를 추가하면 음장감이 확장되지만, 디자이너는 사운드가 반복되는 것을 알아차리지 못하도록 주의하지 않으면 리스너가 지루해하거나 짜증나게 될 것이다. 체험자는 비주얼 텍스처 맵이 만드는 패턴의 반복과 마찬가지로 사운드 반복을 쉽게 감지할 수 있다. 여러 개의 디지털화된 사운드 샘플의 변질, 결합을 통해 더 풍부하고 덜 반복되는 음장을 만들 수 있다. 또한 알고리즘으로 생성하는 다른 사운드들과 결합할 수도 있다.

가상 세계의 특정 이벤트용으로 사운드를 몇 개 레코딩하는 것이 현실적이긴 하지만, 모든 이벤트를, 특히 미묘한 상호작용 차이까지 레코딩하려는 것은, 시간 낭비이고, 현실에 존재하지 않는 오브젝트의 음질$^{sonic\ quality}$은 수집 자체가 불가능하다.

사운드 샘플을 레코딩할 때 고려해야 할 또 다른 사항은 레코딩이 이뤄지는 공간의 요소들이 함께 레코딩된다는 점이다. 따라서, 모든 주변음이 차단된 방음실에서 레코딩 하지 않는 한, 적어도 해당 레코딩에 공간의 요소가 들어가게

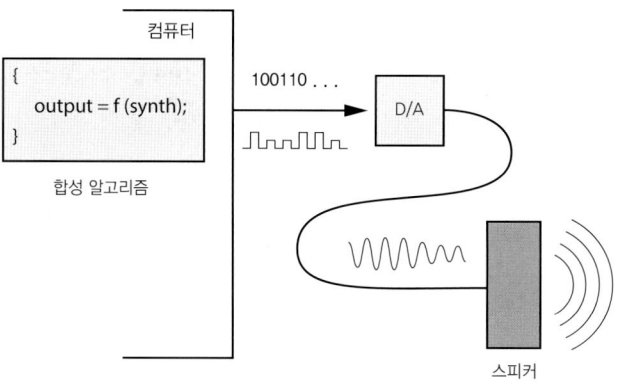

그림 6-50 합성된 사운드는 알고리즘을 사용해 파형을 생성한다.

된다. 이러한 요소(자연적이든 인위적이든 사운드 첨가된 모든 것)를 포함하는 사운드를 왯wet 사운드라고 한다. 변질되지 낳고 주변 공간 요소가 배제된 오리저널 음원을 드라이dry 사운드라 부른다.

합성Synthesis 합성음은 특정한 알고리즘을 실행해 만들어지거나, 파형 생성 프로세스가 포함된 VR의 다른 컴포넌트가 실행될 때 연산된 사운드를 말한다(그림 6-50). 이 기술은 어떤 사운드라도 만들어낼 수 있기 때문에 VR 경험 개발자에게 최상의 유연성을 제공한다. 하지만 매우 복잡한 샘플을 실시간으로 렌더링하려면 고성능 컴퓨터나 특화된 신시사이저synthesizer가 필요하다.

풍부하고 사실적인 광대역 사운드(즉, 사인 정형파sinewave와 같은 단조로운 톤 이상)를 합성하는 것은 복잡하다. 사운드 생성 알고리즘은 사인파와 같은 단순한 사운드 생성부터 사운드를 발생시키는 오브젝트의 속성을 모델링해 만드는 사운드 생성에 이르기까지 복잡한 정도가 매우 다양하다. 사운드 합성 방법은 크게 스펙트럼 합성법, 물리적 합성 모델, 앱스트랙 합성법으로 나뉜다.

스펙트럼 합성법 Spectral Synthesis Methods 스펙트럼 사운드 합성법에는 음파의 주파수 스펙트럼(사운드를 구성하는 각 성분의 주파수 및 양)을 분석하고 원본과 비슷한 스펙트럼을 다시 생성한다. 현실 세계에서 들을 수 있는 수많은 사운드는 대역폭이 매우 크다. 즉, 이런 사운드는 수많은 주파수의 복합체이기 때문에 전체 스펙트럼을 실시간으로 생성하는 것은 일반적으로 불가능하다. 그러나 음악에 쓰이는 사운드는 보다 좁은 대역폭의 주파수만을 사용한다. 따라서 스펙트럼을 기반으로 한 합성법들을 사용하면 음악용 음질 수준의 사운드를 만들어낼 수 있다. 스펙트럼 사운드 생성 방법의 예로는 사인파, 주파수 변조$^{Frequency\ Modulation,\ FM}$(사인파를 다른 주파수의 변화에 맞춰 변조) 및 가산 합성$^{additive\ synthesis}$(서로 다른 주파수의 사인파를 합해 복합 사운드 생성)이 있다. 다른 스펙트럼 합성법은 '복합 사운드 렌더링' 절에서 알아보자.

물리적 합성 모델$^{Physical\ Synthesis\ Models}$ 물리적 모델은 사운드를 발생시키는 각 오브젝트의 실제 물리적 특성을 기반으로 사운드를 연산해 만들어낸다. 예를 들어, 플루트의 물리적 사운드 모델은 공기가 특정 크기의 튜브를 통해 흐를 때 발생하는 진동을 연산한다. 즉, 기초적인 물리적 현상(공기 흐름, 진동 등)을 모델링하고, 해당 연산 결과를 직접 사용해 해당 오브젝트가 현실 세계에서 내는 사운드를 만들어 낸다.

물리적 모델을 사용하면 보다 정확하고 복합적인 사운드를 가상 세계에 구현할 수 있다. 모델링된 움직임은 플루트 예에서 말했던 공기 흐름과 같이 연속적일 수도 있고, 탁구채로 공을 치는 것처럼 불연속적인 이벤트일 수도 있다. 플루트의 튜브와 그 튜브 속을 흐르는 공기에 대한 정확한 파라미터가 주어지면, 현실감 있는 플루트 사운드를 에뮬레이션할 수 있다. 탁구채와 공 역시 적절한 물리적 파라미터(예: 경도^{hardness}, 접촉 강도, 접촉 위치)가 주어진다면, 탁구 경기에서 들리는 사실적인 사운드를 만들 수 있다.

VR 체험자가 현실감 있는 자동차 엔진 사운드를 경험할 수 있게 하는 것이 목표라면, 엔진과 배기 시스템의 전체 형태를 모델링하고, 피스톤 챔버에서 순간 폭발이 일어날 때 발생하는 공기압의 파동과 그 결과로 초래된 사운드에 큰 영향을 미치는 다른 요인들도 결정해 나간다. 물론 기하급수적으로 늘어나는 연산량 대비 얼마나 고품질의 렌더링 결과물을 얻을지, 그 사이의 타협점을 찾아내는 고민을 해야 할 것이다. 실제 사운드에 근접하는 합성음의 파라미터를 결정하기 위해, 스로틀^{throttle}과 부하^{load}와 같은 엔진 관련 입력값에 대한 적절한 절충도 있을 수 있다.

앱스트랙 합성법$^{Abstract\ Synthesis}$ 사운드의 앱스트랙 합성은 특정 시스템에서 숫자 스트리밍을 만들어 내고, 그 숫자들을 주어진 함수를 통해 파형에 매핑해 사운드를 생성하는 방법이다. 이 기법은 자연의 사운드를 다시 생성하는 대신 자연에 존재하지 않는 사운드를 만들어낼 때 사용한다. 예를 들어, 하나의 위험분석 공식이 시간의 흐름에 따른 원자재 시장 상품의 변동을 반영할 수 있어, 위험분석가가 그 변동을 추적해 위험패턴에 익숙해지도록 할 수 있다.

더 흥미로운 효과를 내기 위해 이러한 합성 사운드를 결합하거나 필터링 할 수 있다. 그것이 스펙트럼 방법이든, 물리적 모델이든, 앱스트랙 합성이든 간에 말이다. 사운드 결합은 스코어(이벤트 타임라인)를 명확하게 스크립팅하거나 알고리즘을 통해 스코어를 생성할 수 있다.

사운드 필터링 Sound Filtering 필터는 오디오 프로세싱에 광범위하게 사용된다. 일반적으로 필터는 사운드의 특정 주파수의 진폭을 감소(또는 증가)하는 장치나 알고리즘이다. 많이 사용되는 필터 타입에는 로우패스 필터low-pass filter(높은 주파수 대역을 제한하면서 낮은 주파수 대역은 통과시킨다), 하이패스 필터high-pass filter (낮은 주파수 대역은 통과하게 어렵게 만들면서 높은 주파수 대역은 통과시킨다), 밴드패스 필터band pass filter(특정 주파수 대역만 통과시키면서 그대역 상하의 주파수는 통과하기 어렵게 한다), 콤 필터comb filter(빗살모양 필터라고도 하며, 선택된 여러 개의 주파수는 통과하기 어렵다)가 있다. 이러한 필터들의 특성을 정의하기 위해 다양한 파라미터를 설정할 수 있다.

이러한 필터들을 구현시키는 범용 애플리케이션 중에는 사운드의 원근감을 주기 위해 로우패스 필터를 사용하는 것들이 있다. 예를 들어, 사운드가 멀어져 가는 효과를 내기 위해 높은 영역의 주파수를 감쇠시키는 방법이 있는데, 행군하는 악대가 다가올 때 먼저 낮은 북소리가 들리고, 악대가 가까워질수록 더 높은 주파수만 들리는 현상과 같은 이치다. 따라서 적절한 사운드의 원근감을 주기 위해 음원과의 거리가 가까워질수록 로우패스 필터의 계수 값이 커져야 한다.

VR 시스템에서 하이패스 필터를 사용하면 시스템에게 내리는 음성 명령을 방해할 수도 있는 바닥을 오갈 때 나는 낮은 주파수의 사운드를 제거할 수 있다.

이러한 필터는 어떤 사운드이든지 그 특성에 영향을 주고 싶을 때 사용할 수도 있다. 예를 들어, 필터로 목소리의 특성을 바꿔 전화나 확성기 등을 통해 말하는 것처럼 할 수 있다. 필터는 콘볼루션convolution 방식을 사용해 보다 다양한 효과를 얻을 수 있다. 실제로 콘볼루션은 사운드 프로세싱에 있어 깊이 있게 다뤄야 할 매우 중요한 기법으로 발전됐다.

콘볼루션 필터 Convolution Filters 콘볼루션은 수학적 연산의 하나로, 파형에 적용하면 재미있는 방식으로 필터링할 수 있다. 예를 들어, 음원이 진동을 그친 뒤에도 계속 들리는 잔향reverberation을 덧붙이거나, 특정 위치에서 사운드가 나오는 것처럼 파형에 적용시킬 수도 있다. 각각의 경우, 사운드에는 임펄스 응답impulse response, IR을 적용하게 되는데, 적용한 IR 속성에 맞춰 콘볼루션 방식으로 필터링한다. 기본적으로 IR은 사운드에 효과를 입힐 수 있는 프로파일이다.

사운드 프로세싱에서 잔향을 더하고 싶을 때는 일반적으로 콘볼루션 방식을 적용한다. 이 수학적 방식은 하나의 파형을 그대로 복사해 그 파형 뒤에 약간의 시차를 두고 덧붙이는 간단한 작업으로도 에코 효과를 만들어 낼 수 있지만, 특정 공간에 있는 잔향, 확산, 산란, 흡수 등의 모든 공간 요소들을 포착하는 데는 IR을 쓰는 것이 간단하다. IR을 적용하면, 이러한 필터들이 마치 재즈홀이나 성당과 같이 서로 다른 음향 특성을 가진 공간에서 듣고 있는 것처럼 느끼게 해 준다. IR은 사운드 발생원의 위치(예: 성당 상층부에 있는 합창단 자리나 무대 바로 앞쪽 아래 부분의 오케스트라석)에서 충격음impulse sound(예: 총소리 또는 슬레이트치는 소리)을 재생해 생성하고, 이번에는 리스너가 있을 수 있는 다양한 곳에서 이 사운드를 녹음해 IR을 만든다. 일시적인 광대역 사운드의 경우, 그 공간에서 캡처된 사운드 자체를 IR로 쓰기도 한다. 더 복잡한 방법을 사용할 수도 있는데, 예를 들어, (노이즈가 섞이지 않은) 순수음pure tone의 특정 주파수 레인지를 스위핑하면 수학적 분석을 통해 산출된 SN 비율signal-to-nose ratio이 보다 개선된 IR을 생성할 수 있다. 어느 쪽이든, IR은 본질적으로 수학적인 기술로, 어떤 사운드이던지 마치 그 공간에서 듣고 있는 것처럼 느낄 수 있도록 사운드의 이미지를 바꾸는 데 사용할 수 있다. 이 기술은 영화 및 오디오 레코딩의 효과음에 적용된다.

또한 IR을 사용해 다양한 오브젝트 모델을 생성하거나 심지어 오디오 하드웨어의 사운드 출력을 변형시키기도 한다. 예를 들어, 한 줄로 늘어선 여러 개의 깡통을 두드리며 지나가는 사운드는, 깡통 한 개에서 나는 사운드를 생성한 다음, 이를 각개의 깡통에 (서로 다르게) 적용해 전체 사운드를 만들어 낼 수 있다. 이것에 다시 콘벌브 방식을 적용하면 다양하게 변형된 사운드가 지나가는 것처럼 만들 수 있다.

이 같은 개념을 사용하면 리스너의 머리와 몸에서 사운드를 받아드릴 때 어떻게 변형되는지도 재현할 수 있다. 사운드가 리스너의 머리를 기준으로 특정 위치에서 나오는 것처럼 들리게 하려면, 우선 음의 소스가 위치한 곳에서 임펄스 사운드를 생성한 다음, 이번에는 그 리스너의 귀에 마이크를 위치시켜 생성한 사운드를 녹음하면 된다. 여러 방향에서 나오는 소리를 처리하기 위해서는 복수의 위치가 조화를 이루도록 위치 좌표를 선정해 IR들을 생성하게 된다. IR 간 보간을 통해 특정 방향을 렌더링할 수 있다. 이렇게 수집된 IR 집합을 HRTF$^{\text{head-related transfer function}}$라 한다. HRTF용 IR은 머리와 귀에 주는 영향만을 레코딩하기 위해 무잔향실에서 수집하는 것이 이상적이다.

사운드 전파 알고리즘

사운드는 일단 생성되면 그 진동이 환경 전체로 공간속으로 이동하면서 퍼져 나간다. 이동 경로에 따라 리스너의 귀(양쪽 귀가 아닌 한쪽에만)에 직접 진동을 가할 수도 있지만, 벽과 가구에 부딪쳐 산란하고, 벽을 통과하기도 하고, 모서리를 도는 경로도 있다. 이 모든 경로는 특정 공간이 사운드에 어떻게 반응하는지를 보여주는 것이다. 이 경로들을 살펴보면 "내가 어디에 있나?" "내가 어떤 공간에 있는 거지?" "성당?" "부엌?" "들판?" "협곡?" 등과 같은 질문에 답을 얻을 수 있다. 사운드 전파^{propagation}를 연산하는 것은 영상 파노라마$^{\text{visual scape}}$에 조명 효과를 더하는 것과 같다. 따라서 사운드 전파를 사운드 파노라마$^{\text{sound-scape}}$에 넣는 것은 생동감 있는 경험을 위해 매우 중요하다.

음파의 길이는 공간 안의 오브젝트가 퍼져 나가는 크기(아마도 공간 전체)이고, 인간이 들을 수 있는 폭 넓은 주파수 대역을 포함하고 있어, 사운드의 굴절, 확산 및 간섭은 사실감 있는 사운드를 연산하는 데 중요한 요소이다. 사운드가 리스너의 귀 주변(귓바퀴, 머리, 어깨)에 전파되는 양상은 소리의 방향을 지각하는 중요한 역할을 한다.

실내 효과 및 공간화 효과의 영향을 받아 생성된 사운드 전파는 (공간의 영향을 추가하지 않은) 드라이 사운드에 그 효과를 표현하는 IR을 합성해서 사용할 수 있다. 이러한 IR은 적어도 가상공간의 구현에서는 현실 세계의 공간, 또는 현실 세계의 인간으로부터 얻어내거나 알고리즘으로 연산할 수 있다.

룸의 어쿠스틱acoustics 연산은 음파가 전파되면서 맞이하는 모든 상호작용, 즉 물질 표면에서의 반사(및 확산), 폐쇄occlusion 및 투과transmission, 모퉁이에서의 회절diffraction, 거리에 따른 감쇠 등을 포함한다. 사운드 전파의 연산은 수치로 또는 기하학적으로 수행할 수 있다[Raghuvanshi et al. 2010].

수치 연산법은 일반적으로 사운드를 파동으로 취급하며, 룸이나 홀의 크기에 근접한 파장 길이를 갖는 낮은 주파수의 사운드 생성에 더 실용적이다. 그러나 수치 연산은 실시간으로 모두 렌더링하기에는 아직 느려서 공간의 정적인 룸 어쿠스틱을 사전 연산하는 데 사용된다. 수치 기반 접근법은 파동 방정식을 수학적으로 풀어내는 방식이다. 이 방식은 사운드의 지연 반사 단계late-reflection stage 생성에 잘 맞으며, 지연 반사 단계는 '복합 사운드 렌더링' 절에서 자세히 다룬다.

사운드 전파를 위한 기하학적 연산법은 사운드를 파동이라기 보다는 파티클 (입자)로 취급하며, 사운드가 공간 안에서 어떻게 움직이는가를 생각한 방법에 더 가깝다. 따라서 사운드의 움직임을 레이 트레이싱 방법(또는 '빔 트래킹')으로 연산한다. 이 방법은 높은 주파수의 사운드에서 더 효과를 보이며, 다이나믹한 씬에서 인터랙티브하게 렌더링할 수 있을 정도로 빨라졌다.

복합 사운드 렌더링

비주얼 렌더링과 마찬가지로, 음파 환경을 향상시킬 수 있는 유용한 청각 렌더링 기법이 많이 있다. 다음 절에서는 주파수 변조, 알고리즘의 가산/감산 기법, 그래뉼러 합성법Granular Synthesis, 모달 해석법Modal Analysis과 같은 기법을 설명한다. 또한, 사운드는 다양한 필터링 기법을 사용해 더 복잡하게 만들 수 있다. VR 시스템에서는 이런 필터가 사운드를 공간화하고 룸의 사운드 환경을 제공하는 데 자주 사용된다. 복합적인 사운드 환경은 엠비언트 사운드ambient sound,

인터페이스 사운드, 소니피케이션^{sonification}, 공간화된 사운드 등의 다양한 요소를 결합해 일관성 있는 표현으로 발전한다.

사운드는 복잡한 방식으로 역동적이어서, 현실감 있는 사운드를 렌더링하는 효과적인 방법을 개발하기가 어렵다. 이는 단순한 파동 방정식을 만들어내는 문제가 아니다. 사인파(수학적 사인 함수로 설명되는 파동)는 스펙트럼 사운드 합성의 기본 구조다. 영상에서는 폴리곤이 시각적 도메인인 것처럼, 사인파는 컴퓨터로 만들어진 사운드 이미지의 기본적인 구성 요소다. 하나의 폴리곤을 보는 것이 지루할 수 있듯이, 사인파 하나는 리스너를 짜증나게 할 수 있는 사운드를 낸다. 사운드는 순간적이므로 방정식은 시간 경과에 맞춰 변해야 한다. 귀와 뇌는 사운드 파형에 생기는 약간의 변화도 구별할 수 있기 때문에, 렌더링 프로세스는 매우 빠른 속도로 이뤄져야 한다. 느낌의 미묘한 차이가 너무나 빨리 달라지기 때문이다.

빠르게 연산할 수 있는 간단한 렌더링 방정식 대비 더 많은 리소스를 동원하여 더 복잡한(따라서 더 만족스럽거나 사실적인) 사운드를 내는 방법 사이에서 어떻게 밸런스를 맞출지 고민해야 할 것이다. 이는 비주얼 렌더링 기법에서 텍스처 매핑, LOD 컬링, 분위기 효과와 같은 복잡한 고민거리와 비슷하다.

주파수 변조(스펙트럼)

주파수 변조$^{Frequency\ Modulation}$는 사운드의 스펙트럼 생성 방법 중 하나로, 많은 기능의 구현을 할 수 있다. FM 사운드는 사인파처럼 연산하기 쉽다. 단, 사인파의 두 가지 파라미터인 주파수와 진폭 대신, FM 사운드는 반송 주파수$^{carrier\ frequency}$(단순히 메인 사운드를 실어 나르는 주파수), 반송/변조 주파수 비율(C/M 또는 변조에 쓰이는 주파수가 반송 주파수와 얼마나 다른지의 비율), 변조 지수$^{modulator\ index}$(변조 주파수에 대한 주파수 편차의 비율)와 같은 추가 파라미터를 갖는다. 그 결과 발생하는 사운드는 단순한 사인파보다 더 복잡하고 만족할 수 있겠지만, 시간이 지남에 따라 리스너로서 느끼는 피로감 때문에 체험자가 스트레스를 받을 수도 있다. 주파수 변조로 생성된 사운드는 리스너에게 종소리 같은 음질과 고주파 성분을 들려줄 수 있다.

가산 및 감산 기법(스펙트럼)

가산 및 감산 기법은 다른 주파수의 신호를 결합하거나 감산해 사운드를 생성하는 스펙트럼 사운드 생성 방법이다. 이렇게 생성된 사운드에는 선택한 여러 주파수의 조합이 들어가 있다. 가산 합성additive synthesis은 본질적으로 여러 사인파를 서로 다른 주파수 및 위상 시프트phase shift를 합한 것이다. 감산 합성Subtractive synthesis은 복합된 사운드 중에서 화이트 노이즈white noise와 같은 것을 필터링하는 것이다.

푸리에 분석Fourier analysis은 복잡한 파형을 구성하고 있는 개별 사인파를 분석하는 수학적 기법이다. 이 기법을 사용하면 현실 세계의 사운드를 분석해 목표로 하는 사인파들의 주파수, 진폭, 위상을 결정할 수 있다. 그 다음 이러한 사인파를 다시 합성하거나 재구성해 오리지널 파형을 에뮬레이션할 수 있다. 그 덕분에 재구성하는 동안 프로그래머는 파동의 결합 방식을 컨트롤할 수 있게 돼, VR 프로그램 안에서 사운드를 유연하게 변경할 수 있다

그래뉼러 합성법

그래뉼러 합성Granular synthesis은 풍부하고 다이나믹한 사운드 소스를 만들기 위해 소닉 비트맵(FM 사운드, 사인파 및 기타 소스)의 단편들을 구성해서 만든 사운드다. 결합한 단편들이 위상 변이되거나 시간에 따라 변조되기 때문에, 오리지널 단편은 없어져 버릴 수도 있다. 예를 들어, 물 한 방울이 바위 위에 떨어지는 사운드가 있다면, 이 사운드 하나를 여러 번 결합해서 폭포나 흐르는 강물의 사운드를 낼 수 있을 것이다[Scaletti 1997]. 또는 직물(천)을 힘을 가해 찢을 때 실 하나가 끊기는 사운드를 모아 직물 전체의 찢기는 사운드를 만들 수 있다.

코러싱

코러싱Chorusing은 실존하는 신호를 프로세싱해서 가상 세계에서의 사운드를 생성해내는 또 다른 알고리즘이다. 이 기법은 사운드의 주파수 및 위상을 변조한 복사본을 오리지널 사운드에 믹싱해서 효과적인 사운드를 만든다.

모달 해석

현실 세계에서 오브젝트들이 서로 접촉(상호작용)하면 동적 영향력이 발생하고, 이 영향력이 오브젝트로부터 주변 공기(또는 물이나 다른 매체)로 진동 형태로 전달될 때 사운드가 생성된다. 단단한 오브젝트는 모두 특정 방식으로 부딪쳤을 때 어떤 사운드를 내는지 알 수 있는 공명 주파수 또는 모드가 있다. 반 덴 도엘과 파이[van den Doel and Pai 1998]는 "오브젝트에 충격이 가해지면, 그 충격 에너지가 오브젝트의 몸을 통과하면서 변형을 일으켜 오브젝트의 표면이 진동하면서 음파를 발산한다."고 설명했다. 하지만 가상 현실의 실시간 시뮬레이션에서는 오브젝트를 리지드 바디$^{rigid\ body}$로 취급한다. 바꿔 말하면 리지드 바디는 변형되지 않으며, 따라서 전혀 진동하지 않아 사운드를 생성하지 않는 고체다. 결국 컴퓨터의 연산은 정확한 사실을 표현할 곳에서 정확성이 떨어지는 낮은 수준에서 연산을 출발하는 셈이다. 한 마디로 속이는 것이다.

영상처리에서는 내재하지 않는 색상, 표면의 거칠기 등의 디테일을 묘사하기 위해 텍스처 추가라는 눈속임을 쓰는 경우가 많다. 여기서 쓰는 속임수는 현실 세계에서 오브젝트를 움직이거나 회전하게 만드는 커다란 힘이 오브젝트에 충격으로 가해질 때 그 반응으로 발생하는 진동을 따로 분리해서 취급하는 것이다. 따라서 충격이 발생할 때의 소리 정보를 리지드 바디 형태로 시뮬레이션한 후, 추가적인 2차 시뮬레이션에서 충격에 따른 진동을 연산할 수 있다.

물체에의 충격이 가해지거나 악기의 현을 통기는 등의 변화가 일어날 때 어떤 진동이 발생하는지를 (대략이라도) 알면 렌더링에서 음원으로 사용할 수 있는 파형을 시뮬레이션해서 생성해 낼 수 있다. 줄, 가죽 같은 막, 원통형 튜브와 같은 단순한 형태라면 이에 맞는 값을 완전히 연산할 수 있다. 그러나, 더 복잡한 형태의 경우에는 먼저 오브젝트를 시뮬레이션 가능한 형태로 변형시켜, 해당 오브젝트에서 생길 수 있는 진동 모드를 결정하는 것이 현실적인 방법이다. 오브라이언과 동료들[O'Brien et al. 2002]은 유한 요소법$^{finite\ element\ mothod}$이라 알려진 연산 기술을 사용해 가상 현실 속의 오브젝트에 대해 단순화된 소닉 모델을 만들었다. 특히, "유한 요소법은 오브젝트를 유한 개의 요소로 분할한 후, 시스템 행렬을 고유값 분해(고유 분해라고도 함)해서 오브젝트의 변형 모드를 수치로 연산한다."고 했다. 이렇게 하면, "진동 반응 결과치는 해당 오브젝트의 오디오를 연산하는 데 직접 사용된다."고 했다.

그런 다음 모달 해석은 오브젝트의 변형 모드를 연산하는 것으로, 가상 세계를 실시간으로 시뮬레이션 하기 전에 다른 곳에서 미리 연산한다. 그런 다음 분석 값은 리지디 바디 시뮬레이션에서 알려준 시간과 위치대로 실시간 사운드 시뮬레이션에 사용되는 파라미터로 역할을 한다.

전파 및 환경 효과

앞에서 사운드가 어떻게 공간을 통해 이동(사방으로 반사)해 리스너에게 자신이 있는 공간에 대해 알려주는지를 살펴봤다. 렌더링에 시간 제약이 없는 경우, 사운드가 지나가는 패스를 따라 발생하는 수백 개의 굴절, 확산 및 산란 효과 등을 연산할 수 있다. 이렇게 하면 실시간은 아닐지라도 상당히 현실적인 사운드를 연산할 수 있다. 하지만 어쿠스틱 분석은 오랜 경험으로부터 만들어진 '80ms 경험원칙'이 있는데, 최초 80ms 이후에는 다른 모든 룸 상호작용을 기본적으로 거의 동일하게 처리한다. 즉, 음원의 위치는 더 이상 중요하지 않다. 소닉 이벤트에서 지각되는 사운드는 세 가지 요소로 구성되며, 각각 세 가지 렌더링 단계에 매핑된다.

- 음원에서 귀로 직접(드라이 사운드);
- ER—얼리 리플렉션$^{Early\ reflection}$(80ms 이전)
- LR—레이트 리플렉션$^{Late\ reflection}$(80ms 이후)

귀로 직접 전달되는 경로를 실시간으로 연산하는 것은 간단하다. 또한 레이트 리플렉션으로부터의 임펄스 응답(늦은 잔향 임펄스 응답$^{late\ reverberation\ impulse\ response}$ 또는 LRIR이라고 함) 역시 고정된 룸 IR(콘볼루션 필터만 필요한)을 사용해서 손쉽게 래핑될 수 있으며, 결국 공간 안에 있는 리스너와 음원의 이동 위치에 따라 변동하는 연산이 필요한 얼리 리플렉션 임펄스 반응^{ERIR}만이 어려운 문제로 남는다. 따라서 오늘날의 소닉 렌더링 연구는 대부분 얼리 리플렉션의 효율적인 실시간 렌더링에 초점을 맞추고 있다.

이와 같이 80ms 경험 법칙의 타당성에 대한 연구가 진행돼 왔으며, 물론 룸의 크기에 따라 수치는 달라지는데, 콘서트 홀과 같은 더 큰 룸은 ER값이 약 200ms 정도까지도 올라가고[Hidaka et al. 2007], 더 작은 룸은 70ms 정도로 낮아질 수 있다. 라구와니쉬[Raghuvanshi, 2010]는 다음과 같이 설명한다. "ER은 소스와 리스너 위치에 따라 환경 안에서 상당한 지각 차이를 보이는 반면, LR은 통계적으로 룸마다 크게 다르지 않기 때문에 룸 자체의 속성으로 대체해 연산 할 수 있다." 그리고 "지각적으로, ER은 폐색 정보와 같은 위치 감각을 전달하는 반면, LR은 씬의 전체적인 감각, 즉 씬의 크기, 실내장식 수준 및 음의 흡수율 등을 전달한다." 룸의 음향 속성을 파형에 적용하는 또 다른 효과는 리스너의 머리 속에 있지 않은 것처럼 사운드를 외부화^{externalize}하는 것이다.

음원과 리스너의 위치 변경 가능성에 따라 ER의 영향을 계산하기 위해 음원과 리스너 양쪽에 대해 여러 IR을 미리 계산하고 런타임 시 가장 적합한 위치 가까이에 IR들을 배정한다. 그런 다음 보통 이리저리 배치된 IR들이 공간을 통과해 소스와 리스너의 위치 정보를 주는 역할을 하게 된다. 데이터양이 너무 많지 않도록 사운드가 생성되고 듣게 되는 범위 내로 IR을 제한할 수 있는데, 체험자의 머리 높이(또는 그 아래)부터 테이블 높이(또는 방바닥)까지 제한하는 식이다.

적응성 직사각형 분할

수치 파동 방정식을 사용하면 사운드 전파를 가장 정확하게 알 수 있기 때문에, 어떤 위치에서 만들어진 드라이 사운드가 다른 위치에서 리스너에게 어떻게 들릴지 연산하는 데 사용할 수 있는 룸 ERIR 연산 중 특히 좋은 방법이다. 임의의 형태를 파동 방정식으로 풀어 내기는 당연히 쉽지 않다. 그러나 직사각형 공간(실제로는 평행육면체)은 간단하다.

이를 기반으로 라구와니쉬 등[Raghuvanshi et al. 2009]은 적응성 직사각형 분할$^{adaptive\ rectangular\ decomposition,\ ARD}$ 방식을 고안해 냈다. 이 방식은 공간의 용적을 완벽한 평행육면체로 분할한 다음, 각각에 파동 방정식을 적용해 완벽하

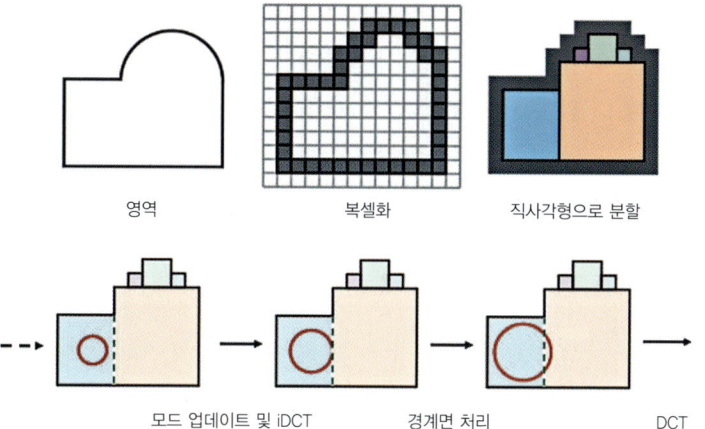

그림 6-51 사운드가 들리는 공간을 모델링해서 사실감을 더하기 위해 라구와니쉬 등[Raghuvanshi et al. 2009]이 착안한 적응성 직사각형 분할법의 단계를 보여준다. 위 두 번째 복셀화 그림은 공간이 가장 높은 예상 주파수를 기준으로 어떻게 분할되는지를 보여준다. 세 번째는 사운드 전파를 수학적으로 더 간단하게 풀 수 있는 더 큰 직사각형 공간으로 모은다. 그런 다음, 영역 간 변화를 자연스럽게 하기 위해 경계 연산을 한다. (Image courtesy of Nikunj Raghuvanshi, Ming Lin, and IEEE.)

게 풀어낸다. 이때, 인접한 영역 간의 경계를 경계 조건으로 적용한다. 또한 분할 방식 때문에 적응성 직사각형이라 하는데, 공간에서 가장 큰 직사각형을 찾아 먼저 나눈 다음에, 같은 방식으로 점차 더 작은 직사각형으로 분할해 나간다. 이때 가장자리는 정확도 손실을 어느 정도 수용할 수 있는 정도로 한다 (그림 6-51).

로컬라이제이션과 공간화

3장의 '청각 로컬라이제이션 단서' 절에서 인간이 어떻게 사운드의 속성을 사용해 소리가 나오는 방향을 추정할 수 있는지를 알아봤다. 물론 일차적인 요인은 사운드와 전혀 관련이 없는 시각, 즉 복화술 효과에서 오는 것이다. 그러나 사운드의 위치 지각에도 영향을 미치는 실제 소닉 특성이 있으며, 사운드를 시각과 일치시키면 더욱 강한 효과를 얻을 수 있다.

사운드가 나는 방향과 거리를 감지하는 데 사용할 수 있는 기본 효과는 다음과 같다.

- 사운드의 감쇠 attenuation —근처에 있을 때 사운드가 얼마나 클지 vs 얼마나 큰지
- ILD interaural level difference —어느 쪽 귀가 사운드를 더 크게 듣는지.
- ITD interaural time difference —어느 쪽 귀가 사운드를 먼저 듣는지.

ILD와 ITD는 사운드가 나오는 방향(머리의 종단면으로 제한됨)에 대한 단서를 주며, 어느 쪽이 우선되는지는 사운드 파장의 문제이다. ITD는 머리보다 작은 파장일 때 더 많은 단서를 얻어 지각하기 쉬운 반면, ILD는 머리보다 큰 파장일 때 더 지각하기 쉽다. 파장이 머리 크기와 비슷할 때는 둘 다 비슷하다. 주파수별 유리한 효과는 다음과 같다.

Frequency 주파수	Cue 효과
20-800	ITD
800-1600	ITD 및 ILD
1600-22K	ILD

공간화된 사운드를 제공하는 쉬운 방법이자 과거에 많은 게임 엔진이 의존했던 방법은 머리를 기준으로 오브젝트의 왼쪽/오른쪽 위치를 기반으로 왼쪽/오른쪽 패닝을 사용해 볼륨을 조정한 다음, 음원에서 멀리 떨어진 귀를 기준으로 사운드에 약간의 딜레이를 주는 것이다. 이를 거리에 따른 감쇠 계수와 결합하면 심플한 공간화 방식이 만들어진다.

그러나 3장과 이 장의 콘볼루션 부분에서 언급했듯이, 리스너의 몸은 들어오는 모든 사운드의 필터 역할을 하며, 사운드가 귓바퀴(외이$^{outer\ ear}$), 머리, 어깨의 영향을 어떻게 받는지에 따라 리스너는 사운드가 나오는 높이를 어느 정도 식별할 수 있다. 이러한 타입의 공간화를 만들려면 일련의 IR을 통해 리스너 머리에 미치는 영향을 측정한다. 물론 이 레코딩을 하기 위해 일반적인 귀 모양을 한 일반적인 머리 모양을 기준으로 하지만, 이 기준과 실제 리스너의 형태가 다를수록 프로세싱의 유효성이 떨어진다. HRTF로 리스너와 가장 비슷한 형태를 맞출 수 있는 데이터베이스가 있다. 사운드 연산과 오브젝트 형태 캡처 기술이 발전함에 따라 리스너를 스캔한 다음 파동 방정식으로 리스너의 HRTF를 연산하는 연구가 진행 중이다[Huttunen et al. 2014] [Meshram et al. 2014].

개인이 듣는 사운드에 대한 신체 특정 효과의 캡처 데이터를 HRTF라고 한다. HRTF는 여러 개의 개별 IR로 구성되며, 각 IR은 마이크를 오른쪽 귀와 왼쪽 귀의 외이도$^{ear\ canal}$에 놓고 따로 측정하며, 총성과 같은 광대역 사운드는 머리를 빙 둘러 여러 방향(다른 높이 포함)으로 오프셋된다. 그런 다음, HRTF를 사용해 각 귀에 적합한 방향성 IR(또는 단일 IR로 보간된 대략적인 방향에 맞는 약간의 IR)을 선택해 공간화한다. 그리고 해당 반응으로 소닉 파형에 콘볼루션 방식을 적용한다.

공간화에 있어서 또 하나의 중요한 요소는 5장에서 설명하는 사운드 스테이지 sound stage다. 사운드가 가상 세계에 고정되지 않고 리스너가 고개를 돌린다고 그 움직임을 따른다면 환상은 깨지고 만다. 사운드 스테이지는 가상 세계에 고정돼 있어야 한다. 단순한 공간화 방법(패닝 및 감쇠)의 경우라면, 확성기를 사용해도 어느 정도는 나타낼 수 있다. 최상의 결과를 얻으려면 물리적 공간 안에서 혼선 없이 각 귀로 직접 들을 수 있도록 사운드를 연산해야 하기 때문에, 헤드폰이 필요하며, 제대로 연산하려면 머리 위치 트래킹도 함께 해야 한다.

효과 결합

VR 시스템에서 렌더링되는 많은 음원은 드라이 사운드이며, 단조로운 사운드 이미지로 시작한다. 이러한 소스에 콘볼루션과 잔향과 같은 렌더링 기술을 사용해 스테레오 사운드 이미지를 만들어낸다. 엠비언트 사운드는 때때로 예외가 되는데, 리스너의 양쪽 귀에 들리는 스테레오 사운드로 시작하기 때문이다. 현실 세계에서는 사운드가 공기 중에서 자연스럽게 믹스된다. 하지만 디즈니의 알라딘 VR 경험 개발자는 다른 형식의 일렉트로닉 사운드 이미지(고정 사운드 스테이지와 관련해 모노포닉 monophonic, 스테레오포닉 stereophonic (줄여서 스테레오) 공간화, 헤드 베이스, 움직이는 사운드 스테이지에서 스테레오포닉 공간화, 그리고 비공간화된 스테레오포닉 사운드를 직접 믹스해서 현실적이고 매력적인 사운드 경험을 만들 수 있다는 것을 발견했다[Pausch et al. 1996] [Snoddy 1996].

소닉 렌더링 프로세스

가상 세계를 위한 소닉 렌더링 프로세스에는 하드웨어도 연관돼 있지만, 오늘날 사용하는 시스템에서는 전체 컴퓨터 시스템의 일부에 지나지 않을 것이다.

렌더링 프로세스에는 미리 녹음된 사운드, 또는 현실 세계나 가상 공간의 IR, 개별 사용자를 위한 IR 모음(HRTF) 등을 담은 파일들이 있을 것이다. 소닉 렌더링을 위한 소프트웨어는 최근 VR의 성장 및 게임 엔진과의 통합으로 상당히 개선됐다. 마지막으로 이 모든 것이 어떻게 결합되는지 살펴보자.

사운드용 전문 장비

음악 작곡과 전문적인 오디오 제작에 도움이 되는 판매용 소프트웨어와 하드웨어가 시중에 상당히 많다. 컴퓨터 기반 오디오 제작에 쏟아지는 이러한 관심 덕분에 소비자가 사용할 수 있는 다양한 장비들이 만들어졌고, 대량 생산되면서 가격이 떨어져 가성비 좋은 제품을 고를 수 있게 됐다.

대부분의 소비자용 사운드 제작 장비는 음악을 만드는 데 초점을 맞추고 있으며, (일반적으로) 음악에서 사용하는 피치pitch로 사운드를 다룬다. 현실 세계에서 들리는 대부분의 (비음악적인) 사운드는 해변에 부딪히는 파도, 바람의 돌진, 엔진의 굉음 등과 같은 광대역 사운드이다. VR 시스템에서는 음악 및 광대역 사운드를 모두 활용한다.

VR 경험에서 사용되는 다양한 사운드 형식을 만들기 위해서는 전기적 신호를 생성해서 공기 압력 진동으로 변환하고, 이를 다시 헤드폰이나 스피커 등 청각 디스플레이 장치를 통해 수신자에게 전달해야 한다. 가상 환경을 위한 고품질 오디오를 생성하기 위한 하드웨어는 비교적 저렴하며 쉽게 구할 수 있다. 사운드 렌더링 및 필터링 하드웨어에는 PC나 워크스테이션 컴퓨터로의 다이렉트 오디오 출력 뿐만 아니라, 신시사이저, 범용 이펙트 프로세서, 프로그램 가능하며 특정 작업에 최적화된 디지털 신호 처리 장치DSP, digital signal processor가 있다.

VR을 즐기는 사람들이 이제는 가정용이나 사무용 컴퓨터 사용자로 옮겨갔다. 사운드 전용 특수 장비 시장은 공간 음향 디자인에 초점이 맞춰진 VR 경험이나, 보다 사실적인 소닉 구현을 위한 고급 과정의 훈련을 위한 장비들이 대상이 된다. 따라서 요즘의 컴퓨터로도 대부분의 소닉 렌더링 작업을 충분히 수행할 수 있기 때문에 대부분의 최종 소비자들은 추가적인 외부 사운드 프로세싱 장비를 필요로 하지 않는다. 그러므로 맞춤형 오디오 제작 장비들은 큰 예산이 들어가는 경험 제작이나 특정한 과학적 목적 등을 포함한 전문 사운드 디자이너를 위한 것이다.

대부분의 사운드 렌더링 장비는 방송, 영화, 광고, 음악 산업이 시장을 주도하기 때문에 그들의 특정한 요구에 최적화돼 있어, 범용 오디오 엔진으로 사용할 만한 장비가 많지 않다. 범용 오디오 엔진은 범용 컴퓨터와 같다. 누구든 리버브(커스텀 리버브 알고리즘 사용)에서 스테레오 코러싱에 이르기까지 원하는 것을 모두 프로그래밍할 수 있다. 기본적으로 알고리즘을 짤 수만 있다면, 사운드 효과를 만들어낼 수 있다. 대량 판매 시장용 사운드 장비로는 충족되지 않는 요구사항 때문에 VR 음향 렌더링 시스템은 소프트웨어 기반인 경우가 많다.

사용 가능한 하드웨어 시스템 중에서 가상 환경용 사운드를 생성하는 데 사용되는 것에는 세 가지 타입이 있다. (1) 전문 사운드 렌더러(일반적으로 신시사이저라고 함), (2) 범용 사운드 렌더러, (3) 사운드 포스트 프로세서(또는 이펙트 박스)가 그것이다. 이러한 시스템이 사용자 경험의 일부로서 필요한 경우는 위치기반 또는 최첨단 트레이닝 장소일 가능성이 높다. 이런 곳은 사용할 때 더 주의해야 하고, 작동하지 않는 시간에도 비용이 많이 들어간다. 다시 말하지만, 가정이나 사무실에서 사용하는 최종 소비자용은 소닉 렌더링하는 데 일반 컴퓨터가 대부분 사용될 것이다.

사운드 신시사이저는 특수 하드웨어를 사용해서 하나 이상의 알고리즘을 기반으로 사운드를 만든다. 합성된 사운드를 피치, 볼륨, 음색과 같은 다양한 파라미터로 미세하게 조정한다. 신시사이저는 특정 악기 소리를 내도록 만들어진 것이

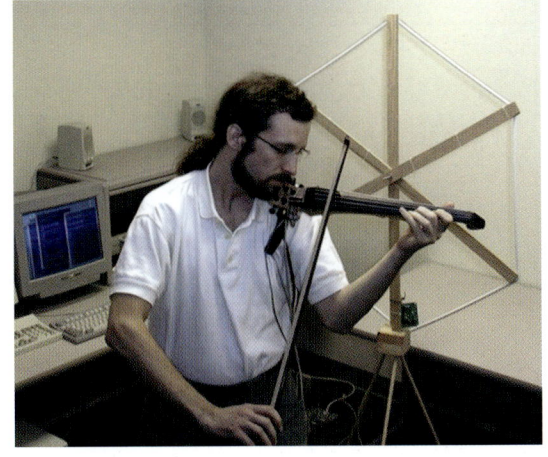

그림 6-52 합성 사운드를 컨트롤할 수 있는 장치는 많다. 이 사진에 보이는 작곡가 카밀 고데순(Camille Goudeseune)은 소프트웨어 신시사이저에 데이터를 보내는 전자 바이올린을 연주하고 있다[Garnett and Goudeseune 1999]. 그가 사용하는 시스템은 배경에 보이는 안테나와 바이올린에 장착된 센서를 사용해서 바이올린의 위치를 트래킹한다. 소프트웨어는 바이올린 브리지(줄받침대)에서 나오는 신호의 피치와 진폭을 트래킹한다. 연주자는 이 모든 데이터를 통해 실시간으로 합성 파라미터를 컨트롤한다. (Photograph by William Sherman.)

그림 6-53 이 그림은 디지털 사운드가 현실 세계의 신호를 디지털 방식으로 레코딩한 사운드 파일을 재생하거나, 사운드 생성 컴퓨터 알고리즘을 사용해 디지털 사운드가 만들어지는 과정을 보여준다. 디지털 정보는 D/A 컨버터를 거치면서 사람이 들을 수 있는 신호로 변환되고, 스피커나 헤드폰으로 재생한다.

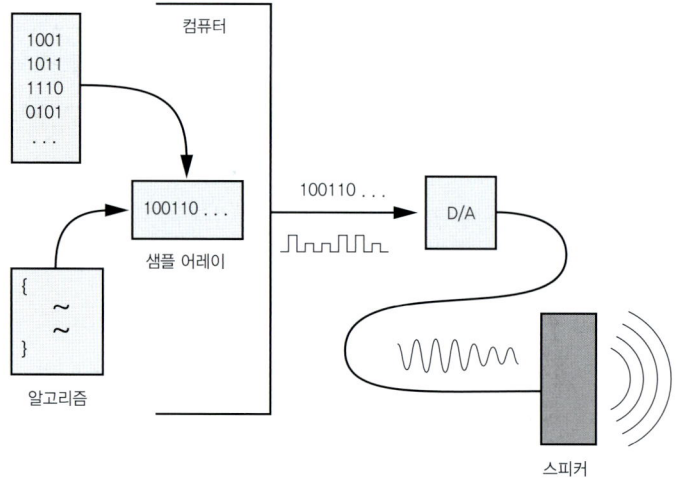

많다(그림 6-52). 즉, 신시사이저의 사용자 인터페이스는 특정 악기(대부분 피아노/오르간 키보드)를 에뮬레이션하도록 디자인돼 있다. 신시사이저의 또 다른 특징은 대부분 일련의 명령을 통해 컴퓨터(또는 다른 장치)로 컨트롤할 수 있다는 점이다. VR 애플리케이션은 명령 인터페이스를 사용해 엠비언트 뮤직ambient music을 생성하거나 디지털로 저장된 사운드 샘플을 재생할 수 있다.

다양한 악기와 지금까지 들어본 적 없는 사운드를 표현하기 위해 합성 사운드를 만들 수 있다. 레코딩된 사운드 샘플 모음(디지털화된 사운드 이미지)은 다양

그림 6-54 심벌릭 사운드의 키마 소프트웨어 시스템은 복잡한 사운드를 구성하고 조작할 수 있는 시각적 인터페이스를 제공한다. (Image courtesy of Symbolic Sound)

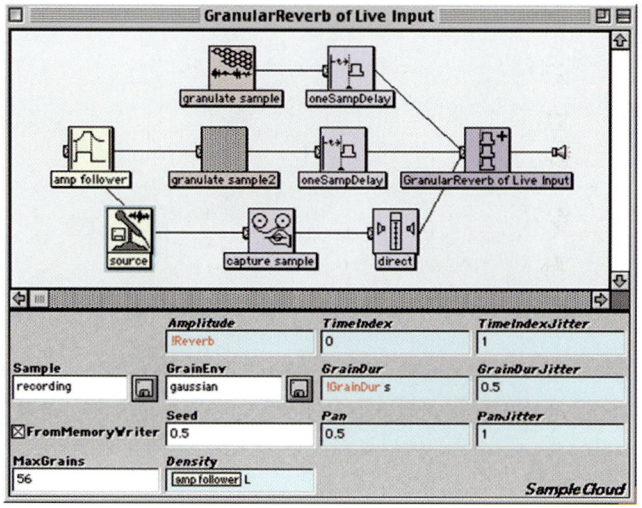

한 사운드 신시사이저에서 저장하고 재생할 수 있다(그림 6-53). 이 디지털화된 사운드 이미지는 비주얼 텍스처 맵과 비슷한 소닉 비트맵의 한 형태다.

프로그래밍 가능한 사운드 프로세서를 사용하면 저장된 사운드를 재생하는 대신 사운드를 연산할 수 있으며, DSP$^{digital\ signal\ processor}$ 엔진을 이용해 생성되는 경우도 종종 있다. 대표적인 예인 심벌릭 사운드$^{Symbolic\ sound}$의 키마/파카라나 시스템$^{Kyma/Pacarana\ system}$은 키마 소프트웨어와 파카라나 하드웨어로 구성돼 있다. 키마 소프트웨어는 파형을 연산하기 위한 알고리즘을 시각적으로 디자인할 수 있다. 파카라나 하드웨어에는 DSP 칩이 탑재돼 있어 실시간으로 여러 개의 복잡한 사운드를 병렬로 연산할 수 있다(그림 6-54)(더 자세한 내용은 'VR 소닉 렌더링 소프트웨어' 절에서 설명한다). 전문 하드웨어 프로세서 시스템을 사용하는 또 다른 이점은 특히 무대 공연처럼 처리량이 많은 공간에서도 안정적으로 일정한 품질을 보증한다는 점이다.

포스트 프로세서는 서로 다른 청취 환경이나 3D 사운드를 시뮬레이션하기 위해 다양한 특수 효과를 제공한다. 이러한 효과 등은 소프트웨어 DSP 시스템을 사용하거나 상용 DSP 장비로 생성할 수 있다(그림 6-55). 이러한 프로세서는 저렴한 비용으로 사용할 수 있으며, 일반적으로 MIDI$^{Musical\ Instrument\ Digital\ Interface}$나 기타 통신 규약을 통해 효과^{effects}를 구현하는 파라미터를 컨트롤할 수 있다.

콘볼보트론^{Convolvotron}은 과거에 사용되던 3D 공간화된 사운드를 생성하기 위한 전문 디바이스 중 하나로, 크리스털 리버스 엔지니어링$^{Crystal\ Rivers\ Engineering}$사가 개발했다. 콘볼보트론은 콘볼루션을 통해 어떤 사운드에도 임의의 IR을

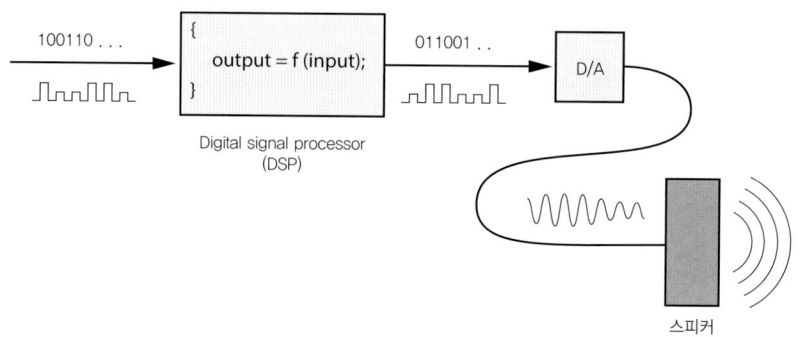

그림 6-55 이 그림은 DSP 기법을 사용해 디지털 사운드를 처리하는 방법을 보여준다. DSP는 한마디로 블랙박스로, 신호에 컴퓨터 프로그램을 실행시켜 변형된 신호를 출력해낸다. 그림에 보이는 디지털 정보 100110은 DSP로 입력돼, DSP 유닛이 연산(예: 복잡한 잔향 시뮬레이션)한 다음, 011001이라는 연산 결과를 출력한다. 출력 신호는 D/A를 거쳐 (아날로그 신호로) 변환되고 스피커로 출력된다.

적용해 다양한 필터링을 할 수 있도록 디자인됐다. 가장 일반적인 전달 함수 transfer function은 리스너 개인별 머리 형태에 따른 효과를 모델링한다. 이런 기능에 걸맞는 이름이 붙여진 HRTF Head-Related Transfer Function를 사용하면 사운드가 특정 방향에서 나오는 것처럼 보이게 할 수 있다.

HRTF는 일반적으로 모형의 귀에 특별한 마이크를 꽂고 귀 안에서 들리는 사운드 파형을 측정해 만들어진다. 초광대역 사운드(화이트 노이즈)를 모형 주변의 여러 위치에서 재생하고, 그 결과를 외이, 신체, 헤드 섀도우head shadowing 등에서 측정해서 필터링 함수를 생성한다. 다음 단계는 필터 함수의 수학적 데이터를 콘볼보트론에 업로드한다. 이렇게 만들어진 가상 세계에서의 사운드는 특정 리스너만을 위한 공간화가 된다. 실제로 사운드 디스플레이는 리스너를 기준으로 특정 위치에서 사운드가 나오는 것처럼 들리는 방식으로 연출된다 [Wightman and Kistler 1989].

널리 알려진 GPU의 일반적인 사용 방법을 사운드 렌더링에도 적용할 수 있다. GPU를 사용해 사운드 처리를 위한 많은 알고리즘을 더 빠르게 수행할 수 있다. 이때 GPU는 스트림 프로세서stream-processor로도 생각할 수 있다. 다만 사운드를 생성할 때에는 정확한 타이밍 조정이 필요하기 때문에 GPU를 비주얼 렌더링과 같은 다른 작업과 공유하지 않아야 한다. 같은 이유로, 고음질 오디오 생성 작업을 위해 디자인된 컴퓨터 워크스테이션은 시스템 사양의 하나로 하이파이 사운드 I/O와 프로세싱 기능을 갖춰야 한다.

소닉 애셋 인코딩(내부 컴퓨터 표현)

어떤 사람은 모든 경우에 사운드를 물리적으로 시뮬레이션하는 것이 사운드를 만들어내는 이상적인 방법이라 생각할지도 모른다. 하지만 이 방법은 실용적이지 않기 때문에, 사운드 샘플을 레코딩하고 재생에 사용하는 경우를 생각해 볼 수 있다. 실제로, 소닉 데이터는 사운드 파형 샘플을 인코딩해 파일로 저장하는 타입만 있는 것은 아니다. 특정 룸에 대한 IR도 미리 연산하거나 라이브로 측정해 저장할 수 있어야 한다(IR은 특정 의미가 첨부된 사운드 샘플임). 또는 IR의 합성(예: HRTF, 룸 전달 함수)이나 MIDI 파일로 저장된 사운드 명령어가 있을 수도 있다.

디스플레이로 전달하기 직전의 비주얼 이미지와 마찬가지로, 사운드 파형(청각 이미지)은 숫자 모음으로 구성된다. 비주얼 이미지용 숫자는 시간 축에 따라 변하는 2D 배열로 나열된다. 청각 이미지는 채널당 하나의 값이 시간 축에 따라 변한다. 오디오 데이터의 프레임 레이트를 보통 샘플 레이트$^{sample\ rate}$라고 한다.

앞에서 살펴봤듯이, 컴팩트 디스크는 샘플 레이트 44,100Hz로, 두 채널(스테레오)에 대한 정보를 저장한다. 이는 빠른 속도로 메모리와 디스크 공간을 소모할 수 있기 때문에, 대부분의 오디오 포맷은 원하는 품질과 사용 가능한 메모리 사이의 균형을 봐서 샘플 레이트 수준을 정한다(전화 품질인 8,000Hz에서 오디오 매니아 대응을 위한 DVD의 96,000Hz까지). 각 숫자를 나타내는 데 사용되는 비트 수도 품질에 영향을 준다. 16비트는 심포니홀에서 연주하는 오케스트라의 진폭 범위를 커버하기에 충분한 다이내믹 레인지(96dB)를 제공한다. 저품질 오디오는 숫자당 8비트만 사용하는 경우가 많으며, 20비트 또는 24비트 스토리지는 하이엔드 솔루션에서 사용할 수 있다.

최신 컴퓨팅 시스템에서 사용되는 특정 포맷은 사운드를 저장할 수 있는 샘플 레이트, 샘플 당 비트 수, 채널 수, 압축 알고리즘이 다르다. 일부 포맷은 특정 값만 지원하도록 디자인됐다. 마이크로소프트 윈도우 시스템에서는 WAVE 오디오 파일 포맷(.wav)을 많이 사용한다. WAVE 포맷은 샘플 레이트, 채널 수 및 압축 방법을 원하는 대로 유연하게 선택, 적용할 수 있다. WAVE의 대안은 AIFF$^{audio\ interchange\ file\ format}$로, 매우 유연해 다양한 샘플 레이트, 샘플당 비트 및 인코딩을 허용한다. 이 포맷은 매킨토시 컴퓨터의 표준이다. 물론 스마트폰을 포함한 휴대용 음악 기기의 경우 MP3와 OGG 포맷은 손실이 발생하므로 압축률이 훨씬 높다. 압축 알고리즘은 대부분의 리스너가 거의 감지할 수 없는 방식으로 음향 정보의 손실을 숨기도록 디자인됐다.

최종 사용자가 직접 재생하도록 디자인된 사운드(예: 노래)는 엔지니어링됐으며, 사운드 디자이너의 의도대로 효과와 스테레오 믹스가 가미돼, 웻 사운드가 된다. 인터랙티브 가상 환경에 사운드 파형을 적용할 때는 드라이 사운드를 선호하는데, 이는 사운드 클립을 제외하고 외부 사운드 속성이 거의 없다.

단순히 이벤트 중심으로 작곡된 사운드의 경우, MIDI 프로토콜은 다른 파일 포맷을 허용하는 옵션이 있다. MIDI는 전자 악기와 컴퓨터 사이의 통신을 위한 표준 프로토콜이다. MIDI 포맷은 악보에 있는 일련의 액션 또는 이벤트를 담아낸다.

일반적으로 MIDI 신호는 상업용 음악 신시사이저와 이펙트 박스로 전송된다. 신시사이저는 다양한 악기 소리로 음표를 연주할 수 있지만, 미리 저장돼 있는 사운드 샘플 어레이(소닉 비트맵)를 연주할 수도 있다. MIDI를 사용하면 신시사이저 안에서 실제 사운드를 생성한다. 이펙트 박스로 전송되는 MIDI 명령은 또한 잔향과 같은 특성이나 코러싱, 다양한 디스토션^{distortion}, 볼륨 및 기타 다양한 특성과 같은 프리셋 설정을 컨트롤한다.

VR 소닉 렌더링 소프트웨어

게임 엔진을 VR 인터페이스용 가상 세계 렌더링에 사용하는 경우가 늘어나면서, 사운드 렌더링 방법에도 변화가 생겨났다. VR 체험 개발 이전 시대에는 사운드를 재생하거나 오디오 렌더링 소프트웨어를 개발 계획 단계에서부터 단순한 API로 제한돼 있었다. 다만 바닐라 사운드 서버$^{Vanilla\ Sound\ Server,\ VSS}$[Bargar et al. 1994] 또는 키마^{kyma}[Scaletti 1989][Scaletti 2004]와 같은 전문 툴을 사용하는 경우는 예외였다.

게임 제작 업체들이 게임 세계를 실제와 비슷하게 만들려고 더욱 힘쓰면서 비주얼뿐만 아니라 사운드의 사실성을 높이기 위해 여러 수단을 동원했다. 그러나 선택할 수 있는 옵션은 그리 많지 않았다. 대부분은 사운드 클럽에 고역/저역 통과 필터, 코러싱, 디스토션 및 리버브와 같은 필터 효과를 가하거나, 좀 더 나아가 리스너와의 거리에 따라 사운드를 감쇠하는 제한된 3D 효과와 좌우 패닝 효과 등으로 사운드를 공간화하는 것에 중점을 두었다. 물론, 게임 프로그래머는 사운드 생성 역할을 하는 필터를 포함해 자체 필터를 작성할 수 있었다.

최근에는 공간화 및 사운드 전파 효과를 포함하는 가상 현실의 리얼리티 구현에 특화된 오디오 렌더러가 출시됐는데, 이들은 VR 고유의 헤드 트래킹 정보를 활용하는 기능이 포함된 음향 렌더링을 추진하고 있다. 이러한 툴의 예로는 nVidia VRWorks-Audio suite[Scudiero 2017]와 Valve Steam-Audio suite(Impulsonic에서 인수)[Valve Corporation 2018]가 있다. 두 제품군 모두 독립형 API 라이브러리를 제공하고 있어, 외부 툴이 해당 기능에 접근할 수 있으며, Unreal Tournament 및 Unity와 같은 인기 있는 게임 엔진에 통합하는 패키지도 제공한다. 실제로 대부분의 새로운 사운드 렌더링 API는 게임 엔진에 더 초점을 맞추고 있는데, 다시 강조하지만 게임 업계에 주 고객이 있으며, 여기서 사실적인 사운드 구현을 절실히 원하기 때문이다.

실시간 렌더링 툴은 아니지만, 아마도 엠비언트 사운드를 만들거나 몇몇 특수 효과를 만들어내기 위해 사운드 디자인 프로세스의 일부로 사용할 수 있는 기타 최신 사운드 툴로는 Max/MSP[Puckette and Zicarelli 1990], Pure Data[pd][Puckette 1996], ChucK [Wang and Cook 2003] [Wang 2008] 등이 있다. Max/MSP와 PureData의 경우, 사운드는 사운드 생성기와 사운드 필터 모듈을 연결해 생성하며, 사운드 생성기와 특정 필터들을 선별 결합시켜 사운드 출력을 만든다. 이 사운드 출력은 드라이 사운드 클립으로 사용되는데, 실시간 렌더러가 이 클립들을 필터링하고 재생하는 데 사용할 수 있다. ChucK의 경우, 사운드 생성을 지시하는 프로그래밍 명령어들로 구성된 가상 머신이다. 가상 머신은 VR 렌더링 시스템 안에 임베딩시켜 가상 세계의 소닉 부분을 렌더링하는 데 사용될 수 있다.

과거에 사용됐던 툴 중 일부는 사용이 줄어들기는 했지만, 여전히 사용 가능한 솔루션이다. 가장 간단한 솔루션은 기본 API를 사용하는 것으로, 소닉 파형이 들어 있는 버퍼를 읽어 컴퓨터의 오디오 출력으로 재생하는 방법이다. 예로 크로스 플랫폼 Simple DirectMedia Layer[SDL] API[Lantinga et al. 2001]를 들 수 있다. 여기에는 오디오 클립을 재생하기 위한 기본 기능이 포함돼 있다. 또 다른 유용한 API는 컴퓨터 음악 및 사운드 연구자인 페리 쿡[Perry Cook]이 개발한 sound Synthesis ToolKit[STK][Cook and Scavone 1999]으로, 오디오 생성기와 필터들을 제공하는데, 이들 중 상당수는 음악 제작에 포커스가 맞춰져 있다.

지금까지 언급한 툴들 사이 어딘가에 VSS 툴이 있다[Bargar et al. 1994]. VSS는 범용 소프트웨어 오디오 렌더링 시스템 중 하나였다. 초기 VSS는 CAVE VR 시스템에서 자주 사용됐으며, 오디오를 구동하기 위해 별도의 컴퓨터를 사용하는 경우가 많았다. 그 결과 크로스 플랫폼 VSS는 클라이언트/서버 형태로 운영되며, 여기서 가상 세계 렌더링 시스템은 다른 컴퓨터에 있는 사운드 서버에 오디오 요청 사항을 전송한다. VSS를 통해 사용할 수 있는 사운드의 범위를 확장하기 위해 Cook STK가 통합되면서 많은 악기를 사용할 수 있게 됐다. VSS는 20년간 사용됐지만, 계속 유지 관리되고 있으며, 오픈 소스로 이용 가능하다[Goudeseune 2018].

VSS는 지금까지 논의했던 다양한 사운드 생성 방법을 쓰는데, 여기에는 샘플 어레이 재생, 신시사이저에 MIDI 명령 전송, 사인파 또는 FM 사운드 생성, 그래뉼러 컴포지션granular composition 및 물리적 실체[14]를 사용해 생성한 사운드 모델 등이 포함된다. VSS에는 이러한 사운드 생성 방법 외에도 특정 사운드의 컨트롤 파라미터나 전체 출력, 즉 단일 소스의 볼륨이나 전체 출력의 볼륨을 조절하는 기능이 있다. 또한 필터를 적용하거나 잔향과 같은 효과를 적용해 파형 자체를 변경할 수도 있다.

마지막으로, 가상 세계 시뮬레이션 시스템이 내리는 명령으로 컨트롤할 수 있는 원격 사운드 렌더링 시스템이 있다. 이러한 최근 원격 시스템의 사용 사례로는 앞에서 언급한 위치 기반 엔터테인먼트(공연) 또는 고급 훈련 환경과 같이 단기간 사용에도 유지비가 많이 드는 처리량이 많이 필요한 경우다. 이러한 시스템에는 사운드 신시사이저 장치로 전송되는 MIDI 프로토콜이 포함되며, 파카라나 DSP 시스템을 컨트롤하는 범용 사운드 생성 언어를 시각적으로 프로그래밍할 수 있는 카마가 있다.

키마/파카라나 패키지는 샘플 어레이 재생, 푸리에Fourier 분석/재합성, 파동 테이블 합성(파형 테이블이나 소닉 비트맵은 프로그래머가 디자인한 소프트웨어 알고리즘으로 구성됨), 감산 합성 및 필터링, 그래뉼라 합성, 물리적 실체를 사용해

---

14   악기나 각종 효과음을 만들어 내는 물건, 기구 등을 말함

생성한 사운드 모델 및 기타 다양한 프로세싱 알고리즘을 사용할 수 있다. 파카라나에는 여러 개의 DSP 장치가 포함돼 있기 때문에 이 시스템은 대부분의 범용 컴퓨터보다 더 많은 병렬 사운드와 더 복잡한 사운드를 실시간으로 생성할 수 있다. 사운드 개발자는 기존 모듈을 결합해서 새로운 알고리즘을 구성하거나, DSP의 어셈블리 언어로 새로운 알고리즘을 작성할 수 있다.

마지막으로 Convolvotron 및 Crystal River Engineering의 오리지널 제품군(예: Beachtron)[Wenzel et al. 1988] [Foster et al. 1991]이 있으며, 이 제품군에는 원격 DSP 기반 프로세싱 유닛도 있었다. 해당 유닛은 사운드 스트림에서 IR의 고속 컨볼루션이 가능하도록 특화, 디자인됐다. 특히 리스너의 헤드 방향 정보가 포함된 HRTF를 사용하며, 이들 유닛에 직렬 프로토콜을 통해 전달한다. 이 경우 시장 규모가 지속적인 제조와 지원을 유지할 정도로 크지 않았기 때문에, 파카라나 시스템이 사용 가능한 대안임에도 불구하고, 사운드 공간화에 특화된 원격 콘볼루션 필터링 장치를 사용하는 것은 실용적인 선택지가 아니다.

가상을 현실에 연결

가상 세계에서 사운드 공간을 표현하는 방법론은 진화하고 있으며, 최근에는 새로운 VR 경험을 디자인하는 사운드 디자이너가 사용할 수 있는 새로운 기법들과 선택지가 많아졌다. 그 와중에 아직 변하지 않은 사운드 렌더링 측면을 꼽자면 아마도 사전 연산(또는 사전 레코딩)이 필요한 요소들과 실시간으로 연산될 다른 요소들일 것이다. 이러한 요소들은 사운드 생성기와 효과를 컨트롤하는 VR 시스템에서 나오는 데이터를 사용하는 것이 이상적이다(그림 6-56).

미리 연산하거나 베이킹할 수 있는 경험 요소들은 해당 경험이 실행될 애플리케이션에 '빌드'돼 실행될 때 완성된다. 따라서 개별적으로 구분된 공간의 반향 특성에 머티리얼 소닉 특성을 더해 임펄스 반응(LRIR)을 생성하는 데 사용된다. 또한 베이킹 프로세스는 상호작용 영역(즉, 가상 세계에서 리스너가 있을 곳과 사운드가 나는 곳)을 위한 IR 어레이도 미리 연산한다. 마지막으로 개별 오브젝트마다 모달 해석을 수행한다.

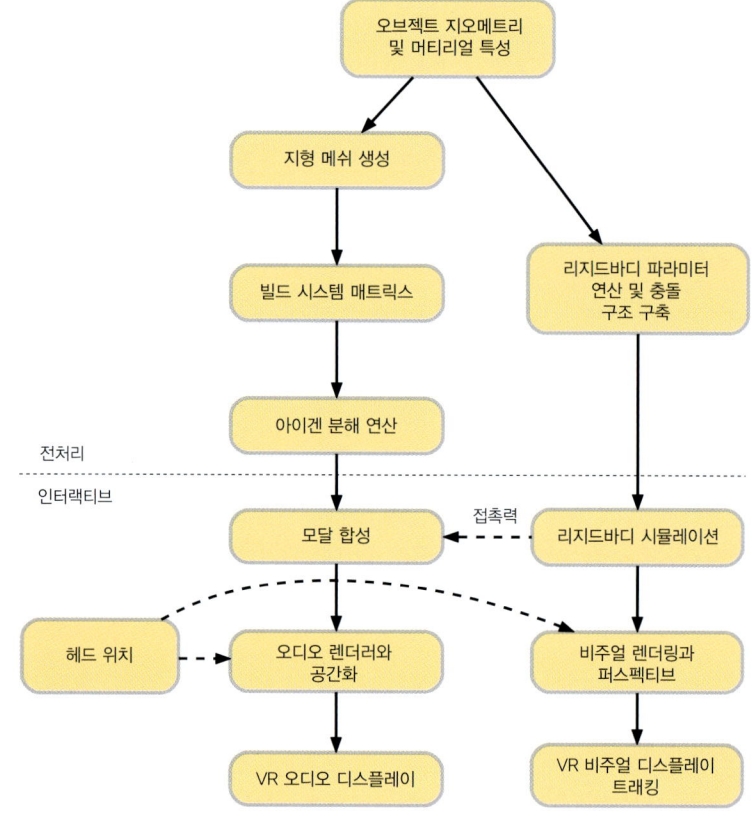

그림 6-56 가상 세계 안에 있는 오브젝트 시뮬레이션은 비주얼 렌더링에 필요한 정보를 제공할 뿐만 아니라, 시뮬레이션에서 발생하는 충돌 정보가 있다면 사운드 시뮬레이션에 사용할 수도 있다. (Adapted from O'Brien et al. [2002] courtesy James O'Brien.)

사용자 기준으로, 바디-쉐도우 공간화를 적용하려면 HRTF를 선택하거나 생성해야 한다. 화이트 노이즈와 마이크를 사용해 HRTF를 만드는 것은 시간이 많이 걸리고 번거롭기 때문에 특수한 경우를 제외하고 사용자의 청취 환경을 측정하거나 스캔해서 데이터베이스에서 가장 가까운 근사치를 선택하거나, 기술 향상에 따라 알고리즘으로 HRTF를 구성하는 것이 가장 가능성 높은 시나리오다. 최소한, 범용 HRTF라도 사용해야 할 것이다.

드라이 사운드 샘플, 파라미터 선택 방식으로 디자인된 사운드나, 모달 분석된 오브젝트 충돌에서 발생된 사운드는 인터랙티브하게 초기화된 다음, 공간에 통합되도록 필터링된다. 리스너에게 가해지는 효과와 각 사운드별 소스 재생 효과는 ERIR로 연산한 다음 공간화 효과를 적용하는데, 이때 모든 공간화 효과는 HRTF를 사용하는 것이 이상적이지만, 어쩌면 감쇠 및 좌우 패닝을 사용하는 값싼 공간화가 적용되는 경우가 많을 것이다. 어느 경우이든 사용자의 위치는 VR 시스템이 제공한다. 마지막으로, 전체 룸 효과는 LRIR^{late reflection impulse response}로 각 사운드에 적용된다. 그런 다음 해당 사운드가 디스플레이로 전송된다.

햅틱 렌더링 시스템

VR 시스템에 사용되는 주요 감각 중 촉각은 일반적으로 통합하기가 가장 어렵다. 그 이유는 대부분의 촉각은 환경과 직접 접촉하는 데서 비롯되며, 일부는 체험자와 가상 세계 사이의 직접적인 쌍방향 상호작용을 수반하기 때문이다. 햅틱 포스^{force} 디스플레이 장치는 자극을 주기도 받기도 하는 유일한 인간-컴퓨터 인터페이스다. 쉽게 변형되는 맬리어블^{malleable} 오브젝트는 사용자가 형태, 질감, 온도를 느낄 수 있도록 렌더링된다. 또한 힘을 충분히 가하면 그 탄성에 따라 오브젝트의 형태가 바뀐다. 촉각 렌더링 중 어떤 형태는 더 쉽게 생성할 수 있지만, 현실에 존재하는 형태가 아닐 수도 있다. 대체로 사용자를 자극하려면 직접적인 접촉이 있어야 하기 때문에 햅틱 디스플레이는 어떤 촉감이라는 착각을 일으키고 이를 유지하는 것이 어렵다.

햅틱 디스플레이를 제대로 만들기 어려운 또 다른 이유는 사람의 촉각 시스템이 피하수용기(피부 기반) 및 운동감각수용기(근육/관절 기반)를 모두 가지고 있기 때문이다. 이 두 가지 감각은 서로 밀접하게 연관돼 있지만, 현재 VR 시스템은 대부분 어느 한쪽만을 다루고 있다. 따라서, 여기서는 촉각 렌더링을 크게 두 가지 기본 기술, 즉 피부 기반 렌더링(예: 온도 및 서피스 텍스처)과 근육/관절 기반 렌더링(예: 서피스 형태와 포스)로 나눠서 논의하는 것이 합리적이라 생각한다.

포스 디스플레이 시스템에서 프레임률이 떨어지면 가상 세계의 느낌이 살지 않거나 심한 경우 디스플레이 자체가 불안정해질 수 있다. 이와는 대조적으로, 비주얼 시스템에서는 이미지가 연속적으로 움직이는 씬인지, 아니면 일련의 서로 다른 이미지들로 지각되는지의 차이만 있을 뿐이다. 어느 쪽이든, 각각의 이미지는 여전히 그 순간의 가상 세계를 정확하게 시각적으로 렌더링한다. 벽돌은 그대로 벽돌처럼 보이지만, 프레임률이 떨어지는 포스 디스플레이에서는 진흙 덩어리처럼 느껴질 수도 있다.

햅틱 렌더링 방법

5장의 '햅틱 디스플레이' 절에서 다음과 같은 세 가지 타입의 활성 햅틱 디스플레이를 다뤘다. (1) 촉각 장치(피부에 부착), (2) 조정기manipulandum/엔드이펙터end-effector 디스플레이(스타일러스, 핑거그립finger-grip 등에 가해지는 기계적인 힘) 및 (3) 로봇으로 작동되는 형상 디스플레이(물리적 오브젝트를 적절한 위치에 배치하기 위한 메커니즘)다. 애플리케이션 디자이너가 새로운 형태의 햅틱 디스플레이를 디자인할 동기가 없다면, 이러한 디바이스에 맞는 렌더링 방법을 사용해야 한다.

앞에서 말했듯이 햅틱 지각은 피부와 운동감각 둘 다로 구성돼 있다. 온도, 압력, 미끄러짐, 전류, 진동, 표면 질감 등의 피부 자극은 햅틱 디스플레이 장치를 이용해 모두 나타낼 수 있다. 표면 질감은 엔드이펙터(기계적 힘) 디스플레이의 미세한 변화로 렌더링될 가능성이 있다. 사람들은 운동감각으로 표면의 형태, 단단함의 정도, 탄성, 그리고 오브젝트의 무게, 위치, 이동성 같은 특징을 결정할 수 있게 한다. 운동감각 정보는 엔드이펙터(그림 6-57)가 있는 조정기나 ROSD를 사용해 렌더링할 수 있다. 다음 절에서 기본적인 촉각 렌더링 방법의 중요한 내용을 간략하게 정리해 보자.

그림 6-57 Sarcos Dextrous Arm Master는 사용자가 잡고 있는 핸들에 힘을 가해 운동감각을 피드백한다. (Image courtesy of Sarcos, Inc.)

진동 촉각(피부)

진동은 모든 핸드폰에 들어있는 심플한 편심 모터$^{\text{eccentric rotating mass}}$, 일명 진동 모터를 사용해 쉽게 생성(렌더링)할 수 있다. 그러나 활시위를 당길 때 느껴지는 팽팽함(장력)이나 손에 떨어지는 비에서 느껴지는 더 현실적인 진동을 위해서는 조금 더 정교한 것, 즉 시간의 흐름에 따라 다르게 지각되는 수단이 필요하다. 따라서 이러한 더 복잡한 감각을 렌더링하려면 시간에 따라 달라질 수 있는 신호와 디스플레이가 필요하다. 확성기 드라이버와 비슷한 전자 장치인 텍터^{tactor}[15] 디스플레이는 시가변적$^{\text{time-varying}}$ 신호를 이용해 파형을 따르는 진동을 발생시킬 수 있다. 실제로, 텍터에 보내는 신호는 음파 신호와 같은 성질을 가지고 있다.

그런 다음, 비 느낌을 렌더링하기 위해 시스템은 사용자의 피부나 피부 근처에 있는 텍터로 빗방울이 떨어질 때의 생기는 파형을 모방해서 보낸다. 활시위의 경우도 마찬가지다. 시위가 당겨질 때 장력이 형성된 다음, 특정한 느낌을 갖는 진동으로 방출되는데, 이는 파동으로 저장돼 텍터를 통해 재생될 수 있다. 비주얼 정보와 소닉 정보를 다룰 때처럼, 이러한 진동을 캡처해 재생하거나, 정확한 물리학 시뮬레이션이나 합성을 통해 생성할 수도 있다.

모든 촉각 효과와 마찬가지로, 텍터 하나는 체험자의 특정 부위에만 정보를 제공한다. 그러므로 더 널리 퍼지는 감각의 경우, 여러 개의 텍터가 필요하다. 지금까지는 각 손등, 팔, 등 위에 나란히 배열하거나, 의자 위 또는 바닥에도 붙이는 시도가 있었다. 이스라^{Israr} 외 연구진은 신호의 진폭이 한쪽에서 다른 쪽으로 전이할 경우, 텍터 사이의 감각을 감지할 수 있음을 발견했다[Israr et al. 2016].

포스 디스플레이(조정기)를 사용해서 진동을 렌더링할 수도 있다. 이 기법은 엔드이펙터를 고주파수로 짧게 앞뒤로 움직인다는 것을 의미한다. 이 기법의 어려운 점은 모터 드라이브가 아주 정밀한 이동 거리로 충분히 높은 주파수에서 응답할 수 없을지도 모른다는 것이다. 어쩌면 진동 텍터를 엔드이펙터에 부

---

15 피부에 직접 물리력을 가하는 햅틱 디바이스의 구성요소

착하는 것이 훨씬 더 쉬울 것이다.

피부 압력(피부)

피부 압력 렌더링을 위해 지금까지 연구된 방법은 크게 공기 주머니와 핀 배열로 나뉜다. 두 가지 방법 모두 디스플레이 디바이스는 피부와 접촉해야 한다 (천 커버는 견딜 수 없음).

핀 기반 압력 렌더링 촉각 피드백 핀 배열은 오브젝트를 쥐거나 만질 때 그 표면의 형태를 본뜨기 위해 작은 돌기들을 패턴에 맞춰 피부 방향 안팎으로 이동시킨다. 압력 디스플레이의 경우, 디스플레이와 피부 사이에는 고정적인 관계가 있다. 핀 디스플레이는 손끝에만 국한되지 않는다. 예를 들어, 더 큰 핀을 손바닥에 사용하면 무언가를 잡는 느낌을 줄 수도 있으며, 손등에는 가속감을 줄 수도 있다.

공기 주머니bladder **기반 압력 렌더링** 피부로 압력을 감지하는 데 공기나 다른 액체를 채우고 비울 수 있는 공기 주머니를 사용할 수 있다. 이 기술을 정교하게 구현하는 방법이 아직 개발되지 않아서 감각을 렌더링하는 데 사용되는 경우가 많다. 예를 들어, 공기 주머니를 손바닥이나 손가락을 따라 배치시켜서 손이 무언가를 쥐고 있는지 아니면 오브젝트를 밀고 있는지 여부를 판단할 때, 또는 등과 몸통에 배치시켜 몸 전체에 가속도가 가해지는 느낌을 주는 수단으로 사용된다.

표면 텍스처(피부)

피부 압력 렌더링과 마찬가지로, 표면 텍스처도 다른 기술로 렌더링할 수 있다. 핀 배열은 여기에도 사용 가능한 기술 중 하나이다. 또 다른 기술은 사용자에게 장착한 엔드이펙터 또는 마찰 저항을 컨트롤할 수 있는 재료의 댐핑damping을 조절하는 것이다.

핀 기반 텍스처 렌더링 촉각 피드백 배열 디스플레이는 촉감을 재현하기 위해 배열한 작은 핀들을 움직여서 촉각 정보를 렌더링한다. 손가락 움직임에 따라 핀의 움직임을 달리하기 때문에 표면을 문지르는 듯한 느낌을 준다. 평평한 곳에 배열된 핀으로 렌더링하는 방법이 있는데, 손가락이 디스플레이를 가로질러 이동할 때 핀들이 올라가거나 내려간다. 실린더에 장착된 핀을 사용하는 방법도 있다. 이 경우, 실린더가 회전하면서 핀이 오르내린다.

마찰 기반 텍스처 렌더링 손가락이 움직이면서 감지되는 마찰을 통해 텍스처를 인지하기도 한다. 마찰을 변경할 수 있는 재료를 사용하면, 손가락의 움직임을 트래킹하면서 표면을 지나가는 손가락에 간헐적인 마찰을 일으켜 표면 텍스처를 렌더링할 수 있다. 표면 질감은 시각적인 범프 맵과 비슷한 방식으로 저장할 수 있으며, 아마도 동일한 지도가 시각적으로나 절단적으로 적용될 수 있을 것이다.

움직임 댐핑 기반 텍스처 렌더링 마찰 디스플레이와 비슷한 방식으로 표면 텍스처를 렌더링하는 또 다른 방법은 디스플레이를 통해 움직임에 따른 일종의 마찰을 일으키는 것이다. 이때 디스플레이는 사용자의 실제 움직임을 정지시킬 수 있어야 한다. 이 경우, 사용자가 장착하는 엔드이펙터가 있는 포스 피드백 디스플레이(조정기)는 가상 표면을 오가는 움직임에 간헐적으로 브레이크를 걸 수 있어서 해당 표면이 어느 정도 거친지를 알 수 있다. 또한 오브젝트의 전체 형태도 전달할 수 있다. 예를 들어, 스타일러스가 오브젝트를 빙 돌아가며 움직일 때 해당 오브젝트가 가상의 오렌지라면 둥그렇고 울퉁불퉁한 것을 동시에 느낄 수 있다.

열 렌더링(피부)

온도 렌더링은 매우 간단하다. 피부 가까이 또는 닿는 접촉 요소나 엔드이펙터로 열을 전달하기만 하면 된다. Fingertip Peltier 변환기는 가상 오브젝트가 뜨겁거나 차갑다는 느낌을 주기 위해 사용되는 장치다. 물론 실제로 손끝에 열이나 심한 냉기를 가하는 것은 안전상에 문제가 된다. 주변 공기 온도는 발열 램프나 다른 실내 온도 조절 장치를 활성화해서 조절할 수도 있는데, 이는 체험자가 햇빛의 온기를 느끼는지를 나타내는 실질적인 수단이다.

환경(4D) 효과(피부)

환경(4D) 효과는 바이너리, 즉 자극이 가해지거나 없는 방식으로 작동하는 경우가 많다. 특정 냄새가 나거나 그렇지 않은 경우, 발열 램프가 켜져 있거나 그렇지 않은 경우처럼 말이다. 조광기로 전등의 광도를 조절하는 것처럼 일부 효과를 약하게 하는 방법이 있을 수 있지만, 모든 장치, 특히 소비자 등급이 매겨진 장치를 컴퓨터 컨트롤로 약화시킬 수 있는 것은 아니다. 그리고 백열등을 제외하고, 가변 전압을 사용해 가감할 수 있는 것도 아니다. 일반적으로 다른 수준의 효과를 내려면 두 개 이상의 디스플레이를 사용해, 활성화된 디스플레이의 수로 변화를 준다.

그러면 렌더링 시스템에서 시뮬레이션은 언제, 어떤 디바이스를, 얼마나 많이 활성화할지를 결정해야 한다. 예를 들어, 여러 개의 선풍기를 사용하는 경우, 시뮬레이션은 바람이 어느 방향에서 나오는지를 결정하고 그에 맞는 선풍기를 작동시킨다. 간단한 체험이라면 태양이 쉬울 수 있다. 태양은 시간에 비해 크게 움직이지 않으며, 사용자가 현실 세계를 기준으로 가상 세계를 회전할 수 없다면 머리 위로 움직이는 열원 단 하나만 있으면 된다.

따라서 활성화 신호를 시뮬레이션에 통합하는 것은 활성화 영역을 가상 세계에 추가하는 문제일 수 있다. 예를 들어, 선풍기 디스플레이를 활성화하는 것은 사용자가 바람이 절벽 면을 따라 위로 몰아치는 절벽 가장자리로 접근할 때이다. 벽난로 근처의 특정 구역에서 발열 램프가 작동하고 연기 냄새가 난다. 약간 더 복잡한 경우를 생각하면, 사용자를 따라다니는 프록시^{proxy} 오브젝트를 사용할 때, 해당 오브젝트가 그늘에 있는지 여부를 확인하고 그렇지 않을 때 발열 램프를 활성화할 수 있다.

포스 렌더링(운동감각)

형태는 일반적으로 포스 디스플레이와 같은 운동감각 디스플레이 기술을 사용해서 렌더링된다. 사용자는 잡고 있는 엔드이펙터에 연결된 조정기 때문에 특정 방향으로 움직이지 못하는 것을 오브젝트 표면을 관통할 수 없다고 지각하게 되고 이를 오브젝트가 존재한다고 '느낀다'. 오브젝트의 탄성 및 표면 텍스처과 같은 다른 특성은 표면과 함께 렌더링될 수 있다. 위에서 언급한 바와 같이 표면 텍스처의 경우, 표면 위로 스타일러스를 작동시켜 느끼는 촉감은 그림 6-58에 나타낸 바와 같이 포스 디스플레이의 작은 변화를 사용해 렌더링된다.

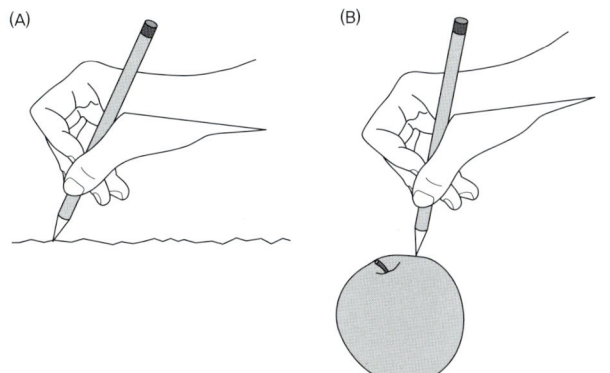

그림 6-58 (A) 사용자가 스타일러스를 가상 표면에 따라 드래그할 때, 가상 표면 텍스처에 따라 움직이는 스타일러스를 통해 표면 텍스처의 느낌을 생성할 수 있다. (B) 스타일러스를 사용해 가상 오브젝트의 표면 특성을 알아낼 수 있다.

단일 접점(3-DOF 출력)

VR 경험에서 포스 인터페이스는 주로 오브젝트와 접촉하는 단일 접점인 경우가 많다.

그림 6-59 이 Phantom 디바이스와 같은 햅틱 디스플레이는 일반 스타일러스(또는 골무 형태)를 다양한 애플리케이션과 연동하기 위한 조정기로서 사용한다. (Photograph by William Sherman)

포스 디스플레이는 손가락 끝이나 손에 쥐는 스타일러스 끝에 자극을 주지만 토크(회전) 정보는 제공하지 않는다. 이런 타입의 디스플레이는 종종 엔드이펙터(그림 6-59) 또는 ROSD가 장착된 기본 조정기에 있다.

토크가 있는 단일 접점(6-DOF 출력)

때로는 이동에 따른 힘 외에도 토크를 느껴야 하는 경우가 있다. 토크 렌더링이 중요한 경우로는 약물 디자인을 할 때로, 두 분자 사이의 모든 힘을 느낄 수 있어야 하기 때문이다. 단일 접점에서 3D 이동과 3D 토크를 모두 사용해 이러한 복잡한 상호작용을 렌더링하려면 6-DOF 힘, 출력이 필요하다. 이러한 디스플레이는 일반적으로 포스 디스플레이에 더 복잡한 연결 장치를 여러 개 연결해야 한다.

힘을 사용한 단순화된 형상 렌더링 모델

사실, 햅틱 인터렉션의 컴퓨터 시뮬레이션은 다른 렌더링 시스템과 마찬가지로 제한된 디테일만 제공할 수 있다. 그러므로, 단순화된 컴퓨터 표현이 필요하다. 기본적으로 표현은 실시간 렌더링이 가능할 정도로 단순해야 하지만, 애플리케이션에 적합한 감각 피드백이 나올 만큼 충분한 정보를 포함해야 한다.

로봇을 약 1,000Hz로 컨트롤해야 하는 포스 디스플레이에서 위의 요건을 확인할 수 있다. 그 속도로 가상 세계를 완전하게 시뮬레이션하는 것이 이상적이지만, 이는 거의 불가능하기 때문에 중간 정도의 표현을 사용한다. 컴퓨터 그래픽스에서 이와 비슷한 경우를 살펴보면 폴리곤을 예로 들 수 있다. 폴리곤은 일종의 '체인' 개념과 같은 더 높은 수준의 표현과 개별 색상 픽셀 수준의 최종 표현 사이의 중간 단계로 볼 수 있다. 마찬가지로, 중간 힘(또는 기타 햅틱) 표현은 하나의 프로브probe과 서피스 근처의 몇몇 사이의 힘을 설명할 수 있어야 한다. 그런 다음 렌더링 시스템은 이를 포스 디스플레이로 빠르게 전송할 수 있는 신호로 변환한다.

가상 세계 시뮬레이션으로부터 포스 디스플레이로 렌더링할 이미지를 전달하는 데 필요한 정보의 양을 단순화하는 몇 가지 방법이 있다. 고급 렌더링 API는 애플리케이션 프로그래머로부터 다음과 같은 단순화를 숨길 수 있다.

- 스프링spring 및 대시포트dashpot 모델
- 포인트point 및 플레인plane 모델
- 멀티플 플레인multiple plane 모델
- 포인트 투 포인트point to point 모델
- 멀티스프링multispring 모델

이러한 모델을 하나씩 간단하게 설명해 나가겠지만, 컴퓨터 그래픽과 청각 렌더링을 다룰 때와 마찬가지로, 자세한 내용은 촉각 프로그래밍을 참고하기 바란다.

스프링 및 대시포트 모델 스프링과 대시포트 모델을 통해 시스템은 가상 세계에서 프로브probe와 표면 사이의 방향, 장력 및 댐핑을 컨트롤할 수 있다. 대시포트는 크게 실린더와 피스톤으로 구성되며, 실린더 끝에는 작은 구멍이 있다. 피스톤이 실린더 안에서 왕복 운동을 할 때, 작은 구멍을 통해 공기를 내보내고 들여온다. 결과적으로 대시포트는 피스톤의 이동 속도에 비례해서 점성 감쇠viscous damping가 발생한다. 이때 대시포트는 자동차의 충격 흡수 장치처럼 점성 감쇠 장치의 기능을 한다. 따라서 현실 세계에서 스프링과 대시포트 사이의 상호작용을 설명하는 방정식을 사용하면 가상 세계에서의 물리적 상호작용을 근사치에 가깝게 추정할 수 있다.

포인트 및 플레인, 그리고 멀티 플레인 모델 포인트 및 플레인 모델은 프로브 끝에서 가장 가까운 오브젝트 서피스에 가상 평면이 직교하도록 배치해 프로브 스타일러스와 서피스 사이의 상호작용을 보여준다. 프로브가 서피스 형태를 트래킹할 때, 평면이 서피스의 접선을 따라 이동해서 가상 오브젝트의 형태를 시뮬레이션한다(그림 6-60). 그러나 이 모델로는 오브젝트의 코너와 점성이 높은 유체를 통과하는 움직임을 시뮬레이션하기 매우 어렵다.

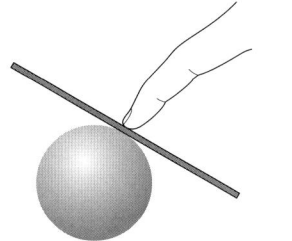

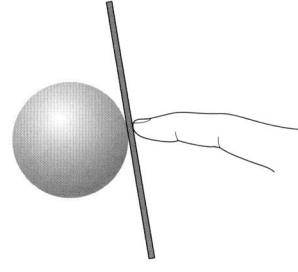

그림 6-60 포인트 및 플레인 모델은 프로브와 직교하는 점에 있는 평면이라는 메타포를 활용한다. 예를 들어, 손가락이나 그 대용물의 끝이 햅틱 렌더링된 가상의 구 위를 움직일 때, 그 움직임에 따라 햅틱 연산 모델은 접촉점에서 구에 직교하도록 평면을 계속 움직여서 실제 구를 만지는 느낌을 준다.

멀티 플레인 모델은 포인트 및 플레인 모델의 확장이다. 더 많은 가상의 평면 서피스가 추가되면서, 이 모델은 가상 세계에 있는 코너(구처럼 이어져 있지 않고 중간에 끊어져 있음)를 렌더링할 수 있는 단순화된 방법을 제시한다. 프로브가 코너 쪽으로 이동할수록 새로운 평면이 추가돼 복잡한 형태를 잡아낼 수 있다(그림 6-61).

포인트 투 포인트 모델 이 모델은 스프링이 두 점 사이에서 늘어나는 힘과 줄어드는 힘을 설명하는 방정식으로 구성된 기본 스프링 모델을 사용한다. 포인트 투 포인트는 전체에 적용하는 모델이 아니라, 복잡한 연산이 만들어내는 변동이 매우 심한 힘 한가운데서 안정성을 유지하기 위해 일시적으로 사용하는 모델이다. 널리 발산하는(너무 극단적이어서 정확하게 렌더링할 수 없는) 힘을 시뮬

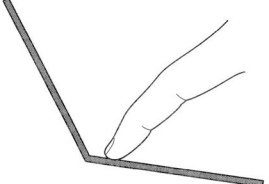

그림 6-61 멀티 플레인 모델을 통해 불연속적인 서피스를 렌더링할 수 있다.

레이션 하는 경우, 시뮬레이션된 프로브 포인트와 실물 프로브의 끝 사이에 작용하는 스프링을 모델링할 수 있다. 비유를 하자면, 탄성이 있는 끈 끝에 내가 매달려 있고, 반대편 끝에 다른 사람이 매우 불규칙하게 움직이며 잡아당긴다면, 나는 반대편 끝에서 오는 불규칙한 움직임을 훨씬 무디게 느껴질 것이다.

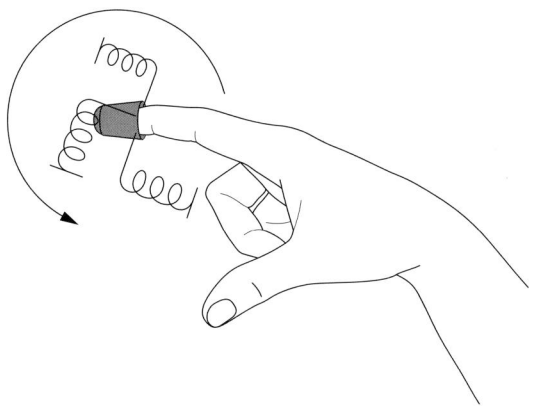

그림 6-62 멀티 스프링 모델을 사용하면 다른 햅틱 표현 모두에 토크를 추가할 수 있다. (Adapted from Mark et al. [1996]).

멀티 스프링 모델 멀티 스프링 모델을 사용하면 토크 렌더링을 할 수 있다. 접점이 단 하나일 경우에는 토크 회전을 시뮬레이션 할 수 없다. 디스플레이 끝 주변에 여러 개의 스프링을 패턴으로 배열하면 끝 부분의 각 면에 힘이 달라져 회전 시뮬레이션을 할 수 있다(그림 6-62). 물론 이 모델이 효과를 발휘하려면 포스 디스플레이가 토크를 렌더링할 수 있어야 한다.

ROSD를 이용한 셰이프 렌더링(운동감각)

5장 'ROSD'에서 본 것처럼 로봇 디스플레이를 사용해서도 오브젝트 서피스를 렌더링할 수 있다. 적절한 가장자리나 서피스 각도를 가진 실제 서피스를 사용자의 손가락이나 그 대용품(일반적으로는 스타일러스) 앞에 조심스럽게 배치해서 가상 오브젝트를 에뮬레이션 한다. 사용자가 프로브를 움직이면 디스플레이 되고 있는 서피스가 방향을 잡고 가상 세계와 일치하는 위치로 이동한다.

예를 들어, 보잉의 VR 훈련 애플리케이션에 구현된 항공기 조종석에 있는 수많은 스위치처럼[McNeely 1993], 가상 세계에서 볼 수 있는 오브젝트를 나타내는 역할을 하는 아이템들이 장착된 특수 로봇 디스플레이로 특정 오브젝트를 렌더링할 수도 있다. 다시 말하면, 이러한 디스플레이는 사용자의 손가락이나 스타일러스가 해당 위치에 도착하기 전에 로봇으로 실제 오브젝트를 적절한 위치에 놓도록 작동한다. 예를 들어, 가상 세계에 놓인 가상 스위치의 위치에 실제 토글 스위치를 로봇으로 배치할 수 있다.

관성 및 저항 효과(운동감각)

관성 및 저항 효과 모델은 디스플레이에 마찰 및 점성(둘 다 저항력)과 모멘텀(관성력)의 특성을 추가한 것이다. 마찰은 서피스 사이(예: 스타일러스 끝과 오브젝트)의 마찰에서 발생하는 저항이다. 점성은 유체(예: 물, 공기)에서의 움직임에 대한 저항이며, 반드시 서피스 상일 필요는 없다. 서피스는 형태를 정의하지만 만졌을 때 매끄러움, 컴플라이언스^{compliance}(힘을 받았을 때 오브젝트의 탄력성이나 유연성), 마찰성 등의 특징도 알아낼 수 있다. 이 특징들은 직교적이다. 예를 들어 매끄러운 서피스는 무엇으로 만들어졌는지에 따라 매우 다르게 느껴질 수 있다. 연마된 대리석을 만지면 부드럽고 표면 마찰이 적다. 그렇기 때문에 고무처럼 마찰력과 컴플라이언스가 높은 재료로 만들어진 서피스와는 다른 느낌을 준다. 어떤 시뮬레이션된 가상 세계는 관성 효과를 에뮬레이트한다. 사용자가 질량이 큰 오브젝트의 속도를 늦추거나 움직이게 할 때, 사용자는 저항을 느낀다.

오류 보정(운동감각)

오류 보정은 햅틱 디스플레이가 가상 세계의 법칙을 위반할 때 작동하기 시작한다. 이러한 상황은 시뮬레이션의 프레임률이 햅틱 디스플레이의 프레임률과 사용자 속도보다 현저히 느려서 발생할 수 있기 때문에 쉽게 형태를 바꿀 수 없는 서피스를 관통할 수 있다. 이런 오류가 발생하는 경우는 드물지 않다. 오류 수정 모델이 개입해 불일치를 조정한다. 일반적으로 방향성을 지닌 강한 힘이 사용자를 서피스의 가장 가까운 지점으로 끌어당긴다. 비주얼 프록시는 활성 지점을 이미 서피스 바깥에 있는 것처럼 나타내는 경우도 많다.

물리적 오브젝트 렌더링(3D 하드카피)(피부 및 운동감각)

또 다른 대안은 '플라스틱으로 렌더링'하는 방법이다. 이는 가상 오브젝트의 실제 모델을 진짜로 만들어서, 가상 오브젝트를 현실 세계로 가져와 손에 들고 직접 경험할 수 있는 직관적인 기술이다. 이용 가능한 많은 3D 프린팅 기술이 있으며, STA 프린팅 기술이 초창기 기술 중 하나다(5장의 '3D 하드카피' 및 그림 5-83 참조). 정해진 오브젝트를 쓰는 이 기술은 피드백을 서로 주고받을 수는 않지만, 패시브 햅틱 오브젝트를 커스텀 할 수 있는 수단으로 사용할 수 있다.

이러한 '햅틱 렌더링' 스타일을 인간 지각 실험에 사용한 시스템은 아즈만디아Azmandian와 그의 동료들이 실시했던 소위 햅틱 리타깃팅haptic retargeting 실험이다[Azmandian et al. 2016]. 이 실험에서, 실제 블록 하나를 테이블 위에 놓고, 패색형 HMD를 착용한 사용자가 가상 세계의 임의의 블록에 손이 닿으면, 비주얼 렌더링이 변경돼 실제로 테이블 위에 홀로 놓여있는 블록을 실제로 집어 들 수 있었다. 물론 실험에서는 가상 블록이 세 개밖에 없었지만, 이 기술을 확장하는 것이 가능할지도 모른다.

포스 디스플레이로 복잡한 햅틱 씬 렌더링

컴퓨터 그래픽 분야가 발전함에 따라 복잡한 씬이라도 빠르게 렌더링할 수 있는 기술이 많이 개발됐다. 이러한 하드웨어와 소프트웨어 기술 덕분에 복잡한 씬을 실시간으로 만들 수 있게 됐다. 컴퓨터 햅틱 분야는 아직 이 수준에 이르지 못했다. 포스 디스플레이로 햅틱 씬을 렌더링하는 것은 프레임률 1,000Hz을 목표로 두고 있는 실정이다.

실시간으로 복잡한 햅틱 씬을 렌더링하는 것이 더 어려운 이유는 렌더링된 오브젝트가 일관된 느낌을 가지려면 프레임률이 높아야 한다는 사실 때문이다. 프레임률이 너무 낮으면, 시스템이 적절한 저항을 주기 위해 반응하고 조정하는 데 걸리는 시간이 눈에 띌 수 있다. 딱딱한 가상 서피스가 잠시 부드러워질 수도 있다. 비주얼 렌더링에서의 텍스처 매핑처럼 눈에 띄는 향상을 이룰 수 있는 정교한 기술이 부족한데다 플레임률까지 낮으면 아무래도 대부분의 햅틱 디스플레이는 몰입도에 한계가 생기게 된다.

VR 경험에서 허용하는 시뮬레이션된 물리적 접촉이 어떤 것인지에 따라 이를 사실적으로 렌더링하는 것이 얼마나 복잡해지는지 결정된다(그림 6-63). 오브젝트의 형태만 제시해야 한다면, 가상 세계를 건드리는 단순한 스타일러스만 있어도 충분할 수도 있다. 오브젝트를 잡고, 집어 들고, 그 무게와 탄력성, 질감을 느끼기 위해서는 상당히 많은 양의 운동감각 정보를 사용자에게 전달해야 한다.

특정 포스 디스플레이로 어떤 상호작용을 렌더링할 수 있느냐 하는 문제는 포스 디스플레이가 지원할 수 있는 자유도 수와 연결된다. 잡다hold 또는 움켜쥐다clutch라는 말을 쓸 때에는 오브젝트를 그저 밀거나 누르는 데 그치지 않고, 동시에 여러 축 안에 재배치할 수 있을 정도로 컨트롤할 수 있다는 뜻이다.

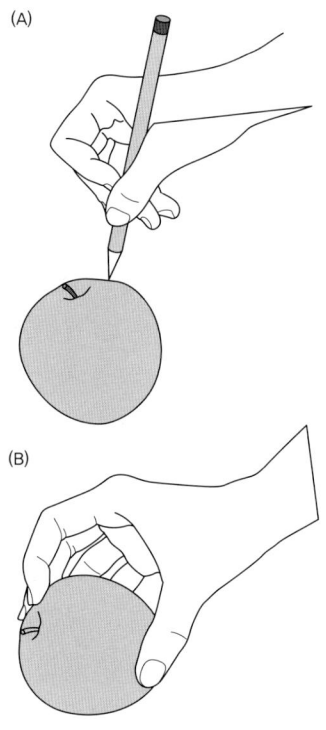

그림 6-63 재현해야 하는 접촉 타입에 따라 VR 애플리케이션의 충실도를 어느 정도로 할지, 또한 그로 인해 고유감각 렌더링이 얼마나 복잡할지에 영향을 미친다. (A)와 (B)에 필요한 자극 수준을 비교해보자.

현실 세계에서는 사용자와 오브젝트 사이에 적어도 두 개의 서로 다른 접촉 지점이 있어야 오브젝트를 잡을 수 있다. 가상 세계에서 오브젝트를 잡으려면, (1) 오브젝트를 잡게 할 수 있는 스위치가 장착된 3-DOF(또는 그 이상) 조정기, (2) 손가락이 오브젝트를 집을 수 있게 하는 2개의 3-DOF(또는 그 이상) 엔드이펙터, (3) 손가락 사이의 움직임을 측정하고 멈추게 할 수 있는 자체구속self-grounded 장치(예: 그림 5-77에서 소개한 Rutgers Dextrous Master)가 있어야 한다.

자체구속 포스 디스플레이는 움켜쥔 오브젝트의 탄력 때문에 발휘되는 힘만을 렌더링할 수 있다. 즉, 콘크리트로 된 가상 공보다 부드러운 고무로 만들어진 가상 공을 더 꽉 쥘 수 있음을 느낄 수 있다. 그러나 전체 무게와 같은 오브젝트 특성을 나타내는 정보는 전달될 수 없기 때문에 두 공 중에서 어느 것이 얼마나 무거운지는 느낄 수 없다.

그림 6-64 그 외 디스플레이는 Immersion, Corp.의 복강경 수술 인터페이스와 같은 특수 용도에 맞게 디자인됐다. 한 쌍인 보조 장치는 튜브 안에서 위아래로만 움직일 수 있는 복강경 카메라를 에뮬레이션한다. (Photograph courtesy of Immersion, Corp)

운동 통제

사용자의 움직임을 제한하는 것은 가능한 햅틱 상호작용을 제한하는 것을 의미한다. 예를 들어, 복강경 카메라는 튜브를 1차원, 즉 위나 아래로만 이동할 수 있다(그림 6-64). 이 움직임의 경우, 단순한 1-DOF 디스플레이만으로도 충분하다. 위치 이동 외에 카메라를 비트는 힘을 느끼는 것이 중요하다면, 2차원 움직임을 수용할 수 있는 2-DOF 장치가 필요하다.

힘을 토크로

시스템에 구속조건을 추가하는 또 다른 방법은 역학을 사용해 힘의 움직임을 토크로 변환하는 것이다. 예를 들어 3-DOF 포스 디스플레이(조정기)에 엔드 이펙터 대신 바늘을 부착하고, 해당 바늘을 인체 모형의 특정 지점을 통과하도록 구속한다. 조정기가 좌우 및 상하로 움직이면 바늘이 삽입점(피벗점)을 중심으로 회전하게 돼, 바늘에 토크가 가해진다. 안/밖 동작은 바늘이 삽입된 거리를 나타내기 위해 1-DOF 포스 디스플레이로 유지된다.

두 접점 5-DOF (핀칭)

멀티 포스 디스플레이를 통합하면 힘 상호작용이 더 효율적으로 이뤄질 수 있다. 특히 2점 핀칭pinching은 매우 유용한 상호작용이다. 핀칭은 2개의 3-DOF 병진운동 (포스) 디스플레이가 결합된다(그림 6-65). 두 장치를 집게발처럼 사용하면 오브젝트를 잡을 수 있고 두 접점의 중간 지점에 토크를 적용할 수 있다. 다시 힘이 토크로 변환됐다. 그러나 토크는 세 개의 축(X, Y, Z축) 중 두 개만 렌더링할 수 있다. 즉, 한 접점에서 다른 접점을 이은 선을 축으로 회전할 수 없다. 오브젝트를 꽉 쥘 수 있는 힘을 남은 6번째 DOF로 고려해 볼 수도 있지만, 핀칭은 기본적으로 5-DOF 디스플레이를 가져온다.

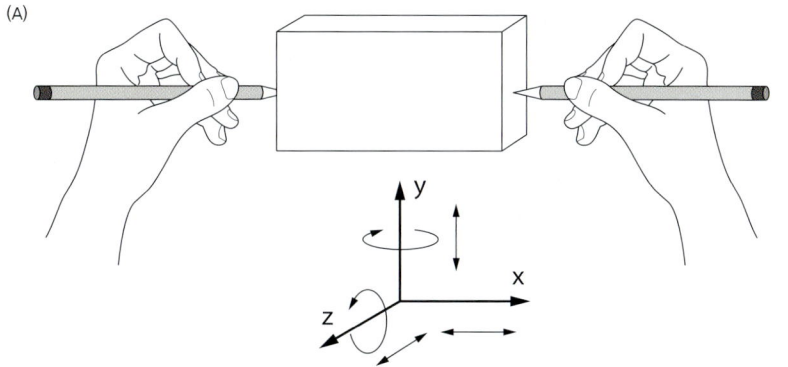

두 개의 3-DOF 스타일러스만 사용해서는
오브젝트의 X 축 회전이 불가능하다.

그림 6-65 (A) 한 쌍의 젓가락처럼 작동하는 2개의 3-DOF 포스 디스플레이를 결합해 하나의 5-DOF 디스플레이를 만들 수 있다. (B) 초기 프로토타입 (C) 이 기술을 이용한 고급 프로토타입인 의료 시뮬레이터. 신경외과 천두술(Burr Hole Op)에 사용되는 기구를 시뮬레이션하는 데 필요한 힘을 제공한다. (Photographs courtesy SimQuest)

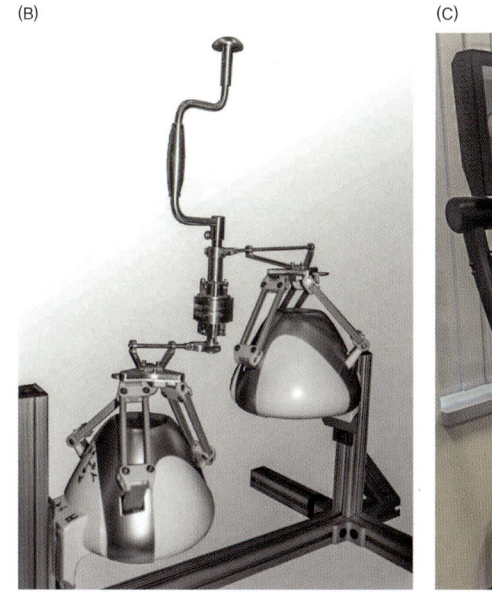
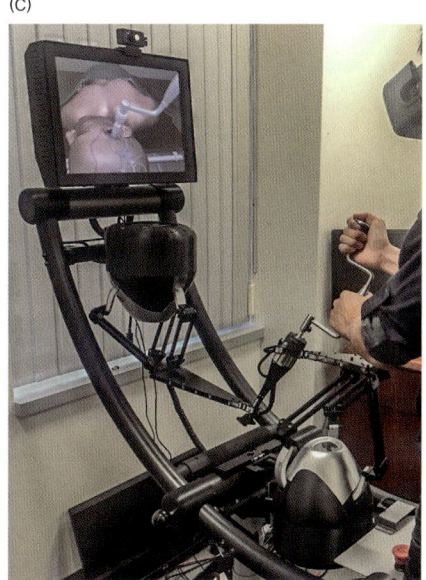

다중 접점(그래핑)

오브젝트를 잡는다는 것은 사용자와 오브젝트가 여러 개의 접촉점을 갖는다는 의미다(그림 6-63 참조). 시뮬레이션된 가상 세계 내에 붙어있지 않은 오브젝트는 사용자가 6-DOF 전부를 자유롭게 움직일 수 있도록 한다. 사용자에게 충분한 햅틱 피드백을 주기 위해, 일반적으로 그래핑 인터페이스는 장갑이나 손잡이처럼 손 전체를 에워싸는 장치를 사용한다.

햅틱 렌더링 프로세스

서피스 및 오브젝트 특성을 적절히 나타내는 데 필요한 정보의 양 때문에, 햅틱 디스플레이(특히 포스 디스플레이)는 시각 및(또는) 청각으로만 표시되는 세계보다 더 완전한 세계의 모델이 필요하다. 단순한 형태와 파형만 사용하는 비주얼과 사운드는 표현 가능한 가상 세계를 생성하는 데 적합한 경우가 많다. 촉각을 이용한 햅틱 디스플레이도 일부 비슷한 방법으로 달성할 수 있다. 예를 들어, 오브젝트를 일정한 온도로 설정하고, 실제로 만졌을 때 손끝에서 자극을 재현할 수 있다. 그러나 운동감각 정보와 표면 질감을 렌더링하는 데 사용되는 포스 디스플레이는 체험자에게 가할 수 있는 자극을 지속적으로 업데이트하기 위해 어떠한 종류의 물리적 모델이 필요하다.

다시 말하자면, 어지간한 비주얼 및 오디오 결과물을 꾸며내는 것은 더 쉽다. 햅틱의 경우에는 가상 세계 모델을 더 자세하게 묘사해야 할 뿐만 아니라, 가상 세계를 채우고 있는 오브젝트에 대한 추가 정보를 알아야 한다. 강도, 탄성, 표면 질감, 온도 등과 같은 특징도 가상 세계 데이터베이스의 필수적인 부분이 될 수도 있다.

또한 래스터 방식을 사용하는 디스플레이에 이미지를 렌더링하는 것과 마찬가지로, 공간 앨리어싱^{aliasing}(지그재그 모양의 에지)이 일어날 수 있으며, 포스 디스플레이는 가상 세계 시뮬레이션과 포스 디스플레이 사이에 래그^{lag}가 발생하는 어려움을 겪을 수 있다. 가상 세계 시뮬레이션이 렌더링 엔진에 프로브를 멈추라는 신호를 보내기 전에 프로브가 표면 내부로 이동한다고 가정해 보자. 그러한 상황에서 렌더링 시스템은 체험자에게 무언가가 잘못됐음을 알리지 않고 상황을 처리할 수 있어야 한다.

햅틱 렌더링은 더 많은 연산력과 정보를 갖도록 가상 세계 시뮬레이션을 강제하는 경우가 많다. 예를 들어 비주얼 전용 시뮬레이션은 사용자가 벽을 통과하지 못하도록 언제 두 오브젝트가 교차하는지를 연산할 수 있다. 햅틱 디스플레이가 있는 VR 시스템의 경우, 시스템은 벽과의 충돌에 따른 힘의 양과 어쩌면 벽의 온도 및 표면 질감을 알아내야 한다. 햅틱 상호작용은 체험자가 오브젝트와 언제, 얼마나 강하게, 어떤 식으로 접촉하는지를 중점적으로 다룬다.

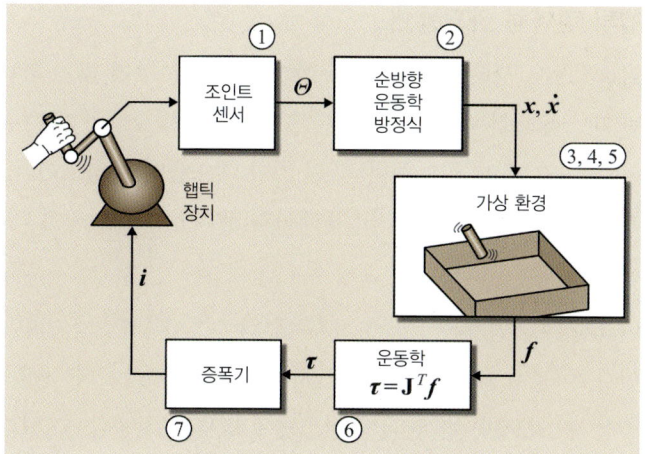

그림 6-66 이 그림은 액티브 포스 디스플레이를 사용해 조정기에 힘을 전달하는 데 필요한 폐쇄된 피드백 루프를 보여준다. 루프는 최소 500Hz, 아마도 1,000Hz에서 순환해야 한다. (Reprinted by permission from Springer, Springer Handbook of Robotics, "Chapter 42: Haptics" by Hannaford and Okamura, 2016)

촉각을 이용한 햅틱 디스플레이는 단순한 활성화(기동/정지)나 효과음 파형 또는 온도 값이 필요한 경우가 많다. 포스 디스플레이는 출력도 하지만 사용자로부터 입력 액션도 수신한다. 따라서 폐쇄된 피드백 루프를 형성하기 때문에 다소 복잡하다. 스타일러스와 같은 기본 엔드이펙터가 있는 표준 상업용 조정기의 경우, 힘을 렌더링하는 루프는 다음과 같은 단계를 거친다(그림 6-66).

- 사용자가 엔드이펙터를 새로운 위치로 옮기고, 디스플레이 하드웨어가 변경된 전기자^{armature} 각도를 보고한다.
- 포스 시뮬레이터는 보고된 각도 값을 기반으로 새 위치를 연산한다(일명 순방향 운동학 방정식$^{forward\ kinematic\ equations}$).
- 포스 시뮬레이션은 가상 오브젝트와의 접촉 여부를 알아낸다.
- 접촉이 있고 엔드이펙터가 가상 오브젝트로 이동한 경우, 포스 시뮬레이션은 해당 오브젝트의 표면에서 가장 가까운 점의 위치를 결정한다.
- 위에서 결정된 엔드이펙터의 가상 위치를 가상 오브젝트에서 밀어내는 데 필요한 힘을 연산한다.
- 연산된 힘의 방향으로 엔드이펙터를 이동시키기 위해 액추에이터^{actuator}(모터)를 활성화하는 방법을 결정하기 위한 운동학적 연산을 수행한다.
- 필요한 엔드이펙터 움직임에 준해서 모터에 전류를 공급한다.

햅틱 렌더링 하드웨어

일반적으로 사용 가능한 촉각 렌더링 엔진은 그리 많지 않다. 실제로, 촉각 기반 디스플레이는 얼마 개발되지도 않았으며, 그나마 있는 것은 진동기, 온도, 부풀릴 수 있는 공기 주머니, 핀 기반 디스플레이 정도이다. 진동 촉각 디스플레이를 제외하고, 포스 디스플레이와 렌더링 시스템에서 더 많은 작업이 이뤄졌다.

필요한 프레임률을 보장하기 위해 힘 연산은 별도의 전용 컴퓨터에 맡길 수 있다. 이렇게 하면 가상 세계 시뮬레이션 CPU는 더 높은 수준의 작업에 집중할 수 있으며, 힘 렌더링 시스템에 명령을 전송할 수 있다. 이런 점에서, 햅틱 렌더링 전용 컴퓨터 시스템은 그래픽 렌더링 엔진과 비슷한 햅틱 가속기가 된다.

진동 촉각 텍터와 기타 1차원 디스플레이의 경우, CPU 사이클이 사운드 클립 정도를 조작할 수 있는 한, 기본 컴퓨터에서 파형을 처리할 수 있다.

햅틱 애셋 인코딩(내부 컴퓨터 표현)

햅틱 정보의 저장과 전송을 위한 공통 포맷을 만드는 일은 거의 없었다. 그러나 자극을 렌더링하기 위해 햅틱 정보를 저장해야 하는 경우가 있다. 명확한 예를 들자면, 진동 촉각 디스플레이에 사용되는 파형이다. 실제로, 진동 촉각 느낌을 레코딩 할 수 있다. 진동을 레코딩하는 한 가지 방법은 오브젝트에 가속도계를 부착하고, 해당 오브젝트를 두드리거나 가상 세계에서 흉내 낼 수 있는 동작을 취한 다음, 가속도계의 움직임을 이용해 진동 촉각 텍터를 구동하는 것이다.

또 다른 인코딩 방법은 비주얼 표현에 편승하는 것이다. 햅틱 시뮬레이션은 색상과 상관없을 수 있지만, 가상 세계를 시각적으로 렌더링하는 데 필요한 다른 특성들 중에는 운동감각 렌더링, 특히 서피스 위치와 범프 텍스처$^{bump\ texture}$에도 필요하다. SensAble Technologies사가 Phantom 라인을 위해 자체 개발한 GHOST 라이브러리와 같은 포스 피드백 렌더링 API부터 살펴보자. GHOST는 가상 세계를 햅틱 씬그래프로 나타냈는데, 이는 후속

OpenHaptics API로 이어지지 않았다. 그러나 오픈 소스 햅틱 렌더링 API인 H3D는 X3D 씬그래프 인코딩을 이용한다. 씬그래프는 햅틱 씬의 구조를 설명하는 노드로 구성돼 있다. 노드는 오브젝트의 위치, 형태 및 표면 특징을 나타낼 수 있다. 또한 관성, 진동 또는 이동 제약과 같은 특정 효과를 설명하거나 다른 노드들을 그룹화하는 데 사용할 수 있다. 그래픽 씬그래프와 매우 비슷한 햅틱 씬그래프를 사용하면 두 감각 디스플레이를 더 쉽게 혼합할 수 있으며, H3D의 경우 씬그래프 하나를 비주얼 및 햅틱으로 모두 사용할 수 있다.

햅틱 비트맵haptic bitmaps 텍스처와 온도 등 서피스 특징의 디지털 샘플(햅틱 비트맵)은 아직 보편화되지는 않았지만, 햅틱 렌더링 시스템이 발전함에 따라 사용되리라 예상한다. 비주얼 비트맵과 마찬가지로, 햅틱 비트맵은 표면 전체의 복잡한 특징을 매핑해서 렌더링의 사실감을 높일 수 있다. 또한 비주얼 비트맵과 마찬가지로, 텍스처를 사용해 여러 특징에 영향을 줄 수 있다. 시각적으로 텍스처는 색상, 투명도 및 빛 반사율을 더 알맞도록 수정하는 데 사용된다. 그러므로, 햅틱 텍스처는 서피스 온도 변화, 텍스처, 마찰, 연성malleability 및 형태에 영향을 주기 위해 사용될 수 있다.

햅틱 비트맵을 주방 모델에 있는 스토브 상단에 매핑된 온도 그리드로 적용하면 사용자는 버너가 켜져 있는지 여부를 느낄 수 있다. 특정 직물의 짜임새를 나타내는 비트맵은 서피스를 손가락으로 훑었을 때 직물처럼 느끼게 하는 데 사용될 수 있다. 마찰 비트맵은 서피스에서의 손가락이나 스타일러스의 움직임을 방해해서 오브젝트를 사포, 작은 구멍이 많은 부석pumice 또는 매끈하게 다듬어진 대리석처럼 느낄 수 있게 한다. 마지막으로, 비트맵은 실제로 서피스에 세세한 특정 형태(예: 점자 팬턴의 작은 돌출부)를 추가할 수 있다.

VR 햅틱 렌더링 소프트웨어

지금까지 만들어진 햅틱 렌더링 인터페이스 소프트웨어 라이브러리는 몇 안 된다. 이 중 대부분은 포스 디스플레이를 컨트롤하기 위한 것이며, 힘과 무관한 예로는 cy.PIPES API가 있으며, 이는 온도나 바람과 같은 환경 조건을 컨트롤한다[Frend and Boyles 2015]. 온도, 촉각 어레이, 공기 주머니 및 기타 햅틱 디스플레이에 널리 사용할 수 있는 범용 소프트웨어 라이브러리는 없다.

햅틱스 프로그래머가 겪어야 하는 문제 중 하나는 햅틱스 렌더링 소프트웨어 인터페이스^{API}가 움트고 있는 환경이라는 점이다. 비주얼 렌더링과 소닉 렌더링도 마찬가지지만, 햅틱용 API 중에 세월의 시험을 견딜 수 있을 뛰어난 것이 보이지 않기 때문에, 특정 시점에 어떤 것을 사용할지 선택하기가 어려울 수 있다. 실제로 이 책의 초판에서 노스 캐롤라이나 대학교의 Armlib[Mark et al. 1996]를 언급해지만, 이는 SensAble의 GHOST[SensAble 1997]로 대체됐으며, 지금은 Geomagic의 OpenHaptics가 그 자리를 대신했다.

OpenHaptics는 [Itkowitz et al. 2005]을 기반으로 여러 레벨을 제공한다. 맨 위 레벨에는 QuickHaptics API가 있다. 이 API는 OpenHaptics의 HDAPI(디바이스와 더 밀접하게 연결됨) 또는 HLAPI(더 많은 기능을 가진 더 높은 레벨의 API)까지도 아우를 수 있는 힘 상호작용의 하위 집합을 허용한다. QuickHaptics API는 프로그래머가 하위 레벨의 세부사항이 어떻게 작동하는지 전부 공부하지 않고도 햅틱 프로그래밍을 쉽게 시작할 수 있게 한다. 형태와 머티리얼을 지정하면 바로 렌더링할 수 있다.

GHOST$^{General\ Haptics\ Open\ Software\ Toolkit}$와 마찬가지로, OpenHaptics는 주로 3DSystems Phantom(예전 SensAble Phantom) 및 Touch(예전 SensAble Omni) 포스 디스플레이 시스템 라인과 함께 사용하도록 디자인됐다. OpenHaptics 라이브러리에 입력할 수 있는 정보에는 오브젝트의 위치, 표면 특성, 특정 스프링 및 공간에 있는 점들로의 대시포트 링크, 매체를 통과하는 움직임에 저항하는 점성 모델 및 진동 모델이 포함된다. 씬에서 포스 디스플레이와 오브젝트 사이의 충돌은 서피스의 존재를 나타내는 특정 리지드^{rigid} 스프링 모델로 정리된다.

OpenHaptics 라이브러리는 시뮬레이션 컴퓨터와 햅틱 렌더링 컴퓨터 사이의 인터페이스도 처리한다. 실제 포스 렌더링은 1,000Hz에서 수행되지만, 가상 세계 시뮬레이션은 해당 사양에서 거의 실행되지 않는다. 따라서, 가상 세계 시뮬레이션은 전체 세계 모델의 변경을 OpenHaptics 소프트웨어에 지정한다. OpenHaptics는 다음 업데이트까지의 렌더러 동작 방법을 차례로 지정한다.

OpenHaptics API는 이름과는 달리 오픈 소스가 아니다. 오픈소스 햅틱 API 에는 H3DAPI가 있다. H3DAPI는 햅틱 인코딩 부분에서 언급했듯이, 씬그래프를 사용해 VR 시뮬레이션의 햅틱 환경을 설명한다. 씬그래프는 더 높은 수준의 구조를 일반적인 씬 요소로 설명할 수 있다는 점에서 그래픽 및 햅틱 모두에서 편리하다. 또한 씬을 저장하고 검색할 수 있는 편리한 메커니즘을 제공한다. H3DAPI의 중요한 특징은 X3D 씬그래프를 사용한다는 점이다. 애플리케이션 디자이너는 X3D 씬그래프를 사용해 비주얼 렌더링과 햅틱 렌더링 사이의 대응 관계를 볼 수 있으며, 하나의 VR 시스템 안에서 두 가지를 결합해 두 감각 사이의 시뮬레이션, 내부 묘사 및 렌더링을 더 쉽게 연결지을 수 있다. 기존의 비주얼 씬-그래프 렌더링 시스템에 편승한 또 다른 시스템은 osgHaptics로, 포스 디스플레이를 OpenSceneGraph API에 통합하는 성과를 거뒀다.

햅틱스 렌더링을 위한 다른 선택지는 의료 훈련 시뮬레이션 분야에 있다. 범용 햅틱 렌더링 API와 마찬가지로, 툴 역시 지난 20년 동안 번성하고 시들었던 역사가 있다. 이 책의 집필 중에도 계속 사용되고 있는 API 두 가지로, 첫 번째는 OpenSurgSim[Kelliher et al. 2014]이다. OpenSurgSim은 초기에는 미국 국립보건원[NIH]의 지원을 받았지만, SimQuest가 계속 유지하고 있다. 두 번째는 스탠포드 대학에서 프로젝트로 시작한 Chai3D[Conti et al. 2003]로, 의료 시뮬레이션 및 기타 분야에서 계속 사용되고 있다.

가상과 현실 연결

다른 감각 렌더링과 마찬가지로, 햅틱 렌더링에는 다음과 같은 세 가지 방법이 있다[Okamura et al. 2008].

- 레코딩된 데이터(오카무라가 데이터베이스[Database]라고 부르는 것): 복제해서 재생할 수 있는 방식으로 파형 또는 텍스처 또는 힘의 작동을 레코딩한 것.
- 실험적 방법: 다른 말로 하면, 올바른 것처럼 보일 때까지 실험(조정)
- 물리 시뮬레이션: 자연계의 작동 방식을 수학적으로 표현한 다음 해당 파라미터에 따라 운용된다는 것을 의미함.

먼저 햅틱으로 재생할 수 있는 데이터를 레코딩하려면 레코딩 방법을 찾아야 한다. 앞에서 진동 감지는 가속도계로 레코딩할 수 있지만, 포스 피드백 디스플레이는 더 어려울 수 있다고 언급했다. 오카무라와 동료들은 의료 시뮬레이션에서 가위를 벌렸다 오므렸다 하는 동작을 제대로 렌더링하는 실험에서 다양한 재료를 자르는 가위 한 개의 반응력을 측정한 다음, 재료를 절단하는 데 필요한 힘을 레코딩했다. 물론 재료에 따라 절단을 시작하는 힘과 계속하기 위한 다른 수준의 힘이 있을 수 있다.

경험적 방법을 사용하는 것은 얼마나 많은 포스 시뮬레이션이 작용하는가이다. 그러나 이것은 힘이 어떻게 느껴져야 하는지를 교육받은 대로 유추하는 개념임에도 불구하고, 포스 시뮬레이션에서 인적 요인 실험을 전문가와 함께 실시할 수 있으며, 어느 감각이 자연스럽고 실제적인 상호작용에 더 가까운지 형식분석을 하기 위해 블라인드 테스트를 할 수 있다.

마지막으로, 물리 시뮬레이션은 운영자가 몇 가지 예상된 상황이 아닌 접할 수 있는 모든 상황을 다룰 수 있다는 점에서 좋다. 물리 시뮬레이션에는 크게 두 가지 어려움이 있다. 첫 번째는 현상의 정확한 수학적 표현이 도출됐는지 여부를 아는 것이다. 두 번째는 사용자가 실제와 가상의 차이를 구별할 수 없는 곳에 대해 도출된 수학적 표현의 실시간 연산을 구현하는 것이다.

기타 감각의 렌더링

다시 한 번 시각, 청각, 촉각 이외의 감각은 대략 짚고 넘어 가지만, 기타 감각은 더 많은 연구와 실현이 이뤄졌던 감각들이기 때문에 더 많은 지식을 얻을 수 있다. 또한 기타 감각은 일반적으로 새로운 가상 현실 시스템이나 애플리케이션을 구성할 때 먼저 구현되는 감각이다. 그러나 알고 있어야할 정보가 있으니 간략하게 정리한다.

전정계 렌더링

전극을 사용자의 두개골에 연결하지 않고 실제 전정계$^{vestibular\ system}$ 자극을 렌더링하려면, 실제로 사용자의 머리를 움직이게 하고, 신체를 머리와 함께 움직이게 해야 한다. 현재 사용되는 크게 두 가지로, 둘 다 몸과 머리를 움직일 수 있는 플랫폼에 사용자를 두는 방식을 취한다. 기존의 방법은 사용자를 이동하고 방향을 잡을 수 있는 모션 플랫폼과 시뮬레이션용 조종석도 사용하는 경우가 종종 있다. 이 기법은 비행 시뮬레이션 업계에 잘 맞고 널리 알려져 있지만, 모션 플랫폼으로는 일반적으로 항공기, 특히 전투기로 할 수 있는 모든 편대 비행을 수행할 수 없다.

최근에 개발된 두 번째 방법(가상 세계와 연결한다는 점에서)은 사용자를 움직일 수 있는 수단으로 롤러 코스터를 사용하는 것이다. 코스터 트랙에서의 사용자 위치를 동기화하면 새롭고 더 정확한 방향감각 경험을 개발할 수 있다. 롤러코스터는 말 그대로 해당 경험을 위한 전정계 렌더러라 할 수 있다.

후각 및 미각 렌더링

마지막은 후각과 미각이다. 다시 말하지만, 미각 렌더링에 대해서는 실제로 음식을 준비하고 사용자에게 음식을 주는 것 외에 별로 할 말이 없다. 그러나 후각에는 적어도 한두 가지 선택지가 있다. 냄새를 렌더링하는 주된 방법은 cy.PIPES 시스템에서와 같이 향수병에서 향수 향을 내보내고 사용자에게 날려 보내는 것을 컨트롤하는 것이다[Frend and Boyles 2015].

요약

렌더링 작업은 가상 세계의 표현을 디스플레이 시스템에 적합한 신호로 변환하는 것이다. 가상 현실에서 렌더링은 실시간으로, 즉 인간의 뇌가 연속적인 흐름으로 지각하는 속도로 이뤄져야 한다.

표현에 관해서는 고려해야 할 수많은 선택과 개념이 있다. 이러한 문제들은 신빙성 정도(가상 세계가 얼마나 현실 세계에 가까운지 또는 얼마나 다른지), 정보가 질적 또는 양적으로 전달되는지 여부, 정보를 감각 형태에 가장 잘 매핑할 수 있는 방법에 이르기까지 정말 다양하다. 기호학semiotics이나 다른 표현 기법의 아이디어에 익숙해지면 유익하다. 이 모든 것을 통해, 인간 체험자가 표현을 이해하고 해석할 수 있고, 따라서 경험을 이해할 수 있도록 하는 것이 중요하다. 다른 매체에서 아이디어와 여러 기술을 VR에 적용할 수 있는 방법을 찾아볼 수 있다.

같은 결과처럼 보이지만 가상 세계를 렌더링하는 접근 방식은 여러가지다. 폴리곤, NURBS, CSG 또는 뷰포인트에 따라 텍스처가 바뀌는 평면과 같은 기법을 사용해 소프트웨어 또는 하드웨어로 테이블을 렌더링할 수 있다. 청각에 있어, 새의 지저귐은 저장된 샘플을 쓰거나 새의 성대 진동과 두강 내부에서의 울림을 물리적 모델로 만들어 렌더링할 수 있다. 여기에는, 렌더링 속도와 멋들어진 결과물 사이에 얻는 것이 있으면 잃는 것도 있다. 때로는 중대한 상충 없이 같은 결과를 얻을 수 있는 다른 기법이 있는 경우도 있다. 후자의 경우 디자이너는 원하는 기법을 선택할 수 있다. 특정 목표는 특정 렌더링 기법에 적합한 경우가 훨씬 많다.

제대로 렌더링 되지 않으면 전체 가상 현실 경험의 효과가 떨어질 수 있으므로 적절한 프레임률을 유지하는 것이 중요하다. 복잡한 씬을 천천히 보여주는 것보다 표현을 단순화하는 것이 더 낫다. 그러나 하드웨어와 소프트웨어 렌더링 기술 모두 (일반적으로 컴퓨터 기술과 마찬가지로) 계속해서 빠르게 발전하고 있으며, 현재의 기술로 처리할 수 있는 것보다 점점 더 복잡한 가상 세계를 나타낼 수 있을 것이다. 이러한 기대를 안고 계획을 세워 좋은 VR 경험을 개발해 나가자.

가상 현실 경험

사용자 인터페이스

사용자를 향한 하드웨어 인터페이스

입력
- 바디 트래킹
  (컴퓨터가 사용자를 '보는' 방법)
- 보이스/사운드 지각
  (컴퓨터가 사용자를 '듣는' 방법)
- 물리적 컨트롤러
  (컴퓨터가 사용자를 '느끼는' 방법)

4장

출력
- 비주얼 디스플레이
  (사용자가 VW를 보는 방법)
- 오럴 디스플레이(Aural display)
  (사용자가 VW를 듣는 방법)
- 햅틱 디스플레이
  (사용자가 VW를 느끼는 방법)

5장

소프트웨어 구성요소

사용자를 향한 시스템 표상
- 대리자(Representation)
- 렌더링 시스템

6장

가상 현실과의 상호작용
- 사용자 인터페이스 메타포
- 조작
- 내비게이션
- 다른 사람들과의 상호작용

7장

경험 디자인 및 전형

9장

가상 세계
- 몰입
- POV
- 장소
- 시뮬레이션 / 물리
- 실체(substance)
- 경험 창작
  (experience creation)

8장

인간 참여형
- 어포던스
- 지각(perception)
- 프레젠스 / 임바디먼트

3장

CHAPTER 7

가상 세계와의 상호작용

가상 세계와의 상호작용은 VR 경험의 핵심 요소다. 실제로, 가상 세계가 최소한 사용자의 물리적 움직임에 반응하지 않는다면, 가상 현실로 간주되지 않는다.

웹스터[Webster 1989]에 따르면, 상호작용은 '상호간의 액션 또는 영향'이다. 그러므로 컴퓨터와 생성 환경 사이의 상호작용은 컴퓨터가 사용자 입력에 상응하는 액션으로 반응할 때 발생한다. 사람들이 컴퓨터와 상호작용하는 방식은 사용자 인터페이스[UI]가 디자인된 방법의 결과물임이 분명하다. 사실, 컴퓨터와 인터페이스로 교감하는 것이 너무 당연해서, UI를 컴퓨터 자체로 여기기도 한다. 사람들이 컴퓨터의 생김새 하면 떠올리는 이미지가 수년 동안 어떻게 변했는지 분석한 결과, 시대에 따른 주요 입력 및 출력 수단이 지속적으로 이미지에 반영된 것을 발견했다[Boxton 1996](그림 7-1).

> **상호작용**interaction: 상호간의 액션 또는 영향
> **사용자 인터페이스**User interface: 체험자가 매체와 상호작용하는 메커니즘

때때로 시스템 디자이너들은 사용자의 요구를 고려하지 않는다. 인간은 기계와 접속하도록 디자인돼 있지 않기 때문에, 대부분의 상호작용 인터페이스는 익숙하지 않은 사용자에게 자연스럽지 않다. 다행히도, 인간은 연습을 할 수 있고 환경과 상호작용하는 새로운 방법에 적응할 수 있다. 인간 요인 심리학과 HCI[Human-Computer Interaction] 분야에서 얻은 교훈을 인터페이스 디자인에 통합

그림 7-1 사용자가 컴퓨터와 상호작용하는 인터페이스를 '진짜' 컴퓨터의 모습이라고 여기는 경우가 종종 있다. 겉모습 뒤에 있는 칩과 보드 등이 연산을 하는 컴퓨터 본연임에도 말이다. 컴퓨터 사용자 인터페이스가 진화함에 따라, 앞으로의 전망을 포함한 컴퓨터에 대한 이미지 또한 진화했다.

한다면, 유비쿼터스 디지털 통신의 시대에 자란 세대조차도 많은 고통을 훨씬 줄일 수 있을 것이다.

한 개인이 새로운 UI에 적응하고 배울 수도 있지만, 어떤 인터페이스는 시간이 흐르면서 문화에 통합돼 자연스러워 보이기도 한다. 예를 들어, 자동차의 기본 인터페이스는 대부분 동일하다. 자동차를 조종하는 데 사용되는 휠, 속도를 조절하는 페달, 그리고 기어의 비율을 변경하는 두 가지 방법이 있다. 이 인터페이스는 매우 일반적이어서 유비쿼터스화 돼 사용자가 새로 접하는 자동차라도 따로 배울 필요가 없다(그림 7-2). 어쩌면 대부분의 사람들은 다른 타입의 인터페이스를 가진 자동차가 자연

그림 7-2 자동차 사용자 인터페이스가 너무 일반화돼 있어서 다른 것으로 바꾸면 경험 많은 운전자들은 자연스럽지 않다고 느낄 것이다.
(Photograph by William Sherman)

스럽지 않다고 생각할지도 모른다.

상호작용 디자인 기초

인터페이스는 어떤 경우에도 인간 사용자의 요구를 수용하도록 디자인돼야 한다. 이 장에서 언급하는 메타포와 방법은 무엇이 특정 경험에 가장 적합한지가 아니라, 가능한 것이 무엇인지를 설명한다. 아직 급성장하는 매체로서 VR 인터페이스 디자인 분야는 앞길이 활짝 열려 있다. 많은 연구자들이 가상 현

실 경험 안에서의 지각적이고 상호작용적인 작업들에 대해 연구했지만, 이러한 연구는 일반적으로 소규모 피험자 그룹으로 진행됐다. 그리고 대규모 그룹 연구(예: 디즈니 알라딘 경험)[Pausch et al. 1996]는 주로 VR에 익숙하지 않은 사람들로 이뤄졌다. 소비자용 VR의 등장으로 이제는 훨씬 더 크고 다양한 사용자 기반이 생겼다.

2장에서는 흥미로운 매체로서 제한된 사용자를 지닌 VR이 제도화된 매체로 전환되면서 매체 자체에 어떤 영향을 미치는지 살펴봤다. 사용자 기반이 크게 확장되면서 기본적으로 더 이상 확립된 언어가 없다는 한 가지 결과를 알 수 있다. VR 연구 커뮤니티 전체에서 흔히 볼 수 있었던 인터페이스 스타일이 하나의 성공적인 상용 VR 경험으로 완전히 뒤집힐 수도 있다. 이동 방법을 예로 들면, 2016년 이전에는 대부분 완드 컨트롤러를 가리키고 버튼을 눌러 지정된 방향으로 이동하는 것(포인트투 플라이point-to-fly)이었다. HTC Vive와 같은 소비자용 헤드 마운트 디스플레이HMD가 보급된 후, 많은 사용자가 경험하고 익숙해질 수 있었던 첫 번째 이동 방법은 방향을 가리키는 아크가 지면과 접촉하는 위치로 즉시 텔레포트 되는, 약칭 텔레홉tele-hop이다(그림 7-3). 그들에게 있어서, 이 포인트 텔레포테이션은 표준이다. 그렇다고 과거에 사용됐던 기법을 연구하는 것이 전혀 도움이 안되거나 유용성이 없다는 뜻은 아니다. 그 안에는 VR 디자이너가 비장의 무기로 충분히 쓸 수 있고, 앞으로도 유용하게 활용할 수 있는 아이디어가 가득하다.

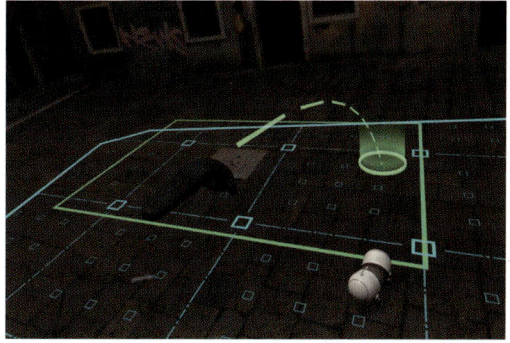

그림 7-3 텔레홉 이동 인터페이스(풋미데어(put-me-there)의 특수한 경우)는 사용자가 가리킬 수 있는 위치로 훅 이동하게 한다. 사용자가 목적지 방향을 지정할 수 있는 애플리케이션도 있다(한 번 비틀어 텔레홉). 이 사진에서 컨트롤러의 버튼을 누르면 조종할 수 있는 아크가 표시되고, 아크가 지면에 맞닿는 곳으로 이동할 수 있다.

가상 현실의 상업화가 광범위하게 진행되면서 사용자 성과 연구의 수행 방식에도 변화가 일어났다. 수십 년 동안 가상 현실 UI 디자인을 이끌어 왔던 것은 컴퓨터 과학자와 심리학자가 실시하는 명시적 사용자 분석 실험이었다. 물론 상업용 VR 경험 개발이 이러한 연구들의 혜택을 누리기도 하지만, 독점적인 것은 아니다. 상업용 릴리즈의 경우 개발팀은 기존 VR 경험을 살펴보기도 하지만, 초보자부터 전문가에 이르는 다양한 수준의 체험자를 고용해서 테스트한다.

공식적인 사용자 분석 연구는 UI를 인간의 능력에 맞게 튜닝하는 데 매우 중요하다. 그러한 연구는 매체에 대한 일반적인 지식과 특정 인터페이스 및 표현의 효율성에 대한 구체적인 지식 모두에 있어 중요하다. 그러나 시장에서 다른 VR 경험들이 어떻게 받아들여지는지 살펴보고, 대표 사용자와의 임시 테스트 ad hoc test에서 더 지켜보면 상당한 도움이 된다.

실제로 VR 체험을 디자인할 때 기준이 되는 일부 규칙은 소비자용 경험 개발자들에게서 온다. 예를 들어, 상용화 이전에는 가상 세계 간 점프를 제외한 텔레포테이션이 바람직하지 않다고 생각하는 일부 UI 커뮤니티도 있었지만, 밸브 코퍼레이션은 〈더 랩〉을 출시할 때 플레이 테스트 후, 점프 텔레포테이션을 대대적으로 사용했다. 상용 개발자가 만든 또 다른 이동 관련 디자인 경험에 근거한 규칙은 가상 이동은 가속을 최소화해야 한다는 것이다 [Yao et al. 2014]. 이런 추세가 계속 이어질지는 시간만이 알 수 있다. 맛보기로 조슈아 포터 Joshua Porter가 'Principles of User Interface Design'[Porter 2013]에서 말한 19가지 원칙을 생각해 보자.

1. 명료성이 넘버 1 과제
2. 인터페이스는 상호작용을 할 수 있게 하려고 존재한다.
3. 모든 비용에 주의를 기울여라.
4. 사용자를 계속 통제 하에 둬라.
5. 직접 조작이 가장 좋다(예: 두 손가락 이미지 스트레칭).
6. 화면당 기본 액션은 하나(또는 가상 현실의 경우 직관적인 액션)
7. 이차적인 액션은 계속 이차적인 것으로 둔다.

8. 다음 단계를 자연스럽게 제공하라.
9. 외모는 행동을 따른다.
10. 일관성 문제
11. 강력한 비주얼 하이어라키$^{visual\ hierarchies}$가 가장 효과적이다.
12. 스마트한 조직화는 인지 부하를 감소시킨다.
13. 하이라이트, 색상으로, 결정하지 마라.
14. 단계적 공개
15. 인라인으로 사람들을 도와라
16. 결정적인 순간: 0 상태
17. 훌륭한 디자인은 보이지 않는다.
18. 다른 디자인 학문 분야를 기반으로 구축하라
19. 인터페이스는 사용되기 위해 존재한다.

이 장의 나머지 부분과 실제로 이 책의 나머지 부분에서는 단순한 것에서부터 복잡한 것에 이르기까지 다양한 선택지를 늘어놓고, 이 선택지들이 언제 유용해 보였는지 아니면 VR 경험에 도움이 될 수도 있는지 예를 들어 설명하려 한다.

간단히 말해서 VR 경험(또는 컴퓨터를 매개로 한 경험)의 상호작용은 상호작용이 자연스럽고 눈에 띄지 않게 디자인해야 한다(목표가 예술적이거나 극적인 이유로 부자연스럽고 거슬리게 만드는 것이 아니라면). 가상 세계에서 어떻게 행동하느냐는 가능한 한 직관적이고 매끈해야 한다. 3장의 '어포던스' 절을 다시 떠올려보자. 가상 세계에서 오브젝트의 외양(과 현실 세계에서의 물리적 컨트롤)으로 해당 오브젝트의 사용 방법을 어떻게 알 수 있게 하는지, 그리고 그것이 사용자에게 어떤 영향을 미칠지 다시 생각해내기를 바란다.

협업 분야의 연구에서 유래한 이와 관련된 개념은 '의도 보존 액션'이다. 용어에서 알 수 있듯이, 상호작용 디자이너는 시스템이 사용자가 하려는 작업, 즉 사용자가 내리는 모든 명령을 문자 그대로 해석하는 대신, 시스템이 체험자가 암시하는 목표에 맞게 응답하도록 하는 것을 중요한 목표로 삼아야 한다. 안소니 스티드$^{Anthony\ Steed}$가 이 방식의 두 가지 예를 들었다[Steed 2016]. 첫 번째

그림 7-4 〈I Expect You To Die〉의 사용자 인터페이스 결정은 손 아바타를 검은 장갑에서 보이지 않는 손으로 바꾸기 때문에, 들고 있는 오브젝트만 체험자에게 보인다. 이렇게 하면 플레이어가 오브젝트 자체에 초점을 맞출 수 있으며, 손 모델과 해당 오브젝트 사이의 물리적 상호작용이 필요하지 않다. 또한 사용자 뷰에서 손이 해당 모델의 주요 부분을 차단해 보지 못하는 일을 생기지 않게 한다.
(A) 플레이어는 총을 향해 손을 뻗고, 쥐기(grab)를 활성화한다.
(B) 장갑은 뷰에서 사라지고 체험자 손의 움직임에 따라 총이 움직인다.

예는 암묵적인 고고$^{go-go}$ 기법으로, 사용자가 가상 세계에서 어떤 오브젝트를 잡으려고 손을 뻗지만, 팔을 완전히 펴도 해당 오브젝트에 닿지 않는 경우, 손 아바타가 해당 오브젝트에 닿을 때까지 앞으로 날아간다. 두 번째 예는 Schell Games의 〈I Expect You to Die〉이다. 이 게임에서는 가상 오브젝트를 집어 올릴 때 사용자의 손 아바타는 뷰에서 사라진다(그림 7-4). 여기서의 개념은 오브젝트를 쥐기 전에 사용자는 자신의 손이 하는 일에 집중하겠지만, 일단 오브젝트가 손에 잡히면 사용자가 관심을 갖는 것은 해당 오브젝트지 손의 정확한 위치가 아니라는 것이다(따라서 손과 오브젝트 사이의 물리 시뮬레이션을 구현할 필요가 없어 게임 디자이너에게는 일석이조다). 이러한 장치를 구현하고자 할 때는 항상 구체적인 애플리케이션과 목표를 고려해야 한다는 것을 잊지 말자.

사용자 인터페이스 메타포

6장에서 살펴봤듯이, 메타포는 사용자가 새로운 기술을 배울 수 있는 맥락을 제공한다는 점에서 매우 중요한 수단이다. 새로운 인터페이스 사용법을 이미 익숙한 것과 연관시킴으로써 사용자는 무엇을 해야 하는지를 파악할 수 있다. 메타포는 사용자 지식을 활용하고 추상적인 개념을 좀 더 구체화하는 데 도움을 준다. 사용자가 미디어 플레이어 애플리케이션(오디오의 물리적 컨트롤을 기반으로, 이후 비디오, 테이프 플레이어, 레코더 등도 포함)의 재생, 중지, 되감기 및 빨리 감기 컨트롤에 익숙하다고 가정할 수 있는 경우, 디자이너는 가상 버튼을 사용해 가상

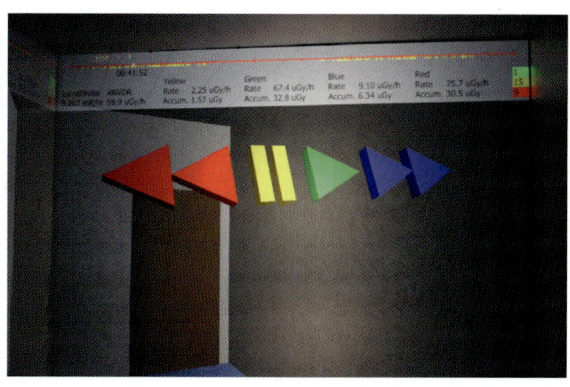

그림 7-5 현실 세계 인터페이스 메타포가 가상 환경에서 유용할 때가 종종 있다. 이 사진은 애프터액션 리뷰(AAR, AfterAction Review) 애플리케이션에서 가져왔다. CAVE 디스플레이에서 미션 리플레이의 시간을 컨트롤하기 위해 미디어 플레이어 인터페이스같은 표현을 사용한다. (Photograph courtesy of William Sherman)

현실 경험에서 시간을 컨트롤하는 인터페이스를 구현할 수 있다(그림 7-5).

여러 컴퓨터 시스템에서 널리 사용되는 데스크톱 메타포는 파일, 폴더, 심지어 쓰레기통 같은 친숙한 실체를 제공한다. 사용자는 이 익숙한 물건들로 사무실에서 일했던 자신의 경험을 활용해 컴퓨터 사용에 도움을 받는다. 관련된 파일들을 모아 정리하려면 폴더에 파일을 놓기만 하면 된다. 문서, 폴더 또는 툴을 폐기하려면 그냥 휴지통에 넣으면 된다.

표현 메타포와 마찬가지로, 상호작용 메타포를 쓸 때 조심해야 할 함정이 있다. 그러한 함정은 원래 개념을 인스턴스화된 인터페이스에 잘못 매핑했을 때 발생한다. 개발자와 사용자가 메타포를 기반으로 인터페이스가 어떻게 반응해야 하는지에 대한 기대치가 서로 다를 경우 또 다른 함정이 생긴다. 불행하게도 사용자는 인터페이스 사용법을 메타포를 통해서만 명백하게 배울 수 있으며, 아마도 메타포로 즉시 알 수 없는 다른 이용 가능한 상호작용을 놓칠 수 있다. 예를 들어, 데스크톱 메타포 사용자는 실제 데스크톱에서 허용되는 활동에 제약을 느낄 수 있다. 사용자는 인터페이스가 모든 폴더 안에서 검색할 수 있는 옵션을 제공한다는 것을 깨닫지 못하고 특정 문서를 찾으려고 폴더 하나하나를 검색하는 데 시간을 보낼 수 있다.

궁극적인 인터페이스 개념은 사용자가 가상 세계와 상호작용하는 메타포로서 실생활 상호작용을 사용하는 것이다. 물질 세계에서 작은 물체를 옮기는 방법을 알고 있기 때문에 체험자는 가상 세계에서 작은 가상 오브젝트를 옮길 수 있다. 즉, 가상 오브젝트에 손을 뻗고, 잡고, 집어들고, 새로운 위치에 놓을 수

있다. 그러나 가상 현실에서는 물질 세계의 법칙을 적용할 필요가 없다는 이유로, 편의상 메타포가 확장되는 경우가 가끔 있다. 예를 들어, 룸 레이아웃을 디자인할 때 사용자는 방에 있는 가구나 오브젝트를 재배치하기 위해 매번 그 앞으로 이동하고 싶지 않을 수도 있다. 오히려 사용자가 어디에 있든 거리에 상관없이 해당 가구나 오브젝트를 집어들어 옮기고 싶을지도 모른다. 그리고 친구의 도움을 받아 더 큰 오브젝트를 옮기기 위해 친구가 해당 경험에 참여할 때까지 기다리고 싶지 않을 것이다.

이전 미디어의 메타포가 사회에서 충분히 통용되고 있다면, 기존 메타포를 채택하는 것이 새로운 미디어에게는 도움이 된다. 초기에는 오래된 인터페이스를 새로운 미디어로 옮겨 담기가 까다로울 때도 많겠지만, 적어도 시작하기에 익숙한 장소를 제공한다. 물론, 이로 인해 해당 매체의 언어로 최적화되지 않은 인터페이스가 만들어져서, 효율적이고 자연스러운 VR 인터페이스가 완성될 때까지 진행이 느려질 수도 있다. 스마트폰과 같은 새로운 디바이스에는 폼 팩터form factor의 한계와 어포던스affordance를 끌어안을 수 있는 새로운 인터페이스가 필요하다. 그러나 사람들은 이 디바이스의 인터페이스에 점점 익숙해질수록, 해당 인터페이스를 다른 폼 팩터로 된 다른 디바이스로 다시 가져오고 싶어한다. 이는 사용자 경험에 긍정적 또는 부정적 영향을 미칠 수 있다. 예를 들어 데스크톱 시스템에서 스마트폰 기반 인터페이스를 사용하는 것이 납득될 수도 있고 그렇지 않을 수도 있다.

실무자들이 새로운 매체에서 경험을 쌓아 새롭고 더 적절하고 효과적인 기술을 개발하고 있으므로, VR은 더욱 강력해지고 유용해질 것이다. 기존 매체의 메타포에서 찾아내 VR용으로 최적화해야 하는 메타포가 분명히 많지만, 이 장에서 설명한 기법은 현재까지 VR 인터페이스의 진화를 반영하고 있다.

주요 상호작용: 조작, 내비게이션 및 커뮤니케이션

이 장의 나머지 부분은 크게 세 가지로 나뉘는데, 각 부분은 VR 매체를 통해 사용자가 가상 세계와 상호작용하는 주요 방법인 조작, 내비게이션 및 커뮤니케이션에 초점을 맞춘다. 조작은 사용자가 가상 세계와 그 안을 채우고 있는 오브젝트를 변경할 수 있게 한다. 내비게이션은 사용자가 가상 세계 속을 헤치고 나아갈 수 있게 한다. 어떤 VR 경험에서는 할 수 있는 유일한 상호작용이 해당 세계를 돌아다니는 것이다. 이러한 경험에서 가상 세계는 정적이거나 미리 프로그램된 일련의 이벤트를 따른다. 마지막은 가상 세계 안에 있는 다른 사용자 또는 에이전트와의 커뮤니케이션이다.

사용자의 상호작용 각각은 기본 작업(예: 잡기, 밀기 또는 말하기)을 포함하는데, 이 작업은 선택(아이템, 방향, 상응하는 것)과 같은 하위 작업과 활성화 수단으로 구성되는 경우가 많다. 지금부터 수많은 선택지를 알아가 보자.

가상 세계 조작

상호작용할 수 있는 가상 공간이 주는 좋은 점은 해당 공간에 있는 오브젝트들과 상호작용하거나 조작할 수 있다는 것이다. 현실이든 가상이든 새로운 환경에서 실지로 뭔가를 해볼 수 있으면 해당 세계가 어떻게 돌아가는지 배우는 데 도움이 된다. 현실 세계에서 조작은 오브젝트에 힘을 가하는 것이다. 가상 세계에는 훨씬 더 많은 자유가 있다.

익숙한 데스크톱 컴퓨터 인터페이스 메타포에서 사용자는 윈도우, 아이콘, 메뉴 및 포인팅 디바이스(일명 WIMP 인터페이스)를 사용해 컴퓨터의 파일과 운영 체제를 조작할 수 있다. 마찬가지로 가상 현실 인터페이스 조작을 위한 공용어가 진화하고 있다. 이러한 새로운 인터페이스 형식 중 대다수는 미디어 전체에 적용되는 원칙을 기반으로 한다.

가상 현실에서 조작은 대부분 두 단계를 거친다. 먼저 선택하고, 그 다음 액션이 수행된다. 때로는 이 두 가지를 동시에 수행할 수 있다. 즉, 조작을 시작할 때 선택이 내재돼 있다. 사용자가 터치하고 있는 오브젝트는 물질 세계에서 하듯이 조작할 대상이다. 그러나 가상 현실에는 가상 오브젝트를 조작하는 방법이 다양하다.

조작 방법

마크 마인^{Mark Mine}은 VR 경험 안에서 수행할 수 있는 조작 방법을 세 가지로 나눠 자세히 설명한다[Mark Mine 1995a].

1. **사용자 직접 컨트롤**: 현실 세계의 상호작용을 모방한 인터페이스 제스처
2. **물리적 컨트롤**: 사용자가 물리적으로 만질 수 있는 디바이스
3. **가상 컨트롤**: 사용자가 가상으로 만질 수 있는 디바이스. 이 리스트에 네 번째 카테고리를 추가한다(그림 7-6).
4. **에이전트 컨트롤**: 가상 세계에서 있는 존재에게 내리는 명령

사용자 직접 컨트롤

사용자 직접 컨트롤은 체험자가 현실 세계에서 하듯이 가상 세계의 오브젝트와 상호작용하는 조작 방법이다. 사용자가 직접 하는 상호작용은 오브젝트 선택 프로세스와 실제 조작을 결합한 경우가 많다. 주먹으로 잡기 상호작용이 그 예로, 체험자가 주먹을 쥐는 것을 잡기 조작으로 해석하고, 주먹 쥔 자세가 유지되

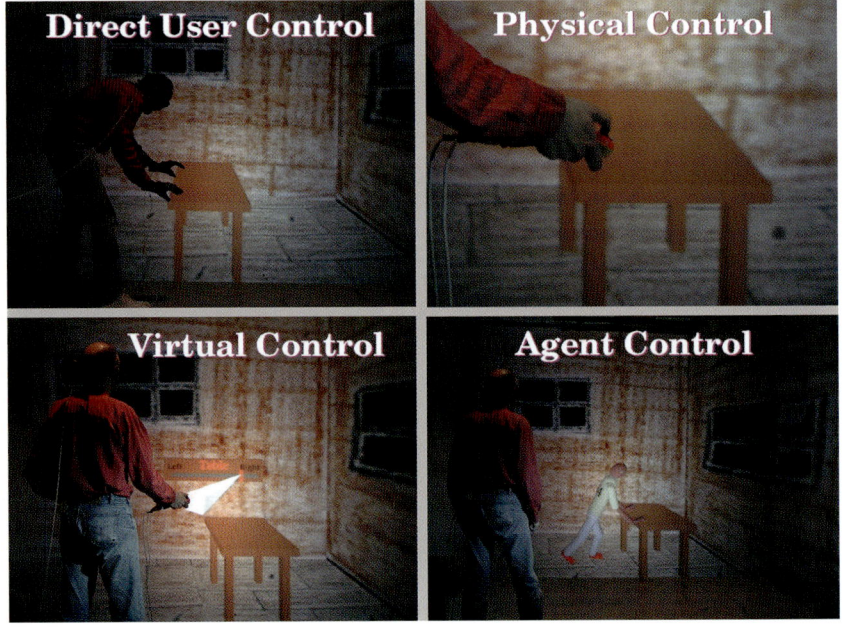

그림 7-6 '테이블을 오른쪽으로 약간 이동'과 같은 조작은 앞에서 설명한 네 가지 조작 방법 중 어떤 것으로도 수행할 수 있다.

는 한, 손과 페어링된 가상 오브젝트는 손이 움직이는대로 따라간다. 사용자가 직접 컨트롤하는 상호작용 대부분은 제스처나 시선을 사용해 선택한다. 주먹으로 잡기는 제스처 선택의 예다. 눈 깜빡임이나 버튼 프레스 액션으로 선택한 다음, 시선으로 오브젝트를 새로운 위치로 '운반'하고, 눈을 깜빡이거나 다시 눌러 버튼 릴리즈 액션이 이뤄지는 사용자 직접 컨트롤 방법을 상상할 수 있다.

좋은 인터페이스 디자인의 규칙 중 하나는 직접 조작을 우선 선택하는 것이다. 그러나 사용자가 느긋하게 움직이는 것을 더 좋아하거나, 어려운 작업(예: 정확하게 오브젝트를 정렬하기, 원격으로 텔레비전의 채널 바꾸기 등)은 기술 쪽에 넘기는 경우도 분명히 있다.

또한 '완벽한 물리 시뮬레이션'을 컨트롤 인터페이스로 간주할 수 있다. 즉, 특정한 조작 액션 없이, 시뮬레이션을 통해 사용자가 현실 세계에서 하는 것처럼 가상 세계에서 작업할 수 있는 '인터페이스', 한마디로 궁극의 인터페이스를 생각할 수 있다. 이러한 인터페이스에서 사용자의 가상 손(또는 손가락)의 서피스는 물리 시뮬레이션의 일부가 된다. 오브젝트에 횡력$^{lateral\ force}$을 가하면 오브젝트는 자체의 질량, 무게중심 등에 따라 밀려 쓰러지거나, 서서히 이동하거나, 전혀 영향을 받지 않을 수도 있다. 사용자 직접 컨트롤은 그럼에도 인위적인 선택 수단과 제한된 이동을 수반할 수도 있는 반면에, 이 궁극의 인터페이스 스타일은 순수한 물리 시뮬레이션을 넘어 사용성을 향상시키는 디자인 요소를 포함하는 대신, 완벽한 현실 세계의 물리 시뮬레이션을 충실히 따른다는 점이 다르다. VR이 아닌 상대는 키보드로 문서를 타이핑하는 방법이 직접적인 UI이지만, 단어 하나하나를 종이에 펜으로 쓰는 물리적 에뮬레이션을 하지는 않는다.

물리적 컨트롤

물리적 컨트롤은 실제 기구를 통해 가상 세계를 컨트롤하는 것이다. 인터페이스가 현실 세계에 존재하기 때문에 체험자가 버튼을 누르고 다른 동작을 수행하면 햅틱 피드백을 받는다(그림 7-7). 일반적인 유형의 물리적 컨트롤장치는 버튼, 위치 설정이 여러 개인 스위치, 슬라이더 및 다이얼 밸류에이터, 조이스틱 및 트랙볼과 같은 2-DOF 밸류에이터 컨트롤장치, 마젤란 및 스페이스볼과

그림 7-7 사용자 인터페이스의 일부로 물리적 컨트롤 메커니즘을 통합해 VR 경험의 다양한 측면을 컨트롤할 수 있다. 여기서 체험자는 실제 조향 휠과 발 페달을 사용해 가상 차량을 컨트롤한다. (Photograph by William Sherman)

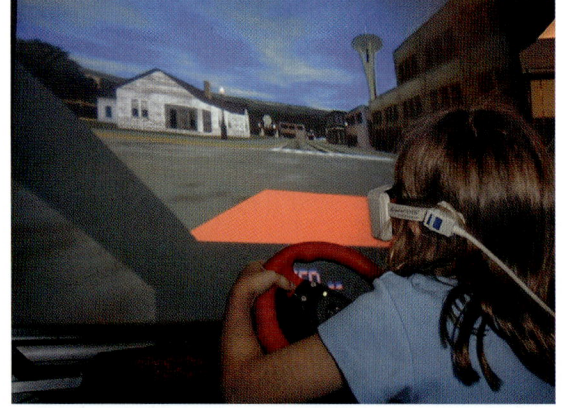

그림 7-8 NASA 우주비행사 및 엔지니어들은 실제 차량의 것과 비슷한 컨트롤 장치가 장착된 의자에서 외계 활동 작업을 연습한다. (Photograph courtesy of Bowen Loftin)

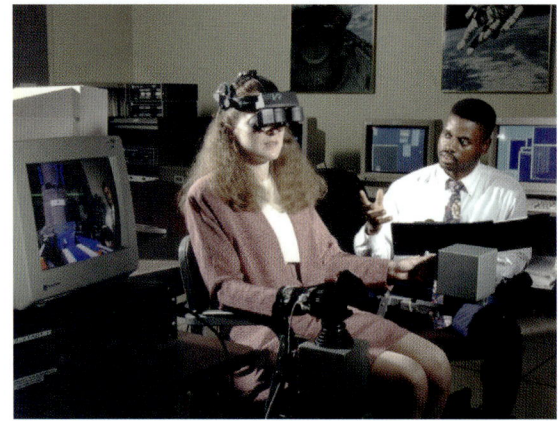

같은 6-DOF 컨트롤장치를 포함한다. 4장에서 이러한 입력에 대해 많이 알아봤다.

트래킹되는 프로프에 있는 컨트롤장치는 프로프의 위치와는 별개로 또는 함께 작동할 수 있다. 완드에 있는 버튼 3개는 오른쪽이나 왼쪽 버튼을 클릭해 메뉴를 통해 앞뒤 스크롤을 하거나 가운데 버튼을 사용해 원하는 메뉴 옵션을 선택할 수 있다. 이는 독립적으로 행동하는 하나의 예일 수 있다. 프로프의 위치를 통합하는 예로는 프로프로 오브젝트를 가리키고 버튼을 눌러 선택하는 것이다.

물리적 컨트롤을 사용하는 인터페이스 디자인에서는 가상 오브젝트와의 연관성에 주의를 기울여야 한다. 즉, 디자인이 수행하는 조작에 조이스틱, 슬라이더 또는 기타 물리적 컨트롤을 매핑하는 실제의 메타포가 있는 경우, 디자인이 더 잘(더 자연스럽게) 작동할 것이다. 예를 들어, 외계 활동^{EVA} 유닛을 기동하기 위한 우주 비행사 임무 훈련의 VR 시스템에는 실제 EVA 유닛에서 볼 수 있는 것을 모방한 물리적 컨트롤 장치가 장착된 의자가 있었다[Homan and Got 1996](그림 7-8).

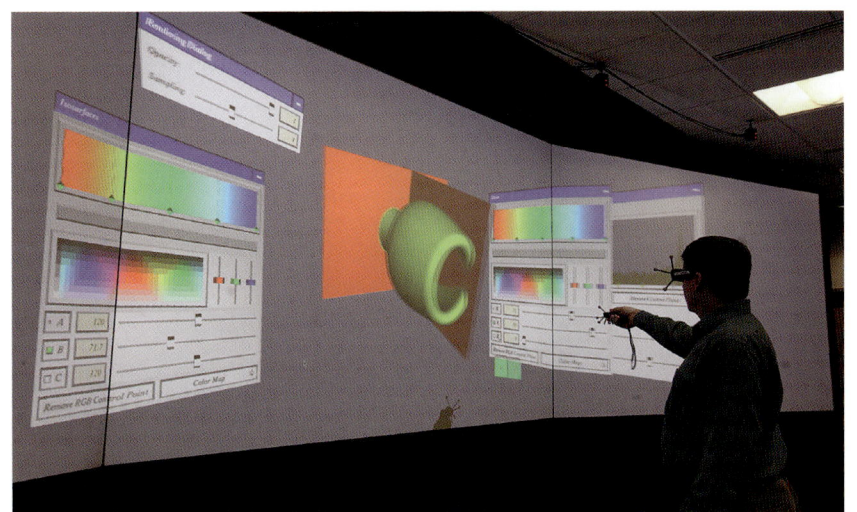

그림 7-9 VTK 비주얼리제이션 도구 키트의 VR 지원 버전은 사용자가 슬라이더와 버튼을 사용해 색상 및 등각면 값과 같은 파라미터를 컨트롤할 수 있도록 하는 가상 컨트롤을 제공한다. (Photograph by William Sherman)

가상 컨트롤

가상 컨트롤은 전적으로 가상 세계에서 나타나는 컨트롤이다. 많은 가상 컨트롤장치는 단지 비슷한 물리적 컨트롤장치의 컴퓨터 생성 표현일 뿐이다. 버튼, 밸류에이터, 트랙볼 및 스티어링 휠은 가상 표현에서 때때로 애뮬레이션되는 물리적 컨트롤의 예다(그림 7-9). 물론 사용자가 직접 또는 물리적 또는 에이전트 입력을 통해 가상 컨트롤을 활성화하기 위해 물리적으로 뭔가를 해야 한다(그림 7-10).

물리적 컨트롤을 이미 사용할 수 있는 경우에도 가상 컨트롤을 보유해야 하는 이유는 많다. 예를 들어 익숙한 실제 컨트롤판을 가상 세계 내에 배치하려고 VR 애플리케이션을 디자인할 수 있다. 가상 컨트롤을 사용하는 또 다른 이유는 애플리케이션과 인터페이스로 접속하는 데 필요한 물리적 장치의 수를 줄

그림 7-10 'Simple VR Player' 애플리케이션에서 사용자는 슬라이더를 조작해 여기서 수행되는 감마색 조작과 같이 360개의 비디오가 표시되는 방식을 조정할 수 있다.

7장 | 가상 세계와의 상호작용 **637**

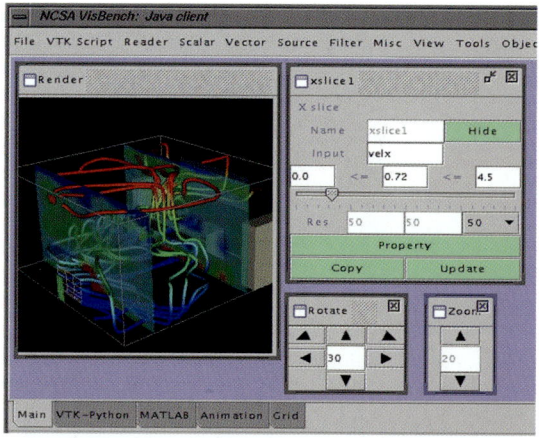

그림 7-11 가상 슬라이더, 버튼 및 노브는 많은 2D 그래픽 사용자 인터페이스에서 사용된다. (Image courtesy of Randy Heiland/NCSA)

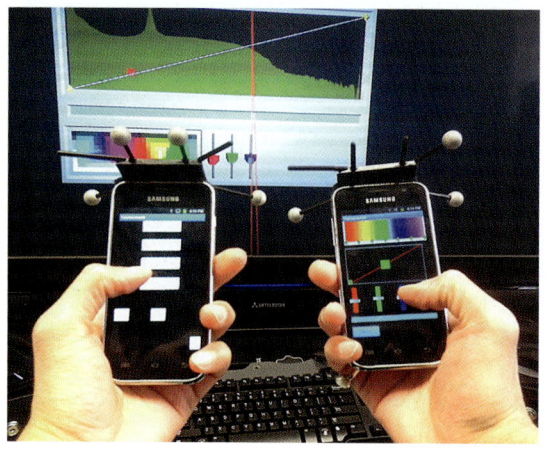

그림 7-12 트래킹형 핸드헬드 디바이스는 태블릿과 스마트폰을 포함할 수 있는데, 이때 가상 컨트롤이 사용자에게 상황에 맞는 입력 옵션을 반영할 수 있다. 여기서 왼쪽 폰은 어떤 비주얼리제이션 기능을 표시해야 하는지에 대한 토글을 제공하고, 오른쪽 폰은 색 변환 편집기를 제공해 비주얼리제이션을 조정한다. (Photograph courtesy Amy Banic)

이기 위한 것일 수 있다. 데스크톱에서 마우스(또는 트랙볼)가 이에 적합하다. 마우스는 2D 이동, 버튼들, 스크롤 입력도 있지만, 슬라이더를 이동하고, 다이얼을 회전하고, 버튼을 누르고, 텍스트를 강조 표시하는 데 사용할 수 있다. 모두 일반적인 PC 데스크톱에서의 가상 컨트롤이다(그림 7-11).

스마트폰이나 태블릿은 그 자체로 다양한 가상 컨트롤이 가능한 물리적 컨트롤러로 사용될 수 있다. 예를 들어 스마트폰은 가상 키보드, VCR 컨트롤, 가상 슬라이더 등을 제공할 수 있다. 그리고 모바일 장치의 가상 입력은 사용자가 VR 애플리케이션에서 무엇을 하고 있는지를 기반으로 상황에 맞는 입력을 제공하도록 조정할 수 있다. 물론 체험자가 스마트폰 디스플레이를 봐야 입력 가능한 경우가 대부분이겠지만, 이 기법은 일반적으로 증강현실[AR] 및 고정 VR 시스템과 가장 궁합이 잘 맞는다(그림 7-12).

다음에 나오는 아이템 선택 및 방향 선택 부분에 설명된 기법을 사용해 가상 컨트롤을 활성화할 수 있는 방법에 대해 설명하겠다. 컨트롤이 가상이기 때문에 그 외관은 전적으로 애플리케이션 디자이너의 재량에 달려 있다. 물리적 컨트롤과 달리 가상 컨트롤 자체의 가시성은 결정될 수 있다. 따라서 가상 컨트롤은 데스크톱 메타포에서 팝업 스타일 메뉴와 같이 버튼 누름 또는 기타 이벤트를 통해 구체적으로 불러올 때까지 숨겨질 수 있다. 가상 컨트롤 디스플레이의 다른 옵션은 비활성화된 경우 외관의 톤을 낮추거나(그레이 아웃gray out이라고 함) 활성 여부에 관계없이 계속 표시되도록 하는 것이다.

가상 컨트롤을 뒀을 때의 또 다른 결과는 가상 컨트롤과 상호작용할 수 있는 어떤 방법이 필요하다는 것이다. 종종 물리적 컨트롤 장치는 가상 세계 내에서 가상 컨트롤을 활성화하는 데 사용될 것이다. 이렇게 하면 입력 신호가 몇 개밖에 없는 물리적 장치가 수많은 가상 컨트롤로 인터페이스를 생성해 더 넓은 사용범위를 가질 수 있다. 일반적으로 데스크톱 마우스를 사용하는 방법이 이것이다. 마우스는 많은 가상 입력을 컨트롤하는 데 사용되는 물리적 장치다. 이러한 인터페이스를 구현할 때는 모든 가상 컨트롤에서 물리적 장치 상호작용을 일관되게 유지하는 것이 중요하다. 가상 컨트롤은 가상 세계의 나머지 부분과 함께 제공되기 때문에, 이들의 위치는 크게 달라질 수 있다. 가상 컨트롤은 세계 안, 손 안, 뷰 앞(헤드업), 디스플레이(일반적으로 정지된 디스플레이의 경우), 공극을 통해 그리고 패널 상에서 찾을 수 있다. 이 내용은 이 장 뒷부분의 '컨트롤 위치' 절에서 자세히 다룬다.

에이전트 컨트롤

에이전트 컨트롤은 사용자가 중간자를 통해 명령을 지정할 수 있도록 하는 컨트롤 장치다. 즉, 사용자는 요청된 조치를 수행할 '지능형' 에이전트와 직접 통신한다(그림 7-13). 에이전트는 개인 또는 컴퓨터 컨트롤 엔티티가 될 수 있다. 인간 에이전트는 물리적으로 몰입할 필요는 없지만 이 장에서 설명하는 조작 방법 중 하나를 통해 세계와 접촉할 것이다. 에이전트와의 통신은 음성(규범)이나 제스처의 형태를 취할 수 있다. 제스처

그림 7-13 여기서 사용자는 세계의 에이전트에 명령을 말함으로써 빛을 비춰준다. (Photograph by William Sherman)

통신은 누군가가 접근하기 위한 동작과 같은 간단한 몸짓 언어 명령이나 해군 세마포어 또는 미국 수화^{ASL}와 같은 보다 공식적인 언어일 수 있다. 에이전트 조정기는 파일럿 팀으로의 이동 명령이나 영화 감독에서 영화 제작진 및 배우로의 명령과 같은 실제 통신 프로토콜을 모방할 수 있다. MIT의 Officer of the Deck(이후, 몇몇 해군 훈련소에 배치된 VESUB 프로그램의 일부)에서, 훈련자는 잠수함 프로토콜을 복제해 그러한 조치를 수행하는 가상 조종팀을 지휘한다[Zeltzer et al. 1995].

현대의 스마트폰은 이제 애플의 '시리'나 마이크로소프트의 '코타나'와 같은 클라우드 기반의 음성 분석 도구를 통해 에이전트 컨트롤 기능을 제공한다. 이와 같은 도구는 VR 애플리케이션에서 컨트롤러로 작동하도록 인터페이스될 수 있다. 이것은 이러한 요원들이 현실 세계에서 봉사하는 것과 매우 비슷한 업무에 특히 유용할 수 있다. 예를 들어, 사람들은 가상 세계의 어떤 장소로 가는 길을 시리(혹은 시리 같은 것)에게 물어볼 수 있다. 그러나 VR에서는 시리 같은 도구가 다음 단계로 넘어가 실제로 체험자를 가고 싶은 곳으로 데려갈 수도 있다.

조작 특성

직접적, 물리적, 가상적, 또는 에이전트적 컨트롤 방법을 사용하든, 세계의 조작과 관련된 여러 가지 속성이 있다. 이러한 속성은 다음과 같다.

- 활성화 메커니즘
- 피드백
- 래칫^{Ratching}
- 제약조건
- 거리
- 포인터 빔 스코프
- 히스테레시스^{Hysteresis}
- 레퍼런스 프레임
- 이중 인터페이스

- 통제 위치
- 컨트롤 가시성
- 이동식(관제순서 및 게인)

이러한 속성 선택은 사용자가 가상 세계와 인터페이스하는 방식에 영향을 미친다. 종종 가상 현실 조작은 현실 세계에서의 비슷한 조작에 기초할 것이다. 그러나, 순수하게 가상적인 인터페이스가 있다(어떤 오브젝트를 손에 쥐는 것처럼 아주 먼 거리에서 조작하는 것과 같은). 현실 세계에서는 어떤 오브젝트와 어떻게 상호작용하는가가 그 오브젝트에 내재돼 있는 경우가 많지만, 가상 세계에서는 디자이너가 더 많은 자유를 갖게 되고 따라서 더 많은 책임을 지게 된다. 주어진 조작과 특정 청중에게 가장 잘 맞는 속성을 선택하는 것은 디자이너의 몫이다.

이어지는 부분에서는 사용 가능한 속성 옵션이 사용자 환경에 어떤 영향을 미치는지 중점적으로 다룬다. 이러한 속성은 가상 세계에서의 탐색뿐만 아니라 오브젝트의 조작에도 적용된다. 일부 특징들은 나중에 읽혀져서 그들의 내비게이션적인 측면에 대해 토론할 것이다.

활성화 메커니즘

상호작용을 트리거하는 것은 많은 조작에 필요하다. 어떤 대상을 단지 가리키기만 하는 것은 보통 불충분하다. 사용자는 이 특정한 오브젝트가 그들이 움직이고, 파괴하고, 페인트칠하는 것 등 원하는 것인지 확인할 필요가 있다. 트리거는 선택 작용에 통합될 수 있거나 선택과는 별개로 조치가 필요할 수 있다. 실제로, 어떻게 행동을 유발하는지에 대해서는 많은 선택들이 있다. 이용 가능한 몇 가지 중요한 선택사항은 다음과 같다.

- 통합 대 분리
- 순서(전/전/중)
- 기간(연속적 대 이산적)
- 시작(인스턴트 대 임계값)
- 범위(연락처 대 원격)

- 제스처
- 음성 발언(음성 입력)

활성화 기능을 선택 작동에 통합하는 것은 오브젝트를 만짐으로써 오브젝트를 파괴하는 것과 같은 작업을 즉시 그 오브젝트에 적용하는 작업에 의해 예시된다. 따라서 선택 방법과 활성화 방법은 하나와 같다. 대안은 마지막으로 터치한 오브젝트 또는 핸드 컨트롤러의 'X' 버튼을 누르는 것과 같은 일부 개별 하위 작업으로 터치된 각 오브젝트에 작업을 적용하는 것이다.

선택과 활성화 순서는 특정 상황에 가장 적합한 것이 될 수 있다. 예를 들어 가상 레이저 광선으로 세계의 오브젝트를 파괴하려면 사용자가 오브젝트를 가리킨 다음(아마도 표적 광선으로) 버튼을 눌러 레이저를 작동시키고 오브젝트를 파괴해야 할 수 있다. 또는 사용자는 레이저를 활성화한 다음 하나 이상의 오브젝트를 가리키면서 광선에 의해 교차될 때 각 오브젝트를 파괴할 수 있다.

활성화의 타임프레임은 순간적이거나 지속적인(잠금)일 수 있다. 즉, 이산형 또는 연속형일 수 있다. 레이저 블래스터 예에서, 레이저는 비활성화될 때까지 파괴적인 작동을 계속할 수도 있고, 버튼이 활성화될 때마다 순간적인 전멸 충동을 방출할 수도 있다. 또는 가상 세계를 여행할 때, 활성제가 해제될 때까지 이동이 연속적인 비행 작용이 될 수도 있고, 활성화하면 표시된 위치로 즉시 점프할 수도 있고, 또는 활성화가 목적지에 도달할 때까지 일련의 홉을 일으킬 수도 있다.

동작의 시작은 버튼을 누르는 것과 같은 순간적인 사건에서 발생하거나, 특정 임계값을 지나 밸류에이터(예: HTC Vive 핸드 컨트롤러의 트리거)를 이동하는 것과 같은 임계값을 극복해야 할 수 있다. 또는 접촉, 손 포인팅 또는 눈을 응시하는 오브젝트(퓨즈 버튼)에 거주하는 시간의 문턱이 될 수 있다.

활성화 범위는 직접 접촉 또는 원격으로 이뤄질 수 있다. 간단한 예로, 오브젝트를 제거할 때 직접 접촉의 경우 사용자가 핸드 컨트롤러로 오브젝트를 만지거나 발로 밟아 없앨 수 있다. 반면 멀리 있는 오브젝트는 광선(레이)을 쏘거나 이름을 부를 수 있다. 전투라 가정하면 근접 무기와 원거리 무기라 할 수 있다.

제스처는 행동을 유발하는 또 다른 메커니즘이다. 동작 제스처는 여러 가지 형태를 취할 수 있다. 4장에서 언급한 바와 같이 제스처는 특정 동작을 수행함으로써 가상 세계 버튼(부울) 입력과 상호작용하는 데 사용할 수 있다. 사용자가 손목을 비틀거나 머리를 90도로 기울이는 것은 두 개의 간단한 버튼이다. 엄지손가락을 두드리는 것(홀로렌즈 등)도 간단한 동작이다(그림 7-14). 좀 더 활기찬 몸짓이 팔을 펄럭이고 있는지도 모른다. 눈을 깜빡이는 것은 제스처로 간주될 수 있다. 하지만 아마도 과장/수상한 눈 깜빡임이 유용할 필요가 있을 것이다. 어떤 점에서 드웰 시작 지연은 장기간의 응시 또는 위의 레이저 예에서와 같이 광선이 임계 시간 동안 오브젝트를 교차할 때 제스처로 간주될 수 있다. 그러나 드웰 입력의 한 가지 문제는 활성화 사이트가 제한돼 있을 때 또는 사용자가 항상 어디를 보거나 가리키는지를 주의해야 할 때 가장 잘 작동한다는 것이다.

그림 7-14 간단한 엄지손가락(공기 탭) 제스처는 홀로렌즈에 버튼 입력을 생성한다.

음성발언(음성입력)은 가상 세계 내에서 행동을 촉발하는 한 가지 추가적인 방법이다. 개념적으로, 발성 발음은 제스처(go)로 간주될 수 있지만, 사용자에게는 별도의 입력 형태로 생각할 수 있다. 음성을 컨트롤 입력으로 사용하는 독특한 특징은 사용자가 명령을 제공하는 동안 완벽하게 정지할 수 있다는 것이다. 어떤 상황에서는 이 능력이 중요할 수도 있다.

피드백

VR(및 다른 컴퓨터) 인터페이스에서 사용자 상호작용으로부터의 피드백은 매우 중요하다. 사용자는 버튼이 눌리거나 조이스틱을 얼마나 눌렀는지를 느낄 수 있기 때문에 피드백을 생성하는 것은 일반적으로 물리적 장치에 대한 걱정을 덜 수 있다. 그러나 물리적 피드백이 없으면 직접적, 가상적 또는 에이전트 컨트롤이 활성화됐는지 여부를 감지하기가 어려울 수 있다. 이러한 어려움은 햅틱 디스플레이를 통해 응답을 제공하거나 촉각으로 대체하는 다른 피드백을 제공함으로써 완화될 수 있다. 이 감각 치환은 대개 삐 사운드나 섬광과 같은 청각 또는 시각 신호의 형태로 나타나 접촉이 이루어졌거나 이벤트가 발생했음을 나타낸다.

래칭

래칭^{Ratching}은 많은 작은 조작의 합계에서 더 큰 전체적인 효과를 내기 위해 입력을 반복하는 과정이다. 데스크톱 메타포에서 사용자는 마우스를 조금 움직이고, 대상을 집고, 원래 위치로 옮겨놓고, 계속해서 움직인다. 버튼을 누를 때만 발생하는 조작의 경우 버튼을 누르고, 마우스를 움직이고, 버튼을 릴리즈하고, 마우스를 원래 위치로 다시 이동하고, 이렇게 반복하면 래칭이 발생한다. 가상 현실 인터페이스에서 우리는 오브젝트를 잡고 회전하고, 놓아주고, 팔을 리셋하고, 더 많이 회전할 수 있다. 래칭은 분명히 어떤 행동을 활성화하고 비활성화하는 능력에 의존한다.

제약

VR에서의 여행과 오브젝트 조작을 위한 완전한 자유로운 이동은 체험자에게 많은 것을 할 수 있게 하지만, 그것은 대가가 따르며, 그 가격은 운영을 수행하는 데 있어 추가적인 어려움이다. 전체 6-DOF 이동의 매개변수 공간은 다른 컨트롤장치와 결합돼 사용자가 방향을 잃고 길을 잃기가 지나치게 쉽다. 그러므로 제한된 조작은 가상 세계에서 운영을 수행하는 데 도움이 될 수 있다. 제약조건은 업무 수행에 있어 사용자의 숙련도를 향상시킬 수 있으며, 이를 통해 경험 작성자는 자신이 전달하고자 하는 경험을 더욱 엄격하게 컨트롤할 수 있다.

내장된 오브젝트 및 이동 제약조건은 오브젝트의 위치 및 사용자가 이동할 수 있는 위치를 컨트롤하는 데 유용하다. 오브젝트나 사용자 이동은 특정 라인 또는 특정 평면에서 이동하거나 사전 설정 또는 사용자가 지정한 임의 축을 중심으로 회전하도록 제한될 수 있다. 다른 세 가지 이동 제한은 (1) 그리드에 스냅. 일정한 간격의 보이지 않는 축 집합인 그리드에만 오브젝트를 놓을 수 있다. (2) 서피스에 락. 특정 서피스에 오브젝트를 부착한 상태로 유지한다. (3) 서로에게 스냅. 두 오브젝트의 버텍스를 서로 스냅해서 정렬하는 방법으로 이동 및/또는 회전시킬 수 있다. 새로운 건물 디자인을 생성하기 위한 현대 건축 디자인 애플리케이션에서는 보통 벽이 수직으로 배치되도록 제약을 두지만 디자이너의 판단 하에 제약 조건을 해제해 벽을 비스듬하게 배치할 수 있다.

거리

거리의 속성은 체험자의 물리적 손이 닿지 않는 오브젝트를 조작할 수 있는지 여부에 영향을 미친다. 멀리 있는 오브젝트에 조작을 가할 수 있는지를 AAAD$^{\text{As Action At A Distance}}$라고 부르기도 한다[Mine 1995b]. AAAD 조작 시에는 사용자가 어떤 오브젝트를 가리키는지 판단하기 어렵기 때문에 피드백이 더 중요하다.

포인터 빔 스코프

포인터 인터페이스를 사용하는 조작 작업의 경우 포인터 맨 끝에 있는 빔의 모양이 확장되거나 가늘어지거나 평행하게 유지될 수 있다. 두 가지 일반적인 디자인은 레이저빔인데, 이것은 본질적으로 포인터에서 나오는 매우 얇고 곧은 선이며, 스포트라이트는 원추형 모양의 모양을 하고 있다. 스포트라이트는 빔의 넓은 끝 때문에 사용자가 좀 더 쉽게 먼 오브젝트를 선택할 수 있게 해준다. 먼 오브젝트는 디스플레이에서 차지하는 면적이 적고 더 좁은 빔으로 선택하기가 더 어렵다. 레이저빔 사용의 어려움이 증가했음에도 불구하고, 많은 애플리케이션들이 이 방법을 활용하는데, 이것은 구현이 훨씬 더 쉽기 때문이다.

포인터 빔의 범위는 빔의 길이에 의해 제한될 수 있다. 극단적으로 빔은 사용자가 볼 수 없을 정도로 먼 오브젝트들과 접촉할 수 있는 무한대일 수 있다. 또는 빔은 근처의 오브젝트에만 도달하는 고정된 범위를 가질 수 있다.

히스테레시스

히스테레시스는 액션을 하는 것과 취소하는 것 사이의 효과 차이를 말한다. 특정 시간이나 이동 시간 동안 오브젝트를 잡아 선택을 돕는 데 사용할 수 있다. 대상 오브젝트에서 포인터 빔이 약간 떨어진 후에도 후보를 선택할 수 있다. 이것은 체험자에게 행동을 촉발할 시간을 더 줌으로써 불안정한 손이나 불안정한 트래킹을 보상하는 데 도움이 된다.

레퍼런스 프레임

인적 요인 연구에서 레퍼런스 프레임은 '지도 정보가 제시되는 시점'[Wickens and Hollands 2000]이다. 지도 정보를 좀 더 일반적인 세계 표현으로 확장하기 위해 고려한다면, 우리는 더 보편적으로 레퍼런스 프레임이 하나의 세계(실제 또는 가상)가 제시되는 관점이라고 말할 수 있다. 4장에서는 FOR$^{Frame\ of\ Reference}$의 입력 장치에 대해 논의했다. 여기서는 FOR가 사용자 경험과 어떻게 관련되는지 논의한다.

레퍼런스 프레임은 지각적 관점, 조작, 여행의 세 가지 측면에서 가상 세계와의 관계에 영향을 미친다. 우리는 여행과 관련된 기준의 측면을 장 후반부에 저장하고 여기서 다른 방법에 대해 논의할 것이다.

레퍼런스 프레임 효과의 첫 번째에서 세계에 대한 우리의 지각은 그 세계에 대한 우리의 상대적 관계에 의해 영향을 받는다. 그 관계에 대한 우리의 해석은 우리의 움직임에 대응해 우리의 관점이 어떻게 변화하느냐에 영향을 받는다. 우리는 우리가 세계의 일부인 것처럼, 또는 우리가 바라볼 수 있는 모델인 것처럼 세계를 지각할 수 있다. 이것은 1장에서 논한 텔레프레젠스와 텔레커뮤니케이션의 차이로서, 모형비행기가 컨트롤되는 관점에 의해 예시된다. 여기서 언급했듯이, 이 두 가지 관점은 종종 자기중심(inside-out)과 외부중심(outside-in)의 레퍼런스 프레임으로 언급된다.

인간요소 분야에서 자기중심 및 외부중심이란 말은 세계가 개인적인 (1인칭) 관점(자기중심)에서 지각되는지 아니면 외부적 관점(외향적)에서 지각되는지 여부를 가리킨다. 자기중심적인 참조 틀에서, 우리의 관점은 우리가 공간을 통해 이동할 때 변한다. 대신에 우리가 세계를 안정된 관점에서 본다면, 우리는 외부중심 레퍼런스 프레임이 있다.

우리가 이 세계에서 어디에 있는가에 대한 우리의 지각은 레퍼런스 프레임에 따라 크게 다르다. 자기 중심적인 POV에서 우리는 우리 주위에 무엇이 있는지 둘러본다. 우리가 외부중심 디스플레이에서 어디에 있는지를 보려면, 디스플레이는 우리 자신을 나타내야 하고, 우리는 우리의 위치를 나타내는 세계관을 검색해야 한다. 레퍼런스 프레임을 문학적 관점과 연관지을 수도 있다. 1인칭 관점은 당연히 장기중심 레퍼런스 프레임이다. 2인칭 시점은 해당 세계에 자신을 표현하면서 외부 레퍼런스에서 세계를 보는 것과 같다. 3인칭 시점 역시 외부중심 POV지만 세계에서의 자신은 전혀 포함되지 않는다.

세계의 오브젝트를 조작하는 것 또한 오브젝트에 연결된 레퍼런스 프레임이나 조작에 의해 편견을 갖게 된다. 체험자가 선택된 오브젝트를 회전하는 행동을 하는 경우, 회전이 발생하는 것에 대한 참조가 있어야 한다. 수학에서, 그리고 따라서 컴퓨터 시뮬레이션에서, 우리는 좌표계를 이용해 어떤 루트 위치에서 오브젝트의 위치를 참조한다. 이것을 좌표계라고 한다. 모든 좌표 값이 0인 루트 위치를 원점이라고 한다. 컴퓨터 그래픽과 시뮬레이션에서 흔히 사용되는 좌표계는 3D 공간의 직교 축 3개로 구성된 데카르트 좌표계다. 위치는 각 축을 따라 3자리 숫자(x, y, z)의 정렬된 집합으로 거리로 설명된다. 대안은 원점으로부터의 거리와 각도로 위치를 참조하는 구형 좌표계를 사용하는 것이다. 세계와 세계의 모든 실체는 각각 그것에 부착된 그들 자신의 좌표계(따라서 레퍼런스 프레임)를 갖게 될 것이다. 따라서 체험자와 하나 이상의 오브젝트가 있는 모든 가상 세계는 최소한 세 개의 좌표계를 가지고 있다(각각 각 좌표, 구면 좌표 또는 기타 표준에 지정할 수 있다). 세계, 사용자, 각 오브젝트에 대해 하나씩이다. 실제로 사용자는 트래킹되는 몸의 각 부분에 대해 하나씩 여러 개의 좌표계를 가질 수 있다.

한 좌표계를 다른 좌표계로 변환하는 수학적 연산을 정의할 수 있다. 이러한 변환을 변화시킴으로써, 우리는 두 실체(또는 한 기업과 세계) 사이의 상대적 위치를 변화시킨다. 3대 변환은 이동, 회전, 스케일이다. 좌표축과 변형의 유형에 주어진 명칭은 세계의 좌표계(외시 중심)를 가리키는 것인지, 아니면 오브젝트의 좌표계(오브젝트 중심)를 가리키는 것인지, 아니면 '오브젝트 중심'이 체험자인 경우 자기 중심적인 것인지 여부에 따라 달라진다(예는 4장의 변환 이름 상자를 참조).

모든 조작은 좌표계로 표현돼야 한다. 사용자가 종축을 중심으로 손목을 회전시켜 오브젝트가 회전해야 하는 방법을 나타내는 경우, 오브젝트의 종축, 사용자의 손목 종축 또는 세계의 X축(경도)에 대해 변환을 수행했는지 여부에 따라 오브젝트가 최종적인 위치가 달라진다. 많은 연산은 운전 수행 방법에서 추론할 수 있는 명확한 좌표계 축을 가질 것이다. 앞의 예에서 사용자는 일반적으로 손목의 회전을 예상해서 손목 좌표계의 세로축에 근거해 오브젝트의 회전을 일으킨다. 우리는 특정 시스템에 대한 그러한 명백한 연결고리를 기준 축 canonical axis이라고 부른다. 기준 축은 주어진 상황에서 선호되는 레퍼런스 프레임이다. 직무에 따라 지도의 대칭축은 북향(외향)이거나 이동 방향(자기중심)으로 회전할 수 있다. 지도를 정렬하는 방법에 대한 선호도는 작업자 및/또는 사람에 따라 달라질 수 있다. 누군가는 경로를 계획할 때(예: 지도의 북쪽 방향) 그리고 다른 위치까지 운전할 때(예: 지도는 여행의 방향까지 회전) 한 가지 선택을 할 수 있다. 오브젝트나 자신을 가상 세계를 기준으로 이동시키는 것은 당신 또는 그것을 재배치(이동)시키거나 방향을 바꾸는(회전) 일일 수 있다. 어떤 형

그림 7-15 여기에서 사용자가 핸드헬드 컨트롤러의 트리거를 사용해 세계를 잡고 회전한다. (Photograph by William Sherman)

태의 재배치든 자기중심 또는 외부중심으로 이뤄질 수 있다.

동일한 작업은 입력 스타일에 따라 다른 음의 축을 가질 수 있다. 예를 들어 LidarViewer 애플리케이션[Kreylos et al. 2008b]에서 사용자는 두 가지 방법으로 데이터를 회전할 수 있다. 그들은 오브젝트를 잡고 핸드헬드 완드 돌릴 수도 있고, 완드에 있는 조이스틱을 사용할 수도 있다(그림 7-15). 오브젝트와 완드를 잡으면 사용자는 오브젝트를 완드의 좌표계에 정신적으로 연결하게 되고, 따라서 사용자는 완드의 회전으로 오브젝트가 회전할 것으로 예상한다. 그러나 조이스틱을 사용할 때 사용자는 오브젝트와 정신적 연결이 없으므로 x 방향으로 밀면 오브젝트의 기원에 대한 회전이 발생할 수 있으며 자연스러워 보인다. 그러나 사용자는 회전은 오브젝트의 X축이 아닌 수평선에 직교할 것으로 예상할 수 있다.

변환 이름

4장의 '레퍼런스 프레임' 절에서 3개의 직교 축과 관련된 명칭이 수행되는 변환의 유형과 월드 또는 오브젝트 좌표에 지정되는지 여부에 따라 다르다는 것을 상기한다(그림 4-5). 번역의 축은 신체가 공간을 통해 이동할 수 있는 기본 방향을 말한다. 기준 프레임에 따라 축에 다른 명칭이 부여된다(그림 7-16). 3D 공간에서 자기 중심축은 세로, 가로, 세로 방향이다. 세로 축을 따라 움직이는 것은 1차 이동 방향에 의해 정의된 전방/후방 라인을 따라 움직인다. 횡방향은 좌우로 움직이며, 수직 운동은 위아래로 움직인다. 대부분의 자기 중심적인 형태의 이동은 세계를 통한 종방향 이동을 가능하게 하는 반면, 소수의 사람들만이 직접 수평 및 수직 이동을 제공한다. 외부 중심적인 참조 틀에서는 x, y, z 데카르트 좌표가 자주 사용된다. 구면 좌표에서 우리는 이것을 경도, 위도, 고도 축이라고도 언급할 수 있는데, 이것은 잠재적으로 자기중심적인 용어와 혼동될 수 있다.(참고 컴퓨터 그래픽에서는 문맥에 따라 Y축 또는 Z축이 수직으로 간주되는지의 관례가 바뀐다. 많은 시스템이 Y-up 규약을 사용하지만 비행 시뮬레이터와 같은 시각적 시뮬레이션 애플리케이션은 Z-up 규약을 사용한다.)

회전축은 회전 이동 방향을 지정한다. 자기 중심적인 용어로, 이러한 회전은 피치, 롤, 요(Yaw)라고 한다. 피치는 오브젝트의 가로축에 대해 회전하고, 세로축, 그리고 수직축인 요를 회전한다. 문맥에 따라 이들 용어 각각은 특정 상황에서 흔히 사용되는 동의어를 가지고 있다. 예를 들어, 매우 가파른 피치를 가진 비행기는 세로축(롤)을 중심으로 회전할 수 있지만, 지상으로부터 뷰어는 이것을 세계의 경도에 대한 회전이 아니라 수직축에 대한 회전으로 볼 것이다. 자기중심적으로, 요는 또한 방향 또는 방위라고 언급될 수 있다. 피치는 고도라고 할 수 있다. 그리고 롤을 트위스트라고 부르기도 한다. X, Y, Z 데카르트 축에 대해 중심적으로 정의된 회전에 사용되는 용어는 X 축에 대한 회전을 더 일관되게(더 단순하게) 또는 X 회전이라고 하며 Y와 Z에도 유사하다.

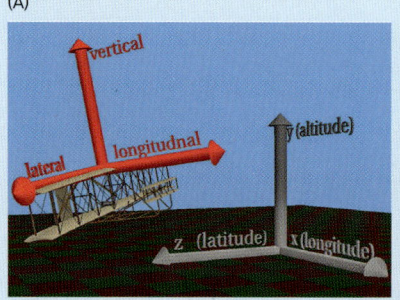
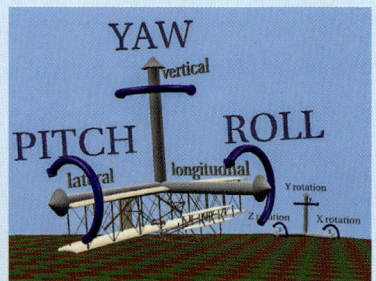
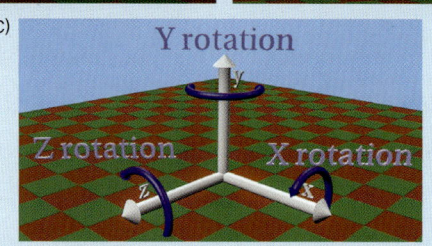

그림 7-16 데카르트 좌표계의 세 축의 명명 규칙은 외향 대 자기중심 관계가 참조되고 있는지에 따라 달라진다. (A) X, Y, Z 축의 공통 글로벌 명명 규칙은 경도(longitude), 위도(latitude), 고도(altitude)로 나타낸다. 단, 비행기와 같은 특정 오브젝트의 좌표계를 참조할 때는 세로(longitudinal), 가로(lateral), 수직(vertical)라는 용어가 자주 사용된다. (B) 자기 중심 회전에는 요(yaw), 피치(pitch), 롤(roll)이라는 용어를 사용한다. (C) 글로벌(외부 중심) 회전을 언급할 때는 회전할 데카르테스 축을 가리키는 간단한 명명 규칙을 사용한다.

바이매뉴얼 인터페이스

바이매뉴얼 인터페이스는 다중 파라미터의 동시 사양을 허용한다. 양손을 사용하여 오브젝트의 두 측면을 잡는 것은 두 손 사이의 중심점인 회전의 축을 의미한다. 따라서 사용자는 즉시 오브젝트를 회전할 수 있다. 단일 인터페이스에서 그러한 작동은 회전 축의 사양, 회전 모드로 변경, 그리고 나서 회전량을 제공하는 세 단계가 필요하다.

초기 VR 애플리케이션에서는 양손 인터페이스의 사용이 흔하지 않았다. 그것들은 오늘날 더 흔하다. 역사적으로 데스크톱 컴퓨터 인터페이스는 화면의 오브젝트를 컨트롤하기 위해 단일 포인터 장치(즉, 마우스나 트랙볼) 이상을 사용하는 경우가 드물었기 때문에 애플리케이션 디자이너는 두 손 인터페이스 개발에 익숙하지 않았다. 경제적으로는, 두 번째 첨부를 트래킹하는 추가 비용이 종종 다듬을 수 있는 엑스트라로 여겨졌다. 다행히도, 현대의 VR 시스템은 Razer Hydra, Xbox Kinect, Vive 및 Oculus VR 핸드헬드 컨트롤러와 같은 입력 장치를 통해 이러한 추세를 거스르고 있다.

많은 2개의 인터페이스들은 작업에서 두 손이 다른 목적으로 사용된다는 점에서 비대칭적이다. 비대칭 2개의 조작은 의도한 체험자가 실제 경험을 통해 개발한 습관을 이용하도록 디자인될 수 있다. Guiard [1987]에 의해 보고된 바와 같이, 대부분의 수동 작업에서 오프핸드는 일반적으로 먼저 작용해서 레퍼런스 프레임을 정의한다. 즉, 일차 손이 작동할 맥락을 설정한다. 오프핸드는 일차 손이 공간적으로 그리고 일시적으로 더 미세한 조작을 수행할 수 있는 대략적인 영역을 제공한다.

CAE Healthcare LapVR 복강경 시뮬레이터는 VR의 비대칭 이중 조작 구현을 보여주는 양손 봉합 절차를 시뮬레이션한다(그림 5-79 및 5.80 참조). ScienceSpace 물리 교육 애플리케이션 제품군에서 사용되는 메뉴 시스템은 메뉴 입력에 대해 비대칭 2만개 방법을 사용한다(그림 7-17). 메뉴는 사용자가 손을 떼면 보유되며, 아이템은 1차 손으로 선택한다. 2개의 인터페이스가 표준 데스크탑 스타일의 인터페이스가 된 것보다 더 자주 사용 가능한 인터페이스가 아니다. 많은 작업은 자연스럽게 양손 인터페이스로 조정될 때, 각 작업은 한 손으로 순차적으로 수행할 수 있는 하위 작업으로 분할돼야 한다. 이러한 단일 인터페이스에서, 각 구성요소 작업이 완료되는 시기를 나타내는 추가

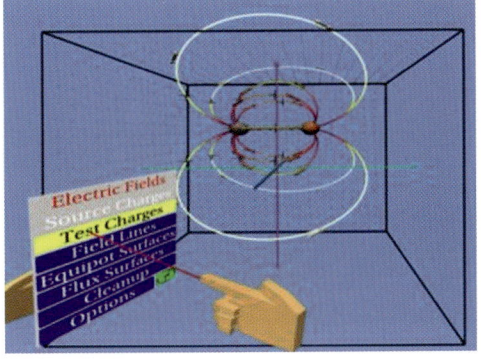

그림 7-17 휴스턴 대학교와 조지 메이슨 대학교가 개발한 Science Space 애플리케이션 스위트의 구성요소인 MaxwellWorld에서 사용자의 손은 아바타로 표현된다. 이 이미지에서 사용자는 오른손(기본)으로 손짓을 해서 선택하면서 왼쪽(꺼짐) 손에 메뉴를 들고 있다. 학생 사용자는 전자기장의 파라미터를 변경하고 결과 비주얼리제이션과 상호작용할 수 있다. (Application courtesy of Bowen Loftin)

하위 작업이 필요하다[Mapes and Moshell 1995].

켄 힌클리$^{Ken\ Hinkley}$[1996]는 자신의 연구를 통해 사용자에게 인지 부담을 주는 대신 잘 디자인된 2개의 만능 인터페이스를 통해 사용자가 작업에 대해 더 나은 이유를 제시하고 인터페이스에 덜 집중할 수 있도록 하는 복합 작업을 수행할 수 있다고 보고한다. 힌클리는 적절히 디자인된 2개의 인터페이스의 5가지 이점을 제공한다.

1. 추상적인 3D 위치를 기준으로 한 손을 움직이는 것에 비해 한 손을 다른 손으로 움직이는 것에 비해 상대적으로 더 적은 노력이 필요하다.
2. 피로는 손을 서로 마주 대거나 실제 오브젝트에 대고 쉬게 함으로써 줄일 수 있다.
3. 실세계 상호작용에서 나오는 기존의 두 손 기술들은 컴퓨터 상호작용으로 옮겨질 수 있다.
4. 복잡한 공간적 관계는 한 번의 양손 상호작용으로 표현될 수 있다.
5. 사용자는 선호되지 않는 손으로 동적 레퍼런스 프레임을 제공하고 다른 손으로 그 프레임 내에서 작업함으로써 작업의 솔루션 공간을 더 쉽게 탐색할 수 있다.

일반적으로 두 가지 작업을 동시에 수행하는 데 두 손의 입력을 사용할 것이 아니라 단일 작업의 하위 컴포넌트를 함께 수행하는 데 사용해야 한다. 손을 협력해서 작업함으로써 불필요한 모드 변경 작업을 수행할 필요가 없다(그림 7-18).

그림 7-18 이 가상 테이프 측정은 VR 환경에서 실제 상호작용의 기존 두 손 기술을 사용한 예다.

컨트롤 위치

조작 조정기의 위치는 체험자가 조정기를 언제 어떻게 사용할 수 있는지에 영향을 미친다. 일부 조정기는 경험의 특정 단계에서만 나타나거나 가상 세계의 특정 영역에 위치할 수 있는 반면, 다른 조정기는 언제든지 사용할 수 있거나 최소한 언제 어디서나 사용할 수 있도록 소환될 수 있다. 네 가지 조작 클래스 중에서 가상 컨트롤과 에이전트는 가상 세계의 어느 위치에서나 렌더링될 수 있기 때문에 가장 큰 위도를 가진다.

직접 및 물리적 조작 양식의 배치는 성격상 상당히 분명한 위치로 제한된다. 오브젝트의 직접 컨트롤은 정의상 오브젝트 자체에 위치해야 한다. 경험 디자이너는 어떤 유형의 접촉이 필요한지 선택할 수 있지만, 반드시 대상과 연관돼야 한다. 물리적 컨트롤장치는 프로프나 플랫폼과 같은 일부 물리적 입력장치에 탑재된다. 디자이너는 입력이 부착된 프로프나 플랫폼의 유형을 선택할 수 있고 프로프가 많은 것을 선택할 수 있으므로 사용자는 특정 작업에 필요한 물리적 도구를 선택할 수 있다. 가상 세계 내에서 가상 컨트롤과 에이전트가 배치되는 방식도 경험 디자이너가 선택할 수 있다. 이러한 입력 유형은 제작자에게 훨씬 더 많은 유연성을 제공하지만, 선택은 부분적으로 사용되는 VR 디스플레이 유형에 따라 달라진다. 일부 형태의 에이전시 조정기는 체험자가 보이지 않는 에이전시에게만 말할 것을 요구하면서 구체화된다. 그러나 일부 표현에 구현된 에이전트는 반드시 어떤 위치에 배치돼야 한다. 따라서 6장에서의 검증에 관한 논의에 따라, 세계에 구현된 인터페이스 오브젝트(에이전트 포함)도 다이제트 UI 요소라고 말할 수 있다.

가상 컨트롤장치와 임베디드 에이전트가 위치할 수 있는 장소는 (1) 세계에서, (2) 손에, (3) 시야(또는 머리 위로), (4) 사용자를 둘러싼 곳(4), 디스플레이에 (5) (구멍을 통해), (7) 인터페이스 오브젝트 패널 등 7곳이다. 이러한 각각의 기법은 거의 모든 유형의 가상 컨트롤 및 내장형 에이전트에 적용될 수 있지만, 일부 조합은 다른 조합보다 더 이치에 맞는다(가상 조향 휠은 대개 이 세계에 있을 것이다). 메뉴는 이러한 위치의 대부분에서 작동할 수 있는 가상 컨트롤의 예로서, 각각의 방법을 예시하기 위해 메뉴를 사용할 것이다.

그림 7-19 "보이지 않는 외교"에서 사용자에게 두 가지 다이제트 가상 입력, 즉 기어오르기 또는 그렇지 않은 상황이 발생할 수 있는지 선택하는 토글 스위치(왼쪽)와 다음 임무를 시작하기 위한 푸시 버튼(오른쪽)이 제시된다.

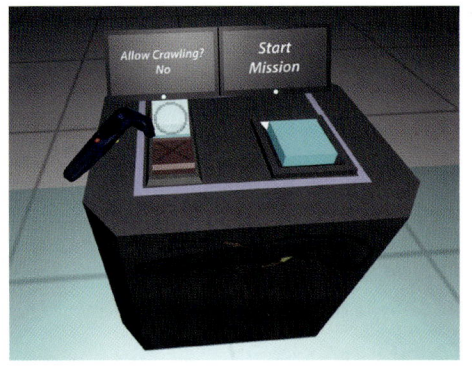

〈컨트롤〉-inworld in the world (일반적으로 inworld로 단축됨) 배치 옵션은 컨트롤을 세계의 정상적인 오브젝트로 취급한다. 일부 조정기는 엘리베이터를 활성화하거나 기능을 활성화하거나 이벤트를 시작하는 데 사용되는 가상 버튼과 같이 가상 세계에서 자연스러운 위치를 가진다(그림 7-19 참조). 가상 세계에서 고정된 위치에 놓일 뿐만 아니라 메뉴나 다른 컨트롤장치를 체험자가 휴대하거나 필요할 때 체험자가 호출할 수 있다. 에이전시은 또한 소환될 수 있고, 체험자를 따라다니거나, 체험자가 상호작용하러 갈 수 있는 위치에 배치될 수 있다.

그림 7-20 일반적으로 이 이미지에 표시된 메뉴는 보이지 않는다. 필요한 경우 휴대용 완드의 버튼을 눌러 메뉴를 호출할 수 있다. 메뉴는 다른 위치로 호출되거나 메뉴 선택이 이루어질 때까지 이 위치에 유지된다. (Application courtesy of Caterpillar Inc.)

버튼이나 제스처를 사용해 조정기를 사용자의 손에 불러올 수 있다. 그래서 어딘가에 남겨두었을지도 모를 메뉴는 즉시 사용자에게 전달될 수 있다. 체험자가 메뉴가 계속 가까이에 있도록 summon 트리거를 지속적으로 활성화하는 경우, 이 방법은 대신 수중에 있는 메뉴로 작동한다. 또는 사용자가 필요할 때만 메뉴를 호출하고, 다른 경우에는 남겨둔 채, 메뉴는 활성 상태에서만 볼 수 있는 메뉴처럼 기능한다(사용자가 메뉴를 종료한 곳에서 다시 체크인하지 않는 한).

소환 가능한 가상 컨트롤 위치 지정 방식의 예로는 Caterfillar Inc.의 Virtual

Prototyping System이 있다(그림 7-20). 캐터필러 애플리케이션에서는 메뉴가 일반적으로 숨겨져 있고 활성화되면 사용자 앞에 있는 위치로 팝업된다. 사용자가 선택하지 않고 이동할 경우, 메뉴는 선택사항이 발효될 때까지(그리고 사라질 때까지), 또는 사용자가 다시 호출할 때까지 고정된 위치에 유지된다. 대부분의 경우 사용자에게 컨트롤장치를 소환하는 것은 가상 세계에 컨트롤장치를 배치하는 비지식적인 수단이다. 다른 컨트롤장치들은 죽을 수도 있고 당연히 세계의 엘리베이터의 버튼과 같은 세계의 일부일 수도 있다.

〈컨트롤〉– 인핸드control in-hand (control placement)는 일반적으로 다시 인핸드in-hand로 줄여서 조정기를 체험자의 손의 위치에 연결시켜 다른 한 손은 자유롭게 조정기를 조작할 수 있게 한다. 예를 들어, 메뉴의 경우, 자유 손은 원하는 선택을 가리키는데 사용된다. 전형적으로 이 2개의 인터페이스가 배치돼 메뉴가 오프핸드에 있는 반면, 1차 손은 선택을 위해 사용된다.

인핸드 방식의 인터페이스는 현대 세계에서 매우 친숙한 형태의 상호작용이다. 이 스타일은 텔레비전 리모컨이나 스마트폰을 들고 다른 손으로 버튼을 누르는 것과 같다. 이 인터페이스 모드의 한 가지 이점은 메뉴나 다른 가상 컨트롤이 눈에 잘 띄지 않지만 쉽게 액세스할 수 있다는 것이다. 체험자는 조정기가 어디에 있는지 알고 있으며 단순히 손을 움직이거나 고개를 돌려 조정기를 보는 것만으로 조정기를 시야로 가져오거나 시야에서 제거할 수 있다. 핸드 인터페이스에서 메뉴를 사용하는 애플리케이션은 사이언스 스페이스ScienceSpace(그림 7-16 참조)와 구글 틸트 브러쉬Google Tilt Brush(그림 7-21)이다. 사이언스 스페이스에서 메뉴는 항

그림 7-21 구글의 '틸트 브러시' 애플리케이션은 팔레트를 한 손에, 다른 한 손에는 붓을 놓음으로써 양면 인터페이스를 잘 활용하는데, 붓은 그림의 스타일뿐만 아니라 페인트의 색상을 선택할 수 있다.

그림 7-22 가상 현실 고릴라 전시 애플리케이션에서 가상 컨트롤 장치는 가상 패널에 위치한다. 그런 다음 패널은 사용자가 손에 들고 있는 트래킹된 물리적 태블릿 입력 장치의 위치에 매핑된다. (Images courtesy of Doug Bowman)

상 사용자의 오프핸드에 부착되며, 주 손은 가능한 선택을 가리키고 있다. 물리적 버튼을 누르면 원하는 선택이 트리거된다.

2개의 수동 조정기의 단점은 두 손을 모두 트래킹해서 실행해야 한다는 것이다. 한 가지 기법은 손을 트래킹하고 자연스러운 인터페이스를 제공하기 위해 펜과 태블릿이라는 두 가지 코롤 프로프를 사용하는 것이다 [Angus and Sowizral 1995]. 이 메타포는 프로프의 결합 사용을 통해 수동적인 촉각적 피드백을 제공함으로써 직접적 상호작용을 강화한다. 펜이 태블릿에 닿으면 사용자는 그 접촉을 느낄 수 있다. 애틀랜타 동물원을 위해 만들어진 Virtual Reality Gorilla Exhibit 경험(Bits의 Gorilla)은 실제 태블릿에 매핑된 패널에 배치된 가상 컨트롤과 펜과 태블릿이 어떻게 조합될 수 있는지를 보여준다(그림 7-22 [Bowman et al. 1999]).

헤드업 〈컨트롤〉 실제 헤드업 디스플레이HUD는 일반적으로 헬멧이나 윈드실드에 있는 사용자와 세계 사이에 위치한 화면에 데이터를 반영한다. HUD는 체험자의 머리모션과 연계된 정보표시를 만들어 디스플레이가 항상 앞에 나타나도록(즉, 시야 앞에) 가상으로 구현할 수 있다. Daqri Smart Helmet은 일부 AR 애플리케이션에서 시선 방향 메뉴 시스템을 사용한다(그림 7-23). Daqri Smart Helmet을 통해 증강현실AR 경험 내에서 사용자는 작업 시 장비 작동 방법에 대한 안내 지침을 볼 수 있다.

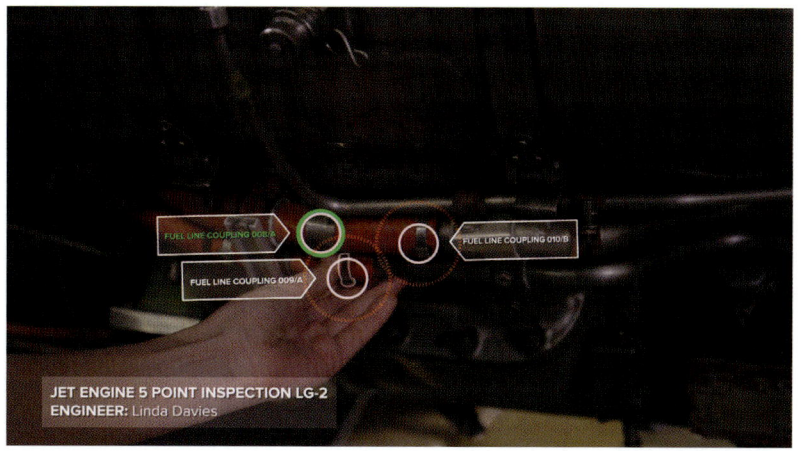

그림 7-23 시선 방향 사용자 인터페이스를 관심 대상 위에 중첩해 핸즈프리 선택을 할 수 있다. (Image courtesy of Daqri)

〈컨트롤〉-앳핸드 항상 '손에' 있는 사용자를 따르는 조정기는, 유저와 함께 남아 있다는 점에서 '손에'나 '헤드업'과 비슷하지만, 특별히 유저 몸의 일부에 얽매이지 않는다는 점에서 구별할 수 있다. 예를 들면 사용자를 수행할 작업 메뉴로 둘러싸는 도구 벨트가 있을 수 있다. 또는 새로운 화살표를 검색하기 위해 사용자의 어깨 너머로 가상 떨림을 사용할 수 있다.

사용자 주위에는 각각 별도의 인터페이스 동작이 있는 많은 '존'이 있을 수 있다. 우리는 이것을 '신체 참조 구역' 또는 사용자가 나투 - 집결이 [터크 2001]에 도달할 수 있는 수용상자라고 생각할 수 있다.

〈컨트롤〉-온디스플레이 가상 컨트롤장치의 디스플레이 배치는 고정 VR 디스플레이에서 흔히 구현되는 기법이다. 헤드 기반 또는 수동 기반 디스플레이의 경우, 이 기법은 단순히 HUD가 된다. 응답 워크벤치 또는 CAVE와 같은 고정 디스플레이에서는 메뉴 또는 기타 가상 컨트롤장치를 가상 세계에 배치해 해당 위치가 물리적 디스플레이 화면의 위치와 정확하게 일치하도록 고정될 수 있다.

이 방법에서 발생하는 두 가지 이점은 사용자가 메뉴의 위치를 항상 알고 있고 가상 컨트롤 오브젝트의 뎁스 단서가 물리적 디스플레이와 일치한다는 것이다. 구체적으로는 스테레오시티와 숙소의 뎁스 단서가 일치하는데, 이는 사용자의 눈이 화면에 집중될 것이며, 입체 단서는 컨트롤 표현이 같은 거리에

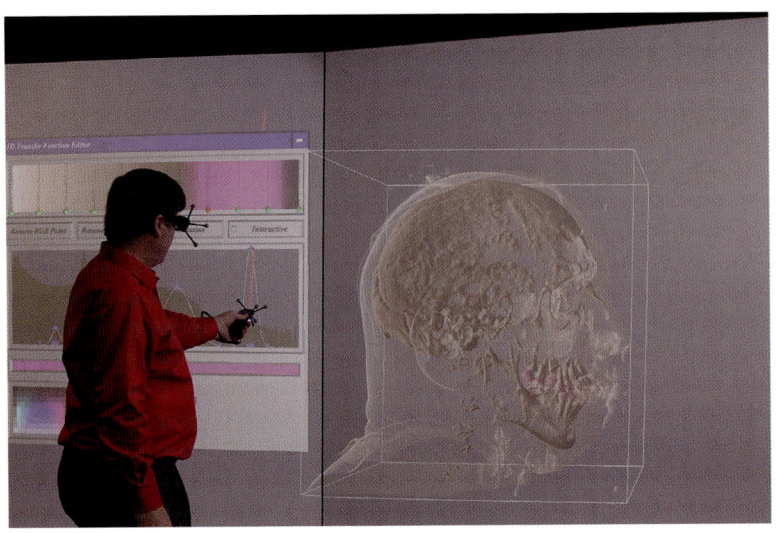

그림 7-24 투영된 VR 시스템에서 조정기를 배치하기에 편리한 위치는 디스플레이 표면 중 하나와 일치한다. 이것은 사용자가 알고 기억하는 장소라는 두 가지 이점을 가지고 있으며, 트래킹 및 트래킹되지 않은 체험자가 입체 안경 없이도 메뉴를 명확하게 볼 수 있다는 관점에서 렌더링된다. (Photograph by Danielle Sherman)

있음을 나타내기 때문이다. 눈에 부담이 적고 구역질이 날 가능성이 적기 때문에 이러한 깊이 있는 단서가 일치하는 것이 유리하다. 이것은 특히 자주 사용하는 조정기에 유용하다.

(많은 비주얼리제이션 도구가 만들어진) 캘리포니아 대학교 데이비스의 Vrui VR 통합 라이브러리를 통해 메뉴와 컨트롤판을 CAVE 스타일 디스플레이의 표면에 직접 배치할 수 있다(그림 7-24)[Kreylos 2008a]. 이 경험을 만든 크레이로스는 메뉴, 다이얼, 버튼 등 2D 데스크톱 메타포에서 많은 기능을 차용하는 컨트롤 툴킷을 구현했다. 메뉴는 풀다운 스타일로, 메뉴 이름이 있는 상자를 클릭하면 활성화된다. 메뉴는 또한 분리 기능을 가지고 있어 가시적인 상태를 유지하고 CAVE 서피스의 어느 곳에나 배치될 수 있다. 화면 상의 메뉴와 기타 가상 컨트롤장치를 이동할 수 있는 기능을 통해 사용자는 즉시 필요에 따라 메뉴를 배치할 수 있다.

〈컨트롤〉-공극을 통해 공극 상호작용을 통해 체험자의 눈과 손가락 사이의 정렬을 사용하는 상호작용이 있다. 공극이라는 용어는 카메라의 조리개, 렌즈의 유효 구경을 가리킨다. VR에서 손가락은 체험자가 오브젝트를 볼 수 있는 구멍을 정의하는 한 가지 방법이다.

공극를 통해 수행되는 조작은 사용자의 세계관에 기초한다. 따라서, 공극에 기초한 오브젝트 이동 방법은 손가락으로 캡슐화된 오브젝트를 본 다음 손가락을 다른 위치로 이동해서 오브젝트를 손가락 관개 내에서 이동시킴으로써 수행될 것이다[Pierce et al. 1997]. 손가락 지정 공극를 사용하려면 손가락을 확실히 트래킹해야 한다. 또한 사용자의 눈 중 하나만 공극를 통해 보는 데 관여하기 때문에 사용자는 자신이 선호하는 눈을 지정해야 한다.

〈컨트롤〉-온패널(패널에서 줄임) 옵션은 가상 컨트롤장치나 컨트롤 그룹을 2D 컴퓨터 화면의 GUI 패널처럼 취급한다. 패널은 많은 가상 컨트롤을 함께 그룹화할 수 있는 곳이다. 이러한 가상 컨트롤 GUI 패널을 독립 실행형 가상 컨트롤을 배치할 수 있는 거의 모든 장소에 배치할 수 있다. 즉, 실제, 직접, 디스플레이 및 헤드업.

3D 세계 내에 위치한 2D 패널에 컨트롤장치를 배치하는 것은 6-DOF 물리적 입력 장치로 가상 컨트롤장치를 조작하는 어려움을 개선하기 위해 자주 이루어진다. 사용자는 제한적이고 상충되는 뎁스 단서를 경험할 때 오브젝트의 정확한 3D 위치를 결정하는 것이 어렵다고 생각하는 경우가 많다. 조금 더 효과

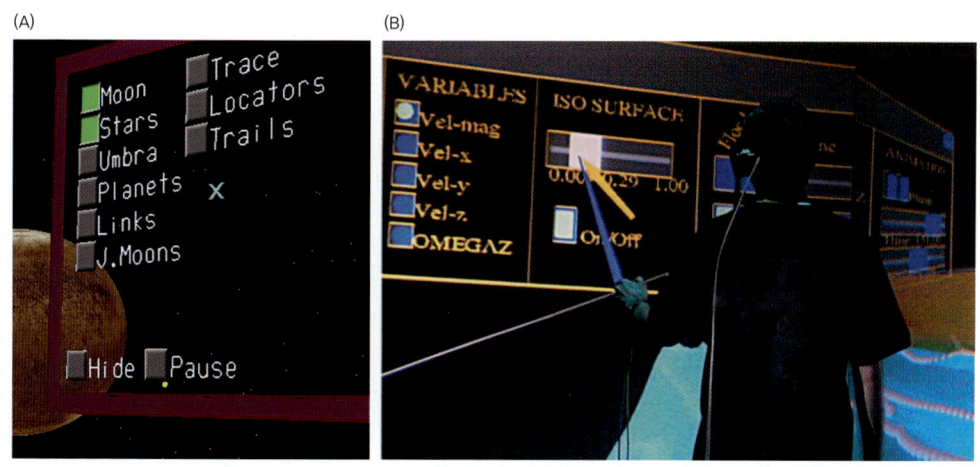

그림 7-25 (A) 완전한 6-DOF 컨트롤의 복잡성을 피하기 위해 태양계 모델러와 같은 애플리케이션은 가상 세계에서 천체를 선택하기 위해 2D 패널의 메뉴를 이용한다. 사용자는 자신의 보기에서 패널의 X 커서를 이동시키기 위해 데스크톱 마우스를 이동할 수 있다. (B) 다상 유체 흐름 애플리케이션에서 사용자는 패널에 6-DOF 완드를 가리키고 노란색 화살표는 2D 패널과 막대 아바타의 교차점을 나타낸다. 화살표 커서는 데스크톱 인터페이스의 마우스와 마찬가지로 메뉴 평면의 2차원에서만 이동하도록 제한된다.
(Applications courtesy of Martin Stytz and Eric Loth, respectively; photographs by William Sherman)

적인 방법 하나를 사용하면 사용자는 단순히 오브젝트를 가리키기만 하면 상호작용할 수 있다. 그러나 3D 포인팅 벡터가 2D 컨트롤과 교차하는 지점을 판단하기는 어려울 수 있다.

가상 컨트롤판의 주요 장점은 2D 커서의 구현이다. 2D 화면의 커서처럼 사용자는 커서가 원하는 컨트롤 옵션에 있을 때 명확히 본다. 2D 커서를 이동하기 위한 두 가지 옵션이 있다. 첫 번째 방법은 2D 밸류에이터를 사용해 이동시키는 것이다(예: 데스크톱 마우스, 조이스틱 또는 펜과 태블릿). 두 번째 커서 컨트롤 옵션은 기존의 6-DOF VR 입력 장치를 사용하여 핸드헬드 또는 핸드헬드 장치를 트래킹해 패널을 가리키고 있다. 물론, 이것은 6-DOF 컨트롤의 어려움 중 일부를 상기시킨다.

라이트 패터슨 공군 기지의 공군 기술 연구소에서 개발된 태양계 모델러(그림 7-25)는 사용자가 다수의 컨트롤장치를 활성화할 수 있도록 패널을 사용했다 [Styz et al. 1997]. 가상 차량 내에 네 개의 컨트롤판이 배치됐다. 사용자 이전에 공간에 떠 있는 것처럼 보이는 2D 패널은 실제로 HUD(차량의 일부, 윈드실드에 정보를 표시)를 실제적으로 나타낸 것이었다. 태양계 모델러는 책상에 앉아서 HMD를 착용하는 사용자를 위해 디자인됐다. 그래서 디자이너들은 표준 컴퓨터 마우스를 사용했다. 언제든지 하나의 패널만 활성화된 상태에서 활성 패널을 시선에 의해 선택했다. 사용자가 고개를 돌리자 앞에 있는 패널이 활성화됐고, 마우스의 움직임은 보기에서 메뉴의 커서에 매핑됐다.

컨트롤 가시성

가상 현실 경험은 가상 세계에서 대표되는 많은 통제력을 가질 수 있다. 이 모든 것을 동시에 보여주는 것은 지나치게 어수선해서 효율적인 세계 탐험을 방해할 수 있다. 일반적인 해결책은 필요하거나 요청될 때까지 많은 것을 숨기는 것이다. 가상 컨트롤장치나 에이전트가 숨겨져 있을 때, 애플리케이션 디자이너는 그들을 소환할 수 있는 쉬운 방법을 만들어야 한다. 이것은 음성 명령, 손가락 제스처를 통해서 또는 그것과 관련된 특정한 컨트롤이 있는 오브젝트를 가리키면서 이루어질 수 있다.

보이지 않는 가상 컨트롤장치로 주의를 기울이는 또 다른 고려사항은 조정기가 존재한다는 증거가 없으면 체험자는 그 존재를 잊거나 전혀 알지 못할 수 있으며, 이를 사용할 수 없을 경우 사용하지 않게 된다는 것이다. 예를 들어, 보행시선 애플리케이션이 사용자를 다른 위치로 직접 전송하는 숨겨진 컨트롤장치를 가지고 있는 경우, 체험자는 보이지 않는 포털이 어디에 있는지 잊어버리고 그것을 통해 발생할 때까지 공간을 헤매지 않을 수 없다. 이 경험이 탐사와 시험 메모리 용량 중 하나가 아닌 한, 조정기가 존재하는 위치를 나타내는 어떤 형태의 마커가 있어야 한다.

직접 및 물리적 컨트롤은 일반적으로 복잡한 문제를 야기하지 않는다. 물리적 조정기는 자주 손에 쥐어져 시야에서 벗어날 수 있다. 직접 조정기는 현실 세계를 가장한 방식으로 작동하는 경향이 있기 때문에 시각적인 표현조차 거의 없다. 그러므로 직접 컨트롤에 대한 주요 가시성 문제(그리고 또한 실제 아바타가 없는 에이전트 컨트롤에 대한 문제)는 체험자가 자신의 존재를 지각하지 못하는 잠재적 문제다.

이동 공식(컨트롤 순서 및 게인)

공간을 통한 움직임은 단순한 공식으로 시간의 함수라고 설명할 수 있다. 표현식의 일반적인 형태는 변위, 속도, 가속, 임펄스 및 기타 입력 매개변수에 대한 용어를 가지고 있다. 각 입력은 곱셈 인수로 더 설명할 수 있다.

각 용어의 곱셈 계수(계수)는 해당 용어의 출력에 대한 입력 비율, 즉 이득으로 생각할 수 있다. 공식의 각 항에 대한 이득에 시간의 지수화를 곱한다. 지수의 이 순서(전원)는 움직임을 변위(순서 0), 속도(첫 번째 순서), 가속도(두 번째 순서) 등을 갖는 것으로 정의하는 것이다. 이 값을 이동의 컨트롤 순서라고 한다(그림 7-26).

VR 애플리케이션에서 일반적인 이동 컨트롤 식에서 1을 제외한 모든 항에 대한 계수는 0이 돼 속도와 같은 시간(컨트롤 순서)의 1개만 남는다. 따라서 예를 들어 사용자가 속도를 컨트롤하는 경우, 변위와 가속도에 대한 게인 계수가 0이며, 이 계수는 0으로 유지된다.

그림 7-26 사용자 이동을 오브젝트 이동 또는 다른 컨트롤 순서 및 게인 이동에 매핑할 수 있다. (A) 5가 되는 제로 순서 컨트롤은 사용자의 손 움직임에서 큐브까지의 선형 매핑을 제공한다. 확대된 손 아바타는 이득의 값을 나타낸다. (B) 사용자가 조이스틱의 작은 움직임을 실린더의 속도(첫 번째 순서)에 매핑해 날아다닐 수 있도록 한다. 선택한 오브젝트는 와이어프레임 구체 인클로저에 의해 강조 표시된다.

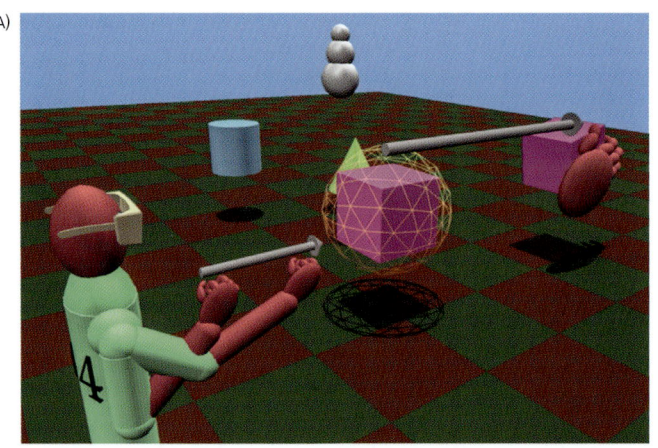

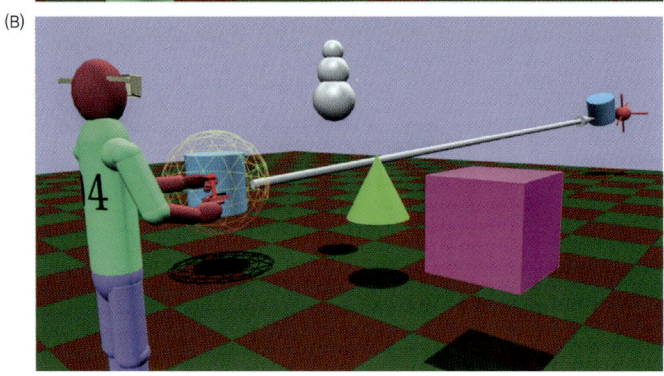

$$loc_{new} = gain_{velocity} \times time^1 + loc_{old}$$

이동 공식은 오브젝트 이동 및 이동 컨트롤에 모두 적용된다. 그러나 조작 유형(이동 또는 오브젝트 이동)은 컨트롤 순서가 0이 아닌 이득을 가질 것이라는 기본 기대를 지시한다. 오브젝트의 위치 재설정에 대해서는 일반적으로 직접 변위(영점 조정기)를 가정한다. 여행 조작의 경우, 체험자가 이동 속도를 조절할 수 있도록 1차적(속도) 컨트롤장치를 자주 사용한다.

1차 주문보다 높은 통제 주문은 거의 사용되지 않는다. 이는 연구자들이 인간이 가속을 직접 컨트롤하는 컨트롤시스템(즉, 입력기기의 지속적인 편향은 일정한 가속을 발생시킨다)이 매우 불안정하고 사용자 친화적이지 않다는 것을 발견했기 때문에, 그러한 컨트롤시스템은 피해야 한다[Wickens and Hollands 2000]. 방향을 컨트롤하는 수단으로서 우주 캡슐의 추력력에 대한 이산적인 컨트롤이 이러한 유형의 가속 컨트롤의 예다.

선택

가상 세계에서 컨트롤이 위치하거나 어떤 조작 방법을 선택하든 애플리케이션 내에서 원하는 오브젝트나 옵션을 선택할 수 있는 방법이 있어야 한다. 두 가지 선택 범주는 방향(예: 지시)을 선택하거나 항목을 선택하는 것이다. 이 두 범주는 원하는 선택(예: 메뉴, 지도, 세계)에서 (방향 선택)을 가리켜 항목 선택이 수행되는 경우와 같이 결합될 수 있다. 세 번째 선택 방법은 숫자 또는 알파벳 값의 직접 입력을 통한 것이다.

방향 선택

방향 선택은 항목 선택 방법(오브젝트 또는 장소)과 이동 통제의 방향 표시 방법(다음 주요 절인 '내비게이션')으로 유용하다. 아이템은 손이 닿는 곳에 있는지 없는지를 선택할 수 있다. 방향을 선택하는 일곱 가지 방법은 다음과 같다.

1. 포인터로 방향 지시
2. 시선으로 방향 지시
3. 레티클로 방향 지시
4. 토르소로 방향 지시
5. 디바이스로 방향 지시
6. 좌표로 방향 지시
7. 랜드마크로 방향 지시

대부분의 오리엔테이션 지향 조종은 즉시 주어진(모멘터리) 방향을 사용한다. 그러나 활성화 트리거가 지속되는 비행과 같은 지속적인 작동의 경우 사용자는 작동 기간 동안 계속해서 방향을 미세 조정할 수 있다.

포인터 방향 선택

포인팅에 의한 선택은 방향을 나타내기 위해 어떤 형태의 손 자세나 제스처를 사용한다. 이는 손 위치를 직접 트래킹하거나 사용자가 가리키는 방법을 표시하도록 디자인된 받침대를 사용해서 수행할 수 있다. 이동의 경우 사용자는 이동하고자 하는 방향을 가리키고 별도의 컨트롤장치를 사용해 이동 속도(또는 정지 시기)를 나타낼 수 있다. 목록에서 선택하는 경우, 사용자가 버튼을 누르거나 선택으로 표시할 수 있도록 포인터가 방향을 향하도록 강조 표시될 수 있다. 포인터 방향 빔의 가시적 표시기는 스코프에 포함되는 영역을 표시하는 데 귀중한 도움이 된다.

시선 방향 선택

그림 7-27 시선 방향 선택은 사용자가 보고 있는 방향을 선택 기준으로 사용한다. 이 예에서 체험자는 자신이 선택하고자 하는 대상을 볼 뿐이다. 그런 다음 버튼 누르기와 같은 일부 이산 트리거 또는 음성 명령에 의해 작동된다.

게이즈에 의한 선택은 체험자의 시각적 주의에 따라 달라지며, 사용자가 보고 있는 방향을 이용한다(그림 7-27). 현재 대부분의 가상 현실 시스템은 아직 눈의 실제 움직임을 트래킹하지 못하고 있다. 결과적으로, 대부분의 시선 기반 포인터의 경우, 실제로 고려되는 것은 코가 가리키는 방향이다. 가상 현실VR 시스템에서 실제 아이 트래킹은 더욱 보편화됨에 따라, 코의 방향과 진짜 시선 방향 선택 사이를 명확하게 해야 할 것이다. 많은 스마트폰-VR 디스플레이는 코 중심의 시선 지향 선택을 사용하며, 입력 기회가 제한돼 있어 트리거 옵션을 활성화 메커니즘(퓨즈 버튼)으로 사용할 수 있다는 점에 유의하라.

레티클 방향 선택

레티클에 의한 선택(그 중 십자선이 일반적인 예)은 포인터 지향 및 시선 지향 선택 스타일의 조합을 사용해 생성된다(그림 7-28). 머리와 손으로 컨트롤되는 포인터 사이의 벡터는 포인터를 통해 관심 방향으로 체험자 눈 중 하나에서 보이지 않는 선택 빔을 생성한다[Mine 1995a].

역선택은 초심자가 손으로 방향을 조절할 수 있고, 커서나 뷰의 십자선을 통해 방향을 컨트롤할 수 있기 때문에 흔히 숙달하기 쉬운 기법이다. 단, 손과 머리가 모두 점유돼 있기 때문에, 이 방향

그림 7-28 레티클 유도 선택에는 라이플 스코프를 통해 오브젝트를 선택하는 비유를 사용한다. 이 그림에서 체험자는 손가락 끝을 '크로스헤어'로 사용한다. 컴퓨터는 (이 경우) 오른쪽 눈이 선호된다는 것을 알아야 한다. 선택된 오브젝트는 화살에 의한 최초의 '히트'일 뿐이다. 또한 화살표는 체험자가 실제로 볼 수 없다는 점에 유의하라.

선택 방법을 사용하는 것은 보다 진보된 사용자들에 의해 번거로운 일이 될 수 있다. 앞에서 논의한 공극 조작에 대한 오브젝트를 선택하는 방법은 본질적으로 리티클 방식의 선택이다. 그 경우, 시경은 손가락 끝이나 받침대 끝보다는 엄지와 집게손가락 사이에서 행해진다.

토르소 방향 선택

토르소에 의한 선택은 이동 방향을 표시하기 위해 선호되는 옵션이 될 수 있다(그림 7-29). 2장의 '시간 및 공간의 언어 요소' 절에서 언급했 듯이, 〈Placeholder〉 VR 경험의 디자이너들은 몸통 방향을 사용하는 것이 여행 방향을 선택하는 더 자연스러운 방법이라고 느꼈다. 그들은 이 방법이 "사람들에게 그들의 목을 돌려준다"고 느꼈다[Laurel et al. 1994]. 그러나 체험자의 몸통

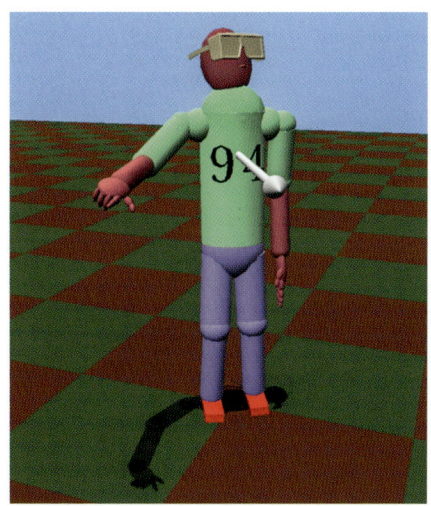

그림 7-29 이 도표에서 체험자가 이동할 방향은 보는 방식이나 가리키는 방향이 아니라 몸통 방향에 따라 결정된다. 방향을 선택하기 위해 몸통을 사용하려면 머리, 손 및 기타 적용 특정 구성 요소 외에 몸통을 트래킹해야 한다.

모니터링과 관련된 추가 트래킹 하드 제품 요구 사항 때문에 VR 경험에는 자주 사용되지 않는다. 몸통을 트래킹하더라도 몸통 방향 선택을 항목 선택 수단

으로 사용하는 것은 말이 안 된다.

때로는 몸통 위치가 신체의 나머지 부분과 결합돼 활성화 제스처 올인원뿐만 아니라 방향을 제공하는 전신 자세를 고안할 수도 있다. 예를 들어, 몸통을 양손의 위치와 결합한 펜구플라이^{PenguFly} 기법[von Kapri et al. 2011]을 상기하고, 손이 '날아다니는 자세'에 있을 때, 몸통과 두 손 삼각형이 비행 매개변수를 제공한다(그림 4-52).

밸류에이터 방향 선택

밸류에이터에 의한 선택을 통해 사용자는 조이스틱(2-DOF 밸류에이터)이나 스페이스볼(6-DOF 밸류에이터)과 같은 복수의 밸류에이터를 사용해 방향을 표시할 수 있다. 밸류에이터가 사용자의 신체(흔히 손)와 관련해 특정 방향으로 유지된다고 가정할 수 있기 때문에 손 방향은 실제 공간에서 밸류에이터의 방향을 결정하는 데 사용할 수 있다. 그런 다음 사용자는 밸류에이터를 조작하여 컨트롤 위치와 관련된 방향을 표시할 수 있다. 선택되는 '빔'은 광선의 근원과 방향을 나타낼 수 있다.

체험자가 방향을 선택하기 위해 조이스틱(또는 마우스까지)을 사용할 수 있는 몇 가지 방법이 있다(그림 7-30). 한 가지 방법은 원하는 방향이 어느 평면에

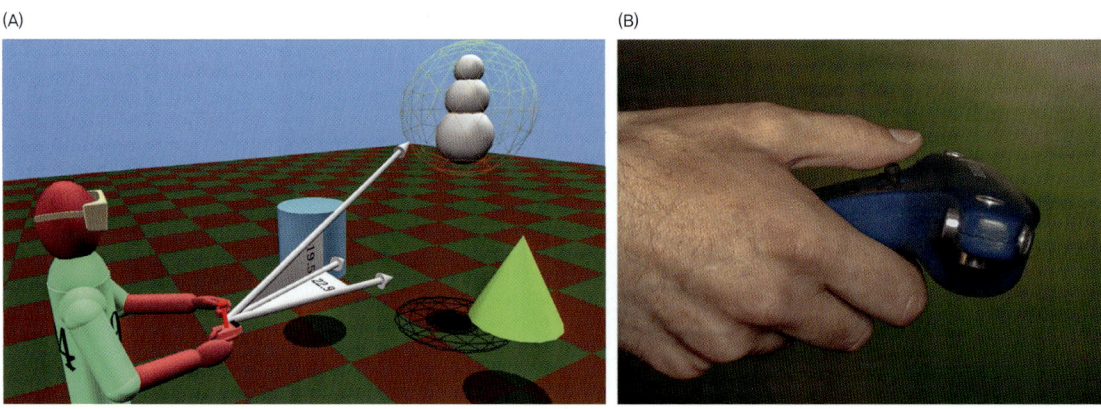

그림 7-30 (A) 여기에서 체험자는 간단한 2-DOF 조이스틱 장치를 사용해 자신의 몸에 상대적인 방향을 선택한다. 두 개의 자유도는 방위각(여기서 22.9도)과 고도(19.5도)에 매핑된다. 이 예에서는 조이스틱 자체의 위치가 트래킹되지 않으므로 사용자가 선택하도록 조준할 수 없다. (B) 6-DOF 트래킹 프로프에 장착된 2-DOF 조이스틱(및 일부 버튼)의 조합을 통해 몇 가지 흥미로운 인터페이스 기법을 구현할 수 있다. (Photograph by Danielle Sherman).

그림 7-31 원하는 방향을 나타내는 좌표를 말함으로써 방향을 선택하는 데 사용할 수 있다. 이 경우 하루의 시간을 기준으로 하는 원형 좌표계를 사용한다. 좌표계는 사용자가 회전할 때 월드와 정렬 상태를 유지하거나 회전할 수 있다.

있어야 하는지, 기준 방향 및 방향 벡터의 원점을 가정하는 것이다. 방향은 원점에서 2-DOF 조이스틱 또는 마우스로 표시한 위치를 통과하는 선에 의해 결정된다. 또 다른 방법은 2개의 DOF를 원점에서 원하는 위치와 각도를 구분하는 높이와 방위각 값으로 사용하는 것이다. 방향은 높이(예: 수평선 위 45도)와 위치로부터 방위각 회전을 주어 지정할 수 있다. 예를 들어 북쪽을 향할 경우 동쪽은 90도, 남쪽은 180도를 지정한다. 단일 평면 또는 표면 지형(매니폴드)으로 방향을 제한하는 경험의 경우 방향타 또는 기타 조향 장치와 같은 1-DOF 입력 장치로 충분하다.

모든 경우에, 기준 시스템은 반드시 결정돼야 한다. 기준 벡터는 북쪽과 같은 절대 방향일 수도 있고, 왼쪽과 같이 몸통이 향하는 방향에 상대적일 수도 있다. 원하는 이동 방향을 표시하기 위해 상대적 입력을 사용하고 사용자가 일정 값을 계속 입력하면 기준(사용자)도 회전하기 때문에 계속 회전한다. 그러므로 자동으로 중심부로 되돌아가는 장치가 없다면, 입력 값은 단지 어디까지 회전할 것인가와 반대로 특정한 회전율을 생성하는 효과를 갖는다. 때때로 HTC Vive 컨트롤러 또는 CAVE와 관련된 완드 표시와 마찬가지로 2-DOF 장치는 6-DOF 트래킹 장치에 장착된다(그림 7-30B 참조). 6-DOF 트래킹과 2-DOF 장치의 정보는 효과적인 인터페이스로 사용할 수 있다.

좌표 방향 선택

사용자가 숫자 좌표(예: 음성으로)를 지정하는 수단이 있는 경우 방위각과 표고 값을 제공해 일부 기준 프레임에 대한 방향을 지정할 수 있다(그림 7-31). 고도가 문제가 아닌 경우(예: 지상 차량을 컨트롤할 때), 방위각이 적절하다. 예를 들어, 사용자는 차량을 해당 방향으로 회전시키기 위해 '북쪽'이라고 말할 수 있다.

랜드마크 방향 선택

환경에서 오브젝트를 지정하는 수단(예: 음성 또는 메뉴)을 고려할 때 체험자는 어떤 랜드마크 또는 오브젝트를 향한 방향을 나타낼 수 있다. 예를 들어 "조슈아 나무 쪽으로 이동하라."

항목 선택

그림 7-32 신체 상호작용(제안)을 이용해서 우리가 관심 있는 항목(이동, 폐기, 식사 등)을 선택할 수 있는 의사소통을 할 수 있다. 여기 어떤 아이템이 포인팅 동작으로 선택돼 있다. (Photograph by William Sherman)

개별 항목이나 항목 집합을 선택하는 것은 종종 조작을 전달하는 편리한 방법이다(그림 7-32). 아이템 선택 이용은 일반적으로 모든 목적의 VR 애플리케이션에 적용 가능하지만, 특정 애플리케이션의 요구에 맞게 커스터마이징할 수 있다. 한 가지 측면에서, 항목 선택 방법은 기본적으로 열거된 목록에서 항목을 선택하는 방법이지만, 이것이 반드시 명백하지는 않을 수도 있고, 가상 세계의 모든 오브젝트를 포함할 수도 있다. 따라서 선택 가능한 항목의 목록은 오브젝트 자체, 해당 항목의 상징적 표현 또는 위치로 표시될 수 있다. 후자는 특히 점프가 이동하는 데 유용하다.

특정 VR 애플리케이션에 유용한 항목을 선택하는 일반적인 방법은 7가지 입니다.

1. **접촉 선택**: 아바타는 오브젝트와 접촉한다.
2. **포인터** Point-to-select: 포인터는 선택한 오브젝트를 나타낸다.
3. **3D 커서 선택**: 3D 커서가 선택한 오브젝트를 표시한다.
4. **공극 선택**: 두 손가락 사이의 공간이 공극을 만들고 그 안에 나타나는 오브젝트를 선택한다.
5. **메뉴 선택**: 선택을 위한 항목 목록이 제시된다.
6. **미니월드 선택**: 지도와 같이 세계를 축소 표현해서 접촉 선택 항목 선택
7. **이름 선택**: 음성 인식 소프트웨어를 통해 사용자가 선택한 항목의 이름을 지정할 수 있다.

선택은 활성화 메커니즘에 근거해 즉시 결정될 수도 있고, 또는 선정이 오브젝트의 크기와 방향 벡터의 움직임에 의해 영향을 받는 정교한 알고리즘을 사용할 수도 있다. 예를 들어 스티드Steed는 포인터의 허술한 움직임을 허용하는 알고리즘을 제안한다. 특히 고정하기 매우 어려운 먼 오브젝트 및/또는 작은 오브젝트의 경우, 포인터가 대상을 놓치기도 하지만, 일반적인 근처에 유지된다면, 알고리즘은 동작이 항목에 고정돼 있는 것으로 해석한다[Steed 2016]. 어떤 의미에서는 이게 이력hysteresis의 일종이다.

선택 작업은 단일 오브젝트로 제한되지 않을 수 있다. 애플리케이션은 RidarViewer 애플리케이션[Kreylos et al. 2008b](그림 7-33)에서 벽의 위치

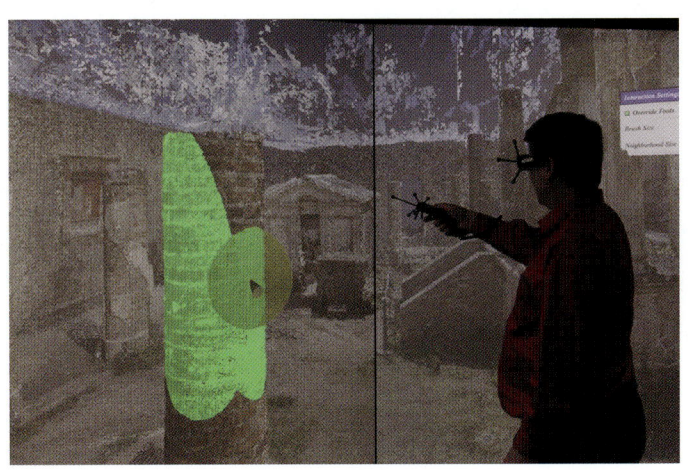

그림 7-33 LidarViewer VR 도구에서 점 구름은 보고 통과할 수 있을 뿐만 아니라 그림 형태의 접촉대 선택 인터페이스를 통해 점의 그룹을 (녹색으로) 선택할 수 있다. 그런 다음 선택을 분석해 수학적 특성을 결정할 수 있다. (Photograph by Danielle Sherman)

를 결정하기 위해 리다르 점의 집합과 같은 수학적 분석을 수행하기 위해 여러 오브젝트를 사용할 수 있다. 물론 여러 오브젝트를 선택할 수 있는 능력이 주어졌을 때 무심코 표시한 일부의 선택을 취소해야 할 수도 있으므로 선택 대 선택을 표시하기 위해 토글 또는 다른 입력이 필요할 수 있다. 이 두 가지 작업을 함께 사용해 특정 오브젝트 모음을 구체화할 수 있다.

접촉 선택

접촉에 의한 선택은 아바타의 일부를 오브젝트와 가상 접촉하는 체험자에 의해 수행된다(그림 7-34). 접촉 자체가 자동으로 동작을 활성화하거나 사용자가 별도로 활성화를 트리거할 필요가 있을 수 있다. 자동 활성화는 특정 신체 부위(예: 손가락 끝)와 접촉하거나 아바타 본체의 어떤 부분(예: 머리)에서 발생할 수 있다. 사용자는 오브젝트의 속성을 변경하거나, 오브젝트를 이동하거나, 사용 가능한 모든 유형의 조작을 수행할 수 있다.

접촉 선택의 한 가지 긍정적인 특징은 사용자 환경으로 유도하는 데 도움이 된다는 것이다. 그것은 그들이 상호작용을 하기 위해 그들의 몸을 사용하도록 만든다.

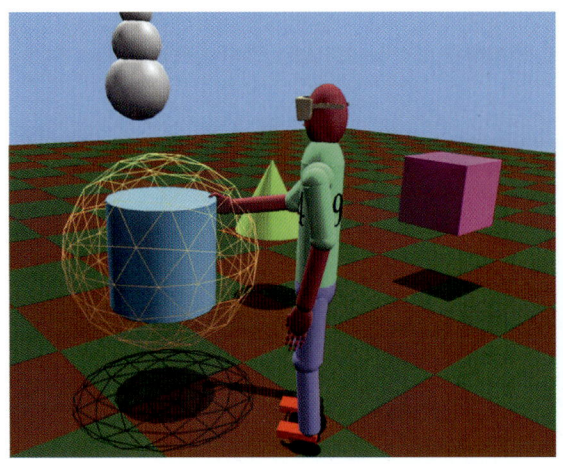

그림 7-34 접촉 선택 방법은 사용자가 오브젝트를 사실상 터치해 자신의 선택으로 표시하도록 하며, 이는 체험자의 아바타로 여기서 보는 바와 같이 이루어진다. 이 선택 방법의 한 가지 문제는 체험자가 접근할 수 없는 오브젝트를 선택하는 것이 어렵거나 불가능할 수 있다는 것이다. 거꾸로, 비록 어떤 경우에는 선택을 확고히 하는 것이 바람직할 수도 있지만, 선택이 이루어졌음을 나타내는 별도의 조치가 필요하지 않다.

오브젝트 접촉 피드백은 시각적 하이라이트, 청각 신호 또는 운동학적 저항의 많은 형태로 나타날 수 있다. 시각적 피드백과 청각적 피드백의 조합은 촉각적 피드백을 대체하기 위해 종종 사용된다.

〈Placeholder〉에서는 음성 메시지를 음성홀더라고 하는 지정된 오브젝트에 저장할 수 있다. 체험자의 아바타가 대상과 접촉할 때 음성 보유자가 활성화된다. 〈Placeholder〉 환경의 지역 간 이동과 사용자의 아바타 및 페르소나 변경도 특수하게 표시된 오브젝트를 만짐으로써 영향을 받는다.

포인터로 선택

포인팅에 의한 선택은 이미 설명한 방향 선택기를 사용해서 직접 포인팅(예: 받침으로 가리키거나 사용자의 시선을 통해 포인팅)을 통해 세계의 특정 오브젝트를 선택한다. 다시 말하지만, 세계 그 자체는 선택 팔레트가 될 수 있다. 선택 빔이 항목과 교차하기 때문에 체험자가 현재 선택 후보 항목인 항목을 알 수 있도록 어떤 형태의 피드백이 필요하다. 이 피드백은 종종 상자 안의 오브젝트를 둘러싸거나 색과 같은 그것의 특성 중 하나를 변경함으로써 시각적으로 제시된다. 전형적으로, 체험자가 후보자를 그들의 선택으로 지정하기 위해 트리거 행동을 수행해야 한다.

NICE 교육 애플리케이션은 체험자가 정원 식물을 주우거나 구름이나 태양을 잡아 새 위치로 끌 수 있도록 하는 기법을 선택하는데 이 점을 사용한다. 전위는 그림 7-34A의 와이어프레임에 표시된 선택 하이라이트 구와 유사하게 오브젝트를 둘러싼 반투명 노란색 구에 의해 표시된다.

3D 커서 선택

3D 커서별 선택은 마우스 또는 트랙볼을 사용해 2D 표면에서 항목을 선택하는 3D 등가물이다(그림 7-35). 바탕 화면 메타포에서 마우스, 트랙볼 또는 다른 장치를 사용해서 커서를 화면 주위로 이동시킨다. 활성화는 보통 버튼을 눌러 이루어진다. 3D 환경에서는 커서를 공간의 모든 차원을 통해 이동할 수 있다. 정품 인증은 단순히 연락을 취함으로써 발생하거나, 사용자 활성화 트리거를 통해서만 발생할 수 있다.

 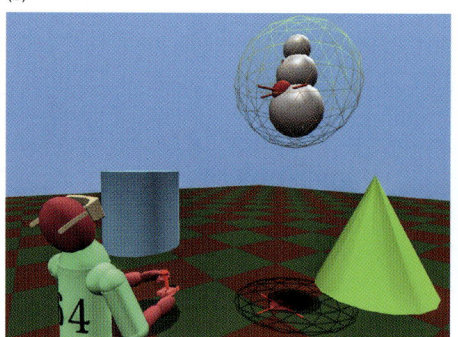 

그림 7-35 일부 VR 애플리케이션은 마우스 커서와 비슷한 3D 커서를 사용해 선택을 한다. (A) 여기서 구형 드론은 (B)에서 원하는 오브젝트와 접촉할 때까지 조이스틱을 통해 사용자가 조종간을 통해 비행한다. (C) 보일러메이커 애플리케이션은 보일러 내에서 인젝터의 인터랙티브 배치와 비주얼리제이션을 가능하게 한다. 사용자는 막대기로 원뿔형 오브젝트를 이동하고 버튼을 눌러 인젝터를 선택한다. 콘은 실제 실제 보일러에서 인젝터 배치가 가능한 경우에만 이동하도록 제한된다. (BoilerMaker application courtesy of Nalco Fuel Tech and Argonne National Lab)

때때로 3D 커서는 3D 커서 선택 또는 접촉 선택을 위한 지점과 같은 효과적으로 3D 커서 선택 작업을 렌더링하는 일부 이동 제약을 가질 수 있다. 3D 커서가 핸드헬드 장치와의 특정 거리로 제한되는 경우, 조작은 접촉 선택과 유사하다(사용자의 범위가 확장된 경우는 제외). 만약 3D 커서가 가장 가까운 오브젝트의 표면에 구속된다면, 그 연산은 기술을 선택하기 위해 포인트로 줄어든다.

크럼스^{Crums} 과학 비주얼리제이션 애플리케이션(동료 웹 사이트 참조)은 데이터 공간에서 도구 또는 빵 크럼을 잡거나 이동하기 위해 3D 커서 선택 방법을 사용한다[Brady et al. 1995]. 물리적 완드로부터 나오는 가상 포인터의 끝은 3D 커서다. Nalco Fuel Tech BoilerMaker 애플리케이션에서 포인터 방향 드론이 보일러의 외벽 내부를 가로질러 움직이면서 접촉하는 모든 인젝터 노즐을 강조한다. 원하는 노즐이 강조 표시되면 사용자가 버튼을 눌러 선택한다.

그림 7-36 셸게임즈의 〈I Expect You To Die〉 게임에서는, 체험자가 개발자가 '텔레키네시스'라고 부르는 기법을 사용해, 오브젝트를 불러 들여 자신에게 온다. 이것은 핸드 컨트롤러에서 트리거를 잡고 터치패드를 스윙함으로써 구현된다. 이 기법은 당신과 원하는 오브젝트 사이에 장애물이 있을 때에도 사용할 수 있다는 점에 유의해야 한다. (Image courtesy of Jesse Schell).

흔히 3D 커서는 휴대용 장치에 직접 부착되지만, 그럴 필요는 없다. 사용자가 물리적 범위 이상으로 커서를 확장할 수 있는 한 가지 기법은 이반 푸피리브와 그의 동료들이 설명한 바둑법이다[1996]. 고고$^{Go-go}$ 기법은 몸 가까이에 있을 때 커서를 손(또는 휴대용 받침대)에 매핑한다. 팔을 뻗으면 커서 드론(예의 손 아바타)이 기하급수적으로 움직인다. 사용자는 사용자와 선택 대상 사이에 다른 항목이 있는 경우에도 멀리서 선택할 수 있다(그림 7-36).

공극 선택

공극 선택 기법은 사용자가 손을 사용해 오브젝트를 지각할 수 있도록 한다(그림 7-37). 오브젝트는 엄지손가락과 집게손가락 사이에 육안으로 고정시켜 지정할 수 있다. 꼬집는 동작은 선택 트리거일 수도 있고 음성이나 다른 방법으로 선택할 수도 있다. 일단 오브젝트를 선택하면, 앞의 조작 절에서 설명한 손가락 제스처를 사용해 계속 조작할 수 있다. 2인칭 VR 디스플레이에서도 흔히 볼 수 있는 기술인데, 트래킹 카메라의 실제 구멍을 통해 캡처되는 비디오 이미지를 컴퓨터 비전 기법으로 처리해 수행 중인 제스처를 결정한다.

공극 선택을 위해서는 VR 시스템이 사용자가 선택하고 있는 오브젝트를 결정할 수 있어야 한다. 사용자가 공극을 통해 무엇을 보고 있는지 판단하려면 공극와 사용자 눈의 위치를 모두 알아야 한다. 대부분의 VR 시스템에서 사용자의 눈의 위치는 일반적으로 알려져 있지만 정확한 조준을 위해서는 어떤 눈이 조준을 하고 있는지 알아야 한다(이 역시 십자 방향 선택에도 해당됨). 조리개를 트래킹하려면 일반적인 VR 설정에 필요한 것보다 더 많은 노력이 필요할 수 있다. 손가락이 구멍으로 사용되는 경우, 어떤 장치는 손가락의 위치를 트래킹해야 한다. 아마도 장갑, 카메라 또는 리프 모션이나 구글 솔리와 같은 특수 센서일 것이다.

그림 7-37 이 VR 체험자는 손가락을 공극 삼아 꽃을 선택한다. (Photograph by William Sherman.)

이름 선택

항목 이름을 지정해서 선택하는 것은 손을 사용하지 않는 항목 선택 수단을 제공해 체험자가 다른 목적으로 사용할 수 있도록 한다(또는 전혀 사용하지 않음). 가능한 모호함과 음성 인식 시스템의 100% 미만의 정확성으로 인해 컴퓨터가 의도된 것을 이해하는지 확인하는 수단이 중요하다. 예를 들어 작업을 수행하기 전에 오브젝트를 잠시 강조 표시해서 사용자가 작업을 취소할 수 있는 기회를 제공할 수 있다(그림 7-38). 가상 키보드를 사용해 오브젝트의 이름을 지정할 수도 있다(그림 7-39).

그림 7-38 사용자는 이름만 말하면 오브젝트를 선택할 수 있다. 선택을 나타내는 스노우맨 주위에 와이어프레임 구에 주의하라.

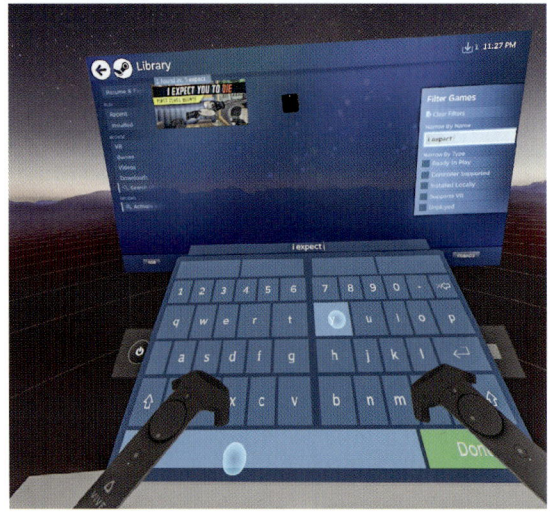

그림 7-39 일부 정보는 영숫자 입력을 통해 전달된다. 이러한 경우 물리적 키보드가 가장 효율적일 수 있지만, 경험에 몰입하는 동안 가상 키보드가 적절한 대안을 제공할 수 있다. 증기VR 유틸리티는 가상 키보드를 제공해 체험자가 VR 시스템을 떠나지 않고도 검색 대상의 이름을 지정할 수 있도록 한다.

그 능력에 따라 음성 인식 시스템의 가능한 한계는 사용자가 선택하고자 하는 오브젝트의 정확한 이름을 알아야 한다는 것이다. 그러나, 연설은 특정한 방향으로 사물을 표시하기 위해 시범을 사용함으로써 방법을 선택하는 포인트와 결합될 수 있다. 예를 들어, 특정 집을 가리키고 "그것을 움직여"라고 말하는 것과 "노란 집을 옮겨라"라고 말하는 것이다. 그러나, 음성 명령 트리거를 사용해 방법을 선택하는 데 있어 이점은 정확한 포인트로 분류된다.

NCSA의 Virtual Director 엔터테인먼트 제작 애플리케이션은 음성 명령을 사용해서 키 프레임을 선택했다[Thiébo 1997]. 체험자가 올바른 키 프레임이 이해됐는지 확인했을 때(입력이라고 말함으로써), 체험자는 카메라 경로를 따라 선택한 위치와 시간으로 이동됐다.

메뉴 선택

메뉴별 선택은 데스크톱 WIMP 인터페이스에서 파생된 또 다른 형태의 상호작용이다. 데스크톱 메뉴 시스템과 마찬가지로 사용자에게 항목을 선택할 수 있는 선택 목록이 제공된다.

그림 7-40에서 볼 수 있듯이, 체험자는 다양한 스타일로 선택을 나타낼 수 있으며, 대부분은 제공된 목록에 적용된 다른 선택 방법으로 이행된다. 한 가지 추가 방법은 목록을 단계별로 살펴보거나 목록을 한 항목으로 스크롤해서 선택할 수 있도록 하는 것이다. 따라서 방향 선택기를 사용하면 커서가 바탕 화면 메타포에 사용되는 것과 마찬가지로 사용 가능한 옵션을 가리키거나 원하

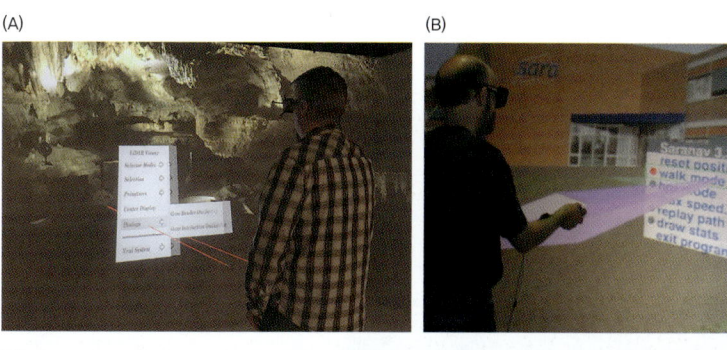
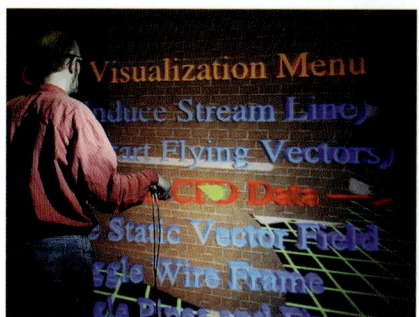
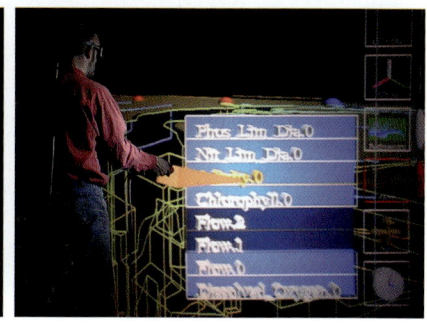

그림 7-40 2D 인터페이스 기법을 에뮬레이션하는 일반적인 선택 방법은 메뉴 선택 기법이다. 여기서 방향 선택기를 사용해서 (A) LidarViewer, (B) SaraNav, (C) BoilerMaker 및 (D) BayWalk 애플리케이션의 다양한 항목을 가리키고, 스크롤하고, 강조하며, 클릭한다. (Applications courtesy of Oliver Kreylos/UCD, Anton Koning/SARA, William Michels/Nalco Fuel Tech, and John Shalf/NCSA, respectively; photograph (A) courtesy of Shane Grover, photographs (B–D) by William Sherman)

그림 7-41 메뉴 항목은 텍스트 이외의 항목일 수 있다. 이 예에서 사용자는 사진에서 스케치를 선택한다. VR에서는 3차원 애니메이션 오브젝트와 같은 다른 옵션이 가능하다.

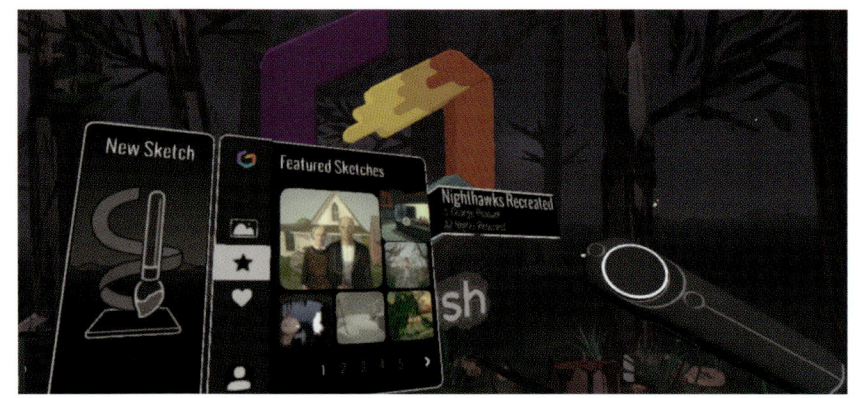

는 선택이 강조될 때까지 선택 목록을 스크롤(또는 버튼/제안 트리거를 사용해 단계별)할 수 있다.

우리는 일반적으로 메뉴를 텍스트 선택 목록으로 생각하지만, 때로는 사진을 사용해서 선택 항목을 표시할 수도 있다(그림 7-41). VR에서는 이미 많은 비디오 게임이 자주 하는 3D 표현도 할 수 있다. 이러한 표현들은 대안의 축소판일 수도 있고, 어쩌면 세계 그 자체의 사물일 수도 있다. 이 세계는 나의 메뉴다. 그러나 이 시점에서 우리는 기본적으로 다른 선택 방법들 중 하나, 즉 접촉 선택으로 옮겨갔다. 그러므로 메뉴 선택 대 접촉 선택에서 주요한 구별되는 특징은 선택이 선택의 순간에 사용자에게 가까이 있거나 보이지 않거나 심지어 세계에서 발견되는 유형적인 오브젝트일 필요가 없다는 것이다.

메뉴 선택을 이용하는 애플리케이션도 많다. 예로는 LidarViewer 지점 클라우드 비주얼리제이션이기와 같은 Vrui 기반 비주얼리제이션 애플리케이션이 있다. 이러한 애플리케이션은 체험자가 요청할 때 나타나는 데스크톱 형식의 팝업 메뉴를 사용한다(그림 7-40A 참조). 다른 메뉴 옵션은 3D 가상 세

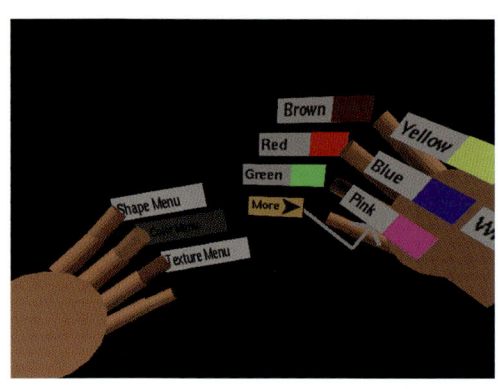

그림 7-42 기존의 데스크톱 메뉴를 기반으로 하지 않는 메뉴를 표시하는 한 가지 방법은 손가락 접점을 사용해 셀렉션을 표시한다. 엄지는 색인, 중간 또는 약지를 터치해서 옵션을 선택하는 데 사용된다. 새끼손가락을 만지면 세 가지 새로운 선택이 떠오른다. (Image courtesy of Doug Bowman)

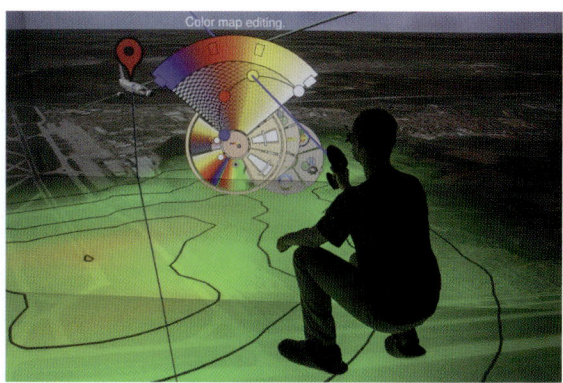

그림 7-43 RWTH Aachen 대학의 이 애플리케이션들은 선택사항으로 쌓을 수 있고, 항목을 선택할 수 있을 뿐만 아니라, 파이 세그먼트는 슬라이더와 색상 선택기 같은 추가적인 컨트롤장치를 포함할 수 있는 파이 메뉴를 사용한다. (Photographs courtesy of Sascha Gebhardt and Torsten W. Kuhlen)

계 내에 남아 있는 대화 상자를 호출한다. Vrui 라이브러리에 기반한 VR 도구 컬렉션은 모두 애플리케이션별 메뉴뿐 아니라 측정 도구와 같은 모든 애플리케이션에서 사용할 수 있는 일반 도구를 불러올 수 있는 기능을 제공한다. Vrui 애플리케이션 메뉴는 핸드헬드 컨트롤러의 위치로 수행한 가상 세계와의 검색 및 기타 상호작용과 함께 토글, 선택기 및 기타 설정과 같은 작업에 사용된다.

일반적인 2D 데스크톱 메타포에서 벗어난 방식으로 메뉴를 사용하는 방법에 대한 연구가 일부 수행됐다. 버지니아 폴리테크닉 연구소 및 주립 대학의 연구원들은 손가락 접촉 장갑(Facespace, Inc., Bowman and Wingrave [2001])을 사용해 체험자의 손가락이 선택하도록 하는 것의 유용성을 평가했다(그림 7-42) 이들의 구현에서 현재 이용 가능한 선택은 사용자의 손 아바타의 일부로 제공된다. 또 다른 구현에서, Leap Motion의 Hovercast VR 인터페이스는 맨손으로 이 아이디어를 더 가져가고 또한 방사형 메뉴를 사용한다. RWTH Aachen University는 다양한 맥락에서 파이 메뉴를 사용한다(그림 7-43). 가상 현

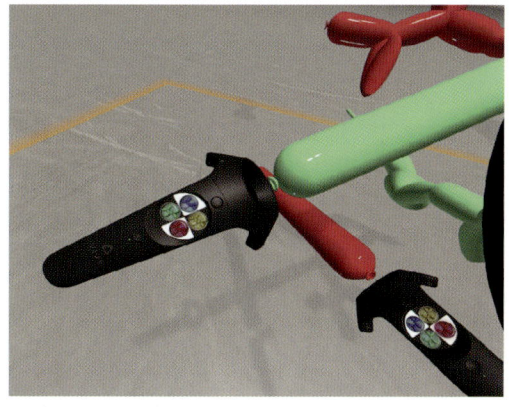

그림 7-44 밸브의 증기 VR 튜토리얼은 Vive 컨트롤러 터치패드의 사분면을 사용해 네 가지 항목 중 하나를 선택하는 예를 제공한다. 이 경우 풍선의 색과 모양이 다르다.

실 vignette(Steam VR Tutorial)에 대한 밸브 도입부는 원형 터치패드를 사용해 4가지 색상 또는 모양 선택 옵션을 제공해서 풍선 문자를 생성한다(그림 7-44) 클라우드랜드에서는 사용자가 게임의 테마와 퍼트를 사용해 선택을 한다(그림 7-45).

메뉴가 본체에 연결될 수 있는 또 다른 방법은 수중 인터페이스의 일부인 차체 참조 영역을 통과하는 것이다. 앞에서 설명한 것처럼 사용자를 둘러싼 공구 벨트는 특정 위치에 도달해서 활성화함으로써 오브젝트나 옵션을 선택할 수 있도록 할 수 있다. 도구는 뒤에 있는 가상 떨림에서 화살표를 선택하는 것일 수 있다. Fantastic Contraption 퍼즐 게임은 사용자들이 신체 기준 구역에서 그것들을 검색함으로써 침투를 구성하기 위한 새로운 요소들을 인스턴스화할 수 있게 해준다(그림 7-46).

그림 7-45 클라우드랜드 미니 골프 게임의 경우, 열린 게이트를 통해 공을 넣는 방식으로 선택된다(닫힌 게이트는 현재 사용할 수 없는 옵션을 표시함).

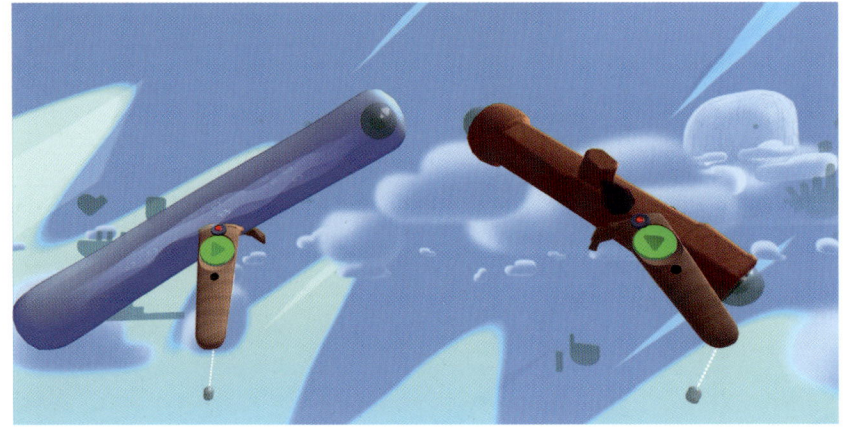

그림 7-46 판타스틱 콘트라피션 퍼즐 게임은 새로운 컴벤트를 인스턴스화하기 위해 본체 참조 영역을 사용한다. 예를 들어, 갈색 관은 오른쪽 어깨 뒤에서, 파란색 관은 왼쪽 어깨 뒤에서 당겨진다.

미니월드에서 선택

미니어처 세계에서의 선택은 메뉴 선택 방법의 특별한 경우로 간주될 수 있다. 메뉴 선택과 마찬가지로 선택사항을 표시하는 수단이 있어야 하며, 따라서 선택사항의 2차적인 조치가 실행돼야 한다. 메뉴의 항목은 연락처, 지시, 이름 지정 등에 의해 선택될 수 있다. 접촉 선택 및 선택 지점과 같은 직접 방법과는 달리, 미니 월드에서 선택하는 것은 주요 표현 대신 더 작은 오브젝트 복제본을 제공한다. 더 작은 세계 표현은 (크기를 제외하고) 1차 세계를 정확히 복제하는 형태를 취할 수 있다. (WIM) [Stoakley et al. 1995]는 그림 7-47에 나온 것과 같은 형태일 수도 있고, 지도로서 제시될 수도 있다. 옵션 팔레트를 프로바이딩하기 위해 미니월드를 사용하는 이점은 가상 세계의 뚜렷한 영역을 포함한 모든 서브셋을 제공할 수 있다는 것이다.

사용자에게 보다 글로벌한 컨텍스트를 제공할 뿐만 아니라, 축소된 버전은 사용자가 미니 월드에서 직접 오브젝트를 조작할 수 있도록 할 수도 있다(그림 7-48). 따라서, 예를 들어, 무거운 가구 조각을 방에서 방으로 옮기는 등, 1차 세계에서는 가능한 것보다 대규모 조작이 더 쉽게 수행될 수 있다. 사실, 그들은 미니 월드와 1차 세계 사이에서 오브젝트를 움직일 수도 있다[Mine 1996].

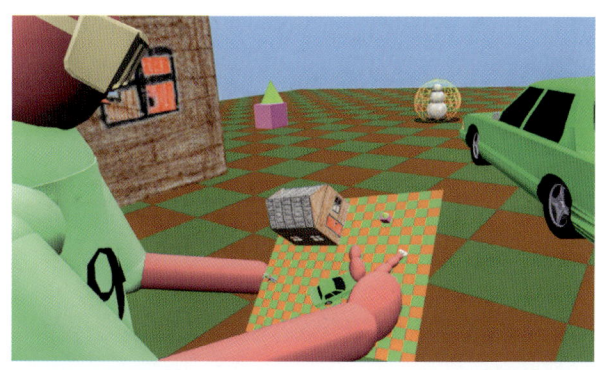

그림 7-47 가상 세계, 또는 미니어처 세계(WIM)를 소량 표시함으로써 체험자가 모델에 자신의 선택을 표시할 수 있으며, 이는 주요 가상 세계에 영향을 미칠 것이다.

그림 7-48 포토포트 도구에서 사용자는 실물 크기의 세계의 축소판 참조를 만들 수 있으며, 소형 복사본 내에서 이루어지는 조작은 더 큰 세계에 반영된다. (Photograph courtesy of the Virtual Reality and Visualization Research Group, Bauhaus-Universität Weimar.)

영숫자 값 선택

대부분의 가상 현실 상호작용은 특정 숫자 또는 알파벳 정보를 입력할 필요성을 피한다. 그러나 이러한 데이터를 입력하는 것이 필요하며 VR 경험을 향상시키는 경우가 있다. 텍스트 데이터에 대한 직접적인 사용자 입력 방법은 필기가 원하는 값을 지정할 수 있도록 펜과 같은 핸드헬드 장치를 사용하는 것이다. 영숫자 정보는 물리적 장치나 가상 장치 또는 음성 입력을 통해 시스템에 입력할 수도 있다.

영숫자 정보의 물리적 입력은 표준 컴퓨터 키보드를 통해 가장 쉽게 이루어진다. 일부 애플리케이션에서 잘 작동할 수 있는 또 다른 옵션은 적절한 필기 지각 소프트웨어가 있는 태블릿과 펜 인터페이스다. 휴대폰이나 태블릿과 같은 휴대용 컴퓨터 장치의 확산은 이것을 매우 합리적인 가능성으로 만들었다.

그림 7-49 모토로라 대학 조립 라인 강사는 익히고 있는 실제 장치의 정확한 복제품인 가상 모델을 제공했다. 체험자는 실제와 비슷한 가상 키보드에 값을 입력한다. (Image courtesy of Motorola University)

물리적 입력 장치는 운영자가 장치를 볼 수 있을 때 가장 잘 작동한다. 터치 타이피스트들은 손가락을 직접 보지 않고도 키보드를 조작할 수 있지만 키보드가 어디에 있는지 알아야 한다. 따라서 키보드 및 펜 입력 방법은 현실 세계를 막지 않는 장치와 함께 사용할 때 가장 잘 작동한다. 몰입형 디스플레이에서 쉽게 시선을 돌릴 수 있는 어항 VR 디스플레이의 사용자는 키보드를 바로 앞에 두고 앉거나 사선으로 증강된 현실 사용에서 물리적 장치를 가상 세계에서 볼 수 있다(그림 8-22 참조). 스마트폰이나 소형 태블릿은 서 있는 동안 쉽게 사용할 수 있어 서라운드 VR 디스플레이에서도 잘 작동할 수 있다. 키보드와 이와 비슷한 장치는 몰입한 체험자가 아닌 VR 경험의 보조 운영자에 의해서도 사용될 수 있지만, 이것은 본질적으로 에이전트 컨트롤의 한 형태다.

가상 컨트롤장치는 가상 세계 내에서 가상 키보드나 키패드와 같이 친숙한 어떤 것의 형태를 취할 수 있다(그림 7-39 참조). 키보드와 같은 가상 오브젝트는 가상 세계와 더 일치할 수 있지만, 특히 터치 피드백이 제공되지 않을 경우 사용하기 번거로울 수 있다. 그러나, 어떤 경우에는 현실 세계의 인터페이스를 정확히 복제하는 것이 필수적이다. 이러한 경우 가상 키보드 인터페이스가 최상의 솔루션이다. 모토로라 대학 애덤스 컨설팅에서 개발한 조립 라인 트레이너는 비표준 키보드를 사용해 라인에 명령을 입력한다. 이 키보드는 훈련 효과를 높이기 위해 VR 경험에서 정확히 중복된다(그림 7-49).

숫자 값을 지정하기 위한 보다 일반적인 입력 방법은 물리적 또는 가상 다이얼 또는 슬라이더 컨트롤로 구성된다. 그러나 이러한 방법은 정확한 값을 설정하기 어려울 수 있다. 마크 마인[Mark Mine 1996]은 특정 숫자 값의 입력을 위한 메뉴와 같은 가상 컨트롤을 개발했다. 이 시스템을 사용하면 사용자는 숫자 메뉴를 내리고 원하는 숫자가 표시될 때까지 각 위치에 입력할 숫자를 선택한다. 이는 1960년대와 1970년대에 생산된 기계식 연산이기와 비슷한 방식으로 이루어진다(그림 7-50). 일단 모든 자릿수가 이런 식으로 설정되면, 사용자는 숫자가 완성됐고 그 값이 애플리케이션에 의해 사용됐음을 나타낸다.

음성 입력과 같은 에이전트 컨트롤은 VR 경험 내에서 특정 숫자 또는 알파벳 입력을 제공하는 또 다른 직관적인 방법이다. 현대의 클라우드 기반 음성 인식 시스템은 음성 명령을 구문 분석하는 데 상당한 노력을 기울일 수 있다. 음성 인식 시스템의 능력에 따라 체험자는 구절

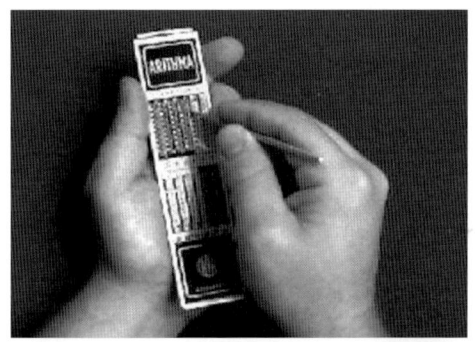
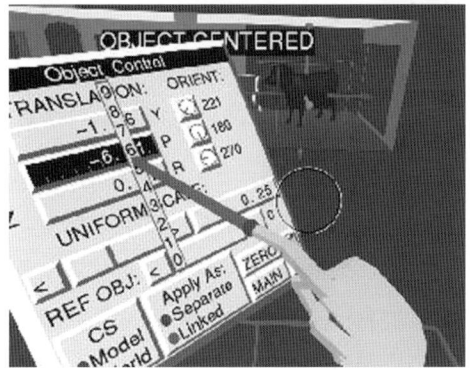

그림 7-50 UNC에서 Mark Mine은 가상의 상대편으로부터 구식 기계 연산기로의 수치 입력을 받아들이는 애플리케이션을 개발했다. (Images courtesy of Mark Mine)

이나 숫자를 말할 수 있거나 각 문자나 숫자를 철자해야 할 수 있다. '100'과 같은 바로 가기 단어를 말하면 여러 자리 숫자를 나타낼 수 있다. NCSA의 애니메이션 제작 애플리케이션 Virtual Director의 음성 컨트롤에 이 기술의 초기 예가 사용됐는데, 여기서 '100'이라는 단어는 두 개의 0을 입력해 번호를 완성해야 한다는 것을 나타낸다. 101을 지정하기 위해 사용자는 "하나의 0을 입력한다"라고 말한다. 그렇지 않으면 '100'이라는 단어를 말하는 즉시 애플리케이션은 이를 100으로 해석하고 숫자 입력 모드를 종료한다. 숫자 입력의 에이전트 형태는 배나 잠수함의 선원들에게 내비게이션용 헤딩을 제공하는 것과 같은 음성 방향을 흉내내는 애플리케이션에 이상적이다.

조작 작업

앞 절에서 설명한 많은 선택 기법은 세계에서 가상 오브젝트를 선택할 수 있는 수단을 제공한다. 그러나 일단 어떤 오브젝트가 선택되면, 체험자는 그것으로 무엇을 하는가? 어떻게 조작할 수 있을까?

조작은 VR 인터페이스의 중심이다. VR 체험에서 수행되는 운영 유형을 6가지 범주로 분류했다. 가장 일반적인 두 가지 조작 동작 등급은 (1) 가상 세계에서 오브젝트의 위치설정 및 크기 조정과 (2) 체험자의 세계 여행 컨트롤이다.

앞에서 설명한 네 가지 조작 방법(직접, 물리적, 가상 및 에이전트)은 이득, 컨트롤 순서, 래칫, 제약, 피드백 등과 같은 조작의 다양한 특성과 결합될 수 있다. 따라서 VR 경험의 디자이너는 선택할 수 있는 다양한 인터페이스 구현을 가지고 있다.

일반적인 조작 형태는 다음과 같다.

- 오브젝트의 위치 지정 및 크기 조정
- 가상 오브젝트에 대한 힘 발휘
- 오브젝트 특성 수정
- 글로벌 특성 수정
- 가상 컨트롤 상태 변경
- 여행 통제

수많은 오브젝트 속성에 의해 변조된 것처럼 이러한 유형의 작업을 생산하기 위해 구현되는 직접, 물리적, 가상 및 에이전트 입력의 조작 방법은 많은 잠재적 인터페이스 작동을 초래한다. 이러한 기법은 잦은 VR 참가를 통해 배울 수 있는 일련의 기술을 구성한다. 이 VR 기술 각각은 장 뒷부분의 탐색에 대한 논의를 위해 절약되는 여행 통제장치를 제외하고 여기에서 논의될 것이다.

오브젝트 위치 지정 및 크기 조정

가상 세계에서 오브젝트의 위치를 정하고 크기를 조정하면 체험자가 가상 오브젝트의 위치, 방향 및 크기를 변경할 수 있다. 직접, 물리적, 가상 또는 에이전트의 조작 방법은 오브젝트에 영향을 미치는 데 사용될 수 있다.

오브젝트 이동의 사용자 직접 컨트롤 방법은 사용자가 오브젝트가 이동하기를 원하는 방식으로 손을 움직여서 선택한 오브젝트의 위치를 변경할 수 있게 한다. 이 상호작용을 구현할 수 있는 광범위한 방법이 있다. 주먹 상호작용이 있는 붙잡기는 직접 컨트롤 위치 지정 및 크기 조정 작업의 한 가지 스타일이다. 주먹을 쥔 채 쥐는 것은 사용자 이동을 오브젝트 이동에 대한 일대일 매핑을 의미하며, 사용자가 오브젝트를 물리적으로 이동할 수 있는 범위까지를 제한한다.

회전 및 크기 조정 작업을 수행할 때 조작의 중심을 잡을 축 또는 점(기준 프레임)이 필요하다. 동작의 중심은 중심(볼륨의 중심)과 같은 오브젝트의 일부에 관한 것이거나 사용자 손의 위치에 의해 지정될 수 있다.

때때로(특히 유니핸드 인터페이스의 경우) 프레임은 사용자가 수행하는 초기 동작에 의해 설정된다. 직접 상호작용은 2개의 인터페이스 사용을 통해 크게 향상될 수 있다. 두 손이 기준의 프레임을 정의하는 데 도움이 되기 때문에 두 손의 상호작용이 가능할 때 회전과 크기를 조절하는 능력은 더 직관적이다. 예를 들어 사용자는 사실상 두 손으로 오브젝트를 잡고 손의 중심점을 중심으로 오브젝트를 회전시킬 수 있다. 또는, 사용자는 그것을 실질적으로 확장(또는 축소)함으로써 두 손으로 오브젝트의 크기를 조정할 수 있다. 이러한 인터페이스 운영자들은 스마트폰과 태블릿의 2D 터치 인터페이스에서 손이 아닌 두 개의

그림 7-51 비주얼리제이션은 비행선 위의 줄무늬를 보여준다. 가상 컨트롤 바(볼이 중앙에 있는 경우)를 조작해 스트레이트 라인 비주얼리제이션을 위해 원하는 시작 위치를 표시할 수 있다. 막대를 이동하거나 줄여서 줄줄 수를 늘리거나 줄일 수 있다. (Image courtesy of NASA Ames Research Lab)

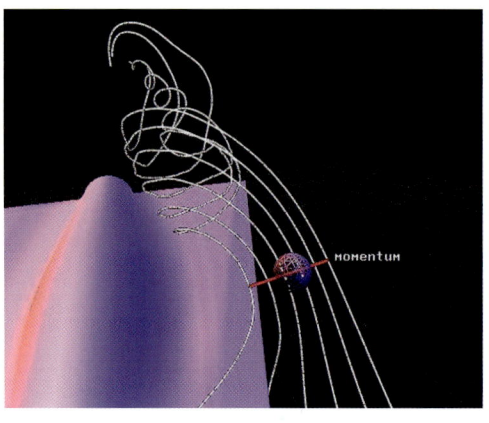

손가락(또는 엄지손가락과 손가락)을 사용하는 표준 관행이 됐다.

슬라이더와 같은 물리적 컨트롤러 또는 가상 컨트롤러를 사용해서 오브젝트를 축을 따라 이동하거나 오브젝트의 크기를 조정할 수 있다. 한 축으로 구속하는 것은 사물을 움직이는 보다 제약적이고 직관적이지 않은 방법이지만, 만약 물건을 질서정연하게 배치해야 할 필요가 있다면, 이 상호작용의 방법은 잘 될 수 있을 것이다.

때로는 위치 재설정이 필요한 것은 인터페이스 조정기 자체일 수 있다. 예를 들어 사용자는 스트립라인 릴리스 포인트를 배치할 수 있다. 가로선은 벡터 필드에서 주어진 위치를 통과하는 모든 파티클이 취하는 경로를 보여준다. 브라운 대학의 NASA Virtual Windtunnel[Herndon and Meyer 1994]에서는 스트레이트 라인 방출 지점을 유체 흐름으로 배치할 수 있다(그림 7-51). NREL의 자동차 실내 공기 흐름 분석기는 사용자가 원하는 곳에 무중력 파티클을 상호작용적으로 방출할 수 있도록 한다(그림 7-52). 그런 다음 파티클이 흘러 실내를 통과하는 기류의 움직임을 나타낸다. 위치를 변경할 인터페이스의 또

그림 7-52 이 자동차 분석 도구에서, 실내를 통과하는 공기의 흐름을 수동 컨트롤러를 사용해서 공기 흐름으로 방출되는 파티클을 배치하고 그 움직임을 관찰함으로써 상호작용적으로 분석할 수 있다. (Photograph courtesy of Nicholas Brunhart-Lupo, NREL/DOE)

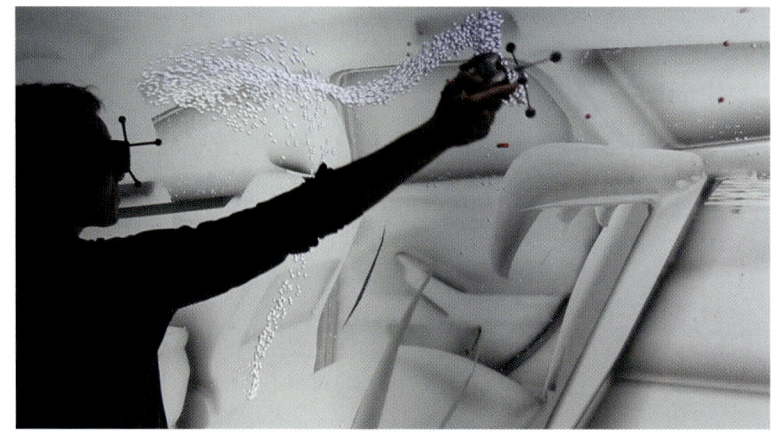

다른 부분은 애플리케이션의 메뉴다. 관심 있는 것을 차단할 때 메뉴를 이동할 수 있는 것이 특히 유용하다.

공극 기법과 관련된 상호작용은 오브젝트를 이동하고 크기를 맞추기 위해 자주 사용된다. 엄지손가락과 집게손가락 사이에 오브젝트를 사실상 움켜쥐고 손을 재배치해서 움직이거나 손가락 사이의 공간을 늘리거나 줄여서 크기를 조절하는 것은 공극 기반의 조작이다. 손가락 틈과 눈 사이의 거리의 조정은 또 다른 방법은 오브젝트의 크기 축소하기 위해, 또는 오브젝트 다가오거나 멀리 옮겨져야 한다고 나타내기 위해 사용될 수 있다. 공극는 3D 가상 세계와 상호작용하는 2D 평면이기 때문에 이 기법을 사용할 때 오브젝트의 정확한 위치를 결정하기 어려울 수 있다.

가상 오브젝트에 대한 강제력 노출

가상 세계에서 힘을 발휘하는 것은 밀기, 때리기, 지지 등과 같은 상호작용을 포함한다. 이것들은 일반적으로 현실 세계를 모방하도록 고안된 작전이며, 따라서 일반적으로 직접 조작의 예들이다. 촉각 인터페이스는 사용자가 접촉하고 실제로 힘을 발휘하기 시작할 때 사용자에게 알려주는 그러한 상호작용에 종종 유익하다.

가상 오브젝트에 힘을 가하는 것은 가상 오브젝트에 힘을 가하는 것을 재배치하는 데 사용할 수 있지만, 힘의 발휘는 이전의 조작 작업 범주와 다르다. 한 가지 차이점은 힘을 발휘하는 것은 가상의 오브젝트를 이동하지 않는 것일 수 있다는 것이다. 대신 오브젝트를 제자리에 고정시키거나, 오브젝트를 절단하거나, 구멍을 내거나, 다른 방법으로 변형시키는 데 사용할 수 있다.

타격 오브젝트의 예로는 손으로 공을 치거나 가상의 퍼터로 가상 골프공을 치는 것을 들 수 있다. 또는 조정기는 예를 들어 단순한 촉각 피드백을 제공하기 위해 실제 퍼터(프로포션)를 사용하는 등 물리적일 수 있다. 현실 세계의 오브젝트에 대한 지원은 오브젝트를 수면에서 들어 올리거나 손 아바타(또는 가상 막대)를 내밀거나 나비가 그 위에 착륙하도록 하는 등의 경우를 포함한다(그림 7-53).

그림 7-53 실제 지원은 없지만, 이 가상 나비는 기꺼이 착륙하고 체험자가 배치한 가상 막대기로 지원을 받는다. (Crayoland application courtesy of Dave Pape; photographs by William Sherman)

힘 발휘는 사용자가 배우는 것의 주요 부분이 오브젝트를 손으로 조작하는 것을 포함하는 훈련 시스템에서 중요하다. 훈련 상호작용은 실제의 산호초의 행동과 느낌을 모방해야 한다. 이는 Celiac Plexus Block Simulator(그림 7-54)와 BDI Suture Train(그림 5-65 참조), CAE Healthcare RapVR(그림 5-79 및 5-80 참조)과 같은 의료 절차 훈련 애플리케이션에서 예시된다. 플렉서스 블록 시뮬레이터에서 사용자는 신체의 특정 내부 부분을 뚫기 위해 얼마나 많은 힘이 필요한지 느낄 필요가 있다. 봉합 트레이너에서 수련자는 바늘을 밀면서 내장을 잡고 조작하는 방법을 배운다.

비훈련 애플리케이션에서 가상 세계에서 발휘되는 힘은 현실 세계를 모방할 필요가 없다. 이는 휴스턴 대학교와 조

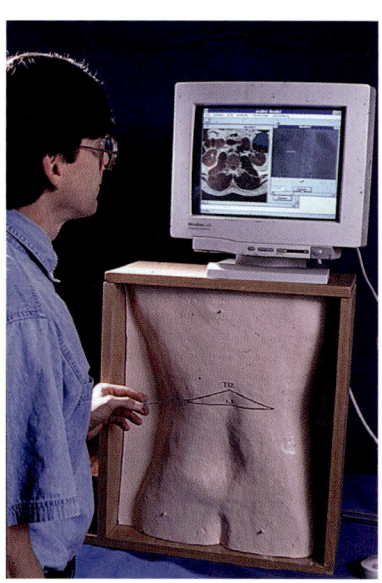

그림 7-54 사용자가 실제 바늘 끝을 잡고("등" 안에 있는 포스 피드백 장치로 컨트롤) 셀리악 플렉서스 블록 절차를 연습하고, 근처의 가상 형광 투시 디스플레이에서 결과를 볼 수 있다. (Photograph courtesy of Karl Reinig)

지 메이슨 대학교가 공동으로 개발한 ScienceSpace 교육용 애플리케이션 제품군의 NewtonWorld 부분에 해당된다[Dede et al. 1996]. 힘은 가상의 컨트롤을 사용해서 공에 가해지고 공의 움직임과 충돌은 뉴턴의 역학 법칙을 따르는 반면 뉴턴의 물리학은 가상 카메라와 같은 사용자와 세계의 다른 실체에는 적용되지 않는다.

그림 7-55 여기에서 체험자는 CAVE Quake II에서 상대방을 없애는 헤드 크러셔(head crusher) 방법을 볼 수 있다. (Photograph by William Sherman)

가상 세계에서 힘을 발휘하는 공극 기반의 조작은 오브젝트를 움켜쥐고 엄지손가락과 집게손가락 사이의 거리를 제거함으로써 가상 세계에서 오브젝트를 파괴하거나 제거하는 능력의 예가 된다. 피어스와 동료[1997]는 홀 코메디 쇼의 키즈 The Kids in the Hall comedic show 의 스케치를 바탕으로 이것을 '헤드러퍼' 기법으로 지칭한다(그림 7-55).

오브젝트 특성 수정

오브젝트 특성 수정은 오브젝트가 렌더링되거나 동작하는 방식을 컨트롤하는 매개변수를 변경하는 것을 말한다. 투명도, 색상, 빛 반사율, 음질, 견고성, 유연성, 질량, 밀도 및 성장률과 같은 매개변수를 조정할 수 있다. 이러한 유형의 작업은 가상 세계 디자인 애플리케이션의 일부 또는 비주얼리제이션 애플리케이션의 일부일 수 있으며, 예를 들어 오브젝트의 외부 쉘을 투명하거나 반투명하게 만드는 등 즉시 보이지 않는 오브젝트의 특징을 볼 수 있다.

이 범주에 속하는 운영은 일반적으로 실제 작업을 모방하지 않는 작업이다. 왜냐하면, 현실 세계에서, 우리는 분명히 그러한 변경을 쉽게 할 수 없기 때문이다. 현실에서 우리는 울타리를 칠해서 색을 바꾸거나 투명성을 수정하는 것 외에는 거의 할 수 없다. 질량과 밀도와 같은 기본 특성은 오브젝트의 다른 특성(크기, 모양 또는 강도 등)에 영향을 미치지 않고서는 변경할 수 없다. 가상 세계에서 오브젝트는 어떤 식으로든 수정될 수 있고 심지어 흔적도 없이 사라지게 만들 수도 있다.

전역 특성 수정

오브젝트 속성 수정과 유사하게, 글로벌 속성 수정은 가상 세계의 렌더링 및/또는 시뮬레이션 파라미터를 조정하는 방법이다. 그러나 특정 오브젝트에 영향을 미치는 대신, 매개 변수 변경은 가상 세계 전체에 적용된다. 몇몇 기본적인 글로벌 운영은 어두운 하늘에서부터 밝은 푸른 하늘까지 배경을 변화시키고 태양이 낮을 때 오렌지 색조를 더하는 시간 설정과 같은 세계 전체 사운드 볼륨의 조정이나 전체적인 조명을 포함한다. 또 다른 일반적인 글로벌 렌더링 변경은 오브젝트가 어떻게 표시될 것인지, 즉 플래트 쉐이딩, 와이어프레임, 텍스처 매핑, 반투명 등 또는 오브젝트가 고형 대 덧셈인지, 따라서 사용자의 통로를 차단하는지 또는 사용자가 통과할 수 있도록 하는 방법을 규정한다.

일반적으로, 글로벌 속성 변화는 세계의 모든 것에 동시에 영향을 미칠 것이다. 그러나 속성 변경이 발생할 특정 지역을 체험자가 통제할 수 있는 가능성이 있다. 이것의 예와 같은 가상 세계를 조작하는 것은 Magic Lens 인터페이스[Bier et al. 1993]이다. Magic Lens 인터페이스는 주로 2D 데스크톱 컴퓨터 인터페이스의 뷰에 적용된다. 이 인터페이스는 운영자가 화면의 특정 영역에서 보기 매개변수(예: 와이어프레임 렌더링)를 변경할 수 있도록 한다(그림 7-56). 이 지역은 세계의 다양한 특징들을 볼 수 있는 렌즈가 된다. 이 효과는 Magic Lens를 통해 보이는 모든 오브젝트의 보기(또는 기타) 매개변수를 변경하는 사용자 위치 가상 장치를 제공함으로써 3D 가상 세계로 확장될 수 있다[Viega et al. 1996].

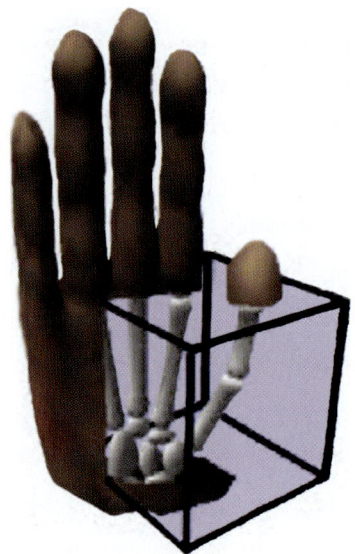

그림 7-56 3D Magic Lens는 지정된 공간 영역의 렌더링 매개변수에 영향을 미칠 수 있는 도구다. 여기서 손뼈의 일부를 마법처럼 피부 및 손의 다른 조직을 통해 볼 수 있다. (Image courtesy of John Viega)

가상 컨트롤 상태 변경

가상 세계에는 가상 컨트롤이 존재하기 때문에 VR 환경에서 사용되면 컨트롤 자체를 조작할 수 있는 인터페이스가 있어야 한다. 예를 들어 가상 버튼이나 스위치는 가리킬 때마다 활성화되거나 사용자가 가상 컨트롤을 가리키면서 물리적 버튼을 눌러야 할 수 있다. 가상 슬라이더 및 기타 가상 컨트롤 장치에 비교할 수 있는 기법을 적용할 수 있다. 많은 가상 컨트롤 장치들은 세계의 다른 오브젝트들과 마찬가지로 조작된다. 예를 들어 가상 슬라이더는 사용자가 주먹 조작으로 직접 잡을 수 있는 핸들을 가지고 있으며 핸들을 슬라이더의 다른 위치로 이동할 수 있다. 다른 가상 컨트롤은 가상 컨트롤을 활성화하는 물리적 입력과 함께 어떤 형태의 오브젝트 선택을 요구할 수 있다. 물론 사용자가 세계의 다른 오브젝트/위치 선택, 수정 또는 이동할 수 있도록 가상 컨트롤장치를 수정한다.

여행 컨트롤

가상 세계에서 체험자의 위치를 조작하는 기술은 매우 다양하다. 이러한 여행 컨트롤 방법은 다음 항에서 열거하고 논의한다.

조작 요약

분명히 VR 체험자들이 환경과 상호작용할 수 있는 많은 방법이 있다. 수많은 선택이 많은 가능성을 제공하지만 체험자가 적절한 조작 메커니즘을 마음대로 사용할 수 있도록 세심한 고려가 필요하다. 좋은 인터페이스 디자인을 위한 간단한 공식은 없으며, 오히려 매체, 체험자, 애플리케이션의 목표를 명확하게 이해할 필요가 있다.

종종 디자인 선택은 현실 세계를 모방하는 쪽으로 기울 것이다. 이것은 보다 직관적이고 자연스러운 인터페이스를 제공할 수 있지만 효과적인 인터페이스를 보장하지는 않는다. 단지 현실 세계를 모방하는 인터페이스는 비현실적인 인터페이스가 주어진 가상 세계와 상호작용하는 더 나은 수단을 제공할 수 있다는 사실을 이용하지 않는다. VR 경험을 개발할 때는 항상 좋은 디자인 관행의 규범을 채택하는 것이 중요하다.

수행할 수 있는 6가지 조작 유형 중 대부분은 네 가지 조작 컨트롤 방법(직접, 물리적, 가상, 에이전트) 중 하나를 사용해 구현할 수 있으며 다양한 선택 방법과 인터페이스 속성을 포함한다. 그러나 특정 애플리케이션은 주어진 목표에 더 적합한 인터페이스 디자인 선택으로 이어진다.

가상 세계에서 탐색

내비게이션은 우리가 이곳 저곳으로 이동하는 방법을 설명한다. 현실 세계에서, 우리는 걷고, 운전하고, 스키를 타고, 날고, 스케이트를 타고, 깡충깡충 뛰면서 세계를 내비게이션한다. VR 체험에서 가상환경을 탐색하는 방법은 무궁무진하다. 공간을 탐색하는 과정은 체험자의 경험에서 중요한 부분이다. 어떻게 한 사람이 세계를 여행하느냐가 그 세계를 이해하는 데 중요한 역할을 할 수 있다. 여기서는 항행의 중요한 측면과 다양한 가능한 구현에 대해 설명한다.

내비게이션에는 길찾기와 이동의 두 가지 개별 구성 요소가 포함된다(그림 7-57). 일상 대화(그리고 일부 문헌)에서는 이러한 용어들이 항상 정확하게 사용되는 것은 아니다. 명확성을 위해, 우리는 여행(또는 시간)을 이용해서 사용자가 공간(또는 시간)을 통해 어떻게 움직이는지 토론하고, 사용자가 그들이 어디에 있는지(언제)를 어떻게 알고 있는지 토론하고, 통합된 노력에 대해 논하기 위해 내비게이션를 할 것이다. 우리는 또한 여행을 육체적인 부분으로 생각할 수 있고 길찾기를 내비게이션의 정신적 부분으로 생각할 수 있다.

그림 7-57 내비게이션은 길찾기와 여행(자신이 어디에 있는지 어떻게 가고 싶은지 아는 것)의 조합이다.

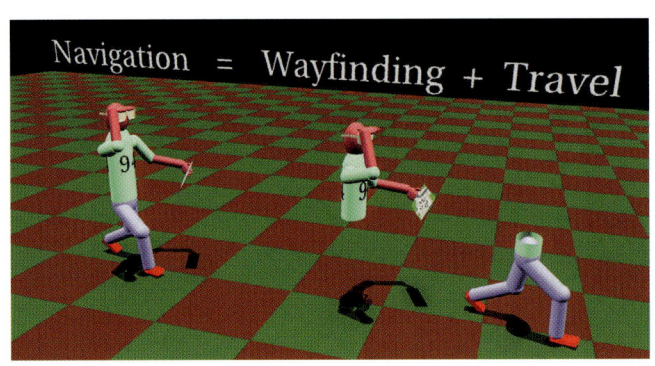

길찾기

길찾기^{Wayfinding}는 자신이 어디에 위치해 있는지(공간이나 시간 내에) 파악하고, 원하는 목적지까지의 경로를 확인하는 방법을 말한다. 경험을 통해 이익을 얻으려면 자신이 어디에 있는지를 아는 것이 중요하다. 새로운 공간과 마주칠 때, 사람들은 목적 없이 돌아다닐 수도 있고, 의도적으로 환경의 정신적 모델을 만들기 위해 일할 수도 있다.

간혹 길찾기를 하지 않고 이리저리 이동하는 경우도 있다. 머뉴버링^{Maneuvering}은 지형과 국지적인 오브젝트를 빠르게 스캔해서 이동할 수 있는 지역에서 이동을 수행하고 있기 때문에 길찾기가 필요 없는 상황을 말한다. 물론 사용자가 물리적 이동을 통해 기동할 수 있도록 하기 위해서는 위치를 트래킹해야 한다. 반대로, 우리는 길찾기 없이 적당한 거리를 여행하는 것을 (긴급한 목적지가 아닌 것으로 생각됨) 빈둥거리거나 방황하는 것으로 지칭할 수도 있다.

길찾기의 목적은 여행자가 목적지와 관련된 위치를 알 수 있도록 돕고 그곳에 도착할 길을 결정할 수 있도록 돕는 것이다. 이를 달성하기 위한 주요 단계는 사람이 횡단하거나 횡단할 계획인 환경의 인지 지도 또는 정신적 모델을 개발하는 것이다. 인적 요인 연구의 영역에서, 자신의 위치와 주변 환경에 대한 지식은 위치 관련 지식에만 관계할 때 상황 지각의 한 형태 또는 때로는 방향 읽기 지각의 한 형태라고 한다. 자신이 어디에 있는지 모르면 길을 잃고 만다. 길을 잃는 것은 일반적으로 방향 읽기 지각의 부족함을 말한다.

길찾기 과정에 도움이 될 수 있는 다양한 방법과 도구가 있다. 정신적 모델을 만드는 것은 탐험가가 나중에 그들의 길을 찾을 수 있도록 하는 것이다. 길찾기 보조 기구는 환경 내의 오브젝트 또는 여행자가 가지고 다니는 도구로서 환경에서의 그들의 위치에 대한 정보를 제공한다. 이러한 보조기구는 정신적 모델을 구축하거나 현재 상황을 여행자의 현재 정신적 모델과 연관시키는 데 사용될 수 있다. 예를 들어, 지도는 상황 지각의 다른 수준을 제공할 수 있다. 정적 지도는 우리가 그 안에서 우리의 위치를 찾을 수 있는 공간의 개요를 제공할 수 있다. 자기 위치 지도는 내가 어디에 있는지 보여줄 수 있다. 내 연락처에 손을 뻗은 지도는 또한 내 친구들 중 누가 근처에 있는지, 그리고 그들이 어디에 있는지 알려줄 것이다. 그리고, 회피 지도는 내 적들이 어디에 있는지 보여줄지도 모른다. 교통사고를 포함해서, 그들은 내 시간을 훔치기 때문에 내 적이다.

멘탈 모델 만들기

사람들이 이곳 저곳을 돌아다니는데 도움을 주기 위해 사용하는 많은 방법들이 있다. 일반적으로 공간을 횡단하면서 참조할 수 있는 공간의 정신적 모델을 만들려고 한다. 어떤 방법은 다른 방법보다 더 성공적이다.

스타스^{Stasz}[1980]는 공간의 인지 지도를 만들기 위한 네 가지 공통 전략을 설명한다. 가장 성공적이지 못한 것으로부터 가장 성공적이지 못한 것으로 정렬된 네 가지 전략은 다음과 같다.

1. 분열하고 정복하라.
2. 글로벌 네트워크
3. 진보적 팽창
4. 서술적 정교함

분할·정복 전략은 전체 영역을 하위 영역으로 나누고, 개별 영역의 특징을 학습한 다음, 그 지역 사이를 이동하기 위해 (몇 개) 루트를 학습함으로써 적용한다.

그림 7-58 현실 세계에서와 같이 지도만 있어도 복잡한 가상 세계에서 길을 잃는다는 것을 발견할 수 있다. 랜드마크 및 기타 길찾기 보조 장치를 사용해 낯선 지역의 내비게이션를 개선할 수 있다. (Perporter Town database of SGI; Space Needle model for Bruce Campbell/ Human Interface Technology Lab, Washington University).

글로벌 네트워크 전략은 랜드마크의 사용에 기초한다(그림 7-58). 여기서 사람은 중요하고 쉽게 식별할 수 있는 위치(랜드마크)와 랜드마크에 대한 하위 항목의 관계를 기억한다. 횡단하는 동안 이 방법은 하나 이상의 랜드마크에 대해 방향을 유지해야 한다.

진보적 확장은 종종 덜 성공적인 전략이다. 즉, 단순히 우주의 지도를 외우려고 시도한다. 작은 지역부터 시작해서 바깥으로 확대돼 더 많은 영토를 외운다.

최종적인 (일반적으로 가장 성공적이지 못한) 전략, 서술적 기술에서 길잡이는 그들의 정신적 모델을 만들기 위해 이야기를 이용한다. 그들이 공간을 여행하면서(혹은 지도를 보면서 그런 여행을 상상하면서) 사건 사이의 길을 포함한 사건들의 이야기가 만들어진다. 예를 들어, "나는 지하철 정류장 북쪽 한 블록에서 점심을 먹었고, 서점을 발견했을 때 동쪽으로 두 블록을 걸었었다."

길찾기 도움

환경을 탐색하기 위한 인터페이스는 종종 길찾기 과정에 도움이 되는 도구를 포함할 것이다. 절차 또는 경로 정보(핵심 랜드마크 위치, 거리 측정 및 지도 정보)를 제공하는 도구는 사용자가 공간을 탐색하고 좋은 정신 모델을 구축하는 데 크게 도움이 될 수 있다[Vilar et al. 2014].

서로 다른 사람들이 그들의 환경에 대한 인지 지도를 만드는 것을 돕기 위해 다른 전략을 사용하기 때문에, 성공적인 길찾기 시스템은 다른 선호들을 수용할 수 있을 것이고 아마도 여러 가지 도움을 포함할 것이다.

몇몇 길찾기 보조기들은 환경에 직접 만들어진다. 다른 것들은 여행자가 직접 지각할 수 없는 환경에 대한 정보를 식별하는 데 도움을 주기 위해 항상 마음대로 사용하는 도구들이다. 대부분의 도구는 환경의 일부인 정보를 시각적으로 표현하는 방법을 제공한다. 예를 들어, 실제의 나침반은 자기 정보를 시각적 자극(감각 치환)으로 변환하면서 남북을 가리키고 있다.

다음은 길찾기를 개선하기 위한 몇 가지 일반적인 실제 및 가상 세계의 지원 사항이다.

- 경로
- 지도
- 랜드마크(표지 포함)
- 기억할 수 있는 장소 이름
- 빵 부스러기(자국을 남기는 것)
- 컴패스
- 계측기 지침
- 외관
- 좌표 표시 및 직교 그리드 구조
- 제약된 여행

경로 따르기

그림 7-59 특정 목적지로 사람들을 안내하는 선은 횡단하는 표면에 통합될 수 있다. (Photograph by William Sherman)

아마도 가장 쉬운 방법 찾기 계획은 환경 자체 내의 경로나 경로를 따르는 것이다(그림 7-59). 경로는 경로를 트래킹하는 연속 색상 선으로 표시되거나, 경로의 진행 상황을 나타내기 위해 라벨이 부착된 개별 기둥을 사용해서 자주 다음 경유지로 이어지는 화살표를 사용할 수 있다. 각 게시물은 사실 표지판이며, 또한 랜드마크 역할을 한다. 현실 세계에서는 병원이 길찾기 보조 수단으로 뒤따르는 길을 찾을 수 있는데, 병원에서는 바닥에 색칠된 선이 건물 내 특정 목적지로 가는 이동 경로를 나타내거나, 길 교차점에서 화살표가 달린 하이킹 트레인을 볼 수 있다.

지도

지도는 길찾기의 흔한 형태다. 지도는 어떤 공간의 그래픽 표현이다. 어떤 지도의 일반적인 목표는 당면한 작업에 도움이 되는 정보를 신중하게 선택하는 것이다. 예를 들어, 일부 지도는 위치 간 경로를 찾는 것과는 반대로 정보를 비주얼리제이션하는 데 사용된다. 비주얼리제이션 도구와 내비게이션 도구로서 지도에는 정보가 아이콘으로 상징되고 추가 정보가 계층화되는 방법을 포함해서 많은 고유한 표현 과제가 있다. 지도의 작동 방법[MacEachren 1995]과 지도와 함께 누워 있는 방법[Monmonier 1991]과 같은 책들은 지도 표현에 관련된 문제들을 상세히 논한다.

아마도 UI에서 가장 간단한 지도는 문서에서 당신이 어디에 있는지, 그리고 당신이 얼마나 보이는지를 보여주는 스크롤 막대일 것이다. 그것은 장 제목이나 절 제목 또는 다른 서식을 강조할 수도 있다. 비주얼리제이션 보조로 두 배가 되는 지도의 또 다른 (소설적) 예는 "해리포터와 아즈카반의 죄수"[Rowling 1999]의 '마우레이더의 지도'로 지도상의 인물의 위치를 보여준다.

대부분의 길찾기 보조기들은 다양한 형태로 인스턴스화될 수 있으며, 이것은 특히 지도에 해당된다. 지도는 외부 중심(예: 북쪽 위) 또는 자기 중심(예: 보기 방향 상향) 레퍼런스 프레임으로 표시될 수 있다. 맵은 가상 컨트롤에 사용할

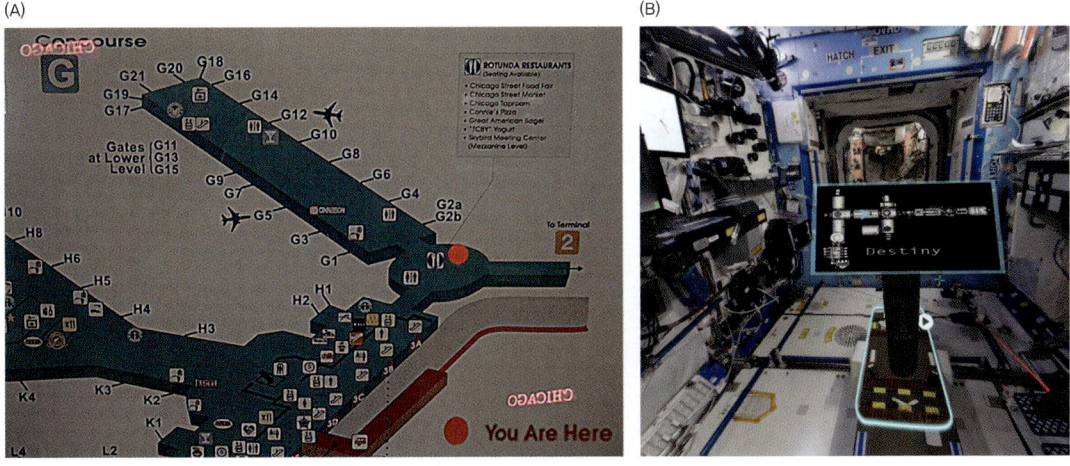

그림 7-60 다양한 맥락에서, 가상 및 실제 공간의 여행자들은 낯선 영역을 빠르게 통과하기 위해 이곳 지도를 이용할 수 있다. (Photograph on left by William Sherman)

수 있는 방법(예: 맵 인 핸드, 맵 인 월드 등)에 의해 환경에 위치할 수 있다. 지도는 심지어 여행 방법으로 통합될 수 있다. 사용자가 지도의 위치를 가리키고 지정된 위치로 점프할 수 있다.

실제 경험에서 얻은 익숙한 지도 스타일은 당신이 여기 있는 지도(그림 7-60A)이다. 이 지도 스타일은 대개 지도(따라서 지도 판독기)가 있는 곳을 가리키는 화살표나 다른 기호를 가진 외향적인 디스플레이다. The House of Fables의 International Space Station Tour VR 경험은 아래쪽에 이름이 있는 로컬 모듈을 강조하는 2D 지도에서 우주 정거장의 모듈을 나타낸다(그림 7-60B). 소형화(WIM) 표시 방식도 지도로서의 세계를 축소 표현하고 사용자 로케이터로서의 아바타를 나타냄으로써, 여기에 있는 지도의 한 형태로 사용할 수 있다 [Pausch et al. 1995].

랜드마크

랜드마크는 이동하지 않고 찾기 쉬운 환경에서 명백하고 뚜렷한 오브젝트일 수 있다. 훌륭한 랜드마크는 또한 그것으로부터의 거리를 판단할 때 사용자에게 도움이 될 것이다. (실제 환경과 마찬가지로) 가상 세계에서 오브젝트는 특히 랜드마크로서의 기능을 위해 환경에 배치될 수 있다. 방향 정보를 제공하는 표지판은 랜드마크의 일종이다(그림 7-61 참조).

오디오 신호는 단독으로 또는 시각적 오브젝트와 함께 랜드마크로 사용될 수도 있다. 단독으로 사용할 경우 제한된 수의 오디오 랜드마크가 동시에 들리도록 해서 사용자의 청각 지각을 압도하지 않도록 해야 한다. 데크 경험의 책임자는 [Zeltzer et al. 1995] 시각적 랜드마크와 청각적 단서 조합을 사용한다(그림 7-62). 씬의 부이

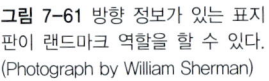

그림 7-61 방향 정보가 있는 표지판이 랜드마크 역할을 할 수 있다. (Photograph by William Sherman)

는 중요한 경로 정보를 나타내기 위해 사용되며, 현실 세계와 마찬가지로 식별 번호로 표시되며 공간화된 사운드를 낸다. VR 체험에서는 가장 가까운 부표 2개에서만 사운드가 나온다.

기억할 수 있는 장소 이름

세계의 장소에 기억할 만한 장소 이름

그림 7-62 MIT의 갑판장교에서 체험자는 잠수함을 항구로 조종하는 법을 배운다. 실제의 과제를 모방한 부표들은 내비게이션 보조 수단으로 사용된다. 부이는 위치 확인에 유용한 아이덴티티 번호로 표시된다. 부표에서 사운드가 발산돼 경찰관이 위치를 결정하는 것을 돕는다. (Image courtesy of David Zeltzer)

을 지정함으로써, 그 장소 자체는 랜드마크가 될 수 있다. 구별되는 오브젝트를 그곳에 배치하는 것은 더 많은 도움이 되지만(그림 7-63 참조), 필요하지 않다(다음 절의 풋미디어 여행 방법 참조). 장소 이름은 체험자가 현재 위치 또는 목적지의 위치를 결정하는 데 도움이 되도록 지도 디스플레이와 함께 사용될 수도 있다. 명명된 위치의 경우, 아이템 선택 형태를 선택할 수 있는 이름을 사용해 여행지를 표시할 수 있다.

그림 7-63 특히 구별되는 오브젝트와 연관됐을 때 장소 자체가 랜드마크가 될 수 있다. (Photograph by William Sherman.)

지도와 함께 기억할 수 있는 장소 이름을 사용하는 예로는 로마 레본 애플리케이션(그림 7-64)의 가상 지도가 있다. 지도는 체험자에게 그들이 가리키는 건물을 알려주고, 그들은 장소 목록에서 어떤 건물을 선택할 수 있다.

빵 부스러기(탐방로를 남김)

떨어뜨린 빵 부스러기(또는 어떤 형태의 흔적도 남기지 않음)는 사용자가 그들이 어디에 있었는지 볼 수 있도록 하는 수단으로 사용될 수 있으며, 아마도 그 마커를 사용해 이전에 방문한 장소로 그들의 단계를 되짚어 볼 수 있다. 오솔길을 지우는 수단이 환경에 과도한 혼란을 방지하는 데 도움이 될 수 있지만, 이

그림 7-64 당신이 어디에 있는지 기억하는 한 가지 방법은 가장 가까운 지각 가능한 형상의 이름을 기억하는 것이다. 이 예에서 로마 레본(Roman Reborn)을 사용하는 체험자는 가상 태블릿에 액세스해서 사용자가 자신의 위치를 확인하고 새로운 위치로 이동할 수 있다. (Copyright 2018 by Frischer Consulting, Inc. All rights reserved)

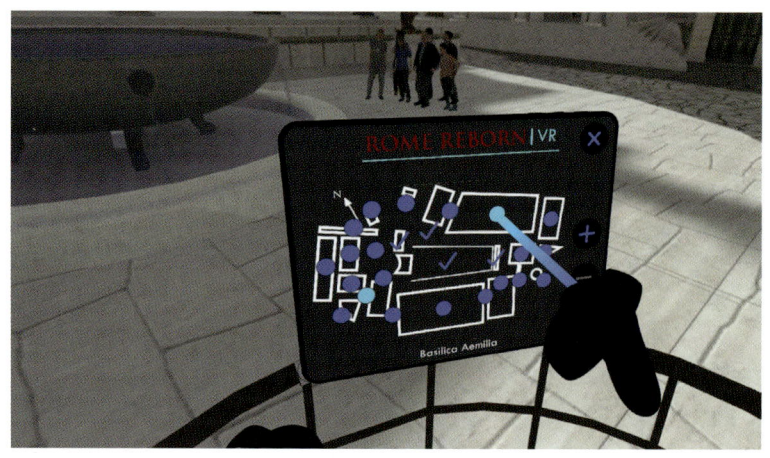

표지가 실제 빵 부스러기보다 다소 덧없기를 바란다.

흔적을 남기는 사용의 한 가지 예는 Virtual Director 카메라 안무 애플리케이션(그림 7-65)에서 확인할 수 있다. 이 신청서에서는, 그 흔적이 두 가지 목적을 가지고 있다. 이용자가 환경 속에서 여행한 곳을 보여주는 것 외에도 가상 컴퓨터 그래픽 카메라의 경로를 보여주는 것이기도 하다. 사용자는 가상 세계를 여행하면서 사실상 세계를 촬영하는 카메라를 휴대할 수 있다. 카메라는 이 광경을 컴퓨터 애니메이션으로 기록한다. 그 후 카메라가 남긴 경로를 변경하여 애니메이션을 편집할 수 있다.

그림 7-65 헨젤과 그레텔이 그들의 발걸음을 되돌릴 수 있도록 빵 부스러기 흔적을 남긴 것처럼 VR 애플리케이션도 같은 메타포를 따를 수 있다. 이 이미지에서는 컴퓨터 그래픽 카메라가 운반된 경로를 나타내는 자국을 볼 수 있다. (Virtual Director application courtesy of NCSA, Donna Cox, and Robert Patterson; photograph by William Sherman)

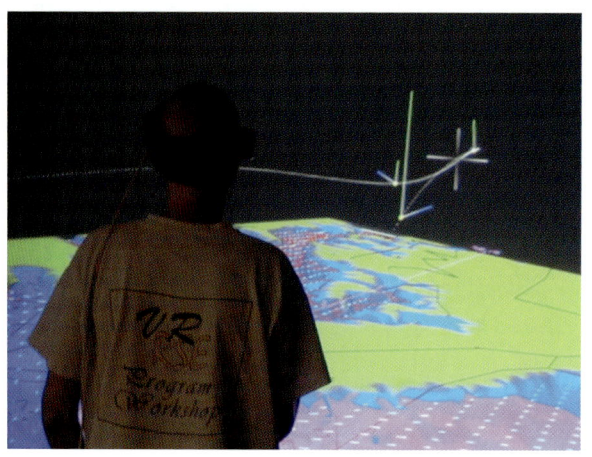

나침반

가상 세계에서의 복합 지표는 현실 세계의 지표와 동일한 목적으로 사용될 수 있다(그림 7-66). 사실 어떤 형태의 방향지시기도 항공기의 인위적인 수평선

그림 7-66 고정형 및 휴대용 나침반은 여행자가 실제와 가상 세계에서 길을 찾을 수 있도록 돕는다. (A와 B) 실제 세계의 예, VR 애플리케이션인 (C) 보일러메이커, (D) RITS(Radiological Immersive Survey Trainer) (Applications courtesy of Argonne National Lab / Nalco Fuel Tech and the Desert Research Institute, respectively; photographs courtesy William Sherman.)

지시등과 같이 이 범주에 분류할 수 있다. 컴퓨터 그래픽 가상 세계에서, 나침반은 자석 북극 지평선의 측면과 인공 지평선의 측면을 결합할 수 있다. 이러한 표현은 그림 7-66C에 표시된 보일러메이커 비주얼리제이션에 사용된다. 이 애플리케이션에서 구의 상부는 흰색이고 하반구는 검정색이다. (4개의 추기경 경맥 각각에 색선이 표시된다.)

계측기 안내

길찾기 보조 수단으로 계기 지침을 사용하는 것은 흔하다. 대부분 항공 및 해양 산업에서 필요하다. 항공기 계기 착륙 시스템에서 바늘이나 다이얼은 비행기가 항로에 있는지 또는 활주로 활주로를 유지하기 위해 얼마나 많은 조정이 필요한지를 나타낸다. 물론, 오늘날, 계기판 길찾기 시스템은 현재 특수 GPS 수신기의 형태로 또는 스마트폰의 앱으로서 기본적으로 보편적으로 도로 차량이나 보행자에게도 널리 이용되고 있다. 디스플레이는 차량의 위치와 경로 정보를 시각적 및 음성으로 모두 표시할 수 있다(예: 턴에 접근하는 경우).

그림 7-67 이 신청의 시작 부분에서 체험자는 길을 가리키는 화살로 바닥에서 어디로 가야 하는지를 지시 받는다. (The Thing Growing application courtesy of Josephine Anstey, photograph by William Sherman)

컴퓨터로 만들어진 가상 세계에서는 그러한 기능을 구현하는 것이 현실 세계보다 훨씬 더 쉽다. VR 애플리케이션이 체험자가 가고자 하거나 가고자 하는 곳을 알고 있는 경우, 다양한 탐색 보조 도구를 사용해 이러한 노력을 지원할 수 있다. 예를 들어 체험자의 발에 큰 화살표가 위치해서 진행 방향을 나타낼 수 있다(그림 7-67).

소음을 이용해서 사용자를 안내하는 한 가지 방법은 수학자 조지 프랜시스 George Francis에 의해 어반나 샴페인 Urbana-Champaign의 일리노이 대학에서 실행됐다. Optiverse라고 불리는 그의 애플리케이션에서 사용자들은 CAVE 디스플레이에서 3D 위상학적 형상을 탐구한다. 사용자를 최적의 시야 위치로 안내하기 위해 두 개의 사운드가 방출된다. 사운드는 음색은 같지만 목적지와의 거리에 따라 주파수가 다르다. 사용자가 목적지에서 멀어질수록 주파수 차이가 커진다. 사용자가 위치에 접근하면 주파수가 수렴되기 시작한다. 사용자는 목적지에 더 가까이 가는지 또는 더 멀리 가는지 들을 수 있고 적절한 조정을 할 수 있다.

외부 중심 보기

자기중심적 관점에서 외부중심적 관점으로의 일시적 관점의 변화는 환경 내에서 체험자가 자신의 위치를 결정하는 데 도움을 주는 데 사용될 수 있다. 예를 들어, 지상에서 걷는 것에 제약을 받는 사용자에게 일시적인 외향적인 관점을 가질 수 있는 능력이 주어질 수 있다. 그들의 견해는 세계에서 그들의 위치를 나타내는 아바타를 가지고 그들 위나 뒤에 있는 새의 눈으로 바뀔 수 있다. 레크리에이션 비행과 운전 시뮬레이션 소프트웨어에서, 이것은 종종 윙맨 뷰라고 불린다. 체험자의 미니 아바타가 포함된 WIM 디스플레이는 이러한 유형의 길찾기 지원의 또 다른 예다.

어떤 경우든 외향적인 관점으로 이동하는 경우, 시각적 맥락을 유지하는 것이 중요하다. 이동 중에 맥락을 유지하는 한 가지 방법은 자기 중심적인 관점에서 벗어나서 지속적으로 전환하는 것이다. 이를 통해 체험자는 글로벌 컨텍스트에서 자신이 어디에 있는지 더 쉽게 식별할 수 있다. 임시 보기를 가정하는 동안 맥락을 유지하는 다른 방법도 있다[Pausch et al. 1995]. 예를 들어 사용자의 이동된 외부 중심 보기에서 세계의 실제 위치까지 가리키는 선을 표시하거나, 사용자의 시야를 나타내는 쐐기를 표시할 수 있다.

좌표 화면표시 및 그리드 구조

위치 좌표의 표시는 사용자에게 텍스트로 표시되는 위치 정보일 뿐이다. 이것은 또한 자신의 위치를 다른 체험자에게 제공하는 데 사용할 수도 있고, 동일한 위치로 돌아가도록 돕기 위해 나중에 참조할 수 있도록 저장할 수도 있다. NCSA BattleView 군사 비주얼리제이션은 지도 로케이터 뷰 외에 좌표 디스플레이를 제공한다(그림 7-68).

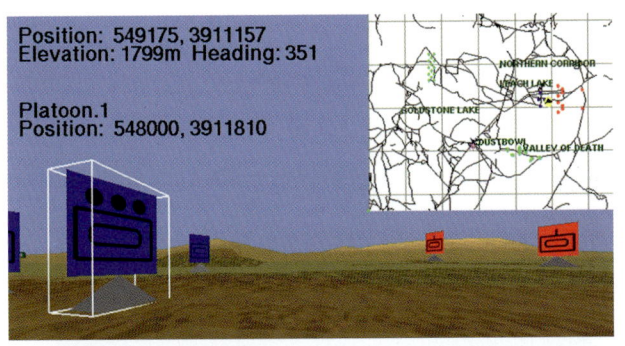

그림 7-68 미국 육군 연구소와 공동으로 BattleView VR 애플리케이션을 개발했다. BattleView는 지형, 군부대, 지도 및 위치 정보를 표시하는 전쟁 게임 시뮬레이션과 결합한다. 여기서 3D 지형 뷰 위에 2D 지도와 위치 좌표가 중첩된다. (Application courtesy of NCSA)

그림 7-69 멀리 있는 도시 이름은 체험자를 안내하는 데 사용할 수 있는 일종의 좌표 역할을 할 수 있다.

숫자 좌표 외에도, 여행자가 위치를 확인하는 데 도움이 되는 텍스트 표시의 또 다른 방법은 주변 지역이나 근처 마커의 이름을 제공하는 것이다. 예를 들어, 어떤 방향에서 가장 가까운 마을의 이름은 사용자가 세계를 횡단할 때 바뀌면서 지평선에 나타날 수도 있고, 심지어 몇몇 방향들까지도 바뀔 수도 있다 (그림 7-69).

좌표 디스플레이가 어떤 의미를 가지기 위해서는 공통의 데카르트 체계와 같은 어떤 형태의 격자 구조가 있어야 한다. 비록 그것이 구조와 들판이 세계에 어떻게 배치되는지의 결과로 나타날 수 있지만, 그리드 자체는 보통 눈에 잘 띄지 않는다. 그러나 어떤 경우에는 그 그리드가 길찾기 보조 장치로 사용되도록 눈에 띄게 렌더링된다. 예를 들어, 스티브 엘리스 Steve Ellis와 동료[1987]는 인근 항공기의 현재 및 예측 위치를 보여주기 위해 조종석 트래픽 디스플레이에 그리드를 추가하는 효과를 연구했다.

제한된 여행

체험자 손실을 방지하거나 줄이기 위한 한 가지 전략은 사용자 이동을 제한하는 것이다. 다차원 공간을 자유롭게 이동하는 것의 문제 중 하나는 그것이 매우 혼란스러울 수 있다는 것이다. 사용자가 여행할 수 있는 방법과 장소의 수를 제한함으로써, 그들의 길을 잃어버리는 능력이 줄어든다. 일부 기법은 미리 정의된 관점과 고도가 있을 수 있는 3D 세계를 통과하는 사용자의 이동을 제한하는 2D 매니폴드를 만든다[Hanson and Wernert 1997].

그림 7-70 일부 경험은 체험자가 갈 수 있는 경로에 제한이 있는 내리막 스키와 같은 제한된 여행의 자연스러운 형태를 제공한다. (Photograph courtesy of Kalev Leetaru, Let's Ski application courtesy of Marek Czernuszenko)

물리적인 이동, 주행, 견인 방법 등 일부 여행 방법은 그 자체로 제한적이다. 이 방법은 다음에 나오는 여행 절에서 다른 여행 제한 사항과 논의될 것이다(그림 7-70).

여행

관심 영역이 체험자의 가상 도달 범위를 벗어나는 어떤 세계에서도, 여행은 그들에게 우주를 탐험할 수 있는 능력을 부여하는 것이다. 사용자를 작은 물리적 움직임 범위 또는 보기 내의 오브젝트만 조작하도록 제한하는 단순한 VR 인터페이스는 대부분의 비경고 시뮬레이션 가상 세계를 경험하기에 적합하지 않다.

많은 점에서, 물리적인 움직임을 가상 공간을 통과하는 여행의 수단으로 이용하는 것은 매우 자연스러운 것으로 보인다. 결국 많은 VR 개발자들에게 목표는 현실 세계와의 물리적 상호작용을 모방한 인터페이스다. 그러나 그러한 물리적 상호작용은 많고 다양하다. 어린 아이는 유모차나 어깨에 올라타면서 주어진 방향을 가리키면 그 방향으로 끌려갈 수도 있다는 것을 배울 수 있다. 거기서부터 아이는 팔과 균형에 의해 컨트롤되는 방향으로 다리의 움직임을 전방 또는 후방 운동으로 변환하는 스쿠터, 삼륜 자전거, 자전거, 스케이트보드를 통해 진행한다(그림 7-71). 이것은 다양한 기계들이 상대적으로 쉽게 육지, 바다, 공기를 횡단할 수 있게 해주기 때문에 나중에 증강된다. 어떤 여행자들은 전동 휠체어를 타고 조이스틱을 통해 세계를 횡단하는 법을 배운다. 더 많은 사람들이 조이스틱, 버튼 또는 마우스를 사용해서 컴퓨터 기반 세계를 여행하는 것을 배운다.

사람들은 새로운 인터페이스를 배울 수 있다. 따라서, 물리적 움직임이 가장 자연스러워 보일 수 있지만, 대부분의 경험에 적합한 인터페이스로 간주될 필요는 없다.

그림 7-71 가상 세계를 통한 이동이 가능하도록 개발된 디바이스가 많다. 이 사진들은 가상 세계에서 가상 서프보드를 컨트롤하기 위해 서프보드 장치를 사용하는 체험자를 보여준다. 체험자는 실제 서핑 보드 타기를 모방하는 방식으로 움직인다. 이 장치는 축소된 서프보드의 세 모서리에 압력 센서를 부착해 제작됐다. 닌텐도 Wii Balance Board는 플랫폼의 물리적 기울기가 없는 것을 제외하고 매우 비슷한 것을 한다. (Images courtesy of Peter Broadwell)

그러나 VR 인터페이스 디자이너는 여전히 좋은 디자인 절차에 기반한 인터페이스를 개발할 필요가 있다. 인터페이스가 배우기 어렵거나 직관에 반하는 경우, 사용자가 세계를 내비게이션하는 데 도움이 되기 보다는 방해가 될 것이다.

디자이너가 직면한 한 가지 어려움은 다른 인생 경험을 가진 사람들이 직관적인 것에 대한 다른 개념을 가질 수 있다는 것이다. 예를 들어 조종사는 조이스틱을 앞으로 밀어 그들의 시야에 있는 오브젝트가 위로 이동하게 할 것이다. 왜냐하면 조종사들은 비행 중에 하강하는 그러한 행동을 정신적으로 매핑하기 때문이다. 그러나 다른 누군가는 전방 조이스틱의 움직임이 오브젝트를 하강하게 할 것으로 예상할 수 있다. 대상 뷰어가 파일럿(또는 비행 시뮬레이터 게임을 하는 사람)의 비율이 높은 경우 디자이너는 대상 사용자의 기대를 염두에 두어야 한다.

여행 인터페이스의 특성

조작 기법의 특성 중 일부는 다양한 이동 방법에도 적용될 수 있다(조작에 대해 논의된 것과 동일한 방식으로).

- 활성화
- 피드백
- 래칭
- 바이매뉴얼 인터페이스

다른 조작 속성에는 이동별 구성 요소가 있다.

- 조작 방법(직접, 물리적, 가상, 에이전트)
- 제약조건
- 레퍼런스 프레임
- 이동식(관제순서 및 게인)

다른 조작과 마찬가지로 여행에 대해 본질적으로 같은 행동을 하는 네 가지 속성조차도 여행에 특정한 측면이 있을 것이다. 예를 들어, 밸류에이터가 있는 조이스틱을 활성화 방법으로 사용해서 비행하면 속도를 컨트롤하고 이동/금지할 수 있으며, 또는 위치를 가리키고 버튼을 누르거나 버튼을 놓으면 표시된 위치로 점프할 수 있다. 여행에 대한 피드백에는 이동에 필요한 신체적인 노력이 포함될 수 있다. 즉, 당신의 몸은 당신이 얼마나 움직였는지에 대한 피드백을 제공한다. 세계의 붙잡기 인터페이스는 여러 번의 붙잡기와 놓기(즉, 래칭)를 수반한다. 두 손을 사용해 이동 방향(벡터)을 만들 수 있다.

조작법

여행에 사용되는 가장 일반적인 조작 방법은 물리적인 방법과 가상적인 것이다. 여행에 사용할 컨트롤 방법의 선택은 일반적으로 경험의 목표에 따라 달라진다. 물리적 조정기는 일반적으로 항공기, 트랙터(그림 4-46 참조), 우주 유영(그림 7-5 및 7-98 참조), 또는 대형 선박(그림 4-39 참조)과 같은 특정 차량 또는 기타 이동 수단의 인터페이스를 충실하게 복제하려고 시도할 때 사용된다.

가상 조정기는 또한 차량 인터페이스를 모방하기 위해 조향 휠이나 비행 스틱과 같은 물리적 장치를 모방하는 데 사용될 수 있다. 보다 일반적으로 가상 컨트롤장치는 지점간 디자인과 같은 실제 장치의 제약 없이 인터페이스를 생성하는 데 사용된다. 가상 조정기는 또한 각 상황에 대한 물리적 버전을 구축할 필요 없이 여러 디자인을 구현하도록 더 쉽게 재구성할 수 있다.

에이전트 컨트롤은 명령을 이동 명령으로 해석하는 실제 또는 가상 에이전트에 전달되거나 제안되는 명령이다. 어느 방향으로 방향을 틀고 얼마나 빨리 가야 하는지에 대한 선장의 지시는 요원에 대한 명령이다. Deck 애플리케이션의 책임자는 음성 인식을 통해 음성 명령을 해석하고 사용하는 가상 파일럿 팀의 사용을 통해 담당자의 역할을 모방한다[Zeltzer et al. 1995].

사용자 직접 컨트롤은 일반적으로 이동 컨트롤에 사용되지 않는다. 그러나, 이 기법을 이용하는 여행 인터페이스의 한 예는 체험자가 미니어처 세계에서 자신의 아바타를 잡고, 새로운 위치로 이동하며, 현재 위치에서 지정된 목적지까지의 경로를 따라 이동하는 WIM$^{World-in-Miniature}$ 방법이다. 또 다른 예로는 밧

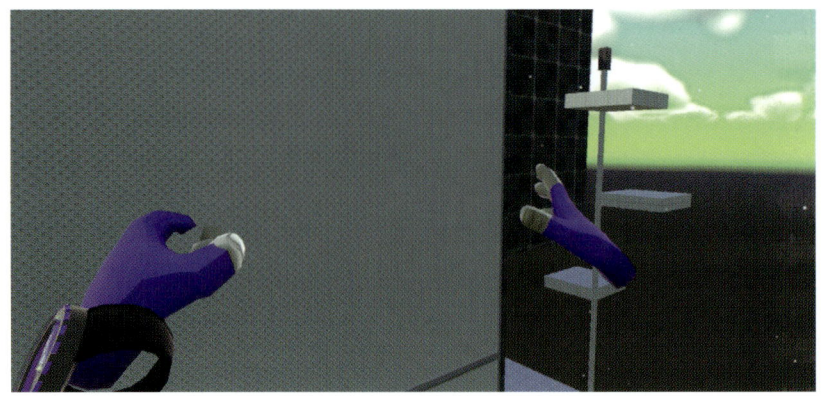

그림 7-72 클라임비 퍼즐 게임 VR 체험에서 특정 벽은 세계 여행의 방법으로 올라갈 수 있다.

줄을 움켜잡는 몸짓을 해서 당신 쪽으로 손을 당기거나, 마찬가지로 사다리 위의 렁이를 잡거나, 우주정거장의 손을 잡음으로써 자신을 환경의 밧줄을 따라 잡아당기는 것일 수 있다(그림 7-72).

일부 인터페이스 패러다임은 물리적 컨트롤과 가상 컨트롤의 조합을 요구한다. 예를 들어, 체험자에게 거리 통과 감각을 제공하기 위해 물리적 계단-스티퍼 장치를 사용하는 경우, 이동 방향에 영향을 미치는 또 다른 형태의 입력(아마도 가상)이 필요할 것이다.

제약

조작 방법의 제약 중 일부는 이동에도 적용될 수 있다. 제약조건을 사용하면 활용되는 여행 패러다임을 정의할 수 있다. 예를 들어 일정한 수직 위치를 유지하기 위해 이동 방향이 제약되는 시스템(즉, 사용자가 어떤 가상 지상 또는 중력 벡터에 수직으로 유지)에서 지각되는 효과는 보이지 않는 평탄한 플랫폼 위를 이동하는 것이다.

사용자를 특정 경로로 제한하는 아이디어는 데이터 공간을 통과하는 특정 선형 경로를 따르는 것으로 제한되지 않는다. 다른 옵션은 사용자를 특정 평면으로만 제한한다. 그래서 체험자는 3D 공간을 자유롭게 비행할 수 있는 대신 2D 비행기에서만 '걸'을 수 있다. 이것은 본질적으로 다음의 가장 기본적인 형태의 지형이다.

터레인 추종은 체험자(또는 다른 에이전시)를 가상 세계의 지면이나 바닥 위 적절한 높이로 유지하는 이동 구속조건이다. 지형을 따르는 것은 비행과 보행로를 구별하고 비행과 운전을 구분한다.

많은 여행 인터페이스가 체험자의 횡방향 이동 능력을 제한한다. 횡방향 이동은 그들이 마주보는 방향(종방향 축)과는 반대로 좌우로 이동하는 능력이다. 측면 이동은 알려지지 않은 데이터를 탐색하는 것이 목표인 비주얼리제이션 애플리케이션에서 중요할 수 있다. 일반적인 보행/비행 인터페이스는 종종 횡방향 이동을 허용하지만, 실제 차를 조종하는 것과 마찬가지로 많은 조종 차량은 그렇지 않다.

레퍼런스 프레임

가상 세계에서의 여행은 사용자와 세계 사이의 상대적인 움직임이다. 이 상대적인 움직임이 사용자에 의해 어떻게 해석되는가는 여행 인터페이스의 구현에 달려 있다. 이전에, 우리는 자기중심적 대 외향적 기준 프레임의 개념을 논의했다. 일반적으로 레퍼런스 프레임은 하나의 관점과 행동이 외부적인 관점인지 내부적인 관점인지를 나타낸다. 여행에 대해 논의할 때, 우리는 세계를 상대적으로 움직이는 사용자를 지칭하거나, 세계가 그들과 상대적으로 움직이는 동안 가만히 있는 사용자를 지칭하는 것으로 움직일 수 있다(그림 7-73).

그림 7-73 (A) 외적으로 북/남으로, 또는 표제로, 또는 (B) 자기 중심적으로 왼쪽/우측으로 또는 시계 메타포를 사용해 회전을 지정할 수 있다.

대부분의 여행 패러다임은 체험자가 공간을 통해 움직이고 있다고 가정한다. 그러나 실제로는 이용자가 현실 세계에서 (상대적으로) 정지해 있고, 세계를 나타내는 것이 지나쳐 가고 있다. 어떤 애플리케이션의 경우, 목표는 사용자가 세계를 통과하는 환상을 만드는 것이다. 다른 애플리케이션의 경우 이것은 덜 중요하다.

이동 공식(컨트롤 순서 및 게인)

어떤 형태의 여행 컨트롤은 자기 로코모션을 모방한다. 다른 형태는 여행자가 특정 목적지로 직접 점프할 수 있도록 한다. 그러나 가장 일반적인 형태의 여행 컨트롤은 마치 어떤 차량이 여행자를 세계를 통과하도록 유도하는 역할을 하는 것처럼 작동한다.

컨트롤 순서 선택이 변위, 속도 또는 가속과 같은 다양한 이동 스타일을 허용한다는 것을 장 앞부분의 논의에서 상기했다. 변위(영점 이동)의 경우, 사용자가 언제 동작을 시작하고 종료할지를 지정할 수 있도록 버튼 누르기(또는 트리거 이벤트)를 사용해서 컨트롤 동작과 동일한 속도로 오브젝트의 이동이 발생한다. 속도(첫 번째 순서 컨트롤)를 설정하면 사용자가 공간을 통과하는 운동 속도를 지정할 수 있다. 마찬가지로 가속도 컨트롤(두 번째 순서)는 사용자가 천천히 이동하기 시작하고 지역 또는 글로벌 이동 속도를 증가시킬 수 있도록 한다.

그림 7-74 모델 항공기 컨트롤러를 사용해 가상 세계에서 비행기의 속도를 컨트롤하거나 다양한 기타 기능을 컨트롤할 수 있다. 예를 들어, 가상 풍선의 높이나 카페인의 분자 모델의 번역에 동일한 컨트롤러가 사용될 수 있다. (Photograph by William Sherman).

우리가 차량의 속도, 속도 또는 가속을 컨트롤하는 메커니즘을 작동시켜 차량을 컨트롤할 때, 우리는 속도 및/또는 방향에 영향을 미칠 수 있다. 사용자가 속도 속도에서 얼마나 많은 컨트롤을 할 것인지를 선택하는 것은 가상 세계의 오브젝트 간격을 반영해야 한다. 모든 오브젝트가 한 위치에 클러스터링된 경우 사용자는 한 지점에서 다른 지점으로 천천히 이동할 수 있기를 원할 것이다. 만약 오브젝트가 멀리 있다면, 그들은 일반적으로 더 빠른 속도로 여행하기를 원할 것이다. 저속과 고속 사이를 쉽게 이동할 수 있는 능력도 바람직하며, 특히 태양계와 같은 오브젝트의 불균일한 분포가 있는 세계에서는 더욱 그러하다. 속도 설정은 물리적 컨트롤 또는 가상 컨트롤로 수행할 수 있다. 속도를 컨트롤하기 위한 물리적 컨트롤장치의 예로는 발 페달, 추력 레버, 회전 노브, 조이스틱 및 컴퓨터 키보드 등이 있다. 실제 기기들은 가상 기기들의 실제 기능과 비슷한 방식으로(또는 의도적으로 다른 방식으로) 가상 기기들을 컨트롤하는 데 사용될 수 있다(그림 7-74). 가상 조정기는 스로틀, 메뉴의 속도 목록 또는 손의 신체와 상대적인 거리 역할을 하는 가상 슬라이더가 될 수 있다(그림 7-75).

그림 7-75 이 손 컨트롤의 예에서 사용자는 세 가지 영역 중 하나로 손을 움직여서 가속하거나, 일정한 속도를 유지하거나, 또는 감속할 수 있다[Mine 1995a]. 이 방법은 사용자가 등속 구역에서 더 멀리 손을 이동해서 가속하거나 감속할 수 있도록 해서 구현할 수 있다. 사용자가 팔을 쉬게 하고 이동을 멈추기 위한 간단한 방법을 제공하기 위해 별도의 시작/정지 트리거 메커니즘이 유리하다. 구역 분할(몸통 참조)을 표시하는 막대는 일반적으로 체험자는 볼 수 없지만, 유익한 것으로 판명될 경우 표시할 수 있다.

음성은 또한 이동 속도를 조절하는 데 사용될 수 있다. 명령어는 특정한 속도를 주거나 상대적인 변화를 나타낼 수 있다. "워프 8로 향하라", "빨리, 빨리!" 또는 "멈춰"처럼 말이다. 앞서 언급한 갑판 훈련 경험 담당자는 음성 명령 인터페이스에 크게 의존한다. 이 애플리케이션에서 속도(노트 단위)는 장교가 말하고 가상 조타실에 의해 영향을 받는다.

사용자들은 거의 일직선으로 여행하기를 원하지 않는다. 따라서 여행의 방향을 조절하는 어떤 수단은 매우 유리하다. 앞에서 설명한 방향 선택 방법을 사용해 이동의 전진 방향을 지정할 수 있다. 이것은 사용자가 단순히 이동 방향을 향하도록 몸을 돌릴 수 있을 때 잘 작동하지만, 사용자가 앉거나 신체 위치의 이동을 허용하지 않는 정지된 디스플레이를 볼 때 항상 가능한 것은 아니다. 사용자가 가상 세계에 대해 방향을 바꿀 필요가 있는 경우가 있다. 차 안의 공간에 비례해 고정돼 있는 차의 운전자처럼, 그들은 세계와 상대적인 차를 회전시켜 방향을 바꿀 수 있어야 한다.

전체(100%) 관련 디스플레이 분야에서 개발자는 현실 세계와 비교해 가상 세계 방향을 변경하는 방법을 포함할 필요가 없다. 이러한 디스플레이에서 사용자는 세계를 회전하는 대신 자신의 신체적인 몸을 자유롭게 회전시킬 수 있다. 그러나 FOR가 100%인 VR 비주얼 디스플레이를 사용하지 않는 경우 및 사용자의 이동 자유가 제한되는 경우(좌석 시와 같이) 또는 세계를 뒤집고 싶을 때 사용자는 이동 인터페이스의 일부로 가상 방향을 변경할 수 있어야 할 수 있다. 필요하지 않은 경우에도 사용자는 물리적으로 회전하는 것보다 가상으로 회전하는 것이 더 편할 수 있다.

여행 방법 클래스

여행 방법의 선택과 실행 방법은 경험의 장르, 개발자가 이용할 수 있는 I/O 장치 또는 사용자가 이용할 수 있는 것으로 알려진 장치에 기초할 수 있다. 표준 CAVE 설치 시 누구나 쉽게 사용할 수 있도록 디자인된 애플리케이션은 CAVE 완드만 사용할 것이며, 오큘러스 리프트를 위해 디자인된 애플리케이션은 터치 컨트롤러 또는 바이브 컨트롤러를 사용할 것이며, 반면에 돛단배 훈련을 위해 디자인된 애플리케이션에는 물리적 돛과 방향타 커서가 포함될 가능성이 높다.

일반적인 여행 방법은 다음과 같다.

- 물리적 로코모션 Physical locomotion
- 라이드얼론 Ride along
- 토우로프 towrope (강 메타포)
- 플라이스루(및 워크스루)
- 파일럿스루
- 무브더월드 Move-the-world
- 스케일더월드 Scale-the-world
- 풋미데어 Put-me-there (텔레포트미 Teleport me)

- 궤도 조회

각 이동 방법은 여러 인터페이스 기법을 사용할 수 있다. 몇 가지 실행 가능한 인터페이스와 각 범주의 다른 가능한 특징에 대해 논의한다.

물리적 로코모션

가장 간단한 여행 방법은 오로지 물리적인 이동에 의존한다. 이미 가상 현실의 기본 요건인 사용자의 신체 위치(특히 헤드 위치)를 트래킹하고 세계를 적절히 렌더링하는 것 외에는 인터페이스가 필요하지 않다. 체험자는 6-DOF 트래킹 장치의 범위 내에서 배회함으로써 다양한 위치에서 세계를 볼 수 있는 수단을 갖게 된다. 또한 움직이는 능력은 세계 오브젝트의 관계에 대한 감각을 부여하는 데 도움이 되는 자기수용적, 운동적 피드백을 제공한다. 물론 일반적으로 사용자 이동 범위는 트래킹 기술에 의해 제한된다. 예를 들어, 광역 트래킹이기는 더 큰 세계의 탐사를 허용한다. 또한 사용자 이동은 더 많은 영역을 포함하도록 스케일업하거나 더 세부적인 뷰 컨트롤을 위해 스케일다운할 수 있다. 나중에(8장)에서는 사실상 무한한 보행 공간의 외관을 제공하기 위해 지각적 왜곡과 함께 광역 트래킹을 이용하는 리디렉션 보행에 대해 논할 것이다.

물리적 이동 패러다임은 사용자의 위치를 트래킹하는 VR 경험의 한 부분이다. 그래서 그들의 움직임이 마치 롤러코스터나 다른 테마파크 탈 때처럼 통제된다 하더라도, 그들은 여전히 머리를 움직여 세계관을 바꿀 수 있다(육체적인 움직임은 경험의 일차적인 여행 패러다임에 효과적으로 추가된다). Toirt Samhlaigh 비주얼리제이션 애플리케이션(및 그 Crumbs 이전)은 사용자가 세계에서 개별 오브젝트(대화판 등)의 위치를 변경할 수 있지만, 주로 사용자의 이동 방법으로서 물리적 이동에 의존하는 애플리케이션의 예다(그림 7-24 참조).

거리(및 리디렉션된 움직임의 사용 가능)에 따라, 물리적 이동은 가상 세계를 여행할 때 체험자에 의한 상당한 물리적 힘을 수반할 수 있다. 군사작전 훈련 등 경우에 따라서는 이것이 유익한 부작용이 될 수 있다.

어떤 상황에서는 사용자가 앉거나 다른 방법으로 정지해서 주위를 둘러보기 위해 머리만 움직일 수 있다. 가상 세계도 정적인 경우 경험은 구형 뷰 이동 인

그림 7-76 구면 보기는 가장 단순한 형태의 이동이다. 그것은 사용자의 머리를 정지된 세계의 중앙에 위치시켜, 머리를 회전시켜 시야를 바꿀 수 있게 한다. 이 여행 인터페이스의 제약조건은 단순히 세계의 이미지를 구의 내부에 매핑함으로써 구현될 수 있게 한다. 여기서 구의 일부를 잘라내어 사용자를 내부에 드러낸다.

터페이스로 축소된다(그림 7-76). 이름은 사용자 머리를 구의 중심에 두고 구의 내부에 세계의 이미지를 표시함으로써 내부적으로 전 세계를 대표할 수 있다는 전제를 말한다. 이것은 많은 이야기꾼들이 탐구하기 시작한 형식인 '360' 영화로 캡처(또는 렌더링)된 미디어를 제시할 때 매우 흔하다.

라이드얼론

또 다른 단순하고 마찬가지로 제한적인 여행 패러다임은 그 길을 따라가는 것이다. 이동 중에 사용자는 애플리케이션이 컨트롤하는 경로를 통해 가상 세계를 이동한다. 그들은 시야를 바꾸기 위해 자유롭게 머리를 움직일 수 있지만, 건물을 통해 컨베이어 벨트를 타고 공장 투어를 경험하는 것과 같은, 가구가 갖춰진 길을 벗어날 수는 없다. 체험자가 속도 조작 방식에 대해 어떤 통제를 이용할 수 있거나, 체험자가 선택한 경로 중에서 선택할 수 있다.

애플리케이션 개발자가 체험자가 방문할 수 있는 세계의 범위를 통제할 수 있고 전체적인 경험에 더 중요한 세계의 일부에 세계 모델링 노력을 집중할 수 있다는 이점이 있다. (제한된 여행 패러다임은 여행자가 경계를 벗어나는 것을 막는 장애물이나 다른 요령을 제공함으로써 비슷한 효과를 얻을 수 있다.) 주행의 또 다른 이점은 인터페이스가 보다 유연한 여행 패러다임보다 훨씬 간단해서 VR 기술 훈련을 덜 필요로 한다는 것이다. 그것은 또한 체험자가 그들이 보기를 원하는 세계의 모든 측면을 방문하도록 보장할 수 있다.

〈Zone Hunter〉와 같이 Virtuality Group plc에 의해 개발된 일부 VR 게임들은 주로 패러다임을 따라 이동하면서 고객들이 기술 학습 없이도 바로 게임을 시작할 수 있는 엔터테인먼트실 게임 경험을 더 많이 제공했다. 트랙에 국한된

롤러코스터와 다크 라이드(Universal's Aboutly Spiderman ride 등)는 승객이 자신의 움직임을 지시할 수 있도록 하는 실제 사례를 제공한다.

토우로프

토우로프 여행 방식은 주행에 비해 다소 덜 제한적일 뿐이다. 이름이 암시하듯이, 토우로프 패러다임은 마치 여행자가 환경을 통해 견인되는 것처럼 작용한다[Pausch et al. 1996]. 글라이더 비행기, 보트 또는 육상 차량과 마찬가지로 체험자는 견인 로프 길이의 제약 내에서 견인 차량에서 벗어날 수 있다. 견인이라 비유하고 있으므로 속도는 일반적으로 사용자가 아니라 당기는 실체에 의해 컨트롤된다. 이러한 여행 방식은 체험자에게 이동의 자유를 주지만, 세계 건설 니즈를 제한하고 사용자 기술 훈련을 하는 등 주행의 장점을 유지한다. (참고로 로프 길이가 0인 견인 인터페이스가 인터페이스를 따라 주행한다.)

이 내비게이션 방법은 강 메타포이라고도 한다[Weber 1997]. 또한 토우로프 유사하게, 강은 반드시 따라가야 하는 넓은 길을 의미하지만, 수평 운동을 위한 약간의 여유와 코스의 이동 속도를 조절한다. 그러나 체험자가 진보를 늦출 수는 있어도 전연 물살을 극복할 수는 없다. 그림 7-70에 나타난 내리막 스키도 이 범주에 속할 것이다.

그림 7-77 (A) 히람 워커의 커티티어 가상 내비게이션 경험에서 체험자는 한 채널 내에서 배를 내비게이션할 수 있다. 그러나, 그들은 수로를 따라 내려갈 수 밖에 없다. 이것은 견인차 여행의 예다. (B) 이 물 투수는 견인차 메타포의 실제적인 예를 보여준다. 보트는 체험자(터버)가 밧줄의 길이에 의해 부과된 봉투 안에서 일정량의 자유로운 움직임을 즐길 수 있도록 해서 여행 속도와 방향을 결정한다. ((A) Image courtesy of GreyStone Technology, Inc. (B) Photograph by Theresa Sherman.)

Cutty Sark Virtual Voyage 경험은 토우로프 방법의 한 예다(그림 7-77). 이 예에서 사용자는 배의 바퀴를 이용해 조향을 하는 클리퍼 배를 조종하지만, 고정된 속도에서만 움직일 수 있으며, 실제로 다음 사전 지정된 경유지에서 너무 멀리 항로를 이탈할 수 없다. 마찬가지로 디즈니퀘스트 가상 정글 크루즈 놀이기구는 체험자에게 패들을 이용한 제한된 이동 컨트롤을 허용하지만, 물살이 그들을 소수의 결정 지점이 있는 넓은 길을 따라 앞으로 이동시킨다(그림 5-88 참조).

플라이스루 및 워크쓰루

플라이스루 패러다임은 아마도 가상 공간을 통과하는 가장 일반적인 방법일 것이며, 3차원의 이동이 가능하다. 보행시선 패러다임은 기본적으로 플라이스루와 동일하지만 여행자에게 적용되는 지형 추종 구속조건이다. 이러한 범주에 속할 수 있는 많은 인터페이스 스타일이 있다. 플라이스루(또는 워크스루)는 속도 컨트롤과 결합된 방향 선택으로 구성된 모든 이동 방법을 의미한다. 방향과 속도 외에도, 플라이/워크스루도 회전 운동을 할 수 있다.

포인터 유도 플라이스루$^{point-to-fly}$는 VR 여행의 일반적인 초기 방법으로, 이동 방향과 속도를 표시했다. 속도는 간단한 go/no-go 컨트롤이었다. 사용자가 가리키면 정해진 속도로 가고, 사용자가 가리키는 것을 멈추면 중지한다.

시선 유도 플라이스루도 자주 사용됐는데, 사용이 간편하고 헤드 트래커와 버튼만 있으면 구현할 수 있기 때문이다. 시선이 향하는 방법의 가장 큰 단점은 사용자가 어디로 가는지에 영향을 미치지 않고 여행하면서 주위를 둘러볼 수 없다는 것이다. 또한 디스플레이가 100% 관련 영역 미만이어서 사용자가 가상 세계에 비해 방향을 변경할 수 없는 경우, 그들이 어디로 가고 있는지 알 수 없는 경우가 있을 것이다.

토르소 유도 워크/플라이스루$^{fly-through}$는 일반적으로 플라이스루 패러다임보다 (제한된) 보행에 대해 더 타당할 수 있지만, 아마도 시선이나 손으로 인도하는 것보다 더 자연스러운 인터페이스 스타일일 것이다. 이 여행 인터페이스 방법은 특히 Placeholder VR 경험에 대한 중요한 설명이었다[Laurel et al. 1994] [Sherman and Craig 2002].

마크 마인^{Mark Mine}은 체험자가 3D 공간을 직관적으로 탐색할 수 있는 양손 플라이스루^{dual-handed fly-through}를 설명했다[Mark Mine 1996]. 이 방법에서 사용자는 한 손의 손가락 끝에서부터 다른 손의 손가락 끝 또는 한 받침대에서 다른 받침대로의 벡터를 지정한다(그림 7-78). 벡터는 이동 방향과 크기를 모두 제공한다. 멈추기 위해 두 손가락을 모으고 방향을 반대로 돌리기 위해 사용자는 트래킹된 손가락의 위치를 되돌린다.

전술한 바와 같이 사용자가 방향을 변경할 수 있는 수단(즉, 현실 세계와 가상 세계 사이의 상대적 방향)을 규정하는 플라이/워크스루 방법은 없다. 마치 그들이 중력과 진정한 북쪽에 상대적으로 고정된 어떤 플랫폼에 타고 있는 것 같다. 그들은 어떤 방

그림 7-78 여기에 표시된 여행 방법은 두 손을 사용한다. 손가락 끝에서부터 손가락 끝까지의 벡터는 움직임과 속도를 모두 제공한다.

향으로든 이동할 수 있지만, 북쪽을 향해 있을 것이다. 따라서 옆으로 움직이고 있을 수도 있지만 여전히 북쪽을 향하고 있을 것이다. 방향컨트롤을 도입함으로써 사용자가 원하는 이동 방향을 시야에 넣은 다음 정상적으로 진행할 수 있도록 함으로써 100% FOR가 없는 디스플레이의 이동에 대한 많은 문제를 줄일 수 있다. 회전을 변경하기 위해 추가 입력 방법이 필요할 수 있다.

예를 들어, 많은 CAVE 애플리케이션에서 일반적인 이동 방법은 포인터 방향 보행용 휴대용 완드 받침대의 사용에 요 회전을 추가하는 것이다. 막대기에 내장된 조이스틱은 사용자가 가하는 전방/후방 압력의 양에 의해 세계를 통과하는 이동 속도를 컨트롤하는 데 사용된다. 조이스틱의 왼쪽/오른쪽 압력으로 인해 사용자 주위에서 세계가 회전한다. Dave Pape의 Crayoland는 CAVE 이동의 현재 일반적인 방법을 사용한 최초의 CAVE 애플리케이션이었다. 물론 조이스틱이나 다른 이중밸류 입력장치가 장착된 HMD 시스템과 똑같이 잘 작동한다.

무브 프롬 레퍼런스$^{Move-from-Reference}$는 위치 및/또는 방향 이동을 컨트롤하기 위해 손(또는 핸드헬드 프로프)의 움직임을 사용하는 보이지 않는 가상 컨트롤 장치다. 그것은 아마도 가장 일반적인 플라이스루 스타일이며 번역과 회전 모두에서 제약이 없을 수 있다. 이 이동 방법은 종종 손과 일부 알려진 참조 사이의 상대적 위치를 이용한다. 참조는 트래킹된 일부 실제 실체(예: 사용자의 오프핸드, 몸통 또는 머리)와 비교해서 현실 세계에서 고정될 수 있으며, 사용자가 각 이동 전에 지정할 수 있는 실제 공간의 어느 지점이 될 수 있다. 오프핸드를 기준점으로 사용할 경우 방향 컨트롤을 통해 양손 플라이스루를 지정했다는 점에 유의해야 한다.

기준 이동을 공통적으로 구현하는 것은 이동 시 기준점을 손의 위치에 설정한 다음, 손을 이 위치에 비례해 움직이는 것이다. 이 기준점에서 손을 앞으로 움직이면 체험자가 비례하는 속도로 앞으로 이동한다. 이동 속도는 손이 움직이는 거리에 의해 직접적으로 영향을 받을 수 있고, 기하급수적으로 변화할 수 있으며, 또는 여러 개의 다른 '구역'이 정의되고 각 구역이 특정 속도나 가속도에 해당하는 시나리오와 같은 다른 유형의 매핑으로 구성될 수 있다. NCSA Virtual Director 애플리케이션[Thiébaux 1997]은 매우 유연하고 시야를 유지하면서 관심 지점을 도는 것과 같은 복잡한 기동을 수행하는 데 사용할 수 있기 때문에 이 이동 방법을 사용한다. 그것은 완전히 제약되지 않는 여행 방법이며 따라서 능숙하게 수행하려면 기술이 필요하다.

가능한 수많은 플라이/워크스루 인터페이스가 있다. 많은 것들이 특정한 움직임 스타일을 모방하거나 다른 방법으로 언급하는 몸짓으로 구현될 수 있다. 아마도 가장 간단한 여행 동작은 걸어들어가는 자세일 것이다. 즉, 발을 연속해서 올리고 내리는 것이 전방 움직임을 나타낸다[Usoh et al. 1999]. 걸어다니는 것과 유사하게 손가락을 번갈아 가며 태블릿을 가로질러 걸어다니게 하는 것이다[Yan et al. 2016]. 또 다른 상상하기 쉬운 동작은 슈퍼맨 날으는 자세다. 여러분의 팔을 머리 위로 올리고 방향을 제시하기 위해 몸통을 기울인다. 덜 직관적인 것은 펭구플라이[von Kapri et al. 2011] 또는 NinjaRun[James 2016]으로 독립적으로 가상 세계를 통과하는 여행을 컨트롤하는 매개변수를 제공하는 다른 것 중에서 양손과 머리를 기울여 넓힐 수 있는 삼각형 모양을 만드는 것이다. 이러한 방법은 머리와 양손을 트래킹해야 한다는 점에 유의하라(직접 또는 휴대용 장치를 트래킹).

파일럿스루

파일럿스루 패러다임은 일부(가상) 차량의 컨트롤에 기반한 모든 형태의 이동에 적용된다. 플라이스루 패러다임과 많은 유사점을 공유하지만, 두 패러다임은 컨트롤의 우수성에 의해 차별화될 수 있다. 파일럿스루 인터페이스에서 조정기는 컨트롤의 순서(예: 속도 대신 가속)를 증가시킬 수 있는 일부 차량의 시뮬레이션에 의해 표면적으로 조정되며, 일부 조향컨트롤장치를 통해 방향이 변경된다. 예를 들어 플라이스루 컨트롤은 원하는 방향을 가리키고, 속도를 지정하고, 이동할 수 있다.

물리적 플랫폼 인터페이스는 차량 조종 수단을 제공한다. 물리적 오브젝트로서 플랫폼은 실제 물리적으로 조작 가능한 오브젝트(예: 노브, 스티어링 휠, 조이스틱)를 컨트롤 장치로 사용할 수 있다. 이러한 기기는 실제 차량의 컨트롤 시스템을 모델로 한 경우 특히 유용하다. 이점은 체험자가 기존 기술을 활용할 수 있도록 하는 데서 온다. 이러한 현실 세계와의 조화는 또한 경험의 정신적 몰입도를 더해줄 수 있다. 또한 플랫폼은 가능한 조작에 실제적인 제약을 가할 수 있다. 플랫폼 인터페이스 파일럿 스루 사용의 예로는 디즈니의 알라딘 VR 경험(그림 7-79), 캐터필러 가상 프로토타이핑 시스템(그림 4-46 참조), 올스테

(A)
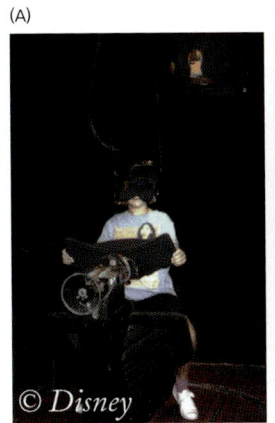
(B)

그림 7-79 디즈니의 알라딘의 매직 카펫 라이드 VR 체험에서, 마술 카펫을 조종하는 동안 손님이 탈 수 있도록 오토바이 모양의 플랫폼(A)이 디자인됐다. 기수는 좌석에 편안히 앉을 수 있고, 앞으로 손을 뻗어 날아다니는 카펫의 앞부분과 같은 것을 잡을 수 있다. 손님은 디즈니 영화 알라딘을 원작으로 한 판타지 세계를 여행하면서 마술 카펫(B)을 들고 있는 손 아바타를 볼 수 있다. (Images courtesy of Walt Disney Imagineering)

이트 임페어드 드라이버 시뮬레이션Allstate Impaired Driver Simulator (그림 7-7 참조)가 있다.

조종사는 또한 말, 코끼리 또는 심지어 큰 새와 같은 동물을 타는 것으로 연장될 수 있다. 다시, 조정기는 탑승자의 입력을 해석해야 하는 일부 실체에 의해 조정된다.

앞에서 논했듯이, 가상 조정기는 물리적 컨트롤 장치를 모방하거나 새로운 컨트롤 메타포로 실험하는 데 사용될 수도 있다. 이 선택으로 가상 휠 로더 운영자는 가상 햅틱 디스플레이를 추가해 가상 시스템의 물리적 설정을 변경하지 않고 스티어링 휠과 조이스틱을 사용해 테스트할 수 있다. 단, 즉 햅틱 디스플레이를 추가해서 시스템의 비용과 복잡성을 증가시킨다.

무브더월드

어떤 면에서는 무브더월드의 패러다임은 플라이스루와 매우 닮았다. 사용자의 관점은 매우 유연한 (6-DOF) 방식으로 환경을 통해 조작될 수 있다. 그러나 플라이스루 패러다임에 대한 다른 견해다. 이제는 그 반대가 아니라 그 사용자를 중심으로 날고 있는 세계가 됐다. 세계는 사용자가 움직이는 오브젝트로 취급된다. 이동 세계는 비주얼리제이션 애플리케이션에 자주 사용된다. 비주얼리제이션 애플리케이션에서 세계는 일반적으로 더 추상적이며 사용자보다 상대적으로 작게 축소돼 마치 세계가 축소된 장난감인 것처럼 상호작용이 필요할 수 있다.

구현의 유사성에도 불구하고 정신모델의 차이는 상당하다. 무브더월드는 사용자와 관련해서 일부 외부 오브젝트의 위치에 사용자의 입력 명령이 적용되는 오브젝트 중심의 조작 방법이다. 이 방법은 사용자와 세계 사이의 상대적 위치 변화를 세계를 비행하는 이용자로 해석하기 쉬운 항공기 조종사(기타 중)에게 반직관적이다. 반면에, 세계를 빠르게 비행하는 것에 익숙하지 않은 사용자의 경우, 자신을 정지된 상태로 상상화함으로써 그 사용자는 멀미에 덜 걸릴 수 있다. 왜냐하면 현재 시각 시스템은 그들이 움직이고 있다는 것을 나타내지 않기 때문이다. 그것은 또한 비이동성을 나타낸다.

이 패러다임의 한 가지 공통적인 인터페이스 방법은 세계인 인터페이스다. 여기서 사용자는 정밀 검사를 위해 오브젝트를 집는 것처럼 눈에 대해 손을 위치시킴으로써 세계를 움직인다. 이것은 세계의 움직임을 특정한 받침대나 손 자체에 매핑함으로써 이루어질 수 있다. 매핑을 활성화하고 비활성화하는 수단을 제공함으로써, 사용자는 공간을 덜컹거리며 지나갈 수 있다. 게인 및 컨트롤 순서는 더 단단하거나 미세한 이동이 가능하도록 조정할 수 있다.

또 다른 무브더월드 인터페이스는 밸류에이터 조정기를 위치 및 방향 값에 매핑하는 것이다. 그래서 아마도 세계는 조이스틱을 통해 축들 중 두 개 정도를 회전시킬 수 있을 것이고, 그 다음에 스위치를 작동시킴으로써 조이스틱 컨트롤을 전후좌우 이동에 매핑할 수 있을 것이다. 후자는 또한 (사용자 중심의) 폴라이스루 인터페이스로 사용될 수 있기 때문에, 하나는 회전, 다른 하나는 세계 이동 패러다임을 결합하는 것이 가능하다. 그러나, 이것은 일반적으로 혼란스럽고 매우 효율적인 인터페이스 디자인은 아니다.

스케일더월드

스케일더월드는 세계 자체를 조작할 수 있는 대상으로 취급하지만, 세계를 움직이는 것보다 다소 사용자 중심적이다. 스케일더월드는 (아마도, 사용자의 손에 관한) 세계의 크기를 줄임으로써 작동한다. 그런 다음 사용자는 참조(그들의 손)를 현재 모델 크기의 세계의 다른 위치로 이동시키고, 그 후 크기는 정상으로 돌아온다. 크기를 세계의 다른 점으로 확장함으로써, 사용자는 효과적으로 이 새로운 위치로 이동했다. 이 이동 방법은 사용자가 지정한 지점에 대해 세계의 크기를 변경할 수 있는 어떤 애플리케이션에서도 수행할 수 있다.

풋미데어

가상으로 이동하는 가장 간단한 방법은 풋미데어 방법이다. 사용자가 대상을 지정해 그곳으로 가져간다. 이것을 체험자에게 제시할 수 있는 방법은 여러 가지가 있다. 풋미데어는 사용자가 먼 지역들 사이를 더 빨리 이동할 수 있도록 하는 광범위한 경험에서 대체적인 여행 수단으로 종종 이용 가능하다. 그것은 거의 유일한 여행 수단이다.

풋미데어 이동은 즉시 또는 일정 시간 이상(이동)에 걸쳐 발생할 수 있다. 목적지 선택 방법은 조작 절에 나열된 모든 유형의 항목 선택 기법이 될 수 있다. 예를 들어 지도 선택(또는 축소판 세계 표현), 메뉴 선택, 음성 선택, 포털(특정 목적지 포함) 또는 단순히 바닥의 위치를 가리키기도 한다(그림 7-3 참조).

풋미데어 인터페이스의 간단한 예로는 음성 선택 목적지에 대응하는 가상 엘리베이터가 있다. 사용자는 챔버로 들어가 "브릿지로 데려다 줘"라는 명령을 내리고 원하는 위치에 도착한 챔버를 빠져나간다. 풋미데어 이동 패러다임의 또 다른 매우 간단한 사용은 사용자의 초기 위치에서 위치를 다시 조정하는 내비게이션 재설정 기능이다. 많은 애플리케이션은 사용자가 완전히 손실된 후 복구하거나 새로운 사용자가 동일한 출발점에서 세계를 탐험할 수 있도록 하는 옵션을 제공한다.

포털 인터페이스에서 풋미데어는 자리 Placeholder 경험의 주요 이동 수단 중 하나이다 [Laurel et al. 1994]. 비록 물리적인 이동, 가상 비행, 그리고 다른 여행 수단은 〈Placeholder〉 체험자가 이용할 수 있지만, 포털 여행은 다른 세계들 사이를 이동하는 유일한 방법이다.

많은 풋미데어 인터페이스는 목적지에 도착한 후 사용자에게 순간적으로 방향 감각을 잃게 할 수 있다. WIM 인터페이스는 버지니아 대학교의 사용자 인터페이스 그룹에 의해 탐색된 한 가지 형태의 풋미데어 여행을 사용한다. 사용자는 가고자 하는 위치를 명시하기 위한 수단으로 세계의 축소판 복사본(WIM) 내에 아바타를 배치할 수 있다[Pausch et al. 1995]. 이러한 연구자들은 사용자가 인지적으로 기득권이 되는 것의 중요성(체험자가 세계에 투자한 정신 에너지, 즉, 현재 우리가 '에이전시'라고 부르는 것)과 사용자의 현재 위치에서 목적지까지 발전하는 다른 방법의 효과와 같은 문제를 조사했다. 테스트된 방법으로는 즉각적인 점프, 사용자와 카메라 뷰의 동시 이동, 현재 위치에서 목적지까지의 경로 이동, 최대 크기에 따라 사용자를 모델로 이동하는 방법이 있다.

공극 인터페이스 방법으로 풋미데어 텔레포테이션 모두를 구현하는 두 가지 흥미로운 풋미데어 인터페이스로는 스텝핑 인투 어 픽처 Stepping into a picture [Pierce et al. 1997]와 헤드벗 줌head-butt zoom[Mine et al. 1997]이 있다. 스텝핑 인투 어 픽처는 그림의 틀을 공극으로 정의하는 방식이다. 머리가 해당 공극을 통과하면 체험자는 그림 세계로 들어가는 경험을 하게 된다. 이 작업은 사용자가 그림 프레임을 통해 머리를 움직이거나 그림 프레임을 움직여 사용자 머리를 완전히 감싸는 방식이다. 헤드벗 줌은 매우 비슷한 기법이다. 이 기법에서 공극은 체험자가 두 손으로 프레임을 만들어진다. 체험자가 머리를 그 안으로 밀어 넣는 식이다. 물론 이 기법은 이미 뷰 안에 있는 위치로 더 가까이 이동하는 데만 사용할 수 있다. 이 두 가지 방법 모두 다시 구현됐는데, 헤드벗 줌은 '더 랩The Lab'에서 다른 세계로 뛰어드는 수단으로서, 스텝핑 인투 어 픽처는 바이마르 바우하우스 대학교 가상 현실 및 비주얼리제이션 리서치 그룹의 〈Photoportals〉 애플리케이션[Kunert et al. 2014]에서 볼 수 있다.

궤도 조회

궤도 조회는 어떤 방향에서든 작은 오브젝트나 모델을 쉽게 볼 수 있는 특별한 패러다임이다[Chung 1992]. 그것은 오브젝트가 머리 방향을 바꾸면서 사용자 주위를 공전하는 특성 때문에 궤도 관측이라고 한다(그림 7-80). 이 패러다임에서 오브젝트는 현실 세계에 대한 방향을 유지하고, 사용자는 머리를 회전하면서 오브젝트의 다른 면을 본다. 결과적으로, 오브젝트의 바닥을 보려면 사용자는 위만 보면 된다.

그림 7-80 궤도 조회 패러다임에서, 오브젝트는 방향을 유지하지만 마치 주위를 공전하는 것처럼 고개를 돌 때 사용자를 중심으로 회전한다. 이것은 사용자가 오브젝트를 검사하는 방법을 빨리 배울 수 있는 간단한 인터페이스로, 머리 방향만 트래킹하면 된다. 그러나 위치가 트래킹되지 않기 때문에 사용자는 오브젝트의 반대쪽으로 걸어갈 수 없다. 모든 측면에서 오브젝트를 보려면 HMD 또는 육면 CAVE와 같은 전체 FOR VR 디스플레이가 필요하다.

오르비탈 뷰는 헤드 기반 디스플레이에서 가장 잘 작동한다. 이러한 상관관계는 많은 고정 디스플레이에서 전체 FOR가 부족해서 오브젝트의 일부 측면이 보이지 않게 된 결과물이다. 오르비탈 뷰는 사용자가 돌아다닐 수 있는 비교적 작은 오브젝트에도 가장 잘 작동한다. 더 큰 가상 세계에서 특별히 선택된 오브젝트를 보는 옵션은 더 큰 인터페이스에 통합될 수 있다. 오르비탈 뷰를 WIM 기법과 함께 사용해서 보다 직관적인 길찾기 보조장치를 제공할 수도 있다. WIM을 더 큰 세계와 일직선으로 유지함으로써 사용자는 둘 사이의 관계를 잃지 않고 단순히 고개를 돌려서 WIM을 어떤 방향에서든 볼 수 있다 [Koller et al. 1996].

이 패러다임은 매우 간단한 UI를 제공하고 최소한의 하드웨어를 필요로 한다는 점에서 유익하다. 따라서, 잠재적인 사용자는 VR 장비를 착용하고 많은 훈련 없이 빠르게 세계를 보기 시작할 수 있다. 실제로 구글 카드보드 시연회에는 궤도관람을 이용해 한 줌의 유물을 보여주는 박물관 관람자가 포함돼 있다. 반면에 100% 관련 필드를 제공하지 않는 VR 시스템에서 사용할 경우 궤도 시청에 문제가 있다. 또한, 한 오브젝트의 궤도관측을 이 계획을 통해 보지 않는 세계와 결합할 때 사용자는 시뮬레이터 질환의 징후를 보일 가능성이 더 높은 것으로 밝혀졌다[Koller et al. 1996].

시간 이동

특정 VR 애플리케이션은 공간을 탐색하는 것 외에도 시간, 즉 시간 이동$^{\text{Travel Through Time}}$을 컨트롤할 수 있다. 소설에서 시간 여행은 작가가 유머러스하거나 비극적이거나 다른 맥락에서 다양한 철학적 문제들을 탐구할 수 있게 해준다. 그러나 대부분의 VR 경험이 사용자에게 컨트롤을 허용하는 경우는 사용자가 일상적인 목표를 더 많이 가질 때이다.

시간 컨트롤의 두 가지 사용은 사용자가 이벤트의 컴퓨터 시뮬레이션을 숙지할 수 있도록 하고 체험자가 다중 관점으로 시뮬레이션을 다시 경험할 수 있도록 하는 것이다. 과학적 비주얼리제이션 애플리케이션에서 데이터는 시뮬레이션 시간(시뮬레이션에 따라 일, 마이크로초 또는 수백만 년)을 통해 수백 단계를 포함할 수 있다. 사용자가 시간을 동결하거나, 주어진 속도로 시간을 보내거나, 시뮬레이션에서 아무 시점으로나 점프할 수 있도록 함으로써, 그들은 특정한 관심 현상과 시간의 통과에 대한 그들의 관계를 연구할 수 있다. 미션 리

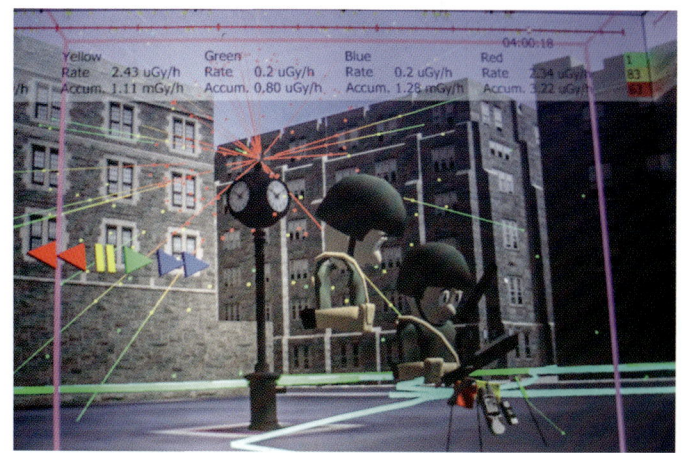

그림 7-81 네바다 주 방위청 사막 연구소의 방사능 침습 측량 훈련 응용을 위한 이 애프터액션 리뷰(AAR) 도구에서 군인과 그 직무 강사는 각각의 모의 임무를 검토할 수 있다. 여기서 방사선이 있는 방사선의 근원이 보이고, 병사들의 몸과 머리 위치를 나타내는 아바타도 보인다. 시간 컨트롤 메커니즘은 기록된 임무를 일시 정지하고, 되돌리고, 앞으로 재생할 수 있게 한다. (Image courtesy of William Sherman.

허설 경험에서 체험자는 임무를 완수하고 나중에 AAR[After-action Review]를 수행할 수 있으며, 에피소드의 저장된 복사본으로 돌아가 복수의 관점과 시간(및 속도)에서 모든 실체의 행동을 관찰할 수 있다(그림 7-81) [Koepnick et al. 2010].

시간 탐색 컨트롤은 일반적으로 공간을 탐색하는 컨트롤과 다르다. 이 차이는 현재 시간의 값(즉, 당신이 있을 때)을 나타내는 것으로 시작된다. 시간을 아날로그 또는 디지털 형식으로 나타내는 시계 형태는 아마도 대부분의 사용자에게 친숙한 것일 것이다. 아날로그 형식은 시간 순서의 주기적 반복을 나타내는 데 유용하다. 이것은 단 하나의 지구의 날이 될 필요는 없지만, 예를 들어 태양의 단일 지구 궤도를 나타내는 데 사용될 수 있다.

시계표현의 또 다른 스타일은 시간 표시줄이다. 시간의 흐름을 나타내는 이 방법은 시간이 경과함에 따라 (일반적으로 수평)선이나 막대로 행해지고, (적어도 서구 문화에서는) 왼쪽에서 오른쪽으로 이동하는 마커로 행해진다. 많은 과학적 비주얼리제이션과 애니메이션 패키지가 이 표현을 이용한다.

공간을 통한 내비게이션과 마찬가지로 시간을 통한 내비게이션에도 다양한 인터페이스 기법이 있다. 그러한 인터페이스 중 하나는 재생 버튼, 일시 중지 버튼, 정지 버튼, 빠른 전진 및 역방향 등 표준 미디어 플레이어의 에뮬레이션이다. 시뮬레이션 시간이 앞으로 이동하도록 하려면 재생 버튼을 눌러야 한다.

7장 | 가상 세계와의 상호작용 **723**

시간컨트롤을 위한 또 다른 UI는 애니메이션 안무 패키지의 UI이다. 컴퓨터 애니메이션에서 인터페이스는 종종 특정 시점(키 프레임)으로 점프하고, 카메라 위치, 오브젝트 위치, 비주얼리제이션 값 등과 같은 파라미터를 설정한 다음, 다른 시간으로 점프하는 것이다. 그런 다음 패키지는 키 프레임 사이에 보간할 수 있다.

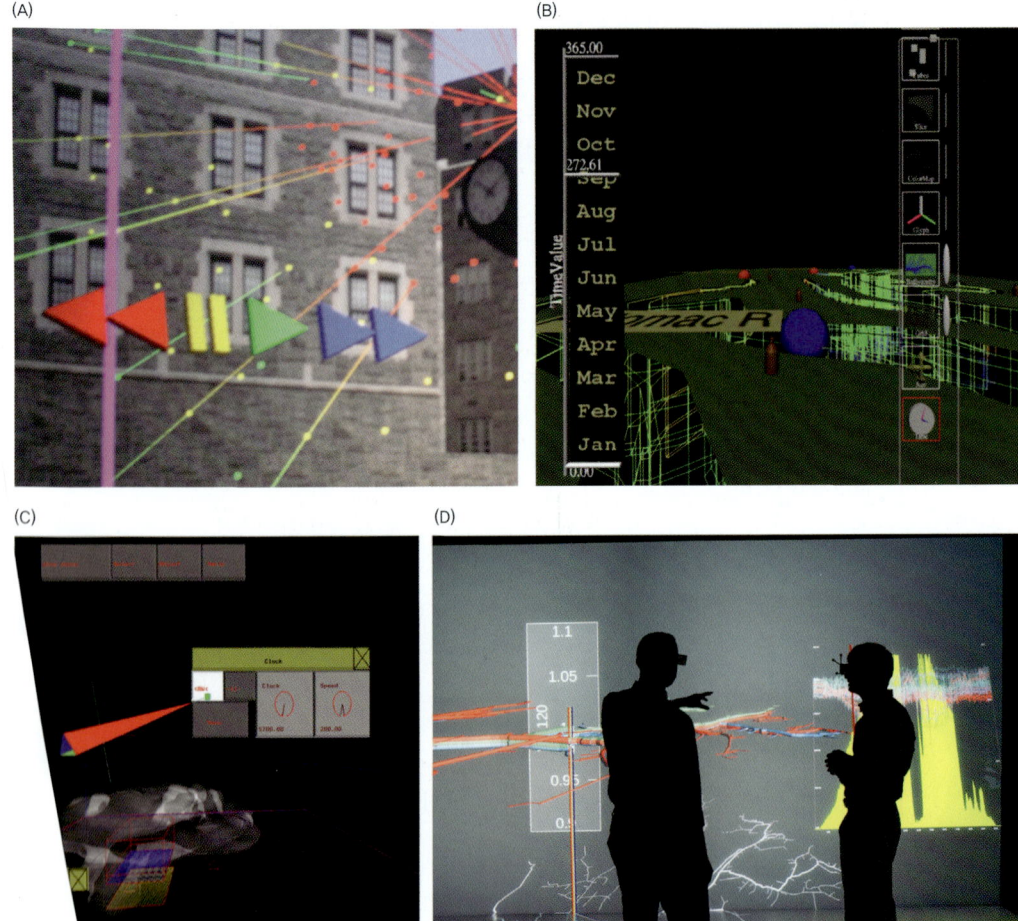

32 (A) 가상 VCR 컨트롤, (B) 슬라이더 막대 및 (C) 가상 시계는 가상 세계에서 시간 경과를 통한 이동을 컨트롤하고 현재 위치는 데 사용할 수 있는 세 가지 메커니즘에 불과하다. (D) 물리적 컨트롤은 시간이 경과함에 따른 전력 소비 에너지 모델의 몰입적 이션에 사용됨—사용자가 진각하고 역진다. 조이스틱을 사용하는 시간 (Radiological Immersive Survey Trainer application of DRI; BayWalk application courtesy of John Shalf and NCSA; Severe Thunderstorm Visualization courtesy of Bob and NCSA; photograph (A) courtesy William Sherman; Power visualization photograph courtesy Kenny Gruchalla, NREL/

Virtual Director 애플리케이션은 컴퓨터 애니메이션 기법 중 일부를 사용하지만 VR의 매체가 허용하는 안쪽으로 확장한다[Cox et al. 1997]. Virtual Director에서 인터페이스는 에이전트 명령을 실행하고 시간이 경과함에 따라 완드 위치 및 기타 물리적/가상 컨트롤을 조정해서 시뮬레이션(및 애니메이션) 시간의 움직임을 지정한다. 이 컨트롤 정보는 애니메이션 렌더러에서 사용할 수 있는 안무 매개변수로 저장된다. 카메라 경로와 같은 파라미터는 가상 세계에서 직접 비주얼리제이션할 수도 있다. 카메라 경로의 경우 포인트의 흔적이 남는다. 시간이 지나면서 타임바는 안무의 핵심 프레임을 나타내는 마커와 함께 제 시간에 위치를 나타낸다. 시간 컨트롤 인터페이스에는 다른 많은 가능성이 존재한다(그림 7-82). 예를 들어, 체험자가 시계의 손을 잡고 회전하여 후퇴하거나 전진하는 시간을 유발하는 세계가 있을 수 있다.

시간을 조절하는 또 다른 독특한 방법은 비선형적으로, 실제로 산발적으로 조차이다. 시계와 같은 다이얼을 인터페이스로 삼아 작동을 취소하고 다시 실행하

그림 7-83 중력 스케치에서 시계와 같은 인터페이스는 세계에서 수행되는 작업, 즉 실행 취소 및 재실행 작업을 통해 앞뒤로 움직이는데 사용된다.

는 VR용 중력 스케치 도구의 경우가 이에 해당한다(그림 7-83) 따라서 실행 취소는 시간을 거슬러 올라가고, 실행은 시간을 거슬러 전진하지만, 단계 크기는 세계를 수정하는 데 걸리는 시간을 기준으로 한다.

탐색 요약

어떤 형태의 내비게이션은 모든 가상 현실 경험에서 이용 가능하다. 따라서 모든 VR 애플리케이션 개발자는 매체에서 가능한 탐색 개념과 방법을 숙지해야 하며, 다른 이동 기법에 따라 하드웨어의 앙상블이 다르다는 점을 숙지해야 한다. 특히, 디자이너들은 여행 방법이 이야기의 일부에 불과하다는 것을 알아

그림 7-84 해군 대학원(NPS)의 루디 다켄 교수는 가상 현실 환경에서 길찾기에 대한 연구를 수행한다 [Darken and Banker 1998]. 여기서, Darken은 가상 세계를 내비게이션하는 데 있어 그것의 효과를 측정하기 위해 현실 세계의 나침반을 모방한 가상 나침반을 제공한다. 그런 다음 이러한 데이터는 현실 세계에서 물리적 나침반의 효과를 측정하는 데이터와 비교된다. (Image courtesy of Rudy Darken.)

야 한다. 길찾기도 마찬가지로 중요하다(그림 7-84) VR의 길찾기 사용에 대해서는 아직 더 많은 연구가 진행 중이며, 애플리케이션 개발자들은 좋은 길찾기 지원을 상호작용의 다른 측면으로 포함시키는 것에 대해 동등한 관심을 가질 필요가 있다. 물론, 길찾기 원조는 현실 세계에서도 지속적으로 잘 수행되는 것은 아니지만, 가상 세계의 다양하고 빈번한 생소함으로 인해 가상 현실에서 길찾기가 더 가능성 있는 문제가 되고 있다.

이동 컨트롤과 이동경로는 하나의 작업에서 두 가지 구성 요소이기 때문에, 때로는 두 가지 모두 단일 인터페이스에서 나타날 수 있다. 예를 들어, 지도가 세계의 특정 위치와 관련된 위치를 결정하는 수단으로 작용한다. 그러나 VR에서는 원하는 위치를 지정하는 데 지도도 사용할 수 있으며, 즉시 그곳으로 데려다 줄 수 있다.

VR 개발자는 이동수단을 구현할 때 사용자가 자연적으로 고려할 인터페이스를 목표로 해야 한다. 그러나, 이것은 현실 세계에서 가능한 것 만으로 디자인을 제한해서는 안 된다.

다른 사용자와 상호작용

가상 환경에서 함께 일하는 것은 또한 경험에서 중요한 역할을 할 수 있다. 가상 현실 경험을 공유할 수 있는 많은 접근방식이 있다. 경험을 공유하는 목적

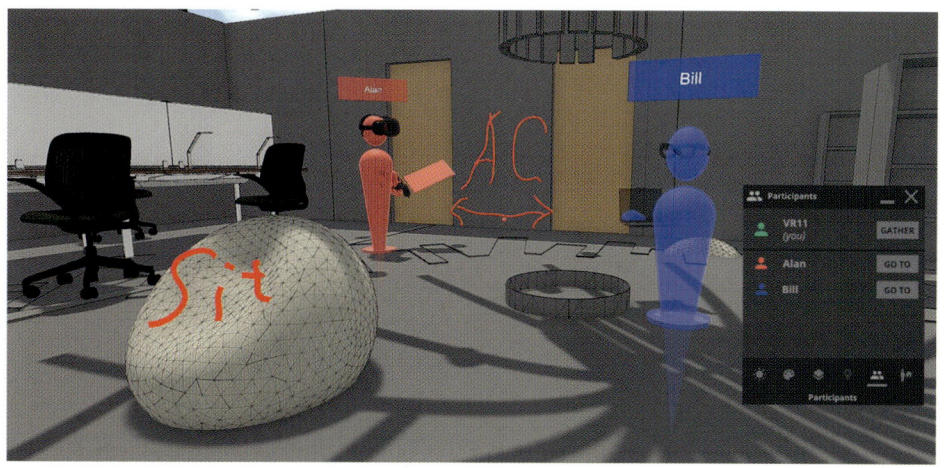

그림 7-85 여기에서는 두 사용자가 IrisVR의 Prospect Pro 도구에 상호작용해서 제안된 새로운 공간의 아키텍처 디자인을 평가한다. 사용자는 독립적으로 이동할 수 있지만 다른 사용자와 함께 하거나 모든 사용자를 자신의 위치로 모을 수 있다. (Architectural data courtesy of Alyssa Baumgardt)

이 문제(즉, 과제를 수행하는 것)를 해결하기 위해 협력하는 것이라면, 그것은 협력적인 경험이다. 다른 공유 경험들은 경쟁을 위한 것일 수도 있고 단지 사회적으로 상호작용하는 것일 수도 있다(그림 7-85). 페이스북이 'VR이 소셜 컴퓨팅 플랫폼'이라는 생각으로 20억 달러에 오큘러스 VR을 사들인 것이 눈에 띈다.

협업 경험에는 가상 세계가 공유되는 방법이 필요하다. 공유된 경험과 함께 발생하는 몇 가지 우려가 있다. 주요 쟁점은 협력적 상호작용이 어떻게 처리돼야 하는지의 방법, 동시적 경험이 있어야 하는 방법, 조작/통신 운영에 대한 통제권을 가진 사람, 세계가 동시적으로 유지되는 방법, 그리고 아마도 가장 중요한 것은 공동 체험자들이 어떻게 서로 의사소통하는지에 대한 방법을 선택하는 것이다.

공유 경험

어떤 의사소통 매체의 목적은 다른 사람들과 정보와 경험을 공유하는 것이다. VR도 다르지 않다. 이 절에서는 가상 현실을 통해 경험을 공유하는 것이 어떤 의미인지 살펴보겠다. 이 장의 뒷부분에서 협력적 경험으로 넘어가기 전에 먼

그림 7-86 여기서는 두 명의 체험자가 CAVE 애플리케이션에서 상호작용해 다양한 표현을 통해 제시된 기상 데이터를 검토 및 논의한다. (Sandbox application courtesy of Andrew Johnson; photograph courtesy of NCSA.)

저 공유와 공유가 경험의 일부로 채택될 수 있는 방법에 대해 살펴보자.

공유 및 협업이라는 용어는 동의어가 아니며, 모든 공유 VR 경험이 협력적인 것은 아니라는 점에 유의해야 한다. 비협조적 공유 경험이란 동일한 가상 세계에서 복수의 체험자가 있는 VR 애플리케이션이거나, 이러한 체험자가 세계와 상호작용할 때 몰입한 체험자를 보는 청중, 캡처해서 재생하는 경험, 가상 현실 이외의 일부 매체를 통해 과거의 VR 경험담을 들려주는 것을 포함한다.

매체마다 수신자 간에 경험을 공유할 수 있는 방법이 다르다. 소설은 일반적으로 혼자 읽혀지고 나중에 다른 사람들과 논의될 수도 있다. 영화와 텔레비전은 종종 한 무리에 의해 시청되는데, 그들은 그 경험을 전개하면서 공유한다. 많은 가상 현실 시스템은 한 번에 한 명의 체험자만 환경을 직접 경험할 수 있도록 한다. 그러나 이러한 시스템의 대부분은 컴퓨터 모니터와 같은 보조 디스플레이에서 볼 수 있다. 경우에 따라, 특히 훈련과 교육 경험의 경우, 나중에 사후 검토로 재생하기 위해 VR 경험을 기록할 수 있다. 일부 VR 시스템에서는 여러 체험자가 동일한 가상 세계를 공유하고 서로 상호작용할 수 있다. 일부 VR 시스템은 추가 뷰어가 능동 사용자의 경험(예: CAVE)과 밀접하게 유사하도록 해서 협력적인 논의를 용이하게 한다(그림 7-86). 프로젝션 VR 디스플레이의 체험자는 트래킹된 아이웨어와 조정기를 서로 건네줌으로써 능동 사용자로서 쉽게 교대로 사용할 수 있다.

공유할 수 있는 것은?

특정한 경험에는 공유될 수 있는 다양한 측면이 있다. 아이디어부터 시작해보자. 아이디어는 현실 세계 또는 사이버 상의 근처에서 사람들과의 토론을 통해 경험 동안 공유될 수 있다. 경험이 시간 전체에 걸쳐 공유되는 경우, 체험자는 〈Placeholder〉 음성 홀더 주석 도구와 같이 현재 경험하고 있는 것과 함께 녹음된 의견을 작성할 수 있다[Laurel et al. 1994]. 사용자들 사이의 주석은 협업을 돕기 위해 공유 경험을 사용하는 한 가지 방법이다. 그러나 공동작업의 필요성은 공유된 경험의 요건이 아니다.

가상 세계 그 자체는 공유될 수 있다. 사실, 이것은 거의 요구조건이다. 비록 어떤 경험이 대화에서 단순히 친구에게 전달되는 것일지라도, 그 친구가 그것에 대한 좋은 감각을 얻기 위해서는 세계의 충분한 부분이 설명돼야만 한다. 세계를 공유하는 더 즉각적인 방법에는 시각에 대한 통제권을 공유하고 가상 세계와 교대로 상호작용하는 것이 포함된다. 그룹이 함께 체험에 참여할 수 있는 VR 디스플레이는 일반적으로 트래킹된 안경을 누가 착용하고 누가 입력 장치를 잡고 있는지를 번갈아 볼 수 있게 해준다. 이 컨트롤 요소들은 결합하거나 별도로 전달될 수 있다. 더 많이 공유될수록, 더 많은 공통점을 가진 체험자들은 각자의 경험에서 더 많은 공통점을 갖게 될 것이다. 그러나 삶의 경험의 차이 때문에, 그것은 결코 똑같지 않을 것이다. 각 사람은 내용에 대한 자신의 태도와 함께 콘텐츠에 대한 지식과 이 매체와 다른 비슷한 매체에 대한 노출에 대한 다양한 양의 지식을 이벤트에 가져올 것이다(그림 2-3 참조).

공유할 수 있는 또 다른 것은 우리 자신, 혹은 적어도 우리 자신을 표현하는 것이다. 종종 이것은 다른 VR 시스템에서 체험자의 위치와 이동을 나타내기 위해 각 체험자의 위치 트래킹 정보를 사용하는 연결 모델일 수 있다. 이것은 또한 원격 체험자의 실제 모양을 재구성하기 위한 뎁스 카메라 또는 심지어 그들이 볼 수 있는 실제 위치로 창을 제공하기 위한 간단한 비디오 카메라로도 할 수 있다.

나눔의 길

가상 세계를 기술적으로 공유하는 방법은 체험자 사이의 관점의 일관성에 기초해 두 가지 범주로 나눌 수 있다. 모든 사람들은 우리가 완전한 다중성이라고 부르는 것에서 그것을 몰입적으로 경험할 수도 있고, 어떤 뷰어들은 비 몰입적으로 관찰할 수도 있을 것이다. 몰입하지 않는 뷰어들은 체험자의 어깨너머를 바라보는 관객으로 생각할 수도 있다.

그림 7-87 일부 VR 경험은 공공성과를 목적으로 개발된다. 여기서, 관객들은 큰 화면으로 상호작용하는 세계를 본다. 재런 래니에(HMD에서 휴식을 취함)가 음악적 장치를 통해 상호작용을 한다. (Image courtesy of Jaron Lanier.)

행사장에 있는 다른 사람들도 개인이 가상 환경, 특히 VR 시스템에 모여 있는 사람들과 어떻게 경험하고 상호작용하는지에 영향을 미치는 경향이 있다. 구경꾼들은 체험자를 응원하거나, 제안을 하거나, 즉석에서 발언할 수 있다. 다른 사람들이 그 사건들을 지켜보는 능력은 그들이 직접 그 경험에 들어갔을 때 무엇을 해야 하는지에 대한 토론과 생각을 위한 주제들을 제공한다.

대기 중인 청중에게 물리적으로 몰입한 체험자의 상호작용을 보여줄 수 있는 다른 방법이 있다. 물론, 한 가지 선택사항은 체험자도 아닌 아무 것도 보여주지 않는 것이다. 또 다른 극단적인 것은 체험자가 청중 앞에서 몰입형 전시회를 직접 목격할 수 있다는 것이다. 이는 VR 체험도 공연의 일부일 때 선택하는 경우가 많다(그림 7-87). 이러한 극단 사이에는 몰입한 사용자에게 표시되는 대기 중인 청중을 위해 중복되는 선택이 있다(그림 7-88). 청중과 나누는 것은 그 경험을 공유하는 한 가지 방법이다.

공유된 관점의 몇 가지 조합은 다소 흔하다.

- **구경꾼과 함께 몰입한 체험자 중 한 명**: 예를 들어, 한 사람은 다른 모든 사람이 무슨 일이 일어나고 있는지 볼 수 있도록 외부 모니터를 제공하는 헤드 마운티드 디스플레이를 착용한다.

 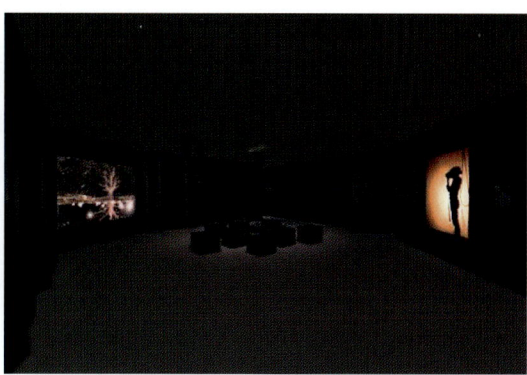

그림 7-88 VR 애플리케이션 오스모세의 현역 체험자의 실루엣을 뷰어의 갤러리가 수동적으로 관찰할 수 있다. 갤러리 반대편에서는 체험자의 시야를 대형 스크린에 투사한다. (Images courtesy of Char Davies)

- **두 명 이상의 몰입한 체험자**: 각각은 동일한 패러다임(HMD) 또는 다른 패러다임(HMD 및 CAVE)을 사용해 동일한 가상 세계를 경험한다.
- **오픈 디스플레이**: 예를 들어 투영 기반 디스플레이는 한 번에 한 사람이 누가 물리적으로 몰입하고 트래킹 장비를 공유할 수 있도록 해서 동일한 화면을 여러 사람이 볼 수 있도록 한다.
- **다인 조종실**: 공통의 화면은 조종실 안의 모든 사람이 외부 가상 세계를 볼 수 있는 창을 나타낸다.

각각의 조합은 관련된 모든 사람들 사이에서 가능한 협력의 양과 유형에 영향을 미친다. 오픈 디스플레이 패러다임에서 1차 뷰어는 여전히 다른 사람들을 볼 수 있어, 세계의 특정 측면에 대해 생각을 공유하고 관심을 표현하는 것이 더 쉬워진다.

우리가 다중성을 정의한 것을 기억하라. 많은 체험자들이 VR을 통해 동일한 가상 세계를 동시에 경험한다. 여기에는 다른 몰입한 당사자들의 표현과 활동이 포함된다. 협력적인 작업에 가상 현실을 사용할 때 다중성은 분명히 중요하다. 예를 들어, 디자인 프로젝트의 사이버 스페이스에서 수백 마일 떨어진 곳에 위치한 두 디자인 엔지니어는 각각 디자인 중인 오브젝트를 포함해 동일한 가상 오브젝트뿐만 아니라 다른 사람의 표현도 볼 수 있다.

조치의 통제도 여러 가지 방법으로 공유할 수 있다. 지금까지 우리는 그 관점에 대한 통제를 방금 논의했다. 또 다른 방법은 가상 세계에 대한 통제권을 공유하는 것이다. 구경꾼들이 일차 체험자에 의해 들을 수 있는 상황에서는, 그들은 체험자가 특정한 행동을 하도록 영향을 줄 수 있지만, 더 직접적인 방법 또한 있다. 많은 VR 시스템에는 세계의 이벤트에 영향력을 행사하는 물리적 장치와 음성 인식 입력 기능이 있다. 이것은 일차적으로 몰입한 뷰어가 아닌 다른 누군가가 세계를 어느 정도 통제하는 것을 가능하게 한다. 이것은 특히 누군가가 애플리케이션과 상호작용하는 훈련을 받거나 몰입한 뷰어가 조정기에 익숙하지 않은 데모를 할 때 유용하다.

Open Display 공유 방식을 제외하고, 다른 세 가지 방법 중 어느 것도 여러 위치 간의 원격 공유를 원활하게 통합할 수 있다. 이러한 경우에, 다른 참가 사이트들은 불공평한 시청 기술을 가지고 있을 수 있으며, 어떤 것은 CAVE 스타일 디스플레이, 어떤 것은 HMD, 어떤 것은 화면과 키보드를 통해서만 참여할 수 있다. Open Display 방식도 다른 사이트가 동작에 초점을 맞춘 카메라를 통해 볼 수 있게 해 이론적으로 공유할 수 있지만, 우리는 이것이 원활한 통합이 아니라고 주장할 수 있다.

공유해야 하는 이유

가상 세계에서 경험을 공유하는 방법을 제공하려면 일반적으로 추가 장비에 대한 추가 비용이 아니더라도 추가 프로그래밍 노력이 필요하다. 이에 대한 예외는 씬을 컴퓨터 디스플레이에서 볼 수 있는 경우, VR 디스플레이 패러다임이 보기를 임시로만 제한하지 않는 경우다. 개방형 디스플레이 또는 모니터 디스플레이는 경험을 시도하기 위해 기다리는 다른 사람들을 즐겁게 하는 데 사용될 수 있다. 이것은 또한 줄을 서 있는 사람들에게 약간의 명목상의 훈련을 제공하는 역할을 한다. 협업은 가상 세계에 대한 관점을 공유해야 하는 좋은 이유다.

경험의 목표가 어떤 종류의 마케팅이라면, 참여하기를 기다리는 사람들을 위해 가상 세계에 대한 공유된 시각을 가질 수 있는 몇 가지 이유가 있다. 첫 번째는 VR 시스템에 사람들을 끌어들이고 더 많은 사람들이 시도하도록 돕는 것이다. 둘째, 사람들이 차례를 기다리는 동안, 그들은 자유 경험의 진행자를 위한 설문 조사에 답할 수 있다. 셋째, 만약 그 경험이 광고로 여겨진다면, 줄 서 있는 동안, 뷰어들은 그 광고에 여러 번 노출된다. 만약 한 체험자에게 흥미로운 일이 일어난다면, 그들은 행사장을 떠난 후에도, 대리 시청하는 사람들과 그것에 대해 토론할 수 있을 것이다. 마지막으로, 직접 경험해 보는 것에 관심이 없는 다른 사람들은 적어도 그 경험이 무엇에 관한 것인지 알 수 있다.

처리량 증가는 공유 디스플레이가 VR 시스템에서 사용될 수 있는 또 다른 일반적인 이유다. 어떤 장소에서 요구되는 높은 처리량은 각 개인이 가상 세계를 직접 경험할 수 있는 충분한 시간이 없는 상황을 만들 수 있다. 이러한 경우, 대리 관람을 위한 규정은 장소 디자인의 일부분이다. 이는 엡콧 센터$^{Epcot\ Center}$의 디즈니의 '알라딘의 매직 카펫 라이드$^{Aladdin's\ Magic\ Carpet\ Ride}$' VR 경험에서 이뤄졌는데, 이 시설에 들어간 사람들 중 약 4%만이 '날아라 마술 카펫'을 선택했다[Pausch et al. 1996]. 대형 그룹이 VR 연구시설을 방문할 때도 이런 일이 생길 수 있다. 이 경우 CAVE와 같은 투영 기반 비주얼 디스플레이를 사용하면 적어도 모든 사람이 무슨 일이 일어나고 있는지 볼 수 있다.

그룹 컨트롤

체험자 그룹에 의한 가상 세계를 컨트롤하기 위한 흥미로운 접근법은 시네마트릭스의 로란 카펜터와 레이첼 카펜터에 의해 디자인됐다. 이 시스템은 SIGGRAPH 94 및 91 콘퍼런스에서 공개(및 사용)됐다[Carpenter 1993]. 이 시스템에서는 각 사용자에게 두 가지 선택 중 하나를 선택할 수 있는 컨트롤이 제공됐다(선택에 대한 기권을 세면 세 개). 많은 집단의 사람들이 하나의 가상 세계에 입력을 제공할 수 있었고, 집단행동에 대한 흥미로운 실험을 제공했다. 구현되고 시험된 세계로는 친숙한 퐁 비디오 게임, 단순한 비행 시뮬레이터, 간단한 아바타를 이동할 수 있는 2D 미로, 스키 한 켤레의 에그(그룹 아바타) 등이 있다. 각각의 경우에, 그룹의 큰 부분들은 세계의 특정한 면을 통제하게 됐고, 한 부분 또는 다른 부분들의 선택을 하는 비율들은 그들이 책임지고 있는 측면을 통제하는데 사용됐다(예를 들어, 퐁 패들을 위아래로 이동시킨다). 합리적인 퐁 게임을 하기 위해 요구되는 대로 그룹들이 협조하는 능력은 상당히 인상적이었다(그림 7-89).

그림 7-89 수백 명의 사람들이 퐁 같은 Dog N Cat 게임의 그룹 중심의 인터랙티브 게임에 참여한다. 체험자는 퐁 패들을 컨트롤하기 위해 패들 프로프를 한쪽 방향 또는 다른 방향으로 잡고 팀이 어떻게 움직여야 하는지에 대해 투표한다. (Image courtesy of Cinematrix, Inc.)

공유 경험 요약

VR을 떠올리면 다른 사람들과 함께 어떤 세계에 빠져 있다고 생각하는 것이 일반적이다. 경험을 공유하는 것은 인간의 일부분이다. 이것을 완전히 하기 위해서, 각 몰입한 체험자는 경험 내에 한계가 있을 수 있지만, 세계의 특정 측면과 접속할 수 있는 사람을 제한하면서 가상 세계를 어느 정도 통제해야 한다.

가상 세계는 우리가 사이버 스페이스가라고 부르는 곳에 존재하기 때문에, 일부 물리적 제한(물리적 근접성 등)이 제거된다. 체험자의 지리적 분리는 같은 큐비클 안에 있는 것에서부터 같은 행성에 있는 것 또는 궤도에 있는 것까지 다양하다. 때때로 아바타는 실제의 존재를 나타내지 않는다. 이러한 컴퓨터 생성 실체를 현재 일반적으로 에이전트(또는 어떤 형태의 사이버 지능이 주어졌을 때 지능에

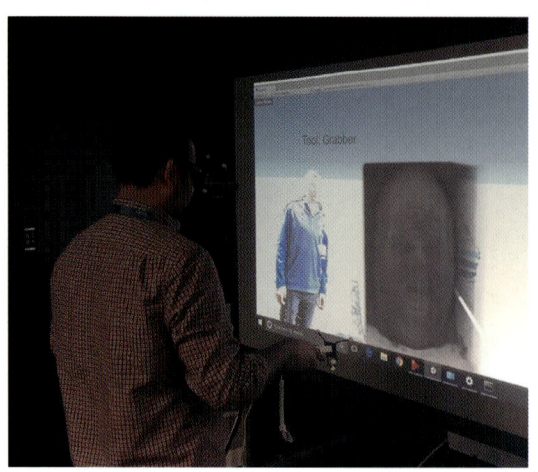

그림 7-90 두 명의 사용자가 장거리에서 상호작용하며, 둘 다 이 볼륨 비주얼리제이션 도구를 보고 조작할 수 있다. Microsoft Kinect 뎁스 카메라는 각 사용자의 라이브 포인트 클라우드를 캡처하는 데 사용되며, Vrui VR API를 통해 시스템에서 시스템으로 전송된다. (Image courtesy of Rajiv Khadka.)

이전트^{IAs}) 또는 인공지능^{AI}이라고도 한다.

궁극적으로 중요한 것은 아이디어의 공유다. 물론 일종의 아이디어 공유는 항상 개발자와 체험자 사이에서 일어나지만, 그 이상의 VR은 체험자 사이에서 다양한 경험을 공유할 수 있도록 해준다(그림 7-90).

협업 상호작용

시기적절한 작업 완료를 위해 협력 작업이 중요한 직업들이 많이 있다. 충분한 신체적인 노력이 필요한 수작업 외에도 건축가, 과학자, 의사 등 전문직 종사자들은 공동의 목표를 달성하기 위해 여러 체험자가 함께 노력해야 하는 프로젝트에 참여하기도 한다. 실제로 컴퓨터 지원 협동 작업^{CSCW}을 돕기 위한 일반적인 연산 도구를 조사하는 연구 분야가 있다.

사람들이 가상 공간에서 협업할 수 있는 정도는 전혀 없음에서 단순히 공유 공간에 공존할 수 있는 정도, 몰입한 체험자가 함께 작업할 수 있도록 도와주는 특별한 도구를 사용할 수 있는 정도까지 다양할 수 있다. 체험자의 아바타 표현이 단지 세계의 경치에 더해지는 단순한 공유 공간은 신청서에 흥미나 유용성을 더할 수도 있고 그렇지 않을 수도 있다. 스키 경험은 다른 스키 선수들과 경주할 때 더 경쟁적이고 따라서 더 흥미로울 수 있지만, 그렇지 않다면 단독 스키 경험과는 다르지 않다. 만약 넓은 정보 공간에 충분한 거주자가 있다면, 군중들이 군중을 끌어 모은다는 개념은 체험자가 적어도 다른 사람에게 관심 있는 어떤 흥미로운 일이 일어나고 있다는 것을 알아내는 유용한 메커니즘을 제공할 것이다.

사람들 사이의 커뮤니케이션

협업은 사람들 사이의 의사소통을 필요로 한다. 악수나 때때로 등을 쓰다듬는 것 외에, 비즈니스 커뮤니케이션은 일반적으로 시각적, 청각적 수단으로 제한된다. 일반적으로 촉각 통신은 복수의 사람의 노력이 필요한 수동 작업을 수반하는 애플리케이션에만 중요하다.

많은 의사소통이 자연스럽게 이루어진다. 정보는 직접 대화 및 나중에 검색할 수 있는 음성 메시지의 사용을 통해 전달된다. 일부 애플리케이션은 기존 통신 기술을 활용해 VR 시스템을 단순하게 유지할 수 있다. 직접 청각 통신을 위해 전화 시스템이나 인터넷 화상회의 애플리케이션을 사용해 한 위치에서 다른 위치로 사운드를 전달할 수 있다. 오디오 통신을 컴퓨터 시스템에 직접 통합하는 것은 때때로 유익하다. 예를 들어, 특정 동작과 특정 통신을 동기화하는 것이 중요할 수 있으며, 특히 해당 통신이 나중에 재생하기 위해 저장되는 경우에는 더욱 그러할 수 있다.

또한 중요한 것은 시각적 수단을 통해 전달되는 정보다. 우리가 말할 때, 우리는 몸짓으로 언어적 의사소통을 강화할 수 있다. 때때로 신체 제스처는 전체 메시지(예: 흔들고 가리키기)이거나, 사람의 존재만으로도 정보를 충분히 전달할 수 있다. 그러한 제스처 통신은 다른 체험자의 행동을 전달하는 시각적 표현을 전송하는 방법이 필요하다.

그림 7-91 아바타를 사용해 시각 정보를 전달할 수 있다. 이 그림에서 동료 선수는 여기에 나타난 사용자가 발급한 명령을 수행하려는 의지를 나타내기 위해 경례를 한다. 또한, 사용자는 아바타의 세계에서의 위치에서 다른 플레이어의 방향과 위치를 볼 수 있다. (CAVEQuake II application courtesy of Paul Rajlich; photograph by William Sherman.)

단순한 몸동작은 심지어 낮은 음질의 음성보다 훨씬 적은 대역폭을 사용해서 전달될 수 있다. 그러므로 몸의 움직임은 다른 많은 것을 위한 대역폭이 충분하지 않은 경우에도 합리적으로 시스템에 통합될 수 있다(그림 7-91).

화상 원격 회의 장비는 협력자가 서로의 얼굴을 볼 수 있는 능력이 중요하다고 판단될 때 직접 사용하거나 VR 시스템에 통합할 수 있다. 이 기능은 시각적 정보와 청각적 정보를 모두 포함할 수 있다. 시각 정보는 다른 당사자의 단순한 창 표시로 제공되거나, 비디오 정보는 Virtual Prototyping System에서 Caterfillar Inc.에 의해 구현된 것처럼 체험자의 컴퓨터 그래픽 아바타에 직접 매핑될 수 있다(그림 7-92).

시각적 의사소통의 또 다른 형태는 세계에 흔적을 남기는 것이다. 이것들은 길을 따라 표지를 떨어뜨리는 것에서부터 방향 표지를 붙이는 것, 자신의 존재를 표시하기 위해 오브젝트에 그래피티

그림 7-92 Caterfillar Inc.는 상자에 매핑된 비디오 정보 텍스처를 사용해서 협력적인 가상 세계의 원격 사이트에서 사용자를 사실적으로 표현한다. (Image courtesy of Caterpillar Inc.)

를 붙이는 것, 가상 종이에 메시지를 쓰는 것, 시각적 주석을 남기는 것까지 다양할 수 있다. 나중에 이 표시를 접하는 다른 체험자는 그 정보가 도움이 될 수 있다(그림 7-93).

물론 가장 간단한 협업 방법은 같은 물리적 공간을 차지하는 것이다. 이것은 대형 고정 디스플레이(예: CAVE)에서 가장 잘 수행된다. 둘 이상의 사람이 물리적으로 시야를 점유할 수 있고, 따라서 이러한 체험자는 서로를 직접 보고 들을 수 있다. 다중 사용자 트래킹 시청 메커니즘의 통합은 협업 환경을 훨씬 더 향상시킨다. CAVE 스타일 시스템이 여러 명의 트래킹된 뷰어들과 함께

그림 7-93 이 책의 저자 중 한 명이 반달 가상 세계에 그의 흔적을 남기고 다른 작가는 그가 어디에 있었는지 볼 수 있게 된다. (Application courtesy of Dave Pape; photographs by William Sherman and Alan Craig, respectively.)

7장 | 가상 세계와의 상호작용 **737**

그림 7-94 특수 멀티뷰 투영 기술을 사용해 여러 사용자가 고유한 관점에서 가상 세계를 볼 수 있다. 여기, 세 명의 사용자, 그리고 카메라를 모두 볼 수 있고 같은 성탑의 꼭대기를 가리키고 있다. 가상 세계에서 동일한 위치를 물리적으로 참조할 수 있는 기능은 공동 토론에 유용하다. (Photograph courtesy of Thomas Motta (thomasmotta.com) and Digital Projection.)

작동할 수 있는 몇 가지 방법이 있다. 이러한 기법은 '다중 사용자를 위한 다중화'라는 주제 아래 5장의 '디스플레이 채널 수'에 설명돼 있다. 간단히 말해서, 다른 사용자[Arthur et al. 1998]에 대해 서로 다른 화면을 사용할 수 있으며, 다른 사용자[Koepnick et al. 2010]에 대해 씬의 다른 오브젝트를 렌더링하거나, 4개 이상의 별도 뷰를 사용할 수 있는 조명 필터링 기법을 사용할 수 있다 [Kulik et al. 2011](그림 7-94).

동기식 및 비동기식 통신

협력적 의사소통의 중요한 측면은 메시지의 송신과 수신 사이의 시간의 동시성이다. 통신의 양쪽 끝은 동시에(동기) 발생할 수도 있고, 시간(비동기)에 분리될 수도 있다. 동시통신을 통해 당사자들은 가상(사이버) 공간에 함께 있다. 그들은 실시간으로 인터랙티브 대화를 할 수 있다. 동기 통신에서 플로어 컨트롤(즉, 세계의 오브젝트를 조작할 수 있는 권리를 가진 사람)는 상호작용이 어떻게 진행될지를 결정하는 주요한 결정 요인이다. 동기식 의사소통의 또 다른 중요한 측면은 개별 체험자들의 세계가 일치하도록 유지되는 범위이다. 비록 이것이 동기식 의사소통에만 국한된 것은 아니지만, 대화를 하고 있는 사람이 당신과 같은 세계를 경험하고 있는지에 대한 생각은 매우 중요하다.

비동기적 의사소통에서, 서로 다른 당사자들은 다른 체험자들에 의해 남겨진 세계를 지각할 수 있고, 나아가서는 스스로 세계를 변화시킬 수 있는 지속적인 세계에 들어갈 수 있다. 협력자들 간의 의사소통을 허용하는 것 외에도, 체험자는 나중에 그들 자신의 검색을 위해 세계에 정보를 남길 수 있다. 또한, 의사소통은 구두로 할 필요가 없다. 그것은 세계를 재편성하기 위한 결합된 노력의

그림 7-95 IrisVR Propect Pro 아키텍처 비주얼리제이션 도구 '미팅'에서 사용자가 비동기적으로 가입하거나 종료할 수 있도록 만들 수 있다. 각 사용자는 미팅에 남아 있는 주석을 작성할 수 있으며, 따라서 나중에 함께 오는 사용자는 자신의 주석을 읽고 가능한 응답을 할 수 있다. (Architectural data courtesy of Conner Crawford)

형태를 취할 수 있다. 시카고 전자 비주얼리제이션 연구소의 일리노이 대학에서 개발한 두 가지 애플리케이션, NICE [Roussos et al. 1999][Sherman and Craig 2002] 및 CALVIN [Leigh and Johnson 1996]은 체험자가 영구적인 세계(가상 정원인 NICE와 건물 레이아웃인 CALVIN의 경우)를 수정할 수 있도록 했다. 이 두 가지 예시 모두 각 체험자가 미래의 체험자를 위해 세계를 수정할 수 있도록 한다. 보다 최근의 예는 IrisVR의 'Prospect Pro' 아키텍처 검토 도구로서, 참여 사용자가 작성한 주석을 유지하는 미팅 모드를 가지고 있다(그림 7-95). 사용자들은 또한 그들이 더 논의하기를 원하는 세계의 측면을 포착하기 위해 가상 세계 내에서 표준과 360장의 사진을 찍을 수 있다.

비동기 통신의 두 가지 방법은 세계 주석과 경험 재생이다. 주석(이 절 뒷부분에서 자세히 설명됨)은 비동기 통신의 핵심 방법이다. 경험적 재생은 덜 자주 사용된다. 체험 재생이란 시간이 지남에 따라 체험자의 동작을 캡처하고 저장하는 기능을 말한다. 그런 다음 이러한 행동은 체험자 자신이나 다른 사람에 의해 재생될 수 있다. 우리는 이전의 행동을 귀신으로 여기는 아바타를 생각하지만, 현재 체험자는 어떤 각도에서든 이전의 행동을 관찰하면서 같은 공간을 돌아다닐 수 있다.

경험 재생이 유용한 영역 중 하나는 훈련 시나리오의 AAR이다. DRI 방사형 몰입도 조사 강사 애플리케이션은 이를 특정 작업에서 가드맨을 훈련하는 데 사용했으며, 그 다음 절차가 얼마나 잘 준수됐는지, 그리고 운영 개선이 이루어질 수 있는 위치를 분석할 수 있었다[Koepnick et al. 2010] (그림 7-80 참조).

하나의 VR 애플리케이션은 동기식 통신과 비동기식 통신을 위한 방법을 제공할 수 있다. 동시통신을 위해 신청서는 체험자를 실시간으로 다른 체험자에 의해 청각/표시/감정할 수 있는 수단을 제공해야 한다. 비동기식 의사소통은 집요한 세계와 체험자가 그들의 흔적을 남길 수 있는 수단을 필요로 한다. 이러한 개념은 두 가지 형태의 통신을 허용하는 MUD(다중 사용자 던전/다이얼로그)의 텍스트 기반 매체까지 거슬러 올라간다. 사용자는 텍스트 대화나 입력된 명령을 통해 직접 상호작용할 수 있으며, 사용자는 오브젝트를 이곳 저곳으로 이동하거나 새로운 위치를 만들어 세계의 수정을 수행할 수 있다. 텍스트 기반의 게임과 세계 인터페이스는 크게 줄어들었지만, God Wars II와 같은 최근의 MUD 시스템이 있다.

동시성은 정보 교환 방식에 영향을 미친다. 예를 들어, 동기식 음성 통신은 즉각적인 피드백을 할 수 있는 능력과 함께 직접적인 대화를 가능하게 한다. 음성 통신의 비동기적 방법은 체험자가 편리한 시간에 참여할 수 있는 음성 메시지 방식의 통신을 허용한다.

주석

가상 세계에 주석을 달 수 있는 능력은 사용자가 그것을 설명하거나, 내용에 대해 질문을 하거나, 무엇이 있는지 일반적인 인상을 줄 수 있게 해준다. 주석(is)은 세계에 놓여진 메모로, 그 일부 측면을 설명/질문/검토한다. 가상 세계 내에서 다양한 주석을 나타내고 사용할 수 있다.

체험자가 주석을 사용하는 방법에 대한 고려 사항:

- **누구를 위한 것인가?**

    체험자—나

    다른 체험자—당신

- **언제까지인가?**

    아직 경험이 있는 동안—지금

경험 후—나중에

- **무엇을 위한 것인가?**

    협업—작업 수행을 위해 협력

    지침—강사/강사 관계

    문서—체험자에게 제시된 정적 정보 (이 예에는 디스플레이 근처에 위치한 헤드셋과 푸시투톡 버튼을 사용하는 실제 박물관 워크스루 예가 포함된다.)

    여기서 우리의 초점은 협업을 위한 주석을 사용하는 것이다. 지침과 키오스크 정보는 모두 일방적 의사소통 형식이며 체험자가 경험 작성자에 의해 키오스크에 포함된 내용보다 주제에 대한 정보가 적다고 가정한다. 협업은 체험자를 더 동등하게 대우해서 누구든지 메모를 남길 수 있게 한다.

- **어떻게 나타나는가?**

    음성 – 몰입형 환경에서 만들기 쉬운 주석.

    텍스트—경험 밖에서 쉽게 생략/편집/공정을 할 수 있는 주석.

    제스처—가상 세계에 몰입하는 동안 더 쉽게(그리고 나중에 경험할 수 있는) 주석.

    그림—경험 내에서 기록하기 쉽고 경험 밖에서 보기 쉬운 주석.

    아마도 이상적인 것은 세계의 그림을 동시에 포착하고, 구어 주석을 기록하고, 나중에 언어 지각 소프트웨어를 사용해서 입력 내용을 그림과 연결된 텍스트 형태로 변환하는 것인데, 조작과 검색이 용이하다.

주석은 위치/오브젝트, 뷰, 시간 또는 이들의 조합 등 가상 세계의 다양한 구성요소에 부착될 수 있다.

- **위치/목표**—세계의 특정 항목에 대한 코멘트를 할 수 있도록 이것은 박물관이나 현장 산책에 효과적이다. 음성 메시징을 VR 환경에서 구현할 수 있는 방법이기도 하다. 특정 유형의 오브젝트는 자리 표시자 애플리케이션의 음성 홀더와 같은 작업을 수행하는 것으로 지정될 수 있다.

- 관점—가상 세계에 대한 특정 뷰에 대한 코멘트를 허용. 이것은 미적 문제를 다루려고 할 때 중요할 수 있다.
- 시간—시뮬레이션에서 특정 시간에 대한 코멘트를 허용한다. 이는 시뮬레이션에서 특정 시간 동안에만 흥미로운 현상이 발생하는 과학적 비주얼리제이션 애플리케이션에서 특히 중요할 수
- 결합—하루 중 특정 시간 또는 특정 관점에서만 위치에 주석을 달 수 있다.

일단 생성되면 사용자는 주석이 존재하며 가상 세계에서 주석이 어디에 있는지 볼 수 있어야 한다. 따라서 주석 자체에 대한 정보를 제공하기 위한 표현이 필요하다. 주석은 주석을 부착한 플래그가 있는 오브젝트(예: 주석을 달았을 때 오브젝트의 색 변경) 또는 시간/뷰 또는 주석을 달았을 때 세계에 상징적인 기호를 갖는 것으로 표시될 수 있다. 병 아이콘은 NCSA BayWalk의 공동 비주얼리제이션 애플리케이션에서 체사피크 베이의 컴퓨터 시뮬레이션 내의 위치에 주석을 달기 위해 사용된다(그림 7-96A). 자리 표시자 애플리케이션은 특정 주석 컨테이너 오브젝트를 제공한다. 이러한 오브젝트(음성 보유자라 함)는 체험자가 지각하는 특정한 외관을 가지며, 외관을 약간 변경하면 주석 상태를 나타낸다(그림 7-96B). (박물관을 걷는 것과 같은) 자기유도 투어와 같은 애플리케

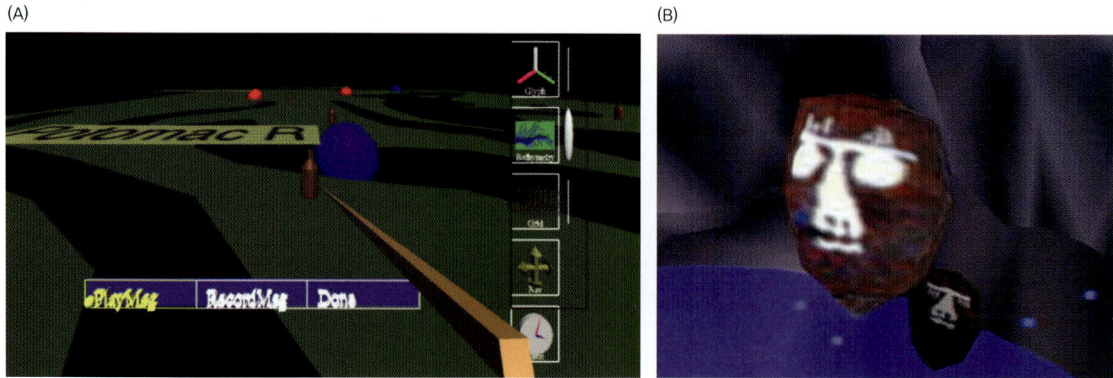

그림 7-96 (A) NCSA BayWalk 애플리케이션은 가상 세계에 음성 주석을 남기는 메커니즘으로 "병 속의 메시지"라는 메타포를 사용한다. 음성 주석은 가상 세계의 다른 사람들이 검색할 수도 있고, 메시지를 남긴 사람이 나중에 검색할 수도 있다. (B) 〈Placeholder〉 애플리케이션도 비슷한 목적으로 음성 홀더를 사용한다. 음성 보유자들은 그들의 내용에 따라 그들의 외모를 바꾼다. (BayWalk application courtesy of John Shalf/NCSA; Placeholder image courtesy of Brenda Laure)

이션에서는 모든 오브젝트는 주석을 가지고 있다고 가정할 수 있으므로, 그 오브젝트의 외관에는 변화가 필요하지 않다. Flyover Zone Productions, Inc.의 Rome Reborn VR 애플리케이션은 사운드 아이콘을 사용하여 막센티우스와 콘스탄티누스의 거대한 크기의 특정 측면

그림 7-97 로마에서 부활한 VR '막센티우스와 콘스탄티누스의 바실리카' 경험에서 체험자는 바실리카 내의 다양한 영역으로 유도돼 사전에 녹음된 오디오 주석을 청취해서 사이트에 대한 역사적 정보를 제공할 수 있다. (Image courtesy of Flyover Zone Productions, Inc.)

에 대한 정보를 제공하는 프리메이드 보컬 주석을 사용할 수 있는 위치를 나타낸다(그림 7-97).

주석 자체에 대한 일부 정보를 나타내기 위해 월드 내에서 다른 주석 아이콘을 사용할 수 있다. 아이콘은 〈Placeholder〉와 같이 주석 상태를 나타낼 수 있다(예: 음성홀더가 가득 차거나 비어 있거나 메시지를 수신할 준비가 돼 있음). 주석 유형(오브젝트/시간/보기)과 주석을 떠난 사람의 표시는 모두 주석 아이콘의 모양에 의해 표시될 수 있다. 특정 정보를 위해 사용 가능한 모든 주석을 검색하는 것이 바람직할 수 있다. 검색은 주석의 유형, 작성자 또는 작성 시간에 대한 것일 수도 있고, 내용과 관련이 있을 수도 있다. 음성 주석을 검색 가능한 텍스트로 변환할 수 있는 애플리케이션을 만드는 것은 부담스러울 수 있지만, 각 주석에 대해 몇 개의 키워드를 지정하는 기능은 좋은 타협일 수 있다. 하몬Harmon과 동료[1996]는 논문 〈The Virtual Annotation System〉에서 사용자가 오브젝트나 뷰 중 하나에 주석을 달 수 있는 기능을 가진 VR 환경에 대한 주석 시스템을 설명하고 있으며, 각 사용자 및 오브젝트 및 뷰에 대해 서로 다른 아이콘을 사용한다. 주석은 사용자의 이름과 생성 시간을 각각 저장해서

사운드내어 표시한다.

플로어 컨트롤

CSCW에서는 누가 협업 경험을 담당하느냐의 개념을 플로어 컨트롤(즉, "바닥이 누구냐?")이라고 한다. 누가 지배력을 갖느냐 하는 문제는 동기식 통신 기능을 제공하는 애플리케이션에 대한 배려일 뿐이다. 플로어 컨트롤과 어느 정도 비슷한 것은 권한의 문제다. 허가 통제는 누가 특정한 방식으로 세계에 영향을 미칠 수 있도록 허용되는지(움직이는 오브젝트 등)를 명시한다. 이것은 동기식 통신과 비동기식 통신 모두에 대한 문제다.

플로어 컨트롤의 수준은 무/동시(대등한 파트너 간의 전형적인 대화)에서 온건화(개인은 말하고 싶을 때 손을 들고, 진행자는 그들의 차례가 되면 그들을 부른다), 매우 형식적인(로버트 순서 규칙)에서 계층적(누구를 방해할 수 있는 순위)까지 다양할 수 있다. 여러 가지 상황이 서로 다른 통제 방법에 도움이 된다. 허가 통제의 경우, 간단한 해결책은 누가 먼저 그곳에 도착하든 지배력을 갖도록 허용하는 것일 수 있지만, 특정한 상황에서는 다른 방법이 더 바람직할 수 있다. 특히 디자이너닌 '놀라움을 없애는' 것과 '의도적인 놀라움' 중 어느 것이 더 나쁠지 고려해야 한다. 동시성 통제에 관한 연구에서, 라인바거와 케슬러[2004]는 각각에 대한 효과와 구현 전략을 설명한다. 그들이 설명하듯이, "통화컨트롤은 잠재적으로 충돌할 수 있는 평행한 사건들 사이에서 중재하는 활동이다."

월드 콩그레스

세계 화합은 공유된 경험에서 각 체험자에게 세계가 동일하게 나타나는 정도를 말한다. 완전한 일치된 세계는 각 체험자가 다른 체험자가 볼 수 있는 모든 것을 볼 수 있는 것이다. 비록 합일성이 공유된 세계에 중요하긴 하지만, 그러한 세계의 모든 측면이 일관적일 필요는 없다. 여기에는 오브젝트 이동이 포함될 수 있다. 예를 들어 사용자가 오브젝트를 이동할 때 다른 체험자는 전체 이동 순서를 보거나 이전 위치에서 새 위치로 오브젝트를 '점프'만 볼 수 있다. 또 다른 사소한 불일치는 체험자의 일부만이 볼 수 있는 오브젝트를 갖는 것이다. 예를 들어, 체험자는 자신들만이 볼 수 있는 여행을 하면서 마커의 흔적을 남긴다.

세계 화합은 주로 동기적 협력의 관심사지만, 독점적인 것은 아니다. 비동기 디자인 경험에서, 한 사용자는 다른 사용자가 중간 디자인을 변경하거나 판단하는 것을 방지하기 위해 자신의 디자인 사본을 별도로 보관할 수 있다. 사용자가 디자인을 공개할 준비가 되면 모든 사용자가 사용할 수 있도록 할 수 있다. 사용자들은 콘서트에 초점을 맞추어야 한다 애플리케이션은 세계 간의 일치성의 높은 수준을 위한 불가결한 것이다. 구체적으로 둘 이상의 사용자가 한 개 이상의 오브젝트를 들어 올리거나 한 사용자로부터 다른 사용자에게 오브젝트를 넘겨주도록 요구하는 운영은 적어도 관련된 특정 오브젝트와 사용자와 관련해 그들의 세계가 밀접하게 일치하도록 유지될 것을 요구한다. 예를 들어 허블우주망원경 수리 애플리케이션(그림 7-98)은 우주비행사가 오브젝트를 이동하는 동안 다른 오브젝트가 오브젝트를 움직이는 것, 부품과 도구를 서로 건네는 것, 그리고 임무에 필요한 다른 협력적인 작업과 같은 2인칭 작업을 포함하는 작업을 연습할 수 있는 수단을 제공한다.

(A)

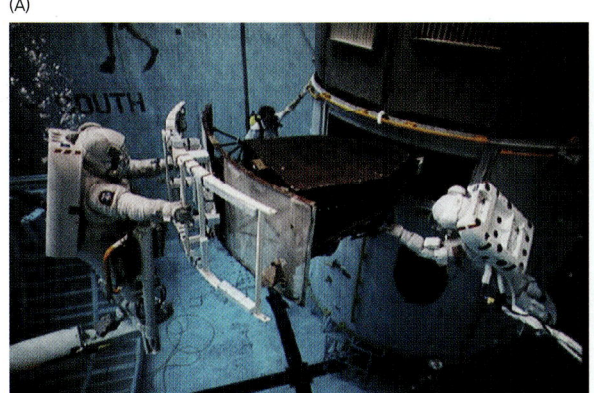

(B)

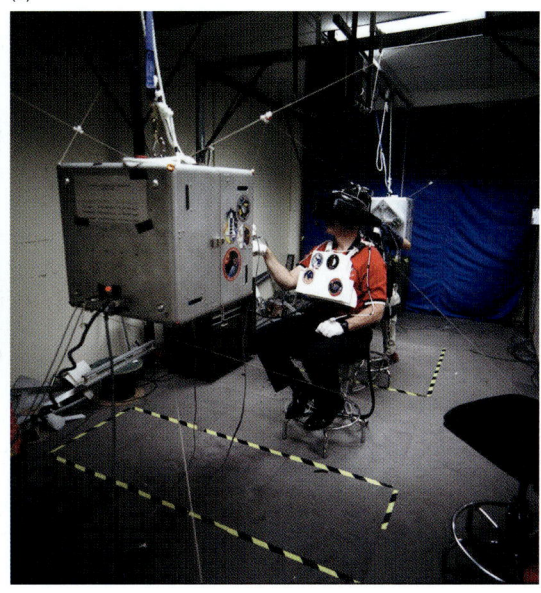

그림 7-98 (A) 우주비행사 이야기 머스그레이브와 제프리 호프만은 텍사스 주 휴스턴에 있는 존슨 우주센터의 무중력환경훈련시설(WETF)의 물탱크에 있는 광역 행성 카메라(WF/PC) 장치를 제거하는 연습을 한다. (B) 같은 작업을 위한 협력 VR 훈련 애플리케이션은 다음의 일치성에 세심한 주의가 필요하다. 각 체험자가 경험하는 세계 우주비행사 제리 로스(앞쪽)와 그의 동료(직뒤)는 저중력 환경에서 대형 질량의 조작을 묘사하기 위한 햅틱 디스플레이를 장착한 VR 시스템에서 훈련을 한다. 이 시스템은 그들이 궤도에 있는 동안 함께 무거운 오브젝트를 움직이는 것을 연습할 수 있게 해준다. (Images courtesy of NASA)

후지모토[1990]는 "가장 높은 수준에서 분산된 협력 시스템은 지역 행동에 즉시 작용하는 낙관적 접근방식 또는 지역 조치 이전에 발생하는 원격 조치가 적용됐음을 거의 보장할 때까지 기다리는 비관적 접근방식 사이에서 디자인 선택에 직면한다"고 설명한다. 다시 리느바거^{Linebarger}와 캐슬러^{Kessler} [2004]에서 추가적인 통찰력을 제공한다.

- 낙관적 전략 "지역적 조치 시점에 전지구적 행동질서가 국지적으로 알려져 있다고 가정하는데, 이는 사실상 불가능하다. 따라서 낙관적인 전략은 오류가 발견되고 연속화 알고리즘에 의해 수정될 때까지 다른 프로세스와 일관되지 않을 위험이 있다."
- 비관적 전략 "지역 시스템의 상호작용성을 희생하면서, 지역 행동 시 글로벌 질서를 확실히 하는 데 필요한 지연을 도입한다."

VR 시스템과 상호작용(메타커맨드)

때때로 지각할 수 있는 가상 세계나 세계 내의 다른 세계와 상호작용해야 할 필요성 뿐만 아니라, 세계의 기초적인 시뮬레이션과 구조와 상호작용해야 할 필요가 있다. 여기에는 비주얼리제이션을 위한 새로운 과학적 데이터를 로드하는 작업부터 세계 내 대리작용제 컨트롤까지 다양한 작업이 포함된다. 가상 세계의 표면 아래에서 작동하는 명령을 메타코맨드라고 부를 수 있다.

많은 VR 경험에서 몰입한 체험자가 아닌 다른 사람이 어떤 식으로든 세계를 조종해야 한다. 예를 들어, 비행에 대한 두려움을 줄이기 위한 치료 경험에서, 치료사는 체험자가 덜 어려운 비행 조건을 견딜 수 있게 되면서 세션 중에 모의 비행 난류를 조정할 수 있다.

그림 7-99 조지아 공대의 가상 현실 고릴라 전시회(Virtual Reality Gorilla)에 나오는 고릴라는 미리 정의된 여러 액션 시퀀스에 따라 행동한다. 고릴라 행동 전문가는 씬 뒤에서 키보드로 적절한 액션을 트리거할 수 있다. 이 오즈의 마법사 에이전트 컨트롤을 통해 체험자에게 현실적인 고릴라 사회의 경험을 전달할 수 있다. (Image courtesy of Don Allison)

치료사는 VR 인터페이스보다는 키보드나 마우스를 통해 상호작용을 한다. 보다 정교한 예는 가상 세계 내의 에이전트 작업이다. 이러한 유형의 상호작용은 동일한 이름의 필름과 관련해 대리 에이전트 컨트롤 또는 오즈의 마법사 컨트롤이라고 알려져 있다[Wilson and Rosenberg 1998]. 조지아 공대의 가상 현실 고릴라 전시회에서 고릴라 사회에 정통한 동물학자가 키보드 컨트롤을 이용해 고릴라를 지휘하는 마법사의 역할을 맡았다(그림 7-99).

종종 도구로서 디자인된 VR 애플리케이션은 물리적으로 몰입한 체험자가 메타코맨드를 지정할 수 있도록 한다(예: 다른 모델 또는 과학적 데이터 세트 로드, 전역 매개변수 변경, 최근 작업 실행 취소, 경험 시작 또는 경험 프로그램 종료). 이러한 방식으로 세계에 영향을 미치는 능력은 경험의 정신적 몰입도를 감소시키는 것으로 간주될 수 있으므로, 경험적 의사소통을 목표로 하는 애플리케이션 디자이너들은 일반적으로 체험자가 그러한 작업을 수행하는 것을 허용하지 않는다.

체험자가 시스템에 직접 명령을 내릴 수 있는 애플리케이션 중 하나는 NCSA의 Virtual Director인데, 이 애플리케이션은 컴퓨터 애니메이션 제작에 도움을 줄 수 있는 수백 개의 명령을 가지고 있다[Tiébo 1997]. Toirt Samhlaigh(그리고 그 이전의 Crumbs) 과학적 비주얼리제이션 애플리케이션의 한 가지 특징은 비주얼리제이션 작업에 도움이 되는 새로운 색상 팔레트를 만드는 것이다. 애플리케이션의 사용자는 메뉴 인터페이스를 통해 사용할 수 있는 메타콘즈를 사용해 만든 팔레트를 저장하고 나중에 검색할 수 있다.

요약

상호작용하는 것은 자신과 다른 실체 사이의 상호작용에 관여하는 것이다. 상호작용은 가상 현실의 핵심적 특징이며, 다른 대부분의 미디어와 구별되는 기능이다. 가상 세계가 우리의 행동에 반응할 때, 우리는 그 세계에 더 많이 관여하게 돼 프레젠스와 에이전스 느낌을 증가시킨다. 그러나 대부분의 기술적으로 조정된 상호작용 인터페이스는 인간 사용자에게는 자연스럽지 않다. 인터페이스가 부실하면 상호작용이 어려워질 수 있으며, 따라서 체험자가 작업이든 놀이든 경험에 집중할 수 있는 능력을 방해할 수 있다.

시간이 지나면서 사람들이 새로운 기술에 익숙해지면서 인터페이스가 문화의 일부가 돼 자연스러워지기 시작할 수도 있다. 이 과정을 촉진하는 한 가지 방법은 사용자가 친숙할 가능성이 있는 비유를 사용해서 새로운 인터페이스를 구축하는 것이다. 일반적으로 상호작용에 적용되는 또 다른 유용한 전략은 체험자가 각 상호작용 이벤트의 현재 상태를 알 수 있도록 피드백을 사용하는 것이다. 이러한 메타포와 피드백 전략은 조작, 탐색, 협업, 가상 현실 시스템 명령 등 모든 형태의 상호작용에 효과적이다.

가상 세계에서 사용자 상호작용과 관련된 몇 가지 요인으로는 장소, 관점, 몰입, 세계 물리학, 그리고 세계 자체의 실체가 있다. 8장에서는 가상 세계 디자인의 이러한 측면과 특히 이 모든 요소들이 어떻게 함께 작용해 사용자의 인터랙티브 경험을 형성하는지를 다룰 것이다.

PART III

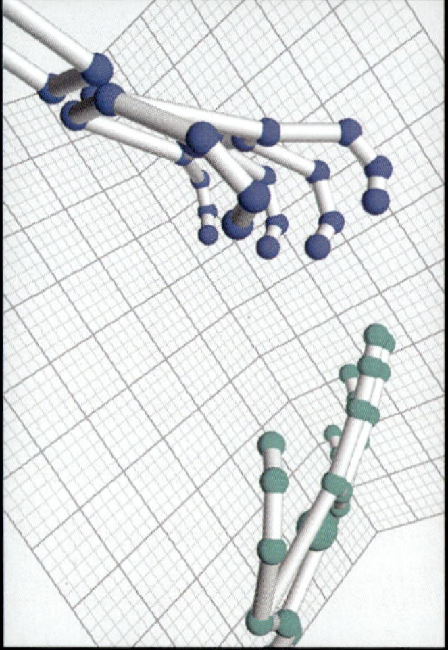

적용된 가상 현실

이용할 수 있는 시스템 기술과 사용자 인터페이스 옵션을 철저히 파악함으로써, 이제 우리는 가상 세계가 어떻게 더 매력적이고 유익한 경험을 만들 수 있는지에 대해 이야기할 수 있다. 3부에서는 가상 세계의 구성 요소와 그것이 사용자에게 전달하는 경험을 살펴보고(8장), VR 경험의 전체적인 디자인(9장)에서 2부에서 얻은 지식을 바탕으로 한다. 마지막으로 VR의 미래(10장)를 살펴보면서 VR 경험이 어떻게 발전했는지, 그리고 이러한 경험을 더욱 발전시킬 수 있는 것이 무엇인지에 대해 논의해 보기로 하겠다.

1장에서 우리가 정신적 몰입과 감각들을 정신적 몰입 상태 달성을 위한 보조물로 속이는 기술과 합성 이미지의 역할에 대해 이야기했던 것을 상기하라. 이제 파트 3의 장은 사용자 기반과 하드웨어 시스템의 기능을 고려해서 그러한 경험의 구성에 초점을 맞추고 있다. 디자이너는 어떻게 시각, 장소, 그리고 손놀림을 이용해 매력적인 경험을 할 수 있는가? 시스템과 장소의 기술적 한계를 넘어서는 데 도움이 되는 사용자를 속이기 위해 무엇을 할 수 있는가? 가상 세계에서 어떤 구성 요소가 있어야 하고, 어떻게 동작해야 하며, 사용자가 이러한 구성 요소와 어떻게 상호작용해야 하는가? 어떤 소프트웨어가 세계를 이끌어내는데 도움이 될 것이다. 그리고, VR 체험에 현실 세계는 어떤 영향을 미치는가?

가상 현실 경험은 파트 2에서 제시된 결합 요소에 기반을 두고 있다. 3부에서는 VR 시스템의 기술적 측면(체험자의 '기술' 포함)을 탐구하는 것에서 전환해서 상호작용 가능성을 논하고, 가상 세계의 내용을 토론하고, 성과 있는 경험을 디자인한다. 다른 매체에 표현된 가상 세계가 VR에 어떻게 접목될 수 있는지도 살펴본다. 새로운 경험과 적용된 경험 모두: 어떤 단계가 디자인 프로세스에 관여하고 있는가? 디자인 팀은 어떤 트레이드오프를 필요로 하는가? 과거의 노력에서 배울 수 있는 것이 많기 때문에 VR 경험의 많은 분류, 성공으로 간주되는 요소, 그리고 VR의 저 한구석을 개척한 어떤 예들이 존재하는가를 살펴본다.

가상 현실 경험

사용자 인터페이스

사용자를 향한 하드웨어 인터페이스

입력
- 바디 트래킹
  (컴퓨터가 사용자를 '보는' 방법)
- 보이스/사운드 지각
  (컴퓨터가 사용자를 '듣는' 방법)
- 물리적 컨트롤러
  (컴퓨터가 사용자를 '느끼는' 방법)

4장

출력
- 비주얼 디스플레이
  (사용자가 VW를 보는 방법)
- 오럴 디스플레이(Aural display)
  (사용자가 VW를 듣는 방법)
- 햅틱 디스플레이
  (사용자가 VW를 느끼는 방법)

5장

소프트웨어 구성요소

사용자를 향한 시스템 표상
- 대리자(Representation)
- 렌더링 시스템

6장

가상 현실과의 상호작용
- 사용자 인터페이스 메타포
- 조작
- 내비게이션
- 다른 사람들과의 상호작용

7장

경험 디자인 및 전형

9장

가상 세계

- 몰입
- POV
- 장소
- 시뮬레이션 / 물리
- 실체(substance)
- 경험 창작
  (experience creation)

8장

인간 참여형

- 어포던스
- 지각(perception)
- 프레젠스 / 임바디먼트

3장

CHAPTER 8

가상 세계에 활기를 불어넣기

이 장은 가상 현실의 경험에 들어가는 것에 관한 것이다. 정신적 몰입, 육체적 몰입, 그리고 프레젠테이션 장소가 경험에 미치는 영향 등 성공적인 경험을 하기 위해 필요한 요소들을 살펴본다. 그런 다음 경험의 형성에 도움이 되는 현실 세계의 구성 요소를 검토한다. 어떤 POV가 선택됐는가? 사용자가 세계를 마치 풀밭의 벌레처럼 보고 있는가? 하늘의 박쥐? 아니면, 고래와 싸우는 그들의 아바타를 보는것? 생각할 세계의 실체가 있고, 그것의 지리, 사물, 아바타, 그리고 그것들에 접근하기 위해 만들어진 사용자 인터페이스가 있다. 또한 우리는 세계를 형성하는 물리적 법칙을 고려해야 한다. 단단한 벽을 통과할 수 있는가? 무거운 오브젝트가 공중에 떠다니는가? 우리는 이 책을 통해 가상 현실을 매개로 한 콘텐츠의 중요성을 표현해 왔다. 마지막으로, 우리는 경험을 되살리는 데 필요한 소프트웨어 도구의 수집(스택)에 대해 살펴볼 것이다.

따라서 본 장에서는 콘텐츠의 요소를 파악하고, 서로와 VR 애플리케이션과의 관계에서 간략하게 논의한다. 가상 세계를 표현할 수 있는 많은 다양한 매체들이 있다. 이 책에서 우리는 그러한 세계가 어떻게 가상 현실을 위해 디자인될 수 있는지에 초점을 맞춘다.

몰입

당신은 2가지 종류의 몰입이 있다는 것을 1장에서 상기할 수 있다. 우리는 정신적 몰입과 육체적 (감각적) 몰입 사이에서 이분법을 도출한다. 이 장의 대부분은 체험자가 VR 매개 세계에 대한 완전한 경험과 두 가지 유형의 몰입이 성공적인 경험을 만드는 데 중요한 역할을 하는 곳에 초점을 맞추고 있다. 그 완전한 경험에 대해서, 우리는 육체적인 것에서부터 시작해서 몰입의 양면성을 논할 것이다.

물리적/감각적 몰입

물리적 몰입은 가상 현실 경험(및 시스템)의 중요한 측면임을 부인할 수 없다. 실제로 물리적 몰입은 우리의 가상 현실 정의의 일부분이며 VR을 다른 매체와 구분하는 요소다.

물리적 몰입은 위치 및 방향에 근거해 사용자에게 가상 세계를 제시하고 위치와 행동에 대응해 하나 이상의 감각에 합성 자극을 줌으로써 이루어진다. VR 시스템은 각 눈에 원근 의존적인 이미지, 귀에 동기화된 오디오, 촉각적 정보, 전정 정보를 몸체에 제공한다. 컴퓨터는 사용자를 트래킹해서 사용자의 위치를 "알고 있다"고 한다.

사용자가 움직이면 씬 내에서 신체적 몰입도를 확립하는 시각, 청각, 촉각 및 기타 특성이 반응으로 변화한다. 만약 그들이 어떤 오브젝트에 가까이 걸어가면, 그것은 더 크게 보이고, 더 크게 들리며, 그들은 그것을 만지고 느낄 수 있다. 사용자가 고개를 오른쪽으로 돌리면 무엇이 있는지 볼 수 있고 그에 따라 반응한다. 만약 그들이 어떤 오브젝트를 잡으면, 그들은 그것을 조작할 수 있다. 그것을 돌려서 집어내고 수정한다.

물리적 몰입은 또한 세계의 체험자를 안내하는 데 도움을 준다. 특히 공간화됐을 때 사운드를 이용해 체험자의 주의를 유도할 수 있다. 사용자가 큰 사운드를 들으면 본능적으로 고개를 돌려 조사할 것이다. 물론 그 사운드는 크게 울릴 필요가 없다. 호기심을 자극하는 사운드가 사람들로 하여금 무슨 일이 일어나고 있는지 알게 하는 다른 방법들이 있다(소곤사운드와 같은 것: ...shhhhh....).

신체의 감각에 합성 자극을 제공함에 있어서, 가상 현실 시스템은 종종 현실 세계가 제공하는 자극을 차단한다. 따라서 체험자의 현실 세계에서의 정신적 몰입도는 감소한다. 특정 VR 체험의 정도가 합성 자극으로 자연 자극보다 우선하고, 이런 식으로 속아넘어가는 감각의 수가 물리적 몰입도를 정한다. 이 정도의 신체적 몰입은 정신적 몰입에 어느 정도 영향을 미치지만, 모든 가상 세계 통신과 관련된 정신적 몰입에는 다른 영향이 있다.

정신적 몰입

특정 경험에 대해 정신적 몰입이 바람직한 정도는 경험의 목표에 따라 달라진다. 경험이 엔터테인먼트 목적으로 디자인되고 그 성공이 체험자가 얼마나 몰입하는가에 기초한다면(따라서 체험자가 더 많이 관여하고 친구들에게 그것에 대해 말하고자 함) 정신적인 몰입이 경험의 충족에 중요한 역할을 한다. 소설에서 묘사되는 것과 같은 다른 가상 세계들 역시 정신적인 몰입에 크게 의존한다.

그러나 일부 애플리케이션의 경우, 목표는 정보를 탐구하는 것이며, 높은 수준의 정신적 몰입은 필요하지도, 가능하지도, 심지어 바람직하지도 않을 수 있다. 예를 들어, 단백질의 분자 구조를 조사하는 과학자는 아마도 그들이 실제 분자 옆에 서 있다고 믿지 않을 것이다; 사실 그들은 VR 경험이 유용하기 위해 이것을 믿을 필요는 없다, 비록 그들이 그 분자의 표현을 보고 있다고 믿는 것 같기는 하지만. 그러나, 만약 그 경험이 롤러코스터를 타는 것이라면, 체험자는 실제로 그들이 움직이지 않는 바닥에 서 있다는 사실을 놓칠 수 있다. 확실히 이 경우에는 체험자가 정신적으로 몰입할수록 경험의 가치가 높아진다.

효과적인 몰입은 의사소통 과정의 도구가 될 수 있다. 허구적인 작품에서 정신적 몰입의 부족은 의사소통의 실패라고 볼 수 있다. 이와는 대조적으로, 다큐멘터리 작품에서는, 비록 그것이 뷰어들에게 그들의 행동이나 신념을 수정하게 하는 데 있어 효과적이지 않을지라도, 그 작품이 매우 몰입적이지 않더라도 정보는 여전히 전달될 수 있다.

따라서 가상 현실 체험에 대한 정신적 몰입이 바람직하고 때로는 비판적이기도 하지만 그렇다고 해서 가상 현실 체험이 VR이 아니라는 뜻은 아니다. 그러나 두 경우 모두 느린 시스템 응답과 장비 간섭에 주의를 빼앗기지 않는 것이 중요하다. 추가적으로, 분자 예에서, 몰입의 요소는 모델의 신뢰도를 포함할 것이다; 불신의 중단은 여전히 관여할 필요가 있다. 아마도 반대되는 극단에서 예를 들자면, 다큐멘터리 작품은 확실히 어떤 소설 작품만큼이나 매력적이고 몰입할 수 있다. 정신적 몰입은 관여의 수준을 나타내며, 관여는 가상 세계의 의사소통이 얼마나 성공적인지를 보여주는 표시다. 그 다음에 어떤 형태로든 몰입이 성공적인 의사소통의 지표로서 중요하다.

결국 그것은 충분히 믿을 수 있는 세계를 만드는 것인데, 3장에서 말한 바와 같이, 충분성은 경험의 목적뿐만 아니라 그들의 불신을 중단시키려는 체험자의 의지에 의해 결정된다. 그들의 세계에서의 에이전시는 그들이 그 세계를 믿도록 도울 수 있다.

몰입에서 현실주의의 역할

환경 내에서 시각, 사운드 및 촉각이 포함된 사실적 디스플레이는 체험자가 경험하는 정신적 몰입 수준에 큰 영향을 미칠 수 있다. 실제적인 몰입형 환경에서 무엇을 할 수 있고 할 수 없는가에 대해서는 두 개의 사상의 학파가 있다. 한 학교에서는 그 경험이 몰입하기 위해서는 지극히 현실적이어야 한다고 말한다. 이것은 어떠한 마법도 일어나는 것을 배제한다. 이는 분자 크기로 비행하거나 축소하는 능력이 다른 곳에 존재하는 느낌에 대한 환상을 깨트린다는 것을 의미한다. 즉, 그것은 당신이 현실 세계에 있지 않다는 것을 증명하는 모든 것을 배제한다[Astheimer et al. 1994].

다른 학교에서는 몰입감 있는 가상 경험의 일부로 마법의 특성이 존재하도록 허용한다. 사실 그것은 이러한 마법의 특성이 사용자를 다른 세계로 데려가는 데 도움을 줄 수 있다는 것을 암시한다[Slater and Usoh 1994]. 경험의 마법적 요소로는 만화 같은 외모를 갖는 것과 같은 렌더링 특성과 손가락을 가리키며 날 수 있는 능력 같은 인터페이스 속성이 있다. 만화적 표현, 또는 달리 양식화된 표현은 체험자가 어떤 일이든 일어날 수 있는 꿈이나 환상의 정신 상태로 들어갈 수 있게 해준다. 반대로, 리얼리즘의 어떤 결함도 그 효과를 망치기 때문에, 한 세계를 리얼리즘적인 방법으로 렌더링하려고 하면 정신적 몰입이 어려워질 수 있다.

다음 절에서 현실주의가 사용자의 경험에 어떻게 영향을 미치는지, 그들이 세계에 얼마나 몰입할 수 있는지, 그리고 어떻게 사물을 실제처럼 보이게 하는지, 그리고 거짓 현실주의가 세계를 더 매력적이고 따라서 몰입하게 만드는 데 얼마나 도움이 되는지 살펴볼 것이다.

현실화 방법

VR을 공포증 치료의 수단으로 이용하는 것을 연구한 심리학자들은 세계의 만평성(시각적 리얼리즘의 결여)이 세계에의 관여를 막지는 못한다는 것을 발견했다. 그들은 환자의 심박수, 땀, 호흡수가 환자가 VR에서 그들이 두려워하는 대상의 만화를 실제와 마주쳤을 때 모두 똑같이 반응한다는 것을 관찰했다 [Rothbaum et al. 1996]. 따라서 불안장애 치료에 VR을 적용할 때 필요한 현실성 정도는 '할리우드' 품질이 아니며, 비실시간 렌더링을 통해서만 얻을 수 있다. 환자들은 그들의 두려움이나 스트레스 유발에 접근하는 어떤 표현에 자극을 받으면 활성화된다. 반면에 시각적 표현에 대한 환자의 기대는 컴퓨터 게임으로부터 그들이 익숙한 것에 상대적이다.

따라서 치료세계가 너무 뭉클하고 초보적인 것으로 비쳐진다면, 이것은 세계에 대한 타당성과 신뢰성에 대한 의구심을 불러일으킬 수 있다. 반면에 세계의 시각적 요소들은 환자에게 제시된 자극만이 아니다. 관련 사운드, 진동, 심지어 냄새까지 더해져 전체적인 현실감을 높일 수 있다. 실제로 사운드는 감정적인 반응을 불러일으키는 데 강력한 역할을 한다. 이 분야의 연구원들은 환자를 시각적 리얼리즘에만 초점을 맞추는 것보다 더 많은 수의 문맥(세계)이 치료에 도움이 된다는 것을 발견했다[Rizzo 2018].

따라서 사실성은 애플리케이션 영역에 기초한 디자인 선택이며, 세계가 얼마나 환상적이거나 그럴 필요가 없는가를 의미한다. 그러나 진실의 개선을 위한 노력에는 위험이 도사리고 있다. 이 위험은 '불카니 계곡'의 개념에 있다[Mori 1970/2012]. 본질적으로 기묘한 골짜기는 기술이 현실의 일부 측면(인간과 같은)을 모방하기 위해 점점 더 가까워질 때, 일반적으로 인간 관찰자의 선호도가 증가하는데, 그 때 인간 관찰자들은 현실성이 가깝지만 상당히 실감이 나지 않을 때까지, 이 때 렌더링에 부정적인 반응을 보인다(애니메이션이든 물리적인 강도든).따라서 모든 진보가 유익한 것은 아니며, 초현실적인 표현을 채택하기 전에 계곡을 연결시킬 때까지 기다리는 것이 좋을 수 있다.

물론 현실의 정도에 영향을 미치는 요인도 있다. 예를 들어 입체 디스플레이의 효과는 사실성을 향상시킬 수도 있고 그렇지 않을 수도 있다. 만약 세계의 사물들이 항상 아주 먼 거리에서 제시된다면, 단지 작은 뎁스 단서들만이 스테레오시스^{steopsis}에 의해 명백해진다. 잔향과 같은 음의 단서들을 정확하게 재현하면 현실성이 향상되거나 요인이 되지 않을 수 있다(예: 사용자가 넓은 대초원에 있는 경우). 평상시처럼 각 상황은 사실적인 표시에 대한 특정 요건을 지시한다.

몰입의 구성 요소

가상 현실 경험에는 최소한 어느 정도의 감각 몰입이 있어야 한다. 정신적 몰입도를 유도하기 위해 얼마나 많은 감각적 몰입이 필요한가는 여전히 공개적인 질문이며 계속 연구되고 있는 질문이다. 사용자가 환경에 몰입한 것처럼 느끼고 가상 세계와 실제로 상호작용하고 있다고 생각하는 데 필요한 구성 요소는 무엇인가? 이 절의 나머지 부분에서는 콘텐츠 자체, 사용자의 생활 경험과 태도, 상호작용성, 그리고 몰입의 구성요소로서의 디스플레이의 기술적 요건에 대해 논의한다.

우리의 정신적 몰입에 대한 정의는 체험자가 그들이 경험하고 있는 것에 대한 불신을 중단시킬 정도로 관여하고 있다는 것이다. 설득력 있는 발표를 할 때, 이것은 매체의 내용만으로도 발생할 수 있다. 소설을 읽을 때 신체적 몰입이 필요하지 않으며, 또한 원하지 않는다(그림 8-1).

VR 경험을 만드는 데는 많은 요소들이 한데 어우러져 있으며, 요인의 특정한 결합은 체험자를 세계의 존재에 대해 설득할 수 있다. 이러한 요소들 중 첫 번째는 세계가 개인적으로 의미 있는 것이어야 한다는 것이다. 체험자가 내용이 흡수되는 주제나 스타일을 발견하지 못하면 참여의 가능성이 거의 없다. 세계

그림 8-1 가상 세계에 정신적으로 몰입하는 것은 가상 세계와의 물리적 상호작용을 통해 물리적인 몰입감을 제공하는 가상 현실의 배타적인 청사진은 아니다. (Photograph by Tony Baylis.)

가 제시되는 특정 POV(예: 첫 번째 사람)가 다른 것보다 더 효과적일 수 있다. 이야기의 긴장감은 체험자와 주인공의 관계를 고조시킬 수 있다. 믿으려는 체험자의 정신적 의지는 다른 요소들과 결합돼 그 사람을 세계에 내놓거나 하지 않는다.

개인의 존재를 세계에 알리기 위해 활용할 수 있는 기술들이 있다. 하나는 그들의 신체 행동을 세계 속의 요소와 연결시킴으로써 그들의 에이전시를 높이는 것이다(3장의 에이전시 부분 참조). 또한, 햅틱스와 공간화된 사운드의 사용은 오브젝트 영속성을 가상 세계 전체로 전달하는 수단으로 사용될 수 있다(3장의 오브젝트 영구성의 전환 부분 참조).

상호작용은 주로 컴퓨터 기술을 통해 다양한 매체에 전달되는 요소다. 결국, 만약 그 내용이 상호작용을 하지 않는다면, 그것은 일반적으로 어떤 엄격히 선형적인 매체로 제시될 수 있다. 그러나, 몇몇 현실 세계의 경험처럼, 상호작용성은 어떤 면에서는 제한될 수 있다. 롤러코스터 경험은 승차자와 탑승자 사이에 신체적 상호작용성이 없는 순수한 감각 입력으로, 머리를 움직여 주위를 둘러보는 기수의 능력 외에는 없다. 가상 현실에서는 체험자가 정신적 몰입도를 달성할 수 있도록 충분한 경험을 만드는 것이 애플리케이션의 내용뿐만 아니라 VR 시스템의 기능에도 달려 있다. 몰입에 영향을 미치는 몇 가지 표시 특성에는 해상도, 지연 및 관련 분야가 포함된다.

하나 이상의 디스플레이 모달리티의 낮은 해상도(공간적 또는 시간적)는 몰입

도를 감소시키거나 상실할 수 있다. 공간 해상도는 하나의 이미지에 얼마나 많은 정보를 제시하느냐이다. 각 감각 디스플레이는 고유한 측정 형식을 가지고 있다. 시각적으로 우리는 인치당 픽셀을 참조할 수 있다. 샘플당 비트 또는 표시되는 독립 채널의 수를 음성으로 참조할 수 있다. 시간 해상도은 디스플레이가 프레임률 또는 샘플 레이트 측면에서 얼마나 빠르게 변화할 수 있는지를 의미한다. 다시 말해, 각 감각은 허용 가능한 비율의 특정한 범위를 가지고 있다. 각 감각에 대해 필요한 최소 속도는 뇌가 여러 개의 개별적인 감각 입력을 인지하는 것에서 연속적인 입력을 지각하는 것으로 전환하는 지점이다.

예를 들어, 일부 사람들은 영상을 이동하기 위해 12Hz도 변화하는 이미지로 볼 수 있고 심지어 텔레비전이나 영화에 적합할 수 있다. 그러나 여기서도 지정된 미니마는 24 또는 30Hz이며, 이때 카메라(관점)의 움직임을 컨트롤하는 촬영자가 있다. 각 개인이 언제든지 관점을 바꿀 수 있을 때, 그들은 주더와 같은 효과를 도입할 수 있다. 따라서 헤드 마운트 디스플레이[HMD] VR 경험의 경우, 현대의 썸 룰은 디스플레이의 시각적 부분에 대한 프레임률 90Hz이다.

정신적 몰입도를 제공하는 또 다른 중요한 요소는 감각적 커버력의 양이다. 여기에는 사용자에게 제공되는 감지 모달리티의 수와 각 특정 센스의 적용 범위가 모두 포함된다. 시각적 의미에서 특정 VR 시스템의 관련 분야와 시야는 디스플레이 하드웨어의 세부사항에 따라 가변적인 적용범위를 가질 수 있다.

아마도 정신적 몰입에 대처해야 하는 가장 중요한 기술적 요소는 사용자의 행동과 시스템에 의한 적절한 응답 사이의 시간, 즉 레이턴시일 것이다. 가상 현실 시스템의 각 구성요소는 시력 측면에서 지연 또는 레이턴시를 더한다. 이것을 '광자 이동'이라고 한다. 동작과 그 반응 사이의 높은 레이턴시는 사용자에게 몇 가지 문제를 일으킨다. 가장 문제가 되는 것은 메스꺼움이다. 또한 가상 컨트롤장치와 상호작용하기 위해 몸의 움직임에 의존하는 인터페이스를 다루는데 어려움이 있을 수 있다.

몰입의 수준

많은 VR 경험의 경우 애플리케이션이 반드시 유용하기 위해 완전한 정신적 몰입이 반드시 필요한 것은 아니다. 일반적으로, 그들의 데이터를 비주얼리제이션하는 과학자들은 그들이 분자 옆에 서 있거나 바깥에서 우주를 보고 있다고 믿지 않는다는 것을 상기하라. 그러나, 그들은 종종 그들의 데이터를 대표하는 가상 세계에 대한 관찰을 할 수 있고 이러한 지각을 유용한 통찰로 변환할 수 있다.

현재 널리 받아들여지는 정신적 몰입에 대한 표준 척도는 없지만, 토론의 목적을 위해 몰입 수준이나 존재 깊이에 대한 범위를 어느 정도 할당하는 것이 유용하다[Slater and Usoh 1993]. 이 연속체에서 발생할 수 있는 몇 가지 고리는 다음과 같다.

1. **전혀 없음**: 사용자는 컴퓨터에 연결돼 있다고만 느낀다.
2. **경미한 수용**: 사용자는 환경의 특정 측면만을 믿는다. 아마도 그들은 가상 세계에서 온 오브젝트들이 사용자의 공간에 떠 있는 것처럼 느끼지만 가상 세계의 일부를 느끼지 못한다.
3. **참여**: 사용자는 현실 세계를 생각하지 않는다. 그들은 가상 세계와의 상호작용에 집중하고 있다. 그러나 만약 물어본다면, 그들은 현실 세계와 가상 세계를 구별할 수 있을 것이고 그들이 현실 세계에 있다는 것을 나타낼 것이다.
4. **완전한 정신적 몰입**: 사용자는 VR 시스템을 통해 제공되는 환경의 일부분을 완전히 느끼고, 아마도 그들이 갑자기 '테두리 끝'을 만나면 깜짝 놀랄 정도로 느낀다.

체험자가 경험 내에 얼마나 몰입돼 있는지를 정성적으로 측정할 수 있는 지표가 있다. 한가지 분명한 방법은 체험자에게 물어보는 것이다. 체험자는 가상 세계에 얼마나 깊이 빠져 있었는지를 어느 정도 암시할 수 있다. 경험의 다양한 부분을 분리하기 위해 고안된 설문지는 종종 그들의 정신적 몰입 정도와 세계의 어떤 측면들이 그들의 인상에 기여했을지 결정하는 수단으로 피험자들에게 주어진다. 그러나 설문지는 따로 활용될 수 없다. 체험자가 가상 세계에 관여하는 동안 관찰하는 것이 아마도 더 유용한 기술일 것이다. 특정한 반사행동은 체험자가 몰입하는 정도를 나타낼 수도 있다. 예를 들어, (가상) 오브젝트가 체험자와 체험자가 오리들을 향해 날아간다면, 이것은 그들이 단지 그곳에 서서 그 오브젝트가 그들의 머리를 '통해' 날아오도록 하는 것보다 더 완전히 관여했음을 나타낸다. 때때로 체험자의 행동은 그들의 언어적 평가와 모순된다. 예를 들어, 노스캐롤라이나 대학의 비공식적인 환경에서 연구원들은 가상의 부엌에 손님을 배치했다. 체험자에게 세계에 몰입한 느낌이 들었느냐는 질문을 받았을 때, 그의 대답은 "아니오"였다. 그리고 난로에 상대적인 카운터탑의 높이를 판단하기 위해 그의 손과 무릎을 꿇어달라고 부탁했다. 이제 다시 일어서라고 하자, 체험자는 스스로 일어설 수 있도록 가상 카운터를 찾아 손을 뻗었다. [Bishop 2002]

사용자 속이기

가상 현실의 전체 목표는 '사용자를 속여' 가상 실체를 마치 현실인 것처럼 받아들이는 것이다. 실제로 VR 체험 디자이너는 체험자에게 가상 세계가 그들이 관심을 가질 만큼 충분히 현실적이기 때문에 그들이 속해 있다고 느끼는 세계다. 그러나, 때때로 우리는 사용자를 현실 세계에 대해 속이고 싶어한다. 그렇게 함으로써, 만약 사용자가 그들에게 행해지고 있는 것을 알게 된다면, 에이전시 유지에 반대할 수도 있지만, 궁극적으로는 사용자에게 현실의 제약이 없는 환경에 있는 것처럼 느끼게 할 가치가 있는 절충일 수도 있다.

3장의 '인간 지각 체계' 절 시작에서, 인간의 지각을 연구하는 이유 중 하나는 "인간 지각 체계의 부정확함을 이용하기 위한 것"이라고 주장했다. 여기서는 가상 세계를 향상시키기 위해 현실 세계에 대해 우리가 지각할 수 있는 것의 틈새 안에서 작동하는 방법을 살펴본다. 이러한 기법으로는 리디렉티드 워킹redirected walking, 변화맹시change blindness, 리디렉티드 터칭redirected touching 등이 있다. 그 중 처음 두 가지는 적당한 크기의 보행 공간을 겉보기에는 무한해 보이는 커다란 공간으로 만드는 데 도움을 주는 것이고, 세 번째는 최소한의 햅틱 디스플레이(수동적인 햅틱 오브젝트를 포함할 수 있음)가 더 완전한 것처럼 보이도록 하는 데 도움을 주는 것이다.

다시 가상 세계를 사용자에게 차이가 눈에 띄는 정도로 전환해 사용자의 에이전시를 과도하게 방해하지 않도록 주의해야 한다. 물론, 개인 사용자는 부작용 없이 견딜 수 있는 것에 대해 서로 다른 임계값을 가질 것이다. 만약 우리가 이것을 미리 알 수 있다면, 시스템은 각 사용자에 대한 맞춤형 기준으로 지각변동의 양을 제한하도록 조정될 수 있다. 허용오차가 낮은 개인의 경우, 강제적인 재조정을 위해 산만제가 더 필요할 수 있다.

리디렉티드 워킹

다시 걷는 것은 걸을 수 있는 신체적인 공간을 사실상 더 크게 만들 수 있게 한다. 일반적으로 물리적 이동만을 사용하는 제한은 트래킹 시스템의 범위가 체험자가 탐색할 수 있는 공간의 크기를 제한한다는 것이다. 채플 힐에 있는 노스캐롤라이나 대학의 연구진[Razaque et al. 2001]은 사용자를 속여 원을 그리며 걷는 양에 해당하는 양을 알아내는 기술을 탐구하기 시작했다(그림 8-2). 시각적 피드백을 변경함으로써 체험자는 트래킹 시스템의 가장 먼 가장자리를 목표로 하도록 신체 방향을 변경하도록 미묘하게 강요할 수 있다. 물리적 보행 영역은 사용자의 원형 경로를 감지할 수 없을 만큼 커야 하지만 가상 공간만큼 커서는 안 된다. 표면적으로 이 트릭은 물리적 세계를 사용자로부터 숨겨야 하기 때문에 일반적으로 완전히 막힌 헤드 기반 디스플레이에서만 작동한다. 하지만 리디렉팅 개념의 구성요소는 다른 디스플레이 스타일에도 적용할 수 있다. 예를 들어, 체험자가 (등뒤에 사라진 벽을 보지 않고) 전면 스크린 쪽으로 향하려고 CAVE에서 머리를 돌릴 때 회전 속도를 고칠 수 있다

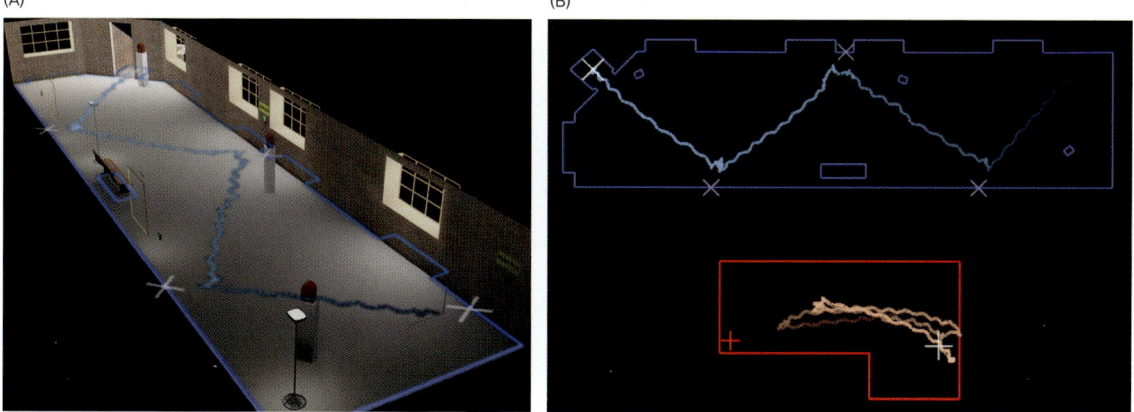

그림 8-2 비주얼 렌더링 속임수를 사용하면 HBD를 착용한 체험자는 기다란 가상의 방을 걸어내려 오고 있다고 믿게 된다(A). 하지만 실제로는 더 좁은 실제세계 공간에서 왔다갔다 하고 있다(B). (Images courtesy of University of North Carolina at Chapel Hill)

[Razzaque et al. 2002] [Freitag et al. 2016].

사용자가 세계의 회전을 충분히 변화시킬 수 있을 정도로 자연스럽게 고개를 돌리지 않는 경우가 있는데, 이는 그들 앞에 사실상 맑은 공간을 바라보면서 물리적 장애물이 있는 방향을 마주하게 하는 것이다. [Peck et al. 2010]에서 조사한 이 문제에 대한 해결책은 사용자에게 머리를 돌리게 하거나 사용자에게 방향을 바꾸도록 명시적으로 요청하는 산만한 요소를 제공하는 것을 포함한다. 만약 그것이 경험의 맥락에 맞는다면, 사용자에게 (가상) 파노라마 사진을 찍도록 요청하는 것과 같은 회전 기회를 만드는 과제가 주어질 수 있다[Bolas 2015].

리디렉티드 워킹을 사용할 때 사용자가 이동할 때(즉, 조향 대 중심) 사용자에게 적용되는 비상관적 이득과 산만함(비상 재설정/방향 조정 이벤트) 간에 트레이드오프가 있다. 리디렉션에 덜 민감하게 반응하는 사용자는 이동에 더 높은 이득을 적용할 수 있으며, 따라서 중단이 줄어들 수 있다. 리디렉션에 더 민감하거나 멀미에 걸리기 쉬운 사용자는 1.0에 가까운 이득을 얻어야 하며, 따라서 사용자가 더 자주 공간의 가장자리에 접근할 때 일반적으로 더 많은 개입이 필요할 것이다.

리디렉티드 터치

리디렉티드 터치$^{Redirected\ Touch}$는 리디렉티드 워킹과 비슷한 방침을 취한다. 단, 머리 주위에 있는 세계의 '거짓' 회전 대신, 자신에게 다시 표현되는 사용자의 신체 아바타의 위치가 변경되는 것을 제외한다. 그래서 체험자의 손의 가상 표현은 실제로 그들의 머리에 상대적인 위치에서 시각적으로 이동된다. 처음에 깁슨^{Gibson}[1933]에 의해 보고된 바에 따르면, 이것은 코흘리^{Kohli}[2010]에 의해 가상 현실 환경에서 입증됐는데, 그 안에 분리된 굴곡이 있는 수직 칸막이를 시각적으로 제시한 다음, 사용자가 만질 때(HMD를 착용하고 있기 때문에 보지 않고) 사용자에게 다른 굴곡 각도로 해당 칸막이를 시각적으로 표현했다.

아즈만디안과 동료들[Azmandian et al. 2016]은 리디렉션 터치를 사용하여 단일 물리적(수동적 햅틱) 블록으로 여러 개의 가상 블록을 표시했다(그림

그림 8-3 아즈만디안과 동료들은 [2016] 체험자가 보는 시각 자료를 조작해서 팔이 어떻게 향할 수 있는지 시연한다. 여기서는 단일 패시브 햅틱 블록을 사용해 여러 가상 블록을 나타낼 수 있다. (Images courtesy of Mahdi Azmandian)

8-3). 이들은 월드워핑과 바디 포지션 시프팅(워프)을 모두 사용함으로써, 비밀 HMD를 착용한 사용자들에게 앞의 테이블에 세 개의 물리적 블록이 있다는 것을 확신시킬 수 있다. 아즈만디안은 이것을 '촉각적 리타깃팅'이라고 부른다.

변화맹시 리디렉션

사용자의 시야에서 벗어난 변화(변화맹시)를 알아차리지 못하는 일반적인 기능을 이용해서 물리적인 이동 보행 공간을 실제보다 훨씬 더 크게 보이게 하는 대체 기술이다. 여기서, 물리적 세계에서 사용자의 방향을 서서히 바꾸는 것이 아니라, 그들이 알아차릴 것 같지 않은 방식으로 가상 세계의 기하학을 간단히 바꾸는 것이 요령이지만, 그들이 이동할 공간이 있는 방향으로 걸어가는(또는 기어가는) 가상 세계 내에서 방향을 바꾸게 하는 것이다. 예를 들어, 체험자가 방으로 들어간 다음, 다른 쪽으로 걸어가면 등 뒤에서 들어왔던 문을 다른 쪽 벽으로 옮길 수 있다. 이렇게 하면 90도 회전한 쪽으로 나가게 된다. 수마^{Suma} 외 연구진[2011]은 리디렉션 기법으로 변화맹시를 적용한 실험 평가에서 77명의 체험자 중 단 한 명만이 세계의 차이를 알아차렸다는 것을 발견했다.

물론 변화맹시를 월드 확장 리디렉션 기법으로 사용하는 것에는 문제가 있다. 우선, 세계에는 본질적으로 눈에 띄지 않는 방식으로 입구가 변형될 수 있는 장소가 있어야 한다. 한쪽 벽에 있는 문은 다른 벽에 있는 문과 꽤 비슷하게 보인다. 또한 세계는 실제 공간을 나타내지 않는 것이어야 한다. 그렇지 않으면 연습생들은 공간의 레이아웃을 배우지 못할 것이다.

변화맹시 리디렉션을 활용할 수 있을 때의 이점은 회전 운동보다 머리 회전과 세계 회전의 시각적 불일치에서 오는 안구전정 혼란을 피할 수 있다는 것이다. 또한 방해자극^{distractor} 사용을 줄이거나 제거할 수 있으므로 프레젠스를 저해하는 잠재적인 상호작용을 피할 수 있다[Suma et al. 2011].

살아 있는 가상 세계 만들기

VR 체험으로 활용할 수 있는 많은 기술과 작은 디테일이 있어 세계를 더 실감나게, 더 살아 있는 것처럼 보이게 한다. 이러한 특징들 중 다수는 이미 다루어졌다. 예를 들어, 하나의 물리적 오브젝트의 현실성을 전 세계에 전달하기 위해 수동적 해피닉을 현명하게 사용하는 것이다. 가능한 경우 직접 조작을 사용해 현실 세계와 비슷한 방식으로 물리적 행동을 가상 세계의 반응에 매핑한다. 가상 세계에서 상호작용에 대한 좋은 비용을 제공하는 것은 사용자들이 인터페이스에 대해 너무 많이 생각하지 않도록 하는 데 도움이 된다. 다시 한번 말하지만, 사용자들에게 에이전시를 제공하는 것은 그들을 세계로 데려올 것이고 그들이 그들의 불신을 멈출 수 있을 만큼 충분히 그 세계에 관심을 갖도록 도울 것이다.

또한 환경 자체에 덧붙일 수 있는 특징도 있는데, 이상적으로는 산만하지 않고 리얼리즘의 촉감만 더할 수 있다. 디즈니 애니메이터들은 종종 살아있는 공

그림 8-4 정물화상에서는 설명하기 어렵지만, 이 영상의 하얀 점은 파티클이 둥둥 떠다니는 씬의 "살아 있는 공기"에서 온 것이며, 사용자가 그저 둘러보고 있을 때에도 세계의 행동의식을 더한다. 빛의 흐름에 부딪힌 파티클은 더욱 세계의 진리성을 더한다. (Image from Piazza d'Oro; courtesy of Chauncey Frend and Bernard Frischer. Copyright 2013 by The Virtual World Heritage Laboratory, Indiana University. All rights reserved.)

그림 8-5 고전적인 Crayoland 경험에서, 벌들은 꽃들 사이에서 바쁘게 그들의 사업을 하는 것이 가상 세계의 "인생"을 더한다. (Crayoland experience; courtesy of Dave Pape; photograph by William Sherman.)

기 즉, 무작위로 떠다니는 파티클들, 때로는 광원에 부딪히는, 단순히 세계가 덜 정적인 것처럼 보이도록 도와주는 파티클들을 이용한다. 물론, 이것은 물 속에서도 마찬가지다. 아마도 더 그럴 것이다. 그래서 아마도 '살아 있는 환경'이 모든 것을 이해하는 데 더 좋은 용어일 것이다. 구글 '틸트 브러시'는 교육용 작품 '피아자 다오로$^{Piazza\ d'Oro}$'와 마찬가지로 라이브 공기를 사용한다(그림 8-4). 수중 '더 블루$^{The\ Blu}$' 체험은 헤엄쳐 지나가는 다양한 수중 동물들과 함께 '살아있는 물'을 이용한다. 동물을 이용해 보다 활기찬 세계를 제시하는 또 다른 오래된 애플리케이션으로는 데이브 패페의 고전적인 '크래요랜드'가 있는데, 벌들은 벌집과 전세계에 위치한 꽃 사이를 분주하게 나아간다(그림 8-5).

사용자들의 에이전시를 개선할 수 있는 또 다른 기법은 그들에게 그들 자신의 것으로 보이는 신체 부위 또는 최소한 그들의 통제 하에 있는 것으로 보이는 신체 부위를 제공하는 것이다. 사용자의 손을 보여주는 것은 일반적으로 위치 트래킹형 손 컨트롤러의 직진 매핑이며, 에이전시와 도움을 주기 위해 이러한 손은 종종 글러브 또는 다른 방식으로 스타일링돼 성별과 피부 톤 차이를 피할 수 있다. 그러나 신체에서 분리된 부동 손은 특별히 자연스럽지 않다. 따라서 머리와 손의 위치 제약(및 가능하다면 발)을 이용해서 '역운동학'(IK)이라고 하는 기법을 사용해 사용자의 팔과 어깨, 어쩌면 엉덩이와 다리도 추정한다. 잘못하고, 괴로운 듯 보이는 뒤틀림 속에서 팔이 뒤틀리면 에이전시 상실이 생길 수 있으므로 잘해야 한다.

컨텍스트 제공

가상 세계 구축의 두 번째 주요 요소는 사용자가 경험에 접촉하는 맥락이다. 이 맥락은 POV와 설정의 문학적 개념과 관련이 있다. POV는 상응하는 문학적인 개념과 밀접하게 일치한다. 그러나 설정이라는 개념은 이제 두 가지 측면 즉, 지형, 아티팩트artifact 등 가상 세계 내의 설정과 사용자가 세계를 경험하게 되는 외부 설정인 장소라는 두 가지 측면을 가지고 있다.

포인트 오브 뷰(POV, Point of view)

모든 유형의 미디어의 콘텐츠 제작자들은 그들의 창작이 어떻게 경험될 것인지를 조작하는 데 도움이 되는 다양한 문학적 장치를 마음대로 가지고 있다. 이러한 장치들 중 하나는 세계가 지각되는 관점이며, 그렇지 않으면 POV라고 알려져 있다. 이 경우, 그것은 물리적인 POV가 아니라 정신적인 POV이다. 상황을 통신 수신자에게 전달할 수 있는 세 가지 POV가 있다. 1인칭 POV는 자신의 눈으로 세계를 보고, 2인칭 POV는 주인공과 같은 공간을 공유하도록 행동 가까이에서 세계를 보고, 3인 POV는 전혀 독립적인 관점에서 세계를 보고, 이것이 데스크톱 그래픽이 일반적으로 보는 방식이다.

모든 비주얼 디스플레이 패러다임은 모든 POV와 함께 작동할 수 있지만, 일부 조합은 다른 조합보다 더 일반적이다. 확실히 가상 현실에 있어서는 1인칭 POV가 가장 흔하지만, 2인칭 POV를 자주 사용하는 고정형 스크린 비주얼 디스플레이의 등급이 있다.

1인칭 POV

1인칭 POV는 당신 자신의 관점에서 세계에 참여하고 있다. 영어 산문에서, 내가 말하는 대명사는 1인칭 단수의 단수형식이다. 영화 속 1인칭 POV를 채택할 때 카메라(따라서 관객)는 캐릭터의 눈을 통해 액션을 본다. 가상 현실에서 시각적 표시는 체험자의 움직임을 따라간다. 만약 그들이 왼쪽을 본다면, 그들은 이 세계에서 그들의 왼쪽에 무엇이 있는지 본다. 이것은 대부분의 VR 경험에서 사용되는 전형적인 POV이다.

 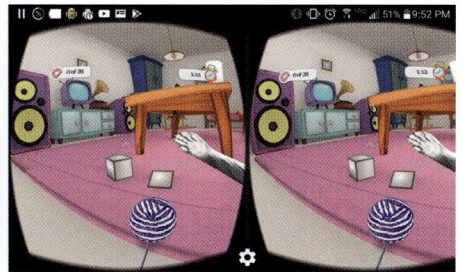

그림 8-6 여기에 인간이 아닌 실체의 "눈"을 통해 세계를 보는 두 가지 예가 있다. 어떤 경우에는 체험자가 당구 경기에서 큐볼의 관점에서 세계를 경험하고, 다른 경우에는 대 곤조 스튜디오의 VRacquoon 체험에서 먹이를 찾아 집을 질주하는 너구리로 경험한다.

VR에서는 세계관을 다른 실체의 관점에서 제시할 수도 있다. 예를 들어, 우리는 풀장 게임에서 큐볼이 될 수도 있고, 매일의 오브젝트들이 완전히 새로운 스케일을 취하는 곤충이나 작은 동물일 수도 있다(그림 8-6). 사용자의 이동이 트래킹되고 그에 따라 관점이 변경되는 텔레프레젠스 애플리케이션도 일부 원격으로 위치한 장비의 관점에서 1인칭 경험이다.

2인칭 POV

다시 한 번 웹스터의 것을 언급하면서 산문으로 보면, 2인칭 POV는 화자나 화자가 당신과 대화를 하고 있는 곳이며, 당신은 이야기 속의 등장인물이다. 공간 정보의 표시에서, 두 번째 사람의 사용은, 사용자로서, 여러분이 자신을 볼 수 있다는 것을 의미하며, 또는 이 세계에서 자신을 표현한다는 것을 의미한다. 일종의 '체외 경험'이다. 예를 들어, 사용자의 아바타를 현재의 위치를 나타내는 지도에 추가함으로써, 지도는 3인칭에서 2인칭 POV 디스플레이로 변환된다. 1인칭 POV용으로 디자인된 애플리케이션에는 정규 지도와 같은 3인칭 POV 요소가 포함될 수 있다. 체험자는 자신의 관점에서 세계를 보는 동안, 지도에서 자신의 위치를 나타내는 아이콘을 볼 수 있다.

세계와의 상호작용을 위해 2인칭 디스플레이를 이용하는 것에 의존하는 VR 시스템의 전체 등급이 있다. 이러한 시스템은 일반적으로 대형 화면 디스플레이를 사용하며 비디오 카메라로 사용자를 트래킹한다. 그리고 나서 사용자의 이미지는 씬 안에 놓이게 되고, 그들은 움직일 때 자신을 지켜본다. 이 방법의 주요 예는 마이런 크루거의 Video Place와 5장에서 논의된 Mandala 시스템이다(그림 8-7). INDE는 2인칭 시점에서 사용자를 보여주는 마케팅 경험을 내

그림 8-7 (A/B) 만달라 2인칭 경험은 체험자가 가상 세계에서 상호작용하는 모습을 볼 수 있게 해준다. (C) 마이런 크루거가 수행한 일부 선구적인 작업의 예(Images courtesy of The Vivid Group and Myron Krueger, respectively.)

셔널 지오그래픽, 캐릭터, 동물 등과 같은 기업에 배치했다.

2인칭 표시의 또 다른 방법은 사용자가 있는 위치(조종사 뷰)와 위쪽의 위치로 보기를 테더링하는 것이다. 체험자는 애플리케이션이 이동할 수 있는 모든 곳을 이동할 수 있으며, 단지 아바타 뒤에서 볼 뿐이다. 일반 1인칭 POV에 비해 이점은 체험자가 그들 주변에서 일어나는 일, 즉 더 많은 세계를 볼 수 있다는 것이다. 사용자는 자신의 아바타를 주변환경에서 볼 수 있기 때문에 자신이 세계 어디에 있는지 알고 있다. 예를 들면 체험자가 경주용 자동차 운전사가 되기 위해 훈련하는 신청서가 될 것이다. 1인칭 POV에서 그들은 경주용 자동차를 운전하는 것처럼 보이는 것만을 볼 수 있다. 조종사 뷰를 채택함으로써, 그들은 경주자들 무리 속에서 그들 자신의 차를 볼 수 있다. 이것은 그들이 자동차의 무리와 그들이 그 무리에 맞는 장소를 느낄 수 있게 해준다. 물론, 그들은 실제 경기를 위해 단지 1인칭 POV로부터 그들이 무리 속에 어디에 있는지 이해하는 법을 배워야 한다.

3인칭 POV

3인칭 POV는 사용자가 세계에서 발생하는 동작의 일부가 아닌 것을 말한다. 이것은 영화나 소설에 세계를 표시하는 전형적인 방법이다. 멀거나 심지어 전지전능한 관점으로부터. 앞서 언급했듯이 대부분의 비집중적인 컴퓨터 그래픽은 사용자가 키보드나 마우스를 사용해 유리한 점을 변경함으로써 소프트웨어와 상호작용할 수 있다고 하더라도 이러한 관점에서 볼 수 있다. 3인칭 관점은 환경 자체 내에서 체험자의 위치와 완전히 연관되지 않기 때문에, 물리적으로 몰입된 표시의 형태가 아니다. 즉, 가상 현실이 아니다.

인사이드아웃 vs 아웃사이드인

다른 POV를 설명하는 또 다른 방법은 외부와 외부로 비교하는 것이다. 이것은 한 사람이 내면에서 세계를 보고 있는지, 또는 외부적 유리한 점으로부터 세계가 지각되는지를 생각할 수 있다[Wickens and Hollands 2000]. 내부 전망의 한 예는 비행기를 조종하는 것이다. 조종사는 조종실 안에 있고 비행기의 창문을 통해 세계를 본다. 반대로, 무선 조종 모형 항공기를 조종하는 것은 일반적으로 외부의 관점에서 이루어진다. 개선된 기술은 이제 RC 매니아에게도 1인칭 뷰^{FPV}를 쉽게 사용할 수 있게 한다. 선택은 조종사의 기준 프레임을 결정하고 조종사가 세계를 인지하고 비행기나 드론을 컨트롤하는 방식에 영향을 미친다(그림 1-15 참조).

내부 또는 외부 관점의 선택은 작업과 전체 글로벌 그림을 보는 것이 더 중요한지 또는 관심 대상의 내부 세부 사항을 보는 것이 더 중요한지에 따라 달라진다. 과학적 데이터셋을 탐색할 때에도 외부 뷰를 사용해 전체 시스템에 대한 감각을 얻은 다음 내부 POV로 전환해서 해당 시스템의 특정 구성 요소에 어떤 일이 일어나고 있는지 파악하는 것이 유리할 수 있다. 안쪽으로 뻗은 POV는 종종 가상 세계에 더 큰 존재감을 가져다 주지만, 숲 속을 걷는 것처럼, 위치 신호를 제공할 무언가가 없이 쉽게 길을 잃을 수 있다.

일반적으로 내부에서 경험하는 실제 환경을 에뮬레이션하는 경우에도 외부 POV를 제공하는 것이 유리할 수 있다. 예를 들어, 건축가는 건물 내부 뷰를 활용해 복도를 걸어가는 감정적 영향, 조명 분위기 등을 느낄 수 있지만, 여전히 외부적 관점에서 디자인의 효율성에 대한 전체적인 뷰를 참조할 수 있다.

내측 뷰에서 순간 외부 뷰로 전환할 때는 시각적 연속성을 유지하는 것이 중요하다. 즉, 내면에서 외부관점과 그 반대의견과 관점이 연관돼 있는 어떤 단서가 있어야만 한다. 이 단서는 현재 뷰를 정상 뷰로 연결하는 선이거나 정상 뷰에서 현재(임시) 뷰로 점진적으로 전환하는 선일 수 있다.

장소

VR 시스템이 상주하는 장소 또는 설정은 이벤트를 어떻게 경험하는지에 큰 영향을 미칠 수 있다. 가상 현실 애플리케이션 디자인에 영향을 미치는 장소에는 조명을 제압하는 능력이나 경험이 지각되는 방식에 영향을 주는 등 기술에 제약을 가하는 방법 등 여러 가지가 있다. Officer of the Deck는 장소가 특히 중요한 예를 제시한다. 이 애플리케이션은 사용 가능한 공간을 제약하고 전자파 트래킹 시스템에 부정적인 영향을 미칠 수 있는 충분한 금속을 포함하는 환경인 잠수함에서 사용하도록 디자인됐다. 비VR의 예를 들자면, 귀신의 집에 가는 경험의 일부는 집을 배치하고 들어가는 방식(그리고 내부가 어둡다는 사실)이다. 마찬가지로 VR 경험에서도 그 설정이 체험에 영향을 미칠 수 있다. 예를 들어, 치료사 사무실에서 경험하는 VR 애플리케이션은 엔터테인먼트실에서 게임으로 제시된 애플리케이션과 다르게 지각될 것이다. 또한 공공 장소에서 사용할 것인지 아니면 개인 장소에서 사용할 것인지(또한 공공 장소에서 경험을 가진 사람들을 돕기 위한 도취물이 있는지 여부)에 따라 인터페이스가 얼마나 복잡해질 수 있는지에 대해서도 중요한 역할을 한다.

1990년대 초만 해도 가정에서 가상 현실을 이용할 수 있는 시기가 예상됐다. 그러나 구글에 의한 스마트폰-VR, 또는 오큘러스나 바이브에 의한 비교적 저렴한 HMD 스타일의 VR의 프로모션 전에는, VR을 집에 두는 것은 실용적이지 않았다. VR은 사전 제도화된(동화되지 않은) 상태[Rouse 2016]에서 기본적으로 체험자가 탐색할 기회가 제한될 수 있는 일회성 경험으로 디자인됐다(제품 연구 또는 데이터 탐색 또는 대학 연구에 사용됐지만 관객은 제한됐다). 이제 집이 가장 널리 퍼진 장소다.

VR이 점점 더 많이 나타나고 나타날 수 있는 장소는 다음과 같다.

- 집
- 사무실
- 박물관/동물원
- 아케이드
- 강의실

- 조수석(열차, 비행기, 자동차)
- 무역 박람회
- 제품 전시실
- 황야
- 실전배치군(잠수함, 전진기지 등)
- 기업 회의실
- 의료 절차실
- 재활/운동 시설
- 테마파크

장소 자체가 VR 체험에 영향을 미칠 수 있기 때문에 장소 선택에 영향을 미칠 수 있다. 체험의 목표는 장소나 VR 시스템이 경험을 좌우할 것인가에 영향을 미친다. 예를 들어, 만약 좋은 교육적 지원서를 찾는 것이 목표라면, 교실에서 현재 감당할 수 있는 것만을 고려해야 하는가? 아니면, 기술이 계속해서 덜 비싸지고 가까운 미래에 학생들에게 더 높은 품질의 경험을 가져다 줄 것이라는 것을 알고, 좋은 애플리케이션을 지금 구축해야 하는가?

VR 시스템의 요건은 경험을 할 수 있는 장소에도 영향을 미친다. 여러 번 흥미로운 신청서가 다른 장소에서 전시되도록 요청될 수 있다. 원래 장소의 표시 유형과 상황의 분포에 따라, 그러한 전환은 가능하거나 불가능할 수 있다. 예를 들어 투영 기반 비주얼 디스플레이(예: CAVE)용으로 디자인된 애플리케이션은 공간과 조명 요구 사항 때문에 다른 장소로 이동하기 어려울 수 있다. 노트북에 의해 구동되는 HMD는 거의 모든 곳에서, 그리고 매우 빠르게 설치될 수 있으며, 심지어는 이동 중에도 VR이 가능한 디스플레이가 될 수 있다.

VR 체험 장소의 모양

대부분의 경우 VR 경험은 특정 장소나 장소의 클래스에 맞게 디자인되고 생성될 것이다. 시스템 디자인에는 예상되는 장소를 기준으로 고려해야 할 많은 실용적인 측면이 있다. 물론, 애플리케이션은 디자인되지 않은 장소에 배치될 수 있다. 그러나 대체 현장에서 경험을 더 잘 작동시킬 수 있는 계획 옵션을 제외하고 디자인 중 주요 고려사항이 돼서는 안 된다.

사용 가능한 공간(또는 공간 비용)은 적합할 VR 디스플레이 패러다임의 유형과 동시에 처리할 수 있는 체험자의 수에 영향을 미친다. 시스템을 공공 공간에 배치하는 경우, 장비의 견고성과 유지관리 비용은 어떤 유형의 인터페이스 장치가 실제적인지를 제한할 수 있는 중요한 문제일 수 있다. 예를 들어 데이터 글러브는 휴대용 컨트롤러보다 더 깨지기 쉽다. 공공 장소와 개인 장소에서 사용할 하드웨어와 소프트웨어를 선택할 때 시스템의 다양한 구성요소의 비용 또한 고려될 것이다.

시간은 특정 유형의 장소의 수용성을 결정하는 또 다른 변수다. 평균 체험자가 몰입하는 시간은 가상 환경의 디자인에 큰 영향을 미치며, 처리량이 많은 공공 공간에서 불과 몇 분에서 큰 블록의 시간을 예약할 수 있는 기업 디자인 시설에서 여러 시간까지 다양할 수 있다. VR에 대한 이전 사용자 노출이 낮고 처리량이 높을 경우 상호작용은 매우 간단하고 배우기 쉬워야 한다. 경험을 위해 차례를 기다리는 체험자에게는 몇 가지 기본적인 지침이 주어질 수 있으며, 다른 체험자가 경험을 하는 동안 다른 체험자에게는 몇 가지 기본적인 지침이 주어질 수 있다(그리고 잘 했을 때 기다리는 동안 배우는 것은 전체 경험의 일부로 통합될 수 있다).

'미디어 오브 어트랙션Media of Attraction'이라는 개념에 따르면, 공공 장소 경험의 대부분은 가상 현실의 '무제한' 단계의 일부분이다[Rouse 2016]. (10장, '전

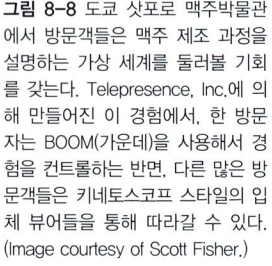

그림 8-8 도쿄 삿포로 맥주박물관에서 방문객들은 맥주 제조 과정을 설명하는 가상 세계를 둘러볼 기회를 갖는다. Telepresence, Inc.에 의해 만들어진 이 경험에서, 한 방문자는 BOOM(가운데)을 사용해서 경험을 컨트롤하는 반면, 다른 많은 방문객들은 키네토스코프 스타일의 입체 뷰어들을 통해 따라갈 수 있다. (Image courtesy of Scott Fisher.)

환: 상용을 위한 미디어 오브 어트랙션'에서 미디어 오브 어트랙션의 단계에 대해 자세히 설명한다) 확실히 그러한 장소들은 방송 뉴스에 실험적인 VR에 대한 보도와 같이, 더 큰 대중들이 가상 현실에 어떻게 노출돼 왔는지에 대한 흥미로운 것의 일부였다. 오스트리아 린츠에 있는 아르스 일렉트로니카$^{Ars\ Electronica}$ 박물관은 몇 안 되는 CAVE 스타일의 전시물 중 하나를 정기적으로 일반에 공개하고 있었다. 삿포로 가상맥주는 미국의 주류 판매점을 둘러본 ' '체험과 함께, 특정 관객(도쿄의 삿포로 맥주 공장 방문객)이 있는 장소였다(그림 8-8). 보다 최근의 예는 2016년 문을 연 뉴욕 마담 투소의 밀랍박물관의 전시(그림 8-9)인 The VOID의 'Ghostbusters: Dimension' 체험이다(그림 8-9).

VOID의 LBE$^{Location-Based\ Entertainment}$ VR 경험의 현대적인 예들은 다른 팀이 인터랙티브 경험을 하는 동안 할 수 있는 소송을 위한 첨단기술을 제공한다(그림 8-10). 전체 경험은 경험의 인터랙티브 부분 전후에 사전 브리핑과 보고 정보를 제공함으로써 확장될 수 있다. 종종 LBE 행사장은 외부의 모니터에 대한 현재 세션을 제공하며, 대기 체험자는 자신들 앞에 가는 사람들의 행동을 관찰함으로써 무엇을 해야 하고 기대하는지에 대한 아이디어를 얻는다. 가정에서의 경험은 환경에 몰두하는 동안 학습에 많은 시간을 할애할 수 있는 반면, 위치 기반 경험의 시간 제약은 더 즉각적인 완성이 필요하다.

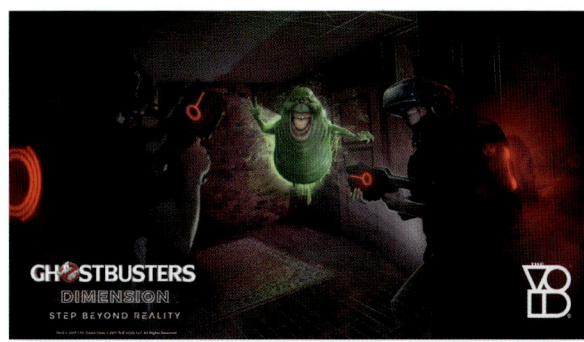

그림 8-9 VOID의 'Ghostbusters: Dimension'에서 체험자는 익숙해 보이는 유령을 없애기 위해 노력하며, 궁극적으로 파괴자와 맞서기 위해 노력한다. (Image courtesy of The VOID.)

그림 8-10 물리적으로 몰입할 차례를 기다리면서 더 보이드 체험자에게 장비에 대한 기부 및 친숙성은 경험의 일부분이다. (Image courtesy of The VOID.)

참여경험의 장소모양

장소 자체는 체험자가 가상 환경을 경험하는 방식을 형성할 것이다. 엔터테인먼트실 대 구겐하임 미술관 등 서로 다른 두 곳에 같은 VR 시스템과 애플리케이션을 배치한다면 체험 지각 방식에 상당한 차이가 있을 것이다. 그 경험은 체험자의 정신 상태에 의해 매우 영향을 받기 때문에, 체험자의 잠재의식에 영향을 미치는 것은 그 경험이 어떻게 지각되는가에 영향을 미칠 수 있다. 예를 들어 구겐하임에 있을 때 체험자는 엔터테인먼트실에 있을 때보다 더 심각한 마음의 상태에 있을 수 있다. 박물관에서는 비록 그것이 옵션으로 제공되더라도, 그들은 예술 작품에 그래피티를 붙일 가능성이 적을지도 모른다. 반면에, 그들은 엔터테인먼트실에 놓여진 같은 경험에서 예술작품을 표시하기 위해 모든 것을 할 수 있다. VR 시스템과 소프트웨어는 같지만 체험자는 장소별로 매우 다른 경험을 할 수 있다. 하나는 짜릿할 수도 있고, 다른 하나는 무서울 수도 있다. 또한, 개인은 동일한 장소에서 동일한 애플리케이션을 다른 날에 다르게 경험할 수 있다.

그 위치는 또한 경험의 신뢰성에 영향을 미칠 수 있다. 예를 들어, 성인에게 흡연의 건강 효과에 대해 가르치는 것을 목표로 하는 애플리케이션은 엔터테인먼트실에 수용된 경우와 국립보건원의 실험실 또는 담배 제조업체가 후원하는 카니발 디스플레이에 보관된 경우 다르게 지각될 것이다. 장소의 주된 효과는 가상 환경에 진입할 때 체험자를 집중시키는 심리상태. 라스코 동굴을 체험할 수 있는 The VR Cave of Lascaux의 개발자인 벤자민 브리튼은 VR 체험에 참여하기 전까지 일어나는 사건의 전체 대본을 말한다. 그의 신청의 경우, 대본에는 코트를 입고, 마을의 다른 주민들 사이에서 운전을 하고, 주차할 장소를 찾고, 박물관의 다른 후원자들과 어깨를 문지르고, 그 경험을 보고/참가하고, 자신의 참여 경험을 다른 사람들과 연관시키고 공유하는 것, 그리고 마침내 집으로 돌아오는 것이다. 디즈니 월드, 지역 주류 판매점, 홀에 있는 연구실 또는 사무실(그림 8-11)과 같은 장소에서 경험하는 가상 세계에는 대본과 체험자의 마음틀이 크게 다를 것이다.

장소가 얼마나 넓게 접근할 수 있는지는 경험의 지각 가치에 영향을 미칠 수 있다. 예를 들어, 높은 평가를 받는 박물관에서만 개발되고 이용할 수 있는 세

그림 8-11 VR 경험을 배치하는 장소, 또는 설정은 전체적인 경험에 큰 기여를 할 수 있다. (A) 여기서 몰입한 사용자는 마케팅 중인 제품과 관련된 경험을 하고 있다. 커티 Sc 스코츠 위스키(B) 몇 개의 장식물이 있는 어둡고 협곡적인 공간 〈Placeholder〉 경험을 위한 신비롭고 다른 분위기를 추 ug. (C) 일리노이 주 의회 건물이 VR 디스플레이를 찾을 것 같지 않은 장소인 반면, 그것의 존재는 공공의 이익을 위해 봉사하는 가상 현실의 역할을 발견하는 것에 대한 정치인들의 관심을 나타낸다. (D) 여기, 일리노이 주 상원 의원이 되기 전인 2000년 4월.유명하고, VR 음주 운전 시뮬레이터를 경험한다. (Photographs courtesy of David Polinchock, Brenda Laurel, and William Sherman, respectively)

심하게 큐레이션된 VR 전시회는 일정한 가치가 있다. 어떤 사람들은 집에서 경험하기를 원하는 사람이 그것을 무료로 이용할 수 있게 된다면, 옳든 그르든 간에, 저렴한 경험이 될 것이라고 느낄지도 모른다. 반면에, 그것을 가정 이용자들이 이용할 수 있게 하는 것은 박물관의 벽을 훨씬 넘어서는 범위까지 확장시킬 수 있다. 가정에서의 경험들은 일련의 사람들이 그들의 기회를 기다리고 있을 때 가능하지 않은 장기간의 경험으로 부가적인 이익을 얻는다.

VR 시스템의 위치 외에도 장소를 장식하는 방식이 경험에 접근하는 방식에 영향을 미친다. 그 설정이 신비감이나 모험심을 더해주는가? 예를 들어, Virtuality PLC 아케이드 시스템의 얼리 어답터는 인기 있는 〈Dungeons and Dragons〉 롤플레잉 게임 스타일로 공동 탐사 경험을 위해 4개의 유닛 세트를 설치했다. 행사장의 일부로, 링 플랫폼은 중세 영국 숲의 분위기를 조성하는

그림 8-12 The Legend Quest 경험은 엔터테인먼트 VR 애플리케이션을 정교한 설정으로 배치해서 전반적인 분위기에 기여한 예다. (Image courtesy of Virtuality Group plc.)

데 도움이 되도록 숲이 우거진 설정으로 제공됐다(그림 8-12).

모든 것을 고려해 볼 때 장소는 VR 시스템에서 매우 중요한 요소로서 애플리케이션 디자이너가 가볍게 여기거나 무시해서는 안 된다. 장소를 바꾸는 것은 더 많은 사람들에게 가상 세계를 방문할 기회를 줄 수 있지만, 그들의 경험은 그것이 디자인된 장소에서 경험된다면 그렇게 되지는 않을 것이다.

가상 세계

물론 가상 세계 그 자체는 가상 현실 경험의 주요 구성 요소다. 여기서 행동이 일어나는 장소로서, 일차적인 행위자, 체험자가 공간을 통해 움직이며 그 공간의 요소들과 상호작용을 한다. 우리는 세계의 오브젝트를 분류할 수 있고, 그 오브젝트들이 어떻게 생성되는지, 그리고 그것들이 현실 세계와 어떻게 연관돼 있는지 탐구할 수 있다.

가상 세계의 실체

가장 먼저 고려해야 할 것은 가상 세계에서 상호작용하는 것^{stuff} 즉, 물질이다. 세계의 실체는 경험의 대상, 인물, 위치로 이루어져 있다. 그것은 당신이 보고, 만지고, 듣는 것이다. 그것은 어떤 식으로든 표현될 수 있다. 그것은 여러 가지 방법으로 생성될 수 있다. 세계의 물질은 하나 이상의 감각으로 표현될 수 있다. 세계를 만드는 것은 모든 것을 모은 것이다.

많은 사람들은 자신의 물리적 세계를 물건들로 가득 찬 공간이라고 정의한다. 크리에이터가 공간과 오브젝트를 물리적 세계에서 발견되는 것과 유사하거나 다른 방식으로 정의할 수 있다는 것을 지각해야 하지만 가상 세계는 이와 유사하게 볼 수 있다. 가상 세계의 공간은 그 내용에 의해 다소 정의된다. 이 진술은 세계가 시각적으로 제시된다고 가정하지 않는다. 비록 보이지는 않지만 오디오 세계도 콘텐츠를 가지고 있다.

물리적 세계와 매우 유사하게, 가상 세계의 사물들은 모양, 질량, 색, 질감, 밀도, 그리고 온도와 같은 특성을 가지고 있다. 어떤 특성은 특정 감각에 뚜렷이 나타난다. 색은 시각 영역에서 감지된다. 질감은 시각 영역과 촉각 영역 모두에서 감지될 수 있다. 가상 세계의 오브젝트는 가상 공간의 위치와 연결된다. 어떤 오브젝트는 움직일 수 있는 반면, 다른 오브젝트는 고정돼 있다. 모든 가상 오브젝트가 물리적 속성을 갖는 것은 아니다. 아이디어나 정신 같은 물리적 속성이 없는 것이 있을 수 있다. 그것이 다른 것들에 어떻게 영향을 미치는지 알 수 있을 것이다. 오브젝트는 가상 세계의 다양한 측면을 컨트롤하도록 조작될 수 있는 부동 메뉴 인터페이스와 같이 실제 오브젝트가 아닌 다른 오브젝트의 표현일 수 있다.

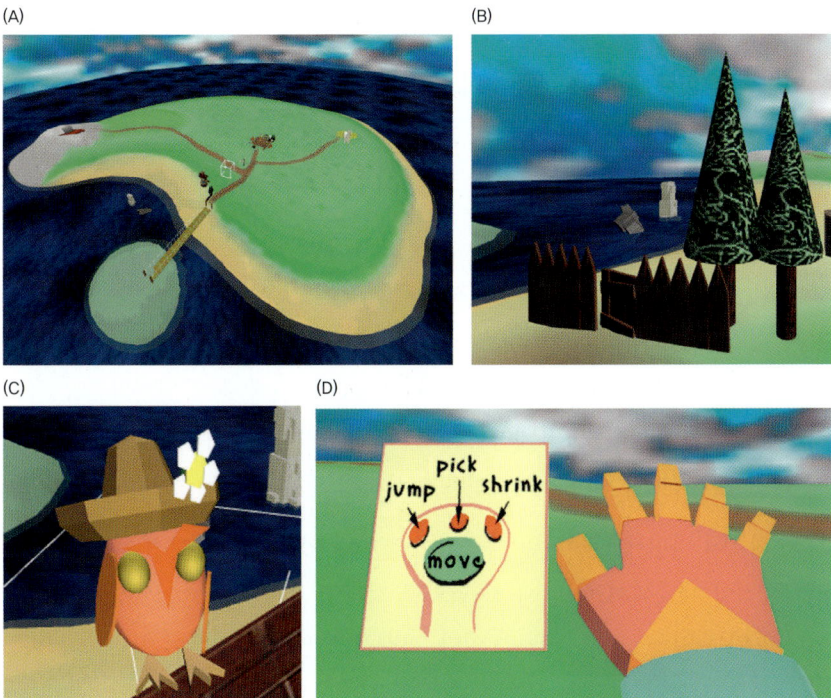

그림 8-13 VR 애플리케이션은 일반적으로 (A) 지리, (B) 오브젝트, (C) 에이전트, (D) 사용자 인터페이스 요소 등 4가지 유형의 실질적인 실체를 포함한다. (NICE application courtesy of Maria Roussou, EVL.)

우리는 세계의 물질을 네 가지 주요 범주로 나눌 수 있다(그림 8-13).

1. 세계 지리
2. 아티팩트
3. 에이전트
4. 사용자 인터페이스 요소

세계 지리

세계 지리는 체험자가 이동하는 표면(지형)을 묘사하거나, 그들만의 독특한 맛을 지닌 세계의 지역을 묘사할 수 있다. 영화 매체로부터 의미를 빌려, 우리는 후자를 세계에서 다른 위치를 가진 것으로 언급할 수 있다. 세계의 지형은 평탄한 평면이나 구릉일 수도 있고, 기괴한 수학 공식으로 만들어질 수도 있다. 원하는 효과가 무엇인지, VR 창작자(개인이나 팀)가 얼마나 많은 노력을 기울이느냐에 따라 달라진다.

전형적으로 가상 현실 경험은 체험자가 여행할 수 있는 다소 작고 일관된 지역에서 일어난다. 사용자는 이 지역을 떠나는 것이 허용되지 않거나 그 범위를 벗어나는 관심사를 찾지 못할 것이다. 그러나 더 큰 가상 세계는 관심 있는 많은 위치를 포함할 수 있다. 위치는 모두 마치 세계가 하나의 큰 위치인 것처럼 결합될 수도 있고, 지역 간 사용자 또는 설명 컨트롤 텔레포트와 함께 위치가 다소 단절될 수도 있다.

종종, 가상 현실 세계는 별개의 위치로 분리될 것이다. 이 중분류를 이루는 한 가지 실질적인 이유는 애플리케이션에서 요구하는 연산 자원을 감소시키기 때문이다. 별도의 위치 환경에서 애플리케이션은 현재 활성 위치만 표시하고 저장하면 된다. 또한 애플리케이션은 전 세계를 위한 것이 아니라 제한된 지역에 있는 오브젝트에 대한 물리학만을 연산하면 된다.

가상 세계에 바람에 날려버린 나뭇잎이 포함돼 있다고 가정해 보자. 체험자는 비지상적인 세계에서 한 번에 한 위치만 점유할 수 있지만, 다른 장소에서 일어나고 있는 일을 (또는 들을 수 있다. 그래서, 만약 나뭇잎들이 어딘가에서 불어 내려오고 있다면, 그들은 체험자에게 보이지 않을 수도 있고 그렇지 않을 수도 있다. 그것은 예측하기 어렵기 때문에, 그 가능성을 설명해야 한다. 잎은 결국 시야로 불어 들어갈 수도 있지만, 그것들이 분리된 독립된 위치에 있다면, 그것들에 대한 연산은 할 필요가 없다.

독립적인 지역에 대한 예술적 이유도 있다. 각 위치는 글로벌 그래픽 렌더링 속성의 영향을 받는 고유한 표현 스타일을 가질 수 있다. 각 위치에는 자체 인터페이스가 있을 수 있다. 사용자는 각 공간에서 다른 여행 방법을 배울 수 있다. 아마도 물건들이 조작되는 방식도 장소마다 다를 것이다. 그리고, 마지막으로, 각각의 장소에 다른 물리적 법칙이 있을 수 있다.

소프트웨어 시스템, 특히 게임 엔진에서는 플레이어/체험자의 지상 이동에 대해 세계의 횡단 가능한 영역을 식별하는 것이 일반적이다. 이것은 물리학 연산에 도움을 줄 수 있고, 또한 사용자가 세계의 흥미없고 중요하지 않은 영역으로 이동하는 것을 막을 수 있다.

아티팩트

가상 세계의 공예품들은 세계를 차지하는 '정상적인' 오브젝트, 즉 사물들이다. 즉, 오브젝트는 이 세계에서 가장 많이 발견되는 물질이다. 물건이란 세계에서 마주칠 수 있는 꽃, 나무, 울타리, 티키 조각상이다. 그것들은 사람이 관찰하고, 조작하고, 때로는 파괴하고, 생성하거나 훼손할 수 있는 것이다.

건축상의 산책로에서는 건물과 그 내용, 조경, 거리, 자동차가 대상이다. 과학적 비주얼리제이션 응용에서, 과학적 현상의 표현은 세계의 대상이다. 그러한 표현은 수증기 함량을 나타내는 모양이나 공기의 흐름에 따른 작은 공을 포함할 수 있다. 사용자가 주석을 작성할 수 있는 애플리케이션에서 주석 마커와 이들이 포함하는 콘텐츠도 세계의 오브젝트다.

에이전트

가상 세계의 에이전트는 세계의 사용자 즉, 자율적인 캐릭터, 오즈의 마법사 인터페이스를 통해 컨트롤되는 캐릭터 또는 체험자의 아바타를 포함한다. 겉으로 보기에 그 요원들은 단순히 공예품이나 물건의 진보된 형태인 것처럼 보일 수도 있다. 하지만, 만약 그것들이 애니메이션화되거나 일종의 시뮬레이션된 실물과 같은 행동을 보인다면, 그들은 근본적으로 다르다. 그들은 일종의 지능을 가지고 있고 그들은 살아 있는 것처럼 보인다.

에이전트는 가상 세계를 돌아다닐 수 있으며, 아마도 항상 사용자와 함께 조언을 제공할 수 있다(태그얼롱tagalong 에이전트). 또는 에이전트는 일부 로컬 기능에 대한 정보를 제공할 수 있는 세계의 일부 오브젝트 또는 지역에 연결될 수 있다.

사용자 인터페이스 요소

사용자 인터페이스 요소는 사용자가 가상 세계에서 직접 지각할 수 있는 인터페이스의 부분을 나타내는 물질이다. 여기에는 어떤 형태의 징후가 필요한 모든 가상 컨트롤이 포함된다. 메뉴스와 가상 쓰레기통은 두 가지 예다. 사용자가 소환할 수 있는 간단한 지시 표시도 그 예다. 덜 명확한 예로는 세계에서 둘 다 물건이며 인터페이스의 일부로 사용될 수 있는 것들을 포함한다. 구체적으로는 자동차가 분명히 정상적인 물건이지만, 사용자가 차에 들어가 가상의 가스 페달을 밟은 다음 가상의 핸들을 돌리면, 바퀴와 페달을 '오브젝트' 대 '사용자 인터페이스 표현'으로 분류하기 어렵다.

오브젝트 모델링 및 월드 레이아웃

가상 세계의 모든 오브젝트는 오브젝트를 렌더링하는 방법(꼭 시각적으로가 아닌 하나 이상의 감각에 대해), 개별 오브젝트가 조작될 수 있는 방법, 그리고 이 세계에서 어디로 가는지를 설명하는 구성요소를 가질 필요가 있다. 다음 주요 절에서는 가상 세계의 규칙 내에서 오브젝트가 상호작용하는 방식을 살펴보기로 한다.

많은 경험들, 특히 큰 실제와 비슷한 세계를 위해 노력하는 경험들에게, 세계의 생성과 레이아웃은 경험을 쌓는 데 상당한 비용(시간적, 재정적으로)이 될 수 있다. 양질의 애셋을 생산하려면 숙련된 기술자, 기술자 및 생산자 팀이 필요하다.

오브젝트 비헤이비어

개개의 오브젝트는 그들이 행동하는 방법의 복잡성에서 다양할 수 있다. 구체적으로, 우리는 오브젝트를 정적인 것으로 분류할 수 있고, 또는 역동적인 요소들을 가질 수 있다. 유형을 구분하는 일반적인 명칭은 없지만, 이 책의 경우 다음과 같은 표기법을 사용할 것이다.

- 스태틱 Static
- 리지드 Rigged
- 다이나믹 Dynamic
- 트리거 Triggers

스태틱

가장 기초적인 정적 오브젝트는 고정되고 변하지 않는 형태를 가진 오브젝트다. 그것들은 경직돼 있다. 체험자는 그들을 픽업하거나 넘어뜨릴 수도 있고, 다른 방법으로 재배치할 수도 있지만, 그들의 모양은 변하지 않고 변화할 수 없다.

리지드

행동의 한 단계 상승은 대부분 경직돼 있지만, 미리 정해진 굴절점이 있는 오브젝트다. 그것들은 특정 장소와 특정 양에서만 구부러지거나 미끄러질 수 있다. 이 분류 내에서조차 할 수 있는 일이 광범위하게 퍼져 있다. 간단한 예는 경첩에서 회전하는 문이다. 다른 간단한 예로는 천정 선풍기나 게임의 헬스 큐브일 수 있다. 간단하지만, 이러한 행동들은 세계에 약간의 생명을 더한다.

보다 복잡한 예는 사실적인 얼굴 표현을 가능하게 하는 매개변수화된 얼굴일 수도 있고, 또는 인형의 주요 관절을 매개변수화할 수도 있다. 컴퓨터 애니메이션과 게임 커뮤니티에서는 이 매개변수를 '리깅'이라고 한다. 리그 rig 는 애니메이터(또는 물리학 시뮬레이션)가 캐릭터가 걷거나 자세를 취하도록 하기 위해 사용하는 표현의 모음이다. 그 장비는 오브젝트 안에서 골격 시스템처럼 작용한다. 실시간 렌더링된 세계에서, 애니메이션 리그를 가진 오브젝트는 오토매톤처럼 보일 수 있다.

다이나믹

일부 수학 방정식을 통해 시뮬레이션되거나 일부 외부 입력에 의해 구동되는 움직임이 있는 오브젝트는 관성 오브젝트보다 더 동적인 측정이다. 동적 오브젝트는 서피스가 부풀어오른 물의 몸체일 수도 있고, 캠프파이어에서 뿜어져 나오는 화염과 연기일 수도 있다. 자주 역동적인 오브젝트는 바람에 휘어지는 나무와 같은 자연 현상을 흉내내려고 한다.

트리거

임의의 오브젝트 유형도 트리거 오브젝트일 수 있으며, 체험자에 의해 트리거 오브젝트 또는 가상 세계에서 태그가 지정된 다른 오브젝트와 접촉할 경우, 일부 이벤트가 활성화된다. 예를 들어 체험자가 도어를 만질 때 도어는 연결 힌지 위에서 그네를 열도록 촉발될 수 있다. 또는 대포알이 폭발해서 접촉하는 오브젝트를 파괴하도록 유도될 수도 있다. 게임 엔진 용어에서 트리거는 종종 '콜라이더'를 통해 구현된다.

오브젝트 양식(모델 및 수학)

세계를 건설하는 과정의 또 다른 단계는 오브젝트 모델이 어떻게 생성되거나 얻어지는지를 결정하는 것이다. 오브젝트는 종종 가상 세계를 실행하기 전에 독립적으로 생성된다. VR 애플리케이션 외부에서 생성된 오브젝트를 가상 세계의 애셋asset이라고 하는 경우가 많다. 다른 유형의 애셋은 사전 녹음된 사운드와 세계의 행동에 영향을 미치는 스크립트들이다. 대안은 애플리케이션 자체에서 '그때그때 봐 가며' 오브젝트를 생성하는 것이다.

가상 세계에 대한 오브젝트를 생성하는 주요 방법은 다음과 같다.

- 수동 모델/통계학적 형태
- 알고리즘 생성
- 실제 포획

이러한 생성 모드 중 어느 것이든 사전 또는 즉시 수행할 수 있다. 그러나 대부분의 VR 경험을 위해, 세계의 대부분의 오브젝트는 사전에 만들어져서 애셋

그림 8-14 "Teddy" 모델링 패키지는 간단한 휴리스틱스를 사용해 화면에 그려진 선을 3차원 모양으로 변환해 어린이(그리고 많은 성인)가 빠르게 귀여운 모델을 만들 수 있는 쉬운 방법을 제공한다.

으로 세계에 실리게 될 것이다. 더욱이, 네 가지 오브젝트 클래스(Geography, Artifacts, Agents, UI Elements) 중 어느 것이든 이러한 기법으로 만들 수 있다. 단, 어떤 경향도 있을 수 있다. 예를 들어 알고리즘에서 지형을 생성할 수 있다 (아마도 프랙탈 표면 또는 도시경관 생성기). 또는 실제 박물관 유물들을 대표하는 가상의 유물이나 에이전시에 현실 세계의 포획 기법이 적용될 가능성이 더 높을 수 있다. 사용자 인터페이스 요소는 수동 레이아웃 메커니즘을 통해 생성되거나 사용 가능한 선택에 따라 프로그래밍 방식으로 생성될 수 있다.

종종 선행으로 생성된 오브젝트는 **모델링 패키지**로 알려진 소프트웨어 도구를 사용해서 수동으로(통계적으로 형성됨) 생성된다. Maya나 3D Studio MAX와 같은 애니메이션과 특수 효과를 위해 영화 산업에서 사용하는 고급 상업 모델링 패키지가 있으며, 블렌더와 같은 오픈 소스 옵션도 있다. 이러한 도구는 매우 강력하며, 이는 또한 복잡한 경향이 있고 적절한 기술 수준을 얻기 위해 약간의 훈련을 필요로 한다는 것을 의미한다. Teddy와 같이 유연성과 컨트롤력을 희생하면서 사용 편의성에 초점을 맞춘 모델링 툴이 있다[Igarashi et al. 1999](그림 8-14). 물론 애플리케이션 자체 내에서 새로운 오브젝트 형태를 모델링할 수 있는 가상 현실 툴도 있을 수 있다.

수학 공식이나 컴퓨터 알고리즘도 가상의 오브젝트를 만드는 수단으로 사용될 수 있다. 이것들은 파동을 일으키는 단순한 방정식이거나 얼어붙은 프랙탈 눈송

이일 수 있다. 그것들은 도시를 빠르게 구조물로 채우기 위해 일치하는 전면과 함께 전형적인 사무실 건물이나 호텔을 생성하는 알고리즘일 수 있다. 난수 생성기는 수학/알고리즘 레퍼토리의 일부분이기 때문에, 각 경험에 대해 새로운 변화를 가지고 오브젝트를 만들 수 있다. 알고리즘의 거버닝 파라미터도 예술적으로 컨트롤할 수 있어 경험 디자이너가 알고리즘 공간을 탐색할 수 있다. 알고리즘을 채택하는 것은 애플리케이션이 필요에 따라 확실히 할 수 있으며, 아마도 초기에 가상 세계의 일부를 채우며, 경험이 지속됨에 따라 더 많은 세계를 채울 수 있다. 수학적으로 오브젝트를 만드는 것은 알고리즘을 실행하고 그 결과를 오브젝트 인코딩 형식으로 새 애셋으로 저장함으로써 선행할 수도 있다.

오브젝트는 관찰되거나 시뮬레이션된 프로세스의 데이터를 기반으로 알고리즘적으로 생성될 수 있다. 데이터를 수집해서 임의의 수의 형식으로 저장하거나, 이와 유사하게 어떤 현상이 새로운 데이터를 생성하는 컴퓨터 시뮬레이션으로 인코딩되는 경우가 많다. 그런 다음 이러한 데이터는 연구자나 비즈니스 분석가가 내부 관계를 쉽게 발견할 수 있도록 데이터를 시각적 또는 음성의 형태로 매핑하는 알고리즘으로 처리할 수 있다. 일반적인 수학 공식과 마찬가지로 가상 오브젝트는 미리 생성하거나 애플리케이션을 실행하는 동안 생성될 수 있다.

마지막으로, 오브젝트는 현실 세계의 어떤 측면을 복제하기 위해 특별히 만들어질 수 있다. 우리는 이 문제를 앞으로 다가올 부분에서 더 철저히 논의한다.

월드 레이아웃

사물이 놓여 있는 세계의 구성은 모든 것을 응집력 있는 전체로 결합시킨다. 유니티와 같은 현대 게임 엔진에서 게임 디자이너는 세계의 각 씬에서 사물들에게 초기 위치를 부여한다. 파일에 지정된 레이아웃을 기반으로 오브젝트를 월드에 추가하는 세계 초기화 스크립트 또는 알고리즘 방법을 사용할 수도 있다.

가장 단순한 세계에서, 아마도 제품 디자인 검토나 과학적 데이터의 비주얼리제이션을 위해, 전 세계는 정적인 배경에 대한 제품이나 데이터의 표현일 것이다. 그것은 여전히 그 오브젝트를 절개하거나, 기사의 일부를 변경하거나, 움직여서 안에 무엇이 있는지 보거나 흥미로운 관계를 찾을 수 있다는 것일 수 있다.

반면 군사 훈련이나 게임 세계는 훨씬 더 복잡한 경향이 있을 것이고, 흥미로운 오브젝트들은 넓은 공간을 채울 것이다.

어떤 세계, 특히 훈련의 세계와 가상 관광의 경우, 가상 세계의 레이아웃이 현실 세계의 지시를 받는다. 아마도 그 스펙트럼의 반대쪽 끝은 무작위로 인구가 밀집된 세계일 것이다. 비록 여기라 하더라도 배치 알고리즘에는 종종 제약이 있을 것이다.

공간 이동의 배타적(또는 거의 비슷한) 수단으로서 물리적 이동을 목표로 하는 경험의 경우, 사용자의 등 뒤에 배치도를 변경해서 작동하는 변화 맹목 리디렉션 기법을 이용하기 위해 배치도를 즉시 변경할 필요가 있을 수 있다. 물리적 이동 경험의 또 다른 특성은

그림 8-15 TriAngular Pixels의 〈Unseen Diplomacy〉에서, 전체적인 경험은 물리적인 움직임에 의해 횡단된다. 큰 물리적 공간과 불가능한 공간의 개념을 결합함으로써 사용자는 큰 구조인 것처럼 보이는 것을 뚫고 들어가면서 레이저 빔을 피하는 등의 도전에 직면하게 된다. 큰 보행 가능 공간을 만들기 위해 주어진 제약 조건을 준수하는 무작위로 채워진 공간을 사용해서 절차 알고리즘을 통해 룸이 생성된다.

애플리케이션이 성공하려면 레이아웃이 최소한의 물리적 보행 공간을 필요로 할 수 있다는 것이다. 이 요건은 정상적인 여행에서 발생할 수 있지만, 세계를 점유된 물리적 공간보다 더 큰 것처럼 보이게 하는 리디렉션 기법을 사용할 때도 발생할 수 있다. 예를 들어 게임 〈Unseen Diplomacy〉는 $4.0 \times 3.5m$의 홈 세일을 경험하기 위해 다소 넓은 공간을 요구한다(그림 8-15).

가상 세계의 일부로서 현실 세계

가장 진실한 의미에서 가상 세계는 크리에이터의 상상력의 한계 이외의 어떤 제약도 받지 않는다. 소설에서는 이것이 하찮은 것이긴 하지만, 가상 현실을 매개로 한 가상 세계는 현실 세계의 존재(크리에이터 팀의 기술적 역량과 현재 기술의 역량은 말할 것도 없고) 때문에 여러 가지 제약의 대상이 된다. 이러한 제약 조건은 극복하기 어렵거나 때로는 불가능할 수 있다. 예를 들어, 현실 세계는 중력에 의해 영향을 받는다. 따라서 VR 체험 체험자는 중력의 법칙에 따른다. 우리가 중력의 영향을 최소화하기 위해 찾을 수 있지만, 그들은 항상 육체적으로 반응할 것이다. 우주에서 VR 경험을 쌓기 위해 노력한다고 해도 체험자의 신체 관성 등 현실 세계의 다른 측면은 여전히 그 경험에 영향을 미칠 수 있다.

사운드는 VR 경험에서 극복하기 어려운 현실 세계의 또 다른 '기능'이다. 실제로 현실 세계에서 누군가가 비밀스런 HMD VR 경험을 하는 체험자에게 다가가서 말을 걸기 시작하면, 그들은 그런 말을 들을 가능성이 높고, 아마도 존재감을 잃게 될 것이다.

유효한 질문은 다음과 같다. 더 이상 가상 현실이 아닌 VR 체험에 몰두하면서 현실 세계에서 다른 사람과 대화할 수 있는 능력이 있는가? 말하는 사람이 컴퓨터 조정을 통해 가상 세계로 가져온 경우 대답이 달라지는가? 아니면 체험자가 현실에서 일종의 프로프를 쓰고 있다면, 지금도 VR 체험인가.

이러한 유형의 질문은 특히 가상 현실의 정의를 고려할 때 흥미롭다. 그러나 또 다른 차원에서는 특정 목적에 맞게 디자인된 VR 애플리케이션을 구현하는 데 있어서는 의미가 떨어진다. 실제로 VR 체험에 일부러 현실 세계의 요소를 소개하는 것이 바람직할 때가 많다.

라이브 월드 캡처를 위한 동기

스캐닝, 예술적 모델링, 그리고 가상 세계의 실체 생성과 같은 비실시간적 실체를 가상 세계에 가져오는 것은 가능하지만, 이러한 것들은 실시간 모니터링과는 별개의 활동이다. 이러한 오프라인 기법은 이 장의 뒷부분에 설명돼 있다.

6장의 'VR에서의 시각 표현' 절에서 언급했듯이, 우리는 일반적으로 실제 데이터와 가상 요소를 결합한 경험이 증강현실^AR으로 분류될 것으로 예상한다. 하지만 중요한 것은, 현실과 가상 세계가 공존하는 경우, 항상 그렇지는 않다는 점이다. 이 경우, 체험자가 상호작용할 수 있는 콘텐츠를 제공하는 것보다 VR 경험의 표시를 향상시키는 메커니즘으로 실제 모니터링을 사용한다. 그러나 VR 경험의 목표가 구체적으로 세계의 라이브 데이터와 상호작용하는 경우(비효율적이고 실제적인 경우)는 있다.

- **획득한 과학/비즈니스 데이터 분석 및 탐색** 일반적으로 과학 또는 비즈니스 데이터는 실시간 렌더링을 가능하게 하기 위해 데이터를 처리한 후에 오프라인(즉, 라이브가 아님)을 분석하고 탐구한다. 그러나 위험 영역과 상대적 안전성을 즉시 결정하는 것이 중요한 경우, 극단적 날씨로 인한 재앙적 사건 등 일부 극단적인 상황이 있을 수 있다.
- **실시간 대응이 필요한 데이터 분석** 동기에 있어 다른 것은 현실에서 일어나고 있는 일들에 반응하는 능력에 의존하는 활동이다. 여기에는 군사 계약 및 주식/상품 거래와 같은 활동이 포함된다.
- **원격 기기 작동—텔레프레젠스** 당신의 행동을 다른 장소에 투영할 수 있는 능력은 몰입형 애플리케이션 연속체의 텔레프레젠스 쪽에 속한다. 원격 공구를 컨트롤하는 한 가지 방법은 사용자가 도구를 보다 자연스럽게 조작할 수 있도록 해당 공구의 관점에서 FPV를 제공하는 것이다. FPV를 달성하려면 사용자에게 직접 비디오 또는 재구성된 세계의 표현을 필요로 한다.
- **협력자와의 실시간 커뮤니케이션** 가상 현실에 살아있는 사람을 더 정확하게 표현하는 데는 원격 회의가 더 효과적일 수 있다. 체험자는 원격 사용자를 캡처해 재현한 아바타에서 얼굴 및 신체 변화를 더 잘 읽을 수 있다. 쿠네르트^Kunert와 동료들은 'Photoportals' 프로젝트[Kunert et al. 2014]에서 포인트 클라우드를 캡처하기 위해 마이크로소프트 Kinect 뎁스 카메라를 사용해 CAVE to CAVE 애플리케이션에서 동료들의 렌더링 및 포인트 클라우드 캡처를 사용하는 방법을 시연했다(그림 8-16).

그림 8-16 지리적으로 분리된 사람들과 상호작용하는 한 가지 방법은 그들을 실시간으로 스캔해서 로컬에 표현하는 것이다. Photoportals 'Immersive Group-to Group 3D Telepresence' 시스템에서는 각 사이트의 체험자를 Kinect 뎁스 카메라로 스캔해 원격 사이트에서 다각형 형태로 표시한다. "포토포트 카메라"는 두 사이트의 실시간 캡처를 하나의 "포토그래프"로 결합한다. (Photograph courtesy of BauhausUniversität Weimar Virtual Reality and Visualization Research Group)

현실 세계의 모니터링과 캡처를 통해 이익을 얻는 또 다른 하위 분류는 체험자가 세계 지각$^{\text{world-awareness}}$(현실 세계에의 사물과 사건에 대한 상황 지각)을 유지해야 하는 과업이다. 이러한 목표는 일반적으로 체험자가 다른 VR 인터페이스 스타일보다 사용자를 현실 세계에서 더 격리시키는 HBD$^{\text{Head-based Display}}$에 몰입할 때 발생한다.

- 현실 세계에서 특히 사용자에게 자유 보행 이동을 허용하는 포괄적인 HBD 경험의 안전성 향상에 필요한 현실 데이터를 가상 세계에 통합하면 사용자가 실제 장애물이나 기타 위험을 피할 수 있도록 유도할 수 있다(그림 8-17). 경험의 종류에 따라 현실 세계의 위험은 현실적이거

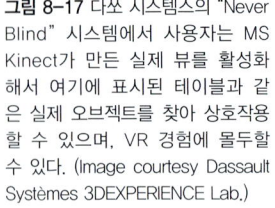

그림 8-17 다쏘 시스템스의 "Never Blind" 시스템에서 사용자는 MS Kinect가 만든 실제 뷰를 활성화해서 여기에 표시된 테이블과 같은 실제 오브젝트를 찾아 상호작용할 수 있으며, VR 경험에 몰두할 수 있다. (Image courtesy Dassault Systèmes 3DEXPERIENCE Lab.)

나 단순하게 표현될 수 있다. 가상 세계의 스타일과 콘텐츠를 반영하는 표현을 사용해 모사를 깨거나 아니면 모사를 피하는 방식인 HTC Vive 시스템은 현실적 렌더링과 /또는 단순화된 렌더링을 모두 제공한다. 세계의 실제적인 에지

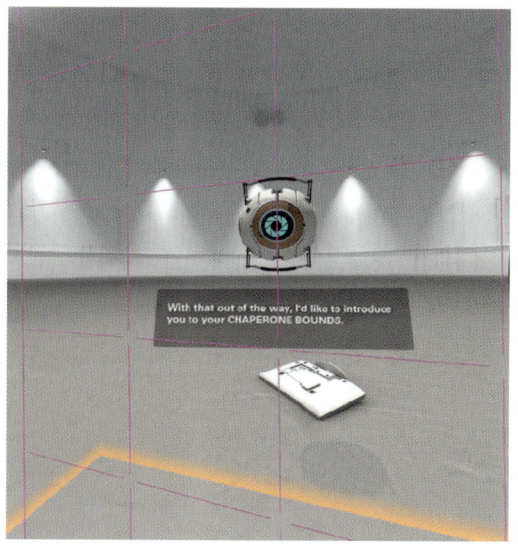

그림 8-18 Vive HMD에 담겼을 때 사용자가 안전하게 이동할 수 있는 경계에 대한 단서를 제공한다.

렌더링은 사용자에게 가까이 있는 것을 보여줄 수 있고, 단순한 그리드는 그들이 안전하게 이동할 수 있는 곳의 경계를 보여줄 수 있다(그림 8-18). 이상적으로는 VR 경험을 방해하지 않고 위험 회피할 수 있다.

그림 8-19 시메오네와 동료들은 두 개의 가상 세계 사례 [2017] 사용자가 특정 영역(예: 물과 같은 위험 표면 또는 가상 장벽)을 피하도록 영향을 미치기 위해 가상 환경의 디자인을 변경하는 방법에 대한 다른 예를 제공한다. (Images courtesy Adalberto Simeone)

시네오메와 동료들[2017]은 사용자가 실재하는 위험으로 물리적으로 이동하지 않도록 가상 세계를 변경하는 방법을 탐구했다(그림 8-19).

- **VR 시스템의 물리적 제한 범위 경계 제공** VR 시스템의 작동 범위 경계(안전 로밍 영역 포함)를 나타내는 데 사용되는 한 가지 기법은 사용자가 작동 경계의 가장자리를 누를 때 그리드(일반적으로)를 강조하는 HTC Vive의 'Chaperone System'으로 대중화됐다(그림 5-43 참조). 이 기법은 이전에 Vrui 소프트웨어 시스템[Kreylos 2008](그림 8-20)에서 화면 서피스를 보호하기 위한 수단으로 입증됐으며, 또한 DISH 시스템에서의 디즈니 Imagineering이 입증했다. SLAM 기술이 VR 디스플레이에 점점 더 많이 통합됨에 따라, 이러한 데이터를 사용해서 보호 경계와 장애물을 즉각적으로 방지할 수 있다.

- **현실 세계에서 중요한 사건에 대한 지각 유지** 이것이 특정한 관심사인 시나리오는 보통 군사 및 공공 안전 사용에서 발생한다. 예를 들어, 라이브 전투 운영 중 전체적인 전투를 분석하는 동안, 라이브 데이터 흐름의 일부분이 아닌 사건이나 가까운 곳의 위험에 대한 보고 또한 몰입한 체험자의 마음에 새겨져야 한다.

- **몰입한 상태에서 실제 조작 가능** 폐쇄형 HBD VR 시스템은 사용자(특히 시각적 지각)를 현실 세계에서 격리시키기 때문에 간단한 손-눈 작업조차

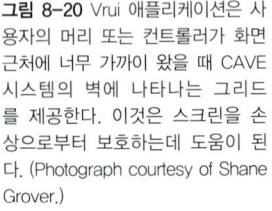

그림 8-20 Vrui 애플리케이션은 사용자의 머리 또는 컨트롤러가 화면 근처에 너무 가까이 왔을 때 CAVE 시스템의 벽에 나타나는 그리드를 제공한다. 이것은 스크린을 손상으로부터 보호하는데 도움이 된다. (Photograph courtesy of Shane Grover.)

그림 8-21 이 Vrui 도구 내에서 측정을 하는 사용자는 Microsoft Kinect의 실시간 데이터 캡처를 가상 세계에 통합해서 찾을 수 있는 물리적 키보드를 사용해 데이터에 주석을 달 수 있다. (Image courtesy of Oliver Kreylos.)

수행하는 데 큰 지장을 받는다. 물론 많은 VR 체험의 목표는 구체적으로 체험자를 현실에서 빼내는 것이지만, 실제 오브젝트를 다루는 것이 이로운 경우도 있다. 아마도 가장 큰 이득은 키보드나 다른 입력 장치의 사용에서 올 것이다. VR은 3D 상호작용에 더 가깝지만, 때로는 키보드로 텍스트나 숫자 데이터를 입력하는 것이 더 쉽다.

이러한 경우 사용자는 일반적으로 자신이 하는 일을 보다 쉽게 볼 수 있으며, 이는 세계의 일부를 구성하는 실시간 검색 기법을 통해 이루어질 수 있다. 사용자가 두 손의 표현과 상호작용할 대상을 볼 수 있어야 한다(그림 8-21). 오랜 시간 동안 경험하기 위해서는, 심지어 한 잔에서 마실 수 있는 것도 중요할 수 있다. 또 다른 옵션은 수동형 햅틱 장치로 가상 모델에 일치하는 키보드를 단순히 트래킹한 다음 사용자가 데이터를 입력할 수 있는 터치식 기능에 의존하는 것일 수 있다. 어떤 오브젝트를 프로프로 직접 트래킹하는 것의 장점은 트래킹 기술이 더 정확할 수 있는 반면, 스캐닝의 장점은 스캐닝이 더 일반적이어서 키보드나 다른 가상 표현을 모델링할 필요가 없다는 것이다.

세 번째 광범위한 용도의 분류는 실생활의 투입이 가상 현실의 경험을 향상시키는 데 사용될 때인데, 실생활의 오브젝트는 현재 시뮬레이션할 수 있는 것 이상의 것을 제공하기 때문이다.

- **패시브 햅틱스** 우리는 이미 몰입한 사용자가 만지는 물리적 오브젝트의 모양과 질감만으로도 존재감을 높일 수 있는 방법에 대해 논의했다. 패

시브 햅틱스의 경우, 현실의 오브젝트 자체가 가상 세계의 일부를 나타내기 위해 가상 세계로 실제로 유입된다.

- **악기** 이 카테고리는 현실 세계의 오브젝트가 컴퓨터로 시뮬레이션할 수 있는 것 이상으로 발전할 수 있는 다른 방법에 관한 것이다. 바이올린과 같이 정교하게 만들어진 악기의 풍부한 음악적 오버톤과 상세한 사용자 인터페이스와 같은 표현은 현재 가상의 실체로서 충분히 시뮬레이션할 수 없다.
- **현실 세계** 스펙트럼의 AR 쪽에 있는 몰입형 애플리케이션(즉, AR로 라벨을 붙일 수 있음)의 경우 증강되고 있는 일부 현실이 있으며, 현실은 대개 현실이다. 따라서 증강현실을 현실 세계와 혼합하기 위해서는 세계의 데이터를 이용할 수 있어야 한다. 실제 데이터를 미리 포착하는 것은 가능하지만, 전화/태블릿 씨스루 AR 경험은 실시간 비디오 피드를 활용할 수 있고, 구조화된 빛은 세계를 캡처해 현실 세계를 다른 경험과 연결하는 세계 표현에 재구현할 수 있다.

오프라인 세계 캡처를 위한 동기

현실 세계의 오프라인 캡처를 하는 이유는 아마도 라이브 캡처를 하는 이유보다 더 명백할 것이다. 기본적으로, 현실 세계의 데이터를 사용하는 것은 가상 세계를 더 현실적으로 만드는 데 도움이 될 수 있다. 반면에 애플리케이션 디자이너는 현실 정보를 부자연스러운 방법으로 조작하는 것을 선택할 수 있다. 애플리케이션이 과학적 연구(예: 지역 날씨 또는 만 생태계)를 목적으로 한

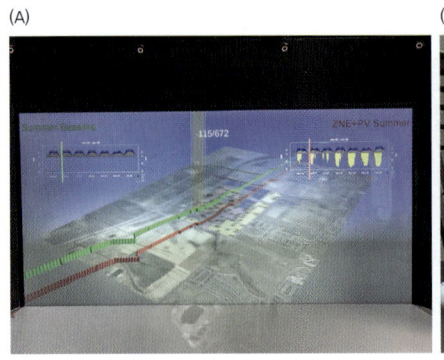

그림 8-22 현실 데이터는 여러 가지 이유로 가상 현실 체험에 도입될 수 있다. (A) 이 몰입형 비주얼리제이션에서는 전력 시스템의 데이터를 일주일 동안 수집한 다음 몰입형 환경 내에서 분석한다. (B) 특정 선박이나 잠수함에 대한 훈련에서 실제 배치를 사용하면 실제 세계에서 더 나은 임무 수행 결과로 이어질 수 있다. (Photograph courtesy of Kenny Gruchalla; image courtesy of David Tate, Naval Research Lab.).

자연계의 측면을 비주얼리제이션하는 데 도움이 되도록 디자인된 경우, 온도 및 바람/물 흐름과 같은 정보는 표준 과학적 비주얼리제이션 기법을 추가하거나 또는 사실적인 표현[Sherman et al. 1997]으로 대체하거나 강화해 나타낼 수 있다(그림 8-22).

가상 세계에서 실제 데이터를 사용하는 것은 상황별 준비 교육을 제공하는 애플리케이션에서 특히 유용하다. 그러한 경험에서 체험자는 가능한 한 정확하게 세계를 경험함으로써 이익을 얻는다. 또 다른 고전적인 예는 교육 현장 학습을 포함하는 가상 관광을 위해 관심 있는 장소를 재현하는 것이다. 어떤 경우에는, 현실 세계는 전성기 동안 얼마나 부패하거나 파괴된 장소가 나타났는지를 나타내는 연구된 재구성들과 결합될 수 있다.

월드 캡처 기술

앞에서 논의한 바와 같이, 실시간 가상 세계의 일부를 생성하기 위해 현실 세계의 입력을 사용해야 하는 많은 이유가 있다. 실시간 입력의 예로는 실시간 리더 스캐너, 날씨 모니터링 스테이션 또는 군중 소싱 지도 시스템의 트래픽 데이터가 있다. 이와 같이 실제 데이터는 가상 세계의 일부가 된다. 현실 세계와 가상 세계를 오버레이하는 AR 시스템에서는 물리적 세계의 비디오 피드에 지나지 않더라도 이러한 종류의 일부 입력 능력이 요구된다. 실제 입력은 전문화된 데이터 피드에서도 얻을 수 있다. 예를 들어 다우존스 주식시장 자료, 즉 트위터와 같은 소셜 미디어 사이트의 라이브 데이터를 가상 세계에 통합할 수 있다.

실제 데이터에서 이익을 얻지만 라이브로 캡처할 필요는 없는 애플리케이션도 있다. 오프라인 실제 데이터 캡처를 통해 사용 가능한 데이터의 유형과 범위를 파악할 수 있다. 모든 경험 디자이너가 사용할 수 있는 예로는 사진을 사용해서 3D 모델(사진측정/SfM structure-from-motion)을 만드는 것이다. 더 큰 규모로, 구글과 같은 회사들은 지구 전체의 지형, 풍경 및 실외 건물 외면을 실질적으로 재현하는 데 필요한 방대한 양의 데이터를 체계적으로 운전해서 포착할 수 있다(글쎄요, 전적으로 건물 외관을 위한 것은 아니다).

그림 8-23 구글 어스 VR은 지구 전체를 재현하는 놀라운 일을 하지만 자세히 들여다보면 많은 건물들의 면면이 약간 엉뚱하게 나온다.

변환기는 실제 데이터를 캡처하는 데 사용되는 장치다. 변환기는 물리적 세계에서 어떤 현상을 감지하고 그것을 다른 형태로 변환하는 어떤 장치다. VR에서 그 형태는 컴퓨터 시스템이 처리할 수 있는 전기 신호다. 웹스터 [1989]에 따르면

  변환기: 한 시스템으로부터 에너지를 받아서 다른 형태로 재전송하는 장치

변환기에는 마이크, 습도 센서, 리더(광선 레이더, 일명 광선 감지 및 범위 조정), 디지털 카메라, 전자기 위치 센서 등의 장치가 포함된다. 스마트폰에도 GPS, 가속도계, 자이로스코프, 마이크, 카메라, 근접 센서, 럭스미터, 자기계 등 실시간으로 시스템에 정보를 가져오는 데 사용할 수 있는 다양한 센서가 들어 있다.

변환기는 VR 시스템에서 더 풍부한 가상 세계를 만드는 데 사용된다. 그것들은 사용자가 지형을 비행하는 애플리케이션과 같은 현실 세계를 정확하게 표현할 수 있다. 그들은 데이터를 수집할 수 있다(때로는 위성에 의해 획득되기도 한다). 만약 지구의 한 지역에서의 날씨를 조사하는 것이 목표라면, 시스템이

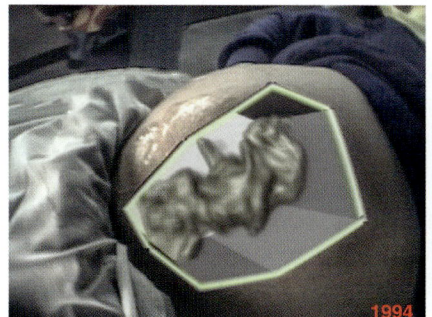 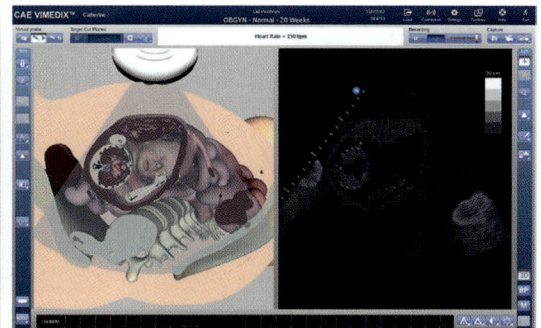

그림 8-24 (A) 초음파 상상자와 같은 의료 도구의 데이터로 현실 세계를 증강하는 것은 피부 아래에서 무슨 일이 일어나고 있는지 이해하는 데 도움이 될 수 있다. 이 개념화된 이미지에서 아 기는 마치 엄마의 구멍을 통해 들여다보는 것처럼 렌더링된다. (B) 의료 기기를 시뮬레이션할 때 도구가 3D 오브젝트를 비주얼리제이션에 매핑하는 방법을 이해하는 데 도움이 되는 2D 초음파 이미지와 나란히 3D 모델을 볼 수 있다. (Courtesy of Andrei State and CAE Healthcare respectively.)

측정 스테이션의 실시간 피드를 읽고 적절한 시각적 표현으로 전송할 수 있다.

AR 애플리케이션은 초음파 센서를 사용해 실시간으로 환자의 내부 구조를 결정하거나 [State et al. 1994](그림 8-24) 비디오 카메라로 방을 캡처한 후 처리해서 컴퓨터 기반 다변형/문학적 표현을 생성해 가상 현실 애플리케이션으로 통합할 수 있다. 리더 시스템은 영화 촬영에 사용되는 실제 위치를 스캔할 수 있다. 물리적 공간의 캡처된 데이터는 컴퓨터를 통해 특수 효과를 얻거나 배우와 카메라 배치를 계획하기 위해 조작할 수 있는 가상 세계로 다시 생성될 수 있다.

현실 세계 캡처를 위한 공통 기술을 두 가지 중요한 범주로 나눌 수 있다.

- 이미지 기반
- 범위 조정 기술

실제 지형이나 오브젝트의 3D 모델을 만들기 위한 가장 일반적인 이미지 기반 기법은 SfM^{Structure from Motion}이라고 알려진 사진 촬영 기법이다. 이 용어의 모션 부분은 3D 표현을 만들기 위해 비디오 프레임별 분석을 사용하는 것에 기반을 둔 초기 알고리즘에서 비롯됐지만, 지금은 충분히 겹치는 사진 모음이 똑같이 잘 작동한다. 간단히 말해서, 알고리즘은 각 사진의 상대적 위치를 결정하기 위해 이미지 사이의 공통점을 일치시킨 다음, 사진 위치와 함께 일치

그림 8-25 상용 FreeD 시스템은 여러 각도에서 이벤트를 캡처해서 시간이 정지된 것처럼 강조된 순간을 보여주는 재생을 허용한다. (Images courtesy of Indiana University.)

점을 사용해서 색칠된 3D 점의 집합을 생성한다. 점의 집합은 해당 텍스처 맵이 있는 폴리곤 메쉬를 생성하기 위해 추가로 처리될 수 있다. 때때로 이것은 많은 알고리즘이 미리 처리된 상태에서 여러 대의 카메라가 사전 정렬돼 있을 때 거의 실시간으로 이루어질 수 있다. 이 기법은 스포츠 방송에서 종종 연극의 3D 관점을 보여주기 위해 사용된다(그림 8-25).

비슷한 기법은 두 개의 동기화된 비디오 스트림(스튜어시컬 쌍)을 가져다가 그것들로부터 코스 깊이 맵을 만드는 것이다. 스테레오 쌍의 맥락을 알면 상황 지각 분석이 수행될 수 있으며(예: 신경망으로), 따라서 한 쌍의 손을 위한 작업 공간 내에서 leap Motion 기기(그림 8-26)와 같이 사용자의 손과 손가락의 위치를 결정할 수 있다.

일반적으로 하나의 비디오 스트림은 얼굴을 보여주기 위해 원격 사용자의 아바타의 일부로 스트림을 사용하는 제한적인 예외를 가진 세계 캡처 기법으로 사용되거나, 단일 뷰 텍스처 맵을 추출하기 위해 크로마 키(그린스크린이라고 함) 시스템과 함께 사용되는 경우에는 사용되지 않는다.

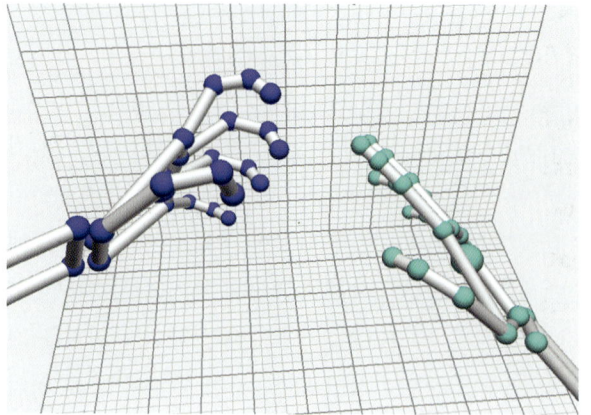

그림 8-26 Leap Motion 장치는 한 쌍의 스테레오 이미지를 사용해서 카메라의 범위 내에서 한 쌍의 손을 배열할 수 있는 가능성을 결정한다.

범위 조정 기술에는 레이더, 리더, 초음파, 구조화된 빛 및 비행 시간^{TOF} 시스템의 사용이 포함된다. 레이더는 전자기 펄스를 방출하며, 메아리의 특징으로부터 레이더 장치와 세계 사이의 거리를 결정할 수 있다. 레이더는 회전 장치로부터 레이저 빔을 쓸어올려 각 돌아오는 에코의 시간과 강도를 측정한다. 그런 다음 이러한 측정은 밝기와 함께 3D의 점 집합을 수집하는 데 사용할 수 있다. 종종 레이더 스테이션은 디지털 카메라를 사용해 지역을 다시 채우고 3D 지점과 일치하도록 색상 데이터를 캡처할 수 있다. 한 가지 가능한 문제는 두 스위프가 때때로 몇 분 사이에 발생하기 때문에 색이 변할 수 있다는 것이다. 사실 일반적으로 리더 시스템은 정지된 표적에서 더 잘 작동한다.

세 번째 범위 기술인 구조화된 빛은 특정한 빛의 패턴을 발산하고 나서 카메라를 사용해서 세계를 탈환하는 방식으로 작용한다. 패턴의 왜곡은 영상 평면 전체에서 표면까지의 거리를 연산하는 데 사용할 수 있다. 전형적으로, 구조화된 빛 패턴과 패턴을 포착하기 위한 카메라는 전자파 스펙트럼의 적외선 부분에서 작동하며, 이 때문에 사용자에게 보여지는 것을 방해하고 따라서 주의를 산만하게 한다. 대부분의 리더 시스템과 마찬가지로 구조화된 조명 시스템도 종종 3D 뎁스 데이터에 색을 매핑하는 표준 컬러 카메라와 짝을 이룬다. 구조화된 조명 시스템을 "뎁스 카메라$^{depth\ camera}$"라고도 한다.

또 다른 범위 기술인, 빛보다는 음파를 사용하며, 부드러운 조직을 통해 보는 능력을 가진 것은 초음파 영상 일명 소노그래피^{sonography}이다. 초음파 영상 시스템은 20 kHz 범위 이상의 사운드의 펄스를 조직(또는 다른 물질)으로 보내는데, 여기서 반환된 에코를 비주얼리제이션(또는 다른 방법으로 처리)해서 2D를 형성하거나 시간이 흐르면서 심지어 3D 구조를 형성할 수 있다.

마지막으로, 리더 범위 기술의 오프샷은 TOF 카메라로, 반사광의 속도를 이용해서 반환된 신호의 깊이 지도를 연산하는 초감도 센서를 가지고 있다. 이러한 시스템 중 다수는 상대적으로 낮은 해상도(예: 320×240 픽셀)를 가지고 있어 소량을 캡처하는 데 적합할 수 있다.

가상 세계의 법칙: 물리

가상 세계의 오브젝트는 그들이 서로 어떻게 상호작용하는지 그리고 일반적으로 환경에 대한 설명을 포함할 수 있다. 그러한 상호작용은 가상 세계의 자연 법칙, 즉 물리 법칙을 설명한다. 경험 디자이너는 물리적인 현실이나 상상의 세계를 모델로 삼을 수 있다.

법이 명시적으로 명시돼 있든 없든, 그것들은 실제로 존재한다. 즉, 어떤 상황을 지배하는 법의 부재는 실로 법률이다. 예를 들어, 명시돼 있는 중력의 법칙이 없다면, 그 법칙은 기본적으로 오브젝트는 떨어지지 않는다. 충돌에 관한 명시적 법칙이 없다면, 그 법칙은 다음과 같다. 오브젝트는 결코 충돌하지 않는다. 그들은 단지 서로 통과한다.

가상 세계 물리학은 공간과 시간에 있는 오브젝트의 행동을 다룬다. 가상 세계 물리학에 대한 우리의 논의는 물리학, 시뮬레이션 유형, 오브젝트 사이의 충돌 감지, 그리고 세계의 지속성에 관한 다양한 학교들을 다루고 있다.

가상 세계 물리학의 유형

가상 현실 세계 물리학의 공통 모티브가 몇 개 있다. 여기에는 다음이 포함된다.

- 정적인 세계
- 카툰 물리학
- 뉴턴 물리학
- 아리스토텔레스 물리학
- 연출된 물리학
- 다른 세계 물리학

정적 세계

정적인 세계는 환경에 프로그래밍된 세계 물리학이 없는 것이다. 세계는 체험자가 조종해야 하는 고정된 물건들로 구성돼 있다. 많은 건축적 워크스루 애플리케이션은 이러한 다양성으로 체험자가 건물이나 다른 공간의 디자인을 탐색할 수 있지만 어떤 방식으로든 이를 조작하거나 상호작용하지 않는다(이후 절은 체험자가 다른 규칙 집합에 속할 수 있는 방법을 설명한다. 체험자가 벽을 통과해 갈 수 없는 규칙 등으로).

카툰 물리학

카툰 물리학은 많은 만화영화에서 사물이 작용하는 방식을 따르거나 닮은 것을 말한다. 예를 들어, "우주에서 매달려 있는 어떤 오브젝트도 그 상황을 알게 될 때까지 우주에 남아 있을 것이다" 또는 "정확한 오브젝트들은 터널 입구를 닮도록 도색된 단단한 벽을 통과할 수 있다. 다른 것들은 통과할 수 없다" [O'Donnell 1980]. 이는 VR 환경에서 체험자가 지형을 따라 내려가도록 제한한 체험자가 지형을 따라 내려올 때에만 지형을 따라 걸을 수 있도록 함으로써 구현될 수 있다. 물론 그때까지도 중력은 "법학을 공부하지 않았다"는 인물에는 적용되지 않는다(그림 8-27). 벽에 뚫린 구멍을 사용하는 현대의 고전적인 컴퓨터 게임은 포탈로 플레이어가 포털 구멍을 두 곳에 놓아 한 곳에서 다른 곳으로 즉시 통과할 수 있게 한다(그림 8-28).

모든 VR 만화물리학은 이러한 예들만큼 복잡하지는 않다. 더 간단한 예는 오브젝트가 떨어지거나 다른 위치로 이동하지 않고 집어서 공간 어디에나 배치

그림 8-27 가상 세계에서 자연의 법칙은 물리적 세계의 법칙을 모방할 필요는 없다. 만화처럼, 실체는 다양한 규칙들에 따라 행동할 수 있다. 그래서 일부 체험자들은 어떻게 다른 기업이 불가능한 업적을 달성하는지 의아해 할 수도 있다. 이 경우 가상 세계의 규칙에 대한 지식이 부족해서 에이전시이 다른 체험자보다 더 높이 치솟을 수 있다.

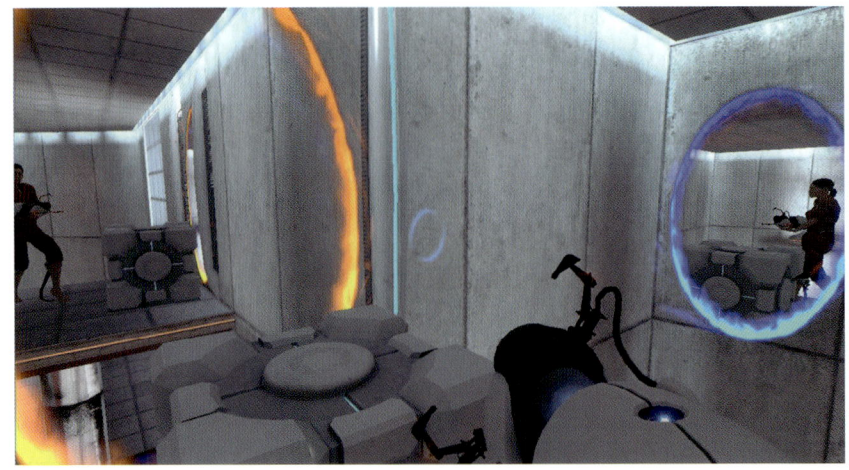

그림 8-28 먼 곳(또는 그렇게 멀지 않은 곳) 사이를 이동하는 한 가지 방법은 포털을 통해서이다. 밸브 게임 〈Portal〉의 이 씬에서, 사용자는 각각의 포털을 통해 자신을 볼 수 있다. (Image courtesy of Thomas Sherman.)

할 수 있다는 것이다. Crums [Sherman and Craig 2002] 비주얼리제이션 도구에서 오브젝트는 사용자가 배치하는 공간에 매달려 있을 뿐이다. 사용자는 그것들을 옮기거나 쓰레기통 아이콘으로 옮기기 위해 그것들을 다시 집어 들 수 있다.

뉴턴 물리학

뉴턴의 물리학은 우리의 물리적 세계에서 대부분의 상황을 복제하는 것에 대한 좋은 근사치 이다. 지구 또는 뉴턴 물리학을 사용하는 가상 세계에서 오브젝트는 9.8m/s/s로 떨어진다(초당 미터는 가속의 미터 단위임).

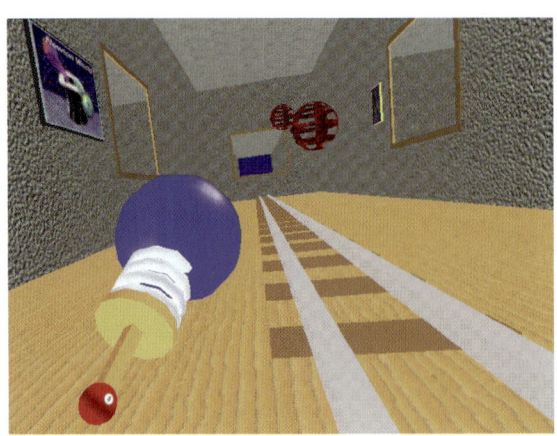

그림 8-29 NewtonWorld는 휴스턴 대학교와 조지 메이슨 대학교가 개발한 ScienceSpace 프로젝트의 애플리케이션이다. 학생들에게 뉴턴의 법칙의 효과를 직접 체험할 수 있게 함으로써 뉴턴 물리학의 개념을 가르치도록 디자인됐다. 이 그림에서, 학생은 운동 에너지와 잠재적 에너지 사이의 관계에 대해 배운다. 볼에 포함된 운동 에너지의 양은 볼에 부착된 스프링의 압축량으로 시각적으로 표현된다. (Image courtesy of Bowen Loftin.)

또한 오브젝트 충돌은 한 오브젝트에서 다른 오브젝트로 모멘텀을 전달한다. 따라서, 당구공 시뮬레이션은 실제 당구공에 대한 경험에 근거해서 대부분의 사람들이 기대하는 대로 동작할 것이다.

ScienceSpace 프로젝트의 NewtonWorld 애플리케이션은 체험자에게 뉴턴 역학을 가르치도록 디자인됐다 (그림 8-29). 또 다른 예는 어느 정도 현실세계 에뮬레이션이 중요한 Caterpillar Inc.의 Virtual Prototyping System이다(그림 8-30). 트랙터 디자인 엔지니어는 기계 시스템과 지면과의 상호작용에 대한 매우 현실적인 모델을 만든다. 실시간 성능 요구사항 때문에, 뉴턴 역학의 단순화된 버전이 모델링된다.

그림 8-30 왜냐하면 어느 정도의 리얼리즘은 캐터필러 주식회사의 목표이기 때문이다. VR 경험, 애플리케이션은 단순화된 뉴턴 물리학에 기반하여 구축된다. (Image courtesy of Caterpillar Inc.)

대부분의 현대 게임 엔진은 뉴턴에 기반을 둔 물리 시뮬레이션 엔진을 포함하고 있는데, 이 엔진은 개별 오브젝트에 의해 질량과 중력을 포함한 다른 속성에 대한 조정과 함께 리지드 바디$^{rigid\ body}$를 할당할 수 있다. 독립 그래픽 및 청각 렌더러에는 Havoc, nVidia의 PhysX 및 오픈 소스 Bullet 및 Open Dynamics Engine^{ODE} 프로그래밍 인터페이스와 같은 독립형 물리학 시뮬레이션도 포함될 수 있다.

아리스토텔레스 물리학

아리스토텔레스는 또한 그의 관찰을 바탕으로 한 자연 법칙의 집합을 묘사했다. 그의 체계는 뉴턴의 체계에 비해 정확성은 떨어지지만, 흔히 사람들이 생각하는 방식이다. 결과적으로, 아리스토텔레스의 물리학을 반영하는 시뮬레이션은 많은 사람들에게 더 자연스러워 보일 수 있다. 예를 들어 대포에서 발사된 대포알이 일정한 거리를 일직선으로 날아갔다가 곧장 지상으로 떨어지는 경우가 있다.

연출된 물리학

연출된 물리학은 경험 디자이너가 선택한 사전 프로그램된(애니메이션된) 행동들로 구성된 자연의 법칙이다. 시스템에는 각 상황에서 무엇을 해야 하는지에 대한 지침 목록이 제공된다. 또는, 그 대본은 공이 마치 물리 법칙에 따라 행동하는 것처럼 보이는 방식으로 날아가는 것을 지시할 수 있다. 아리스토텔레스의 물리학과 마찬가지로, 연출된 물리학은 많은 사람들에게 자연스러워 보일 수 있기 때문에 종종 사용된다. 가상 세계의 벽돌 벽이 무너지면 뉴턴의 시뮬레이션은 상당히 정확할 수 있지만 애니메이터가 묘사한 사건만큼 자연스러워 보이지 않을 수 있다. 이것은 경험의 크리에이터 입장에서 더 많은 선행 노력이 필요할 수 있다. 어떤 상황에서든 세계가 어떻게 돌아가는지 다루는 시뮬레이션 알고리즘을 만드는 대신에, 모든 가능한 사건들은 이제 선험을 직접 짜야 한다. 안무된 경험의 실시간 시뮬레이션은 더 적은 연산 자원을 필요로 한다.

디즈니의 '알라딘의 매직 카펫 라이드' VR 체험은 체험자와 만나는 동안 일어나는 대부분의 이벤트에 안무된 물리학을 사용한다. 알라딘 디자인 팀은 1990년대 중반의 기술로는 실제 물리학을 이용한 완전한 세계 시뮬레이션이 불가능하다고 느꼈고(예: 바람에 개별적인 잎의 움직임), 이런 식으로 생산된다면 세계는 어쨌든 '진짜'로 보이지 않을 것이다[Snoddy 1996]. 따라서, 많은 행동들이 안무됐는데, 여기에는 Cave of Wonders의 개장과 각 등장인물들의 행동들이 포함된다.

기타 세계 물리학

시뮬레이션할 수 있는 다른 종류의 물리적 법칙도 있다. 이러한 법들은 우리의 일상적 지각 이상의 수준에서 세계를 지배한다. 그들은 뉴턴 물리학이 적절히 설명하지 못하는 거시적 또는 미시적 척도로 작동한다. 몇몇 예들은 원자 미립자 상호작용과 상대성 이론이다. 이러한 법칙들은 일반적으로 뉴턴 모델과 같은 맥락으로, 관찰된 현상의 물리학을 컴퓨터 알고리즘으로 번역해서 시간의 경과에 따른 세계의 상태를 연산한다. 우주의 일부 현상에 대한 과학적 이해를 복제하려는 많은 경험들이 이 범주에 포함된다. 이러한 물리학 시뮬레이션은 실제 모델이 우리 세계에 가장 큰 영향을 미치는 힘(중력, 빛의 특성 등)에 초점을 맞추듯이 그 규모에서 가장 큰 영향을 미치는 힘에 초점을 맞추어야 한다.

세계 물리학의 범위

모든 오브젝트가 동일한 규칙에 따라 작동하지 않도록 경험을 디자인할 수 있다. 종종 다른 규칙 집합이 사용자 또는 사용자 인터페이스에 적용될 수도 있고 사용자는 '물리학 외 수정'을 적용할 수도 있다.

일부 애플리케이션에서 사용자는 시뮬레이션과 상호작용하고 세계를 지배하는 법을 수정할 수 있다. 이를 통해 가상 세계 물리학의 표준 결과를 변경할 수 있다(즉, 세계에 '물리학 외 수정'을 해 가상의 기적을 행할 수 있다!). 이것은 많은 과학적이고 산업적인 응용에서 전형적이다. 예를 들어, 생태학자는 가상 세계의 규칙을 수정하고 그러한 변화의 결과를 관찰함으로써 물리적 세계에 대해 많은 것을 배울 수 있다. 체험자가 세계의 기본 본질을 변경할 수 있는지 여부와 어느 정도까지 허용할지를 결정하는 것은 애플리케이션 디자이너의 몫이다.

이러한 자연의 법칙이 가상 세계의 오브젝트를 지배하듯이, 사용자 역시 반드시 그렇지는 않지만 그것들의 대상이 될 수도 있다. 사실, 세계의 각 오브젝트는 자연의 독자적인 법칙에 의해 처리될 수 있다. 사용자를 나타내는 오브젝트는 다른 모든 오브젝트와 동일하게 취급될 수 있으며, 하나의 오브젝트 클래스의 구성원으로 취급할 수도 있고, 또는 완전히 별도로 취급할 수도 있다. 대부분의 VR 이동 체계는 사용자를 세계의 다른 모든 오브젝트들과 다르게 취급하는 컨트롤장치, 특히 사용자가 세계를 통과할 수 있는 방법에 대해 가지고 있다.

어떤 표면(다른 오브젝트나 지형)에서 정지할 때까지 오브젝트가 하강하는 반면, 사용자는 어떤 방향으로든 이동할 수 있고, 이동하지 않을 때는 우주에 떠 있을 수 있다. 해양학적 흐름의 과학적 비주얼리제이션을 위해, 과학자들은 가상의 전류에 휩쓸리지 않고 정적 POV로부터 관찰하기를 원할 수 있다.

때때로 일부 세계 물리학의 사용자에게 영향을 주는 것이 바람직할 수 있다. 특히 물리학의 다른 부분은 적용하지 않더라도 통과하지 못하도록 세계의 벽에 의해 사용자를 구속하는 것이 가치 있을 수 있다.

마찬가지로 사용자 인터페이스 오브젝트는 세계의 아티팩트와 동일한 세계 물리학의 대상이 아닐 수 있다. 아마도 사용자 인터페이스가 사용자를 따라 떠다니게 될 것이다. 사실, 완전히 다른 규칙 집합으로 작동하는 다른 오브젝트 집합이 있을 수 있다.

시뮬레이션/수학 모델

묘사된 많은 가상 세계 물리학들은 어떤 종류의 수학 모델을 통해 가상 현실 시스템에서 실현될 필요가 있다. 수학적 모델은 가상 세계에서 일어날 수 있고 언제 일어날 수 있는지를 설명하는 방정식의 집합이다. 수학 모델은 가상 세계에서 자연의 법칙을 집행하는 기관으로 세계 물리학의 근원을 제공한다. 이러한 모델은 때때로 매우 복잡할 수 있으며, 연산은 실시간으로 실행되기 위해 매우 빠른 컴퓨터를 필요로 한다.

컴퓨터 과학자들은 또한 우리가 존재하는 물리적 세계(우주)를 묘사하기 위해 수학 모델을 사용한다. 이 사실은 컴퓨터를 사용해서 가상 세계를 만들 때 이용될 수 있다. 수학적 공식은 가상 오브젝트의 시각적 특성(예: 형태와 색), 물리적 특성(예: 질량) 및 그 행동을 지배하는 자연의 법칙(예: 중력)을 만드는 데 사용될 수 있다. 모델들이 실제의 물리적 법칙에 기초할 때마다, 자동적으로 많은 이점들이 달성된다. 예를 들어 실세계 광학 방정식을 사용해 오브젝트의 시각적 특성을 설명하고, 빛의 거동 및 물질의 특성을 모두 수학적 모델에 의해 기술하는 경우, 그림자, 스펙트럼 하이라이트, 색상과 오브젝트 사이의 정확한 색상 상호작용과 같은 영향이 모두 더 이상 발생하지 않는다. VR 애플리케이션 프로그래머의 개입 컴퓨터 과학자들은 현실 세계의 일부를 시뮬레이션하는 데 더 좋은 일을 하고 있는데, 그러한 연산이 충분히 빠르게 이루어질 수 있다면, 가상 세계는 (실제)물리학의 자연 법칙에 의해 지배될 수 있기 때문에, 그들은 더 현실적이고 상호작용적인 세계를 만드는 데 도움을 줄 수 있다.

오브젝트 결합

홈브루드 물리학의 또 다른 특징은 구현자가 세계의 각 오브젝트에 어떤 유형의 물리학이 영향을 미칠지 뿐만 아니라, 그러한 물리적 상호작용이 독립적으로 작동할지 또는 대칭적으로 작동할지 선택할 수 있다는 점이다. 즉, 각각의 오브젝트는 자기만의 세계에 있는 것인가, 아니면 다른 오브젝트에 영향을 미칠 수 있는가?

예를 들어, 간단한 만화 물리학 세계는 사용자가 꽃이나 바위를 집게 할 수 있게 해준다. 방출되면, 그 오브젝트는 땅으로 떨어질 것이다. 그 오브젝트는 그 오브젝트 아래에 있는 어떤 오브젝트와 접촉할 때 또는 그것이 지면에 닿을 때에만 멈추도록 프로그래밍될 수 있다. 또는, 고무 공으로 가득 찬 세계에서, 공들은 모든 방 표면에서 튕겨져 나갈 수 있지만 서로 떨어져 나갈 수는 없을 것이다.

상호작용하지 않는 오브젝트를 만들도록 선택할 수 있는 세 가지 근본적인 이유는 예술적 표현, 구현의 어려움, 제한된 연산 자원이다. 후자는 종종 충돌 상호작용과 같은 물리적 특성이 더 큰 가상 세계의 모든 오브젝트에 완전히 구현되지 않는 이유다. 완전히 실현된 가상 세계에서 오브젝트가 충돌할 수 있는 모든 가능한 방법을 감시하고 반응하려면 엄청난 양의 연산 자원이 필요하다. 가장 단순한 가상 세계를 제외한 다른 어떤 것에서도, 두 오브젝트 사이에 충돌이 있는지 여부를 결정하는 연산 요건은 엄청나게 비쌀 수 있다. 결과적으로, 대부분의 가상 세계에는 시뮬레이션이 수반되는 제한된 충돌 집합이 있다. 앞의 꽃 예에서, 감지된 유일한 충돌은 바닥과 모든 움직이는 오브젝트 사이의 충돌이다. 바닥 쪽으로 떨어지는 꽃은 바닥과 충돌하지만 떨어지는 꽃길의 바위와 충돌하지는 않는다.

세계 지속성

많은 경우에, 체험자가 가상 세계 경험을 떠날 때, 세계 내에서 그들의 행동에 대한 기록이 유지되지 않는다. 그 사람이나 다른 사람이 다시 이 세계에 들어오면, 마치 전에 아무도 가본 적이 없는 것과 같다. 경험은 이전의 모든 체험자와 동일한 초기 조건으로 새롭게 시작한다. 그러한 세계는 덧없고 지속적이지 않다. 지속적인 가상 세계는 특정한 물리적 장소는 없지만 시간을 통한 실질적인 영속성의 품질을 가지고 있는 세계다. 지속적인 가상 세계의 독립적 존재는 여러 가지 의미를 갖는다. VR 애플리케이션을 경험할 때마다 비지속적인 시뮬레이션 월드는 동일한 초기 조건 또는 일부 무작위 초기 조건으로부터 시작된다. 영구 세계에서의 이전의 사용자 조작은 다른 사용자(또는 에이전트)가 와서 그것들을 변경하거나 세계 자신의 진화를 통해 변경될 때까지 그대로 유지된다. 시간이 흐르면서 진화하는 지속적 세계는 아무도 목격하거나 직접적으로 그들을 야기시키지 않을 때에도 지속적으로 변화한다.

지속적인 가상 세계는 일반적으로 세계의 현재 상태를 유지하고, 또한 그 세계에서 일어나는 진화를 컨트롤하는 서버 시스템에 의해 지원된다. 서버는 가상현실이든 다른 미디어든 다양한 사용자 인터페이스를 지원할 수 있다. 지속적인 가상 세계는 가수 사용자, 다중 사용자, 또는 여러 사람이 비동기적으로 경험할 수 있으며 현실 세계와 결합될 수도 있고 그렇지 않을 수도 있다. 지속적인 가상 세계의 보편적인 예는 마인크래프트 컴퓨터 게임이다. VR과 AR용 마인크래프트의 프로토타입은 비디오 형태로 많이 공개됐지만, 현재 마인크래프트 플레이어들은 육체적으로 몰입할 수 있는 경험을 기다려야 한다.

지속적인 세계의 한 가지 이로운 특징은 비동기적 의사소통을 위한 비용이다. 비동기적 의사소통은 나중에 검색되는 음성 메시지를 남기는 것과 같이 실시간 밖에서 일어나는 것이다. (전화로 말하는 것은 동기식 의사소통의 한 예다. 음성 메일에 메시지를 남기는 것은 비동기 통신의 한 예다.) 비동기식 커뮤니케이션을 통해 사용자는 공간 내에 동시에 존재할 필요 없이 제품이나 공간을 개발하기 위한 인터랙티브 디자인 프로세스를 거치게 된다. VR 애플리케이션은 세계의 시각적 또는 언어적 주석을 사용해서 미래의 체험자에게 설명이나 기타 정보를 남길 수 있다. IrisVR Prospect Pro 아키텍처 비주얼리제이션 도구의 미팅 개념은 한 명 이상의 체험자가 언제든지 결합할 수 있는 지속적 상태를 제공하며, 체험자가 활성화되지 않은 경우에도 주석을 유지한다(그림 7-64A 참조).

완전히 지속적인 세계에서, 세계는 계속 성장하고 진화한다. 이 세계에 누가 있든 없든 말이다. NICE 애플리케이션 [Sherman and Craig 2002] [Roussos et al. 1999]에서 세계의 한 요소는 채소밭이다. 그 정원은 채소 재배의 행동을 본뜬 시뮬레이션에 의해 움직인다. 현실의 정원에서처럼, 그 채소들은 누가 있든 없든 계속 자란다. 정원을 가꾸지 않으면 잡초가 우거질 수 있다.

지속적인 가상 환경 구현

종종 클라이언트/서버 배열을 사용해 지속적인 가상 세계가 구현될 것이다. 세계 서버와 사용자의 클라이언트 시스템 간에 대량의 데이터를 이동하면 세계와의 상호작용에서 시간 지연을 일으킬 수 있다. 이러한 지연을 극복하기 위한 한 가지 전략은 로컬 VR 시스템에서 세계 데이터베이스의 일부를 유지하는 것이다. 아키텍처 공간에서는 오브젝트(의자, 테이블, 램프 등)에 대한 설명을 VR 체험 클라이언트 애플리케이션에 저장할 수 있는 반면, 각 오브젝트의 위치는 서버에 저장되고 이동 시에만 네트워크를 통해 통신한다. 또 다른 전략은 애플리케이션이 시작될 때 세계의 전체 데이터베이스를 클라이언트 사이트에 다운로드한 다음 서버 변경사항을 발생 시 서버에 전달(그리고 다른 라이브 클라이언트에 백업)하는 것이다. 경험이 시작될 때 전체 데이터베이스를 다운로드하고 서버와 변경 사항만 통신함으로써 체험자는 경험의 시작 부분에서 통신 지연만 경험한다. 초기 데이터베이스가 로드되면 통신량이 최소화되고 통신 지연이 감소한다. 물론 그것의 실용성은 가상 세계의 크기에 달려있다.

현실 세계와 가상 세계 사이의 불일치

자신의 세계법을 모델링할 때는 VR 시스템에서 제거할 수 없는 현실 세계(자연중력 등)의 법칙을 어떻게 다룰 것인가도 스스로 고민해야 한다. 예를 들어, 당신의 가상 세계에 중력은 없지만 당신이 손에 들고 있는 프로프 장치에 연결된 가상의 오브젝트가 있다면, 사용자가 프로프를 놓았을 때, 프로프가 (실제 중력 때문에) 프로프에 부착된 가상의 오브젝트가 중력에 반응하게 되는 것이다(가상 세계의 자연의 법칙을 깨는 것).

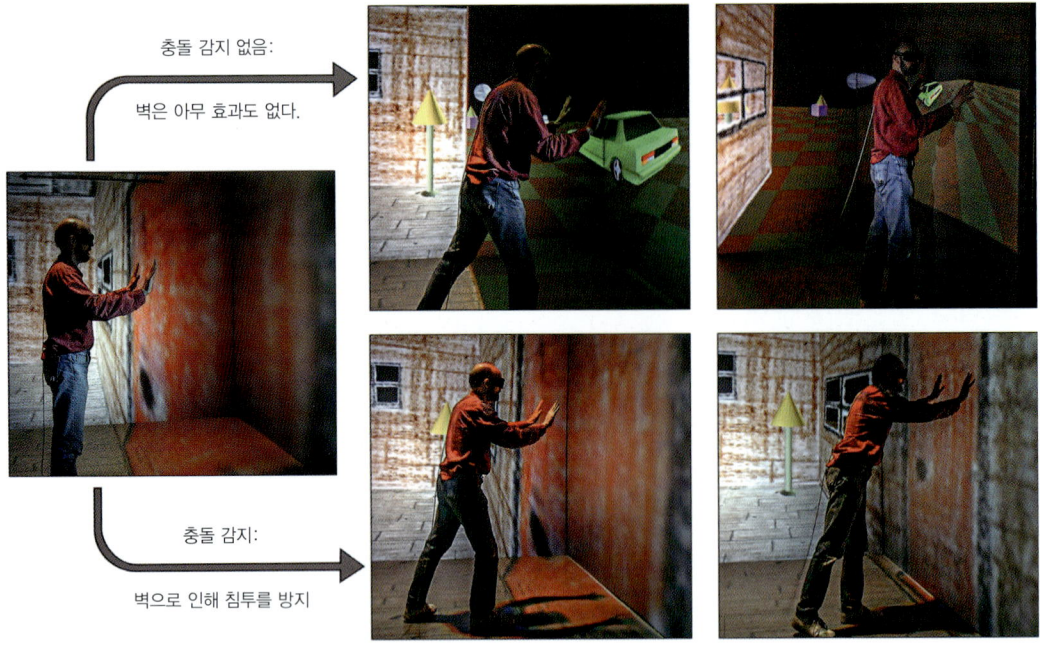

그림 8-31 포스 피드백 표시가 없는 VR 시스템의 경우, 체험자가 고체 오브젝트를 통과하려고 할 때(이 사진의 벽과 같이) 세계가 가질 수 있는 두 가지 조치가 있다. 세계가 그들이 오브젝트를 통과하도록 허락하거나, 아니면 세계는 사용자로부터 물러나야 한다. (Photographs by William Sherman.)

이 동전의 다른 측면은, 예를 들어 체험자가 통과할 수 없는 벽을 마주쳤을 때, 물리적 세계가 가상 세계에 요구하는 제한과 구속을 제공하지 못할 수 있다는 것이다(그림 8-31). 포스 피드백이 없는 시스템에서는 어떻게 시스템이 사용자가 벽을 통해 훔쳐보는 것을 막을 수 있는가? 경험 디자이너가 체험자가 단단한 표면에 침투하지 못하도록 선택한 경우, 그들은 이것이 가능해지는 상황을 방지해야 한다. 그들이 사실상 불법 장소로의 이동을 막는 것은 쉽지만, 강제 피드백이 없는 시스템에서는 그들이 물리적으로 불법 장소로 이동하는 것을 막을 방법이 없다. 예를 들어 벽을 뚫고 머리를 내밀고 있는 것과 같은. 하지만 실제 공간이 충분히 넓다면 VR 시스템은 사용자를 막는 대신 세계를 바꾸는 방식으로 사실상 불법 이동을 막을 수 있다. 이 방법의 잠재적인 문제는 사용자가 이것을 사용해서 세계를 움직일 수 있다는 것이다. 즉석 구멍이나 신축 가능한 벽과 같은 상황을 다루는 다른 수단도 또한 탐구됐다[Burgh and Johnsen 2018].

마찬가지로 사용자의 손에 있는 프로프와 같은 물리적 오브젝트와 연결된 가상 오브젝트는 임의로 흔들릴 수 있으며, 아마도 너무 빨리 움직여서 하나의 시뮬레이션 타임스텝에서 다음 시뮬레이션으로 더 빠르게 이동하거나(그것이 오브젝트를 통과할 수 있게 할 수 있음) 또는 어떤 오브젝트와 일치하게 될 수 있다. 물리학 엔진이 불가능한 상태로 들어가는 결과를 가져오고, 효과적으로 문제의 오브젝트를 폭발한다. 또 다른 문제는 디자이너들이 물리적 이동수단을 유일한 이동수단으로 선택한 경험에서 발생한다. 즉, 디자이너들이 트래킹 시스템이 처리할 수 있는 공간보다 크거나 시스템이 있는 방의 크기보다 큰 공간을 전달하고자 할 때, 경험은 어떤 식으로든 사용자를 속여야 한다. 우리는 이 장 앞부분에서 세 가지 기법을 논의했는데, 그것은 리디렉션된 걷기, 시각장애인 리디렉션, 리디렉션된 터치였다.

VR 경험을 관리하기 위한 소프트웨어

컴퓨터에 의존하는 매체로서 가상 현실은 경험으로 가상 세계의 발현을 실현하기 위해 소프트웨어 애플리케이션과 개발을 광범위하게 사용해야 한다. 일부 소프트웨어 사용은 경험이 생산/관리되기 전에 발생할 것이다. 특히 세계의 오브젝트와 지형을 제작할 수 있는 모델링 패키지, 소닉 클립을 제작할 수 있는 사운드 편집 패키지 등. 그러나 소프트웨어 실행의 상당 부분은 체험자가 가상 세계에 몰입하면서 라이브가 될 것이다.

이 책(UVR, 2판)을 집필할 당시 VR 경험의 대부분은 게임 엔진을 이용해 만든 것이다. 게임 엔진은 주로 인터랙티브, 실시간, 3차원 컴퓨터 게임을 만드는 데 사용되는 도구(유니티 또는 언리얼 엔진 등)이다. 가상 현실 경험을 쉽게 만들 수 있는 다양한 플러그인이 있다.

VR 개발을 위해 게임 엔진을 사용할 필요는 없다. 게임엔진을 애플리케이션의 백본으로 사용하지 않기로 선택한 경우, 다양한 소스에서 만들거나 조달하는 다양한 소프트웨어 컴포넌트를 통합해서 게임엔진이 제공하는 기능을 제공할 필요가 있을 것이다. 이러한 구성 요소에는 다음이 포함된다.

- **VR 시스템의 설정을 결정**—사용 가능한 입력 장치, 출력 장치, 각 장치의 좌표 및 트래킹된 항목의 위치 정보를 수신하는 데 사용되는 프로토콜을 결정한다. 이 모든 것은 시스템이 체험자의 상호작용에 근거해 적절한 출력을 생성하기 위해 필요하다.
- **입력 장치와의 인터페이스**—사용자 액션 또는 다른 실시간 수집 시스템에서 생성된 모든 수신 데이터를 읽어라.
- **출력 장치와의 인터페이스**—렌더링된 모든 이미지를 저절한 감지 모달리티 디스플레이로 전달하라. 거의 항상 1인칭 시점으로, 시각은 스테레오스코픽으로, 청각은 입체음향으로 표현한다. 퍼스펙티브 렌더링에는 입력 시스템이 주는 위치 추적 데이터가 당연히 필요하다.
- **멀티프로세싱 초기화 및 처리**—VR 경험에 필요한 많은 하위 작업들이 있기 때문에, 대부분의 시스템은 동시에 시스템 내의 여러 처리 코어에 서로 다른 구성 요소들을 처리할 것이다(때로는 여러 대의 머신에서, 하지만 대부분의 보통 시스템은 불필요하다.).
- **세계 물리학 시뮬레이션**—가상 세계 내에서 오브젝트가 어떻게 동작하고 상호작용하는지를 연산하라.
- **전세계 원격 네트워크**—컴퓨터 네트워킹 기술을 사용해서 동일한 가상 세계를 공유하는 분산된 컴퓨터 무리에서 작업한다.
- **해당 세계에서 오브젝트를 체계화하고 렌더링**—세계 오브젝트의 구성과 효율적인 렌더링을 통해 주문을 결정하고, 디스플레이에 전송된 이미지를 생성하기 위해 처리한다(여기서 시스템의 모든 감각 양식에 렌더링 및 이미지가 적용된다).

이러한 소프트웨어 구성요소의 대부분은 상업적으로나 오픈소스 도구로 모두 이용 가능하다. 두 소프트웨어 소스는 모두 장단점이 있다. 물론 오픈 소스의 경우, 수정 오류가 있거나 추가하고자 하는 기능이 있을 경우 프로그래밍 코드를 직접 조작할 수 있는 기능이 있다. 이 접근은 문제를 해결하는 데 필요한 기술과 시간을 필요로 한다. 상용 소프트웨어는 종종 좋은 지원을 하는데, 여기서 오류와 기능 요구를 소프트웨어에 가장 익숙한 사람들이 해결할 수 있다.

어느 소프트웨어 소스든 좋은 커뮤니티와 자습서 및 문서 모음이 있을 수 있지만, 이는 상용 소프트웨어(적어도 게임 엔진과 관련된 경우)에 조금 더 유리할 수 있다. 아마도 상용 소프트웨어의 가장 큰 관심사는 '벤더 락인vender lock-in'일 것이다. 여기서 프로젝트는 일단 특정 상용 제품과 연결되면, 콘트롤러 회사가 한 모든 디자인 결정과 비용 변경에 집착하거나, 다른 제품으로 전환하는 데 상당한 비용을 경험할 수 있다.

진행 부분에서는 이전에 또는 현재 VR 소프트웨어 스택의 다른 측면을 예시하는 여러 소프트웨어 제품에 대해 언급할 것이다. 언급된 소프트웨어 제품은 포괄적인 목록이 아니라 시스템의 각 부분을 설명하는 데 사용된다. 하드웨어와 마찬가지로 우리의 관심사는 개념에 관한 것이지 특정 구현에 관한 것은 아니다.

VR 소프트웨어 통합

제도화된 가상 현실(즉, 대중 시장 VR 게임)의 영역 밖에서, VR 경험의 소프트웨어 개발은 경험 생산자가 필요한 작업의 일부를 수행하는 소프트웨어 도구(라이브러리)를 찾고, 이질적인 시스템을 하나로 통합하는 접착제를 작성하도록 요구할 수 있다. 예를 들어, 이들은 가상 현실 주변망VRPN과 같은 VR 입력 라이브러리와 함께 OpenSceneGraph와 같은 비주얼 렌더링 라이브러리를 사용한 후 코드를 작성해서 VRPN 입력을 취하고 렌더링 라이브러리를 사용해 1인칭 관점으로 비주얼리제이션을 렌더링할 수 있다.

경우에 따라 라이브러리는 VR 시스템의 전체 작동에 필요한 요소 전부 또는 대부분 또는 가상 세계 자체를 제외한 모든 요소를 포함할 수 있다. 완전한 VR 경험을 위해 필요한 모든 것을 포함하는 시스템에는 'VR 시스템 툴'이라는 용어를 사용할 것이며, 가상 세계의 실제 렌더링을 포함하지만 포함하지는 않는 시스템에는 'VR 통합 라이브러리'라는 용어를 사용할 것이다. 일반적으로 최종 제품을 생산하기 위해 별도의 렌더링 라이브러리와 혼합된다.

현대의 '게임 엔진'이 등장하기 전에는, 가상 현실 경험을 창조하기 위해 특별히 개발된 많은 도구들이 있었다. 앞에서 소개한 두 가지 용어를 포함해서 VR

을 제작하는 데 사용되는 소수의 소프트웨어 클래스(VR 소프트웨어 스택)를 설명한다.

- 환경 설정
- 입력 전용
- 렌더링 전용(각 모달리티별)
- 사용자 인터페이스(위젯 및 기타 3D 컨트롤)
- 세계 시뮬레이션(물리학 엔진 등)
- 네트워킹
- VR 통합
- VR 시스템

이들 각각은 VR 개발의 역사를 통해 상업적 시장이나 오픈소스 시장에서 많이 사용되고 있다. 1990년대 초, DivisionPro 시스템뿐만 아니라 VPL Eyephons와 DataGlove와 같은 상용 하드웨어가 등장하면서, Sense8의 WTK WorldToolKit[Sense8 1997], Minimal Reality Toolkit MRT [Green et al. 1992], 분산형 가상 환경 라이브러리(DIVE)[Carlsson and Hagsand 1993], UNC의 Tracklib/Quatlib/Vlib 컬렉션 [Holloway et al. 1992], Rend386/AVRIL 렌더러[Rohl 1994], CavelLib 1.0[Cruz-Neira et al. 1993]. 대부분의 경우, 이러한 도서관은 그 시대의 요구를 충족시켰지만, 쓸모가 없어졌다.

다음 세대의 도구(90년대 후반부터 2000년대까지)는 여러 해 동안 지속적으로 애용됐으며, 그 중 상당 부분이 오늘날에도 여전히 사용되고 있다. CavelLib 2.x, 증강현실 툴킷 ART [Kato et al. 2000], vrJuggler [Bierbaum et al. 2001], FlowVR, FreeVR[Sherman et al. 2013], Diverse [Kelso et al. 2002], Syzygy [Schaffer and Goudseune 2003], Vrui [Kreylos 2008], Vizard [WorldViz 2017] 및 Virtools/3Dvia[Dassault Systèmes 2005]. 이들 대부분은 VR 통합 도서관의 분류에 포함될 것이다. 이 세대의 또 다른 도구는 가상현실 주변 네트워크 VRPN(UNC Tracklib/Quatlib 듀오의 후계자)이다 [Taylor et al. 2001]. VRPN은 입출력 I/O 전용 툴이며, 주로 입력을 위해 사용된다. 사용 중인 모든 VR 하드웨어 장치 중 상당한 비율과 통신할 수 있는 능력을 갖추고

있으며, 사실상 일종의 표준이 됐다.

렌더링 쪽에는 기본 기능을 허용하는 하위 레벨 렌더링 시스템이 있다. 시각적 측면에서는 저수준 라이브러리에는 OpenGL, DirectX, GLSL이 있으며, 일부 상위 레벨 시스템에는 OpenSceneGraph [Burns and Osfield 2004], OpenSG [Reiners 2002], Inventor [Werexece 1993], 그리고 고급 렌더링 모드를 제공하는 the deprecated Performer libraries [Rohlf and Helman 1994]와 특히 scene-graphs는 세계의 오브젝트들 사이의 계층적 관계를 나타내는 능력을 제공한다. 예를 들어, 캐릭터의 계층 구조는 팔목을 들어올렸을 때 손목, 손, 손가락이 모두 자연스럽게 따라오는 손목에 부착된 손가락들을 가지고 있을 수 있다. 시각(및 기타 감각 모달리티) 렌더링 시스템의 추가 세부사항은 6장의 관련 절에 설명돼 있다.

렌더링을 위한 오디오 도구는 낮은 레벨과 높은 레벨로 분류될 수 있다. 낮은 수준의 오디오 도구로는 ALSA와 DirectX의 XAudio2 라이브러리가 있다. 가운데에는 Stanford Synthesis Toolkit^{STK}이 있는데, 이 툴킷은 악기부터 음소까지 무수히 다양한 사운드를 합성하는 데 사용될 수 있다. 청각 렌더링의 하이엔드에는 VSS$^{Vanilla\ Sound\ Server}$, Ausim3D, 그리고 가장 최근에는 Steam Audio가 있는데, 이것은 라이브러리 또는 게임 엔진 애드온으로 이용 가능하다. 비주얼 렌더러와 마찬가지로 추가 세부 사항은 6장의 오디오 렌더링 섹션에서 확인할 수 있다.

햅틱 렌더링의 경우 일반적으로 널리 사용되지 않는 소프트웨어 도구가 있다. 하이 엔드에는 GeoSystems(구 Sensable Inc.)에서 이용할 수 있는 Open Haptics 라이브러리가 있는데, 이 라이브러리는 현재 감가상각된 Ghost(하이엔드)와 ArmLib(저급) 햅틱 렌더링 시스템을 기반으로 한다.

직접 렌더링 시스템 외에도 데스크톱 소프트웨어 패키지를 가상 현실 인터페이스로 연결하는 몇 가지 도구가 있다. 이것을 성취하기 위한 두 가지 기술은 컨피규레이션^{configuration}과 인터셉션^{interception}을 통해서이다.

컨피규레이션 방법은 여러 개의 동기화된 디스플레이와 변경 및 오프 축 투시 렌더링을 허용하는 충분히 유연한 데스크톱 시스템에 적용할 수 있다.

MiddleVR 소프트웨어 제품은 고정 VR 디스플레이가 일반적으로 데스크톱 또는 HMD 전용 환경에서 작동하는 게임 엔진(예: Unity 및 Unreal Engine)과 인터페이스할 수 있도록 한다. MiddleVR은 멀티스크린 렌더링을 가능하게 하고 위치 트래킹 입력을 통해 CAVE 스타일 시스템에 적합한 뷰 렌더링을 제공한다. 경우에 따라 ParaView 비주얼리제이션 도구와 같은 기존 시스템에 대한 추가 기능(플러그인)이 시스템 내에서 적절한 가상 현실 렌더링을 위한 수단을 제공하는 경우도 있다.

그래픽 인터셉션 기법(특히 OpenGLinterception)은 시스템의 실제 렌더링 라이브러리(마이크로소프트 윈도우의 DLL 또는 Linux의 공유 오브젝트 라이브러리)를 디스플레이 출력에 전송된 렌더링 명령을 가로채는 대체물로 대체하여 작동한다. 그런 다음, 가로채기 도구는 그래픽을 VR 장치에 올바르게 표시하도록 구성된 창으로 다시 렌더링한다. 이 방법의 범용 예로는 Conduit 및 TechViz 시스템이 있다. 이 기법은 또한 MatLab과 같은 특정 그래픽 시스템에도 적용됐으며, 이는 다른 입력 상호작용도 허용한다.

세계 시뮬레이션을 처리하는 데 사용할 수 있는 소수의 물리 엔진 라이브러리가 있다. 일반적으로 이러한 라이브러리에는 오브젝트 간 충돌 연산 기능과 링크 또는 힌지와 같은 오브젝트 간의 모델 제약조건이 포함된다. 두 가지 인기 있는 오픈소스 물리 엔진은 ODE와 Bullet이다. 시판 제품으로는 PhysX와 Havoc이 있다. 또한 H-Collide 충돌 감지 라이브러리[Gregory et al. 2005] 또는 Yggdrasil 상호작용 스크립팅 라이브러리[Pape 2001]와 같이 세계 시뮬레이션의 일부를 취급한 툴이 있다.

full-VR-stack 툴 제품군에서 사용할 수 있는 마지막 세 가지 범주는 컨피규레이션, 사용자 인터페이스 및 네트워킹을 처리하는 것이다. 일반적으로, 군사 협력 시뮬레이션을 위해 개발된 DIS/HLA 네트워킹 도구의 한 가지 주요 예외를 제외하고, 이러한 작업을 처리할 독립형 구성요소의 예는 많지 않았다 [Miller 1996]. 그렇지 않으면 SGI의 수행자 라이브러리를 사용하는 CAVE 시스템을 위해 SARA가 개발한 pfmenu SDK와 같은 사용자 인터페이스에 대한 추가 기능이 가끔 있었다.

게임 엔진

다시 한 번 게임 시장은 욕구를 채우기 위해 존재하는 도구를 이용하고, 대량 소비 시장을 지원하기 위해 필요할 때 그것들을 크게 개선한다. 확실히 WTK$^{World\ ToolKit}$와 Virtools와 같은 툴은 (아마도 완전한 물리 시뮬레이션이 없는) 여러 가지 가상 현실 경험을 개발하는 데 필요한 전체 기능을 가지고 있었다. 그러나 대규모의 게임 엔진이 등장했을 때, 그것들은 큰 시장 게임에 이용됐고, 따라서 완전한 세계 시뮬레이션, 렌더링, 네트워킹 등을 구축할 수 있는 자원이 있었다. 폭발하는 시장의 정점에 도달할 때까지 그들에게 결여된 한 가지 특징은 가상 현실과 인터페이스하는 것이었다.

VR 커뮤니티에서 게임 엔진으로의 이주는 '미디어 오브 어트랙션' 시대에서 보다 제도화된 프로세스로의 전환의 일환이다. 제도화의 신호탄인 현대 상용 게임 엔진의 특징은 VR 게임 등의 제품을 수의 시장에서 구입할 수 있는 앱 스토어 인터페이스다.

상업용 게임 엔진이 적어도 명시적으로는 아니더라도 암묵적으로 집행하는 것 중 하나는 인터페이스에 놓여 있는 제약(확실한 기대)이다. 이러한 제약은 일반적으로 대중 시장 소비를 더 쉽게 하지만, 동시에 혁신을 제한할 수 있다! 새로운 가상 현실 경험을 위해 새로운 개념을 탐구하기 위해서는 표준화된 한계를 벗어나 발전할 수 있는 기회가 있어야 한다. 구속조건은 더 많은 오픈 엔드 시스템을 사용함으로써 들어올릴 수 있다. 상용 시스템조차 플러그인을 추가할 수 있는 능력을 가지고 있어 시스템의 기능을 확장하는 경우가 많다.

VR 개발에 게임 엔진 사용

현재, 현대의 많은 상업용 게임 엔진들은 시스템에 완전히 통합된 가상 현실을 가지고 있거나, 실제로 두 가지를 구분하는 것이 거의 없는, 쉽게 이용할 수 있는 추가 기능들이 있다. 예를 들어 밸브는 유니티로 쉽게 통합되는 스팀VR 패키지를 제공한다. 다른 두 개의 인기 있는 게임 엔진은 Unreal Engine 4^{UE4}와 Crytek의 CryEngine이다. 오픈소스 쪽의 한 예는 Delta3D 게임 엔진이다. 심각한 게임 개발을 위해 해군 대학원에 의해 만들어진 Delta3D는 Open

SceneGraph와 OpenDynamicsEngine과 같은 기존의 오픈 소스 프로젝트를 사용해서 모든 것을 게임 엔진으로 통합한다. 외부적인 노력은 가상 현실 시스템에서 작동하도록 Delta3D를 더욱 확장시켰다[Koepnick et al. 2010].

웹 제공 가상 현실

또 다른 성장 영역은 월드와이드웹을 인터랙티브 애플리케이션 배포 메커니즘으로 사용하는 것이다. 이전에는 플래시 또는 Unity Web Player와 같은 특수 목적의 플러그인을 설치해서 이러한 플랫폼을 위해 개발된 게임을 재생할 수 있었다. 그러나 웹을 위한 OpenGL의 전문 버전인 WebGL과 함께 HTML5 인터페이스가 등장하면서 웹 브라우저에서 직접 실행되는 애플리케이션을 구축하는 것은 이제 사소한 것에 가깝다. 뿐만 아니라, 현재 WebVR/WebXR과 같은 가상 현실 프로토콜이 있는데, 이 프로토콜은 스마트 폰 VR 홀더뿐만 아니라 바이브와 리프트와 같은 소비자 HMD에 적합한 형태로 3D 가상 세계를 제공할 수 있다.

직접 렌더링을 넘어 웹을 컴퓨팅 리소스(클라우드 컴퓨팅)로도 사용할 수 있다. 연산과 함께 양방향 네트워킹의 내재적 지연 때문에, 대부분의 경우, 컴퓨팅의 사용은 최적의 해결책이 아니다. 그러나 그것이 잘 작동할 수 있는 한 영역은 음성 인식 입력에 있다. 언어 명령의 본질은 명령을 말하는 데 시간이 걸리기 때문에 시간에 덜 민감하게 만들고, 심지어 인간과의 의사소통에서도 우리는 즉각적인 반응을 기대하지 않는다. 게다가, 좋은 음성 해석에 필요한 연산을 고려하면, 외부 연산 자원을 이 과제에 포함시킬 수 있다.

경험 생성 프로세스

새로운 VR 애플리케이션 개발 과정에서 낭비되는 노력을 줄일 수 있는 과정이 있다. 이러한 이유만으로, VR 체험 개발자가 프로젝트를 시작하기 전에 매체에 대해 배워서 이 책을 읽고 있다면, 그것은 여러분이 같은 마음을 가지고 있다는 것을 보여주는 것이라고 우리는 주장한다. 그러나 궁극적으로 버려지는 가능성을 가지고 실험을 하는 것은 노력의 낭비라고 여겨서는 안 된다. 실제로 개발 스케줄에 실험 시간을 어느 정도 포함시키는 것이 현명하다. 실험은 사용자와의 시험을 수반할 때 특히 유용할 수 있다. 많은 성공적인 VR 경험과 다른 컴퓨터 애플리케이션들은 콘텐츠와 인터페이스를 호스팅하기 위해 사용자 시험에 의존해왔다. VR 애플리케이션 전문가를 개발 팀의 일부로 포함시켜야 한다. 개발 과정에서 이러한 전문가와 함께 애플리케이션 및 진행 상황을 검토하고 비판하라. 이러한 주의사항을 가지고도, 적용에 도움이 되지 않는 플롯 라인, 멋진 인터페이스 아이디어 또는 다른 개발 라인을 포기할 필요가 있을 수 있지만, 아마도 당신은 그것들을 향후의 노력에 포함시킬 수 있을 것이다.

영화 등 다른 기술기반 매체와 마찬가지로 가장 작은 프로젝트를 제외한 모든 분야에 다양한 기술을 가진 사람들이 한 팀이 필요할 가능성이 높다. VR은 컴퓨터 기반 매체이기 때문에 프로그램을 짤 수 있는 사람(또는 팀)이 분명히 필요하지만 거기서 멈추면 안 된다. 콘텐츠 전문가, 즉 사용자 자신이나 사용자 커뮤니티를 알고 있는 사람들도 팀에 분명히 추가돼야 한다. 이와 유사하게 사용자 인터페이스 디자인 및/또는 인적 요인 연구에 정통한 사람을 포함한다. 대규모 가상 세계를 가진 경험을 만드는 것은 아마도 세트 디자이너, 프로프 크리에이터, 사운드 효과 사람들을 필요로 할 것이다. 당신은 또한 하드웨어 통합에 숙련된 사람들과 아마도 오디오/비디오 엔지니어가 필요할 것이다.

다음 단계는 하드웨어/소프트웨어 시스템을 선택하는 것이다. 제도화 이전 시대에는 하드웨어 구성요소를 어느 정도 구축하거나 최소한 서로 연결해야 했을 수 있다. 2017년 VR의 '성년기 도래' 이후, 이러한 필요성은 더욱 낮아진다. 심지어 대형 포맷의 고정 디스플레이도 거의 '플러그 앤 플레이'가 될 수 있다. 저렴한 비용의 상품화된 하드웨어를 사용할 경우, 각 팀 구성원에게 워크스테이션에 자체 VR 시스템을 제공하는 것이 충분히 쉽다. 그러나 대형 고정형 스크린처럼 VR 하드웨어에 대한 접근이 더 제한되거나 아직 양산되지 않은 향후의 하드웨어에 대해 개발될 때, 그러한 경우에는 대상 하드웨어의 대부분의 기능을 제공하는 대체 VR 시스템을 사용하거나 경우에 따라서는 소프트웨어를 사용해야 할 것이다. VR 경험을 시뮬레이션해 병렬 개발을 수행하고, 수요가 제한된 리소스로 인해 발생할 수 있는 병목 현상을 완화한다.

VR 레디 게임 엔진이 널리 보급되기 전에는 사내 소프트웨어가 일반적인 솔루션이었다. 즉, 소프트웨어를 VR 내외부에서 작동하게 하고, 또한 중요한 것은 생성팀의 비기술적인 구성원이 사용할 수 있는 인터페이스를 제공한다는 것이었다. 접근 가능한 인터페이스는 디즈니의 Alddin VR 경험을 개발하는 동안 매우 중요한 것으로 밝혀졌다 [Pausch et al. 1996] [Snoddy 1996]. 디즈니 팀은 콘텐츠 제작자들이 VR 환경에서 신속하게 새로운 시나리오를 시도할 수 있도록 하기 위해 SAL이라는 자체 개발 언어를 만드는 것이 필수적이라고 생각했다. 창의적인 팀이 사소한 조정마다 기술직원에 의존하지 않고 이야기를 바꾸도록 하는 것이 중요했다.

이미 가용성이 광범위한 시스템을 개발할 때 하드웨어 전문지식을 보유할 필요가 없을 수 있다. 그러나 프로토타입 하드웨어 또는 대규모 비소비자 VR 시스템에 대한 개발 시에는 하드웨어 문제를 통합하고 디버그할 수 있는 팀 구성원을 두는 것이 중요할 것 같다. 따라서 기업 연구개발, 군사훈련센터, VOID와 같은 테마 VR 장소를 사용하는 사이트들은 어떤 하드웨어 구성요소가 필요한지 고려해야 할 것이다. 이러한 구성요소에는 디스플레이(시각적, 청각적, 촉각적), 렌더링 시스템, 기본 컴퓨터(렌더링 엔진의 일부 또는 전부를 포함할 수 있음), 사용자 모니터링 하드웨어(트래킹 시스템)가 포함된다. VR 시스템이 결국 다른 곳에 배치될 수 있기 때문에 개발 중에 최소한 VR 시스템이 보관될 위치가 필요할 수 있다. 공간은 선택한 디스플레이의 유형에 따라 사소한 문제가 될 수도 있고 아닐 수도 있다.

첫 번째 VR 애플리케이션 구축

첫 번째 VR 애플리케이션을 구현할 때가 되면 선택의 폭이 매우 넓어질 수 있다. 그러나, 가장 전문화된 애플리케이션을 제외한 모든 애플리케이션에 대한 현재의 관행은 일반적으로 아래 단계를 따른다. 이것은 초보 개발자를 위한 일반적인 워크플로우의 실질적인 개요를 의미하기 때문에, 우리는 애플리케이션을 시각과 사운드를 사용하는 것으로 제한할 것이다. 그것이 현재 VR 애플리케이션에서 가장 일반적인 시나리오이기 때문이다.

1단계. VR 경험을 계획(디자인)

필요한 애셋과 일부 장르의 경우 원하는 사용자 상호작용 및 기본 사용자 경험을 알려주는 애플리케이션의 목적을 결정하라.

2단계. VR 디바이스를 선택하고 개발 환경을 설정

이 첫 번째 애플리케이션(및 대부분의 VR 애플리케이션)의 경우 핵심 개발 환경이 될 게임 엔진을 선택해야 한다. 가상 현실 경험을 쌓기 위해 사용되는 두 개의 현대 인기 게임 엔진은 Unity와 Unreal Engine이다.

이 두 개의 게임 엔진은 각각 기능을 확장하는 플러그인 개념을 지원하며, 특히 둘 다 Oculus Rift, HTC Vive, 구글은 스마트폰-VR 인터페이스용 플러그인을 제공한다. 두 게임 엔진의 경우 원하는 VR 디스플레이에 대한 플러그인(패키지)을 가져오기^{import}한다. 이 패키지는 일반적으로 트래킹, 투시 입체 렌더링 및 입체 렌더링을 처리할 것이다.

3단계. 가상 환경에 필요한 애셋 획득

즉, VR 체험에 필요한 모든 오브젝트, 사운드 및 스크립트(소형 모듈 프로그램)를 통해 애셋을 생성하거나 다른 수단을 통해 습득해야 한다.

애셋을 취득하는 가장 일반적인 방법은 다음과 같다.

- 구매
- 아티스트가 처음부터 또는 현실 세계 실체의 이미지 및/또는 녹화를 통해 작성하도록 요청
- 스캔/녹화(또는 이미지에서 애셋을 만들기 위해 사진 측량 기법, 즉 SfM을 사용)
- 시각적 오브젝트용 Maya 또는 Blender와 같은 도구로, 오디오 클립용 사운드 생성 도구를 사용해서 직접 생성

선택한 게임 엔진이 지원하는 형식으로 애셋을 구입하거나 변환해야 한다는 점에 유의하기 바란다. 예를 들어 유니티와 함께 사용되는 일반적인 폴리곤 형식은 Filmbox(fbx) 형식이다.

4단계. 게임 엔진 환경에서 가상 세계를 구축

이 단계에는 3D 가상 세계 환경에서 상대적인 위치에 오브젝트와 사운드를 배치하고, 이러한 오브젝트가 놓여 있는 지형을 만들고, 컴퓨터 그래픽 조명을 세계로 배치해 씬에 불을 붙이는 작업이 포함된다.

현대의 게임 엔진은 가상의 오브젝트에 추가할 수 있는 물리나 행동과 같은 많은 기능을 제공한다. 당신이 게임 엔진이 제공하지 않는 기능을 필요로 할 때, 당신은 오브젝트 행동, 상호작용 등을 가능하게 하는 당신만의 스크립트를 만들 수 있다. 유니티의 경우 대본을 C#이나 자바스크립트로 작성할 수 있다.

5단계. VR 애플리케이션을 구축하고 실행

게임 엔진은 당신의 VR 애플리케이션을 만들고 실행할 수 있는 간단한 방법을 제공한다. 우선, 애플리케이션은 게임 엔진 내에서 직접 개발 모드로 실행될 수 있다. 다음 단계는 시스템에서 적절한 VR 하드웨어를 사용하도록 설정한 경우 다른 사용자가 애플리케이션을 사용할 수 있도록 다른 시스템으로 전송할 수 있는 실행 파일을 생성하는 것이다. 그리고 이제 당신은 가상 현실 개발자다!

요약

VR 체험 개발자는 소설가, 시나리오 작가, 화가와 마찬가지로 선택한 매체를 통해 전달되는 메시지를 구현하는 방법을 고려한다. 가상 현실에만 국한된 추가적인 우려가 있다. VR 고유의 관심사는 허용된 상호작용의 종류와 방법, 세계의 오브젝트와 사람이 기능하는 자연의 법칙, 아무도 없을 때 세계에 일어나는 일, 그리고 여러 사람이 경험 속에서 상호작용할 수 있는 방법 등이다. 심지어 물리적 위치와 설정도 VR 경험이 체험자에게 미치는 영향에 영향을 미친다.

애플리케이션 디자이너는 경험의 목표와 정신적 몰입의 필요성 여부, 그리고 그것이 필요할 때, 그것을 어떻게 달성해야 하는지를 고려해야 한다. VR 체험 디자이너는 다른 매체의 콘텐츠 제작자와 비슷한 방식으로 최소한 디자인과 구현 단계 동안 가상 세계를 완전히 통제할 수 있으며, 세계에 무엇이 있는지 없는지에 대한 모든 측면을 결정해야 한다. 그들은 가상 세계에서 일어날 수 있거나 일어날 수 없는 일, 참여할 수 있는 사람 또는 참여할 수 없는 사람, 그리고 경험의 끝에 세계에 일어나는 모든 일을 확립한다.

널리 이용 가능한 게임 엔진의 출현으로 VR 애플리케이션 개발 과정이 과거보다 더 간단하고 고통 없이 진행됐지만, 애플리케이션 디자이너들은 여전히 표현, 세계 콘텐츠, 현실 세계와의 연결 및/또는 기타 VR 시스템 및 많은 창의적이고 기술적인 문제에 관심을 가질 필요가 있다.

마찬가지로, 가상 세계에 도입하기 위한 시각적, 소닉적 애셋을 만들기 위한 많은 사용하기 쉬운 도구들이 있다. 그러나 더 나아가서 때로는 무료로 또는 매우 낮은 비용으로 그러한 애셋을 취득할 수 있는 자원이 넘쳐난다.

이제 여러 다른 VR 하드웨어 장치에 걸쳐 배치될 애플리케이션을 만드는 것이 더 합리적이지만, 작성자는 여전히 애플리케이션의 목표, 장소, 대상 사용자 그룹 등을 지원하는 하드웨어 유형의 최적화를 고려해야 한다.

상호작용 기법 및/또는 내비게이션 체계의 선택은 원하는 목적을 위해 애플리케이션을 만들거나 중단할 수 있다. 마찬가지로 체험자의 안전과 편안함을 보장하기 위해 선택이 이루어져야 한다.

무료 게임 엔진, 스마트폰 VR홀더, 스마트폰(!)으로, '게임용 PC' 또는 모든 기능이 들어간 헤드 마운트 디스플레이를 마련할 자금이 없는 사람도 VR 경험을 쌓을 수 있는 기회를 쉽게 얻을 수 있다.

가상 현실 경험

사용자 인터페이스

사용자를 향한 하드웨어 인터페이스

입력
- 바디 트래킹
  (컴퓨터가 사용자를 '보는' 방법)
- 보이스/사운드 지각
  (컴퓨터가 사용자를 '듣는' 방법)
- 물리적 컨트롤러
  (컴퓨터가 사용자를 '느끼는' 방법)

4장

출력
- 비주얼 디스플레이
  (사용자가 VW를 보는 방법)
- 오럴 디스플레이(Aural display)
  (사용자가 VW를 듣는 방법)
- 햅틱 디스플레이
  (사용자가 VW를 느끼는 방법)

5장

소프트웨어 구성요소

사용자를 향한 시스템 표상
- 대리자(Representation)
- 렌더링 시스템

6장

가상 현실과의 상호작용
- 사용자 인터페이스 메타포
- 조작
- 내비게이션
- 다른 사람들과의 상호작용

7장

경험 디자인 및 전형
9장

가상 세계
- 몰입
- POV
- 장소
- 시뮬레이션 / 물리
- 실체(substance)
- 경험 창작
  (experience creation)

8장

인간 참여형
- 어포던스
- 지각(perception)
- 프레젠스 / 임바디먼트

3장

CHAPTER 9

경험 개념 및 디자인: 문제에 VR 적용

다른 미디어와 마찬가지로 가상 현실VR이 문제를 해결하는 데 도움이 되지 않거나 메시지, 아이디어 및/또는 감정을 전달하는 유용한 방법을 제공하지 않는다면 이는 기술적인 새로움 그 이상에 지나지 않는다. 연구원들과 엔지니어들은 잠시 동안 그것을 흥미롭게 여길지도 모르지만, 만약 예술가들과 애플리케이션 디자이너들이 그것을 경작해서 가치 있는 경험을 생성할 수 없다면, 많은 사람들이 정기적으로 그것을 사용할 수 없을 것이다.

새 VR 경험을 생성할 때는 디자인 프로세스부터 시작하라. 그렇다면, 왜 디자인은 이 책의 마지막 장일까? 왜냐하면 VR 경험의 모든 요소들을 어느 정도 이해해야 자신의 것을 제대로 디자인할 수 있기 때문이다. 물론 그렇다고 해도 VR 경험을 디자인하는 실제 경험이 있어야 좋은 VR 경험을 디자인할 수 있지만 어디서부터 시작해야 한다. 9장에서는 광범위한 VR 경험의 다양한 요구와 유용성, 그리고 이전 8장에서 논의된 가상 현실의 모든 구성요소를 사용해 경험을 디자인하는 방법에 대해 살펴본다.

VR이 목표를 달성할 수 있을까?

가상 현실이 문제에 적용할 수 있는 매체인지 여부를 평가하기 위해 첫 번째 단계는 VR을 사용해서 얻을 수 있는 결과를 결정하는 것이다. 가상 현실을 이용해야 하는 많은 잠재적인 이유가 있으며, 어떤 프로젝트들은 다른 체험자들에 대한 다른 목표를 가질 것이다.

VR을 사용하는 몇 가지 이유

- 3D 데이터 검사 및 탐색 능력 향상
- 비용 절감
- 소득 산출
- 마케팅 강화
- 삶의 질 향상
- 예술적 표현으로서의 아이디어 전달
- 유익한 표현으로 아이디어 전달
- 도피행위에 참여 또는 제공
- 비침습적 실험 및 기타 시뮬레이션 기법 사용
- 안전성 향상

대부분의 프로젝트에서 목표는 중복된다. 프로젝트가 일련의 제품(예: 차세대 엔진 디자인)에서 신제품을 디자인하는 것이라면, 먼저 가상 현실을 사용해서 다가오는 장치의 성능을 분석할 수 있다. 이 정보는 VR을 사용해 새로운 디자인(내부 마케팅의 한 형태)의 성과를 전달하기 위해 회사 임원들에게 제공될 수 있다.

프로젝트가 진행됨에 따라 가상 현실은 초기 물리적 작동 프로토타입에 센서가 기록한 데이터를 통합해서 디자인 시뮬레이션에 계속 사용될 수 있다. 나중에 제품이 시장에 출시되면, 디자인 과정에서 VR의 사용은 외부 마케팅, 즉 엔진의 작동 내부를 볼 수 있게 함으로써 잠재 구매자들을 흥분시킬 수 있는 잠재적 구매자들의 초점이 될 수 있다.

접대를 위한 목적이라면 VR을 미래지향적으로 지각한다는 점이 초기 관객들을 끌어들이는 데 도움이 된다. 하지만 이렇게 하면 여기까지밖에 안 걸릴 거야. 더 중요한 것은 콘텐츠 디자이너들이 작업할 완전히 새롭고 더 정교한 매체를 가지고 있다는 점이다. 홈 VR 시스템의 경우, 일반적인 게이밍 PC 또는 소니 플레이스테이션 4와 같은 게임 콘솔의 기능은 가상 세계에서 얼마나 세부적으로 표현될 수 있는지를 제한한다. 공공장소 VR 체험에서는 수익성이 우려되는 경우 높은 처리량이 필요하며, 이는 빠른 경험이 필요하지만 사용자를 다시 돌아오게 할 충분한 아드레날린 흐름이나 기타 유혹을 제공한다. 이제 가정 내 VR이 조기 채택자 매니아들에게 실용적이기 때문에, 시장 세력은 공공장소와 가정 모두에서 복잡하고 오래 지속되는 경험의 가능성을 높일 것이다.

가상 현실은 모든 일을 완수하는 가장 적절한 매체가 아니다. 매체는 없다. 일단 제안된 경험의 목표가 알려지면 VR을 적용할 수 있는 방법과 적용 여부를 평가할 수 있다. 이 장은 이러한 결정을 하기 위한 지침을 설명한다. 이상적으로는 VR을 매개로 자신의 개인적 경험에서 끌어낼 수 있다. 오늘날에는 비교적 저렴한 VR 시스템을 가정 시장에 이용할 수 있지만, 가정 사용자가 사용할 수 있는 많은 애플리케이션이 게임 및/또는 간단한 VR 경험으로 제한된다는 제약으로 인해 이것이 더 쉬운 작업이다. 홈 시스템의 확산과 함께 웹에서 문서화/설명되는 VR 애플리케이션의 수가 증가하고 있다(대부분 비디오를 통해). 이 비디오들은 또한 잠재적 개발자들이 다른 사람들이 무엇을 했는지, 그리고 도움이 될 만한 아이디어를 볼 수 있게 해준다. 물론 동영상을 직접 보는 것과 비교할 수는 없지만, 최소한 보다 광범위한 프로젝트 아이디어를 수동적으로 볼 수 있는 기회를 제공할 수도 있다.

VR이 적절한 매체인가?

어떤 특정한 개념에 대해서는 적절한 매체와 그렇지 않은 매체가 있을 것이다. 가상 현실은 광범위한 사용과 기능을 가지고 있지만, 모든 형태의 의사소통이 그것의 사용으로부터 이익을 얻는 것은 아니다. 기초 기술이 발전하고 발전함에 따라, 적절한 작업의 수가 증가할 것이다. 하지만 VR이 명백한 선택인 사례도 적지 않다. 일반적으로 VR은 3차원 환경에서 오브젝트를 조작해야 하는 문제에 특히 적합한 매체다. 보통 3D 세계에 놓인 2D 오브젝트(또는 더 높은 차원 오브젝트)를 사용하는 것은 상상할 수 없지만, 그 오브젝트는 자연에서도 3D가 될 것이다. 때때로 3D 공간에 체험자를 넣는 것만으로 VR을 잘 활용할 수 있다.

그러나 그래픽 작업만으로는 충분치 않다. 2차원에서만 가장 적절하게 표현되는 그래픽 작업도 많다. 건축가는 청사진이라는 2D 형식으로 건물 설계에 대한 중요한 세부 정보를 전달한다. 사실, 같은 정보를 3D로 렌더링하면 지나치게 어수선하고 정보가 덜 명확하게 전달될 수도 있다. 물론 건축가는 몰입형 3D 프레젠테이션이 더 나은 선택인 경우도 있다. 예를 들어 청사진의 세부 사항이 공간의 3D 비주얼리제이션보다 설득력이 떨어질 때 완성작을 고객에게 워크스루로 보여주는 경우 등이다.

『모비딕』을 경험하는 가장 좋은 방법이 책이라는 물리적 복사본을 갖고 안락의자에 앉는 것일지라도, 독자는 자신이 포경선 안을 상호작용하며 돌아다니는 별도의 경험을 통해 소설을 더 잘 간파할 수 있을 것이다. 영화 〈시민 케인〉을 경험하는 가장 좋은 방법은 앞에 있는 대형 스크린에서 이미지가 깜박거릴 때 낯선 사람들이 많은 어두운 방에 앉아 있는 것일지도 모른다. 하지만 거울의 방 씬의 가상 세트에서 각자 카메라 움직임을 따라해 보라고 한다면 오슨 웰즈^{Orson Welles}의 디렉팅과 영화 촬영에 대해 더 잘 이해할 수 있을 것이다. 서류를 작성하는 가장 좋은 방법은 키보드로 문자를 입력하는 것일 수 있지만, 어셈블리 라인을 시작하는 데 필요한 약간의 키 입력을 배우고 있다면 실제 작업에 사용되는 특수 키보드의 가상 복제본에서 입력하는 방법을 배우는 편이 더 나을 수 있다. 가상 현실은 많은 옵션 중 하나의 매체이며, 각각의 매체는 특정 작업에 적합하다.

애플리케이션이 VR에 적합한 후보인 이유

가상 현실이 적절한 매체가 될 것 같지 않은 과업과 목표의 등급이 있다. 이는 직무가 본질적으로 3차원이 아니며, 비실용적인 컴퓨터 전력을 필요로 할 수도 있고, 그렇지 않으면 현재 기술의 범위를 벗어날 수도 있기 때문일 수 있다 (예: 실제와 비슷한 촉각 피드백).

VR의 핵심 구성 요소는 실시간 인터페이스를 갖추고 있다는 점이기 때문에, 오늘날의 기술을 이용해 실시간으로 연산할 수 없는 작업은 VR 환경에서 만족할 만한 결과를 낼 가능성이 높지 않다. 어떤 업무는 실시간으로 연산할 수 있도록 단순화할 수 있지만, 어떤 업무는 그렇게 할 수 없다. 실시간 연산을 위해 수정할 수 없는 것들은 더 빠른 기술을 이용할 수 있을 때 미래에 적합한 후보가 될 수 있다.

가상 현실은 3차원 환경에 의존하기 때문에 본질적으로 1차원이나 2차원적인 작업은 VR을 활용하지 못할 것으로 보인다. 예를 들어, 3D VR 환경에서 주식 시작 가격의 일반적인 X-Y 도표를 구현하더라도 얻을 수 있는 것은 거의 없다. 그러나, 다른 요인을 특정 주식과 연관시키기 위해 추가적인 차원성 또는 아마도 시장 금융상품의 종류보다 위험요소를 이용하기 위해 3차원성을 이용하는 방법으로 도표를 구동하는 데이터의 표현을 재구성할 수 있다면, VR에 적합한 과제가 될 수 있다.

(지리적으로나 시간적으로) 현실 세계와 매우 긴밀한 레지스트레이션registration이 필요한 작업의 경우, 빠르고 정확한 위치 트래킹 없이는 성공적인 VR 애플리케이션이 될 수 없다. 현실 세계가 정확하고 순간적이기 때문에 VR세계를 스스로 레지스트레이션해야 할 때보다 VR의 기술적 문제가 더 뚜렷하다. 보잉의 와이어 번들 건설 애플리케이션[Sherman and Craig 2002]과 같은 단순한 AR 애플리케이션은 스마트폰 프로세서조차 적합할 정도로 요구사항이 낮지만, 증강현실 애플리케이션에서는 정밀하고 빠른 트래킹이 특히 중요하다.

말한 것처럼 대부분의 VR 기기는 시각 및 오디오 디스플레이를 지향한다. 이 때문에 햅틱 디스플레이가 중요한 애플리케이션에 대한 작업이 줄어들었다. 일부 반례(특히 그림 4-33, 5-79, 5-80)가 있지만 촉각이 작업의 중요한 구성 요소인 경우 현재의 VR 시스템은 만족스러운 경험을 성공적으로 제공할 가능성이 낮다. 많은 시스템에서 손의 단순한 진동은 사용 가능한 유일한 촉각적 피드백이다.

반대로, 다른 미디어의 불충분함, 사이트 친숙화, 컴퓨터 시뮬레이션 세계와의 손쉬운 통합 등 프로젝트에 도움이 될 수 있는 가상 현실의 많은 특징들이 있다. 가상 현실은 업무의 일부 측면이 비VR 기술에 의해 부적절하게 다루어지기 때문에 활용될 수 있다. 실제 디자인 문제에는 (1) 업무에 내재된 문제와 (2) 발생하는 부수적인 문제, 또는 직무의 고유한 문제를 복합하는 두 가지 요소가 있을 수 있다[Mine 1997]. 마인이 명확하게 설명하듯이, 부수적인의 어려움은 "디자인 문제 자체에 내재돼 있지 않고 선택된 표현 매체의 결과인 문제"이다. 그러므로 매체 선택은 임무를 완수하기 위한 좋은 해결책을 도출하는 데 결정적일 수 있다.

부수적인 어려움에 부딪히는 고전적인 영역은 1차원 또는 2차원 인터페이스를 잘 다루면서도 본질적으로 3차원 작업에 디스플레이 할 때 있다. 저차원 인터페이스는 3D 조작을 용이하게 할 수 있을 만큼 표현력이 뛰어나지 않은 반면, VR(3D 인터페이스 포함)은 니즈에 잘 맞는다. NCSA의 Virtual Director 애플리케이션 개발자[Thiébaux 1997]는 애니메이션 카메라 컨트롤에 문제가 있었고, 3차원 매체인 VR로 3차원 문제를 옮겨 만족스러운 해결책을 찾았다. 3D 공간을 통해 애니메이션 카메라를 조작하는 데스크톱 도구는 영화 제작자가 원하는 유형의 인터페이스를 제공하지 않았다. 이러한 데스크톱 도구를 사용하는 방식은 종종 부자연스러운 카메라 동작으로 이어졌다. Virtual Director의 가상 현실 인터페이스는 인터페이스를 니즈에 맞게 만들었다.

(실제든 가상이든) 물리적 장소를 탐색하거나 익숙해지는 것이 목표인 시나리오가 VR 개발에 잘 맞는다. VR에서 빌딩을 디자인하고 클라이언트가 이를 '워크스루' 하는 것은 VR의 매체가 제공하는 것을 활용하는 성공적인 형태의 애플리케이션이었다. VR은 체험자를 특정 환경에 익숙하게 하는 것이 목표라면 적절한 전달 메커니즘이다. 예를 들어 미국 해군연구소[NRL]의 Shadwell fire fighting 프로젝트[Tate et al. 1997]는 선박 소방관들이 화재에 이르는 경로를 계획할 수 있도록 VR 경험을 활용했다 (그림 9-1). 이와 유사하게, 원자력발전소 비상훈련 신청은 발전소 직원들이 초기 대응 절차를 거칠 수 있는 기회를 제공한다[Kriz et al. 2010]. 사실, 실제 시나리오의 3D 탐사

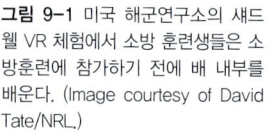

그림 9-1 미국 해군연구소의 섀드웰 VR 체험에서 소방 훈련생들은 소방훈련에 참가하기 전에 배 내부를 배운다. (Image courtesy of David Tate/NRL.)

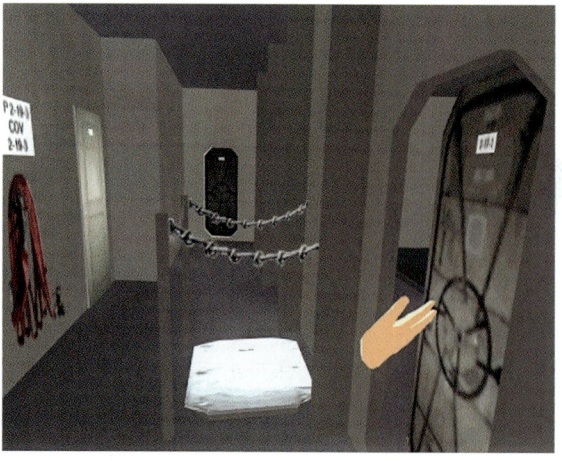

와 관련된 애플리케이션 또는 규모 변경이 도움이 되는 애플리케이션은 VR 애플리케이션의 성공적인 후보일 수 있다.

작업이 이미 연산된 시뮬레이션을 수반하는 경우, 특히 시뮬레이션이 3D 공간에 적절히 표현될 수 있고 직접/라이브 상호작용에 충분히 빠를 경우 VR은 시뮬레이션 프로세스 자체에 내재된 많은 이점을 증대하거나 활용할 수 있다. 시뮬레이션의 동일한 이점 및 문제 해결 능력을 VR의 매체로 확대할 수 있는 많은 문제가 있다.

- 물리적 세계에서 해결할 수 없는 문제(예: 최적의 구성을 찾기 위해 분자 사이의 원자 결합력 관찰)
- 안전하게 연구할 수 없는 문제(예: 토네이도 깔때기 내부의 혼란 목격)
- 비용 제약으로 인해 실험할 수 없는 문제(예: 모든 장교가 수십억 달러 규모의 잠수함 도킹을 연습하도록 허용)
- "…면 어쩌지?" 연구의 문제(가상 탐험이 더 나은 이해를 이끌어낼 수 있는 곳)

새 VR 애플리케이션 가져오기

새로운 VR 애플리케이션 구현 가상 현실 시스템 구축을 고려할 때 가장 중요한 첫 번째 단계는 실현 가능한 한 VR의 매체에 익숙해지는 것이다. 나가서 가능한 한 많은 VR 체험과 VR 하드웨어 장치를 사용해 보라. 다양한 VR 세계, 다양한 VR 시스템에 몰입함으로써 VR의 기능, 제한, 속성을 지각하게 된다. 체험조사를 통해 VR의 3차원적 특성을 파악해 VR 환경에서 무엇을 기대해야 하는지에 대한 직관을 쌓는 것은 물론 사용자에게 도움이 되거나 귀찮은 기술들을 분별하기 시작한다.

VR 시스템을 구입하거나 액세스해서 몇 가지 간단한 경험을 쌓기 바란다. 다양한 이동 인터페이스, 다양한 조작 인터페이스 등을 살펴보라. 다양한 레벨과 유형의 서술로 경험을 쌓아라. 가능하다면, 다른 사람들이 생성한 자신의 경험이나 다른 경험에 물리적으로 몰입하는 긴 시간을 보내라. 가상 현실에서 사는 것이 어떤 것인지 배워라. (HMD [Steinicke and Bruder 2014]에 24시간을 몰두한 프랭크 스테니케Frank Steinicke가 될 필요는 없다.) 사용자로서 어떤 유형의 기대를 가지고 있는지, 어떤 요소가 중요한지, 어떤 요소가 중요한지 알아 보라.

다른 사람들이 VR에서 무엇을 했는지 알아내고 무엇이 효과가 있고 무엇이 그렇지 않은지에 대한 그들의 인상을 얻기 위해 연구를 하라. 『Developing Virtual Reality Applications』이라는 책[Craig et al. 2009]은 다양한 애플리케이션 디자인 경험을 통해 배울 수 있는 그러한 리소스로 설계됐다. 물론 가정 중심의 VR 시스템은 수백(곧 수천)의 다양한 경험을 제공한다. 물론 애플리케이션 스타일은 다르지만, 특히 게임에 자신을 제한할 때는 앱 간에도 많은 유사성이 있을 수 있다. 더 나아가, 같은 게임 엔진으로 만들어진 게임들은 공통의 속성을 가질 것이다. 다양한 장소와 패러다임에서 VR을 경험할 수 있는 기회를 찾을 수 있다면 이상적일 것이다.

VR의 매체에 대해 알게 된 후, 목표를 재검토하는 것이 현명하다. VR의 장단점, 한계점, 예상치 못한 가능성에 익숙해지면서 목표가 바뀔 가능성이 높다. VR은 당신이 이루고자 하는 것에 적합한 매체가 아니라는 것을 발견할 수도 있다. 당신은 또한 당신이 원래 목표의 범위를 벗어날 수 있다는 것을 발견할 수도 있다.

기본적으로 VR 경험을 도출할 수 있는 소스는 (1) 다른 매체에서, (2) 기존 VR 애플리케이션에서, (3) 맨 처음부터 세 가지다.

다른 미디어에서 적응

다른 매체에서 작업을 도출하는 경우 두 매체 간의 차이를 검토하는 것이 중요하다(그림 9-2). 기존 매체에서 VR로 콘텐츠를 무차별적으로 전송하는 것은 먹히지 않을 때가 많다. 원래의 매체에서 적응함에 있어서, 아마도 당신은 가상 현실에서 현저히 구현될 수 있는 옛날 매체에서 무시됐던 콘텐츠의 측면을 이용할 수 있을 것이다. 영화로 책을 옮기는 데 있어서 시나리오 작가는 서술문을 텍스트에서 시각적인 것으로 조정한다. 그들은 청중들에게 그 책을 읽기만 하는 것이 아니다. 콘텐츠의 새로운 요소들이 초점으로 부상한다.

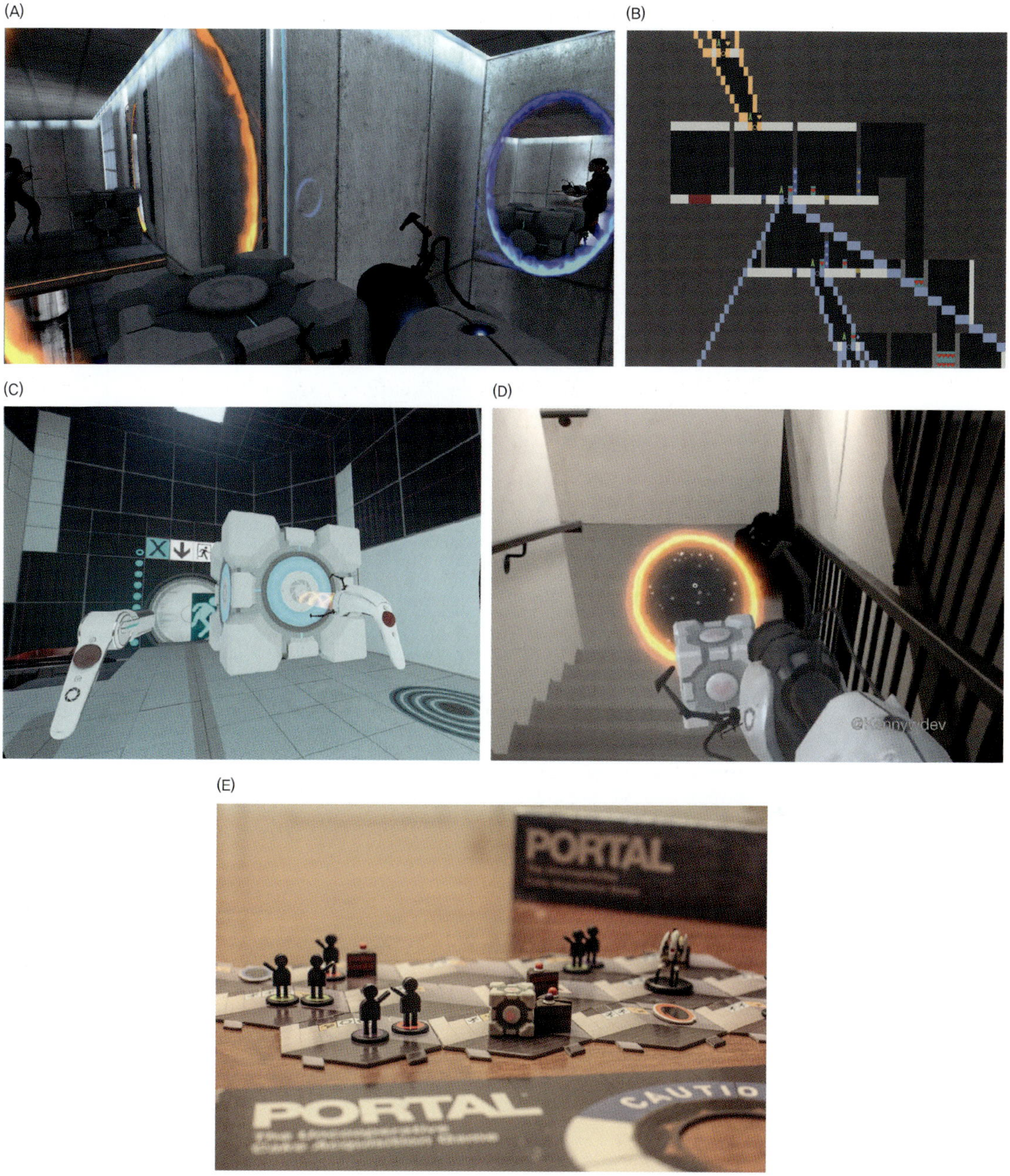

그림 9-2 인터랙티브 컴퓨터 게임으로 시작된 하나의 가상 세계 – (A) Portal(이 자체는 게임 〈Narbacular Drop〉을 개작)은 만화책, (B) 터미널 (ASCII) 그래픽, (C) 가상 현실, (D) 증강현실, 심지어 (E) 보드 게임으로 만들어진 새로운 경험을 가지고 있다! (Image (A) courtesy of Thomas Sherman. Photograph (D) courtesy Kenny Wang. Photograph (E) by William Sherman.)

그림 9-3 일부 가상 세계는 큰 수정 없이 기존 매체에서 VR로 적응하기에 적합하지 않다!

가상 현실은 본질적으로 상호작용하는 매체다. 그러므로 순차적 매체로부터의 콘텐츠의 단순한 이동은 거의 의미가 없다. 예를 들어, 허먼 멜빌 소설을 읽는 것은 머리에 부착된 디스플레이를 착용하는 동안 행해진다면 더 재미있거나 매력적이거나 유용하지 않다(그림 9-3). 오슨 웰즈 영화를 보는 것은 관객들에게 영화의 액션을 따라 머리를 돌리라고 하더라도 향상되지 않는다. 한편, 상호작용성을 추가해 새로운 매체에 대해 원래의 내용을 수정하면, 카메라 각도와 편집, 기타 기법을 통해 톤과 페이싱을 설정하는 영화제작자의 역할은 줄어들게 된다.

VR에 단편소설을 넣는 것은 체험자에게 줄거리의 전개에 대한 일부 제한적인

그림 9-4 서술적 '알루메트' VR 체험에서 뷰어는 자신의 호기심과 동기 부여에 따라 벽을 뚫고 정점을 찍든 말든 주인공의 어깨너머를 넘나들며 참여하게 된다.

통제를 허용한다. 예를 들어, 펜로즈 스튜디오의 〈알루메트^{Allumette}〉에서는 이야기의 전체 액션이 사전 스크립팅돼 있다(그림 9-4). 그러나 그것은 미리 예측된 것이 아니다. 체험자는 물리적으로 이야기의 공간(또는 적어도 일부)을 돌아다닐 수 있고, 감독이 강조하기 위해 선택했을 수도 있고 그렇지 않았을 수도 있는 요소들에 초점을 맞출 수 있다. 어떤 경우에는, 체험자는 배의 선체 내부를 들여다보면서 어떤 일이 일어날지 '미리보기'를 할 수 있다. 그 안에서 벌어지는 액션이 이야기를 따라 그냥 보기로 결정한 사람들을 포함한 모든 사람에게 공개되기 전에 말이다.

모든 인터랙티브 작업조차 VR에 적합하지 않다. 텍스트 문서를 편집하는 것은 컴퓨터 키보드를 통해 사용자가 입력을 많이 해야 하지만, 텍스트 문서는 본질적으로 1차원이며, 가상 환경에서 모델링된 키보드가 물리적 키보드보다 더 잘 작동할 것 같지는 않다. 따라서 가상 현실은 텍스트 편집 수행에 적절한 매체가 아니다.

특정 콘텐츠는 특정 매체에서의 프레젠테이션에 특히 적합하다. 가상 현실 인터페이스를 통해 『모비딕』과 같은 소설을 제시하는 것은 가상 세계 경험을 향상시키지도 않고, 쓰여진 단어의 원래 매체에 비해 개선된 것을 제공하지도 않는다. 반면 VR의 특수성을 활용한 파생작들은 선형 매체에서는 불가능한 방식으로 스토리를 탐색할 수 있는 새로운 향상된 경험을 만들어낼 수 있다. 단순히 가상 현실 인터페이스를 통해 원작소설을 제시한다는 생각은 1994년 NBC의 〈Saturday Night Live〉 텔레비전 프로그램에서 〈Virtual Reality Books〉라는 광고로 패러디됐다[NBC 1994]. 하지만 할 수 있는 것은 17세기 포경선의 가상 복제품을 둘러볼 수 있는 것이다. 아마도 작살을 발사할 수도 있을 것이다. 아니면 어쩌면 여러분은 고래를 내장으로 만드는 방법에 대한 소설의 장을 건너뛰고, 고래가 완전한 영광 속에서 3D로 어떻게 이루어졌는지 볼 수 있을 것이다!

미디어와 내용에 따라 한 매체에서 다른 매체로 효과적인 개조가 가능하다. 어떤 미디어 어댑테이션은 다른 미디어보다 더 간단하다. 예를 들어, 성공적인 VR 작품들은 디즈니의 〈알리딘〉 영화와 〈팩맨〉 비디오게임에서 파생됐다. 알라딘 화면표시를 3D 인터랙티브 몰입형 체험에 적응하려면 선형 서술에서 목표 지향적이고 게임과 같은 경험으로 바뀌어야 한다. 또 2차원 캐릭터와 애니메이션 세트도 3차원적으로 표현해야 했다. 비디오 게임에서 VR 작품을 끌어내는 것이 종종 더 간단하지만, 여전히 고려해야 할 문제들이 있다. 〈팩맨〉 비디오게임은 플레이어가 주어진 순간에 어떤 행동을 취할지를 선택할 수 있는 이미 상호작용적인 경험이었다. 2D 미로는 3차원으로 돌출돼 자기 중심적인 플레이어의 관점을 허용했다(원래 아케이드 게임의 2차원적, 신의 시선과는 반대). 한편, 증강현실 체험이 다른 문제를 제기함에 따라 인터랙티브 게임을 현실 세계로 끌어들이는 것은, 게임의 물리학은 '다른 세속적인 것'이었을 수도 있고, 플레이어가 텔레포트를 하거나 높고 멀리 뛰어오를 수 있게 했지만, 안타깝게도 그러한 능력은 AR에게 잘 전달되지 않는다. 예를 들어, 〈Portal〉에서 AR까지의 실험 포트는 게임 내 오브젝트만 포털 사이를 이동할 수 있도록 하고, 슈퍼 마리오 포트는 사용자가 가상 언덕을 오를 수 있도록 하지 않는다(그래서 걸어다녀야 한다) (그림 9-5).

책에서 VR 경험을 도출하는 예는 간단하지 않다. 간단히 모비딕의 본문의 가상 복사본을 가상 거실에 넣는 것은 분명히 효과가 없다. 그러나 참고서를 증강현실 디스플레이에 넣으면 수리 담당자가 수리 작업을 수행하는 동안 매뉴얼을 참조할 수 있다. 기준 재료는 기기의 3D 모델을 포함하도록 강화될 수 있으며, 두 모델을 겹쳐 놓거나 실제와 가상의 각 세계의 해당 형상을 가리키는 화살표를 사용해 모델을 현실 세계와 연결할 수 있다. 비슷한 예는 사용자가

그림 9-5 슈퍼 마리오를 AR 경험으로 이끌어낸 이 프로토타입에서 사용자는 적에게 달려들어 동전과 파워업을 방출할 수 있지만 가상의 언덕을 오를 수는 없다. 비록 가상의 구멍에 빠질 수는 있지만(또는 적어도 걸어가려고 하다가 죽을 수도 있다)(Image courtesy of Abhishek Singh.).

그림 9-6 여행자가 맨해튼을 돌아다닐 때 관광지 정보를 증강현실로 줄 수 있다. (A)유저가 어떤 장소를 보면 관련 사실이 유저의 시야에 추가된다. (B)오늘날에는 핸드폰이나 홀로렌즈와 같은 기본적인 AR 디스플레이로 가능하지만, 컬럼비아 대학교의 이 프로토타입 시스템 덕에 연구자들은 당대 사용할 수 있는 기술로 미래 인터페이스를 실험할 수 있었다. (Images courtesy of Steve Feiner/Columbia University.)

시내를 돌아다닐 때 관광안내서의 정보를 이용할 수 있도록 하는 것이다(그림 9-6).

기존 VR 경험에서 영감 그리기 또는 적응

이전에 온 사람들의 어깨에 서는 것은 새로운 매체로 일을 시작하는 신중한 접근이며, 가상 현실도 예외는 아니다. 미디어 내에서 영감을 얻거나 기존 작품으로부터 이익을 얻을 수 있는 몇 가지 방법이 있다. 재사용, 적응, 영감이다.

기존 VR 애플리케이션이 대부분 사용자의 요구를 처리하는 경우, 일반적으로 해당 툴이 제공하는 것을 간단히 취하거나, 해당 툴의 제약 조건 내에서 실행하거나, 필요한 새로운 기능을 처리하도록 프로그램을 확장하는 작업을 수행하는 것이 가장 현명하다. 또한 빌딩 워크스루 또는 과학적 비주얼리제이션과 같은 일부 공통 애플리케이션 영역의 경우, 사용자가 애플리케이션에서 활용할 수 있는 허용 가능한 형식으로 자신의 데이터를 입력하도록 요구할 수 있다. 실제로 이용 가능한 오픈 소스 및 상업용 과학적 비주얼리제이션 도구의 부족은 없다. LidarViewer [Kreylos et al. 2008b], 3Dvisualizer [Kreylos et al. 2003], Toirt Samhligh [O'Leary et al. 2008] ParaView [Sharkey et al. 2012], Ensight [Frank and Krogh 2012], Amira [Stalling et al. 2005], Avizo [Thermo Scientific 2018], 그리고 COVISE [Rantzau et al. 1998] 등이 있다.

또 다른 재사용이 가능한 형태는 기존 VR 애플리케이션에서 요소를 가져다가 새로운 애플리케이션으로 이전하는 것이다. 예를 들어, 어떤 사람이 가치있다고 생각하는 특정한 형태의 내비게이션을 경험한다면, 그들은 기존 경험의 그러한 측면을 그들의 노력에 복사하고 싶을 것이다. 예를 들어, 내비게이션 소스 코드는 건축용 워크스루 도구에서 전송된 다음 카니발 미드웨이 게임 경험에 적용될 수 있다. 물론, 이를 위해서는 이러한 목적을 위한 소스 코드에 대한 액세스 권한과 사용 권한이 모두 필요하다.

마지막으로, 유사하거나 심지어 다른 필요를 위해 새로운 도구를 디자인할 때 기존 애플리케이션에서 영감을 얻을 수 있다. 아마도 그들은 그것이 의도하지 않았던 곳에서 영감을 얻을지도 모른다. 예를 들어, 주택 워크스루 애플리케이션을 경험하는 디자이너는 면도 크림 캔에 부딪혀 가상 크림의 부동 퍼프를 방출하는 것을 발견할 수 있다. 그런 다음, 구를 사용해서 스프레이 캔에서 영감을 받은 메커니즘을 통해 가상 오브젝트를 생성하는 3D 페인팅 애플리케이션을 개발할 수 있다.

모범적인 VR 체험에 대한 다음 절에서 얼마나 많은 현대 VR 경험들이 이전에 왔던 작품들, 즉 많은 경우 새로운 상상력의 디자이너들이 이전에 있었던 것들을 알지 못한 채 다시 상상하고 있는지 살펴볼 것이다.

처음부터 새로운 VR 체험 만들기

처음부터 경험을 생성하는 것은 가장 많은 유연성을 허용하지만 가장 많은 노력이 필요할 것이다. 목표는 가능한 합리적인 부분집합 내에서 초점을 맞추어야 한다. 종종, 새로운 장르에서 처음 작업할 때, 원형 실험을 하는 것은 좋은 생각이다. 물론, 어떤 특정한 길을 가는 것이 결실을 맺지 못할 것이 분명해 보일 때 기꺼이 그 길을 가는 것을 중단해야 한다. 나중에 선택한 경로가 아무데도 가지 않는 것이 발견되면, 그 지점에서 방향을 바꿀 수 있을 것이다. 물론 다른 미디어와 마찬가지로 가상 현실에서도 전혀 새로운 것, 어떤 아이디어나 요소를 이전에 나온 것과 공유하지 않는 경험을 생성하는 것은 사실상 불가능하다.

프로토타이핑 단계의 일환으로, '브레인스토밍' 세션을 열어 새로운 아이디어를 혼합해서 상호작용이 어떻게 전달되는지에 대한 스토리보드를 만드는 것이 좋다. 다음으로, 당신은 인터페이스 소프트웨어를 포함한 애셋 카탈로그를 개발하는 데 필요한 시간과 비용을 예산으로 책정해야 할 것이다. 예상 청중과 그들이 그것을 경험하게 될 장소 또한 디자인 결정에 영향을 미칠 것이다. 예를 들어, 학교에서의 참여를 위한 초등학교 교육 애플리케이션은 일반적으로 CAVE 스타일의 디스플레이를 필요로 할 수 없다. 특히 비적용 애플리케이션은 상당한 양의 사용자 시험을 초기에 자주 수행해야 한다는 점에 유의한다. 피드백을 수집할 때 애플리케이션을 계속 세분화해서 최종적으로 예상된 장소에서 테스트하라.

애플리케이션 분야의 보고

가상 현실이 만들어지기 전부터 연구원들은 적어도 로버트 버튼이 추측한 것처럼 VR의 매체를 지원하는 기술이 채용될 수 있는 분야가 많다는 것을 지각했다. 공간 탐험용 텔레로보틱[Fisher et al. 1986], 과학적 데이터 조사[Brooks 1988], 심지어 게임까지 포함해서 말이다. 값비싼 명제였기 때문에, 가상 현실에 대한 초기 연구의 많은 부분이 과학적이고 군사적 목표에 적용됐다. 물론 대학 연구실에서는 이러한 활동 외에도 예술적, 엔터테인먼트적(게임)적용도 실시됐다. 그러나 비용이 작가의 상상력보다 조금 더 드는 허구의 세계에서는 다른 목적, 특히 엔터테인먼트(혹은 도피)을 위한 가상 현실이 여러 시나리오에서 여러 차례 묘사돼 왔다. 사실 많은 공상과학소설들은 가상 현실에 대한 개념을 포함했다. 『Pygmalion's Spectacles』[Weinbaum 1935]과 좀 더 현대적인 예로는 『Snow Crash』[Stephenson 1992]가 있다. 또한 VR은 노래 'Early Morning Dreams'[Townshend 1993]와 같은 다른 미디어에서도 묘사됐다.

엔터테인먼트 이외의 분야에서 가상 현실은 비용이 많이 들고 활용 범위가 제한적이었을 때도 충분히 그 가치에 상응하는 보탬(재정, 지식 및 인간 행복)이 있었다. 1990년 초 W-Industries사는 Virtuality arcade-venue units과 함게 재정적으로 실행 가능한 게임 시장을 구축하려 시도했다. 하지만 소비자 중심의 가정용 공연장 시스템이 대중 시장 가격으로 이용될 수 있게 되기까지는 25년이 더 걸릴 것이며, 저비용 GPU와 고해상도 얇고 저렴한 화면과 같은 몇 가지 촉매제가 개발돼야 할 것이다.

물론 게임이 이런 일이 생기는 주된 이유이고 단가 절감에 기여하는 바가 크지만, 여러 분야에서 가상 현실을 활용할 여지는 아직도 크며, 그에 따르는 재정적인 면 뿐만 아니라 삶을 윤택하게 하는 긍정적인 결과(인명 구조, 지식 습득 등)도 기대할 수 있다. 기업, 그리고 사실 이해관계자에 대한 중요한 책임을 가진 조직의 경우, 가상 현실 시스템의 가치 또는 더 구체적으로 투자 수익을 측정할 수 있는 지표를 갖는 것이 중요하다. 가장 손쉬운 척도는 단순히 장비가 사용 중인 주당 근무 시간의 몇 퍼센트를 나타내는 것이다. 설비 시간이 제3자에게 부과될 때 이 측정지표가 합리적이지만, 대부분의 경우 장비를 사용하는 데 많은 시간이 필요하지 않고, 한순간에 통찰력이 발생할 수 있는 과학적 발견과 같은 빈약한 측정지표가 된다. 사실 100% 사용하지만 충분히 보람 있는 결과를 얻지 못하는 시스템은 좋지 않은 투자다.

여기에 나열된(완벽하게 나열된 것은 아니지만) 가상 현실에 대한 수많은 잠재적 용도로서, 짧은 설명, 가능한 방법, VR의 가치를 측정하는 데 사용할 수 있는 메트릭 유형 등이 있다.

- **교육**: 특히 값비싼 장비를 사용 중이거나 소모성 재료가 포함된 경우, 간단한 작업조차도 처음 수행될 때 위압적일 수 있다. 모의 환경에서 작업을 수행하는 것은 오프라인 절차를 학습하고 작업을 완전히 수행하기 전에 작업에 익숙해지는 입증된 방법이다. 특히 빠르고 거의 자동적인 대응이 필수적인 특정 상황에서 무엇을 해야 하는지를 알 수 있는 것이 목표인 훈련은 상황 훈련이다.

  관련된 과제는 순전히 인지적인 것일 수도 있고 운동 기술을 포함할 수도 있다. 훈련은 조직에 분명하지만 측정 가능한 이점이 있으며, 이것은 컴퓨터로 만든 표현뿐만 아니라 전통적인 물리적 모조품도 포함한다. 전형적인 가상 현실 훈련 경험은 종종 실물세계의 실제적인 렌더링에 의존해 모의실험에서 현실로의 보다 부드러운 전환을 제공할 것이다.

VR 설비 메트릭: 훈련 경험은 가상 현실 하드웨어와 설비 내에서 시간을 소비하며, 그러한 측정에 대한 긍정적인 측정 기준을 제공하며, 이는 또한 훈련이 세심한 스케줄링 및/또는 여러 VR 장치를 필요로 할 수 있음을 의미한다.

- **공공 안전 및 군사 운영을 위한 임무 계획 및 재구성자**: 가상 현실과 잘 어우러지는 또 다른 명백한 추구는 군이나 경찰 대응부대의 특정 작전을 계획하는 것이다. 종종 체험자는 그 지역을 정찰하기 위해 활동 장소를 사전 방문할 기회를 얻는다. 3D 공간을 재구성할 수 있는 기회는 그들이 수행하려는 작업에 대한 지식을 증가시킨다. 위의 상황 훈련과는 반대로, 임무 계획은 대개 특정 환경에서 특정한 단기적인 이벤트를 예상하는 것이다. 이 임무는 일반적으로 특정 상황에서 치안 부대와 함께 군이 수행하는 것으로 간주된다.

    VR 설비 메트릭: 상황 훈련과 마찬가지로 가상 현실 시설의 이러한 사용은 장비가 사용 중인 시간에 측정될 수 있다. 그러나 가상 세계에서 얼마나 많은 재구성이 VR을 사용하지 않고 있을 가능성이 있는 결과와 비교해서 긍정적인 임무 결과의 가능성을 얼마나 향상시키는지에 따라 그 가치를 측정해야 한다.

- **과학을 위한 운영 계획 및 재구성자**: 과학 탐사를 하러 현장으로 나갈 경우, 군사 임무 계획의 이점 일부를 얻을 수 있지만, 이는 시간이 더 많이 소요될 가능성이 높다. 따라서 현장 방문 비용을 절감하는 데도 도움이 될 것이다. 이 과학적 사용에서, 세계는 실제로 비슷하게, 또는 이 경우 실제로 현실적으로 표현될 것이다. 고립된, 때로는 본질적으로 접근하기 어려운 장소(알래스카 오지나 남극 대륙과 같은 헬리콥터나 군사 수송 제외)로 가는 과학자의 경우, 팀 전체가 해당 지형에 어느 정도 친숙한 상태로 도착하는 것이 좋다. 그렇지 못할 경우, 해당 지역을 알기 위해 헬리콥터나 교통수단에 귀중한 시간과 비용을 써버릴 수 있다. 게다가 팀 리더는 역시나 항공이나 선박 운동 시간을 허비하지 않고 연구에

집중할 영역의 정찰을 원할 수도 있다.

　　　VR 설비 메트릭: VR 설비 사용 측면에서 원정 정찰은 간헐적으로만 이루어질 가능성이 높고, 시스템 시간을 정기적으로 소비하지 않을 것이다. 하지만 그것은 더 나은 측정 기준인 탐험에서 절약된 시간의 양이다.

- **통찰력 추구(유레카 순간)**: 데이터 탐색, 물리적 또는 행동학적 분석(주식 거래도 포함) 작용에 대한 새로운 통찰력을 주는 관계를 찾는 일은 VR이 실제로 수십 년 동안 활동해온 영역(특히 과학적 측면)이다. 이 '몰입식 비주얼리제이션' 작업은 데이터를 분석할 수 있는 한 가지 방법일 뿐이다. 사실, 흥미로운 것을 발견하는 '유레카 순간'은 불과 몇 분의 몰입 후에 일어날 수 있으며, 그 후 연구원은 해당 관계를 더 전통적인 방법으로 분석하기 위해 업무로 돌아갈 것이다.

　　　이와 같이 몰입식 비주얼리제이션이 다소 일상적인 데이터 분석에 도움이 될 수 있는 또 다른 방법은 시뮬레이션에서 오류를 발견하는 데 도움이 되는 것이다. 전통적인 분석은 3D에서 몰입적으로 탐구할 때 쉽게 눈에 띄는 특이점을 나타내지 못할 수 있다. 안타깝게도 VR 비주얼리제이션 팀의 경우, 이러한 이점은 거의 기록되지 않고, 훨씬 덜 발표된다. 그러나 이러한 오류가 발견될 경우 상당한 슈퍼컴퓨팅 리코스와 연구 시간을 절약할 수 있다.

　　　VR 설비 메트릭: 이 영역은 값을 측정하기 어려울 수 있는 영역이다. 더욱이 후자의 경우 시뮬레이션 오류 발견의 이점이 과소 보고된다. 그러나 킨스랜드 박사의 경우처럼 실제 새로운 발견을 하더라도 VR에서 데이터를 10분간 몰입하는 것만으로도 출판할 수 있는 새로운 논문을 완성하기에 충분했다[Sherman et al. 2014].

- **데이터 처리**: 데이터(과학 시뮬레이션 또는 비즈니스 프로세스)를 더 쉽게 해석하거나 특정 측정을 하기 위해 필터링이 필요한 경우가 많다. 예를 들어, '퍼지fuzzy' 데이터의 경우 자동화된 컴퓨터 알고리즘이 결정하면 실패하기 쉽다. 이럴 때 대개 데이터를 해석하는 사람이 필요하다. 예를 들어 CT 스캐너로 캡처한 조직 덩어리를 통해 필라멘트를 따라가면 다

른 필라멘트와 맞닥뜨릴 수도 있는데, 이때 어떤 들어오는 스트랜드가 제대로 나가는 스트랜드와 일치하는지 알기 위한 직관(경험)이 필요할 수 있다.

더 나은 데이터를 생산하기 위해 VR을 데이터 처리에 사용할 때, 그 발견(유레카 순간)은 실제로 몰입하는 동안 일어나지 않을 수도 있다. 보통의 키보드 및 마우스 상호작용을 위해 디자인된 소프트웨어를 사용하는 책상에서 발생할 수 있다. 하지만 VR에서 데이터를 정리하지 않았다면 책상 위 유레카 순간은 일어나지 않았을지도 모른다.

VR 설비 메트릭: 통찰력 추구와는 반대로 데이터의 몰입적 처리는 동일한 처리가 필요한 데이터 세트가 많은 경우가 있기 때문에 VR 설비 시간을 소비할 것이다. 물론 몰입감 있는 경험은 또한 사후 분석을 통해 얻은 통찰력에 대한 공로를 인정받을 수 있다.

- **의료 시술 계획과 예비 조사**: 의료 분야, 특히 의료 비주얼리제이션 분야는 새로운 데이터 분석 방법에 느리게 적응하는 경향이 있지만, 그런데도 몰입식 인터페이스가 압도적으로 가치 있는 것으로 입증된다면, 언젠가는 이 분야에서 그 사용법을 찾을 것이다. 군사 작전이나 과학 탐구와 마찬가지로, 머지않아 있을 의료 행위에 들어가기 전에 사전 지식을 충분히 갖추면 큰 도움이 될 것이다. 이 경우 데이터는 조직 침투 기구로 수집될 가능성이 높으며, 진짜 같은 형태로 표현되지 않겠지만, 외과 의사가 그들의 활동을 지도하는 데 사용할 수 있을 것이다.

    VR 설비 메트릭: 다시, 의료진이 VR 시스템을 의료 시술 계획에 적극적으로 도입하려 한다고 가정하면 수술 전 사용하는 도구 세트의 일부가 될 것으로 예상된다. 그리고 병원에 특정 검사를 위해 필요할 때 여기저기로 옮길 수 있는 초음파 스캐너와 같은 이동식 진단 시스템이 있는 것과 마찬가지로 이동식 VR 장치는 쉽게 그 안에 들어갈 수 있다.

- **절차 비주얼리제이션에서**: 어떤 경우에는 절차 중에 가상 현실이나 증강 현실을 통해 디지털 정보를 이용할 수 있는 것이 유익하다. 의료 예제

의 경우, 당면한 업무를 보조하기 위해 시술 중 외과의사가 정보를 이용할 수 있도록 할 수 있다. 예를 들어 AR 시스템은 실시간 센서 데이터를 통합해 외과 의사는 오버레이를 통해 헤드업 정보 스트림으로 바이탈 사인을 지속적으로 확인하며 절개 또는 삽입에 최적인 지점을, 심지어 피부 안까지 훤히 볼 수 있다.

VR 설비 메트릭: 이 경우 VR 시설이 사실상 수술실에 있는 것이다. 이 디스플레이에는 씨스루 헤드 기반 디스플레이^{HBD}가 포함될 가능성이 있다. 성공의 척도는 의료인 채택과 환자 결과다.

- **환자 치료**: 일부 의료(정신과 포함) 사용 사례에서 3D 가상 세계에 몰입하는 것은 환자다. 이들의 몰입의 목적은 다양할 수 있지만, 실제로 이미 사용되고 있고 종종 이로움이 확인된 사용 사례가 있다.

  환자들이 VR을 이용하게 하는 초기 사례 중 하나는 통증 방해자극이다. 이는 화상 치료를 받고 있는 환자에게 적용됐으며, 상처에 주기적으로 다시 드레싱하는 동안 통증이 지속됐다. 대체로 가상 세계 자체에 대한 구체적인 내용은 환자에 관여하는 것 외에 특별히 중요한 것은 아니다. 헌터 호프만은 이 치료법에 대한 그의 정열적인 탐구에서 화상 환자들이 치료를 받는 동안 시원함을 느끼도록 스노우 월드$^{Snow World}$를 고안했다[Hoffman et al. 2000]. 2000. 이와 비슷한 사례는 의사들이 적절한 마취 수단이 없는 환자에 대해 작지만 고통스러운 절차를 수행할 때 VR을 사용하는 것이다(예: 외딴 시골과 가난한 시골 지역에서 수술할 때).

  또 다른 사용 예는 환자들이 쇠약해지는 두려움이나 스트레스의 원인, 즉 공포증과 외상 후 스트레스 장애^{PTSD} 노출 치료법을 극복하도록 돕는 것이다. 이러한 경우, 환자들은 그들이 두려워하는 것, 또는 그들을 압도하는 것에 노출된다. 훈련된 임상의는 가벼운 상호작용으로 시작되는 노출 수준을 증가시키고 시간이 지남에 따라 강도가 증가해서 환자가 증상을 점진적으로 극복할 수 있도록 안내한다. 이러한 경우, 환자가 진행함에 따라 스펙트럼의 만화로 표현되는 쪽에서 현실 쪽으로 전환될 수도 있지만, 세계는 다소 실제와 유사할 필요가 있다. 여기에는 광경, 사운드, 냄새, 해프닝을 포함한 모든 감각들이 포함된다.

환자 중심의 몰입의 세 번째 영역은 자폐증과 같은 발달장애를 앓고 있는 환자들을 위한 치료법이다. 이러한 환자 중 일부에게는 가상 인간과 상호작용할 수 있는 것이 긍정적인 결과를 초래할 수 있다.

VR 설비 메트릭: 언급했듯이, 이러한 애플리케이션 영역은 이미 꽤 오랫동안 사용돼 왔고, 어떤 경우에는 상용화되기도 하고 정기적으로 사용되기도 한다. 다시 의학적 용도와 함께 이동식 VR 장치는 치료실에서 치료실로 이동하는 공유 자원이 될 수 있다. 공포증 노출 치료에 사용하면 상당한 비용을 절감할 수 있다. 과거에는 환자가 이러한 자극에 적응하기 위해 높은 곳을 가거나 움직이지 않는 비행기에 앉아야 했다. 하지만 이는 비용도 많이 들고 다른 사람들에게 치료를 드러내게 된다.

- **디자인 및 생성**: 가상 세계 또는 가상 세계 안에 오브젝트를 구축하는 것은 광범위한 콘텐츠 카테고리를 대상으로 한 구현이 이어져 왔다는 점에서 또 다른 명확한 사용 사례다. 20여 년 전으로 거슬러 올라가 보면, 기본적인 모양과 모델 파일을 어떤 격자 공간에 배치할 수 있는 기

그림 9-7 ShadowLight 세계 생성 도구를 사용해 건축학 교수 조이 말너(Joy Malnar)는 학생들과 색상 선택과 다른 디자인 결정에 대해 대화한다. (ShadowLight application courtesy of Kalev Leetaru; Photograph by William Sherman.)

본적인 세계 모델들이 있었다(3DM [Butterworth et al. 1992]; CALVIN [Leigh and Johnson 1996]). 또는, 몰입형 디자인 도구는 더 회화적인 느낌의 선이나 건축적 느낌을 주는 공간을 정의할 수 있는 폴리곤 형태로 더 자유로운 형태를 만들 수 있다(ShadowLight [Leetaru 2005])(그림 9-7).

스펙트럼의 다른 쪽 끝에는 미리 결정된 오브젝트에 추가할 수 있는 특정 요소가 있을 수 있다. 예를 들어, 가상의 농기구에 공기 흐름 조절 장치를 추가해 작동을 개선하거나 더 효율적인 에너지 추출을 위해 보일러에 연료를 주입하는 등의 작업이 가능하다.

VR 설비 메트릭: 개선된 디자인에 따른 비용 절감 효과(특히 어느 정도의 효율을 측정할 수 있는 경우)를 VR 시스템, 설비 및 진행 중인 VR 비용과 쉽게 비교할 수 있는 경우도 있다. 그러나 자유형 도구, 특히 점토나 금속과 같은 물리적 예술 매체와 경쟁하는 도구에서는 측정하기가 더 어려울 수 있다. 단, 한 가지 지표는 디자인 팀이 정해진 시간 동안 모의실험할 수 있는 아이디어 사례의 수와 이를 다듬는 데 필요한 시간의 양이다.

- **디자인 검토**: 개발 중인 제품이 비몰입식으로 디자인돼 있을 때(혹은 디자인돼 있을 때에도) VR 내에서 해당 제품에 대한 협업적 검토를 실시할 수 있다. 일반적으로 제품 검토에는 다수의 체험자가 참여하며, 이는 여러 사람이 동시에 몰입하거나 소수의 몰입한 체험자와 더 많은 구경꾼들이 제안을 하는 것을 의미한다. 체험자는 지리적으로 흩어져 있을 수 있지만, 몰입할 때 서로 한 공간에 모여 있는 것을 볼 수 있다.

지속적인 가상 세계에 관한 절(8장의 '세계 지속성')에서 지적한 바와 같이, 사람들은 자유롭게 디자인 세계를 드나들며 세션에 참여할 수 있다. 그 와중에 협업 세계에서는 토론을 위해 새로운 체험자나 사람들이 재접속하기를 기다리는 동안이나, 심지어 마지막 체험자가 나갔을 때도 지속될 수 있다. 앞으로의 대화를 위한 메모(주석)도 여기에 남길 수 있다. 많은 경우, 가상 세계뿐만 아니라 모든 체험자가 서로 볼 수 있는 CAVE 스타일의 VR 환경에서 다중 사용자 디자인 검토가 보다 편리하고 생산적이다.

디자인 검토에서 몰입 사용의 중요한 요소는 비전문가가 잠재적 제품의 시각적 특징을 더 잘 파악할 수 있는 능력을 제공하는 것이다. 이것은 확실히 건축디자인의 경우인데, 전문가(디자이너)가 그들의 디자인을 내부적으로 비주얼리제이션할 수 있는 능력을 가지고 있지만, 그것을 검토를 위해 고객에게 제시할 때, 그들이 개념을 명확하게 경험할 수 있을 때에만 명확한 피드백을 얻을 수 있을 것이다.

VR 설비 메트릭: 이 용도는 아마도 가치를 측정하기 더 어려울 것이다. 하지만 그것이 사람들을 한데 모으는 데 도움이 되고 제품 디자인 주기를 적절하게 단축할 수 있다면, 그것은 가상 현실의 사용 비용과 비교할 수 있는 어떤 것을 제공한다.

- **제품 쇼케이스**: 가상 현실을 이용한 쇼케이스에 대한 제품의 고전적인 케이스는 건축 공간이다. 그러나, 제품(건물)이 아직 생산되지 않은 경우와 달리, 제품이 존재할 때, 고객들은 구매 결정을 고려할 때 최대한 그것들을 경험하기를 원할 것이다. 따라서 부동산 매매의 경우, 프레젠테이션을 위해 기존 공간을 캡처하는 것은 실제 현장에서 직접 평가를 위해 어떤 공간을 사용할지 선택하기 전에 가상으로 많은 공간을 탐색하려는 고객들에게 도움이 된다. 또는 단순히 사진과 동영상을 보는 것보다 먼 곳에서 결정을 내려야 하는 고객들에게 더 나은 선택권을 제공할 수 있다.

  부동산은 완전한 3D 검사로 이득을 볼 수 있는 한 가지 유형의 상품이다. 사람들은 온온라인 마켓에서 보석부터 신발까지 어떤 것이든 다각도에서 보며 제품 구매 결정을 하는 툴로도 쓸 수 있다. 자동차나 보트처럼 큰 돈이 들어가는 럭셔리 아이템의 경우 실제 제품을 직접 체험하기 어려울 때 구매 결정 전에 VR로 평가할 수 있다.

  VR 설비 메트릭: 이러한 많은 경우에 가정 소비자는 타깃 고객이다. 즉, 만약 그들이 VR 시스템을 가지고 있다면, 일차적인 사용은 아마도 쇼핑하기 위한 검색이 아닌 다른 것일 것이고, 따라서 이것은 그들 자신의 VR 시스템을 소유하는 것의 추가적인 이점이 될 것이다.

- **마케팅**: 사람들이 여러분의 제품을 보게 하는 것이 마케팅의 목표 입니다. 그리고 가상 현실의 전시 시대에는 기술의 세련됨을 이용해 당신의 제품에 관심을 끌 수 있다. 그리고 이것이 과거에는 더 쉽게 그려졌을지 모르지만, 커티 삭$^{Cutty\ Sark}$ 위스키 홍보 여행에서처럼, 가상 현실은 여전히 완전히 흔한 것이 아니었고, 따라서, 여전히 사람들을 끌어들인다.

  레고(증강된 박스를 갖춘)나 내셔널 지오그래픽 채널(야생동물 떼와 우주인으로 증강된 공간을 갖춘) 같은 회사들은 증강현실 기술을 사용한다. 내셔널 지오그래픽 채널의 경우 AR 경험은 2인칭 관점을 사용한다. 메리엇 호텔도 최근 가상 현실을 활용해 리조트 호텔 공간을 과시해 관심을 끌고 있다.

  VR 설비 메트릭스: 마케팅 캠페인은 일반적으로 특정 캠페인 동안 관심이 증가했는지 여부를 비교할 수 있는 어떤 유형의 메트릭스를 가지고 있으며, 경우에 따라 후속 질문지를 통해 자신의 제품에 대한 정보가 얼마나 잘 유지됐는지(때로는 이름만) 측정할 수 있다.

- **교육**: 가상 현실을 활용해 지식을 전달하는 것도 VR의 수혜를 기대했던 분야다. 실제로, 물리학 내에서 3D 특성을 학습할 때 VR의 몰입형 3차원 상호작용 특성이 학생 점수를 향상시켰다는 것을 명확하게 입증하

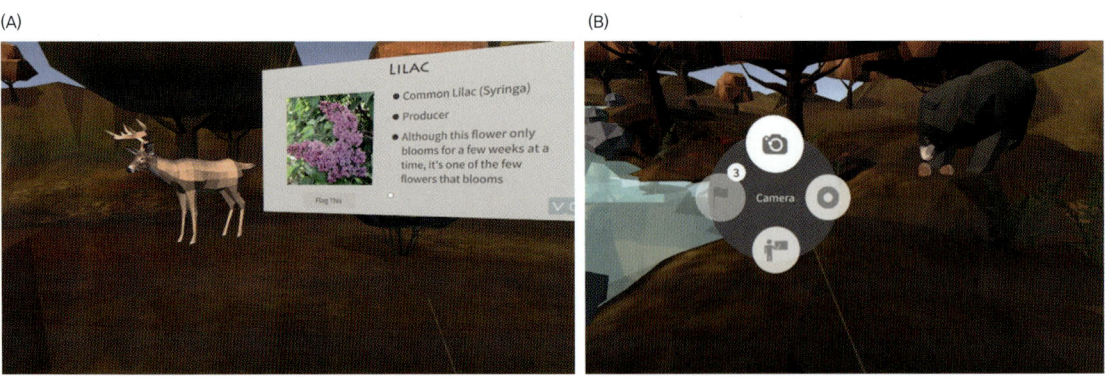

그림 9-8 Voyage는 샤란 쇼단, 라지브 무쿤단, 나연 김, 시지아 헤, 줄리안 코르제니아프스키의 교육적인 VR 체험이다. 내비게이션 경험에서 학생들은 예를 들어 식물과 동물과 마주치는 숲으로 가상 현장 학습을 간다. 이 숲은 그들이 발견한 것에 대한 정보를 포함한 대화들을 검사할 수 있다. 가상 세계에 있는 동안 학생들은 탐색을 하고, 사진을 찍고, 정보를 수집한 다음, 예를 들어, 흰 꼬리 사슴이 먹는 두 가지 아이템을 찾을 수 있다. (Images courtesy of the Voyage creation team.)

는 연구가 수행됐다[Dede et al. 1996].

학생들을 문자 그대로 (사실상) 어디든, 규모에 관계없이 데려다 주는 능력은 그들이 다른 시간과 장소의 자연과 인간 사회, 즉 인기 있는 〈Magic School Bus〉 어린이 텔레비전 프로그램처럼 궁극적인 현장 학습을 경험하게 해준다. 물론 현장 학습을 제작하는 비용도 있고, 교육 콘텐츠의 가치도 보장된다. 교육을 위해 고안된 경험은 학생들이 어떻게 문제를 해결하는지 과정으로 이끌거나, 학생들이 그렇지 않으면 경험할 수 없는 것을 경험할 수 있도록 도와야 한다(그림 9-8).

VR 설비 메트릭: 가정 소비자 시장(게이머를 위한)에 대해 가격이 책정되더라도, HMD를 완전히 트래킹하는 비용은 대부분의 학교에서는 여전히 엄두도 못 낼 수 있다. 그러나 스마트폰-VR은 일반적으로 학교 예산 범위 내에 있다. 물론 이 비교는 학교에서 흥미로운 장소로 실제 현장 학습을 포함한 전통적인 교육 발표와 함께 이루어져야 한다.

- **에듀테인먼트**: 많은 사람들에게 학습은 얻은 지식을 얻은 후의 평가가 없을 때 더 바람직하다. 즉, 학습은 그저 재미를 위해 추구하는 것이다. 주로 교육을 위해 생산된 경험과 마찬가지로, 우수한 경험의 개발에는 정확성 조사와 더불어 비용이 든다. 한 가지 인기 있는 하위 계층은 가상 관광으로, 문화 체험, 심지어 과거의 문화까지 포함할 수 있다.

    VR 설비 메트릭: 엔터테인먼트 지출에 관한 한, 그 측정기준은 오히려 쉽다. 체험자가 그들의 돈의 가치를 받은 것처럼 느꼈는가.

- **문서화**: 교육과 관련된 문서화, 즉 영화 다큐멘터리와 비슷한 문서화로서, 실제 사건을 기록하거나 재현해서 현실을 바탕으로 서술한다. 여기에는 스포츠 경기, 콘서트 또는 뉴스 이야기를 극적으로 전하는 것이 포함될 수 있다(그림 9-9).

    VR 설비 메트릭: 여러 면에서 문서화된 이벤트를 경험하는 것은 엔터테인먼트와 동일하며, 체험자는 재정적으로 얼마나 기여할 의향이 있으며, 지출에 얼마나 많은 비용을 부담할 것인가?

그림 9-9 (A) 국립과학재단의 다이버 로빈스와 스티븐 러프는 남극 해빙의 8피트 두께의 천정 아래 얼음동굴을 탐험한다. 이 스틸컷은 NYT의 남극 시리즈 VR 영화인 〈Under A Cracked Sky〉에서 가져왔다. (B) 뉴욕 타임즈 이머시브 스토리텔링(New York Times immersive storytelling)의 편집장 에반 그로스잔(왼쪽)과 그레이엄 로버츠가 컬럼비아 대학의 라몬트 도허티 지구 천문대의 연구팀과 함께 남극의 로스 빙붕 위를 비행하는 LC-130 화물기에 설치한 카메라를 확인한다. (Photographs courtesy of The New York Times)

- **예술/엔터테인먼트**: 우리를 순전히 감각적, 정서적 영향을 위해 가상 세계로 끌어들이기 위해 고안된 경험은 예술과 엔터테인먼트 둘 다다. 영화 산업과 컴퓨터 게임 산업을 엔터테인먼트의 제작자로 생각하지만, 그것들은 또한 예술 형식이며, 많은 이가 교향곡이나 발레의 예술성을 즐기고 즐거움을 얻는다.

    예술적 세계는 사실적인 것부터 추상적인 것까지 스펙트럼이 넓다. 그들은 사실적이거나 꾸며낸 이야기를 가지고 있을 것이다. 가상 현실을 매개로, 엔터테인먼트적 경험은 대부분 게임, 내러티브 또는 감각적 경험이다. 게임은 제도화 이후 VR 시대를 피할 수 없는 인공물이다. 게임에는 1인칭 슈터(FPS), 타워 방어, 퍼즐 룸 탈출, 몇 가지 이름을 붙이기 위한 커뮤니케이션 도전, 그리고 체험자가 세계의 물리학을 실험해 볼 수 있는 샌드박스 세계 등 게임보다 장난감이 더 많은 체험 등이 있다. 내러티브는 촬영하거나 애니메이션화할 수 있으며, 어느 경우든 전통적인 영화처럼 선형적일 수도 있고, 체험자의 행동(관찰 방향일 수도 있음)을 바탕으로 진행시킬 수

그림 9-10 VOID에 의해 생성된 고스트 버스터 치수 경험은 Haptics 조끼, 패시브 해프닝 환경, 4D 효과를 사용해서 전체 센서 경험을 제공해서 엔터테인먼트 경험을 향상시킨다. (Photograph courtesy of The VOID.)

도 있다(예: 모자에 바람이 불기 전에 관람자가 마우스를 쳐다볼 때까지 기다린다). 마지막으로, 감각적 경험에는 롤러 코스터와 같은 테마 파크 놀이기구, 'The Amazing Adventures of Spider-Man' 또는 'Harry Potter and the Forbidden Journey' 놀이기구, 그리고 VOID의 'Ghostbusters Dimension' 체험과 같은 몰입형 워크스루 체험이 포함될 수 있다(그림 9-10).

VR 설비 메트릭: 다른 엔터테인먼트 관련 애플리케이션 영역과 마찬가지로, 충분한 고객이 게임을 다운로드하거나 테마파크를 방문해 충분히 비용을 지불하는지 여부다. 게임 다운로드의 경우, 그것이 중요한 하나의 지표인 반면, 테마 파크의 경우, 특정 놀이기구의 턴스타일^{turnstyles} 수다.

- **사회적 행아웃**: 주로 체험자들이 친구들과 함께 하기 위해 존재하는 공간 또는 공통 관심사를 가진 커뮤니티는 오랫동안 기대돼 온 VR의 영역이다. 실제로, 멀티유저 던전^{MUD}과 같은 사교계는 위치와 액션이 산문으로 쓰여지는 텍스트만의 세계일 뿐이지만, 사용자들이 모여 상호작용하고 함께 대화할 수 있는 가상 현실 공간으로 묘사됐다[Curtis and Nichols 1994]. 모든 상호작용은 키보드와 ASCII 문자를 통해 이루어졌기 때문에 분명히 사용자들이 신체적으로 트래킹되지 않았고,

그림 9-11 리크룸 VR 체험은 모든 사람에게 개방될 수 있는 다른 장소나 사적인 공간을 방문하도록 해준다. 어떤 공간은 경쟁적인 활동을 하고, 다른 공간은 단지 사람들과 함께 있기 위한 것이다.

따라서 기술적으로 VR이 아니었다. 그러나 VR은 그러한 세계를 위한 운명적인 인터페이스로 여겨졌고, 이제 VR은 일부 개인 사용자들에게 가격이 적당하기 때문에, 몰입형 인터페이스에 맞게 새로운 사회적 행아웃 애플리케이션이 개발되고 있다. 아직 이용할 수 없지만 페이스북이 오큘러스 VR을 인수하기 위해 내놓은 이유 중 하나는 소셜미디어와 VR을 통합하기 위해서였다. 이 책을 집필하는 현재, 그 목표는 아직 입증되지 않았다.

어떤 경우에는, 테마가 어떤 사회적 행아웃, 협력적인 공간에서 제공되기도 한다. 예를 들어, 'Rec Room' 경험은 체험자가 행아웃을 하면서 경쟁 활동을 할 수 있는 세계에 당구나 다트 같은 'parlor' 게임을 추가한다(그림 9-11). 마찬가지로, 'Tabletop Simulator'와 같은 경험은 체험자가 규칙을 애플리케이션에 의해 직접 부과되는 것이 아니라, 세계에 참여하는 사람들에 의해서만 적용되도록 자유 형식으로 보드 게임을 할 수 있게 한다.

VR 설비 메트릭: 어떤 면에서는 사회적 행아웃 경험을 엔터테인먼트 애플리케이션으로 볼 수 있고, 확실히 동일한 메트릭을 적용할 수 있다. 즉, 유료 다운로드로 창출된 수익은 얼마인가? 돈을 떠나 일부 개발자는 무료로 배포하더라도 '행아웃'하려고 자신의 세계를 이용하는 사람 수 또는 단순히 다운로드 수로 성공을 측정할 수 있다.

- **앱 런처(및/또는 스토어)**: 한 가지 경험에서 다른 경험으로 전환이 용이하게 할 수 있는 툴은 스마트폰이나 태블릿 메인 화면과 거의 같은 방식으로 동작하는 '앱 런처'이다. 게다가, 그것은 또한 VR 유통 회사가 이러한 가정 사용자들에게 광고하고 추가적인 경험을 할 수 있는 편리한 메커니즘을 제공한다. (이 공간들 중엔 거실과 같은 가정적인 느낌이 들 것이다.)

    VR 설비 메트릭: 사용할 수 있게 만드는 회사(경우에 따라 사용자가 보유해야 하는 경우)의 경우, 메트릭은 집안 공간을 사용해 유인되는 추가 구매 횟수다. 반면에, 편의 비용은 더 높은 충동 구매율일 수 있다.

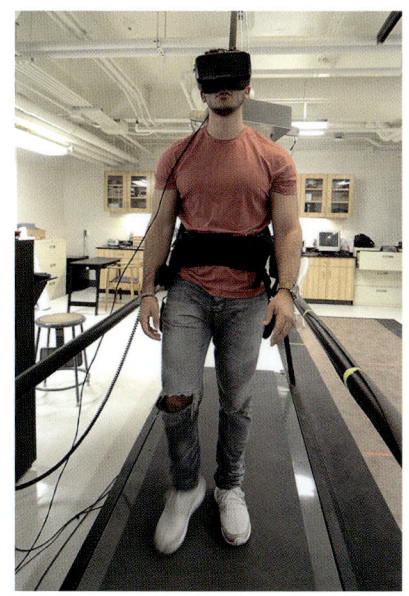

그림 9-12 HMD에서 피사체를 격리시킴으로써, 피사체가 걸을 때 그들에게 제시된 시각적 자극들을 그들의 걸음걸이와 균형에 미치는 영향을 분석하도록 수정할 수 있다. (Photograph courtesy of Priten Vora; image courtesy of Max Collins)

그림 9-13 Cliphanger-VR 경험에서, 몰입한 체험자를 등반벽 요법을 통해 탐색했는데, 여기서 사용자는 벽을 따라 올라갈 때 가상의 목표물에 손을 뻗고 접촉해야 한다. (Photograph by Simon Su)

- **일반 인간 성능에 대한 연구**: 가상 현실이 오랫동안 도구로 사용돼 온 분야 중 하나는 인간의 지각적, 운동적 특성을 연구하는 영역이다(그리고 일부 드문 경우 동물). 예를 들어, 높은 절벽 위의 좁은 다리를 따라 걷는 것[Widdowson et al. 2016](그림 9-12)과 같은 불안감 유발 상황에서 노인들의 걸음걸이를 연구하거나 피험자의 등반 능력을 분석한다(그림 9-13).

    VR 설비 메트릭: 심리학연구단체는 피험자의 반응을 측정하는 데 도움이 되는 전문기술을 구입하는 경우가 많기 때문에 VR기기의 구입이나 임대는 이와 같은 선에 속하게 된다. 또는, 그들이 어떤 면에서 가상 현실 사용에 관심이 있는 다른 연구자들을 포함하는 연구 캠퍼스에 있다면, 그들은 필요에 따라 이용할 수 있는 중앙 VR 설비의 비용 효율이 훨씬 더 높다고 생각할 수 있다.

- **VR 내 인간 성능 연구**: 마지막으로 VR은 인간이 VR에서 어떻게 수행하는지 연구하기 위해 가끔 사용된다. 수년 동안 가상 현실의 기술이 점차적으로 대량시장 생존을 향해 나아가고 있을 때, 가상 현실의 연구자들은 특정 해상도, FOV, FOR, 레이턴시 값, 입력 유형 등을 제공받으

면서 사용자가 특정 작업을 얼마나 잘 수행할 수 있는지에 대한 경계를 탐구했다. 물론 이 모든 연구의 목표는 VR 매체를 개선하는 것이다. 즉, 대량 시장 사용자들이 더 나은 경험을 할 수 있도록 말이다. 현재 관심 분야는 VR질환을 둘러싼 이슈들을 연구하고 있다.

가상 현실의 사용적합성에 대한 연구의 몇 가지 특별한 예로는 다음과 같다.

- 새로운(경험한) 사용자가 가상 세계를 통과하는 데 가장 쉬운 유형의 탐색 방법이 무엇인가?
- 어떤 유형의 여행 방법이 특히 멀미에 걸리기 쉬운 사람들에게 시뮬레이터 질환으로 인한 구역질 가능성을 가장 줄이는가?
- 인구의 95%가 허용할 수 있는 모션 투 포토motion to photo 레이턴시
- 체험자들이 눈치채지 못하게 가상 세계를 얼마나 변화시킬 수 있는가? 세계가 얼마나 빨리 변하는지를 미묘한 변화로? 아니면 문자 그대로 사용자 등 뒤에서 세계를 과감하게 변화시켜서?
- 하드웨어, 소프트웨어 또는 지각적 문제를 통해 유도되는 VR질환 관련 모든 문제

VR 설비 메트릭: VR을 공부하려면 VR 장비가 필요하다. 그러나, 연구 그룹은 최소한 이러한 매개변수 중 일부를 발견하지 못하고 지역사회가 이익을 얻을 수 있도록 또는 경우에 따라서는 그들 자신의 조직에서 이익을 얻을 수 있는 제품에 대한 내부 디자인 매개변수를 발행하지 않는지를 확인하고 있어야 한다.

탁월한 VR 경험

2016~17년 VR 체험이 폭발적으로 확대되기 이전에도 수백 개, 수천 개 이상의 가상 현실 애플리케이션이 개발됐으며, 시험 애플리케이션이나 학생 프로젝트도 연산하지 않았다. 실제로 최근 VR 인기의 물결 속에서 만들어진 새로운, 즉 혁신적 또는 예상치 않은 애플리케이션은 수십 년 전에 존재했던 애플

리케이션에서 그 뿌리를 찾아낸다. 어떤 경우에는 새로운 애플리케이션의 전신을 연구해 새로운 기술을 사용해서 직접 모방했다. 또 다른 사례에서는, 현재 VR의 신박한 사용이라고 칭송되는 것을 앞지르는 애플리케이션이 이미 존재한다는 사실을 전혀 모르고 구상 및 구현됐다.

앞서 본 챕터에서는 VR 경험의 디자이너로서 가능성을 알리고, 다양한 기술을 경험하고, 영감을 줄 수 있는 광범위한 기존 애플리케이션을 경험해 볼 것을 간청했다.

어떤 매체에 새로 온 사람들은 종종 그 가능성에 대해 흥분하고, 그들이 채울 수 있는 넓은 열린 경험의 장을 보고, 그래서 그들은 종종 그들의 작업이 독특하고, 첫 번째 친숙한 경험이라고 생각하는 경향이 있다. 이런 종류의 열정은 좋지만, 새로운 VR 디자이너들에게 흥미를 주는 경험을 쌓는 것조차 좋지만, 디자이너들은 그들이 계속해서 운전대를 재생성해 온 것을 발견할 수 있도록 현재 존재하거나 역사적인 애플리케이션의 레퍼토리를 알아야 한다. 먼저 보지 않고 바로 뛰어들 그들이 처음이라고 생각하게 한다.

연극과 소설의 매체가 종종 동일한 기본 호 중 하나를 재설명하는 9, 20 또는 36개의 기본적인 서술적 줄거리가 7개 밖에 없다고 주장돼 왔다. 우리는 어떤 식으로든 그 점을 주장하지는 않겠지만, 확실히 가상 현실의 매체에는 현존하는 테마의 많은 재구성이 있다. 거의 예외 없이, 가상 현실 개발의 오랜 역사 동안, 특히 새로운 버전이 현대 소프트웨어 개발 회사에 의해 만들어진 경우, 이전에 주어진 VR 생성은 아마도 오늘 할 수 있는 것만큼 잘 되지 않았을 가능성이 매우 높다. 틸트-브러쉬? 1992년 UNC세계를 보라. 가상의 면도 크림 캔이 3D 페인트(3DM) 역할을 하는 작은 퍼프볼을 방출하거나, 3공간의 선을 그릴 수 있는 선 마이크로시스템스가 로지텍 3D 마우스를 시연한다. 또한 Dan Keefe의 페인팅 애플리케이션, 브러시와 팔레트용 물리적 프로프, CAVE용 BLUI를 참조하거나 17년 이상 내 가상 현실 과정을 수강해 첫 번째 과제를 완료한 모든 학생을 보라!

여기 우리가 지난 몇 년 동안, 현재를 통해 구현된 몇 가지 경험들이 있다. 이런 추세가 절정에 달해 보이는 분야는 게임/엔터테인먼트와 가상 세계 건설

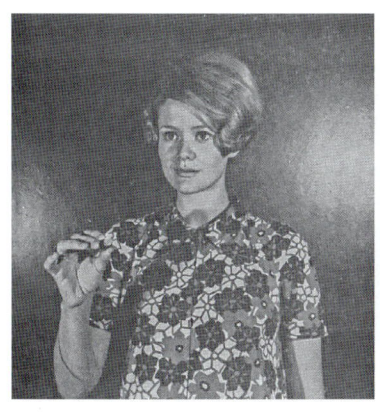

그림 9-14 VR의 새벽에도 3D로 그릴 수 있는 능력은 사용자들의 자기 이름을 쓰는 성향을 불러온다. (Images made available by the University of Utah)

두 분야일 것이다. 가상 세계측에는 페인팅, 모형화(오브젝트건축), 세계건축의 3가지 주요 범주가 있다. 게임 쪽에는 전투(대개 컴퓨터 상대와 격돌), 솔로 게임(실제로 둘 이상의 사람과 턴테이크할 수 있음)이 있다.

- **VR화:** 도입부에서 언급한 바와 같이 UNC의 3DM [Butterworth et al. 1992](모델링 도구로 사용)에는 면도용 크림의 구형 분무기가 있어 페인팅 프로그램으로 사용할 수 있었다. 하지만 그 이전에도 로버트 버튼 Robert Burton은 위치 트래킹 장치인 Twinkle Box에 관한 박사 논문에서 완드(막대기)의 트래킹된 위치가 (스코프 안에 디스플레이된) 가상세계에서 포인트를 만들어내는 애플리케이션 예를 설명한다[Burton 1973]

그림 9-15 많은 몰입형 페인팅 도구들이 VR의 역사에 걸쳐 개발됐다. CAVE의 BLUI 애플리케이션에서는, 그림의 방향에 상대적인 완드의 각도가 휩쓸려 나가는 3D 모델의 폭과 색깔 모두에 영향을 미친다. (Photograph by William Sherman)

(그림 9-14). (놀라운 것은 아니지만, 포함된 사진은 사용자가 자신의 이름을 그리는 것을 보여준다.) 1990년대에 BLUI [Brody and Hartman 1999] (그림 9-15), 댄 키프$^{Dan\ Keefe}$의 CavePainting[Keefe et al. 2001]이 있었고, '가상 현실의 소개'에서 학생들에게 종종 주어진 첫 번째 VR 프로그래밍 과제가 됐다.

- **VR 모델링**: 모델링 애플리케이션은 초기 핸드헬드 완드 컨트롤러와 연결된 서덜랜드의 첫 번째 HMD 시스템까지 거슬러 올라간다. 서덜랜드의 제자 도널드 비커스와 제임스 클라크의 박사학위 논문은 모두 사용자가 3D 가상 세계에서 모델을 수정할 수 있는 애플리케이션을 기술하고 있다. 10여 년 후 UNC에서 3D Modeler(3DM) 프로그램이 개발됐으며, 이름이 암시하는 대로 실행됐다[Butterworth et al. 1992]. 팬텀 햅틱 디스플레이를 위해 개발된 센세이블 테크놀로지(현 3D 시스템)는 Freeform 툴을 출시했다. Gravity Sketch는 현대의 예로서, 이중 위치 트래킹 핸드 컨트롤러를 갖춘 소비자 HMD를 위해 디자인됐다.

- **VR 월드 구축**: 초기에 잘 디자인되고 상업적으로 시판된 세계 구축 애플리케이션은 Smart Scene(Mapes and Moshell [1995] 기준)이었다. 스마트 씬에서는 한 쌍의 Fakespace Pinch Gloves를 사용해서 오브젝트를 빠르게 회전하고 확장하기 위한 2개의 인터페이스를 제공했다. 미리 정의된 모델의 메뉴는 사용자가 작은 세계를 빠르게 구축할 수 있게 해준다. 스마트씬은 2000년에 가상 레고 블록 구축을 위해, 2012년에는 한 쌍의 Razer Hydra 핸드 컨트롤러와 연결된 Oculus Rift DK1과 함께 작업하기 위해 때때로 재생성됐다. 이러한 가운데, 건축학과 학생들이 주어진 임무의 제약을 충족하기 위한 공간을 만들기 위해 건축용 특수 도구("ShadowLight")가 개발됐다.

- **과학적 비주얼리제이션**: NASA의 가상 윈드터널은 항공 디자이너를 위한 분석 도구를 제공할 목적으로 만들어진 초기 비주얼리제이션이었다. 분자구조를 보기 위해 가상 현실 애플리케이션인 VR-Chem Tool을 만들었다. 이후, 6-DOF 입력과 입체 출력을 갖춘 Visual Molecular Dynamics^{VMD} [Humphrey et al. 1996][Stone et al. 2016] 데스크톱

그림 9-16 태양계의 몸이 정의된 궤도를 따라 움직이는 것을 보기 위해 사용자는 시간을 단축할 수 있다. (Photograph by William Sherman).

툴로 전환해서 결국 옵션으로 완전한 몰입식 보기를 추가했다. NCSA Crumbers [Brady et al. 1995] 도구는 볼륨 비주얼리제이션 애플리케이션을 만들 때 사용성에 주의를 기울였다. 후에 Vrui [Kreylos 2008a] 툴 제품군은 많은 다양한 비주얼리제이션 기술을 제공했다. Avzio와 같은 도구는 범용 비주얼리제이션을 상업적으로 사용할 수 있게 했으며, ParaView는 이제 소비자 HMD뿐만 아니라 고급 대형 고정화면(예: CAVE)을 모두 지원한다[Chaudhary et al. 2012] [Martin et al. 2016].

- **우주 및 행성 탐사/지도**: 고등교육 연구 캠퍼스에 위치한 VR 연구 시설에서 지리 및 행성 시스템에 대해 배울 수 있는 능력은 종종 관심을 끌었다. VR오리(솔라 시스템 모델) 구축은 현장그래프 학습에 적합한 계층 구조를 갖추고 있고, 흥미롭게 하기 위해 규모(시공간 모두) 문제를 다뤄야 하는 등 신입생들에게 쉬운 프로젝트가 될 수 있다(그림 9-16). 소비자 혁명과 함께, 우리는 또한 티탄 오브 스페이스와 같은 태양계 비주얼리제이션이 이에 상응해 싹트고 있는 교육 시장을 다루려고 하는 것을 본다.

마찬가지로, 행성이나 달 주위를 배회하는 것도 재미있고 교육적일 수 있다. EVL$^{Electronic\ Visualization\ Lab}$의 초기 CAVE 애플리케이션('Earth' By Marcus Tiebaux)은 체험자가 고도 데이터를 사용해서 해저의 산 및 능선을 보여주면서 지구 서피스의 어느 곳이나 비행할 수 있도록 했다.

 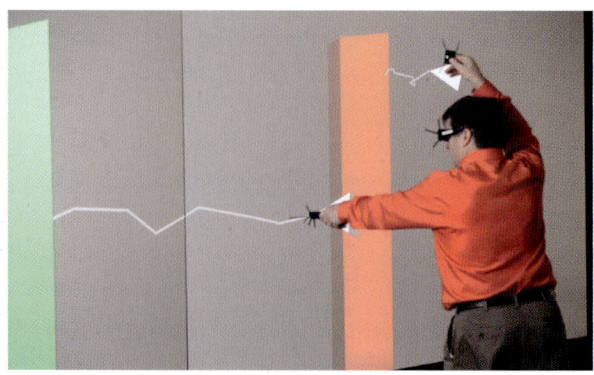

그림 9-17 한가지 인기 있는 VR 경험은 악기를 만드는 것이다. 가상 인터페이스로 작업함으로써 조정과 기질을 바꾸거나 음질이 다른 가상의 Termins를 만드는 등 기구의 성격을 쉽게 바꿀 수 있다. (Virtual Vibraphone Application courtesy of Dave Zielinski; photographs by William Sherman)

물론 현대판 구글 어스 VR은 훨씬 더 높은 해상도의 데이터를 포함하고 있으며, 심지어 많은 대도시와 마을의 구조도 포함하고 있다.

- **음악 도구**: VR에서 좋은 학생 프로젝트는 좋은 오디오 도구가 있다고 가정해 악기를 만드는 것이다. 드럼이나 비브라폰과 같은 악기는 종종 즐겨 찾는다(그림 9-17). 소비자 음악 애플리케이션은 사용자가 음악적 준비를 할 수 있는 사운드 스테이지를 포함한다.

- **명상적 경험**: 특히 사용자가 다른 세계로부터 격리돼 있는 헤드 마운트 디스플레이의 경우 경험 디자이너들은 사용자가 다른 세계에서 벗어나 휴식을 취할 수 있도록 그러한 격리를 사용해 왔다. 이것의 고전적인 예로는 Osmose[Davies and Harrison 1996] [Craig et al. 2009]가 있는데, 여기서 사용자는 호흡으로 자신의 움직임을 컨트롤하며 일련

그림 9-18 루멘에서는 체험자가 휴식을 취하도록 환경과 상호작용을 사용한다. 가상 세계의 요소를 응시하면 꽃이 피고 성장한다. (Image courtesy of Framestore)

그림 9-19 태스크 친화형 활쏘기 인터페이스는 한 손으로는 활을 잡고, 다른 손으로는 화살을 걸고, 당기고 쏘는 바이매뉴얼 트래킹이 가능해야 한다. 2008년도의 학생 프로젝트였던 이 애로우태스틱(Arrowtastic)은 중고 트래커를 장착한 CAVE 스타일의 VR 환경을 위해 만들어졌다. 화살은 몸통 참조 영역 인터페이스인 어깨 뒤쪽의 가상(보이지 않는) 화살통에서 뺀다. (Photograph by William Sherman)

의 독특한 공간을 떠다닌다. 그리고 2001년 SIGGRAPH 콘퍼런스에 나타난 The Meditation Chamber [Seay et al. 2002]는 생체 지각 센서를 사용해서 사용자에게 반응할 수 있도록 하고 또한 이 두 가지의 효과에 대한 데이터를 수집한다. Lumen은 사용자가 환경의 성장과 번영을 도울 수 있는 간단한 게임 플레이를 사용하도록 디자인된 소비자 애플리케이션이다(그림 9-18).

- **전투 게임**: 의외로 VR 연구가 진행되고 있는 캠퍼스에서도 게임이 인기를 끌었다. 랜디 푸쉬의 프로그래밍 교육용 앨리스 시스템^{Alice system}은 스타워즈에서 영감을 받은 라이트세이버 대 원격 게임을 만들기 위해 널리 사용됐다. Quake-II 엔진은 사람들이 VR 버전의 FPS 게임을 몰입적으로 할 수 있는 몰입형 CAVEQUAKE-II[Rajlich 2000] 경험을 생성하는 데 사용됐다. 티엘과 동료들[Thiele et al. 2013] 유형 입력으로 가상 활쏘기 게임을 만들었고, 학생들은 양궁의 2회 입력 게임을 만들고 있었다(그림 9-19).
- 2000년까지만 해도 소니는 플레이스테이션 무브 컨트롤러를 이용한 검투게임을 출시했다. 상용 VR의 현대적 물결에서 밸브의 미니게임 세트는 Longbow를 포함하며, ILMxLab은 방어모드에서 라이트세이버를 사용하는 미니게임 〈Trials on Tatooine〉를 출시했다. 현대의 1인

그림 9-20 가장 초기의 VR 전투 게임(1인칭 슈터)은 Virtuality의 〈Dactyl Nightmare〉이었다. 〈Dactyl Nightmare〉에서 플레이어는 종종 스쳐 지나가곤 하는 Pterodactyl을 피하면서 서로 무기를 발사하는 단순한 플랫폼과 기본 형상의 세계를 통과한다. (Image courtesy of Virtuality Group plc.)

칭 슈터들은 아마도 너무 많아서 예를 들 수 없을 것이다. 하지만 아마도 최초의 상업적인 가상 현실 게임은 FPS: 가상 엔터테인먼트실-VR 시스템을 위한 고전적인 〈Tabletop Simulator〉였다(그림 9-20).

- **싱글 플레이어 게임**: 일부 연구소는 둘 이상의 가상 현실 시스템을 가지고 있었지만 대부분의 경험은 단일 사용자를 위해 디자인됐다. 실제 당구, 미니 골프, 일부 엔터테인먼트실 게임과 비슷하게 여러 사람이 번갈아 가며 하는 게임일 수도 있다. 초보적인 품질의 당구, 미니골프, 〈팩맨〉 스타일의 게임이 클래스 프로젝트로 구현될 수 있고, 게다가 엔터테인먼트의 어느 정도 가치를 제공할 수 있다는 사실은 그것들이 반복적으로 구현되는 것을 보았다.

  이런 고전들을 현대적으로 구현한 게임으로는 〈CloudLands〉 미니 골프 게임, 당구대를 포함한 〈Rec Room〉 등이 있다. 가상 게임 제품군을 다시 한 번 돌아보면, 공식적으로 허가된 〈팩맨〉 버전이 그들의 가상 현실 엔터테인먼트 시스템에 제공됐다.

이 목록은 물론 전부는 아니다. 다른 종류의 게임들이 있는데, 이 게임들 중 다수는 오랫동안 가장 좋아하는 학생들의 프로젝트 선택이었고, 다른 유형의 경험들도 있었다. VR 역사의 이 몇 가지 하이라이트는 이 분야에 대한 신인들의 '발견'이 실제로 얼마나 자주 재발견되는지를 보여준다. 그렇다면 중요한 것은 과거의 창의성의 풍요를 무시하는 것이 아니라, 우리는 미래의 작품에 영감을 주는 것을 도울 수 있을 것이다.

VR 체험 디자인

단지 매체를 배우기 위해 VR로 실험을 하는 것이 아니라면, 좋은 디자인 관행을 가지고 VR 경험을 생성하는 데 접근하는 것이 현명하다. 화가들이 그들의 주제에 대한 일련의 스케치를 먼저 만들고, 영화제작자들과 애니메이터들이 먼저 스토리보드를 만들고, 건축가들은 우선 2D 청사진에 건물들을 배치하고, 이것들 각각을 복수의 반복을 통해 검토하고 수정한다. 모범 사례의 이점은 VR 체험 디자인에서 얻을 수 있다. 일반적으로 디자인 프로세스는 주어진 제약 조건 내에서 전체 목표를 최적화한다. 다양한 가능성을 스케치함으로써 아이디어와 작업 요건에 비해 잠재적인 구현이 논의될 수 있다. 다음 절에서는 VR 경험 디자인의 일부 하이라이트를 다루며 각 포인트를 강조하기 위한 예를 제시한다. 디자인의 주요 단계에 있는 옵션의 전체 목록을 위해, 독자는 앞의 4~8장에 있는 해당 절을 참조한다.

신중하게 디자인하라

VR 경험을 위한 디자인은 하향식(목표 아래) 관점에서 구성돼야 한다. 즉, 전달하고자 하는 메시지, 수행하고자 하는 과제 또는 환기시키고 싶은 감정을 살펴보는 것으로부터 출발한다. 물론 동시에 이용할 수 있는 자원을 염두에 두는 것이 현실적인 과제다.

애플리케이션의 가장 중요한 사용은 디자인을 시작하는 곳이다. 훈련 애플리케이션은 데이터 분석 도구와 질적으로 다르다. 게임 경험의 어떤 측면은 훈련 경험과 중복될 것이지만, 상당한 차이가 있을 것이다. 훈련은 강사가 시나리오를 즉시 조정할 수 있는 컨트롤판이 필요할 것이며, 이벤트 후(행동 후) 검토의 수단이 필요할 것이다.

이 애플리케이션에 대한 디자인 방법이나 프로그램 조각이 이미 존재하거나 다른 방법보다 실행하기 쉽기 때문에 절대 사용하지 마라. 모델, 소프트웨어, 사운드 및 기타 세부 사항은 특정 경험에 적합하므로 선택하라. 여러분이 이전의 '새인 척하라' 경험에서 만든 날갯짓 관련 코드가 있다고 해서 시간을 절약하려 과학자들이 분자 주위를 날갯짓하며 돌게 만들지 마라. 마찬가지로 버튼이 3개인 핸드헬드 소프트를 사용자 입력 장치로 제공하고 사용자가 선택할 수 있는 5개의 항목이 있는 경우 사용자가 각 선택마다 버튼의 복잡한 조합을 누르게 하는 대신 메뉴를 사용하라. 요컨대, 프로그래머가 아닌 사용자에게 상황을 더 쉽게 만들 수 있게 디자인하라.

프로토타이프

좋은 디자인은 또한 자주 경험을 테스트하고 그것이 목표에 어떻게 부합하는지를 평가해야 한다. 자주 반복하고 많은 아이디어를 버릴 준비를 하라. 구현이 어려웠고 프로그래밍 기술을 뽐내고 싶었기 때문에 특정 기능을 유지하지 마라. 기능이 사용자의 경험에 부합하지 않으면 유지할 가치가 없다. 아이디어를 스케치하는 요점은 실험적인 내용을 반복하는 것이다. 그러나 우리가 밀과 관계를 유지한다면, 사용자의 경험은 불쾌할 수도 있다. 신청의 목표 이외에도, 경험이 의도하는 시스템, 장소, 청중의 제약에 유의한다.

프로토타이핑은 VR에서 시작할 필요가 없다. 웹 디자이너들은 종종 다른 배치 아이디어를 탐구하기 위해 종이 조각으로 시작한다. 현대의 웹 구축 도구를 사용하더라도, 견본 레이아웃을 코드화하는 것보다 종이를 테이블 주위로 옮기는 것이 훨씬 쉽다. 데스크탑용 게임 디자인은 일반적으로 화이트 박싱^{white} ^{boxing}된다. 화이트 박싱은 텍스처 맵이나 조명에 소비되는 노력 없이 게임 씬의 애셋이 빠르게 세계에 배치되는 것을 말한다. 말 그대로, 칠하지 않은 하얀 모양은 세계에 배치된다. 이것은 게임 디자이너들이 재미와 페이싱을 위해 게임을 시험할 수 있게 해주며, 따라서 시간이 결국 없어지는 요소들을 미화하는 데 소비되지 않는다. 셸게임즈의 게임 디자이너들은 이것이 가상 현실로 외삽될 수 있다는 것을 발견했다. 물론 VR의 차이점은 사물들이 체험자의 신체 움직임에 의해 조작될 필요가 있다는 점이다. 그래서 오브젝트의 손이 닿는지 확인하는 것이 중요하다. 따라서 VR 동작의 물리적 프로토타이핑 방법을 브라운 박싱^{brown} ^{boxing}이라고 불렀다[Patton 2019]. 그들은 상호작용을 계획하기 위해 판지 박스와 다른 간단한 소품을 사용했기 때문에 브라운 박싱이라는 이름이 붙여졌다.

그렇다면 역시 가상 현실을 매체로서 독특하게 만드는 특별한 기능들을 잊지 말아야 한다. 가상 현실은 일상적인 현실보다 더 많은 선택지를 가지고 있다. VR을 이용해 경험을 쌓고, 무엇이 가능한지 생각하는 법을 배우면 이런 사고방식이 쉬워진다.

시스템을 염두에 둔 디자인

프로젝트 시작 시 디자이너가 고려해야 할 질문은 다음과 같다.

- 기존 VR 하드웨어 시스템을 대상으로 해야 하는 경우
- 해당 시스템에서 사용할 수 있는 구성 요소는?
- 렌더링 기능 및 제한 사항
- 디스플레이 제한 사항(FOV/FOR/해상도)은?
- 특수 입력 또는 출력 장치(예: 호흡 장치)가 필요한가?

일부 애플리케이션의 경우 시스템 자원은 선험적인 것으로 알려져 있다. 특정 게임기 전용으로 디자인된 경험은 특별히 알려진 시스템 매개변수를 가질 것이다. 또한 자체 VR 시설을 유지하는 조직을 위해 특별히 디자인된 비즈니스 또는 과학적 요구를 위한 VR 도구는 알려진 매개변수를 가질 것이다. 어떤 상황에서는, 경험 개발자가 VR 시스템을 실제로 디자인하고 구현할 수 있는 자유를 가질 수도 있다. 물론 특수목적 VR 시스템을 구축하는 것은 상업적으로 이용 가능한 시스템을 이용하는 것보다 훨씬 비용이 많이 들 것이기 때문에 이 경로를 선택하는 데는 분명한 이유가 있을 것이다. 그러나 시스템이 이미 존재하고 그 기능이 무엇인지를 알고 있다고 가정하면 이러한 제약조건을 염두에 두고 애플리케이션 소프트웨어를 디자인할 수 있다. 또 다른 옵션은 기존 시스템을 확장하는 것이다. 아마도 특정한 상호작용을 더 현실적이게 하기 위해 특수 수동형 촉각 입력 장치가 필요할 것이다. 다른 경우에, 다른 소스의 기존 하드웨어가 결합될 수 있다. 예를 들어, 상용 HMD에 아이 트래킹을 추가할 수 있다.

프로젝트가 최종 사용자에게 상당한 시간(예: 2년) 동안 구축되지 않을 경우, 그 시간 동안 기술이 상당히 향상될 가능성이 있다는 사실을 활용할 수 있다.

간단한 예로는 구축 시 초당 90의 그래픽 프레임으로 렌더링할 계획이지만, 하드웨어 개선으로 그 간격이 채워질 것으로 예상해 개발 첫 번째 단계 동안 초당 60의 프레임을 기꺼이 수용할 수 있다는 것이다. VR 하드웨어 제조업체에게 경험(게임)에 다른 스타일의 입력 또는 더 많은 햅틱 옵션(HMD 자체에 진동 촉각 방출기)이 필요하다는 점을 납득시킬 수 있으면 해당 업체의 기존 시스템에 새로운 하드웨어 옵션에 맞는 설계가 들어가도록 설득할 수 있다. 프로젝트에 막대한 하드웨어 지출이 따를 경우 하드웨어 제조업체가 준비 중인 차세대 제품을 출시 전에 테스트하겠다고 설득할 수 있는 이점도 있다. 이는 사용자와 하드웨어 제조업체 모두에게 이익이 될 수 있다. 즉, 해당 하드웨어에 맞게 애플리케이션을 조정할 수 있으며, 애플리케이션이 최적화됐기 때문에 다른 잠재적인 사용자는 하드웨어 성능에 더 깊은 인상을 받을 것이다.

VR 패러다임의 차이도 미래의 하드웨어에 맞는 경험의 한 요인이다. HMD는 사용자와 고정형 스크린을 분리해서 사용자가 자신의 신체와 주변의 다른 사람을 볼 수 있도록 한다. 따라서 HMD는 각 사용자의 외관을 변경할 수 있도록 허용한다. CAVE 스타일 시스템에서는 이 옵션을 사용할 수 없다. CAVE에서는 자신의 몸을 피할 수 없다. 반면에 CAVE 스타일 시스템은 물리적으로 존재하는 협력자를 볼 수 있도록 하는 반면, HMD는 시야에서 당신과 함께 있는 다른 사람들을 방해한다(가상 세계에서 아바타 표현으로 포함되지 않는 한).

장소를 염두에 둔 디자인

가상 현실 경험이 배치될 장소에서는 사용할 수 있는 하드웨어와 디스플레이의 유형에 일부 제약을 가하며, 이는 경험 디자인에 영향을 미칠 것이다. 예를 들어 공간이 제한된 장소(또는 몰입한 체험자당 제한된 공간)에는 헤드 기반 비주얼 디스플레이가 필요할 수 있다. 장소가 고해상도 디스플레이가 필요한 극장형인 경우 투영 기반 비주얼 디스플레이가 더 적합할 수 있다. 예를 들어 체험자가 실제 80에이커의 농장을 돌아다닐 수 있는 넓은 공간인 경우, 비독점적 HBD 또는 수동 기반 시각적 디스플레이가 적절한 호출이 될 수 있다. 장소가 공공장소에 있다면, 처리량과 사람들을 신속하게 그 경험에서 끌어낼 수 있는 능력이 중요하다. 다른 사람들이 차례를 기다리는 동안 볼 수 있는 어떤 형태의 디스플레이를 제공하거나 단지 무슨 일이 일어나고 있는지 보기 위한 것도 고려해야 한다. 대형 투영 디스플레이는 기본적으로 이 두 가지 문제 모두에 하나의 해결책을 제공한다. VR 시스템에서 방출되는 사운드의 양을 제한할 필요가 있을 때는 사용자가 헤드폰을 착용해야 한다.

예상 장소가 가정일 때에도 고려해야 할 변형이 있다. 모든 가정이 가상 현실 상호작용을 위해 지정된 4m×4m의 빈 공간이 있는 것은 아니다. 더 붐비는 공간의 경우 사용자는 얼마나 많은 신체 이동을 사용할 수 있는지에 대해 극도로 제한적일 수 있다. 아마도 사용자는 항상 좌석에 앉아 있을 것이다. 소비자 중심의 VR 시스템은 디자이너가 최소의 재생 영역을 지정할 수 있도록 해서 이를 해결하며, 사용자는 얼마나 많은 공간을 돌아다녀야 하는지를 지정할 것이다.

청중을 염두에 둔 디자인

당신의 청중은 아마도 어떤 디자인 선택을 할 때 경험 디자이너가 기억해야 할 가장 중요한 신조라는 것을 알아라. 청중이 작고 알려진 사용자 그룹인 경우 디자이너는 이들을 디자인 프로세스에 직접 포함할 수 있다. 그들이 중요하다고 생각하는 특징들을 설명하도록 하라. 아마도 그 경험은 나중에 더 넓은 청중들에게 공개될 것이지만, 현재 사용자들이 디자인에 관여하게 되면 그 경험을 향상시킬 수 있을 뿐이다.

VR에 익숙하지 않은 개인들의 소규모 사용자 커뮤니티, 즉 애플리케이션의 잠재적 사용자인 특정 분야의 사람들을 살펴보기로 하자. 디자인 및 시험 프로세스에 이 커뮤니티의 구성원을 참여시키는 것 외에도 개발자는 이 그룹에 의해 이미 공통으로 사용되고 있는 도구를 검사하고 이러한 도구에 대해 그들이 좋아하는 것과 싫어하는 것이 무엇인지 알아내야 한다. NCSA의 가상 디렉터 애플리케이션은 컴퓨터 애니메이션 안무를 위해 기존의 데스크톱 툴을 모방하고 확장하는 VR 툴이다. 이 경우, 컴퓨터 애니메이션에 종사하는 전문가 중 작은 하위집단이 시험 그룹과 디자인 팀의 일부를 구성했다. 사실, 그들은 프로젝트를 주도했다. 그런 다음 그들은 다른 사람들에게 도구를 사용해 추가 입력을 수집하고 그 견고성을 시험하는 방법을 가르쳤다.

일반 청중은 아마 디자인하기 가장 어려울 것이다. 일반 청중을 위한 디자인은 경험 개발자가 전세계적으로 이해되고, 빠르게 가르칠 수 있고, 개별 사용자에게 적합하도록 쉽게 변경할 수 있는 인터페이스와 표현을 찾아야 한다는 것을 의미한다. 다양한 언어를 구사하는 사람들이 자주 찾는 장소에서는 이런 점이 분명히 드러난다. 이 경우, 첫 번째 선택은 언어 기반 메시지를 피하고 국제적으로 지각 가능한 사운드와 기호를 선택하는 것일 수 있다. 텍스트로 전달하는데 중요한 세부 사항이 있는 경우, 개최지 운영자는 시스템의 언어를 변경하기 위해 신속하게 선택할 수 있을 것이다. 또한 개발자가 지각 시스템에 다국어 사전을 포함시킬 수 없는 한 음성 인식 데이터베이스를 선택하는 데 연산자 선택을 사용할 수 있다.

그림 9-21 일반 청중을 위해 디자인된 하드웨어는 젊은 구성원을 수용하지 못할 수 있다. 어린이들을 위한 애플리케이션을 디자인하는 것은 특별한 생각을 필요로 한다. 흥미롭게도, 아이들은 종종 손으로 HMD를 잡는다. 이는 HMD의 무게와 크기 때문일 가능성이 높다. (Photograph by William Sherman)

나이, 경험, 문화는 또한 관객들이 VR 경험과 어떻게 상호작용하는지에 중요한 역할을 한다. 어린 아이들은 청소년이나 성인과 같은 프로프를 담을 수 있는 신체적 능력이 없을 수도 있다. 따라서 성인을 위해 디자인된 버튼이 있는 받침대는 어린이가 두 손으로 조작해야 할 수 있다. 어린이 지향 NICE 애플리케이션의 구현자가 발견한 대로 헤드 기반 디스플레이와 셔터 글라스는 어린이 머리에서 바로 미끄러질 수 있다(그림 9-21)[Roussos et al. 1999]. 또한, 어린 아이는 그들의 행동이 가상 세계에 어떻게 영향을 미치는지 재빨리 상관 관계를 형성할 수 없을지도 모른다. 반면에 비디오게임에서 경험한 청소년은 즉시 인터페이스를 조작할 수 있을 것이다. 인생 경험에 따라 어른은 빨리 적응할 수 있거나 절망적으로 혼란스러워질 수도 있다.

관객의 차이도 내비게이션 인터페이스로 해결해야 한다. 어린이, 성인 또는 경험 많은 비디오 게임 플레이어는 여행 통제 요건을 다르게 할 것이다. 이 비디오게임 플레이어는 다른 종류의 움직임을 위한 몇 가지 옵션으로 더 복잡한 컨트롤 시스템을 다룰 수 있을 것 같다. 성인은 자동차와 같은 조향 인터페이스를 쉽게 사용할 수 있을 것이다. 어린 아이는 작고 분리된 단계를 허용하는 인터페이스를 좋아할 수 있다. 마찬가지로 3차원 공간에서 자신의 지향점을 대하는 방식에도 차이가 있다. 어떤 사람들은 세계에 대해 그들의 방향을 바꿀 수 있는 통제를 선호한다. 다른 사람들은 그들 자신에 대한 존중으로 세계를 지향하는 것을 선호한다. 이 두 가지 기법은 대조군 효과가 있다. 세계에 대한 방향을 조정하는 것을 선호하는 사람들에게, 좌회전을 나타내는 것은 보는 사람을 시계방향으로 돌리게 한다. 그 선호도는 애플리케이션을 누가 사용하느냐에 따라 다르다. 예를 들어, 조종사들은 일반적으로 세계에 대해 자신을 통제하는 것을 선호한다. 길찾기에 대한 집단과 개인적 선호도 있다. 각기 다른 사람들은 그들이 이 세계에서 어디에 있는지 트래킹하기 위해 다른 전략을 사용한다. 심지어 같은 길찾기 도구를 사용하는 방법도 다양하다. 예를 들어, 어떤 사람들은 북쪽이 항상 위를 향하고 있는 지도를 읽는 것을 선호하는 반면, 다른 사람들은 이동 방향으로 회전하는 것을 선호한다.

사용자의 인생 경험에 대한 기대는 문화마다 다를 수 있다. 산업화된 국가의 특정 연령의 대부분의 남성들이 비디오게임 컨트롤에 대한 경험이 있다고 가정하는 것은 안전할 수 있지만, 만약 그 경험이 완전히 문화적인 것으로 디자인된다면, 이것은 문제를 일으킬 수 있다. 문화간의 복장의 차이 또한 어려움으로 이어질 수 있다. 가상 VR 아케이드 시스템이 한 지역의 한 장소에 배치될 때, 그들은 대부분의 남성들이 헤드드레스를 착용했기 때문에, 그 유닛들과 함께 제공되는 표준 HMD를 사용할 수 없다는 것을 발견했다. 당신의 청중을 아는 것의 일부는 그들의 기대를 이해하고 지시하는 것이다. 그들의 기대에 영향을 미치는 한 가지 방법은 그 장소와 경험의 집중적인 부분을 통해서이다. 앞서 나온 행동과 서술에서 체험자의 역할이 무엇인지에 대한 뒷이야기를 제시하는 것은 경험의 VR 부분에서 무엇을 기대해야 하는지에 대한 감각을 개발하는 데 도움이 될 것이다.

관객의 기대를 유도하는 또 다른 방법은 장르를 통해서다. 인간 커뮤니케이션의 다른 모든 매체에서 특정 유형의 주제와 특정 유형의 발표, 내레이션 및 인터페이스를 연결하는 패턴이 나타났다. 이 패턴들은 각 매체의 장르다. 특정 주제를 선택함으로써, 당신은 종종 당신의 애플리케이션을 장르와 연결시키고 있는데, 이것은 세계에 대한 특정한 모양과 인터페이스를 제안할 수 있다. 그래서, 여러분의 청중을 아는 것의 일부는 그들이 장르에서 기대하는 관례를 아는 것이다. 이러한 선에 따라, 청중을 아는 것의 일부는 신청서가 대상 청중을 향해 승격되도록 하는 것이며, 따라서 신청서를 가장 잘 이해하고 감사하는 사람들이 나타날 것이다. 이 장르를 분명히 함으로써, 체험자는 즉시 무엇을 기대해야 할 지에 대한 생각을 갖게 될 것이다. 그러므로 잘 아는 체험자는 당신이 제시하는 세계에 빨리 익숙해져야 하며 인터페이스를 통해 쉽게 길을 찾을 수 있어야 한다. 물론, 사용자들은 어떤 장르에 안주할 수 있고, 종종 예술가들이 그들의 기대를 저버림으로써 체험자를 당황하게 만든다.

홈 플레이스와 마찬가지로, 한 가지 해결책은 사용자가 경험의 제약조건에 맞는지 또는 경험이 다른 사용자 기능에 적응할 수 있는지 확인하는 것이다. SIGGRAPH 컴퓨터 그래픽스 콘퍼런스에서 프레드 부룩스[Fred Brooks 2002]는 디자이너가 대상 고객에 대해 질문할 몇 가지 질문을 열거했다.

- 연령대는?
- 경험 수준은?
- 경험은 개인 또는 단체?
- 사용자는 주제에 대한 지식을 가질 것인가?
- 일부 사용자는 감지기능을 줄일 것인가?
- 그 경험이 움직임-질환을 감지하는 고객들에게 어떤 영향을 미칠까?
- 잠재 사용자가 VR 장비를 착용하는 데 얼마나 수용 가능할까?

청중 참여를 위한 디자인

일단 자신의 청중을 파악했다면 그들이 경험에 관심을 갖도록 해야 한다. 체험자에게 체험이 요구될 수 있는 군사 훈련과 같은 경우에도 참여는 그 훈련을

그림 9-22 구글이 만든 구글 어스 VR 애플리케이션은 사용자가 이동하기 전에 각 단계를 완료할 때까지 기다리면서 핸드 컨트롤러 인터페이스를 사용하는 방법에 대한 단계별 튜토리얼을 제공한다.

더욱 효과적으로 만들 것이다. 애플리케이션이 교육적이 되도록 디자인된 경우, 더 많은 업무 시간 때문에라도 참여가 증가하면 자연스럽게 더 많은 학습이 이루어질 것이다. 애플리케이션이 재미있도록 디자인된 경우, 더 큰 참여는 사용자들로 하여금 환불을 요청하지 못하게 하거나 최소한 게임을 더 잘 검토하게 할 것이다.

컴퓨터 매개 경험에 대한 관심을 유지하는 것에 관해서, 비디오 게임 디자이너들은 꽤 오랫동안 이 문제를 연구해 왔다. 게임 디자이너들은 그들이 특정한 일을 하고 경험을 얻을 때 보상을 하고 플레이어들이 레벨업할 수 있도록 하는 방법을 배웠다. 분자를 연구하는 과학자는 상을 받을 필요가 없지만, 애플리케이션은 비효율적인 사용 패턴을 관찰하고 인터페이스를 더 잘 사용할 수 있는 방법을 안내하고 이상적으로 그것들을 더 생산적으로 만들 수 있다. 구글 어스 VR 애플리케이션은 인터페이스의 가이드 투어로 시작해서 사용자가 이미 제공한 정보를 사용해 탐색할 수 있게 한 후 각 이동 방법을 설명한다(그림 9-22).

인터페이스 사용 방법에 있어서 사용자를 안내하는 것 외에도, 경험 디자인의 다른 측면들도 함께 작용하게 된다. 특히 디자이너는 사용자가 세계 내에서 에이전시를 확보할 수 있는 방법에 주목해야 하며, 존재감을 키워야 한다. 에이전시 프로모션은 전체적인 관점에서 다루어야 한다. 각 결정은 사용자가 경험에 참여하거나 경험에서 분리하는 데 도움이 되는 것으로 보아야 한다. 일관된

다이제트 세계를 만드는 것에서부터, 적절한 여유가 있는 사용자 인터페이스를 만드는 것, 심지어 라이브 에어나 좋은 역운동학적 알고리즘을 통해 자연스럽게 움직이는 아바타 같은 단순한 향상 기능까지, 모든 것이 세계를 매력적으로 만들어야 한다.

사회적 상호작용 고려

누가 몰입한 체험자들과 당신의 경험에 상호작용을 할 것인가? 그리고, 그 상호작용들은 어떻게 조정될 것인가? 프레드 브룩스[Fred Brooks 2002]는 VR 디자인에 대한 SIGGRAPH 2002 튜토리얼에서 고려해야 할 몇 가지 질문을 열거한다.

- 어떤 유형의 대화/토론이 필요한가?
- 수동으로 협력해야 할 작업이 있는가?
- 논의해야 할 인지적 협업이 있는가?
- 체험자가 경쟁할 것인가?
- 자율적인 에이전시과 의사소통을 할 것인가?

추가할 대상:

- 체험자 모두 동일한 (대칭) 인터페이스를 가질 것인가?

이러한 고려사항의 대부분은 꽤 간단하다. 대칭적 인터페이스와 비대칭적 인터페이스의 개념은 모든 사람이 몰입돼 있는지를 말한다. 즉 같은 스타일의 시스템은 대칭이고, 어떤 사용자는 물리적으로 VR에 몰입하고 다른 사용자는 데스크톱이나 모바일 디바이스를 통해 상호작용하는지 여부다. 몰입한 체험자는 대개 다른 체험자를 볼 수 있지만, 행동은 더 제한적인 물리적 인터페이스를 갖고 있음을 분명히 하는 방식으로 왜곡될 것이다.

디자인 트레이드오프 고려

어떤 디자인 프로세스에서든 트레이드오프가 이루어져야 한다. 가장 일반적인 절충은 세계의 복잡성과 높은 컴퓨터 성능에 필요한 비용 사이의 것이다. 세계의 복잡성의 양은, 차례로, 세계 디자이너들이 세계의 다양한 측면을 어떻게 표현하기로 선택하는지에 영향을 미칠 것이다. 매우 복잡한 렌더링 기법을 사용한 허용 가능한 표현은 모바일 기기 또는 그래픽 렌더링 성능이 낮은 시스템에서 완전히 부적절할 수 있다. 세계의 상호작용의 복잡성과 서술 사이에는 트레이드오프가 있다. 가상 세계에서의 여행 경로를 제한함으로써, 디자이너는 전 세계의 모든 세부 사항을 생성할 필요가 없다. 사용자의 경로에 가까운 세계에만 관심을 가지면 된다.

관련된 개념은 사용자가 이동할 수 있는 완전한 자유를 허용하지만 경로를 제한하는 것 이외의 제약을 통해 가상 세계의 특정 영역 내에 유지한다. 예를 들어, 비행 시뮬레이션에서 디자이너는 당신이 그 공간 밖으로 나가면 당신이 격추될 것을 보장함으로써 특정 공간에 당신을 보관할 수 있다. 이것은 사용자가 갈 가능성이 있는 장소에만 세계 디자이너가 집중할 수 있게 하는 동시에 완전한 사용자 자유에 대한 환상을 준다. 디즈니의 상상팀은 '알라딘의 매직 카펫 라이드' VR 경험에서 이 기술을 이용했는데, 이 기술은 세계를 위해 개발된 디테일들의 양이 재미없거나 가망이 없기 때문에 사용자가 가지 않는 지역을 만들어냄으로써 통제됐다(그림 9-23). 예를 들어 사용자가 넘기기에는 너무 높은 협곡벽이 있어 사용자가 완전한 자유를 느끼는 반면, 위장된 제약조건이 있다[Daines 1995].

그림 9-23 디즈니의 VR 체험 알라딘의 마법 카펫 라이드에서 콘텐츠 제작자들은 세계 서사시에 맞는 제한된 위치의 창의적 사용을 통해 세계를 시뮬레이션하고 렌더링하는 데 필요한 연산을 줄일 수 있었다. 따라서 체험자는 제한된 자유에 대한 인상을 받지 못한다. 여기서 체험자는 자파르의 실험실 주변을 비행할 수 있다. (Image courtesy of Walt Disney Imagineering)

여행을 제약하는 것은 중요한 지역으로 안내함으로써 체험자의 관심을 지속시킬 겉보기에 복잡한 세계를 만드는 한 방법이다. 사용자의 경험을 지시하는 또 다른 방법은 체험자에게 특히 흥미로운 대상과 위치의 세부사항에 더 많은 생성과 렌더링 자원을 적용하는 것이다. 사실상, 이것들은 그 이야기를 통제하는 방법이다.

보다 사실적으로 보이기 위해 오브젝트에 많은 폴리곤을 추가하는 것이 항상 정답은 아니다. 때때로, 모델링에 소비되는 여분의 노력은 오브젝트를 렌더링하는 데 필요한 연산적 노력의 양을 줄이기 위한 절충으로 사용될 수 있다. 가장 효과적인 프레젠테이션이 항상 가장 복잡한 것은 아니다. 캐서린 베스트 Kathryn Best가 그녀의 책 『The Idiots' Guide to Virtual World Design』(Little Star Pr, 1994)에서 다음과 같이 말한다. "해답은 모든 것을 단순화하는 것이 아니라, 특정한 특징을 강조해서 뇌가 나머지를 채우도록 하는 것이다."[Best 1993].

사용자 목표 디자인

사용자에게 디자인 프로세스의 초점을 맞추도록 하는 것은 매우 중요하다. 또한 하드웨어, 표현 및 인터페이스에 대해서는 사용자가 애플리케이션을 사용하는 방식을 다루어야 한다. 사용자는 애플리케이션이 목적을 가지고 있다고 느껴야 한다. 애플리케이션은 정보를 접하고 교육하고 계몽하고 비주얼제이션하는 등의 목적으로 디자인될 수 있지만, 반드시 서술이나 실행될 수 있는 과제가 있어야 한다. '알라딘의 매직 카펫 라이드'에서 디즈니 디자인 팀은 실험을 수행했고 사람들이 약 2분 동안 환경에서의 간접적인 유랑만을 용인한다고 결정했다[Pausch et al. 1996] [Snoddy 1996]. 그 후, 그들은 어떤 방향을 원한다. 디자인 그룹의 초기 가설은 사람들이 일반적으로 그들의 엔터테인먼트물이 포장되기를 원할 수 있지만 가상 현실에서는 그렇지 않을 수 있다는 것이었다. 그들은 이 가설이 틀렸다는 것을 발견했다. 지시를 받지 않고 내버려둔 채, 사람들은 지루해졌고 어떻게 해야 하는지를 물었다.

필요한 사용자 인터페이스의 종류와 양 또한 목적에 따라 달라진다. 만약 그 경험이 주로 이동 중이거나 심지어 세계의 오브젝트와의 상호작용이 거의 없는 플라이스루라면, 상당히 간단한 사용자 인터페이스가 개발될 수 있다. 사용자가 오브젝트, 특히 여러 오브젝트를 서로 연계해서 조작할 수 있어야 하는 애플리케이션의 경우 인터페이스는 더욱 복잡해진다. 상호작용과 인터페이스가 복잡할수록 사용자 시험을 더 많이 수행해야 한다. 즉, 다른 절충이 필요하다.

경험의 끝 디자인

경험이 어떻게 끝나는가는 그 종류에 따라 크게 다르다. 일부 경험은 개방돼 있다. 사용자는 가상 세계에서 무한정 일하거나 놀 수 있다. 다른 경험들은 확실히 끝이 난다. 경험이 구체적인 결말을 가지고 있든 없든, 체험자가 물리적으로 몰입할 수 있는 시간은 고정되거나 사용자가 원하는 시간만큼 환경에 남아 있을 수 있다. 열린 경험이나 고정된 경험 모두 체험자가 전체 기간 동안 중단 없이 몰입할 것을 요구하지 않는다. 특정 세션에 사용할 수 있는 시간을 보낸 후, 많은 VR 애플리케이션은 체험자가 나중에 돌아와 그들이 중단했던 곳을 다시 찾을 수 있게 할 것이다. 일부 지속적인 세계에서는 다른 체험자가 그 동안 세계에 들어가 상호작용하는 것이 가능할 수도 있다.

전형적인 비지속적(고정적) 경험은 아케이드 핀볼과 비디오게임 기계다. 이러한 게임을 경험할 때마다 처음부터 시작하며, 가능한 한 많은 경험을 통해 당신의 길을 개척한다. 마지막 실수가 있을 때(죽음, 볼 드롭) 그 경험은 끝난다. 영화를 보러 가는 것은 같은 부류의 것이다; 그것은 처음에 시작하고 모든 정보가 제시된 후에 끝난다. 다시 경험하기 위해 돌아오면, 그것은 처음에 다시 시작된다. 따라서 이러한 경험이 끝나는 방법은 (1) 시간 만료(5분 이상), (2) 터미널 이벤트(최종 볼 드롭), (3) 조기 사용자 종료(사용자는 지루함에서 떠난다)의 세 가지가 있다.

많은 공공 장소와 시연 VR 애플리케이션은 지속적이지 않고 제한된 시간 동안만 사용할 수 있다. 처음 공개 전시된 두 번의 Aladdin 경험은 5분 동안 지속됐고, 그 기간 동안 플레이어는 게임에서 이기기 위해 특정한 목표를 달성

그림 9-24 Osmose VR 애플리케이션은 예술적 표현을 위한 덧없고 초현실적인 환경을 제공한다. (Image courtesy of Char Davies)

하려고 노력했다. 체험자가 단지 세계를 탐험할 수 있는 기회를 허용하기 위해 여분의 시간은 주어지지 않았다. 자동차 마케팅을 위해 Virtuality PLC가 만든 Ford Galaxy VR 체험은 완전한 스토리(시작, 중간, 끝)를 가진 고정 길이의 서술로 제시됐다. 사용자에게 차에 들어가라는 메시지가 표시됐다. 목적지로 몰리면서 차의 특징을 설명했다. 이들은 여정이 끝나자 차와 VR 시스템을 빠져나갔다.

또한 제한된 시간 경험의 범위 내에서 덜 내러티브한 애플리케이션을 사용할 수 있다. Char Davies's의 Osmose(그림 9-24)는 각 사용자에게 15분 동안 경험을 탐구하고 명상할 수 있는 예술적 애플리케이션이었다[Davies and Harrison 1996]. 바람이 거의 끝나갈 때, 경험은 부드럽게 경험을 끝내도록 디자인된 공간으로 옮겨간다. 카네기 멜론 대학의 STUDIO 연구소에서 개발된 교육/과학 폼페이 애플리케이션은 체험자에게 일정 시간 동안 탐험할 수 있는 기회를 부여한 또 다른 예로서, 베수비우스 산의 폭발로 끝나는 이 특별한 경험을 제공했다[Loeffler 1995]. 주어진 시간(10분)만으로는 도시 전체를 탐사할 수 없기 때문에 체험자는 도시의 어느 부분을 방문할지를 선택했다. 일반적으로 처리량이 중요한 경험은 고정된 길이일 것이다.

사용자는 확장된 시간을 개방형 경험에 사용할 수 있다. 장르에 따라 이런 유형의 경험은 형식적인 결말을 맺을 수도 있고 갖지 않을 수도 있다. 예를 들어, 과학자가 도구들의 조합을 시도하고 새로운 데이터를 탐구하면서, 과학적 비주얼리제이션 애플리케이션을 반복해서 사용할 수 있다. 어떤 경험들, 특히 서술이 강한 경험들은 길 수도 있지만 결국 결론에 도달한다. 예를 들어 소설이나 텍스트 모험(인터랙티브 픽션), 또는 플레이어가 완수해야 할 과제가 주어지는 역할극 비디오게임은 완성하는 데 20시간 이상이 걸릴 수 있지만, 결국 마지막 수수께끼가 풀리고 마지막 페이지가 돌아가며 경험은 끝난다. 레

그림 9-25 가상성에 의한 레전드 퀘스트 VR 체험은 모험의 끝에 도달하기 위해 여러 번의 플레이 세션이 필요했는데, 이 세션은 VR 엔터테인먼트 현장에서 20시간 동안 플레이 세션이 필요했을 것이다. (Image courtesy of Virtuality LLC)

전드 퀘스트 게임은 이러한 유형의 가상 현실 경험이었다(그림 9-25, 그림 8-6 참조). 각 체험자가 할 수 있는 퀘스트 수는 정해져 있었고, 세계를 방문할 때마다 그들은 하나의 퀘스트를 수행하려고 시도할 수 있었다. 각 만남이 일회성 이벤트인 반면, 전체적인 경험은 체험자가 중요한 통계를 보관하고 매번 경기 시작 시 삽입할 카드에 저장할 수 있게 함으로써 종료됐다.

다른 몰입감 있는 이야기 경험들은 영화처럼 더 많이 상영되는데, 사실 어떤 것들은 주변을 둘러보는 능력이 더해진 전형적인 영화와 같은 형식이다. 이 경우 길이는 분명히 정해져 있다. 어떤 서술적 경험들은 그 중간 어딘가에서 떨어질지도 모른다. 그러한 내러티브는 대부분 표준영화와 같이 나오지만, 특정 시점에서는 사용자가 특정 방향을 바라보기를 기다린다(따라서 중요한 일부 정보를 알아차리기를 바란다). 그들이 보기 전까지는 이야기가 중단된다. 아마도 창문으로 바람이 계속 불고, 번개가 번쩍이고, TV가 요란하게 울리지만, 사용자가 보기 전에는 아무런 진전이 없다. 스마트폰-VR 디스플레이에 대한 자매 경험은 이렇게 한다(그림 9-26). 그래서, 이 영화들은 절대적으로 고정된 길이를 가지고 있지는 않지만, 아마도 너무 많은 편차가 없는 평균적인 길이가 있을 것이다. 타투아인 재판도 비슷한 일을 하지만 체험자가 밀레니엄 팔콘을 수리하기 위해 가상의 버튼을 눌러야 하며, 그 후 다시 이륙할 것이고, 이야기는 끝날 것이다.

그림 9-26 Otherworld Interactive의 전화 기반 VR을 위한 시스터즈 VR 경험에서, 이 이야기는 사용자가 주요 플롯 요소를 알아차리고 다음 씬까지 이어질 수 있는 특정한 방향을 응시할 때까지 특정 씬에 머물러 있을 수 있다.

형식적인 결말이 있건 없건 간에, 많은 긴 경험들은 그들의 상태를 저장하고 복원하는 것을 허용한다. 비주얼리제이션 도구 매개변수를 저장하거나, 새 책갈피를 표시하거나, 모험가의 위치를 기록할 수 있다. 체험자가 돌아오면, 그들은 그들이 멈췄던 곳을 찾을 수 있다. 많은 경험의 길이는 세계의 상태를 구할 수 있는 능력을 필요로 하며, 거의 무한한 경험의 정의에 가까운 특성이다.

데노우데이션은 이야기의 모든 느슨한 끝들이 묶여져 있는 것처럼 이야기의 포장이다. 많은 탐구 애플리케이션(과학적 또는 예술적)의 경우, 모든 것이 어떻게 세계의 모델과 조화를 이루는지 알아내는 것은 체험자에게 달려 있다. 그래서 그런 측면에서 보면 그 소멸은 VR 경험이 끝난 이후에 상당히 중요한 시기에 올 수도 있다. 이야기 중심의 경험을 더 많이 하기 위해서는, 그 끝을 함께 묶는 것은 콘텐츠 제작자에게 달려 있다.

사용자 테스트

물론 이러한 디자인 단계 중 대부분은 애플리케이션 팀에 의해 생략될 수 있으며, 이는 디자인 요소를 건너뛰는 것이 좋은 생각이라는 뜻은 아니다. 그것은 확실히 그렇지 않다. 그러나 일부 팀은 개발 과정에서 사용자 테스트를 건너뛰고 싶어할 수 있다. 그러나 개발자 테스트는 사용자 테스트가 아니다. 그리고, 아마도 그 과정에서 소수의 사용자 시험이 실시됐지만, 완성된 경험은 대상 사용자 그룹의 대표자들에 의해 철저히 테스트돼야 한다.

경험의 일부 요소는 잠재적으로 독립적으로 시험될 수 있지만(예: 탐색, 특정 상호작용), 모든 것이 합쳐질 때에도 완전한 경험을 포함하는 일련의 시험이 있어야 한다. 아마도 가장 좋은 전체적인 여행 기법은 특정한 조작에는 잘 작동하지 않을 것이다. 각 조작의 버튼이 너무 가까운 것처럼 사소한 것일 수도 있고, 수정하기 위해 더 중요한 코딩 변경이 필요할 수도 있다.

다시 말하지만, 비디오 게임 개발 팀들은 이러한 필요를 알고 있으며, 일반적으로 단지 게임 테스터가 되기 위해 사람들의 팀을 고용한다. 게임을 테스터에게 제시할 때, 최종 사용자가 어떻게 경험할 것인지를 모방하는 방식으로 하는 것이 중요하다. 그리고 실제로 그러한 경우가 아니라면, 개발자가 컴퓨터 콘솔에서 몇 피트 떨어진 곳에 앉아 있는 것처럼 보이지 않는다. 종종 사용자 시험은 비디오로 녹화되며, 개발자들은 실제 최종 사용자에게는 없을 것이기 때문에 시험 중에 단서를 제공하는 것이 허용되지 않는다. 아마도 만약 그들이 경험 테스트를 본다면, 그들은 조용히 앉아서 관찰할 수 있을 것이다. 물론, 그들은 메모를 할 수 있을 것이다.

경험에 대한 지표가 있는 경우 시험실무자의 세션을 측정해야 한다. 최소한 더 긴 노출 경험을 측정해야 하는 중요한 측정 중 하나는 시뮬레이터 질병 설문지[SSQ]이다. 이러한 방법 먼저, 과도한 시뮬레이터 질환은 더 나은 상호작용을 통해 해결되거나 시야를 제한하는 등의 방법으로 해결할 수 있다. 그 외에도, 일반적인 사용에서 여전히 평균 이상의 메스꺼움을 유발하는 경험에 대한 경고가 내려질 수 있다.

경험 문서화, 구축 및 평가

사용자 테스트가 개발 중에 수행된다고 가정하면 VR 환경을 배포용으로 판독할 때 일부 문서를 사용할 수 있을 것이다. 어떤 경우에도, 경험을 하는 사람을 위한 문서는 유행하고 다듬어야 할 것이다. 일련의 일반적인 질문과 실수는 사용자 시험 개발 단계에서 나올 것이다. 이러한 우려 각각에 대해 간결한 답변/

수정문을 작성해야 한다.

가능한 경우 VR 경험은 사용자의 숙련도를 모니터링할 수 있으며, 어떻게 진행해야 하는지 또는 일부 서술적 사례에 대해서는 올바른 방향으로 그들을 밀고하기만 하면 된다. 힌트는 팝업 메시지, 조언을 하는 에이전트, 또는 단순히 본디적인 보이스로 제공될 수 있다. 이러한 인터페이스는 VR 애플리케이션의 설명서에 액세스하는 인터랙티브 방법이다. 구글은 이것을 틸트 브러시와 구글 어스 VR에서 모두 한다. 여기서 사용자는 애니메이션 시퀀스를 통해 첫 번째 기본적인 상호작용을 보여주고, 그 다음에 추가 인터페이스 옵션이 나타난다.

가정용(HMD 및 스마트폰-VR용) 애플리케이션을 배포하는 것은 일반적으로 해당 시스템의 시장 또는 저장소를 통해 이루어진다. 이 경우, 가게 주인은 일반적으로 애플리케이션을 검토해 최소한의 요구 사항을 충족하는지 확인하고, 적절한 장소와 시스템 요구 사항(아마도 연령 제한의 형태로 사용자 요구 사항도 명시할 것이다.

특수 장비가 있을 수 있는 가정 밖의 장소에 배치되는 애플리케이션의 경우, 배치 프로세스는 약간 다르다. 여기서 설치 노력과 인원 훈련의 양은 환경 유형, 특히 기존 VR 시설인지 여부에 크게 좌우될 것이다. 기존 VR 시설이 설치 장소라면 하드웨어가 거의 설치되지 않거나 아예 설치되지 않아도 된다. 또한, 시설을 운영하는 사람들은 다른 장소에서 하는 사람들만큼 많은 훈련을 요구하지 않을 것이다. 설정, 고장, 배송을 어떻게 처리할 것인지에 대해 "여행 중"이 될 VR 시스템에 주의해야 한다. 공공 장소에 배치되는 모든 시스템은 가장 연약하고 취약한 구성부품에 대해 쉽게 교체할 수 있는 예비부품을 갖추어야 한다. 예를 들어, Cutty Sark Virtual Voyage Touring 애플리케이션(그림 4-39A 참조)은 추가 HMD를 포함했다.

VR 경험의 성공을 평가하기 위해 가장 먼저 짚고 넘어가야 할 질문은 "성공의 좋은 척도는 무엇인가?"이다. 빠른 대답은 "목표는 달성됐는가?"이다. 그러나 목표 달성은 측정하기 어려울 수 있다. 만약 수익이나 돈 절약, 시간 절약, 시험 점수 증가 또는 발표된 논문과 같은 더 구체적인 측정 막대가 있다면 성공을 평가하는 것이 더 쉬울 수 있다. 이 중 다수는 위의 '애플리케이션 분야의

그림 9-27 예술적 경험 Detour: 두 뇌의 전방에 있는 분해는 종종 체험자가 사고나 질병으로 인해 광학 이상을 겪은 사람들을 공감할 수 있게 해준다. 여기서 사용자는 시야가 흐려져 세계의 일부만 선명하게 볼 수 있다. (Photograph by William Sherman.)

보고' 절에서 논의됐다. 다른, 덜 구체적인 조치로는 사람들이 실제로 어떤 개념을 새롭게 이해했는지 여부, 사람들이 정신적으로 몰입하거나 그 경험에 어느 정도 관여했는지 여부, 또는 그들이 그 경험에 참여한 결과로 그 일을 더 잘 수행하고 있는지를 들 수 있다.

예술가 리타 애디슨에게 있어서, 그 조치는 개인적인 카타르시스와 그녀의 메시지를 전달하는 것 둘 다였다. 리타의 작품 《Detour: Brain Destruction Award》를 체험한 후, 많은 사람들이 이 작품이 자신에게 어느 정도 영향을 미쳤는지에 대해 언급하고 있다(그림 9-27). 많은 사람들에게, 그들이 뇌졸중이나 뇌 손상을 입은 누군가와 진정으로 공감할 수 있는 것은 이번이 처음이다. 이러한 일화적인 논평은 데투르의 성공을 가늠하는 척도다. 다른 저널리즘 스타일의 내러티브도 관객들을 감정적으로 움직여 주제 문제에 대해 좀 더 관심을 기울이려고 한다. 시리아 난민촌에 사는 한 소녀를 그린 '시드라 VR'도 이런 스타일의 한 예다.

VR 디자인의 과거와 미래

이 책은 VR 체험 개발자가 현재 이용할 수 있는 많은 옵션을 열거하고 있다.

저자들은 또한 광범위한 애플리케이션 영역에서 약 50가지 VR 경험을 상세히 설명하는 책을 썼다 [Craig et al. 2009]. 이 책의 초판 부록에 4개의 애플리케이션이 더 설명됐으며, 이 책의 첨부된 웹 사이트에서 사용할 수 있다. 하지만 VR은 배아 단계(사전 제도화)에서 매체로 전환했다. 1990년대의 VR 거품이 가라앉은 후에도 VR은 계속 발전해 우리가 소통하고, 생각하고, 사업을 하고, 배우는 방식에 영향을 줄 수 있는 매체로서 약속을 보여주었다. 매체를 위한 디자인은 미디어가 성숙함에 따라 진화됐지만, 기본적인 원칙은 그대로다.

이 책의 초판에는 VR의 미래와 디자인 프로세스에 대해 주로 썼다. 우리가 예측한 것의 많은 부분이 이제 통과됐다. 그러나, 미디어의 지속적인 확대에 기여할 많은 발전들이 여전히 있다. 무엇보다 VR의 수용성과 친숙성이 높아진다. 더 많은 VR 체험이 만들어지면서 이제는 훨씬 더 넓은 VR 커뮤니티가 서로 배우고, 성공적인 인터페이스 요소들이 더욱 보편화될 것이다. 이것은 다시 체험자가 새로운 VR 애플리케이션에서 무엇을 해야 하는지에 대한 기본적인 지식을 가질 수 있게 해준다. 그들은 일반적인 데스크톱 컴퓨터 인터페이스에서 그랬던 것처럼 VR을 읽고 있다. VR이 구축한 기술은 획기적으로 발전했고 앞으로도 계속 발전할 것이다. 이렇게 되면 VR에 대한 일부 작업을 할 가능성이 낮은 제약은 여전히 현대의 과학적 시뮬레이션이 만들어내는 만큼의 데이터를 처리할 수 없는 비주얼리제이션 도구가 있으며, 또한 일부 애플리케이션 영역은 더 나은 햅틱 디스플레이로부터 이익을 얻을 수 있다. 협력적인 VR 작업 환경을 촉진하는 것은 다소간의 해결이 될 정도로 지속적으로 개선되고 있는 하나의 과제다. 많은 새로운 VR 애플리케이션에는 기본적으로 다른 시스템에서 공동작업자와 함께 작업할 수 있는 기능이 포함될 것이다.

VR은 대부분 맞춤형으로 만든 전문 애플리케이션에서 대량 배포로 옮겨갔다. 가상 현실 애플리케이션 작성의 부담을 덜어주기 위해 고안된 소프트웨어 패키지가 있었지만, 현대 게임 엔진의 유비쿼터스함과 저비용은 문을 활짝 열었다. 일부 상업용 소프트웨어 공급업체는 이제 과학적 비주얼리제이션, 건축 작업 스루 및 모델 구축과 같은 분야에 사전 디자인된 가상 현실 애플리케이션을 제공한다. 첫 번째 판에서, 우리는 컴퓨터가 'VR 준비 완료'로 올 것이라고 예측했고, 그것은 이제 지나가게 됐다. 또한, 사람들은 VR을 그들의 노력에 적용함으로써 얻을 수 있는 이점을 탐구하는 것에 점점 더 관심을 가지고 있다. 그 결과 VR은 많은 새로운 영역에서 사용되고 있다.

요약

요약하자면, 가상 현실은 이미 몇몇 특정한 목표에 이로운 것으로 입증됐다. 가상 현실이 주어진 작업에 적합한지 여부를 평가하는 데 도움이 되는 지표들이 많이 있다. 매체의 마케팅과 예술적 탐구의 경우를 제외하면 VR에 접근할 때 해결해야 할 문제를 찾는 것은 일반적으로 현명하지 못하다. 당신은 문제를 가지고 가상 현실을 가능한 해결책으로 보아야 한다.

일단 목표를 달성하기 위한 수단으로서 가상 현실을 탐구하는 결정이 내려지면 표준디자인기법을 따라야 한다. 특히, 사용자들을 참여시킨다. 각 개발 단계에서 그들의 아이디어를 미리 작성하고 그들에게서 피드백을 받아라. 디자인에 대해 반복한다. 일의 진행에 따라 실행, 시험, 분석해서 그 경험을 지속적으로 다듬고 아무리 노력을 기울였어도 나쁜 생각을 기꺼이 버릴 수 있도록 한다. 알려진 정보 소스를 참조하라. VR과 인간-컴퓨터 상호작용의 매체를 연구하는 필드를 참조하라. 특히 인적 요인 및 인간-컴퓨터 인터페이스 커뮤니티에 의해 수행된 연구를 검토한다. 그리고, 다시 아이디어를 얻고 영감을 얻기 위해 다양한 VR 체험에 몰두하라.

물론 내용을 잊지 마라! VR 경험의 콘텐츠를 구축할 때는 어떤 매체에 대해서도 가상 세계를 만드는 데 수반되는 것과 동일한 문제를 고려해야 한다. 즉, 작성자는 경험에 대한 개념, 플롯(있는 경우), 문자 및 설정을 고려해야 한다. 결국, 매력적인 VR 인터페이스도 실질적인 콘텐츠를 대체할 수 없다. 가상 현실과 함께 처음으로 작업하는 콘텐츠 제작자는 사용자가 경험에 중요한 요소와 마주치게 하는 등 다른 매체에서 유의하지 않은 측면을 고려해야 한다. 저자는 사용자를 경험으로 안내하는 보조 기구를 사용할 수 있다. 사용자 입력이 필요한 측면의 경우 합리적인 기본값이 제공돼야 한다.

가상 현실 애플리케이션에 대한 작업을 시작하기 전에 디자이너는 몇 가지 문제를 숙고해야 한다. VR 없이 어떻게 임무를 수행할 수 있을까? 그들은 VR을 사용함으로써 무엇을 얻기를 기대하거나 희망하는가? VR이 이 작업에 대한 솔루션에 어떤 추가 제약을 가할 것인가? 기존 매체에서 구현된 작업에는 현재 어떤 제한이 적용되고 있는가? 최소 시스템 요구 사항은? 그러한 시스템을 달성하기 위해서는 어떤 종류의 자원이 필요할 것인가? VR을 사용할 경우의 예상 이득과 예상 리소스 비용은 어떻게 비교하는가? 사용자들이 누구일 것이며, 어떻게 상호작용하고 서로 의사소통할 것인가? 애플리케이션 성능을 과도하게 방해하지 않고 리소스 비용을 절감하기 위해 어떤 절충을 할 수 있는가? 사용자가 정기적으로 경험에 출입할 것인가? 그들이 중단했던 곳에 다시 합류할 수 있어야 하는가? VR에서도 이와 비슷한 목표를 달성하기 위해 어떤 작업이 이뤄졌는가. 이전의 노력에 의해 어느 정도의 성공이 이루어졌는가? 이러한 노력 이후 VR 관련 기술은 얼마나 개선됐는가? 그리고 마지막으로 가상 현실이 목표에 도달하는 데 도움이 됐는지 여부를 어떻게 평가할 것인가.

CHAPTER 10

가상 현실: 과거, 현재, 미래

미래를 예측하는 것은 주제넘어 보일지 모르지만, 최신 기술을 필요로 하는 프로젝트를 준비하고 있다면 추구해야 할 중요한 연습이다. 실제로 가상 현실 애플리케이션의 사양을 결정할 때 오늘날의 기술뿐만 아니라, 구축 시 이용 가능한 기술에 대한 계획을 세우는 것은 모든 잠재적 가상 현실 개발자가 할 일이다.

이 장에서는 VR이 향후 5~20년 동안 하드웨어 및 소프트웨어 기술, 통합 시스템 및 애플리케이션 프런트 분야에서 따라올 것으로 예상되는 몇 가지 동향에 대해 살펴본다. 먼저 VR의 현재 상태를 평가하고, 기술 개발의 전형적인 단계를 개략적으로 정리한 모델을 사용해서 이 책의 초판부터 우리의 예측이 얼마나 잘 나왔는지 살펴보고, 이 모델과 새로운 기술이 어떻게 진화하는지에 대한 다른 모델들을 고려할 때 VR이 어떻게 발전할지를 살펴보기로 하겠다. 일단 VR 개발 현황을 파악하게 되면 현재 연구에서 어떤 일이 일어나고 있는지 논의하고 그 분야의 개발 동향을 살펴보도록 하겠다. 거기서부터 VR 기술의 미래를 살펴본다.

VR의 상태

가상 현실을 일할 매체나 연구 분야로 추구하기 전에 VR이 기술로서 어디에서 있는지를 파악하는 것이 시급하다. 가상 현실에 대한 관심은 지난 수십 년 동안 사라졌고 흘러갔다. 확실히 VR에 대한 관심이 크게 가라앉았다는 이 책의 초판 이후 VR이 두드러져 왔다. 그러나 우리는 다음과 같이 말했다. "하지만, VR의 실제 사용이 증가하고 있으며, 하드웨어와 소프트웨어의 진보로 볼 때 VR은 건강한 미래를 가지고 있는 것으로 보인다." [Sherman and Craig]. 그 진술은 꽤 정확한 것 같다.

가상 현실의 상태를 조사하는 한 가지 방법은 다른 기술들이 어떻게 흥미로운 개념에서 일상적이고 실용적인 도구로 발전해 왔는지를 비교하는 것이다. Gartner 그룹은 대부분의 신기술이 '신기술 과대순환'이라고 부르는 것을 따랐다는 것을 관찰했다[Fenn 1995]. 그림 10-1에서 보듯이, 그 기술이 뉴스, 영화 등과 같은 대중 매체에서 얼마나 자주 나타나는지를 측정했을 때, 기술 개발의 가시성은 시간이 지남에 따라 패턴을 따른다. 그래프에서 Gartner 그룹이 개발 주기의 5개 단계를 식별했음을 확인할 수 있다.

1. 테크놀로지 트리거
2. 부풀려진 기대의 최고점
3. 환멸을 통해
4. 깨달음의 경사
5. 생산성의 정점

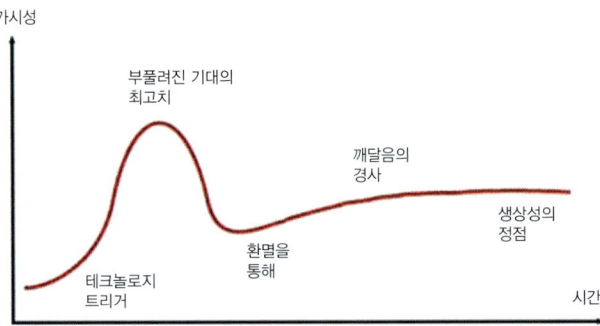

그림 10-1 Gartner 그룹은 이 곡선을 사용해서 시간이 지남에 따라 기술 개발에 대한 대중의 지각이 어떻게 변화하는지 표시한다. (Redrawn from The Gartner Group.)

우리는 각 단계를 일반 기술에 적용될 수 있는 것처럼 설명하고 각 단계가 가상 현실의 진화에 어떻게 관련돼 있는지 간략하게 확인할 것이다.

기술의 태동 시기

1장에서 제시된 VR 시간표에는 가상 현실이 대중 의식에 출현하는 트리거 포인트를 원인으로 할 수 있는 두 가지 날짜가 있다. 물리적으로 몰입하는 방식으로 반응하는 가상 세계와 연결된 최초의 작동하는 헤드 마운트 디스플레이는 1968년에 이반 서덜랜드에 의해 시연되고 문서화됐다. 이것이 확실히 소수의 컴퓨터 과학자들의 흥미를 끌었고, 서덜랜드의 연구실에서 연구가 계속됐지만, 기초적인 기술은 많은 사람들에게 높은 관심을 끌기에는 부족했다.

서덜랜드의 초기 진출 이후 시야가 확보되지 않았음에도 불구하고 채플힐, 라이트 패터슨 공군기지, NASA 에임스 연구센터의 노스캐롤라이나 대학 연구원들이 끈질기게 노력한 결과 1980년대 후반 VR에 대한 관심이 되살아났다. 따라서, 그리고 적어도 대중의 지각에 관한 한, 우리는 1989년에 기술 트리거 날짜를 할당하는 것이 좋을 것이다. 그 해에 VPL Research, Inc.는 정부, 대학 및 기업 연구소에 합리적인 가격의 상업적 기반 하드웨어를 제공함으로써 연구자들이 그들 자신의 가상 현실 경험 개발을 시작하기 위한 기준을 낮추었다. 1989년에는 VPL 설립자 재론 래니어가 가상 현실이라는 용어를 도입하기도 했다.

아마도 2012년은 일반적인 연구 커뮤니티 외에도 일반 대중, 특히 컴퓨터 게이머들로부터 재정적인 지원과 관심을 끈 오큘러스 킥스타터 캠페인의 결과로 또 다른 (혹은 '더') 촉발된 해라고 주장할 수 있을 것이다. 즉, 개인 VR 디스플레이를 찾는 사람들이 더 많이 포함됐다. 지금은 1989년 트리거 포인트를 더 큰 VR 궤도의 일부로 고수할 것이다.

기술에 대한 관심의 거품 시기

신기술 연구에 대한 자금 확보에 있어, 연구자들은 관련 자금 조달 기관들 사이에서 그들의 업무에 대한 관심을 높여야 한다. 이를 위해 연구자들은 이 기술의 미래 약속에 대해 자주 이야기할 것이다. 그러나 흔히 얼버무리는 것은 그 미래를 향해 얼마나 많은 노력(몇 년)이 필요할 것인가 하는 점이다.

그들의 작업을 홍보하는 동안, 연구원들과 상업적인 개발자들의 노력은 종종 신문, 잡지, 그리고 텔레비전에 실릴 것이다. 그들의 작업에 대한 가시성이 높아지고 이 위대한 신기술에 대한 기대가 높아지면 몇 년 동안 그들의 작업을 지원할 자금으로 이어질 것이다. 물론 그러한 가시성은 종종 기술이 오늘날 성취할 수 있는 것에 대한 지나친 기대감으로 이어지는 것은 단점이다. 결과적인 실망은 어쩔 수 없는 환멸로 이어진다. 그 기대가 즉시 충족되지 않으면, 이자는 가라앉는다. 가상 현실의 경우, 1992년과 1995년 사이에 부풀려진 기대치가 최고조에 달했다.

관심의 제거 시기

널리 퍼지는 실망은 환멸의 인상을 준다. 이자의 급격한 하락은 이러한 환멸에서 비롯된다. 이후, 더 이상의 개발을 지원하는 데 관심이 있는 자금 제공자가 줄어들고, 그들의 뉴스 및 연예 뉴스에서 이 기술을 다루는 데 관심이 있는 언론사가 줄어들게 된다. 가용 자금이 줄어들면서, 기술 연구 커뮤니티의 요구를 충족시키기 위해 생겨난 많은 회사들이 살아남기 어렵다는 것을 알게 된다. 기술이나 다른 산업분야에 서비스를 제공하는 더 다양한 회사들은 종종 새로운 기술을 지향하는 그들의 제품을 떨어뜨린다; VR 시장에서 이런 일이 일어났다. 실제로 VR 가시성이 최고조에 달한 상황에서도 일부 기업이 사업을 유지하기는 어려웠는데, 이는 VPL의 투쟁과 궁극적인 종말을 증명한다.

가상 현실에 대한 환멸의 시간은 1995~1998년 사이에 대략 감소했다. 월드와이드 웹이 등장하고 있을 때였다. VR의 긍정적인 면모만을 제시했다는 비난을 받지 않도록, VR 기술과 애플리케이션을 중심으로 한 기업들의 주목할 만한 사업 실패가 이때 발생했다는 점에 주목해야 한다. 그러한 예로는 영국 레스터의 Virtuality Group plc가 있다. VR이 눈에 잘 띄었을 때 품질 좋은 제품을 전달했음에도 불구하고 이들의 게임기는 몇 개의 일반 엔터테인먼트실에만 나타났다가 금세 사라졌다. 하드웨어는 여전히 너무 비싸서 그 경험을 저렴하게 만들 수 없었고, 그들은 대중의 기대에 부응하는 실시간 이미지를 만들 수 없었다. 이후 월트 디즈니 이머징은 디즈니퀘스트 가족 엔터테인먼트실을 통해 VR을 대중에게 제공했다. 그리고 VR만이 유일한 매력은 아니었지만,

상당히 중요한 부분이었는데, 역시 기대만큼 수익이 나지 않았기 때문에, 전국 디즈니퀘스트 공연장 계획은 신속히 보류됐다. (올랜도와 시카고에는) 단지 두 개의 시설만 문을 열었고, 시카고 행사장은 대략 26개월 후에 문을 닫았다. 19년 만에 올랜도 행사장은 2017년 7월 문을 닫았다.

기술의 재조명 시기

환멸의 구렁텅이에서 증발하지 않는 기술들을 위해, 누군가 사람들이 미래에 대해 영감을 받도록 하기 위한 무언가를 발견했을 가능성이 있다. 그러한 영감은 가능한 것을 암시하는 흥미로운 사례가 충분히 있을 때 생성될 수 있다. 결국, 더 많은 사람들이 그 기술을 추구함에 따라, 새로운 채택자들은 그것을 사용하기 위한 새로운 방법을 찾는다. 혁신적인 기술 활용을 모색하는 새로운 실무자들과 함께 번창하고 있는 공동체는 지역사회가 "밝혀지고 있다"는 신호다. 많은 새로운 회원들은 미래에 대한 더 큰 가능성과 더불어 새로운 첨단 기술로 실제로 성취될 수 있는 것을 보기 시작하면서 그 공동체에 합류할 것이다. 헌신적이고 새롭게 영감을 받은 노력의 일반적인 시기는 1999년경에 세기가 바뀌게 됐다.

부분적으로는, 그 시점에서 할 수 있는 것에 대한 평가는, 보다 유용하고 흥미로운 과제를 수행할 수 있도록 하는 지원 기술의 충분한 향상 때문이다. VR의 경우, 이러한 기술 개발은 그래픽 카드, 스마트폰 디스플레이 기술, 오리엔테이션 트래킹을 위한 유비쿼터스 IMU 전자제품, 카메라 기반 트래킹을 위한 더 나은 알고리즘이었다.

기술 상용화의 안정 시기

결국, 살아남은 기술은 그것이 제공할 수 있는 이익을 위해 받아들여질 것이다. 서비스하는 시장의 규모에 따라 이용 수준에 안주할 것이다. 신세대 제품이 출시됨에 따라 진전은 계속될 것이다. VR 붐이 한창일 때 기술과 시장이 정착했다고 주장하는 것은 시기상조일 것이고, 따라서 우리는 아마도 아직도 깨달음의 경사에 앉아 있을 것이다. 엔터테인먼트 외에 생산성의 수준은 아직

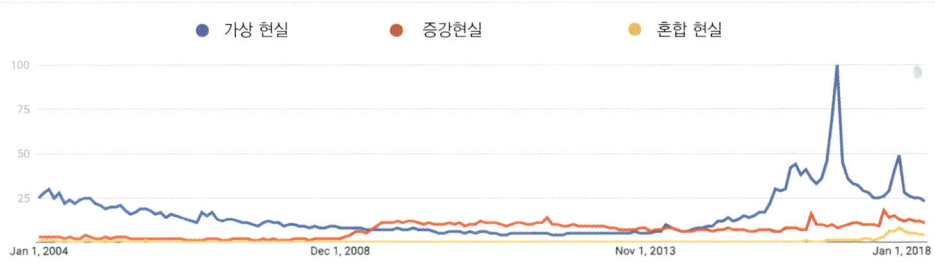

그림 10-2 Google.com에서 검색하는 용어들의 역사를 이용해서 우리는 시간이 지남에 따라 가상 현실이 얼마나 널리 퍼져있는지 알 수 있고, 그것을 다른 관련 주제들과 비교할 수 있다. (2004년까지) VR, AR, 그리고 최근 채택된 '혼합 현실'(MR) 검색의 역사를 돌아보면 VR이 하향 추세로 돌아서다가 잠시 수렁에 빠졌고, 전화 기반 AR이 만연했던 약 5년 동안 AR에 추월당했다는 것을 알 수 있다. 그 후, 발표된 소비자 VR 제품의 기대감 속에서, VR은 2016년 12월 HTC Vive, Oculus Rift, 소니 플레이스테이션 VR의 3대 소비자 HMD로 정점을 찍으며 상당한 상승세로 출발했다.

갈 수 있는 몇 가지 방법이 있다고 주장할 수 있다. VR을 사용해 디자인을 고객에게 보여줄 수 있는 반면, 건축가들은 아직 VR에서 집을 디자인하지 않고 있다. 반면 미션 훈련의 효과에 대한 실험은 시행되고 있지만, 그것은 오늘날에는 사용되지 않는다.

깨달음의 경사와 생산성의 고원 사이의 분열은 기껏해야 불분명하기 때문에 고원으로 이행했건 말건 상관없이 확실히 가상 현실이 문화 속으로 스며들기 시작했다. 이제 어떻게 될지는 두고 봐야 한다. 실제로, 이것은 VR 곡선의 완성일 수도 있고, 아니면 VR의 완전히 새로운 곡선의 시작일 수도 있다. 구글의 검색엔진 분석은 2004년으로 거슬러 올라가지만, VR에 대한 관심은 (구글 검색으로 측정한 결과) 그 당시 하락하고 있었고, 2016년 말 다시 같은 수준에 이르렀음을 알 수 있다(그림 10-2).

VR의 성숙도

VR 분야가 어떻게 성숙하고 있는지를 보여주는 지표는 매체를 구현하는 데 필요한 기술 개발에서 매체를 통해 소통할 수 있는 방법 연구로, 정기적으로 VR을 활용하는 쪽으로 초점이 옮겨지는 것이다. 이 매체의 분석에는 VR의 사용처와 방식과 함께 인적 요인 연구와 VR의 기존 작품에 대한 비판적 분석 및 검토가 모두 포함된다.

VR이 성숙함에 따라 (1) 실습실에서만 탐색되는 것(약간의 유용한 테스트 사례), (2) 과정 주제로 대학 강의실로 이동한 다음 (3) 교육을 돕기 위한 도구로 강의실로 이동한다. 물론 그것은 단지 대학적인 관점에서만 볼 수 있지만, 다른 장소에서도 같은 패턴이 사실이다. 홈 VR도 이런 패턴을 따른다. 애초에는 VR 요건 일부를 수행하는 저비용 기술을 찾아내고 나머지 기술(연구실)을 함께 뭉친 뒤 친구와 가족에게 이 기술(기술 설명)에 대해 이야기한 뒤 소비자 VR HMD를 구매하는 '가라지 VR 매니아'가 있다.

연구소내 VR

일부 대학들이 가상 현실을 어떻게 다루는가에 있어 중요한 측면은 매체 이용에 대한 공식적인 연구에 있다. 인적 요인 및 사용적합성 연구는 사람들이 새로운 기술과 상호작용하는 방식을 연구하는 데 있어 중요한 측면이다. 비록 우리가 매체에 대한 이해를 이끌어낼 수 있는 VR 애플리케이션의 많은 작업 예시를 지정하고 설명할 수 있지만, 지금까지 대부분의 작업은 일화적인 이해로 이어진다. 공식 연구는 인터페이스 방법론이 잘 작동하고 그렇게 잘 작동하지 않는 맥락을 계속 조사해야 한다.

가상 현실의 매체가 잘 확립되고 연구되기 전에 대부분의 초기 가상 현실 경험 사례들이 만들어졌기 때문에, 그것들이 어떻게 대부분 임시방편으로 만들어졌는지는 이해할 수 있다. 가상 현실에 대한 대중의 지각이 높아짐에 따라, 그 분야의 많은 연구자들은 증가하는 기대치를 충족시키기 위해 신속하게 기술을 개발해야 한다는 압력을 느꼈고, 그래서 VR의 잠재적인 유용성을 입증하는 애플리케이션이 만들어졌다. 특정 애플리케이션의 실제 유용성을 검증하는 데는 더 적은 관심이 지불됐다. VR을 활용한 실제 장점을 측정하기 위한 후속 연구를 수행할 시간이 거의 없었다. 물론 이 진술에는 예외가 있다.

채플힐에 있는 노스캐롤라이나 대학에서 연구원들은 특정 작업을 수행하기 위해 촉각 VR 인터페이스를 사용해서 피험자의 성능을 측정하고 그 결과를 기존의 컴퓨터 인터페이스 사용과 비교했다[Ouh-young et al. 1989]. 그들은 햅틱 인터페이스가 작업 수행 속도를 2배 이상 증가시킨다는 것을 발견했다. 스카로스와 캐셀만의 광고 대행사는 희망하는 메시지를 전달하는 기억에 남는 경험을 만드는 효과를 연구했다. 신청서는 커티 삭 Virtual Voyage였는데 사용자에게 금지 기간 동안 해당 위스키를 밀반입할 수 있는 기회를 제공했다(그림 4-39 및 8-12 참조). 소매, 엔터테인먼트, 무역 박람회장으로의 여정을 4개월 후에, 체험자가 얼마나 브랜드의 이름을 잘 유지했는지를 측정하기 위한 후속 연구가 실시됐다. 그 결과는 그것이 꽤 효과가 있었다는 것을 보여주었다.

매체가 개발됨에 따라 사용적합성 연구가 애플리케이션 개발 중 및 선행 중에 수행되고 있다. 버지니아 대학교의 초기 연구에는 환자 데이터를 검사하는 신경외과의 비주얼리제이션 인터페이스를 개선하기 위해 VR 기술을 사용하는 노력이 포함됐다[Hinckley et al. 1994]. 조지아 공과대학교Georgia Institute of Technology의 연구는 복잡한 환경에 포함된 정보에 접근할 수 있는 능력[Bowman et al. 1998]과 가상 현실이 비행에 대한 두려움을 가진 환자에게 생리적 영향을 일으킬 수 있는 능력[Rothbaum et al. 1996]을 포함해 많은 상호작용 기법을 탐구했다(그림 10-3).

그림 10-3 (A) 조지아 공과대학교의 연구원들은 Bravemind 프로그램을 통해 베트남 전쟁에서의 경험으로 외상 후 스트레스 장애(PTSD)로 고통 받는 사람들을 치료하기 위한 VR 애플리케이션을 개발했다. 이는 가상 베트남 애플리케이션으로 상용화됐으며 치료사들이 환자와 함께 사용할 수 있는 턴키 하드웨어/소프트웨어 시스템으로 사용할 수 있었다. 사실상 Better Inc.는 공포증 치료를 위한 많은 턴키 시스템을 계속해서 제공하고 있다. (B) 군은 가상 현실을 이용한 PTSD 치료 프로토콜을 개발하는 데 매우 관심이 있다. USCICT(University of Southern California's Institute for Creative Technologies)의 연구자들은 보다 최근의 운영 극장에 적응하고 있으며, 치료 프로토콜뿐만 아니라 시각 및 기타 감각 결과도 개선되고 있다. ((A) Image courtesy of the Georgia Institute of Technology. (B) Image courtesy of Skip Rizzo, USC-ICT.)

휴스턴 대학교와 조지 메이슨 대학교 사이의 협업 프로젝트는 가상 현실의 효과를 고등학교 물리학을 가르치기 위한 전통적인 교과서와 비교했다[Salzman et al. 1996]. 시카고에 있는 일리노이 대학의 전자 비주얼리제이션 연구소에서 일하면서, 두 명의 체험자가 별도의 CAVE 디스플레이에 몰두해서 공유 공간에서 가상 오브젝트를 얼마나 잘 조작할 수 있는지 연구했다[Park and Kenyon 1999]. 이로써 필요한 모든 것이 갖춰졌다고 할 수 없다. 작업은 계속되고 여전히 기초적인 인터페이스 디자인과 정보 프레젠테이션에 초점을 맞춘 연구에 대한 강한 필요성이 남아 있다. 또한 개별 애플리케이션은 비VR 솔루션과 비교할 때 이점을 측정할 필요가 있다. 만약 이 연구가 충분히 일찍 이루어지지 않는다면, VR이 생산성의 고원에 도달했을 때 표준 VR 인터페이스는 그저 인기 있는 것이 될 수도 있다. 일단 인터페이스가 탄력을 받으면 항로를 바꾸는 것은 어려울 수 있다. 얼리어답터들은 그들이 알고 있는 것으로 시작하는 경향이 있기 때문에, 많은 초기 VR 애플리케이션들은 메뉴와 같은 2D 데스크톱에서 인터페이스 개념을 채택했다. 적절한 VR 버전 또는 메뉴 교체는 계속 생성돼야 한다.

인간이 어떻게 매체와 가장 잘 상호작용할 수 있는지에 대한 공식적인 연구 외에도, 매체의 사회적 영향을 연구하는 것도 중요하다. 그러한 노력을 시작하기 위한 하나의 메커니즘은 매체가 사용자에게 정보를 전달하는 데 얼마나 효과적인지를 연구하는 것이다. 소설이나 영화를 검토할 때, 작가나 감독이 그들의 자료를 제시했던 능력, 즉 매력적이고 계몽적인 방식으로 제시했든 간에, 그리고 작품이 관객에게 미치는 영향을 평가할 수 있다. 현재까지, 가상 현실 경험의 사회적 영향에 대한 비판적 검토에 대한 인정된 포럼은 없으며, 단지 임시 논평일 뿐이다. 그 이유는 매체가 평가를 위해 충분히 널리 보급돼야 하고, 토론을 시작하기 위해서는 매체의 매체와 언어에 대해 충분한 수의 사람들이 지식이 있어야 하며, 충분한 사람들이 담론을 읽는 데 관심을 가져야 한다는 사실에서 비롯된다. 아마도 영화 코멘트와 다른 저널들이 오늘날 영화 산업에 이러한 목적을 제공하는 것처럼, 심사위원들이 몰입 경험과 사회에 미치는 영향에 대해 논의할 큐레이션된 포럼이 있을 것이다.

강의실의 VR

21세기 초 성숙의 또 다른 지표는 가상 현실에 관한 강좌를 제공하는 대학들의 수가 증가하고 있다는 것이다. 수년 동안 이 증가세는 사용 가능한 하드웨어의 한계로 인해 완화됐다. 하드웨어 제약은 종종 학급 크기를 소수의 학생들로 제한했다. 컴퓨터 기반 기술의 발전으로 많은 대학 VR 강좌가 컴퓨터 과학부에 의해 제공돼 왔다. 하지만 VR은 정말로 다분야적인 노력이다. 따라서 코스 제공은 컴퓨터 과학 부서에서 점차적으로 전환되거나 최소한 상호 참조되는 많은 강좌를 촉진할 것이다.

우리가 친숙한 대학에 초점을 맞추면서, VR 경험을 비기술적인 커리큘럼의 일부로 포함하는 추세를 보아 왔다. 사실 이런 추세는 진행 중이다. 2001년까지만 해도 어반나 샴페인에 있는 일리노이 대학에서 컴퓨터과학과, 수학, 건축학과는 모두 가상 현실을 갖춘 강좌를 개설했다. 수학과 건축의 경우, 학생들은 가상 현실을 '순수'기술이나 매체로 배우는 것이 아니라, 연구분야에서 가상 현실을 이용하고 있었다. 블루밍턴의 인디애나 대학에서 미술학부는 10년 동안 가상 현실 디스플레이를 위한 가상 세계를 개발하는 과정을 제공했다. 더 최근에는 스페인어 수업에서 푸에르토리코, 멕시코, 아르헨티나에서 녹음된 360도 비디오 클립을 통해 학생들이 언어가 사용되는 다른 상황에서 참석할 수 있다(그림 10-4).

그림 10-4 인디애나 대학의 연구원들은 VR을 외국으로 여행할 필요 없이 언어 몰입도를 제공하는 수단으로 사용하는 방법과 동시에 다른 나라의 문화적 명소를 볼 수 있는 기회를 제공하는 방법을 탐구하고 있다. (Olga Scrivner와 Julie Madewell의 이미지 제공)

그림 10-5 VR은 새로운 작업에 대한 교육을 받을 때 방법론과 워크플로우를 배울 수 있는 방법을 제공한다. 여기에서 고고학 학생들은 발굴 현장에서 필요한 도구의 기초와 유물을 적절히 측정하고 분류하는 방법을 배운다[Shackelford et al. 2018]. (Image courtesy of Laura Shackelford)

물론 VR을 교육 요소로 삼아 가르치는 이 수업들은 10여 년 전 VR 기술에 대한 '전통적인' 과정과 함께 가르친다. 현재 일리노이 대학교는 이 책이 출판될 때까지 널리 보급할 계획(그림 10-5)으로 고고학적 방법을 가르치는 VR을 이용한 연구를 진행하고 있다.

전환: 상용을 위한 미디어 오브 어트랙션

1968년부터 아마도 2014년까지(구글 카드보드, 오큘러스VR은 페이스북에서 구입해 DK2 모델을 출시하고, 삼성은 기어VR을 출시했을 때) 가상 현실은 '미디어 오브 어트랙션$^{Media of Attraction}$'의 단계에 있었다고 할 수 있을 것이다. 미디어 오브 어트랙션 개념은, 기술 기반의 미디어가 제도화되기 전에(문화에 완전히 동화되기 전에) 질적으로 다르다는 것이다. 실제로 2014~2018년 사이는 VR이 아직 철저히 제도화되지 않은 과도기다. 따라서 2014년 이전의 거의 모든 가상 현실 경험과 2015~18년에 발생한 대부분의 가상 현실 경험은 이 범주에 속한다. 상용으로의 전환이 언제 일어날지는 아직 알 수 없으며, 돌이켜 볼 때까지는 알 수 없을 것 같다.

레베카 루즈$^{Rebecca Rouse}$는 '매력의 시네마'라는 영화 분석 개념을 일반화해서 '매력의 매체'라는 용어를 사용한다[Rouse 2016]. '매력의 시네마' 시대는 에디슨의 영화 특허회사가 산업을 표준화했던 1908년 이전이었다. 그 시대에는 영화를 영화관용으로 디자인된 특수 극장이 아닌 여러 장소에서 관람했다.

그들은 보드빌 행위의 일부로 등장하거나 세계 박람회에서 볼 수 있다. 사람들은 단지 이 이야기를 위해 영화에 참석한 것이 아니라, 루즈처럼 기술에 경탄하기 위해 "디자이너의 숙달뿐만 아니라, 착시 그 자체에 대한 경이로움이나 경이로움 그 자체가 매체의 핵심이다."라고 말한다. 가상 현실을 매개로 한 이 미디어 오브 어트랙션 단계는 확실히 이 틀에 맞는다. 즉, 사람들은 VR 체험에 참여할 기회를 얻기 위해 연구실, 디즈니 엡콧 센터 또는 심지어 지역 주류 판매점을 방문할 수도 있다.

미디어 오브 어트랙션 이론에 따르면, 2014년 이전의 VR 경험은 결국 이 시기의 모범 사례에서 나올 수 있는 배아 형태에 불과했던 것이 아니라, 이용 가능한 기술과 비용을 포함한 당시 세계의 맥락에서, 그들 자신의 권리를 위한 미디어 탐구였다.

미디어 오브 어트랙션에서 제도화로의 절대 전환을 예고하는 정확한 사건을 정확히 포착하는 것은 사실상 불가능하다. 1990년대에는 상용 VR 제품이 있었다. 이 제품들은 공포증 치료 시스템에서부터 자동차 디자인 평가, 아케이드 시스템에 이르기까지 다양했다. 그리고 상업화 후에도 여전히 관심이 있을 것이다. 그러나 제도화의 시작은 아마도 Hasbro My3D 입체영상 뷰어에서 영감을 얻은 컨셉을 먼저 취해 창조기술연구소(ICT)에서 DIY 가상 현실 디스플레이로 탐구하는 스마트폰 보유자 기반의 가상 현실 개념을 장려한 것이었을 것이다. 구글은 카드보드 스마트폰 홀더를 널리 이용할 수 있게 함으로써(2014년 자체 I/O 기술 콘퍼런스에서 시작해) 스마트폰을 가진 사람이 누구나 '플레이 스토어'에서 가상 현실 애플리케이션을 다운로드해서 가정이나 장소에 있는 곳에서 체험할 수 있는 수단을 제공했다.

확실히 가정에서의 본격적인 VR은 페이스북이 킥스타터가 시작한 Oculus Rift(ICT로의 유착도 있음)에 대한 투자와 Oculus-Samsung 기어VR 협업을 비롯해 HTC Vive와 OculusVR CV-1(소비자 버전)의 거의 동시 상용 출시 및 소니 플레이스테이션 VR에 의해 촉발됐다. 2016년, 이러한 기술들은 소비자가 수많은 VR 경험을 구입하고 다운로드할 수 있는 자체 앱 마켓플레이스를 가지고 있다.

그러나 현재 그리고 앞으로도 'VOID'나 차량을 타고 어두운 실내를 누비는 대형 테마 파크의 '다크 라이드$^{dark\ ride}$'와 같은, 특별한 길의 가상 현실 체험이 존재하며, 또 다른 것들은 여전히 전 세계의 대학, 기업, 정부 연구 개발 그룹 내의 연구 그룹에서 발견되고 있다. 종종 이러한 경우에, 시스템은 실험적인 하드웨어를 사용하게 될 것이며, 여전히 매체를 이용하기 위한 새로운 방법과 인터페이스를 개선하기 위한 방법을 모색하게 될 것이다. 사실, 이것은 교육, 비즈니스 훈련, 의료 훈련 등을 위해 만들어진 필름과 제도적 형태에 반하는 전위적인 영화에도 여전히 해당된다.

트렌드

VR 기술의 모든 분야에는 "더 빠르고, 더 좋고, 더 저렴하다"는 격언이 적용된다. 이 절에서는 이 적용 가능한 진부한 표현에 대한 몇 가지 결과를 다루려고 할 뿐만 아니라, 있을 수 있는 혁명적 변화와 진화적 발전도 살펴보려고 노력할 것이다. 우리의 많은 구체적인 예측은 VR 애플리케이션 개발자들과 함께 일했던 수년간의 경험에서 비롯된다. 특정 주제들은 VR에서 사람들이 하고 싶은 것을 쉽게 막는 장애물로 계속 나타난다. 다른 차벽이 무너졌다. 여기서는 가상 현실 하드웨어 및 소프트웨어 공급업체에 여전히 우려되는 문제를 논의한다.

본서 1판에는 VR 기술의 진보에 관한 5대 트렌드를 열거했는데 (1) 적음, (2) 증강현실^{AR}의 활용도 증가, (3) 가정 내 VR, (4) 감각 충실도 향상, (5) VR 레디 기계 등이 그것이다. 그 중 세 가지는 상당히 구체적이고 본질적으로 전달됐다: 현재 모바일 기기를 통한 AR의 사용이 어느 정도 광범위하게 이루어지고 있다; VR이 가정으로 출시됐다. 그리고 VR을 사용할 수 있는 기계들이 시판되고 있다. 나머지 두 가지는 상당히 일반적이며, 많은 진전이 이루어졌지만, 아직 더 많은 것이 남아 있다. 또한 항목 (4)의 폭을 '고급 경험 충실도'로 확장하고 보다 사실적이고 심층적인 세계를 생산하는 능력을 포함할 수 있다. 그리고 소프트웨어 동향과 하드웨어의 현저한 진보의 영향에 대한 세 번째와 네 번째 범주를 추가한다. 목록을 다시 정렬하고 첫 번째 판 이후 실현된 세 개의 트렌드를 먼저 다룰 것이다.

1. 증강현실AR 사용 증가
2. 가정 내 VR
3. VR-레디 머신
4. 더 적은 반목
5. 더 높은 감각 충실도,
6. 바로 사용할 수 있는 소프트웨어(소프트웨어 추세)
7. 새로운 드라이버/파괴적인 기술

증강현실 활용도 확대

트래킹 및 기타 입력 기술의 개선으로 증강현실 애플리케이션의 실현 가능성이 높아졌다. 그러나 모바일 기기는 내측(외측) 트래킹을 가능하게 하는 자체 장착 카메라를 포함해 엄청난 성능의 순서에 따라 개선될 것으로 나타났다. 모바일 기반 AR은 AR의 한 가지 패러다임에 불과하지만, 그것은 그것을 주류로 밀어넣기 시작하기에 충분했다(물론 모바일 기반 AR의 일반적인 사용에는 완전하고 정확한 시야를 위한 헤드 트래킹이 필요하지 않다. 이 때문에 머리 기반의 디스플레이는 여전히 일반적으로 요구되고 있으며, 이러한 것들은 Daqri Smart Helmet/Smart Glasses, Microsoft HoloLens 및 Magic Leap ML-1과 같은 형태로 씬에 나타났다).

많은 예상 애플리케이션의 잠재적 효용성을 실현하기 위해 아직 진행 중이다. 그러나 이미 많은 기술적 장애들을 확인하고 극복하기 위해 많은 열매를 맺었다. 이러한 유형의 장치에는 실제 조명에 대비해서 밝은 가상 오브젝트를 제공하는 내부 트래킹(예: SLAM 트래킹), 소형화된 컴퓨터(예: 스마트폰 기술), 광학 등과 같은 많은 기술 혁신이 나타난다.

가상 'X선 비전'으로서 AR의 예상되는 효용성에 대한 또 다른 요구사항은 벽/피부/껍질 내부에 무엇이 있는지 데이터를 의미한다. 이것의 전형적인 선구적인 예는 임산부 내부의 아기를 보기 위해 머리 기반의 디스플레이와 의학 초음파를 결합한 것이었다[State et al. 1994]. 아키텍처 전면에서, 대부분의 새로운 대형 구조물은 현재 빌딩 정보 모델링^BIM 데이터를 사용하기 때문에, 파이프와 도관의 위치를 알고 AR 애플리케이션에 제공할 수 있다. 또한, 리더 스캐너와 같은 스캐닝 기술은 건설 프로젝트를 다양한 조립 단계에서 자세히 스캔할 수 있게 한다. 현실 세계에 대해 수집된 모든 데이터는 AR을 성공적으로 적용할 수 있는 영역을 증가시키고 있다. 폐색 문제, 특히 컴퓨터 그래픽을 가로막는 현실 세계에 대해서는 아직 할 일이 많다.

가정에서의 VR

끝! 한때 기대했던 VR의 미래 전망이 열렸다! 그것은 확실히 예상된 업적이다. 그리고 이 책의 초판에서, 헤드 기반의 디스플레이가 컴퓨터 모니터의 가격대에 도달할 것으로 예상했고, 따라서 (일반적으로 게임을 위한) 고성능 시스템 구매를 진지하게 고려 중인 컴퓨터 사용자의 예산을 넘지 않을 것이다. 한 가지 망설여지는 이유는 구매를 후회하지 않게 할 흥미로운 소프트웨어 애플리케이션이 충분히 있을지였다. 오픈소스 게임 커뮤니티를 통해 이런 일이 일어날 수 있다고 생각했다. 우리는 또한 기존의 텔레비전 디스플레이(스튜디오 출력물로 가능해지기 시작한)가 닌텐도 Wii 컨트롤러와 같이 간단한 트래킹과 함께 사용될 수 있기 때문에 어탱크 스타일의 VR이 '집에 오는' 첫 번째가 될 수도 있다고 생각했다. 실제로 2007년에는 이 바로 그 시나리오(동년 도입된 입체 TV는 아니지만)가 조니 리[Lee 2008]에 의해 인기 있는 유튜브 영상에서 홍보됐다. 그러나 이것은 대중들에게 활기를 불어넣지 못했다. (이씨는 계속해서 마이크로소프트 키넥트와 구글 탱고 프로젝트를 진행할 것이다.)

그래서 무슨 일이 일어났을까? 한마디로 '킥스타터'(두 단어로 '크라우드 펀딩')다. 대기업, 새로운 기술 제품에 투자하고, 새로운 시장에 뛰어들 자금을 가진 사람들, 그리고 이미 실패한 시도를 야기한 특정 시장에 대한 거부감이 종종 있다. 그렇다면 기업은 때가 언제인지 어떻게 알 수 있을까? 그러나 군중자금으로, 충분한 수의 열광자들이 잠재적으로 시장에 나올 수 있는 제품을 만들기 위해 그들의 돈으로 투표/투자할 수 있을 때, 그러나 단지 기존 기업들의 주저함 때문만은 아니다.

그러나 기존 하드웨어를 시장에 출시하기 위한 자금을 찾는 것이 반드시 소프트웨어 문제를 해결할 필요는 없다. 페이스북이 킥스타터를 살린 오큘러스VR에 투자했을 때 그 장벽은 상당한 자금 유입으로 인해 뚫렸다. 내부적으로 게임을 개발하고 기존 게임 개발자들에게 종자돈을 제공하기 위한 자금으로, 급성장하는 시장이 형성됐다. 페이스북 투자는 또한 다른 기술 회사들의 관심을 끌었고, 그들 중 일부는 VR 기술과 소프트웨어 개발에 뛰어들도록 자극했다.

이제 이러한 추세는 개선과 더불어 보다 실용적인 도구를 사용할 수 있는 게임 이상의 다양한 소프트웨어를 위한 것이 될 것이다. '스프트웨어 가용성' 절에서 소프트웨어 동향에 대해 자세히 알아보라.

VR-레디 머신

오늘날 'VRready' 시스템의 개념은 10년 전에 '멀티미디어 레디'였고 필수 하드웨어와 소프트웨어 구성품이 미리 갖추어진 컴퓨터 시스템을 구입한 것과 유사하다. 현재는 축소형 VR 애플리케이션을 실행할 준비가 된 시스템을 구입할 수 있다(그림 10-6).

그림 10-6 가상 현실 렌더링의 요구사항은 많은 애플리케이션을 원활하게 실행하기 위해 특정 최소 사양이 필요하다. 컴퓨터 제조업체들은 생존 가능성을 나타내는 스티커를 붙여 기계를 홍보하기 시작했다. (Photograph by William Sherman)

첫 번째 판에서, 우리는 턴키 시스템, 즉 하드웨어와 소프트웨어를 어떤 특별한 목적으로 결합하는 시스템이 발생할 것으로 예상했다. 사실, 그것은 BDI 봉합 훈련기, 가상성의 게임 시스템, 그리고 Virtually Better, Inc.의 치료법과 같은 특정한 사례에서 이미 일어났다. 일체형 하드웨어 및 소프트웨어 통합 장치(소프트웨어가 포함된 하드웨어)에 관한 한 가장 적합한 제품은 올인원 컴퓨터, AR 장치 및 소프트웨어 내장형인 마이크로소프트 HoloLens와 같은 제품이다. 그러나 일부 VR 애플리케이션 시장이 존재함에 따라 컴퓨팅 하드웨어에 사전 통합되는 소프트웨어의 필요성이 줄어들고 있다.

컴퓨터는 이제 컴퓨터가 품질(일시 중지하지 않음)에 필요한 것으로 간주되는 시각적 프레임률로 렌더링 할 수 있는 충분한 GPU를 가지고 있고 특정 VR 하드웨어로 잘 작동하는 드라이버를 나타내기 위해 사용되는 'VR 레디'라고 주장하는 시장에 출시됐다. 어떤 특수한 경우,

그림 10-7 배선 위험을 제거하는 한 가지 방법은 탈 때 컴퓨터를 가지고 오는 것이다. VR 시스템을 위한 백팩 폼 팩터가 현재 추세지만, 무선 통신 장치를 사용할 수 있게 되면서 이러한 추세는 단명성이 입증될 수 있다. (Photograph by Ray Stephenson)

이것은 백팩으로 착용하도록 디자인된 컴퓨터에 더 적용됐고, 따라서 사용자가 이동에 제한을 받지 않고 코드에 걸려 넘어질 수 없도록 헤드 기반 디스플레이와 컴퓨터 사이의 테더를 단축시켰다(그림 10-7).

짐 줄이기

현재 진행 중인 추세는 VR 시스템에서의 인큐브러스를 줄이는 것이다. 체중이 크고 구속력이 있는 기기를 착용하는 사용자를 억제하는 무게와 이동 제한은 체험자의 경험의 질을 떨어뜨린다. 헤드 기반 디스플레이는 무게와 부피가 현저히 감소했다(그림 10-8). 1989년 헤드 마운트 디스플레이의 전형적인 중량은 8lbs인 반면 2016년 헤드 마운트 디스플레이의 전형적인 중량은 1lb이다(2002년 각각 약 0.5lb의 HMD가 있었기 때문에 추세에 반하는 정도는 작았다). 그러나 그 0.5lb 2002년형 HMD는 끔찍한 해상도와 끔찍한 시야를 가졌지만, 오늘날의 HMD는 일반적으로 완

그림 10-8 일단 대학 및 기업 연구소에서만 발견됐던 HMD는 동기 부여가 가능한 가정용 사용자들에게 가격대에 도달했을 뿐만 아니라, 개선된 디스플레이 및 트래킹 기술과 함께 폼 팩터도 상당히 개선됐다. (Photograph by William Sherman)

전한 6-DOF 위치 트래킹 기술을 포함하고 있다.

소멸되는 또 다른 불협화음은 장치를 사용자에게 연결하는 전선으로부터의 구속이다. 셋톱박스와의 블루투스 단거리 통신을 이용한 닌텐도 Wii 리모트(위모트)는 이러한 경향을 공표해 게임 플레이어가 좀 더 자유롭게 움직일 수 있게 됐고, 따라서 게임과 더 육체적으로 교류할 수 있게 됐다. 위모트는 IMU 트래킹을 사용해서 3-DOF 모션(방향)을 입력으로 추가한 최초의 게임 컨트롤러였으며, IR 카메라로 위모트는 위치 보고를 위한 제한된 메커니즘도 제공했다.

실제로 대부분의 트래킹 기술은 체험자를 VR 시스템에 연결하는 와이어 수를 줄였다. 이것은 컴퓨터 비전과 관련 기술의 사용으로 트래킹하는 것의 주요 이점들 중 하나이다. 그러나 소닉과 전자기계조차도 RF 연결을 개발해서 사용자와 컴퓨터로 전선을 제거했다. 비록 사용자에게 능동적인 수신기를 가지고 있지만, 전력을 공급하기 위해서는 여전히 차체 마모 배터리 팩이 필요했다. HTC Vive Lighthouse 시스템은 수신기가 송신기에 직접 연결할 필요는 없지만, 로컬 프로세싱이 있어야 하고, 그 다음에 다시 컴퓨터로 통신할 수 있는 수단이 있어야만 한다.

궁극적으로, SLAM 트래킹 기술은 즉각적인 미래를 이끌 것이다. SLAM 트래킹 기능은 이미 구글 탱고$^{Google\ Tango}$, 마이크로소프트 홀로렌즈 및 HTC Vive Focus 및 Lenovo Mirage와 같은 소비자(또는 소비자) 제품에서 입증됐다. Mirage와 Vive Focus는 모두 구글의 WorldSense 브랜드 SLAM 시스템을 사용한다. 삼성, HP, ASUS의 HMD는 마이크로소프트의 Windows Mixed Reality 기술을 사용한다. 마찬가지로 SLAM 트래킹은 애플의 ARkit SDK를 통해 스마트폰에서 이용할 수 있으며, 구글의 ARCore SDK는 4장에서 설명한 바와 같이, SLAM은 사용자의 관점에서 모든 작업이 이루어지기 때문에 환경에 대한 변경이 필요 없는 완전히 내부 지향적인 트래킹 시스템이다. 이것은 현재의 입력을 과거 위치에 일치시키기 위한 메모리와 함께 상당한 양의 전문 처리가 필요하다. 이는 동일한 SLAM 기술이 사용자의 몸을 머리에서 볼 수 있고, 리프 모션과 같은 제품으로 사용자의 사지 위치를 결정할 수 있지만, 사용자의 나머지 신체 트래킹은 다루지 않는다. 현재 SLAM 트래킹은 환경이 급변하는 시나리오에서는 실행 가능한 해결책이 아니다.

마지막으로, 완전 통합 시스템은 전체 장치가 자체 포함되므로 다른 시스템과의 연계가 필요하지 않다는 점에서 불협화음을 감소시킨다. 디스플레이에는 트래킹, 컴퓨팅, 그리고 이를 클라우드를 통해 원격 컴퓨팅 및 데이터 시설에 연결하기 위한 네트워킹이 포함될 것이다.

우리는 2002년에 사용자가 선글라스 한 켤레보다 작은 디스플레이를 들고, 전선이 부착되지 않은 채, 시각적으로 그리고 음성으로 매체에 몰입할 것으로 예상한다. 마이크로소프트 홀로렌즈는 원하는 시야가 부족하고 입력이 제한돼 있지만, 현재 거의 그러한 일을 하고 있으며, 물론 안경 한 쌍보다 더 크고, 무게가 더 나가며, 시야가 매우 제한적이다. 그러나 이미 '꿈에 기반한' HMD은 최소한 FOV를 개선하려고 한다.

그러나 모든 발전이 거추장스러운 것을 덜어내는 방향으로 이어지지는 않을 것이다. 햅틱 디스플레이에 대한 연구가 계속되면서 개발 초기 단계에서는 걸리적거리는 인터페이스 가젯을 더 많이 넣는 경우가 허다할 것이다. 따라서 액티브 디자이너는 원하는 경험을 만들기 위해 어느 쪽을 포기하고 어느 쪽을 선택할지 정해야만 한다.

더 높은 만족도 충실도

첫 번째 판에서, 우리는 감지 충실도가 헤드 기반 화면의 더 큰 시각적 예민함으로부터 진화적 개선을 겪을 수 있다는 쉬운 예측을 했는데, 물론 이런 일이 발생했었다. 그러나 우리는 촉각적 감각을 표시하기 위한 혁명적 개선도 예상했으며, 이 분야에서 기술 발전이 계속되고 있지만, 널리 배치된 가상 현실 디스플레이의 표준이 된 것은 거의 없다. 전신 참여 기술(특히 다리)에 대해서는 "체험자가 걸을 수 있는 러닝 머신을 제공하면 경험이 향상될 수 있지만 안전 대책으로 구속해야 할 경우 더 많은 진통이 예상된다"고 기대했다. 러닝머신은 아니지만, Virtuix Omni와 같은 저마찰 'run-in-place' 장치들이 그 틈새의 일부를 채웠고, 발이나 다리에 (특별한 신발을 신어야 하는 것 외에는) 인큐먼트가 없는 상태였지만, 안전 링은 여전히 약간 웅결 요인이 될 수 있다.

비주얼 디스플레이를 구체적으로 살펴보면 해상도(픽셀 밀도)는 크게 발전했다. 초판 당시 고화질 TV(HDTV)가 미국 시장의 케이블망에 막 들어오고 있었다. 이제 초고해상도 텔레비전은 광범위하고 저렴하게 이용할 수 있으며, 더 높은 해상도가 눈앞에 다가왔다. 이 중 일부는 현재 TV 디스플레이와 컴퓨터 모니터가 반공유된 특성 때문에 생겨났다. 여러 면에서 기술이 병합됐다(부분은 아날로그 후 표준이 제곱픽셀을 사용한다는 싸움 덕). 이제 스마트폰과 태블릿의 작은 화면은 해상도가 같으며, 따라서 픽셀 밀도가 훨씬 더 높다.

소닉 쪽에서는, 환경을 통한 그들의 전파를 시뮬레이션하기 위해 음원의 처리에서 큰 진전이 이루어지고 있고, 따라서 그것들을 세계에 '입'시키는 중이다. 이것은 현재 파이프라인에서 사용되고 있기 때문에, 더 나은 사운드 렌더링과 전파는 미래의 VR 경험의 일부가 될 것이라고 쉽게 예측할 수 있다.

터치 방식과 마찬가지로, 디즈니 리서치의 StereoHaptics 팀과 같은 곳에서 변환기에 대한 더 나은 컨트롤이 연구되고 있다[Israr et al. 2016]. 특정한 감각은 포착해 햅틱 디스플레이로 전송할 수 있다. 따라서 우리는 가까운 미래에 이러한 최종 사용자들을 쉽게 예상할 수 있다. 다른 촉각 기술들도 장기적인 예측을 통해 개선되고 있다. 우리는 MEMS와 미세유체기술은 물론, 다른 기술들도 크게 향상된 촉각적 능력으로 이어질 것으로 예상한다.

마지막으로, 가상 세계의 시뮬레이션과 렌더링을 통해 보다 높은 충실도 경험을 가능하게 할 수 있다. 여기에는 레이턴시 단축, 이른바 '사진으로 이동' 시간 지연 단축, 따라서 '피부 압력으로의 이동' 등이 포함된다. 또한 더 빠른 프로세서, 그리고 GPU를 연산 단위로 사용하면 세계의 물리 연산을 개선하는데, 이것은 오브젝트가 불가능/대조 상태에 들어가는 것을 방지함으로써 세계를 안정하게 하는 데 도움이 된다. 실제로 현재 VR 용도에 필요한 연산을 최적화하는 특수 하드웨어 칩이 생산되고 있으며, VR 시스템이 요구하는 실시간 워크플로우를 위해 완전한 파이프라인이 칩에 내장돼 있다.

소프트웨어 가용성

가상 현실 하드웨어의 '제도화'까지는 대부분의 VR 설비가 자택과 커뮤니티 공유 소프트웨어에 의존했다. 소프트웨어를 공유하는 커뮤니티의 포켓이 있었고, 소수의 오픈 소스 VR 통합 라이브러리가 이것을 가능하게 했지만, 또한 각 시설의 지역 프로그래머와 운영자가 많은 노력을 기울여야만 가능하다. 광범위한 소프트웨어 툴의 부족은 VR이 마침내 더 넓은 시장에 진입하기 위해 극복해야 할 장애물 중 하나이다. 이것은 전형적인 닭과 달걀 문제다. VR 애플리케이션(앱응용프로그램)을 이용한 대부분의 사람들이 VR 개발에 어떤 식으로든 관여했던 시점부터 이제 VR이 넘어간 것으로 보인다. 오늘날 VR 애플리케이션을 사용하는 대부분의 사람들은 VR 애플리케이션 생성 과정에 관여하지 않는다.

최초의 개인용 컴퓨터가 보급되면, 모든 판매원들은 어떻게 PC가 체크북의 균형을 맞추고, 조리법을 구성하며, 다른 유용하게 들리는 일들을 할 수 있는지를 설명하곤 했다(저자 중 한 사람이 1970년대에 컴퓨터 가게에서 일했기 때문에 알고 있다. 하지만 실제로는 사람들이 게임을 하기 위해 초기 컴퓨터를 사용한 한가지 중요한 것이 있다. 또 다른 유용한 일은 워드 프로세싱이었는데, 이것은 논문을 쓰는 데 있어 엄청난 개선이었다. 결국, 최초의 전자 스프레드시트인 VisiCalc가 출시됐고 (코노닉 킬러 앱), 가정용 컴퓨터는 여전히 게임을 할 수 있는 동안 더 큰 효용성의 방향으로 움직이기 시작했다.

현재, 가상 현실 시스템을 위해 출시된 소프트웨어의 대다수는 게임이다. 그리고 그것이 가까운 미래에 대부분의 시간을 VR에 몰두하는 방법이다. 그러나 홈 시장에도 구글의 틸트 브러시, 구글 어스 VR과 같은 도구(또는 도구 같은 애플리케이션)가 이미 있다. 내레이션 경험(소설, 다큐멘터리, 저널리스트)도 현재 이용 가능하며, 게임 경험을 따라잡을지는 두고 봐야겠지만, 더 많이 발표될 것 같다. 향후, 우리는 DIY 훈련 애플리케이션과 같은 경험을 기대할 수 있다. 아마도 테이블을 만드는 단계를 거치고, 사용자에게 전문가의 움직임을 흉내 내도록 요구하는 것과 같은. 다른 형태의 교육들이 시장에 출시되기 시작할 것이다. 과학적 현장 답사, 역사적 현장 답사, 물리학 설명 등은 현재의 제공물들에 비해 계속해서 확장되고 개선될 것이다.

좋은 소식은 이제 새로운 소프트웨어 도구를 배포할 수 있는 시장이 생겨 새로운 개발을 촉진할 것이라는 것이다.

새로운 운전자/장애 기술

가상 현실의 발전은 비행 시뮬레이션이라는 이전 것으로 간주될 수 있는 것에서 많은 이익을 얻었다. 실제로 비행 시뮬레이션은 가상 현실 경험의 한 종류로, 초기에 입증할 수 있는 편익을 가지고 있었고, 따라서 그 개발에 더 많은 자원을 적용했다. 비행 시뮬레이션 자체는 디지털 컴퓨터보다 앞섰지만, 컴퓨터 기반 영상 생성기를 이용한 시각적 비행 시뮬레이션은 가상 현실과 같은 시대에 이루어졌다. 실제로 최초의 컴퓨터 기반 가상 현실을 만든 이반 서덜랜드는 수십 년간 시각비행 시뮬레이션의 최고 개발자인 에반스와 서덜랜드(E&S)의 공동창업자였다.

그러나 대학 연구원들이 사용할 수 있는 실시간 컴퓨터 그래픽은 서덜랜드의 학생 중 한 명인 짐 클라크가 그래픽을 렌더링하는 하드웨어 칩(그래픽 엔진)을 제작하고 실리콘 그래픽스[SGI]를 설립할 때까지 생겨나지 않았다. SGI 시스템은 저가형 E&S 이미지 제네레이터보다 훨씬 저렴했다. 확실히 시장은 혼란을 겪었다. 이러한 '저렴한' 시스템은 소형 액정 디스플레이(LCD) 또는 적정 가격의 프로젝션 시스템과 결합돼 가상 현실 연구가 자리를 잡을 수 있었다. 이후 하드웨어 컴퓨터 렌더링 시장은 3D 컴퓨터 게임의 폭발로 칩 제조업체들이 대량 시장에 진출하면서 가격 하락이 심화되면서 다시 한번 차질을 빚게 됐다.

가속도가 높지는 않았지만 동시에 입력 기술도 발전하고 있었다. 게임 커뮤니티는 특히 Wii 리모콘과 같은 게임 컨트롤러의 발전에 이 중 일부를 책임졌다. 그러나, 위모트뿐만 아니라 스마트폰에서도, IMU 자체의 보편성이 점점 더 커지고 있는 것에 의해서도 트래킹의 진보가 왔다. 또한 카메라 기반 트래킹 기술이 발전하고 있었고, 전화기(양면), 컴퓨터 모니터, 그리고 위모트에 합리적인 품질의 카메라 센서가 추가됐다. 향상된 컴퓨터 시각과 트래킹 알고리즘과 결합해 카메라 기반 트래킹은 본질적으로 사소한 것이 됐다. 마지막으로 HTC Vive용 밸브 등대 시스템의 형태로 VR 고유의 진보가 나타났는데, 이 시스템은 광스위프 공간에서 저렴한 센서를 사용해서 빠른 유선 없는 트래킹을 할 수 있다.

마지막 하드웨어 부품은 디스플레이로, 특히 시각적인 측면에서, 휴대용 게임과 스마트폰은 쉽게 잡거나 입을 수 있는 고해상도, 경량, 소형 스크린의 형태로 혼란을 일으키는 시장을 만들었다. 또한, 저비용 입체 프리젠테이션이 가능한 투사 기술이 더욱 쉽게 이용 가능하게 됐다.

열정적인 지지자 그룹이 모여 불명확한 시장에서 흥미로운 프로젝트를 위해 자금을 모금할 수 있는 혁신적인 기술, 즉 크라우드 펀딩이 등장했으며, 킥스타터에서 선보인 Oculus Rift가 바로 그 예다. 크라우드 펀딩 후폭풍은 대규모 투자로 이어졌는데, Oculus VR의 경우 페이스북이 20억 달러를 투자했다. 이 인수건이 아마도 가장 널리 알려진 대규모 투자였지만, 다른 기술 거대 기업(예: 구글, 마이크로소프트, 애플)들도 VR 기술과 VR 관련 지적 재산에 많은 투자를 하고 있었다.

VR의 기술 상태를 오늘날의 상태로 몰고 간 혼란을 요약하면 다음과 같다.

- 디지털 컴퓨터
- 컴퓨터 그래픽 이미지 생성
- 물품 컴퓨터
- 컴퓨터 그래픽의 두 가지 변곡점
- 물품 3-DOF 및 6-DOF 트래킹 기능
- 물품 화면
- 크라우드 소싱
- 주요 투자

그러나 차세대 혁신 기술이 무엇일지 먼 미래를 예측하기는 더 어렵다. 하지만 분명한 것은 VR 자체가 컴퓨터 및 다른 사람과의 상호작용 방식을 깨부술 수 있다는 점이다.

기술 리더들은 확실히 과거보다 가상과 증강현실 기술에 더 많은 관심을 기울이고 있다.

기술 미래 및 과거 예측

이 장의 시작 부분에서 언급했듯이, 기술의 미래 능력을 정확하게 예측하는 것은 어려운 일이지만, 적절한 계획을 세우려면 무엇이 개발될지, 경험에서 나온 추측이 필수적이다. 그렇지 않으면 오늘날 연구개발에 있어서의 VR 애플리케이션은 구축될 무렵에는 절망적으로 시대에 뒤떨어지게 될 것이다. 실제로 디즈니 알라딘 VR의 코드 개발자이자 셸게임즈의 창시자인 제시 셸은 최근 향후 20년간 VR에 대한 40개의 예측을 제시했는데, 그중 롤러코스터 VR이 대단한 것[Schell 2016]이 되리라던 예측은 불과 4개월 만에 과거가 돼 버렸다. 그 분야의 발전 속도가 점점 빨라지는 것은 단지 문제를 악화시키는 역할만 할 뿐이다.

그림 10-9 이 책의 초판에서 우리는 두 사람이 마치 서로 마주 앉아 있는 것처럼 상호작용을 할 수 있는 보드 게임을 할 수 있는 미래를 내다봤다. 이것은 대체로 현실화됐다.

물론 필자가 VR의 미래를 마주한 것은 이번이 처음이 아니다. 이 책의 초판과 두 번째 판 사이에는 16년이 걸렸는데, 그 때 예측했던 것을 되돌아보고, 새로운 예측도 하며 얼마나 잘했는지 살펴보겠다. 이 장을 소개하기 위해 사용된 그림은 두 사람이 동일한 가상 공간을 공유하는 동안 한 명의 체험자가 물리적으로 다른 곳에 있는 보드 게임을 하는 것을 묘사했다(그림 10-9). 사소한 세부사항을 제외하고는 이미 현실로 나타났다. 확실히 VR을 소셜 모임이 되는 장소로 이용한다는 개념은 VR 스토어의 몇 안되는 앱뿐만 아니라, 소셜 미디어의 잠재력 때문에 VR에 획기적인 투자를 한 소셜 미디어의 거인 페이스북에 존재한다. '테이블탑 시뮬레이터' 프로그램은 체스를 두거나, 보드 게임이나 카드 게임을 할 수 있는 환경을 정확하게 제공하며, 키넥트와 같은 뎁스 카메라는 친구들의 디지털 사본을 가상 세계로 가져오는 데 사용돼 왔다. 아직 현실화되지 않은 유일한 것은 헤드웨어로, 아직 현재의 HMD 기술보다 더 얄팍하지만, 이 또한 머지않았다.

2판에서는 초판에 사용된 중요한 부분을 그대로 두고, 각각에 '회고' 하위 절을 추가한다. 새로운 예측은 가까운 미래에 발전할 것으로 믿는 개념이다. 일부 장치(다크리 스마트 헬멧 등)가 이미 입력 장치로 사용될 수 있는 EEG 센서를 내장하고 있음에도 불구하고 직접 두뇌 입력과 출력에 대한 진정한 미래 비전을 다루지 않을 것이다. 또한 UC 버클리에서의 작업은 쥐의 뇌에 직접 지각에 영향을 미치는 방향으로 진행되고 있다[Mardinly et al. 2018].

이러한 생각은 필자가 벤더, 기술 개발자, VR 커뮤니티와 논의했던 것을 바탕으로 하며, VR 관련 기술이 지향하는 방향에 대한 접촉을 통해 얻은 것이다. 당연히 여기에 설명하는 기술 중 일부는 등장할 것이고 일부는 아닐 것이다. 심지어 여기에 언급하거나 상상도 못 한 기술도 널리 퍼질 것이다.

VR에서 일어난 일을 살펴볼 때, 아이콘과 특정 발생을 구분해서 다음과 같은 사항을 표시한다.

- 🙂 정확하게 예측(올바른 설정)
- 😐 절반 예측(거의 파악)
- 🙁 정확하게 예측되지 않음(누락됨)
- 😮 예측은 안 되지만 VR(서프라이즈!)에 상당한 영향을 미쳤다.

디스플레이 기술

우리가 가까운 미래에 주요한 변화를 볼 수 있는 분야 중 하나는 VR 디스플레이 하드웨어이다. 이어지는 부분에서는 다양한 감각 디스플레이의 혁신에 대해 논한다. 디스플레이 기술의 발전과 함께 디스플레이 하드웨어와 튜닝 소프트웨어에서 더 나은 출력에 적용할 수 있는 인간의 지각과 생리에 대한 이해도 향상돼 구역질나는 씬이 연출되지 않도록 할 것이다.

비주얼 디스플레이 — 회고

- ☹ 초판에서는 오토-스테레오 비주얼 디스플레이에 초점을 맞췄다. 오토 스테레오 디스플레이는 닌텐도 3DS, 후지필름 W1 및 W3 카메라, 그리고 스마트폰에서 발견될 수 있지만, 이것은 실제로 더 큰 시장 품목으로 떠오르지 않았다. 사용자 트래킹, 액티브 오토 스테레오 디스플레이에 대한 연구가 진행됐지만 연구소 수준에서 멈췄다[Sandin et al. 2005]. 이 시장에 가장 근접한 기술은 2007년부터 2014년까지 번성했던 3D(스테레오스코픽) 텔레비전의 급상승과 9개 구역으로 빛을 보내 각 씬의 9개 시점을 만드는 기술(9-zone auto display)이 들어간 필립스 'WOWvx' 디스플레이가 전문 광고 시장에 출시됐다.

비주얼 디스플레이 — 예견

- 쉽게 예측할 수 있는 것은 시각적 디스플레이는 해상도가 더 높고 시야가 넓으며 더 나은 인체공학이 있을 것이라는 것이다. 특히 인체공학적 측면에서 소비자 HMD는 처방안경으로도 더 잘 작동하지만 또한 가벼워지고 균형감각이 좋아지며 궁극적으로 무선 상태가 될 것이다. (실제로 기존 HMD를 무선으로 만드는 제품은 이미 출시돼 있어, VR-backpacksystems가 유선에서 무선 이미지 전송으로 전환하는 동안 서비스하는 단명적인 유행일 가능성이 있다.)
- 광학의 큰 발전이 있을 것이다. 이미지를 눈에 더 정확하게 전달하기 위한 라이트필드와 광파 사용은 흩어져 있는 연구실 실험에서 소비자 기술로 옮겨갈 것이다. 적어도 고급 소비자에게 제공될 가능성이 있는 또 다른 광학의 영역은 씬의 초점 거리가 다양한 기술일 것이다. 이는 다수의 방향에서 광파를 발생시키는 플렌옵틱^{plenoptic} 디스플레이의 사용 또는 분산된 이미지를 제공하는 특수 광학을 통해 발생할 수 있다(그림 10-10). 이러한 것들은 권장 문제의 개선을 이끌어야 하고, 따라

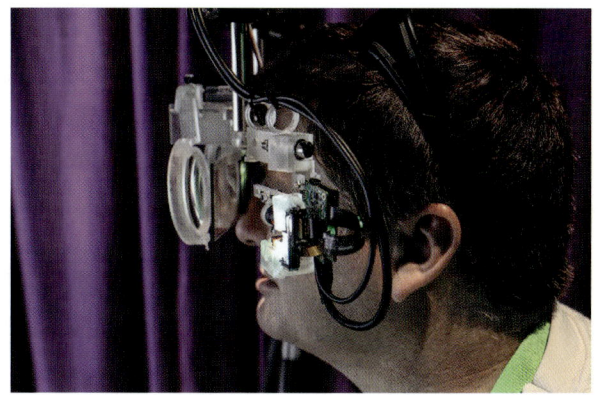

그림 10-10 연구는 체험자가 보고 있는 씬의 위치에 따라 다양한 수준의 초점을 제공함으로써 시각적 리얼리즘을 더욱 진전시킬 광학을 위해 진행 중이다. 현재 그러한 가변형 디스플레이는 소비자 기술을 위해 포장돼 있지 않지만, 문제는 그것들이 소비자 준비가 될 것인가 보다 얼마나 오래 될 것인가이다. (Photograph by John Stone)

서 훨씬 더 실제처럼 보이는 이미지를 가져와야 하며, 눈의 피로, 두통 및 기타 문제를 훨씬 더 적게 해야 한다. 실시간에 의한 홀로그래피는 또 다른 잠재적 광학 기술이지만, 라이트필드의 효과는 아마도 컴퓨터 요구조건이 훨씬 적은 단일 사용자를 위한 홀로그램의 효용성을 모방할 것이다.

- 스마트폰이 일반적인 모바일 컴퓨팅 플랫폼으로 계속 발전함에 따라 VR 및 AR 디스플레이의 기능을 더욱 강화할 것이다. 특히 렌더링과 입력을 위해 주머니에 있는 컴퓨터에 무선 통신이 가능한 소형 폼 팩터 아이웨어를 갖춘 AR 시스템을 이용할 수 있게 된다. 전반적으로, 헤드 기반 디스플레이는 AR과 VR 경험을 개선하는 데 필요한 주변 처리 장치를 포함하는 경우에 따라 모바일 컴퓨팅 플랫폼의 일부로 끌리게 될 것이다.

- 증강현실 기능은 점점 더 표준 가상 현실 시스템에 통합될 것이다. 내부 트래킹 기능이 계속 개선됨에 따라, AR은 관리 용이성이 높아지고, 이와 같이 두 가지 측면은 동일한 매체의 두 가지 측면으로 진화하는 것으로 볼 수 있다. 실제로, 미래에는 우리가 당면한 작업에 적합한 현실, AR, VR 사이를 원활하게 오갈 것이다. 주로 안전 문제를 위해 사용되지만, HTC Vive HMD는 이미 카메라를, Vive Pro는 입체 카메라를 포함하고 있다. 뎁스 카메라가 SLAM 트래킹의 일부로서 뿐만 아니라 근거리 상호작용을 트래킹하기 위해 더욱 보편화됨에 따라, 현실 세계

를 가상 경험에 완전히 통합하는 능력은 보편화 될 것이다.
- 더 나은 디스플레이 기술과 인간의 지각적 생리학을 더 깊이 이해하면 그래픽 디스플레이에 의해 유발되는 구역의 발생 가능성(및 심각도)을 줄이도록 특별히 디자인된 디스플레이로 이어질 수 있다.

오디오 디스플레이—회고

- 🙂 초판에서는 오디오 출력의 경우 주로 물리를 기반으로 한 사운드 모델링 알고리즘에 초점을 맞췄다. 그리고 비주얼 렌더링이 계속 지배하고 있는 동안, 이 방향에서 좋은 진전이 있었다. 특히, 적절한 공간화된 사운드를 내기 위해 3D 환경을 통한 사운드 전파에서 말이다. 한편, 작업이 계속되는 가운데, 세계의 물리학에 기초한 컴퓨팅 사운드는 현재의 VR 애플리케이션에서는 여전히 표준 관행이 아니다.
- 🙁 서라운드-VR 패러다임에서 사용할 수 있는 투명 스피커를 만드는 기능에 대해 간략하게 언급했다. 이것은 별로 탐탁지 않은 물건인 것 같다. 마찬가지로, 서라운드-VR 시스템에서는 에코 취소를 위한 중요한 데모가 이루어지지 않았다. 아마도 대형 포맷 VR 시스템에서 일반적으로 사용되는 애플리케이션의 유형에 적합한 국소음을 갖는 것은 그다지 중요하지 않을 것이다. 그러나 홈시어터 시스템에서는 스피커 한 쌍을 통해 '넓은 사운드필드'를 제공하기 위해 큰 진전이 이루어졌다.
- 😃 오디오 압축 기술은 개선돼 실시간 오디오를 합리적인 품질로 스트리밍할 수 있으므로 과도한 스토리지 및 네트워크 대역폭 없이도 풍부한 경험을 할 수 있다.

오디오 디스플레이— 예견

- 물리를 기반으로 한 알고리즘 사운드 모델링은 계속 발전할 것이다. 새로운 알고리즘은 경험에 필요한 모든 사운드를 미리 도입하지 않아도 된다는 이점을 가질 것이다.
- 미래의 오디오 디스플레이는 우리의 귀 안이나 귀 위에 장치를 설치하

지 않고도 고품질의 개인 청취 기능을 제공할 것이며, 동시에 경험에 의해 요구되는 실제 사운드를 허용하거나 차단할 수 있을 것이다.

햅틱 디스플레이

오디오와 마찬가지로 햅틱 디스플레이는 예상했던 방식으로 진전되지 않았다. 촉각감각은 사용자가 작은 오브젝트를 조립해야 하거나 외과의사가 요구할 수 있는 것과 같이 매우 민감하고 정확한 조정이 필요한 기구를 사용해 작업해야 하는 경우에 유용하다. 매우 구체적인 사용 사례를 제외하고, 햅틱 디스플레이의 발전은 예상했던 것보다 훨씬 더 느렸다.

햅틱 디스플레이— 회고

- ☹ 초판에서는 사용자가 느낄 수 있는 텍스처를 만들기 위해 핀 기반 디스플레이를 어떻게 사용할 수 있는지에 대해 논의했다. 핀 어레이의 사용은 여전히 연구되고 있지만, 어떤 뚜렷한 진보도 그것을 연구에서 실용으로 옮기지 않았다.
- ☺ 이와 유사하게, 온도 디스플레이(피부/촉각 감각의 일종)의 경우, 신기술이 시장에 쉽게 보급되지 않게 됐다. 현재 온도가 사용자에게 표시되는 주된 방법은 사용자를 향해 열등이나 팬을 작동하는 것이다. 그러나, 그것이 우리가 처음에 온도 디스플레이가 어떻게 발전할 것인가에 대해 정확히 예측한 것이다. 펠티에 장치를 사용해 온도 정보를 표시하는 일부 시제품 장갑형 장치가 만들어졌지만 이 기술은 널리 활용되지 않았다.
- 😐 또한 러닝머신같은 전방향 트레드밀이 더 많이 사용될 것이라 예측했는데, 어느 정도 들어맞은 것 같다. 부정적인 측면에서는 사용자가 어떤 방향으로든 자유롭게 걸을 수 있고 항상 중앙 위치로 다시 이동할 수 있는 실제 움직이는 트레드밀은 여전히 거의 없으며, 대부분 실험적이다. 긍정적인 측면에서는 이러한 디스플레이가 이동에 대한 자연스러운 자기 수용적 피드백을 허용한다는 점에서 햅틱하다고 생각한다면,

Virtuix Omni와 같은 마찰력이 낮은 보행 서피스의 경향은 트레드밀이 아니라 팩시밀리와 유사하다. 그러면 이제 이 틈새 공간을 채울 수 있는 최종 사용자 제품이 있다.

햅틱 디스플레이—예견

- 떠오르는 신기술 중 하나는 '초음파형 햅틱스'이다. 이 새로운 기술은 처음에는 가상 현실 시스템에는 적용되지 않을 수도 있지만, 앞으로 적용될 기회가 있다. 초음파 햅틱 기술은 사용자의 피부가 느낄 수 있는 기압파를 생성하기 위해 일련의 사운드 변환기를 사용한다. 단일 변환기는 팽창하는 파형을 생성하지만, 다중 변환기를 사용함으로써 입면파 패턴을 생성할 수 있다. 이에 대한 한 가지 상정된 사용은 사용자가 제스처를 통해 가상 컨트롤과 상호작용한 다음 물리적 피드백을 느끼는 운전석(자동차 포함)이다(그림 10-11).

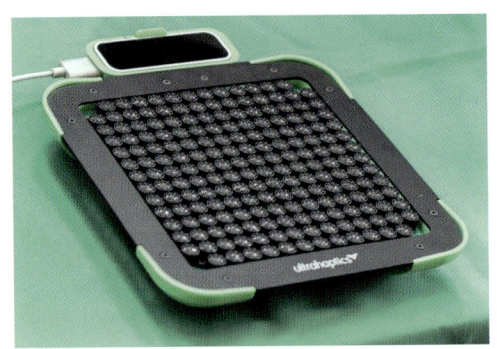

그림 10-11 UltraHaptics 디스플레이는 초음파 파형을 겹쳐 터치감을 제공하는 독특한 기술이다. 이것과 다른 새로운 기술은 일반적인 VR 경험을 넘어 새롭고 흥미로운 애플리케이션들에게 기회를 제공한다. (Photograph by William Sherman)

- 햅틱 디스플레이에 도움이 될 또 다른 기술은 동적으로 변형될 수 있는 원단이다. 특히, 강성이 즉각적으로 변형돼 사용자의 움직임을 제한하는 힘을 표시하는 수단을 제공할 수 있는 직물로, 아마도 사용자가 오브젝트를 들고 있다는 것을 나타낼 수 있는 장갑에 내장돼 있을 것이다.

- 직물 외에도 팽창용 주머니와 수축용 흐름 제한 장치가 결합한 형체 변형 기능을 가진 활성 표면의 개발 방법이 연구되고 있다. 이를 통해 흥미로운 형태를 생성할 수 있으며, 사용자는 제시된 오브젝트를 만지고 느낄 수 있다.

- 펠티에Peltier나 이와 비슷한 변환기로 텍스처의 느낌이나 온도 변화까지도 제공하는 피부 활성제 개념은 곧 실현될 가능성이 있다. AxonVR

은 이런 디스플레이를 만들고자 노력하는 회사지만 아직 저자가 직접 경험할 기회가 없었다.
- 진동 촉각은 HMD에 추가돼 벽이나 다른 오브젝트와 접촉하는 등 머리 움직임과 관련된 정보를 전달하거나 아마도 사용자의 주의를 특정 방향으로 유도하는 수단을 제공할 것이다.

후각 및 미각 디스플레이

향기는 정서적 기억의 가장 강력한 촉발제 중 하나이다. 후각 디스플레이의 추가는 감정적인 기억을 불러일으키기 위한 어떤 경험에도 중요할 것이다. 비감정적 용도의 경우에도 냄새는 예를 들어 외과적 시뮬레이션과 전기 시스템의 문제를 진단할 때 유용할 수 있다. 비록 가상 현실 디스플레이 공간으로 향긋한 공기를 불어 넣는 실험이 있었지만, 냄새가 실제로 가상 현실 경험의 흔한 부분이 되기 전에 해결해야 할 많은 문제들이 있다. 예를 들어, 일단 냄새를 환경에 도입하면, 현재 냄새를 즉시 제거할 효과적인 방법은 없다.

후각 디스플레이—회고

- ☹ 초판에서는 원시적 요소를 결합해 다양한 냄새를 생성할 수 있는 완전한 향기 모델이 어떻게 아직 없는지 알아봤다. 효과를 보이는 향기 모델을 찾는 방향으로 연구가 진행되고 있지만, 현재 최첨단 향기 디스플레이는 여전히 환경 안에 향기를 뿌린 다음 빼내는 방식이다.
- ☺ 그러나 향초원료에 대한 약간의 진척이 있었는데, 단지 예상했던 것보다 느렸을 뿐이다. 예를 들어 나카모토 타카미치의 연구는 14가지 화학적 화합물로 어떻게 오렌지 냄새가 생성될 수 있는지를 보여준다.

후각 및 미각 디스플레이—예견

- 후각 디스플레이의 경우, 냄새 이론에 대해 일정한 진전이 있을 뿐 디스플레이 기술 자체의 발전방법에 대해서는 거의 진전이 없을 것으로 표시된다. 신경과학자들이 인간(그리고 다른 동물들)의 후각 수용이 어

그림 10-12 혁신가는 인간의 감각과 더 많이 상호작용할 수 있는 방법을 찾는다. 이미지에서는 Ph 미터와 컬러 센서를 사용해 색상과 혀의 미세한 전기 자극을 통해 맛을 디스플레이하는 특별한 머그잔에 값을 전송한다. (Image courtesy of Nimesha Ranasignhe)

떻게 작용하는지를 계속 배우고 있지만, 이것은 후각 디스플레이의 돌파구로 이어질 수 있다.

- 구식 디스플레이 기술 또한 대부분 이론적 전선에 있을 것이며, 취향에 맞는 공식을 개발하고 정제할 것이다. 물론, 맛의 특성상 항상 틈새 유틸리티로 만들며, 맛의 감각에 영향을 주기 위해 후각과 시각을 대신 사용할 것이다. 아마도 바삭바삭함이나 다른 감각을 묘사하기 위해 턱에 진동 촉각 피드백이 추가됐을 것이다(그림 10-12).

입력 기술

사용자 모니터링과 세계 모니터링의 혁신은 결국 체험자의 짐을 줄이고 궁극적인 인터페이스로 이어질 수 있다. 다음 절에서는 덜 눈에 띄는 트래킹 장치, 잠재적인 새로운 입력 장치 및 직접 연결에 초점을 맞출 것이다.

걸리적거리지 않는 입력 — 회고

- ☺ 초판에서는 전선이 적은 미래를 내다봤다. 이는 거의 모든 입력 기술에서 실현됐다. 몇몇 특수 컨트롤러가 몇 년 전에 있었지만, 이러한 경향은 '위모트' 등장과 함께 폭발해, Vive 컨트롤러, Oculus Touch 컨트롤러, 구글 Daydream 컨트롤러에 이르렀다. 이 VR 입력의 대부분

- ☺ 은 블루투스 무선 주변 장치 프로토콜의 많은 이점을 활용한 무선이다.
- ☺ 개선된 카메라 트래킹 기술과 알고리즘의 사용은 개선을 예상할 수 있었던 또 다른 영역이다. 이 경우 개선은 예측했던 것 이상으로 사람과 부속물의 골격 형태를 추론하는 알고리즘과 더불어서 뎁스 카메라의 전체 영역에서 이뤄졌다. 따라서 헤드 기반 디스플레이에 뎁스 카메라를 장착한 시스템은 그 앞에서 수행된 수동 조작을 트래킹할 수 있다.
- ☺ 카메라의 향후 널리 보급되리라 예상한 사용 방법 중 하나는 안면 지각이다. 특히 '트래킹된 공간에 있는 사람'을 지각하고 이에 맞게 경험을 다듬는 것이다. 확실히 이 기술은 존재하며, 가상 현실 이외의 분야에서 사용돼 왔기 때문에 가까운 미래에 볼 가능성이 꽤 높다. 이미 증강현실 애플리케이션에서는 NFT$^{Natural\ Feature\ Tracking}$가 일반적이다. NFT는 해당 세계에 인공 마커를 배치하는 것과 트래킹 환경 내에서 신호를 스스로 식별하는 SLAM 트래킹 사이의 단계다. NFT를 사용하는 AR 시스템은 사전에 결정된 자연적으로 발생하는 오브젝트 및 씬을 지각하고 트래킹하며, 기본적으로 '마커'를 시야에 숨긴다.

걸리적거리지 않는 입력—예견

- 입력장치로서의 카메라 레퍼토리의 확대는 계속될 것이다. 카메라 입력에 6-DOF 트래킹을 기반으로 하는 시스템의 경우, 가상 세계에서 사용하기 위해 더 많은 현실 세계의 정보를 추출할 것이다. 간단히 말하면, 비디오 입력은 해당 공간에 누가 있는지 결정하는 데 사용될 수 있지만(위에서 언급한 바와 같이), 가상 세계 내에서 더 정확하게 표현될 수 있도록 그들의 3D 양식을 연산하는 데도 사용될 수 있다. 마찬가지로, 현실 세계의 무생물(혹은 심지어 애완동물까지도 놀이 공간을 맴도는 경우), 기존의 비디오 입력을 사용하는 것은 게임 플레이 경험의 안전성을 향상시킬 수 있다.
- 보다 자연스러운 상호작용을 통해 가상 세계 내에서의 수동적 상호작용이 향상될 것이다. 장갑은 흥미롭지만 비현실적이었다. 외부 손 트래

킹은 이미 입증됐으며, 구글의 레이더 기반 솔리 프로젝트나 홀로렌의 실리콘 내 제스처 지각과 같은 특수 검출기에 의해 일부 특정한 손 움직임이 감지될 것이다.

새 입력 장치—회고

- 🙂 초판에서는 골프 클럽 입력이 다른 클럽을 시뮬레이션하기 위해 질량 중심을 변경할 수 있는 등 가상 세계에서 특정 상호작용에 맞게 조정된 입력에 대한 수단을 제공하는 새로운 형태 변환 장치가 있을 수 있다고 추측했다. 외관상으로는 형체를 바꾸는 중요한 입력은 없지만, 위모트를 위한 여러 액세서리 추가 기능은 기본적으로 게임에 기반한 다른 형태를 취할 수 있도록 해주며, 이것을 작은 정도로 다루고 있다. 아마도 목표치에 더 가까운 것은 회전력과 질량 중심에 영향을 미치기 위해 이동할 수 있는 내부 중량을 사용하는 리액티브 그립 컨트롤러일 것이다. 하지만 킥스타터 목표가 달성되지 않아 소비자 시장에 이르지 못했다.

- 🙂 '가상 현실의 미래'[Sherman and Craig 2002] 장에서는 명시적인 예측은 아니지만, 센서 퓨전 사용을 통한 전반적인 트래킹 개선에 대해 이야기했는데, 이 내용은 대체로 발생했다. 소비자 HMD는 위치 트래킹 수단과 함께 IMU 3-DOF 트래킹을 모두 포함한다.

새로운 입력 장치—예견

- 명백하게 새로운 입력기기는 아이 트래킹 입력이다. 명백하게 현재 어떤 경우에는 이용할 수 있기 때문에 가상 현실 시스템에 아이 트래킹 정보를 제공하는 모든 머리에 쓰는 디스플레이와 더불어 기본적으로 어디서나 볼 수 있으리라 예측한다.

- 얼굴표정의 트래킹은 우리가 좀 더 널리 사용되는 것을 목전에 두고 있는 것처럼 보이는 또 다른 기술이다(그림 10-13). 확실히 사회적 VR 경험이 VR의 중요한 이용이 되면서 기술을 발전시켜야 한다. 이 경우, 기

그림 10-13 CMU Human Sensing Lab의 공공장소 디스플레이는 사람의 얼굴(그리고 아마도 자세) 특성을 분석하고, 그 사람의 행복 정도를 결정하는 기술을 보여준다. (Photograph courtesy of Max Collins)

술은 전문 소프트웨어 알고리즘과 함께 아이 트래킹과 같은 하드웨어 트렌드의 조합이 될 것이다.

- 입력의 다른 측면인 월드 캡처 부분에서는 SLAM 스타일 기술이 발전할 것이다. 이 기술은 주변 환경을 훨씬 더 현실적으로 캡처하고, 이러한 데이터는 더 나은 증강현실을 위해 그리고 프레젠스를 깨는 현실 세계와의 상호작용에서 사용자를 더 잘 이끌기 위한 월드 지식 활용을 위해 적용될 것이다.

직접 신경 연결—회고

- ☹ 초판 이후 15년이 지났지만, 직접적인 신경 입력 연결 방식에는 표면적인 진전이 별로 없었다. 확실히 일부 인터페이스는 고급 의족을 위해 개발됐지만, 소비자 전선에서 가장 가까운 장치는 정확하게 '직접' 연결이 아니라 뇌파를 측정하기 위해 EEG 변환기를 사용하는 완구에 있었다. 그런 다음 사용자는 '릴렉스된 상태'를 조정하여 헬리콥

터나 플로팅 볼의 높이를 조절할 수 있다. 게임 〈The Adventures of NeuroBoy〉처럼 EEG 입력과 VR을 결합하기 위해 일부 VR 체험이 탄생한 것도 놀랄 일이 아니다.

직접 신경 연결—예견

- 신경과학자들은 시각장애와 청각장애의 치료라는 하나의 목표를 가지고, 보고 듣는 것을 담당하는 뇌의 부위의 작용을 계속 조사한다. 이러한 연구에서 개발된 기기의 수신자에게 기술을 통해 현실 세계를 지각할 수 있는 기회가 주어질 것이며, 어떤 사람들은 심지어 뇌에서 가상 세계를 직접 지각할 수도 있을 것이다. 일단 이런 종류의 기술에 대한 장벽을 넘으면 모험적인 연구자들은 감각 기능이 손상되지 않은 경우에도 뇌에 직접 모의 자극을 제공하기 위해 감각 기관을 우회할 가능성이 있다.

소프트웨어

VR 체험은 여전히 우수한 컴퓨터 프로그래밍 기술이 필요한 반면, 현대의 VR 체험디자인팀은 더 이상 오일러 각도, 직렬 프로토콜, 공유 메모리, 메시지 전달, 소켓 인터페이스, 헤드 관련 전송 기능 또는 스프링과 대시포트 모델과 같은 개념에 익숙한 사람들을 특별히 요구하지 않는다. 이제 디자인 팀은 이러한 개념에 거의 시간을 들이지 않고 대신 다음 문제에 거의 100% 집중할 수 있다.

- 스토리 개발(스토리보드)
- 표현 매핑 및 미학(렌더링 방법보다는 렌더링할 내용)
- 가상 세계 구성
- 랜드마크 및 기타 길찾기 보조 도구
- 사용자와 가상 세계 간의 상호작용
- 효과적이고 재미있는 프레젠테이션 방법
- 문제 해결 및 창의성(사용자의 요구 충족)

마찬가지로, 팀은 이제 과학자들, 예술가들, 의사들, 교사들, 학생들, 가정주부들, 그리고 작가들을 중심으로 더 통합적으로 짜여질 수 있다. 즉, VR 애플리케이션은 최종 결과를 사용할 사람들과 사람들을 위해 디자인돼야 한다.

한때는 덜 중요했던 가상 현실 경험의 개발에 중요했던 직무에는 전기공학, 비디오공학, 코드개발, 컴퓨터그래픽, 수학 등이 포함된다. VR 애플리케이션은 인프라 개발자만 디자인해서는 안 된다. 물론 아직 그런 기술이 필요하지만 이제는 이런 솔루션들이 VR 인터페이스 소프트웨어에 통합돼 있다. 이에 대한 한 가지 예외는 하드웨어 독립성을 허용하는 모듈화가 더 이상 대부분의 게임 엔진 기반 VR 소프트웨어 인터페이스의 목표가 아니라는 점이다. 이전 세대의 VR 통합 라이브러리는 일반적으로 HMD나 CAVE 스타일의 대형 포맷 시스템과 동일하게 잘 동작하는 반면, 현 세대는 더 큰 포맷 시스템을 무시하는 경향이 있으며 애프터마켓이나 내부 하드웨어 지향 프로그래머들은 이에 대처해야 한다.

앞 9장에서는 VR이 VR 애플리케이션의 현재 재생 상태를 달성할 수 있도록 소프트웨어 도구를 지원하는 다양한 영역을 살펴보았다. 우리는 이 VR 소프트웨어를 세계 생성, 하드웨어 인터페이스, 렌더링, 애플리케이션 개발 도구의 네 가지 그룹으로 분류할 수 있다. 발전은 어느 정도 병행해서 일어나지만 VR이 가능한 게임 엔진의 출현과 함께 이들의 발전도 세대에 걸쳐 연결될 수 있다.

세계 생성 소프트웨어—회고

- ☺ 초판에서 이 분야에 대해 했던 예측은 "언젠가는 프로그래머가 아닌 사람이 스스로 가상 세계를 생성하기 시작할 수 있는 수준까지 경험 생성 소프트웨어가 진전될 것"이었다. Unity, Unreal Engine 등의 현대 게임 엔진은 확실히 이것을 현실로 만들었다. 그렇다, 약간 흥미로운 상호작용을 하기 위해서는 어떤 단순한 스크립팅이나 시각 프로그래밍(Unreal Engine의 'Blueprint' 시스템에서는)이 필요하지만, 광범위한 컴퓨터 프로그래밍 기술이 필요한 것은 아니다. 마찬가지로, 과학

적 비주얼리제이션은 ParaView의 아이콘과 메뉴 기반 인터페이스로 VR에서 탐색할 수 있으며, 이어서 VR 버튼을 누른다. 그러나 이러한 도구들은 여전히 학습 곡선이 필요하며, 향후 누구나 컴퓨터 프로그래밍 배경 없이 매력적인 경험을 만들 수 있는 도구를 보게 될 것이다. 이미 STYLY[http://styly.cc]와 같은 웹 기반 툴은 코딩 없이 누구나 VR 경험을 만들 수 있도록 시도하고 있다.

세계 생성 소프트웨어—예견

- 향후, 특정(게임이 아닌) 시장에 서비스를 제공하는 전문 턴키 개발 툴 축소가 발생할 것이다. 새로운 건물 배치를 쉽게 만들고 변경할 수 있는 아키텍처 디자인 도구를 예로 들 수 있다. 그런 다음 이러한 도구는 비용 예측 모델에 연결해서 재료 목록, 인건비, 작업을 주문하는 간트 차트 등을 생성할 수 있다. 재료 데이터베이스는 심지어 벽지, 페인트 등의 카탈로그를 포함시켜 사용할 수 있는 것으로 알려진 제품으로 건물을 디자인할 수도 있다.
- 취미 서비스 도구(게임이 아닌)는 또한 너무 많은 공간을 차지하거나 '절대 끝나지 않는' 비용을 부담할 수 있는 세계 디자인 취미를 즐기는 사람들에게 아웃렛을 제공할 수 있다. 예를 들어 모형 비행기를 띄우거나, 무제한의 트랙과 공간을 가진 가상 세계를 제외하고, 모형 철도를 건설하는 것이다.

하드웨어 인터페이스 소프트웨어—회고

- ☹ 초판에서는 VR 하드웨어 인터페이스를 발전시키는 주요 촉매로서 오픈 소스 솔루션을 모색했다. 그리고 위치트래킹을 위한 VRPN이나 몰입식 과학적 비주얼리제이션 소프트웨어에 대한 Vrui, FreeVR 등의 다양한 연구실에서 사용되는 오픈소스 툴이 있었지만, 전체적으로 오픈 소스의 기여는 예상보다 적었다. 사실 최근의 경향은 Oculus SDK(초기 개방으로 발표됨)와 밸브에서 VR 하드웨어 인터페이스로 부

적절하게 명명된 OpenVR과 같은 비공유 소스 소프트웨어를 지향하고 있다.

하드웨어 인터페이스 소프트웨어—예견

- 소프트웨어 개발의 많은 분야에서 오픈소스 커뮤니티가 큰 기여를 해 왔음에도 불구하고, 가상 현실의 역사를 통해서는 거의 통합이 이루어지지 않아, 단편화된, 기껏해야 개발 기반이 됐다. 확실히 저렴한 하드웨어는 VR을 더 넓은 개발자 커뮤니티에 개방하고, 일부는 오픈소스 솔루션과 개발에 집중하게 될 것이다. 그러나, 상업용 게임 엔진 커뮤니티의 경향은 그들의 소프트웨어를 교육자와 양철업자에게 자유롭게 사용할 수 있도록 하는 것이었으며, 오픈 소스 커뮤니티가 정의하는 대로 완전히 '오픈'되지는 않지만, 경우에 따라서는 소스 코드를 사용할 수 있게 하는 것이다. 확실히, 표준이 개발되면, 그것은 지역사회 협력을 더 쉽게 할 수 있다.
- 오픈 소스는 아니지만, Khronos 그룹은 OpenGL, WebGL 등과 마찬가지로 광범위한 하드웨어 장치와 통신하는 데 사용할 수 있는 프로그래밍 인터페이스[API]를 제공하는 OpenXR이라는 표준을 만들기 위해 노력해 왔다. 이는 하드웨어 제조업체와 렌더링 시스템 개발자(예: 게임 엔진)가 모두 자사의 제품을 OpenXR과 통합하도록 요구하지만, 크로노스가 이전에도 다른 표준에서 성공적으로 이 상황을 헤쳐왔기 때문에 충분히 낙관적이다.

렌더링 소프트웨어—회고

- ☺ 렌더링의 주요 발전은 그래픽 렌더링 칩에서 사용할 수 있는 내부 병렬 프로세싱에 직접 접근할 수 있는 GPU 셰이더 언어의 개발이었다. 이것은 렌더링의 효율성을 증가시켰지만 또한 전문 표현에 사용할 수 있는 기법을 넓혔다.

렌더링 소프트웨어—예견

- 시작됐지만 아직 완전한 결실을 맺지 못한 발전은 사운드의 렌더링 개선을 위한 것이다. 물리를 기반으로 한 사운드 생성, 처리 및 전파를 위한 알고리즘과 소프트웨어 라이브러리는 훨씬 더 보편화될 것이다.
- 또 다른 사운드 기반 예측은 인간의 말을 자연적으로 만들어 내는 능력이 계속 향상돼 각 에이전트가 컴퓨터 시뮬레이션임이 드러나지 않는 자신만의 목소리를 가지게 될 것이다.

애플리케이션 개발 소프트웨어—회고

- ☺ 초판에서는 "가상 세계 구축을 더 쉽게 만들어낼 수 있으면 VR 애플리케이션 생성에 혁명이 일어날 것"이라고 상정했다. "애플리케이션 개발 도구는 많은 사람들이 VR 애플리케이션을 쉽게 만들고 이러한 애플리케이션을 대중들이 이용할 수 있도록 할 것이다. 핵심은 개발자들이 세계를 올바르게 만드는 데 필요한 수학보다는 공간과 그곳에서 일어나는 일에 집중할 수 있어야 한다는 것이다." 널리 사용되는 게임 엔진에 VR 인터페이스를 통합함으로써, 이것은 지나가게 됐다.
- ☺ 다시 한 번 말하지만 현대 게임 엔진은 또 다른 특정 특정 상호작용, 즉 몰입된 세계 구축을 해결한다. 첫 번째 판에서 우리가 예측한 것은 다음과 같다. "경험 크리에이터는 각 폴리곤의 위치를 손으로 잡을 필요 없이, 혹은 각 액션과 인터페이스에 대한 컴퓨터 코드를 쓸 필요 없이 가상 세계에서 그들이 원하는 것을 쉽고 직접적으로 전달할 필요가 있다. 이러한 미래 개발 환경은 데스크톱 컴퓨터 인터페이스를 통해 조작될 수 있지만, 아마도 가상 현실 인터페이스가 더 적합하고 효율적일 것이다."

  실제로 언리얼 엔진은 현재 VR 내에서 세계 건설을 위한 도구를 제공하고 있으며 유니티도 이를 위한 계획을 발표했다. 또한, MakeVR이나 Gravity Sketch와 같은 툴은 크리에이터가 "생각에 따라 모델링"할 수 있도록 하기 시작하지만, SketchUp에서 제공하는 것과 같은 자동 강화 기법을 수용하는 것은 아직 VR로 마이그레이션되지 않았다. "크리에이터는 컴퓨터 소프트웨어로 원하는 만큼 오브젝트를 자동으로 개선함으로써 테이블의 모양을 빠르게 스케치할 수 있어야 한다[Zelleznik et al. 1996]".

- ☺ 또한 "오브젝트 행동 시뮬레이션(세계의 물리 모델)의 진전은 개발자들이 특정한 사전 생성된 오브젝트 행동 모델을 선택할 수 있도록 할 것"을 제안했다. 그리고 아마도 이용 가능한 물리학 시뮬레이션은 (마찰과 방망이와 같은) 조정 가능한 '물질적' 매개변수 몇 개만 제공하지만, 물리학 시뮬레이션은 표준 게임 엔진의 일부로서 상당히 잘 고정돼 있다.

- ☺ 또한 "이상적인 개발 플랫폼은 모듈화돼 하드웨어 장치 독립성을 제공할 것"이라고 예상했다. 그리고 최소한 스마트폰 스타일의 VR 디스플레이와 헤드 기반 디스플레이를 사용하는 것까지는 표준 VR 개발의 일환이다. 그리고 실제로 Unity와 Unreal Engine과 같은 현대의 VR 지원 게임 엔진이 인터페이스 모듈화(✓)를 제공하고, 디자인 팀이 렌더링(✓) 또는 메시지 전달(✓)의 수학에서 벗어날 수 있도록 하며, 전체 디자인 팀이 전문 분야(✓)에 집중할 수 있도록 하는 기타 특징에 대해 설명했다. "VR 애플리케이션은 인프라 개발자만 디자인해서는 안 된다."(✓)

- ☹ 초판에서 중점적으로 다루지 않았던 애플리케이션 개발의 한 측면은 센서와 알고리즘의 조합을 통해 실제 오브젝트의 컴퓨터 모델을 캡처하고 만드는 기능이었다. 오브젝트나 공간의 사진을 모아 3D 컴퓨터 모델을 만들기 위해 처리하는 것을 사소한 것으로 만든 Structure from Motion(SfM)과 같은 기술이 도입됐다. 쿼드콥터 드론에 카메라를 장착하거나 레이저 스캐닝 기술을 추가하면 에이커 크기의 넓은 공간을 스캔할 수 있다.

- ☺ 가상 세계를 채우는 또 다른 방법은 다른 소스에서 모델을 획득하는 것이다. 실제로 게임이나 트레이닝 애플리케이션 개발자에게 다양한 오브젝트 모델을 판매하는 기업도 있었지만, 주요 게임 엔진에 수반

되는 시장 확대로 이들 '애셋'은 이제 무료 등 다양한 가격대에서 쉽게 구입할 수 있게 됐다. 또한 Sketchfab [sketchfab.com]과 구글과 같은 회사들은 3D 모델 [poly.google.com]을 찾을 수 있는 저장소와 유적지의 투어 및 데이터 세트 [artsandculture.google.com/partner/cyark]를 제공하고 있다.

애플리케이션 개발 소프트웨어—예견

- 현재 가상 현실을 위해 디자인된 가상 세계를 비교적 간단하고 이식할 수 있게 만드는 최고의 툴은 상용 게임 엔진이다. 이러한 환경은 당연히 게임을 만드는 작업일 때 탁월하다. 목표가 건축 공간을 만들거나 3D 오브젝트를 모델링하는 것이라면, 그러한 작업을 위해 특화된 툴을 선호할 것이다. 실제로, 우리가 예상하는 것은 커뮤니티 도구들이 (게임 개발 이외의) 가상 현실 인터페이스를 디자인 변경 및 디자인 평가와 함께 할 수 있는 기본 인터페이스로 통합하는 것이다.
- 가상 현실 애플리케이션을 위한 인터페이스 디자인이 표준화된 사용 방식으로 전환될 가능성이 크지만, 전문가 패널의 표준이 아니라 인기 있는 한두 가지 게임 인터페이스의 모방 때문에 유발되는 사실상의 표준으로 전환될 가능성이 크다. 표준화된 용도는 VR의 성장과 시너지 효과를 낼 수 있는데, VR은 일관된 사용 패턴에서 쉽게 사용할 수 있게 되면서 더 많은 장소에 확산되고, 그 반대의 경우도 마찬가지라는 것이다.

애플리케이션 미래

이 책의 초판에서 VR이 어떻게 수없이 다양한 방식으로 사용됐는지 엄청난 발전을 이미 봤다. 가상 현실의 제도화는 더 쉽게 기술에 접근할 수 있게 한 동시에, 사람들이 실제로 VR을 사용하는 범위를 좁히거나 게임 이외의 모든 것이 이제 통계적 잡음 중 하나가 되도록 왜곡한다. 이는 아이러니하고 다소 짜증나는 일이기도 하다. 툴이 제한돼 있으니 콘텐츠 제작자도 제한된 애플리케이션을 만든다.

애플리케이션 소프트웨어 — 회고

- 😊 "곧 건축 디자인과 평가를 위한 패키지를 구매할 수 있을 것이고, 집에 가져가서 가정용 컴퓨터에 설치하고 물리적으로 디자인 공간이나 게임장에 몰입할 수 있는 VR 레디 게임을 어쩌면 더 빨리 살 수 있을 것이다." 그리고 어쩌면 결국 그 일이 일어나기 전에 완전히 '곧'이 아니었을지도 모르지만, 그런 일은 일어났다. 그리고, 게임이나 내러티브 이외의 VR 애플리케이션을 구입할 수 있다.

- 😊 VR 레디 소프트웨어와 손잡고 표준 소비자 소스에서 사용할 수 있는 VR 하드웨어가 있다는 것은 물론이다.

- ☹ 하지 못했던 또 다른 명백한 예측은 표준 데스크톱 그래픽 애플리케이션의 렌더링을 가상 현실 디스플레이로 전환하기 위해 그래픽 명령 인터셉션을 사용하는 것이었다. 이 기술은 더 큰 벽 크기의 디스플레이를 만들기 위해 개발되기 시작했으며, 실제로 작가들 스스로 가상 현실을 위해 이 기술을 적용하고자 했다. 그러나 그것은 마침내 메흐디네의 'Conduit' 툴로, 테크비즈의 'TechViz XL'로 상용화됐다. 궁극적으로, VR에 애플리케이션을 도입하는 이 방법은 일시적인 미봉책이다. 예를 들어, 구글 어스는 일반적으로 입증된 예였지만, 현재는 구글 어스 VR로 대체됐다. 하지만 후자는 아직 CAVE 스타일 시스템에서 사용할 수 없다.

애플리케이션 소프트웨어 — 예견

- 또 다른 쉬운 예측: VR은 게임 이상일 것이다. 미래와 현존하는 건축 공간을 미리 보는 것은 이미 가능한 얘기다. 빌딩 건축 증강은 빌딩 정보 관리[BIM] 시스템에 통합되고 있다. 환자 치료는 이미 사용 가능하며, 다른 많은 용도는 이미 존재하므로 더 쉬운 배포 모델로 마이그레이션만 하면 된다.

- 또 다른 안전한 예측: 웹에서 제공하는 VR 콘텐츠가 있을 것이다. 실제로 뉴욕타임스 같은 사이트에서는 360여 개의 내레이션 VR 체험이 이

미 제작돼 전달되고 있다. 그러나 그 이상으로, WebXR과 같은 표준의 급성장에서는 인터랙티브 웹 제공 경험을 위한 프로토콜이 존재하며, 따라서 프로토콜이 일관된 툴킷에 정착함에 따라, 웹 상에서 VR을 제공하는 것은 흔한 일이 될 것이다.

- 현재 게임 LAN 파티가 있기 때문에, 이는 공유 공간에서 일하거나 경쟁하는 VR 파티로 쉽게 확장될 것이며, 사람들은 각자 집에서도 할 수 있지만 실제로 함께 하는 데 더 큰 노력을 기울일 것이다. 실제로 일부 빈틈없는 게임 개발자들은 인센티브를 제공하거나 체험자에게도 필요한 게임을 만들 것이다. 게임을 하기 위해 그리고/또는 게임에서 일정한 수준을 달성하기 위해 같은 실제 공간에 있다. 일반적으로, 다중 사용자 VR 경험은 더 흔해질 것이다.

- VR의 사회적 이용은 사람들이 물리적으로 모여 서로 가상적으로 소통하는 LAN 파티에만 국한되지 않을 것이다. VR 매개 공간에서 친구, 가족과 함께 행아웃만 하면 떨어져 사는 사람들이 더 자주 모일 수 있다. 확실히 이는 차세대 기술 물결에 참여해 시장 지배력을 유지하려는 페이스북과 같은 회사에 매력적인 핵심 기능이었다(아마 두 사람이 함께 모여서 체스 게임을 하는 것을 원할 것이다).

- VR을 통한 롤플레잉에 부응하는 애플리케이션이 있을 것이다. 예를 들어, 폴 매카트니 콘서트에 단순히 참석하는 것이 아니라, 그와 함께 무대에 올라 제5의 비틀이 될 수도 있고, 정상적인 생활을 하지 못하던 키스 문 대신 드럼을 칠 수도 있고, 프로 수준의 스포츠에 참여할 수도 있다.

요약: 미래는 지금 나타나고 있다

이 책의 초판이 출판됐을 때 그랬듯이, "우리가 말하는 많은 경향들이 오늘날 실제로 일어나고 있다." 이제 유비쿼터스 VR은 기본적으로 여기에 있거나, 적어도 정점에 있다. 가상 현실 디스플레이를 직접 구축하는 것은 그 어느 때보다도 쉽지만, 하나만 구입하는 것이 훨씬 저렴할 것이다. 실제로 골판지와 저렴한 렌즈 한 쌍으로 10달 미만의 휴대폰 기반 VR 디스플레이를 만들거나 구매할 수 있다.

가상 현실은 이제 전환기에 접어들었다. 가상 현실 커뮤니티는 유용하고 흥미로운 툴과 경험이 만들어지고 있는 매력적인 미디어 중 하나였지만, 대부분 흥미로운 것은 기술 그 자체였다. "내가 벼랑 끝에 서 있고 긴장감을 느낀다고 어떻게 내 뇌를 속일 수 있을까?"처럼 말이다. 이제는 기술에 초점을 맞추는 것만으로는 충분하지 않다. 또는 대중 시장의 제약을 벗어나 VR을 연구하는 데 관심이 있는 사람들에게 VR은 이제 아방가르드다.

아직도 가상 현실이 몰입한 체험자의 사고에 미치는 영향을 연구하려는 대학 교수들이 있다. 세계가 그들에게 생리적으로 어떤 영향을 미치는가? 심리학적으로? 그리고, 그러한 효과를 알고 있다면, 어떤 일을 수행하는 능력을 향상시킬 수 있을까? 고급 수학을 더 쉽게 배울 수 있을까? 가상 현장 학습이 실제 현장 학습보다 더 가치가 있는가 아니면 더 낮은가? 체험자의 사이버 질병을 예방할 수 있을까?

확실히 사용자 인터페이스를 더 좋게 만들고, 검증성을 더 좋게 하고, 안락함을 더 좋게 만들기 위해 일할 수 있다. 이제 이 기술에 수십억 달러를 투자하는 회사들이 있고, 1년 안에 이전 50년 동안의 모든 것을 합친 것보다 더 많은 자원을 투입하게 되면, 발전이 일어날 것이고, 그것은 빠르게 일어날 것이다. 안전 벨트가 단단히 고정됐는지 확인하라.

| 참고 문헌 |

CHAPTER 1

[Aviation Week 1985]
Eds. of Aviation Week & Space Technology, 1985. "Virtual cockpit's panoramic displays afford advanced mission capabilities." Aviation Week & Space Technology 122 (2), 143–152.

[Bly 1982]
Bly, Sara, 1982. Sound and Computer Information Presentation. Unpublished doctoral dissertation. University of California, Davis.

[Brooks et al. 1990]
Brooks, Jr, Frederick P., Ming Ouh-Young, James J. Batter, P. Jerome Kilpatrick, 1990. "Project GROPE: Haptic Displays for Scientific Visualization." In: Proceedings of SIGGRAPH 90, Annual Conference Series Computer Graphics 24 (4), 177–185.

[Burton 1973]
Burton, Robert P., June 1973. "Real-Time Measurement of Multiple Three-Dimensional Positions." University of Utah Computer Science Technical Report UTEC-CSc-72–122. Also Technical Manual TMAN-73-01. (Supported by ARPA Contract F30602– 70-C-0030).

[Burton and Sutherland 1974]
Burton, Robert P., Ivan E. Sutherland, 1974. "Twinkle Box: A three-dimensional computer input device." In: Proceedings of the May 6–10, 1974, National Computer Conference and Exposition (AFIPS '74). ACM, New York, NY, USA, pp. 513–520. https://doi.org/10.1145/1500175.1500278.

[Comeau and Bryan 1961]
Comeau, C., J. Bryan, 1961. "Headsight Television System Provides Remote Surveillance." Electronics 34 (45), 86–90.

[Craig 2013]
Craig, Alan B., 2013. Understanding Augmented Reality: Concepts and Applications. Morgan Kaufmann Publishers.

[Cruz-Neira et al. 1992]
Cruz-Neira, Carolina, Daniel Sandin, Thomas DeFanti, Robert Kenyon, John Hart, 1992. "The CAVE audio visual experience automatic virtual environment." Communications of the ACM 35 (6), 65–72.

[DeFanti and Sandin 1977]
DeFanti, Thomas A., and Daniel J. Sandin. Final Project Report R60-34-163, U.S. NEA.

[England 1978]
England, J. Nicholas, 1978. "A system for interactive modeling of physical curved surface objects." In: SIGGRAPH '78, Proceedings of the 5th Annual Conference on Computer Graphics and Interactive Techniques, vol. 12, no. 3. ACM, pp. 336–340.

[Furness 1986]

Furness, Thomas A., 1986. "Fantastic Voyage." Popular Mechanics 163 (12), 63–65.

[Grimes 1983]

Grimes, Gary, Nov. 8, 1983 (filed 1981). Digital Data Entry Glove Interface Device. U.S. Patent No. 4,414,537.

[Heilig 1960]

Heilig, Morton, 1960 (filed 1957). Stereoscopic Television Apparatus for Individual Use. U.S. Patent No. 2,955,156. (See also Computer Graphics 28(2), 1994).

[Hua et al. 2000]

Hua, Hong, Axelle Girardot, Chunyu Gao, Jannick P. Rolland, 2000. "Engineering of head-mounted projective displays." Applied Optics 39 (22). https://doi.org/10.1364/AO.39.003814.

[Hua et al. 2004]

Hua, Hong, Leonard D. Brown, Chunyu Gao, 2004. "SCAPE: supporting stereoscopic collaboration in augmented and projective environments." IEEE Computer Graphics and Applications 24 (1), 66–75.

[Hughes 2013]

Hughes, Virginia, January 2013. "Mapping brain networks: Fish-bowl neuroscience." Nature 493 (7433).

[Iwata and Fujii 1996]

Iwata, Hiroo, Takashi Fujii, 1996. "Virtual perambulator: A novel interface device for locomotion in virtual environment." In: Virtual Reality Annual International Symposium, 1996, Proceedings of the IEEE. IEEE, pp. 60–65.

[Jacks 1964]

Jacks, E., 1964. "A Laboratory for the Study of Man-Machine Communication." FJCC64 American Federation of Information Processing Societies' (AFIPS) Fall Joint Computer Conference (FJCC) 25, 343–350.

[Johnson 1963]

Johnson, Timothy E., Sketchpad III: a computer program for drawing in three dimensions. AFIPS '63 (Spring) Proceedings of the May 21–23, 1963 Spring Joint Computer Conference. Detroit Michigan, https://doi.org/10.1145/1461551.1461592.

[Kato and Billinghurst 1999]

Kato, Hirokazu, Mark Billinghurst, 1999. "Marker tracking and HMD calibration for a video-based augmented reality conferencing system." In: Proceedings of the 2nd International Workshop on Augmented Reality (IWAR 99). October, San Francisco, USA.

[Kato et al. 2000]

Kato, Hirokazu, Mark Billinghurst, Ivan Poupyrev, 2000. Artoolkit User Manual, Version 2.33. University of Washington 2. Human Interface Technology Lab.

[Krueger 1982]

Krueger, Myron W., 1982. Artificial Reality. Addison-Wesley, Reading, Mass.

[Krueger 1991]

Krueger, Myron W., 1991. Artificial Reality II. Addison- Wesley, Reading, Mass.

[Lee 2007]

Lee, J., 2007. Head Tracking for Desktop VR Displays Using the WiiRemote. http://www.youtube.com/watch?v=Jd3-eiid-Uw.

[Logitech 1991]

Logitech Inc, 1991. 2D/6D Mouse Technical Reference Manual. "Fremont California."

[Nityananda et al. 2016]

Nityananda, Vivek, Ghaith Tarawneh, Ronny Rosner, Judith Nicolas, Stuart Crichton, Jenny Read, 2016. "Insect stereopsis demonstrated using a 3D insect cinema." Scientific Reports 6, 18718. https://doi.org/10.1038/srep18718.

[O'Neil 1963]

O'Neil, Paul, July 26, 1963. "The amazing Hugo Gernsback, prophet of science: Barnum of the space age sees his far-out scientific prophecies coming true." Life Magazine 55 (4).

[Pausch and Zaslow 2008]

Pausch, Randy, Jeffrey Zaslow, 2008. The Last Lecture. Hyperion Books.

[Peterka et al. 2007]

Peterka, Tom, Robert L. Kooima, Javier I. Girado, Jinghua Ge, Daniel J. Sandin, Thomas A. DeFanti, March 9, 2007. "Evolution of the Varrier autostereoscopic VR display: 2001-2007." In: Proc. SPIE 6490, Stereoscopic Displays and Virtual Reality Systems XIV, 649004. https://doi.org/10.1117/12.703567.

[Raab et al. 1979]

Raab, Frederick H., Ernest B. Blood, Terry O. Steiner, Herbert R. Jones, September 1979. "Magnetic position and orientation tracking system." IEEE Transactions on Aerospace and Electronic Systems AES-15 (5). https://doi.org/10.1109/TAES.1979.308860.

[Rheingold 1991]

Rheingold, Howard, 1991. Virtual Reality. Summit Books, New York.

[Roberts 1966]

Roberts, Lawrence G., 1966. "The Lincoln Wand." In: Proceedings of the November 7–10, 1966, Fall Joint Computer Conference. ACM, pp. 223–227.

[Sandin et al. 2005]

Sandin, Daniel J., Todd Margolis, Jinghua Ge, Javier Girado, Tom Peterka, Thomas A. DeFanti, 2005. "The Varrier™ autostereoscopic virtual reality display." In: SIGGRAPH 2005 Proceedings. https://dl.acm.org/citation.cfm?id=1073279.

[Schmandt et al. 1983]

Schmandt, Chris, 1983. "Spatial input/display correspondence in a stereoscopic computer graphic workstation." In: SIGGRAPH '83, Proceedings of the 10th Annual Conference on Computer Graphics and Interactive Techniques, vol. 17, no. 3, pp. 253–259.

[Sherman et al. 2010]

Sherman, William R., Patrick O'Leary, Eric T. Whiting, Shane Grover, Eric A. Wernert, 2010. "IQ-Station: a low cost portable immersive environment." In: International Symposium on Visual Computing (ISVC 2010). Springer, Berlin, Heidelberg, pp. 361–372.

[Sorenson et al. 1989]

Sorensen, Brett R., Max Donath, G.-B. Yang, Roland C. Starr, 1989. "The Minnesota scanner: a prototype sensor for three-dimensional tracking of moving body segments." IEEE Transactions on Robotics and Automation 5 (4), 499–509.

[Sutherland 1963]

Sutherland, Ivan E., 1963. "Sketchpad: A Man-Machine Graphical Communication System." SJCC.

[Sutherland 1965]

Sutherland, Ivan E., 1965. "The Ultimate Display." Proceedings of the 1965 IFIP Congress 2, 506–508.

[Sutherland 1968]

Sutherland, Ivan E., 1968. "A head-mounted three-dimensional display." American Federation of Information Processing Societies' (AFIPS) Fall Joint Computer Conference (FJCC) 33 (Pt.i), 757–764.

[Swapp et al. 2010]

Swapp, David, Julian Williams, Anthony Steed, 2010. "The implementation of a novel walking interface within an immersive display." In: 3D User Interfaces (3DUI), 2010 IEEE Symposium on. IEEE, pp. 71–74.

[Wagner et al. 2008]

Wagner, Daniel, Gerhard Reitmayr, Alessandro Mulloni, Tom Drummond, Dieter Schmalstieg, 2008. "Pose tracking from natural features on mobile phones." In: Proceedings of the 7th IEEE/ACM International Symposium on Mixed and Augmented Reality. IEEE Computer Society, pp. 125–134.

[Webster 1989]

Webster's New Universal Unabridged Dictionary, 1989. Barnes & Noble Books, New York.

[Weinbaum 1935]

Weinbaum, Stanley G., June 1935. Pygmalion's Spectacles. Wonder Stories, pp. 28–37.

CHAPTER 2

[Adams 1995]

Adams, Mike, July 17, 1995. Interview with William Sherman and Alan Craig Leicester. Virtuality Corporate Headquarters, England.

[Addison 1995]

Addison, Rita, 1995. "Detour: Brain deconstruction ahead." IEEE Computer Graphics and Applications 15 (2), 14–17.

[Anstey et al. 2000]

Anstey, Josephine, Dave Pape, Dan Sandin, 2000. "The thing growing: Autonomous characters in virtual reality interactive fiction." In: Proceedings of IEEE Virtual Reality 02 Conference, pp. 71–78.

[Craig, Sherman and Will 2009]

Craig, Alan B., William R. Sherman, Jeffrey D. Will, 2009. Developing Virtual Reality Applications: Foundations of Effective Design. Morgan Kaufmann Publishers.

[de la Peña et al. 2010]

De la Peña, Nonny, Peggy Weil, Joan Llobera, Elias Giannopoulos, Ausiàs Pomés, Bernhard Spanlang, Doron Friedman, Maria V. Sanchez-Vives, Mel Slater, 2010. "Immersive journalism: Immersive virtual reality for the first-person experience of news." Presence: Teleoperators and Virtual Environments 19 (4), 291–301.

[Dolinksy et al. 2012]

Dolinsky, Margaret, William Sherman, Eric Wernert, Yichen Catherine Chi, 2012. "Reordering virtual reality: recording and recreating real-time experiences." In: Proceedings of SPIE The Engineering Reality of Virtual Reality, pp. 155–162.

[Furness 1995]

Furness, Thomas, May 23, 1995. "My forecast for the future of the VR industry." In: Keynote Address at Virtual Reality World Conference, San Jose, CA.

[Hinckley et al. 1994]

Hinckley, Ken, Randy Pausch, John C. Goble, Neal F. Kassell, 1994. "Passive real-world interface props for neurosurgical visualization." In: Proceedings of the ACM CHI 94 Conference on Human Factors in Computing Systems, pp. 452–458.

[Laurel et al. 1994]

Laurel, Brenda, Rachel Strickland, Rob Tow, 1994. "Placeholder: landscape and narrative in virtual environments." Computer Graphics 28 (2), 118–126.

[McCloud 1993]

McCloud, Scott, 1993. Understanding Comics: The Invisible Art. Kitchen Sink Press, Northhampton, MA.

[McLuhan 1964]

McLuhan, Marshall, 1964. Understanding Media: The Extensions of Man. MIT Press, Cambridge, MA.

[Microsoft 2015]

Microsoft, 2015. RoomAliveToolkit. open-source project, URL: https://github.com/Microsoft/RoomAliveToolkit.

[Rouse 2016]

Rouse, Rebecca, 2016. "Media of attraction: a media archeology approach to panoramas, kinematography, mixed reality and beyond." In: International Conference on Interactive Digital Storytelling. Springer, Cham, pp. 97–107.

[Sherman and Craig 1995]

Sherman, William R., Alan B. Craig, 1995. "Literacy in virtual reality: A new medium." Computer Graphics 29 (4), 37–42.

[Stephenson 1992]

Stephenson, Neil, 1992. Snow Crash. Bantam Books, New York.

[Wead and Lellis 1981]

Wead, George, George Lellis, 1981. Film: Form and Function. Houghton Mifflin Company, Boston.

[Webster 1989]

Webster's New Universal Unabridged Dictionary, 1989. Barnes & Noble Books, New York.

CHAPTER 3

[Azmandian et al. 2016]

Azmandian, Mahdi, Mark Hancock, Hrvoje Benko, Eyal Ofek, Andrew D. Wilson, 2016. "Haptic retargeting: Dynamic repurposing of passive haptics for enhanced virtual reality experiences." In: Proceedings of the 2016 CHI Conference on Human Factors in Computing Systems. ACM, pp. 1968–1979.

[Baillargeon 1993]

Baillargeon, Renee, 1993. "The object concept revisited: New directions in the investigation of infants' physical knowledge." Visual Perception and Cognition in Infancy 23, 265–315.

[Bolas et al. 2014]

Bolas, Mark, J. Adam Jones, Ian McDowall, and Evan Suma, 2014 (filed 2014). Dynamic field of view throttling as a means of improving user experience in head mounted virtual environments. U.S. Patent 9,645,395, issued May 9, 2017.

[Botvinick and Cohen 1988]

Botvinick, Matthew, Jonathan Cohen, 1998. "Rubber hands 'feel' touch that eyes see." Nature 391 (6669), 756.

[Bruder et al. 2015]

Bruder, Gerd, Fernando Argelaguet Sanz, Anne-Hélène Olivier, Anatole Lécuyer, 2015. "Distance estimation in large immersive projection systems, revisited." In: Virtual Reality (VR). IEEE, pp. 27–32.

[Buetti and Lleras 2012]

Buetti, Simona, Alejandro Lleras, 2012. "Perceiving control over aversive and fearful events can alter how we experience those events: An investigation of time perception in spider-fearful individuals." Frontiers in Psychology 3.

[Burns et al. 2005]

Burns, Eric, Sharif Razzaque, Abigail T. Panter, Mary C. Whitton, Matthew R. McCallus, Frederick P. Brooks, 2005. "The hand is slower than the eye: A quantitative exploration of visual dominance over proprioception." In: Proceedings of the IEEE Virtual Reality 2005 Conference. IEEE, pp. 3–10.

[Clark 2007]

Clark, Andy, 2007. "Re-inventing ourselves: The plasticity of embodiment, sensing, and mind." The Journal of Medicine and Philosophy 32 (3), 263–282.

[Chabris and Simons 2010]

Chabris, Christopher, Daniel Simons, 2010. The Invisible Gorilla: And other ways our intuitions deceive us. Crown Publishers.

[Deutsch 1986]

Deutsch, Diana, 1986. "A musical paradox." Music Perception: An Interdisciplinary Journal 3 (3), 275–280.

[Ehrsson et al. 2007]

Ehrsson, H. Henrik, Katja Wiech, Nikolaus Weiskopf, Raymond J. Dolan, Richard E. Passingham, 2007. "Threatening a rubber hand that you feel is yours elicits a cortical anxiety response." Proceedings of the National Academy of Sciences 104 (23), 9828–9833.

[Ellis 1995]

Ellis, Stephen R., 1995. "Origins and Elements of Virtual Environments." Virtual Environments and Advanced Interface Design 55, 14.

[Evans 2000]

Evans, Robin, 2000. The Projective Cast: Architecture and Its Three Geometries. MIT Press.

[Fernandes and Feiner 2016]

Fernandes, Ajoy S., Steven K. Feiner, 2016. "Combating VR sickness through subtle dynamic field-of-view modification." In: Proceedings of the 2016 IEEE Symposium on 3D User Interfaces (3DUI). IEEE, pp. 201–210.

[Flach and Holden 1998]

Flach, John M., John G. Holden, 1998. "The reality of experience: Gibson's way." Presence 7 (1), 90–95.

[Gaver 1991]

Gaver, William W., 1991. "Technology affordances." In: Proceedings of the SIGCHI Conference on Human Factors in Computing Systems. ACM, pp. 79–84.

[Geldard and Sherrick 1972]

Geldard, Frank A., Carl E. Sherrick, 1972. "The cutaneous "rabbit": A perceptual illusion." Science 178 (4057), 178–179.

[Gibson 1979]

Gibson, James, 1979. The ecological approach to visual perception. Houghtom Mifflin, Dallas.

[Guterstam et al. 2011]

Guterstam, Arvid, Valeria I. Petkova, H. Henrik Ehrsson, 2011. "The illusion of owning a third arm." PloS one 6 (2), e17208.

[Halligan et al. 1993]

Halligan, Peter W., John C. Marshall, Derick T. Wade, 1993. "Three arms: a case study of supernumerary phantom limb after right hemisphere stroke." Journal of Neurology, Neurosurgery & Psychiatry 56 (2), 159–166.

[Hansen 1971]

Hansen, Wilfred J., 1971. "User engineering principles for interactive systems." In: Proceedings of the

November 16–18, 1971, Fall Joint Computer Conference. ACM, pp. 523–532.

[Hoffman 1998]

Hoffman, Hunter G., 1998. "Physically touching virtual objects using tactile augmentation enhances the realism of virtual environments." In: Proceedings of the IEEE 1998 Virtual Reality Annual International Symposium (VRAIS), pp. 59–63.

[Hoffman et al. 2004]

Hoffman, Hunter G., Sam R. Sharar, Barbara Coda, John J. Everett, Marcia Ciol, Todd Richards, David R. Patterson, 2004. "Manipulating presence influences the magnitude of virtual reality analgesia." Pain 111 (1), 162–168.

[Hoffman et al. 2008]

Hoffman, David M., Ahna R. Girshick, Akeley Kurt, Martin S. Banks, 2008. "Vergence–accommodation conflicts hinder visual performance and cause visual fatigue." Journal of Vision 8 (3), 33.

[Insko 2001]

Insko, Brent Edward, 2001. Passive haptics significantly enhances virtual environments. PhD diss., Department of Computer Science (Technical Report 01-010), University of North Carolina at Chapel Hill. Also appears in: Proceedings of 4th Annual Presence Workshop, Philadelphia, PA, May 2001.

[Israr et al. 2016]

Israr, Ali, Siyan Zhao, Kyna Mcintosh, Zachary Schwemler, Adam Fritz, John Mars, Job Bedford, et al., 2016. "Stereohaptics: a haptic interaction toolkit for tangible virtual experiences." In: ACM SIGGRAPH 2016 Studio. ACM, p. 13.

[Jones et al. 2013]

Jones, J., J. Adam, Swan Edward, Bolas Mark, 2013. "Peripheral stimulation and its effect on perceived spatial scale in virtual environments." IEEE Transactions on Visualization and Computer Graphics 19 (4), 701–710.

[Kilteni et al. 2013]

Kilteni, Konstantina, Ilias Bergstrom, Mel Slater, 2013. "Drumming in immersive virtual reality: The body shapes the way we play." IEEE Transactions on Visualization and Computer Graphics 19 (4), 597–605.

[Kilteni et al. 2015]

Kilteni, Konstantina, Antonella Maselli, Konrad P. Kording, Mel Slater, 2015. "Over my fake body: Body ownership illusions for studying the multisensory basis of own-body perception." Frontiers in Human Neuroscience 9.

[Lackner 1988]

Lackner, James R., 1988. "Some proprioceptive influences on the perceptual representation of body shape and orientation." Brain 111 (2), 281–297.

[Lake 1893]

Lake, Amariah, November 7, 1893. Illusion Apparatus. U.S. Patent 508,227, issued.

[Lee 2004]

Lee, Kwan Min, 2004. "Presence, explicated." Communication theory 14 (1), 27–50.

[Lessiter et al. 2001]

Lessiter, Jane, Jonathan Freeman, Edmund Keogh, Jules Davidoff, 2001. "A cross-media presence questionnaire: The ITC-Sense of Presence Inventory." Presence: Teleoperators & Virtual Environments 10 (3), 282–297.

[Linkenauger et al. 2013]

Linkenauger, Sally A., Markus Leyrer, Heinrich H. Bülthoff, Betty J. Mohler, 2013. "Welcome to wonderland: The influence of the size and shape of a virtual hand on the perceived size and shape of virtual objects." PLoS One 8 (7), e68594.

[Lombard and Ditton 1997]

Lombard, Matthew, Theresa Ditton, 1997. "At the heart of it all: The concept of presence." Journal of Computer-mediated Communication 3 (2).

[Longo et al. 2008]

Longo, Matthew, Friederike Schuur, Marjolein Kammers, Manos Tsakiris, Patrick Haggard, 2008. "What is embodiment? a psychometric approach." Cognition 107 (3), 978–998.

[Massie and Salisbury 1994]

Massie, Thomas H., J. Kenneth Salisbury, 1994. "The Phantom haptic interface: A device for probing virtual objects." In: Proceedings of the ASME Winter Annual Meeting, Symposium on Haptic Interfaces for Virtual Environment and Teleoperator Systems, vol. 55, no. 1, pp. 295–300.

[Mather 2016]

Mather, George, 2016. Foundations of Sensation and Perception, third ed. Psychology Press.

[McGurk and MacDonald 1976]

McGurk, Harry, John MacDonald, 1976. "Hearing lips and seeing voices." Nature 264 (5588), 746–748.

[Meek 1988]

Meek, Harold Alan, 1988. Guarino Guarini and His Architecture. Yale University Press.

[Mestre 2015]

Mestre, Daniel R., 2015. "On the usefulness of the concept of presence in virtual reality applications." In: The Engineering Reality of Virtual Reality 2015, vol. 9392. International Society for Optics and Photonics (SPIE), p. 93920J.

[Minsky 1980]

Minsky, Marvin, 1980. "Spatial presence." Omni 2, 45–51.

[Mohler et al. 2010]

Mohler, Betty J., Sarah H. Creem-Regehr, William B. Thompson, Heinrich H. Bülthoff, 2010. "The effect of viewing a self-avatar on distance judgments in an HMD-based virtual environment." Presence: Teleoperators and Virtual Environments 19 (3), 230–242.

[Moseley et al. 2008]

Moseley, G. Lorimer, Nick Olthof, Annemeike Venema, Sanneke Don, Marijke Wijers, Alberto Gallace, Charles Spence, 2008. "Psychologically induced cooling of a specific body part caused by the illusory ownership of an artificial counterpart." Proceedings of the National Academy of Sciences 105 (35), 13169–13173.

[Norman 1988]

Norman, Donald, 1988. The Design of Everyday Things (Originally Published: The Psychology of Everyday Things).

[Peck et al. 2013]

Peck, Tabitha C., Sofia Seinfeld, Salvatore M. Aglioti, Mel Slater, 2013. "Putting yourself in the skin of a black avatar reduces implicit racial bias." Consciousness and Cognition 22 (3), 779–787.

[Penfield and Boldrey 1937]

Penfield, Wilder, Edwin Boldrey, 1937. "Somatic motor and sensory representation in the cerebral cortex of man as studied by electrical stimulation." Brain 60 (4), 389–443.

[PETA 2014]

PETA Blog Post, February 9, 2014, "PETA's Innovative Virtual Reality Experience Turns You into a Chicken."

[Pinna and Gregory 2002]

Pinna, Baingio, Richard L. Gregory, 2002. "Shifts of edges and deformations of patterns." Perception 31 (12), 1503.

[Rash et al. 2009]

Rash, Clarence E., Michael M. Bayer, Thomas H. Harding, William E. McLean, 2009. "Visual helmet-mounted displays." In: Rash, Russo, Letowski, Schmeisser (Eds.), Chapter 4 of Helmet-Mounted Displays: Sensation, Perception and Cognition Issues. U.S. Army Aeromedical Research Laboratory, pp. 109–174.

[Ries et al. 2009]

Ries, Brian, Victoria Interrante, Michael Kaeding, Lane Phillips, 2009. "Analyzing the effect of a virtual avatar's geometric and motion fidelity on ego-centric spatial perception in immersive virtual environments." In: Proceedings of the 16th ACM Symposium on Virtual Reality Software and Technology. ACM, pp. 59–66.

[Rothbaum et al. 1995]

Rothbaum, Barbara Olasov, Larry F. Hodges, Rob Kooper, Dan Opdyke, James S. Williford, Max North, 1995. "Virtual reality graded exposure in the treatment of acrophobia: A case report." Behavior Therapy 26 (3), 547–554.

[Sanchez-Vives et al. 2010]

Sanchez-Vives, Maria V., Bernhard Spanlang, Antonio Frisoli, Massimo Bergamasco, Mel Slater, 2010. "Virtual hand illusion induced by visuomotor correlations." PLoS One 5 (4), e10381.

[Senna et al. 2014]

Senna, Irene, Angelo Maravita, Nadia Bolognini, Cesare V. Parise, 2014. "The marble-hand illusion." PLoS One 9 (3), e91688.

[Shepard 1964]

Shepard, Roger N., 1964. "Circularity in judgments of relative pitch." The Journal of the Acoustical Society of America 36 (12), 2346–2353.

[Simons and Levin 1998]

Simons, Daniel J., Daniel T. Levin, 1998. "Failure to detect changes to people during a real-world interaction." Psychonomic Bulletin & Review 5 (4), 644–649.

[Skarbez 2016]

Skarbez, Richard T., 2016. Plausibility Illusion in Virtual Environments (Ph.D. diss). The University of North Carolina at Chapel Hill.

[Skarbez et al. 2017]

Skarbez, Richard, Frederick P. Jr. Brooks, Mary C. Whitton, 2017. "A survey of presence and related concepts." ACM Computing Surveys (CSUR) 50 (6), 96.

[Skarbez and Whitton 2019]

Skarbez, Richard, Mary C. Whitton, 2019. "Check your work: evaluating VE effectiveness using presence." In: William R. Sherman (Ed.), Chapter 26 of VR Developer Gems. Taylor and Francis.

[Slater and Usoh 1994]

Slater, Mel, Martin Usoh, 1994. "Body centered interaction in immersive virtual environments." In: Artificial Life and Virtual Reality. John Wiley & Sons,

Chichester, England, pp. 125–147.

[Slater et al. 1995]

Slater, Mel, Anthony Steed, Martin Usoh, 1995. "The virtual treadmill: a naturalistic metaphor for navigation in immersive virtual environments." In: Virtual Environments' 95. Springer, Vienna, pp. 135–148.

[Slater 2009]

Slater, Mel, 2009. "Place illusion and plausibility can lead to realistic behaviour in immersive virtual environments." Philosophical Transactions of the Royal Society of London B: Biological Sciences 364 (1535), 3549–3557.

[Snoddy 1996]

Snoddy, Jon, July 29, 1996. Interview with William Sherman and Alan Craig.

[Spence 2002]

Spence, Charles, 2002. "Multisensory integration, attention and perception." Signals and Perception— the Fundamentals of Human Sensation 345–354.

[Steinicke et al. 2010]

Steinicke, Frank, Gerd Bruder, Jason Jerald, Harald Frenz, Markus Lappe, 2010. "Estimation of detection thresholds for redirected walking techniques." IEEE Transactions on Visualization and Computer Graphics 16 (1), 17–27.

[Steinicke 2019]

Steinicke, Frank, 2019. "Misperception of self-motion and its compensation in virtual reality." In: William R. Sherman (Ed.), Chapter 27 of VR Developer Gems. Taylor and Francis.

[Steuer 1992]

Steuer, Jonathan, 1992. "Defining virtual reality: Dimensions determining telepresence." Journal of Communication 42 (4), 73–93.

[Suma et al. 2011]

Suma, Evan A., Seth Clark, David Krum, Samantha Finkelstein, Mark Bolas, Zachary Warte, 2011. "Leveraging change blindness for redirection in virtual environments." In: Virtual Reality Conference (VR). IEEE, pp. 159–166.

[Tajadura-Jiménez et al. 2012]

Tajadura-Jiménez, Ana, Aleksander Väljamäe, Iwaki Toshima, Toshitaka Kimura, Manos Tsakiris, Norimichi Kitagawa, 2012. "Action sounds recalibrate perceived tactile distance." Current Biology 22 (13), R516–R517.

[Tajadura-Jiménez et al. 2017]

Tajadura-Jiménez, Ana, Domna Banakou, Nadia Bianchi-Berthouze, Mel Slater, 2017. "Embodiment in a child-like talking virtual body influences object size perception, self-identification, and subsequent real speaking." Scientific Reports 7 (1), 9637.

[Tajadura-Jiménez et al. 2018]

Tajadura-Jiménez, Ana, Ophelia Deroy, Torsten Marguardt, Nadia Bianchi-Berthouze, Tomohisa Asai, Toshitaka Kimura, Norimichi Kitagawa, 2018. "Audi-tactile cues from an object's fall change estimates
of one's body height." PLoS One 13 (6).

[Tong et al. 2015]

Tong, Xin, Gromala Diane, Chris D. Shaw, Owen Williamson, Ozgun E. Iscen, 2015. "Theory review and interaction design space of body image and body schema (BIBS) for embodied cognition in virtual reality." In: SPIE/IS&T Electronic Imaging.

International Society for Optics and Photonics, p. 93920D.

[Vosmeer and Schouten 2017]
Vosmeer, Mirjam, Ben Schouten, 2017. "Project orpheus a research study into 360° cinematic VR." In: Proceedings of the 2017 ACM International Conference on Interactive Experiences for TV and Online Video. ACM, pp. 85–90.

[Wade 2003]
Wade, Nicholas, 2003. Destined for Distinguished Oblivion: The Scientific Vision of William Charles Wells (1757–1817). Springer Science & Business Media.

[Whitton 2017]
Whitton, Mary, 2017. Personal Communications (Email) with William Sherman.

[Wickens et al. 1989]
Wickens, Christopher D., S. Todd, K. Seidler, 1989. Three Dimensional Displays. CSERIAC State of the Art Report (SOAR 89-001). Crew Systems Information and Analysis Center, Wright Patterson Air Force Base, Ohio.

[Wirth et al. 2007]
Wirth, Werner, Tilo Hartmann, Saskia Böcking, Peter Vorderer, Christoph Klimmt, Holger Schramm, Timo Saari, et al., 2007. "A process model of the formation of spatial presence experiences." Media Psychology 9 (3), 493–525.

[Witmer and Singer 1998]
Witmer, Bob G., Michael J. Singer, 1998. "Measuring presence in virtual environments: a presence questionnaire." Presence: Teleoperators and Virtual Environments 7 (3), 225–240.

[Witmer et al. 2005]
Witmer, Bob G., Christian J. Jerome, Michael J. Singer, 2005. "The factor structure of the presence questionnaire." Presence: Teleoperators & Virtual Environments 14 (3), pp. 298–312.

[Won et al. 2015]
Won, Andrea Stevenson, Jeremy Bailenson, Jimmy Lee, Jaron Lanier, 2015. "Homuncular flexibility in virtual reality." Journal of Computer-mediated Communication 20 (3), 241–259.

[Wood 1895]
Wood, R.W., 1895. "The 'Haunted Swing' illusion." Psychological Review 2 (no. 3), 277.

[Youngblut 2007]
Youngblut, Christine, 2007. What a decade of experiments reveals about factors that influence the sense of presence: Latest findings. No. IDA-D-3411. Institute For Defense Analyses Alexandria VA.

[Yuan and Steed 2010]
Yuan, Ye, and Anthony Steed, 2010. "Is the rubber hand illusion induced by immersive virtual reality?" In IEEE Virtual Reality 2010 Conference (IEEE VR 2010), pp. 95-102. IEEE.

CHAPTER 4

[Addison et al. 1995]
Addison, Rita, Tom Coffin, Mortez Ghazisaedy, Robert Kenyon, William Reynolds, Joe Reitzer, Marcus Thiébaux, Anthony Tamburrino, Alan Verlo, Margaret Watson, Dave Warner, Eben Gay, 1995. "Synesthesia: Collaborative biosignal experience" (Demonstration at the GII Testbed at ACM/IEEE Supercomputing 1995). In: Holly Korab, Maxine Brown (Eds.), Virtual Environments and Distributed Computing at SC 95.

[Baumgart 1968]

Baumgart, Bruce, 1968. An ultrasonic head position sensor (B.S. thesis). Department of Applied Mathematics, Harvard College.

[Carlin et al. 1997]

Carlin, Albert S., Hunter G. Hoffman, Suzanne Weghorst, 1997. "Virtual reality and tactile augmentation in the treatment of spider phobia: A case report." Behaviour Research and Therapy 35 (2), 153–158.

[Craig et al. 2009]

Craig, Alan B., William R. Sherman, Jeffrey D. Will, 2009. Developing Virtual Reality Applications: Foundations of Effective Design. Morgan Kaufmann Publishers.

[Davies and Harrison 1996]

Davies, Char, John Harrison, 1996. "Osmose: Towards broadening the aesthetics of virtual reality." ACM SIGGRAPH Computer Graphics 30 (4), 25–28.

[Eubanks et al. 2015]

Eubanks, James Coleman, Chengyuan Lai, Ryan P. Mcmahan, 2015. "Portable virtual reality: Inertial measurements and biomechanics." In: IEEE 1st Workshop on Everyday Virtual Reality (WEVR). IEEE, pp. 1–4.

[Febretti et al. 2014]

Febretti, Alessandro, Arthur Nishimoto, Victor Mateevitsi, Luc Renambot, Andrew Johnson, Jason Leigh, 2014. "Omegalib: A multi-view application framework for hybrid reality display environments." In: Proceedings of 2014 the IEEE Virtual Reality (VR). IEEE, pp. 9–14.

[Fitzmaurice et al. 1995]

Fitzmaurice, George W., Hiroshi Ishii, William Buxton, 1995. "Bricks: laying the foundations for graspable user interfaces." In: Proceedings of the ACM CHI 95 Conference on Human Factors in Computing Systems, pp. 442–449.

[Foxlin 1996]

Foxlin, Eric, 1996. "Inertial head-tracker sensor fusion by a complementary separate-bias kalman filter." In: Proceedings of the IEEE 96 Virtual Reality Annual International Symmposium (VRAIS), pp. 185–194.

[Ghazisaedy et al. 1995]

Ghazisaedy, Morteza, Adamczyk David, Daniel J. Sandin, Robert V. Kenyon, Thomas A. DeFanti, 1995. "Ultrasonic calibration of a magnetic tracker in a virtual reality space." In: Proceedings of the IEEE 95 Virtual Reality Annual International Symposium (VRAIS).

[Hinckley et al. 1994]

Hinckley, Ken, Pausch Randy, John. C. Goble, Neal F. Kassell, 1994. "Passive real-world interface props for neurosurgical visualization." In: Proceedings of ACM CHI 94 Conference on Human Factors in Computing Systems, pp. 452–458.

[Iwata and Fujii 1996]

Iwata, Hiroo, Takashi Fujii, 1996. "Virtual perambulator: A novel interface device for locomotion in virtual environment." In: Proceedings of the IEEE 96 Virtual Reality Annual International Symposium (VRAIS), pp. 60–65.

[Jarvis 1983]

Jarvis, Ray A., 1983. "A perspective on range finding techniques for computer vision." IEEE Transactions on Pattern Analysis and Machine Intelligence 2, 122–139.

[Kindratenko 2000]
Kindratenko, Volodymyr V., 2000. "A survey of electromagnetic position tracker calibration techniques." Proceedings of IEEE Virtual Reality (VR) 5 (3), 169–182. IEEE.

[King 1998]
King, A.D., 1998. "Inertial navigation-forty years of evolution." GEC Review 13 (3), 140–149.

[Krüger and Fröhlich 1994]
Krüger, Wolfgang, Bernd Fröhlich, 1994. "The responsive workbench." IEEE Computer Graphics and Applications 12–15.

[Laurel et al. 1994]
Laurel, Brenda, Rachel Strickland, Rob Tow, 1994. "Placeholder: Landscape and narrative in virtual environments." ACM SIGGRAPH Computer Graphics 28 (2), 118–126.

[Lien et al. 2016]
Lien, Jaime, Nicholas Gillian, M. Emre Karagozler, Patrick Amihood, Carsten Schwesig, Erik Olson, Hakim Raja, Ivan Poupyrev, 2016. "Soli: Ubiquitous gesture sensing with millimeter wave radar." ACM Transactions on Graphics (TOG) 35 (4), 142.

[Longuet-Higgins 1981]
Longuet-Higgins, H. Christopher, 1981. "A computer algorithm for reconstructing a scene from two projections." Nature 293 (5828), 133–135.

[Lowe 1999]
Lowe, David G., 1999. "Object recognition from local scale-invarient features." In: The Proceedings of the Seventh IEEE International Conference on Computer Vision, vol. 2. IEEE, pp. 1150–1157.

[Mapes and Moshell 1995]
Mapes, Daniel P., J. Michael Moshell, 1995. "A two-handed interface for object manipulation in virtual environments." Presence: Teleoperators and Virtual Environments 4 (4), 403–416.

[Marcel 2002]
Marcel, Sébastien, 2002. "Gestures for multi-modal interfaces: A Review." no. EPFL-REPORT-82805. IDIAP.

[Özyeşil et al. 2017]
Özyeşil, Onur, Vladislav Voroninski, Ronen Basri, Amit Singer, 2017. "A survey of structure from motion." Acta Numerica 26, 305–364.

[Sherman and Craig 2002]
Sherman, William R., Alan B. Craig, 2002. Understanding Virtual Reality: Interface, Application, and Design. Morgan Kaufmann.

[Sherman et al. 2010]
Sherman, William R., Patrick O'Leary, Eric T. Whiting, Shane Grover, Eric A. Wernert, 2010. "IQ-station: a low cost portable immersive environment." In: International Symposium on Visual Computing. Springer, Berlin, Heidelberg, pp. 361–372.

[Snavely et al. 2006]
Snavely, Noah, Steven M. Seitz, Richard Szeliski, 2006. "Photo tourism: Exploring photo collections in 3D." ACM Transactions on Graphics (TOG) 25 (no. 3), 835–846.

[Sorensen et al. 1989]
Sorensen, Brett R., Max Donath, G-B. Yang, Roland C. Starr, 1989. "The Minnesota scanner: A prototype sensor for three-dimensional tracking of moving body segments." IEEE Transactions on Robotics and Automation 5 (4), 499–509.

[State et al. 1996]

State, Andrei, Gentaro Hirota, David T. Chen, William F. Garrett, Mark A. Livingston, 1996. "Superior augmented reality registration by integrated landmark tracking and magnetic tracking." In: Proceedings of SIGGRAPH 96, Annual Conference Series, Computer Graphics, pp. 429–438.

[Turk 2014]

Turk, Matthew, 2014. "Gesture recognition." In: S. Hale Kelly, Kay M. Stanney (Eds.), Handbook of Virtual Environments: Design, Implementation, and Applications. CRC Press, pp. 211–232.

[Vickers 1974]

Vickers, Donald L., 1974. Sorcerer's Apprentice: Headmounted Display and Wand (Ph.D. diss., Doctoral Dissertation, Department of Electrical Engineering).
University of Utah.

[Von Kapri et al. 2011]

Von Kapri, Anette, Tobias Rick, Steven Feiner, 2011. "Comparing steering-based travel techniques for search tasks in a cave." In: Proceedings of IEEE Virtual Reality (VR). IEEE, pp. 91–94.

[Welch and Bishop 1997]

Welch, Greg, Gary Bishop, 1997. "SCAAT: Incremental tracking with incomplete information." In: Proceedings of SIGGRAPH 97, Annual Conference Series, Computer Graphics, pp. 333–344.

[Zeltzer and Pioch 1996]

Zeltzer, D., N. Pioch, 1996. "Validation and verification of virtual environment training systems." In: Proceedings of the IEEE 96 Virtual Reality Annual International Symposium (VRAIS) I, pp. 123–130.

[Zielinski et al. 2011]

Zielinski, David J., Ryan P. McMahan, Rachael B. Brady, 2011. "Shadow walking: An unencumbered locomotion technique for systems with under-floor projection." In: Proceedings of IEEE Virtual Reality (VR). IEEE, pp. 167–170.

CHAPTER 5

[Abrash 2012]

Abrash, Michael, 2012. "Latency the Sine qua non of AR and VR." 12/29/2012, Ramblings in Valve Time, a blog by Michael Abrash.

[Araujo et al. 2016]

Araujo, Bruno, Ricardo Jota, Varun Perumal, Jia Xian Yao, Karan Singh, Daniel Wigdor, 2016. "Snake charmer: Physically enabling virtual objects." In: Proceedings of the TEI'16: Tenth International Conference on Tangible, Embedded, and Embodied Interaction. ACM, pp. 218–226.

[Arthur et al. 1998]

Arthur, Kevin, Timothy Preston, Russell Taylor, Frederick Brooks, Mary Whitton, William Wright, 1998. "Designing and building the PIT: A headtracked stereo workspace for two users." In: 2nd International Immersive Projection Technology Workshop, pp. 11–12.

[Bajura et al. 1992]

Bajura, Michael, Henry Fuchs, Ryutarou Ohbuchi, 1992. "Merging virtual objects with the real world: Seeing ultrasound imagery within the patient." In: Proceedings of SIGGRAPH 92, Annual Conference Series, Computer Graphics 26 (2), pp. 203–210.

[Baker 1989]

Baker, Robin R., 1989. Human Navigation and

Magnetoreception. Manchester University Press, Manchester, England.

[Barfield and Danas 1995]

Barfield, W., E. Danas, 1995. "Comments on the use of olfactory displays for virtual environments." Presence: Teleoperators and Virtual Environments 5 (1), 109–121.

[Bejczy and Salisbury 1983]

Bejczy, A.K., J.K. Salisbury, 1983. "Controlling remote manipulators through kinesthetic coupling." ASME Computers in Mechanical Engineering 2 (1), 48–60.

[Benko et al. 2016]

Benko, Hrvoje, Christian Holz, Mike Sinclair, Eyal Ofek, 2016. "Normaltouch and texturetouch: high-fidelity 3D haptic shape rendering on handheld virtual reality controllers." In: Proceedings of the 29th Annual Symposium on User Interface Software and Technology (UIST). ACM, pp. 717–728.

[Bier et al. 1993]

Bier, Eric A., Maureen C. Stone, Ken Pier, William Buxton, Tony D. DeRose, 1993. "Toolglass and magic lenses: The see-through interface." In: Proceedings of SIGGRAPH 93, Annual Conference Series, Computer Graphics, pp. 73–80.

[Brooks et al. 1990]

Brooks, Jr, Frederick P., Ming Ouh Young, James J. Batter, P. Jerome Kilpatrick, 1990. "Project GROPE: haptic displays for scientific visualization." In: Proceedings of SIGGRAPH 90, Annual Conference Series, Computer Graphics 24 (4), pp. 177–185.

[Buxton and Fitzmaurice 1998]

Buxton, Bill, George W. Fitzmaurice, 1998. "HMD's, caves & chameleons: a human-centric analysis of interaction in virtual space." In: Proceedings of SIGGRAPH 98, Annual Conference Series, Computer Graphics 32 (4), pp. 64–68.

[Cater 1992]

Cater, John P., 1992. "The noses have it." Presence: Teleoperators and Virtual Environments 1 (4), 493–494.

[Craig et al. 2009]

Craig, Alan B., William R. Sherman, Jeffrey D. Will, 2009. Developing Virtual Reality Applications: Foundations of Effective Design. Morgan Kaufmann Publishers.

[Craig 2013]

Craig, Alan B., 2013. Understanding Augmented Reality: Concepts and Applications. Morgan Kaufmann Publishers.

[Cutting and Vishton 1995]

Cutting, J., P. Vishton, 1995. "Perceiving layout and knowing distances." In: W. Epstein, S. Rodgers (Eds.), Perception of Space and Motion. Academic Press, San Diego.

[DeFanti et al. 1998]

DeFanti, Tom, Dan Sandin, Gregory Dawe, Maxine Brown, Maggie Rawlings, Gary Lindahl, Andrew Johnson, Jason Leigh, 1998. "Personal tele-immersion devices." In: High Performance Distributed Computing, 1998. Proceedings. The Seventh International wSymposium on. IEEE, pp. 198–205.

[DeFanti et al. 2011]

DeFanti, Thomas, Daniel Acevedo, Richard Ainsworth, Maxine Brown, Steven Cutchin, Gregory Dawe, Kai-Uwe Doerr, et al., 2011. "The future of the CAVE." Open Engineering 1 (1), 16–37.

[Fitzmaurice 1993]

Fitzmaurice, G., 1993. "Situated information spaces and spatially aware palmtop computers." Communications of the ACM 36 (7), 38–49.

[Frend and Boyles 2015]

Frend, Chauncey, Michael Boyles, 2015. "Programmable immersive peripheral environmental system (PIPES): A prototype control system for environmental feedback devices." In: The Engineering Reality of Virtual Reality 2015, vol. 9392. International Society for Optics and Photonics, p. 939209.

[Frend 2016]

Frend, Chauncey, 2016. Piazza d'Oro: A VR 4D Tour. Online video clip. YouTube, January 8 https://youtube.com/watch?v=c389W_IDSrg.

[Fröhlich et al. 2005]

Fröhlich, Bernd, Jan Hochstrate, Jörg Hoffmann, Karsten Klüger, Roland Blach, Matthias Bues, Oliver Stefani, 2005. "Implementing multi-viewer stereo displays." In: WSCG 2005 The 13-th International Conference in Central Europe on Computer Graphics, Visualization and Computer Vision 2005.

[Gerzon 1992]

Gerzon, Michael A., March 1992. "General meta theory of auditory localisation." In: Paper Presented at the 92nd Audio Engineering Society Convention, Vienna (Preprint 3306).

[Hirota and Hirose 1995]

Hirota, Koichi, Michitaka Hirose, 1995. "Simulation and presentation of curved surface in virtual reality environment through surface display." In: Proceedings of the IEEE 95 Virtual Reality Annual International Symposium (VRAIS), pp. 211–216.

[Hoffman 1998]

Hoffman, Hunter G., 1998. "Physically touching virtual objects using tactile augmentation enhances the realism of virtual environments." In: Proceedings of the IEEE 1998 Virtual Reality Annual International Symposium (VRAIS), pp. 59–63.

[Hua et al. 2004]

Hua, Hong, Leonard D. Brown, Chunyu Gao, 2004. "SCAPE: Supporting stereoscopic collaboration in augmented and projective environments." IEEE Computer Graphics and Applications 24 (1), 66–75.

[INDE 2011]

INDE, November 2, 2011. BroadcastAR Augmented Reality for National Geographic Channel/UPC. Online video clip. Vimeo https://vimeo.com/31479392.

[Insko 2001]

Insko, Brent Edward, 2001. Passive Haptics Significantly Enhances Virtual Environments. PhD diss., Department of Computer Science (Technical Report 01-010), University of North Carolina at Chapel Hill. Also appears in: Proceedings of 4th Annual Presence Workshop, Philadelphia, PA, May 2001.

[Johnson et al. 2000]

Johnson, Andrew, Dan Sandin, Greg Dawe, Tom DeFanti, Dave Pape, Zhongwei Qiu, Samroeng Thongrong, Dana Plepys, 2000. "Developing the PARIS: Using the CAVE to Prototype a New VR Display." Proceedings of IPT 2000, pp. 19–20.

[Jorke and Fritz 2006]

Jorke, Helmut, Markus Fritz, 2006. "Stereo projection using interference filters." In: Stereoscopic Displays and Virtual Reality Systems XIII, vol. 6055. International Society for Optics and Photonics, p. 60550G.

[Kajastila et al. 2016]

Kajastila, Raine, Leo Holsti, Perttu Hämäläinen, 2016. "The augmented climbing wall: High-exertion proximity interaction on a wall-sized interactive surface." In: Proceedings of the 2016 CHI Conference on Human Factors in Computing Systems. ACM, pp. 758–769.

[Kennedy et al. 1993]

Kennedy, R.S., N.E. Lane, K.S. Berbaum, M.G. Lilienthal, 1993. "Simulator sickness questionnaire: an enhanced method for quantifying simulator sickness." International Journal of Aviation Psychology 3 (3), 203–220.

[Klymento and Rash 1995]

Klymento, V., C.E. Rash, 1995. "Human performance with new helmet-mounted display designs." CSERIAC Gateway 4 (4), 1–4.

[Koepnick et al. 2010]

Koepnick, Steven, Roger V. Hoang, Matthew R. Sgambati, Daniel S. Coming, Evan A. Suma, William R. Sherman, 2010. "RIST: radiological immersive survey training for two simultaneous users." Computers & Graphics 34 (6), 665–676.

[Krueger 1982]

Krueger, Myron W., 1982. Artificial Reality. Addison-Wesley, Reading, MA.

[Krueger 1994]

Krueger, Myron W., 1994. Stimuli in Virtual Reality Medical Training. ARPA Report. Artificial Reality Corporation.

[Krueger et al. 2016]

Krueger, Neil A., Aaron L. Holsteen, Seung-Kyun Kang, Christian R. Ocier, Weijun Zhou, Glennys Mensing, John A. Rogers, Mark L. Brongersma, Paul V. Braun, 2016. "Porous silicon gradient refractive index micro-optics." Nano Letters 16 (12), 7402–7407.

[Kulik et al. 2011]

Kulik, Alexander, André Kunert, Stephan Beck, Roman Reichel, Roland Blach, Armin Zink, Bernd Fröhlich, 2011. "C1x6: a stereoscopic six-user display for co-located collaboration in shared virtual environments." ACM Transactions on Graphics (TOG) 30 (no. 6), 188.

[Massie 1993]

Massie, Thomas H., May 1993. Design of a Three Degree of Freedom Force-Reflecting Haptic Interface (Thesis submitted for Bachelor of Science degree at the Massachusetts Institute of Technology).

[McNeely 1993]

McNeely, William A., 1993. "Robotic graphics: A new approach to force feedback for virtual reality." In: Proceedings of the IEEE 93 Virtual Reality Annual International Symposium (VRAIS), pp. 336–341.

[Morimoto et al. 2014]

Morimoto, Tania K., Paulo Blikstein, Allison M. Okamura, 2014. "Hapkit: an open-hardware haptic device for online education." In: Haptics Symposium (HAPTICS). IEEE, p. 1.

[Okamura 2004]

Okamura, Allison M., 2004. "Methods for haptic feedback in teleoperated robot-assisted surgery." Industrial Robot: An International Journal 31 (6), 499–508.

[Ouh-Young et al. 1989]

Ouh-Young, Ming, D.V. Bard, F.P. Jr. Brooks, 1989. "Force display performs better than visual display in a simple 6-D docking task." In: Proceedings of

IEEE 89 Robotics & Automation Conference, pp. 1462–1466.

[Pausch et al. 1996]
Pausch, Randy, Jon Snoddy, Robert Taylor, Scott Watson, Eric Haseltine, 1996. "Disney's Aladdin: First steps toward storytelling in virtual reality." In: Proceedings of SIGGRAPH 96, Annual Conference Series, Computer Graphics, pp. 193–203.

[Ranasinghe et al. 2017]
Ranasinghe, Nimesha, Pravar Jain, Shienny Karwita, David Tolley, Ellen Yi-Luen Do, 2017. "Ambiotherm: Enhancing sense of presence in virtual reality by simulating real-world environmental conditions." In: Proceedings of the 2017 CHI Conference on Human Factors in Computing Systems. ACM, pp. 1731–1742.

[Reinig et al. 1996]
Reinig, Karl D., Charles G. Rush, Helen L. Pelster, Victor M. Spitzer, James A. Heath, January 1996. "Real-Time visually and haptically accurate surgical simulation." No. 29 in Technology and Informatics. In: S.J. Weghorst, H.B. Sieburg, K.S. Morgan (Eds.), Interactive Technology and the New Paradigm for Healthcare, pp. 542–545.

[Rheingold 1991]
Rheingold, Howard, 1991. Virtual Reality. Summit Books, New York.

[Rizzo et al. 2006]
Rizzo, Albert, Jarrell Pair, Ken Graap, Brian Manson, Peter J. McNerney, Brenda Wiederhold, Mark Wiederhold, Spira James, 2006. "A virtual reality exposure therapy application for Iraq War military personnel with post traumatic stress disorder: From training to toy to treatment." NATO Security through Science Series E Human and Societal Dynamics 6, 235.

[Robinett 1992]
Robinett, Warren, 1992. "Comments on a nose gesture interface device: Extending virtual realities." Presence: Teleoperators and Virtual Environments 1 (4), 493.

[Rolland et al. 1994]
Rolland, Jannick, Richard Holloway, Henry Fuchs, 1994. "A comparison of optical and video seethrough head-mounted displays." In: Proceedings of SPIE Telemanipulator and Telepresence Technologies, vol. 2351.

[Sandin et al. 2005]
Sandin, Daniel J., Todd Margolis, Jinghua Ge, Javier Girado, Tom Peterka, Thomas A. DeFanti, 2005. "The Varrier™ autostereoscopic virtual reality display." In: ACM Transactions on Graphics (TOG), 24, no. 3, pp. 894–903.

[Sherman 1999]
Sherman, William, December 1999. FreeVR Release 0.3a. http://freevr.org.

[Sherman et al. 2010]
Sherman, William R., Patrick O'Leary, Eric T. Whiting, Shane Grover, Eric A. Wernert, 2010. "IQ-station: A low cost portable immersive environment." In: International Symposium on Visual Computing. Springer, Berlin, Heidelberg, pp. 361–372.

[Shimoga 1992]
Shimoga, Karun B., 1992. "Finger force and touch feedback issues in dexterous telemanipulation." In: Proceedings of the NASA-CIRSSE International Conference on Intelligent Robotic Systems for Space Exploration.

[Snoddy 1996]

Snoddy, Jon, July 29, 1996. Interview with William Sherman and Alan Craig.

[State et al. 1996]

State, Andrei, Hirota Gentaro, David T. Chen, William F. Garrett, Mark A. Livingston, 1996. "Superior augmented reality registration by integrated landmark tracking and magnetic tracking." In: Proceedings of SIGGRAPH 96, Annual Conference Series, Computer Graphics, pp. 429–438.

[Sutherland 1968]

Sutherland, Ivan E., 1968. "A head-mounted three-dimensional display." American Federation of Information Processing Societies' (AFIPS) Fall Joint Computer Conference (FJCC) 33 (Pt. 1), 757–764.

[Tachi et al. 1994]

Tachi, Susumu, Taro Maeda, Ryokichi Hirata, Hiroshi Hoshi, 1994. "A construction method of virtual haptic space." In: Proceedings of the Fourth International Conference on Artificial Reality and Tele-Existence, pp. 131–138.

[Tan et al. 1994]

Tan, H.Z., M.A. Srinivasan, B. Eberman, B. Cheng, 1994. "Human factors for the design of force-reflecting haptic interfaces." In: C.J. Radcliffe (Ed.), DSC-vol. 55–1, Dynamic Systems and Control, vol. 1. ASME, pp. 353–359.

[Varshney and Varshney 2014]

Varshney, Kush R., Lav R. Varshney, 2014. "Active odor cancellation." In: 2014 IEEE Workshop on Statistical Signal Processing (SSP). IEEE, pp. 25–28.

[Vickers 1974]

Vickers, Donald L., 1974. Sorcerer's Apprentice: Headmounted Display And Wand (Ph.D. Doctoral Dissertation, Department of Electrical Engineering). University of Utah.

[Vonach et al. 2017]

Vonach, Emanuel, Clemens Gatterer, Hannes Kaufmann, 2017. "VRRobot: Robot actuated props in an infinite virtual environment." In: 2017 IEEE Virtual Reality (VR). IEEE, pp. 74–83.

[Wagner et al. 2008]

Wagner, Daniel, Tobias Langlotz, Dieter Schmalstieg, 2008. "Robust and unobtrusive marker tracking on mobile phones." In: Proceedings of the 7th IEEE/ACM International Symposium on Mixed and Augmented Reality. IEEE Computer Society, pp. 121–124.

[Webster 1989]

Webster's New Universal Unabridged Dictionary, 1989. Barnes & Noble Books, New York.

[Yeh et al. 1999]

Yeh, Michelle, Christopher D. Wickens, F. Jacob Seagull, December 1999. "Target cueing in visual search: the effects of conformality and display location on the allocation of visual attention." Human Factors 41, 524–542.

[Yokokohji et al. 1996]

Yokokohji, Yasuyoshi, Ralph L. Hollis, Takeo Kanade, 1996. "What you can see is what you can feel: Development of a visual/haptic interface to virtual environment." In: Proceedings of the IEEE 96 Virtual Reality Annual International Symposium (VRAIS), pp. 46–53.

CHAPTER 6

[Abrash 2012]

Abrash, Michael, 2012. Latency the Sine qua non of

AR and VR. Retrieved at: http://blogs.valvesoftware.com/abrash/latency-the-sine-qua-non-of-ar-and-vr/ Ramblings in Valve Time, a blog by Michael Abrash.

[Azmandian et al. 2016]

Azmandian, Mahdi, Mark Hancock, Hrvoje Benko, Eyal Ofek, Andrew D. Wilson, 2016. "Haptic retargeting: Dynamic repurposing of passive haptics for enhanced virtual reality experiences." In: Proceedings of the 2016 ACM SIGCHI Conference on Human Factors in Computing Systems. ACM, pp. 1968–1979.

[Bargar et al. 1994]

Bargar, Robin, Insook Choi, Sumit Das, Camille Goudeseune, 1994. "Model-based interactive sound for an immersive virtual environment." In: Proceedings of the 94 International Computer Music Conference, pp. 471–474.

[Barthes 2000]

Barthes, Roland, 2000. "The photographic message." In: R.T. Craig, H.L. Miuller (Eds.), Chapter 13 of Theorizing Communication: Readings Across Traditions. Sage Publishing, pp. 191–199.

[Bolas et al. 2014]

Bolas, Mark, J.Adam Jones, Ian McDowall, Evan Suma, 2014. Dynamic Field of View Throttling as a Means of Improving User Experience in Head Mounted Virtual Environments. U.S. Patent 9,645,395. issued May 9, 2017.

[Bolas 2015]

Bolas, Mark, 2015. "Discovering near-field VR: Stop motion with a touch of light-fields and a dash of redirection." In: ACM SIGGRAPH 2015 Computer Animation Festival. ACM, p. 193.

[Bordwell and Thompson 2010]

Bordwell, David, Kristin Thompson, 2010. Film Art: An Introduction, ninth ed. McGraw-Hill.

[Brady et al. 1995]

Brady, Rachael, John Pixton, George Baxter, Patrick Moran, Clinton S. Potter, Bridget Carragher, Andrew Belmont, 1995. "Crumbs: a virtual environment tracking tool for biological imaging." Proceedings of the IEEE Symposium on Frontiers in Biomedical Visualization 18–25.

[Burns and Osfield 2001]

Burns, Don, Robert Osfield, 2001. Introduction to the OpenSceneGraph.

[Caudell and Mizell 1992]

Caudell, Thomas P., David W. Mizell, 1992. "Augmented reality: An application of heads-up display technology to manual manufacturing processes." In: Proceedings of the Twenty-Fifth Hawaii International Conference on Systems Sciences, pp. 659–669.

[Cebenoyan 2016]

Cebenoyan, Cem, 2016. Rendering Faster and Better with NVIDIA GameWorks VR in UE4. Game Developers Conference GDC Vault. Retrieved at: https://www.gdcvault.com/play/1023524/Rendering-Faster-and-Better-with.

[Coles et al. 2011]

Coles, Timothy R., Dwight Meglan, Nigel W. John, 2011. "The Role of Haptics in Medical Training Simulators: A Survey of the State of the Art." IEEE Transactions on Haptics 4 (1), 51–66.

[Conti et al. 2003]

Conti, François, Federico Barbagli, R. Balaniuk, M. Halg, C. Lu, Dan Morris, L. Sentis, J. Warren,

Oussama Khatib, Kenneth Salisbury, 2003. "The CHAI libraries." In: Proceedings of Eurohaptics 2003 . pp. 496–500.

[Cook and Scavone 1999]

Cook, Perry R., Gary P. Scavone, 1999. "The Synthesis Toolkit (STK)." In: ICMC.

[Doel and Pai 1998]

Doel, Kees van den, Dinesh K. Pai, 1998. "The sounds of physical shapes." Presence 7 (4), 382–395.

[Drebin et al. 1988]

Drebin, Robert A., Loren Carpenter, Pat Hanrahan, 1988. "Volume rendering." In: SIGGRAPH '88, Proceedings of the 15th Annual Conference on Computer Graphics and Interactive Techniques 22 (4): pp. 65–74, ACM.

[Etymonline 2017]

Online Etymology Dictionary, 2017. Origin and Meaning of map. Retrieved at: https://www.etymonline.com/word/map.

[Fernandes and Feiner 2016]

Fernandes, Ajoy S., Steven K. Feiner, 2016. "Combating VR sickness through subtle dynamic field-ofview modification." In: Proceedings of the 2016 IEEE Symposium on 3D User Interfaces (3DUI). IEEE, pp. 201–210.

[Foster et al. 1991]

Foster, Scott H., Elizabeth M. Wenzel, 1991. "Virtual Acoustic Environments: The Convolvotron." In: Presented at SIGGRAPH '91, The 18th Annual Conference on Computer Graphics and Interactive Techniques, vol. 4: pp. 386.

[Frend and Boyles 2015]

Frend, Chauncey, Michael Boyles, 2015. "Programmable immersive peripheral environmental system (PIPES): A prototype control system for environmental feedback devices." In: The Engineering Reality of Virtual Reality 2015, vol. 9392. International Society for Optics and Photonics (SPIE), p. 939209.

[Ganter 1989]

Ganter, John H., 1989. "A comparison of representations for complex earth volumes." Autocarto 9: Proceedings of the Ninth International Symposium on Computer-assisted Cartography.

[Garnett and Goudeseune 1999]

Garnett, Guy, Camille Goudeseune, 1999. "Performance factors in control of high-dimensional spaces." In: Proceedings of the 99 International Computer Music Conference, pp. 268–271. See also http://zx81.ncsa.uiuc.edu/camilleg/icmc99.html.

[Goudeseune 2018]

Goudeseune, Camille, 2018. VSS: Virtual Sound Server. Github Repository https://github.com/camilleg/vss/.

[Gouraud 1971]

Gouraud, Henri, 1971. "Continuous shading of curved surfaces." IEEE Transactions on Computers 100 (6), 623–629.

[Hicks et al. 2013]

Hicks, Stephen L., Iain Wilson, Louwai Muhammed, John Worsfold, Susan M. Downes, Christopher Kennard, 2013. "A depth-based head-mounted visual display to aid navigation in partially sighted individuals." PLoS One 8 (7), e67695.

[Hidaka et al. 2007]

Hidaka, Takayuki, Yoshinari Yamada, Takehiko Nakagawa, 2007. "A new definition of boundary point between early reflections and late reverberation in room impulse responses." The Journal of the Acoustical Society of America 122 (1), 326–332.

[Hodges et al. 1995]

Hodges, Larry F., Rob Kooper, Thomas C. Meyer, Barbara O. Rothbaum, Dan Opdyke, Johannes J. de Graaff, James S. Williford, Max M. North, 1995. "Virtual environments for treating the fear of heights." IEEE Computer 28 (7), 27–34.

[Huttunen et al. 2014]

Huttunen, Tomi, Antti Vanne, Stine Harder, Rasmus Reinhold Paulsen, Sam King, Lee Perry-Smith, Leo Kärkkäinen, 2014. "Rapid generation of personalized HRTFs." In: Audio Engineering Society Conference: 55th International Conference: Spatial Audio. Audio Engineering Society.

[Indiana Geological Survey 2018]

Indiana Geological Survey, 2018. IndianaMAP Online. Map Viewer retrieved at: http://maps.indiana.edu.

[Israr et al. 2014]

Israr, Ali, Siyan Zhao, Kaitlyn Schwalje, Roberta Klatzky, Jill Lehman, 2014. "Feel effects: Enriching storytelling with haptic feedback." ACM Transactions on Applied Perception (TAP) 11 (3), 11.

[Israr et al. 2016]

Israr, Ali, Siyan Zhao, Kyna Mcintosh, Zachary Schwemler, Adam Fritz, John Mars, Job Bedford, et al., 2016. "Stereohaptics: A haptic interaction toolkit for tangible virtual experiences." In: Presented at SIGGRAPH 2016 Studio, The 43rd Annual Conference on Computer Graphics and Interactive Techniques. ACM, p. 13.

[Itkowitz et al. 2005]

Itkowitz, Brandon, Josh Handley, Weihang Zhu, 2005. "The OpenHaptics™ toolkit: A library for adding 3d touch™ navigation and haptics to graphics applications." In: First Joint Eurohaptics Conference, 2005 and Symposium on Haptic Interfaces for Virtual Environment and Teleoperator Systems, 2005. World Haptics 2005. First Joint. IEEE, pp. 590–591.

[Jerald 2009]

Jerald, Jason J., 2009. Scene-motion-and Latency-perception Thresholds for Head-mounted Displays (Ph.D. diss). The University of North Carolina at Chapel Hill.

[Kelliher et al. 2014]

Kelliher, Timothy P., Julien Lenoir, Paul Novotny, Harald Scheirich, 2014. "Open surgical simulation (OSS)- a community resource." In: Medicine Meets VR 20 (MMVR), pp. 197–203.

[Kennedy et al. 1993]

Kennedy, R.S., N.E. Lane, K.S. Berbaum, M.G. Lilienthal, 1993. "Simulator sickness questionnaire: An enhanced method for quantifying simulator sickness." International Journal of Aviation Psychology 3 (3), 203–220.

[Koffka 1935]

Koffka, Kurt, 1935. Principles of Gestalt Psychology. Routledge.

[Lantinga et al. 2001]

Lantinga, Sam, Martin Donlon, Mattias Engdegard, Julian Peterson, Ken Jordan, Maxim Sobolev, Wesley Poole, Michale Vance, Aandreas Umbach, Andreas Hofmeister, April 2001. SDL Library Documentation, v1.2.0.

[Mark et al. 1996]

Mark, William R., Scott C. Randolph, Mark Finch, James M. Van Verth, Russell M. II Taylor, 1996. "Adding force feedback to graphics systems: Issues and solutions." In: siggraph '96, Proceedings of the 23rd Annual Conference on Computer Graphics and Interactive Techniques. ACM, pp. 447–452.

[Massie 1993]

Massie, Thomas H., May 1993. Design of a Three Degree of Freedom Force-Reflecting Haptic Interface (Thesis submitted for Bachelor of Science degree at the Massachusetts Institute of Technology).

[McCloud 1993]

McCloud, Scott, 1993. Understanding Comics: The Invisible Art. Kitchen Sink Press, Northhampton, MA.

[McNeely 1993]

McNeely, William A., 1993. "Robotic graphics: A new approach to force feedback for virtual reality." In: Proceedings of the IEEE 1993 Virtual Reality Annual International Symposium (VRAIS), pp. 336–341.

[Meshram et al. 2014]

Meshram, Alok, Ravish Mehra, Hongsheng Yang, Enrique Dunn, Jan-Michael Franm, Dinesh Manocha, 2014. "P-HRTF: Efficient personalized HRTF computation for high-fidelity spatial sound." In: 2014 IEEE International Symposium on Mixed and Augmented Reality (ISMAR). IEEE, pp. 53–61.

[Neider et al. 1993]

Neider, Jackie, Tom Davis, Mason Woo, 1993. OpenGL Programming Guide.

[O'Brien et al. 2002]

O'Brien, James F., Chen Shen, Christine M. Gatchalian, 2002. "Synthesizing sounds from rigid-body simulations." In: Proceedings of the 2002 ACM SIGGRAPH/Eurographics Symposium on Computer Animation. ACM, pp. 175–181.

[Okamura et al. 2008]

Okamura, Allison M., Katherine J. Kuchenbecker, Mohsen Mahvash, 2008. "Measurement-based modeling for haptic rendering." In: Haptic Rendering: Foundations, Algorithms, and Applications. AK Peters, pp. 443–467.

[Owens et al. 2008]

Owens, John D., Mike Houston, David Luebke, Simon Green, John E. Stone, James C. Phillips, 2008. "GPU computing." Proceedings of the IEEE 96 (5), pp. 879–899.

[Pausch 1995]

Pausch, Randy, August 1995. "Presentation of "A brief architectural overview of Alice, a rapid prototyping system for virtual reality" (course 8: programming virtual worlds)." In: ACM SIGGRAPH 95 Conference Course Notes.

[Pausch et al. 1996]

Pausch, Randy, Jon Snoddy, Robert Taylor, Scott Watson, Eric Haseltine, 1996. "Disney's Aladdin: First steps toward storytelling in virtual reality." In: SIGGRAPH '96, Proceedings of the 23rd Annual Conference on Computer Graphics and Interactive Techniques. ACM, pp. 193–203.

[Peachey 1994]

Peachey, Darwyn, 1994. "Building procedural textures." In: David S. Ebert (Ed.), Chapter 2 of Texturing and Modeling: A Procedural Approach. Academic Press Professional, Cambridge, MA.

[Phong 1975]

Phong, Bui Tuong, 1975. "Illumination for computer generated pictures." Communications of the ACM 18 (6), 311–317.

[Puckette and Zicarelli 1990]

Puckette, Miller, David Zicarelli, 1990. "Max/MSP." Cycling. 74. https://cycling74.com/products/max/.

[Puckette 1996]

Puckette, Miller, 1996. "Pure data: Another integrated computer music environment." In: Proceedings of the Second Intercollege Computer Music Concerts, pp. 37–41.

[Raghuvanshi et al. 2009]

Raghuvanshi, Nikunj, Rahul Narain, Ming C. Lin, 2009. "Efficient and accurate sound propagation using adaptive rectangular decomposition." IEEE Transactions on Visualization and Computer Graphics 15 (5), 789–801.

[Raghuvanshi 2010]

Raghuvanshi, Nikunj, 2010. Interactive Physically-based Sound Simulation. PhD dissertation. The University of North Carolina at Chapel Hill.

[Raghuvanshi et al. 2010]

Raghuvanshi, Nikunj, John Snyder, Ravish Mehra, Ming Lin, Naga Govindaraju, 2010. "Precomputed wave simulation for real-time sound propagation of dynamic sources in complex scenes." ACM Transactions on Graphics (TOG) 29 (4), 68.

[Reeves 1983]

Reeves, William T., 1983. "Particle systems: A technique for modeling a class of fuzzy objects." In: SIGGRAPH '83, Proceedings of the 10th Annual Conference on Computer Graphics and Interactive Techniques 17(3): pp. 359–376, ACM.

[Robinett and Holloway 1992]

Robinett, Warren, Richard Holloway, 1992. "Implementation of flying, scaling and grabbing in virtual worlds." In: Proceedings of the 1992 Symposium on Interactive 3D Graphics. ACM, pp. 189–192.

[Sanchez and Canton 2000]

Sanchez, Julio, Maria P. Canton, 2000. DirectX 3D Graphics Programming Bible. IDG Books Worldwide.

[Scaletti 1989]

Scaletti, Carla, 1989. Kyma: an Interactive Graphic Environment for Object-oriented Music Composition and Real-time Software Sound Synthesis Written in Smalltalk-80. No. 1498. Department of Computer Science, University of Illinois at Urbana-Champaign.

[Scaletti 1997]

Scaletti, Carla, 1997. Telephone Communication with Alan Craig.

[Scaletti 2004]

Scaletti, Carla, 2004. Kyma X Revealed!: Secrets of the Kyma Sound Design Language. Symbolic Sound.

[Schollmeyer et al. 2017]

Schollmeyer, Andre, Simon Schneegans, Stephan Beck, Anthony Steed, Bernd Froehlich, 2017. "Efficient hybrid image warping for high frame-rate stereoscopic rendering." IEEE Transactions on Visualization and Computer Graphics (TVCG) 23 (4), 1332–1341.

[Schorr et al. 2013]

Schorr, Samuel B., Zhan Fan Quek, Robert Y. Romano, Ilana Nisky, William R. Provancher, Allison M. Okamura, 2013. "Sensory substitution via cutaneous skin stretch feedback." In: 2013 IEEE International Conference on Robotics and Automation (ICRA). IEEE, pp. 2341–2346.

[Scudiero 2017]

Scudiero, Tony, 2017. "NVIDIA VRWorks audio –

improving VR immersion with acoustic fidelity." In: GPU Technology Conference: GTC On-Demand Retrieved at: http://on-demand-gtc.gputechconf.com/gtc-quicklink/6mnIlGC.

[SensAble 1997]

SensAble Technologies, Inc, September 15, 1997. Ghost Software Developer's Toolkit Programmer's Guide, Version 1.2. SensAble Technologies, Inc, Cambridge, MA.

[Singh 2016]

Singh, Parminder, 2016. Learning Vulkan. Packt Publishing Ltd.

[Shirley et al. 2009]

Shirley, P., M. Ashikhmin, S. Marschner, 2009. Fundamentals of Computer Graphics, third ed. AK Peters.

[Smit et al. 2008]

Smit, Ferdi A., Robert van Liere, Bernd Fröhlich, 2008. "An image-warping VR-architecture: design, implementation and applications." In: Proceedings of the 2008 ACM Symposium on Virtual Reality Software and Technology (VRST). ACM, pp. 115–122.

[Snavely et al. 2006]

Snavely, Noah, Steven M. Seitz, Richard Szeliski, 2006. "Photo tourism: Exploring photo collections in 3D." ACM transactions on graphics (TOG) 25 (no. 3), 835–846.

[Snoddy 1996]

Snoddy, Jon, July 29, 1996. Interview with William Sherman and Alan Craig.

[Stansfield and Shawver 1996]

Stansfield, Sharon, Daniel Shawver, 1996. "Using virtual reality to train and plan response actions to acts of terrorism." In: Proceedings of the SPIE Conference on Enabling Technologies for Law Enforcement and Security, SPIE.

[Stevens 1946]

Stevens, Stanley Smith, 1946. "On the theory of scales of measurement." Science. 103 (2684), 677–680. http://www.jstor.org/stable/1671815.

[Stone et al. 2007]

Stone, John E., James C. Phillips, Peter L. Freddolino, David J. Hardy, Leonardo G. Trabuco, Klaus Schulten, 2007. "Accelerating molecular modeling applications with graphics processors." Journal of Computational Chemistry 28 (16), pp. 2618–2640.

[Stone et al. 2016]

Stone, John E., William R. Sherman, Klaus Schulten, 2016. "Immersive molecular visualization with omnidirectional stereoscopic ray tracing and remote rendering." In: Parallel and Distributed Processing Symposium Workshops, 2016 IEEE International. IEEE, pp. 1048–1057.

[Taylor 2019]

Taylor, Russell M., 2019. "Virtual reality system concepts illustrated using OSVR." In: William R. Sherman (Ed.), Chapter 32 of VR Developer Gems. Taylor and Francis.

[Valve Corporation 2018]

Corporation, Valve, 2018. Steam Audio 2.0-beta.13. Github repository https://github.com/ValveSoftware/steam-audio/.

[Van Waveren 2016]

Van Waveren, J.M.P., 2016. "The asynchronous time warp for virtual reality on consumer hardware." In: Proceedings of the 22nd ACM Conference on Virtual

Reality Software and Technology (VRST). ACM, pp. 37–46.

[Vince 1995]

Vince, John, 1995. Virtual Reality Systems. Addison-Wesley, Wokingham, England.

[Wang and Cook 2003]

Wang, Ge, Perry R. Cook, 2003. "ChucK: A concurrent, on-the-fly, audio programming language." In: ICMC.

[Wang 2008]

Wang, Ge, 2008. The ChucK Audio Programming Language."A Strongly-timed and on-the-fly Environ/mentality." PhD dissertation. Princeton University.

[Watkins 2008]

Watkins, Gregory J., 2008. Teaching Religion and Film. Oxford University Press.

[Webster 1983]

Webster's Ninth New Collegiate Dictionary, 1983. Merriam-Webster, Inc, Springfield, MA.

[Wenzel et al. 1988]

Wenzel, Elizabeth M., Frederic L. Wightman, Scott H. Foster, 1988. "Development of a three-dimensional auditory display system." ACM SIGCHI Bulletin 20 (2), pp. 52–57, ACM.

[Wickens and Hollands 2000]

Wickens, Christopher D., Justin G. Hollands, 2000. Engineering Psychology and Human Performance, third ed. Prentice Hall, Upper Saddle River, NJ.

[Wightman and Kistler 1989]

Wightman, Frederic, Doris J. Kistler, 1989. "Headphone simulation of free-field listening. I: Stimulus synthesis." Journal of the Acoustical Society of America 85, 858–867.

CHAPTER 7

[Angus and Sowizral 1995]

Angus, Ian G., Henry A. Sowizral, 1995. "Embedding the 2D interaction metaphor in a real 3D environment." In: Proceedings of SPIE, Stereoscopic Displays and Virtual Reality Systems 2409, pp. 282–293.

[Arthur et al. 1998]

Arthur, Kevin, Timothy Preston, Russell Taylor, Frederick Jr. Brooks, Mary Whitton, William Wright, 1998. "Designing and building the PIT: A head-tracked stereo workspace for two users." In: Proceedings of the Second International Immersive Projection Technology (IPT) Workshop (Workshop CD-ROM).

[Bier et al. 1993]

Bier, Eric A., Maureen C. Stone, Ken Pier, William Buxton, Tony D. DeRose, 1993. "Toolglass and magic lenses: The see-through Interface." In: Proceedings of SIGGRAPH 93, Annual Conference Series, Computer Graphics, pp. 73–80.

[Bowman et al. 1999]

Bowman, Doug A., Larry F. Hodges, Don Allison, Jean Wineman, 1999. "The educational value of an information- rich virtual environment." Presence: Teleoperators and Virtual Environments 8 (3), 317–331.

[Bowman and Wingrave 2001]

Bowman, Doug A., Chadwick A. Wingrave, 2001. "Design and evaluation of menu systems for immersive virtual environments." In: Proceedings of IEEE Virtual Reality 01 Conference, pp. 149–156.

[Brady et al. 1995]

Brady, Rachael, John Pixton, George Baxter, Patrick

Moran, Clinton S. Potter, Bridget Carragher, Andrew Belmont, 1995. "Crumbs: A virtual environment tracking tool for biological imaging." Proceedings of the IEEE Symposium on Frontiers in Biomedical Visualization 18–25.

[Buxton 1996]

Buxton, William, 1996. "Absorbing, squeezing out: On sponges and ubiquitous computing." In: Proceedings of the 1996 International Broadcasting Symposium.

[Carpenter 1993]

Carpenter, Loren, Rachel Carpenter, 1993. Method and Apparatus for Audience Participation by Electronic Imaging. U.S. Patent No. 5,210,604.

[Chung 1992]

Chung, J., 1992. "A comparison of head-tracked and non–head-tracked steering modes in the targeting of radiotherapy treatment beams." In: Proceedings of the 1992 Symposium on Interactive 3-D Graphics (I3D '92), pp. 193–196.

[Cox et al. 1997]

Cox, Donna J., Robert M. Jr. Patterson, Marcus L. Thiebaux, May 12, 1997. Virtual Reality 3D Interface System for Data Creation, Viewing and Editing. U.S. Patent 6,154,723, Published. Issued November 28, 2000.

[Darken and Banker 1998]

Darken, Rudolph P., William P. Banker, 1998. "Navigating in natural environments: A virtual environment training transfer study." In: Proceedings of the IEEE 98 Virtual Reality Annual International Symposium (VRAIS), pp. 12–19.

[Dede et al. 1996]

Dede, Chris, Marilyn C. Salzman, R. Bowen Loftin, 1996. "ScienceSpace: Virtual realities for learning complex and abstract scientific concepts." In: Proceedings of the IEEE 96 Virtual Reality Annual International Symposium (VRAIS). IEEE, pp. 246–252.

[Ellis et al. 1987]

Ellis, Steve R., Michael W. McGreevy, R. Hitchcock, 1987. "Perspective traffic display format and airline pilot traffic avoidance." Human Factors 29 (2), 371–382.

[Fujimoto 1990]

Fujimoto, Richard M., 1990. "Parallel discrete event simulation." Communications of the ACM 33 (10), 30–53.

[Guiard 1987]

Guiard, Yves, 1987. "Asymmetric division of labor in human skilled bimanual action: The kinematic chain as a model." Journal of Motor Behavior 16 (12), 486–517.

[Hanson and Wernert 1997]

Hanson, Andrew J., Eric A. Wernert, 1997. "Constrained 3D navigation with 2D controllers." In: IEEE Vis '97, Proceedings of the 8th Conference on Visualization '97. IEEE Computer Society Press, pp. 175–ff.

[Harmon et al. 1996]

Harmon, Reid, Walter Patterson, William Ribarsky, Jay Bolter, 1996. "The virtual annotation system." In: Proceedings of the IEEE 96 Virtual Reality Annual International Symposium (VRAIS), pp. 293–345.

[Herndon and Meyer 1994]

Herndon, Kenneth P., Thomas Meyer, 1994. "3D widgets for exploratory scientific visualization." In: Proceedings of the Seventh Annual ACM User Interface Software and Technology (UIST), pp. 69–70.

[Hinckley 1996]

Hinckley, Ken, December 1996. Haptic Issues for Virtual Manipulation (Doctoral Dissertation). University of Virginia.

[Homan and Gott 1996]

Homan, Dave J., Charles j. Gott, 1996. "An integrated EVA/RMS virtual reality simulation, including force feedback, for astronaut training." In: Proceedings of the 1996 AIAA Flight Simulation Technologies Conference. NASA reference publication AIAA, pp. 96–3498.

[James 2016]

James, Paul, December 17, 2016. 'Ninja Run' May be the Craziest VR Locomotion Technique Yet. Road to VR online site https://www.roadtovr.com/ninjarun-may-craziest-vr-locomotion-technique-yet/.

[Koepnick et al. 2010]

Koepnick, Steven, Roger V. Hoang, Matthew R. Sgambati, Daniel S. Coming, Evan A. Suma, William R. Sherman, 2010. "RIST: Radiological immersive survey training for two simultaneous users." Computers & Graphics 34 (6), 665–676.

[Koller et al. 1996]

Koller, David R., Mark R. Mine, Scott E. Hudson, 1996. "Head-Tracked orbital viewing: An interaction technique for immersive virtual environments." In: Proceedings of the Ninth Annual ACM Symposium on User Interface Software and Technology (UIST), pp. 81–82.

[Kreylos 2008a]

Kreylos, Oliver, 2008. "Environment-independent VR development." In: International Symposium on Visual Computing. Springer, Berlin, Heidelberg, pp. 901–912.

[Kreylos et al. 2008b]

Kreylos, Oliver, Michael Oskin, Eric Cowgill, Peter Gold, Austin Elliott, Louise Kellogg, 2008. "Pointbased computing on scanned terrain with Lidar- Viewer." Geosphere 9 (3), 546–556.

[Kulik et al. 2011]

Kulik, Alexander, André Kunert, Stephan Beck, Roman Reichel, Roland Blach, Armin Zink, Bernd Froehlich, 2011. "C1x6: a stereoscopic six-user display for co-located collaboration in shared virtual environments." ACM Transactions on Graphics (TOG) 30 (no. 6), 188.

[Kunert et al. 2014]

Kunert, André, Alexander Kulik, Stephan Beck, Bernd Froehlich, 2014. "Photoportals: shared references in space and time." In: Proceedings of the 17th ACM Conference on Computer Supported Cooperative Work & Social Computing. ACM, pp. 1388–1399.

[Laurel et al. 1994]

Laurel, Brenda, Rachel Strickland, Rob Tow, 1994. "Placeholder: Landscape and narrative in virtual environments." ACM SIGGRAPH Computer Graphics 28 (2), 118–126.

[Leigh and Johnson 1996]

Leigh, Jason, Andrew E. Johnson, 1996. "CALVIN: An immersimedia design environment utilizing heterogeneous perspectives." In: Multimedia Computing and Systems, 1996., Proceedings of the Third IEEE International Conference on. IEEE, pp. 20–23.

[Linebarger and Kessler 2004]

Linebarger, John M., G. Drew Kessler, 2004. "Concurrency control mechanisms for closely coupled collaboration in multithreaded peer-to-peer virtual environments." Presence: Teleoperators & Virtual

Environments 13 (3), 296–314.

[MacEachren 1995]

MacEachren, A.M., 1995. How Maps Work: Representation, Visualization, and Design. The Guilford Press, New York.

[Mapes and Moshell 1995]

Mapes, Daniel P., J. Michael Moshell, 1995. "A two-handed interface for object manipulation in virtual environments." Presence: Teleoperators and Virtual Environments 4 (4), 403–416.

[Mine 1995a]

Mine, Mark R., 1995. Virtual Environment Interaction Techniques. Technical Report TR95-018. University of North Carolina at Chapel Hill.

[Mine 1995b]

Mine, Mark R., 1995. ISAAC: A Virtual Environment Tool for the Interactive Construction of Virtual Worlds. Technical Report TR95-020. University of North Carolina at Chapel Hill.

[Mine 1996]

Mine, Mark R., 1996. Working in a Virtual World: Interaction Techniques Used in the Chapel Hill Immersive Modeling Program. Technical Report TR96-029. University of North Carolina at Chapel Hill.

[Mine et al. 1997]

Mine, Mark R., Frederick P. Brooks Jr., Carlo H. Sequin, 1997. "Moving objects in space: Exploiting proprioception in virtual environment interaction." In: Proceedings of SIGGRAPH 97, Annual Conference Series, Computer Graphics, pp. 19–26.

[Monmonier 1991]

Monmonier, Mark, 1991. How to Lie with Maps. University of Chicago Press, Chicago.

[Pausch et al. 1995]

Pausch, Randy, Tommy Burnette, Dan Brockway, Michael E. Weiblen, 1995. "Navigation and locomotion in virtual worlds via flight hand-held miniatures." In: Proceedings of SIGGRAPH 95, Annual Conference Series, Computer Graphics, pp. 399–400.

[Pausch et al. 1996]

Pausch, Randy, Jon Snoddy, Robert Taylor, Scott Watson, Eric Haseltine, 1996. "Disney's Aladdin: First steps toward storytelling in virtual reality." In: Proceedings of SIGGRAPH 96, Annual Conference Series, Computer Graphics, pp. 193–203.

[Pierce et al. 1997]

Pierce, Jeffrey S., Andrew Forsberg, Matthew J. Conway, Seung Hong, Robert Zeleznik, Mark R. Mine, 1997. "Image plane interaction techniques in 3-D immersive environments." In: Proceedings of the 1997 ACM Symposium on Interactive 3-D Graphics, pp. 39–43.

[Porter 2013]

Porter, Joshua, 2013. Principles of User Interface Design. Bokardo. com.

[Poupyrev et al. 1996]

Poupyrev, Ivan, Mark Billinghurst, Suzanne Weghorst, Tadao Ichikawa, 1996. "The go-go interaction technique: non-linear mapping for direct manipulation in VR." In: Proceedings of the Ninth Annual ACM Symposium on User Interface Software and Technology (UIST), pp. 79–81.

[Roussos et al. 1999]

Roussos, Maria, Andrew Johnson, Thomas Moher, Jason Leigh, Christina Vasilakis, Craig Barnes, 1999.

"Learning and building together in an immersive virtual world." Presence Teleoperators and Virtual Environment 8 (3), 247–263.

[Rowling 1999]
Rowling, Joanne K., 1999. Harry Potter and the Prisoner of Azkaban. Scholastic, New York.

[Sherman and Craig 2002]
Sherman, William R., Alan B. Craig, 2002. Understanding Virtual Reality: Interface, Application, and Design. Elsevier.

[Stasz 1980]
Stasz, Cathleen, 1980. Planning During Map Learning: The Global Strategies of High and Low Visual-Spatial Individuals. Report N-1594-ONR. Rand Corporation.

[Steed 2016]
Steed, Anthony, March 22, 2016. In: "Lessons to Game Developers From IEEE VR" IEEE VR 2016 panel. Moderated by Pablo Figueroa. Greenville, SC.

[Stoakley et al. 1995]
Stoakley, Richard, Matthew J. Conway, Randy Pausch, 1995. "Virtual reality on a WIM: Interactive worlds in miniature." In: Proceedings of the ACM SIGCHI Human Factors in Computer Systems Conference, pp. 265–272.

[Stytz et al. 1997]
Stytz, Martin R., John Vanderburgh, Sheila B. Banks, 1997. "The solar system modeler." IEEE Computer Graphics and Applications 17 (5), 47–57.

[Thiébaux 1997]
Thiébaux, Marcus, 1997. Steering Scientific Imaging with Virtual Camera Choreography (Masters thesis). University of Illinois at Chicago.

[Turk 2001]
Turk, Matthew, 2001. "Gesture Recognition." In: Stanney (Ed.), Chapter 10 of Handbook of Virtual Environment Technology, pp. 223–237.

[Usoh et al. 1999]
Usoh, Martin, Arthur Kevin, Mary C. Whitton, Bastos Rui, Anthony Steed, Mel Slater, Frederick P. Jr. Brooks, 1999. "Walking> walking-in-place> flying, in virtual environments." In: SIGGRAPH '99, Proceedings of the 26th Annual Conference on Computer Graphics and Interactive Techniques. ACM Press/Addison-Wesley Publishing Co, pp. 359–364.

[Viega et al. 1996]
Viega, John, Matthew J. Conway, George Williams, Randy Pausch, 1996. "3D magic lenses." In: Proceedings of the Ninth Annual ACM Symposium on User Interface Software and Technology (UIST), pp. 51–58.

[Vilar et al. 2014]
Vilar, Elisângela, Francisco Rebelo, Paulo Noriega, 2014. "Indoor human wayfinding performance using vertical and horizontal signage in virtual reality." Human Factors and Ergonomics in Manufacturing & Service Industries 24 (6), 601–615.

[Von Kapri et al. 2011]
Von Kapri, Anette, Tobias Rick, Steven Feiner, 2011. "Comparing steering-based travel techniques for search tasks in a cave." In: Virtual Reality Conference (IEEE VR), 2011 IEEE. IEEE, pp. 91–94.

[Weber 1997]
Weber, Hans, 1997. "Course 29: Programming virtual worlds." ACM SIGGRAPH 97 Conference Course Notes.

[Webster 1989]

Webster's New Universal Unabridged Dictionary, 1989. Barnes & Noble Books, New York.

[Wickens and Hollands 2000]

Wickens, Christopher D., Justin G. Hollands, 2000. Engineering Psychology and Human Performance, third ed. Prentice Hall, Upper Saddle River, NJ.

[Wilson and Rosenberg 1988]

Wilson, J., D. Rosenberg, 1988. "Rapid prototyping for user interface design." In: M. Helander (Ed.), Handbook of Human-Computer Interaction. Elsevier Science, Amsterdam.

[Yan et al. 2016]

Yan, Zhixin, Robert W. Lindeman, Arindam Dey, 2016. "Let your fingers do the walking: A unified approach for efficient short-, medium-, and long-distance travel in VR." In: 2016 IEEE Symposium on 3D User Interfaces (3DUI). IEEE, pp. 27–30.

[Yao et al. 2014]

Yao, Richard, Tom Heath, Aaron Davies, Tom Forsyth, Nate Mitchell, Perry Hoberman, 2014. Oculus VR best practices guide. Oculus VR. https://static.oculus.com/documentation/pdfs/intro-vr/latest/bp.pdf.

[Zeltzer et al. 1995]

Zeltzer, D., N. Pioch, W. Aviles, 1995. "Training the officer of the deck." IEEE Computer Graphics and Applications 15 (6), 6–9.

CHAPTER 8

[Astheimer et al. 1994]

Astheimer, Peter, Fan Dai, Martin Goebel, Rolf Kruse, Stefan Mueller, Gabriel Zachmann, 1994. "Realism in virtual reality." In: Artificial Life and Virtual Reality. John Wiley & Sons, Chichester, England, pp. 189–210.

[Azmandian et al. 2016]

Azmandian, Mahdi, Mark Hancock, Hrvoje Benko, Eyal Ofek, Andrew D. Wilson, 2016. "Haptic retargeting: Dynamic repurposing of passive haptics for enhanced virtual reality experiences." In: Proceedings of the 2016 CHI Conference on Human Factors in Computing Systems. ACM, pp. 1968–1979.

[Bierbaum et al. 2001]

Bierbaum, Allen, Christopher Just, Patrick Hartling, Kevin Meinert, Albert Baker, Carolina Cruz-Neira, 2001. "VR Juggler: A virtual platform for virtual reality application development." In: Proceedings of the IEEE Virtual Reality 2001 Conference. IEEE, pp. 89–96.

[Bishop 2002]

Bishop, Gary, April 1, 2002. E-mail Correspondence with William Sherman.

[Bolas 2015]

Bolas, Mark, 2015. "Discovering near-field VR: Stop motion with a touch of light-fields and a dash of redirection." In: ACM SIGGRAPH 2015 Computer Animation Festival. ACM, p. 193.

[Burgh and Johnsen 2018]

Burgh, Ben, Kyle Johnsen, 2018. "Camera-geometry interpenetration in virtual reality." In: Proceedings of the 4th Workshop on Everyday Virtual Reality (WEVR 2018), Reutlingen, Germany, March 18, 2018.

[Burns and Osfield 2004]

Burns, Don, Robert Osfield, 2004. "Open scene graph." In: Proceedings of the IEEE Virtual Reality 2004 Conference, vol. 265, .

[Carlsson and Hagsand 1993]

Carlsson, Christer, Olof Hagsand, 1993. "DIVE—A platform for multi-user virtual environments." Computers & Graphics 17 (6), 663–669.

[Cruz-Neira et al. 1993]

Cruz-Neira, Carolina, Daniel J. Sandin, Thomas A. DeFanti, 1993. "Surround-screen projection-based virtual reality: The design and implementation of the CAVE." In: SIGGRAPH '93, Proceedings of the 20th Annual Conference on Computer Graphics and Interactive Techniques. ACM, pp. 135–142.

[Dassault Systèmes 2005]

Dassault Systèmes Virtools, Virtools, 2006. Virtools Dev, pp. 1–2.

[Freitag et al. 2016]

Freitag, Sebastian, Benjamin Weyers, Torsten W. Kuhlen, 2016. "Examining rotation gain in CAVElike virtual environments." IEEE Transactions on Visualization and Computer Graphics 22 (4), 1462–1471.

[Gibson 1933]

Gibson, James J., 1933. "Adaptation, after-effect and contrast in the perception of curved lines." Journal of Experimental Psychology 16 (1), 1.

[Green et al. 1992]

Green, Mark, Dani Beaubien, 1992. Minimal Reality Toolkit Version 1.2 Programmer's Manual. Department of Computing Science. University of Alberta, Edmonton, Alberta.

[Gregory et al. 2005]

Gregory, Arthur, Ming C. Lin, Stefan Gottschalk, Russell Taylor, 2005. "A framework for fast and accurate collision detection for haptic interaction." In: ACM SIGGRAPH 2005 Courses. ACM, p. 34.

[Holloway et al. 1992]

Holloway, Richard, Henry Fuchs, Warren Robinett, 1992. "Virtual-worlds research at the University of North Carolina at Chapel Hill as of February 1992." In: Visual Computing. Springer, Tokyo, pp. 109–128.

[Igarashi et al. 1999]

Igarashi, Takeo, Satoshi Matsuoka, Hidehiko Tanaka, 1999. "Teddy: A sketching interface for 3D freeform design." In: SIGGRAPH '99, Proceedings of the 26th Annual Conference on Computer Graphics and Interactive Techniques. ACM Press/Addison-Wesley Publishing Co, pp. 409–416.

[Kato et al. 2000]

Kato, Hirokazu, Mark Billinghurst, Ivan Poupyrev, Kenji Imamoto, Keihachiro Tachibana, 2000. "Virtual object manipulation on a table-top AR environment." In: Proceeding of the International Symposium on Augmented Reality, 2000 (ISAR 2000). IEEE and ACM, pp. 111–119.

[Kelso et al. 2002]

Kelso, John, Lance E. Arsenault, Steven G. Satterfield, Ronald D. Kriz, 2002. "Diverse: A framework for building extensible and reconfigurable device independent virtual environments." In: Proceedings of IEEE Virtual Reality 2002 Conference. IEEE, pp. 183–190.

[Koepnick et al. 2010]

Koepnick, Steven, Roger V. Hoang, Matthew R. Sgambati, Daniel S. Coming, Evan A. Suma, William R. Sherman, 2010. "RIST: Radiological immersive survey training for two simultaneous users." Computers & Graphics 34 (6), 665–676.

[Kohli 2010]

Kohli, Luv, 2010. "Redirected touching: Warping space to remap passive haptics." In: 2010 IEEE

Symposium on 3D User Interfaces (3DUI). IEEE, pp. 129–130.

[Kreylos 2008]

Kreylos, Oliver, 2008. "Environment-independent VR development." In: International Symposium on Visual Computing (ISVC 2008). Springer, Berlin, Heidelberg, pp. 901–912.

[Kunert et al. 2014]

Kunert, André, Alexander Kulik, Stephan Beck, Bernd Froehlich, 2014. "Photoportals: shared references in space and time." In: Proceedings of the 17th ACM Conference on Computer Supported Cooperative Work & Social Computing. ACM, pp. 1388–1399.

[Miller 1996]

Miller, Duncan C., March 1996. "The DOD high level architecture and the next generation of DIS." In: 14th DIS Workshop on The Standards for the Interoperability of Distributed Simulation, Orlando, FL.

[Mori 1970]

Mori, Masahiro, 1970. "The uncanny valley." Energy 7 (4), 33–35.

[O'Donnell 1980]

O'Donnell, Mark, June 1980. O'Donnell's Laws of Cartoon Motion. Quoted in Esquire Magazine, (Originally published in New York: Random House, Elementary Education: An Easy Alternative to Actual Learning, 1985.).

[Pape 2001]

Pape, David Eric., 2001. Composing Networked Virtual Environments (Ph.D. dissertation). University of Illinois at Chicago.

[Pausch et al. 1996]

Pausch, Randy, Jon Snoddy, Robert Taylor, Scott Watson, Eric Haseltine, 1996. "Disney's Aladdin: First steps toward storytelling in virtual reality." In: Proceedings of SIGGRAPH 96, Annual Conference Series, Computer Graphics, pp. 193–203.

[Peck et al. 2010]

Peck, Tabitha C., Henry Fuchs, Mary C. Whitton, 2010. "Improved redirection with distractors: A large-scalereal- walking locomotion interface and its effect on navigation in virtual environments." In: Proceedings of the IEEE Virtual Reality 2010 Conference. IEEE, pp. 35–38.

[Razzaque et al. 2001]

Razzaque, Sharif, Zac Kohn, Mary Whitton, 2001. Redirected Walking. Department of Computer Science Technical Report TR01-007, University of North Carolina.

[Razzaque et al. 2002]

Razzaque, S., D. Swapp, M. Slater, M.C. Whitton, A. Steed, 2002, May. "Redirected walking in place." In: EGVE, vol. 2, pp. 123–130.

[Reiners 2002]

Reiners, Dirk, 2002. "A flexible and extensible traversal framework for scenegraph systems." In: OpenSG Symposium.

[Rizzo 2018]

Rizzo, Albert, May 14, 2018. (Skip). Email Correspondence with William Sherman.

[Roehl 1994]

Roehl, Bernie, 1994. Playing God: Creating Virtual Worlds with Rend386. Waite Group Press.

[Rohlf and Helman 1994]

Rohlf, John, James Helman, 1994. "IRIS performer: A high performance multiprocessing toolkit for real-time 3D graphics." In: Computer Graphics (Proceedings of SIGGRAPH 94, Annual Conference Series). ACM, pp. 381–394.

[Rothbaum et al. 1996]

Rothbaum, Barbara O., Larry F. Hodges, Benjamin A. Watson, G. Drew Kessler, Dan Opdyke, 1996. "Virtual reality exposure therapy in the treatment of fear of flying: a case report." Behavioral Research Therapy 34 (5/6), 477–481.

[Rouse 2016]

Rouse, Rebecca, 2016. "Media of attraction: A media archeology approach to panoramas, kinematography, mixed reality and beyond." In: International Conference on Interactive Digital Storytelling. Springer, Cham, pp. 97–107.

[Roussos et al. 1999]

Roussos, Maria, Andrew Johnson, Thomas Moher, Jason Leigh, Christina Vasilakis, Craig Barnes, 1999. "Learning and building together in an immersive virtual world." Presence: Teleoperators and Virtual Environments 8 (3), 247–263.

[Schaeffer and Goudeseune 2003]

Schaeffer, Benjamin, Camille Goudeseune, 2003. "Syzygy: Native PC Cluster VR." In: Proceedings of the IEEE Virtual Reality 2003 Conference. IEEE, pp. 15–22.

[Sense8 1997]

Sense8, January 22, 1997. WorldToolKit Release 6, Online on The Wayback Machine Internet Archive. https://web.archive.org/web/19970122044915/http://www.sense8.com:80/products/wtk.html.

[Sherman et al. 1997]

Sherman, William R., Alan B. Craig, M. Pauline Baker, Colleen Bushell, 1997. "Scientific visualization." In: Allen B. Jr. Tucker (Ed.), Chapter 35 of The Computer Science and Engineering Handbook. CRC Press, Boca Raton, FL.

[Sherman and Craig 2002]

Sherman, William R., Alan B. Craig, 2002. Understanding Virtual Reality: Interface, Application, and Design. Elsevier.

[Sherman et al. 2013]

Sherman, William R., Daniel Coming, Simon Su, 2013. "FreeVR: Honoring the past, looking to the future." In: The Engineering Reality of Virtual Reality 2013, vol. 8649. International Society for Optics and Photonics, pp. 864–906.

[Simeone et al. 2017]

Simeone, Adalberto L., Ifigeneia Mavridou, Wendy Powell, 2017. "Altering user movement behaviour in virtual environments." IEEE Transactions on Visualization and Computer Graphics (TVCG) 23 (4), 1312–1321.

[Slater and Usoh 1993]

Slater, Mel, Martin Usoh, 1993. "Presence in immersive virtual environments." In: Proceedings of the IEEE 1993 Virtual Reality Annual International Symposium (VRAIS), pp. 90–96.

[Slater and Usoh 1994]

Slater, Mel, Martin Usoh, 1994. "Body centered interaction in immersive virtual environments." In: Artificial Life and Virtual Reality. John Wiley & Sons, Chichester, England, pp. 125–147.

[Snoddy 1996]

Snoddy, Jon, July 29, 1996. Interview with William

Sherman and Alan Craig.

[State et al. 1994]

State, Andrei, David T. Chen, Chris Tector, Andrew Brandt, Hong Chen, Ryutarou Ohbuchi, Michael Bajura, Henry Fuchs, 1994. "Observing a volume rendered fetus within a pregnant patient." In: Proceedings of IEEE 1994 Conference on Visualization. IEEE, pp. 364–368.

[Suma et al. 2011]

Suma, Evan A., Seth Clark, David Krum, Samantha Finkelstein, Mark Bolas, Zachary Warte, 2011. "Leveraging change blindness for redirection in virtual environments." In: Proceedings of the IEEE Virtual Reality 2011 Conference. IEEE, pp. 159–166.

[Taylor et al. 2001]

Taylor II, M. Russell, Thomas C. Hudson, Adam Seeger, Hans Weber, Jeffrey Juliano, Aron T. Helser, 2001. "VRPN: A device-independent, network-transparent VR peripheral system." In: Proceedings of the ACM Symposium on Virtual Reality Software and Technology (VRST 2001). ACM, pp. 55–61.

[Webster 1989]

Webster's New Universal Unabridged Dictionary, 1989. Barnes & Noble Books, New York.

[Wernecke 1993]

Wernecke, Josie, 1993. "The Open Inventor Architecture Group." The Inventor Mentor.

[Wickens and Hollands 2000]

Wickens, Christopher D., Justin G. Hollands, 2000. Engineering Psychology and Human Performance, third ed. Prentice Hall, Upper Saddle River, NJ.

[WorldViz 2017]

WorldViz, 2017. Vizard Online Documentation. http://docs.worldviz.com/vizard/.

CHAPTER 9

[Best 1993]

Best, Kathryn, 1993. The Idiots' Guide to Virtual World Design. Little Star Press, Seattle.

[Brady et al. 1995]

Brady, Rachael, John Pixton, George Baxter, Patrick Moran, Clinton S. Potter, Bridget Carragher, Andrew Belmont, 1995. "Crumbs: a virtual environment tracking tool for biological imaging." Proceedings of the IEEE Symposium on Frontiers in Biomedical Visualization 18–25.

[Brody and Hartman 1999]

Brody, Arthur William, Chris Hartman, 1999. "BLUI: A body language user interface for 3D gestural drawing." In: Human Vision and Electronic Imaging IV, vol. 3644. International Society for Optics and Photonics, pp. 356–364.

[Brooks 1988]

Brooks, Frederick P., 1988. "Grasping reality through illusion—interactive graphics serving science." In: Proceedings of the ACM SIGCHI Conference on Human Factors in Computing Systems. ACM, pp. 1–11.

[Brooks 2002]

Brooks, Jr, Frederick P., L. Hodges, K. Mania, M. Meehan, M. Slater, A. Steed, M. Whitton, 2002. "Course 49: Understanding virtual environments: immersion, presence and performance." In: ACM SIGGRAPH 2002 Course Notes.

[Burton 1973]

Burton, Robert Preece, 1973. Real-Time Measurement of Multiple Three-Dimensional Positions. UTEC-CSc-72–122. Utah Univ Salt Lake City Computer Science Div.

[Butterworth et al. 1992]

Butterworth, Jeff, Andrew Davidson, Stephen Hench, Marc T. Ola, 1992. "3DM: A three dimensional modeler using a head-mounted display." In: Proceedings of the 1992 Symposium on Interactive 3D Graphics. ACM, pp. 135–138.

[Chaudhary et al. 2012]

Chaudhary, Aashish, Nikhil Shetty, Bill (William) Sherman, April 2012. "ParaView in immersive environments." The Source: Software Developers Quarterly, Kitware (21).

[Craig et al. 2009]

Craig, Alan B., William R. Sherman, Jeffrey D. Will, 2009. Developing Virtual Reality Applications: Foundations of Effective Design. Morgan Kaufmann.

[Curtis and Nichols 1994]

Curtis, Pavel, David A. Nichols, 1994. "MUDs grow up: Social virtual reality in the real world." In: Compcon Spring'94, Digest of Papers. IEEE, pp. 193–200.

[Daines 1995]

Daines, Gary, May 1995. "Designing virtual worlds." In: Presentation at Virtual Reality World Conference and Exposition San Jose, CA.

[Davies and Harrison 1996]

Davies, Char, John Harrison, 1996. "Osmose: towards broadening the aesthetics of virtual reality." Computer Graphics 30 (4), 25–28.

[Dede et al. 1996]

Dede, Chris, Marilyn C. Salzman, R. Bowen Loftin, 1996. "ScienceSpace: Virtual realities for learning complex and abstract scientific concepts." In: Proceedings of the IEEE 96 Virtual Reality Annual International Symposium (VRAIS). IEEE, pp. 246–252.

[Fisher et al. 1986]

Fisher, Scott S., Micheal McGreevy, James Humphries, Warren Robinett, 1987. "Virtual environment display system." In: Proceedings of the 1986 Workshop on Interactive 3D Graphics (I3D '86). ACM, pp. 77–87.

[Frank and Krogh 2012]

Frank, Randall, Michael F. Krogh, 2012. "The EnSight visualization application." In: Wes E. Bethel, Hank Childs, Charles Hansen (Eds.), High Performance Visualization: Enabling Extreme-Scale Scientific Insight. CRC Press, pp. 429–442.

[Hoffman et al. 2000]

Hoffman, Hunter G., Jason N. Doctor, David R. Patterson, Gretchen J. Carrougher, Thomas A. III Furness, 2000. "Virtual reality as an adjunctive pain control during burn wound care in adolescent patients." Pain 85 (1–2), 305–309.

[Humphrey et al. 1996]

Humphrey, William, Andrew Dalke, Klaus Schulten, 1996. "VMD: Visual molecular dynamics." Journal of Molecular Graphics 14 (1), 33–38.

[Keefe et al. 2001]

Keefe, Daniel F., Daniel Acevedo Feliz, Tomer Moscovich, David H. Laidlaw, Joseph J. Jr. LaViola, 2001. "CavePainting: A fully immersive 3D artistic medium and interactive experience." In: Proceedings of the 2001 Symposium on Interactive 3D Graphics. ACM, pp. 85–93.

[Kreylos et al. 2003]

Kreylos, Oliver, E. Wes Bethel, Terry J. Ligocki, Bernd Hamann, 2003. "Virtual-reality based interactive exploration of multiresolution data." In: Hierarchical and Geometrical Methods in Scientific Visualization. Springer, Berlin, Heidelberg, pp. 205–224.

[Kreylos 2008a]

Kreylos, Oliver, 2008. "Environment-independent VR development." In: International Symposium on Visual Computing (ISVC 2008). Springer, Berlin, Heidelberg, pp. 901–912.

[Kreylos et al. 2008b]

Kreylos, Oliver, Michael Oskin, Eric Cowgill, Peter Gold, Austin Elliott, Louise Kellogg, 2013. "Pointbased computing on scanned terrain with Lidar- Viewer." Geosphere 9 (3), 546–556.

[Kriz et al. 2010]

Kriz, Zachary, Russell Prochaska, Cody Aaron Morrow, Cesar Vasquez, Hsingtzu Wu, 2010. "Unreal III based 3-D virtual models for training at nuclear power plants." In: 1st International Nuclear & Renewable Energy Conference (INREC), 2010 1st International. IEEE, pp. 1–5.

[Leetaru 2005]

Leetaru, Kalev H., 2005. "ShadowLight: An immersive environment for rapid prototyping and design." In: Stereoscopic Displays and Virtual Reality Systems XII, vol. 5664. International Society for Optics and Photonics (SPIE), pp. 606–616.

[Leigh and Johnson 1996]

Leigh, Jason, Andrew E. Johnson, 1996. "CALVIN: An immersimedia design environment utilizing heterogeneous perspectives." In: Proceedings of the Third IEEE International Conference on Multimedia Computing and Systems, 1996. IEEE, pp. 20–23.

[Loeffler 1995]

Loeffler, Carl, May 1995. "Virtual Pompeii." In: Presentation at Virtual Reality World Conference and Exposition San Jose, CA.

[Mapes and Moshell 1995]

Mapes, Daniel P., J. Michael Moshell, 1995. "A two-handed interface for object manipulation in virtual environments." Presence: Teleoperators & Virtual Environments 4 (4), 403–416.

[Marchant 2017]

Marchant, Jo, January 31, 2017. Virtually Painless – How VR is Making Surgery Simpler. Mosaic Science Online Publication. https://mosaicscience.com/story/virtual-reality-VR-surgery-pain-mexico.

[Martin et al. 2016]

Martin, Ken, David DeMarle, Sankhesh Jhaveri, Utkarsh Ayachit, September 22, 2016. Taking ParaView into Virtual Reality. Kitware Blog https://blog.kitware.com/taking-paraview-into-virtual-reality.

[Mine 1997]

Mine, Mark R., Frederick P. Jr. Brooks, Carlo H. Sequin, 1997. "Moving objects in space: exploiting proprioception in virtual-environment interaction." In: SIGGRAPH '97, Proceedings of the 24th Annual Conference on Computer Graphics and Interactive Techniques. ACM Press/Addison-Wesley Publishing Co, pp. 19–26.

[NBC 1994]

Saturday Night Live, Season 20, Episode 4, with Dana Carvey/Edie Brickell & Paul Simon. , October 22, 1994. https://www.imdb.com/title/tt0694682/.

[O'Leary et al. 2008]

O'Leary, Patrick, William Sherman, Alison Murray, Christian Riesenfeld, Vivian Peng, 2008. "Enabling scientific workflows using immersive microbiology." In: Proceedings of the IEEE Visualization 2008 Conference. IEEE Press, Columbus.

[Patton 2019]

Patton, Shawn, 2019. "Brown-boxing: The secret to rapid VR prototyping." In: William R. Sherman (Ed.), Chapter 27 of VR Developer Gems. Taylor and Francis.

[Pausch et al. 1996]

Pausch, Randy, Jon Snoddy, Robert Taylor, Scott Watson, Eric Haseltine, 1996. "Disney's Aladdin: First steps toward storytelling in virtual reality." In: SIGGRAPH '99, Proceedings of the 26th Annual Conference on Computer Graphics and Interactive Techniques, pp. 193–203.

[Rajlich 2000]

Rajlich, Paul, 2000. Interviewed by Bruce Geryk for Gamespot, "CAVE QUAKE Q&A" Online on The Wayback Machine Internet Archive, August 17, 2000. https://web.archive.org/web/20000817084212/http://www.gamespot.com:80/features/cave_quake2.

[Rantzau et al. 1998]

Rantzau, Dirk, Karin Frank, Ulrich Lang, Daniela Rainer, Uwe Wossner, 1998. "COVISE in the CUBE: An environment for analysing large and complex simulation data." In: Proceedings of the 2nd Workshop on Immersive Projection Technology (IPTW 1998).

[Roussos et al. 1999]

Roussos, Maria, Andrew Johnson, Thomas Moher, Jason Leigh, Christina Vasilakis, Craig Barnes, 1999. "Learning and building together in an immersive virtual world." Presence Teleoperators and Virtual Environment 8 (3), 247–263.

[Seay et al. 2002]

Seay, A. Fleming, Diane Gromala, Larry Hodges, Chris Shaw, 2002. "The meditation chamber: A debriefing." In: ACM SIGGRAPH 2002 Conference Abstracts and Applications. ACM, p. 263.

[Sharkey et al. 2012]

Sharkey, Katie, Aashish Chaudhary, William Sherman, Eric Whiting, 2012. "Immersive ParaView experiences at Idaho National Laboratory." In: Kitware Source, October 2012. Kitware, Inc.

[Sherman and Craig 2002]

Sherman, William R., Alan B. Craig, 2002. Understanding Virtual Reality: Interface, Application, and Design. Elsevier.

[Sherman et al. 2014]

Sherman, William R., Gary L. Kinsland, Christoph W. Borst, Eric Whiting, Jurgen P. Schulze, Philip Weber, Albert YM Lin, Aashish Chaudhary, Simon Su, Daniel S. Coming, 2014. "Immersive visualization for the geological sciences." In: Hale, Stanney (Eds.), Chapter 47 of Handbook of Virtual Environment, second ed., pp. 1231–1264.

[Snoddy 1996]

Snoddy, Jon, July 29, 1996. Interview with William Sherman and Alan Craig.

[Stalling et al. 2005]

Stalling, Detlev, Malte Westerhoff, Hans-Christian Hege, 2005. "Amira: A highly interactive system for visual data analysis." In: Charles D. Hansen, Christopher R. Johnson (Eds.), The Visualization Handbook. Elsevier Academic Press, pp. 749–767.

[Steinicke and Bruder 2014]

Steinicke, Frank, Gerd Bruder, 2014. "A self-experimentation report about long-term use of fully-immersive technology." In: Proceedings of the 2nd ACM Symposium on Spatial User Interaction. ACM, pp. 66–69.

[Stone et al. 2016]

Stone, John E., William R. Sherman, Klaus Schulten, 2016. "Immersive molecular visualization with omnidirectional stereoscopic ray tracing and remote rendering." In: 2016 IEEE International Parallel and Distributed Processing Symposium Workshops. IEEE, pp. 1048–1057.

[Stephenson 1992]

Stephenson, Neil, 1992. Snow Crash. Bantam Books, New York.

[Tate et al. 1997]

Tate, David L., Linda Sibert, Tony King, 1997. "Virtual environments for shipboard firefighting training." In: Proceedings of the IEEE 1997 Virtual Reality Annual International Symposium (VRAIS), pp. 61–68.

[Thiébaux 1997]

Thiébaux, Marcus, 1997. Steering Scientific Imaging with Virtual Camera Choreography (Masters thesis). University of Illinois at Chicago.

[Thermo Fisher Scientific 2018]

Thermo Fisher Scientific, 2018. Thermo Scientific Avizo Software 9 User's Guide. https://www.fei.com/software/avizo-user-guide.

[Thiele et al. 2013]

Thiele, Simon, Laurid Meyer, Christian Geiger, Daniel Drochtert, Björn Wöldecke, 2013. "Virtual archery with tangible interaction." In: 2013 IEEE Symposium on 3D User Interfaces (3DUI). IEEE, pp. 67–70.

[Townshend 1993]

Townshend, Pete, 1993. Early Morning Dreams. Song from Album Psychoderelict, Atlantic Records.

[Weinbaum 1935]

Weinbaum, S. Grauman, 1935. Pygmalion's Spectacles. Appearing in Wonder Stories, June 1935. Continental Publications.

[Widdowson et al. 2016]

Widdowson, Christopher, Jatin Ganhotra, Mohammed Faizal, Marissa Wilko, Saurin Parikh, Zainulabidin Adhami, Manuel E. Hernandez, 2016. "Virtual reality applications in assessing the effect of anxiety on sensorimotor integration in human postural control." In: 2016 IEEE 38th Annual International Conference of the Engineering in Medicine and Biology Society (EMBC). IEEE, pp. 33–36.

CHAPTER 10

[Bowman et al. 1998]

Bowman, Doug A., Larry F. Hodges, Jay Bolter, 1998. "The virtual venue: User-computer interaction in information-rich virtual environments." Presence, Teleoperators and Virtual Environment 7 (5), 478–493.

[Fenn 1995]

Fenn, Jackie, July 1995. "The microsoft system software hype cycle strikes again." Gartner Research Report.

[Hinckley et al. 1994]

Hinckley, Ken, Randy Pausch, J.C. Goble, Neal F. Kassell, 1994. "Passive real-world interface props for neurosurgical visualization." In: Proceedings of the SIGCHI Conference on Human Factors in Computing Systems. ACM, pp. 179–188.

[Israr et al. 2016]

Israr, Ali, Siyan Zhao, Kyna Mcintosh, Zachary Schwemler, Adam Fritz, John Mars, Job Bedford, et al., 2016. "Stereohaptics: a haptic interaction toolkit for tangible virtual experiences." In: Presented at SIGGRAPH 2016 Studio, The 43rd Annual Conference on Computer Graphics and Interactive Techniques. ACM, p. 13.

[Lee 2008]

Lee, Johnny Chung, 2008. "Hacking the Nintendo Wii remote." IEEE Pervasive Computing 7 (3).

[Mardinly et al. 2018]

Mardinly, A.R., I.A. Oldenburg, N.C. Pégard, S. Sridharan, E.H. Lyall, K. Chesnov, S.G. Brohawn, L. Waller, H. Adesnik, 2018. "Precise multimodal optical control of neural ensemble activity." Nature Neuroscience.

[Nakamoto 2016]

Nakamoto, Takamichi, 2016. "Olfactory display and odor recorder." In: Essentials of Machine Olfaction and Taste. John Wiley & Sons Singapore Pte Ltd, pp. 247–314.

[Ouh-young et al. 1989]

Ouh-young, Ming, David V. Beard, Frederick P. Jr. Brooks, 1999. "Force display performs better than visual display in a simple 6-D docking task." In: Proceedings of the 1989 IEEE International Conference on Robotics and Automationpp. 1562–1466. IEEE.

[Park and Kenyon 1999]

Park, Kyoung Shin, Robert V. Kenyon, 1999. "Effects of network characteristics on human performance in a collaborative virtual environment." In: Proceedings of IEEE Virtual Reality 1999 Conference pp. 104–111. IEEE.

[Pausch et al. 1997]

Pausch, Randy, Dennis Proffitt, George Williams, 1997. "Quantifying immersion in virtual reality." In: SIGGRAPH '97, Proceedings of the 24th Annual Conference on Computer Graphics and Interactive Techniques. ACM Press/Addison-Wesley Publishing Co., pp. 13–18.

[Rothbaum et al. 1996]

Rothbaum, Barbara O., Larry F. Hodges, Benjamin A. Watson, G. Drew Kessler, 1996. "Virtual reality exposure therapy in the treatment of fear of flying: A case report." Behavioral Research Therapy 34 (5/6), 477–481.

[Rouse 2016]

Rouse, Rebecca, 2016. "Media of attraction: A media archeology approach to panoramas, kinematography, mixed reality and beyond." In: International Conference on Interactive Digital Storytelling. Springer, Cham, pp. 97–107.

[Salzman et al. 1996]

Salzman, Marilyn C., Chris Dede, R. Bowen Loftin, 1996. "ScienceSpace: Virtual realities for learning complex and abstract scientific concepts." In: Proceedings of IEEE 1996 Virtual Reality Annual International Symposium (VRAIS), pp. 246–253.

[Sandin et al. 2005]

Sandin, Daniel J., Todd Margolis, Jinghua Ge, Javier Girado, Tom Peterka, Thomas A. DeFanti, 2005. "The Varrier™ autostereoscopic virtual reality display." ACM Transactions on Graphics (TOG) 24 (no. 3), 894–903.

[Schell 2016]

Schell, Jesse, March 2016. "Forty predictions for VR/AR through 2025." Presented at 2016 Game Developers Conference (GDC), San Francisco.

[Scrivner et al. 2018]

Scrivner, Olga, Julie Madewell, Cameron Buckley, Perez Nitocris, 2018. "Best Practices in the use of augmented and virtual reality technologies for SLA: Design, implementation, and feedback." In: Maria Luisa, Carrio Pastor (Eds.), Chapter 4 of Teaching Language and Teaching Literature in Virtual Environments. Springer.

[Shackelford et al. 2018]

Shackelford, Laura, Wenhao David Huang, Alan B. Craig, Cameron Merrill, D. Janny Chen, Jamie Arjona, 2018. "A formative evaluation on a virtual reality game-based learning system for teaching introductory archaeology." Presented at 2018 E-Learn: World Conference on E-Learning, Las Vegas, Nevada, USA.

[Sherman and Craig 2002]

Sherman, William R., Alan B. Craig, 2002. Understanding Virtual Reality: Interface, Application, and Design. Elsevier.

[State et al. 1994]

State, Andrei, David T. Chen, Chris Tector, Andrew Brandt, Hong Chen, Ryutarou Ohbuchi, Michael Bajura, Henry Fuchs, 1994. "Observing a volume rendered fetus within a pregnant patient." In: Visualization '94, Proceedings of IEEE 1994 Conference on Visualization. IEEE, pp. 364–368.

[Zeleznik et al. 1996]

Zeleznik, Robert C., K. Herndon, John F. Hughes, 1996. "SKETCH: An interface for sketching 3D scenes." In: SIGGRAPH '96, Proceedings of the 23rd Annual Conference on Computer Graphics and Interactive Techniques. ACM Press/Addison-Wesley Publishing Co., pp. 163–170.

찾아보기

ㄱ

가빌란 SC　81
가산/감산 기법　579
가산 및 감산 기법　581
가상　58, 59
가상 기호 프로프　124
가상 세계　44, 60, 778
가상 세계의 실체　778
가상 세계 조작　633
가상 위치　60
가상 입력　254, 255
가상 컨트롤　634, 637, 653
가상 환경　60
간격　495
간섭　188
감각　168
감각 대체　166
감각 상　469
감각우선순위　212
감각 치환　497, 498
감각 치환 이벤트　510
감각 피드백　48
감각 호문쿨루스　169
거리　640, 645
거리 오지각　191
걸리적거리지 않는 입력—예견　919
걸리적거리지 않는 입력—회고　918
게슈탈트 접근법　486
게임 엔진　817

게임패드　294
경험 문서화　879
경험 생성 프로세스　819
경험의 끝 디자인　875
경험의 현실　164
계측기 안내　699
고고 기법　630
고러드 쉐이딩　541
고무손 착각　232
고무손 착각현상　178
고스트버스터즈: 디멘션　521
고유감각 수용기　202
고유수용기　201
고정 VR 디스플레이 플랫폼　306
고정된 내러티브　130
고정 디스플레이의 이점　423
고정형 VR 패러다임　55
고정형 디스플레이　362
고정형 디스플레이의 이점　408
고정형 청각 디스플레이　420
곡률 이득　174
골기 관절 기관　203
골지힘줄기관　203
공간 가속 데이터 구조　537
공간 멀티플렉싱　328
공간 분할 알고리즘　531
공간 앨리어싱　614
공간적 특성 단서　199
공간적 프레젠스　219
공간 해상도　325, 432

공간화   197
공간화된 사운드   580
공공 안전   841
공극 선택   673
공기 주머니 기반 압력 렌더링   602
공동 운명   488
공통 영역   488
과거 경험   488
과학적 비주얼리제이션   858
관성 및 저항 효과   609
관성 트래킹   274
광수용기   170, 179
광역트래킹   283
광학   335
광학 왜곡   569
광학 트래킹   268
교육   848
구글   32
구글 글라스   101
구글 어스 VR   510, 796, 860, 871, 880, 907
구글 카드보드   92, 102, 259, 396, 897
구글 탱고   904
구글 틸트 브러쉬   655
구문   486
구상화   487
구조적 입체기하학   534
구조화된 라이트 뎁스 매핑   277
군사 운영   841
굴절   570
궁극의 디스플레이   57, 74
궁극의 인터페이스   120
궁극적인 인터페이스   631
궤도 조회   711, 721
균일한 연결성   488
균형감각 디스플레이   459
그래뉼러 합성법   579, 581
그래픽 엔진   560
그래픽 인터셉션 기법   816
그래핑   613

그레이 아웃   639
그룹 컨트롤   733
극화 멀티플렉싱   329
근육/관절 기반 렌더링   599
근육방추   202
근육/신경 트래킹   279
근접성   488
기계수용기   170
기계적 트래킹   264
기계적 힘   600
기술 인터페이스   166
기타 감지 디스플레이와 연관성   418, 435
기타 세계 물리학   804
기호학   483
긴 팔 착각   196, 204
길찾기   691
김순식   162

ㄴ

나침반   698
내러티브   130
내러티브 유연성   133
내비게이션   690
내비게이션 시스템   274
내이   194
내장형 아바타   236
네임 투 토크   313
넥스캐브   370
노먼식   162
노멀맵   546
노보뷰   77
논 디제틱   502
뉴턴 물리학   802
느린 순응   201
능동 입력   250
닌텐도   83, 95, 904
닌텐도 64 럼블 팩   88

ㄷ

다이나믹   784
다이나믹 레인지   573
다중 감각   497
다중 렌더링   554
다중안정성   487
다중체험자   51
다큐리 스마트 헬멧   528
다크리 스마트 헬멧   63
단순함의 법칙   488
달팽이관   194
대뇌피질 호문쿨루스   168
대리 에이전트 컨트롤   747
대비   326
대시포트 모델   606
대체 세계   109
대칭과 순서   488
대표적인 행동   227
대형 고정 디스플레이   737
더 랩   498, 628
데스크톱 메타포   631
데이드림 컨트롤러   261
데이터글러브   81
데이터 처리   842
뎁스 카메라   503, 799
도플러 효과   505
돌비 3D   93
동기식 의사소통   738
동작의 시작   642
드라이 사운드   574, 584
등대 트래킹   273
디바이스 착용   348
디스플레이 채널 수   327, 430
디에게시스   476
디자인   845
디자인 검토   846
디자인 트레이드오프   872
디즈니   733
디즈니 리서치   517
디즈니 알라딘 경험   627
디즈니의 알라딘 VR   717
디즈니퀘스트   91, 94, 461
디지털 데이터 입력 장갑 인터페이스 디바이스   79
디지털 신호 처리 장치   588
딜레이   553

ㄹ

라이다   276
라이드얼론   710, 712
라이트 필드   530
라이트하우스   102
라즈베리파이   561
래그 차이   393
래그 타임   554
래스터라이제이션   531
래스터라이제이션 렌더링 파이프라인   540
래칫   640
래칭   644
랜드마크   696
랜드마크 방향 선택   668
랭귀지   479
레베카 루즈   897
레비테이션   148
레이더   276
레이어   550
레이턴시   224, 525
레이턴시 허용   345, 432
레이트레이싱   528
레이트 리플렉션   583
레졸루션   224
레지스트레이션   63
레티클 방향 선택   664
레퍼런스 프레임   252, 253, 566, 640, 646, 707
렌더링 소프트웨어—예견   926
렌더링 소프트웨어—회고   925
렌더링 시스템   523

렌더링 시스템 하드웨어　525
렌즈 왜곡　532
로봇 작동형 디스플레이　511
로우패스 필터　576
로지텍 데스크톱 6-DOF 트래킹 시스템　87
로컬라이제이션　178, 197, 229, 230, 412
로컬라이제이션 단서　199
루피니 소체　202
루피니소체　203
룩 투 토크　313
리디렉션 터치　205
리디렉티드 워킹　762, 763
리디렉티드 터칭　762
리디렉팅　167
리서치 프론티어　87
리스펀시브 워크벤치　88
리어 프로젝션　56
리얼리즘의 축　477
리얼리티　237
리지드　783
리지드 바디　582, 803
리프레시 비율　558
리프 모션　101
리프 모션 컨트롤러　284
리프 시스템　79
링컨 완드　75
링 플랫폼　301

ㅁ

마블 핸드 일루전　196, 235
마스킹　338, 415
마이3D　98
마이스너 소체　202
마이크로소프트　640
마이크로소프트 HoloLens　528, 902
마인크래프트　59
마차 바퀴 효과　173
마찰 기반 텍스처 렌더링　603

마커　509
마커 사운드　505
마케팅　848
만화의 이해　122
망막　180
매직 리모콘　313
매체　108
매핑　489
맥거크 효과　195, 196
맥락　186
메뉴버링　691
머리에 잡는　350
머리 트래킹　284
멀티모달　497
멀티 모달리티　224
멀티뷰 텍스처　546
멀티뷰 텍스처 매핑 기법　549
멀티 스프링 모델　608
멀티스프링 모델　606
멀티패스 렌더링　548
멀티프레젠스　51, 131
멀티플 플레인 모델　606
메뉴 선택　675
메쉬　545
메타버스　86
메타커맨드　746
멘탈 모델　692
명목상　494
명상적 경험　860
모낭　202
모노스코픽 이미지 뎁스 단서　188
모달 해석　582
모달 해석법　579
모델링 패키지　785
모방　476
모션 기반(플랫폼)　459
모션 뎁스 단서　188, 190
모션 베이스　519
모션 투 포토　855

모션 플랫폼   519
모캡   79
몰입   46
몰입감   44
몰입의 구성 요소   758
몰입의 깊이   230
몰입의 수준   760
몸통 트래킹   284, 290
무브더월드   710, 718
무브 프롬 레퍼런스   716
무중력환경훈련시설   745
문서화   849
문 효과   345
물리적 로코모션   710
물리적 몰입   46, 47, 754
물리적 오브젝트 렌더링   609
물리적 입력   254
물리적 입력 디바이스   293
물리적 컨트롤   634, 635
물리적 합성 모델   575
미각   170
미각 지각   211
미니월드에서 선택   679
미디어   710
미디어 오브 어트랙션   774
미디어의 이해   122
미메시스   46, 476
미학   486
밉맵   559

ㅂ

바닐라 사운드 서버   594
바이매뉴얼 인터페이스   650
바이브 시스템   103
반응 시간   226
발생 오류   226
발신자   113
발 트래킹   284

발트래킹   291
밝기   327
방출 기술   324
방해물   357, 419, 436
방향 전환 보행   167
방향 지정   177
배리어   94
밴드패스 필터   576
밸류에이터   255, 257
밸류에이터 방향 선택   666
밸브   294
뱀 착시   186
버드   84
버추얼 리서치   79
버추얼 포털   86
버텍스   545
버텍스 쉐이딩   541
버툭스 옴니   101
버튼   255, 294
버튼 입력   256
범프 맵   542
베리시밀러   234, 477
베버의 법칙   172
베이킹   546
변화맹시   175, 762
변화맹시 리디렉션   765
변환   565
변환기   796
변환 이름   649
보이지 않는 인터페이스   309
보정(조회) 표   281
보행 플랫폼   302
복강신경총블록 시뮬레이터   515
복합 사운드 렌더링   198
복화술 효과   178, 195
볼류메트릭 시스템   535
볼륨 렌더링   535
불변성   487
불신의 유예   46, 475

불투명도　337
'브레이킹 더 프레임　341
브레인스토밍　839
블래더　438
블래더 액추에이터　438
비동기적 의사소통　738
비동시성 타임 워핑　555
비디오매트릭 트래킹　268
비아핀 연산　566
비용　360, 436
비율　495
비접촉식 핑거 트래킹　287
비주얼 디스플레이　320
비주얼 디스플레이―예견　912
비주얼 디스플레이의 속성　322
비주얼 디스플레이―회고　912
비주얼 렌더링 기법　529
비주얼 렌더링 레이턴시　553
비주얼 렌더링 시스템　529
비주얼리제이션　490
비폐쇄형(씨스루) 헤드 기반 디스플레이　387
비폐쇄형 헤드 기반 디스플레이의 기능　391
비폐쇄형 헤드 기반 디스플레이의 인터페이스 문제　392
비행착각　208, 214
비헤이비어　564
빌보딩　546, 548
빔 스캔 트래킹(　273
빛 공해　353
빠른 순응　201

ㅅ

사용자 목표 디자인　874
사용자 속이기　762
사용자의 개별적 특성　224
사용자 이동성　352, 417, 434
사용자 인터페이스　119, 625
사용자 인터페이스 메타포　630

사용자 인터페이스 이벤트　509
사용자 직접 컨트롤　634
사용자 테스트　878
사운드 공간화　571
사운드 생성　572
사운드 스테이지　411, 587
사운드 신시사이저　589
사운드의 감쇠　585
사운드 전파　571, 578
사운드 필터링　576
사운드 합성　570
사이버글러브　84
사이버 스페이스　52, 57, 58, 60, 61, 221
사이버스페이스 프로젝트　83
사이버페이스 HMD　79
사이언스스페이스　655
사이즈　433
사이클롭스 뷰　558
사인　483
사회적 행아웃　851
삼각형　533
삼성 기어 VR　102
삼성 기어VR　897
상호작용　625
상호작용 선택　226
상호작용성　48, 131
상호작용하는 내러티브　130
새로운 입력 장치―예견　920
새 입력 장치―회고　920
색상　324
샌드박스　59, 95
샌드박스 애플리케이션　502
샘플 레이트　593
샘플링　572
샘플링 레이트　173, 572
샘플 어레이　573
생리적 뎁스 단서　188, 191
생리적 반응　226
생성　845

섀도 맵   532
서라운드   408
서라운드 가상 현실 디스플레이   367
서라운드 가상 현실의 인터페이스 문제   374
서라운드 영화   50
서수   494
선 원근법 렌더링   68
선택과 활성화 순서   642
선택성   171
선행효과   199
섬모수용기   170
세계 물리학의 범위   805
세계 생성 소프트웨어―예견   924
세계 생성 소프트웨어―회고   923
세계 이벤트   509
세계 접지   429
세계 좌표   254
세계 지각   790
세계 지리   780
세계 지속성   808
세밀도   499
세컨드 라이프   95
세컨드라이프   59
셀프 로케이션   219
셰퍼드 음   196
소노그래피   799
소니피케이션   80, 508, 580
소니피케이션 이벤트   509
소닉 렌더링 시스템   569
소닉 렌더링 프로세스   587
소닉 애셋 인코딩   592
소비자 HMD   361
소셜 프레젠스 일루전   220
소음공해   417
소파   505
손가락 트래킹   288
손 및 손가락 트래킹   284
손에 잡는   351
손트래킹   288

수동 입력   250
수동적 프로프   240
수술   351
수신자   113
수치 연산법   579
수학 모델   806
순수음   577
쉐이더   537
쉐이딩   541
슈퍼 콕핏   80
스노우 월드   844
스마트트랙   99
스마트폰-VR 디스플레이   358
스마트폰-가상 현실 헤드 기반 디스플레이   395
스마트폰-가상 현실 헤드 기반 디스플레이 기능   398
스마트폰-가상 현실 헤드 기반 디스플레이 인터페이스
    문제   398
스마트 헬멧   103
스캐치패드   73
스케일   566
스케일더월드   719
스케치패드-II   73
스크린스페이스   568
스태틱   783
스테레오리스토그래피   456
스테레오스코스 안경   352
스테레오스코프   68
스테레오스코픽 HMD   75
스테레오스코픽 이미지 뎁스 단서   188, 190
스테레오스코픽 카메라   558
스테레오스코픽 텍스처   546
스테레오시스   190, 331
스테레오시스 결함   343
스테레오포닉 헤드폰   414
스테레오햅틱스   517
스텝핑 인투 어 픽처   720
스토리   130
스트림 프로세서   592
스트림 프로세싱 유닛   561

스티드   669
스팀VR   818
스페이스내비게이션   251
스펙트럼 합성법   574
스프링   606
스피커   420, 423
시각   170, 500
시각적 지각   179
시간 멀티플렉싱   328
시간 이동   722
시간 인터레이싱   328
시간 해상도   432
시간해상도   469
시나리오의 일관성   224
시네마틱 VR   50
시리   640
시뮬레이션   806
시분할 컬러   325
시선 방향 선택   664
시스루 HBD   80
시스템을 염두에 둔 디자인   865
시스템의 (물리적) 몰입   224
시점   49
시지각   499
식별 최소차   173, 203
신경절   175
신뢰성 일루전   220
신빙성   475
신시사이저   574
신체 소유권   236
신체 소유 착각   233
신체 컨트롤   293
실리콘 그래픽스사   526, 560
실리콘 그래픽스 인벤터 포맷   564
실시간 커뮤니케이션   789
심리적인 반응   227
심벌   483
심벌릭   479
심벌릭 사운드   591

싱글 플레이어 게임   862
썬 마이크로시스템   86
씬그래프   563, 565

ㅇ

아날로그-디지털 변환   257
아리스토텔레스 물리학   803
아바타   52
아웃사이드인   771
아이소트랙   82
아이 스페이스   568
아이코닉   477
아이 트래킹   284, 289, 532, 551
아이팟 터치   98
아이패드   98
아이폰   81, 98
아쿠아리움   362
아쿠아리움 VR   56
아타리   76
아티팩트   781
아핀   566
악기   794
안경형   350
안구운동 착각   209
안구증력차각   209
안전   419
안전성   359
알라딘의 매직 카펫 라이드   733
애니메이션된 텍스처   546
애셋   562, 784
애플   78, 95, 97, 640
애플 ARkit SDK   904
애플리케이션 개발 소프트웨어—예견   928
애플리케이션 개발 소프트웨어—회고   926
애플리케이션 소프트웨어—예견   929
애플리케이션 소프트웨어—회고   929
앨리스 시스템   861
앰비소닉스   421

앱 런처　853
앱스트랙 합성법　575
양적 표현　492
어포던스　161, 162, 500, 632
얼리 리플렉션　583
에듀테인먼트　849
에이전시　47, 129, 215, 233, 235, 236, 767
에이전트　653, 734, 782
에이전트 컨트롤　634, 639
엑스박스 키넥트 디바이스　97
엔드이펙터 디스플레이　427, 437, 443, 600
엔드이펙터 디스플레이의 구성 요소　444
엔드이펙터 디스플레이의 이점　457
엔드이펙터 디스플레이의 인터페이스 문제　447
엔드이펙터 디스플레이의 특징　445
엔터테인먼트　850
엠비언트 사운드　504, 508, 579
연속성　488
연속 입력　250
연출된 물리학　804
열 렌더링　603
영상 트래킹　270
영숫자 값 선택　680
영화 매체　141
예술　850
예측 분석　280
오디세이 시스템　76
오디오 디스플레이—예견　914
오디오 디스플레이—회고　914
오류 보정　609
오르비탈 뷰　721
오브젝트　486
오브젝트 결합　807
오브젝트 기반 렌더링　530
오브젝트 불변성　238
오브젝트 비헤이비어　783
오브젝트 식별　177
오즈의 마법사 컨트롤　747
오큘러스VR　897

오큘러스 리프트　92, 100, 259
오큘러스 리프트 CV1　263
오큘러스 터치　256
오토데스크　83
오토스테레오 디스플레이　94
오토스테레오스코픽 이미지 디스플레이　70
오토캐드　562
오프엑시스퍼스펙티브 변환　568
온도수용기　170
온도안진 착각　210
온도 액추에이터　440
올스테이트 임페어드 드라이버 시뮬레이션　717
옵티트랙　97
옵티트랙 패키지　96
왯 사운드　574
외부중심　646
외상 후 스트레스 장애　217
외이　194
우주 및 행성 탐사　859
운동　200
운동감각 수용기　202
운동감각적 단서　514
운동 시차　285
운동 통제　612
운동학적 디스플레이　204
운동학적, 자기 수용적 단서　429
울트라 HD 3DTV　101
움직임 댐핑 기반 텍스처 렌더링　603
워크스루　710
워크쓰루　714
월드 레이아웃　786
월드와이드웹　564
월드 캡처 기술　795
월드 콩그레스　744
웨이브프론트　562
웹 제공 가상 현실　818
위　95
위모트　272, 422, 904, 908, 920
위치　255

위치 센서　262
위치 입력　258
위치 트래킹　258
위치 트래킹 기술　262
위치 트래킹 향상　280
윌리엄 게이버　161
유니티　32, 95
유사성　488
유한 요소법　582
음성 메시지　511
음성발언　643
음성 인식 시스템　259
음성 인식 시스템의 활성화　312
음성입력　643
음성 주파수　193
음악 도구　860
의료 시술　843
의미 제약 조건　234
이동　566
이동 공식　661, 708
이동성　352
이동식　641
이동 플랫폼　462
이름 선택　674
이머사데스크　89
이미지 기반 깊이 매핑　278
이반 서덜랜드　73, 74
이산 입력　250
이중 인터페이스　640
이차 초곡면　532
이코나스 시스템　79
인간의 의사소통 매체　108
인간 지각 체계　166
인간-컴퓨터 인터페이스　160
인공지능　735
인공 현실　58
인덱스　477
인덱스 사운드　510
인사이드아웃　771

인지과정　175
인터랙티브 픽션　49, 133
인터페이스 사운드　580
일시적 해상도　346
임바디먼트　157, 215, 231, 232
임펄스 반응　583
임펄스 응답　571, 577, 583
임피던스 불일치　159
입체 3D 영화　70

ㅈ

자기수용　200
자기 수용 감각 이동　178
자기중심　646
자세　308
자유도　77
자유 보　351
잔향　577
잔향 효과　199
잠망경 디스플레이　70
장갑 입력 디바이스　287
장르　136
장소를 염두에 둔 디자인　866
재현　471
저더　347
저작권　128
저장 매체　109
적응　172
적응성 직사각형 분할　584
전달 기술　335
전송 매체　114
전용 공간 플랫폼　306
전이성 착각　178, 208
전이성 착시　187
전자기 트래킹　266
전정감각　172
전정계 렌더링　620
전정기관　207

전정기관 지각 206
전정기관 착각 208
전정안구반사 207
전투 게임 861
절차 비주얼리제이션 843
절차적 모델링 496
점 545
접지 323
접촉 200
접촉 선택 670
정신적 몰입 46, 47, 755
정적 세계 801
제스처 255, 308, 643
제스처 입력 260, 311
제약 644
제약조건 640
제품 쇼케이스 847
제한된 공간 301
제한된 여행 702
조이스틱 251, 257
조작 특성 640
좌표계 565, 647
좌표 방향 선택 668
죌너 착시 185
주파수 변조 575, 580
중이 194
증강현실 56, 61, 62
증폭 416
지 59
지속적인 가상 환경 809
지역 좌표 254
지연 반사 단계 579
지연 허용 오차 416
직접 신경 연결—예견 922
직접 신경 연결—회고 921
진동 디스플레이 516
진동수 570
진폭 570
질적 표현 492

짐 클라크 77, 80

ㅊ

차량 플랫폼 304
착시 184
참여 131
창작권 128
창작자 113
책 문제 221
처리량 356, 419, 435
청각 170
청각 디스플레이 193
청각 로컬라이제이션 단서 197
청각 지각 193
청각 착각 195
청중을 염두에 둔 디자인 867
청중 참여를 위한 디자인 870
체성감각 170, 201
체험자 43, 113
체화 178
초음파 트래킹 265
초음파형 햅틱스 916
초점 488
초점 거리 333
촉각 170, 199
촉각 디스플레이 425
촉각원반 202
촉각적 로컬라이제이션 지각 206
촉각 지각 199
촉각 착각 204
촉각 표현 516
촉각/피부의 단서 430
추상적인 햅틱 표현 512
추상화 삼각형 480
출현 487
충격음 577
충실도 431

ㅋ

카드보드   32
카멜레온 프로젝트   403
카운터워핑   566
카툰 물리학   801
카페 벽 착시   185
캐리어 매체   108
캐스트AR 시스템   101
커티 삭   848
컨버세이션   474
컨트롤 가시성   641, 660
컨트롤 위치   653
컨피규레이션   816
컬링   544
컴퍼스   81
컴퓨터 그래픽스   529
코러싱   581
코타나   640
코프레젠스 일루전   221
콕핏   304
콘볼루션   577
콘볼루션 필터   577
콘볼보트론   591
콤 필터   576
쿼드릭스 표면   532
쿼드버퍼   561
크기 조정   566
크럼스 과학 비주얼리제이션 애플리케이션   672
크래요랜드 애플리케이션   507
크로스 모달 로컬라이제이션 효과   178
크로스 모달 지각   177
크로스 모달 효과의 단점   214
크로스 모달 효과의 이점   213
크로스 센서리적 착각   204
크로스 센서리 효과   212
크리스털 리버스 엔지니어링   591
크리에이터   43
크리켓   88

클럼스   559
클로저   477
키마   594
키마 시스템   591
키보드   259
키오스크 플랫폼   302
킥스타터   901
킬 스위치   514

ㅌ

타임 워핑   555, 567
태그얼롱 에이전트   782
택틀 디스플레이   427, 437
택틀 디스플레이의 이점   457
탱고 프로젝트   97
터치   425
테셀레이션   534
텍스처 매핑   543
텍스트   255
텍스트 입력   259
텔레 메디슨   74
텔레비전   66
텔레 아이글래스   73
텔레오퍼레이션   64, 66
텔레커뮤니케이션   646
텔레포트미   710
텔레프레젠스   47, 51, 57, 64, 66, 646
텔레프레젠스   218, 789
텔레홉   627
토르소 방향 선택   665
토르소 유도 워크/플라이스루   714
토우로프   710
통각수용기   170, 202
통제 위치   641
통찰력 추구   842
투영 기반 VR   367
투영 기반 비주얼 디스플레이   773
투영 디스플레이   399

트래킹 레이턴시   268
트래킹 방법   352
트래킹 방법과의 인터페이스   417
트래킹 방식의 인터페이스와의 접속 햅틱   434
트리거   784
트릭 촬영기술   485
트윙클 박스   77

ㅍ

파시니소체   202, 203
파원   505
파일럿스루   710, 717
파일박스   562
파지티브 프로젝션 변환   566
파카라나 시스템   591
파티클 및 점 기반 렌더링   535
파티클 시스템   535
파형   570
파형 샘플   573
팔콘 카메라   81
패스트 모션   520
패시브 햅틱   165
패시브 햅틱 디스플레이   427, 437, 454
패시브 햅틱스   794
패시브 햅틱의 이점   458
패시브 햅틱 표현   518
팩맨   835, 862
팬텀   88
팬텀 옴니   445
팬텀 햅틱 디스플레이   204
퍼스펙티브 뷰포인트   567
퍼포머   114
페르소나   127
페이스북   102, 727, 897, 902
페이크스페이스   79
페퍼의 유령   68
페히너의 법칙   173
펠티에   916

펭구플라이   716
평면 디스플레이   367
평행성   488
평형감각   206
폐쇄   488
포겐도르프 착시   187
포비티드 렌더링   532, 551
포스 디스플레이   88, 425, 430, 436, 515, 601
포스 렌더링   604
포스 피드백   425
포인터로 선택   671
포인터 방향 선택   663
포인터 빔 스코프   640, 645
포인터 유도 플라이스루   714
포인트   606
포인트 오브 뷰   768
포인트 클라우드   503
포인트 클라우드 렌더링   536
포인트 투 포인트 모델   606, 607
포인트 투 플라이   127
포인트투 플라이   627
포즈   308, 485
포지션 트래킹   48
포켓프로젝터   400
포탈   470
포토그래메트리   562
포토제니   486
폴리곤   532, 533
폴리곤 메쉬   545, 561
폴리곤 수   537, 539
폴리곤 수 줄이기   542
폴리곤 쉐이딩   541
폴리곤 제거   545
폼   136, 431
폼 팩터   632
퐁 게임   76
퐁 보간   541
표현   471
푸리에 분석   581

푸시 디스플레이   385
푸시 투 토크   313
풋미데어   719
프레임 레이트   183
프레임률   346
프레임 속도   346
프레젠스   46, 47, 157, 215, 237
프레젠스의 요소   219
프레젠스 측정   228
프레젠스 파괴   242
프로비전 VR   83
프로토타이프   864
프로프   256, 295, 393
플라이스루   710, 714
플라이트 헬멧   85
플랫 쉐이딩   541
플랫폼   299
플레이스 일루전   220
플레이스테이션 VR   103
플레인 모델   606
플렌노포틱스   336
플렌옵틱   530
플로어 컨트롤   744
플록 오브 버드   267
피노키오 착각   204, 233
피드백   165, 640, 643
피부 기반 렌더링   599
피부 단서   516
피쉬 탱크   362, 408
피쉬 탱크 VR   56, 269
피질 수용기   202
픽셀 기반 렌더링   531
픽셀 셰이딩   541
픽셀 쉐이더   93
픽셀 플레인   79
픽스드 펑션   565
핀 기반 압력 렌더링   602
핀 기반 텍스처 렌더링   602
핀나   194

핀나-그레고리 착시   184
핀 액츄에이터   439
핀칭   612

ㅎ

하드웨어 인터페이스 소프트웨어—예견   925
하드웨어 인터페이스 소프트웨어—회고   924
하이모션   520
하이어라키   563
하이패스 필터   576
합성   574
핸드 기반 디스플레이   362
핸드 기반 디스플레이의 이점   409
핸드 기반 청각 디스플레이   422
핸드 베이스 VR 패러다임   56
핸드헬드   55
핸드헬드 가상 현실   403
핸드헬드 가상 현실의 구성 요소   404
핸드헬드 가상 현실의 인터페이스 문제   406
핸드헬드 가상 현실의 특징   405
핸드헬드 컨트롤러   288
햅틱 디스플레이   424, 426
햅틱 디스플레이—예견   916
햅틱 디스플레이—회고   915
햅틱 렌더링 방법   600
햅틱 렌더링 시스템   599
햅틱 리타깃팅   610
햅틱 비트맵   617
햅틱 센서 유형   201
햅틱의 특징   512
행동 반응   226
허위 신장 착각   196, 204
헤드 기반 가상 현실 디스플레이   380
헤드 기반 디스플레이   253, 361, 379
헤드 기반 디스플레이의 이점   408
헤드 기반 비주얼 디스플레이   343
헤드 기반 청각 디스플레이   421
헤드 기반 투영 디스플레이 구성 요소   400

헤드 기반 투영 디스플레이의 기능　401
헤드 기반 투영 디스플레이의 인터페이스 문제　402
헤드 마운트 디스플레이　54
헤드 베이스　54
헤드 베이스 디바이스　55
헤드베이스 프로젝터 디스플레이　55
헤드업〈컨트롤〉　656
헤드 위치 정보　342
헤드 장착 투영 디스플레이　399
헤드폰　421
헥사포드　460
헬멧 장착　349
현기증　209
현실 세계　794
협업 환경　51
형태　486
형태와 배경　488
호문쿨루스　168
혼합 디스플레이　455
혼합 현실　61
홀로렌즈　103
화이트 노이즈　581
화이트 박싱　864
확장현실　57
환각지　205
환경(4D) 효과　604
환경 액추에이터　441
환경 요구 사항　354, 418, 434
환산 이득　174
환자 치료　844
활성화 기능　642
활성화 메커니즘　640
활성화 범위　642
활성화의 타임프레임　642
회전　566
회전 이득　174
회전 임계치　203
후각　170
후각 디스플레이—회고　917
후각 및 미각 디스플레이—예견　917
후각 및 미각 렌더링　621
후각적 지각　210
휘도　182
휴대성　355, 419, 435
히스테레시스　640, 646
히트 맵　490

A

AAAD　645
AAR, After-action Review　723
Abstract Synthesis　575
Adaptation　172
adaptive rectangular decomposition, ARD　584
Aestheticism　486
affine　566
affordance　500, 632
agency　47, 129
Agency　215
AI　735
AIFF, audio interchange file format　593
Aladdin　241, 413
Aladdin's Magic Carpet Ride　733
Aladdin's Magic Carpet Ride VR　804
Aladdin 경험　875
aliasing　614
Alice system　861
Allstate Impaired Driver Simulator　718
alternate world　109
ambient sound　504, 579
Ambiotem　442
Ambisonics　421
Amira　837
amplitude　570
Apple　78, 95
Appshaker　377
aquarium VR　56
AR　56, 57

AR, augmented reality   61
Argonne Remote Manipulator, ARM   444
Argonne 원격 조작기   447
Armlib   618
arrier medium   108
Art+Com Systems   264
artificial reality   58
ARToolKit   92
AR툴킷   92
asset   784
assets   562
asynchronous time warping   555
Atari   76
attenuation   585
augmented reality   62
Ausim3D   815
AutoCAD   562
Autodesk   83
autostereo   94
autostereoscopic   70
avatar   52
Avizo   837
A 델타 신경섬유   201

B

baking   546
band pass filter   576
BDI Suture Train   686
BDI 수술 시뮬레이터   515
behavior   564
BIBS   231
billboarding   546, 548
Bird   84
bladder   602
Blender   160
Blueprint   923
BOI   233
BOOM   358

breaking the frame   341
bump map   542

C

C1-6   373
CAE Healthcare RapVR   686
Café Wall Illusion   185
caloric nystagmus illusion   210
CALVIN   739
Cardboard   32, 92
CastAR   101
Caterfillar Inc.   654
Caterfillar, Inc.   305
CAVE   86, 667, 773
CAVE2   56, 100, 370
CAVE, Cave Automatic Virtual Environment   191
CAVE 디스플레이   253, 895
CAVE 시스템   55
Celiac Plexus Block   515
Celiac Plexus Block Simulator   686
Celias Plexus Block   435
Chai3D   619
change blindness   175, 762
Chaperone System   792
Chaperone 시스템   383
CHI   160
Chorusing   581
ChucK   595
Cinematic-VR   50
closure   477
Closure   488
cockpit   304
cognitive progress   175
collaborative environment   51
Collada Digital Asset Exchange   562
comb filter   576
Common Regions   488

communicant　113
configuration　816
context　186
Continuation　488
control in-hand　655
convolution　577
Convolution Filters　577
Convolvotron　591, 597
coordinate system　565
cortical homunculus　168
counter-warping　566
COVISE　837
Crayoland　507, 715
Cricket　88
cross-reality　57
Cross-Sensory Effects　212
Crumbs　559
Crums　672
CryEngine　818
Crystal River Engineering　597
Crystal Rivers Engineering　591
CSCW　735
CSG　533, 562
CSG, Constructive Solid Geometry　534
Culling　544
Curse of the Serpent's Eye　517, 518, 519
Cutty Sark　848
Cutty Sark Virtual Voyage　714
Cutty Sark Virtual Voyage Touring　880
Cutty Sark 체험　775
Cyberface　79
CyberGlove　84
cyberspace　52, 61
Cyberspace　60
CyberSpace　83
cyclops　558
cy.PIPES API　617
C 신경섬유　201

D

DAC　74
DAE　562
Daqri Smart Helmet　528, 656
dashpot　606
DataGlove　81
Dayboard　397
Daydream　261
Deck　705
delay　553
depth camera　503, 799
Design Attached by Computer　74
Detour: Brain Deconstruction Ahead　141
Diegesis　476
diffraction　570
digital data entry glove interface device　79
digital signal processor　591
DirectX　540
DirectX 3D　565
DISH　368
DisneyQuest　91
Disney Research　517
DOF　430
DOF, Degree Of Freedom　77
DOF, Depth Of Field　182
Doppler effect　505
dpi　325
DPLEX 분해　555
dry　574
DSP, digital signal processor　588
DSP, Digital Signal Processor Chips　526
DSP 엔진　591
Dungeons and Dragons　777
dynamic range　573

E

Early reflection　583

embodiment   157
Embodiment   231
embody   178
Emergence   487
emitting technology   324
end-effector   443
Ensight   837
Environdine Studios   465
ER   583
ERIR   583
EVL PARIS   435
EVL, the Electronic Visualization Lab   78
exceoception   200
EyePhones   81
eye-space   568
eye tracking   532, 551

F

Facebook   102
Fakespace   79
Falcon   81
false body height illusion   196
Fantastic Contraption   678
fast motion   520
Fechner's Law   173
field sequential color   325
Figure vs Ground   488
Filmbox, FBX   562
finite element mothod   582
Fish Tank   269
fishtank VR   56
fixed-function   565
flat shading   541
Flight Helmet   85
Flock of Birds   267
fly-through   714
Focal Points   488
FOR   340

force-display   88
Ford Galaxy VR   876
FOR, Field Of Regard   502
form factor   632
Fourier analysis   581
FOV   339, 502
FOV2GO   99, 395
foveated rendering   532
Foveated rendering   551
FOV, Field Of View   181, 499
FPS   346
frame rate   183
frequency   570
Frequency Modulation   580
Frequency Modulation, FM   575

G

ganglia   175
Gavilan SC   81
Geomagic   618
GHOST   618
Ghostbusters Dimension   851
Ghostbusters: Dimension   521, 775
GHOST, General Haptics Open Software Toolkit   618
GLES   540, 565
God Wars II   740
go-go   630
Golgi joint organs   203
Golgi tendon organs   203
Google   32
Google Cardboard   102
Google Glass   101
Google Tango   904
Google Tilt Brush   655
Gouraud shading   541
GPU   560
Granular synthesis   581

Granular Synthesis 579
Gravity Sketch 926
gray out 639
GriD Compass 81
GRIP 458
GRIP 프로젝트 447
GROPE 프로젝트 75

H

handheld 55
haptic 425
haptic bitmaps 617
haptic retargeting 610
Haption 201
Harry Potter and the Forbidden Journey 851
Hasbro My3D 397, 898
HBD 253
HBD, head-based display 55
HBD, Head-based Display 791
HBPD, head-based projector display 55
HCI 160
head-mounted display 54
Head-Mounted Projector display 시스템 89
head-related transfer function 578
heat map 490
Held-to-head 350
hierarchy 563
high-motion 520
high-pass filter 576
HMD 스타일 349
HMPD 399, 401
HND 203
Hold-in-your hand 351
HoloLens 63, 103, 343, 414, 415, 559
Hovercast VR 인터페이스 677
HRTF 198, 578, 586
HRTF, Head-Related Transfer Function 592
HTC Vive 259, 352, 909

HTC Vive HMD 913
HTC Vive Lighthouse 904
HTC Vive Lighthouse 시스템 273
HTC Vive 시스템 792
HTC Vive 컨트롤러 256, 667
HTML5 818
human communication medium 108
Hysteresis 640

I

IBR, Image-based Rendering 547
iconic 477
IEEE VR 87
I Expect You to Die 475, 630
IF, Interactive Fiction 49
ILD 195
ILD, interaural level difference 585
IllumiRoom 149
Image-based depth mapping 278
Imagineering 347, 792
ImersaDesk 365
ImmersaDesk 89, 306, 355
Immersion 46
impulse response, IR 577
impulse sound 577
IMU 트래킹 904
INDE 769
indexed 477
INS 274
inside-out 646
interaction 625
International Space Station Tour VR 696
interposition 188
Interval 495
Invariance 487
Inventor 564
IOD, interocular Distance 558
iPad 98

IPD, interpupillary Distance   558
iPhone   98
iPod Touch   98
IQ-station   306, 356, 373
IQ-stations   97
IQ스테이션   97
IR, Impulse responses   571
Isotrak   82
ITC SOPI   222
ITD   195
ITD, interaural time difference   585
Ivan Sutherland   73

J

Jim Clark   77, 80
JND   203
JND, Just Noticeable Differences   173
judder   347

K

kill   514
kinestheasia   200
Kuka Robot   461
kyma   594

L

lag time   554
language   479
Laparoscopic Engine   448
LapVR   651
latency   525
Late reflection   583
late-reflection stage   579
late reverberation impulse response   583
Law of Prägnanz   488
layer   550
LBE VR   775

Leap Motion   101, 677
leap motion controller   286
LEEP, Large Expanse Enhanced Perspective   79
lens distortions   532
Level Of Detail, LOD   499
Levitation   148
lidar   276
LidarViewer   649, 676, 837
LIDaR 시스템   390
light field   530
lightfields   336
Lighthouse   102
linear perspective   68
localization   197
Location-Based Entertainment   775
LOD 컬링   545
long arm illusion   196
look to talk   313
low-pass filter   576
LRIR   583
LRIR, late reflection impulse response   599

M

Magic Lens   387
Magic Lens 인터페이스   688
Magic Remote   313
MakeVR   926
Mandala 시스템   769
Maneuvering   691
marble hand illusion   196
marble-hand illusion   235
marker sound   505
Max   595
Maya   160
Media of Attraction   774
Medium   108
Meissner's corpuscles   202
Mental immersion   47

Merkel's disk   202
mesh   545
Metaverse   86
Microsoft HoloLens   528
MIDI, Musical Instrument Digital Interface   591
MIDI 포맷   594
mimesis   46
Mimesis   476
Mimetic   476
Minecraft   59
Mipmap   559
mixed reality   61
MoCap   79
Modal Analysis   579
Moon effect   345
motion base   519
motion parallax   285
motion platform   519
motion to photo   855
Motion to photon   499
Move-from-Reference   716
Move-the-world   710
Moving Platforms   462
MP3   593
MR, Mixed Realrity   57
MSP   595
MTP, Motion to photon   554
MTP, Motion To Photon   553
MUD 시스템   740
multimodal   497
multiparticipant   51
multiple plane   606
multipresence   51
multispring   606
Multistability   487
Muppet*Vision 3D   441
My3D   98

N

Nalco Fuel Tech BoilerMaker 애플리케이션   672
name to talk   313
narrative   130
N-ary 스위치   255
N-ary 입력   259
NASA Virtual Windtunnel   684
NCSA   675
NCSA BattleView   701
NCSA BayWalk   742
NCSA Virtual Director   716
NewtonWorld   439, 687
NewtonWorld 애플리케이션   803
NexCAVE   56, 370
NEXcave   370
NFF, Neutral File Forma   562
NFT, Natural Feature Tracking   271, 919
NICE   739
NICE 교육 애플리케이션   671
NinjaRun   716
Nintendo   83, 95
Nintendo 64 Rumble Pack   88
nociceptor   202
nominal   494
nonaffine   566
nondiegetic   502
NonUniform Rational B-Splines   533
normalmap   546
Novoview   77
NURBS   532, 533
NURGBS   562
nVidia GameWorksVR   552
nVidia VCA   528
nVidia "VRWorks"   571
nVidia VRWorks-Audio suite   595

O

object 486
oculogravic illusion 209
oculogyral illusion 209
Oculus Go 559
Oculus Rift 92, 100
Oculus Touch 256
ODG, Osterhout Design Group 350
Odyssey 76
off-axis perspective 568
OGG 593
Open Display 732
OpenGL 540, 565
OpenHaptics 618
OpenHaptics 라이브러리 618
OpenSceneGraph 565, 813, 815
OpenSG 815
OpenSurgSim 619
OptiTrack 96, 97
Optiverse 700
Ordinal 494
osgHaptics 619
Osmose 876
outer ear 194
outside-in 646

P

Pacarana system 591
pacinian corpuscles 203
Pacinian corpuscles 202
Pain 217
Parallelism 488
ParaView 837
Particle and Point-Based Rendering 535
particle system 535
passive haptics 165
Past Experience 488

PDA, Personal Digital Assistant 94
Peltier 916
Pepper's Ghost 68
performer 114
persona 127
Phantom 88
phantom limbs 205
Phantom Premium 445
Philco HMD 218
Phong-interpolation 541
Photogenia 486
Photogrammetry 562
Photoportals 790
Physical immersion 47
Physical locomotion 710
Physical Synthesis Models 575
PI 220
Pinna-Gregory Illusion 184
PIPES 환경 영향 시스템 465
PI, Place Illusion 220
PIT 세계 454
Pixel Planes 79
pixel-shader 93
Pixel shading 541
Placeholder 127, 134, 141, 665, 671, 714, 720
plane 606
PlayStation 103
plenoptic 530
Poggendorff illusion 187
point cloud 536
point-cloud 503
point to fly 127
point-to-fly 714
pointto-fly 627
point to point 606
polygonal 532
polygonal meshes 561
Polygon Decimation 545
polygon mesh 545

Polygons   533
Portal   470
Pose   485
Position inputs   258
Position tracking   48
positive projection   566
POV   768
presence   46
procedural modeling   496
propagation   578
proprioceptive drift   178
Props   295
Prospect Pro   739
ProVision VR   83
Proximity   488
Psi   220
Psi, Plausibility illusion   220
PTSD   217
PureData   595
pure tone   577
PUSH   380
push to talk   313
Put-me-there   710

Q

quad-buffer   561
Quadix   532
Quadric   532
QuickHaptics API   618

R

RA   201
RAIR   221
Rapture Vest   429, 437
rarefaction   505
Raspberry-Pi   561
rasterization   531

Ratching   640
ratio   495
ray-tracing   528, 531
Razer Hydra   651
RB-2, Reality Built for 2   83
Reality Vest 64   429
Real Virtuality   297
rear projection   56
recipient   113
redirected touching   762
redirected walking   167, 762
redirecting   167
reference frame   566
refresh rate   558
registration   63
Reification   487
re-presentation   471
representation   471
Research Frontiers   87
resolution   224
Responseive Workbench   365
Responsive Workbench   88, 306
retina   180
reverberation   577
Ride along   710
rigid body   582, 803
Rome Reborn VR   743
RoomAlive   149
ROSD   449, 511, 608
ROSD, Robotlcally Operated Shape Display   427
ROSD의 구성 요소   451
ROSD의 이점   458
ROSD의 인터페이스 문제   452
ROSD의 특징   452
rotation   566
rubber hand illusion   178
Ruffini corpuscles   203
Ruffini's corpuscle   202

Rutgers Dextilary Master   446
Rutgers Dextilic Master   446

S

SA   201
SA-II   202
sample array   573
sample rate   593
Sampling   572
sampling rate   173, 572
sandbox   59, 95
Sandbox   502
Sarcos Uniport   445
Sarcos Uniport 시스템   444, 447
scale   566
Scape 프로젝트   401
scene-graph   563, 565
scene-graphs   815
Schell Games   630
ScienceSpace   651, 655, 687
screenspace   568
Second Life   59
see-through   80
self-location   219
semantic constraints   234
SensAble   618
SensAble Technologies사   616
Sense of Presence Inventory   222
Sensory feedback   48
sensory image   469
sensory substitution   497
SfM, structure-from-motion   796
SfM, Structure from Motion   798
shader   537
shadow map   532
Shadwell fire fighting 프로젝트   830
Shepard tone   196
SIGGRAPH   86

Sign   483
signal-to-noise ratio   577
Silicon Graphics Inc.   526
Silicon Graphics, Inc.   560
Similarity   488
SimQuest   619
Siri   312
Sketchpad   73
SLAM   272, 338
SLAM 트래킹   282
SLAM 트래킹   904
Smart Helmet   103
SMARTTRACK   99
Snake Charmer   452, 455
Snake Charmer 디스플레이   451
Snake illusion   186
Snow World   844
SN 비율   577
social presence illusion   220
sonification   80, 580
Sonification   508
sonography   799
Sound Filtering   576
sound source   505
sound stage   587
SpaceBall   257
Space Navigator   251
Space Navigator   257
SpaceNavigator   259
space-partitioning algorithm   531
spatial acceleration data structures   537
spatialization   197
spatial resolution   325
Spectral Synthesis Methods   574
Spider & Web   474
spring   606
Steam Audio   815
Steed   669

Stepping into a picture   720
StereoHaptics   517
Stereopsis   331
stereoscope   68
stereoscopic textures   546
storage medium   109
story   130
stream processing units   561
stream-processor   592
StreoHaptics   205
streopsis   188
Streopsis   190
structured light depth mapping   277
Studierstube Tracker 라이브러리   403
SunCAVE   370
Sun Microsystems   86
Super Cockpit   80
suspension of disbelief   46, 475
Symbol   483
symbolic   479
Symbolic sound   591
Symmetry and Order   488
Synchrony   488
Syntax   486
Synthesis   574
synthesizer   574

T

Tactile display   437
taction   200
Taction   200
tagalong   782
Tango Project   97
Teddy   785
tele-hop   627
tele-medicine   74
teleoperation   64
Teleport me   710

telepresence   47, 51, 64
Teletact Glove   438
television   66
teleyeglasses   73
temporal resolution   469
tessellation   534
Texture Mapping   543
The Amazing Adventures of Spider-Man   851
The Conversation   474
the deprecated Performer libraries   815
The House of Fables   696
the Ikonas system   79
The Lab   271, 498
The Lincoln Wand   75
The Minnesota Scanner   83
The Second Life   95
The Sword of Damocles   264
The Twinkle Box   77
The Ultimate Display   74
The VR Cave of Lascaux   776
time warping   555
time wraping   567
Toirt Samhligh   837
touch   199
towrope   710
transfer media   114
transformation   565
translation   566
Trick photography   485
Twinkle Box   857
two point discrimination test   203

U

UE4   818
Ultimate Display   57
Ultrasound Visualization   390
Uniform Connectedness   488
Unity   32, 95, 595, 923

Unity Web Player   818
Unreal Engine   923
Unreal Engine 4   818
Unreal Tournament   595
Unseen Diplomacy   788
user interface   119
User interface   625

V

Valve Steam-Audio suite   595
Vanilla Sound Server, VSS   594
Varrier   94
Varrier 디스플레이   328
Vection   208
vection illusion   178, 187
ventriloquism effect   178
verisimilar   477
Verisimilitude   475
vertex   545
Vertex shading   541
vertigo   209
Vestibulation   207
videometric tracking   268
Video Place   769
viewpoint   49
VIEW 연구소   81
virtual   58, 59
Virtual Director   675, 682, 725, 830
virtual environment   60
virtual image   59
Virtual Interface Environment Workstation   81
Virtualization Gate   146
Virtual Jungle Cruise   461
virtual location   60
Virtual Portal   86
Virtual Prototyping System   654, 736, 803
Virtual Reality Gorilla Exhibit   656
Virtual Research   79

virtual symbol props   124
virtual world   60
Virtuix Omni   101, 291, 905
Visbox VisCube M4 시스템   372
VisiCalc   907
vision   500
Visual Computing Appliance   528
Visual Molecular Dynamics   552
Visual perception   499
Vive Pro   913
VMD 비주얼리제이션 툴   552
Vocal Messages   511
VOID   517, 518, 519, 521, 775, 851, 899
Volume Rendering   535
volumetric system   535
VOR   207
VR   44, 57, 58
VRAIS   87
VR HMD 시스템   266
VRML, Virtual Reality Modeling Language   564
Vroom Service   356
Vrui VR   658
Vrui 소프트웨어 시스템   792
VR-레디 머신   902
VR 모델링   858
VR 소닉 렌더링 소프트웨어   594
VR에서의 햅틱 표현   511
VR 월드 구축   858
VR의 상태   887
VR의 성숙도   892
VR화   857
VSS, Vanilla Sound Server   815
VSS 툴   596
Vulkan   540, 565

W

W1   328
W3   328

WAVE 370, 593
waveform 570
waveform sample 573
Wavefront 562
WAVE, Wide-Angle Virtual Environment 370
Wayfinding 691
WebGL 540, 565, 818
WebVR 818
WebXR 818
wet 574
WETF 745
white boxing 864
white noise 581
Wii 95
Wii Balance Board 258
William Gaver 161
WIM 700
WIM, World-in-Miniature 705
Window into Virtuality 381
Windows Mixed Reality 904
Window to Virtuality 265
WindowVR 264
world-awareness 790
World Wide Web 564
WOWvx 328

X

X3D 562
Xbox Kinect 97, 651
XboxKinect 시스템 377
xR 57

Z

Zöllner illusion 185
Zone Hunter 712

기호

〈컨트롤〉- inworld 654
〈컨트롤〉- 공극을 통해 658
〈컨트롤〉- 앳핸드 657
〈컨트롤〉- 온디스플레이 657
〈컨트롤〉- 온패널 659
〈컨트롤〉- 인핸드 655

숫자

1인칭 POV 768
1점 투시 68
2인칭 POV 769
2점 식별 검사 203
3Dvisualizer 837
3D 커서 선택 671
3D 프린팅 456
3D 하드카피 456
3인칭 POV 770
4D 효과 441, 465
6면 CAVE 93
360도 구형 뷰로 렌더링 552

VR의 이해 2/e
인터페이스, 애플리케이션, 디자인

발　행 | 2021년 7월 12일

지은이 | William R. Sherman · Alan B. Craig
옮긴이 | 송지연

펴낸이 | 권 성 준
편집장 | 황 영 주
편　집 | 이 지 은
　　　　김 다 예
디자인 | 송 서 연

에이콘출판주식회사
서울특별시 양천구 국회대로 287 (목동)
전화 02-2653-7600, 팩스 02-2653-0433
www.acornpub.co.kr / editor@acornpub.co.kr

한국어판 ⓒ 에이콘출판주식회사, 2021, Printed in Korea.
ISBN 979-11-6175-526-7
http://www.acornpub.co.kr/book/understanding-vr-2e

책값은 뒤표지에 있습니다.